FREDERICO AMADO

Procurador Federal/Procuradoria-Geral do INSS em Brasília-DF com atuação perante o STF, STJ e TNU. Professor de Direito Previdenciário e Ambiental do *Especcial Jus* (www.especcialjus.com.br). Coordenador da Pós-graduação EAD em Prática Previdenciária da Faculdade Verbo em parceria com o *Especcial Jus*. Coordenador da Pós-graduação AO VIVO pelo MEET em Prática Previdenciária da FBB em parceria com o Especcial Jus. Coordenador da Pós-graduação em Direito Ambiental EAD da Faculdade Verbo em parceria com o Especcial Jus. Instrutor da Escola da AGU. Mestre em Planejamento Ambiental pela UCSAL. Especialista em Direito do Estado pela Unyahna. Palestrante.

Página de contato: www.especcialjus.com.br

E-mail: professorfredericoamado@gmail.com

Twitter: @FredericoAmado

Facebook: Frederico Amado

Instagram: @fredericoamado

LARISSA MERCÊS

Advogada especializada em licitações e contratos e em direito e previdência dos servidores públicos. Analista Legislativo Municipal da Câmara Municipal de Salvador, cedida ao Tribunal de Justiça da Bahia, atuando na Consultoria Jurídica da Presidência. Doutora em Planejamento Territorial e Desenvolvimento Social. Mestre em Políticas Públicas e Segurança Social. Professora de Direito Administrativo e Previdenciário de cursos de graduação e pós-graduação.

MANUAL DO RPPS

REGIME PRÓPRIO DE PREVIDÊNCIA SOCIAL

FREDERICO AMADO

LARISSA MERCÊS

MANUAL DO RPPS

REGIME PRÓPRIO DE PREVIDÊNCIA SOCIAL

2ª edição
Revista, atualizada e ampliada

2025

EDITORA *Jus*PODIVM
www.editorajuspodivm.com.br

EDITORA *Jus*PODIVM
www.editorajuspodivm.com.br

Rua Canuto Saraiva, 131 – Mooca – CEP: 03113-010 – São Paulo – São Paulo
Tel: (11) 3582.5757
• Contato: https://www.editorajuspodivm.com.br/central-de-relacionamento

Diagramação: Ana Paula Lopes Corrêa *(aninha_lopescorrea@hotmail.com)*

Capa: Maitê Coelho *(maitescoelho@yahoo.com.br)*

A481m Amado, Frederico

Manual do Regime Próprio de Previdência Social (RPPS) / Frederico Amado e Larissa Mercês – 2.ed., rev., atual. e ampl. – São Paulo: Editora JusPodivm, 2025.

832 p.

ISBN: 978-85-442-6084-5

1. Direito Previdenciário. 2. Previdência Social. I. Amado, Frederico. II. Mercês, Larissa. III. Título.

CDD 341.6

Bibliotecária responsável
Ana Carolina Ribeiro Mois – CRB7 – RJ 007348/0

Apresentação

O *Manual do Regime Próprio de Previdência Social (RPPS)* objetiva suprir uma lacuna literária no Direito Previdenciário público brasileiro, que possui poucas publicações nesta complexa área.

Foram contemplados os seguintes temas:

– Introdução ao estudo dos Regimes Próprios de Previdência Social, conceitos basilares e a sua principiologia;

– Regras gerais nacionais aplicáveis aos Regimes Próprios da União, estados, Distrito Federal e municípios, em especial à luz da Reforma da Previdência (Emenda 103/2019);

– Regras específicas do Regime Próprio da União e plano de seguridade social do servidor federal;

– Inatividade remunerada e pensão por morte do militar da União.

Dessa forma, a obra objetiva formar a base do leitor no estudo do RPPS, sendo completa no âmbito do RPPS da União, abordando as novas regras de aposentadorias e pensões por morte dos servidores federais à luz da Emenda Constitucional 103/2019.

Ademais, foi promovida ao longo de todo o trabalho uma acurada pesquisa sobre o posicionamento do Supremo Tribunal Federal, Superior Tribunal de Justiça, Turma Nacional de Uniformização dos Juizados Especiais Federais, Tribunal de Contas da União, Ministério da Previdência Social e Secretaria de Gestão de Pessoal do Ministério da Gestão e da Inovação em Serviços Públicos.

Para esta 2ª edição (2025), promovemos uma atualização significativa da obra com a inserção das atualizações normativas e de jurisprudência ocorridas durante o ano de 2024 e início de 2025.

Eis a principais atualizações normativas desta edição:

– Portaria Interministerial MPS/MF nº 6, de 10/01/2025;

– Lei nº 14.875/2024;

- Portaria MPS 1.180/2024;

- Portaria INSS/DIRBEN 1.213/2024;

- Portaria MPS 1.400/2024;

- Portaria MPS 1.499/2024.

Por sua vez, **destacamos a inserção de três novos temas no âmbito do Capítulo 2:**

- Índice de Situação Previdenciária (ISP);

- Programa de Certificação Institucional e Modernização da Gestão dos Regimes Próprios de Previdência Social (Pro-Gestão RPPS);

- Períodos em RPPS e consideração em Acordos Internacionais de Previdência.

Inserimos, ainda, no Capítulo 2, uma tabela/síntese das regras de RPPS de 21 Estados da federação e do Distrito Federal, bem como novas consultas da lavra da Divisão de Orientação e Informações Técnicas do Ministério da Previdência Social e notas informativas do MPS.

Por fim, para um estudo específico das regras da reforma da previdência dos estados e das grandes capitais brasileiras, recomenda-se os nossos cursos EAD no Especcial Jus (www.especcialjus.com.br).

Bons estudos a todos!

OS AUTORES

Autores

FREDERICO AMADO

Procurador Federal/Procuradoria-Geral do INSS em Brasília-DF com atuação perante o STF, STJ e TNU. Professor de Direito Previdenciário e Ambiental do Especcial Jus (www.especcialjus.com.br). Coordenador da Pós-graduação EAD em Prática Previdenciária da Faculdade Verbo em parceria com o Especcial Jus. Coordenador da Pós-graduação AO VIVO pelo MEET em Prática Previdenciária da FBB em parceria com o Especcial Jus. Coordenador da Pós-graduação em Direito Ambiental EAD da Faculdade Verbo em parceria com o Especcial Jus. Instrutor da Escola da AGU. Mestre em Planejamento Ambiental pela UCSAL. Especialista em Direito do Estado pela Unyahna. Palestrante. Página de contato: www.especcialjus.com.br. E-mail: professorfredericoamado@gmail.com. Twitter: @FredericoAmado. Facebook: Frederico Amado. Instagram: @fredericoamado.

LARISSA MERCÊS

Advogada especializada em licitações e contratos e em direito e previdência dos servidores públicos. Analista Legislativo Municipal da Câmara Municipal de Salvador, cedida ao Tribunal de Justiça da Bahia, atuando na Consultoria Jurídica da Presidência. Doutora em Planejamento Territorial e Desenvolvimento Social. Mestre em Políticas Públicas e Segurança Social. Professora de Direito Administrativo e Previdenciário de cursos de graduação e pós-graduação.

Sumário

CAPÍTULO 1 – INTRODUÇÃO AO ESTUDO DOS REGIMES PRÓPRIOS DE PREVIDÊNCIA SOCIAL 15

1.1. DEFINIÇÃO DE RPPS E CONCEITOS GERAIS INTRODUTÓRIOS 15

1.2. COMPETÊNCIA PARA INSTITUIÇÃO E NORMATIZAÇÃO 19

1.3. PRINCÍPIOS INFORMADORES 19
- 1.3.1. Contributividade 20
- 1.3.2. Solidariedade 20
- 1.3.3. Equilíbrio Financeiro e Atuarial 22
- 1.3.4. Obrigatoriedade da Filiação 24
- 1.3.5. Tríplice Custeio 24
- 1.3.6. Pacto Intergeracional 24
- 1.3.7. Anterioridade nonagesimal (Noventena) 25
- 1.3.8. Irredutibilidade do Valor dos Benefícios 27
- 1.3.9. Aposentadoria não inferior a um salário mínimo 27
- 1.3.10. *Tempus Regit Actum* 27
- 1.3.11. Contrapartida ou Precedência da Fonte de Custeio 29

1.4. SEGURADOS E DEPENDENTES 33

CAPÍTULO 2 – REGRAS GERAIS NACIONAIS APLICÁVEIS AOS REGIMES PRÓPRIOS DA UNIÃO, ESTADOS, DISTRITO FEDERAL E MUNICÍPIOS 45

2.1. O NOVO MODELO FEDERATIVO DE RPPS APÓS A EMENDA CONSTITUCIONAL 103/2019 45

2.2. CONTRIBUIÇÕES PREVIDENCIÁRIAS 74

2.3. ESPÉCIES DE APOSENTADORIAS: INVOLUNTÁRIAS E VOLUNTÁRIAS 98

2.4. APOSENTADORIA POR INCAPACIDADE PERMANENTE: REGRAS GERAIS 99

2.5. APOSENTADORIA COMPULSÓRIA POR IDADE: REGRAS GERAIS 107

2.6. APOSENTADORIA COMPULSÓRIA SANCIONATÓRIA DOS JUÍZES E MEMBROS DO MINISTÉRIO PÚBLICO 112

2.7. APOSENTADORIAS VOLUNTÁRIAS: AUTONOMIA DOS ENTES FEDERATIVOS APÓS A EC 103/2019 119

2.8. ANTIGAS REGRAS PERMANENTES DAS APOSENTADORIAS VOLUNTÁRIAS: COMUM E PROFESSOR DO ENSINO BÁSICO COM PROVENTOS INTEGRAIS 120

2.9. ANTIGAS REGRAS PERMANENTES DAS APOSENTADORIAS VOLUNTÁRIAS: APOSENTADORIA POR IDADE COM PROVENTOS PROPORCIONAIS 127

2.10. VIGÊNCIA/REVOGAÇÃO DAS REGRAS DE TRANSIÇÃO DAS EMENDAS 41/2003 E 47/2005 127

2.11. ANTIGA REGRA DE TRANSIÇÃO DA APOSENTADORIA POR INVALIDEZ: EMENDA 70/2012 (ART. 6º-A DA EC 41) 132

2.12. ANTIGA REGRA DE TRANSIÇÃO DO ARTIGO 2º DA EC 41/2003 133

2.13. ANTIGA REGRA DE TRANSIÇÃO DO ARTIGO 3º DA EC 47/2005 134

2.14. ANTIGA REGRA DE TRANSIÇÃO DO ARTIGO 6º DA EC 41/2003 139

2.15. APOSENTADORIA ESPECIAL POR AGENTES NOCIVOS: REGRAS NACIONAIS E REGRAMENTO ANTERIOR 144

2.16. APOSENTADORIA DA PESSOA COM DEFICIÊNCIA: REGRAS NACIONAIS 164

2.17. APOSENTADORIA DOS POLICIAIS: REGRAS NACIONAIS E REGRAMENTO ANTERIOR 182

2.18. PENSÃO POR MORTE: REGRAS GERAIS CONSTITUCIONAIS 194

2.19. ACUMULAÇÕES E O ARTIGO 24 DA EC 103/2019 206

2.20. REAJUSTAMENTO DOS BENEFÍCIOS 222

2.21. VEDAÇÃO AO TEMPO DE CONTRIBUIÇÃO FICTÍCIO 228

2.22. CONTAGEM RECÍPROCA DO TEMPO DE CONTRIBUIÇÃO E EMISSÃO DE CERTIDÃO DE TEMPO DE CONTRIBUIÇÃO (CTC) 230

2.23. COMPENSAÇÃO FINANCEIRA EM DECORRÊNCIA DA CONTAGEM RECÍPROCA DO TEMPO DE CONTRIBUIÇÃO 269

2.24. INDENIZAÇÃO PREVIDENCIÁRIA PARA A CONTAGEM DO TEMPO DE CONTRIBUIÇÃO 328

2.25. CONCESSÃO DE APOSENTADORIA E VACÂNCIA DO CARGO PÚBLICO 349

2.26. VEDAÇÕES DE COMPLEMENTAÇÕES E INCORPORAÇÕES APÓS A EC 103/2019 354

2.27. ABONO DE PERMANÊNCIA 356

2.28. UNIDADE GESTORA ÚNICA 367

2.29. DIREITO ADQUIRIDO 374

2.30. REGISTRO DAS APOSENTADORIAS E PENSÕES POR MORTE NOS TRIBUNAIS DE CONTAS 378

2.31. FISCALIZAÇÃO DA UNIÃO 400

2.32. PROCESSO ADMINISTRATIVO DE FISCALIZAÇÃO NOS REGIMES PRÓPRIOS DE PREVIDÊNCIA SOCIAL 410

2.33. CERTIFICADO DE REGULARIDADE PREVIDENCIÁRIA (CRP) 413

2.34. EXTINÇÃO DE RPPS 416

2.35. LICENÇA SEM VENCIMENTOS E CONTRIBUIÇÃO AO RPPS OU RGPS 420

2.36. PRESCRIÇÃO QUINQUENAL 421

2.37. DECADÊNCIA PARA O EXERCÍCIO DA AUTOTUTELA 433

2.38. DURAÇÃO RAZOÁVEL DO PROCESSO ADMINISTRATIVO DE CONCESSÃO DO BENEFÍCIO 434

2.39. REGULAÇÃO DOS INVESTIMENTOS DO RPPS PELO CMN 436

2.40. AVALIAÇÃO ATUARIAL ANUAL E NOTA ATUARIAL ANUAL 446

2.41. TEMPO DE SERVIÇO PÚBLICO E INGRESSO NO SERVIÇO PÚBLICO 484

2.42. ACUMULAÇÃO DE REMUNERAÇÃO COM PROVENTOS DE CARGOS INACUMULÁVEIS 490

2.43. O PRÉVIO REQUERIMENTO ADMINISTRATIVO E O TEMA 350 STF 496

2.44. ÍNDICE DE SITUAÇÃO PREVIDENCIÁRIA (ISP) 498

2.45. PROGRAMA DE CERTIFICAÇÃO INSTITUCIONAL E MODERNIZAÇÃO DA GESTÃO DOS REGIMES PRÓPRIOS DE PREVIDÊNCIA SOCIAL (PRÓ-GESTÃO RPPS) 502

2.46. PERÍODOS EM RPPS E CONSIDERAÇÃO EM ACORDOS INTERNACIONAIS DE PREVIDÊNCIA ... 504

CAPÍTULO 3 – REGRAS ESPECÍFICAS DO REGIME PRÓPRIO DE PREVIDÊNCIA SOCIAL DA UNIÃO E DEMAIS BENEFÍCIOS E LICENÇAS DO PLANO DE SEGURIDADE SOCIAL DOS SERVIDORES FEDERAIS ... 515

3.1. GESTÃO DO RPPS FEDERAL ... 517

3.2. SEGURADOS ... 525

3.3. CONTRIBUIÇÕES PREVIDENCIÁRIAS ... 528

3.4. APOSENTADORIAS DO SERVIDOR FEDERAL EFETIVO - REGRAS PERMANENTES ... 539

3.5. REAJUSTAMENTO ... 612

3.6. PENSÃO POR MORTE ... 615

3.7. AUXÍLIO-NATALIDADE ... 709

3.8. SALÁRIO-FAMÍLIA ... 709

3.9. LICENÇA PARA TRATAMENTO DE SAÚDE ... 711

3.10. LICENÇA À GESTANTE ... 711

3.11. LICENÇA À ADOTANTE ... 715

3.12. LICENÇA-PATERNIDADE ... 715

3.13. LICENÇA POR ACIDENTE DE SERVIÇO ... 716

3.14. ASSISTÊNCIA À SAÚDE DO SEGURADO E DE SEUS DEPENDENTES ... 716

3.15. AUXÍLIO-FUNERAL ... 717

3.16. AUXÍLIO-RECLUSÃO ... 717

3.17. ABONO DE PERMANÊNCIA ... 719

3.18. DIREITO ADQUIRIDO ... 722

3.19. CASSAÇÃO DE APOSENTADORIA ... 744

3.20. ACUMULAÇÃO INCONSTITUCIONAL DE CARGOS PÚBLICOS ... 752

3.21. REGRA DE TRANSIÇÃO DE APOSENTADORIA: ARTIGO 4º DA EC 103/2019 (SERVIDORES COMUNS E PROFESSORES DO ENSINO BÁSICO) ... 764

3.22. REGRA DE TRANSIÇÃO DE APOSENTADORIA: ARTIGO 20 DA EC 103/2019 (SERVIDORES COMUNS E PROFESSORES DO ENSINO BÁSICO) 775

3.23. REGRA DE TRANSIÇÃO DE APOSENTADORIA: ARTIGO 5º DA EC 103/2019 (POLICIAIS E AGENTES SOCIOEDUCATIVOS) 779

3.24. REGRA DE TRANSIÇÃO DE APOSENTADORIA: ARTIGO 21 DA EC 103/2019 (AGENTES NOCIVOS) 796

CAPÍTULO 4 – INATIVIDADE REMUNERADA E PENSÃO POR MORTE DOS MILITARES DA UNIÃO 805

4.1. INTRODUÇÃO 805

4.2. INATIVIDADE REMUNERADA 812

4.3. PENSÃO POR MORTE 815

REFERÊNCIA BIBLIOGRÁFICA 829

CAPÍTULO

1

Introdução ao estudo dos Regimes Próprios de Previdência Social

1.1. DEFINIÇÃO DE RPPS E CONCEITOS GERAIS INTRODUTÓRIOS

O **Regime Próprio de Previdência Social – RPPS** é o regime de previdência, estabelecido no âmbito da União, dos Estados, do Distrito Federal e dos Municípios que assegura, por lei, aos servidores titulares de cargos efetivos, pelo menos, os benefícios de **aposentadoria e pensão por morte** previstos no artigo 40 da Constituição Federal.

A União, todos os Estados da federação e o Distrito Federal possuem Regimes Próprios constituídos. Em relação aos municípios, dos 5.568 existentes, menos da metade possuem RPPS criados (2.128).

Registre-se que a partir de 13.11.2019 não é mais possível a criação de RPPS municipal, pois **vedada a constituição de novos RPPS's pela Emenda 103/2019**.

Presumimos que a grande maioria dos leitores ainda não está familiarizada com os conceitos e definições básicas no âmbito da previdência pública dos servidores públicos efetivos, que se denominada RPPS – Regime Próprio de Previdência Social, que serão trabalhadas ao longo da obra.

Desse modo, por cautela, vamos iniciar a obra apresentando conceitos normativos básicos desta área, que estão normatizados no Regulamento Nacional dos RPPS's, aprovado pela União por intermédio da **Portaria MTP 1.467/2022**, que disciplina os parâmetros e as diretrizes gerais para organização e funcionamento dos regimes próprios de previdência social dos servidores públicos da União, dos Estados, do Distrito Federal e dos Municípios, em cumprimento à Lei nº 9.717, de 1998, aos artigos 1º e 2º da Lei nº 10.887, de 2004 e à Emenda Constitucional nº 103, de 2019.

> CAPÍTULO I - DEFINIÇÕES
>
> Art. 2º Para os efeitos desta Portaria, considera-se:
>
> **I - ente federativo:** a União, os Estados, o Distrito Federal e os Municípios;

II - Regime Próprio de Previdência Social - RPPS: o regime de previdência instituído no âmbito da União, dos Estados, do Distrito Federal e dos Municípios até 13 de novembro de 2019, data de publicação da Emenda Constitucional nº 103, de 2019, que assegure, por lei, aos seus segurados, os benefícios de aposentadorias e pensão por morte previstos no art. 40 da Constituição Federal;

III - segurados: os segurados em atividade que sejam servidores públicos titulares de cargo efetivo, membros da magistratura, do Ministério Público, da Defensoria Pública e dos Tribunais de Contas de quaisquer dos poderes da União, dos Estados, do Distrito Federal e dos Municípios, incluídas suas autarquias e fundações;

IV - beneficiários: os segurados aposentados e os pensionistas amparados em RPPS;

V - RPPS em extinção: o RPPS do ente federativo que deixou de assegurar em lei os benefícios de aposentadoria e pensão por morte a todos os segurados, mantendo a responsabilidade pelo pagamento dos benefícios concedidos, bem como daqueles cujos requisitos necessários à sua concessão foram implementados anteriormente à vigência da lei;

VI - unidade gestora: entidade ou órgão único, de natureza pública, de cada ente federativo, abrangendo todos os poderes, órgãos e entidades autárquicas e fundacionais, que tenha por finalidade a administração, o gerenciamento e a operacionalização do RPPS, incluindo a arrecadação e gestão de recursos e fundos previdenciários, a concessão, o pagamento e a manutenção dos benefícios previdenciários;

VII - dirigentes da unidade gestora: representante legal ou o detentor da autoridade mais elevada da unidade gestora do RPPS, e os demais integrantes do órgão ou instância superior de direção da unidade imediatamente a ele subordinados, correspondentes aos diretores no caso de diretoria executiva, ou aos cargos com funções de direção assemelhadas, em caso de outra denominação do órgão ou instância superior de direção;

VIII - responsável pela gestão das aplicações dos recursos do RPPS: o dirigente ou servidor da unidade gestora do RPPS formalmente designado para a função, por ato da autoridade competente;

IX - benefícios previdenciários: aposentadorias e pensão por morte;

X - cargo efetivo: o conjunto de atribuições, deveres e responsabilidades específicas definidas em estatutos dos entes federativos cometidas a um servidor aprovado por meio de concurso público de provas ou de provas e títulos;

XI - carreira: a sucessão de cargos efetivos, estruturados em níveis e graus segundo sua natureza, complexidade e o grau de responsabilidade, de acordo com o plano definido por lei de cada ente federativo;

XII - tempo de efetivo exercício no serviço público: o tempo de exercício de cargo, inclusive militar, função ou emprego público, ainda que descontínuo, na Administração direta e indireta de qualquer dos entes federativos;

XIII - remuneração do cargo efetivo: o valor constituído pelo subsídio, pelos vencimentos e pelas vantagens pecuniárias permanentes do cargo, estabelecidos em lei de cada ente, acrescido dos adicionais de caráter individual e das vantagens pessoais permanentes;

XIV - recursos previdenciários: as contribuições e quaisquer valores, bens, ativos e seus rendimentos vinculados ao RPPS ou aos fundos previdenciários, de que trata o art. 6º da Lei nº 9.717, de 28 de novembro 1998, inclusive a totalidade dos créditos do ente instituidor do benefício, reconhecidos pelo regime de origem, relativos à compensação financeira prevista nos §§ 9º e 9º-A do art. 201 da Constituição Federal e os recursos destinados à taxa de administração;

XV - equilíbrio financeiro e atuarial: a garantia de equivalência, a valor presente, entre o fluxo das receitas estimadas e das despesas projetadas, apuradas atuarialmente, que, juntamente com os bens, direitos e ativos vinculados, comparados às obrigações assumidas, evidenciem a solvência e a liquidez do plano de benefícios;

XVI - taxa de administração: o valor financiado por meio de alíquota de contribuição, a ser somada às alíquotas de cobertura do custo normal do RPPS previstas em lei de cada ente, para custeio das despesas correntes e de capital necessárias à organização, administração e ao funcionamento do regime, inclusive para conservação de seu patrimônio, observados limites anuais de gastos e a sua manutenção de forma segregada dos recursos destinados ao pagamento de benefícios;

XVII - base de cálculo: valor das parcelas da remuneração ou do subsídio adotadas como base para contribuição ao RPPS e para cálculo dos benefícios por meio de média aritmética;

XVIII - cálculo por integralidade: regra de definição do valor inicial de proventos de aposentadoria e das pensões por morte, que corresponderão à remuneração do segurado no cargo efetivo, ao subsídio, ou ao provento, conforme previsto na regra vigente para concessão desses benefícios quando da implementação dos requisitos pelo segurado ou beneficiário;

XIX - cálculo por média: regra de definição dos proventos, que considera a média aritmética simples das bases de cálculo das contribuições aos regimes de previdência a que esteve filiado o segurado ou das bases para contribuições decorrentes das atividades militares de que tratam os arts. 42 e 142 da Constituição Federal, atualizadas monetariamente, correspondentes a todo o período contributivo, ou a parte deste, conforme regra vigente na data do implemento dos requisitos de aposentadoria;

XX - paridade: forma de revisão dos proventos de aposentadoria e das pensões por morte aos quais foi assegurada a aplicação dessa regra, que ocorrerá na mesma proporção e na mesma data, sempre que se modificar a remuneração ou subsídio dos segurados em atividade, sendo também estendidos aos aposentados e pensionistas quaisquer benefícios ou vantagens posteriormente concedidos aos segurados, inclusive quando decorrentes da transformação ou reclassificação do cargo ou função em que se deu a aposentadoria ou que serviu de referência para a concessão de pensão por morte, desde que tenham natureza permanente e geral e sejam compatíveis com o regime jurídico dos segurados em atividade, na forma da lei;

XXI - reajustamento anual: forma de revisão dos proventos e das pensões por morte aos quais não foi garantida a aplicação da paridade, para preservar, em caráter permanente, o valor real desses benefícios, conforme índice definido na legislação de cada ente federativo;

XXII - proventos integrais: regra de definição do valor inicial de proventos, sem proporcionalização, que corresponderão à 100% (cem por cento) do valor calculado conforme inciso XVIII ou, pelo menos a 100% do valor calculado conforme inciso XIX, de acordo com a regra constitucional ou legal aplicável em cada hipótese;

XXIII - proventos proporcionais: proventos de aposentadoria concedidos ao segurado que não cumpriu os requisitos para obtenção de proventos integrais, calculados conforme fração entre o tempo de contribuição do segurado e o tempo mínimo exigido para concessão de proventos integrais, calculado em dias, fração que será aplicada sobre a integralidade da remuneração do segurado ou sobre o resultado da média aritmética das bases de cálculo de contribuição com os percentuais a ela acrescidos, conforme regra constitucional ou legal aplicável em cada hipótese;

XXIV - contribuições normais: as contribuições do ente e dos segurados e beneficiários destinadas à cobertura do custo normal do plano de benefícios, e as contribuições dos aposentados e pensionistas, inclusive em decorrência da ampliação da base de cálculo para o valor dos proventos de aposentadoria e de pensões por morte que supere o valor a partir do salário mínimo;

XXV - contribuições suplementares: as contribuições a cargo do ente destinadas à cobertura do custo suplementar, que corresponde às necessidades de custeio, atuarialmente calculadas, referentes ao tempo de serviço passado, ao equacionamento de deficit e outras finalidades para o equilíbrio do regime não incluídas nas contribuições normais;

XXVI - Notificação de Ação Fiscal - NAF: documento que instaura o Processo Administrativo Previdenciário - PAP, emitido por Auditor-Fiscal da Receita Federal do Brasil - AFRFB credenciado pela Secretaria de Previdência - SPREV do Ministério do Trabalho e Previdência - MTP;

XXVII - Decisão-Notificação - DN: ato pelo qual AFRFB designado pela SPREV decide sobre impugnação apresentada no PAP;

XXVIII - Decisão de Recurso - DR: ato pelo qual a autoridade competente decide sobre o recurso administrativo no PAP;

XXIX - Despacho-Justificativa: ato praticado no PAP por AFRFB designado pela SPREV, homologado pela autoridade imediatamente superior e que não constitua DN ou DR; e

XXX - Certificado de Regularidade Previdenciária - CRP: documento instituído pelo Decreto n º 3.788, de 11 de abril de 2001, que atesta, para os fins do disposto no art. 7º da Lei nº 9.717, de 1998, o cumprimento, pelos Estados, Distrito Federal e Municípios, dos critérios e exigências aplicáveis aos RPPS e aos seus fundos previdenciários, conforme previsão do inciso IV do art. 9º dessa Lei.

1.2. COMPETÊNCIA PARA INSTITUIÇÃO E NORMATIZAÇÃO

Todos os entes federativos possuem competência para criar e gerir o seu RPPS (vedada a criação de novos RPPS's após a EC 103/2019) a fim de proteger, nos termos de lei local, os servidores públicos ocupantes de cargo de provimento efetivo e os seus dependentes.

Por conseguinte, a competência para legislar sobre o tema é concorrente, existindo leis federais, estaduais, municipais e do Distrito Federal para reger as regras do seu RPPS.

Todavia, a competência do ente federativo não será plena, pois existem regras gerais nacionais estabelecidas no texto constitucional e na Lei 9.717/98 que devem ser necessariamente observadas pelos entes federativos, conforme será estudado no Capítulo 2.

1.3. PRINCÍPIOS INFORMADORES

De acordo com o *caput* do artigo 40 da Constituição, na redação dada pela EC 103/2019, "o regime próprio de previdência social dos servidores titulares de cargos efetivos terá caráter **contributivo e solidário**, mediante **contribuição** do respectivo ente federativo, de servidores ativos, de aposentados e de pensionistas, observados critérios que preservem o **equilíbrio financeiro e atuarial"**, insculpindo os Princípios da Contributividade, Solidariedade, Tríplice Custeio e Equilíbrio Financeiro e Atuarial.

Iremos ainda estudar mais alguns princípios informadores do RPPS: Obrigatoriedade da Filiação, Anterioridade Nonagesimal (Noventena), Pacto Intergeracional, Irredutibilidade do Valor dos Benefícios, Aposentadoria não Inferior a um Salário Mínimo e *Tempus Regit Actum.*

Registre-se que se trata de um **rol meramente exemplificativo**, diante do caráter aberto dos princípios que informam o RPPS.

1.3.1. Contributividade

Pelo Princípio da Contributividade, a previdência social apenas concederá os seus benefícios e serviços aos segurados (e seus dependentes) que se filiarem previamente ao regime previdenciário, sendo exigido o pagamento de tributos classificados como contribuições previdenciárias, haja vista se tratar do único subsistema da seguridade social com natureza contributiva direta.

No Brasil, a previdência será necessariamente contributiva, ao contrário do ocorre em alguns países que adotam regimes previdenciários em que inexistem contribuições específicas para o seu custeio, que é realizado com os recursos dos tributos em geral, adotando-se nessas pontuais nações o modelo beveridgiano.

No âmbito do RPPS a contributividade previdenciária para o custeio das aposentadorias somente foi inserida no texto do artigo 40 da Constituição com a o advento da Emenda 20/1998.

> **■ POSIÇÃO DO STF**
>
> 1. A norma que fixa alíquota mínima (contribuição dos servidores titulares de cargos efetivos na União) para a contribuição a ser cobrada pelos Estados, pelo Distrito Federal e pelos Municípios de seus servidores, para o custeio, em benefício destes, do *regime* previdenciário de que trata o art. 40 da Constituição da República não contraria o pacto federativo ou configura quebra de equilíbrio atuarial. 2. A observância da alíquota mínima fixada na Emenda Constitucional n. 41/2003 não configura quebra da autonomia dos Estados Federados. **O art. 201, § 9º, da Constituição da República, ao estabelecer um sistema geral de compensação, há ser interpretado à luz dos princípios da solidariedade e da *contributividade***, que regem o atual sistema previdenciário brasileiro. (ADI 3.138/2011).

1.3.2. Solidariedade

É um princípio fundamental[1] que tem enorme aplicabilidade no âmbito da seguridade social, sendo objetivo da República Federativa do Brasil construir uma sociedade livre, justa e solidária.

Essencialmente a seguridade social é solidária, pois visa a agasalhar as pessoas em momentos de necessidade, seja pela concessão de um benefício previdenciário ao segurado impossibilitado de trabalhar (previdência), seja pela disponibilização

1. Artigo 3º, inciso I, da CRFB.

de um medicamento a uma pessoa enferma (saúde) ou pela doação de alimentos a uma pessoa em estado famélico (assistência).

Há uma verdadeira socialização dos riscos com toda a sociedade, pois os recursos mantenedores do sistema provêm dos orçamentos públicos e das contribuições sociais, onde aqueles que pagam tributos que auxiliam no custeio da seguridade social, mas hoje ainda não gozam dos seus benefícios e serviços, poderão no amanhã ser mais um dos agraciados, o que traz uma enorme estabilidade jurídica no seio da sociedade.

Essa norma principiológica fundamenta a criação de um **fundo único de previdência social**, socializando-se os riscos, com contribuições compulsórias, mesmo daquele que já se aposentou, mas persiste trabalhando, embora este egoisticamente normalmente faça queixas da previdência por continuar pagando as contribuições.

Outrossim, após a EC 41/2003, este princípio justificou a incidência de contribuição previdenciária sobre as aposentadorias e pensões por morte no RPPS que ultrapassem o teto do RGPS, nos termos do artigo 40, §18[2], da Constituição.

Por outro lado, o Princípio da Solidariedade justifica o fato jurígeno de um segurado que começou a trabalhar poder se aposentar no mesmo dia, mesmo sem ter vertido ainda nenhuma contribuição ao sistema, desde que após a filiação seja acometido de infortúnio que o torne inválido de maneira definitiva para o trabalho em geral.

De acordo com as lições de Wladimir Novaes Martinez, "solidariedade quer dizer cooperação da maioria em favor da minoria, em certos casos, da totalidade em direção à individualidade. Dinâmica a sociedade, subsiste constante alteração dessas parcelas e, assim, num dado momento, todos contribuem, e, noutro, muitos se beneficiam da participação da coletividade. Nessa ideia simples, cada um também se apropria do seu aporte. Financeiramente, o valor não utilizado por uns é canalizado por outros. Significa a cotização de certas pessoas, com capacidade contributiva, em favor dos despossuídos. Socialmente considerada, é ajuda marcadamente anônima, traduzindo mútuo auxílio, mesmo obrigatório, dos indivíduos"[3].

No âmbito do Regime Próprio de Previdência Social (previdência dos servidores públicos efetivos e militares), há expressa previsão do Princípio da Solidariedade no *caput* do artigo 40, da Constituição, ao prever que "o regime próprio de

---

2. § 18. Incidirá contribuição sobre os proventos de aposentadorias e pensões concedidas pelo regime de que trata este artigo que superem o limite máximo estabelecido para os benefícios do regime geral de previdência social de que trata o art. 201, com percentual igual ao estabelecido para os servidores titulares de cargos efetivos. (Incluído pela Emenda Constitucional nº 41, 19.12.2003)
3. Curso de Direito Previdenciário. 3ª edição, LTR, São Paulo, pg. 121.

previdência social dos servidores titulares de cargos efetivos terá caráter contributivo e solidário, mediante contribuição do respectivo ente federativo, de servidores ativos, de aposentados e de pensionistas, observados critérios que preservem o equilíbrio financeiro e atuarial".

1.3.3. Equilíbrio Financeiro e Atuarial

Este princípio está previsto na cabeça do artigo 40, da CRFB, *determinando que o RPPS observe critérios que preservem o seu equilíbrio financeiro e atuarial*, a fim de assegurar a incolumidade das contas previdenciárias para as presentes e futuras gerações.

É certo que é preciso haver um equilíbrio entre as receitas que ingressam no fundo previdenciário e as despesas com o pagamento dos benefícios, que restou prejudicado com a utilização pretérita dos recursos da previdência para o custeio de outras diversas despesas dos entes federativos.

Todo regime previdenciário, quando começa, tende a arrecadar muito mais com as contribuições do que gastar com o pagamento de benefícios e a promoção de serviços, pois apenas as prestações não programadas serão devidas no início, o que permitirá a reunião de uma grande soma de recursos para o futuro, formando um *equilíbrio financeiro*.

Ao menos, a arrecadação deverá cobrir o pagamento dos benefícios previdenciários, sob pena de inexistência de equilíbrio financeiro, quando, somados os números totais de servidores do ente político, as receitas não fazem frente às despesas.

Ante a dinâmica social, não basta a existência de boas reservas no presente para a garantia de uma previdência solvente no futuro, devendo ser monitoradas as novas tendências que possam afetar as contas da previdência.

Logo, uma previdência poderá estar equilibrada financeiramente no presente, mas com perspectivas de não estar no amanhã, sendo também imprescindível o seu *equilíbrio atuarial*, onde serão traçados cenários futuros para a manutenção ou alcance do equilíbrio financeiro, com o manejo da matemática estatística.

Deveras, a *atuária* é uma parte da estatística que investiga problemas relacionados com a teoria e o cálculo de seguros numa coletividade[4], sendo imprescindível o seu uso adequado na programação da previdência.

Por esse motivo é que a legislação previdenciária deverá acompanhar a mutação dos fatos sociais a fim de manter (ou restabelecer) o equilíbrio das contas.

O grande desafio do RPPS é equilibrar as contas no futuro ante duas tendências evidentes: menor taxa de natalidade e maior expectativa de vida das pessoas, o que

4. Dicionário Aurélio da Língua Portuguesa.

poderá levar o regime ao buraco, pois cada vez mais cresce o número de inativos em comparação aos ativos.

> ■ **POSIÇÃO DO STF**
>
> EMENTA AÇÃO DIRETA DE INCONSTITUCIONALIDADE. ART. 1º DA LEI COMPLEMENTAR ESTADUAL Nº 167, DE 2016, DO CEARÁ. CONTRIBUIÇÃO PREVIDENCIÁRIA DE SERVIDORES PÚBLICOS ATIVOS, INATIVOS E PENSIONISTAS, E DE MILITARES. *REGIME PRÓPRIO* DE PREVIDÊNCIA SOCIAL. **INCREMENTO ESCALONADO DE ALÍQUOTAS DE 11% PARA 14%. FIXAÇÃO DE ALÍQUOTA ESPECIAL DE CONTRIBUIÇÃO PREVIDENCIÁRIA EM 22%. *EQUILÍBRIO FINANCEIRO* E *ATUARIAL*.** VEDAÇÃO À TRIBUTAÇÃO COM EFEITO CONFISCATÓRIO. 1. Preliminares rejeitadas. A Associação Nacional dos Defensores Públicos possui legitimidade ativa para questionar, em controle abstrato de constitucionalidade perante o Supremo Tribunal Federal, normas estaduais atinentes à majoração de alíquotas de contribuições previdenciárias incidentes sobre o funcionalismo público cearense. Ainda que os associados não correspondam à totalidade dos afetados pelo objeto, resta caracterizada a pertinência temática da associação de classe de âmbito nacional no caso dos autos. 2. Mérito. A controvérsia constitucional deduzida na ação direta encontra-se pacificada no âmbito deste STF, de modo a não encontrar guarida no repertório jurisprudencial do Tribunal os argumentos em favor de suposta ofensa ao princípio da vedação do efeito confiscatório da tributação ou ao *equilíbrio financeiro* e *atuarial* dos *regimes próprios* de previdência social. Precedentes: ARE nº 875.958-RG/GO, Rel. Min. Roberto Barroso, Tribunal Pleno, j. 19/10/2021, p. 11/02/2022, Tema nº 933 do ementário da Repercussão Geral; ADI nº 6.122/BA, Rel. Min. Gilmar Mendes, Tribunal Pleno, j. 28/11/2022, p. 12/12/2022; ADI nº 7.026/SC, Rel. Min. Cármen Lúcia, Tribunal Pleno, j. 03/07/2023, p. 22/08/2023; e ADI nº 2.034/DF, Rel. Min. Gilmar Mendes, Tribunal Pleno, j. 20/06/2018, p. 24/09/2018. 3. Não ofende a razoabilidade ou o princípio tributário da vedação ao efeito confiscatório norma estadual que determine o incremento escalonado das alíquotas de contribuição previdenciária, de 11% a 14%, incidente sobre os servidores públicos ativos, inativos e pensionistas do Estado do Ceará e destinado a lastrear *regime próprio* de previdência social, nos termos do art. 149, §§ 1º-A e 1º-B, da Constituição da República. **4. Não há afronta ao *equilíbrio financeiro* e *atuarial* dos *regimes próprios* de previdência social, quando projeto de lei não venha guarnecido de cálculos *atuariais* e estudos *financeiros* que demonstrem, ao ver dos contribuintes, a exata correlação entre o acréscimo na arrecadação e os benefícios previdenciários percebidos. Na melhor das hipóteses, cuida-se de irregularidade legística, passível de saneamento mediante a comprovação de deficit *financeiro* ou *atuarial* que justificava a medida fiscal.** 5. Ação direta de inconstitucionalidade conhecida e julgada improcedente. (ADI 5.944/2023).

1.3.4. Obrigatoriedade da Filiação

O RPPS é de caráter compulsório para os servidores ocupantes de cargos efetivos, na forma do quanto determinado pelo *caput* do artigo 40, da CRFB, que impõe o recolhimento da contribuição previdenciária.

Esta determinação constitucional se justifica pelo Princípio da Solidariedade, pois lamentavelmente grande parte das pessoas não programaria espontaneamente o seu futuro, de modo que, se a adesão ao regime fosse facultativa, certamente poucos trabalhadores se filiariam.

Dessa forma, na idade avançada, invalidez e morte os servidores efetivos imprevidentes provavelmente iriam onerar o Estado com o pagamento de benefícios assistenciais e ainda aumentariam bastante a miséria brasileira.

Logo, como uma medida positiva e salutar de um Estado Social que deve intervir para a garantia de direitos sociais e econômicos, andou bem o legislador constitucional ao prever a obrigatoriedade de filiação ao RPPS.

1.3.5. Tríplice Custeio

Desde o advento da Emenda 41/2003, os aposentados e pensionistas passaram a ser fontes de custeio do RPPS, na situação de a renda do benefício ultrapassar o teto do Regime Geral de Previdência Social.

Daí que, desde então, temos três modalidades de fontes de custeio tributárias:

A) Contribuição do ente público;

B) Contribuição dos servidores ativos;

C) Contribuição dos aposentados e pensionistas.

Registre-se que, por força do artigo 1º-A da Lei 9.717/98, a União, os Estados, o Distrito Federal e os Municípios são responsáveis pela cobertura de eventuais insuficiências financeiras do respectivo regime próprio, decorrentes do pagamento de benefícios previdenciários.

Outrossim, as contribuições e os recursos vinculados ao Fundo Previdenciário da União, dos Estados, do Distrito Federal e dos Municípios e as contribuições do pessoal civil e militar, ativo, inativo, e dos pensionistas, **somente poderão ser utilizadas para pagamento de benefícios previdenciários dos respectivos regimes**, ressalvadas a taxa de administração do RPPS, observado os limites de gastos estabelecidos em parâmetros gerais.

1.3.6. Pacto Intergeracional

O modelo de previdência pública no Brasil revela um pacto intergeracional, em que os atuais servidores ativos pagam contribuições para sustentar as aposentadorias e pensões em manutenção, ao passo em que, no futuro, serão sustentados pelos futuros servidores públicos.

Nesse sentido, adotamos o modelo de fundo único, em que as contribuições são vertidas a um Fundo Previdenciário afetado ao pagamento dos benefícios do RPPS, e não um modelo de capitalização, em que as contribuições são concentradas em contas individuais em favor do contribuinte.

1.3.7. Anterioridade nonagesimal (Noventena)

Essa norma constitucional tributária decorre do Princípio da Segurança Jurídica, a fim de evitar a cobrança imediata de uma nova contribuição para a seguridade social ou a majoração de uma já existente, pois não se admite a tributação de surpresa ou inopino.

Pelo Princípio da Anterioridade Nonagesimal, também conhecido como Noventena ou Anterioridade Mitigada, previsto no artigo 195, §6º, da CRFB, as contribuições para a seguridade social só poderão ser exigidas depois de decorridos noventa dias da data da publicação da lei que as houver instituído ou modificado.

Este princípio se aplica ao RPPS, pois a contribuição previdenciária deste regime é uma espécie de contribuição destinada ao custeio da seguridade social. Nesse sentido, a Emenda 103/2019 ao alterar as contribuições dos servidores federais (art. 11) respeitou a noventena (art. 36, I[5]).

De efeito, no caso de instituição ou majoração de alíquota de contribuição para a seguridade social por medida provisória, o prazo terá como termo inicial a data de publicação do referido ato, e não a da lei de conversão, conforme posição do STF[6].

No entanto, se o texto da medida provisória não contemplar aumento da contribuição, mas a lei de conversão alterá-lo para majorar o tributo, neste caso a noventena será contada a partir da publicação da lei de conversão.

■ **POSIÇÃO DO STF**

STF – Informativo 535

"PIS e anterioridade nonagesimal

A contribuição social para o PIS submete-se ao princípio da anterioridade nonagesimal (CF, art. 195, § 6º), e, nos casos em que a majoração de alíquota tenha sido estabelecida somente na lei de conversão, o termo inicial da contagem é a data da conversão da medida provisória em lei. Com base nessa orientação, o Plenário negou provimento a recurso extraordinário em que se discutia a não sujeição dessa contribuição ao referido postulado constitucional. No caso, o projeto de lei de conversão da Medida Provisória 164/2004, que resultara na

5. Art. 36. Esta Emenda Constitucional entra em vigor: I - no primeiro dia do quarto mês subsequente ao da data de publicação desta Emenda Constitucional, quanto ao disposto nos arts. 11, 28 e 32.

6. AI 376.627 AGR, de 03.09.2002.

promulgação da Lei 10.865, em 30 de abril de 2004, introduzira dispositivo que teria majorado a alíquota da aludida contribuição para água mineral. Ocorre que tal majoração não havia sido prevista, originariamente, pela Medida Provisória, adotada em janeiro de 2004. Entretanto, as alterações inseridas pela referida lei teriam produzido efeitos a partir de 1º de maio de 2004 (Lei 10.865, art. 50). O Plenário reputou que a jurisprudência seria pacífica no sentido de que se aplicaria o princípio da anterioridade nonagesimal às contribuições sociais. O Ministro Luiz Fux destacou que, em regra, o termo inicial para a contagem do prazo nonagesimal seria a data da publicação da medida provisória e não a da lei na qual fosse convertida. Todavia, se houvesse agravamento da carga tributária pela lei de conversão, a contagem do termo iniciar-se-ia da publicação desta. RE 568503/RS, rel. Min. Cármen Lúcia, 12.2.2014. (RE-568503)".

Esta norma constitucional foi tão bem recebida que restou estendida aos tributos em geral, por força da Emenda 42/2003, que o inseriu no artigo 150, da CRFB, apenas o excepcionando em hipóteses taxativas arroladas na norma constitucional.

Por outro lado, não é aplicável às contribuições para a seguridade social o Princípio da Anterioridade Anual, que proíbe a cobrança de tributos no mesmo exercício financeiro em que tenha sido publicada a lei que os instituiu ou majorou, razão pela qual uma contribuição para a seguridade social poderá ser cobrada no mesmo ano da sua instituição ou majoração, desde que respeitada a noventena.

Vale registrar que uma norma que apenas altera o prazo de recolhimento de uma contribuição para a seguridade social não estará sujeita ao Princípio da Noventena, haja vista não existir majoração do tributo.

■ POSIÇÃO DO STF

"AGRAVO REGIMENTAL NO RECURSO EXTRAORDINÁRIO. CONTRIBUIÇÃO SOCIAL DESTINADA AO CUSTEIO DA SEGURIDADE SOCIAL. ANTERIORIDADE NONAGESIMAL. REDUÇÃO DO PRAZO DE RECOLHIMENTO. CONSTITUCIONALIDADE. PRECEDENTES. **1. O Supremo Tribunal Federal fixou entendimento no sentido de que a alteração do prazo para recolhimento das contribuições sociais, por não gerar criação ou majoração de tributo, não ofende o Princípio da Anterioridade Tributária [artigo 195, § 6º, CB/88]**. Agravo regimental a que se nega provimento" (RE 295992 AgR, de 10/06/2008).

Não é outro o entendimento da Súmula 669, do STF, que pontifica que "norma legal que altera o prazo de recolhimento da obrigação tributária não se sujeita ao princípio da anterioridade".

Posteriormente, o STF ainda editou súmula vinculante:

Súmula vinculante 50 – Norma legal que altera o prazo de recolhimento de obrigação tributária não se sujeita ao princípio da anterioridade.

1.3.8. Irredutibilidade do Valor dos Benefícios

De acordo com o artigo 40, §8º, da Constituição, é assegurado o reajustamento dos benefícios para preservar-lhes, em caráter permanente, o **valor real**, conforme critérios estabelecidos em lei.

Tal regra decorre do Princípio da Irredutibilidade do Valor do Benefício da previdência pública, que uma vez legitimamente concedido não poderá sofrer redução em razão do direito adquirido (irredutibilidade pelo valor nominal) e ainda precisa sofrer um **reajuste periódico para manter o poder aquisitivo** (irredutibilidade pelo valor real), conforme critério a ser definido por lei do ente federativo.

A garantia da irredutibilidade do valor dos proventos de aposentadoria apenas protege as concessões legítimas, não tutelando o deferimento de benefício com valor acima do que a legislação permite.

> ■ **POSIÇÃO DO STF**
>
> "A redução de proventos de aposentadoria, quando concedida em desacordo com a lei, não ofende o princípio da irredutibilidade de vencimentos. Precedentes." (MS 25.552, Rel. Min. Cármen Lúcia, julgamento em 7-4-2008, Plenário, *DJE* de 30-5-2008)

1.3.9. Aposentadoria não inferior a um salário mínimo

No cálculo da renda mensal da aposentaria, esta não poderá ser inferior a um salário mínimo, nos termos do artigo 40, §2º[7], da Constituição, que decorre do mínimo de proteção previdenciária que se espera de um regime de previdência pública.

1.3.10. *Tempus Regit Actum*

Trata-se de um princípio geral do Direito que pontifica que os atos jurídicos deverão ser regulados pela lei vigente no momento da sua realização, normalmente não se aplicando os novos regramentos que lhe são posteriores, salvo previsão expressa em sentido contrário.

É possível afirmar que tem berço constitucional por derivar do direito fundamental que proíbe a nova lei de prejudicar o direito adquirido, **o ato jurídico perfeito** e a coisa julgada, conforme previsão do artigo 5º, inciso XXXVI, da CRFB.

Logo, a nossa Constituição adotou o Princípio da Irretroatividade Restrita, pois as novas leis não poderão desrespeitar o direito adquirido, a coisa julgada e o ato

---

7. § 2º Os proventos de aposentadoria não poderão ser inferiores ao valor mínimo a que se refere o § 2º do art. 201 ou superiores ao limite máximo estabelecido para o Regime Geral de Previdência Social, observado o disposto nos §§ 14 a 16. (Redação dada pela Emenda Constitucional nº 103, de 2019)

jurídico perfeito, podendo gerar efeitos retroativos em determinadas situações autorizadas, a exemplo da lei penal, que deverá retroagir para beneficiar o réu.

Conquanto não esteja explicitamente previsto na legislação da previdência social como princípio informador, entende-se que ele integra o seu rol, sendo muitas vezes usado para definir o regime jurídico dos benefícios previdenciários, pois deverá ser aplicada a lei vigente na data do nascimento do direito à prestação previdenciária.

É que o ato administrativo de concessão de um benefício pela Previdência Social classifica-se como ato jurídico perfeito, conquanto surta efeitos por dias, meses, anos ou décadas, pois a obrigação de pagamento das parcelas do benefício é mensal, configurando-se uma relação jurídica continuada ou de trato sucessivo.

O ato jurídico de concessão de um benefício se aperfeiçoa sob a vigência de uma lei, mas comumente continua gerando efeitos jurídicos sob a vigência de um ou mais regimes jurídicos instituídos por leis novas, o que não raro gera um conflito aparente intertemporal, especialmente quando o novel regime é mais benefício aos segurados e seus dependentes.

Assim, a rigor, a lei nova não se aplicará ao benefício concedido anteriormente, mesmo se melhor para o segurado, salvo previsão expressa em sentido contrário para favorecer os beneficiários.

■ **POSIÇÃO DO STF**

Inclusive, o próprio STF já aplicou este princípio no julgamento de inúmeras lides previdenciárias, a exemplo da decisão no AI 732.564 AgR, de 25.08.2009:

"EMENTA: AGRAVO REGIMENTAL NO AGRAVO DE INSTRUMENTO. PREVIDENCIÁRIO. PENSÃO POR MORTE. FILHA SOLTEIRA UNIVERSITÁRIA. AGRAVO REGIMENTAL AO QUAL SE NEGA PROVIMENTO. **1. A pensão por morte rege-se pela legislação em vigor na data do falecimento do segurado. Princípio da lei do tempo rege o ato (*tempus regit actum*). Precedentes**. 2. Impossibilidade de verificar, no caso concreto, se, na data do falecimento do segurado, a beneficiária cumpria os requisitos legais para receber o benefício previdenciário. Incidência das Súmulas 279 e 280 do Supremo Tribunal Federal. Precedentes".

Nesse caminho, já pontificou a Suprema Corte que "os benefícios previdenciários devem regular-se pela lei vigente ao tempo em que preenchidos os requisitos necessários à sua concessão. Incidência, nesse domínio, da regra 'tempus regit actum', que indica o estatuto de regência ordinariamente aplicável em matéria de instituição e/ou de majoração de benefícios de caráter previdenciário" (AI 625.446 AgR, de 12.08.2008).

Note-se que inexiste direito adquirido a novo regime jurídico criado por lei, devendo ser identificada a lei em vigor no momento em que o beneficiário faz jus ao benefício, pois antes do preenchimento de todos os requisitos legais há mera expectativa de direito.

Assim, se determinada pessoa busca a revisão judicial de uma aposentadoria concedida no ano de 1980, as normas vigentes à época é que deverão nortear a decisão do julgador (ultra atividade de normas já revogadas), e não as atuais, mesmo que mais favoráveis ao aposentado, salvo se houver expressa permissão legal em sentido contrário.

■ **POSIÇÃO DO STJ**

O Superior Tribunal de Justiça também vem seguindo o mesmo entendimento, conforme se depreende da análise do julgado colacionado:

"AGRAVO REGIMENTAL NO RECURSO ESPECIAL. PREVIDENCIÁRIO. TEMPO DE SERVIÇO ESPECIAL. FATOR DE CONVERSÃO. APLICAÇÃO DA LEI VIGENTE À ÉPOCA EM QUE A ATIVIDADE FOI PRESTADA. AGRAVO IMPROVIDO

1. Em obediência ao **princípio do tempus regit actum**, o fator a ser aplicado na conversão o tempo de serviço especial em comum, para obtenção de aposentadoria especial, deve ser regulada pela legislação em vigor à época em que o serviço foi prestado em condições especiais (AgRg no REsp 1.096.410 / MG, 6ª Turma, de 29.06.2009)".

Registre-se que esse caráter intertemporal dificulta bastante a análise de processos que tratam de benefícios antigos, pois toda a apreciação deverá ser promovida à luz da legislação de época.

1.3.11. Contrapartida ou Precedência da Fonte de Custeio

Por esse princípio, "nenhum benefício ou serviço da seguridade social poderá ser criado, majorado ou estendido sem a correspondente fonte de custeio total"[8]. É também conhecido como Princípio da Preexistência ou Antecedência da Fonte de Custeio ou ainda Princípio da Contrapartida.

Este princípio surgiu no Brasil através da Emenda 11/1965, que alterou a Constituição de 1946, sendo aplicável naquela época aos benefícios da previdência e da assistência social.

De fato, o que essa norma busca é uma gestão responsável da seguridade social, pois a criação de prestações no âmbito da previdência, da assistência ou da saúde pressupõe a prévia existência de recursos públicos, sob pena de ser colocado em perigo todo o sistema com medidas irresponsáveis.

Por conseguinte, antes de criar um novo benefício da seguridade social ou majorar/estender os já existentes, deverá o ato de criação apontar expressamente a

8. Artigo 195, §5º, da CRFB.

fonte de custeio respectiva, através da indicação da dotação orçamentária, a fim de se manter o equilíbrio entre as despesas e as receitas públicas.

Vale frisar que nem mesmo os casos fortuitos ou de força maior terão o condão de excepcionar esta norma principiológica.

A regulamentação da regra de contrapartida consta da Lei de Responsabilidade Fiscal (LC 101/2000 – LRF) nos artigos 17 e 24, se aplicável a benefício ou serviço de saúde, previdência e assistência social, inclusive os destinados aos servidores públicos e militares, ativos e inativos, e aos pensionistas.

De efeito, de acordo com a LRF, nenhum benefício ou serviço relativo à seguridade social poderá ser criado, majorado ou estendido sem a indicação da fonte de custeio total, nos termos do § 5º do art. 195 da Constituição, atendidas ainda as exigências do seu artigo 17, que exige:

a) os atos que criarem ou aumentarem despesa deverão ser instruídos com a estimativa e demonstrar a origem dos recursos para seu custeio;

b) para efeito do atendimento acima, o ato será acompanhado de comprovação de que a despesa criada ou aumentada não afetará as metas de resultados fiscais previstas no anexo de metas fiscais, devendo seus efeitos financeiros, nos períodos seguintes, ser compensados pelo aumento permanente de receita ou pela redução permanente de despesa[9];

c) considera-se aumento permanente de receita o proveniente da elevação de alíquotas, ampliação da base de cálculo, majoração ou criação de tributo ou contribuição;

d) a despesa não será executada antes da implementação das medidas referidas acima, as quais integrarão o instrumento que a criar ou aumentar.

Por outro lado, a exigências acima (art. 17 da LRF) arroladas são **dispensadas nas seguintes hipóteses**:

> I – concessão de benefício a quem satisfaça as condições de habilitação prevista na legislação pertinente;
>
> II – expansão quantitativa do atendimento e dos serviços prestados;
>
> III – reajustamento de valor do benefício ou serviço, a fim de preservar o seu valor real.

Apesar de o RPPS não estar disciplinado entre os artigos 194 e 204 da Constituição, há plena aplicabilidade da regra de contrapartida:

---

9. A comprovação, apresentada pelo proponente, conterá as premissas e metodologia de cálculo utilizadas, sem prejuízo do exame de compatibilidade da despesa com as demais normas do plano plurianual e da lei de diretrizes orçamentárias.

■ POSIÇÃO DO STF

ADI 2311 MC

Órgão julgador: **Tribunal Pleno**

Relator(a): Min. NÉRI DA SILVEIRA

Julgamento: 07/03/2002

Publicação: 07/06/2002

Ementa

EMENTA:- Ação direta de inconstitucionalidade. *Lei* Estadual n.º 2.120/99. Alegação de que a *Lei* Estadual violou os arts. 25, §§ 1º e 4º, 40 e 195, "caput", § 5º, da CF, ao indicar "os filhos solteiros, com idade até 24 anos e freqüência a cursos superiores ou técnico de 2º grau como *dependentes*, para fins previdenciários, no Estado do Mato Grosso do Sul. **2. O art. 195, da CF, na redação da EC n.º 20/98, estipula que nenhum benefício ou serviço de seguridade social poderá ser criado, majorado ou estendido sem a correspondente fonte de custeio total.** A *Lei* n.º 9.717/98 dispôs sobre regras gerais para a organização e funcionamento dos regimes próprios de previdência social dos servidores públicos da União, dos Estados, do Distrito Federal e dos Municípios, dos militares dos Estados e do Distrito Federal, dando outras providências. 3. No art. 5º, da *Lei* n.º 9.717/98 dispõe que "os regimes próprios de previdência social dos servidores públicos da União, dos Estados, do Distrito Federal e dos Municípios, dos militares dos Estados, e do Distrito Federal, não poderão conceder benefícios distintos dos previstos no Regime Geral de Previdência Social, de que trata a *Lei* n.º 8.213/91. **4. Extensão do benefício impugnada se fez sem qualquer previsão de correspondente fonte de custeio. A competência concorrente dos Estados em matéria previdenciária, não autoriza se desatendam os fundamentos básicos do sistema previdenciário, de origem constitucional.** 5. Relevantes os fundamentos da inicial. Medida liminar deferida.

Decisão

O Tribunal, por maioria de votos, vencido o Presidente, o Senhor Ministro Marco Aurélio, deferiu a medida liminar para suspender, até a decisão final da ação direta de inconstitucionalidade, a eficácia da *Lei* nº 2.120, de 27 de junho de 1999, do Estado de Mato Grosso do Sul, que acrescentou o inciso IX ao artigo 8º da *Lei* nº 204, de 29 de dezembro de 1980, do mencionado estado. Ausentes, justificadamente, o Senhor Ministro Celso de Mello, e, neste julgamento, a Senhora Ministra Ellen Gracie. Plenário, 07.03.2002.

■ POSIÇÃO DO STF

ADI 3628

Órgão julgador: **Tribunal Pleno**

Relator(a): Min. DIAS TOFFOLI

Julgamento: 08/03/2018

Publicação: 10/10/2018

Ementa

EMENTA Ação direta de inconstitucionalidade. Artigo 110, parágrafo único, Lei nº 915, de 18 de agosto de 2005, do Estado do Amapá. *Regime próprio* de previdência social dos servidores estaduais. Transferência da responsabilidade do pagamento de aposentadorias. Equilíbrio financeiro e atuarial do sistema *próprio* de previdência. Violação do art. 40, caput, da CF/88. Inclusão por emenda parlamentar. Inconstitucionalidade formal. Ausência. Procedência da ação. 1. Durante o período de vigência do Decreto nº 87, de 6 de junho de 1991, não havia contribuição dos servidores ao antigo IPEAP para o *custeio* dos benefícios de aposentadoria. O art. 254 da Lei estadual nº 66, de 6 de maio de 1993, expressamente determinava que "[a]s despesas decorrentes com aposentadorias serão de responsabilidade integral do Governo do Estado do Amapá". 2. A transferência à Amapá Previdência (AMPREV) da responsabilidade pelo pagamento das aposentadorias e pensões que tenham sido concedidas pelos Poderes do Estado, pelo Ministério Público ou pelo Tribunal de Contas durante o período de vigência do Decreto 84/91 **e sem que tenha havido *contrapartida* dos segurados ou do *próprio* Estado do Amapá acarreta grave ofensa à regra de equilíbrio financeiro e atuarial do sistema *próprio* de previdência (art. 40, caput, CF /88). Essa regra destina-se à preservação da suficiência, presente e futura, do fundo de previdência, tendo em vista o sopesamento entre as receitas e as despesas com benefícios, o qual restaria prejudicado com a assunção de obrigação desprovida de qualquer contraprestação pecuniária.** 3. Não cabe à Amapá Previdência arcar com o pagamento desses benefícios, os quais devem permanecer sob responsabilidade exclusiva e integral do Tesouro estadual. A inclusão do dispositivo ora impugnado via emenda parlamentar sem qualquer indicação de *fonte* de *custeio* total (art. 195, § 5º, c/c o art. 40, § 12, CF/88) destoa por completo do *regime* contributivo e contábil previsto no projeto legislativo original. 4. Não há ofensa à reserva de iniciativa legislativa privativa do chefe do Poder Executivo para tratar de matéria sobre a organização e o funcionamento da Administração Pública (art. 61, § 1º, II, b e c, da CF/88). A Lei estadual nº 915/2005 é oriunda de proposição legislativa feita pelo *próprio* Governador do Estado, tendo a inserção do parágrafo único do art. 110 sido obra de emenda de origem parlamentar. A Corte tem entendido, reiteradamente, que a Constituição Federal somente veda ao Poder Legislativo formalizar emendas a projetos de iniciativa exclusiva se delas resultar aumento de despesa pública ou se elas forem totalmente impertinentes à matéria versada no projeto (ADI nº 3.288/MG, Rel. Min. Ayres Britto, DJ de 24/2/11; ADI nº 2.350/GO, Rel. Min. Maurício Corrêa, DJ de 30/4/04). No caso, não houve aumento de despesa - pois o pagamento dos benefícios de aposentadoria e pensão já vinha sendo suportado pelo Tesouro estadual -, nem impertinência temática da emenda parlamentar em relação ao projeto de lei apresentado pelo Executivo. 5. Modulação dos efeitos da declaração de inconstitucionalidade, nos termos do art. 27 da Lei nº 9.868/99, para dar efeitos prospectivos à decisão, de modo que somente produza seus efeitos a partir de seis meses, contados da data da publicação da ata do julgamento, tempo hábil para que os órgãos estaduais envolvidos cumpram a decisão da Corte e regularizem a situação perante a Amapá Previdência. 6. Ação direta julgada procedente.

Por outro lado, **se o benefício da seguridade social for instituído pela própria Constituição, não terá aplicação o Princípio da Precedência da Fonte de Custeio:**

■ **POSIÇÃO DO STF**

"EMENTA: – Pensão por morte do servidor público. Aplicação do artigo 40, § 5º, da Constituição Federal. 2. Esta Corte já firmou entendimento segundo o qual esse dispositivo, que é auto-aplicável, determina a fixação da pensão por morte do servidor público no valor correspondente à totalidade dos vencimentos ou proventos que ele percebia. Precedentes. **3. Inexigibilidade, por outro lado, da observância do artigo 195, § 5º, da Constituição Federal, quando o benefício é criado diretamente pela Constituição.** 4. Recurso extraordinário conhecido e provido" (RE 220.742, de 03.03.1998).

"Considerada a redação do artigo 40 da Constituição Federal antes da EC 20/98, em vigor na data do falecimento da servidora, que não faz remissão ao regime geral da previdência social, **impossível a invocação tanto do texto do artigo 195, § 5º – exigência de fonte de custeio para a instituição de benefício –, quanto o do art. 201, V**" (RE 385.397 AgR, de 29.06.2007).

A regra de contrapartida tem se mostrado uma regra de conveniência política. Quando o Poder Executivo adere ao Legislativo ou ao Judiciário, passa em branco a elevação de despesas previdenciárias sem a respectiva prévia fonte de custeio.

Por outro lado, quando o Poder Executivo discorda da elevação de despesa feita pelo Legislativo ou por decisão judicial do STJ ou instâncias inferiores, recorre ao STF para a reversão da decisão, a exemplo da revisão de pensão por morte e desaposentação, em que um dos pilares do provimento pela Suprema Corte foi a regra de contrapartida.

Enfim, é preciso que os Poderes da República levem mais a sério a regra de contrapartida, pois o equilíbrio das contas da seguridade social é que manterá a sua proteção.

1.4. SEGURADOS E DEPENDENTES

São segurados do RPPS os **servidores titulares de cargo de provimento efetivo**, bem como os militares estaduais e distritais, sendo que a cessão de servidor ou militar dos Estados e do Distrito Federal (com ou sem ônus) não o retira do seu RPPS[10].

Logo, desde a Emenda 20/1998, foram excluídos do RPPS os ocupantes de cargo em comissão sem vínculo efetivo, os titulares de mandato eletivo e os contratados por regime especial por excepcional interesse público.

Na esfera federal, os titulares de cargo em comissão já eram vinculados ao RGPS desde o advento da Lei 8.647/93, o que foi estendido aos demais entes políticos pela referida reforma constitucional.

Nos termos do artigo 4º da Portaria MTP 1.467, de 2 de junho de 2022, **o segurado de RPPS permanecerá filiado a esse regime**, no ente federativo de origem, nas seguintes situações:

> I - quando cedido, com ou sem ônus para o cessionário, a órgão ou entidade da administração direta ou indireta de quaisquer dos entes federativos;
>
> II - quando licenciado, na forma da lei do ente federativo;
>
> III - durante o afastamento do cargo para o exercício de mandato eletivo em quaisquer dos entes federativos, com ou sem ônus para o órgão do exercício mandato, conforme art. 38 da Constituição Federal;
>
> IV - durante o afastamento do país por cessão ou licenciamento na forma da lei do ente federativo; e
>
> V - durante o afastamento para exercício de cargo temporário ou função pública providos por nomeação, designação ou outra forma de investidura nos órgãos ou entidades da administração pública direta, indireta ou fundacional do mesmo ou de outro ente federativo.

Já o segurado de RPPS que for investido no mandato de vereador e, havendo compatibilidade de horários, continuar exercendo as atribuições do cargo efetivo, sem prejuízo da remuneração do cargo eletivo, permanecerá filiado ao RPPS no ente federativo de origem em relação ao cargo efetivo, sendo filiado ao RGPS pelo exercício concomitante do cargo eletivo.

A perda da condição de segurado do RPPS ocorrerá nas hipóteses de morte, exoneração, demissão, cassação da aposentadoria ou em razão de decisão judicial[11].

> ■ **POSIÇÃO DO STF**
>
> De acordo com o STF, no regime anterior ao advento da Emenda 20/1998, em que o servidor exclusivamente comissionado estadual e municipal era

10. Artigo 1º-A da Lei 9.717/98.
11. Artigo 6º da Portaria MTP 1.467, de 2 de junho de 2022.

segurado do RPPS, "o Tribunal firmou entendimento no sentido de que legislações locais, com fundamento no art. 40, § 2º, da Constituição, podem exigir o preenchimento de requisitos específicos para a aposentadoria de servidor ocupante de cargo em comissão, entre eles a exigência de tempo mínimo de permanência no cargo para que se aperfeiçoe o direito à aposentadoria" (RE 380382/AgR, de 2/12/2010).

Por força da Emenda 103/2019, aplica-se ao **agente público** ocupante, exclusivamente, de cargo em comissão declarado em lei de livre nomeação e exoneração, de outro cargo temporário, inclusive aos detentores de **mandato eletivo**, ou de emprego público, o Regime Geral de Previdência Social.

Não deve ser segurado do RPPS, em especial após a EC 20/1998, o servidor estabilizado de que trata o artigo 19 do ADCT da Constituição:

> "Art. 19. Os servidores públicos civis da União, dos Estados, do Distrito Federal e dos Municípios, da administração direta, autárquica e das fundações públicas, em exercício na data da promulgação da Constituição, **há pelo menos cinco anos continuados, e que não tenham sido admitidos na forma regulada no art.** 37, da Constituição, são considerados **estáveis no serviço público**".

Trata-se de servidores que não prestaram concurso público e que foram estabilizados por terem ingressado no serviço público até 05/10/1983, não sendo efetivos, embora sejam estáveis.

> ■ **POSIÇÃO DO STF**
>
> **Tema 1254:** *São admitidos no regime próprio de previdência social exclusivamente os servidores públicos civis detentores de cargo efetivo (art. 40, CF, na redação dada pela EC nº 20/98), o que exclui os estáveis na forma do art. 19 do ADCT e demais servidores admitidos sem concurso público.*

O INSS interpôs embargos de declaração no Tema 1254, a fim de suprir omissão. Como se trata de tema em repercussão geral, **com base em parecer da lavra do autor desta obra no exercício do cargo de Procurador Federal**, foi buscada uma tese abstrata para lastrear todos os entes federativos que possuem servidor públicos não concursados filiados ao RPPS, não apenas os estabilizados do artigo 19 do ADCT da Constituição Federal.

Em 10 de junho de 2024, os embargos foram providos, fixando-se a seguinte tese:

> *"Decisão: (RG-ED-segundos) O Tribunal, por unanimidade, (i) indeferiu os pedidos de admissão de amici curiae do Município de São Paulo e da Confederação Nacional dos Trabalhadores em Educação CNTE, não conhecendo,*

> *por consequência, dos embargos declaração opostos pela CNTE; (ii) rejeitou os embargos de declaração da parte recorrida (beneficiário da aposentadoria); e (iii) acolheu parcialmente os embargos de declaração do INSS para modular os efeitos da decisão, com o acréscimo de esclarecimentos à tese de julgamento, nos seguintes termos: **"Somente os servidores públicos civis detentores de cargo efetivo (art. 40, CF, na redação dada pela EC 20/98) são vinculados ao regime próprio de previdência social, a excluir os estáveis nos termos do art. 19 do ADCT e os demais servidores admitidos sem concurso público, ressalvadas as aposentadorias e pensões já concedidas ou com requisitos já satisfeitos até a data da publicação da ata de julgamento destes embargos declaratórios"**. Tudo nos termos do voto do Relator, Ministro Luís Roberto Barroso (Presidente). Plenário, Sessão Virtual de 31.5.2024 a 10.6.2024".*

Considerando que a ata do julgamento foi publicada em **17 de junho de 2024**, esta a data do recorte da modulação, devendo permanecer no RPPS todos os servidores sem concurso público que preencheram os requisitos para aposentar até 11/06/2024.

Outrossim, considerando que o fato gerador da pensão por morte é a data do óbito, os referidos servidores que faleceram até 17/06/2024 instituirão pensão por morte no RPPS, **inclusive os que não possuíam requisitos para se aposentar no RPPS,** pois para a concessão deste benefício não programado basta a condição de segurado no RPPS.

Por outro lado, os servidores não concursados que não cumpriram os requisitos para a aposentação no RPPS até 17.06.2024 ou que morreram a partir de 18.06.2024 deverão buscar o RGPS.

Ressalva-se que no caso de existência de ADI ou ADPF específica para determinado ente federativo, devem prevalecer as disposições da decisão vinculante específica.

A respeito, veja-se questionável consulta da lavra da Divisão de Orientação e Informações Técnicas do Ministério da Previdência Social, **que estabelece que o marco temporal firmado no tema 1254 é exclusivo para o Estado do Tocantins:**

> *"TEMA 1254 DO STF. EXTENSÃO DA MODULAÇÃO DOS EFEITOS DA TESE FIXADA AOS SERVIDORES NÃO EFETIVOS E NÃO ESTABILIZADOS PELO ART. 19 DO ADCT. POSSIBILIDADE DE INTERNALIZAÇÃO POR MEIO DE LEI LOCAL. INVIABILIDADE DE APLICAÇÃO RETROATIVA E ADOÇÃO DO MESMO MARCO TEMPORAL. SEGURANÇA JURÍDICA. EMISSÃO DE CERTIDÃO DE TEMPO DE CONTRIBUIÇÃO PELO RPPS NA HIPÓTESE DE MIGRAÇÃO DE SERVIDORES PARA O RGPS. INVALIDAÇÃO DA RELAÇÃO JURÍDICA DE FILIAÇÃO AO RPPS SEM EFEITOS RETROATIVOS. ART. 182, §4º DA PORTARIA MTP 1467, DE 2022.*
>
> *A possibilidade de extensão dos efeitos da decisão de modulação do Tema 1254 do STF em favor dos servidores não efetivos e não estabilizados e dos admitidos após a promulgação da Constituição Federal de 1988 sem prévia*

aprovação em concurso público ocorre, no panorama jurídico atual, por meio de decisão judicial própria que assegure a manutenção, no RPPS, das aposentadorias e pensões concedidas e aquelas com requisitos já satisfeitos antes do marco temporal específico definido para o caso concreto ou, por outra forma, mediante a internalização do teor da tese fixada para o Tema 1254 efetivada por meio de lei local não retroativa que assegure a manutenção no regime próprio das aposentadorias e pensões concedidas e aquelas com requisitos já satisfeitos antes da data da publicação da lei nova, com previsão de migração para o RGPS dos servidores que não atendem tais requisitos.

***O marco temporal adotado na tese fixada no Tema 1254, qual seja, 17 de junho de 2024, data da publicação da ata de julgamento dos segundos embargos de declaração no RE 1426306, aplica-se somente ao RPPS do Estado de Tocantins**, ou seja, não se aplica na hipótese de declaração de inconstitucionalidade da lei local de ente diverso, porque o marco da alteração de regime, nestes casos, dependerá de haver ou não modulação de efeitos para o ente federado específico. Do mesmo modo, não se aplica o marco temporal adotado na tese fixada no Tema 1254 na hipótese de invalidação da filiação do servidor ao RPPS por meio de lei local que a internalizou, em razão da necessidade de observância do princípio da irretroatividade da lei para preservação de direitos adquiridos, em consonância com a modulação dos efeitos da tese geral.*

***Portanto, nos casos de filiação a RPPS de servidores não efetivos, estabilizados ou não pelo art. 19 do ADCT, bem como dos demais servidores estatutários não admitidos por concurso público, NÃO havendo decisão judicial específica para o ente federativo, admite-se a invalidação da relação jurídica de filiação ao RPPS por lei local**, com efeitos a partir da data de sua publicação, com possibilidade de emissão de Certidão de Tempo de Contribuição (CTC) destinada ao RGPS, referente ao tempo anterior de vínculo ao RPPS, para os servidores que ainda não integralizaram os requisitos para aposentadoria neste regime até a data definida em lei local e que serão migrados para o RGPS. Nessa hipótese, aplica-se o disposto no § 4º do art. 182 da Portaria MTP nº 1.467, de 2022, incluído pela Portaria MPS nº 1.180, de 16 de abril de 2024". (Divisão de Orientação e Informações Técnicas - DIOIT/CGNAL/DRPPS/SRPC/MPS. GESCON L510483/2024. Data: 4/11/2024).*

Por outro lado, para aqueles estabilizados que preencheram os requisitos para se aposentar no RPPS, o STF vem preservando a filiação por segurança jurídica mesmo com a inconstitucionalidade de filiação ao regime de previdência equivocado, a exemplo do julgamento da ADPF 573/PI, dentre outras modulações.

Conforme narrado pelo STF, "*na origem, a recorrida, servidora aposentada do quadro de pessoal do Estado do Tocantins, ajuizou, perante a 2ª Vara Federal da Seção Judiciária do Estado do Tocantins, ação contra o INSS, o IGEPREV/TO e o Estado do Tocantins, com o objetivo de converter sua aposentadoria pelo regime geral de previdência social (RGPS) para o regime próprio (RPPS) vinculado ao IGEPREV/TO. Relatou que em 1978 fora contratada como professora do Estado de Goiás e transferida para o Estado do Tocantins em 1989, estabilizada por força do art. 19 do ADCT da Constituição Federal, sem aprovação em concurso público. Apontou que, por força da Lei estadual 1.246/2001, deixara de contribuir para o regime próprio, passando a contribuir para o RGPS. Aposentou-se pelo INSS em 2004, por tempo de contribuição, segundo as regras do regime geral de previdência".*

O Estado do Tocantins editou lei local em 2001 modificando a filiação previdenciária dos estabilizados pelo artigo 19 do ADCT do RPPS para o RGPS, regra que foi preservada pelo STF.

A questão é que se trata de **precedente qualificado que ultrapassa o caso concreto**, e que, diferentemente do Estado do Tocantins, centenas de entes federativos conservam os servidores estabilizados do artigo 19 do ADCT da CF/1988 no RPPS, a exemplo do **Município de Salvador, Bahia.**

Como exemplo, somente no **Município do Guarujá** temos 321 servidores estabilizados por força do artigo 19 do ADCT da CF/1988: https://www.mpc.sp.gov.br/procurador-entra-com-recurso-contra-sentenca-que-deixou-de-condenar-existencia-de-servidores-nao. E vários estados da federação, a exemplo de São Paulo, Rondônia, Ceará, Santa Catarina, Pará e praticamente todos os entes.

Como se trata de tema em repercussão geral, há o risco desses inúmeros entes buscarem a vinculação dos estabilizados no âmbito do RGPS, tendo havido recolhimento das contribuições ao RPPS.

Há, ainda, uma outra situação jurídica a ponderar: até o advento da EC 20/1998 (16.12.1998), não havia fechamento para a filiação ao RPPS dos servidores públicos detentores de cargo efetivo, conforme fixado pelo próprio STF no julgamento da ADPF 573: *"6. A jurisprudência do STF é no sentido de que os beneficiados pela estabilidade excepcional prevista no art. 19 do ADCT não são detentores das vantagens privativas dos servidores ocupantes de cargo efetivo, o que afasta a possibilidade de participação no regime próprio de previdência social.* ***A partir da EC nº 20/1998, o regime próprio é exclusivo para os detentores de cargo efetivo, os quais foram aprovados em concurso público****".*

Outro ponto merece destaque**: a compensação financeira do RPPS ao RGPS ou indenização correspondente precisa ser claramente garantida pelo STF**, pois se trata de nulidade de filiação por inconstitucionalidade, e não de típica compensação financeira em decorrência de legítima contagem recíproca de tempo de contribuição.

Como se trata de precedente qualificado firmado no tema 1.254 em repercussão geral, ele por certo ultrapassa o caso concreto, atingindo centenas de entes federativos que ainda conservam os citados estabilizados no RPPS local por força da legislação estadual ou municipal, não tratando de modulação e de compensação ao RGPS.

A meu ver, a fim de abarcar todas as situações, o STF deveria ter firmado a seguinte tese de repercussão geral: "***São admitidos DESDE 16.12.1998 no regime***

próprio de previdência social exclusivamente os servidores públicos civis detentores de cargo efetivo (art. 40, CF, na redação dada pela EC nº 20/98), o que exclui os estáveis na forma do art. 19 do ADCT e demais servidores admitidos sem concurso público, RESPEITADAS AS SITUAÇÕES DE CABIMENTO DE MODULAÇÃO (ADI 3221, ADI 4876, ADI 5111, ADI 3636, DENTRE OUTRAS), SEMPRE OBSERVADA A COMPENSAÇÃO FINANCEIRA DEVIDA AO RGPS PELO PERÍODO CONTRIBUÍDO AO RPPS".

No entanto, ao julgar o **tema 1157** em repercussão geral, que não abrange diretamente o RPPS, decidiu o STF que **é vedado o reenquadramento, em novo Plano de Cargos, Carreiras e Remuneração, de servidor admitido sem concurso público antes da promulgação da Constituição Federal de 1988, mesmo que beneficiado pela estabilidade excepcional do artigo 19 do ADCT, haja vista que esta regra transitória não prevê o direito à efetividade, nos termos do artigo 37, II, da Constituição Federal e decisão proferida na ADI 3609 (Rel. Min. DIAS TOFFOLI, Tribunal Pleno, DJe. 30/10/2014):**

> **■ POSIÇÃO DO STF**
>
> "28/03/2022 PLENÁRIO RECURSO EXTRAORDINÁRIO COM AGRAVO 1.306.505 ACRE RELATOR : MIN. ALEXANDRE DE MORAES RECTE.(S) :ESTADO DO ACRE ADV.(A/S) :RODRIGO FERNANDES DAS NEVES PROC.(A/S)(ES) :PROCURADOR-GERAL DO ESTADO DO ACRE RECDO.(A/S) :JUAREZ GENEROSO DE OLIVEIRA FILHO ADV.(A/S) :TATIANA KARLA ALMEIDA MARTINS EMENTA: TEMA 1157 DA REPERCUSSÃO GERAL. SERVIDOR ADMITIDO SEM CONCURSO PÚBLICO NA VIGÊNCIA DA CONSTITUIÇÃO PRETÉRITA. IMPOSSIBILIDADE DE ENQUADRAMENTO NO PLANO DE CARGOS, CARREIRA E REMUNERAÇÃO IMPLEMENTADO PARA SERVIDORES PÚBLICOS EFETIVOS. VIOLAÇÃO AO ARTIGO 37, INCISO II, DA CONSTITUIÇÃO FEDERAL E DA TESE FIRMADA NA ADI 3.609/AC. AGRAVO CONHECIDO. PROVIMENTO AO RECURSO EXTRAORDINÁRIO. DENEGAÇÃO DA ORDEM.
>
> 1. O Plenário do SUPREMO TRIBUNAL FEDERAL, no julgamento da ADI 3609, Rel. Min. DIAS TOFFOLI, Tribunal Pleno, DJe de 30/10/2014, declarou a inconstitucionalidade da Emenda Constitucional 38/2005, da Constituição do Estado do Acre, que previa a efetivação de servidores públicos providos sem concurso público até 31 de dezembro de 1994, mesmo que não se enquadrassem na estabilidade excepcional prevista no artigo 19 do ADCT da Constituição Federal, por violação ao artigo 37, II, da Constituição Federal.
>
> 2. A modulação dos efeitos realizada por esta CORTE no julgamento da ADI 3609 não conferiu efetividade aos servidores que ingressaram no serviço público estadual sem concurso até 5/2/2015. A concessão de efeitos prospectivos teve por escopo conceder ao Estado tempo suficiente para a realização de concurso

público para o preenchimento dos cargos que foram ocupados de forma inconstitucional, visando a evitar a paralisação de serviço público essencial.

3. Inexistência de direito líquido e certo ao reenquadramento no novo Plano de Cargos, Carreiras e Remuneração (PCCR), criado para servidores efetivos admitidos mediante concurso público e instituído pela Lei Estadual 2.265, de 31 de março de 2010, com alterações promovidas pela Lei Estadual 3.104, de 29 de dezembro de 2015, ambas do Estado do Acre, uma vez que foi admitido em 13 de maio de 1986, sem concurso público e contratado pelo regime celetista.

4. Dispensada a devolução de valores eventualmente recebidos de boa-fé até a data de conclusão do presente julgamento tendo em vista a natureza jurídica de verba alimentar das quantias percebidas.

5. Agravo conhecido para DAR PROVIMENTO ao Recurso Extraordinário do Estado, e DENEGAR A SEGURANÇA.

6. Fixação, para fins de repercussão geral, da seguinte tese ao Tema 1157: "É vedado o reenquadramento, em novo Plano de Cargos, Carreiras e Remuneração, de servidor admitido sem concurso público antes da promulgação da Constituição Federal de 1988, mesmo que beneficiado pela estabilidade excepcional do artigo 19 do ADCT, haja à vista que esta regra transitória não prevê o direito à efetividade, nos termos do artigo 37, II, da Constituição Federal e decisão proferida na ADI 3609 (Rel. Min. DIAS TOFFOLI, Tribunal Pleno, DJe. 30/10/2014)".

Por conseguinte, com lastro no tema 1157, considerando que o abono de permanência não é um benefício previdenciário, **o STF tem negado o seu deferimento aos servidores estabilizados nos termos do artigo 19 do ADCT da Constituição de 1988**:

■ **POSIÇÃO DO STF**

ARE 1448076 / SC - SANTA CATARINA

RECURSO EXTRAORDINÁRIO COM AGRAVO

Relator(a): Min. EDSON FACHIN

Julgamento: 09/08/2023

Publicação: 14/08/2023

É o relatório. Decido. A irresignação merece prosperar. Verifica-se que o Tribunal de origem, quando do julgamento do recurso inominado, manteve a sentença por seus próprios fundamentos. Reproduzo, por oportuno, trechos da decisão de piso (eDOC 10, pp. 3): "O requerente foi nomeado para o exercício do cargo comissionado de Chefe de Gabinete Parlamentar, desde 01/07/1981, atuando junto à Assembleia Legislativa do Estado de Santa Catarina. Sustenta que permaneceu no serviço público, de modo que, em 01/06/2018, completou os requisitos necessários para a aposentadoria por tempo de contribuição, razão pela qual ingressou com pedido administrativo para concessão do abono de permanência, no entanto, a ALESC indeferiu o pedido. O Estado, por sua vez, argumentou pela necessidade de declaração da inconstitucionalidade incidental da Resolução de n.º 829/1982, que permitiu o provimento do autor em cargo público efetivo sem aprovação em concurso público. No mérito, asseverou que o servidor não preencheu os requisitos legais para a concessão do abono, indicando não contar com 60 (sessenta) anos de idade. Pois bem. O abono de permanência foi instituído pela Emenda Constitucional de n.º 41/2003, posteriormente editado pela EC de n.º 103/2019, e restou acolhido pelo artigo 40 da Constituição Federal, que assim dispõe: (...) Ou seja, o abono de permanência consiste no direito do servidor titular de cargo efetivo que, ao implementar os requisitos para obter a aposentadoria voluntária, escolhe continuar na atividade, fazendo jus ao reembolso do valor da contribuição previdenciária. (...) À luz dos princípios da razoabilidade e proporcionalidade, e considerando a aplicação da decadência quinquenal, entendo que, no caso concreto, não há como admitir-se agora, passados mais de 30 anos, o desfazimento de eventual irregularidade em ato perfectibilizado, sob pena de atentar-se contra a segurança jurídica. Ademais, o próprio ente estatal reconheceu administrativamente o direito de o autor perceber o abono de permanência, com efeitos a contar de 17/11/2018, como se vê do documento de evento 20, INF39. Ainda, ratificou que o servidor completou os requisitos para aposentadoria por tempo de contribuição ainda em 01/06/2018, inexistindo, portanto, controvérsia no ponto." **A jurisprudência deste Supremo Tribunal é firme no sentido de que os servidores alcançados pela estabilidade prevista no art. 19 do Ato das Disposições Constitucionais Transitórias não se equiparam aos servidores efetivos, pois esse dispositivo apenas confere o direito de permanência no serviço público, nos cargos em que admitidos, sem incorporação na carreira e sem direitos aos benefícios privativos dos servidores efetivos**. Nesse sentido: "Agravo Interno em Recurso Extraordinário. Direito Administrativo e Constitucional. Agentes Públicos estabilizados pelo art. 19 do ADCT. Regime Previdenciário. 1. Agravo interno de decisão que negou seguimento a recurso extraordinário interposto de acórdão que determinara a vinculação de servidores não efetivos, estabilizados pelo art. 19 do ADCT, ao regime próprio de previdência social. 2. Os servidores abrangidos pela estabilidade excepcional prevista no art. 19 do ADCT não se equiparam aos servidores efetivos e, portanto, estão vinculados ao Regime Geral de Previdência Social. Inteligência o art. 40 da CF, na redação dada pela EC 20/98. 3. Agravo interno provido." (RE 1.381.137-AgR, Rel. Min. Alexandre de Moraes, Redator para o acórdão Min. Roberto Barroso, Primeira Turma, DJe 29.8.2022) "AGRAVO REGIMENTAL NO RECURSO EXTRAORDINÁRIO. PREVIDENCIÁRIO. SERVIDORA PÚBLICA APOSENTADA. ESTABILIDADE DO ART. 19 DO ATO DAS DISPOSIÇÕES CONSTITUCIONAIS TRANSITÓRIAS. IMPOSSIBILIDADE DE EQUIPARAÇÃO ENTRE SERVIDORES ESTÁVEIS NÃO EFETIVOS E SERVIDORES EFETIVOS. VINCULAÇÃO AO REGIME GERAL DE PREVIDÊNCIA SOCIAL. PRECEDENTES. AGRAVO

REGIMENTAL PROVIDO PARA DAR PROVIMENTO AO RECURSO EXTRAORDINÁRIO". (RE 1.375.560-AgR, Rel. Min. Alexandre de Moraes, Redatora para acórdão Min. Cármen Lúcia, Primeira Turma, DJe de 1º.8.2022). "Agravo regimental no recurso extraordinário com agravo. Administrativo. Servidores públicos detentores da estabilidade excepcional do art. 19 do ADCT. Inclusão no regime próprio de previdência social. Impossibilidade. Precedentes. 1 . Os servidores abrangidos pela estabilidade excepcional prevista no art. 19 do ADCT não se equiparam aos servidores efetivos, os quais foram aprovados em concurso público. Aqueles possuem somente o direito de permanecer no serviço público nos cargos em que foram admitidos, não tendo direito aos benefícios privativos dos servidores efetivos. 2. Conforme consta do art. 40 da Constituição Federal, com a redação dada pela EC nº 42/2003, pertencem ao regime próprio de previdência social tão somente os servidores titulares de cargos efetivos da União, dos Estados, do Distrito Federal e dos municípios, incluídas suas autarquias e fundações. 3. Agravo regimental não provido. 4. Majoração da verba honorária em valor equivalente a 10% (dez por cento) do total daquela já fixada (art. 85, §§ 2º, 3º e 11, do CPC), observada a eventual concessão do benefício da gratuidade da justiça". (ARE 1.069.876-AgR, Rel. Min. Dias Toffoli, Segunda Turma, DJe de 13.11.2017). **O acórdão recorrido, portanto, divergiu do entendimento desta Corte, na medida em que conferiu direito ao pagamento de abono permanência – direito reservado aos servidores efetivos –, a servidor contratado sem concurso público, ao passo que a jurisprudência desta Corte é firme no sentido de que vantagem inerente ao cargo efetivo é prerrogativa dos servidores que acessaram os cargos públicos mediante concurso público.** Especificamente em relação ao abono de permanência, ao julgar o ARE 1.355.407, de minha minha relatoria, DJe 24.10.2022, a Segunda Turma concluiu (grifos meus): "AGRAVO REGIMENTAL NOS EMBARGOS DE DECLARAÇÃO NO RECURSO EXTRAORDINÁRIO COM AGRAVO. INTERPOSIÇÃO EM 10.08.2022. DIREITO ADMINISTRATIVO. PRELIMINAR DE INTEMPESTIVIDADE DO AGRAVO INTERNO. IMPROCEDÊNCIA. SERVIDORA PÚBLICA ESTADUAL CONTRATADA ANTES DA CF/88 SEM CONCURSO PÚBLICO. PRETENSÃO DE RECEBIMENTO DO ABONO DE PERMANÊNCIA. AUSÊNCIA DE CONCURSO PÚBLICO. ART. 37, II, DA CF. IMPOSSIBILIDADE. ADI 3.609. RECURSO EXTRAORDINÁRIO DO ESTADO DO ACRE PROVIDO. 1. Improcede a preliminar, suscitada pela recorrente, de intempestividade do agravo regimental interposto pelo Estado do Acre, contra decisão exarada pela Presidência desta Corte que, após a sua reconsideração, determinou a distribuição do feito, o qual passou à minha relatoria. 2. Além de a questão não ter sido suscitada em momento oportuno, verifica-se que o agravo regimental foi apresentado tempestivamente pelo ora agravado, pois observado o prazo de 15 (quinze) dias úteis para a interposição do recurso, nos termos dos arts. 1.003 e 1.070, § 5º, c/c o art. 219, caput, do CPC. **3. No que tange ao mérito, constata-se que o Juízo a quo, ao julgar procedente o pedido formulado na petição inicial, decidiu a causa em divergência com a**

> **orientação firmada pelo Plenário desta Corte, no julgamento da ADI 3.609, de relatoria do Min. Dias Toffoli, no sentido de que, nos termos do art. 37, II, da CF, a efetividade é prerrogativa dos servidores que acessaram os cargos públicos mediante aprovação em concurso público de provas ou de provas e títulos. 4. No caso concreto, foi conferido direito ao abono de permanência à servidora pública estadual admitida antes da CF/88, sem concurso público, sequer amparada pelo art. 19 do ADCT, eis que foi contratada em 05.05.1986, em desacordo com a norma transitória, que exige pelo menos de 5 (cinco anos) de exercício continuados na data da promulgação da CF/88. 5. Além disso, ainda que tivesse cumprido tal requisito, não mereceria prosperar o recurso. Recentemente, o Plenário desta Corte, na Sessão Virtual realizada em 28.03.2022, Rel. Min. Alexandre de Moraes, ao analisar o mérito dos autos do ARE 1.306.505-RG, por meio da sistemática da repercussão geral (Tema 1157), fixou a seguinte tese: 'É vedado o reenquadramento, em novo Plano de Cargos, Carreiras e Remuneração, de servidor admitido sem concurso público antes da promulgação da Constituição Federal de 1988, mesmo que beneficiado pela estabilidade excepcional do artigo 19 do ADCT, haja vista que esta regra transitória não prevê o direito à efetividade, nos termos do artigo 37, II, da Constituição Federal e decisão proferida na ADI 3609 (Rel. Min. DIAS TOFFOLI, Tribunal Pleno, DJe. 30/10/2014)'.** 6. Agravo regimental a que se nega provimento. Majorados os honorários advocatícios em ¼ (um quarto), nos termos do art. 85, § 11, do CPC, devendo ser observados os §§ 2º e 3º do mesmo dispositivo e a suspensão da exigibilidade, por ser a parte beneficiária da justiça gratuita." **Ante o exposto, dou provimento ao recurso, a fim de reformar o acórdão recorrido e julgar improcedente a pretensão da parte autora,** nos termos do art. 21, § 2º, do RISTF.

Nos termos do artigo 182, §4º, da Portaria MTP 1.467/2022, introduzido pela Portaria MPS 1.180/2024, **na hipótese de invalidação da relação jurídica de filiação do segurado ao RPPS, por qualquer forma, serão mantidos os períodos de contribuição ao RPPS, assegurada a contagem recíproca do tempo de contribuição enquanto o vínculo esteve vigente, nos termos do disposto no § 9º do art. 201 da Constituição, mediante emissão de CTC.**

Adotou-se a mesma posição do INSS no âmbito do RGPS, em especial na situação de contratação de empregados pelos entes públicos sem a prévia realização de concurso público.

Vale frisar que mesmo que o **contrato de trabalho** seja **nulo** com pronúncia decretada pela Justiça do Trabalho, ainda assim deverá ser considerado o tempo de contribuição do período até a decretação de nulidade, pois foram vertidas as contribuições previdenciárias e pela autonomia da relação previdenciária, de natureza pública.

Este, inclusive, é o entendimento do INSS ao estatuir que o contrato de trabalho considerado nulo produz efeitos previdenciários até a data de sua nulidade, desde que tenha havido a prestação efetiva de trabalho remunerado, observando que a filiação à Previdência Social está ligada ao efetivo exercício da atividade e não à validade do contrato de trabalho.

Veja-se a respeito o artigo 48, §4º, da Instrução Normativa INSS 128/2022:

> "§ 4º Nas hipóteses de contrato de trabalho vinculado ao RGPS ser considerado nulo, o período de efetivo labor prestado pelo segurado será reconhecido no âmbito do RGPS, salvo hipótese de simulação ou fraude na investidura ou na manutenção da contratação, observados que:
>
> I - a simulação ou fraude na investidura fica caracterizada quando existe a prestação de serviço apenas em seu aspecto formal, porém sem a comprovação do efetivo labor pelo segurado, ou seja, sequer houve a atividade laboral que ensejaria a proteção previdenciária, de modo que o contrato de trabalho considerado nulo não produzirá efeitos previdenciários;
>
> II - a situação de fraude na manutenção da contratação ocorre nas hipóteses em que existe ação judicial específica demonstrando a antinormatividade da contratação e, ainda que exista decisão judicial concreta, em sede de controle difuso, determinando a desvinculação, persiste a atuação irregular da administração pública e do segurado, em evidente afronta à Constituição e ao Poder Judiciário;
>
> III - na hipótese de fraude na manutenção da contratação, o contrato de trabalho considerado nulo produzirá efeitos previdenciários até a data da decretação da sua nulidade, ou até o seu término, se anterior a essa decretação, e desde que tenha havido a prestação efetiva de trabalho remunerado, visto que a filiação à Previdência Social está ligada ao efetivo exercício da atividade, na forma do art. 20 do Regulamento da Previdência Social - RPS;
>
> IV - para os casos de dúvidas quanto à configuração das hipóteses de simulação ou fraude na investidura ou na manutenção da contratação, o processo poderá ser encaminhado à Procuradoria Federal local para fins de esclarecimentos quanto à motivação da nulidade contratual, bem como indicação do período a ser considerado junto ao RGPS".

Eis a posição da TNU em caso análogo:

> **REPRESENTATIVO DE CONTROVÉRSIA – DEFINIÇÃO DE TESE TEMA N. 209 – PUIL n. 0502656-69.2018.4.05.8404/RN** Apreciando o pedido sob o regime dos representativos de controvérsia, a TNU fixou a seguinte tese: O labor prestado à Administração Pública, sob contratação reputada nula pela falta de realização de prévio concurso público, produz efeitos previdenciários, desde que ausente simulação ou fraude na investidura ou contratação, tendo em vista que a relação jurídica previdenciária inerente ao RGPS, na modalidade de segurado empregado, é relativamente independente da relação jurídica de trabalho a ela subjacente.

De arremate, no que tange aos **dependentes dos segurados no âmbito do RPPS**, a normatização geral não os elencou, possuindo a União, os estados, o Distrito Federal e os municípios **autonomia para legislar a respeito do tema**.

CAPÍTULO

2

Regras gerais nacionais aplicáveis aos Regimes Próprios da União, estados, Distrito Federal e municípios

2.1. O NOVO MODELO FEDERATIVO DE RPPS APÓS A EMENDA CONSTITUCIONAL 103/2019

Este Capítulo objetiva apenas analisar as normas gerais dos regimes de previdência social dos servidores públicos efetivos da União, dos estados, do Distrito Federal e dos municípios, intitulados de **Regimes Próprios de Previdência Social**, cuja base normativa fundamental se encontra no **artigo 40, da Constituição Federal.**

O tema ganhou extrema complexidade com a publicação da **Emenda 103/2019**. A fim de já ir familiarizando o leitor com a **nova previdência do servidor público**, vamos listar de modo superficial as **principais mudanças** realizadas pela Reforma Constitucional:

- A competência para legislar sobre regras gerais de **inatividade remunerada** de policiais militares e bombeiros dos estados e Distrito Federal passou a ser **privativa da União;**
- Restou inserido o instituto da **readaptação**, permitindo que o servidor público titular de cargo efetivo possa ser readaptado para exercício de cargo cujas atribuições e responsabilidades sejam compatíveis com a limitação que tenha sofrido em sua capacidade física ou mental, enquanto permanecer nesta condição, desde que possua a habilitação e o nível de escolaridade exigidos para o cargo de destino, mantida a remuneração do cargo de origem;
- A concessão de **aposentadoria no RGPS** passa a gerar a **extinção da relação de trabalho com a Administração Pública**, quer celetista ou mesmo estatutária, o que atinge servidores efetivos de municípios que não criaram RPPS;

- **Vedou-se que o complemento de aposentadorias e pensões por morte** do RPPS seja feito pelos entes políticos, salvo no caso de regime de previdência complementar e de lei de extinção de RPPS que poderão prever os complementos;
- Afastou-se uma garantia do titular de mandato eletivo que possui cargo efetivo no serviço público, de modo que a Constituição não mais garante que os valores das remunerações para fins previdenciários sejam conservados como se o servidor estivesse no exercício do cargo efetivo, podendo agora ser considerados os valores das remunerações do mandato eletivo;
- **Vedou-se a incorporação de vantagens** de caráter temporário ou vinculadas ao exercício de função de confiança ou de cargo em comissão à remuneração do cargo efetivo;
- Não mais são citados no *caput* do artigo 40 da Constituição todos os entes políticos, de modo que não há mais imposição constitucional para que todos os entes políticos constituam RPPS, sendo o grande foco os municípios brasileiros;
- A aposentadoria por invalidez do servidor efetivo passa a se chamar de **aposentadoria por incapacidade permanente**, sendo necessário para a sua concessão um requisito adicional: não cabimento da readaptação;
- A renda mensal da aposentadoria por incapacidade permanente e das demais aposentações foi desconstitucionalizada, cabendo a aplicação da regra de transição do artigo 26 da Emenda;
- A aposentadoria por incapacidade por doenças graves, contagiosas ou incuráveis **não mais possui garantia de proventos integrais**;
- Fixou-se como regra permanente para os **servidores federais efetivos** a seguinte idade mínima para o deferimento de aposentadoria voluntária: **a) 65 anos, homens; b) 62 anos, mulheres;**
- O teto da aposentadoria passa a ser o teto do RGPS para os novos servidores públicos empossados no novo regime, respeitado o valor mínimo de um salário mínimo;
- Caberá ao ente federativo aprovar lei ordinária para regular o valor dos proventos de aposentadoria do seu servidor efetivo, quebrando a uniformidade nacional, o que será uma lástima e com enorme insegurança jurídica;
- As **aposentadorias especiais** no RPPS eram uma determinação constitucional. Agora passaram a ser um **ato discricionário do legislador**, ao inserir expressamente no texto constitucional a expressão "poderão", via lei complementar da entidade política;
- Os **professores** do ensino infantil, fundamental e média conservaram o direito de **reduzir 5 anos na idade** no benefício de aposentadoria por idade

em relação às regras ordinárias, que no serviço público federal são de 65 anos para os homens e 62 para as mulheres, reduzindo na área federal para 60 anos para os professores e 57 anos de idade para as professoras;

- Possibilita que a **pensão por morte do servidor público possa ter renda inferior a um salário mínimo**, desde que o dependente seja beneficiário de **renda formal**, a exemplo de salário ou de aposentadoria;
- A regra permanente não mais trata da renda da pensão por morte, fazendo remissão à lei do respectivo ente federativo, que necessariamente terá que tratar de modo diferenciado a morte dos policiais, agentes penitenciários e agentes socioeducativos por agressão em decorrência da sua função de risco;
- Passa a ser **obrigatória** a criação do regime de **previdência complementar** pelas entidades federativas que possuam RPPS (era facultativo);
- Abriu-se em favor das entidades abertas de previdência complementar (EAPC's) a possibilidade de gerir planos de previdência complementar dos servidores públicos;
- O **abono de permanência** em serviço passa a ser de pagamento **facultativo**;
- O valor do abono não mais é fixado no valor da contribuição previdenciária devida pelo servidor público, podendo ser inferior a esse valor, não tendo sido previsto sequer um limite mínimo;
- Exige que a **União** edite uma **lei complementar** estabelecendo normas gerais sobre os Regimes Próprios de Previdência Social.

No âmbito dos **estados, do Distrito Federal e dos municípios**, a aposentadoria voluntária com modificação de na idade mínima, dependerá de emenda às respectivas Constituições e Leis Orgânicas, sendo conservado o antigo regime constitucional provisoriamente. O mesmo se aplica ao benefício de pensão por morte.

Dessa forma, existem regras da Emenda 103/2019 que se aplicam aos servidores de todas as esferas de governo. Por outro lado, existem regras que somente serão aplicáveis aos servidores dos estados, Distrito Federal e municípios se a legislação local for ulteriormente modificada, como os requisitos/renda para as aposentadorias e valor da pensão por morte.

Foram preservados sem alteração somente os seguintes parágrafos do artigo 40 da Constituição:

> **§ 1º, inciso II** - compulsoriamente, com proventos proporcionais ao tempo de contribuição, aos 70 (setenta) anos de idade, ou aos 75 (setenta e cinco) anos de idade, na forma de lei complementar; *(Inciso com redação dada pela Emenda Constitucional nº 88, de 2015)*

> **§ 8º** - É assegurado o reajustamento dos benefícios para preservar-lhes, em caráter permanente, o valor real, conforme critérios estabelecidos em lei. *(Parágrafo com redação dada pela Emenda Constitucional nº 41, de 2003)*
>
> **§ 10** - A lei não poderá estabelecer qualquer forma de contagem de tempo de contribuição fictício. *(Parágrafo com redação dada pela Emenda Constitucional nº 20, de 1998)*
>
> **§ 11** - Aplica-se o limite fixado no art. 37, XI, à soma total dos proventos de inatividade, inclusive quando decorrentes da acumulação de cargos ou empregos públicos, bem como de outras atividades sujeitas a contribuição para o regime geral de previdência social, e ao montante resultante da adição de proventos de inatividade com remuneração de cargo acumulável na forma desta Constituição, cargo em comissão declarado em lei de livre nomeação e exoneração, e de cargo eletivo. *(Parágrafo com redação dada pela Emenda Constitucional nº 20, de 1998)*
>
> **§ 16** - Somente mediante sua prévia e expressa opção, o disposto nos §§ 14 e 15 poderá ser aplicado ao servidor que tiver ingressado no serviço público até a data da publicação do ato de instituição do correspondente regime de previdência complementar. *(Parágrafo com redação dada pela Emenda Constitucional nº 20, de 1998)*
>
> **§ 17** - Todos os valores de remuneração considerados para o cálculo do benefício previsto no § 3° serão devidamente atualizados, na forma da lei. *(Parágrafo acrescido pela Emenda Constitucional nº 41, de 2003)*
>
> **§ 18**[1] - Incidirá contribuição sobre os proventos de aposentadorias e pensões concedidas pelo regime de que trata este artigo que superem o limite máximo estabelecido para os benefícios do regime geral de previdência social de que trata o art. 201, com percentual igual ao estabelecido para os servidores titulares de cargos efetivos. *(Parágrafo acrescido pela Emenda Constitucional nº 41, de 2003)*

Algumas regras se aplicam aos servidores públicos de todos os entes federativos. Outras normas são aplicáveis, de início, apenas aos servidores federais, cabendo a edição de emenda às respectivas Constituições e Leis Orgânicas para a sua aplicação no âmbito dos Estados, do Distrito Federal e dos Municípios.

Dessa forma, de modo não isonômico, os servidores federais passaram a ter novas regras previdenciárias quase todas mais restritivas de direitos, que somente serão aplicáveis aos servidores dos demais entes políticos por alteração na legislação local.

Entende-se que há uma inconstitucionalidade neste discrímen, pois as regras gerais de aposentadorias e pensões por morte no serviço público devem ser as

1. Este parágrafo seria revogado, mas o Senado barrou.

mesmas para todos os servidores públicos, não sendo razoável o tratamento diferenciado, pois ofensivo ao Princípio da Isonomia.

Nitidamente houve o endurecimento das regras de custeio e de benefícios para os servidores públicos e seus dependentes, o que sempre é indesejável, pois não há felicidade na restrição de direitos sociais.

Caso tenha havido a mencionada incorporação, prevalecerão as regras da EC 103/2019 ou as regras específicas do RPPS local, respeitado o Princípio do *Tempus Regit Actum*.

Como exemplo, já existem ao menos vinte estados da federação que alteraram a sua legislação de RPPS em algum ponto após a EC 103/2019, muitos inclusive não incorporando integralmente as regras da EC 103/2019, a exemplo dos Estados da Bahia e de Sergipe que modificaram a idade mínima de modo diferenciado.

Enquanto para a União a idade mínima para a aposentadoria programada é em regra permanente de 65 anos para os homens, na Bahia foi fixada em 64 anos de idade.

Já a idade mínima da servidora federal para a aposentadoria programada em regra permanente é de 62 anos. Na Bahia é de 61 anos e em Sergipe de 60 anos de idade.

Dentre outros estados da federação, Acre, Alagoas, Amazonas, Bahia, Ceará, DF, Espírito Santo, Goiás, Maranhão, Mato Grosso, Mato Grosso do Sul, Pará, Paraíba, Pernambuco, Piauí, Paraná, Rio de Janeiro, Rio Grande do Sul, Santa Catarina, Sergipe e São Paulo são entes que já reformaram a legislação local em alguma passagem após 13/11/2019.

Em termos municipais, destacamos Salvador que reformou o seu RPPS pela LC 75/2020 incorporando a Emenda 103/2019 com diversas modificações nas regras de aposentadorias e cálculo de benefícios.

Como exemplo, a idade mínima para a aposentadoria programada em regra permanente no RPPS do Município de Salvador é de 64 anos para os homens e de 61 anos para as mulheres (1 ano a menos que a União).

Ademais, o cálculo da renda mensal em Salvador considera a média das 90% maiores remunerações desde 7/1994, ao passo que no modelo federal a média é de 100%.

Desta forma, <u>são quatro as situações jurídicas</u> dos estados, DF e municípios em termos de RPPS:

A) Os entes que não alteraram a legislação de RPPS após 13/11/2019, sendo aplicáveis as antigas regras constitucionais sobre aposentadorias e pensões por morte;

B) Os entes que alteraram a legislação local de RPPS que ratificaram integralmente a EC 103/2019;

C) Os entes que alteraram a legislação local de RPPS que ratificaram parcialmente a EC 103/2019 perpetrando modificações e criando um regramento peculiar;

D) Os entes que alteraram a legislação local de RPPS não adotando a EC 103/2019 e criando um regramento integralmente peculiar.

De acordo com o novel *caput* do artigo 40 da Constituição, "o regime próprio de previdência social dos servidores titulares de **cargos efetivos** terá caráter **contributivo** e **solidário**, mediante contribuição do respectivo **ente federativo, de servidores ativos, de aposentados e de pensionistas**, observados critérios que preservem o **equilíbrio financeiro e atuarial**".

Com a alteração do *caput* do artigo 40 da Constituição, agora o dispositivo nomina o regime previdenciário básico dos servidores públicos efetivos de RPPS - Regime Próprio de Previdência Social.

Mas a grande modificação, que certamente passará despercebida por muitos, é que **não são citados todos os entes políticos**, de modo que não há mais imposição constitucional para que todos os entes políticos constituam RPPS, sendo o grande foco os municípios brasileiros. **Ao revés, há vedação de criação de novos RPPS's.**

Considera-se **equilíbrio financeiro** a garantia de equivalência entre as receitas auferidas e as obrigações do RPPS em cada exercício financeiro, ao passo que **equilíbrio atuarial** a garantia de equivalência, a valor presente, entre o fluxo das receitas estimadas e das obrigações projetadas, apuradas atuarialmente, a longo prazo, devendo os RPPS passar por avaliações e reavaliações atuariais com o objetivo de dimensionar os compromissos do Plano de Benefícios e estabelecer o Plano de Custeio para a observância do equilíbrio financeiro e atuarial.

É vedado o pagamento de benefícios, mediante convênios ou consórcios entre Estados, entre Estados e Municípios e entre Municípios, por força do artigo 1º, inciso V, da Lei 9.717/98.

Importante:

Por força da Emenda Constitucional 20/98, ao servidor ocupante, exclusivamente, de cargo em comissão declarado em lei de livre nomeação e exoneração, bem como de outro cargo temporário ou de emprego público, aplicar-se-á o Regime Geral de Previdência Social.

Outrossim, à luz da Emenda 103/2019, aplica-se ao **agente público** ocupante, exclusivamente, de cargo em comissão declarado em lei de livre nomeação e exoneração, de outro cargo temporário, inclusive aos detentores de **mandato eletivo**, ou de emprego público, o Regime Geral de Previdência Social.

Houve uma ampliação do conteúdo desde parágrafo. A expressão "servidor" foi substituída por "agente público", de maior abrangência, assim como foi inserido o detentor de mandato eletivo.

Dessa forma, apesar de já previsto pelas Leis 9.506/97 e 10.887/2004, agora consta expressamente do texto constitucional que o titular de mandato eletivo será segurado do Regime Geral de Previdência Social.

Por outro lado, registre-se que o titular de mandado eletivo que é servidor efetivo amparado por RPPS permanecerá vinculado ao RPPS, conforme expressamente consignado no texto constitucional[2] e na Lei 8.213/91[3].

■ POSIÇÃO DO STF

"O sistema previdenciário dos ocupantes de cargos comissionados foi regulado pela Lei 8.647/1993. Posteriormente, com a EC 20/1998, o art. 40, § 13, da CF determinou a filiação obrigatória dos servidores sem vínculo efetivo ao regime geral de previdência. Como os detentores de cargos comissionados desempenham função pública a título precário, sua situação é incompatível com o gozo de quaisquer benefícios que lhes confira vínculo de caráter permanente, como é o caso da aposentadoria. Inadmissível, ainda, o entendimento segundo o qual, à míngua de previsão legal, não se deva exigir o preenchimento de requisito algum para a fruição da aposentadoria por parte daqueles que desempenham a função pública a título precário, ao passo que, para os que mantêm vínculo efetivo com a administração, exige-se o efetivo exercício no cargo por cinco anos ininterruptos ou dez intercalados (art. 193 da Lei 8.112/1990)." (RMS 25.039, Rel. Min. Joaquim Barbosa, julgamento em 14-2-2006, Segunda Turma, *DJE* de 18-4-2008)

De efeito, em termos de RPPS, a competência legislativa é concorrente, competindo a União editar normas gerais, cabendo aos demais entes políticos instituir os seus respectivos regimes de previdência para os servidores públicos efetivos e militares.

Importante:

Na hipótese de municípios que não instituíram o seu RPPS, os seus servidores efetivos vinculam-se obrigatoriamente ao RGPS, na condição de segurados empregados, sendo a entidade política enquadrada como empresa para fins previdenciários.

2. Art. 38. Ao servidor público da administração direta, autárquica e fundacional, no exercício de mandato eletivo, aplicam-se as seguintes disposições: IV - em qualquer caso que exija o afastamento para o exercício de mandato eletivo, seu tempo de serviço será contado para todos os efeitos legais, exceto para promoção por merecimento.

3. Art. 11. São segurados obrigatórios da Previdência Social as seguintes pessoas físicas: I - como empregado: j) o exercente de mandato eletivo federal, estadual ou municipal, desde que não vinculado a regime próprio de previdência social; (Incluído pela Lei nº 10.887, de 2004).

Por força da Emenda 103/2019, restou mantida a vedação de criação de mais de um RPPS em cada entidade federativa e de mais de um órgão ou unidade gestora de Regime Próprio, restando inserido que este regramento se aplica a todos os Poderes dos entes federativos.

Entende-se por *unidade gestora* a entidade ou órgão integrante da estrutura da Administração Pública de cada ente federativo, que tenha por finalidade a administração, o gerenciamento e a operacionalização do RPPS, incluindo a arrecadação e gestão de recursos e fundos previdenciários, a concessão, o pagamento e a manutenção dos benefícios, facultada aos entes federativos a constituição de fundos integrados de bens, direitos e ativos com finalidade previdenciária.

O artigo 12 da EC 103/2019 previu que a União instituirá **sistema integrado de dados** relativos às remunerações, proventos e pensões dos segurados dos regimes de previdência de que tratam os arts. 40, 201 e 202 da Constituição Federal, aos benefícios dos programas de assistência social de que trata o art. 203 da Constituição Federal e às remunerações, proventos de inatividade e pensão por morte decorrentes das atividades militares de que tratam os arts. 42 e 142 da Constituição Federal, em interação com outras bases de dados, ferramentas e plataformas, para o fortalecimento de sua gestão, governança e transparência e o cumprimento das disposições estabelecidas nos incisos XI e XVI do art. 37 da Constituição Federal.

Por sua vez, atribuiu-se a cada Poder o custeio das suas despesas com RPPS, cabendo a uma lei complementar nacional fixar os parâmetros.

> **Importante:**
> Há uma tendência política de aproximar as normas dos Regimes Próprios às do Regime Geral de Previdência Social, sendo esse movimento visível na redação do §12, do artigo 40, da CRFB, ao prever que **o regime de previdência dos servidores públicos titulares de cargo efetivo observará, no que couber, os requisitos e critérios fixados para o regime geral de previdência social.** Logo, em caso de omissão, se houver compatibilidade, foi autorizada pela Constituição a utilização das normas das Leis 8.212/91 e 8.213/91 ao RPPS.

De acordo com o novel §22 do artigo 40 da Constituição Federal, vedada a instituição de novos regimes próprios de previdência social, **lei complementar federal** estabelecerá, para os que já existam, normas gerais de organização, de funcionamento e de responsabilidade em sua gestão, dispondo, entre outros aspectos, sobre:

> I - requisitos para sua extinção e consequente migração para o Regime Geral de Previdência Social;
>
> II - modelo de arrecadação, de aplicação e de utilização dos recursos;
>
> III - fiscalização pela União e controle externo e social;

IV - definição de equilíbrio financeiro e atuarial;

V - condições para instituição do fundo com finalidade previdenciária de que trata o art. 249 e para vinculação a ele dos recursos provenientes de contribuições e dos bens, direitos e ativos de qualquer natureza;

VI - mecanismos de equacionamento do déficit atuarial;

VII - estruturação do órgão ou entidade gestora do regime, observados os princípios relacionados com governança, controle interno e transparência;

VIII - condições e hipóteses para responsabilização daqueles que desempenhem atribuições relacionadas, direta ou indiretamente, com a gestão do regime;

IX - condições para adesão a consórcio público;

X - parâmetros para apuração da base de cálculo e definição de alíquota de contribuições ordinárias e extraordinárias"

Trata-se de um novo parágrafo inserido no artigo 40 da Constituição, que exige que a **União** edite uma **lei complementar** estabelecendo normas gerais sobre os Regimes Próprios de Previdência Social. Atualmente, cabe a **Lei 9.717/98** fazer a função de lei geral da União a respeito dos Regimes Próprios de Previdência Social.

Curioso que há **expressa vedação de criação de novos RPPS's**, de modo que os municípios não poderão criar Regimes Próprios de Previdência Social a partir da data da publicação da **Emenda 103/2019**, considerando que a União, todos os estados federados e o Distrito Federal já possuem RPPS constituídos.

O dispositivo já fixa os temas mínimos que deverão constar da futura LC nacional de RPPS's, chamando a atenção que **agora há previsão constitucional para a Fiscalização e controle externo pela União** sobre RPPS's de estados, Distrito federal e municípios.

Embora a Lei 9.717/98[4] já preveja esse controle externo, este vinha sendo repelido pelo STF por afrontar a autonomia dos demais entes federativos.

---

4. Art. 9º Compete à União, por intermédio da Secretaria Especial de Previdência e Trabalho do Ministério da Economia, em relação aos regimes próprios de previdência social e aos seus fundos previdenciários: (Redação dada pela Lei nº 13.846, de 2019)

   I - a orientação, a supervisão, a fiscalização e o acompanhamento; (Redação dada pela Lei nº 13.846, de 2019)

   II - o estabelecimento e a publicação de parâmetros, diretrizes e critérios de responsabilidade previdenciária na sua instituição, organização e funcionamento, relativos a custeio, benefícios, atuária, contabilidade, aplicação e utilização de recursos e constituição e manutenção dos fundos previdenciários, para preservação do caráter contributivo e solidário e do equilíbrio financeiro e atuarial; (Redação dada pela Lei nº 13.846, de 2019)

   III - a apuração de infrações, por servidor credenciado, e a aplicação de penalidades, por órgão próprio, nos casos previstos no art. 8º desta Lei; (Redação dada pela Lei nº 13.846, de 2019)

Nesse sentido, o STF analisou a inconstitucionalidade do artigo 9º, da Lei 9.717/98, entendendo que houve quebra de autonomia dos estados, Distrito Federal e municípios, pois os subordinou ao Ministério da Previdência Social (competência atual do Ministério da Economia), havendo clara ingerência administrativa indevida, afastando o dispositivo liminarmente no caso concreto, em ação proposta pelo Estado do Paraná e pela Paranaprevidência.

Com propriedade, liminarmente, entendeu a Suprema Corte que a União ultrapassou a sua competência para editar normas gerais sobre a previdência dos servidores públicos, determinando a expedição do Certificado de Regularidade Previdenciário pelo MPS e dos respectivos repasses a título de compensação previdenciária[5]. Agora que é regra constitucional, a tendência é que o STF reveja a sua jurisprudência.

Por força do **artigo 9º da Emenda 103/2019**, eis as **regras da transição** até a edição da LC nacional sobre RPPS's:

a) Prova de equilíbrio financeiro e atuarial mediante garantia de equivalência;

b) Restrição aos benefícios de aposentadorias e pensões por morte, devendo a maternidade e a incapacidade temporária serem tuteladas por licenças remuneradas;

c) Alíquota dos servidores estaduais, distritais e municipais não inferiores à alíquota dos servidores federais (artigo 11[6] da Emenda), salvo se o RPPS

IV - a emissão do Certificado de Regularidade Previdenciária (CRP), que atestará, para os fins do disposto no art. 7º desta Lei, o cumprimento, pelos Estados, Distrito Federal e Municípios, dos critérios e exigências aplicáveis aos regimes próprios de previdência social e aos seus fundos previdenciários. (Incluído pela Lei nº 13.846, de 2019)

Parágrafo único. A União, os Estados, o Distrito Federal e os Municípios encaminharão à Secretaria Especial de Previdência e Trabalho do Ministério da Economia, na forma, na periodicidade e nos critérios por ela definidos, dados e informações sobre o regime próprio de previdência social e seus segurados. (Redação dada pela Lei nº 13.846, de 2019)

5. ACO-TAR 830, de 29.10.2007, Relator Ministro Marco Aurélio.

6. **Art. 11**. Até que entre em vigor lei que altere a alíquota da contribuição previdenciária de que tratam os arts. 4º, 5º e 6º da Lei nº 10.887, de 18 de junho de 2004, esta será de quatorze por cento.

§ 1º A alíquota prevista no *caput* será reduzida ou majorada, considerado o valor da base de contribuição ou do benefício recebido, de acordo com os seguintes parâmetros:

I - até 1 (um) salário-mínimo, redução de seis inteiros e cinco décimos pontos percentuais;

II - acima de 1 (um) salário-mínimo até R$ 2.089,60 (dois mil, oitenta e nove reais e sessenta centavos), redução de cinco pontos percentuais;

III - de R$ 2.089,61 (dois mil, oitenta e nove reais e sessenta e um centavos) até R$ 3.134,40 (três mil, cento e trinta e quatro reais e quarenta centavos), redução de dois pontos percentuais;

IV - de R$ 3.134,41 (três mil, cento e trinta e quatro reais e quarenta e um centavos) até R$ 6.101,06 (seis mil, cento e um reais e seis centavos), sem redução ou acréscimo;

V - de R$ 6.101,07 (seis mil, cento e um reais e sete centavos) até R$ 10.448,00 (dez mil, quatrocentos e quarenta e oito reais), acréscimo de meio ponto percentual;

não possuir déficit atuarial[7], aplicando neste caso como piso as alíquotas do RGPS (artigo 28[8] da Emenda);

d) Prazo de 2 anos para a criação do regime de previdência complementar nos casos dos entes que ainda não o constituíram;

e) Possibilidade de celebrar empréstimos consignados com os segurados;

f) Possibilidade de aprovar lei para a criação de contribuição extraordinária por até 20 anos, na hipótese de déficit atuarial;

g) Parcelamento de dívidas por até 60 meses;

h) O rol de benefícios dos regimes próprios de previdência social fica limitado às aposentadorias e à pensão por morte.

O artigo 25, §3º, da EC 103/2019, considera-se **nula a aposentadoria** que tenha sido concedida ou que venha a ser concedida por regime próprio de previdência social com contagem recíproca do Regime Geral de Previdência Social mediante

---

VI - de R$ 10.448,01 (dez mil, quatrocentos e quarenta e oito reais e um centavo) até R$ 20.896,00 (vinte mil, oitocentos e noventa e seis reais), acréscimo de dois inteiros e cinco décimos pontos percentuais;

VII - de R$ 20.896,01 (vinte mil, oitocentos e noventa e seis reais e um centavo) até R$ 40.747,20 (quarenta mil, setecentos e quarenta e sete reais e vinte centavos), acréscimo de cinco pontos percentuais; e

VIII - acima de R$ 40.747,20 (quarenta mil, setecentos e quarenta e sete reais e vinte centavos), acréscimo de oito pontos percentuais.

7. Não será considerada como ausência de déficit a implementação de segregação da massa de segurados ou a previsão em lei de plano de equacionamento de déficit. Na hipótese da avaliação apontar déficit atuarial, deverá ser apresentado no Parecer Atuarial **plano de amortização** para o seu equacionamento, ou então o ente federativo poderá optar pelo equacionamento do déficit atuarial do seu RPPS por intermédio de **segregação da massa de seus segurados**, assim considerada a separação dos segurados vinculados ao RPPS em grupos distintos que integrarão o Plano Financeiro e o Plano Previdenciário, o que foi feito no RPPS do Estado do Rio Grande do Norte (2005) e da Bahia (2009).

8. **Art. 28.** Até que lei altere a alíquota da contribuição de que trata a Lei nº 8.212, de 24 de julho de 1991, devida pelo segurado empregado, inclusive o doméstico, e pelo trabalhador avulso, esta será de:

SALÁRIO-DE-CONTRIBUIÇÃO (R$)	ALÍQUOTA PROGRESSIVA PARA FINS DE RECOLHIMENTO AO INSS
até 1.045,00	7,5%
de 1.045,01 até 2.089,60	9%
de 2.089,61 até 3.134,40	12%
de 3.134,41 até 6.101,06	14%

o **cômputo de tempo de serviço sem o recolhimento da respectiva contribuição ou da correspondente indenização pelo segurado obrigatório responsável**, à época do exercício da atividade, pelo recolhimento de suas próprias contribuições previdenciárias.

TABELA-SÍNTESE DA REFORMA DA PREVIDÊNCIA NOS RPPS's DOS ESTADOS

ENTE FEDERATIVO	FONTES LEGAIS DA REFORMA ESTADUAL	PRINCIPAIS PECULIARIDADES EM COMPARAÇÃO AO RPPS DA UNIÃO
Alagoas	Lei Complementar nº 52, de 30 de dezembro de 2019, publicada em 31.12.2019.	- Data da vigência: 31.12.2019. - Inexistência de aprovação de Emenda Constitucional; - Manteve a aposentadoria por incapacidade permanente com proventos integrais no caso de aposentadoria por incapacidade permanente decorrente de doenças graves; - Não adotou a LC 142 na renda da aposentadoria da pessoa com deficiência; - Criação de regra de transição em favor dos segurados com deficiência; - Inexistência de revogação das regras de transição da EC 41 e 47; - Regra de transição de pontuação com progressão que somente chega em 100% da média de renda mensal com 45 anos de contribuição (no federal são 40 anos); - Regra de transição do pedágio com proventos proporcionais (no federal são integrais); - Regra de transição da aposentadoria especial com progressão que somente chega em 100% da média de renda mensal com 45 anos de contribuição (no federal são 40 anos); - No caso do dependente menor de 18 (dezoito) anos, a cota da pensão por morte será de 20% (vinte por cento), e não de 10%; - Afastou de modo inconstitucional a regra do caput do artigo 24 da EC 103/2019 e quando existir dependente com deficiência intelectual, mental ou grave; - Progressão na pontuação da regra de transição da aposentadoria especial por agentes nocivos; - A pensão por morte devida aos dependentes do policial civil e dos ocupantes dos cargos de agente penitenciário ou socioeducativo decorrente de agressão sofrida no exercício ou em razão da função será com paridade e equivalente à totalidade da última remuneração do cargo (no federal a regra beneficia apenas os viúvos, e se garantiu integralidade e vitaliciedade).

ENTE FEDERATIVO	FONTES LEGAIS DA REFORMA ESTADUAL	PRINCIPAIS PECULIARIDADES EM COMPARAÇÃO AO RPPS DA UNIÃO
Amazonas	Lei Complementar nº 251 de 05.10.2023 Lei Complementar nº 232 de 30.06.2022 Lei Complementar nº 231 de 22.06.2022 Lei Complementar n° 206 de 16 de abril de 2020 Lei Complementar n° 201 de 11.12.2019	Reforma mínima: - Aprovação da lei de previdência complementar; - Alteração das contribuições previdenciárias; OBS - FORAM PRESERVADAS AS REGRAS DE APOSENTADORIAS E PENSÕES POR MORTE ANTERIORES À EC 103/2019
Bahia	Emenda Constitucional nº 26, de 31 de janeiro de 2020 *Modifica regras relativas ao Regime Próprio de Previdência Social dos servidores públicos civis do Estado da Bahia e dá outras providências.* *Publicada no Diário Oficial do Estado de 01.02.2020* Emenda Constitucional nº 27, de 16 de junho de 2021 *Modifica regras relativas ao Regime Próprio de Previdência Social dos servidores públicos civis do Estado da Bahia, e dá outras providências.* *Publicada no Diário Oficial do Estado de 18.06.2021* Lei Estadual nº 14.250, de 18 de fevereiro de 2020 *Lei 14.317 de 18 de junho de 2021.* *Lei 14.725 de 28 de maio de 2024*	- 1 ano a menos na idade da aposentadoria programada comum e de professor; - não exige 5 anos cargo efetivo na regra permanente da aposentadoria programada; - Alterações nas regras de transição favoráveis aos servidores estaduais (redução etária e de pontuação); - Não previsão de aposentadoria especial por agentes nocivos com nocividade mínima de 15 e 20 anos; - Renda do benefício com média de 90% das remunerações (federal é 100%); - Melhor fórmula de cálculo para as mulheres (progressão a contar de 15 anos de tempo de contribuição), mantendo homens a partir de 20 anos de tempo de contribuição (IGUAL AO RGPS); - Fórmula de cálculo mais favorável para as mulheres na aposentadoria compulsória por idade; - Direito adquirido até 01/02/2020 (federal é até 13.11.2019), salvo revogação das antigas regras de transição; - Cotas individuais de pensão por morte de 15% (federal é de 10%); - Aposentadoria por incapacidade permanente dos policiais e agentes penitenciários com integralidade no acidente de trabalho; - Maioridade previdenciária do filho aos 18 anos, salvo universitário sem renda, que será 24 anos de idade; - Pais e irmãos como dependentes apenas se inválidos; - Inexistência de dependentes filhos maiores com deficiência, protegendo apenas os inválidos; - Dispensa de dois anos de casamento ou união estável para que a pensão por morte de cônjuge/companheiro ultrapasse ao período de 4 meses; - Não exigência de gozo de 24 meses de licença de saúde como pressuposto da aposentadoria por incapacidade permanente.

ENTE FEDERATIVO	FONTES LEGAIS DA REFORMA ESTADUAL	PRINCIPAIS PECULIARIDADES EM COMPARAÇÃO AO RPPS DA UNIÃO
Ceará	Emenda Constitucional Estadual 97/2019 (D.O. 19.12.19) Lei Complementar Estadual nº 210, 19.12.19 (D.O. 19.12.19)	- Reforma em vigor desde 19/12/2019; - Benefícios com base de cálculo sobre 80% ou 90% da média das remunerações a partir de Julho/1994; - Pensão por morte de servidor ativo com base de cálculo de 60% (sessenta por cento) da média aritmética do seu período de contribuição, com acréscimo de 1 (um) ponto percentual por cada ano de contribuição; - Cotas individuais de 20% (e não 10%) para a pensão por morte; - Na hipótese de existir dependente portador de paraplegia, tetraplegia, Síndrome de *Down*, Esclerose Lateral Amiotrófica - ELA, paralisia irreversível, Atrofia Muscular Espinhal - AME, autismo ou alienação mental, o valor da pensão por morte será equivalente a 100% (cem por cento) da aposentadoria recebida pelo segurado ou servidor ou daquela a que teria direito se fosse aposentado por incapacidade permanente na data do óbito; - Incidência de contribuição previdenciária sobre o valor que superar a 2 salários mínimos sobre aposentadorias e pensões por morte; - Criação de regra de transição específica para a extinção da aposentadoria por idade; - Adoção das regras de transição da EC 103/2019 com adaptações; - Os irmãos não são dependentes previdenciários; - Casamento ou união estável como causa d cancelamento da pensão por morte do(a) viúvo(a); - A pensão previdenciária será paga por metade aos dependentes cônjuges/companheiros, na situação de concorrência com outros dependentes.
Espírito Santo	Emenda Constitucional nº 114/2019 (idade mínima para aposentar) - (DOE 27/11/2019) Lei Complementar Estadual nº 931/2019 (contribuições previdenciárias) Lei Complementar Estadual nº 938/2020 (regras permanentes e de transição) - (DOE 10/01/2020) - VIGÊNCIA 01/07/2020	- Data da vigência: 01/07/2020 (VIGÊNCIA DA LCE 938); - Não adoção de índice de correção monetária para reajuste do benefício, remetendo a lei anual e permitindo que não haja reajuste se houver decreto justificador; - A pensão por morte devida aos dependentes do policial civil decorrente de agressão sofrida no exercício ou em razão da função será vitalícia para o cônjuge ou companheiro e equivalente à remuneração do cargo no caso de morte decorrente de doença profissional ou doença grave; - Irmão do segurado não previsto como dependente previdenciário;

ENTE FEDERATIVO	FONTES LEGAIS DA REFORMA ESTADUAL	PRINCIPAIS PECULIARIDADES EM COMPARAÇÃO AO RPPS DA UNIÃO
Espírito Santo		- A idade limite da pensão por morte do filho poderá se estender até 24 (vinte e quatro) anos desde que o dependente não exerça atividade remunerada e esteja, comprovadamente, matriculado e cursando o 1º (primeiro) curso de graduação em estabelecimento de ensino superior; - Casamento ou união estável como causa extintiva da pensão por morte; - Contribuição do servidor com alíquota linear de 14%; - A contribuição do aposentado e pensionista incidirá apenas sobre as parcelas de proventos de aposentadoria e de pensão que superem o dobro do limite máximo estabelecido para os benefícios do regime geral de previdência social, quando o beneficiário for portador de doença profissional ou doença grave, contagiosa ou incurável, conceito que abrange a tuberculose ativa, alienação mental, neoplasia maligna, cegueira posterior ao ingresso no serviço público, cardiopatia grave, hanseníase, leucemia, pênfigo foleáceo, paralisia irreversível e incapacitante, síndrome da imunodeficiência adquirida - Aids, neuropatia grave, esclerose múltipla, doença de Parkinson, espondiloartrose anquilosante, nefropatia grave, mal de Paget e Hepatopatia grave.
Goiás	Emenda Constitucional estadual nº 65/2019 - *D.O. de 30-12-2019. - Reforma Constitucional RPPS* Lei Complementar nº 161/2020 - *D.O. de 30-12-2020 - Lei Geral RPPS* Lei Complementar nº 167/2021 - UNIDADE GESTORA - ADEQUAÇÃO	- Data da vigência: 30/12/2019; - O valor dos proventos da aposentadoria por incapacidade permanente para o trabalho será calculado com acréscimo de 25% (vinte e cinco por cento), quando o aposentado necessitar da assistência permanente de outra pessoa, conforme laudo periódico da perícia oficial da GOIASPREV ou por ela designada; - Os municípios do Estado de Goiás poderão, por meio de lei ordinária específica, adotar, totalmente ou parcialmente, em seus regimes próprios de previdência social, as regras previdenciárias estabelecidas nesta Emenda Constitucional; - A aplicação da regra de transição do artigo 5º da EC 103/2019 ao servidor que tenha ingressado nos quadros da Delegacia-Geral da Polícia Civil até 6 de julho de 2017, enquanto na União é até 13.11.2019; - Para o cônjuge, companheiro(a) ou ex-cônjuge e ex-companheiro(a) com direito à prestação de alimentos pelo segurado falecido, extingue-se a pensão por morte pelo novo casamento ou estabelecimento de nova união estável;

ENTE FEDERATIVO	FONTES LEGAIS DA REFORMA ESTADUAL	PRINCIPAIS PECULIARIDADES EM COMPARAÇÃO AO RPPS DA UNIÃO
Goiás		- A pensão por morte será devida aos dependentes do segurado do RPPS/GO que falecer, aposentado ou em atividade, a contar da data do óbito, quando requerida até 30 (trinta) dias após o falecimento (federal 90 dias ou 180 dias, se menor de 16 anos de idade).
Maranhão	Lei Complementar nº 219, de 26 de novembro de 2019; Lei nº 11.636, de 23 de dezembro de 2021 - Previdência Complementar	Reforma mínima: - Aprovação da lei de previdência complementar; - Alteração das contribuições previdenciárias; - Criação do Comitê de Adequação do Regime Próprio de Previdência Social; - Restrição de benefícios à custa do RPPS às aposentadorias e pensões por morte; OBS - FORAM PRESERVADAS AS REGRAS DE APOSENTADORIAS E PENSÕES POR MORTE ANTERIORES À EC 103/2019
Mato Grosso	Emenda Constitucional nº 92, de 2020 - DOEAL/MT de 20.08.20 e do 21.08.2020	- Alterações pontuais nas regras de transição; - Regra de transição mais favorável ao MP e magistratura; - Previsão de idade e ao tempo de contribuição diferenciados para aposentadoria de ocupantes dos cargos de oficial de justiça/avaliador (depende de LC); - Renda do benefício com média de 80% das remunerações (federal é 100%); - Pensão por morte com integralidade na hipótese de óbito decorrente agressão sofrida em serviço ou em razão da função; - Integralidade na renda da pensão por morte de até R$ 3.000,00; - Regras de integralidade e paridade para pessoas com deficiência ingressas até a EC 41/2003;
Mato Grosso do Sul	Emenda Constitucional nº 82 de 12 de dezembro de 2019; - Publicado no DOE - MS em 13 dez 2019 - Art. 10. Esta Emenda Constitucional entra em vigor 90 (noventa) dias depois de sua publicação - POSIÇÃO OFICIAL: 19/03/2020 - https://www.ageprev.ms.gov.br/wp-content/uploads/2024/01/CARTILHA-DO-SEGURADO-RPPS-MS.pdf	- Data da vigência: 19/03/2020; - Os proventos por ocasião de sua concessão, não poderão exceder a remuneração do respectivo membro ou servidor no cargo efetivo em que se deu a aposentadoria ; - Ao segurado aposentado por incapacidade permanente para o trabalho que necessitar da assistência permanente de outra pessoa será paga uma parcela mensal complementar de 25% (vinte e cinco por cento), limitada a um salário-mínimo; - Formação de direito adquirido até a véspera da vigência da reforma estadual, excluindo o dia da vigência;

ENTE FEDERATIVO	FONTES LEGAIS DA REFORMA ESTADUAL	PRINCIPAIS PECULIARIDADES EM COMPARAÇÃO AO RPPS DA UNIÃO
Mato Grosso do Sul	Lei Complementar Estadual 274, de 21 de maio de 2020 (alterou a Lei 3.150/2005 - RPPS). Publicado no DOE - MS em 22 maio 2020 Lei Complementar nº 261, de 21 de dezembro de 2018 - RPC	- Alíquota linear de contribuição previdenciária em 14%, sem faixas progressivas; - Postergou a aplicação do artigo 24 da EC 103/2019 até a vigência da Lei Complementar nº 274, de 21 de maio de 2020; - Não há o direito de opção do servidor efetivo ocupante de cargo em comissão em optar pela incidência de contribuição previdenciária sobre a remuneração do cargo comissionado; - Irmão como dependente sem exigir prova de dependência econômica.
Minas Gerais	Emenda estadual 104/2020; Lei Complementar Estadual 156/2020; Emenda estadual 111/2022 (policiais).	- Reforma em vigor desde 14/09/2020; - Manteve a base de cálculo dos benefícios em 80% da média a contar de Julho/1994; - Regra de transição para a aposentadoria por incapacidade permanente com paridade e base de cálculo sobre o último salário para as carreiras da segurança pública; - Regra mais favorável de proventos da aposentadoria especial, chegando em 100% da média com 35 anos de tempo de contribuição, e não com 40 anos; - Cota familiar a pensão por morte de 60%, e não de 50%; - Regra especial de renda da pensão por morte ao portador de doença rara; - Há determinação (e não facultatividade) de regras especiais de aposentação (agentes nocivos, segurança pública e pessoas com deficiência); - Adoção de alíquotas progressivas distintas da União para a contribuição do servidor; - Pensão por morte para o filho de família monoparental que tenha o segurado como única fonte de renda pelo decurso de dois anos, se o dependente tiver mais de vinte e um anos e o óbito ocorrer sem que o segurado tenha efetuado dezoito contribuições mensais; - Pensão por morte para o filho de família monoparental ao completar vinte e nove anos, se o óbito do segurado ocorrer depois de efetuadas dezoito contribuições mensais; - Regras de transição inspiradas na Emenda 103, mas com alterações favoráveis aos servidores estaduais.

ENTE FEDERATIVO	FONTES LEGAIS DA REFORMA ESTADUAL	PRINCIPAIS PECULIARIDADES EM COMPARAÇÃO AO RPPS DA UNIÃO
Pará	Emenda estadual 77/2019. DOE Nº 34.074, de 27/12/2019. Lei Complementar Estadual 128/2020 (atualizou a LC 39/2002). DOE Nº 34.089, de 14/01/2020.	- Reforma publicada em 29/12/2019 (Emenda) e 14/01/2020 (LC); - A pensão por morte devida aos dependentes DE TODOS os servidores públicos (não apenas dos policiais), decorrentes de agressão sofrida no exercício ou em razão da função será vitalícia para o cônjuge ou companheiro e equivalente a remuneração do cargo; - Até a implementação da previdência complementar, os proventos de aposentadoria e as pensões, por ocasião de sua concessão, não poderão exceder a remuneração do respectivo servidor, no cargo efetivo em que se deu a aposentadoria ou que serviu de referência para a concessão da pensão; - Pensão por morte de TODOS servidores públicos, decorrentes de agressão sofrida no exercício ou em razão da função será vitalícia para o cônjuge ou companheiro e equivalente a remuneração do cargo; - Irmãos não são dependentes; - Casamento ou união estável do viúvo gera cancelamento da pensão por morte.
Paraíba	Emenda Constitucional nº 46, de 20 de agosto de 2020, do 25/08/2020; Espelha reforma do servidor federal nas aposentadorias e pensões por morte Emenda Constitucional Nº 47, de 22 de outubro de 2020, DO 23/10/2020; Restabelece regras antigas da pensão por morte Lei Complementar nº 161 de 23 de março de 2020, do 24/03/2020; Lei 12.115, DO 05/11/2021; Lei 12.698, DO 28/06/2023;	- Data da vigência: 25/08/2020; - Preserva as regras da renda mensal da pensão por morte da EC 41/2003, adotando as regras de aposentadorias da EC 103/2019 por remissão; - Não adoção de alíquotas progressivas das contribuições previdenciárias;

ENTE FEDERATIVO	FONTES LEGAIS DA REFORMA ESTADUAL	PRINCIPAIS PECULIARIDADES EM COMPARAÇÃO AO RPPS DA UNIÃO
Paraná	Emenda Estadual 45/2019 - Publicado no Diário Oficial nº 1866 de 4 de dezembro de 2019, alterada pela Emenda Constitucional 48 de 16/12/2020 LC Estadual 233/2021 - Publicado no Diário Oficial nº 10890 de 10 de março de 2021 Lei nº 20.777/2021 (RPC)	- Data da vigência: 05/12/2019; - A contribuição previdenciária não incidirá sobre as parcelas de proventos de aposentadoria e de pensão, já concedidas, quando o beneficiário for portador de moléstia profissional, tuberculose ativa, alienação mental, esclerose múltipla, neoplasia maligna, cegueira, hanseníase, paralisia irreversível e incapacitante, cardiopatia grave, doença de Parkinson, espondiloartrose, anquilosante, nefropatia grave, hepatopatia grave, estados avançados da doença de Paget (osteíte deformante), contaminação por radiação, síndrome da imunodeficiência adquirida, com base em conclusão da medicina especializada, mesmo que a doença tenha sido contraída depois da aposentadoria, ressalvada a realização de recadastramento pelo Paraná Previdência; - Na regra de transição da aposentadoria especial, a partir de 1º de janeiro de 2020, as pontuações serão acrescidas de um ponto a cada ano para o homem e para a mulher, até atingir, respectivamente, oitenta e um pontos, noventa e um pontos e noventa e seis pontos, para ambos os sexos; - Na regra de transição dos policiais, o "pedágio" foi reduzido de 100% para 50%; - Postergação da revogação das antigas regras de transição somente com a regulamentação da Emenda Estadual 45/2019, que ocorreu em 10/03/2021; - Cancelamento da pensão por morte pelo novo casamento ou união estável do viúvo. - O nascituro, cuja filiação seja reconhecida pela Paranaprevidência, terá assegurado seus direitos à inscrição e aos benefícios; - A pensão por morte devida aos dependentes do segurado, quando for a única fonte de renda formal e decorrente de agressão sofrida no exercício ou em razão da função, será vitalícia para o cônjuge ou companheiro e equivalente à remuneração do cargo. - Ocorrendo habilitação de vários titulares à pensão, o seu valor será distribuído em partes iguais entre os beneficiários habilitados, ressalvado o caso do ex-cônjuge ou ex-companheiro, cujo valor do benefício será limitado ao valor da pensão alimentícia recebida do servidor na data do seu óbito.

ENTE FEDERATIVO	FONTES LEGAIS DA REFORMA ESTADUAL	PRINCIPAIS PECULIARIDADES EM COMPARAÇÃO AO RPPS DA UNIÃO
Pernambuco	Até o momento PE fez apenas o mínimo obrigatório da reforma estadual: A) Funcionamento da Previdência complementar; B) Adequação de alíquota. Ainda alterou do rol de dependentes. LC Estadual 423/2019, que alterou a LC Estadual 28/2000. Preservou regras antigas de aposentadorias e pensões por morte Há ainda o impacto das regras da EC 103/2019 de cunho nacional e aplicação imediata, a exemplo do artigo 24	- Os proventos da aposentadoria por invalidez, quando proporcionais ao tempo de contribuição, não poderão ser inferiores a 50% (cinqüenta por cento); - Data de vigência do RPC: 23/06/2023; - Irmãos não são dependentes previdenciários; - Geração de atrasados na pensão por morte se requerida em até 30 dias, e não 90 dias; - Os ex-cônjuges farão jus à pensão por morte em percentuais iguais ao da pensão alimentícia que recebiam do segurado; - A dependência do menor que, por determinação judicial, estiver sob tutela do segurado, somente será caracterizada, quando cumulativamente: I - não for credor de alimentos; II - não receber benefícios previdenciários do Estado ou de outro Sistema de Seguridade Previdenciária, inclusive privado; e III - não receber renda de seus bens, superior a duas vezes a menor remuneração paga pelo Estado de Pernambuco aos seus servidores; - Equiparam-se a filhos os enteados do segurado que estiverem com ele residindo sob a dependência econômica e sustento alimentar deste, não sendo credores de alimentos nem recebendo benefícios previdenciários do Estado de Pernambuco ou de outro Sistema de Seguridade Previdenciária, inclusive privado e, caso venha a perceber renda dos seus bens, desde que esta não seja superior ao valor correspondente a duas vezes a menor remuneração paga pelo Estado de Pernambuco aos seus servidores;
Piauí	Emenda Constitucional nº 54 de 18/12/2019, publicada em 27/12/2019; Lei Estadual 7.311, de 27/12/2019, publicada em 27/12/2019.	- Data da vigência: 27/12/2019; - Adoção da regra de transição de pontuação, mas com progressão a partir de 2021 (federal 2020) e avanço de um ponto a cada dois anos (federal avança um ponto por ano); - Adoção da regra de transição de tempo adicional, mas com "pedágio" reduzido pela metade; - Na regra de transição de tempo adicional previsão de regra em favor do servidor público estadual que, até 1º de janeiro de 2023, conte com mais de 35 (trinta e cinco) anos de contribuição, se mulher, e com mais de 38 (trinta e oito) anos de contribuição, se homem, poderá aposentar-se voluntariamente com redução em 2 (dois) anos das idades; - Adoção da regra de transição de tempo adicional para policiais civis e penais, mas com "pedágio" reduzido pela metade; - Adoção de alíquotas progressivas, mas a maior será de 14%.

ENTE FEDERATIVO	FONTES LEGAIS DA REFORMA ESTADUAL	PRINCIPAIS PECULIARIDADES EM COMPARAÇÃO AO RPPS DA UNIÃO
Rio de Janeiro	Emenda estadual 90/2021; Lei Complementar Estadual 195/2021; Lei estadual 8865/2020 (pensão por morte/ segurança pública).	- Reforma publicada em 06/10/2021 (Emenda 90/2021) e com vigência em 01/01/2022 (art. 13); - Não alteração das regras da pensão por morte; - Inclusão na regra especial dos professores das atividades de agente de leitura, de auxiliar de secretaria, de assistente operacional escolar e de agente de pessoal; - Inserção dos filhos não emancipados, de qualquer condição, até 24 (vinte e quatro) anos, se estudantes universitários, no rol de dependentes (classe 4); - A metade da pensão por morte será concedida a uma das pessoas seguintes: ao cônjuge, à companheira, ao companheiro ou ao parceiro homoafetivo; e a outra metade, repartidamente e em proporções iguais entre si, aos filhos de qualquer condição e aos equiparados (não é pro rata); - Preservação da qualidade de dependente do segurado de cônjuge, o companheiro, a companheira ou o parceiro homoafetivo separado(a) de fato do servidor por até 2 (dois) anos, sem pensão alimentícia ou outro auxílio determinado em juízo; - O cônjuge separado, de fato ou judicialmente, ou divorciado, ou, ainda, a ex-companheira ou o ex-companheiro que esteja recebendo prestação de alimentos terá direito ao valor da pensão por morte correspondente ao percentual desses alimentos arbitrados judicialmente, destinando-se o restante da pensão aos demais dependentes habilitados; - A perda da condição de dependente, para fins de percepção da pensão por morte, é definitiva, sendo inviável o seu restabelecimento sob qualquer fundamento, ressalvada as hipóteses de decisão judicial; - As pensões sempre vitalícias, às pensionistas de servidores das seguintes carreiras: I - Policiais Civis II - Policiais Militares III - Bombeiros Militares IV - Inspetores de Segurança e Administração Penitenciária V - Agentes Socioeducativos; - A dependência econômica, quando não presumida, somente será admitida em relação àqueles que não auferirem, a qualquer título, rendimentos superiores ao limite máximo estabelecido para os benefícios do regime geral de previdência social de que trata o art. 201 da Constituição da República no mês do óbito;

ENTE FEDERATIVO	FONTES LEGAIS DA REFORMA ESTADUAL	PRINCIPAIS PECULIARIDADES EM COMPARAÇÃO AO RPPS DA UNIÃO
Rio de Janeiro		- O pagamento da pensão por morte será devido a partir da data em que ocorrer o falecimento do segurado, desde que seja requerido em até 60 (sessenta) dias após o óbito; - Será pago adicional de 100% (cem por cento) aos benefícios da pensão por morte, observando-se os limites constitucionais sobre o total, quando o óbito decorrer no exercício das funções para os beneficiários dos segurados das seguintes carreiras: I - Policiais Civis II - Policiais Militares III - Bombeiros Militares IV - Inspetores de Segurança e Administração Penitenciária V - Agentes Socioeducativos; - Aplicação do salário mínimo regional para fins do artigo 24 da EC 103/2019; - Na regra de transição com pedágio, redução do tempo adicional de 100% para 20% e redução da idade da mulher de 57 para 55 anos; - Na regra de transição com pedágio, o servidor efetivo do Estado do Rio de Janeiro que tenha ingressado no serviço público até 16 de dezembro de 1998 terá a idade mínima de 60 anos homem e 57 anos mulher reduzida em um mês para cada mês de contribuição que exceder o tempo de contribuição de 35 anos homem e 30 anos mulher, não se aplicando neste caso a redução do professor do ensino básico; - Na regra de transição dos policiais, redução do tempo adicional de 100% para 20%.
Rio Grande do Norte	Emenda Constitucional nº 20, de 29 de setembro de 2020, DOE 30/09/2020 (Reforma Constitucional) Lei Estadual 11.109/2022, DOE de 27/05/2022 (Contribuições); Lei Complementar nº 688, de 06 de dezembro de 2021, DOE 07/12/2021 (RPC).	- Data da vigência: 30/09/2020; - Manteve a média das 80% maiores remunerações após Julho/1994 na base de cálculo de renda dos benefícios (União 100%), com progressão para 85% em 2024 e 90% em 2026; - A progressão na renda dos benefícios será a partir de 70%, e não de 60%, do que ultrapassar a 20 anos de tempo de contribuição; - Acréscimo de 10% na renda da aposentadoria por incapacidade permanente decorrente de acidente não relacionado ao trabalho; - As agentes socioeducativos, policiais penais e as servidores da polícia civil, considerados agentes, escrivães e delegadas, que poderão aposentar-se aos 52 (cinquenta e dois) anos de idade, 27 (vinte e sete) anos de contribuição e 17 (dezessete) anos de efetivo exercício em cargo dessas carreiras, para a mulher; - Regra permanente da aposentadoria da mulher aos 60 anos de idade (União aos 62 anos);

ENTE FEDERATIVO	FONTES LEGAIS DA REFORMA ESTADUAL	PRINCIPAIS PECULIARIDADES EM COMPARAÇÃO AO RPPS DA UNIÃO
Rio Grande do Norte		- Redução em comparação à União em 2 anos na idade de aposentadoria dos professores:o titular de cargo de professor, aos 58 (cinquenta e oito) anos de idade, se homem, aos 53 (cinquenta e três) anos, se mulher, com 25 (vinte e cinco) anos de contribuição exclusivamente em efetivo exercício das funções de magistério na educação infantil e no ensino fundamental e médio, e nos cargos de direção e coordenação pedagógica, supervisores, orientadores e demais profissionais que atuem na ação pedagógica, 10 (dez) anos de efetivo exercício de serviço público e 5 (cinco) anos no cargo efetivo em que for concedida a aposentadoria, para ambos os sexos; - Regra de integralidade e paridade na aposentadoria das pessoas com deficiência que ingressaram no serviço público até 31.12.2003; - A pensão por morte do servidor que ingressou no serviço público até a data de promulgação da Reforma Estadual, que não tenha efetuado a opção pela previdência complementar, corresponderá à totalidade dos proventos ou da remuneração a que fazia jus na data do óbito, até o valor de R$ 3.500,00; - A pensão por morte devida aos dependentes dos servidores públicos do Estado do Rio Grande do Norte em decorrência de evento, moléstia, doença grave ou incurável, desde que, em todos os casos, seja em consequência do cumprimento do dever ou em razão deste, será equivalente à remuneração do cargo ocupado pelo servidor à época do evento; - Pensão por morte do ex-cônjuge limitada ao mesmo percentual da pensão de alimentos; - O filho e o irmão do segurado manterão a condição de dependentes até os vinte e quatro anos se ainda estiverem cursando estabelecimento de ensino superior ou escola técnica de segundo grau; - O tempo de duração da pensão por morte e das cotas individuais por dependente até a perda dessa qualidade, o rol de dependentes e sua qualificação e as condições necessárias para enquadramento serão aqueles estabelecidos na Lei Complementar Estadual nº 308, de 25 de outubro de 2005, e não com base na Lei Federal 8.213/91; - Exigência de lei complementar para regulamentar a pensão por morte posteriormente;

ENTE FEDERATIVO	FONTES LEGAIS DA REFORMA ESTADUAL	PRINCIPAIS PECULIARIDADES EM COMPARAÇÃO AO RPPS DA UNIÃO
Rio Grande do Norte		- Redução da idade da aposentadoria especial por agentes nocivos da mulher de 60 para 55 anos de idade; - Exigência de percepção de adicional de insalubridade ou periculosidade e pagamento de contribuição sobre eles para concessão de aposentadoria especial por agentes nocivos; - Na regra de transição da pontuação 86/96, exigência de 25 anos de efetivo exercício do serviço público (União 20 anos); - Na regra de transição da pontuação 86/96, progressão da pontuação da mulher limitada a 95 pontos, e não 100 pontos; - Na regra de transição da pontuação 86/96, para quem entrou no serviço público até 2003, progressão de pontuação limitada a 92 pontos mulher e 102 pontos homem; - Na regra de transição da pontuação 86/96, para quem entrou no serviço público até 1998, progressão de pontuação limitada a 90 pontos mulher e 100 pontos homem; - Na regra de transição da pontuação para o professor, progressão da pontuação da professora limitada a 82 pontos e do professor a 95 pontos; - Na regra de transição da pontuação para o professor, para quem ingressou no serviço público até 1998, progressão da pontuação da professora limitada a 78 pontos e do professor a 88 pontos; - Na regra de transição da pontuação para o professor, para quem ingressou no serviço público até 2003, progressão da pontuação da professora limitada a 81 pontos e do professor a 91 pontos; - Na regra de transição da pontuação 86/96, para quem entrou no serviço público até 2003, redução do requisito etário em comparação à União para a integralidade: 57 (cinquenta e sete) anos de idade, se mulher, e 62 (sessenta e dois) anos de idade, se homem, ou, para os titulares do cargo de professor de que trata o § 6º, 52 (cinquenta e dois) anos de idade, se mulher, e 57 (cinquenta e sete) anos de idade, se homem; - Na regra de transição do "pedágio", redução da idade da mulher de 57 para 55 anos; - Na regra de transição do "pedágio", redução do tempo adicional de 100% para 50%; - Na regra de transição do "pedágio", os servidores que ingressaram no serviço público em cargo efetivo até 16 de dezembro de 1998 poderão optar pela redução das idades mínimas em um dia de idade para cada um dia de contribuição que exceder o tempo de contribuição previsto;

ENTE FEDERATIVO	FONTES LEGAIS DA REFORMA ESTADUAL	PRINCIPAIS PECULIARIDADES EM COMPARAÇÃO AO RPPS DA UNIÃO
Rio Grande do Norte		- Na regra de transição do "pedágio", para o professor do ensino básico a redução de idade e tempo de contribuição será de 7, e não de 5 anos; - Na regra de transição sem pedágio dos policiais civis, penais e agentes socioeducativos, redução da idade do homem de 55 para 54 anos e da mulher de 55 para 51 anos; - Na regra de transição com pedágio dos policiais civis, penais e agentes socioeducativos, redução da idade da mulher de 52 para 50 anos de idade; - Na regra de transição com pedágio dos policiais civis, penais e agentes socioeducativos, redução do tempo adicional de 100% para 50%; - Os agentes socioeducativos, os policiais penais, os servidores da polícia civil, considerados agentes, escrivães e delegados e os ocupantes de cargos da perícia oficial criminal, que tenham ingressado na respectiva carreira até a data de entrada em vigor da Emenda Constitucional 20/2020 e que venham a se aposentar por incapacidade permanente para o trabalho, decorrente de evento, moléstia, doença grave ou incurável, desde que, em todos os casos, seja em consequência do cumprimento do dever ou em razão deste, tem direito a proventos de aposentadoria integrais; - Redução da pontuação da regra de transição da aposentadoria especial por agentes nocivos das mulheres com 25 anos de nocividade: de 86 para 81 pontos; - Quando houver déficit atuarial, a contribuição ordinária dos aposentados e pensionistas incidirá sobre o valor dos proventos de aposentadoria e de pensões que supere o valor equivalente a R$ 3.500,00 (três mil e quinhentos reais), corrigidos pelo índice do Regime Geral de Previdência Social, ou de R$ 7.000,00 (sete mil reais), quando o beneficiário, na forma da lei, for portador de doença incapacitante.
Rio Grande do Sul	Lei Complementar nº 15.429, de 22 de dezembro de 2019 - (publicada no DOE n.º 249, 2ª edição, de 23 de dezembro de 2019) - Novas regras de aposentadoria e regras de pensão por morte;	- Data da vigência: 23/12/2019. - Aprovação de Emenda Constitucional após a LC; - O valor do benefício aposentadoria por incapacidade permanente causada por acidente não decorrente do trabalho será calculado com acréscimo de 10 (dez) pontos percentuais; - A cota de pensão por morte do dependente menor de 18 (dezoito) anos será de vinte pontos percentuais;

ENTE FEDERATIVO	FONTES LEGAIS DA REFORMA ESTADUAL	PRINCIPAIS PECULIARIDADES EM COMPARAÇÃO AO RPPS DA UNIÃO
Rio Grande do Sul	Lei Complementar nº 15.453, de 17 de fevereiro de 2020 (publicada no DOE nº 35, de 18 de fevereiro de 2020) - Policiais; Emenda Constitucional nº 78 (publicada no DOAL nº 12198, de 4 de fevereiro de 2020) - Posterior à LC	- A pensão por morte devida aos dependentes do todo servidor civil decorrente de agressão sofrida no exercício ou em razão da função será vitalícia para o cônjuge ou companheiro e será equivalente à remuneração do cargo; - É dependente o menor de 24 (vinte e quatro) anos, quando solteiros e estudantes de segundo grau e universitários, desde que comprovem, semestralmente, a condição de estudante e o aproveitamento letivo, sob pena de perda daquela qualidade - Inclusão do menor sob guarda judicial como dependente;
Rondônia	- Emenda estadual 146, de 9 de setembro de 2021 (DO-e-ALE 163, de 14/09/2021); - LEI COMPLEMENTAR Nº 1.100, DE 18 DE OUTUBRO DE 2021 (PUBLICAÇÃO 18/10/2021 - D.O.E. nº 207).	- Reforma em vigor desde 14/09/2021 (Emenda Estadual) e 18/10/2021 (LC 1110); - Os proventos, calculados de acordo com o caput deste artigo, por ocasião de sua concessão, não poderão exceder a remuneração do respectivo servidor no cargo efetivo em que se deu a aposentadoria ou que serviu de referência para a concessão da pensão; - Manteve a aposentadoria por incapacidade permanente com proventos integrais na situação de doença grave prevista na lei estadual; - Não garantiu renda da aposentadoria por incapacidade permanente com proventos proporcionais com, no mínimo, 60% da média contributiva; - A base de cálculo da renda dos benefícios será a média das 80% maiores remunerações a partir do Plano Real, e não 100%; - Não previu a regra de descarte móvel; - Não adotou a renda mensal dos benefícios a partir de 60% da média contributiva; - Culpa exclusiva da vítima exclui o acidente de trabalho; - Consideração da atividade do MP, magistratura, PGE, DPE, dos Oficiais de Justiça e dos Auditores Fiscais de Tributos Estaduais como atividade de risco análoga aos policiais (AFASTADA PELO STF); - A regra de transição da aposentadoria especial do artigo 21 da Emenda 103/2019 foi adotada como regra permanente; - Aposentadoria por idade da pessoa com deficiência exige 10 anos, e não 15 anos; - Aposentadoria por idade da pessoa com deficiência chega em 100% como 25 anos de tempo de contribuição, e não com 30 anos;

ENTE FEDERATIVO	FONTES LEGAIS DA REFORMA ESTADUAL	PRINCIPAIS PECULIARIDADES EM COMPARAÇÃO AO RPPS DA UNIÃO
Rondônia		- Postergação do regime jurídico anterior até 31.12.2024 para aposentadorias e pensão por morte; - Inserção do menor sob guarda como equiparado a filho; - Reajuste paritário para aposentados por incapacidade permanente que ingressaram no serviço público até 31.12.2023 e não fizeram migração previdenciária.
Santa Catarina	Emenda Constitucional nº 82, de 9 de agosto de 2021, com vigência a partir da sua publicação em 09 de agosto de 2021; Lei Complementar nº 773, de 11 de agosto de 2021, com vigência a partir de 01.01.2022.	- Reforma publicada em 09/08/2021 (Emenda 82) e com vigência em 01/01/2022 da sua regulamentação pela LC 773, que alterou a LC 412 (RPPS); - Média de proventos a partir de 60%, mas com progressão de 1% por ano de tempo de contribuição (União só progride após 20 anos de tempo de contribuição e 2% por ano); - Base de cálculo de proventos nos 80% maiores para quem entrou no serviço público até 01.02.2022; - Limitação do coeficiente em 100% da média (União não limita) na renda da aposentadoria; - Cota familiar da pensão por morte de 60% (União 50%); - A pensão por morte devida aos dependentes de segurados do RPPS/SC (NÃO APENAS DOS POLICIAIS), decorrente do falecimento de servidor ativo, causada por acidente no exercício da função (ACIDENTE DE TRABALHO SEM AGRESSÃO) ou por agressão sofrida em razão de sua atividade, será vitalícia para o cônjuge ou companheiro e equivalente à totalidade da remuneração no cargo efetivo em que se der o falecimento; - Base de calculo da renda da pensão por morte com lastro na renda da aposentadoria por incapacidade permanente decorrente de acidente de trabalho (100% da média); - Previsão de cancelamento da pensão por morte do viúvo pelo casamento ou união estável; - Regra de transição com redução do "pedágio" de 100% para 50%; - Regra de transição comum de pontuação indo até 95 pontos mulher (federal 100) e 100 pontos homem (federal 105); - Regra de transição do professor de pontuação indo até 76 pontos mulher (federal 81) e 86 pontos homem (federal 91); - Não previu regra de transição para a aposentadoria especial por agentes nocivos; - Extensão do regramento de aposentação especial dos policiais aos peritos oficiais, técnicos periciais, auxiliares periciais.

ENTE FEDERATIVO	FONTES LEGAIS DA REFORMA ESTADUAL	PRINCIPAIS PECULIARIDADES EM COMPARAÇÃO AO RPPS DA UNIÃO
São Paulo	Emenda Constitucional nº 49, de 6 de março de 2020 *Publicada no Diário Oficial do Estado de 07.03.2020* Lei Complementar 1.354/2020 *Publicada no Diário Oficial do Estado de 07.03.2020* Decreto 65.964/2021	- Adoção do IPC como índice de reajuste dos benefícios, e não do INPC; - Postergação de aplicação do artigo 24 da EC 103/2019 para direitos à acumulação formados até a vigência da LC estadual 1.354/2020; - Afastamento provisório do cargo, após 90 dias do requerimento da aposentadoria, se já contado o tempo de contribuição suficiente; - Os irmãos do servidor não são dependentes previdenciários; - Casamento ou união estável como hipótese de cancelamento da pensão por morte do viúvo; - Revisão da aposentadoria por incapacidade permanente a cada 5 anos; - Não exige para a integralidade da pensão por morte do policial que haja agressão sofrida no exercício ou em razão da função; - Adoção das regras de transição da EC 103/2019 com mínimas variações (fórmula de integralidade); - Data de formação do direito adquirido em 07/03/2020; - Pais como dependentes preferenciais mediante declaração escrita do servidor; - Acatamento de decisão judicial passada em julgado com reconhecimento de união estável.
Sergipe	Emenda Constitucional nº 50/2019 de 26 de dezembro de 2019 Altera o art. 30 da Constituição Estadual Emenda Constitucional nº 54 de 11 de março de 2021 Altera o inciso V do art. 7º e o inciso I do § 1º do art. 30, e acrescenta o inciso III ao art. 125 e o art. 127-A da Constituição Estadual. Lei Complementar nº 338 de 27 de dezembro de 2019 publicada no Suplemento do Diário Oficial nº 28.344, de 30/12/2019 Lei Complementar nº 351 de 30 de abril de 2021 publicada no Diário Oficial nº 28.659, de 03/05/2021	- Proventos integrais para a aposentadoria por incapacidade permanente decorrente de doenças graves, contagiosas ou incuráveis; - Proventos proporcionais para a aposentadoria por incapacidade permanente que podem ser inferiores a 60% da média; - Não adoção de proventos proporcionais de aposentadoria por incapacidade permanente a partir de 60% da média, e sim proporcionais a 35 anos de TC homens e 30 anos de TC mulheres; - Adoção de proventos integrais (100% da media) para as aposentadorias voluntárias comuns e especiais; - Redução da idade da aposentadoria da mulher de 62 para 60 anos de idade; - Redução da idade da aposentadoria da mulher professora de 57 para 55 anos de idade; - Adoção de fórmula de cálculo mais favorável ao servidor na aposentadoria compulsória por idade; - Não exigência de tempo mínimo de serviço público ou no cargo para a regra permanente da aposentadoria voluntária; - Consideração da função de magistério a docência exercida pelo professor exclusivamente em atividades relacionadas a sala de aula, o que viola a Lei Federal 11.301/2006 e o STF;

ENTE FEDERATIVO	FONTES LEGAIS DA REFORMA ESTADUAL	PRINCIPAIS PECULIARIDADES EM COMPARAÇÃO AO RPPS DA UNIÃO
Sergipe		- Cota familiar da pensão por morte em 60%, e não 50%; - Criação de regras de transição com peculiaridades, sendo a maioria mais benéficas aos servidores, exceto a regra de transição da aposentadoria especial por agentes nocivos; - Não revogação expressa das antigas regras de transição pela LC 338/2019.
Tocantins	Emenda Constitucional nº 52/2023 , DOE 20/12/2023 (vigência na publicação) Lei Complementar nº 150, DOE 20/12/2023 (vigência na publicação) - (RRPS); Lei nº 3.895, de 30 de março de 2022, DOE 31/03/2022 (RPC); Lei nº 3.736, de 18 de dezembro de 2020 (contribuições previdenciárias).	- Data da vigência: 20/12/2023; - Redução da idade da mulher na regra permanente de aposentação de 62 para 60 anos de idade; - Redução da idade da aposentadoria por deficiência do homem de 60 para 55 anos de idade; - Não adoção como regra permanente das regras da aposentadoria da pessoa com deficiência da LC 142/2013, extinguindo a aposentadoria da pessoa com deficiência sem idade mínima; - Redução da idade da aposentadoria especial por agentes nocivos de 60 para 55 anos de idade; - Regra de transição em favor da pessoa com deficiência que ingressou no serviço público até o ano de 2003 com integralidade e paridade; - Valor inicial do provento por ocasião de sua concessão, não pode exceder a remuneração do respectivo servidor no cargo efetivo em que se deu a aposentadoria; - Para os servidores que ingressaram antes da reforma estadual da previdência, considera-se no cálculo a totalidade do resultado da média aritmética simples das maiores remunerações utilizadas como base para as contribuições do servidor aos regimes de previdência a que esteve vinculado, correspondentes a 80% (oitenta por cento) de todo o período contributivo, desde a competência julho de 1994 ou desde a do início da contribuição, se posterior, e não 100%; - O valor inicial do provento por ocasião de sua concessão, não pode exceder a remuneração do respectivo servidor no cargo efetivo em que se deu a aposentadoria, sendo vedada a inclusão de parcelas temporárias; (essa limitação inexiste na União) - Para quem entrou até a data da reforma estadual, regra permanente de aposentadoria voluntária com proventos integrais (100% da média); - Criação de regra de transição para a pessoa com deficiência com integralidade e paridade;

ENTE FEDERATIVO	FONTES LEGAIS DA REFORMA ESTADUAL	PRINCIPAIS PECULIARIDADES EM COMPARAÇÃO AO RPPS DA UNIÃO
Tocantins		- Criação de progressão na pontuação na regra de transição da aposentadoria especial por agentes nocivos; - Não previsão do irmão como dependente previdenciário; - Regra especial de pensão por morte por óbito decorrente do acidente de trabalho; - União estável ou casamento do cônjuge como causa de cancelamento da pensão por morte; - Contribuição do segurado como alíquota linear de 14%, e não progressivas.

2.2. CONTRIBUIÇÕES PREVIDENCIÁRIAS

O custeio dos Regimes Próprios é feito por contribuições previdenciárias dos servidores públicos efetivos e dos militares, assim como dos recursos das respectivas entidades políticas, devendo ser observados critérios que preservem o equilíbrio financeiro e atuarial do sistema.

Com o advento da Emenda Constitucional 41/2003, o artigo 40 da Constituição Federal foi alterado a fim de permitir a incidência de contribuições previdenciárias a serem pagas pelos aposentados e pensionistas do RPPS, tendo em vista que apenas com o advento da Emenda 03/1993 todos os servidores (ativos) passaram a contribuir ao sistema.

De efeito, há autorização constitucional para que os aposentados e pensionistas do RPPS paguem contribuições previdenciárias sobre os seus proventos e pensões, mas apenas sobre a parcela que exceda ao teto do RGPS, com a mesma alíquota dos ativos.

> **Importante!**
> Assim sendo, os beneficiários de aposentadorias e pensões em RPPS cuja renda não ultrapasse o teto do salário de contribuição do RGPS têm imunidade ao pagamento dos referidos tributos. Na hipótese de aposentado ou pensionista portador de doença incapacitante, apenas incidiria a contribuição previdenciária sobre o seu benefício se ele ultrapassasse o dobro do teto do RGPS (imunidade dobrada), nos termos do artigo 40, § 21, da Constituição[9].

9. § 21. A contribuição prevista no § 18 deste artigo incidirá apenas sobre as parcelas de proventos de aposentadoria e de pensão que superem o dobro do limite máximo estabelecido para os benefícios do regime geral de previdência social de que trata o art. 201 desta Constituição, quando o beneficiário, na forma da lei, for portador de doença incapacitante.

Importante!
No entanto, a EC 103/2019 revogou o § 21 do artigo 40 da Constituição com aplicação imediata aos servidores federais desde 13/11/2019. No que concerne aos servidores dos estados, Distrito Federal e municípios, o dispositivo permanecerá em vigor por força do artigo 36, II, da EC 103/2019, até a data de publicação de lei de iniciativa privativa do respectivo Poder Executivo que as referende integralmente.

■ POSIÇÃO DO STF

De acordo com decisão tomada pelo STF, no julgamento da Suspensão de Segurança AGR 3.679, de 04.02.2010, "enquanto não editada a lei a que se refere o § 21 do art. 40 da CF/88, vigem os diplomas estaduais que regem a matéria, que só serão suspensos se, e no que, forem contrários à lei complementar nacional".

No mesmo sentido o Tema 317 em Repercussão Geral:

01/03/2021

PLENÁRIO RECURSO EXTRAORDINÁRIO 630.137

"EMENTA: DIREITO CONSTITUCIONAL, TRIBUTÁRIO E PREVIDENCIÁRIO. RECURSO EXTRAORDINÁRIO COM REPERCUSSÃO GERAL. CONTRIBUIÇÃO PREVIDENCIÁRIA. NÃO INCIDÊNCIA. PORTADORES DE DOENÇAS INCAPACITANTES. NORMA DE EFICÁCIA LIMITADA.

1. Repercussão geral reconhecida para determinação do alcance da não incidência prevista no § 21, do art. 40, da Constituição, acrescentado pela EC nº 47/2005. O referido dispositivo previa a não incidência de contribuição previdenciária sobre a parcela dos proventos de aposentadoria e pensão que não superasse o dobro do limite máximo do regime geral de previdência social, quando o beneficiário, na forma da i, fosse portador de doença incapacitante. O presente recurso envolve a análise de dois aspectos: (i) a autoaplicabilidade do dispositivo; e (ii) se o Poder Judiciário, na ausência de lei regulamentar, pode utilizar norma que dispõe sobre situação análoga para disciplinar a matéria. No caso concreto, o Tribunal de origem considerou a norma autoaplicável e determinou a restituição dos valores retidos a partir da publicação da EC nº 47/2005.

2. Há acórdãos do Plenário desta Corte que consideram o art. 40, § 21, da Constituição Federal norma de eficácia limitada, cujos efeitos estão condicionados à edição de legislação infraconstitucional para regulamentar as doenças incapacitantes aptas a conferir ao servidor o direito à referida não incidência. Alinho-me a esses precedentes, aplicando-os ao presente caso a fim de conferir efeitos vinculantes à tese jurídica neles firmada.

3. Além disso, a jurisprudência do Tribunal é pacífica no sentido de ser inviável a extensão pelo Poder Judiciário de norma de desoneração tributária a título de isonomia. Dessa forma, incabível a utilização, por analogia, de leis que regem situação diversa da presente hipótese.

4. Recurso extraordinário provido. Modulação dos efeitos do presente acórdão, a fim de que os servidores e pensionistas que, por decisão judicial, vinham deixando de pagar as contribuições não as tenham que restituir. Nesses casos, o acórdão terá eficácia somente a partir da publicação da ata de julgamento, momento em que os entes que não tenham editado lei regulamentando o dispositivo poderão voltar a reter as contribuições previdenciárias.

5. Fixação da seguinte tese em sede de repercussão geral: "O art. 40, § 21, da Constituição Federal, enquanto esteve em vigor, era norma de eficácia limitada e seus efeitos estavam condicionados à edição de lei complementar federal ou lei regulamentar específica dos entes federados no âmbito dos respectivos regimes próprios de previdência social".

No entanto, não cabe ao ente político dar isenção total ao aposentado e pensionista portador de doença incapacitante:

■ POSIÇÃO DO STF

Informativo 776- "Contribuição previdenciária de inativos e pensionistas: isenção e patologias incapacitantes - 3

O Plenário, em conclusão de julgamento e por maioria, acolheu, em parte, pedido formulado em ação direta para estabelecer que o parágrafo único do art. 3º da Lei 8.633/2005 do Estado do Rio Grande do Norte ["Art. 3º. Os aposentados e os pensionistas de qualquer dos Poderes do Estado, do Ministério Público e do Tribunal de Contas do Estado, incluídas suas autarquias e fundações, e dos Militares Estaduais contribuirão para o regime próprio de previdência social, com 11 % (onze por cento) incidentes sobre o valor da parcela dos proventos de aposentadorias e pensões que supere o limite máximo estabelecido para os benefícios do regime geral de previdência social, fixado pela legislação federal. Parágrafo único. São isentos da contribuição de que trata o '*caput*' deste artigo, os aposentados e pensionistas que sejam portadores de patologias incapacitantes, abrangidos pela isenção oferecida pela legislação do Imposto de Renda"] deve ser interpretado à luz do limite previsto no art. 40, § 21, da CF ("§ 21. A contribuição prevista no § 18 deste artigo incidirá apenas sobre as parcelas de proventos de aposentadoria e de pensão que superem o dobro do limite máximo estabelecido para os benefícios do regime geral de previdência social de que trata o art. 201 desta Constituição, quando o beneficiário, na forma da lei, for portador de doença incapacitante") - v. Informativo 646. O Colegiado destacou que a norma adversada seria extremamente simpática do ponto de vista da justiça social, a qual deveria valer para todos, sob pena de se ferir a isonomia. Ademais, ela alcançaria grande parte dos aposentados e pensionistas. Entretanto, o mencionado parágrafo único, ao conceder isenção total, seria mais amplo do que o § 21 do art. 40 da CF, que confere benefício limitado. Vencido, em parte, o Ministro Cezar Peluso (relator), que julgava o pedido parcialmente procedente para declarar a inconstitucionalidade do aludido parágrafo único, que criaria isenção não prevista constitucionalmente. ADI 3477/RN, rel. orig. Min. Cezar Peluso, red. p/ o acórdão Min. Luiz Fux, 4.3.2015. (ADI-3477)".

Vale destacar que a reforma constitucional não instituiu diretamente a contribuição dos inativos e pensionistas, mas apenas autorizou a sua cobrança, cabendo aos entes políticos fazê-lo por lei ordinária, observado o Princípio da Anterioridade Nonagesimal.

O tema foi levado ao Supremo Tribunal Federal, que validou a instituição de contribuições previdenciárias sobre aposentadorias e pensões dos beneficiários dos RPPSs, confirmando a Suprema Corte a inexistência de direito adquirido, de modo que todos devem se sujeitar ao novo regramento, inclusive aqueles já beneficiários de aposentadorias e pensões na data de vigência da reforma constitucional.

■ POSIÇÃO DO STF

"EMENTAS: 1. Inconstitucionalidade. Seguridade social. Servidor público. Vencimentos. Proventos de aposentadoria e pensões. Sujeição à incidência de contribuição previdenciária. Ofensa a direito adquirido no ato de aposentadoria. Não ocorrência. Contribuição social. Exigência patrimonial de natureza tributária. Inexistência de norma de imunidade tributária absoluta. Emenda Constitucional nº 41/2003 (art. 4º, *caput*). Regra não retroativa. Incidência sobre fatos geradores ocorridos depois do início de sua vigência. Precedentes da Corte. Inteligência dos arts. 5º, XXXVI, 146, III, 149, 150, I e III, 194, 195, *caput*, II e § 6º, da CF, e art. 4º, *caput*, da EC nº 41/2003. No ordenamento jurídico vigente, não há norma, expressa nem sistemática, que atribua à condição jurídico-subjetiva da aposentadoria de servidor público o efeito de lhe gerar direito subjetivo como poder de subtrair ad aeternum a percepção dos respectivos proventos e pensões à incidência de lei tributária que, anterior ou ulterior, os submeta à incidência de contribuição previdencial. Noutras palavras, não há, em nosso ordenamento, nenhuma norma jurídica válida que, como efeito específico do fato jurídico da aposentadoria, lhe imunize os proventos e as pensões, de modo absoluto, à tributação de ordem constitucional, qualquer que seja a modalidade do tributo eleito, donde não haver, a respeito, direito adquirido com o aposentamento. 2. Inconstitucionalidade. Ação direta. Seguridade social. Servidor público. Vencimentos. Proventos de aposentadoria e pensões. Sujeição à incidência de contribuição previdenciária, por força de Emenda Constitucional. Ofensa a outros direitos e garantias individuais. Não ocorrência. Contribuição social. Exigência patrimonial de natureza tributária. Inexistência de norma de imunidade tributária absoluta. Regra não retroativa. Instrumento de atuação do Estado na área da previdência social. Obediência aos princípios da solidariedade e do equilíbrio financeiro e atuarial, bem como aos objetivos constitucionais de universalidade, equidade na forma de participação no custeio e diversidade da base de financiamento. Ação julgada improcedente em relação ao art. 4º, *caput*, da EC nº 41/2003. Votos vencidos. Aplicação dos arts. 149, *caput*, 150, I e III, 194, 195, *caput*, II e § 6º, e 201, *caput*, da CF. Não é inconstitucional o art. 4º, *caput*, da Emenda Constitucional nº 41, de 19 de dezembro de 2003, que instituiu contribuição previdenciária sobre os proventos de aposentadoria e as pensões dos servidores públicos da União, dos Estados, do Distrito Federal e dos Municípios, incluídas suas autarquias e fundações. 3. Inconstitucionalidade. Ação direta. Emenda Constitucional (EC nº 41/2003, art. 4º, § únic, I e II). Servidor público. Vencimentos. Proventos de aposentadoria e pensões. Sujeição à incidência de contribuição previdenciária. Bases de cálculo diferenciadas. Arbitrariedade. Tratamento discriminatório entre servidores e pensionistas da União, de um lado, e servidores e pensionistas dos Estados, do Distrito Federal e dos Municípios, de outro. Ofensa ao princípio constitucional da isonomia tributária, que é particularização do princípio fundamental da igualdade. Ação julgada procedente para declarar inconstitucionais as expressões "cinquenta por cento do" e "sessenta por cento do", constante do art. 4º, § único, I e II, da EC nº 41/2003. Aplicação dos arts. 145, § 1º, e 150, II, cc. art. 5º, *caput* e § 1º, e 60, § 4º, IV, da CF, com restabelecimento do caráter geral da regra do art. 40, § 18. São inconstitucionais as expressões "cinqüenta por cento do" e "sessenta por cento do", constantes do § único, incisos I e II, do art. 4º da Emenda Constitucional nº 41, de 19 de dezembro de 2003, e tal pronúncia restabelece o caráter geral da regra do art. 40, § 18, da Constituição da República, com a redação dada por essa mesma Emenda" (ADI 3.105, de 18.08.2004)[10].

O STF apenas pronunciou a inconstitucionalidade de parte dos incisos I e II, do artigo 4º, da Emenda 41/2003, que criou uma situação discriminatória aos beneficiários de aposentadorias e pensões na data de publicação da reforma.

É que a incidência da contribuição previdenciária não tomaria como base de cálculo os valores que excedessem ao teto do RGPS, e sim apenas 50% do referido limite (para os aposentados e pensionistas dos Estados, Distrito Federal e Municípios) e 60% (para os da esfera federal), colocando esses segurados em situação desfavorável com relação aos ativos, pois acabariam pagando maiores contribuições previdenciárias, ante a menor extensão da imunidade.

■ POSIÇÃO DO STF

Vale ressaltar que as leis estaduais ou municipais que instituíram a contribuição dos inativos e pensionistas após a Emenda 20/1998 e antes do advento da

10. O mesmo posicionamento foi tomado na ADI 3.128.

Emenda 41/2003 são inválidas, pois inexiste constitucionalidade superveniente no sistema jurídico brasileiro, conforme declarado pelo STF no julgamento da ADI 2.158, em 15.09.2010.

Logo, entre as Emendas 20/1998 e 41/2003, a cobrança de contribuição previdenciária sobre aposentadorias e pensões no RPPS se revelou inconstitucional.

Contudo, no período anterior ao advento da Emenda 20/1998, o STF chancelou a referida cobrança, pois apenas com o advento da Emenda 20 exsurgiu a vedação de cobrança que foi extinta com a Emenda 41:

- **POSIÇÃO DO STF**

"EMENTA: EMBARGOS DE DECLARAÇÃO. CONTRIBUIÇÃO PREVIDENCIÁRIA SOBRE PROVENTOS DE INATIVOS E PENSIONISTAS. LEGITIMIDADE ATÉ O ADVENTO DA EMENDA CONSTITUCIONAL 20/1998. É constitucional a cobrança, anterior ao advento da EC 20/1998, de contribuição previdenciária sobre os proventos de inativos e pensionistas, conforme jurisprudência firmada neste Supremo Tribunal Federal, restringindo-se a devolução das parcelas indevidamente descontadas ao período posterior ao da referida emenda. Essa orientação aplica-se até o advento da Emenda Constitucional 41/2003, cujo art. 4º foi declarado constitucional por esta Corte, no julgamento das ADIs 3105 e 3128. Embargos de declaração acolhidos para dar provimento ao agravo de instrumento, o qual se converte em recurso extraordinário, para dar-lhe parcial provimento, afastando a cobrança da contribuição previdenciária no período de vigência da EC 20/1998" (AI 283.491 AgR-ED, de 14.03.2006).

Na esfera federal, a contribuição dos aposentados e pensionistas foi instituída pela Medida Provisória 167, de 17.12.2004, convertida na Lei 10.887/04, cobrada a partir de 20 de maio de 2004, por determinação do seu artigo 16.

A alíquota da contribuição previdenciária dos servidores estaduais, distritais e municipais não poderá ser inferior à dos servidores federais.

Aliás, coube à Emenda 41/2003 alterar a redação do § 1º ao artigo 149 da Constituição Federal:

> "§ 1º Os Estados, o Distrito Federal e os Municípios instituirão contribuição, cobrada de seus servidores, para o custeio, em benefício destes, do regime previdenciário de que trata o art. 40, cuja alíquota não será inferior à da contribuição dos servidores titulares de cargos efetivos da União. (Redação dada pela Emenda Constitucional nº 41, 19.12.2003)"

■ **POSIÇÃO DO STF**

Inclusive, o Supremo Tribunal Federal confirmou a validade desta passagem da EC 41/2003, no julgamento da ADI 3.138, de 14/09/2011:

"AÇÃO DIRETA DE INCONSTITUCIONALIDADE. ART. 149, § 1º, DA CONSTITUIÇÃO DA REPÚBLICA (ALTERADO PELA EMENDA CONSTITUCIONAL N. 41/2003). 1. A norma que fixa alíquota mínima (contribuição dos servidores titulares de cargos efetivos na União) para a contribuição a ser cobrada pelos Estados, pelo Distrito Federal e pelos Municípios de seus servidores, para o custeio, em benefício destes, do regime previdenciário de que trata o art. 40 da Constituição da República não contraria o pacto federativo ou configura quebra de equilíbrio atuarial. 2. A observância da alíquota mínima fixada na Emenda Constitucional n. 41/2003 não configura quebra da autonomia dos Estados Federados. O art. 201, § 9º, da Constituição da República, ao estabelecer um sistema geral de compensação, há ser interpretado à luz dos princípios da solidariedade e da contributividade, que regem o atual sistema previdenciário brasileiro. 3. Ação julgada improcedente".

IMPORTANTE!

O § 1º[11] ao artigo 149 da Constituição Federal foi alterado apenas para os servidores federais a *priori*. Por outro lado, contínua aplicável aos estados, Distrito Federal e municípios até a data de publicação de lei de iniciativa privativa do respectivo Poder Executivo que as referende integralmente, nos termos do artigo 36, inciso II[12], da EC 103/2019.

De efeito, restou modificado e adicionado o regramento do **artigo 149 da Constituição**, que disciplina as contribuições para a seguridade social, dentre outras contribuições sociais.

Retirou-se do regramento permanente constitucional que **a alíquota dos servidores estaduais, distritais e municipais não poderão ser inferiores à alíquota dos servidores federais**, ressalvando o regramento de transição do artigo 9º, §

---

11. § 1º A União, os Estados, o Distrito Federal e os Municípios instituirão, por meio de lei, contribuições para custeio de regime próprio de previdência social, cobradas dos servidores ativos, dos aposentados e dos pensionistas, que poderão ter alíquotas progressivas de acordo com o valor da base de contribuição ou dos proventos de aposentadoria e de pensões.

12. Art. 36. Esta Emenda Constitucional entra em vigor: II - para os regimes próprios de previdência social dos Estados, do Distrito Federal e dos Municípios, quanto à alteração promovida pelo art. 1º desta Emenda Constitucional no art. 149 da Constituição Federal e às revogações previstas na alínea "a" do inciso I e nos incisos III e IV do art. 35, na data de publicação de lei de iniciativa privativa do respectivo Poder Executivo que as referende integralmente.

4º[13], da **Emenda 103/2019**, até a edição da lei complementar nacional com regras gerais sobre RPPS.

Ademais, restou inserida previsão expressa no texto constitucional para a **progressividade das contribuições previdenciárias** de ativos, inativos e pensionistas de todas as esferas de governo, de acordo com o valor da base de contribuição ou do benefício recebido, mas de modo facultativo.

No entanto, por força do artigo 36, inciso II, letra A, da **Emenda 103/2019**, a alteração promovida pelo art. 1º no art. 149 da Constituição Federal somente será aplicável ao RPPS dos Estados, do Distrito Federal e dos Municípios na data de publicação de lei de iniciativa privativa do respectivo Poder Executivo, que referende integralmente.

Pelo texto transcrito, seria possível no caso de **déficit atuarial** incidir contribuição previdenciária sobre os proventos de aposentadoria e de pensões por morte que **superem a um salário mínimo.**

Essa regra se aplica a todas as esferas de governo e não há uma limitação expressa do percentual dessa alíquota extra.

Especificamente para o servidor ativo, inativo e pensionista do serviço público federal, acaso a medida de tributação *suso* referida não restar suficiente para equilibrar o déficit atuarial, será possível a criação de **contribuição extraordinária por prazo determinado**, que o artigo 149 da Constituição **não fixa o limite máximo temporal**, devendo ser adotadas medidas paralelas de combate ao déficit atuarial que o texto constitucional também não enumera.

Esse regramento em aberto poderá ser deveras gravoso especialmente ao ativo, inativo e pensionista do RPPS federal, que poderá ser compelido a arcar com uma alíquota de contribuição previdenciária extraordinária por prazo não limitado e alíquota também não limitada pelo novel texto constitucional.

Apesar da manutenção do §18 do artigo 40 da Constituição, alguns entes federativos já aprovaram leis locais fazendo incidir contribuição previdenciárias sobre aposentadorias e pensões do valor que exceder um salário mínimo, e não do que exceder o teto do RGPS, a exemplo do Estado de São Paulo, normatização mantida pelo STF:

- **POSIÇÃO DO STF**

SL 1339 AgR / SP - SÃO PAULO

13. § 4º Os Estados, o Distrito Federal e os Municípios **não poderão estabelecer alíquota inferior à da contribuição dos servidores da União**, exceto se demonstrado que o respectivo regime próprio de previdência social não possui déficit atuarial a ser equacionado, hipótese em que a alíquota não poderá ser inferior às alíquotas aplicáveis ao Regime Geral de Previdência Social.

AG.REG. NA SUSPENSÃO DE LIMINAR
Relator(a): Min. LUIZ FUX (Presidente)
Julgamento: 14/12/2021
Publicação: 10/02/2022
Órgão julgador: Tribunal Pleno
Publicação
PROCESSO ELETRÔNICO DJe-025 DIVULG 09-02-2022 PUBLIC 10-02-2022
Partes
AGTE.(S) : SINDICATO DOS AGENTES FISCAIS DE RENDAS DO ESTADO DE SÃO PAULO - SINAFRESP E OUTRO(A/S) ADV.(A/S) : THIAGO CARNEIRO ALVES AGDO.(A/S) : ESTADO DE SÃO PAULO PROC.(A/S) (ES) : PROCURADOR-GERAL DO ESTADO DE SÃO PAULO

Ementa

Ementa: AGRAVO INTERNO NA SUSPENSÃO DE LIMINAR. DIREITO PREVIDENCIÁRIO. LEI ESTADUAL QUE MAJORA ALÍQUOTAS E EXPANDE A BASE DE CÁLCULO DE CONTRIBUIÇÃO INCIDENTE SOBRE PROVENTOS E PENSÕES. LIMINAR QUE SUSPENDE OS EFEITOS DA NORMA PARA OS ASSOCIADOS DOS AGRAVANTES. ALEGAÇÃO DE RISCO DE GRAVE DANO À ORDEM E À ECONOMIA PÚBLICAS. OCORRÊNCIA. NORMA IMPUGNADA QUE ENCONTRA FUNDAMENTO DE VALIDADE NA DISPOSIÇÃO DO ART. 149, § 1º-A, DA CONSTITUIÇÃO, INCLUÍDO PELA EC Nº 103/2019. ADEQUAÇÃO À TESE VINCULANTE FIXADA PELO PLENÁRIO DESTE STF NO ARE 875.958 - TEMA 933 DA REPERCUSSÃO GERAL. DECRÉSCIMO ARRECADATÓRIO. AGRAVAMENTO DO DESEQUILÍBRIO ATUARIAL E FRUSTRAÇÃO DO PLANEJAMENTO FINANCEIRO ESTADUAL. PEDIDO DE SUSPENSÃO PROCEDENTE. AGRAVO A QUE SE NEGA PROVIMENTO. 1. A natureza excepcional da contracautela permite tão somente juízo mínimo de delibação sobre a matéria de fundo e análise do risco de grave lesão à ordem, à saúde, à segurança e à economia públicas (SS 5.049-AgR-ED, rel. Min. Presidente Ricardo Lewandowski, Tribunal Pleno, DJe de 16/5/2016). **2. In casu, a legislação estadual impugnada na origem encontra fundamento de validade na disposição do §1º-A do art. 149 da Constituição Federal, incluído pela EC nº 103/2019, na medida em que, a despeito da existência ou não de prévio estudo atuarial que o demonstrasse à época da edição da lei estadual controvertida, verifica-se notória a situação de déficit existente no âmbito do regime próprio de previdência dos servidores paulistas.** 3. Adequação da legislação estadual impugnada na origem à tese vinculante fixada pelo Plenário deste Supremo Tribunal Federal no ARE 875.958 - Tema 933 da sistemática da repercussão geral (Rel. Min. Roberto Barroso, julgado em 19/10/2021) a que se soma o risco à economia pública decorrente de decréscimo arrecadatório capaz de frustrar planejamento financeiro efetivado para o custeio de aposentadorias e pensões dos servidores estaduais a longo prazo. 4. Agravo a que se nega provimento.

Mas o STF já pronunciou a validade desta previsão da EC 103/2019, validando regra do Estado da Bahia:

■ **POSIÇÃO DO STF**

ADI 6483

Órgão julgador: **Tribunal Pleno**

Relator(a): ***Min. ROBERTO BARROSO***

Julgamento: ***03/07/2023***

Publicação: ***15/08/2023***

Ementa: Direito constitucional, previdenciário e tributário. Ação direta de inconstitucionalidade. Lei estadual. Adequação do regime próprio de previdência social à EC nº 103/2019. Ampliação da base de cálculo da contribuição de inativos e pensionistas. 1. Ação direta contra o art. 2º da Lei nº 14.250/2020, do Estado da Bahia, que estabeleceu a incidência de contribuição previdenciária sobre a parcela dos proventos de aposentadoria e pensão, concedidos pelo regime próprio de previdência social, que supere o triplo do valor do salário mínimo. 2. Alegação de afronta ao art. 40, § 18, da CF, que fixa como base de cálculo da contribuição o valor dos proventos e pensões que ultrapasse o limite máximo dos benefícios do regime geral de previdência social. **3. O art. 149, § 1º-A, da Constituição, inserido pela Emenda Constitucional nº 103/2019, autorizou que a contribuição previdenciária incida sobre o valor que excede o salário mínimo sempre que houver déficit atuarial.** O objetivo foi conferir ao legislador, ao lado da progressividade de alíquotas permitida no § 1º do art. 149 da CF, mais um instrumento de reequilíbrio do sistema previdenciário. 4. Dados do final de 2021, extraídos do portal do Ministério do Trabalho e da Previdência, revelam que o regime próprio de previdência social do Estado da Bahia apresentou um resultado atuarial negativo de mais de R$ 119 bilhões. Além disso, a mensagem do Governador do Estado, ao encaminhar o projeto de lei para discussão e votação, justificou o aumento da base de cálculo da contribuição aludindo à situação de desequilíbrio do sistema previdenciário. 5. Assim sendo, o art. 2º da Lei nº 14.250/2020, do Estado da Bahia, está em consonância com o art. 149, § 1º-A, da Constituição, que, na hipótese de déficit atuarial, abre uma exceção ao disposto no art. 40, § 18, da CF, permitindo a ampliação da base de cálculo da contribuição de inativos e pensionistas. 6. Improcedência do pedido, com a fixação da seguinte tese: "O art. 2º da Lei nº 14.250/2020, do Estado da Bahia, que amplia a base de cálculo da contribuição previdenciária de inativos e pensionistas no regime próprio de previdência social, está em consonância com o art. 149, § 1º-A, da Constituição".

Com o advento da EC 103/2019, a progressividade passa a constar por expressamente do texto constitucional, aparentemente encerrando a discussão do tema.

No caso dos Estados, Distrito Federal e Municípios, caberá a suas normas disciplinar as parcelas sobre as quais incidirão as respectivas contribuições previdenciárias.

A alíquota da contribuição previdenciária do servidor deve ser fixada por lei da respectiva entidade federativa, mas os critérios de seu cálculo não.

■ **POSIÇÃO DO STF**

De acordo com a Suprema Corte, "a alegação de que os critérios de cálculo de alíquota de contribuição previdenciária relativos a equilíbrio financeiro e atuarial deveriam ser necessariamente estabelecidos por lei em sentido formal foi rechaçada pelo Plenário do STF no julgamento da ADI 2.034-MC, Rel. Min. Sydney Sanches." (RE 517.288-AgR, voto da Rel. Min Cármen Lúcia, julgamento em 22-2-2011, Primeira Turma, *DJE* de 18-3-2011).

Julgando o **Tema 933 em Repercussão Geral em 18/10/2021**, oriundo do Estado de Goiás, entendeu o STF que *"a **ausência de estudo atuarial** específico e prévio à edição de lei que aumente a contribuição previdenciária dos servidores públicos **não implica vício de inconstitucionalidade**, mas mera irregularidade que pode ser sanada pela demonstração do déficit financeiro ou atuarial que justificava a medida"*, assim como *"a majoração da alíquota da contribuição previdenciária do servidor público para **13,25%** não afronta os princípios da razoabilidade e da vedação ao confisco"*.

O **artigo 11 da Emenda 103/2019** constituiu regra de transição para regular a contribuição previdenciária do servidor federal, até que sejam alterados os artigos 4º, 5º e 6º da Lei nº 10.887/2004, que fixavam em 11% a alíquota de contribuição do servidor federal, respeitado o Princípio da Anterioridade Nonagesimal, na hipótese de elevação tributária.

De efeito, **a alíquota é elevada para 14%,** mas com faixas de redução e elevação (progressividade extrafiscal), a depender do valor da remuneração, aposentadoria ou pensão por morte.

Essa regra **poderá refletir nas demais entidades políticas**, pois o artigo 9º, § 4º, da Emenda prevê que *"até que entre em vigor lei complementar que discipline o § 22 do art. 40 da Constituição Federal, aplicam-se aos regimes próprios de previdência social o disposto na Lei nº 9.717, de 27 de novembro de 1998 e o disposto neste* *artigo"*, estatuindo que "*os Estados, o Distrito Federal e os Municípios* ***não poderão estabelecer alíquota inferior à da contribuição dos servidores da União****, exceto se demonstrado que o respectivo regime próprio de previdência social não possui déficit atuarial a ser equacionado, hipótese em que a alíquota não poderá ser inferior às alíquotas aplicáveis ao Regime Geral de Previdência Social*".

Desta forma, **as faixas de contribuição de que trata este artigo 11 da Emenda passam a constituir o piso para as contribuições de servidores estaduais, distritais e municipais**, exceto se o RPPS não possuir déficit atuarial a ser equacionado.

Entende-se que se trata de regra com efeitos imediatos para estados, Distrito Federal e municípios, pois não exige regulamentação "na forma da lei" e já possui elementos suficientes de autoaplicabilidade, conquanto se presuma que muitos estados e municípios irão advogar a tese da não aplicação imediata, o que pode gerar descumprimento constitucional indesejado por omissão, pois bastaria que o ente estadual ou municipal nunca editasse lei de regulamentação.

Na prática, por cautela tributária, estados e municípios estão aprovando leis locais com as alterações na alíquota, para, ao menos, elevá-la para 14%, vez que a adoção de alíquotas progressivas não é obrigatória.

Conforme o Informativo mensal da Subsecretaria dos Regimes Próprios de Previdência Social, edição Julho/2021, "considerando as legislações recebidas pela SRPPS até **maio de 2021, cerca de 1.496 entes já adequaram as alíquotas de contribuições dos servidores, aposentados e pensionistas, nos termos do § 4º do art. 9º da EC nº 103/2019**. Os entes federativos que não adequaram as alíquotas ficam irregulares para fins do CRP no critério 'Observância dos limites de contribuição dos segurados e pensionistas'. Registre-se a efetividade da ação empreendida pelo Tribunal de Contas do Estado do Espírito Santo para o cumprimento da exigência legal: apenas um município ainda não adequou as alíquotas dos servidores do seu RPPS! Quanto ao atendimento ao disposto nos §§ 2º e 3º do art. 9º da EC nº 103/2019 **(limitação do rol de benefícios do RPPS às aposentadorias e pensões) cerca de 1.366 entes já se adequaram**. Os entes federativos que não excluíram o auxílio-doença, o salário maternidade, o salário-família e o auxílio-reclusão do rol de benefícios ficam irregulares para fins do CRP no critério "Concessão de benefícios não distintos do RGPS - previsão legal".

O entendimento da SPREV é pela obrigatoriedade da alíquota de 14% (exceto se o RPPS não possuir déficit atuarial a ser equacionado) e pela facultatividade da adoção das alíquotas progressivas para estados e municípios.

Com esta nova regra, os servidores federais passam a ter alíquotas progressivas por faixas de remuneração, respeitada a noventena nos casos de elevação do valor do tributo, tomando por base progressiva e regressiva a alíquota de 14%, e não mais a incidência da alíquota de 11% linear para todos os servidores da União, autarquias e fundações.

Haverá redução de contribuição previdenciária para os servidores federais que ganham pouco, e, do outro lado, elevação para os que recebem as maiores remunerações, como membros da AGU, DPU, MPF, juízes federais, delegados federais e Auditores da Receita Federal.

Somente se legitima a incidência de contribuição previdenciária se a parcela refletir na renda mensal da aposentadoria e pensão por morte.

> ■ **POSIÇÃO DO STF**
>
> Tema 163 - **"Não incide contribuição previdenciária sobre verba não incorporável aos proventos de aposentadoria do servidor público, tais como terço de férias, serviços extraordinários, adicional noturno e adicional de insalubridade"**.

As parcelas de cunho indenizatório que não sofrem desconto de contribuição previdenciária não se incorporam nos proventos da aposentadoria, como o **transporte e a alimentação.**

> ■ **POSIÇÃO DO STF**
>
> "Súmula 680- O direito ao auxílio-alimentação não se estende aos servidores inativos". "O benefício do vale-alimentação, dada a sua natureza indenizatória, não integra a remuneração dos servidores públicos, não sendo devido, portanto, aos inativos." (AI 345.898-AgR, Rel. Min. Maurício Corrêa, julgamento em 26-2-2002, Segunda turma, *DJE* de 22-3-2002). No mesmo sentido: AI 738.881, Rel. Min. Luiz Fux, decisão monocrática, julgamento em 29-2-2012, *DJE* de 6-3-2012.

Isso depende da análise da lei local, registrando que o precedente se referiu a servidor federal com integralidade e paridade, em que tais descontos não iriam refletir nos proventos da aposentadoria.

No regime contributivo previdenciário constitucional é vedado ao servidor público carrear para os proventos da aposentadoria ou para a pensão por ele instituída parcela da remuneração sobre a qual não incidiu desconto previdenciário.

A decisão do STF no tema 163 em Repercussão Geral foi omissa em diversos pontos e até mesmo contraditória. Inicialmente, deveria ter enfrentado a questão à luz de dois regimes jurídicos: segurados com direito à **regra de transição de integralidade** e servidores com **cálculo dos proventos da aposentadoria pela média remuneratória.**

Isso porque, na segunda situação, **a incidência de contribuição previdenciária sobre verba remuneratória de natureza transitória pode elevar os proventos do servidor**, tanto que no serviço público federal a Lei 10.887/2004 (art. 4º, §2º) dá essa opção tributária por expressa escolha do servidor público:

> *"§ 2º* ***O servidor ocupante de cargo efetivo poderá optar pela inclusão, na base de cálculo da contribuição, de parcelas remuneratórias*** *percebidas em decorrência de local de trabalho e do exercício de cargo em comissão ou de função comissionada ou gratificada, da Gratificação Temporária das Unidades dos Sistemas Estruturadores da Administração Pública Federal (GSISTE), da Gratificação Temporária do Sistema de Administração dos Recursos de Informação e Informática (GSISP), da Gratificação Temporária de Atividade em Escola de Governo (GAEG), da Gratificação Específica de Produção de Radioisótopos e Radiofármacos (GEPR), da Gratificação de Raio X e daquelas recebidas a título de adicional noturno ou de adicional por serviço extraordinário, para efeito de cálculo do benefício a ser concedido com fundamento no art. 40 da Constituição Federal e no art. 2º da Emenda Constitucional nº 41, de 19 de dezembro de 2003, respeitada, em qualquer hipótese, a limitação estabelecida no § 2º do art. 40 da Constituição Federal . (Redação dada pela Lei nº 13.328, de 2016)".*

Outro ponto em que a Suprema Corte foi infeliz foi a comparação do RPPS ao RGPS, pois no Regime Geral verbas remuneratórias transitórias sofrem desconto de contribuição previdenciária nas situações previstas pelo artigo 28 da Lei 8.212/91, como terço de férias gozadas, horas extras, adicional de insalubridade e de periculosidade, bem como repercutem na renda da aposentadoria porque compõem o salário de contribuição e entram no cômputo do salário de benefício.

Daí a falha jurídica desta passagem do voto do Relator, Ministro Roberto Barroso:

> *"20. Veja-se, então, que tanto para o regime geral quanto para o regime próprio a base de cálculo da contribuição previdenciária é o salário ou a remuneração do empregado ou do servidor, aos quais devem ser incorporados os chamados "ganhos habituais". Tal incorporação se dá tanto para fins de incidência do tributo como para cálculo dos benefícios. A consequência inexorável, portanto, é que o que não constitua ganho incorporável aos proventos da aposentadoria não sofre a incidência da contribuição previdenciária. O tratamento constitucional da questão, portanto, é expresso, não demandando sequer integração interpretativa mais complexa".*

Ademais, **um dos pilares da tese sucumbiu com o advento da Emenda 103/2019**, pois para os servidores federais antigos que não aderiram ao regime de previdência complementar, **inexiste a limitação dos proventos da aposentadoria à remuneração do cargo efetivo**.

Nesse sentido, veja-se passagem do voto do Relator, Ministro Roberto Barroso, que a meu ver atualmente está prejudicado:

> *"26. Note-se que essa lógica se aplica tanto ao regime geral de previdência social quanto ao regime próprio. Todavia, os §§ 2º e 3º do art. 40 da CF/88*

enfatizam a pertinência desta assertiva no âmbito do regime próprio. De fato, ao estabelecerem que os proventos de aposentadoria serão calculados com base na remuneração do servidor, e que não poderão excedê-los, os dispositivos reforçam a mínima referibilidade que deve existir entre remuneração de contribuição e proventos de aposentadoria. Portanto, a incidência de contribuição previdenciária sobre verbas não incorporáveis aos proventos do servidor representa negação a esta exigência de referibilidade, em violação aos §§ 2º e 3º do art. 40 e § 11 do art. 201 da CF/88".

A meu ver, embora com fundamentação deficiente e sem fazer as devidas distinções de regimes jurídicos previdenciários, **a intenção do STF foi vedar a incidência de contribuição previdenciária sobre parcela que não irá refletir na renda da aposentadoria em nenhuma situação**, tese que realmente é pertinente, de modo que, **se houver a respectiva reflexão nos proventos de aposentadoria, a tributação será legítima se prevista por expresso na lei do ente federativo.**

■ POSIÇÃO DO STF

Veja-se, nesse sentido, o julgamento pelo STF da **Reclamação 46.914/Agr, de 31.05.2021**, que manteve a incidência de contribuição previdenciária sobre adicional de insalubridade, pois a lei local previa a respectiva reflexão:

Rcl 46914 AgR

Órgão julgador: Primeira Turma

Relator(a): Min. ROSA WEBER

Julgamento: 31/05/2021

Publicação: 04/06/2021

Ementa

EMENTA AGRAVO. RECLAMAÇÃO CONSTITUCIONAL. **RE 593.068-RG (TEMA 163). RE 642.682-RG (TEMA 448). INCIDÊNCIA DA CONTRIBUIÇÃO PREVIDENCIÁRIA SOBRE O ADICIONAL DE INSALUBRIDADE. ART. 6º DA LEI COMPLEMENTAR 432/1985 DO ESTADO DE SÃO PAULO. VERBA INCORPORÁVEL AOS PROVENTOS DE APOSENTADORIA**. POSSIBILIDADE. AGRAVO DESPROVIDO. 1. Esta Suprema Corte, ao exame do RE 593.068-RG (Tema 163), concluiu pela não incidência da contribuição previdenciária sobre verba não incorporável aos proventos de aposentadoria do servidor público, como no caso do adicional de insalubridade. 2. Quanto ao adicional de insalubridade dos policiais militares instituído pela Lei Complementar do Estado de São Paulo 432/1985, esta Suprema Corte, ao julgamento do RE 642.682-RG (Tema 448), reafirmou a sua jurisprudência no sentido de contemplar apenas os servidores que exercem atividades insalubres efetivamente comprovadas, sem declarar, contudo, a inconstitucionalidade do art. 6º do referido diploma legal. 3. Inocorrente violação das decisões proferidas pelo STF no RE 593.068-RG (Tema 163) e no RE 642.682-RG (Tema 448), porquanto mantida a incidência da contribuição previdenciária sobre o adicional de insalubridade com fundamento no art. 6º da Lei Complementar 432/1985 do Estado de São Paulo, por se tratar de verba incorporável aos proventos de aposentadoria do agravante. Precedentes. 4. Agravo conhecido e desprovido.

Daí que, mesmo que a parcela tributada só reflita para o cálculo da aposentadoria pela média de remunerações, e não para fins de integralidade, a meu ver há legitimidade da incidência para fins do Tema 163 em repercussão geral.

A contribuição das entidades políticas não poderá ser inferior à do servidor, nem superior ao dobro deste, na forma do artigo 2º da Lei 9.717/98.

Cabe à União, aos estados, Distrito Federal e municípios a edição de normas locais contemplando as parcelas que sofrerão ou não a incidência da contribuição previdenciária ao RPPS.

Ademais, caberá à respectiva entidade política cobrir a insuficiência de recursos para o pagamento de benefícios previdenciários, sendo que as contribuições previdenciárias irão para um Fundo Previdenciário, afetado ao pagamento dos benefícios, exceto despesas administrativas (taxa de administração).

Frise-se que a responsabilidade tributária pela retenção e recolhimento das contribuições previdenciárias dos servidores efetivos, militares, aposentados, pensionistas e Poder Público será do dirigente e do ordenador de despesa do órgão ou entidade que efetuar o pagamento da remuneração ou do benefício, sob pena de sua responsabilidade penal e administrativa, observados os seguintes prazos:

> I - até o dia 15, no caso de pagamentos de remunerações ou benefícios efetuados no primeiro decêndio do mês;
>
> II - até o dia 25, no caso de pagamentos de remunerações ou benefícios efetuados no segundo decêndio do mês; ou
>
> III - até o dia 5 do mês posterior, no caso de pagamentos de remunerações ou benefícios efetuados no último decêndio do mês.

Caso não haja o desconto da contribuição previdenciária, nos termos do artigo 8º-A, § 3º, da Lei 10.887/04, caberá ao órgão público apurar os valores não retidos e proceder ao desconto na folha de pagamento do servidor ativo, do aposentado e do pensionista, em rubrica e classificação contábil específicas, podendo essas contribuições serem parceladas, desde que o valor de cada parcela não seja inferior ao correspondente a 10% da remuneração, provento ou pensão, com os acréscimos moratórios.

Logo, ao **contrário do que ocorre no RGPS, absurdamente inexiste no RPPS a presunção de recolhimento das contribuições previdenciárias**, conquanto o Poder Público seja o responsável tributário pela arrecadação.

Na hipótese de **cessão de servidores ou de afastamento para exercício de mandato eletivo** em que o pagamento da remuneração ou subsídio seja ônus do cessionário ou do órgão de exercício do mandato, será de responsabilidade desse órgão ou entidade o desconto da contribuição devida pelo segurado; o custeio da contribuição devida pelo órgão ou entidade de origem e o repasse das contribuições à unidade gestora do RPPS a que está vinculado o cedido ou afastado.

A **solicitação de cessão** deverá ser apresentada pelo órgão ou entidade cessionária nos moldes do **Anexo XV**, e a movimentação do agente público cedido será formalizada mediante publicação no veículo oficial de divulgação da Administração Pública cedente, nos termos do artigo 22-A da Portaria MTP 1.467/2022, introduzido pela Portaria MPS 1.180/2024:

(Anexo XV à Portaria MTP nº 1.467, de 2 de junho de 2022)

"ANEXO XV

(IDENTIFICAÇÃO DO ÓRGÃO OU ENTIDADE EMITENTE)

TERMO DE SOLICITAÇÃO DE CESSÃO DE SERVIDOR PÚBLICO EFETIVO

Órgão ou entidade cedente: CNPJ:	Ente Federativo de origem: CNPJ:	
Órgão ou entidade cessionária: CNPJ:	Ente Federativo de destino: CNPJ:	
Servidor (a):		
Matrícula:		
Cargo:		
Fundamento Legal da Cessão:		
Cargo/função a ser ocupada:		
Reembolso:	( ) Sim Órgão ou entidade responsável pelo ônus do ressarcimento:	( ) Não
Ônus da remuneração a cargo:	( ) do órgão ou entidade de origem ( ) do órgão ou entidade de destino	
Retenção e recolhimento da contribuição do servidor cedido, juntamente com o valor da contribuição patronal para o custeio da previdência social, e o repasse dessas contribuições à unidade gestora do RPPS a que está filiado o segurado, a cargo:	( ) do órgão ou entidade de origem ( ) do órgão ou entidade de destino	
Unidade onde serão desempenhadas as atividades:		
Localidade onde serão desempenhadas as atividades:		
Competências institucionais da unidade:		
Prazo da cessão:	( ) Determinado: dia/mês/ano a dia/mês/ano ( ) Indeterminado	

Compete ao órgão ou entidade cessionária informar ao órgão ou entidade cedente a data da efetiva entrada em exercício do agente público cedido para fins de atualização sistêmica pertinente à movimentação efetuada e acompanhar a frequência e informar ao órgão ou entidade cedente qualquer ocorrência funcional, inclusive faltas não justificadas ou em desacordo com a legislação vigente.

O RPPS terá caráter contributivo e solidário, observada a exigência do equilíbrio financeiro e atuarial e o seguinte[14]:

> I - previsão em lei do ente federativo:
>
> a) das alíquotas de contribuição do ente, dos segurados e dos beneficiários e dos valores de aportes para equacionamento de déficit atuarial, embasados nas avaliações atuariais do regime próprio, elaboradas conforme as normas de atuária previstas no Capítulo IV;
>
> b) do prazo para repasse das contribuições ou aportes pelo responsável, que não poderá ultrapassar o último dia útil do mês subsequente ao da competência da folha de pagamento; e
>
> c) de aplicação, em caso de falta do repasse das contribuições no prazo a que se refere a alínea "b", de índice oficial de atualização monetária, de taxa de juros igual ou superior à hipótese financeira utilizada nas avaliações atuariais do RPPS e de multa, sem prejuízo das sanções penais, cíveis e administrativas a que estejam sujeitos os responsáveis; e
>
> II - retenção, recolhimento e repasse das contribuições dos segurados e beneficiários do RPPS à unidade gestora do regime, bem como das contribuições e aportes do ente federativo, inclusive dos valores relativos a débitos parcelados mediante acordo.

Aos RPPS cujos entes federativos referendarem, em dispositivo de lei de iniciativa privativa do respectivo Poder Executivo, as alterações promovidas no art. 149 da Constituição Federal pela Emenda Constitucional nº 103, de 2019, aplicam-se as seguintes disposições, observadas as regras sobre limites previstas no art. 11[15]:

> I - poderão instituir alíquotas progressivas de acordo com o valor da base de contribuição ou dos proventos de aposentadoria e de pensões por morte; e
>
> II - quando houver deficit atuarial, o ente federativo poderá, por meio de lei, estabelecer que a contribuição dos beneficiários incidirá sobre o valor dos proventos de aposentadoria e de pensões por morte que supere o valor a partir do salário mínimo, na forma prevista na citada lei.

14. Art. 7º da Portaria MTP 1.467, de 2 de junho de 2022.
15. Art. 8º da Portaria MTP 1.467, de 2 de junho de 2022.

As alíquotas de contribuição do ente, dos segurados e dos beneficiários do RPPS serão instituídas ou alteradas expressamente por meio de lei do ente federativo, e[16]:

> I - em caso de instituição ou majoração, serão exigidas depois de decorridos noventa dias da data da publicação da lei de cada ente que as houver instituído ou majorado, podendo ser postergada, na lei, a exigência para o primeiro dia do mês subsequente ao nonagésimo dia, devendo ser mantida a vigência da contribuição anterior durante esse período;
>
> II - poderão ser progressivas de acordo com o valor da base de contribuição desde que embasadas em avaliação atuarial;
>
> III - não poderão ser alteradas com efeitos retroativos; e
>
> IV - a implementação de eventual redução está condicionada à observância dos critérios previstos no art. 65[17].

A legislação que instituir ou alterar as contribuições normais e suplementares ou os aportes para equacionamento de déficit atuarial deverá discriminar, conforme o caso, todos os percentuais, valores e períodos de exigência, não se admitindo a simples menção a percentuais e a outros aspectos constantes da avaliação atuarial que tenha proposto o plano de custeio ou de amortização do déficit, devendo conter[18]:

> I - todos os valores das parcelas a amortizar, quer sejam decorrentes da aplicação de alíquotas ou aportes mensais;
>
> II - os prazos para repasse e critérios de atualização na forma do inciso I do caput do art. 7º; e[19]

16. Art. 9º da Portaria MTP 1.467, de 2 de junho de 2022.
17. Art. 65. A redução do plano de custeio do RPPS será admitida desde que sejam demonstrados: I - o fundamento da revisão do plano no Relatório da Avaliação Atuarial; II - a garantia da constituição de reservas necessárias para o cumprimento das obrigações do RPPS e que as receitas do RPPS sejam superiores às despesas, excluindo os valores de receitas e despesas administrativas, nos 5 (cinco) exercícios subsequentes ao da avaliação; III - que o total dos ativos garantidores referente às aplicações de recursos realizadas conforme Resolução do CMN seja superior às provisões matemáticas dos benefícios concedidos; IV - apreciação pelo conselho deliberativo do RPPS; e V - observância, em caso de alteração do método de financiamento, do disposto no inciso IV do caput do art. 32.
18. Art. 10 da Portaria MTP 1.467, de 2 de junho de 2022.
19. Art. 7º O RPPS terá caráter contributivo e solidário, observada a exigência do equilíbrio financeiro e atuarial e o seguinte: I - previsão em lei do ente federativo: a) das alíquotas de contribuição do ente, dos segurados e dos beneficiários e dos valores de aportes para equacionamento de deficit atuarial, embasados nas avaliações atuariais do regime próprio, elaboradas conforme as normas de atuária previstas no Capítulo IV; b) do prazo para repasse das contribuições ou aportes pelo responsável, que não poderá ultrapassar o último dia útil do mês subsequente ao da competência da folha de pagamento; e c) de aplicação, em caso de falta do repasse das contribuições no prazo a que

III - os respectivos períodos de exigência das contribuições suplementares ou dos aportes por meio de tabela com as seguintes informações:

a) competências de início e fim dos períodos de exigência das respectivas alíquotas ou aportes devidos; e

b) para cada período, o percentual da alíquota devida e os valores estimados da base de cálculo e das contribuições totalizados no período ou o valor das parcelas mensais dos aportes devidos e dos valores anuais totalizados no período.

As contribuições normais do ente federativo, dos segurados e beneficiários destinadas ao RPPS sujeitam-se aos seguintes limites[20]:

I - o somatório do valor da contribuição do ente federativo para cobertura do custo normal do plano de benefícios do RPPS não poderá ser inferior ao somatório do valor da contribuição dos segurados nem superior ao dobro desta, observadas as avaliações atuariais anuais;

II - as alíquotas de contribuição dos segurados dos RPPS dos Estados, Distrito Federal e Municípios não poderão ser inferiores às dos segurados do RPPS da União, exceto se demonstrado que o RPPS não possui deficit atuarial a ser equacionado, hipótese em que a alíquota não poderá ser inferior às aplicáveis ao RGPS; e

III - as contribuições sobre os proventos de aposentadoria e sobre as pensões que excederem ao limite máximo estabelecido para os benefícios do RGPS ou àquele fixado nos termos do inciso II do caput do art. 8º observarão os mesmos percentuais aplicados aos segurados do RPPS do ente federativo.

Em caso de estabelecimento de **alíquota uniforme**:

a) se o RPPS possui déficit atuarial, deverá ser prevista, no mínimo, a alíquota de 14% (catorze por cento); ou

b) se o RPPS não possui déficit atuarial deverá ser prevista alíquota que proporcione valores mensais a serem arrecadados, como produto de sua aplicação aos segurados e beneficiários do RPPS, correspondentes, no mínimo, àqueles que seriam obtidos caso fossem aplicadas as alíquotas progressivas previstas para os segurados do RGPS; ou

Por outro lado, em caso de estabelecimento de **alíquotas progressivas:**

---

se refere a alínea "b", de índice oficial de atualização monetária, de taxa de juros igual ou superior à hipótese financeira utilizada nas avaliações atuariais do RPPS e de multa, sem prejuízo das sanções penais, cíveis e administrativas a que estejam sujeitos os responsáveis.

20. Art. 11 da Portaria MTP 1.467, de 2 de junho de 2022.

a) se o RPPS possui déficit atuarial, deverão ser previstas alíquotas que proporcionem valores mensais a serem arrecadados, como produto da sua aplicação aos segurados e beneficiários do RPPS, correspondentes, no mínimo, àqueles que seriam obtidos caso fosse aplicada a alíquota uniforme de 14% (catorze por cento); ou

b) se o RPPS não possui déficit atuarial, deverão ser previstas alíquotas que proporcionem valores mensais a serem arrecadados, como produto da sua aplicação aos segurados e beneficiários do RPPS, correspondentes, no mínimo, àqueles que seriam obtidos caso fossem aplicadas as alíquotas progressivas previstas para os segurados do RGPS.

Por sua vez, nos termos do artigo 12 da Portaria MTP 1.467, de 2 de junho de 2022, caberá à lei do ente federativo definirá as parcelas que comporão a **base de cálculo das contribuições devidas ao RPPS**, observados os seguintes parâmetros:

> **I - integram a base de cálculo das contribuições**, dentre outros, o subsídio, o vencimento do cargo efetivo, acrescido das vantagens pecuniárias permanentes estabelecidas em lei, os adicionais de caráter individual e as seguintes rubricas:
>
> a) no que se refere ao segurado: o décimo terceiro salário ou gratificação natalina, a remuneração devida ao segurado em decorrência de períodos de afastamento legal, inclusive por incapacidade temporária para o trabalho e por maternidade; e
>
> b) relativamente aos beneficiários: a gratificação natalina ou abono anual;
>
> II - a contribuição incidente sobre o décimo terceiro salário, gratificação natalina ou abono anual incidirá sobre o valor bruto dessas verbas, sem compensação dos adiantamentos pagos, mediante aplicação, em separado, das alíquotas definidas em lei pelo ente federativo;
>
> III - para o segurado que ingressar no serviço público em cargo efetivo a partir do início da vigência do Regime de Previdência Complementar - RPC ou que tenha exercido a opção correspondente, na forma dos §§ 14 a 16 do art. 40 da Constituição Federal, a base de cálculo das contribuições observará o limite máximo estabelecido para os benefícios do RGPS;
>
> IV - as contribuições dos beneficiários:
>
> a) incidirão sobre a parcela dos proventos e pensões por morte que supere o limite máximo estabelecido para os benefícios do RGPS **ou daquele fixado nos termos do inciso II do caput do art. 8º;**
>
> b) na forma da lei do ente federativo, incidirão sobre as parcelas de proventos de aposentadoria e de pensão por morte que superem o dobro do limite máximo estabelecido para os benefícios do RGPS quando o beneficiário for

portador de doença incapacitante **e desde que não referendada**, na forma do caput do art. 8º, a revogação do disposto no § 21 do art. 40 pela Emenda Constitucional nº 103, de 2019;

c) serão calculadas mensalmente, observando-se as alterações das bases de cálculo em caso de alíquotas progressivas ou dos limites de que trata a alínea "a"; e

d) incidirão sobre o valor total do benefício, antes de sua divisão em cotas;

V - a base de cálculo das contribuições dos segurados não poderá ser inferior ao salário mínimo, inclusive na hipótese de redução de carga horária, com prejuízo do subsídio ou remuneração;

VI - quando o pagamento mensal do segurado sofrer descontos em razão de faltas ou de quaisquer outras ocorrências, a alíquota de contribuição deverá incidir sobre o valor total da base de cálculo prevista em lei, relativa à remuneração ou subsídio mensal do segurado no cargo, desconsiderados os descontos; e

VII - não incidirá contribuição sobre verba não incorporável aos proventos de aposentadoria do segurado, tais como abono de permanência, terço de férias, serviços extraordinários, adicional noturno e adicional de insalubridade, observado que Lei do ente federativo poderá prever a inclusão, na base de cálculo, das parcelas pagas em decorrência de local de trabalho, de função de confiança, de cargo em comissão, ou de outras parcelas temporárias de remuneração, inclusive quando pagas por ente cessionário, mediante opção expressa do servidor que for se aposentar pela média de que trata o inciso XIX do caput do art. 2º, hipótese na qual também será devida a contribuição do ente.

A contribuição do servidor público ativo da União, dos Estados, do Distrito Federal e dos Municípios, incluídas suas autarquias e fundações, para os respectivos regimes próprios de previdência social, bem como a de seus aposentados e pensionistas, incidirá sobre a base de contribuição apurada **isoladamente** para **cada um dos vínculos previdenciários do servidor e/ou beneficiário da Previdência Social**, salvo disposição diversa prevista em lei do ente federativo, para o plano de custeio, em relação aos vínculos do servidor, aposentado e pensionista no âmbito do mesmo RPPS, nos termos do **artigo 13-A da Portaria MTP 1.467/2022**, introduzido pela *Portaria MPS 1.180/2024*.

No RPPS a aposentadoria só possuirá efeitos financeiros a partir da data da publicação da portaria que a conceder, sendo defeso a geração de atrasados, pois o servidor não poderá acumular salário e proventos do benefício nas mesmas competências.

Veja-se precedente do STF:

ADI 6849
Órgão julgador: Tribunal Pleno
Relator(a): Min. DIAS TOFFOLI

Julgamento: 19/11/2024

Publicação: 02/12/2024

Ementa

EMENTA Ação direta de inconstitucionalidade. Regime próprio de previdência social do Estado do Paraná. **Fixação de termo inicial para o pagamento dos benefícios de aposentadoria. Início do pagamento no mês subsequente ao da publicação do ato concessivo. Vedação constitucional à percepção simultânea de proventos decorrentes do regime próprio com remuneração de cargo, emprego ou função pública. Constitucionalidade.** I. Caso em exame 1. Cuida-se de ação direta de inconstitucionalidade ajuizada pelo Partido Socialismo e Liberdade (PSOL) contra o art. 52 da Lei Ordinária nº 12.39/98 e o art. 48 da Lei Complementar nº 233/21 do Estado do Paraná, os quais dispõem sobre o termo inicial de pagamento dos benefícios de aposentadoria do regime próprio de previdência do Estado do Paraná. Fixação do início do pagamento no mês subsequente à publicação do ato concessivo. II. Questão em discussão 2. Consiste a discussão em saber se é constitucional a fixação de termo inicial do pagamento de proventos no mês subsequente à publicação do ato concessivo de aposentadoria para o pagamento dos benefícios de aposentadoria do regime próprio de previdência de determinado ente federativo. III. Razões de decidir 3. O art. 52 da Lei Ordinária nº 12.398 do Estado do Paraná, de 30 de dezembro de 1998, foi expressamente revogado pelo art. 58 da Lei Complementar nº 233 do Estado do Paraná, de 10 de março de 2021. A jurisprudência da Suprema Corte é firme quanto à prejudicialidade da ação direta de inconstitucionalidade, por perda superveniente de objeto, quando sobrevém a revogação ou a alteração substancial da norma questionada. Precedentes. Preliminar acolhida pelo não conhecimento da ação em relação ao art. 52 da Lei Ordinária nº 12.398 do Estado do Paraná, de 30 de dezembro de 1998. 4. A Constituição Federal de 1988 estabeleceu a competência concorrente da União, dos estados e do Distrito Federal para legislar sobre previdência social (art. 24, inciso XII). No âmbito da legislação concorrente, a competência da União limita-se ao estabelecimento de normas gerais (art. 24, § 1º), cabendo aos estados e ao Distrito Federal suplementar o regramento editado pela União (art. 24, § 2º). 5. A Constituição Federal de 1988, notadamente em seu art. 40, que versa sobre o regime próprio de previdência social, nada dispõe acerca de termo inicial de pagamento dos benefícios de aposentadoria. A legislação editada pela União acerca do tema – Lei nº 9.717, de 27 de novembro de 1998 – também é silente quanto à matéria. 6. Por força do art. 40, § 12, do texto constitucional, a lei que estabelece normas gerais sobre o Regime Geral de Previdência Social apenas se aplica na ausência de legislação específica acerca do tema no âmbito do regramento concernente ao Regime Próprio de Previdência Social. É descabida, portanto, a pretensão de que incida norma geral aplicável a regime previdenciário distinto (art. 41-A, § 5º, Lei nº 8.213, de 24 de julho) na existência de disposição específica sobre a matéria editada por ente federativo dentro de suas competências constitucionais. 7. Não há que se falar em violação do direito adquirido (art. 5º, inciso XXXVI, da CF/88), tendo em vista que a norma impugnada não prejudica a incorporação definitiva do direito à percepção de aposentadoria ao patrimônio de seu titular, o que ocorre com o preenchimento dos requisitos constitucionais e legais previstos, mesmo que o beneficiário não exerça o direito. 8. Até que o provento de aposentadoria seja efetivamente pago, o servidor público permanece recebendo seus vencimentos da ativa. Assim, eventual acolhimento da tese suscitada pelo requerente, segundo a qual os proventos deveriam ser pagos desde a data da entrega do requerimento (DET), acarretaria nítida violação do art. 37, § 10, da Constituição, segundo o qual, em regra, é vedada a percepção simultânea de proventos de aposentadoria decorrentes do regime próprio com a remuneração do cargo, emprego ou função pública. IV. Dispositivo e tese 9. Ação direta de inconstitucionalidade da qual se conhece parcialmente e, quanto a essa parte, julgado improcedente o pedido veiculado, declarando-se a constitucionalidade do art. 48 da Lei Complementar nº 233 do Estado do Paraná, de 10 de março de 2021. **10. Tese de julgamento: É constitucional lei estadual que fixe o mês subsequente ao da publicação do ato concessivo de aposentadoria como o termo inicial para o pagamento do respectivo benefício do regime próprio de previdência.**

Incidirá contribuição de responsabilidade dos segurados e beneficiários e do ente sobre as parcelas que componham a base de cálculo, pagas retroativamente em razão de determinação legal, administrativa ou judicial, observando-se que[21]:

I - se for possível identificar as competências a que se refere o pagamento, aplicar-se-á a alíquota vigente em cada competência;

II - em caso de impossibilidade de identificação das competências a que se refere o pagamento, aplicar-se-á a alíquota vigente na competência em que for efetuado o pagamento;

III - em qualquer caso, as contribuições correspondentes deverão ser repassadas à unidade gestora no mesmo prazo fixado para o repasse das contribuições relativas à competência em que se efetivar o pagamento dos valores retroativos; e

IV - se as contribuições devidas forem repassadas após o prazo previsto no inciso III do caput, incidirão os mesmos acréscimos legais previstos para as contribuições relativas à competência do pagamento.

21. Art. 13 da Portaria MTP 1.467, de 2 de junho de 2022.

2.3. ESPÉCIES DE APOSENTADORIAS: INVOLUNTÁRIAS E VOLUNTÁRIAS

Podemos classificar as aposentadorias no RPPS em **involuntárias e voluntárias**. As primeiras devem ser concedidas de ofício pela Administração Pública, independentemente da vontade e de requerimento do servidor público, se dividindo em:

A) Aposentadoria compulsória por idade;

B) Aposentadoria por incapacidade permanente.

A depender da lei do ente federativo, pode existir regra de transição para antigos servidores no que tange à aposentadoria por incapacidade permanente.

Já as **aposentadorias voluntárias** somente serão concedidas, uma vez cumpridos os requisitos da lei do ente federativo, na situação de expresso requerimento por parte do servidor, podendo ser classificadas em:

A) Aposentadoria voluntária com lastro no regramento permanente com exigência de idade mínima;

B) Aposentadoria voluntária com base em regramento de transição.

Outrossim, após a EC 103/2019, também cabe à lei do ente federativo definir a renda mensal do benefício e o critério de reajustamento.

A aposentadoria será constituída a partir da **data de publicação da portaria concessória**, gerando dois efeitos jurídicos a partir desta data:

A) Vacância do cargo público;

B) Pagamento de proventos a partir desta data, não tendo efeitos retroativos.

Frise-se que não será possível a aposentadoria voluntária do servidor se ainda não aprovado no estágio probatório, pois ainda não há investidura definitiva no cargo, conforme entendimento do STF.

> ■ **POSIÇÃO DO STF**
>
> "EMENTA: CONSTITUCIONAL. ADMINISTRATIVO. SERVIDOR PÚBLICO. APOSENTADORIA. ESTÁGIO PROBATÓRIO. I. - **Constituindo o estágio probatório complemento do processo seletivo, etapa final deste, não pode o servidor, no curso do mesmo, aposentar-se, voluntariamente**. II. - Precedentes do STF: MS 22.947/BA, Min. Octavio Gallotti, Plenário, 11.11.98; MS 22.933/DF, Min. Octavio Gallotti, Plenário, 26.6.98; MS 23.577/DF, Min. Carlos Velloso, Plenário, 15.5.2002; MS 24.543/DF, Min. Carlos Velloso, Plenário, 21.8.2003. III. - Mandado de Segurança indeferido (MS 24.744, de 19.05.2004)".

2.4. APOSENTADORIA POR INCAPACIDADE PERMANENTE: REGRAS GERAIS

A aposentadoria por invalidez (INCAPACIDADE PERMANENTE) será devida em favor do servidor que apresentar incapacidade permanente para o trabalho, conforme definido em laudo médico pericial, devendo cessar se o aposentado voltar a exercer qualquer atividade laboral a partir da data do retorno, inclusive em caso de exercício de cargo eletivo.

Caberá a lei do respectivo ente político regulamentar o benefício de aposentadoria por invalidez, devendo disciplinar a definição do rol de doenças; o conceito de acidente em serviço; a garantia de percentual mínimo para valor inicial dos proventos, quando proporcionais ao tempo de contribuição; a periodicidade das revisões das condições de saúde que geraram a incapacidade e obrigatoriedade de que o aposentado se submeta às reavaliações pela perícia-médica.

Nesse sentido, o artigo 40 da Constituição após o advento da EC 103/2019:

> *"§ 1º O servidor abrangido por regime próprio de previdência social será aposentado:*
>
> *I - por incapacidade permanente para o trabalho, no cargo em que estiver investido, **quando insuscetível de readaptação**, hipótese em que será obrigatória a realização de avaliações periódicas para verificação da continuidade das condições que ensejaram a concessão da aposentadoria, **na forma de lei do respectivo ente federativo**;"*

Após a EC 103/2019 o **descabimento de readaptação** passou a ser pressuposto para a concessão do benefício. De efeito, restou inserido o instituto da **readaptação no texto constitucional**, permitindo que o servidor público titular de cargo efetivo possa ser readaptado para exercício de cargo cujas atribuições e responsabilidades sejam compatíveis com a limitação que tenha sofrido em sua capacidade física ou mental, enquanto permanecer nesta condição, desde que possua a habilitação e o nível de escolaridade exigidos para o cargo de destino, mantida a remuneração do cargo de origem.

Caso a lei do RPPS não defina o acidente de trabalho, deve ser aplicado com as devidas adaptações o regramento dos artigos 19, 20 e 21 da Lei 8.213/91, pois pontifica o artigo 40, § 12, da Constituição, que o regime de previdência dos servidores públicos titulares de cargo efetivo observará, no que couber, os requisitos e critérios fixados para o regime geral de previdência social:

> *"Art. 19. Acidente do trabalho é o que ocorre pelo exercício do trabalho a serviço de empresa ou de empregador doméstico ou pelo exercício do trabalho dos segurados referidos no inciso VII do art. 11 desta Lei, provocando lesão corporal ou perturbação funcional que cause a morte ou a perda ou redução,*

permanente ou temporária, da capacidade para o trabalho. (Redação dada pela Lei Complementar nº 150, de 2015)

Art. 20. Consideram-se acidente do trabalho, nos termos do artigo anterior, as seguintes entidades mórbidas:

I - doença profissional, assim entendida a produzida ou desencadeada pelo exercício do trabalho peculiar a determinada atividade e constante da respectiva relação elaborada pelo Ministério do Trabalho e da Previdência Social;

II - doença do trabalho, assim entendida a adquirida ou desencadeada em função de condições especiais em que o trabalho é realizado e com ele se relacione diretamente, constante da relação mencionada no inciso I.

§ 1º Não são consideradas como doença do trabalho:

a) a doença degenerativa;

b) a inerente a grupo etário;

c) a que não produza incapacidade laborativa;

d) a doença endêmica adquirida por segurado habitante de região em que ela se desenvolva, salvo comprovação de que é resultante de exposição ou contato direto determinado pela natureza do trabalho.

§ 2º Em caso excepcional, constatando-se que a doença não incluída na relação prevista nos incisos I e II deste artigo resultou das condições especiais em que o trabalho é executado e com ele se relaciona diretamente, a Previdência Social deve considerá-la acidente do trabalho.

Art. 21. Equiparam-se também ao acidente do trabalho, para efeitos desta Lei:

I - o acidente ligado ao trabalho que, embora não tenha sido a causa única, haja contribuído diretamente para a morte do segurado, para redução ou perda da sua capacidade para o trabalho, ou produzido lesão que exija atenção médica para a sua recuperação;

II - o acidente sofrido pelo segurado no local e no horário do trabalho, em conseqüência de:

a) ato de agressão, sabotagem ou terrorismo praticado por terceiro ou companheiro de trabalho;

b) ofensa física intencional, inclusive de terceiro, por motivo de disputa relacionada ao trabalho;

c) ato de imprudência, de negligência ou de imperícia de terceiro ou de companheiro de trabalho;

d) ato de pessoa privada do uso da razão;

e) desabamento, inundação, incêndio e outros casos fortuitos ou decorrentes de força maior;

III - a doença proveniente de contaminação acidental do empregado no exercício de sua atividade;

IV - o acidente sofrido pelo segurado ainda que fora do local e horário de trabalho:

a) na execução de ordem ou na realização de serviço sob a autoridade da empresa;

b) na prestação espontânea de qualquer serviço à empresa para lhe evitar prejuízo ou proporcionar proveito;

c) em viagem a serviço da empresa, inclusive para estudo quando financiada por esta dentro de seus planos para melhor capacitação da mão-de-obra, independentemente do meio de locomoção utilizado, inclusive veículo de propriedade do segurado;

d) no percurso da residência para o local de trabalho ou deste para aquela, qualquer que seja o meio de locomoção, inclusive veículo de propriedade do segurado.

§ 1º Nos períodos destinados a refeição ou descanso, ou por ocasião da satisfação de outras necessidades fisiológicas, no local do trabalho ou durante este, o empregado é considerado no exercício do trabalho.

§ 2º Não é considerada agravação ou complicação de acidente do trabalho a lesão que, resultante de acidente de outra origem, se associe ou se superponha às conseqüências do anterior".

Normalmente as leis estaduais e municipais preveem que o exercício de atividade laboral pelo aposentado por invalidez implica em cancelamento do benefício e reversão ao cargo efetivo.

No entanto, vejo com ressalvas essa posição, pois a invalidez no RPPS é para as funções do cargo efetivo, e não para todas as profissões, de modo que deve ser verificado cada caso concreto.

Nesse sentido, veja-se o posicionamento do TCU:

ACÓRDÃO

Acórdão 810/2019-Segunda Câmara

DATA DA SESSÃO

12/02/2019

RELATOR

RAIMUNDO CARREIRO

ÁREA

Pessoal

TEMA

Aposentadoria por invalidez

SUBTEMA

Capacidade laboral

OUTROS INDEXADORES
Reversão de pessoal, Laudo, Junta médica
TIPO DO PROCESSO
REPRESENTAÇÃO
ENUNCIADO

Diferentemente do que ocorre no RGPS por força do artigo 55, II, da Lei 8.213/91, no RPPS o STF não admite que o período de gozo da aposentadoria por incapacidade permanente seja considerado como tempo de contribuição:

> **RE 1387497 AgR-segundo**
> **Órgão julgador:** Segunda Turma
> **Relator(a):** Min. NUNES MARQUES
> **Julgamento:** 19/11/2024
> **Publicação:** 19/12/2024
> **Ementa**
> EMENTA AGRAVO INTERNO EM RECURSO EXTRAORDINÁRIO. PREVIDENCIÁRIO. SERVIDOR PÚBLICO. APOSENTADORIA POR INVALIDEZ. REVERSÃO. CONTAGEM COMO TEMPO DE CONTRIBUIÇÃO. INADEQUAÇÃO. 1. O Supremo firmou entendimento no sentido da impossibilidade de contagem, como tempo de contribuição, do período de inatividade por invalidez, posteriormente revertida, para efeito de nova aposentadoria. 2. Agravo interno desprovido.

Eis o inteiro teor, que pouco explica a situação:

> "A controvérsia submetida ao crivo do Supremo consiste em definir se é pertinente, considerado o art. 40, § 10, da Carta Federal, o qual prescreve ser defeso à lei estabelecer qualquer forma de contagem de tempo de contribuição fictício, aquiescer com o cômputo do tempo em que o servidor esteve em gozo de aposentadoria por invalidez, posteriormente revertida, para fins de concessão de nova aposentadoria. A Corte de origem concluiu ser possível o cômputo pretendido, notadamente em vista do contido no art. 103, § 1º, da Lei n. 8.112/1990, segundo o qual "o tempo em que o servidor esteve aposentado será contado apenas para nova aposentadoria." Feito esse registro e a propósito de idêntica discussão, destaco que a Segunda Turma, ao apreciar o RE 1.311.999 AgR, relatora a ministra Cármen Lúcia, consignou a impossibilidade de contagem, como tempo de contribuição, do período de inatividade por invalidez – posteriormente revertida – para efeito de nova aposentadoria, o que demonstra a divergência da decisão da Turma Recursal em relação a esse entendimento. O acórdão ficou assim ementado: AGRAVO REGIMENTAL NO RECURSO EXTRAORDINÁRIO. PREVIDENCIÁRIO.

SERVIDOR PÚBLICO. APOSENTADORIA POR INVALIDEZ: IMPOSSIBILIDADE DE CONTAGEM DO TEMPO DE CONTRIBUIÇÃO PARA FINS DE APOSENTADORIA APÓS A REVERSÃO. IMPOSSIBILIDADE DE REEXAME DA LEI COMPLEMENTAR DISTRITAL N. 769/2008: SÚMULA N. 280 DO SUPREMO TRIBUNAL FEDERAL. VERBA HONORÁRIA MAJORADA EM 1% (§§ 2º, 3º E 11 DO ART. 85 DO CÓDIGO DE PROCESSO CIVIL/2015). AGRAVO REGIMENTAL AO QUAL SE NEGA PROVIMENTO. No mesmo sentido, cito os seguintes precedentes monocráticos: ARE 1.253.251, ministro Gilmar Mendes; RE 1.045.126, ministro Luiz Fux; e MS 28.619, ministro Dias Toffoli".

Com efeito, é antinormativa a admissão da tese no RGPS e a sua rejeição no RPPS. Se é tempo ficto, deveria ser vedado em ambos os regimes. Se não é, admitido em ambos, mesmo porque aplica ao RPPS, supletivamente, as regras do RGPS na omissão, a teor do artigo 40, §12, da Constituição.

O exercício de atividade remunerada por servidor aposentado por invalidez não implica necessariamente reversão (art. 25, inciso I, da Lei 8.112/1990) , tampouco obrigação de ressarcir os valores recebidos a título de proventos. **Tendo a junta médica oficial atestado a persistência das condições que ensejaram a aposentadoria (art. 188, § 5º, da Lei 8.112/1990), não há óbice a que o servidor inativo exerça atividade remunerada.**

No caso dos entes federativos que não promoveram a reforma local após o advento da Emenda 103/2019, devem ser aplicadas as regras constitucionais anteriores, que seguem em vigor, a teor do artigo 10 da EC 103/2019:

> ***"§ 7º Aplicam-se às aposentadorias dos servidores dos Estados, do Distrito Federal e dos Municípios as normas constitucionais e infraconstitucionais anteriores à data de entrada em vigor desta Emenda Constitucional, enquanto não promovidas alterações na legislação interna relacionada ao respectivo regime próprio de previdência social."***

Assim, pelas regras anteriores à EC 103/2019, os proventos serão calculados considerando uma proporcionalidade para 35 anos de contribuição, se homem, e para 30 anos de contribuição, se mulher. Logo, se um servidor do sexo masculino fica inválido com 25 anos de contribuição, os proventos da sua aposentadoria serão calculados à razão de 25/35, acaso não cai nas exceções dos proventos integrais acima vistas.

A base de cálculo utilizará a média das 80% maiores remunerações a partir do Plano Real, nos termos da Lei 10.887/2004:

> *"Art. 1º No cálculo dos proventos de aposentadoria dos servidores titulares de cargo efetivo de qualquer dos Poderes da União, dos Estados, do Distrito Federal e dos Municípios, incluídas suas autarquias e fundações, previsto no §*

> *3º do art. 40 da Constituição Federa l e no art. 2º da Emenda Constitucional nº 41, de 19 de dezembro de 2003, será considerada a média aritmética simples das maiores remunerações, utilizadas como base para as contribuições do servidor aos regimes de previdência a que esteve vinculado,* ***correspondentes a 80% (oitenta por cento) de todo o período contributivo desde a competência julho de 1994 ou desde a do início da contribuição, se posterior àquela competência.***
>
> *§ 1º As remunerações consideradas no cálculo do valor inicial dos proventos terão os seus valores atualizados mês a mês de acordo com a variação integral do índice fixado para a atualização dos salários-de-contribuição considerados no cálculo dos benefícios do regime geral de previdência social.*
>
> *§ 2º A base de cálculo dos proventos será a remuneração do servidor no cargo efetivo nas competências a partir de julho de 1994 em que não tenha havido contribuição para regime próprio.*
>
> *§ 3º Os valores das remunerações a serem utilizadas no cálculo de que trata este artigo serão comprovados mediante documento fornecido pelos órgãos e entidades gestoras dos regimes de previdência aos quais o servidor esteve vinculado ou por outro documento público, na forma do regulamento.*
>
> *§ 4º Para os fins deste artigo, as remunerações consideradas no cálculo da aposentadoria, atualizadas na forma do § 1º deste artigo, não poderão ser:*
>
> *I - inferiores ao valor do salário-mínimo;*
>
> *II - superiores ao limite máximo do salário-de-contribuição, quanto aos meses em que o servidor esteve vinculado ao regime geral de previdência social.*
>
> *§ 5º Os proventos, calculados de acordo com o caput deste artigo, por ocasião de sua concessão, não poderão ser inferiores ao valor do salário-mínimo nem exceder a remuneração do respectivo servidor no cargo efetivo em que se deu a aposentadoria".*

Nos casos de invalidez de servidor como pouquíssimo tempo de contribuição, por certo a renda mensal por proporcionalidade recairá em um salário mínimo.

Por exceção, **os proventos serão integrais (100% da média)** na situação de invalidez oriunda de acidente de trabalho ou doença grave, contagiosa ou incurável prevista na lei do ente federativo, a teor do artigo 40 da Constituição Federal, na redação anterior à EC 103/2019:

> *"§ 1º Os servidores abrangidos pelo regime de previdência de que trata este artigo serão aposentados, calculados os seus proventos a partir dos valores fixados na forma dos §§ 3º e 17: (Redação dada pela Emenda Constitucional nº 41, 19.12.2003)*
>
> *I - por invalidez permanente, sendo os proventos proporcionais ao tempo de contribuição, exceto se decorrente de acidente em serviço, moléstia profissional*

ou doença grave, contagiosa ou incurável, na forma da lei; (Redação dada pela Emenda Constitucional nº 41, 19.12.2003)".

Infelizmente, mesmo sabendo que a lista legal de doenças graves, contagiosas ou incuráveis normalmente não as exaure, **decidiu o STF que a lei do RPPS que previr o seu rol é taxativa.**

Logo, mesmo que o servidor senha portador de doença notoriamente grave, contagiosa ou incurável, se a enfermidade não estiver listada pela lei da respectiva entidade política, os proventos da aposentadoria por invalidez serão proporcionais ao tempo de contribuição do servidor.

■ POSIÇÃO DO STF

Informativo 755 - Aposentadoria por invalidez com proventos integrais: doença incurável e rol taxativo - A concessão de aposentadoria por invalidez com proventos integrais exige que a doença incapacitante esteja prevista em rol taxativo da legislação de regência. Com base nessa orientação, o Plenário deu provimento a recurso extraordinário para reformar acórdão que deferira à recorrida aposentadoria com proventos integrais por invalidez decorrente de doença grave e incurável, embora a enfermidade da qual portadora não estivesse incluída em lei, tendo em conta que norma não poderia alcançar todas as hipóteses consideradas pela medicina como graves, contagiosas e incuráveis. Discutia-se a possibilidade de concessão de aposentadoria por invalidez com proventos integrais nos casos em que a moléstia incurável não estivesse especificada em lei. O Tribunal aduziu que o art. 40, § 1º, I, da CF assegura aos servidores públicos abrangidos pelo regime de previdência nele estabelecido o direito à aposentadoria por invalidez com proventos proporcionais ao tempo de contribuição. Registrou, no entanto, que esse benefício seria devido com proventos integrais quando a invalidez fosse decorrente de acidente em serviço, moléstia profissional ou doença grave, contagiosa ou incurável, "na forma da lei". Asseverou, desse modo, pertencer ao domínio normativo ordinário a definição das doenças e moléstias que ensejariam aposentadoria por invalidez com proventos integrais, **cujo rol, segundo a jurisprudência do STF, teria natureza taxativa**. RE 656860/MT, rel. Min. Teori Zavascki, 21.8.2014. (RE-656860).

Por fim, registre-se que a aposentadoria por incapacidade permanente ou por invalidez será concedida com base na **legislação vigente na data em que laudo médico-pericial definir como início da incapacidade total e definitiva para o trabalho**, e vigorará a partir da data da publicação do ato correspondente.

A Portaria MTP nº 1.467/22, que regula os regimes próprios de previdência social, em seu artigo 176 é elucidativo ao estabelecer o seguinte:

> *Art. 176. A aposentadoria por incapacidade permanente ou por invalidez será concedida com base na legislação vigente na data em que laudo médico-pericial definir como início da incapacidade total e definitiva para o trabalho, e vigorará a partir da data da publicação do ato correspondente.*

Ora, da análise do dispositivo supra, constata-se que o cálculo dos proventos deve considerar como fato gerador a data da incapacidade permanente declarada em perícia médica oficial, aplicando-se, posteriormente os reajustes legais.

Ademais, **a aposentadoria só vigora a partir da publicação do ato aposentador, o que implica dizer que somente a partir daí o beneficiário faz jus à percepção de proventos, não obstante estes sejam fixados com base na legislação vigente na data em que laudo médico-pericial definir como início da incapacidade total e definitiva para o trabalho.**

Assim, até a publicação do ato aposentador, o servidor que foi declarado incapacitado permanentemente para o trabalho pela Junta Médica Oficial percebe remuneração, devendo ser considerada como prorrogação da licença o período compreendido entre a emissão do laudo médico oficial e a publicação do ato da aposentadoria.

Nesse sentido, a Lei nº 8.112/90, que regula os servidores federais, estabelece em seu artigo 188, § 3º, que "O lapso de tempo compreendido entre o término da licença e a publicação do ato da aposentadoria será considerado como de prorrogação da licença."

Diante do regramento que envolve a matéria e, ainda, considerando o disposto no artigo 176, da Portaria MTP nº 1.467/22, a melhor solução no caso concreto é a aplicação analógica da legislação federal, **entendendo como prorrogação da licença o período compreendido entre a emissão do laudo médico oficial e a publicação do ato da aposentadoria.**

Nessa linha intelectiva, o artigo 174 da Portaria 1.467/22 esclarece que, malgrado tenha o servidor sido declarado incapaz para o trabalho, uma vez não publicado o correspondente ato aposentador, poderá optar pela aposentação voluntária a que fazia jus anteriormente à declaração de incapacidade, nos seguintes termos:

> *"Art. 174. Na ocorrência das hipóteses previstas para concessão de aposentadoria compulsória ou por incapacidade permanente a segurado que tenha implementado os requisitos legais para concessão de aposentadoria voluntária em qualquer regra,* ***o RPPS deverá facultar que, antes da concessão da aposentadoria de ofício, o segurado, ou seu representante legal, opte pela aposentadoria de acordo a regra que lhe seja mais vantajosa".***

Referido dispositivo espanca qualquer dúvida acerca de uma eventual aposentação do servidor apenas com a emissão do laudo médico de incapacidade permanente, sendo certo que este será o marco legal para a futura aposentadoria por incapacidade, acaso venha a ser concretizada.

2.5. APOSENTADORIA COMPULSÓRIA POR IDADE: REGRAS GERAIS

Esta foi a única espécie de aposentadoria não modificada pela Emenda 103/2019. A aposentadoria compulsória do servidor público efetivo teve o seu regramento modificado pela Emenda Constitucional 88, de 7 de maio de 2015. Passou a ser prevista obrigatoriamente ao servidor efetivo, homem ou mulher, com proventos proporcionais ao tempo de contribuição, **aos 70 (setenta) anos de idade, ou aos 75 (setenta e cinco) anos de idade, na forma de lei complementar**, nos termos da EC 88/2015.

Por outro lado, no que tange à **renda mensal**, os entes federativos possuem autonomia para defini-la, conforme lei local de RPPS, preservando-se a regra constitucional anterior à EC 103/2019 até a reforma da previdência local.

Por sua vez, a **Emenda 88/2015** criou regra de transição até a edição da mencionada lei complementar, prevendo que os Ministros do Supremo Tribunal Federal, dos Tribunais Superiores e do Tribunal de Contas da União aposentar-se-ão, compulsoriamente, aos 75 (setenta e cinco) anos de idade, nas condições do art. 52 da Constituição Federal.

Nesta transição, a aposentadoria será compulsória quando o servidor completar setenta anos de idade, homem ou mulher, salvo Ministros do Supremo Tribunal Federal, dos Tribunais Superiores e do Tribunal de Contas da União, que será aos 75 anos de idade, com **proventos proporcionais** ao tempo de contribuição, garantindo-se o benefício ao menos no valor de um salário mínimo, devendo a Administração Pública aposentar o servidor, independentemente da sua vontade.

Logo, para os servidores em geral, até a edição da lei complementar específica, a aposentadoria compulsória continuava se dando aos 70 anos de idade, à exceção dos Ministros dos mencionados Tribunais Superiores e do TCU.

■ **POSIÇÃO DO STF**

Informativo 786 - STF - "O Plenário, por maioria, deferiu pedido de medida cautelar em ação direta de inconstitucionalidade para: a) suspender a aplicação da expressão "nas condições do art. 52 da Constituição Federal" contida no art. 100 do ADCT, introduzido pela EC 88/2015, por vulnerar as condições materiais necessárias ao exercício imparcial e independente da função jurisdicional, ultrajando a separação dos Poderes, cláusula pétrea inscrita no art. 60, § 4º, III, da CF; b) fixar a interpretação, quanto à parte remanescente da EC 88/2015, de que o art. 100 do ADCT não pudesse ser estendido a outros agentes públicos até que fosse editada a lei complementar a que alude o art. 40, § 1º, II, da CF, a qual, quanto à magistratura, é a lei complementar de iniciativa do

STF, nos termos do art. 93 da CF; c) suspender a tramitação de todos os processos que envolvessem a aplicação a magistrados do art. 40, § 1º, II, da CF e do art. 100 do ADCT, até o julgamento definitivo da ação direta em comento; e d) declarar sem efeito todo e qualquer pronunciamento judicial ou administrativo que afastasse, ampliasse ou reduzisse a literalidade do comando previsto no art. 100 do ADCT e, com base neste fundamento, assegurasse a qualquer outro agente público o exercício das funções relativas a cargo efetivo após ter completado 70 anos de idade. A norma impugnada - introduzida no ADCT pela EC 88/2015 - dispõe que, "até que entre em vigor a lei complementar de que trata o inciso II do § 1º do art. 40 da Constituição Federal, os Ministros do Supremo Tribunal Federal, dos Tribunais Superiores e do Tribunal de Contas da União aposentar-se-ão, compulsoriamente, aos 75 (setenta e cinco) anos de idade, nas condições do art. 52 da Constituição Federal". Alegava-se, na espécie, que a expressão "nas condições do art. 52 da Constituição Federal" incorreria em vício material por ofensa à garantia da vitaliciedade (CF, art. 93, "caput") e à separação dos Poderes (CF, art. 2º), exorbitando dos limites substantivos ao poder de reforma da Constituição" (CF, art. 60, §4º, III e IV). ADI 5316 MC/DF, rel. Min. Luiz Fux, 21.5.2015. (ADI-5316).

Na ADI 5316 o STF afastou a remissão ao artigo 52, da Constituição, por não se tratar de regra referente à aposentadoria dos Ministros dos Tribunais Superiores e do TCU. Ademais, aduziu que somente com a edição da lei complementar os demais agentes públicos poderão se aposentar compulsoriamente aos 75 anos de idade, visto que vários Desembargadores de Tribunais de Justiça estavam conseguindo liminares para permanecer no cargo após os 70 anos de idade.

Importante:
Com o advento da **Lei Complementar 152**, que iniciou vigência em 4 de dezembro de 2015, a aposentadoria compulsória aos 75 anos de idade foi estendida aos demais servidores efetivos e agentes políticos, inclusive os policiais civis (para estes a idade era de 65 anos de idade).

De efeito, serão aposentados compulsoriamente, com proventos proporcionais ao tempo de contribuição, **aos 75 (setenta e cinco) anos de idade**: **I** - os servidores titulares de cargos efetivos da União, dos Estados, do Distrito Federal e dos Municípios, incluídas suas autarquias e fundações; **II** - os membros do Poder Judiciário; **III** - os membros do Ministério Público; **IV** - os membros das Defensorias Públicas; **V** - os membros dos Tribunais e dos Conselhos de Contas.

Somente no caso dos servidores do Serviço Exterior Brasileiro foi criada uma espécie de regra de transição, pois será aplicado progressivamente à razão de 1 (um) ano adicional de limite para aposentadoria compulsória ao fim de cada 2 (dois) anos, a partir de 4 de dezembro de 2015, até o limite de 75 (setenta e cinco) anos.

O Serviço Exterior Brasileiro, essencial à execução da política exterior do Brasil, constitui-se do corpo de servidores, ocupantes de cargos de provimento efetivo, capacitados profissionalmente como agentes do Ministério das Relações Exteriores, no Brasil e no exterior, organizados em carreiras definidas e hierarquizadas. É composto da Carreira de Diplomata, da Carreira de Oficial de Chancelaria e da Carreira de Assistente de Chancelaria.

■ POSIÇÃO DO STJ

Não viola o princípio da isonomia o implemento de regra de transição de aposentadoria dos servidores integrantes do Serviço Exterior Brasileiro - Lei 11.440/2006 - como está previsto no parágrafo único do art. 2º da Lei Complementar 152/2015, considerando-se as peculiaridades da carreira, as necessidades do Estado e a ordem constitucional vigente. 1ª Seção, MS 22.394-DF, **Rel. Min. Humberto Martins, por maioria, julgado em 9/11/2016, DJe 2/2/2017.**

Importante:

Para a aposentadoria compulsória não se exige 10 anos da carreira e 05 anos no cargo público efetivo em que se der a aposentação.

Vale ressaltar que neste caso, por existir proibição de permanência no cargo público após os setenta e cinco anos de idade, a aposentadoria deverá ser declarada por ato da autoridade competente, retroagindo seus efeitos ao dia seguinte imediato ao que o servidor atingir a idade limite de permanência no serviço público, inclusive quanto à aquisição de vantagens e direitos.

Ademais, antes da EC 88/2015, as entidades políticas não possuíam margem legiferante para alterar o limite de idade da aposentadoria compulsória para além dos 70 anos de idade, como o fez o Estado do Piauí (elevou a idade para 75 anos), o que sói ocorrer com uma reforma na Constituição Federal de 1988, o que foi feito através da Emenda 88.

■ POSIÇÃO DO STF

Consoante noticiado no Informativo 649 (ADI 4696 MC/DF, rel. Min. Ricardo Lewandowski, 1º.12.2011), "apontou-se que a matéria encontrar-se-ia disposta no art. 40, § 1º, II, da CF, que disciplinaria, de forma global, o regime de previdência dos servidores públicos vinculados aos entes da Federação.

Entendeu-se que a Carta da República não deixara qualquer margem para a atuação inovadora do legislador constituinte estadual, porquanto estabeleceria norma central categórica, de observância compulsória por parte dos Estados-membros e municípios".

No entanto, a Lei Complementar 144/2014, que disciplina a aposentadoria dos **policiais**, aduzia que estes seriam compulsoriamente aposentados com proventos proporcionais ao tempo de contribuição, aos **65 anos de idade**, qualquer que seja a natureza dos serviços prestados.

■ POSIÇÃO DO STF

No entanto, em 27 de Agosto de 2021, curiosamente à unanimidade, ao julgar a **ADI 5.241**, o STF pronunciou a **constitucionalidade da LC 144/2014**, que fixou temporariamente em 65 anos a aposentadoria por idade compulsória do policial no RPPS até o advento da LC 152/2015.

A questão foi solucionada com o advento da LC 152/2015, tendo sido revogada expressamente a aposentadoria compulsória aos 65 anos de idade para o servidor policial, sendo aplicável desde então a idade de 75 anos. Registre-se que a LC 152 foi abstratamente validada pelo STF.

■ POSIÇÃO DO STF

Aposentadoria compulsória de magistrados - ADI 5.430/DF

ODS: 16

Tese fixada:

"Não se submete a reserva de iniciativa a lei complementar nacional que, regulamentando a EC nº 88/2015, fixa em 75 (setenta e cinco) anos a idade de aposentadoria compulsória para todos os agentes públicos titulares de cargos efetivos ou vitalícios".

Resumo:

É constitucional - por tratar de matéria que não se submete à reserva de iniciativa do Supremo Tribunal Federal - a Lei Complementar 152/2015, de autoria parlamentar, que, ao elevar a idade da aposentadoria compulsória no serviço público para 75 anos de idade, inclui os magistrados.

É evidente que a aposentadoria compulsória somente de aplica aos servidores públicos efetivos, que são participantes de RPPS, e não aos que ocupam exclusivamente cargo comissionais, segurados do RGPS.

■ POSIÇÃO DO STJ

Informativo 523 -"Não é aplicável a regra da aposentadoria compulsória por idade na hipótese de servidor público que ocupe exclusivamente cargo em comissão. Com efeito, a regra prevista no art. 40, § 1º, II, da CF, cujo teor prevê a aposentadoria compulsória do septuagenário, destina-se a disciplinar o regime jurídico dos servidores efetivos, não se aplicando aos servidores em geral. Assim, ao que ocupa exclusivamente cargo em comissão, aplica-se, conforme determina o § 13 do art. 40 da CF, o regime geral de previdência social, no qual não é prevista a aposentadoria compulsória por idade. RMS 36.950-RO, Rel. Min. Castro Meira, DJe 26/4/2013".

■ **POSIÇÃO DO STF**

Os servidores ocupantes de cargo exclusivamente em comissão não se submetem à regra da aposentadoria compulsória prevista no art. 40, § 1º, II, da CF, a qual atinge apenas os ocupantes de cargo de provimento efetivo, inexistindo, também, qualquer idade limite para fins de nomeação a cargo em comissão. RE 786540/DF, rel. Min. Dias Toffoli, julgamento em 15.12.2016.

No que tange à **renda mensal**, cabe hoje ao ente federativo após a EC 103/2019 legislar a respeito. Até que haja a reforma da previdência do ente federativo os proventos proporcionais ao tempo de contribuição deverão ser calculados à luz da **antiga fórmula**.

Pela fórmula antiga, os proventos serão calculados considerando uma proporcionalidade para 35 anos de contribuição, se homem, e para 30 anos de contribuição, se mulher. Logo, se uma servidora contar com 22 anos se contribuição, os proventos da sua aposentadoria compulsória serão calculados à razão de 22/30.

Por sua vez, a aposentadoria compulsória na atualidade deve ser calculada pela média aritmética simples das 80% maiores contribuições do servidor a partir da competência 7/1994, com correção monetária, nos termos do artigo 1º da Lei 10.887/2014, aplicando-se, em seguida, a fração proporcional ao tempo de contribuição.

Vale registrar que é vedada a fixação de limites mínimos de proventos em valor inferior ao salário mínimo nacional para a aposentadoria compulsória.

Por existir proibição de permanência no cargo público após os 75 anos de idade, a aposentadoria deverá ser declarada por ato da autoridade competente, retroagindo seus efeitos ao dia seguinte imediato ao que o servidor atingir a idade limite de permanência no serviço público, inclusive quanto à aquisição de vantagens e direitos.

Vale ressaltar que os notários e registradores não são titulares de cargo público efetivo, razão pela qual não serão aposentados compulsoriamente aos setenta e cinco anos de idade do RPPS, conforme pacificado pela Suprema Corte:

■ **POSIÇÃO DO STF**

"EMENTA: AÇÃO DIRETA DE INCONSTITUCIONALIDADE. PROVIMENTO N. 055/2001 DO CORREGEDOR-GERAL DE JUSTIÇA DO ESTADO DE MINAS GERAIS. NOTÁRIOS E REGISTRADORES. REGIME JURÍDICO DOS SERVIDORES PÚBLICOS. INAPLICABILIDADE. EMENDA CONSTITUCIONAL N. 20/98. EXERCÍCIO DE ATIVIDADE EM CARÁTER PRIVADO POR DELEGAÇÃO DO PODER PÚBLICO. INAPLICABILIDADE DA APOSENTADORIA COMPULSÓRIA AOS SETENTA ANOS. INCONSTITUCIONALIDADE. 1. O artigo 40, § 1º, inciso II, da Constituição do Brasil, na redação que lhe foi conferida pela EC 20/98, está restrito aos cargos efetivos da União, dos Estados-membros, do Distrito Federal e dos Municípios - incluídas as autarquias e fundações. **2. Os serviços de registros públicos, cartorários e notariais são exercidos em caráter privado por delegação do Poder Público - serviço público não-privativo. 3. Os notários e os registradores exercem atividade estatal, entretanto não são titulares de cargo público efetivo, tampouco ocupam cargo público. Não são servidores públicos, não lhes alcançando a compulsoriedade imposta pelo mencionado artigo 40 da CB/88 - aposentadoria compulsória aos setenta anos de idade**. 4. Ação direta de inconstitucionalidade julgada procedente" (ADI 2.602, de 24.11.2005).

2.6. APOSENTADORIA COMPULSÓRIA SANCIONATÓRIA DOS JUÍZES E MEMBROS DO MINISTÉRIO PÚBLICO

Não se trata, a rigor, de um benefício previdenciário. Cuida-se de uma **desnaturação da aposentadoria em sanção** com previsão na LOMAN (LC 35/1979):

> ***"Art. 42 - São penas disciplinares:***
>
> *I - advertência;*
>
> *II - censura;*
>
> *III - remoção compulsória;*
>
> *IV - disponibilidade com vencimentos proporcionais ao tempo de serviço;*
>
> ***V - aposentadoria compulsória com vencimentos proporcionais ao tempo de serviço;***
>
> *VI - demissão".*

Os **proventos são proporcionais ao tempo de contribuição**, devendo ser feito o cálculo com base na **regra do RPPS do ente federativo**. Por exemplo, no RPPS da União os proventos integrais exigem 40 anos de tempo de contribuição após a Emenda 103/2019. Assim, um juiz federal punido com 20 anos de tempo de contribuição deve receber o benefício/sanção à razão de 20/40 (1/2) da média das remunerações a partir de julho/1994.

A Emenda 103/2019 expressamente revogou a previsão constitucional desta pena, pois a intenção era extingui-la. Veja-se o atual texto constitucional comparado ao anterior:

> *"Art. 93. Lei complementar, de iniciativa do Supremo Tribunal Federal, disporá sobre o Estatuto da Magistratura, observados os seguintes princípios:*
>
> ...
>
> ~~*VIII o ato de remoção, disponibilidade e* ***aposentadoria do magistrado****, por interesse público, fundar-se-á em decisão por voto da maioria absoluta do respectivo tribunal ou do Conselho Nacional de Justiça, assegurada ampla defesa; (Redação dada pela Emenda Constitucional nº 45, de 2004)*~~
>
> *VIII - o ato de remoção ou de disponibilidade do magistrado, por interesse público, fundar-se-á em decisão por voto da maioria absoluta do respectivo tribunal ou do Conselho Nacional de Justiça, assegurada ampla defesa; (Redação dada pela Emenda Constitucional nº 103, de 2019)".*

No entanto, registre-se que o CNJ entende que a aposentadoria compulsória sancionatória de juízes continua existindo juridicamente mesmo após a EC 103/2019, conforme **revisão disciplinar nº 0001057-19.2019.2.00.0000 com relatoria do Ministro Dias Toffoli:**

> *"Finalmente,* ***creio ser oportuno ressaltar a subsistência da aposentadoria compulsória como pena no regime jurídico disciplinar da Magistratura.***
>
> Nos termos do art. 93, VIII, da Constituição Federal, na redação dada pela EC nº 103, promulgada em 12 de novembro de 2019,
>
> *Art. 93.*
>
> *(...)*
>
> *VIII -* **o ato de remoção ou de disponibilidade do magistrado**, *por interesse público, fundar-se-á em decisão por voto da maioria absoluta do respectivo tribunal ou do Conselho Nacional de Justiça, assegurada ampla defesa.*
>
> *Em sua redação anterior, dada pela EC nº 45/2004, assim dispunha o inciso VIII em questão:*
>
> *VIII -* **o ato de remoção, disponibilidade e aposentadoria do magistrado**, *por interesse público, fundar-se-á em decisão por voto da maioria absoluta do respectivo tribunal ou do Conselho Nacional de Justiça, assegurada ampla defesa.*
>
> *Por sua vez, o art. 103-B, § 4º, III, da Constituição Federal, na redação dada pela EC nº 103, promulgada em 12 de novembro de 2019, ao tratar da competência do Conselho Nacional de Justiça, assim dispõe:*
>
> *Art. 103-B*
>
> *(...)*

§ 4º

(...)

III - receber e conhecer das reclamações contra membros ou órgãos do Poder Judiciário, inclusive contra seus serviços auxiliares, serventias e órgãos prestadores de serviços notariais e de registro que atuem por delegação do poder público ou oficializados, sem prejuízo da competência disciplinar e correicional dos tribunais, podendo avocar processos disciplinares em curso, ***determinar a remoção ou a disponibilidade e aplicar outras sanções administrativas****, assegurada ampla defesa.*

Em sua redação anterior, dada pela EC nº 45/2004, assim dispunha o inciso III do art. 103-B, § 4º, em questão:

III - receber e conhecer das reclamações contra membros ou órgãos do Poder Judiciário, inclusive contra seus serviços auxiliares, serventias e órgãos prestadores de serviços notariais e de registro que atuem por delegação do poder público ou oficializados, sem prejuízo da competência disciplinar e correicional dos tribunais, podendo avocar processos disciplinares em curso e ***determinar a remoção, a disponibilidade ou a aposentadoria com subsídios ou proventos proporcionais ao tempo de serviço*** *e aplicar outras sanções administrativas, assegurada ampla defesa*

Há que se perquirir se*, em função das alterações promovidas pela EC nº 103/2019 no texto dos arts. 93, VIII e 103-B, § 4º, III, da Constituição Federal,* ***restou extirpada do ordenamento jurídico a possibilidade de imposição, a magistrado, da pena disciplinar de aposentadoria compulsória****.*

A ***resposta****, a meu sentir,* ***é negativa****.*

Como já teve oportunidade de destacar o eminente Ministro ***Orosimbo Nonato,*** *os consideranda de um Decreto - tal como uma exposição de motivos -, podem oferecer subsídios para a revelação da mens legislatoris, mas, a rigor, "(...) o que vale verificar é a mens legis e não a vontade, a mente do legislador, de que a lei se desprende para adquirir conteúdo próprio.*

Nenhuma dúvida, por outro lado, de que a lei reside na parte do mandamento do legislador e não na [parte] em que se expõem considerações e motivações.

Estas apenas valem, relativamente, para a inteligência da lei, do texto que encerra a ordem, a regra de conduta.

Valem apenas relativamente porque interpretar a lei não é indagar a vontade subjetiva do legislador, senão o significado real e objetivo da norma" (RE 20.210/DF, Segunda Turma, j. 27/1/53, DJ de 1º/10/53).

Por sua vez, o Plenário do Supremo Tribunal Federal, sem negar a importância do método histórico de interpretação, assentou ser "incabível, a pretexto de valorizar possível voluntas legislatoris, sacrificar, abertamente, a voluntas legis, tal como afinal plasmada no texto normativo" (ADI nº 5.316/DF-MC, Pleno, Relator o Ministro ***Luiz Fux****, DJe de 5/8/15, grifei).*

*Digno de destaque, nesse julgamento, o seguinte excerto do voto convergente do eminente Ministro **Celso de Mello**, a propósito da necessária distinção entre a mens legislatoris e a mens legis:*

*"**Sabemos** que o texto, não importando **se de estatura legal** ou **de hierarquia constitucional**, **nada mais** é, Senhor Presidente, **senão** a sua própria interpretação.*

***Disso resulta** o relevo indiscutível **que assume**, no processo hermenêutico, **a busca** do sentido que emerge do texto normativo, **a significar** que a indagação exegética há de considerar, **não** o que pretendiam os formuladores da prescrição normativa, **mas**, isso sim, a **compreensão** que objetivamente decorre do conteúdo material da lei ou da Constituição.*

***Daí a grave advertência** feita por PONTES DE MIRANDA ("**Comentários à Constituição de 1946**", tomo VI/478-479, 3ª ed., 1960, Borsoi):*

*'**A Constituição destina-se a reger toda a vida mais relevante do povo** - **é o índice**, no momento, **da cultura política a que ele ascendeu. Para interpretá-la, não se há de buscar o que pensavam os seus elaboradores**, e sim, o que está escrito e o que resulta do seu todo como sistema lógico. **Os autores das proposições**, nela insertas, **podem ter querido outra coisa, e não terem conseguido exprimi-lo**. Os próprios votantes **podem ter votado** outra coisa. **Não importa**. O que se há de revelar **é o que resultou** do texto constitucional, tal como se publicou.' **(grifei)***

***Outro não é**, nessa matéria, **o ensinamento** do eminente Professor GERALDO ATALIBA, que, **em trabalho versando** a questão da revisão constitucional, **acentuou**, com toda a propriedade, que a Constituição **não é aquilo** que o constituinte quis, **mas o que resulta**, objetivamente, do seu texto. **No autorizado magistério** desse eminente publicista:*

*'(...) **o jurista sabe que a eventual intenção do legislador nada vale** (ou não vale nada) **para a interpretação jurídica. A Constituição não é o que os constituintes quiseram fazer; é muito mais que isso: é o que eles fizeram. A lei é mais sábia que o legislador**. Como pauta objetiva de comportamento, a lei é o que nela está escrito (e a Constituição é lei, a lei das leis, a lei máxima e suprema). Se um grupo maior ou menor de legisladores quis isto ou aquilo, é irrelevante, para fins de interpretação. Importa somente o que foi efetivamente feito pela maioria e que se traduziu na redação final do texto, entendido sistematicamente (no seu conjunto, como um todo solidário e incindível).*

*Com a lição de Baleeiro, **deixemos aos psicanalistas desocupados investigar a vontade do legislador e fiquemos com o único dado que interessa: o Texto Constitucional**, que traduz a vontade constituinte da Nação. **O que o jurista investiga é só a vontade da lei** (no caso, da lei constitucional)' (**grifei**)."*

Nesse contexto, pouco importa que a voluntas legislatoris do Constituinte Derivado tenha sido o desejo de suprimir a aposentadoria compulsória como

> *pena imponível a um juiz, a pretexto de que se trataria de uma suposta benesse, e não de uma autêntica penalidade.*
>
> *Importa, isto sim, que a EC nº 103/2019,* ***sem vedá-la expressamente****, limitou-se a suprimir do texto constitucional a referência à aposentadoria compulsória.*
>
> *Ocorre que o próprio texto constitucional* ***continuou a prever****, no art. 103-B, § 4º, III, da Constituição Federal,* ***a possibilidade de o Conselho Nacional de Justiça aplicar****, além da remoção e da disponibilidade,* ***"outras sanções administrativas".***
>
> *Ora, a* ***previsão das penalidades*** *- ou, na dicção constitucional,* ***a previsão das "outras sanções administrativas"*** *- a que estarão sujeitos os magistrados* ***é matéria, por excelência, do domínio do Estatuto da Magistratura.***
>
> *A Lei Complementar nº 35/79, recepcionada pela Constituição Federal (vide ADI nº 2.580/CE, Pleno, Relator o Ministro* ***Carlos Velloso****, DJ 21/2/03),* ***continua a prever****, em seu art. 42, V,* ***a pena disciplinar da aposentadoria compulsória*** *com vencimentos proporcionais ao tempo de serviço.*
>
> *Logo, as referidas alterações promovidas EC nº 103/2019, a despeito da voluntas legislatoris, não repercutiram na possibilidade de imposição dessa penalidade disciplinar".*

Por outro lado, **a posição do Poder Executivo da União**, além de não a considerar como benefício previdenciário, **é no sentido da extinção da aposentaria compulsória como sanção a juízes e membros do Ministério Público (simetria) com o advento da EC 103/2019,** considerando que a Reforma Constitucional também modificou o artigo 103-A da Constituição:

> *"§ 2º Compete ao Conselho Nacional do Ministério Público o controle da atuação administrativa e financeira do Ministério Público e do cumprimento dos deveres funcionais de seus membros, cabendo lhe: (Incluído pela Emenda Constitucional nº 45, de 2004)*
>
> ~~*III receber e conhecer das reclamações contra membros ou órgãos do Ministério Público da União ou dos Estados, inclusive contra seus serviços auxiliares, sem prejuízo da competência disciplinar e correicional da instituição, podendo avocar processos disciplinares em curso, determinar a remoção, a disponibilidade* ***ou a aposentadoria*** *com subsídios ou proventos proporcionais ao tempo de serviço e aplicar outras sanções administrativas, assegurada ampla defesa; (Incluído pela Emenda Constitucional nº 45, de 2004)*~~
>
> *III - receber e conhecer das reclamações contra membros ou órgãos do Ministério Público da União ou dos Estados, inclusive contra seus serviços auxiliares, sem prejuízo da competência disciplinar e correicional da instituição, podendo avocar processos disciplinares em curso, determinar a remoção ou a*

disponibilidade e aplicar outras sanções administrativas, assegurada ampla defesa; (Redação dada pela Emenda Constitucional nº 103, de 2019)"

Nesse sentido, passagem da **Nota Técnica SEI nº 185/2022/MTP** da lavra da Secretaria de Previdência:

"Expostos todos os fundamentos expostos nesta Nota Técnica, afirma-se em síntese que:

a) *A aposentadoria compulsória do magistrado e membros de poder resultante de sanção disciplinar* ***não constitui modalidade de benefício previdenciário****, sendo espécie de sanção/penalidade aplicada ao magistrado ou membro de poder, conforme se constata pela leitura dos arts. 42 e 56 da Lei Complementar nº 35, de 14 de março de 1979 (Lei Orgânica da Magistratura Nacional). Essa modalidade de "aposentadoria" foi prevista dentro do texto constitucional na conjuntura da aposentadoria concedida ao servidor como um prêmio decorrente da relação estatutária, ou seja, como parte dos direitos assegurados aos membros de poder na sua relação vitalícia com o Estado.*

b) *A partir da Emenda Constitucional n° 20, de 15.12.1998, houve mudança na natureza jurídica das aposentadorias concedidas aos servidores públicos, fato consolidado pelas emendas subsequentes, convertendo-a num benefício previdenciário, ínsito a um sistema contributivo, solidário e alicerçado em regras que buscam assegurar o equilíbrio financeiro e atuarial do regime. A partir da EC n° 20, de 1998, e da Lei n° 9.717, de 27.11.1998, a aposentadoria dos magistrados e membros do Ministério Público, Tribunais de Contas e Defensorias Públicas, que eram previstas nos seus respectivos estatutos, passou a ser regida também pelo art. 40 da Constituição Federal, submetidas às mesmas regras aplicáveis aos demais servidores públicos, não incorporando no seu bojo modalidades de benefícios por sanção a atos ilícitos.*

c) *Com a EC n° 20, de 1998, que unificou as regras previdenciárias para todos os servidores públicos, verifica-se que o direito subjetivo do servidor à aposentadoria somente se perfaz com o cumprimento de todos os requisitos postos no art. 40 da CF, de tempo de contribuição, idade, tempo no serviço público, tempo no cargo e na função, não havendo direito adquirido parcial à aposentadoria. No cerne desse entendimento, verifica-se que a perspectiva de conferir ao magistrado/membro de poder que violou os seus deveres funcionais a penalidade da aposentadoria compulsória, com proventos proporcionais assegura um direito de que são privados todos os demais servidores públicos (pelo menos até que todas as regras estejam cumpridas) para alguém que cometeu ilícitos, o que contraria a unidade constitucional.*

d) A Emenda Constitucional n° 103, de 2019, retirou do texto constitucional a previsão dessa modalidade de aposentadoria dos magistrados e membros de poder, excluindo-a ainda do rol de competências atribuídas ao CNJ e ao CNMP para deliberar sobre. Considerando que as leis complementares são

espécies normativas que tratam de matérias taxativamente previstas na Constituição e que a autorização para a previsão da aposentadoria do magistrado e membros de poder foi expressamente retirada do texto constitucional, entende-se que o art. 42, inciso V, da Lei Orgânica da Magistratura Nacional (LOMAN), não foi recepcionado pela Emenda Constitucional nº 103, de 2019. Com isso, exclui-se a possibilidade de aposentadoria do magistrado e demais membros de poder por interesse público;

e) As aposentadorias compulsórias de natureza disciplinar dos magistrados e membros de poder por interesse público ***não poderão ser custeados pelos regimes próprios de previdência****, visto que ela é estranha ao rol de aposentadorias previstas no art. 40 da Constituição Federal, que é de observância obrigatória pelos entes federativos. A exclusividade de utilização dos recursos dos RPPS para o pagamento de benefícios previdenciários está prevista no art. 2º, II da Lei n 9.717, de 1998, norma constitucionalizada pela Emenda nº 103, no art. 167, II da Constituição. Além disso, o art. 40, § 4°, expressamente veda a adoção de requisitos ou critérios diferenciados daqueles que estabelece para concessão de benefícios em regime próprio de previdência social, ressalvado o disposto nos §§ 4º-A, 4º-B, 4º-C e 5º, que trata das aposentadorias especiais dos servidores públicos;*

f) Por essa razão, aos regimes próprios de previdência social é vedado dispender recursos previdenciários com as aposentadorias compulsórias dos magistrados e membros de poder por interesse público, bem como ter sob sua administração qualquer ato relativo aos processos de sua aplicação, sob pena de responsabilização dos seus gestores e dos entes, nos termos previstos nos art. 7° e 8º da Lei n° 9.717/1998, devendo as aposentadorias disciplinares existentes no âmbito do ente federativo ser integralmente custeadas pelo respectivo tesouro;

g) Por não se caracterizar como benefício previdenciário, a "aposentadoria" prevista nos arts. 42 e 56 da LOMAN não gera direito à contagem recíproca de tempo de contribuição pelo servidor que recebeu essa penalidade e, em consequência, não acarreta a compensação financeira ao ente federativo que a impôs. A contagem recíproca e a compensação financeira asseguradas no art. 201, §§ 9° e 9°-A da Constituição Federal, disciplinadas pela Lei n° 9.796, de 1999, e seu regulamento, se aplicam às hipóteses de concessão de aposentadorias e pensões por morte previdenciárias, benefícios que, no que concerne aos RPPS, são exclusivamente os previstos no art. 40 da Constituição Federal.

h) Quanto à responsabilidade pelo processamento e manutenção do pagamento dos valores decorrentes da aposentadoria compulsória por sanção disciplinar, entende-se que caberá a cada ente federativo, no âmbito de sua competência, definir legalmente o órgão ou poder a quem incumbirá tal encargo, observadas as normas previstas nas respectivas leis orgânicas das carreiras, vedada em qualquer hipótese tal atribuição às unidades gestores do RPPS, com fundamento de validade no art. 9°, § 2°, da EC n° 103, de 2019".

Resta ao STF, assim que for demandado, enfrentar esta celeuma e dar a posição final a respeito da extinção ou não desta sanção pela Emenda Constitucional 103/2019.

2.7. APOSENTADORIAS VOLUNTÁRIAS: AUTONOMIA DOS ENTES FEDERATIVOS APÓS A EC 103/2019

A Emenda 103/2019 fixou como regra permanente para os **servidores federais efetivos** a seguinte idade mínima para o deferimento de aposentadoria voluntária:

a) 65 anos, homens;

b) 62 anos, mulheres.

Para os titulares de cargos efetivos de magistério básico na Administração Pública federal, com tempo exclusivamente nesta condição, foram fixadas as seguintes idades mínimas:

a) 60 anos, professores;

b) 57 anos, professoras.

No âmbito dos **estados, do Distrito Federal e dos municípios**, a aposentadoria voluntária com modificação de na idade mínima, dependerá de emenda às respectivas Constituições e Leis Orgânicas, sendo conservado o antigo regime constitucional provisoriamente.

Dessa forma, existem regras da Emenda 103/2019 que se aplicam aos servidores de todas as esferas de governo. Por outro lado, existem regras que somente serão aplicáveis aos servidores dos estados, Distrito Federal e municípios se a legislação local for ulteriormente modificada, como os requisitos/renda para as aposentadorias.

Por outro lado, aplicam-se às aposentadorias dos servidores dos Estados, do Distrito Federal e dos Municípios as normas constitucionais e infraconstitucionais anteriores à data de entrada em vigor da Emenda Constitucional 103/2019, enquanto não promovidas alterações na legislação interna relacionada ao respectivo regime próprio de previdência social.

Dessa forma, as antigas regras constitucionais de aposentadorias vigoraram para os servidores federais até 13.11.2019, data da vigência da Emenda 103/2019.

Para os estados, Distrito Federal e municípios, vigoraram até a data da vigência da reforma estadual, distrital ou municipal que modificou o regramento das aposentadorias.

E permanecem em vigor para os estados, Distrito Federal e municípios que ainda não reformaram o regramento das suas aposentadorias após a EC 103/2019.

2.8. ANTIGAS REGRAS PERMANENTES DAS APOSENTADORIAS VOLUNTÁRIAS: COMUM E PROFESSOR DO ENSINO BÁSICO COM PROVENTOS INTEGRAIS

Estas regras podem ou não estar em vigor, a depender do ente federativo. Para aqueles que ainda não promoveram a alteração da legislação local do RPPS após a EC 103/2019, estas regras estão hoje em vigor.

Será deferida voluntariamente ao servidor que complete **60 anos de idade, com 35 anos de contribuição, se homem, ou 55 anos de idade, com 30 anos de contribuição, se mulher**, com **proventos integrais**, desde que conte **com 10 anos de efetivo exercício no serviço público e 05 anos no cargo efetivo em que se der a aposentadoria**.

Trata-se de regramento inaugurado pela reforma previdenciária da Emenda 20/1998, que inseriu idade mínima na aposentadoria voluntária com proventos integrais do servidor público efetivo.

De acordo com o acertado posicionamento do TCU, "na hipótese de exíguo tempo de serviço faltante para a aquisição do direito à aposentadoria (seis meses ou menos), o retorno à atividade de servidor afastado por longo período afronta não apenas o princípio da razoabilidade, mas também o da economicidade, porquanto não justifica os gastos necessários com seu treinamento e atualização profissional, para, enfim, laborar apenas alguns meses antes de nova inativação"[22].

Ainda conforme o TCU (**Acórdão 9683/2017 Segunda Câmara), "o magistrado nomeado para tribunal regional federal (TRF), mesmo que possua tempo de serviço suficiente para se aposentar voluntariamente, necessitará desempenhar por cinco anos as atribuições do cargo de juiz do referido tribunal para que possa inativar-se como desembargador federal, bem como deverá contar com dez anos de serviço público"**.

Para o **professor** que comprove **exclusivamente** tempo de efetivo exercício das funções de **magistério na educação infantil e no ensino fundamental e médio**, haverá **redução de 05 anos tanto na idade quanto no tempo de contribuição, para homens e mulheres.**

Vale ressaltar que são consideradas funções de magistério as exercidas por professores e especialistas em educação no desempenho de atividades educativas, quando exercidas em estabelecimento de educação básica em seus diversos níveis e modalidades, incluídas, além do exercício da docência, **as de direção de unidade escolar e as de coordenação e assessoramento pedagógico**, nos termos do artigo

22. **Acórdão 3547/2015 Segunda Câmara** (Pedido de Reexame, Relator Ministro Raimundo Carreiro).

1º, da Lei 11.301/06, norma validada pelo STF por intermédio da ADI 3.772, de 29.10.2008, **desde que exercidas em estabelecimentos de ensino básico, por professores de carreira, excluídos os especialistas em educação.**

■ POSIÇÃO DO STF

Segunda-feira, 16 de outubro de 2017

STF reafirma jurisprudência sobre critérios para aposentadoria especial de professor

O Supremo Tribunal Federal (STF) reafirmou sua jurisprudência dominante no sentido de que o tempo de serviço prestado por professor fora da sala de aula, em funções relacionadas ao magistério, deve ser computado para a concessão da aposentadoria especial (artigo 40, parágrafo 5º, da Constituição Federal). O tema foi abordado no Recurso Extraordinário **(RE) 1039644**, de relatoria do ministro Alexandre de Moraes, que teve **repercussão geral reconhecida** e julgamento de mérito no Plenário Virtual, com reafirmação de jurisprudência.

No caso dos autos, uma professora da rede pública de ensino do Estado de Santa Catarina pediu aposentadoria especial após ter exercido, entre 1985 e 2012, as funções de professora regente de classe, auxiliar de direção, responsável por secretaria de escola, assessora de direção e responsável por turno. O requerimento foi indeferido pela administração pública ao argumento de que nem todas as atividades se enquadravam no rol previsto em ato normativo da Procuradoria-Geral do Estado, definindo quais são as funções de magistério passíveis de serem utilizadas em cálculo para fins de aposentadoria especial.

Decisão de primeira instância da Justiça estadual, contudo, determinou a concessão da aposentadoria a partir de janeiro de 2013. Ao julgar recurso de apelação do estado, o Tribunal de Justiça do Estado de Santa Catarina (TJ-SC) excluiu do cômputo da aposentadoria especial o período em que a professora trabalhou como responsável por secretaria de escola.

No recurso ao STF, ela buscou a reforma do acórdão do TJ-SC sob o argumento de que a Lei 11.301/2006, ao modificar a Lei de Diretrizes e Bases da Educação (LDB), dispõe como funções de magistério, para fins de aposentadoria especial, as de direção de unidade escolar e as de coordenação e assessoramento pedagógico.

Sustentou que não apenas a regência de classe, mas todas as demais atividades-fim nas unidades escolares, vinculadas ao atendimento pedagógico, estariam abrangidas como de magistério. Argumentou também que a decisão do STF no julgamento da Ação Direta de Inconstitucionalidade (ADI) 3772 autoriza o cômputo, como tempo especial, de todas as atividades que desempenhou ao longo de sua carreira.

Manifestação

Ao se manifestar no Plenário Virtual, o relator observou que, em diversos precedentes, o STF entende que atividades meramente administrativas não podem ser consideradas como magistério, sob pena de ofensa à autoridade da decisão proferida na ADI 3772. Na ocasião, foi dada interpretação conforme a Constituição a dispositivo da LDB para assentar que, além da docência, atividades de direção de unidade escolar, coordenação e assessoramento pedagógico, desde que exercidas por professores em estabelecimento de educação básica em seus diversos níveis, contam para efeito de aposentadoria especial.

Nesse sentido, o relator julgou acertado o acórdão do TJ-SC ao não considerar, para fins da aposentadoria especial, o tempo de exercício na função de responsável por secretaria de escola. Segundo destacou o ministro, o ato da Procuradoria-Geral do Estado que baliza a administração sobre a matéria elencou, em seu Anexo I, as atividades que se abrigam no conceito de magistério.

A manifestação do relator quanto ao reconhecimento da repercussão geral foi seguida por unanimidade. No mérito, seu entendimento pela reafirmação da jurisprudência e pelo desprovimento do RE foi seguido por maioria, vencido neste ponto o ministro Marco Aurélio.

Foi fixada a seguinte tese de repercussão geral: "Para a concessão da aposentadoria especial de que trata o artigo 40, parágrafo 5º, da Constituição, conta-se o tempo de efetivo exercício, pelo professor, da docência e das atividades de direção de unidade escolar e de coordenação e assessoramento pedagógico, desde que em estabelecimentos de educação infantil ou de ensino fundamental e médio".

PR/AD

Processos relacionados

RE 1039644

Logo, para as atividades de direção de unidade escolar, coordenação e assessoramento pedagógico não tem mais aplicabilidade a Súmula 726 do STF: **"Súmula 726 - Para efeito de aposentadoria especial de professores, não se computa o tempo de serviço prestado fora da sala de aula".**

O caso concreto julgado pelo STF **afastou do cômputo diferenciado** para a aposentadoria de professor período em que o autor do processo exerceu a sua atividade na **secretaria da escola**:

> *"Portanto, inteiramente acertado o acórdão recorrido ao não considerar, para fins da aposentadoria especial de que trata o art. 40, § 5º, da CF/88, o tempo de exercício da parte autora na função de "responsável por Secretaria de Escola". Com efeito, as atividades arroladas nos Anexos II e III da Determinação de Providência 001/2012, da Procuradoria-Geral do Estado de Santa Catarina, não se abrigam no conceito de magistério. Apenas o tempo de exercício nos*

> *cargos e funções do Anexo I propicia a concessão da aposentadoria especial"* (passagem do voto do Ministro Alexandre de Moraes).

Note-se que sempre deve ser avaliado o caso concreto com as atribuições das funções do cargo, sendo uma decisão que se aplica tanto ao RGPS quanto ao RPPS na aposentadoria do professor.

De acordo com o TCU "o tempo de serviço prestado na condição de especialista em educação só pode ser considerado válido para aposentadoria especial se exercido por professor de carreira"[23].

Ainda de acordo com o TCU, é indevida a contagem de tempo exercido no cargo de auxiliar de ensino para fins de aposentadoria especial, destinada apenas aos ocupantes de cargo de provimento efetivo de professor no efetivo exercício do magistério (Acórdão 8039/2017 Primeira Câmara).

De acordo com o artigo 61 da Lei 9.394/1996, consideram-se **profissionais da educação escolar básica** os que, nela estando em efetivo exercício e tendo sido formados em cursos reconhecidos, são:

> I - professores habilitados em nível médio ou superior para a docência na educação infantil e nos ensinos fundamental e médio;
>
> II - trabalhadores em educação portadores de diploma de pedagogia, com habilitação em administração, planejamento, supervisão, inspeção e orientação educacional, bem como com títulos de mestrado ou doutorado nas mesmas áreas;
>
> III - trabalhadores em educação, portadores de diploma de curso técnico ou superior em área pedagógica ou afim.
>
> IV - profissionais com notório saber reconhecido pelos respectivos sistemas de ensino, para ministrar conteúdos de áreas afins à sua formação ou experiência profissional, atestados por titulação específica ou prática de ensino em unidades educacionais da rede pública ou privada ou das corporações privadas em que tenham atuado, exclusivamente para atender a formação técnica e profissional.
>
> V - profissionais graduados que tenham feito complementação pedagógica, conforme disposto pelo Conselho Nacional de Educação.

Registre-se que, mesmo que fora da sala de aula, o professor da educação básica em instituição desta natureza que apenas **elabora e corrige provas faz jus à regra especial de aposentação do professor**.

---

23. **Acórdão 2078/2014 Segunda Câmara** (Pedido de Reexame, Relatora Ministra Ana Arraes).

■ **POSIÇÃO DO STF**

ARE 714566 AgR / MG - MINAS GERAIS

AG.REG. NO RECURSO EXTRAORDINÁRIO COM AGRAVO

Relator(a): Min. ROSA WEBER

Julgamento: 30/09/2014

Publicação: 14/10/2014

Órgão julgador: Primeira Turma

Publicação

PROCESSO ELETRÔNICO DJe-200 DIVULG 13-10-2014 PUBLIC 14-10-2014

Partes

AGTE.(S) : MUNICÍPIO DE BELO HORIZONTE PROC.(A/S)(ES) : PROCURADOR-GERAL DO MUNICÍPIO DE BELO HORIZONTE AGDO.(A/S) : NEREIDA ASSUNÇÃO CARVALHO ADV.(A/S) : EDUARDO MACHADO DIAS E OUTRO(A/S)

Ementa

EMENTA DIREITO PREVIDENCIÁRIO. SERVIDOR PÚBLICO MUNICIPAL. APOSENTADORIA ESPECIAL. PROFESSOR. ATIVIDADES EXERCIDAS FORA DA SALA DE AULA. POSSIBILIDADE. ADI Nº 3.772/DF. JURISPRUDÊNCIA DESTA CORTE. ALEGAÇÃO DE VIOLAÇÃO DO ART. 5º, XXXVI, DA CONSTITUIÇÃO FEDERAL. ÂMBITO INFRACONSTITUCIONAL DO DEBATE. ACÓRDÃO RECORRIDO PUBLICADO EM 28.9.2011. O acórdão recorrido está em harmonia com a jurisprudência deste Supremo Tribunal Federal, firmada após decisão proferida no julgamento da ADI 3.772/DF, no sentido de que a aposentadoria especial concedida aos professores deve ser estendida àqueles que exerçam atividades relacionadas com a **correção de provas**, o atendimento aos pais e alunos, a preparação de aulas, a coordenação e o assessoramento pedagógico e a direção da unidade escolar. Precedentes. O exame da alegada ofensa ao art. 5º, XXXVI, da Constituição Federal dependeria da reelaboração da moldura fática delineada no acórdão regional e prévia análise da legislação infraconstitucional aplicada à espécie, o que refoge à competência jurisdicional extraordinária, prevista no art. 102 da Constituição Federal. Agravo regimental conhecido e não provido.

■ **POSIÇÃO DO STF**

No julgamento da ADI 856, uma norma gaúcha foi invalidada pelo STF, pois ampliou indevidamente a definição do magistério no ensino básico para fins do regramento especial do professor do ensino básico:

STF invalida ampliação de atividades de magistério para aposentadoria especial no RS

Para o Plenário, a norma extrapola a competência do estado para tratar do tema.

19/09/2023 17h24 - Atualizado há

560 pessoas já viram isso

O Supremo Tribunal Federal (STF) declarou inconstitucional uma lei do Rio Grande do Sul que considerava como efetivo exercício na função de magistério, para os efeitos de aposentadoria especial, as atividades administrativas, técnico-pedagógicas e de representação sindical desempenhadas por professores. A decisão foi tomada na sessão virtual finalizada em 1º/9, no julgamento da Ação Direta de Inconstitucionalidade (ADI) 856. A lei estadual já estava suspensa por liminar anteriormente concedida pela Corte.

Iniciativa do Executivo

A ação foi ajuizada pelo governo estadual. No voto que prevaleceu no julgamento, o relator, ministro Luiz Fux, verificou que a Lei estadual 9.841/1993 não decorreu de projeto de iniciativa do governador. Essa situação, a seu ver, afronta a regra constitucional que confere ao chefe do Executivo a iniciativa privativa de leis que disponham sobre servidores públicos e seu regime jurídico. Ele ressaltou também que o STF reconheceu como privativa do Executivo a iniciativa de lei para alterar o sistema estadual de ensino.

Caráter geral

Ainda de acordo com o relator, a norma extrapola a competência do estado para tratar do tema, pois compete privativamente à União legislar sobre seguridade social, diretrizes e bases da educação nacional e editar normas gerais sobre previdência social.

Fux explicou que o artigo 40, parágrafo 5º, da Constituição assegura aposentadoria especial aos professores que comprovem tempo de efetivo exercício das funções de magistério na educação infantil e no ensino fundamental e médio. A Lei de Diretrizes e Bases da Educação Nacional (Lei 9.394/1996), que regulamenta esse dispositivo, define quais funções se enquadram como de magistério.

Por sua vez, a lei estadual estendeu a aposentadoria especial a atividades administrativas, técnico-pedagógicas e outras que não são propriamente as de professor, inclusive a de representação sindical. "Não se admite que cada estado fixe requisitos diferenciados para a concessão de aposentadoria especial, cuidando-se de regramento de evidente caráter geral", concluiu.

Ficou vencido o ministro Edson Fachin.

EC/AD//CF

Para que o professor tenha direito ao redutor de cinco anos na idade e no tempo de contribuição, deverá ter atuado exclusivamente no ensino básico, não podendo computar período contributivo em outra atividade para usufruir do regramento especial.

> **■ POSIÇÃO DO STF**
>
> "EMENTA: AGRAVO REGIMENTAL NO RECURSO EXTRAORDINÁRIO. ADMINISTRATIVO. CONTAGEM PROPORCIONAL DE TEMPO DE SERVIÇO EXERCIDO NO MAGISTÉRIO PARA FINS DE APOSENTADORIA COMUM. IMPOSSIBILIDADE. AGRAVO REGIMENTAL IMPROVIDO. I - Consoante a jurisprudência do STF, é vedada a contagem proporcional de tempo de serviço no magistério para fins de aposentadoria comum. II - Agravo regimental improvido" (RE 486.155, AgR, de 01.02.2011).

Para o TCU, em lastimável entendimento, "o tempo de serviço relativo a licenças ou afastamentos para a realização de cursos de qualquer natureza não se enquadra no conceito de "efetivo exercício das funções de magistério", só podendo ser computado para fins de aposentadoria ordinária"[24].

Este posicionamento é irrazoável, na medida em que irá desestimular a licença de capacitação do professor do ensino básico, que não poderá contar o período para a redução da aposentadoria do professor.

Vale registrar que é remansoso que a aposentadoria do professor deixou de ostentar a natureza de aposentadoria por agentes nocivos à saúde desde a EC 18/1981, somente existindo direito de conversão de tempo de contribuição até essa alteração constitucional.

Veja-se o TCU:

> **Acórdão 10569/2017 Primeira Câmara** (Aposentadoria, Relator Ministro Benjamin Zymler)
>
> Pessoal. Tempo de serviço. Professor. Penosidade. Tempo ficto. Marco temporal. Magistério.
>
> O tempo de contribuição relativo às atividades de magistério no regime celetista pode ser considerado como atividade penosa, portanto sujeito à contagem ponderada pelo fator 1,166 para conversão em tempo comum, até 9/7/1981, antes do advento da EC 18/1981, desde que não contrarie decisão judicial proferida em processo do qual o servidor tenha sido parte.

24. Acórdão 1838/2015 Primeira Câmara (Aposentadoria, Relator Ministro Bruno Dantas).

Por sua vez, na ocorrência das hipóteses previstas para concessão de aposentadoria compulsória ou por invalidez a segurado que tenha cumprido os requisitos legais para concessão de aposentadoria voluntária em qualquer regra, o RPPS deverá facultar que, antes da concessão da aposentadoria de ofício, o servidor, ou seu representante legal, opte pela aposentadoria de acordo a regra mais vantajosa.

2.9. ANTIGAS REGRAS PERMANENTES DAS APOSENTADORIAS VOLUNTÁRIAS: APOSENTADORIA POR IDADE COM PROVENTOS PROPORCIONAIS

Estas regras podem ou não estar em vigor, a depender do ente federativo. Para aqueles que ainda não promoveram a alteração da legislação local do RPPS após a EC 103/2019, estas regras estão hoje em vigor.

Será deferida voluntariamente ao servidor que complete **65 anos de idade, se homem, ou 60 anos de idade, se mulher**, com **proventos proporcionais ao tempo de contribuição**, desde que conte com **10 anos de efetivo exercício no serviço público e 05 anos no cargo efetivo em que se der a aposentadoria**.

Os proventos serão calculados considerando uma proporcionalidade para 35 anos de contribuição, se homem, e para 30 anos de contribuição, se mulher. Logo, se um servidor do sexo masculino contar com 60 anos de idade, 10 anos de efetivo exercício no serviço público e 05 anos no cargo efetivo em que se der a aposentadoria, mas apenas possuir 31 anos de contribuição no total, os proventos da sua aposentadoria por idade serão calculados à razão de 31/35.

De efeito, para o cálculo do valor inicial dos proventos proporcionais ao tempo de contribuição, será utilizada fração cujo numerador será o total desse tempo e o denominador, o tempo necessário à respectiva aposentadoria voluntária com proventos integrais.

Ademais, a fração será aplicada sobre o valor inicial do provento calculado pela média das contribuições, observando-se previamente a aplicação do limite de remuneração do cargo efetivo, não podendo a renda ser inferior a um salário mínimo, sendo os períodos de tempo utilizados no cálculo considerados em número de dias.

2.10. VIGÊNCIA/REVOGAÇÃO DAS REGRAS DE TRANSIÇÃO DAS EMENDAS 41/2003 E 47/2005

Essas antigas regras de transição de aposentadorias continuam em vigor nos estados, Distrito Federal e municípios até a data de publicação de lei de iniciativa privativa do respectivo Poder Executivo que as referende integralmente, nos termos do artigo 36, II, da Emenda 103/2019.

A meu ver, **inexiste revogação tácita destas antigas regras de transição pela mera aprovação da reforma estadual ou municipal de previdência contemplando novas regras de transição.** A UMA porque as novas regras de transição da reforma previdenciária local são compatíveis com as antigas regras de transição, não ocorrendo a revogação tácita. A DUAS porque não poderemos ter revogação tácita em prejuízo do servidor.

A TRÊS porque o artigo 36, II, da Emenda 103/2019, ao pontificar que "**esta Emenda Constitucional entra em vigor para os regimes próprios de previdência social dos Estados, do Distrito Federal e dos Municípios**, quanto à alteração promovida pelo art. 1º desta Emenda Constitucional no art. 149 da Constituição Federal **e às revogações previstas** na alínea "a" do inciso I e nos **incisos III e IV do art. 35**[25]**, na data de publicação de lei de iniciativa privativa do respectivo Poder Executivo que as referende integralmente**", há expressa exigência de lei do ente federativo que promova a revogação das antigas regras de transição das Emenda 41 e 47 a fim de referendar a revogação perpetrada para a União por intermédio do artigo 35, III e IV, da EC 103/2019, **inexistindo referendo tácito.**

Essa a correta posição do Tribunal de Justiça da Bahia ao pronunciar a falha da Emenda Estadual 26/2020, posteriormente corrigida pelo Estado da Bahia com a expressa revogação das antigas regras de transição por intermédio da Emenda Estadual 27/2021:

> PODER JUDICIÁRIO TRIBUNAL DE JUSTIÇA DO ESTADO DA BAHIA
>
> Tribunal Pleno Processo: AGRAVO INTERNO CÍVEL n. 8033612-74.2020.8.05.0000.
>
> 1.AgIntCiv Órgão Julgador: Tribunal Pleno ESPÓLIO: GOVERNADOR DO ESTADO DA BAHIA
>
> e outros Advogado(s): GRACILIANO JOSE MASCARENHAS BOMFIM, BIANCA SENA PELLEGRINO HILARIAO ESPÓLIO:
>
> INSTITUTO DOS AUDITORES FISCAIS DO ESTADO DA BAHIA - IAF e outros (4) Advogado(s):JOSE CARLOS TEIXEIRA TORRES
>
> JUNIOR AGRAVO INTERNO. AÇÃO DIRETA DE INCONSTITUCIONALIDADE. USURPAÇÃO DA COMPETÊNCIA DO TRIBUNAL
>
> PLENO. AFASTAMENTO. **DECISÃO CAUTELAR PROFERIDA MONOCRATICAMENTE QUE PODE SER REFERENDADA OU NÃO PELO ÓRGÃO COLEGIADO. REFERENDO IMPLÍCITO DA LEGISLAÇÃO**

25. Art. 35. Revogam-se: I - os seguintes dispositivos da Constituição Federal: a) o § 21 do art. 40; (Vigência) b) o § 13 do art. 195; II - os arts. 9º, 13 e 15 da Emenda Constitucional nº 20, de 15 de dezembro de 1998; III - os arts. 2º, 6º e 6º-A da Emenda Constitucional nº 41, de 19 de dezembro de 2003; (Vigência) IV - o art. 3º da Emenda Constitucional nº 47, de 5 de julho de 2005. (Vigência)

LOCAL À REGRA DO ART. 36, II, DA EC 103/2019. AUSÊNCIA DE DEMONSTRAÇÃO. RECURSO IMPROVIDO.

1. Rejeita-se também a preliminar sobre usurpação da competência do Tribunal Pleno, desde quando tratou-se de liminar concedida em caráter de urgência e que pode ser ou não referendada pelo Tribunal Pleno, quando da submissão deste Agravo Interno ao órgão colegiado.

2. Improcedem, no mérito, as razões recursais, na medida em que não demonstrou de forma exaustiva que tenha a legislação local referendado integralmente as regras do art. 36, II, da EC 103/2019. 3. Trata-se, por outro lado, de questão a ser amplamente debatida, face aos vários interesses que orbitam a questão, seja do ponto de vista orçamentário, seja do ponto de vista de servidores que poderão sofrer prejuízos em razão das novas mudanças previdenciárias.

4. Agravo ao qual nega-se provimento. ACÓRDÃO Vistos, relatados e discutidos estes autos, ACORDAM os Desembargadores integrantes do Tribunal de Justiça do Estado da Bahia, em composição plenária, à unanimidade de votos, em NEGAR PROVIMENTO AO AGRAVO INTERNO, e o fazem de acordo com o voto do Relator. PRESIDENTE Des. RAIMUNDO SÉRGIO SALES CAFEZEIRO Relator PROCURADOR DE JUSTIÇA. (Classe: Agravo, Número do Processo: 8033612-74.2020.8.05.0000, Relator(a): RAIMUNDO SERGIO SALES CAFEZEIRO, Publicado em: 16/06/2021)

Nesse sentido, de acordo com o artigo 159, §1º, da Portaria MTP 1.467/2022, com redação dada Portaria MPS 1.180/2024, "**as revogações** previstas na alínea "a" do inciso I e nos incisos III e IV do art. 35 da Emenda Constitucional nº 103, de 2019, que dizem respeito ao § 21 do art. 40 da Constituição Federal, *aos arts. 2º, 6º e 6º-A da Emenda Constitucional nº 41, de 2003, e ao art. 3º da Emenda Constitucional nº 47, de 2005*, **somente entrarão em vigor para os regimes próprios de previdência social dos Estados, do Distrito Federal e dos Municípios, na data de publicação de lei de iniciativa privativa do respectivo Poder Executivo que as referende integralmente".**

Impende salientar que a regra de transição instituída pelo artigo 8º da Emenda 20/1998, embora tenha sido revogada expressamente pelo artigo 10 da Emenda 41/2003, à luz do direito adquirido, deverá ser aplicada ao servidor que, até 31/12/2003, implementou todos os requisitos à sua aplicação:

> *"Art. 8º - Observado o disposto no art. 4º desta Emenda e ressalvado o direito de opção a aposentadoria pelas normas por ela estabelecidas, é assegurado o direito à aposentadoria voluntária com proventos calculados de acordo com o art. 40, § 3º, da Constituição Federal, àquele que tenha ingressado regularmente em cargo efetivo na Administração Pública, direta, autárquica e fundacional, até a data de publicação desta Emenda, quando o servidor, cumulativamente: (Revogado pela Emenda Constitucional nº 41, de 19.12.2003)*

I - tiver cinqüenta e três anos de idade, se homem, e quarenta e oito anos de idade, se mulher; (Revogado pela Emenda Constitucional nº 41, de 19.12.2003)

II - tiver cinco anos de efetivo exercício no cargo em que se dará a aposentadoria; (Revogado pela Emenda Constitucional nº 41, de 19.12.2003)

III - contar tempo de contribuição igual, no mínimo, à soma de: (Revogado pela Emenda Constitucional nº 41, de 19.12.2003)

a) trinta e cinco anos, se homem, e trinta anos, se mulher; e (Revogado pela Emenda Constitucional nº 41, de 19.12.2003)

b) um período adicional de contribuição equivalente a vinte por cento do tempo que, na data da publicação desta Emenda, faltaria para atingir o limite de tempo constante da alínea anterior. (Revogado pela Emenda Constitucional nº 41, de 19.12.2003)

§ 1º - O servidor de que trata este artigo, desde que atendido o disposto em seus incisos I e II, e observado o disposto no art. 4º desta Emenda, pode aposentar-se com proventos proporcionais ao tempo de contribuição, quando atendidas as seguintes condições: (Revogado pela Emenda Constitucional nº 41, de 19.12.2003)

I - contar tempo de contribuição igual, no mínimo, à soma de: (Revogado pela Emenda Constitucional nº 41, de 19.12.2003)

a) trinta anos, se homem, e vinte e cinco anos, se mulher; e (Revogado pela Emenda Constitucional nº 41, de 19.12.2003)

b) um período adicional de contribuição equivalente a quarenta por cento do tempo que, na data da publicação desta Emenda, faltaria para atingir o limite de tempo constante da alínea anterior; (Revogado pela Emenda Constitucional nº 41, de 19.12.2003)

II - os proventos da aposentadoria proporcional serão equivalentes a setenta por cento do valor máximo que o servidor poderia obter de acordo com o "caput", acrescido de cinco por cento por ano de contribuição que supere a soma a que se refere o inciso anterior, até o limite de cem por cento. (Revogado pela Emenda Constitucional nº 41, de 19.12.2003)

§ 2º - Aplica-se ao magistrado e ao membro do Ministério Público e de Tribunal de Contas o disposto neste artigo. (Revogado pela Emenda Constitucional nº 41, de 19.12.2003)

§ 3º - Na aplicação do disposto no parágrafo anterior, o magistrado ou o membro do Ministério Público ou de Tribunal de Contas, se homem, terá o tempo de serviço exercido até a publicação desta Emenda contado com o acréscimo de dezessete por cento. (Revogado pela Emenda Constitucional nº 41, de 19.12.2003)

§ 4º - O professor, servidor da União, dos Estados, do Distrito Federal e dos Municípios, incluídas suas autarquias e fundações, que, até a data da publicação desta Emenda, tenha ingressado, regularmente, em cargo efetivo de

magistério e que opte por aposentar-se na forma do disposto no "caput", terá o tempo de serviço exercido até a publicação desta Emenda contado com o acréscimo de dezessete por cento, se homem, e de vinte por cento, se mulher, desde que se aposente, exclusivamente, com tempo de efetivo exercício das funções de magistério. (Revogado pela Emenda Constitucional nº 41, de 19.12.2003)

§ 5º - O servidor de que trata este artigo, que, após completar as exigências para aposentadoria estabelecidas no "caput", permanecer em atividade, fará jus à isenção da contribuição previdenciária até completar as exigências para aposentadoria contidas no art. 40, § 1º, III, "a", da Constituição Federal. (Revogado pela Emenda Constitucional nº 41, de 19.12.2003)".

Conforme dito, esta transitória foi **expressamente revogada** pela EC 41/2003:

*"Art. 10. Revogam-se o inciso IX do § 3º do art. 142 da Constituição Federal, bem como os **arts. 8º** e 10 da **Emenda Constitucional nº 20, de 15 de dezembro de 1998**".*

■ POSIÇÃO DO STF

No entanto, por certo em um esforço corporativo, **entendeu o STF que o acréscimo de 17% previsto no §3º para juízes e membros do Ministério Público não sofreu revogação.**

Veja-se passagem do voto vencedor do Ministro Alexandre de Moraes, no julgamento do MS 31.299/AGR de 15/01/2020:

*"Em suma, a norma introduzida pelo § 3º do art. 8º da EC 20/98, por ter natureza transitória e de eficácia imediata, gerou aos seus específicos destinatários direito adquirido ao acréscimo de tempo de serviço nela contemplado, em nada interferindo com a tese que recusa direito adquirido a regime jurídico. Tanto é verdade que estes mesmos servidores se submeteram ao novo regime jurídico previdenciário, notadamente quanto aos requisitos da idade e do tempo de contribuição por ele introduzidos. Este fundamento já seria suficiente para afastar a interpretação que retira a eficácia do dispositivo do § 3º do art. 8º da EC 20/98 para os servidores do sexo masculino que não tivessem preenchido os requisitos para a aposentadoria voluntária antes da edição da EC 41/2003, mesmo que aquele dispositivo houvesse sido revogado por esta última emenda constitucional. Ressalte-se, entretanto, que não ocorreu a revogação da referida norma, conforme interpretação sistemática da aludida emenda constitucional. As regras instituídas pela EC 20/98, no que se afiguraram incompatíveis com o novo regime jurídico implantado pela EC 41/2003, foram revogadas, na forma prevista no art. 10 da EC 41/2003. E, **nessa oportunidade, se vez expressa menção ao então art. 8º da EC 20/98. No entanto, tal revogação não se estendeu ao parágrafo 3º do referido art. 8º da EC 20/98.** Primeiro porque, como visto, seu dispositivo não se mostra incompatível com o novo regime previdenciário. Muito pelo contrário, além de sua eficácia imediata, concretizada quando da*

publicação da EC 20/98, veio justamente para introduzir os servidores por ele atingidos ao regime jurídico que na ocasião se implantava, compensando-os de uma maior onerosidade no tocante ao tempo de contribuição, requisito este, insista-se, mantido no regime por sua vez introduzido pela EC 41/2003. Segundo, e não menos importante, tal circunstância não passou desapercebida pelo constituinte derivado que, no texto da EC 41/2003 expressamente manteve intacta referida regra de natureza transitória".

2.11. ANTIGA REGRA DE TRANSIÇÃO DA APOSENTADORIA POR INVALIDEZ: EMENDA 70/2012 (ART. 6º-A DA EC 41)

Esta regra de transição pode ou não estar em vigor, a depender do ente federativo ter promovido ou não a sua expressa revogação.

Por força da **Emenda Constitucional 70**, de 29 de março de 2012, aos servidores efetivos que tenham ingressado no serviço público até a data da publicação da Emenda 41/2003 (31.12.2003), existe uma fórmula especial para calcular a aposentadoria por invalidez.

De efeito, para esses servidores mais antigos e que tenham se aposentado ou venham a se aposentar por invalidez permanente, foi assegurado o **direito a proventos de aposentadoria calculados com base na remuneração do cargo efetivo em que se der a aposentadoria**, e não nas demais contribuições para o RPPS ou RGPS.

Logo, **apenas a remuneração do cargo efetivo em que se der a aposentação por invalidez será considerada no cálculo do benefício**, sendo que a Emenda 70 não trouxe qualquer inovação no que concerne aos proventos proporcionais, que continuam sendo a regra, salvo se a invalidez decorrer de acidente em serviço, moléstia profissional ou doença grave, contagiosa ou incurável.

Outra inovação da Emenda 70 foi à aplicação do artigo 7º da Emenda 41/2003 (paridade) às referidas aposentadorias por invalidez dos servidores que ingressaram no serviço público até 31.12.2003, **cujos benefícios serão revistos na mesma proporção e na mesma data**, sempre que se modificar a remuneração dos **servidores em atividade**, regra aplicável às pensões por morte decorrentes das aposentadorias por invalidez em comento.

Nesse sentido, o entendimento do TCU:

> **Acórdão 9807/2015 Segunda Câmara** (Pensão Civil, Relator Ministro Vital do Rêgo)
>
> Pessoal. Pensão civil. Paridade.
>
> As pensões instituídas por servidores aposentados por invalidez permanente, e que tenham ingressado no serviço público federal antes da vigência da

EC 41/03 (31/12/03), devem ser reajustadas pela regra da paridade com a remuneração dos servidores ativos (EC 70/12).

Acórdão 9205/2017 Segunda Câmara (Pensão Civil, Relator Ministro-Substituto André de Carvalho)

Pessoal. Pensão civil. Redutor. Integralização. Aposentadoria por invalidez.

Não há integralidade para pensão instituída por servidor aposentado por invalidez permanente (art. 40, § 1º, inciso I, da **Constituição Federal**). O art. 6º-A, parágrafo único, da **EC 41/2003**, incluído pela **EC 70/2012,** assegura que o servidor aposentado por invalidez tenha paridade no reajuste da correspondente aposentadoria ou pensão. Contudo, não assegura integralidade para a pensão, que permanece sujeita ao redutor de 30% previsto no art. 40, § 7º, inciso I, da Constituição Federal.

Ainda foi prevista uma revisão administrativa a ser procedida em até 180 dias após a publicação da citada reforma constitucional, pois as aposentadorias por invalidez já concedidas aos servidores efetivos que ingressaram no serviço público até 31.12.2003 deverão ser revistas de acordo com as regras da Emenda 70/2012, mas com efeitos financeiros somente a contar da sua promulgação.

■ POSIÇÃO DO STF

Nesse sentido, o STF firmou tese em repercussão geral no RE 924.456 no sentido de que "os efeitos financeiros das revisões de aposentadoria concedidas com base no artigo 6º-A da Emenda Constitucional 41/2003, introduzido pela Emenda Constitucional 70/2012, somente se produzirão a partir da data de sua promulgação (30/3/2012), e não desde o início da data da inatividade".

2.12. ANTIGA REGRA DE TRANSIÇÃO DO ARTIGO 2º DA EC 41/2003

Esta regra de transição pode ou não estar em vigor, a depender do ente federativo ter promovido ou não a sua expressa revogação.

Vale ressaltar que o artigo 4º, da Emenda 20/98, determina a contagem do tempo de serviço como tempo de contribuição, até que seja editada lei específica sobre a matéria, que ainda inexiste.

Frise-se que antes da citada Emenda bastava o tempo de serviço para a concessão da aposentadoria do servidor público, pois não era exigida idade mínima, operando-se aos 35 anos de serviço, se homem, ou 30 anos de serviço, se mulher, com proventos integrais.

Já a aposentadoria com proventos proporcionais seria devida aos 30 anos de serviço, se homem, ou 25 anos de serviço, se mulher.

Existia uma regra de transição no artigo 8º, da Emenda 20/1998, em favor dos servidores que ingressaram no serviço público até o seu advento, mas restou revogada pela Emenda 41/03, que passou a disciplinar o tema em seu artigo 2º.

De efeito, para os servidores públicos ingressos até a publicação da Emenda 20/98 (16.12.98) e que não contavam com o direito adquirido, por não preencher todos os pressupostos legais, há uma regra de transição no artigo 2º, da Emenda 41/03, para a sua aposentadoria.

Deveras, para ter direito à aposentadoria pela regra de transição, o servidor deverá contar com a idade mínima de 53 anos (homem) ou de 48 anos de idade (mulher), bem como com 35 ou 30 anos de contribuição, respectivamente, ainda devendo realizar um tempo adicional ("pedágio") de 20% do tempo que, na data da emenda, faltaria para atingir esse período total de serviço, devendo ainda contar com 05 anos de efetivo exercício do cargo em que ocorrer a aposentação.

Neste caso, os proventos serão calculados da seguinte forma: para cada ano antecipado com relação à idade mínima (60 ou 55 anos de idade, se homem ou mulher, com redução de 05 anos para os professores exclusivos do ensino infantil, médio ou fundamental), os proventos serão reduzidos em 3,5% (se cumpridos os requisitos até 31.12.2005) ou em 5% por ano (se cumpridos os requisitos após 01.01.2006).

Caso o servidor preencha os requisitos para se aposentar por esta regra de transição, mas opte em permanecer em atividade, fará jus a um abono de permanência equivalente ao valor de sua contribuição previdenciária.

O artigo 2º, § 3º, da Emenda 41/2003, ainda traz uma regra de transição para beneficiar os magistrados e membros do Ministério Público do sexo masculino, que antes se aposentavam com 30 anos de serviço e 05 anos de judicatura ou de atividade no *parquet*, tendo o tempo de serviço exercido até a data de publicação da Emenda Constitucional nº 20 contado com acréscimo de 17%, apenas para fins da aposentadoria com base na cabeça do artigo.

Também para a utilização desta regra de transição, o artigo 2º, § 4º, da Emenda 41/2003, ainda contempla um benefício em favor dos professores vinculados ao RPPS, ingressos antes da Emenda 20/98, permitindo o acréscimo do tempo de serviço prestado até 16.12.1998 de 17%, se homem, ou de 20%, se mulher, desde que se aposente, exclusivamente, com tempo de efetivo exercício nas funções de magistério.

2.13. ANTIGA REGRA DE TRANSIÇÃO DO ARTIGO 3º DA EC 47/2005

Esta regra de transição pode ou não estar em vigor, a depender do ente federativo ter promovido ou não a sua expressa revogação.

Posteriormente, a Emenda 47/2005 trouxe nova regra de transição, que veio a se somar com a anterior, cabendo ao servidor optar pela mais vantajosa, inserta no seu artigo 3º, que garante aposentadoria com proventos integrais aos servidores ingressos antes da Emenda 20 (até 16.12.98), desde que preencham, cumulativamente, os seguintes requisitos:

> "I - trinta e cinco anos de contribuição, se homem, e trinta anos de contribuição, se mulher;
>
> II - vinte e cinco anos de efetivo exercício no serviço público, quinze anos de carreira e cinco anos no cargo em que se der a aposentadoria;
>
> III - idade mínima resultante da redução, relativamente aos limites do art. 40, § 1º, inciso III, alínea "a", da Constituição Federal, de um ano de idade para cada ano de contribuição que exceder a condição prevista no inciso I do *caput* deste artigo".

Logo, por esta regra de transição, conhecida como regra 95 para os homens ou regra 85 para as mulheres, desde que o servidor tenha ingressado no serviço público até a data de publicação (16.12.1998) da Emenda 20 e tenha atingido o tempo mínimo de contribuição para se aposentar com proventos integrais, contando com 25 anos de serviço público, 15 anos de carreira e 05 anos no cargo a se aposentar, haverá a redução de um ano de idade para cada ano de contribuição que extrapolar 35 anos (homem) ou 30 anos (mulher).

Esta regra de transição não traz tratamento diferenciado aos professores do ensino básico. Daí que, de acordo com o TCU, "**no que toca ao fundamento contido no art. 3º da EC 47/2005, comungo da análise empreendida pela unidade técnica no sentido de que ele não pode ser aplicado em conjunto com o já discorrido art. 40, § 5º, da CF, pois aquele deve ser entendido como a regra específica para os professores e esse a regra comum para os demais servidores públicos que estavam em atividade em 16/12/1998**" (ACÓRDÃO 2825/2009 - TCU - 2ª Câmara), negando o registro da aposentadoria.

Entende-se que a Constituição deve ser interpretada de modo teleológico e com arrimo no Princípio da Unidade, daí ser razoável a redução em cinco anos na idade e tempo de contribuição do professor do ensino básico nessa regra 85/95.

■ **POSIÇÃO DO STF**

Embora inexista precedente qualificado, o STF tem rejeitado a extensão desta transitória aos professores com redução de idade e tempo de contribuição:

"ARE 1393566 / PR - PARANÁ

RECURSO EXTRAORDINÁRIO COM AGRAVO

Relator(a): Min. NUNES MARQUES

Julgamento: 08/03/2023

Publicação: 24/03/2023

Publicação

PROCESSO ELETRÔNICO DJe-s/n DIVULG 23/03/2023 PUBLIC 24/03/2023

Partes

RECTE.(S) : ROSMERI DE FATIMA SOUZA DA LUZ ADV.(A/S) : JEAN CARLOS MUZZOLON RECDO.(A/S) : MUNICIPIO DE CANTAGALO E OUTRO(A/S) ADV.(A/S) : ERDERTON DE LARA MAGALHAES RECDO.(A/S) : INSTITUTO DE PREVIDENCIA DOS SERVIDORES PUBLICOS DO MUNICIPIO DE CANTAGALO

Decisão

DECISÃO Trata-se de recurso extraordinário com agravo (e. doc 13), interposto por Rosmeri de Fátima Souza da Luz, contra decisão proferida pela 4ª Turma Recursal do Tribunal de Justiça do Estado do Paraná (e. doc 10), que inadmitiu o recurso extraordinário com fundamento na Súmula 279 desta Suprema Corte. **Em suas razões, a Recorrente sustenta que não se pretende o reexame de provas nem debater questões ligadas à interpretação e aplicação de legislação infraconstitucional, mas sim demonstrar o ataque a dispositivos constitucionais, bem como a aplicação aos ocupantes do cargo de *professor* público do disposto no art. 3º, III, da EC 47/05.** Requer o provimento do recurso para, ao final, conceder à agravante a aposentadoria integral, desde a data de seu requerimento administrativo. No recurso extraordinário (e. doc 5), interposto com fundamento no artigo 102, III, "a", da Constituição Federal, sustenta-se que no acórdão impugnado houve violação ao art. 40, §1º, inciso III, alínea "a" e § 5º, da Constituição Federal, e ao art. 3º, inciso III, da EC 47/05. O Ministério Público manifestou-se pelo provimento do recurso extraordinário. É o relatório. Decido. O acórdão recorrido (Evento n. 03) restou assim ementado: RECURSO INOMINADO. PREVIDENCIARIO. MUNICIPIO DE CANTAGALO. PORFESSORA. REQUERIMENTO DE APOSENTADORIA. PRETENSE CUMULACAO DO ART. 40, § 5º, DA CONSTITUICAO FEDERAL COM O ART. 3º, III, DA *EMENDA* CONSTITUCIONAL Nº 47/2005. IMPOSSIBILIDADE. MODOS ALTERNATIVOS DE ESCOLHA DE APOSENTADORIA QUE SE TORNAM EXCLUDENTES. AUSÊNCIA DE DISPOSITIVO EXPRESSO QUE TORNA POSSIVEL A APLICACAO DO REDUTOR DOS *PROFESSORES* AO PREVISTO NA EC 47/2005. PRECEDENTES. SENTENÇA MANTIDA PELOS PROPRIOS FUNDAMENTOS. RECURSO CONHECIDO E NÃO PROVIDO. Precedente do STF: ARE 11977180, Relator(a): Min. GILMAR MENDES, julgado em 10/09/2019, publicado em PROCESSO ELETRONICO DJe-198DIVULG 11/09/2019. Precedentes desta Turma Recursal: (...) A controvérsia da presente ação refere-se à possibilidade de *professor* aposentar-se integralmente, aplicando-se, cumulativamente, os requisitos especiais de contagem de tempo de contribuição para fins de aposentadoria previstos no art. 40, §1º, inciso III, "a" e § 5º, da Constituição Federal e no art. 3º, da *Emenda* Constitucional nº 47/2005.

Ao adequado enfrentamento da controvérsia, transcrevo as razões de decidir adotadas pela Corte de origem: "Assim, destaco as passagens proferidas pelo Juízo de origem acerca da discussão tecida nos autos: "(...) Verifica-se que o caput do referido artigo estabelece a alternação de direitos, cuja opção de escolha cabe ao servidor. Destarte, sendo opções alternativas, são excludentes, de modo que, ao se optar por uma das modalidades de aposentadoria existentes, excluídas estarão as outras possibilidades. **Se optar pela modalidade prevista no art. 3º da EC nº *47*/2005, deve, então, preencher cumulativamente os requisitos estabelecidos em lei, não sendo aplicado o redutor disposto no art. 40, §5º, da Constituição Federal(...) Ainda, há que se ressalvar que se encontra em tramitação a Proposta de *Emenda* Constituição nº 21 de 2016, cuja ementa dispõe: "Estende as normas especiais para aposentadoria dos *professores* previstas na Constituição Federal para as *regras* de *transição* estabelecidas pelo art. 3º da *Emenda* Constitucional nº *47*, de 2005".Atualmente arquivada, também houve a Proposta de *Emenda* Constitucional nº 6 de 2006, cuja ementa era similar. Se há tal proposição, constata-se que o referido direito não se estende, no presente momento, aos *professores*, que, ressalta-se, são responsáveis por serviço público fundamental em nosso país, sem o qual, não haverá a construção de uma sociedade mais livre, justa e solidária (CF, art. 3º, I). Imperioso ressaltar que o inciso III do artigo 3º da *Emenda* Constitucional nº *47*/2005 dispõe que a redução da idade mínima se dará relativamente aos limites do artigo 40, §1º, inciso III, alínea a, da Constituição Federal, que não inclui o limite de idade especial do *professor*. Em contrapartida, as *regras* de *transição* da EC nº41/2003 incluíram o art. 40, §5º, da Magna Carta, de modo que deveriam encontrar expressas na EC *47*/2005, se o referido direito fosse de fato estendido aos *professores*.** Em "Aposentadoria do *Professor*: Aspectos Controvertidos", tem-se que: "A *Emenda* Constitucional *47*/05 alterou os arts. 37, 40, 195 e 201 da Constituição Federal, para dispor sobre a previdência social. (...) Nesta *Emenda* Constitucional não foi prevista *regra* especial ao servidor exercente das funções do magistério. Pela EC *47*, o servidor público precisa, além do tempo de contribuição, implementar vinte cinco (25) anos de efetivo exercício no serviço público, quinze (15) anos de carreira e cinco (5) de cargo em que se der a aposentadoria."(-DARTORA, Cleci Maria. Aposentadoria do *professor*: aspectos controvertidos. Curitiba: Juruá, 2009). **Desse modo, não há que se falar no direito da autora de se aposentar cumulando o artigo 40, § 5º, da Constituição Federal com a *regra* de *transição* do art. 3.º, III, da *Emenda* Constitucional nº*47*/2005.(...)"** Como se vê, o pedido da autora consiste em assegurar, para além das normas de *transição* dispostas no art. 3º da EC *47*/2005, uma redução no requisito de idade não contemplada na Constituição. Nesse contexto, o acórdão recorrido está em consonância com a jurisprudência desta Corte, que entende obrigatória a alternatividade na escolha da modalidade de aposentadoria. Confira-se, a propósito o seguinte precedente: ARE 1.197.180/PR, Ministro Gilmar Mendes.

Por fim, a discussão acerca do preenchimento dos requisitos para a concessão do benefício demandaria o reexame do acervo fático-probatório constante dos autos, providência vedada no âmbito do recurso extraordinário, nos termos da Súmula 279 do STF. Na mesma linha, os seguintes precedentes em casos fronteiriços: ARE 1188574/PR. Relator Ministro Alexandre de Moraes; e ARE 1263769/PR. Relator Ministro Edson Fachin. Em face do exposto, nego provimento ao recurso extraordinário com agravo. Nos termos do § 11 do art. 85 do CPC, majoro em 1% (um por cento) a verba honorária fixada pelas instâncias de origem, observados os limites previstos nos §§ 2º e 3º. Publique-se. Brasília, 8 de março de 2023. Ministro NUNES MARQUES Relator".

De acordo com o TCU "no preenchimento do requisito tempo mínimo na carreira, para fins de aposentadoria, somente pode ser considerado o tempo de serviço prestado nos cargos de mesma atribuição, ainda que em classes distintas. É irregular a soma do tempo de serviço prestado em carreiras constituídas pelos cargos de Técnico Judiciário e Analista Judiciário para atingir esse limite mínimo"[26].

Suponha-se que um servidor do sexo masculino, nesta situação, conte com 40 anos de contribuição. Neste caso, ele terá direito a uma redução de 05 anos na idade, podendo se aposentar com 55 anos de idade, desde que nessa idade tenha 40 anos de contribuição (40 + 55 = 95), sem direito ao abono de permanência, caso opte em permanecer na ativa.

Isso porque, diferentemente do quanto previsto na Emenda 41/2003, a Emenda 47/2005 não previu (expressamente) a concessão do abono de permanência aos servidores que já preencheram as regras de transição do seu artigo 3º e já poderiam estar aposentados, mas optaram em permanecer em atividade.

No entanto, considerando a irrazoabilidade da não previsão do abono nesta hipótese, construiu-se a tese da aplicação da regra permanente do artigo 40, § 19, da Constituição para a sua concessão.

De sua vez, o Tribunal de Contas da União, por meio do Acórdão 698/2010-Plenário, já se posicionou pela concessão do abono de permanência nesta hipótese, assim como o artigo 86, § 2º, da antiga Orientação Normativa MPS/SPS nº 2/2009:

"§ 2º O recebimento do abono de permanência pelo servidor que cumpriu todos os requisitos para obtenção da aposentadoria voluntária, com proventos integrais ou proporcionais, em qualquer das hipóteses previstas nos arts. 58, 67 e 81, conforme previsto no *caput* e § 1º, **não constitui impedimento à concessão do benefício de acordo com outra regra vigente, inclusive as previstas nos arts. 68 e 69, desde que cumpridos os requisitos previstos para essas hipóteses, garantida ao segurado a opção pela mais vantajosa**".

26. Acórdão 2294/2014 Primeira Câmara (Aposentadoria, Relator Ministro-Substituto Augusto Sherman).

2.14. ANTIGA REGRA DE TRANSIÇÃO DO ARTIGO 6º DA EC 41/2003

Esta regra de transição pode ou não estar em vigor, a depender do ente federativo ter promovido ou não a sua expressa revogação.

Conforme dito anteriormente, a Emenda 41/2003 extinguiu a integralidade remuneratória entre ativos e inativos, devendo os benefícios no RPPS ser calculados com base nas remunerações corrigidas, equivalentes a 80% do período contributivo.

Entrementes, há uma regra de transição para os servidores que ingressaram no serviço público até a data de publicação da Emenda 41, ocorrida em 31.12.2003, que garante a integralidade e paridade remuneratória entre ativos e inativos, no seu artigo 6º.

A **paridade remuneratória** consiste no direito dos aposentados e pensionistas de verem seus benefícios revisados na mesma proporção e na mesma data, sempre que se modificar a remuneração dos servidores em atividade, sendo também estendidos aos aposentados e pensionistas quaisquer benefícios ou vantagens posteriormente concedidos aos servidores em atividade, inclusive quando decorrentes da transformação ou reclassificação do cargo ou função em que se deu a aposentadoria ou que serviu de referência para a concessão da pensão.

Já a **integralidade** é o direito do servidor de se aposentar com a mesma remuneração do cargo efetivo em que se operar a sua aposentadoria, tendo sido o instituto extinto pela EC 41/2003 e mantido apenas em regra de transição.

Neste caso, deverá o servidor público contar com os requisitos tradicionais para se aposentar (60 anos de idade e 35 anos de contribuição, se homem, e 55 anos de idade e 30 anos de contribuição, se mulher), bem como com 20 anos de efetivo exercício no serviço público, 10 anos na carreira e 05 anos de efetivo exercício no cargo em que se der a aposentadoria.

■ POSIÇÃO DO STF

Nos termos do entendimento do STF, "os servidores que ingressaram no serviço público antes da EC 41/2003, mas que se aposentaram após a referida emenda, possuem direito à paridade remuneratória e à integralidade no cálculo de seus proventos, desde que observadas as regras de transição especificadas nos arts. 2º e 3º da EC 47/2005." (RE 590.260, Rel. Min. Ricardo Lewandowski, julgamento em 24-6-2009, Plenário, *DJE* de 23-10-2009, com repercussão geral).

No entanto, de acordo com o STF, não há direito dos aposentados com integralidade a extensão de gratificações *pro labore faciendo*, o que representa uma brecha para a criação de novas gratificações pelo Poder Público em prejuízo dos inativos com o objetivo de não extensão.

> ■ **POSIÇÃO DO STF**
>
> "Segundo agravo regimental em recurso extraordinário com agravo. **2. Gratificação de desempenho de atividade de perícia médica previdenciária - GDAPMP. Ofensa à garantia constitucional da integralidade (art. 3º da EC nº 47/2005). Inocorrência. 3. Natureza pro labore faciendo da gratificação.** 4. Ausência de argumentos suficientes a infirmar a decisão recorrida. 5. Agravo regimental a que se nega provimento" (**RE 895879 AgR-, de 21/10/2015).**
>
> "Agravo regimental no recurso extraordinário com agravo. Direito Administrativo. Gratificação de desempenho de atividade médico-pericial (GDAMP). Manutenção da pontuação após a adoção dos critérios de avaliação. Prequestionamento. Ausência. Princípio da prestação jurisdicional. Ofensa reflexa. Fatos e provas. Reexame. Legislação infraconstitucional. Análise. Impossibilidade. Precedentes. 1. Não se admite o recurso extraordinário quando os dispositivos constitucionais que nele se alega violados não estão devidamente prequestionados. Incidência das Súmulas nºs 282 e 356/STF. 2. A afronta aos princípios da legalidade, do devido processo legal, da ampla defesa e do contraditório, dos limites da coisa julgada e da prestação jurisdicional, quando depende, para ser reconhecida como tal, da análise de normas infraconstitucionais, configura apenas ofensa indireta ou reflexa à Constituição Federal. 3. Inadmissível, em recurso extraordinário, o reexame dos fatos e das provas dos autos e a análise da legislação infraconstitucional. Incidência das Súmulas nºs 279 e 636/STF. **4. A jurisprudência da Corte assentou que o direito à paridade dos servidores inativos com relação às gratificações de natureza propter laborem ocorre somente até que sejam processados os resultados das primeiras avaliações de desempenho.** 5. Agravo regimental não provido" (**ARE 881868 AgR**, de 27/10/2015).

A questão foi julgada em sede de repercussão geral no **tema 1082**:

> "Tema 1082 - Direito à integralidade no pagamento de gratificação de desempenho de natureza *pro labore faciendo* recebida em atividade por servidor que se aposentou no regime do artigo 3º da Emenda Constitucional nº 47/05.
>
> Há Repercussão?
>
> Sim
>
> Relator(a):
>
> MINISTRO PRESIDENTE
>
> Leading Case:
>
> RE 1225330
>
> Descrição:
>
> Recurso extraordinário em que se discute, à luz dos artigos 5º, inciso LIV; e 93, inciso IX, da Constituição Federal e 3º da Emenda Constitucional nº

47/05, se ofende o direito à integralidade de servidor que se aposentou nos termos do artigo 3º da EC nº 47/05 o pagamento de gratificação de desempenho da carreira da Previdência, da Saúde e do Trabalho (GDPST) em consonância com a lei de regência mas em patamar inferior ao pago na última remuneração por ele recebida em atividade.

Tese:

As gratificações de natureza *pro labore faciendo* são incorporadas à aposentadoria conforme as normas de regência de cada uma delas, não caracterizando ofensa ao direito à integralidade a incorporação em valor inferior ao da última remuneração recebida em atividade por servidor que se aposentou nos termos do art. 3º da Emenda Constitucional nº 47/2005".

Assim, se a lei da carreira previr apenas a incorporação parcial da gratificação de produtividade, não haverá violação à regra de integralidade, pois não se trata de gratificação geral que independente de avaliação de desempenho.

No mesmo sentido o TCU:

Acórdão 3347/2015 Plenário (Revisão de Ofício, Relator Ministro Vital do Rêgo)

Pessoal. Aposentadoria. Proventos.

O direito à paridade dos servidores inativos com relação às gratificações de natureza *pro labore faciendo* permanece somente até que sejam processados os resultados das primeiras avaliações de desempenho. Não caracteriza violação do direito à irredutibilidade de vencimentos a adequação dos proventos ao valor fixado em lei a partir do referido marco.

Outrossim, na hipótese de aposentado em carreira ulteriormente extinta por nova lei, assentou o STF que **o direito à paridade não abarca o direito de migração à última classe da novel carreira**, mesmo que aposentado no ápice da carreira extinta.

- **POSIÇÃO DO STF**

RE 606199 / PR - PARANÁ

RECURSO EXTRAORDINÁRIO

Relator(a): Min. TEORI ZAVASCKI

Julgamento: 09/10/2013

Publicação: 07/02/2014

Órgão julgador: Tribunal Pleno

Ementa

Ementa: CONSTITUCIONAL. ADMINISTRATIVO. EXTENSÃO, A SERVIDORES APOSENTADOS, DE VANTAGENS CONCEDIDAS A SERVIDORES

ATIVOS. REESTRUTURAÇÃO DE CARREIRA. ARTIGO 40, § 8º, DA CONSTITUIÇÃO (REDAÇÃO ANTERIOR À EC 41/03). INEXISTÊNCIA DE DIREITO ADQUIRIDO A REGIME JURÍDICO. PECULIARIDADES DA REESTRUTURAÇÃO DA CARREIRA DECORRENTE DA LEI 13.666/02 DO ESTADO DO PARANÁ. RECURSO EXTRAORDINÁRIO PARCIALMENTE PROVIDO. **1. Segundo a jurisprudência firmada em ambas as Turmas do STF, não há direito adquirido a regime jurídico. Assim, desde que mantida a irredutibilidade, não tem o servidor inativo, embora aposentado na última classe da carreira anterior, o direito de perceber proventos correspondentes aos da última classe da nova carreira, reestruturada por lei superveniente.** Precedentes. 2. Todavia, relativamente à reestruturação da carreira disciplinada pela Lei 13.666/02, do Estado do Paraná, assegura-se aos servidores inativos, com base no artigo 40, § 8º, da Constituição Federal (redação anterior à da EC 41/03), o direito de ter seus proventos ajustados, em condições semelhantes aos servidores da ativa, com base nos requisitos objetivos decorrentes do tempo de serviço e da titulação, aferíveis até a data da inativação. 3. Recurso extraordinário a que se dá parcial provimento.

O **tema 1293/STF** irá discutir importante delimitação jurídica dos contornos do reajuste paritário. De efeito, *"a questão em discussão consiste em saber se a Lei municipal nº 11.381/2022, ao prever dois novos níveis na carreira do magistério, mas com a possibilidade de progressão apenas para os professores em atividade, violou a regra de paridade (CRFB/1988, art. 40, § 8º, na redação anterior à EC 41/2003)"*.

De acordo com o STF, "constitui questão constitucional relevante definir se condicionar o acesso a novos níveis de carreira ao atendimento de requisitos que não podem ser cumpridos por servidores inativos, como a submissão a processo de avaliação de desempenho, viola o direito à paridade".

A meu ver, se o servidor se aposentou com paridade e integralidade no ápice da carreira, a criação de novos níveis superiores deverá beneficiá-lo, pois há o direito de proventos equivalente ao fim de carreira, vez que esse aposentado não será beneficiado anualmente pelo reajuste pelo índice legal.

Veja-se a afetação do tema 1293 em repercussão geral:

> **Tema 1293 - Extensão aos servidores inativos dos efeitos remuneratórios decorrentes da reestruturação da carreira de professor do Município de Belo Horizonte.**
>
> Há Repercussão?
>
> ***Sim***
>
> ***Relator(a):***
>
> MINISTRO PRESIDENTE

Leading Case:

ARE 1473591

Descrição:

Recurso extraordinário em que se discute, à luz do artigo art. 40, § 8º(na redação anterior à EC 41/2003), da Constituição Federal, o direito à revisão de aposentadoria de professor inativo, de modo a observar o padrão remuneratório fixado pela Lei nº 11.381/2022 de Belo Horizonte, que reestruturou a carreira de magistério do Município.

No entanto, no julgamento do **tema 439 em Repercussão Geral**, decidiu o STF que ***"desde que mantida a irredutibilidade, não tem o servidor inativo, embora aposentado na última classe da carreira anterior, o direito de perceber proventos correspondentes aos da última classe da nova carreira, reestruturada por lei superveniente".***

Registre-se que o tema é divergente dentro do STF:

INEXISTÊNCIA DO DIREITO DE EXTENSÃO

ARE 1353240 ED-AgR

Órgão julgador: **Segunda Turma**

Relator(a): ***Min. EDSON FACHIN***

Julgamento: ***14/09/2022***

Publicação: ***21/09/2022***

Ementa

EMENTA: AGRAVO REGIMENTAL NOS EMBARGOS DE DECLARAÇÃO NO RECURSO EXTRAORDINÁRIO COM AGRAVO. INTERPOSIÇÃO EM 16.05.2022. ADMINISTRATIVO. SERVIDORES PÚBLICOS ESTADUAIS APOSENTADOS. REENQUADRAMENTO FUNCIONAL. ALEGADA OFENSA AOS PRINCÍPIOS DA ISONOMIA E DA PARIDADE REMUNERATÓRIA. LEI COMPLEMENTAR 1.080/08. REEXAME DE FATOS E PROVAS E DE LEGISLAÇÃO LOCAL. IMPOSSIBILIDADE. SÚMULAS 279 e 280 DO STF. RE 606.199. TEMA 439. ACÓRDÃO PROFERIDO EM JUÍZO DE RETRATAÇÃO. PRETENSÃO DE INCIDÊNCIA, NA HIPÓTESE, DO ITEM 02 DO REFERIDO TEMA 439. IMPROCEDÊNCIA. 1. **O acordão recorrido encontra-se em harmonia com a jurisprudência do Supremo Tribunal Federal, firmada no âmbito da sistemática da repercussão geral (RE-RG 606.199, Rel. Min. Teori Zavascki, DJe 07.02.2014, Tema 439), no sentido de que "desde que mantida a irredutibilidade, não tem o servidor inativo, embora aposentado na última classe da carreira anterior, o direito de perceber proventos correspondentes aos da última classe da nova carreira, reestruturada por lei superveniente"**. 2. O item nº 2 da ementa do mencionado Tema nº 439 da RG refere-se, exclusivamente, ao caso da reestruturação da carreira disciplinada pela Lei nº 13.666/02 do Estado do Paraná. Precedentes. 3. O Tribunal de origem decidiu a lide, quanto ao pedido subsidiário suscitado no recurso extraordinário, a partir da aplicação da legislação infraconstitucional pertinente e com apoio no contexto fático-probatório dos autos, de modo que eventual divergência em relação ao entendimento adotado pelo juízo a quo, demandaria o exame da legislação local aplicável à espécie (Lei Complementar 1.080/2008), Municipal 6.228/15), o que inviabiliza o processamento do apelo extremo, tendo em vista a vedação contida nas Súmulas 279 e 280 do STF. 4. Agravo regimental a que se nega provimento, com previsão de aplicação de multa do art. 1.021, §§ 4º, do CPC. Majorados os honorários advocatícios em ¼ (um quarto), nos termos do art. 85, § 11, do CPC, devendo ser observados os §§ 2º e 3º do mesmo dispositivo e a suspensão da exigibilidade, na hipótese de eventual concessão do benefício da justiça gratuita.

EXISTÊNCIA DO DIREITO DE EXTENSÃO

RE 1307279 AgR

Órgão julgador: **Segunda Turma**

Relator(a): ***Min. NUNES MARQUES***

Julgamento: ***02/03/2022***

Publicação: ***07/04/2022***

Ementa

EMENTA AGRAVO INTERNO EM RECURSO EXTRAORDINÁRIO. **REESTRUTURAÇÃO DA CARREIRA**. INEXISTÊNCIA DE DIREITO ADQUIRIDO A REGIME JURÍDICO. **EXCEPCIONAL GARANTIA À EXTENSÃO DAS VANTAGENS CONCEDIDAS AOS SERVIDORES ATIVOS, BASEADAS EM CRITÉRIOS OBJETIVOS, NOMEADAMENTE O DIREITO À PARIDADE**. ORIENTAÇÃO FIRMADA NO RE 606.199 DA REPERCUSSÃO GERAL (TEMA N. 439). 1. Embora seja firme o entendimento do Supremo pela inexistência de direito adquirido a regime jurídico, no julgamento do RE 606.199 RG (Tema n. 439) **o Tribunal Pleno fixou orientação no sentido de assegurar-se aos servidores inativos a extensão das vantagens concedidas aos servidores ativos que fizessem jus à paridade**. 2. Agravo interno desprovido.

2.15. APOSENTADORIA ESPECIAL POR AGENTES NOCIVOS: REGRAS NACIONAIS E REGRAMENTO ANTERIOR

O artigo 40, § 4º-C, da Constituição Federal, na redação dada pela EC 103/2019, prevê que:

*"§ 4º-C **Poderão** ser estabelecidos por **lei complementar** do respectivo ente federativo idade e tempo de contribuição diferenciados para aposentadoria de servidores cujas atividades sejam exercidas com efetiva exposição a **agentes nocivos** químicos, físicos e biológicos prejudiciais à saúde, ou associação destes agentes, **vedada a caracterização por categoria profissional ou ocupação**".*

Logo, na atualidade cabe ao ente federativo legislar sobre a aposentadoria especial no âmbito do RPPS. Embora haja autonomia estadual para legislar sobre aposentadorias, esta é relativa dentro dos parâmetros constitucionais.

Nesse sentido, não é dado ao legislador estadual criar novas situações de aposentadorias especiais não previstas na CF/1988, a exemplo de beneficiar oficiais de justiça e peritos oficiais.

■ **POSIÇÃO DO STF**

ADI 6917

Tribunal Pleno

Relator(a): Min. ALEXANDRE DE MORAES

Julgamento: 21/03/2022

Publicação: 29/03/2022

Ementa: AÇÃO DIRETA DE INCONSTITUCIONALIDADE. PREVIDENCIÁRIO. CONSTITUIÇÃO DO ESTADO DE MATO GROSSO E EMENDA CONSTITUCIONAL ESTADUAL 92/2020. INCLUSÃO DE SERVIDORES MILITARES NO REGIME PRÓPRIO DE PREVIDÊNCIA SOCIAL DO ESTADO. CONTRARIEDADE À NORMA GERAL FIXADA PELA UNIÃO, A PARTIR DA LEI FEDERAL 13.954/2019. FIXAÇÃO DE CRITÉRIOS DIFERENCIADOS PARA A APOSENTADORIA DE POLICIAIS MILITARES, OFICIAIS DE JUSTIÇA/AVALIADORES E INTEGRANTES DAS CARREIRAS DE PERÍCIA OFICIAL DE IDENTIFICAÇÃO TÉCNICA (POLITEC-MT). CATEGORIAS NÃO ABARCADAS NAS EXCEÇÕES TAXATIVAMENTE PREVISTAS NO ART. 40, § 4º-B, DA CONSTITUIÇÃO FEDERAL, EM RELAÇÃO ÀS QUAIS SE AUTORIZA A ATRIBUIÇÃO DE REGRAS ESPECIAIS DE APOSENTAÇÃO. PROCEDÊNCIA DO PEDIDO. 1. A competência estatuída no art. 22, XXI, da Constituição Federal, consoante a reforma promovida pela EC 103/2019, outorga à União a prerrogativa de conceber normas gerais sobre inatividades e pensões das polícias militares. 2. No exercício dessa competência legiferante, foi editada a Lei Federal 13.954/2019, que reconheceu aos Estados-Membros a competência para disciplinarem o Sistema de Proteção Social dos seus respectivos militares, desde que não lhes sejam aplicadas as normas do regime próprio dos servidores civis. 3. O art. 140-A, § 2º, IV, da Constituição do Estado de Mato Grosso, ao prever que uma lei complementar estadual relacionada ao regime próprio de previdência social fixará, entre outros requisitos, condições para a aposentadoria dos policiais militares, revela-se incompatível com a Constituição Federal, por violar normas gerais fixadas em âmbito federal. **4. O regime constitucional da aposentadoria especial, com as significativas modificações promovidas pela EC 103/2019, admite uma relevante margem de conformação ao Legislador Estadual, a quem cabe assentar, em lei complementar, os critérios diferenciados para a concessão de benefícios previdenciários, desde que circunscritos às categorias de servidores mencionados no art. 40, § 4º-B, da Constituição Federal. 5. Inconstitucionalidade do art. 140-A, § 2º, IV, da Constituição do Estado de Mato Grosso, no ponto em que admite a fixação de critérios diferenciados para a aposentadoria "de oficial de justiça/avaliador" e de "policial militar", bem como do art. 8º da Emenda Constitucional estadual nº 92/2020, quando assegura às carreiras da Perícia Oficial de Identificação Técnica estadual (POLITEC-MT) regras transitórias específicas de aposentação, na medida em que tais normas contemplam servidores não mencionados no rol taxativo preconizado pelo art. 40, § 4º-B, da CF. 6.** Ação direta julgada procedente.

ADI 7494

Órgão julgador: Tribunal Pleno

Relator(a): Min. CÁRMEN LÚCIA

Julgamento: 04/04/2024

Publicação: 10/04/2024

Ementa

EMENTA: AÇÃO DIRETA DE INCONSTITUCIONALIDADE. CONVERSÃO DE APRECIAÇÃO DE CAUTELAR EM JULGAMENTO DE MÉRITO. §§ 17 E 18 DO ART. 250 DA CONSTITUIÇÃO DE RONDÔNIA, ALTERADOS PELA EMENDA CONSTITUCIONAL ESTADUAL N. 151/2022. **APOSENTADORIA ESPECIAL POR EXPOSIÇÃO A ATIVIDADE DE RISCO DE SERVIDOR PÚBLICO. § 4º-B DO ART. 40 DA CONSTITUIÇÃO DA REPÚBLICA ALTERADO PELA EMENDA CONSTITUCIONAL N. 103/2019. ROL TAXATIVO.** PEDIDO EM AÇÃO DIRETA JULGADO PROCEDENTE. 1. O processo está instruído nos termos do art. 10 da Lei n. 9.868/1999. Proposta de conversão da apreciação da medida cautelar em julgamento de mérito, sem necessidade de novas providências. Precedentes. 2. Pelas normas constitucionais previstas nos §§ 4º e 4º-B do art. 40 da Constituição da República é taxativo o rol daqueles a quem a Constituição permite usufruir do direito à aposentadoria especial por desempenharem atividade de risco. Precedentes. 3. Pela Emenda à Constituição da República n. 103/2009 o constituinte derivado limitou as hipóteses de concessão de aposentadoria especial em razão do exercício de atividade de risco aos ocupantes do cargo de agente penitenciário, agente socioeducativo, policial legislativo, policial federal, policial rodoviário federal, policial ferroviário federal e policial civil. Precedentes. **4. É incompatível com o regime da aposentadoria especial por exercício da atividade de risco, análoga à dos policiais, a atuação dos membros do Ministério Público e dos ocupantes de cargos no Poder Judiciário, Defensoria Pública, Procuradores do Estado, Procuradores dos Municípios, Oficiais de Justiça e Auditores Fiscais de Tributos estaduais por contrariedade aos §§ 4º e 4º-B do art. 40 da Constituição da República.** 5. Compete ao Município legislar sobre inatividade de servidores municipais por se cuidar de sua auto organização administrativa e ser assunto de interesse local, nos termos do inc. I do art. 30 da Constituição da República. 6. Regime jurídico dos servidores públicos do Estado sujeita-se à reserva de iniciativa do chefe do Poder Executivo estadual: afronta ao disposto no inc. II do § 1º do art. 61 da Constituição da República. Precedentes. 7. A prerrogativa constitucional de promover alterações em projetos de iniciativa reservada ao chefe do Poder Executivo deve observância ao disposto no inc. I do art. 63 da Constituição da República, pelo qual se prevê que não será admitido aumento da despesa prevista nos projetos de iniciativa exclusiva do Presidente da República, ressalvado o disposto no art. 166, § 3º e § 4º', aplicável ao processo legislativo estadual. Precedentes. 8. Ação direta de inconstitucionalidade na qual convertida a apreciação da medida cautelar em julgamento de mérito. Pedido formulado na ação julgado procedente para declarar a inconstitucionalidade dos §§ 17 e 18 do art. 250 da Constituição de Rondônia, alterados pela Emenda Constitucional n. 151/2022.

Destarte, **as regras abaixo podem ou não estar em vigor, a depender do ente federativo.** Para aqueles que ainda não **promoveram a alteração da legislação local do RPPS** após a EC 103/2019, **estas regras estão hoje em vigor**, especialmente a antiga redação do artigo 40 da Constituição nunca regulamentada no RPPS por lei complementar nacional da União:

"§ 4º É vedada a adoção de requisitos e critérios diferenciados para a concessão de aposentadoria aos abrangidos pelo regime de que trata este artigo, ressalvados, nos termos definidos em leis complementares, os casos de servidores: (Redação dada pela Emenda Constitucional nº 47, de 2005)

I portadores de deficiência; (Incluído pela Emenda Constitucional nº 47, de 2005)

II que exerçam atividades de risco; (Incluído pela Emenda Constitucional nº 47, de 2005)

III cujas atividades sejam exercidas sob condições especiais que prejudiquem a saúde ou a integridade física. (Incluído pela Emenda Constitucional nº 47, de 2005)"

Trata-se de exceção à regra constitucional que proíbe a adoção de requisitos e critérios diferenciados para a concessão de aposentadoria, em aplicação ao Princípio da Isonomia.

Com propriedade, a aposentadoria com critérios especiais era prevista apenas para os servidores que exerciam atividades sob **condições especiais que prejudicassem a saúde ou a integridade física**, que não sofreu regulamentação até o momento.

Com o advento da Emenda 47/2005, houve uma expansão do benefício, que passou a abarcar também os servidores que desenvolvem **atividades de risco e os portadores de deficiência**, mas nunca foi editada a **lei complementar** exigida pelo artigo 40, § 4º, da CRFB.

Era necessária a edição de uma lei complementar nacional a ser editada pela União após a iniciativa do Presidente da República fixando os pressupostos para a concessão de aposentadoria com critérios especiais no RPPS.

Nem mesmo os estados, o Distrito Federal e os municípios poderiam antes da EC 103/2019 suprir a lacuna federal, devendo aguardar a edição da lei complementar.

> **POSIÇÃO DO STF**
>
> "Aposentadoria especial de servidor público distrital. Art. 40, § 4º, III, da CR. (...) A competência concorrente para legislar sobre previdência social não afasta a necessidade de tratamento uniforme das exceções às regras de aposentadoria dos servidores públicos. Necessidade de atuação normativa da União para a edição de norma regulamentadora de caráter nacional." (MI 1.832-AgR, Rel. Min. Cármen Lúcia, julgamento em 24-3-2011, Plenário, *DJE* de 18-5-2011)

De efeito, o artigo 5º, parágrafo único, da Lei 9.717/98, vedava a concessão de aposentadoria especial até a edição de lei complementar para regular o tema.

Contudo, ante a omissão do Congresso Nacional, o STF passou a prover os mandados de injunção a respeito, garantindo a concessão do benefício especial aos servidores públicos mediante a aplicação das regras do RGPS, constantes dos artigos 57 e 58 da Lei 8.213/91:

> ■ **POSIÇÃO DO STF**
>
> "**MI 758, de 01.07.2008**. MANDADO DE INJUNÇÃO - NATUREZA. Conforme disposto no inciso LXXI do artigo 5º da Constituição Federal, conceder-se-á mandado de injunção quando necessário ao exercício dos direitos e liberdades constitucionais e das prerrogativas inerentes à nacionalidade, à soberania e à cidadania. Há ação mandamental e não simplesmente declaratória de omissão. A carga de declaração não é objeto da impetração, mas premissa

da ordem a ser formalizada. MANDADO DE INJUNÇÃO - DECISÃO - BALIZAS. Tratando-se de processo subjetivo, a decisão possui eficácia considerada a relação jurídica nele revelada. **APOSENTADORIA - TRABALHO EM CONDIÇÕES ESPECIAIS - PREJUÍZO À SAÚDE DO SERVIDOR - INEXISTÊNCIA DE LEI COMPLEMENTAR - ARTIGO 40, § 4º, DA CONSTITUIÇÃO FEDERAL. Inexistente a disciplina específica da aposentadoria especial do servidor, impõe-se a adoção, via pronunciamento judicial, daquela própria aos trabalhadores em geral - artigo 57, § 1º, da Lei nº 8.213/91.**"

"**MI 795, de 15.04.2009**. EMENTA: MANDADO DE INJUNÇÃO. APOSENTADORIA ESPECIAL DO SERVIDOR PÚBLICO. ARTIGO 40, § 4º, DA CONSTITUIÇÃO DA REPÚBLICA. AUSÊNCIA DE LEI COMPLEMENTAR A DISCIPLINAR A MATÉRIA. NECESSIDADE DE INTEGRAÇÃO LEGISLATIVA. 1. Servidor público. Investigador da polícia civil do Estado de São Paulo. Alegado exercício de atividade sob condições de periculosidade e insalubridade. 2. Reconhecida a omissão legislativa em razão da ausência de lei complementar a definir as condições para o implemento da aposentadoria especial. 3. **Mandado de injunção conhecido e concedido para comunicar a mora à autoridade competente e determinar a aplicação, no que couber, do art. 57 da Lei n. 8.213/91**".

Logo, com o novo posicionamento da Suprema Corte, que não mais se limita a declarar a mora legiferante, a aposentadoria especial do servidor público efetivo filiado ao RPPS será devida nos mesmos termos do RGPS, ou seja, com 15, 20 ou 25 anos de contribuição, **sem idade mínima**, conforme enquadramento da atividade no Regulamento da Previdência Social, desde que desenvolva atividade especial de maneira permanente, não ocasional nem intermitente.

■ **POSIÇÃO DO STF**

"Os parâmetros alusivos à aposentadoria especial, enquanto não editada a lei exigida pelo texto constitucional, são aqueles contidos na Lei 8.213/1991, **não cabendo mesclar sistemas para, com isso, cogitar-se de idade mínima**." (MI 758-ED, Rel. Min. Marco Aurélio, julgamento em 8-4-2010, Plenário, *DJE* de 14-5-2010.) No mesmo sentido: MI 795, Rel. Min. Cármen Lúcia, julgamento em 15-4-2009, Plenário, *DJE* de 22-5-2009; MI 788, Rel. Min. Ayres Britto, julgamento em 15-4-2009, Plenário, *DJE* de 8-5-2009.

O tema foi regulamentado pela Instrução Normativa MPS/SPS 01, de 22.07.2010, que estabelece instruções para o reconhecimento do tempo de serviço público exercido sob condições especiais que prejudiquem a saúde ou a integridade física pelos regimes próprios de previdência social para fins de concessão de aposentadoria especial aos servidores públicos amparados por Mandado de Injunção.

A Suprema Corte também passou a prover os mandados de injunção dos servidores públicos portadores de deficiência física, determinando a aplicação por analogia, no que couber, das regras do artigo 57 da Lei 8.213/91.

Como os estados e municípios agora possuem competência para legislar a respeito da aposentadoria especial do servidor com deficiência após a EC 103/2019, o STF passou a decidir pela sua incompetência originária para julgar mandados de injunção contra omissão dos entes subnacionais nesta regulamentação:

■ **POSIÇÃO DO STF**

MI 7249 AgR

Órgão julgador: Tribunal Pleno

Relator(a): Min. EDSON FACHIN

Julgamento: 08/08/2022

Publicação: 29/08/2022

Ementa

EMENTA: AGRAVO REGIMENTAL NO MANDADO DE INJUNÇÃO. APOSENTADORIA ESPECIAL. SERVIDORES PÚBLICOS ESTADUAIS PORTADORES DE DEFICIÊNCIA. ART. 40, § 4º, I, DA CF. EDIÇÃO DA EC 103/2019. TEMPO DE SERVIÇO ANTERIOR À SUA VIGÊNCIA. APLICABILIDADE. MODIFICAÇÃO DA COMPETÊNCIA LEGISLATIVA. ART. 40, § 4º-A, DA CF. INCOMPETÊNCIA ORIGINÁRIA DO STF. INEXISTÊNCIA DE MORA LEGISLATIVA. PRECEDENTES. PERDA SUPERVENIENTE DE OBJETO. 1. Tendo em vista que o Sindicato recorrente representa servidores públicos estaduais e considerando a superveniência da EC 103/2019, eventual omissão legislativa deve ser atribuída, no caso, ao Chefe do Executivo do Estado de Minas Gerais. **2. Este Supremo Tribunal, com a edição da EC 103/2019, não é mais competente, originariamente, nos termos do art. 102, I, "q" da CF, para processar e julgar os mandados de injunção impetrados pelos servidores estaduais, municipais e distritais, diante da ausência, na hipótese, de competência legislativa da União Federal, consoante previsão do art. 40, § 4º-A, da CF.** 3. O cabimento do mandado de injunção pressupõe uma omissão legislativa, a qual inviabilize o exercício de um direito subjetivo constitucional. **4. A aposentadoria especial de servidor público, portador de deficiência, é assegurada mediante a aplicação da LCE 142/2013, até que seja editada a lei complementar referida pelo art. 40, § 4º-A, da CF.** 5. No caso, o art. 22, caput, da EC 103/2019, dispõe que a aposentadoria especial de servidor público portador de deficiência compreende inclusive o tempo de serviço anterior à edição de mencionada emenda constitucional. 6. Ainda que conhecido o Mandado de Injunção, haveria, nessa hipótese, perda superveniente de interesse de agir. 7. Agravo regimental desprovido.

Contudo, o STF vem inadmitindo o manejo do mandado de injunção para revisão de aposentadorias no RPPS com base no artigo 40, § 4º, da Constituição, pois já houve a concessão do benefício e se busca tão somente uma revisão de proventos:

> **■ POSIÇÃO DO STF**
>
> "O art. 40, § 4º, da CR não dispõe sobre o suposto direito à revisão do ato de aposentadoria, tampouco exige a sua regulamentação. (...) Os ministros deste Supremo Tribunal têm negado seguimento a mandados de injunção impetrados por servidor público inativo com o propósito de obter a revisão de suas aposentadorias, por faltar a essas impetrações a demonstração da inviabilidade do exercício de direito constitucional, em razão da inexistência da norma que lhe dê eficácia plena" (MI 3.319-AgR-segundo, voto do Rel. Min. Cármen Lúcia, julgamento em 7-12-2011, Plenário, *DJE* de 6-2- 2012)
>
> Outrossim, "o mandado de injunção não é a ação jurídica adequada para assegurar a contagem e a averbação do tempo de serviço trabalhado em condições especiais nos assentamentos funcionais de servidor público." (MI 3.881-AgR, Rel. Min. Cármen Lúcia, julgamento em 20-10-2011, Plenário, *DJE* de 21-11-2011).

Vale registrar que as decisões do STF se limitavam a determinar que a autoridade administrativa aplique, no que couber, as regras do artigo 57 da Lei 8.213/91, não adentrando a Suprema Corte ao mérito no que concerne ao direito à aposentadoria especial.

> **■ POSIÇÃO DO STF**
>
> De acordo com o STF, "a autoridade administrativa responsável pelo exame do pedido de aposentadoria é competente para aferir, no caso concreto, o preenchimento de todos os requisitos para a aposentação previstos no ordenamento jurídico vigente" (MI 1.286-ED/DF, Rel. Min. CÁRMEN LÚCIA, Pleno). Isso significa, portanto, que não cabe indicar, nesta sede injuncional, como reiteradamente acentuado por esta Suprema Corte (MI 1.312/DF, Rel. Min. CELSO DE MELLO - MI 1.316/DF, Rel. Min. ELLEN GRACIE - MI 1.451/DF, Rel. Min. ELLEN GRACIE, v.g.), a especificação dos exatos critérios fáticos e jurídicos que deverão ser observados na análise dos pedidos concretos de aposentadoria especial, tarefa que caberá, exclusivamente, à autoridade administrativa competente ao se valer do que previsto no art. 57 da Lei 8.213/91 e nas demais normas de aposentação dos servidores públicos" (MI 1.277/DF, Rel. Min. ELLEN GRACIE)".
>
> Conforme decidido pelo STF no julgamento do MI 5647 / DF, Relator(a): Min. TEORI ZAVASCK, de 10/06/2013, "para apuração do interesse de agir, será adotada a conjugação dessas duas concepções, da seguinte forma: **o impetrante deve comprovar inicialmente o requerimento administrativo da**

aposentadoria especial, mas, nos processos já instruídos, presume-se a resistência quando há impugnação ao mérito ou omissão quanto à ausência de interesse por parte dos impetrados".

Ainda de acordo com a Suprema Corte, "tendo em vista que a lacuna legal apenas deverá ser preenchida por lei complementar de iniciativa privativa do **Presidente da República** (art. 61, § 1º, II, 'c', da Constituição), **este deve obrigatoriamente figurar como autoridade impetrada**, independentemente da inclusão - ou não - dos Presidentes da Câmara dos Deputados e do Senado Federal, conforme decidido no MI 1893".

Para dar eficácia vinculante ao seu entendimento, independentemente da interposição e determinação em sede de mandado de injunção, na sessão plenária de 09 de abril de 2014 o STF aprovou a súmula vinculante 33.

■ **POSIÇÃO DO STF**

Súmula Vinculante 33 - "Aplicam-se ao servidor público, no que couber, as regras do Regime Geral de Previdência Social sobre aposentadoria especial de que trata o artigo 40, parágrafo 4º, inciso III, da Constituição Federal, até edição de lei complementar específica".

Logo, de acordo com este posicionamento, o impetrante apenas possui interesse de agir na impetração de mandado de injunção se promover o prévio requerimento administrativo, bem como indicar o Presidente da República como autoridade coatora.

■ **POSIÇÃO DO STF**

Ainda para o STF, "a concessão do mandado de injunção, na hipótese do art. 40, § 4º, da Lei Fundamental, reclama a demonstração pelo Impetrante do preenchimento dos requisitos para a aposentadoria especial e a impossibilidade concreta de usufruí-la ante a ausência da norma regulamentadora. O alcance da decisão proferida por esta Corte, quando da integração legislativa do art. 40, § 4º, inciso III, da CRFB/88, não tutela o direito à contagem diferenciada do tempo de serviço prestado em condições prejudiciais à saúde e à integridade física. **Não tem procedência injuncional o reconhecimento da contagem diferenciada e da averbação do tempo de serviço prestado pelo Impetrante em condições insalubres por exorbitar da expressa disposição constitucional"** (MI 2.140, de 06/03/2013).

Portanto, a Suprema Corte não vinha reconhecendo o direito do servidor de conversão do tempo de contribuição especial em comum, caso não preencha os requisitos da aposentadoria especial com base no artigo 57 da Lei 8.213/91, haja vista que a Constituição Federal não assegura esse cômputo diferenciado ao servidor.

No entanto, o Supremo Tribunal Federal passou a admitir a conversão do tempo especial em comum até o advento da EC 103/2019, ao julgar o RE 1014286, em 31/08/2020, **Tema 942 em Repercussão Geral.**

> ■ **POSIÇÃO DO STF**
>
> **Tema 942 - Tese firmada:** "Até a edição da Emenda Constitucional nº 103/2019, o direito à conversão, em tempo comum, do prestado sob condições especiais que prejudiquem a saúde ou a integridade física de servidor público decorre da previsão de adoção de requisitos e critérios diferenciados para a jubilação daquele enquadrado na hipótese prevista no então vigente inciso III do § 4º do art. 40 da Constituição da República, devendo ser aplicadas as normas do regime geral de previdência social relativas à aposentadoria especial contidas na Lei 8.213/1991 para viabilizar sua concretização enquanto não sobrevier lei complementar disciplinadora da matéria. Após a vigência da EC n.º 103/2019, o direito à conversão em tempo comum, do prestado sob condições especiais pelos servidores obedecerá à legislação complementar dos entes federados, nos termos da competência conferida pelo art. 40, § 4º-C, da Constituição da República".

No âmbito do RPPS dos servidores federais, a Emenda 103/2019 veda a conversão do tempo especial em comum no seu artigo 10 após 13/11/2019:

> *"Art. 10. Até que entre em vigor lei federal que discipline os benefícios do regime próprio de previdência social dos servidores da União, aplica-se o disposto neste artigo.*
>
> *§ 3º A aposentadoria a que se refere o § 4º-C do art. 40 da Constituição Federal observará adicionalmente as condições e os requisitos estabelecidos para o Regime Geral de Previdência Social, naquilo em que não conflitarem com as regras específicas aplicáveis ao regime próprio de previdência social da União,* ***vedada a conversão de tempo especial em comum****".*

Somente será possível no RPPS dos entes políticos a conversão de tempo especial em comum após 13/11/2019 se houver lei complementar da lavra da entidade política autorizando.

A respeito, veja-se consulta da lavra da **Divisão de Orientação e Informações Técnicas do Ministério da Previdência Social:**

> *"TEMA 942 DO STF. ALTERAÇÃO DO § 4º DO ART. 172 DA PORTARIA MTP Nº 1.467, DE 2022. PERÍODO DE TEMPO ACRESCIDO PELA CONVERSÃO DE TEMPO ESPECIAL EM COMUM. POSSIBILIDADE DE CÔMPUTO COMO TEMPO DE CONTRIBUIÇÃO PARA FINS DE ELEGIBILIDADE À APOSENTADORIA COMUM PELAS REGRAS DE TRANSIÇÃO*

DAS EMENDAS CONSTITUCIONAIS Nº 41, DE 2003 E Nº 47, DE 2005. ***VEDAÇÃO DO CÔMPUTO DO TEMPO ACRESCIDO PARA FINS DE CUMPRIMENTO DOS REQUISITOS DE TEMPO DE EFETIVO EXERCÍCIO NO SERVIÇO PÚBLICO, DE TEMPO NA CARREIRA OU DE TEMPO NO CARGO EFETIVO.***

A Portaria MTP nº 1.837, de 30 de junho de 2022, alterou o § 4º do art. 172 da Portaria MTP nº 1.467, de 2022, com o objetivo de esclarecer os dispositivos relacionados aos efeitos da conversão do tempo especial em tempo comum, em consonância com o Tema 942 do STF.

Com a alteração normativa, passou a ser expressamente prevista a possibilidade de utilização do período acrescido pela conversão do tempo especial em comum para fins de elegibilidade à aposentadoria voluntária comum nas regras de transição das Emendas Constitucionais nº 41, de 2003 e nº 47, de 2005.

Por outro lado, foi mantida a vedação ao cômputo do tempo acrescido pela conversão para o cumprimento dos requisitos de tempo de efetivo exercício no serviço público, de tempo na carreira ou de tempo no cargo efetivo". (**Divisão de Orientação e Informações Técnicas - DIOIT/CGNAL/DRPPS/SRPC/MPS. GESCON L505741/2024. Data: 7/11/2024).**

Por sua vez, a conversão de que trata o tema 942 se refere ao tempo especial por agentes nocivos, e não o tempo de contribuição dos militares, que não se trata de exposição por agentes nocivos. Veja-se o STF:

ARE 1399039 AgR

Órgão julgador: Primeira Turma

Relator(a): Min. LUIZ FUX

Julgamento: 14/02/2024

Publicação: 22/02/2024

Ementa

EMENTA: AGRAVO INTERNO NO RECURSO EXTRAORDINÁRIO COM AGRAVO. CONSTITUCIONAL. ADMINISTRATIVO. PREVIDENCIÁRIO. **SERVIDOR PÚBLICO. POLICIAL CIVIL. APOSENTADORIA ESPECIAL. PRETENSÃO DE CONVERSÃO DE TEMPO ESPECIAL EM COMUM COM FUNDAMENTO NO TEMA 942 DA REPERCUSSÃO GERAL. RECURSO EXTRAORDINÁRIO 1.014.286. IMPOSSIBILIDADE. EXISTÊNCIA DE LEI ESPECÍFICA PARA CARREIRA POLICIAL. LEI COMPLEMENTAR 51/1985**. CONSONÂNCIA DO ACÓRDÃO EXTRAORDINARIAMENTE RECORRIDO COM A JURISPRUDÊNCIA DO SUPREMO TRIBUNAL FEDERAL. PRECEDENTES. NECESSIDADE DE REVOLVIMENTO DO CONJUNTO FÁTICO-PROBATÓRIO DOS AUTOS. IMPOSSIBILIDADE. SÚMULA 279 DO SUPREMO TRIBUNAL FEDERAL. HONORÁRIOS ADVOCATÍCIOS MAJORADOS AO

MÁXIMO LEGAL EM DESFAVOR DA PARTE ORA AGRAVANTE, CASO AS INSTÂNCIAS DE ORIGEM OS TENHAM FIXADO, NOS TERMOS DO ARTIGO 85, § 11, DO CÓDIGO DE PROCESSO CIVIL, OBSERVADOS OS LIMITES DOS §§ 2º E 3º E A EVENTUAL CONCESSÃO DE JUSTIÇA GRATUITA. RECURSO MANIFESTAMENTE IMPROCEDENTE. AGRAVO INTERNO DESPROVIDO, COM IMPOSIÇÃO DE MULTA DE 5% (CINCO POR CENTO) DO VALOR ATUALIZADO DA CAUSA, NOS TERMOS DO ARTIGO 1.021, § 4º, DO CÓDIGO DE PROCESSO CIVIL, CASO SEJA UNÂNIME A VOTAÇÃO.

RE 1422013 AgR

Órgão julgador: Segunda Turma

Relator(a): Min. ANDRÉ MENDONÇA

Julgamento: 06/02/2024

Publicação: 06/03/2024

Ementa

EMENTA AGRAVO REGIMENTAL NO RECURSO EXTRAORDINÁRIO. **CONVERSÃO DE TEMPO DE SERVIÇO ESPECIAL, MILITAR DAS FORÇAS ARMADAS, EM COMUM. IMPOSSIBILIDADE. TEMA Nº 942 DO EMENTÁRIO DA REPERCUSSÃO GERAL. INAPLICABILIDADE**. 1. Inaplicável o Tema nº 942 do ementário da Repercussão Geral. No caso sob exame, a ação foi ajuizada por auditor fiscal que busca a conversão de tempo de serviço cumprido na Marinha do Brasil, como especial, em tempo de serviço comum, a fim de que, somado ao tempo de serviço prestado em cargo de natureza civil (auditor fiscal), seja possível a redução do tempo de serviço necessário à aposentadoria comum. 2. Possibilidade de conversão de tempo especial em comum apenas quando cumprido integralmente no exercício do cargo/função do qual decorra a aposentadoria especial. **3. O art. 40, § 4º, inc. III, da Constituição da República não assegura a contagem diferenciada do tempo de serviço laborado sob condições especiais, mas apenas o direito subjetivo à aposentadoria em regime especia**l. Precedentes. 4. Impossibilidade de se conjugarem as regras mais benéficas de dois regimes de aposentadorias distintos, tendo em vista que se criaria um sistema híbrido, incompatível com a sistemática de cálculo dos benefícios previdenciários. Precedentes. 5. Agravo regimental ao qual se nega provimento.

Eis as orientações da Portaria MTP 1.467/2022 para o cumprimento da Súmula Vinculante 33:

ANEXO IV

INSTRUÇÕES PARA O RECONHECIMENTO DE TEMPO DE SERVIÇO PÚBLICO EXERCIDO SOB CONDIÇÕES ESPECIAIS PREJUDICIAIS

À SAÚDE OU À INTEGRIDADE FÍSICA PELOS REGIMES PRÓPRIOS COM BASE NAS NORMAS CONSTITUCIONAIS E INFRACONSTITUCIONAIS ANTERIORES À 13 DE NOVEMBRO DE 2019, POR FORÇA DA SÚMULA VINCULANTE Nº 33

Art. 1º Enquanto não promovida alteração na legislação do Regimes Próprios de Previdência Social - RPPS nos termos do disposto no § 4º-C do art. 40 da Constituição Federal, aplicam-se às aposentadorias especiais dos segurados dos Estados, do Distrito Federal e dos Municípios, cujas atividades sejam exercidas sob condições especiais que prejudiquem a saúde ou a integridade física, as normas constitucionais e infraconstitucionais anteriores à data de entrada em vigor da Emenda Constitucional nº 103, de 12 de novembro de 2019.

§ 1º A análise do direito à concessão de aposentadoria especial de que trata o inciso III do § 4º do art. 40 da Constituição Federal, na redação vigente até a publicação da Emenda Constitucional nº 103, de 2019, dar-se-á em cumprimento à Súmula Vinculante nº 33 ou nos casos em que o segurado esteja amparado por ordem concedida em mandado de injunção.

§ 2º Estende-se o disposto no caput às normas sobre aposentadoria de segurados incompatíveis com a redação atribuída pela Emenda Constitucional nº 103, de 2019, aos §§ 4º e 4º-C do art. 40 da Constituição Federal.

Art. 2º A caracterização e a comprovação do tempo de atividade sob condições especiais obedecerão ao disposto na legislação em vigor na época do exercício das atribuições do segurado.

§ 1º O reconhecimento de tempo de serviço público exercido sob condições especiais prejudiciais à saúde ou à integridade física pelos regimes próprios dependerá de comprovação do exercício de atribuições do cargo público de modo permanente, não ocasional nem intermitente, nessas condições, inclusive no período em que o segurado estiver em exercício de mandato eletivo; cedido, com ou sem ônus para o cessionário, a órgão ou entidade da administração direta ou indireta, do mesmo ou de outro ente federativo, ou afastado do país por cessão ou licenciamento.

§ 2º Não será admitida a comprovação de tempo de serviço público sob condições especiais por meio de prova exclusivamente testemunhal ou com base no mero recebimento de adicional de insalubridade ou equivalente.

Art. 3º Até 28 de abril de 1995, data anterior à vigência da Lei nº 9.032, o enquadramento de atividade especial admitirá os seguintes critérios:

I - por cargo público cujas atribuições sejam análogas às atividades profissionais das categorias presumidamente sujeitas a condições especiais, consoante as ocupações/grupos profissionais agrupados sob o código 2.0.0 do Quadro anexo ao Decreto nº 53.831, de 25 de março de 1964, e sob o código 2.0.0 do Anexo II do Regulamento dos Benefícios da Previdência Social, aprovado pelo Decreto nº 83.080, de 24 de janeiro de 1979; ou

II - por exposição a agentes nocivos no exercício de atribuições do cargo público, em condições análogas às que permitem enquadrar as atividades profissionais como perigosas, insalubres ou penosas, conforme a classificação em função da exposição aos referidos agentes, agrupados sob o código 1.0.0 do Quadro anexo ao Decreto nº 53.831, de 1964 e sob o código 1.0.0 do Anexo I do Regulamento dos Benefícios da Previdência Social, aprovado pelo Decreto nº 83.080, de 1979.

Art. 4º De 29 de abril de 1995 até 5 de março de 1997, o enquadramento de atividade especial somente admitirá o critério inscrito no inciso II do caput do art. 3º.

Art. 5º De 6 de março de 1997 até 6 de maio de 1999, o enquadramento de atividade especial observará a relação dos agentes nocivos prejudiciais à saúde ou à integridade física que consta do Anexo IV do Regulamento dos Benefícios da Previdência Social, aprovado pelo Decreto nº 2.172, de 5 de março de 1997.

Art. 6º A partir de 7 de maio de 1999, o enquadramento de atividade especial observará a relação dos agentes nocivos prejudiciais à saúde ou à integridade física que consta do Anexo IV do Regulamento da Previdência Social, aprovado pelo Decreto nº 3.048, de 6 de maio de 1999.

Art. 7º O procedimento de reconhecimento de tempo de atividade especial pelo órgão competente da União, dos Estados, do Distrito Federal e dos Municípios, incluídas as suas autarquias e fundações, deverá ser instruído com os seguintes documentos:

I - formulário de informações sobre atividades exercidas em condições especiais;

II - Laudo Técnico de Condições Ambientais do Trabalho - LTCAT, observado o disposto no art. 9º, ou os documentos aceitos em substituição àquele, consoante o art. 10; e

III - parecer da perícia médica, em relação ao enquadramento por exposição a agentes nocivos, na forma do art. 11.

Art. 8º O formulário de informações sobre atividades exercidas em condições especiais de que trata o inciso I do caput do art. 7º é o modelo de documento instituído para o regime geral de previdência social, segundo seu período de vigência, sob as siglas SB-40, DISESBE 5235, DSS-8030 ou DIRBEN 8030, que serão aceitos, quando emitidos até 31 de dezembro de 2003, e o Perfil Profissiográfico Previdenciário - PPP, que é o formulário exigido a partir de 1º de janeiro de 2004.

Parágrafo único. O formulário será emitido pelo órgão ou entidade responsável pelos assentamentos funcionais do segurado no correspondente período de exercício das atribuições do cargo, observado o disposto no art. 2º.

Art. 9º O LTCAT será expedido por médico do trabalho ou engenheiro de segurança do trabalho que integre, de preferência, o quadro funcional da Administração Pública responsável pelo levantamento ambiental, podendo esse encargo ser atribuído a terceiro que comprove o mesmo requisito de habilitação técnica.

§ 1º O enquadramento de atividade especial por exposição ao agente físico ruído, em qualquer época da prestação do labor, exige laudo técnico pericial.

§ 2º Em relação aos demais agentes nocivos, o laudo técnico pericial será obrigatório para os períodos laborados a partir de 14 de outubro de 1996, data de publicação da Medida Provisória nº 1.523, posteriormente convertida na Lei nº 9.528, de 10 de dezembro de 1997.

§ 3º É admitido o laudo técnico emitido em data anterior ou posterior ao exercício da atividade do segurado, se não houve alteração no ambiente de trabalho ou em sua organização, desde que haja ratificação, nesse sentido, pelo responsável técnico a que se refere o caput.

§ 4º Não serão aceitos:

I - laudo relativo a atividade diversa, salvo quando efetuada no mesmo órgão público;

II - laudo relativo a órgão público ou equipamento diversos, ainda que as funções sejam similares; e

III - laudo realizado em localidade diversa daquela em que houve o exercício da atividade.

§ 5º Nas avaliações ambientais deverão ser considerados, além do disposto nos arts. 3º a 6º, a metodologia e os procedimentos de avaliação estabelecidos pela Fundação Jorge Duprat Figueiredo de Segurança e Medicina do Trabalho - Fundacentro.

§ 6º Na hipótese de não terem sido estabelecidos pela Fundacentro a metodologia e os procedimentos de avaliação, caberá ao Ministério do Trabalho e Previdência - MTP indicar outras instituições para estabelecê-los.

§ 7º O laudo técnico a que se refere este artigo conterá informações sobre a existência de tecnologia de proteção coletiva ou individual e sobre a sua eficácia e será elaborado com observância às normas editadas pelo MTP e aos procedimentos adotados pelo INSS.

Art. 10. Poderão ser aceitos em substituição ao LTCAT, ou ainda de forma complementar a este, os seguintes documentos:

I - laudos técnico-periciais emitidos por determinação da Justiça do Trabalho, em ações trabalhistas, acordos ou dissídios coletivos;

II - laudos emitidos pela Fundacentro;

III - laudos emitidos pelo MTP, ou, ainda, pelas Delegacias Regionais do Trabalho - DRT;

IV - laudos individuais acompanhados de:

a) autorização escrita do órgão administrativo competente, se o levantamento ambiental ficar a cargo de responsável técnico não integrante do quadro funcional da respectiva Administração;

b) cópia do documento de habilitação profissional do engenheiro de segurança do trabalho ou médico do trabalho, indicando sua especialidade;

c) nome e identificação do servidor da Administração responsável pelo acompanhamento do levantamento ambiental, quando a emissão do laudo ficar a cargo de profissional não pertencente ao quadro efetivo dos funcionários; e

d) data e local da realização da perícia; e

V - demonstrações ambientais constantes dos seguintes documentos:

a) Programa de Prevenção de Riscos Ambientais - PPRA;

b) Programa de Gerenciamento de Riscos - PGR;

c) Programa de Condições e Meio Ambiente de Trabalho na Indústria da Construção - PCMAT; e

d) Programa de Controle Médico de Saúde Ocupacional - PCMSO.

Art. 11. A análise para a caracterização e o enquadramento do exercício de atribuições com efetiva exposição a agentes nocivos prejudiciais à saúde ou à integridade física será de responsabilidade de Perito Médico que integre, de preferência, o quadro funcional da Administração Pública do ente concessor, mediante a adoção dos seguintes procedimentos:

I - análise do formulário e laudo técnico ou demais demonstrações ambientais referidas no inciso V do caput do art. 10;

II - a seu critério, inspeção de ambientes de trabalho com vistas à rerratificação das informações contidas nas demonstrações ambientais; e

III - emissão de parecer médico-pericial conclusivo, descrevendo o enquadramento por agente nocivo, indicando a codificação contida na legislação específica e o correspondente período de atividade.

Art. 12. Considera-se especial a atividade exercida com exposição a ruído quando a exposição ao ruído tiver sido superior a:

I - 80 decibéis (dB), até 5 de março de 1997;

II - 90 dB, a partir de 6 março de 1997 até 18 de novembro de 2003; e

III - 85 dB, a partir de 19 de novembro de 2003.

Parágrafo único. O enquadramento a que se refere o inciso III do caput, será efetuado quando o Nível de Exposição Normalizado - NEN se situar acima de oitenta e cinco decibéis ou for ultrapassada a dose unitária, observados:

I - os limites de tolerância definidos no Quadro Anexo I da NR-15 do MTE; e

II - as metodologias e os procedimentos definidos na Norma de Higiene Ocupacional - NHO-01 da Fundacentro.

Art. 13. Consideram-se tempo de serviço sob condições especiais, para os fins deste Anexo, desde que o segurado estivesse exercendo atividade considerada especial ao tempo das seguintes ocorrências:

I - períodos de descanso determinados pela legislação do regime estatutário do ente federativo, inclusive férias;

II - licença/afastamento por motivo de acidente, doença profissional ou doença do trabalho;

III - aposentadoria por invalidez acidentária;

IV - licença gestante, adotante e paternidade; e

V - ausência por motivo de doação de sangue, alistamento como eleitor, participação em júri, casamento e óbito de pessoa da família.

Art. 14. No cálculo e no reajustamento dos proventos de aposentadoria especial aplica-se o disposto nos §§ 2º, 3º, 8º, 14, 15, 16 e 17, do art. 40 da Constituição Federal, na redação vigente até a publicação da Emenda Constitucional nº 103, de 2019.

Art. 15. O responsável por informações falsas, no todo ou em parte, inserida nos documentos a que se referem os arts. 7º e 8º, responderá pela prática dos crimes previstos nos arts. 297 e 299 do Código Penal.

Art. 16. Aplicam-se, no que couber, as disposições da Instrução Normativa INSS nº 77, de 21 de janeiro de 2015, na redação vigente até a publicação da Emenda Constitucional nº 103, de 2019, para o reconhecimento do tempo de serviço exercido sob condições especiais que prejudiquem a saúde ou a integridade física e concessão da respectiva aposentadoria, nos casos omissos neste Anexo, até que lei complementar do ente federativo discipline o disposto no § 4º-C do art. 40 da Constituição Federal.

Art. 17. Salvo decisão judicial expressa em contrário, este Anexo não será aplicado para:

I - conversão do tempo exercido pelo segurado a partir de 13 de novembro de 2019 sob condições especiais prejudiciais à saúde ou à integridade física em tempo de contribuição comum, inclusive para fins de contagem recíproca de tempo de contribuição; e

II - revisão de benefício de aposentadoria em fruição.

No âmbito da Administração Pública federal, o extinto Ministério do Planejamento, Orçamento e Gestão (MPOG), através da sua Secretaria de Gestão Pública, publicou a Orientação Normativa 16, de 23 de dezembro de 2013, que estabelece orientações aos órgãos e entidades integrantes do Sistema de Pessoal Civil da Administração Federal - SIPEC quanto aos procedimentos necessários à análise dos processos de aposentadoria especial com fundamento no art. 57 da Lei nº 8.213, de 24 de julho de 1991, dos servidores públicos federais amparados por decisão judicial em mandado de injunção julgado pelo Supremo Tribunal Federal.

O que chama a atenção neste ato regulamentar é o seu artigo 4º, ao estatuir que "os proventos de aposentadoria especial dos servidores públicos da União, das autarquias e das fundações públicas federais, concedidos com amparo em decisão judicial em mandado de injunção, serão reajustados na mesma data e índice em que se der o reajuste dos benefícios do Regime Geral de Previdência Social (RGPS), observando-se igual critério de revisão às pensões derivadas dos proventos de que trata este artigo, **não lhes sendo assegurada a aplicação das regras constitucionais de transição acerca de reajustamento paritário em face da modificação da remuneração dos servidores em atividade**".

Por sua vez, dispõe o seu artigo 3º que "os proventos decorrentes da aposentadoria especial não poderão ser superiores à remuneração do cargo efetivo em que se der a aposentação, e serão calculados pela **média aritmética simples** das maiores remunerações utilizadas como base para as contribuições do servidor aos regimes de previdência a que esteve vinculado, atualizadas pelo Índice Nacional de Preços ao Consumidor (INPC), correspondentes a 80% (oitenta por cento) de todo o período contributivo, desde a competência de julho de 1994 ou desde o início da contribuição, se posterior àquela competência, até o mês da concessão da aposentadoria, a rigor do que estabelece a Lei nº 10.887, de 18 de junho de 2004."

Outrossim, no âmbito do RPPS da União, na interpretação administrativa do Poder Judiciário, o **Conselho de Justiça Federal (CJF)** entendeu que a aplicação da súmula vinculante 33 aos servidores que ingressaram no serviço público até a EC 41/2003, **não deve ser com a regra de integralidade e paridade:**

> *PROCESSO: 0002967-27.2019.4.90.8000 RELATOR: Conselheiro Desembargador Federal Desembargador Federal FERNANDO BRAGA DAMASCENO INTERESSADO: Tribunal Regional Federal da 4ª Região ASSUNTO: Consulta feita pelo TRF4 acerca do direito permanência.*
>
> *CONSULTA. SERVIDOR PÚBLICO FEDERAL. APOSENTADORIA ESPECIAL. INSALUBRIDADE. PERICULOSIDADE. EMENDA CONSTITUCIONAL 103/2019.* ***INAPLICABILIDADE DA SÚMULA VINCULANTE 33. AUSÊNCIA DE PARIDADE E INTEGRALIDADE****. NÃO ENQUADRAMENTO NAS REGRA DE TRANSIÇÃO. TCU. PERMANÊNCIA NO DESEMPENHO DAS ATIVIDADES ATÉ PREENCHIMENTO DOS REQUISITOS. ABONO PERMANÊNCIA. APOSENTADORIA VOLUNTÁRIA. ASSEGURADA A INTEGRIDADE E PARIDADE.*
>
> *I - A partir do advento da Emenda Constitucional 103/2019 não se aplica a Súmula Vinculante 33 do Supremo Tribunal Federal à matéria de aposentadoria especial do servidor público federal.*
>
> *II - É possível a outorga do abono de permanência ao servidor que trabalhe sujeito a condições prejudiciais à saúde ou à integridade física, seja no período anterior à Emenda Constitucional 103, com fundamento na Súmula Vinculante 33, seja no período posterior ao seu advento, com arrimo em seu art. 8º.*

> ***III - É inaplicável os institutos da paridade e da integralidade à aposentadoria especial dos servidores que trabalhem sujeitos a condições prejudiciais à saúde ou à integridade física, dado o não enquadramento nas respectivas regras de transição.***
>
> *IV - Conforme entendimento do Tribunal de Contas da União, é possível que tais servidores, ainda que em percepção de abono de permanência, continuem no desempenho do serviço até preencherem os requisitos das regras de transição previstas nos artigos 4º, § 6º, e 20, da Emenda Constitucional 103/2019, para a obtenção de uma aposentadoria voluntária, não especial, que assegure a integralidade e a paridade de seus proventos.*
>
> *V - Consulta conhecida e respondida.*

O mesmo posicionamento é adotado pelo TCU em resposta ao CJF:

> ACÓRDÃO 1588/2023 - PLENÁRIO
>
> ***CONCLUSÃO***
>
> *28. Consulta encaminhada pela Presidência do Conselho Federal de Justiça deve ser admitida por preencher os requisitos legais, devendo ser respondida da seguinte forma:*
>
> *I - i) em situações anteriores à EC 103/2019, preenchidos os requisitos normativos e regulamentares para a aposentadoria especial do art. 40, § 4º, inc. III da CF/1988, na redação anterior à da EC 103/2019, a serem aferidos pela Administração Pública, permite-se a concessão ao servidor público do direito ao abono de permanência, com fundamento na* Súmula Vinculante 33 *e entendimento jurisprudencial do STF e do TCU; e ii) a partir da vigência da EC 103/2019, o direito ao abono de permanência previsto no art. 8º dessa emenda passou a ser autoaplicável ao servidor que se enquadre na descrição do § 4º-C do art. 40 da Constituição Federal de 1988 e que preencha os requisitos dos arts. 10 ou 21, ambos da mencionada emenda;*
>
> *II - é possível que os servidores sujeitos às condições prejudiciais à saúde ou à integridade física, com direito à implementação do direito à aposentadoria especial, ainda que em percepção de abono de permanência, continuem no desempenho do serviço até preencherem os requisitos das regras de transição previstas nos arts. 4º, § 6º e 20 da Emenda Constitucional 103/2019, para a obtenção de uma aposentadoria voluntária (não especial) que assegure a in*tegralidade e *a* paridade *de seus proventos, conforme jurisprudência do TCU.*
>
> ***PROPOSTA DE ENCAMINHAMENTO***
>
> *29. Ante todo o exposto, propõe-se o que se segue à autoridade superior:*
>
> *a) conhecer da presente consulta, por preencher os requisitos de admissibilidade previstos no art. 264, inciso V, §§ 1º e 2º, e art. 265 do Regimento Interno do TCU;*

> *b) responder ao consulente, nos termos do art. 1º, inciso XVII, da Lei 8.443/1992, o que se segue: I - i) em situações anteriores à EC 103/2019, preenchidos os requisitos normativos e regulamentares para a aposentadoria especial do art. 40, § 4º, inc. III da CF/1988, na redação anterior à da EC 103/2019, a serem aferidos pela Administração Pública, permite-se a concessão ao servidor público do direito ao abono de permanência, com fundamento na* Súmula Vinculante *33 e entendimento jurisprudencial do STF e do TCU; e ii) a partir da vigência da EC 103/2019, o direito ao abono de permanência previsto no art. 8º dessa emenda passou a ser autoaplicável ao servidor que se enquadre na descrição do § 4º-C do art. 40 da Constituição Federal de 1988 e que preencha os requisitos dos arts. 10 ou 21, ambos da mencionada emenda;* ***II - é possível que os servidores sujeitos às condições prejudiciais à saúde ou à integridade física, com direito à implementação do direito à aposentadoria especial, ainda que em percepção de abono de permanência, continuem no desempenho do serviço até preencherem os requisitos das regras de transição previstas nos arts. 4º, § 6º e 20 da Emenda Constitucional 103/2019, para a obtenção de uma aposentadoria voluntária (não especial) que assegure a integralidade e a paridade de seus proventos, conforme jurisprudência do TCU;***
>
> *c) informar o consulente do acórdão que vier a ser proferido, destacando que o relatório e o voto que fundamentam a deliberação ora encaminhada podem ser acessados por meio do endereço eletrônico www.tcu.gov.br/acordaos;*
>
> *d) arquivar o presente processo, nos termos do art. 169, inciso V, do Regimento Interno do TCU.*

Antes da instituição do regime jurídico único no serviço público, o que ocorreu na União com o advento do artigo 243, da Lei 8.112/90[27], o tempo prestado em condições especiais sob a égide celetista deverá ser convertido em comum para fins previdenciários.

Nesse sentido, o posicionamento do STF[28] e da própria Advocacia-Geral da União, através da Instrução Normativa 01/2004:

> *"Art. 1º Não se recorrerá de decisão judicial que reconhecer o direito à averbação do tempo de serviço prestado, em condições perigosas ou insalubres, pelo servidor que se encontrava sob a égide do regime celetista quando da implantação do Regime Jurídico Único.*

27. Ficam submetidos ao regime jurídico instituído por esta Lei, na qualidade de servidores públicos, os servidores dos Poderes da União, dos ex-Territórios, das autarquias, inclusive as em regime especial, e das fundações públicas, regidos pela Lei nº 1.711, de 28 de outubro de 1952 - Estatuto dos Funcionários Públicos Civis da União, ou pela Consolidação das Leis do Trabalho, aprovada pelo Decreto-Lei nº 5.452, de 1º de maio de 1943, exceto os contratados por prazo determinado, cujos contratos não poderão ser prorrogados após o vencimento do prazo de prorrogação.
28. RE-AgR 431.200, de 29.03.2005.

> *Parágrafo único - Será objeto de desistência o recurso interposto contra decisão de que trata o caput deste artigo".*

De acordo com o STF, "o servidor público tem direito à emissão pelo INSS de certidão de tempo de serviço prestado como celetista sob condições de insalubridade, periculosidade e penosidade, com os acréscimos previstos na legislação previdenciária. A autarquia não tem legitimidade para opor resistência à emissão da certidão com fundamento na alegada impossibilidade de sua utilização para a aposentadoria estatutária; requerida esta, apenas a entidade à qual incumba deferi-la é que poderia se opor à sua concessão." (RE 433.305, Rel. Min. Sepúlveda Pertence, julgamento em 14-2-2006, Primeira Turma, *DJ* de 10-3- 2006).

Este também é posicionamento da **TNU**, através da **Súmula 66**:

> *"Súmula 66- O servidor público ex-celetista que trabalhava sob condições especiais antes de migrar para o regime estatutário tem direito adquirido à conversão do tempo de atividade especial em tempo comum com o devido acréscimo legal, para efeito de contagem recíproca no regime previdenciário próprio dos servidores públicos".*

2.16. APOSENTADORIA DA PESSOA COM DEFICIÊNCIA: REGRAS NACIONAIS

Estas regras podem ou não estar em vigor, a depender do ente federativo. Para aqueles que ainda não promoveram a alteração da legislação local do RPPS após a EC 103/2019, **estas regras estão hoje em vigor.**

Logo, para aqueles entes que ainda não **promoveram a alteração da legislação local do RPPS** após a EC 103/2019, estas regras estão hoje em vigor, especialmente a antiga redação do artigo 40 da Constituição nunca regulamentada no RPPS por lei complementar nacional da União:

> *"§ 4º É vedada a adoção de requisitos e critérios diferenciados para a concessão de aposentadoria aos abrangidos pelo regime de que trata este artigo, ressalvados, nos termos definidos em leis complementares, os casos de servidores: (Redação dada pela Emenda Constitucional nº 47, de 2005)*
>
> ***I - portadores de deficiência; (Incluído pela Emenda Constitucional nº 47, de 2005)***
>
> *II - que exerçam atividades de risco; (Incluído pela Emenda Constitucional nº 47, de 2005)*
>
> *III - cujas atividades sejam exercidas sob condições especiais que prejudiquem a saúde ou a integridade física. (Incluído pela Emenda Constitucional nº 47, de 2005)"*

Considerando que a União não editou uma lei complementar nacional sobre a aposentadoria da pessoa com deficiência no âmbito do RPPS, o STF determinou a aplicação, no que couber, da LC 142/2013, que regulamentou a aposentadoria da pessoa com deficiência no RGPS.

■ POSIÇÃO DO STF

"Sexta-feira, 04 de outubro de 2013

Ministro define critérios para aposentadoria de servidores com deficiência

Ao analisar agravo regimental no Mandado de Injunção (MI) 5126, o ministro Luiz Fux, do Supremo Tribunal Federal (STF), determinou a aplicação, ao caso, do disposto no artigo 57 da Lei 8.213/1991 (que dispõe sobre os benefícios da Previdência Social) até a entrada em vigor da Lei Complementar 142/2013 para fins de verificação do preenchimento dos requisitos para a aposentadoria especial do servidor com deficiência. Após a vigência da LC 142/2013, a aferição será feita nos moldes ali previstos.

O MI 5126 foi impetrado por um servidor público que alegava omissão legislativa da presidente da República e do governador do Distrito Federal. Ele sustenta ser portador de cervicalgia em razão da sequela de poliomielite, deficiência física passível de ser reconhecida como causa de aposentadoria especial, nos termos do artigo 40, parágrafo 4º, inciso I, da Constituição Federal.

Na primeira análise, o ministro Luiz Fux julgou procedente o pedido para conceder parcialmente a ordem, determinando a aplicação, no que coubesse, do artigo 57 da Lei Federal 8.213/1991, para os fins de verificação do preenchimento dos requisitos para a aposentadoria especial do servidor.

O governador do Distrito Federal interpôs agravo regimental contra a decisão, sustentando a impossibilidade de se aplicar à hipótese sob exame o disposto no artigo 57 da Lei 8.213/1991, uma vez que essa disposição trata apenas da aposentadoria especial em razão do exercício de atividades prejudiciais à saúde ou à integridade física. Destacou ainda que, em 8 de maio deste ano, foi editada a Lei Complementar 142/2013, que regulamenta a aposentadoria da pessoa com deficiência segurada do Regime Geral da Previdência Social, "revelando-se a disciplina adequada para o presente caso".

Decisão

O ministro Luiz Fux apontou que o STF já reconheceu a mora legislativa relativamente à disciplina da aposentadoria especial de servidores públicos, prevista no artigo 40, parágrafo 4º, da Constituição Federal. O dispositivo estabelece que lei complementar irá definir a aposentadoria especial dos servidores portadores de deficiência.

O relator explicou que, na primeira análise do **MI 5126**, ainda não havia regulamentação específica do direito à aposentadoria especial das pessoas com deficiência pelo Regime Geral de Previdência Social, razão pela qual o Supremo vinha determinando a aplicação do artigo 57 da Lei 8.213/1991. No entanto, com a regulamentação da aposentadoria da pessoa com deficiência naquele regime, o ministro reconsiderou parcialmente a decisão anterior **e determinou a aplicação da LC 142/2013** a partir da data em que entrar em vigor (seis meses após sua publicação) e até que o direito dos servidores públicos na mesma condição seja objeto de regulamentação. Ressalvou, porém, que, até a sua entrada em vigor, mantém-se a aplicação do artigo 57 da Lei 8.213/1991".

Coube à Instrução Normativa MPS/SPPS nº 2, de 13/2/2014, estabelecer instruções para o reconhecimento, pelos Regimes Próprios de Previdência Social da União, dos Estados, do Distrito Federal e dos Municípios, do direito dos servidores públicos com deficiência, amparados por ordem concedida em Mandado de Injunção, à aposentadoria com requisitos e critérios diferenciados de que trata o § 4º, inciso I, do art. 40 da Constituição Federal.

Assim, até a reforma estadual ou municipal sobre o tema, os estados e municípios deverão aplicar aos servidores com deficiência as regras de aposentação da LC 142/2013, que passarão a ser estudadas abaixo.

A aposentadoria com regras especiais em favor dos segurados deficientes passou a ter previsão na Constituição de 1988 somente com o advento da Emenda 47/2005. Coube à **Lei Complementar 142, de 08 de maio de 2013**, regulamentar a concessão de aposentadoria com critérios especiais aos referidos segurados, mas que apenas entrou em vigor após transcorridos seis meses da sua publicação, perpetrada no dia 09/05/2013.

São na verdade duas aposentadorias para as pessoas com deficiência constituídas na LC 142/2013:

A) Aposentadoria por tempo de contribuição sem idade mínima;

B) Aposentadoria por idade.

Por sua vez, o Decreto 8.145, de 03 de dezembro de 2013, publicado nesse mesmo dia, promoveu a sua regulamentação, através da inserção no Regulamento da Previdência Social dos artigos 70-A *usque* 70-I.

Inicialmente, há de se advertir que o INSS não instituiu um código de aposentadoria especial para este benefício, que é tratado como uma espécie de aposentadoria por tempo de contribuição com redutor do segurado com deficiência pelo Decreto 8.145/2013.

Reputa-se tal interpretação regulamentar como equivocada. Isso porque o artigo 201, §1º, da Constituição, ressalvou duas hipóteses de regras especiais de aposentadoria no RGPS: segurados expostos a agentes nocivos à saúde e deficientes. Destarte, partindo de uma interpretação constitucional, entende-se que se cuida de uma segunda modalidade de aposentadoria especial.

A aposentadoria especial do deficiente (chamada pelo Decreto 3048/99 de aposentadoria por tempo de contribuição do deficiente) dependerá do **grau de deficiência** (grave, moderada ou leve), cabendo ao Regulamento da Previdência Social defini-las e ao INSS atestar o grau de deficiência por sua perícia médica, observada a seguinte tabela:

	Deficiência grave	Deficiência moderada	Deficiência leve
Homens	25 anos de contribuição	29 anos de contribuição	33 anos de contribuição
Mulheres	20 anos de contribuição	24 anos de contribuição	28 anos de contribuição

É possível que o grau de deficiência seja alterado ao longo do tempo. Uma deficiência leve pode progredir e se tornar moderada ou grave, ou vice-versa.

Neste caso, se o segurado, após a filiação ao RGPS, tornar-se pessoa com deficiência, ou tiver seu grau de deficiência alterado, os parâmetros serão proporcionalmente ajustados, considerando-se o número de anos em que o segurado exerceu atividade laboral sem deficiência e com deficiência, observado o grau de deficiência correspondente.

Certamente por um lapso do legislador, a LC 142/2013 não previu expressamente o período de carência da aposentadoria especial do deficiente, que deve ser considerada em 180 recolhimentos mensais por analogia às demais aposentadorias, conforme aduzido pelo Decreto 8.145/2013.

A existência de deficiência anterior à data da vigência da LC 142/2013 deverá ser certificada, inclusive quanto ao seu grau, por ocasião da **primeira avaliação no INSS**, sendo obrigatória a fixação da data provável do início da deficiência.

No entanto, a norma não fixa até quando terá efeitos retroativos. Uma primeira possibilidade seria reconhecer o tempo contributivo especial do segurado deficiente desde a Emenda 47/2005.

Mas certamente essa retroação não será limitada, fazendo jus o segurado deficiente ao reconhecimento do seu tempo de contribuição especial independentemente da época da prestação.

De seu turno, a comprovação de tempo de contribuição na condição de segurado com deficiência em período anterior à entrada em vigor da LC 142/2013 **não será admitida por meio de prova exclusivamente testemunhal**, sendo excepcionado o Princípio do Livre Convencimento Motivado.

Para efeito de concessão da aposentadoria da pessoa com deficiência, compete à perícia própria do INSS, nos termos de ato conjunto do Ministro de Estado Chefe da Secretaria de Direitos Humanos da Presidência da República, dos Ministros de

Estado da Previdência Social, da Fazenda, do Planejamento, Orçamento e Gestão e do Advogado-Geral da União:

> I - avaliar o segurado e fixar a data provável do início da deficiência e o seu grau; e
>
> II - identificar a ocorrência de variação no grau de deficiência e indicar os respectivos períodos em cada grau.

Nesse sentido, foi editada a Portaria Interministerial SDH/MPS/MF/MOG/AGU Nº 1, DE 27 DE JANEIRO DE 2014, que aprovou o instrumento destinado à avaliação do segurado da Previdência Social e à identificação dos graus de deficiência, bem como definiu impedimento de longo prazo.

Essa Portaria continua em vigor, pois apenas a sua republicação (em 9/2/2015 - um erro administrativo de dupla publicação do mesmo ato) foi tornada sem efeito pela Portaria 30, de 9/2/2015, da lavra da então Ministra de Direitos Humanos.

No entanto, em breve será substituída, nos termos do Decreto 10.410/2020:

> *"Art. 4º Para fins de acesso a benefícios da pessoa com deficiência, até que seja aprovado o instrumento específico para a avaliação biopsicossocial da pessoa com deficiência, realizada por equipe multiprofissional e interdisciplinar, será utilizado o instrumento aprovado pela Portaria Interministerial AGU/MPS/MF/SRDH/MP nº 1, de 27 de janeiro de 2014".*

De efeito, compete à perícia própria do INSS (perícia médica e serviço social), por meio de avaliação médica e funcional, para efeito de concessão da aposentadoria da pessoa com deficiência, avaliar o segurado e fixar a data provável do início da deficiência e o respectivo grau, assim como identificar a ocorrência de variação no grau de deficiência e indicar os respectivos períodos em cada grau.

Por sua vez, a avaliação funcional indicada no *caput* será realizada com base no conceito de funcionalidade disposto na **Classificação Internacional de Funcionalidade, Incapacidade e Saúde - CIF**, da Organização Mundial de Saúde, e mediante a aplicação do **Índice de Funcionalidade Brasileiro Aplicado para Fins de Aposentadoria - IFBrA**, conforme o instrumento anexo da referida Portaria Interministerial.

Seguindo-se a sistemática da Lei Orgânica de Assistência Social, considerou-se **impedimento de longo** prazo, para os efeitos do Decreto nº 3.048, de 1999, aquele que produza efeitos de natureza física, mental, intelectual ou sensorial, pelo **prazo mínimo de 02 (dois) anos**, contados de forma ininterrupta.

Adotou-se um sistema de pontuação similar à caracterização do deficiente para fins do benefício assistencial de um salário mínimo:

Quadro 1: Escala de Pontuação para o IF-Br	
25	Não realiza a atividade ou é totalmente dependente de terceiros para realizá-la. Não participa de nenhuma etapa da atividade. Se é necessário o auxílio de duas ou mais pessoas o escore deve ser 25: **totalmente dependente**.
50	Realiza a atividade com o auxílio de terceiros. O indivíduo participa de alguma etapa da atividade. Inclui preparo e supervisão. Nesta pontuação sempre há necessidade do auxílio de outra pessoa para a atividade ser realizada: quando alguém participa em alguma etapa da atividade, ou realiza algum preparo necessário para a realização da atividade ou supervisiona a atividade. Nessa pontuação o indivíduo que está sendo avaliado deve participar de alguma etapa da atividade. Supervisão: quando há necessidade da presença de terceiros sem a necessidade de um contato físico. Por exemplo: a pessoa necessita de incentivo, de pistas para completar uma atividade, ou a presença de outra pessoa é necessária como medida de segurança. Preparo: quando há necessidade de um preparo prévio para a atividade ser realizada. Por exemplo, a colocação de uma adaptação para alimentação, colocar pasta na escova de dente.
75	Realiza a atividade de forma adaptada, sendo necessário algum tipo de modificação ou realiza a atividade de forma diferente da habitual ou mais lentamente. Para realizar a atividade necessita de algum tipo de modificação do ambiente ou do mobiliário ou da forma de execução como por exemplo, passar a fazer uma atividade sentado que antes realizava em pé; ou de alguma adaptação que permita a execução da atividade por exemplo uma lupa para leitura ou um aparelho auditivo. Com as adaptações e modificações não depende de terceiros para realizar a atividade: tem uma independência modificada. Nessa pontuação o indivíduo deve ser independente para colocar a adaptação necessária para a atividade, não dependendo de terceiros para tal.
100	Realiza a atividade de forma independente, sem nenhum tipo de adaptação ou modificação, na velocidade habitual e em segurança. Não tem nenhuma restrição ou limitação para realizar a atividade da maneira considerada normal para uma pessoa da mesma idade, cultura e educação. Realiza a atividade sem nenhuma modificação, realizando-a da forma e velocidade habitual.

As atividades estão divididas em **sete domínios**. Cada domínio tem um número variável de **atividades**, que totalizam **41**. A Pontuação Total é soma da pontuação dos domínios que, por sua vez, é a soma da pontuação das atividades.

A pontuação final será a soma das pontuações de cada domínio aplicada pela medicina pericial e serviço social, observada a aplicação do modelo Fuzzy. Dessa forma conforme demonstra o quadro 2:

- **A Pontuação Total mínima é de 2.050**: 25 (pontuação mínima) multiplicado por 41 (número total de atividades em todos os domínios) vezes 2 (número de aplicadores);
- **A Pontuação Total máxima é de 8.200**: 100 (pontuação mínima) multiplicado por 41 (número total de atividades em todos os domínios) vezes 2 (número de aplicadores).

	Quadro 2: Condições do modelo linguístico Fuzzy			
	Auditiva	**Intelectual Cognitiva/Mental**	**Motora**	**Visual**
Domínios	Comunicação / Socialização	Vida Doméstica / Socialização	Mobilidade / Cuidados Pessoais	Mobilidade / Vida Doméstica
Questão Emblemática	A surdez ocorreu antes dos 6 anos	Não pode ficar sozinho em segurança	Desloca-se exclusivamente em cadeira de rodas	A pessoa já não enxerga ao nascer

Para a aferição dos graus de deficiência previstos pela Lei Complementar nº 142, de 08 de maio de 2.013, o critério é:

- **Deficiência Grave** quando a pontuação for menor ou igual a 5.739.
- **Deficiência Moderada** quando a pontuação total for maior ou igual a 5.740 e menor ou igual a 6.354.
- **Deficiência Leve** quando a pontuação total for maior ou igual a 6.355 e menor ou igual a 7.584.
- **Pontuação Insuficiente para Concessão do Benefício** quando a pontuação for maior ou igual a 7.585.

Logo, quanto menor a pontuação maior será o grau de deficiência fixado pela perícia do INSS, não existindo deficiência quando a pontuação for igual ou maior a 7.585.

A perícia do INSS deverá observar os seguintes **aspectos metodológicos do IF-BRa:**

Seleção de itens de Atividades e Participações da Classificação Internacional de Funcionalidade (CIF), que resulta em 41 Atividades divididas em sete Domínios (Sensorial, Comunicação, Mobilidade, Cuidados Pessoais, Vida Doméstica, Educação, Trabalho e Vida Econômica, Socialização e Vida Comunitária).

Determinação de pontuação do nível de independência para cada Atividade, baseada no modelo da **Medida de Independência Funcional - MIF**, com os níveis de dependência de terceiros agrupados em quatro níveis de pontuação (25, 50, 75 e 100 pontos), visando à facilitação do emprego do instrumento.

Identificação das Barreiras Externas, a partir de fatores externos definidos pela CIF: Produtos e Tecnologia; Ambiente Natural e Mudanças Ambientais feitas pelo ser humano; Apoio e Relacionamentos; Atitudes; Serviços, Sistemas e Políticas.

Elaboração da Folha de Identificação, por meio de um formulário que contempla, a partir das necessidades formais do instrumento e levando em consideração as possibilidades de análise de identificação, com informações sobre Identificação da avaliação; Identificação do avaliado; Identificações da deficiência; Modelo da deficiência.

Elaboração da História Clínica e História Social, a ser preenchida pela perícia médica e a História Social a ser preenchida pelo serviço social têm o objetivo de produzir, de forma consubstanciada, um parecer resumido dos principais elementos relevantes de cada uma das pessoas com deficiência avaliadas. O objetivo é deixar espaço para os profissionais se posicionarem diante da avaliação realizada, utilizando-se de análise técnica dos elementos mais relevantes do ponto de vista da perícia médica e do serviço social.

Elaboração da Matriz do Índice de Funcionalidade Brasileiro (IFBrA), composta por uma planilha que associa a pontuação para cada atividade à identificação das barreiras externas, e registra a soma dessa pontuação.

Classificação do Grau de Deficiência em Leve, Moderado e Grave, a partir da definição da escala determinada pelo intervalo entre as pontuações mínima e máxima, estipuladas pela aplicação da matriz.

1. Identificação da Avaliação

1.a Data da avaliação:

- dia, mês e ano.

1.b Nome completo do avaliador

1.c Local da avaliação:

- nome do local ou instituição (por exemplo: hospital, posto de saúde, residência, escola, consultório).

- município

- estado

1.d Assinalar quem prestou as informações

- a própria pessoa: quando é o próprio indivíduo que fornece as informações.

- pessoa de convívio próximo: quando é alguém que, de alguma forma, convive e participa da vida desse indivíduo. Neste caso identificar o informante (exemplo: mãe, irmão, cuidador, amigo). - ambos: quando tanto o próprio como alguém de convívio próximo trazem informações de uma forma equitativa. Quando a maioria das informações é dada por um deles assinalar esta pessoa como o informante.

- outros: quando não ocorrer nenhuma das situações descritas acima. Neste caso também identificar o informante.

2. Identificação e Caracterização do Avaliado

2.a Nome completo

2.b Assinalar o sexo

2.c Idade

- Idade em anos completos.

2.d Cor ou Raça

Leia as opções de cor ou raça para a pessoa e considere aquela que for declarada pelo informante. Caso a declaração não corresponda a uma das alternativas enunciadas, esclareça as opções para que a pessoa se classifique na que julgar mais adequada.

Branca: pessoa que se declarar branca;

Preta: pessoa que se declarar preta;

Amarela: pessoa de origem japonesa, chinesa, coreana, etc.;

Parda: pessoa que se declarar como mulata, cabocla, cafuza, mameluca ou mestiça de preto com pessoa de outra cor ou raça;

Indígena - pessoa que se declarar indígena ou índia.

Atenção: Quando a pessoa é incapaz de autodeclarar a sua cor ou raça, o informante deve fazê-lo.

2.e Diagnóstico Médico (a ser preenchido pelo perito médico)

CID etiologia: código correspondente da *Classificação Internacional de Doenças* (CID 10) da causa principal que acarreta as alterações das funções e estruturas corporais.

Quando não houver diagnóstico etiológico, assinalar o campo: sem diagnóstico etiológico.

CID sequela: código correspondente da CID 10 que descreve a(s) sequela(s) ou impedimento(s).

2.f Tipo de Deficiência (a ser preenchido pelo perito médico)

Assinalar o tipo de deficiência pertinente (lista abaixo). Em caso de associações de deficiências poderão ser assinalados mais de um tipo.

- Deficiência (sensorial) Auditiva
- Deficiência Intelectual/Cognitiva
- Deficiência Física/Motora
- Deficiência (sensorial) Visual
- Deficiência Mental

2. g - Alterações das Funções Corporais (a ser preenchido pelo perito médico)

Assinalar na lista fornecida a função ou funções corporais acometidas no quadro.

3. História clínica e social

3.a História Clínica

3.b História Social

4. Aplicação do Instrumento (Matriz)

4.a Pontuação do nível de independência das atividades funcionais

As atividades são descritas da seguinte forma:

- Título da Atividade.

- Descrição da Atividade e dos 4 níveis de independência com exemplos.

- O avaliador deverá ler a descrição e os exemplos das atividades e das opções de respostas. Essa descrição foi feita para o examinador compreender todo o escopo da atividade com todas as suas etapas.

- A partir da descrição e dos exemplos o avaliador deverá investigar, com suas próprias palavras, o nível de independência do indivíduo naquela atividade.

- Ele poderá utilizar exemplos para explicar a atividade ao avaliado.

- A pontuação deverá se basear na informação disponível mais confiável (do avaliado, de uma pessoa de convívio próximo, de um profissional de saúde, do prontuário).

- A pontuação dos níveis de independência de cada atividade deverá refletir o desempenho do indivíduo e não a sua capacidade.

O desempenho é **o que ele faz em seu ambiente habitual**, e não o que ele é capaz de fazer em uma situação ideal ou eventual.

- Se o nível de independência varia em função do ambiente, da hora do dia, pontue o escore mais baixo (o nível de maior dependência).

- A única exceção a essa regra é se a pessoa responder que não realiza a atividade por um motivo pessoal.

Atenção: Todas as atividades deverão ser pontuadas.

Essa sistemática deve ser utilizada também nas perícias judiciais. De acordo com a TNU, "fixada a tese no sentido de que, para o fim de concessão de aposentadoria por tempo de contribuição nos termos da Lei Complementar n. 142/2013, a aferição da deficiência pelo exame pericial, administrativo ou judicial, não prescinde das diretrizes fixadas na Portaria Interministerial SDH/MPS/MF/MPOG/AGU n. 1, de 27/1/2014, especialmente a avaliação médica e funcional baseada na Classificação Internacional de Funcionalidade, Incapacidade e Saúde" (Informativo 31/2018 - PUIL n. 0512729-92.2016.4.05.8300/PE).

Nesse sentido, conforme o item 5 do anexo Portaria Interministerial SDH/MPS/MF/MOG/AGU Nº 1, DE 27 DE JANEIRO DE 2014, a perícia do INSS deverá preencher quatro formulários de avaliação do segurado:

5. Formulários:

5.a Formulário 1: Identificação do Avaliado e da Avaliação (a ser preenchido pela perícia médica e pelo serviço social)

Dados Pessoais do Avaliado: Nome: ______________________________ NIS/NIT ________ Sexo: F( ) M( ) Idade: ______________________ Cor/Raça: Branca ( ) Preta ( ) Amarela ( ) Parda ( ) Indígena ( ) Diagnóstico Médico: CID Causa: ____________________ Sem diagnóstico etiológico CID Sequela: ________ Tipo de Deficiência: Auditiva( ) Intelectual/Cognitiva( ) Física/Motora( ) Visual( ) Mental( ) Data do Início do Impedimento: ___/___/___.
Data da avaliação: ___/___/___ Nome do avaliador (SERVIÇO SOCIAL): ____________________ SIAPE: ________ Local da avaliação (Código da APS): ______________ Quem prestou as informações: ( )própria pessoa ( )pessoa de convívio próximo ( )ambos ( )outros: ________
Data da avaliação: ___/___/___ Nome do avaliador (MEDICINA PERICIAL): ____________________ SIAPE: ________ Local da avaliação (Código da APS): ___________ Quem prestou as informações: ( ) própria pessoa ( ) pessoa de convívio próximo ( ) ambos ( ) outros: ________

5.b Formulário 2: Funções corporais acometidas (a ser preenchido pelo perito médico)

1. Funções Mentais:
( ) Funções Mentais Globais: consciência, orientação (tempo, lugar, pessoa), intelectuais (inclui desenvolvimento cognitivo e intelectual), psicossociais globais(inclui autismo), temperamento e personalidade, energia e impulsos, sono
( ) Funções Mentais Específicas: atenção, memória, psicomotoras, emocionais, percepção, pensamento, funções executivas, linguagem, cálculo, sequenciamento de movimentos complexos (inclui apraxia), experiência pessoal e do tempo
2. Funções Sensoriais e Dor
( ) Visão e Funções Relacionadas: acuidade visual, campo visual, funções dos músculos internos e externos do olho, da pálpebra, glândulas lacrimais
( ) Funções Auditivas: detecção, descriminação, localização do som e da fala
( ) Funções Vestibulares: relacionadas à posição, equilíbrio e movimento
( ) Dor: sensação desagradável que indica lesão potencial ou real em alguma parte do corpo. Generalizada ou localizada.
( ) Funções Sensoriais adicionais: gustativa, olfativa, proprioceptiva, tátil, à dor, temperatura
3. Funções da Voz e da Fala
( ) Voz, articulação, fluência, ritmo da fala
4. Funções dos Sistemas Cardiovascular, Hematológico, Imunológico e Respiratório
( ) Funções do Sistema Cardiovascular: funções do coração, vasos sanguíneos, pressão arterial
( ) Funções do Sistema Hematológico: produção de sangue, transporte de oxigênio e metabólitos e de coagulação

( ) **Funções do Sistema Imunológico:** resposta imunológica, reações de hipersensibilidade, funções do sistema linfático
( ) **Funções do Sistema Respiratório:** respiratórias, dos músculos respiratórios, de tolerância aos exercícios
5. Funções dos Sistemas Digestivo, Metabólico e Endócrino
( ) **Funções do Sistema Digestivo:** ingestão, deglutição, digestivas, assimilação, defecação, manutenção de peso
( ) **Funções do Metabolismo e Sistema Endócrino:** funções metabólicas gerais, equilíbrio hídrico, mineral e eletrolítico, termorreguladoras, das glândulas endócrinas
6. Funções Genitourinárias e Reprodutivas
( ) **Funções Urinárias:** funções de filtragem, coleta e excreção de urina
( ) **Funções Genitais e Reprodutivas:** funções mentais e físicas/motoras relacionadas ao ato sexual, da menstruação, procriação
7. Funções Neuromusculoesqueléticas e relacionadas ao movimento
( ) **Funções das Articulações e dos Ossos:** mobilidade, estabilidade das articulações e ossos
( ) **Funções Musculares:** força, tônus e resistência muscular
( ) **Funções dos Movimentos:** reflexo motor, movimentos involuntários, controle dos movimentos voluntários, padrão de marcha, sensações relacionadas aos músculos e funções do movimento
8. Funções da Pele e Estruturas Relacionadas
( ) **Funções da Pele, pelos e unhas:** protetora, reparadora, sensação relacionada à pele, pelos e unhas

5.c Formulário 3: Aplicação do Instrumento (Matriz) - (a ser preenchido pela perícia médica e pelo serviço social)

Br: Domínios e Atividades	**Pontuação (INSS)**		**Barreira Ambiental***				
	Serviço Social	**Medicina Pericial**	**P e T**	**Amb**	**A e R**	**At**	**SS e P**
1. Domínio Sensorial							
1.1 Observar							
1.2 Ouvir							
2. Domínio Comunicação							
2.1 Comunicar-se / Recepção de mensagens							
2.2 Comunicar-se / Produção de mensagens							
2.3 Conversar							
2.4 Discutir							
2.5 Utilização de dispositivos de comunicação à distância							

Br: Domínios e Atividades	**Pontuação (INSS)**		**Barreira Ambiental***				
	Serviço Social	**Medicina Pericial**	**P e T**	**Amb**	**A e R**	**At**	**SS e P**
3. Domínio Mobilidade							
3.1 Mudar e manter a posição do corpo							
3.2 Alcançar, transportar e mover objetos							
3.3 Movimentos finos da mão							
3.4 Deslocar-se dentro de casa							
3.5 Deslocar-se dentro de edifícios que não a própria casa							
3.6 Deslocar-se fora de sua casa e de outros edifícios							
3.7 Utilizar transporte coletivo							
3.8 Utilizar transporte individual como passageiro							
4. Domínio Cuidados Pessoais							
4.1 Lavar-se							
4.2 Cuidar de partes do corpo							
4.3 Regulação da micção							
4.4 Regulação da defecação							
4.5 Vestir-se							
4.6 Comer							
4.7 Beber							
4.8 Capacidade de identificar agravos à saúde							
5. Domínio Vida Doméstica							
5.1 Preparar refeições tipo lanches							
5.2 Cozinhar							
5.3 Realizar tarefas domésticas							
5.4 Manutenção e uso apropriado de objetos pessoais e utensílios da casa							
5.5 Cuidar dos outros							
6. Domínio Educação, Trabalho e Vida Econômica							
6.1 Educação							
6.2 Qualificação profissional							
6.3 Trabalho remunerado							

Br: Domínios e Atividades	**Pontuação (INSS)**		**Barreira Ambiental***				
	Serviço Social	**Medicina Pericial**	**P e T**	**Amb**	**A e R**	**At**	**SS e P**
6.4 Fazer compras e contratar serviços							
6.5 Administração de recursos econômicos pessoais							
7. Domínio Socialização e Vida Comunitária							
7.1 Regular o comportamento nas interações							
7.2 Interagir de acordo com as regras sociais							
7.3 Relacionamentos com estranhos							
7.4 Relacionamentos familiares e com pessoas familiares							
7.5 Relacionamentos íntimos							
7.6 Socialização							
7.7 Fazer as próprias escolhas							
7.8 Vida Política e Cidadania							
Total da Pontuação dos Aplicadores							
Pontuação Total							

(*) Legenda:
P e T - Produtos e Tecnologia
Amb - Ambiente
A e R - Apoio e Relacionamentos
At - Atitudes
S S e P - Serviços, Sistemas e Políticas

Instruções básicas:
O IF-BrA gradua a funcionalidade do indivíduo, sinalizando a possível influência de barreiras externas nas incapacidades identificadas. Pontue o nível de independência das atividades e participações listadas, nos sete Domínios.

Níveis de Independência e Pontuação das Atividades:
Cada atividade deve ser pontuada levando em consideração o nível de independência na sua realização.
A pontuação deve refletir o desempenho do indivíduo e não a sua capacidade.
O desempenho é o que ele faz em seu ambiente habitual.
A única exceção será quando o indivíduo não realizar a atividade por uma opção pessoal (e não por incapacidade ou barreira externa). Neste caso pontua-se pela capacidade.
Atenção:
Se alguma atividade pontuar 25 por causa de uma barreira externa, a(s) barreira (s) deverá(ao) ser assinalada(s)
A pontuação do domínio é a soma da pontuação das atividades deste domínio, atribuídas pelo perito médico e pelo profissional do serviço social do INSS.
A Pontuação Total é a soma dos 7 domínios

Formulário 4: Aplicação do Modelo Linguístico Fuzzy (a ser preenchido pela perícia médica e pelo serviço social)

Assinale ao lado da afirmativa quando a condição for preenchida:

Deficiência Auditiva ( ) Houve pontuação 25 ou 50 em alguma atividade do Domínio Comunicação ou Socialização; OU Houve pontuação 75 em todas as atividades dos Domínios Comunicação ou Socialização ( ) A surdez ocorreu antes dos 6 anos. ( ) Não dispõe do auxílio de terceiros sempre que necessário.
Deficiência Intelectual- Cognitiva e Mental ( ) Houve pontuação 25 ou 50 em alguma atividade do Domínio Vida Doméstica ou Socialização; OU Houve pontuação 75 em todas as atividades dos Domínios Vida Doméstica ou Socialização ( ) Não pode ficar sozinho em segurança. ( ) Não dispõe do auxílio de terceiros sempre que necessário.
Deficiência Motora ( ) Houve pontuação 25 ou 50 em alguma atividade do Domínio Mobilidade ou Cuidados Pessoais; OU Houve pontuação 75 em todas as atividades dos Domínios Mobilidade ou Cuidados Pessoais; OU ( ) Desloca-se exclusivamente em cadeira de rodas. ( ) Não dispõe do auxílio de terceiros sempre que necessário.
Deficiência Visual ( ) Houve pontuação 25 ou 50 em alguma atividade do Domínio Mobilidade ou Vida Doméstica; OU Houve pontuação 75 em todas as atividades dos Domínios Mobilidade ou Vida Doméstica ( ) A pessoa já não enxergava ao nascer. ( ) Não dispõe do auxílio de terceiros sempre que necessário.

Evidente que a **visão monocular** é caracterizada como uma **deficiência sensorial**, posto que reduz sensivelmente o sentido da pessoa, considerando que se trata de cegueira de um dos olhos. A Organização Mundial da Saúde a caracteriza quando a pessoa com a melhor correção tiver visão igual ou inferior a 20/200.

Nesse sentido, de acordo com a **Lei 14.126/2021**, *"fica a visão monocular classificada como deficiência sensorial, do tipo visual, para todos os efeitos legais"*. Nos termos do **Decreto 10.654/2021**, *"a visão monocular, classificada como deficiência sensorial, do tipo visual, pelo art. 1º da Lei nº 14.126, de 22 de março de 2021,* ***será avaliada na forma prevista nos § 1º e § 2º do art. 2º da Lei nº 13.146, de 6 de julho de 2015****, para fins de reconhecimento da condição de pessoa com deficiência"*.

Dessa forma, **não é possível concluir de logo que a pessoa com visão monocular terá direito à aposentadoria da pessoa com deficiência (LC 142/2013) ou ao BPC/LOAS**, pois será necessário realizar uma perícia biopsicossocial a cargo do INSS.

Isso porque nem todas as pessoas com deficiência terão direito aos citados benefícios, sendo imprescindível que a deficiência de longo prazo, em interação com uma ou mais barreiras, **possa obstruir a sua participação plena e efetiva na sociedade em igualdade de condições com as demais pessoas.**

Esta aposentadoria especial terá a renda de 100% do salário de benefício, apenas havendo a incidência do fator previdenciário se for benéfico ao segurado.

Logo, ao contrário do que ocorre na aposentadoria especial por agentes nocivos, em que não há a aplicação do fator previdenciário em nenhuma hipótese, na aposentadoria especial dos deficientes será possível a sua incidência, desde que superior a 1,0, pois somente assim haverá elevação no valor do salário de benefício.

A aposentadoria especial do deficiente é devida ao **empregado, trabalhador avulso, empregado doméstico, contribuinte individual e segurado facultativo**. Por sua vez, o **segurado especial** apenas terá direito se fizer recolhimentos sobre o salário de contribuição, na forma do Decreto 8.145/2013, pois a contribuição de 1,3% sobre a receita da produção não dá direito a este benefício.

Considera-se como **pessoa com deficiência** aquela que tem impedimentos de longo prazo de natureza física, mental, intelectual ou sensorial, os quais, em interação com **diversas barreiras**, podem obstruir sua participação plena e efetiva na sociedade em igualdade de condições com as demais pessoas, sendo adotada a mesma definição da Lei 8.742/93, alterada pela Lei 12.470/2011.

Com o advento do Estatuto da Pessoa com Deficiência (Lei 13.146/2015), a definição de pessoa com deficiência restou ampliada, bastando que o impedimento de logo prazo ocorra em **uma ou mais barreiras, consagrando ainda o modelo pericial biopsicossocial**:

> *"Art. 2º Considera-se pessoa com deficiência aquela que tem impedimento de longo prazo de natureza física, mental, intelectual ou sensorial, o qual, em interação com uma ou mais barreiras, pode obstruir sua participação plena e efetiva na sociedade em igualdade de condições com as demais pessoas.*
>
> *§ 1º A avaliação da deficiência, quando necessária, será biopsicossocial, realizada por equipe multiprofissional e interdisciplinar e considerará: (Vigência)*
>
> *I - os impedimentos nas funções e nas estruturas do corpo;*
>
> *II - os fatores socioambientais, psicológicos e pessoais;*
>
> *III - a limitação no desempenho de atividades; e*
>
> *IV - a restrição de participação.*
>
> *§ 2º O Poder Executivo criará instrumentos para avaliação da deficiência".*

Por sua vez, a Lei Complementar 142/2013 abriu outro regramento diferenciado para os segurados deficientes, consistente na **redução em cinco anos na idade para o deferimento do benefício de aposentadoria por idade**.

Logo, independentemente do grau de deficiência, observada a carência de 180 recolhimentos mensais, o homem deficiente se aposentará por idade aos 60 anos e a mulher aos 55 anos de idade, com renda de 70% do salário de benefício, mais 1% por grupo de 12 contribuições mensais, até o máximo de 30%, sendo facultativa a incidência do fator previdenciário, que apenas será aplicado se benéfico ao segurado.

Vale registrar que a LC 142/2013 não previu nenhuma contribuição previdenciária adicional para custear a aposentadoria especial dos deficientes, sendo forçoso concluir que foi violado o Princípio da Precedência da Fonte de Custeio.

Contudo, como se trata de norma negociada entre os Poderes Legislativo e Executivo da União, é certo que inexiste vontade política na sua pronúncia de inconstitucionalidade, pois teve uma excelente recepção social e veio a regulamentar uma determinação constitucional.

A Lei 8.213/91 terá aplicação à aposentadoria especial do segurado deficiente no que for compatível, sendo-lhe garantida a percepção de qualquer outra espécie de aposentadoria estabelecida na Lei nº 8.213, de 24 de julho de 1991, que lhe seja mais vantajosa do que as opções apresentadas na LC 142/2013.

Não é possível ao segurado deficiente se valer, cumulativamente, das regras do artigo 57 da Lei 8.213/91 e da LC 142/2013.

É que determina o seu artigo 10 que "a redução do tempo de contribuição prevista nesta Lei Complementar não poderá ser acumulada, no tocante ao mesmo período contributivo, com a redução assegurada aos casos de atividades exercidas sob condições especiais que prejudiquem a saúde ou a integridade física".

Logo, caso o segurado deficiente possua período contributivo especial por exposição aos agentes nocivos à saúde previstos no Regulamento, deverá optar pela sistemática que lhe for mais favorável, não podendo acumular as regras especiais de ambos os diplomas referidos.

Para o segurado que, após a filiação ao RGPS, tornar-se pessoa com deficiência, ou tiver seu grau alterado, os parâmetros serão proporcionalmente ajustados e os respectivos períodos serão somados após conversão, conforme as tabelas abaixo, considerando o grau de deficiência preponderante:

MULHER				
Tempo a converter	**Multiplicadores**			
	Para 20	**Para 24**	**Para 28**	**Para 30**
De 20 anos	1,00	1,20	1,40	1,50
De 24 anos	0,83	1,00	1,17	1,25
De 28 anos	0,71	0,86	1,00	1,07
De 30 anos	0,67	0,80	0,93	1,00
HOMEM				
Tempo a converter	**Multiplicadores**			
	Para 25	**Para 29**	**Para 33**	**Para 35**
De 25 anos	1,00	1,16	1,32	1,40
De 29 anos	0,86	1,00	1,14	1,21

De 33 anos	0,76	0,88	1,00	1,06
De 35 anos	0,71	0,83	0,94	1,00

Assim, suponha-se que um segurado **homem sem deficiência** conte com 10 anos de contribuição, considerando que a aposentadoria por tempo de contribuição do homem se dá aos 35 anos de contribuição.

Posteriormente, esse segurado teve um acidente e passa para a condição de deficiente grave, com aposentadoria especial com 25 anos. Neste caso, os 10 anos serão convertidos pelo fator 0,71, equivalendo a 7,1 anos de contribuição para uma aposentadoria especial de 25 anos.

É garantida a conversão do tempo de contribuição cumprido em condições especiais que prejudiquem a saúde ou a integridade física do segurado, inclusive da pessoa com deficiência, para fins da aposentadoria especial do deficiente, se resultar mais favorável ao segurado, conforme tabela abaixo:

MULHER					
Tempo a converter	**Multiplicadores**				
	Para 15	**Para 20**	**Para 24**	**Para 25**	**Para 28**
De 15 anos	1,00	1,33	1,60	1,67	1,87
De 20 anos	0,75	1,00	1,20	1,25	1,40
De 24 anos	0,63	0,83	1,00	1,04	1,17
De 25 anos	0,60	0,80	0,96	1,00	1,12
De 28 anos	0,54	0,71	0,86	0,89	1,00
HOMEM					
Tempo a converter	**Multiplicadores**				
	Para 15	**Para 20**	**Para 25**	**Para 29**	**Para 33**
De 15 anos	1,00	1,33	1,67	1,93	2,20
De 20 anos	0,75	1,00	1,25	1,45	1,65
De 25 anos	0,60	0,80	1,00	1,16	1,32
De 29 anos	0,52	0,69	0,86	1,00	1,14
De 33 anos	0,45	0,61	0,76	0,88	1,00

Essa regra foi manutenida pelo Decreto 10.410/2020 (art. 70-F, §1º, do RPS), mesmo após o advento da Emenda 103/2019, pois as regras das aposentadorias das pessoas com deficiência foram conservadas pela Reforma Constitucional Previdenciária.

No entanto, é vedada a conversão do tempo de contribuição da pessoa com deficiência para fins de concessão da aposentadoria especial por exposição aos agentes nocivos à saúde.

Assim sendo, tempo de contribuição especial por exposição a agentes nocivos à saúde converte-se em tempo de contribuição do deficiente. Todavia, a recíproca não é verdadeira.

2.17. APOSENTADORIA DOS POLICIAIS: REGRAS NACIONAIS E REGRAMENTO ANTERIOR

Estas regras podem ou não estar em vigor, a depender do ente federativo. Para aqueles que ainda não promoveram a alteração da legislação local do RPPS após a EC 103/2019, estas regras estão hoje em vigor.

Os policiais possuem um regramento especial para a sua aposentação ditado na **Lei Complementar 51/1985,** garantindo-se no seu texto originário aposentadoria voluntária com proventos integrais, após 30 anos de serviço, desde que conte, pelo menos 20 anos de exercício em cargo de natureza estritamente policial.

No entanto, coube à **Lei Complementar 144/2014** alterar essas regras em benefício das mulheres policiais, que passaram a se aposentar com 25 anos de tempo de contribuição. Em síntese, garante-se a aposentadoria voluntária aos policiais, com proventos integrais, independentemente da idade, nas seguintes condições:

a) após 30 (trinta) anos de contribuição, desde que conte, pelo menos, 20 (vinte) anos de exercício em cargo de natureza estritamente policial, se homem;

b) após 25 (vinte e cinco) anos de contribuição, desde que conte, pelo menos, 15 (quinze) anos de exercício em cargo de natureza estritamente policial, se mulher.

■ POSIÇÃO DO STF

De acordo com o STF, esta norma foi recepcionada pela Constituição de 1988, conforme decisão tomada na ADI 3.817, de 13.11.2008:

EMENTA: AÇÃO DIRETA DE INCONSTITUCIONALIDADE. ART. 3º DA LEI DISTRITAL N. 3.556/2005. SERVIDORES DAS CARREIRAS POLICIAIS CIVIS CEDIDOS À ADMINISTRAÇÃO PÚBLICA DIRETA E INDIRETA DA UNIÃO E DO DISTRITO FEDERAL: TEMPO DE SERVIÇO CONSIDERADO PELA NORMA QUESTIONADA COMO DE EFETIVO EXERCÍCIO DE ATIVIDADE POLICIAL. AMPLIAÇÃO DO BENEFÍCIO DE APOSENTADORIA ESPECIAL DOS POLICIAIS CIVIS ESTABELECIDO NO ARTIGO 1º DA LEI COMPLEMENTAR FEDERAL Nº 51, DE 20.12.1985. AÇÃO JULGADA PROCEDENTE. 1. Inexistência de afronta ao art. 40, § 4º, da Constituição da República, por restringir-se a exigência constitucional de lei complementar à matéria relativa à aposentadoria especial do servidor público, o que não foi tratado no dispositivo impugnado. 2. Inconstitucionalidade formal por desobediência ao art. 21, inc. XIV, da Constituição da República que outorga competência privativa à União legislar sobre regime jurídico de policiais civis do Distrito Federal. **3. O art. 1º da Lei Complementar Federal n. 51/1985 que dispõe que o policial será aposentado voluntariamente, com proventos integrais, após 30 (trinta) anos de serviço, desde que conte pelo menos 20 anos de exercício em cargo de natureza estritamente policial foi recepcionado pela Constituição da República de 1988**. A combinação desse dispositivo com o art. 3º da Lei Distrital n. 3.556/2005 autoriza a contagem do período de vinte anos previsto na Lei Complementar n. 51/1985 sem que o servidor público tenha, necessariamente, exercido atividades de natureza estritamente policial, expondo sua integridade física a risco, pressuposto para o reconhecimento da aposentadoria especial do art. 40, § 4º, da Constituição da República: inconstitucionalidade configurada. 4. Ação direta de inconstitucionalidade julgada procedente.

Para o TCU, "compete ao Ministério da Justiça, órgão ao qual está atrelada a carreira de policial federal, a regulamentação do alcance a ser dado ao art. 1º da Lei Complementar 51/85, de modo a delimitar as atividades e atribuições que devem ser enquadradas como estritamente policiais para fins de aposentadoria especial da categoria"[29].

Ademais, "é irregular a contagem ficta do tempo de serviço prestado sob a égide da Lei 3.313/1957, se o policial federal não reunia, à época de vigência dessa norma, as condições necessárias para a aposentadoria"[30].

Cada legislação dos entes federativos deverá definir os cargos policiais. Por exemplo, na União, nos termos do Decreto-lei 2.251/1985, no Departamento de Polícia Federal, a Carreira Policial Federal é composta pelos cargos de **Delegado de Polícia Federal, Perito Criminal Federal, Censor Federal, Escrivão de Polícia Federal, Agente de Polícia Federal e Papiloscopista Policial Federal.**

A meu ver, basta o exercício do cargo policial para a aplicação das regras especiais de aposentação, pois a LC 51 não exige que a função seja exercida em órgãos policiais, **considerando que o policial possui risco diferenciado em sua atuação mesmo na situação de cessão a órgão externo, devendo coibir crimes que presenciar ou mesmo sendo vítima de violência fora do serviço quando o meliante descobre que se trata de um policial.**

■ POSIÇÃO DO STF

Não obstante isso, a meu ver de modo equivocado, o STF entende que a cessão de policiais para órgãos externos não permite o cômputo do tempo de contribuição na condição "exercício em cargo de natureza estritamente policial" durante o período cedido:

29. Acórdão 1882/2015 Plenário (Embargos de Declaração, Relator Ministro Vital do Rêgo).
30. Acórdão 1885/2014 Segunda Câmara (Aposentadoria, Relator Ministro José Jorge).

ADI 3817 / DF - DISTRITO FEDERAL
AÇÃO DIRETA DE INCONSTITUCIONALIDADE
Relator(a): Min. CÁRMEN LÚCIA
Julgamento: 13/11/2008
Publicação: 03/04/2009
Órgão julgador: Tribunal Pleno
Publicação

DJe-064 DIVULG 02-04-2009 PUBLIC 03-04-2009 EMENT VOL-02355-01 PP-00059 RTJ VOL-00209-01 PP-00118

Partes

REQTE.(S): GOVERNADORA DO DISTRITO FEDERAL ADV.(A/S): PGDF - LUIZ LUCAS DA CONCEIÇÃO E OUTRO(A/S) REQDO.(A/S): GOVERNADOR DO DISTRITO FEDERAL REQDO.(A/S): CÂMARA LEGISLATIVA DO DISTRITO FEDERAL INTDO.(A/S): ASSOCIAÇÃO DOS DELEGADOS DE POLÍCIA DO BRASIL - ADEPOL/BRASIL INTDO.(A/S): ASSOCIAÇÃO DOS DELEGADOS DE POLÍCIA DO DISTRITO FEDERAL - ADEPOL/DF ADV.(A/S): WLADIMIR SÉRGIO REALE INTDO.(A/S): FEDERAÇÃO NACIONAL DOS POLICIAIS RODOVIÁRIOS FEDERAIS - FENAPRF ADV.(A/S): EMANUEL SANTOS DE LIMA INTDO.(A/S): ASSOCIAÇÃO NACIONAL DOS DELEGADOS DE POLÍCIA FEDERAL - ADPF ADV.(A/S): FRANCISCO REZEK

Ementa

EMENTA: AÇÃO DIRETA DE INCONSTITUCIONALIDADE. ART. 3º DA LEI DISTRITAL N. 3.556/2005. **SERVIDORES DAS CARREIRAS POLICIAIS CIVIS CEDIDOS À ADMINISTRAÇÃO PÚBLICA DIRETA E INDIRETA DA UNIÃO E DO DISTRITO FEDERAL: TEMPO DE SERVIÇO CONSIDERADO PELA NORMA QUESTIONADA COMO DE EFETIVO EXERCÍCIO DE ATIVIDADE POLICIAL. AMPLIAÇÃO DO BENEFÍCIO DE APOSENTADORIA ESPECIAL DOS POLICIAIS CIVIS ESTABELECIDO NO ARTIGO 1º DA LEI COMPLEMENTAR FEDERAL Nº 51, DE 20.12.1985**. AÇÃO JULGADA PROCEDENTE. 1. Inexistência de afronta ao art. art. 40, § 4º, da Constituição da República, por restringir-se a exigência constitucional de lei complementar à matéria relativa à aposentadoria especial do servidor público, o que não foi tratado no dispositivo impugnado. **2. Inconstitucionalidade formal por desobediência ao art. 21, inc. XIV, da Constituição da República que outorga competência privativa à União legislar sobre regime jurídico de policiais civis do Distrito Federal.** 3. O art. 1º da Lei Complementar Federal n. 51/1985 que dispõe que o policial será aposentado voluntariamente, com proventos integrais, após 30 (trinta) anos de serviço, desde que conte pelo menos 20 anos de exercício em cargo de natureza estritamente policial foi recepcionado pela Constituição da República de 1988.

A combinação desse dispositivo com o art. 3º da Lei Distrital n. 3.556/2005 autoriza a contagem do período de vinte anos previsto na Lei Complementar n. 51/1985 sem que o servidor público tenha, necessariamente, exercido atividades de natureza estritamente policial, expondo sua integridade física a risco, pressuposto para o reconhecimento da aposentadoria especial do art. 40, § 4º, da Constituição da República: inconstitucionalidade configurada. 4. Ação direta de inconstitucionalidade julgada procedente.

Veja-se voto vencedor da lavra da ilustre Ministra Carmen Lúcia:

"7. E assim é que, ao cuidar de estender a definição legal de "efetivo exercício de atividade policial o tempo de serviço prestado pelo servidor das carreiras policiais civis da Policia Civil do Distrito Federal, cedido à Administração Pública Direta e Indireta de qualquer dos Poderes da União e do Distrito Federal, até a data da publicação desta Lei", a norma questionada inovou a) em primeiro lugar, a matéria no que concerne à restrição dos titulares do direito à aposentadoria especial aos que estivessem no desempenho de atividades estritamente policiais; ***b) não observou o critério que poderia ensejar o cuidado legislativo da matéria, que se tem no inc. III do § 4º do art. 40 da Constituição (norma atual), pois a cessão pode significar - e em geral ou, pelo menos, na maioria dos casos, significa - o afastamento do policial significa exatamente das condições de risco ou prejuízo à sua integridade física****; c) alterou por lei distrital matéria adstrita à lei nacional ou federal.*

8. Por todas as razões assim expostas, considerando recepcionada a Lei Complementar n. 51/85, voto pela procedência da presente ação, declarando inconstitucional formal e materialmente o art. 3º da Lei Distrital n. 3.556, de 18 da janeiro de 2005".

O STJ não enquadra o tempo de contribuição às Forças Armadas para fins de tempo de contribuição de cargo estritamente policial.

■ POSIÇÃO DO STJ

RECURSO ESPECIAL REsp 1357121 DF 2012/0256024-8 (STJ)

Data de publicação: 05/06/2013

Ementa: "ADMINISTRATIVO. PROCESSUAL **CIVIL. MÉDICO LEGISTA** DA **POLÍCIA CIVIL**. CÔMPUTO DE TEMPO DE SERVIÇO NAS FORÇAS ARMADAS. APOSENTADORIA ESPECIAL. LEI COMPLEMENTAR N. 51 /1985. EXIGÊNCIA DE ATIVIDADE ESTRITAMENTE POLICIAL. RESTRIÇÃO LEGAL. JURISPRUDÊNCIA DO STJ. 1. O Tribunal a quo não se manifestou sobre o Estatuto dos Militares, sobre as Leis n. 3.313/1957 e 4.878 /1965, logo, não se fez o necessário prequestionamento. Aplicação das súmulas 282 e 356 do STF. **2. Não é possível computar o tempo de serviço prestado nas Forças Armadas para concessão de aposentadoria especial de policial civil, porquanto o art. 1º da Lei Complementar n. 51 /1985 exige pelo menos**

20 anos de exercício em cargo de natureza estritamente policial. 3. As atribuições dos militares das Forças Armadas não são idênticas às dos policiais civis, militares, federais, rodoviários ou ferroviários. Enquanto aquelas destinam-se à defesa da Pátria, à garantia dos poderes constitucionais, da lei e da ordem, as atribuições dos policiais estão relacionadas com a segurança pública, preservação da incolumidade das pessoas e do patrimônio. Apesar das atividade se assemelharem, em razão do uso de armas, hierarquia e coerção para a ordem, possuem finalidades e atribuições distintas. 4. Ademais, a atividade estritamente policial a que se refere a Lei Complementar n. 51 /1985 não diz respeito apenas ao exercício do cargo em si, mas deve ser entendida como o efetivo desempenho de atividades em condições de risco ou que representem prejuízo à saúde ou à integridade física, conforme interpretação dada pelo Supremo Tribunal Federal (ADI 3817/DF). Tais condições não poderiam ser examinadas em sede de recurso especial, em razão da súmula 7/ STJ. Precedente do STJ. Recurso especial conhecido em parte e improvido".

No entanto, essa jurisprudência foi superada pelo artigo 5º da EC 103/2019:

> *"§ 1º Serão considerados tempo de exercício em cargo de natureza estritamente policial, para os fins do inciso II do art. 1º da Lei Complementar nº 51, de 20 de dezembro de 1985, o tempo de atividade militar nas Forças Armadas, nas polícias militares e nos corpos de bombeiros militares e o tempo de atividade como agente penitenciário ou socioeducativo".*

Contudo, uma vez aplicado o regramento especial da LC 51/1985 aos policiais, não deve ser aplicado por analogia o artigo 57 da Lei 8.213/91:

■ POSIÇÃO DO STF

"AGRAVO REGIMENTAL NO MANDADO DE INJUNÇÃO. APOSENTADORIA ESPECIAL DE POLICIAL. ATIVIDADE DE RISCO. ART. 40, § 4º, INC. II, DA CONSTITUIÇÃO DA REPÚBLICA. LEI COMPLEMENTAR N. 51/1985. INEXISTÊNCIA DE OMISSÃO LEGISLATIVA. 1. A Lei Complementar n. 51/1985, que trata da aposentadoria especial dos policiais, foi recepcionada pela Constituição da República de 1988 (ADI 3.817/DF). 2. O reconhecimento da existência e da aplicabilidade de norma infraconstitucional regulamentadora do direito constitucional pleiteado evidencia o não cabimento do mandado de injunção, por inexistir omissão legislativa inviabilizadora do exercício de direito constitucionalmente assegurado. **3. Impossibilidade de conjugação do sistema da Lei Complementar n. 51/1985 com o do art. 57 da Lei n. 8.213/91**, para com isso, cogitar-se de idade mínima para aposentação. Precedentes. 4. Agravo regimental ao qual se nega provimento" (STF, MI 4.528 AgR, de 13.06.2012).

Os Oficiais de Justiça Avaliadores também vindicaram o direito à aposentadoria com regras especiais no STF, por supostamente desenvolverem atividade de risco, através do mandado de injunção 833, já tendo obtido dois votos favoráveis, cujo julgamento foi suspenso em 02.08.2010.

No entanto, o pedido foi rejeitado pelo STF, que repeliu a concessão de regras especiais para aposentadoria para os **oficiais de justiça** (Informativo 789) por não se tratar de atividade permanentemente perigosa.

> **■ POSIÇÃO DO STF**
>
> "**O Plenário, em conclusão de julgamento e por maioria, denegou a ordem em mandado de injunção coletivo impetrado contra alegada omissão quanto à regulamentação do art. 40, § 4º, da CF, para fins de aposentadoria especial de ocupantes do cargo de oficial de justiça avaliador federal.** O sindicato impetrante requeria, ainda, a aplicação analógica da disciplina prevista na LC 51/1985, no que regulamenta a aposentadoria especial para servidor público policial - v. Informativos 594 e 764. **A Corte afirmou que a eventual exposição a situações de risco - a que poderiam estar sujeitos os servidores ora substituídos - não garantiria direito subjetivo constitucional à aposentadoria especial.** A percepção de gratificações ou adicionais de periculosidade, assim como o fato de poderem obter autorização para porte de arma de fogo de uso permitido (Lei 10.826/2003, art. 10, § 1º, I, c/c o art. 18, § 2º, I, da IN 23/2005-DG-DPF, e art. 68 da Lei 8.112/1990) não seriam suficientes para reconhecer o direito à aposentadoria especial, em razão da autonomia entre o vínculo funcional e o previdenciário. Os incisos do § 4º do art. 40 da CF utilizariam expressões abertas: "portadores de deficiência", "atividades de risco" e "condições especiais que prejudiquem a saúde ou a integridade física". Dessa forma, a Constituição teria reservado a concretização desses conceitos a leis complementares, com relativa liberdade de conformação, por parte do legislador, para traçar os contornos dessas definições. **A lei poderia prever critérios para identificação da periculosidade em maior ou menor grau, nos limites da discricionariedade legislativa, mas o estado de omissão inconstitucional restringir-se-ia à indefinição das atividades inerentemente perigosas.** Quanto às atribuições dos oficiais de justiça, previstas no art. 143 do CPC, eles poderiam estar sujeitos a situações de risco, notadamente quando no exercício de suas funções em áreas dominadas pela criminalidade, ou em locais marcados por conflitos fundiários. No entanto, esse risco seria contingente, e não inerente ao serviço, ou seja, o perigo na atividade seria eventual. MI 833/DF, rel. Min. Cármen Lúcia, red. p/ o acórdão Min. Roberto Barroso, 11.6.2015. **(MI-833)**".

Outrossim, pelos mesmos fundamentos acima declinados, o STF negou o direito à aposentadoria especial aos servidores inspetores e agentes de segurança judiciária, analistas e técnicos do Ministério Público da União com atribuições de segurança, e demais servidores com atribuições relacionadas a funções de segurança (Informativo 789).

■ **POSIÇÃO DO STF**

MI: aposentadoria especial e servidores do Poder Judiciário e do Ministério Público - 3

Por ocasião do julgamento do MI 833/DF, acima noticiado, o Tribunal apreciou, em conjunto, o MI 844/DF - v. Informativo 594 e 764. Na espécie, o substituto processual pleiteava o benefício da aposentadoria especial aos servidores inspetores e agentes de segurança judiciária, analistas e técnicos do Ministério Público da União com atribuições de segurança, e demais servidores com atribuições relacionadas a funções de segurança. O Plenário, por maioria, denegou a ordem, reiterada a fundamentação expendida no MI 833/DF, vencidos os Ministros Ricardo Lewandowski (relator e Presidente), Cármen Lúcia e Teori Zavascki. **MI 844/DF, rel. Min. Ricardo Lewandowski, red. p/ o acórdão Min. Roberto Barroso, 11.6.2015. (MI-844).**

Também nessa época houve rejeição do pedido aos guardas municipais:

■ **POSIÇÃO DO STF**

"Informativo STF 907 - DIREITO CONSTITUCIONAL - APOSENTADORIA

Guardas municipais e aposentadoria especial

Diante da ausência de legislação específica, não cabe ao Poder Judiciário garantir aposentadoria especial [CF; art. 40, § 4º, II (1)] a guarda municipal.

Com base nessa orientação, o Plenário, em julgamento conjunto e por maioria, negou provimento ao agravo regimental no MI 6.515, e deu provimento aos agravos regimentais nos MIs 6.770, 6.773, 6.780 e 6.874.

O Tribunal entendeu que o referido benefício não pode ser estendido aos guardas civis, uma vez que suas atividades precípuas não são inequivocamente perigosas e, ainda, pelo fato de não integrarem o conjunto de órgãos de segurança pública relacionados no art. 144, I a V (2) da CF.

A proximidade da atividade das guardas municipais com a segurança pública é inegável, porém, à luz do § 8º (3) do mesmo dispositivo constitucional, sua atuação é limitada, voltada à proteção do patrimônio municipal. Conceder esse benefício por via judicial não seria prudente, pois abriria margem reivindicatória a diversas outras classes profissionais que, assim como os guardas municipais, lidam com o risco diariamente. Ademais, cabe ao legislador, e não ao Judiciário, classificar as atividades profissionais como sendo ou não de risco para fins de aposentadoria especial.

Vencidos os ministros Alexandre de Moraes, Ricardo Lewandowski e Marco Aurélio, que reconheceram o direito dos guardas civis ao benefício da aposentadoria especial, por considerarem que a atividade por eles exercida ostenta periculosidade inequívoca. O risco inerente é corroborado pelo fato de integrarem o rol do Sistema Único de Segurança Pública [Lei 13.675/2018; art. 9º, *caput* (4)], entre os quais figuraram os agentes penitenciários, que também receberam o benefício da aposentadoria especial. MI 6515/DF, rel. Min. Roberto Barroso, julgamento em 20.6.2018. (MI-6515) MI 6770/DF, rel. Min. Alexandre de Moraes, red. p/ o ac. Min. Roberto Barroso, julgamento em 20.6.2018. (MI-6770) MI 6773/DF, rel. Min. Alexandre de Moraes, red. p/ o ac. Min. Roberto Barroso, julgamento em 20.6.2018. (MI-6773) MI 6780/DF, rel. Min. Alexandre de Moraes, red. p/ o ac. Min. Roberto Barroso, julgamento em 20.6.2018. (MI-6780) MI 6874/DF, rel. Min. Alexandre de Moraes, red. p/ o ac. Min. Roberto Barroso, julgamento em 20.6.2018. (MI-6874)".

Em que pese o STF ter decidido que as guardas municipais são órgãos de segurança pública no julgamento da ADPF 995, de 28/08/2023, mesmo assim **não há previsão constitucional de concessão de aposentadoria especial para essa carreira**, pois o rol do artigo 40, §4º-B, **é taxativo**, sendo necessária uma alteração por emenda constitucional para inseri-los, conforme firmado pelo STF no julgamento da ADI 6.917/MT.

Desse modo, a meu ver permanece incólume o Tema 1057 em Repercussão Geral, mesmo após o advento da EC 103/2019 e do julgamento da ADPF 995.

■ POSIÇÃO DO STF

Tema 1057 - Concessão de aposentadoria especial a guarda civil municipal com base no art. 40, § 4º, inciso II, da Constituição Federal, que prevê ser possível, por meio de lei complementar, a adoção de requisitos e critérios diferenciados para a concessão de aposentadoria para servidores que exerçam atividades de risco.

Há Repercussão?

Sim

Relator(a):

MINISTRO PRESIDENTE

Leading Case:

ARE 1215727

Descrição:

Recurso extraordinário em que se discute, à luz dos arts. 40, § 4º, e 144, § 8º, da Constituição Federal, a possibilidade de se conceder aposentadoria especial a guarda civil municipal sob o argumento de que ele exerce atividade de risco, não obstante a ausência de previsão em lei complementar federal para tanto.

Tese:

Os guardas civis não possuem direito constitucional à aposentadoria especial por exercício de atividade de risco prevista no artigo 40, § 4º, inciso II, da Constituição Federal.

No mesmo sentido o posicionamento do MPS através da **Nota Informativa SEI nº 77/2024/MPS:**

> *"Diante do exposto, conclui-se que:*
>
> *I - As guardas municipais constituídas conforme § 8º do art. 144 da Constituição Federal integram o Sistema de Segurança Pública - SUSP, mas as regras de aposentadoria aplicáveis a seus integrantes não diferem das estabelecidas para os demais servidores amparados em RPPS do respectivo ente federativo.*
>
> *II - Antes da EC nº 103, de 2019, a disciplina da aposentadoria especial por atividade de risco (art. 40, § 4º, II da CF) permaneceu restrita aos servidores policiais conforme LC nº 51, de 1985.*
>
> ***III - Desde a EC nº 103, de 2019, o § 4º-B do art. 40 da CF estabelece rol taxativo dos servidores que poderão se aposentar com idade e tempo de contribuição diferenciados em relação aos demais servidores: os ocupantes, na União, nos Estados e no Distrito Federal, do cargo de agente penitenciário, de agente socioeducativo ou de policial civil, de policial penal, de policial legislativo federal da Câmara dos Deputados e do Senado Federal, de policial federal, de policial rodoviário federal e de policial ferroviário federal.***
>
> ***IV - É vedada aos Municípios a disciplina da aposentadoria de que trata o § 4º-B do art. 40 da Constituição Federal, por não possuírem os servidores ali contemplados em seus quadros".***

No que concerne aos agentes penitenciários, o tema ainda não foi alvo de julgamento pelo Plenário do STF, mas existem decisões monocráticas em mandado de injunção determinando a aplicação da LC 51-195, no que couber.

■ POSIÇÃO DO STF

MI 7057 / DF - DISTRITO FEDERAL

MANDADO DE INJUNÇÃO

Relator(a): Min. ALEXANDRE DE MORAES

Julgamento: 05/12/2018

Publicação

PROCESSO ELETRÔNICO

DJe-264 DIVULG 07/12/2018 PUBLIC 10/12/2018

Decisão

Trata-se de Mandado de Injunção em face de omissão legislativa atribuída ao Presidente da República, ao Presidente do Senado Federal e ao Presidente da Câmara dos Deputados, relativamente à ausência de legislação complementar que regulamente a aposentadoria especial dos servidores públicos que exerçam atividades de risco, o que inviabiliza o exercício do seu direito à aposentadoria diferenciada.

Na inicial, o impetrante alega que: **(a) é servidor público estadual, exercendo a função de agente penitenciário no Estado do Paraná, portando, exposto a constante atividade de risco, o que autoriza a sua aposentadoria especial prevista no art. 40, § 4º, II, da CF/1988**; e (b) no entanto, pela ausência de Lei Complementar no âmbito federal, tal disposição estadual não considera a aposentadoria especial e exigem idade e tempo de contribuições para fins de aposentadoria, da mesma forma exigida por um servidor que trabalha em condições normais (fl. 5). Requer a concessão dos benefícios da gratuidade de justiça e, ao final, (i) o provimento do presente writ, a fim de declarar omissa legislativa, bem como declaração do direito à aposentadoria especial do impetrante por trabalhar há mais de 25 (vinte e cinco) anos em atividade penosa, insalubre, perigosa, com base nos artigos 5º, inciso LXXI, 40, § 4º, incisos II e III e, artigo 102, I q, da Constituição Federal c/c período estabelecido no Regime Geral de Previdência Social, nos termos da Lei Complementar 51/1985; (ii) declaração do impetrante como aposentado para todos os fins de direito, concedendo-se os proventos da aposentadoria com pagamento de forma integral, ou seja, 100% (cem por cento) do salário-benefício, equiparando-se aos servidores públicos estatuais da ativa, conforme disciplina a Lei Complementar 51/1985" (fl. 19).

Nos termos do art. 52, parágrafo único, do Regimento Interno do Supremo Tribunal Federal, dispenso a remessa dos autos à Procuradoria-Geral da República É o relatório. Decido.

DEFIRO a gratuidade de Justiça, pois não há elementos que possam afastar a presunção de insuficiência de recursos de que trata o § 3º do art. 99 do CPC/2015.

O art. 5º, inciso LXXI, da Constituição Federal prevê que se concederá mandado de injunção sempre que a falta de norma regulamentadora torne inviável o exercício de direitos e liberdades constitucionais e das prerrogativas inerentes à nacionalidade, à soberania e à cidadania.

Trata-se de ação constitucional autoaplicável, de caráter civil e de procedimento especial, que visa a suprir uma omissão do Poder Público, no intuito de viabilizar o exercício de um direito, uma liberdade ou uma prerrogativa prevista na Constituição Federal, visando a afastar o que ARICÊ MOACYR AMARAL SANTOS aponta como a "inércia da norma constitucional, decorrente da omissão normativa" (Mandado de injunção. São Paulo: Revista dos Tribunais, 1989. P. 31), ou no dizer de CANOTILHO, buscando "destruir o 'rochedo de bronze' da incensurabilidade do silêncio" legislativo (As garantias do cidadão na justiça. (coord. Sálvio de Figueiredo Teixera). São Paulo: Saraiva, 1993, p. 367). Em outras palavras, como tive oportunidade de afirmar, o mandado de injunção visa ao combate à síndrome de inefetividade das normas constitucionais (Direito Constitucional. 33. Ed. São Paulo: Atlas, 2017. P. 183).

As normas constitucionais que permitem o ajuizamento do mandado de injunção não decorrem de todas as espécies de omissões do Poder Público, mas tão só em relação às normas constitucionais de eficácia limitada de princípio institutivo de caráter impositivo e das normas programáticas vinculadas ao princípio da legalidade, por dependerem de atuação normativa ulterior para garantir sua aplicabilidade.

Assim, sempre é necessária a presença dos requisitos do mandado de injunção, que são (a) a falta de norma reguladora de uma previsão constitucional (omissão total ou parcial do Poder Público); (b) inviabilização do exercício dos direitos e liberdades constitucionais e das prerrogativas inerentes à nacionalidade, à soberania e à cidadania.

Ressalte-se, portanto, que o cabimento do mandado de injunção pressupõe a existência de nexo de causalidade entre a omissão normativa do Poder Público e a inviabilidade do exercício do direito, liberdade ou prerrogativa, conforme decidido por esta CORTE:

DIREITO SUBJETIVO À LEGISLAÇÃO E DEVER CONSTITUCIONAL DE LEGISLAR: A NECESSÁRIA EXISTÊNCIA DO PERTINENTE NEXO DE CAUSALIDADE. - O direito à legislação só pode ser invocado pelo interessado, quando também existir - simultaneamente imposta pelo próprio texto constitucional - a previsão do dever estatal de emanar normas legais. Isso significa que o direito individual à atividade legislativa do Estado apenas se evidenciará naquelas estritas hipóteses em que o desempenho da função de legislar refletir, por efeito de exclusiva determinação constitucional, uma obrigação jurídica indeclinável imposta ao Poder Público. Para que possa atuar a norma pertinente ao instituto do mandado de injunção, revela-se essencial que se estabeleça a necessária correlação entre a imposição constitucional de legislar, de um lado, e o consequente reconhecimento do direito público subjetivo à legislação, de outro, de tal forma que, ausente a obrigação jurídico-constitucional de emanar provimentos legislativos, não se tornará possível imputar comportamento moroso ao Estado, nem pretender acesso legítimo à via injuncional. Precedentes (MI 542, Rel. Min. CELSO DE MELLO, Plenário, DJ de 28/6/2002).

Em relação a ausência de legislação complementar regulamentadora do artigo 40, § 4º, II, da Constituição da República, a SUPREMA CORTE passou a exigir que a periculosidade seja inequivocamente inerente ao ofício, para que seja reconhecido o nexo de causalidade entre a omissão normativa do Poder Público e a inviabilidade do exercício do direito e, consequentemente, possa ser concedida a ordem no mandado de injunção (Pleno, MIs 833 e 844, Red. P/ Acórdão Min. ROBERTO BARROSO, julgamentos em 11/06/2015).

O SUPREMO TRIBUNAL FEDERAL fixou, portanto, como fato determinante para o reconhecimento da atividade de risco a presença de periculosidade como inerente ao ofício, permitindo a colmatação da lacuna legislativa somente nos casos que se adequem a essa hipótese específica.

Nesse sentido, esta CORTE reconheceu a presença desse fato determinante para a categoria dos agentes penitenciários e determinou a aplicação do regime jurídico da LC 51/1985 (MI 6.250, Rel. Min. MARCO AURÉLIO, julgado em 31/1/2018; MI 6.171, Rel. Min. ROBERTO BARROSO, julgado em 1º/2/2018; MI 6.124, Rel. Min. LUIZ FUX, julgado em 30/11/2017; MI 6.219, Rel. Min. RICARDO LEWANDOWSKI, julgado em 9/2/2017; MI 3.973, Rel. Min. EDSON FACHIN, julgado em 26/10/2015; MI 2.045, Rel. Min. ROSA WEBER, julgado em 7/3/2014; MI 5.684, Rel. Min. CELSO DE MELLO, julgado em 28/2/2014).

Diante do exposto, defiro o pedido de justiça gratuita e, com base no art. 205, caput, do Regimento Interno do Supremo Tribunal Federal, CONCEDO PARCIALMENTE A ORDEM para reconhecer a mora legislativa e determinar ao órgão público competente que aprecie o pedido de aposentadoria especial do impetrante, aplicando, no que couber, os termos da LC 51/85.

Publique-se.

Brasília, 5 de dezembro de 2018.

Ministro Alexandre de Moraes

Relator

MI 6975 / PR - PARANÁ

MANDADO DE INJUNÇÃO

Relator(a): Min. CÁRMEN LÚCIA

Julgamento: 05/12/2018

Publicação

PROCESSO ELETRÔNICO

DJe-268 DIVULG 13/12/2018 PUBLIC 14/12/2018

Decisão

DECISÃO

MANDADO DE INJUNÇÃO. ALEGADA AUSÊNCIA DE NORMA REGULAMENTADORA DO ART. 40, § 4º, INC. II, DA CONSTITUIÇÃO DA REPÚBLICA. AGENTE PENITENCIÁRIO FEDERAL. PERICULOSIDADE INERENTE AO OFÍCIO. RECONHECIMENTO DA MORA LEGISLATIVA: PRECEDENTES. ORDEM CONCEDIDA PARA APLICAÇÃO, NO QUE COUBER, DA LEI COMPLEMENTAR N. 51/1985.

Tivemos um *overruling* no julgamento do **tema 1019 em repercussão geral**, com superação da posição firmada na ADI 5039. Por unanimidade, o STF fixou tese para garantir a **integralidade** (proventos equivalentes à Última remuneração) de proventos de aposentadoria para os policiais que adquiriram direito com lastro na LC 51, antes da reforma da previdência do ente federativo, **mesmo aqueles que ingressaram no serviço público após a vigência da Emenda 41/2003.**

No que tange ao reajuste paritário, por outro lado, o STF somente o garantiu se a lei do ente federativo a previr expressamente. Registre-se que no caso da Polícia Federal, a Lei 4.878/1965 expressamente garante o reajuste paritário:

> *"Art. 38. O provento do policial inativo será revisto sempre que ocorrer:*
>
> *a) modificação geral dos vencimentos dos funcionários policiais civis em atividade; ou*
>
> *b) reclassificação do cargo que o funcionário policial inativo ocupava ao aposentar-se".*

■ **POSIÇÃO DO STF**

TEMA 1019 - "Decisão: O Tribunal, por unanimidade, apreciando o tema 1.019 da repercussão geral, negou provimento a ambos os recursos extraordinários e fixou a seguinte tese: "O servidor público policial civil que preencheu os requisitos para a aposentadoria especial voluntária prevista na LC nº 51/85 tem direito ao cálculo de seus proventos com base na regra da integralidade e, quando também previsto em lei complementar, na regra da paridade, independentemente do cumprimento das regras de transição especificadas nos arts. 2º e 3º da EC 47/05, por enquadrar-se na exceção prevista no art. 40, § 4º, inciso II, da Constituição Federal, na redação anterior à EC 103/19, atinente ao exercício de atividade de risco". Tudo nos termos do voto do Relator. Plenário, Sessão Virtual de 25.8.2023 a 1.9.2023".

2.18. PENSÃO POR MORTE: REGRAS GERAIS CONSTITUCIONAIS

Por força da Emenda 103/2019, observado o disposto no § 2º do art. 201[31] **quando se tratar da única fonte de renda formal auferida pelo dependente**, o benefício de **pensão por morte** será concedido nos termos de **lei do respectivo ente federativo**, a qual tratará de **forma diferenciada** a hipótese de morte dos servidores de que trata o **§ 4º-B** decorrente de agressão sofrida no exercício ou em razão da função.

Este parágrafo foi reformulado, possibilitando que a pensão por morte do servidor público possa ter **renda inferior a um salário mínimo**, desde que o dependente seja beneficiário de **renda formal**, a exemplo de salário ou de aposentadoria.

---

31. § 2º Nenhum benefício que substitua o salário de contribuição ou o rendimento do trabalho do segurado terá valor mensal inferior ao salário mínimo. (Redação dada pela Emenda Constitucional nº 20, de 1998)

Foi retirado do RGPS e mantido no RPPS com evidente quebra de isonomia. Não há razão para essa diferenciação de dois pensionistas, um podendo ter pensão abaixo de um salário mínimo (RRPS) e o outro não (RGPS).

Ademais, o critério é injusto. Se a renda do dependente for informal, a exemplo do labor autônomo de R$ 5.000,00 por mês, a pensão por morte não poderá ser inferior a um salário mínimo.

Mas se o dependente tiver emprego ou renda de outro benefício previdenciário a sua pensão por morte poderá ser inferior a um salário mínimo. Esdrúxulo o fator de discrímen.

Ademais, a regra permanente não mais trata da renda da pensão por morte, fazendo remissão à **lei do respectivo ente federativo**, que necessariamente terá que tratar de modo diferenciado a morte dos **policiais, agentes penitenciários e agentes socioeducativos** por agressão em decorrência da sua função de risco.

Essa regra deveria ser estendida por isonomia a todos os servidores públicos que são agredidos e morrem no exercício da função, a exemplo do assassinato de um perito médico previdenciário durante atendimento na agência do INSS.

Por força do artigo 23, §8º, da Emenda 103/2019, "aplicam-se às pensões concedidas aos dependentes de **servidores dos Estados, do Distrito Federal e dos Municípios** as normas constitucionais e infraconstitucionais **anteriores à data de entrada em vigor desta Emenda Constitucional**, enquanto não promovidas alterações na legislação interna relacionada ao respectivo regime próprio de previdência social".

Assim, **<u>para os entes federativos que ainda não reformaram este benefício após a EC 103/2019, ainda vigora a antiga redação do §7º do artigo 40 da Constituição</u>:**

> *"§ 7º Lei disporá sobre a concessão do benefício de pensão por morte, que será igual: (Redação dada pela Emenda Constitucional nº 41, 19.12.2003)*
>
> *I - ao valor da totalidade dos proventos do servidor falecido, até o limite máximo estabelecido para os benefícios do regime geral de previdência social de que trata o art. 201, acrescido de setenta por cento da parcela excedente a este limite, caso aposentado à data do óbito; ou (Incluído pela Emenda Constitucional nº 41, 19.12.2003) (Vide ADIN 3133)*
>
> *II - ao valor da totalidade da remuneração do servidor no cargo efetivo em que se deu o falecimento, até o limite máximo estabelecido para os benefícios do regime geral de previdência social de que trata o art. 201, acrescido de setenta por cento da parcela excedente a este limite, caso em atividade na data do óbito. (Incluído pela Emenda Constitucional nº 41, 19.12.2003)"*

A Emenda 41/2003 criou um redutor para as pensões por morte que superem o teto do RGPS. A renda deste benefício corresponderá ao valor da totalidade dos proventos do servidor falecido ou ao valor da totalidade da remuneração do servidor no cargo efetivo em que se deu o falecimento, até o limite máximo estabelecido para os benefícios do RGPS, acrescido de 70% da parcela excedente a este limite.

Logo, **se a remuneração ou os proventos do servidor falecido for superior ao teto do RGPS, haverá um redutor de 30% sobre o excedente**, justificável em razão da redução das despesas familiares, pois haverá uma pessoa a menos no núcleo.

Ressalte-se que **esta nova regra apenas foi aplicável aos óbitos ocorridos a partir de 21.06.2004**, data da vigência da Lei 10.887/2004, que regulamentou a previsão constitucional, em aplicação ao Princípio do *Tempus Regit Actum*, conforme ressalvado no artigo 2º, da referida norma. Isso porque a lei em vigor no dia do óbito do servidor é que irá reger o benefício:

> ■ **POSIÇÃO DO STF**
>
> "A regência da pensão faz-se considerada a legislação em vigor na data do falecimento do servidor, descabendo emprestar a texto de lei ou da Constituição eficácia retroativa, no que prevista a percepção pela totalidade dos vencimentos." (RE 273.570, Rel. Min. Marco Aurélio, julgamento em 14-2-2006, *DJ* de 5-5-2006)

No entanto, o posicionamento do extinto Ministério da Previdência Social adota oficialmente o dia 20/02/2004 como o marco de vigência do redutor, pois neste dia entrou em vigor a MP 167/2004, nos termos da antiga Orientação Normativa 02/2009:

> *"Art. 66. A pensão por morte, conferida ao conjunto dos dependentes do segurado falecido a partir de 20 de fevereiro de 2004, data de publicação da Medida Provisória nº 167, de 19 de fevereiro de 2004, corresponderá a:*
>
> *I - totalidade dos proventos percebidos pelo aposentado na data anterior à do óbito, até o limite máximo estabelecido para os benefícios do RGPS, acrescida de setenta por cento da parcela excedente a esse limite; ou*
>
> *II - totalidade da remuneração do servidor no cargo efetivo na data anterior à do óbito, conforme definido no inciso IX do art. 2º, até o limite máximo estabelecido para os benefícios do RGPS, acrescida de setenta por cento da parcela excedente a esse limite, se o falecimento ocorrer quando o servidor ainda estiver em atividade".*

Vale registrar que as regras do RPPS sobre a pensão por morte devem ser isonômicas entre homens e mulheres, sob pena de inconstitucionalidade material.

> ■ **POSIÇÃO DO STF**
>
> Tema 457 - "É inconstitucional, por transgressão ao princípio da isonomia entre homens e mulheres (CF, art. 5º, I), a exigência de requisitos legais diferenciados para efeito de outorga de pensão por morte de ex-servidores públicos em relação a seus respectivos cônjuges ou companheiros/companheiras (CF, art. 201, V)" - Sessão Virtual de 2.10.2020 a 9.10.2020.

Nem a Constituição Federal ou a Lei 9.717/98 (embora deveria, por ser tema geral de RPPS) indicam o rol de dependentes do servidor público efetivo, cabendo à lei de regência local fazê-lo. Registre-se que, mesmo antes da Emenda 103/2019, os entes federativos já possuíam autonomia para elencar os dependentes do servidor público.

Isso tem gerado distorções entre dependentes idênticos injustificáveis, a exemplo do cancelamento de pensão por morte de filho de servidor falecido do Estado da Bahia aos 18 anos de idade, e não aos 21 anos, como é o comum. Mas o STJ tem pronunciado que o rol de dependentes do RPPS não pode diferir do RGPS.

> ■ **POSIÇÃO DO STJ**
>
> **Processo**
>
> AgRg no **RMS 49462** / MA
>
> AGRAVO REGIMENTAL NO RECURSO EM MANDADO DE SEGURANÇA
>
> 2015/0252450-8
>
> **Relator(a)**
>
> Ministro GURGEL DE FARIA (1160)
>
> **Órgão Julgador**
>
> T1 - PRIMEIRA TURMA
>
> **Data do Julgamento**
>
> 19/02/2019
>
> **Data da Publicação/Fonte**
>
> DJe 01/03/2019
>
> **Ementa**
>
> PREVIDENCIÁRIO. REGIME ESTATUTÁRIO. PENSÃO POR MORTE. LEI ESTADUAL. LIMITE ETÁRIO. NÃO PREVALÊNCIA.
>
> **1. Consoante o entendimento desta Corte, a Lei Federal n. 9. 717/1998, que fixa normas gerais para organização e funcionamento dos regimes próprios dos servidores públicos da União, Estados, Distrito Federal e Municípios, ao vedar a concessão de benefícios distintos daqueles previstos no Regime Geral de Previdência Social, deve prevalecer sobre as disposições de lei local em sentido diverso.**

2. Hipótese em que deve prevalecer o limite de 21 anos previsto na Lei n. 8.213/1991, devendo ser afastadas as disposições da Lei Complementar do Estado do Maranhão n. 73/2004 respeitantes ao limite etário para pagamento de pensão por morte.

3. Agravo regimental desprovido.

Mesmo que a lei local do RPPS seja mais benéfica que o RGPS, **o STJ tem inadmitido a sua aplicação**, a exemplo dos entes federativos (Estado da Bahia, por exemplo) que garantem o pagamento da pensão por morte a filhos universitários até os 24 anos de idade:

■ **POSIÇÃO DO STJ**

PROCESSO

AgInt no RMS 62572 / MG

AGRAVO INTERNO NO RECURSO EM MANDADO DE SEGURANÇA 2019/0378703-0

RELATOR

Ministro GURGEL DE FARIA (1160)

ÓRGÃO JULGADOR

T1 - PRIMEIRA TURMA

DATA DO JULGAMENTO

15/05/2023

DATA DA PUBLICAÇÃO/FONTE

DJe 19/05/2023

EMENTA

PREVIDENCIÁRIO. REGIME ESTATUTÁRIO. PENSÃO POR MORTE. LEI ESTADUAL. LIMITE ETÁRIO. NÃO PREVALÊNCIA.

1. Consoante o entendimento do STJ, há absoluta impossibilidade de recebimento de pensão por morte até os 24 anos de idade, ainda que o beneficiário seja estudante universitário, devendo prevalecer - sobre as disposições de lei local - a legislação federal que rege a matéria, ou seja, a Lei n. 9.717/1998, que fixou regras para a organização e o funcionamento dos regimes próprios de previdência social dos servidores públicos da União, dos Estados, do Distrito Federal e dos Municípios, que estabelece em seu art. 5º que os referidos entes "não poderão conceder benefícios distintos dos previstos no Regime Geral de Previdência Social, de que trata a Lei n. 8.213, de 24 de julho de 1991, salvo disposição em contrário da Constituição Federal".

2. Agravo interno desprovido.

Já o STF invalidou previsão dessa natureza, mas por outro motivo: violação pela lei estadual da regra de contrapartida.

■ **POSIÇÃO DO STF**

ADI 2311 MC

Órgão julgador: **Tribunal Pleno**

Relator(a): ***Min. NÉRI DA SILVEIRA***

Julgamento: ***07/03/2002***

Publicação: ***07/06/2002***

Ementa

EMENTA:- Ação direta de inconstitucionalidade. ***Lei*** **Estadual n.º 2.120/99. Alegação de que a *Lei* Estadual violou os arts. 25, §§ 1º e 4º, 40 e 195, "caput", § 5º, da CF, ao indicar "os filhos solteiros, com idade até 24 anos e freqüência a cursos superiores ou técnico de 2º grau como *dependentes*, para fins previdenciários, no Estado do Mato Grosso do Sul. 2. O art. 195, da CF, na redação da EC n.º 20/98, estipula que nenhum benefício ou serviço de seguridade social poderá ser criado, majorado ou estendido sem a correspondente fonte de custeio total.** A *Lei* n.º 9.717/98 dispôs sobre regras gerais para a organização e funcionamento dos regimes próprios de previdência social dos servidores públicos da União, dos Estados, do Distrito Federal e dos Municípios, dos militares dos Estados e do Distrito Federal, dando outras providências. 3. No art. 5º, da *Lei* n.º 9.717/98 dispõe que "os regimes próprios de previdência social dos servidores públicos da União, dos Estados, do Distrito Federal e dos Municípios, dos militares dos Estados, e do Distrito Federal, não poderão conceder benefícios distintos dos previstos no Regime Geral de Previdência Social, de que trata a *Lei* n.º 8.213/91. **4. Extensão do benefício impugnada se fez sem qualquer previsão de correspondente fonte de custeio. A competência concorrente dos Estados em matéria previdenciária, não autoriza se desatendam os fundamentos básicos do sistema previdenciário, de origem constitucional.** 5. Relevantes os fundamentos da inicial. Medida liminar deferida.

Decisão

O Tribunal, por maioria de votos, vencido o Presidente, o Senhor Ministro Marco Aurélio, deferiu a medida liminar para suspender, até a decisão final da ação direta de inconstitucionalidade, a eficácia da *Lei* nº 2.120, de 27 de junho de 1999, do Estado de Mato Grosso do Sul, que acrescentou o inciso IX ao artigo 8º da *Lei* nº 204, de 29 de dezembro de 1980, do mencionado estado. Ausentes, justificadamente, o Senhor Ministro Celso de Mello, e, neste julgamento, a Senhora Ministra Ellen Gracie. Plenário, 07.03.2002.

Historicamente, quando a LOPS (Lei 3.807/1960) previa o casamento da viúva como causa de cancelamento da pensão por morte, o Tribunal Federal de

Recursos já flexibilizava essa regra exigindo a comprovação de melhoria financeira da pensionista:

> **Súmula 170/TFR (04/12/1984):** "Não se extingue a pensão previdenciária, se do novo casamento não resulta melhoria na situação econômico-financeira da viúva, de modo a tornar dispensável o benefício".

O STJ tem precedentes seguindo este posicionamento, que podem ser hoje invocados contra RPPS's de estados e municípios que contemplam regra de cessação da pensão por morte do viúvo(a) com o casamento ou união estável, a exemplo do Município de Salvador, Estado da Bahia, Estado de São Paulo e Estado do Ceará:

■ **POSIÇÃO DO STJ**

PROCESSO

REsp 7747 / SP

RECURSO ESPECIAL

1991/0001442-7

RELATOR

Ministro MILTON LUIZ PEREIRA (1097)

ÓRGÃO JULGADOR

T1 - PRIMEIRA TURMA

DATA DO JULGAMENTO

06/06/1994

DATA DA PUBLICAÇÃO/FONTE

DJ 27/06/1994 p. 16884

RT vol. 713 p. 211

EMENTA

ADMINISTRATIVO - PREVIDÊNCIA SOCIAL - VIÚVA- PENSÃO VITALÍCIA - CANCELAMENTO DECORRENTE DE NOVO CASAMENTO - CONSTITUIÇÃO FEDERAL, ART. 226 - LICC, ART. 5. - CÓDIGO CIVIL, ART. 229 - SÚMULA 170 - TFR. 1. O NOVO CASAMENTO, POR SI, NÃO CONSTITUI CAUSA EXTINTIVA DO DIREITO A PENSÃO PREVIDENCIÁRIA, INTEGRANTE DO PATRIMÔNIO DA PENSIONISTA, RESULTADO DE CONTRIBUIÇÕES FEITAS PELO SEGURADO DENTRO DAS FORÇAS DA ECONOMIA DO CASAL. O CASAMENTO MANTEM-SE SOB A PROTEÇÃO DO PODER PÚBLICO (C.F., ART. 226). 2. PRECEDENTES DA JURISPRUDÊNCIA.

3. RECURSO PROVIDO.

ACÓRDÃO

POR UNANIMIDADE, DAR PROVIMENTO AO RECURSO.

PROCESSO

AgRg no Ag 1425313 / PI

AGRAVO REGIMENTAL NO AGRAVO DE INSTRUMENTO

2011/0166904-7

RELATOR

Ministro JORGE MUSSI (1138)

ÓRGÃO JULGADOR

T5 - QUINTA TURMA

DATA DO JULGAMENTO

17/04/2012

DATA DA PUBLICAÇÃO/FONTE

DJe 09/05/2012

EMENTA

PREVIDENCIÁRIO. **PENSÃO POR MORTE DE CÔNJUGE. NOVO CASAMENTO. CANCELAMENTO INDEVIDO. MODIFICAÇÃO DA CONDIÇÃO FINANCEIRA NÃO DEMONSTRADA. SÚMULA N. 170/TFR.**

1. O novo matrimônio não constitui causa ou perda do direito integrante do patrimônio da pensionista. Precedente.

2. A ausência de comprovação da melhoria financeira da viúva de ex-segurado, com o novo casamento, obsta o cancelamento da pensão por morte até então percebida. Inteligência da Súmula 170 do extinto TFR.

5. Agravo regimental improvido.

ACÓRDÃO

Vistos, relatados e discutidos estes autos, acordam os Ministros da Quinta Turma do Superior Tribunal de Justiça, na conformidade dos votos e das notas taquigráficas a seguir, por unanimidade, negar provimento ao agravo regimental. Os Srs. Ministros Marco Aurélio Bellizze, Adilson Vieira Macabu (Desembargador convocado do TJ/RJ), Gilson Dipp e Laurita Vaz votaram com o Sr. Ministro Relator.

REFERÊNCIA LEGISLATIVA

LEG:FED SUM:*********** SUM(**TFR) SÚMULA** DO **TRIBUNAL FEDERAL DE RECURSOS**

SUM:000170

JURISPRUDÊNCIA CITADA

STJ - REsp 1108623-PR, REsp 337280-SP,

REsp 313366-MG

No mesmo sentido o STF, que não conheceu de Recurso Extraordinário interposto pelo Estado do Rio de Janeiro e pronunciou que o tema é infraconstitucional e já pacificado pelo STJ e TFR em favor da viúva.

■ **POSIÇÃO DO STF**

ARE 1439062 / RJ - RIO DE JANEIRO

RECURSO EXTRAORDINÁRIO COM AGRAVO

Relator(a): Min. PRESIDENTE

Decisão proferida pelo(a): Min. ROSA WEBER

Julgamento: 13/06/2023

Publicação: 15/06/2023

Publicação

PROCESSO ELETRÔNICO DJe-s/n DIVULG 14/06/2023 PUBLIC 15/06/2023

Partes

RECTE.(S) : FUNDO UNICO DE PREVIDENCIA SOCIAL DO ESTADO DO RIO DE JANEIRO ADV.(A/S) : PROCURADOR-GERAL DO ESTADO DO RIO DE JANEIRO RECDO.(A/S) : ESTELITA MARIA DA CONCEICAO ROSA ADV.(A/S) : ANDERSON DE MIRANDA SANTOS GEARA

Decisão

DECISÃO: Trata-se de recurso extraordinário com agravo contra decisão de inadmissão do recurso extraordinário. O apelo extremo foi interposto com fundamento na alínea "a" do permissivo constitucional. No recurso extraordinário sustenta-se violação do(s) art.(s) 2º; 18, caput; 37, caput; e 97 da Constituição Federal. Decido. Analisados os autos, não há que se falar em inobservância da cláusula de reserva de plenário, pois o Tribunal a quo não declarou a inconstitucionalidade de norma legal ou afastou sua aplicação sem observância do artigo 97 da Constituição Federal, mas apenas interpretou norma infraconstitucional que disciplina a matéria. Nesse sentido, menciono os seguintes precedentes: "AGRAVO REGIMENTAL NO RECURSO EXTRAORDINÁRIO COM AGRAVO. ADMINISTRATIVO. GRATIFICAÇÃO DE RISCO DE POLICIAMENTO OSTENSIVO. LEI COMPLEMENTAR ESTADUAL 59/2004. EXTENSÃO AOS INATIVOS E PENSIONISTAS. REEXAME DE INTERPRETAÇÃO DE NORMAS INFRACONSTITUCIONAIS LOCAIS. OFENSA REFLEXA. SÚMULA 280 DO STF. RESERVA DE PLENÁRIO. VIOLAÇÃO AO ART. 97 DA CONSTITUIÇÃO FEDERAL. INEXISTÊNCIA. AGRAVO A QUE SE NEGA PROVIMENTO. I - A verificação da alegada ofensa ao texto constitucional envolve o reexame da interpretação dada pelo juízo a quo à legislação infraconstitucional local aplicável ao caso (Lei Complementar estadual 59/2004). A afronta à Constituição, se ocorrente, seria indireta. Incidência da Súmula 280 do STF. Precedentes. II - Não há violação ao princípio da reserva de plenário quando o acórdão recorrido apenas interpreta norma infraconstitucional, sem declará-la inconstitucional ou afastar sua aplicação com apoio em fundamentos extraídos da Lei Maior. III - Agravo regimental a que se nega provimento."(ARE 784.179-AgR, Segunda Turma, Rel. Min. Ricardo Lewandowski, DJe de 17/2/2014) "AGRAVO REGIMENTAL EM RECURSO EXTRAORDINÁRIO COM AGRAVO. CARTEIRA NACIONAL DE HABILITAÇÃO. INFRAÇÃO ADMINISTRATIVA. EXPEDIÇÃO DA CNH. INTERPRETAÇÃO DO CÓDIGO DE TRÂNSITO BRASILEIRO. ART. 97 DA CF/88 E SÚMULA VINCULANTE Nº 10. AUSÊNCIA DE VIOLAÇÃO. PRECEDENTES. A jurisprudência do Supremo Tribunal Federal é firme no sentido de que não há violação ao princípio da reserva de plenário quando o acórdão recorrido apenas interpreta norma infraconstitucional, sem declará-la inconstitucional, ou afasta sua aplicação com apoio em fundamentos extraídos da Constituição Federal. Precedentes. Ausência de argumentos capazes de infirmar a decisão agravada. Agravo regimental a que se nega provimento."(ARE 767.313-AgR, Primeira Turma, Rel. Min. Roberto Barroso, DJe de 26/3/2015) Ademais, colhe-se do voto condutor do acórdão atacado a seguinte fundamentação: Versa a demanda sobre restabelecimento de pensão por morte cancelada com base no artigo 31, IV, "a" da Lei Estadual nº 285/79 por ter contraído novo matrimônio. Novo matrimonio, de per si, não enseja a perda da qualidade de beneficiário da pensão. Compulsando-se os autos, acolho o entendimento da magistrada que proferiu a sentença de fl. 130/131, no sentido de que restou comprovado nos autos que não houve melhora na situação econômico financeira da autora, de modo a tornar dispensável o benefício. **Verifico que o procedimento administrativo prosseguiu e chegou à sua conclusão apenas respaldado em um mero indício de constituição de união estável pela autora, sem que qualquer outra diligência tivesse sido empreendida pelo RIOPREVIDÊNCIA com o fito de comprovar a efetiva existência da união e, em caso positivo, a melhoria financeira da autora. Tal aspecto é relevante no caso em tela, eis que, não obstante a Lei Estadual 285/79 prever a hipótese de perda da condição de beneficiário em razão de novo casamento (art. 31, IV), a jurisprudência do STJ firmou entendimento no sentido de que a ausência de comprovação de melhoria financeira do cônjuge supérstite com o novo casamento obsta o cancelamento do benefício (AgRg no AG 1425313/PI). Ressalte-se que a jurisprudência do Superior Tribunal de Justiça há muito se manifestou no sentido de que "o novo casamento, por si, não constitui causa extintiva do direito a pensão previdenciária, integrante do patrimônio da pensionista, resultado de contribuições feitas pelo segurado dentro das forças da economia do casal" (REsp 7.747/SP, Rel. Ministro MILTON LUIZ PEREIRA, PRIMEIRA TURMA, julgado em 06/06/1994, DJ 27/06/1994, p. 16884). Para tanto, baseou-se inclusive no**

Verbete 170 da Súmula do extinto TFR, que prescreve: "Não se extingue a pensão previdenciária, se do novo casamento não resulta melhoria na situação econômico-financeira da viúva, de modo a tornar dispensável o benefício". Mesmo em hipótese de instituição de pensão sob a égide da antiga lei do regime geral de previdência (Lei 3.807/60), que previa expressamente a extinção do benefício "pelo casamento de pensionista do sexo feminino"(art. 39), o Superior reafirmou sua jurisprudência, no sentido de que o novo matrimônio não tem o condão de, por si só, extinguir o direito do pensionista. Confira-se: PREVIDENCIÁRIO. PENSÃO POR MORTE DE CÔNJUGE. NOVO CASAMENTO.CANCELAMENTO INDEVIDO. MODIFICAÇÃO DA CONDIÇÃO FINANCEIRA NÃO DEMONSTRADA. SÚMULA N. 170/TFR.1. O novo matrimônio não constitui causa ou perda do direito integrante do patrimônio da pensionista. Precedente. 2. A ausência de comprovação da melhoria financeira da viúva de ex-segurado, com o novo casamento, obsta o cancelamento da pensão por morte até então percebida. Inteligência da Súmula 170 do extinto TFR.5. Agravo regimental improvido. (AgRg no Ag 1425313/PI, Rel. Ministro JORGE MUSSI, QUINTA TURMA, julgado em 17/04/2012, DJe 09/05/2012). O STJ tem posição consolidada no sentido de que não perde a qualidade de beneficiária a pensionista que não passou a ter melhoria nas condições financeira por ter contraído novo matrimônio. A jurisprudência do STJ e a súmula 170 do TFR, baseiam-se em Lei que estabelecia regra semelhante ao da Lei estadual que envolve a demanda. Onde houver o mesmo fundamento haverá o mesmo direito (ubi eaden ratio ibi idem jus) e onde há a mesma razão de ser, deve prevalecer a mesma razão de decidir (ubi eadem legis ratio ibi eadem dispositivo). Demonstrado que a constituição do novo casamento não trouxe melhoria financeira, deve-se manter a qualidade de beneficiária da pensão. (...) Desse modo, verifica-se que o Tribunal de origem decidiu a controvérsia com fundamento na legislação infraconstitucional local aplicável à espécie e no conjunto fático-probatório dos autos, cuja análise se revela inviável em sede de recurso extraordinário. Incidem, na espécie, os óbices das Súmulas 279 e 280 do STF, in verbis: "Para simples reexame de prova não cabe recurso extraordinário" e "Por ofensa a direito local não cabe recurso extraordinário". Nesse sentido: "AGRAVO REGIMENTAL NO RECURSO EXTRAORDINÁRIO COM AGRAVO. DIREITO AMBIENTAL. AÇÃO CIVIL PÚBLICA. OBRA PARA RECUPERAÇÃO DE IMÓVEL. IMPOSSIBILIDADE DE REEXAME DO CONJUNTO FÁTICO-PROBATÓRIO E DA LEGISLAÇÃO LOCAL: SÚMULAS 279 E 280 DO SUPREMO TRIBUNAL FEDERAL. AGRAVO REGIMENTAL AO QUAL SE NEGA PROVIMENTO". (ARE 1.085.165-AgR, Rel. Min. Cármen Lúcia, Plenário, DJe de 26/3/2018) "RECURSO EXTRAORDINÁRIO COM AGRAVO - ALEGADA VIOLAÇÃO A PRECEITOS CONSTITUCIONAIS - DIREITO LOCAL - SÚMULA 280/STF

- REEXAME DE FATOS E PROVAS - IMPOSSIBILIDADE - SÚMULA 279/STF - SUCUMBÊNCIA RECURSAL (CPC, ART. 85, § 11) - NÃO DECRETAÇÃO, NO CASO, POR TRATAR-SE DE RECURSO DEDUZIDO CONTRA DECISÃO PUBLICADA SOB A ÉGIDE DO CPC/73 - AGRAVO INTERNO IMPROVIDO". (ARE 949.507-AgR, Rel. Min. Celso de Mello, Segunda Turma, DJe de 9/10/2020) Além disso, o Supremo Tribunal Federal, examinando o Recurso Extraordinário com Agravo nº 1170204 segundo a sistemática da repercussão geral (Tema nº 1028), decidiu que: não há repercussão geral (questão infraconstitucional) - Trânsito em Julgado em 27/03/2019. Ante o exposto, no ponto relativo ao enquadramento, determino a devolução dos autos à Corte de origem para que adote, conforme a situação do(s) referido(s) tema(s) de repercussão geral, os procedimentos previstos nos incisos I a III do artigo 1.030 do Código de Processo Civil (alínea c do inciso V do art. 13 do Regimento Interno do Supremo Tribunal Federal). Quanto ao mais, nego seguimento ao recurso (alínea c do inciso V do art. 13 do Regimento Interno do Supremo Tribunal Federal). Publique-se. Brasília, 13 de junho de 2023. Ministra ROSA WEBER Presidente.

É certo que ajustes privados entre dependentes dos segurados não são imponíveis ao Poder Público, pois o rol de dependentes e o regime preferencial é imposto pela lei do ente, não se sujeitando a convenções privadas.

Curioso e polêmico precedente foi inaugurado pelo STJ que, apesar de não afastar a titularidade da pensão por morte da companheira, admitiu que a mãe do segurado recebesse metade do benefício na fonte de pagamento, após acordo entre companheira e mãe do falecido (efeitos de acordo privado com repercussão na gestão do regime previdenciário - divisão na via administrativa).

POSIÇÃO DO STJ INFORMATIVO 618- SEGUNDA TURMA	
PROCESSO	RMS 45.817-RJ, Rel. Min. Humberto Martins, Rel. Acd. Min. Og Fernandes, por maioria, julgado em 26/09/2017, DJe 05/02/2018
RAMO DO DIREITO	DIREITO ADMINISTRATIVO
TEMA	Pensão por morte. Acordo efetivado em juízo. Divisão entre companheira do *de cujus* e a genitora deste. Efeitos perante terceiros. Alteração da ordem legal de pensionamento. Impossibilidade.
DESTAQUE	
O acordo de partilha de pensão por morte, homologado judicialmente, não altera a ordem legal do pensionamento, podendo, todavia, impor ao órgão de previdência a obrigação de depositar parcela do benefício em favor do acordante que não figura como beneficiário perante a autarquia previdenciária.	

INFORMAÇÕES DO INTEIRO TEOR
Na hipótese, foi homologado judicialmente acordo no qual se dividiu em partes iguais pensão por morte entre companheira do *de cujus* - beneficiária da pensão de acordo com as normas municipais - e a genitora do falecido. Nesse contexto, cinge-se a controvérsia, dentre outros pontos, a analisar os efeitos gerados por esse acordo, em especial, em relação à autarquia previdenciária municipal responsável pelo pagamento do benefício. **De início, consigna-se que o ajuste formulado *inter partes*, pode produzir efeitos em face do Instituto de Previdência e Assistência de Servidores Municipais desde que a sua efetivação não acarrete ônus à autarquia, além daquele estritamente relativo à efetivação dos registros nos assentamentos e eventuais transferências de valores.** Dito de outro modo: desde que se restrinja à mera esfera de interesses particulares dos acordantes. **No entanto, o acordo homologado em juízo não pode alterar a ordem legal quanto aos beneficiários da pensão por morte.** No caso analisado, a homologação feita pela autoridade judicial do ajuste formulado entre as partes "partilhou" o objeto da pensão, **mas não pretendeu impor à autarquia determinação no sentido de implantar a pensão por morte para a genitora do segurado.** Com isso, não tendo o ajuste homologado em juízo o condão - e nem o poderia - de alterar ordem legal de pensionamento, a conclusão que dele decorre é que houve o consentimento de uma parte, por expressa vontade, de pagar, em favor da outra, determinado valor mensal com natureza jurídica geral de "alimentos". **Todavia, o desconto em favor da genitora não tem natureza de pensionamento, porque inexistente suporte legal para tanto, não podendo gerar, para o futuro, qualquer direito em favor de terceiros dependentes dessa beneficiária, bem como fica condicionado se e quando persistir a pensão por morte de que é titular a companheira do *de cujus*.** Por fim, caso dito desconto seja suspenso, excluído ou diminuído, por qualquer motivo - morte ou revisão total ou parcial do ajuste em juízo -, a parcela respectiva retorna para a beneficiária titular. Por seu turno, **a autarquia previdenciária tem a obrigação de, tão somente, implantar o benefício de pensão por morte em nome da dependente legal, mas do valor total a ser pago mensalmente à pensionista, por força de acordo *inter partes*, deve ser descontado o percentual acordado, a ser depositado, pelo Instituto de Previdência e Assistência dos Servidores Municipais em favor da genitora do falecido.**

Note-se, por outro lado, que não haverá prejuízos ao RPPS, pois uma vez falecida a viúva, única titular do benefício, este será cessado, mesmo que a mãe do instituidor ainda esteja viva.

2.19. ACUMULAÇÕES E O ARTIGO 24 DA EC 103/2019

Com efeito, se houver compatibilidade de horários, será possível a acumulação de dois cargos de professor, um de professor com um cargo técnico ou científico, assim como de dois cargos na área da saúde, com profissões regulamentadas, a teor do artigo 37, XVI, da Constituição Federal.

Na hipótese de cargos que poderão ser acumulados, é possível a percepção de duas aposentadorias à custa do RPPS, mas deve ser observado o teto do funcionalismo público, que é o subsídio dos Ministros do STF, assim como a soma de remuneração com proventos de inatividade.

No entanto, existe posicionamento do STJ aduzindo que o teto deve ser avaliado de maneira separada em cada cargo acumulável:

■ POSIÇÃO DO STJ

"RECURSO ORDINÁRIO EM MANDADO DE SEGURANÇA. QUESTÃO DE ORDEM. MATÉRIA SUBMETIDA AO CRIVO DA PRIMEIRA SEÇÃO DESTE SUPERIOR TRIBUNAL. CONSTITUCIONAL E ADMINISTRATIVO. SERVIDOR PÚBLICO. CUMULAÇÃO DE CARGOS PERMITIDA CONSTITUCIONALMENTE. CARGOS CONSIDERADOS, ISOLADAMENTE, PARA APLICAÇÃO DO TETO REMUNERATÓRIO. **1. "Tratando-se de cumulação legítima de cargos, a remuneração do servidor público não se submete ao teto constitucional, devendo os cargos, para este fim, ser considerados isoladamente".** (Precedentes: AgRg no RMS 33.100/DF, Rel. Ministra ELIANA CALMON, DJe 15/05/2013 e RMS 38.682/ES, Rel. Ministro HERMAN BENJAMIN, DJe 05/11/2012). 2. Recurso Ordinário em Mandado de Segurança provido" (1ª Seção, ROMS 201001999461, de 26/06/2013).

O Supremo Tribunal Federal seguiu o mesmo posicionamento do STJ, determinando a observância do teto em separado para cada cargo na situação de acumulação.

■ POSIÇÃO DO STF

Nos casos autorizados constitucionalmente de acumulação de cargos, empregos e funções, a incidência do art. 37, XI (1), da Constituição Federal (CF) pressupõe consideração de cada um dos vínculos formalizados, afastada a observância do teto remuneratório quanto ao somatório dos ganhos do agente público. RE 612975/MT, rel. Min. Marco Aurélio, julgamento em 26 e 27.4.2017. (RE-612975) - RE 602043/MT, rel. Min. Marco Aurélio, julgamento em 26 e 27.4.2017. (RE-602043).

Curiosamente, aparentemente adotando dois pesos e duas medidas, **na hipótese de acumulação de remuneração ou aposentadoria com pensão por morte**, o STF entendeu de modo oposto, considerando **o teto com a soma da remuneração/aposentadoria com a pensão por morte**.

■ POSIÇÃO DO STF

Trata-se da decisão tomada em 6 de agosto de 2020 no tema 359 no julgamento do RE 602.584: "Julgado mérito de tema com repercussão geral - Decisão: O Tribunal, por maioria, apreciando o tema 359 da repercussão geral, deu provimento ao recurso extraordinário para indeferir a ordem, nos termos do voto do Relator, vencidos os Ministros Celso de Mello, Ricardo Lewandowski e Dias

Toffoli (Presidente). Em seguida, foi fixada a seguinte tese: **"Ocorrida a morte do instituidor da pensão em momento posterior ao da Emenda Constitucional nº 19/1998, o teto constitucional previsto no inciso XI do artigo 37 da Constituição Federal incide sobre o somatório de remuneração ou provento e pensão percebida por servidor"**. Falou, pelo amicus curiae Estado do Rio Grande do Sul, a Dra. Márcia dos Anjos Manoel, Procuradora do Estado. Afirmou suspeição o Ministro Alexandre de Moraes. Plenário, 06.08.2020 (Sessão realizada inteiramente por videoconferência - Resolução 672/2020/STF)".

A meu ver, o teto remuneratório do serviço público somente deve ser aplicado à renda mensal da pensão por morte, e não sobre a aposentadoria ou média remuneratória que a precedeu.

Assim, se um ex-servidor aposentado fazia jus a uma aposentadoria de R$ 45.000,00 (a exemplo de proventos ultra integrais) e somente recebia R$ 42.000,00 (teto do STF na época), a incidência do coeficiente para cálculo da pensão por morte deve se dar sobre R$ 50.000,00, somente devendo incidir o teto ao final, por se tratar de elemento externo limitador.

A questão será julgada pelo STF no **tema 1167**:

> ***Tema 1167 - Definição do momento de incidência do teto remuneratório do serviço público no cálculo de pensão por morte estabelecido no artigo 40, § 7º, da Constituição Federal, na redação da Emenda Constitucional 41/2003.***
>
> Há Repercussão?
>
> ***Sim***
>
> ***Relator(a):***
>
> MIN. FLÁVIO DINO
>
> ***Leading Case:***
>
> ARE 1314490
>
> ***Descrição:***
>
> Recurso extraordinário em que se discute à luz dos artigos 37, XI, e 40, § 7º, da CF, a metodologia de cálculo do valor da pensão por morte dos servidores públicos do Estado de São Paulo, especialmente o momento de incidência do abatimento decorrente do teto constitucional (artigo 37, XI, da CF), se antes ou depois da aplicação do limite previsto nos incisos do § 7º do artigo 40 da Constituição Federal.

Já temos precedentes do STF favorável aos dependentes:

> ***"O recurso extraordinário é inadmissível, uma vez que o acórdão recorrido está alinhado à jurisprudência do Supremo Tribunal Federal. Na hipótese,***

o Tribunal de origem assentou que, para o pagamento de pensão à viúva de servidor público aposentado, deve ser aplicado primeiro o redutor para o cálculo da pensão (art. 40, § 7º, da Constituição Federal) para, após, incidir o subteto remuneratório previsto constitucionalmente pelo ente federativo. A conclusão alinha-se ao entendimento desta Corte, que, no julgamento do RE 675.978-RG, sob a relatoria da Ministra Cármen Lúcia, assentou que a base de cálculo para a incidência do teto remuneratório previsto no art. 37, XI, da Constituição é o valor integral percebido pelo servidor ou pensionista. *(RE 1020642, Relator(a): Min. ROBERTO BARROSO, julgado em 22/02/2017, publicado em PROCESSO ELETRÔNICO DJe-039 DIVULG 01/03/2017 PUBLIC 02/03/2017)*

Por sua vez, a própria AGU como *amicus curiae* se manifestou favoravelmente aos dependentes no âmbito do tema 1167:

De plano, a União compreende que a controvérsia deve ser dirimida nos mesmos termos da decisão recorrida, pois sua ótica constitucional na matéria "coincide integralmente com o Acórdão agravado, proferido pelo Tribunal de Justiça do Estado de São Paulo". Foi esta a conclusão externada pela Secretaria de Previdência do Ministério do Trabalho, de acordo com a Nota Técnica SEI nº 46829/2021/ME (anexa). Nessa linha, a referida pasta sustenta a tese de que "o teto remuneratório do serviço público deve incidir depois de realizado o cálculo previsto no artigo 40, § 7º (redação da Emenda Constitucional 41/2003), caso a pensão exceda o valor nele estabelecido".

Eis o ato do Ministério da Previdência:

Nota Técnica SEI nº 46829/2021/ME Assunto: TEMA DE REPERCUSSÃO GERAL STF nº 1167 - Definição do momento de incidência do teto remuneratório do serviço público no cálculo de pensão por morte estabelecido no artigo 40, § 7º , da Constituição Federal, na redação da Emenda Constitucional 41/2003.

...

15. Da análise, observa-se que estão em jogo duas definições: o de cálculo de valor de benefício previdenciário de pensão por morte e o de aplicação de teto remuneratório geral. A primeira é uma regra previdenciária, decorrente do art. 40 da Constituição Federal. A outra um redutor, de natureza financeira, transitório e variável por competência a depender da mudança do valor do paradigma e até mesmo do benefício. 16. De acordo com o art. 40, § 7º, da Constituição Federal (na redação da Emenda Constitucional 41/2003), o valor inicial do benefício de pensão por morte devido para os dependentes do segurado do RPPS falecido deverá ser calculado tendo como parâmetro o valor dos proventos do aposentado ou a remuneração no cargo efetivo do servidor ativo, conforme o momento do falecimento, bem como o teto estabelecido para os benefícios do RGPS. Esse dispositivo é taxativo ao dizer que o benefício de pensão por morte será igual à totalidade dos proventos percebidos pelo aposentado, ou na data anterior à do óbito, ou à totalidade da remuneração do servidor no cargo efetivo, na data anterior à do óbito, até o limite máximo estabelecido para os benefícios do RGPS, acrescida de 70% (setenta por cento) da parcela excedente a este limite. 17. Cabe ser lembrado que as bases desse cálculo (a remuneração do servidor ou os proventos) também possuem previsão legal para a definição de seu valor e a aplicação do art. 37, XI da Constituição não muda esse valor de forma definitiva, apenas reduz o valor efetivamente pago, enquanto o servidor ou o aposentado os estava recebendo. A aplicação do teto é feita por meio do abatimento do que seria devido de remunerações e benefícios que superarem o valor do paradigma. Para o efetivo pagamento ao beneficiário, a dedução deve ser aferida mensalmente, conforme valores devidos e o valor do teto vigente.

18. Então, a aplicação do teto - regra de percepção - não interfere nas regras gerais ou constitucionais de concessão ou de fixação do valor bruto dos benefícios dos RPPS, sequer da pensão por morte. Trata-se de uma regra de proteção financeira ao erário e não remuneratória ou previdenciária. Por isso, para a realização do pagamento ao beneficiário, deve-se verificar, mensalmente, se o valor do que seria devido supera ou não o teto de que t rata o inciso XI do art. 37 da Constituição Federal, vigente na mesma competência. Na verdade, é uma operação de folha de pagamento que deve ser discriminada em comprovante de rendimentos mensal em prol da transparência. Nem deveria constar obrigatoriamente em memória de cálculo de benefício ou remuneração, dada sua natureza e também porque seria inviável, além de inadequado que todas as possíveis variações no corte mensal pelo teto fossem registrados desde sua concessão até a extinção do benefício. 19. Sendo assim, ainda que o servidor ou aposentado falecido estivesse sofrendo abate-teto na remuneração/benefício, o valor da pensão por morte deve levar em conta o valor bruto (real e legal) de sua base de cálculo e não o creditado depois do abatimento feito enquanto devido em vida, visto que esse passo de aplicação de teto (transitório, variável de abatimento), não é fase de definição de valor dos rendimentos do instituidor da pensão.

20. Em outras palavras, o cálculo (definição do valor) e o crédito do benefício constituem etapas operacionais distintas. Supondo que o servidor falecido recebia proventos de R$ 29.860,12, e que o falecimento tivesse ocorrido em 1º de maio de 2015, ter-se-ia que o valor inicial do benefício de pensão corresponderia a R$ 22.301,21, ou seja, seria igual a 100% do valor do teto estabelecido para os benefícios do RGPS, que em maio/2015 correspondia a R$ 4.663,75 (conforme Portaria Interministerial MPS-MF nº 13, de 09/01/2015), mais 70% do valor dos proventos do falecido que ultrapassava esse teto do RGPS. Para *esse caso, o cálculo do benefício seria: R$ 4.663,75 + [70% x (R$ 29.860,12 - R$ 4.663,75)] = R$ 22.301,21.*

21. Nesse caso, o pagamento mensal ao beneficiário deverá corresponder ao valor calculado da pensão (conforme alínea "a") até o teto de que t rata o inciso XI do art. 37 da Constituição Federal vigente na competência do pagamento. Assim, considerando o subsídio do Ministro do STF vigente a em Janeiro/2015 (= R$ 30.935,36, conforme inciso III do art. 1º da Lei nº 12.771/2012), se o teto remuneratório aplicável ao caso fosse, por exemplo, correspondente a 90,25% desse subsídio (= R$ 27.919,16), tem-se que o valor devido de pensão (R$ 22.301,21) nas competências Maio/2015 e seguintes, é menor que o teto constitucional aplicável, de modo que o pagamento da pensão deve ser feito no valor total do benefício, não cabendo desconto relativo ao abate-teto.

22. Como o valor dos proventos da aposentadoria do falecido ultrapassava o teto constitucional, deveria ser feito o abate-teto correspondente no benefício. Mas, o valor da pensão por morte - calculado tendo como base o valor real dos proventos do instituidor - não ultrapassa o teto constitucional, de forma que o pagamento deve ser feito no valor integral da pensão devida.

23. Esse entendimento de que o abate-teto é uma questão financeira, transitória e variável gera efeitos quando o benefício ou o valor de referência sofrerem alterações. Em regra, o valor inicial da pensão por morte calculada conforme art. 2º da Lei nº 10.887, de 2004, será majorado, a partir do falecimento, em razão dos reajustamentos assegurados pelo § 8º do art. 40 da Constituição Federal ou pelo art. 7º da Emenda Constitucional nº 41/2003, conforme o caso (se com direito a reajuste anual ou revisão pela paridade com a remuneração dos ativos), enquanto o valor do teto remuneratório sofrerá alteração em razão da modificação, por lei, dos valores dos subsídios que lhe servem de parâmetro conforme suas categorias.

24. O valor do benefício devido deve ser comparado, mês a mês, ao valor do teto remuneratório vigente, para que não ocorra pagamento acima desse teto, contudo tal procedimento não implica qualquer alteração no cálculo do valor inicial do benefício fixado por ocasião da sua concessão. Por isso, quando o valor do benefício sofrer reajuste e o valor do subsídio paradigma permanecer inalterado, o abatimento aumenta. No âmbito da União, por exemplo, o art. 15 da Lei nº 10.887, de 2004, assegura reajuste anual para pensões com o mesmo índice dos benefícios do RGPS, garantia não assegurada aos ativos, o que pode representar mais abatimento a cada ano, visto que esse reajuste dever ser aplicado sobre o valor bruto do benefício. Por out ro lado, se o paradigma for majorado por lei, o servidor/beneficiário passa a ter direito a receber, significando que o abate teto dos beneficiários e servidores deverá ser recalculado, gerando sua redução ou até mesmo anulação.

25. Entender de outra forma seria dizer que o art. 37, XI não estabeleceu um limite remuneratório, mas criou outra regra de definição da remunerações dos servidores e de cálculo dos benefícios previdenciários, o que não parece coerente com seu objetivo. O teto constitucional é limite à percepção (ao recebimento) de remunerações, subsídios, proventos, pensões e ou qualquer espécie remuneratória, na forma que dispõe o inciso XI do art. 37 da Constituição Federal, sem importar qual é a base de cálculo desses rendimentos.

...

III - CONSIDERAÇÕES FINAIS

28. Em suma, no entender desta SRPPS, não há a incidência anterior relativa ao teto constitucional remuneratório na base para o cálculo do valor do benefício da pensão, seja a sua base remuneração ou provento. Quando do cálculo, faz-se a aplicação do redutor de 30% previsto no art. 2º da Lei nº 10.887/2004 sobre o valor total dos proventos. Esse será o valor da pensão que, mensalmente, deverá ser submetido ao reajuste anual ou revisão pela paridade, e comparado ao teto remuneratório vigente em cada competência, para se aplicar a dedução em verba separada. Para a aplicação do limite de que t rata o art. 37, XI da Constituição é feito o abatimento do valor que seria devido de remunerações e benefícios (percebidos individual ou acumuladamente) mas que superar o valor do paradigma. No efetivo pagamento ao beneficiário, a dedução deve ser aferida mensalmente, conforme valores devidos e o valor do teto vigente, pois a aplicação do teto - regra de percepção - não interfere nas regras gerais ou constitucionais de concessão ou de fixação do valor bruto dos benefícios dos RPPS.

29. Caso haja mudança no valor do teto constitucional ou na pensão (por reajustamento), o abate teto irá variar para mais ou para menos. Por isso, para a realização do pagamento/crédito do benefício, deve-se verificar, mensalmente, a existência de acumulação conforme art. 24 da EC 103/2019 (e se o valores a serem pagos a cada beneficiário superam ou não o teto de que t rata o inciso XI do art. 37 da Constituição Federal).

30. É o que a SRPPS tem respondido em consultas dos entes federativos detentores de RPPS quanto ao cálculo do valor da pensão: o teto remuneratório do serviço público deve incidir depois de realizado o cálculo previsto no artigo 40, § 7º (redação da Emenda Constitucional 41/2003), caso a pensão exceda o valor nele estabelecido. Ou seja, coincide integralmente com o Acórdão agravado, proferido pelo Tribunal de Justiça do Estado de São Paulo.

31. Cabe observar que, embora a discussão nesse momento seja acerca de dispositivo específico, de cálculo de pensão, caso prevaleça o entendimento que o recorrente defende, ou seja, de que o corte de um provento ou remuneração é uma operação definitiva, afetando inclusive o valor do benefício que o tenha por base, haverá consequências também para os ativos e inativos. Explica-se: se o corte pelo teto reduz definitivamente o valor da remuneração ou provento, todos esses que estiverem em manutenção estariam com redutor congelado, ou seja, ainda que aumente o valor do paradigma, o valor a ser pago ao beneficiário não será majorado, pois o abate teto seria fixo. Da mesma forma, se o benefício sofrer o reajuste anual ou revisão pela paridade, mas o paradigma permanecer inalterado, o abate teto não poderia aumentar.

32. Caso o abatimento fosse fixo, o que dizer então da hipótese de mudança da condição pessoal de acumulação se houver o aumento/perda de uma fonte ou opção pelo benefício mais vantajoso. Não há coerência no procedimento que o recorrente defende. Não é possível que as regras sejam moduladas no interesse da Administração. Os reflexos financeiros ao Estado da aplicação equivocada de dispositivo constitucional ou legal não justificam sua perpetuação ou confirmação pela Corte.

33. Ademais, a aplicação do art. 37, XI, da Constituição Federal é condição pessoal e representa limite à percepção. Mudou o beneficiário, deve-se recalcular conforme sua condição e as regras de cálculo do novo benefício, seu valor e o do paradigma.

No âmbito federal, que tem posição contrária aos pensionistas é o TCU, a Câmara dos Deputados e o Senado Federal.

Registre-se que não há impedimento para a acumulação de aposentadoria do RGPS com aposentadoria do RPPS.

■ **POSIÇÃO DO STF**

Por derivação, se não for possível a acumulação de duas aposentadorias, também não poderão ser instituídas duas pensões por morte em favor dos dependentes do servidor falecido (RE 584388/SC, rel. Min. Ricardo Lewandowski, 31.8.2011). Ademais, "a Constituição veda apenas o recebimento cumulativo de aposentadoria do regime próprio de previdência e de remuneração de cargo, emprego ou função pública, ressalvados os cargos acumuláveis da forma da própria Constituição, os cargos eletivos e os cargos em comissão. Em nenhum momento, na vedação, é feita referência à aposentadoria paga pelo RGPS. Ao ser necessário optar por um dos fundamentos, deveria prevalecer aquele em sintonia com a jurisprudência do STF sobre a matéria, ou seja, o acolhido pelo ato reclamado" (Informativo 808 - Rcl 8168/SC, rel. orig. Min. Ellen Gracie, red. p/ o acórdão Min. Edson Fachin, 19.11.2015).

Importante:
De acordo com o artigo 40, §6º, da CRFB, com redação dada pela Emenda 103/2019, ressalvadas as aposentadorias decorrentes dos cargos acumuláveis na forma desta Constituição, é vedada a percepção de mais de uma aposentadoria à conta de regime próprio de previdência social, **aplicando-se outras vedações, regras e condições para a acumulação de benefícios previdenciários estabelecidas no Regime Geral de Previdência Social.**

Restou ampliada a regra proibitiva do §6º, que vedava a acumulação de mais de uma aposentadoria de RPPS, salvo cargos acumuláveis previstos no artigo 37, XVI, da Constituição.

A inovação é a **extensão ao RPPS de outras vedações, regras e condições para a acumulação de benefícios previdenciários estabelecidas no Regime Geral de Previdência Social**, de modo que os impedimentos de acumulação do RGPS passam a ser aplicação ao RPPS, no que couber, a exemplo do artigo 124[32] da Lei 8.213/91.

Ademais, o **artigo 24 da Emenda 103/2019** traz regras de vedação ou com restrição de acumulação entre pensões e aposentadoria com pensão, se aplicando de imediato a todos os regimes público de previdência, inclusive dos **estados, Distrito Federal e municípios**, determinado a **redução em faixas do menor benefício.**

Restou **vedada a acumulação de mais de uma pensão por morte deixada por cônjuge ou companheiro**, no âmbito do mesmo regime de previdência social, **ressalvadas** as pensões do mesmo instituidor decorrentes do exercício de **cargos acumuláveis** na forma do art. 37 da Constituição Federal, o que já existia no RGPS e RPPS federal, mas não existia em alguns estados e municípios por falta de previsão da lei local.

Admitiu-se a acumulação com a redução em faixas do menor benefício nos seguintes casos:

a) **pensão por morte** deixada por cônjuge ou companheiro de um regime de previdência social com **pensão por morte** concedida por outro regime de previdência social ou com pensões decorrentes das atividades militares;

b) **pensão por morte** deixada por cônjuge ou companheiro de um regime de previdência social com **aposentadoria** concedida no âmbito do Regime Geral de Previdência Social ou de regime próprio de previdência social ou com proventos de inatividade decorrentes das atividades militares;

---

32. Art. 124. Salvo no caso de direito adquirido, não é permitido o recebimento conjunto dos seguintes benefícios da Previdência Social:

I - aposentadoria e auxílio-doença;

II - mais de uma aposentadoria; (Redação dada pela Lei nº 9.032, de 1995)

III - aposentadoria e abono de permanência em serviço;

IV - salário-maternidade e auxílio-doença;)Incluído dada pela Lei nº 9.032, de 1995)

V - mais de um auxílio-acidente; (Incluído dada pela Lei nº 9.032, de 1995)

VI - mais de uma pensão deixada por cônjuge ou companheiro, ressalvado o direito de opção pela mais vantajosa. (Incluído dada pela Lei nº 9.032, de 1995)

Parágrafo único. É vedado o recebimento conjunto do seguro-desemprego com qualquer benefício de prestação continuada da Previdência Social, exceto pensão por morte ou auxílio-acidente. (Incluído dada pela Lei nº 9.032, de 1995)

c) de **aposentadoria** concedida no âmbito do Regime Geral de Previdência Social ou de regime próprio de previdência social com **pensões decorrentes das atividades militares.**

Neste caso, é assegurada a percepção do valor integral do benefício mais vantajoso e de uma parte de cada um dos demais benefícios, apurada cumulativamente de acordo com as **seguintes faixas**:

PERCENTUAL PAGO	FAIXA DO BENEFÍCIO	REDUTOR
100%	Até 1 salário mínimo	-
60%	Acima de 1 até 2 salários mínimos	40%
40%	Acima de 2 até 3 salários mínimos	60%
20%	Acima de 3 até 4 salários mínimos	80%
10%	Acima de 4 salários mínimos	90%

Se o salário mínimo for reajustado acima do INPC (índice legal de reajuste dos benefícios, salvo beneficiários pela integralidade), o recálculo das faixas irá beneficiar o beneficiário da previdência social, pois irá elevar as faixas e a renda mensal.

No entanto, o artigo 24 é omisso a respeito, silenciando a respeito da revisão anual das faixas e consequentemente do redutor acaso o salário mínimo tenha reajuste real acima da inflação nos anos seguintes ao ano da concessão.

Não há restrição para a acumulação de aposentadorias em mais de um regime público de previdência, de modo que é possível **acumular sem redução**, por exemplo, duas aposentadorias do RPPS (cargos legitimamente permitidos na Constituição) e uma aposentadoria no RGPS.

Veja-se o STF:

MS 39802

Órgão julgador: Primeira Turma

Relator(a): Min. FLÁVIO DINO

Julgamento: 28/10/2024

Publicação: 05/11/2024

Ementa

Ementa: MANDADO DE SEGURANÇA. DIREITO CONSTITUCIONAL, ADMINISTRATIVO E PREVIDENCIÁRIO. SUSPENSÃO DE APOSENTADORIA. **ACUMULAÇÃO DE BENEFÍCIOS PREVIDENCIÁRIOS. APOSENTADORIA PELO RGPS, PENSÃO POR APOSENTADORIA PELO**

> **RPPS E PENSÃO MILITAR. POSSIBILIDADE DE ACUMULAÇÃO DE BENEFÍCIOS PREVIDENCIÁRIOS ORIUNDOS DE REGIMES DISTINTOS.** PRECEDENTES. INAPLICABILIDADE DO TEMA Nº 921 DA REPERCUSSÃO GERAL AO CASO. CONCEDIDA A ORDEM. 1. Mandado de Segurança impetrado contra ato do Tribunal de Contas da União que culminou na suspensão de pagamento de aposentadoria vinculada ao Regime Geral de Previdência Social. 2. A impetração do Mandado de Segurança nº 39.753 ocorreu após o declínio de competência do primeiro grau de jurisdição e antes do envio dos presentes autos a esta Suprema Corte. 3. Deferimento do pedido de liminar lançado nos autos daquele Mandado de Segurança nº 39.753, conhecido como requerimento de tutela provisória incidental. Adoção, por analogia, do procedimento disposto no Código de Processo Civil para os casos de pedido de efeito suspensivo manejado no período compreendido entre a interposição da apelação e sua distribuição, nos termos que dispõe o seu art. 1.012, § 3º, I. **4. Controvérsia consistente na análise da possibilidade de acumulação de duas aposentadorias, concedidas à impetrante em decorrência do exercício de um cargo público e de um emprego público, ambos na função do magistério, com uma pensão militar. Possibilidade. Precedentes deste STF.** 5. Concessão da ordem, confirmando a medida liminar anteriormente deferida, para: (i) anular os efeitos do ato impugnado e de todos aqueles que dele decorram, consubstanciado no Extrato Individualizado de Indício do Tribunal de Contas da União; e (ii) determinar a continuidade do pagamento da aposentadoria vinculada ao Regime Geral de Previdência Social, em cumulação com a aposentadoria decorrente do Regime Próprio de Previdência Social e à pensão militar, dos quais a impetrante é beneficiária.

Não haverá redução de os fatos geradores de ambos os benefícios se derem até a publicação da EC 103/2019, ocorrida em 13.11.2019 em razão da consolidação do **direito adquirido**.

Nos termos do artigo 165, §2º, da Portaria MTP 1.467, de 2 de junho de 2022, teremos a redução do menor benefício nas seguintes situações:

> I - pensão por morte deixada por cônjuge ou companheiro no âmbito do RPPS com pensão por morte concedida em outro RPPS ou no RGPS, e pensão por morte deixada por cônjuge ou companheiro no âmbito do RGPS com pensão por morte deixada no âmbito do RPPS;
>
> II - pensão por morte deixada por cônjuge ou companheiro no âmbito do RGPS **com pensões por morte decorrentes das atividades militares de que tratam os arts. 42 e 142 da Constituição Federal;**
>
> III - pensão por morte deixada por cônjuge ou companheiro no âmbito do RPPS **com pensões por morte decorrentes das atividades militares de que tratam os arts. 42 e 142 da Constituição Federal;**
>
> IV - pensão por morte deixada por cônjuge ou companheiro no âmbito do RGPS com aposentadoria concedida por RPPS ou RGPS;

V - pensão por morte deixada por cônjuge ou companheiro no âmbito do RPPS com aposentadoria concedida por RPPS ou RGPS;

VI - pensão por morte deixada por cônjuge ou companheiro no âmbito do RPPS ou do RGPS com proventos de inatividade decorrentes das atividades militares de que tratam os arts. 42 e 142 da Constituição Federal;

VII - **pensões por morte decorrentes das atividades militares** de que tratam os arts. 42 e 142 da Constituição Federal com aposentadoria concedida no âmbito do RGPS; e

VIII - **pensões por morte decorrentes das atividades militares** de que tratam os arts. 42 e 142 da Constituição Federal com aposentadoria concedida no âmbito de RPPS.

O artigo 165, §4º, da Portaria MTP 1.467, de 2 de junho de 2022, afastou a redução do menor benefício na situação de pensões por morte deixadas pelo mesmo cônjuge ou companheiro decorrentes de cargos acumuláveis no âmbito do mesmo RPPS, exceto quando as pensões forem acumuladas com aposentadoria de qualquer regime previdenciário:

"§ 4º O escalonamento de que trata o § 3º:

I - não se aplica às pensões por morte deixadas pelo mesmo cônjuge ou companheiro decorrentes de cargos acumuláveis no âmbito do mesmo RPPS, exceto quando as pensões forem acumuladas com aposentadoria de qualquer regime previdenciário; e"

Com efeito, a acumulação de duas pensões por morte no mesmo RPPS em razão de o falecido acumular dois cargos constitucionalmente permitidos, a exemplo de dois cargos de professor, **gerará a concessão de duas pensões por morte sem redutor**, pois a redução de que trata o §1º do artigo 24 da EC 103/2019 apenas se refere à acumulação de pensões por morte por cônjuges ou companheiros de regimes públicos de previdência diversos, não podendo uma regra restritiva de direitos ser interpretada de modo ampliativo:

§ 1º Será admitida, nos termos do § 2º, a acumulação de:

*I - pensão por morte deixada por cônjuge ou companheiro **de um regime de previdência social** com pensão por morte concedida **por outro regime de previdência social** ou com pensões decorrentes das atividades militares de que tratam os arts. 42 e 142 da Constituição Federal;*

Esta, inclusive, é a técnica posição do Ministério da Previdência Social:

"ACUMULAÇÃO DE BENEFÍCIOS PREVIDENCIÁRIOS. HIPÓTESES. INCIDÊNCIA DE REDUTORES. PERCEPÇÃO DO VALOR INTEGRAL.

Nessas situações de acumulação de benefícios deverá ser observado se os cargos de que provêm os benefícios são constitucionalmente acumuláveis, sejam aposentadorias ou pensões por morte, considerando a expressa autorização

constitucional para a acumulação de benefícios nessas situações. Para as demais situações, enfatiza-se, deve-se atentar aos exatos limites definidos no art. 24 da EC nº 103, de 2019, especialmente quanto à vedação de concessão de mais de uma pensão por morte deixada por cônjuge ou companheiro distintos no âmbito do mesmo Regime de Previdência e às limitações de acumulação previstas no art. 24, § 1º, da Emenda, que é de dois benefícios previdenciários, como regra, sejam no mesmo Regime de Previdência ou de instituidores distintos.

Nas hipóteses das acumulações previstas no § 1º, é assegurada a percepção do valor integral do benefício mais vantajoso e de uma parte de cada um dos demais benefícios, apurada cumulativamente, aplicando-se, a partir disso, os redutores previstos no § 2º do art. 24 da EC nº 103, de 2019.

A previsão do § 2º do art. 24 da EC nº 103, de 2019, contudo, excepciona do escalonamento nele previsto a acumulação de pensão por morte trazida na ressalva do caput do artigo, que é a situação da pensão do mesmo instituidor decorrente do exercício de cargos acumuláveis na forma do art. 37 da Constituição, a ser paga pelo mesmo regime de previdência social. ***(Orientação Técnica da Coordenação-Geral de Normatização e Acompanhamento Legal - CGNAL/DRPSP/SRPC/MPS. GESCON nº L202203/2021. Data: 08/04/2023)".***

Ainda de acordo com o artigo 165, §6º, da Portaria MTP 1.467, de 2 de junho de 2022, essas regras:

I - se aplicam ainda que os entes não tenham efetuado reforma na legislação do RPPS de seus servidores e continuem a aplicar as normas constitucionais e infraconstitucionais anteriores à data de publicação da Emenda Constitucional nº 103, de 2019;

II - não serão aplicadas se o direito a todos os benefícios, acumuláveis nos termos da Constituição Federal, houver sido adquirido antes de 13 de novembro de 2019, ainda que venham a ser concedidos após essa data;

III - representam condições para a efetiva percepção mensal de valores, a serem aferidas a cada pagamento, e não critério de cálculo e divisão de benefício; e

IV - não alteram o critério legal e original de reajustamento ou revisão do benefício que deverá ser aplicado sobre o valor integral para posterior recálculo do valor a ser pago em cada competência a cada beneficiário.

Na visão do INSS somente as pensões de cônjuges e companheiros estão com previsão de redutor, e não dos filhos de militares. Veja-se a Portaria DIRBEN 994/2022:

"Art. 3º Será admitida a acumulação dos seguintes benefícios:

I - de pensão por morte deixada por cônjuge ou companheiro do RGPS com pensão por morte concedida por outro regime de Previdência Social, também

instituída por ***cônjuge ou companheiro, inclusive as decorrentes das atividades militares de que tratam o art. 42 e o art. 142 da Constituição Federal.***

II - de pensão por morte deixada por cônjuge ou companheiro do RGPS com aposentadoria do mesmo regime e de regime próprio de previdência social ou com proventos de inatividade decorrentes das atividades militares de que tratam o art. 42 e o art. 142 da Constituição Federal; ou

III - de aposentadoria concedida no âmbito do RGPS com pensão deixada por cônjuge ou companheiro de regime próprio de previdência social ou com proventos de inatividade decorrentes das atividades militares de que tratam o art. 42 e o art. 142 da Constituição Federal.

§ 1º Nas hipóteses das acumulações previstas no caput, é assegurada a percepção do valor integral do benefício mais vantajoso e de uma parte de cada um dos demais benefícios, apurada cumulativamente de acordo com as seguintes faixas:

I - 60% (sessenta por cento) do valor que exceder 1 (um) salário-mínimo, até o limite de 2 (dois) salários-mínimos;

II - 40% (quarenta por cento) do valor que exceder 2 (dois) salários-mínimos, até o limite de 3 (três) salários-mínimos;

III - 20% (vinte por cento) do valor que exceder 3 (três) salários-mínimos, até o limite de 4 (quatro) salários-mínimos; e

IV - 10% (dez por cento) do valor que exceder 4 (quatro) salários-mínimos".

No entanto, em junho de 2024, foi editada consulta pelo GESCON no sentido de que **as pensões militares das filhas estão abarcadas pelo inciso III, e não apenas as pensões de cônjuges e companheiros:**

ACUMULAÇÃO DE APOSENTADORIA NO RPPS COM PENSÃO POR MORTE CONCEDIDA A FILHA DE MILITAR. APLICAÇÃO DAS FAIXAS REDUTORAS PREVISTAS NO §2º DO ART. 24 DA EMENDA CONSTITUCIONAL Nº 103/2019. POSSIBILIDADE.

A previsão do § 2º do art. 24 da EC nº 103, de 2019, excepciona do escalonamento nele previsto a acumulação de pensão por morte trazida na ressalva do caput do artigo, que é somente a situação da pensão do mesmo instituidor decorrente do exercício de cargos acumuláveis na forma do art. 37 da Constituição, a ser paga pelo mesmo regime de previdência social. Ou seja, os benefícios de pensões originadas de um mesmo servidor exercente de cargos acumuláveis no mesmo RPPS não sofrerá a incidência do escalonamento reproduzido acima, a elas sendo aplicadas as regras de cálculo do benefício previstas na lei do ente federativo, exceto se for cumulada com benefício de aposentadoria, quando o escalonamento incidirá conforme a regra constitucional, como bem esclarece o § 4º do artigo 165 da Portaria MTP nº 1.467, de 2022.

> *A Nota Técnica SEI nº 12212/2019/ME, ao analisar as regras da reforma promovida pela EC nº 103, de 2019, alusivas a acumulação de benefícios, concluiu, com fundamento no disposto no §5º do art. 24, que essa reforma recepcionou, naquilo que não for contrário às restrições impostas por esse mesmo artigo, as regras sobre acumulação de benefícios prevista na legislação vigente na data de sua entrada em vigor, a exemplo do art. 29 da Lei nº 3.765, de 4.5.1960, que trata das pensões militares.*
>
> ***Considera-se admitida pelo inciso III do art. 24 da EC nº 103, de 2019, a acumulação de "pensões decorrentes de atividade militar" de que tratam os artigos 42 e 142 da Constituição Federal - expressão que alberga a pensão vitalícia concedida a filha não inválida do instituidor militar, prevista na Lei nº 3.765, de 1960 - com aposentadoria concedida no âmbito de RPPS, sendo assegurada, nessa hipótese de acumulação, a opção da segurada pela percepção do valor integral do benefício mais vantajoso, mas com aplicação ao benefício com proventos de menor valor, das faixas restritivas previstas § 2º do art. 24 da EC nº 103, de 2019.*** *(Divisão de Orientação e Informações Técnicas - DIOIT/CGNAL/DRPPS/SRPC/MPS. GESCON L467041/2024. Data: 08/06/2024).*

Se houver o direito formado até 13.11.2019 a dois benefícios, há, portanto, direito adquirido à acumulação sem redução. Se houver o direito formado a um terceiro benefício após 13.11.2019, **somente este terceiro benefício será reduzido, sob pena de ofensa ao direito adquirido.**

Porém, de modo surpreendente e inconstitucional, há decisão do STF mantendo decisão do RPPS/SE determinando a redução de dois benefícios e a preservação de um deles, o maior:

> **ARE 1475653 ED/SE - SERGIPE**
>
> **EMB.DECL. NO RECURSO EXTRAORDINÁRIO COM AGRAVO**
>
> **Relator(a): Min. ALEXANDRE DE MORAES**
>
> **Julgamento: 18/03/2024**
>
> **Publicação: 25/03/2024**
>
> **Órgão julgador: Primeira Turma**
>
> **Publicação**
>
> PROCESSO ELETRÔNICO DJe-s/n DIVULG 22-03-2024 PUBLIC 25-03-2024
>
> **Partes**
>
> EMBTE.(S) : JOSE ALVES NUNES ADV.(A/S) : GILSON ALVES NUNES EMBDO.(A/S) : INSTITUTO DE PREVIDENCIA DOS SERVIDORES DO ESTADO DE SERGIPE - SERGIPEPREVIDENCIA PROC.(A/S)(ES) : PROCURADOR-GERAL DO ESTADO DE SERGIPE

Ementa

EMENTA: EMBARGOS DE DECLARAÇÃO RECEBIDOS COMO AGRAVO INTERNO. EC 103/2019. INCIDÊNCIA. AGRAVO INTERNO A QUE SE NEGA PROVIMENTO. 1. O órgão julgador pode receber, como agravo interno, os embargos de declaração que notoriamente visam a reformar a decisão monocrática do Relator, sendo desnecessária a intimação do embargante para complementar suas razões quando o recurso, desde logo, exibir impugnação específica a todos os pontos da decisão embargada. Inteligência do art. 1.024, § 3º, do Código de Processo Civil de 2015. 2. Do contexto fático delineado na origem, extrai-se que o autor recebe os seguintes benefícios (I) pensão por morte pelo RGPS desde 12/11/1999; (II) pensão por morte pelo RPPS-SE desde 10/1/2000; e (III) aposentadoria especial como professor, pelo regime próprio (RPPS-SE), desde 4/10/2000. 3. Postula, ainda, a aposentadoria do cargo de engenheiro civil, a qual exerce em órgão público estadual desde 1986, pelo regime próprio (RPPS-SE), acumulável com o benefício relativo à função de magistério. 4. O Tribunal de origem entendeu que, embora a EC 103/2019 tenha restringido a possibilidade de acumulação de benefícios previdenciários, ressalvou, no seu art. 24, § 4º, o ato jurídico perfeito. Por essa razão, os benefícios de pensão por morte - um deles regido pelo RGPS e o outro, pelo RPPS -, bem como a aposentadoria pelo RPPS obtida em 04/10/2000, não estão submetidos ao regramento instituído a partir da vigência da EC 103/2019, uma vez que tais situações configuram ato jurídico perfeito. **5. Quanto ao pedido de reconhecimento da aposentadoria no cargo de engenheiro, a sentença registrou que (fl. 5, Doc. 6): "o Autor ingressou no serviço público como engenheiro da ADEMA em 01/03/1986, portanto, em 10 de setembro de 2021, data de seu requerimento de aposentadoria (fl. 11), este se encontrava com 35,6 (trinta e cinco anos e seis meses de serviço público)" 6. Conclui-se, portanto, que em 12 de novembro de 2019, o autor contava com 33 anos de contribuição, tendo adquirido o direito à segunda aposentadoria somente após a EC 103/2019, razão pela qual devem ser aplicadas as regras previstas nos parágrafos 2º e 3º do seu art. 24, para o cálculo de todos os benefícios recebidos acumuladamente**. 7. Embargos de Declaração recebidos como Agravo Interno, ao qual se nega provimento.

De efeito, o beneficiário adquiriu o direito a uma pensão por morte no RGPS e a uma aposentadoria no RPPS antes da Emenda 103/2019. E, após a EC 103/2019, adquiriu o direito a uma aposentadoria no RGPS, somente devendo este terceiro benefício ser reduzido, de modo que a decisão do STF afrontou a garantia constitucional do direito adquirido.

Por sua vez, a **Emenda 77/2014** assegurou aos militares das Forças Armadas o direito de acumular cargos ou empregos privativos de profissionais de saúde, com profissões regulamentadas, sem ser mandado à reserva não remunerada, desde que haja compatibilidade de horários.

Afora esta exceção, no caso de acumulação não autorizada de cargos ou empregos públicos, deverá o militar ser transferido à reserva não remunerada de imediato. Isso porque determina o artigo 117 do Estatuto dos Militares que o oficial da ativa que passar a exercer cargo ou emprego público permanente, estranho à sua carreira, será imediatamente demitido *ex officio* e transferido para a **reserva não remunerada**, onde ingressará com o posto que possuía na ativa e com as obrigações estabelecidas na legislação do serviço militar.

Por outro lado, no caso de militar inativo, o TCU vem aceitando o exercício cumulativo do magistério, embora inexista autorização constitucional expressa, sendo um posicionamento bem razoável (ACÓRDÃO 1151/2013 Plenário).

2.20. REAJUSTAMENTO DOS BENEFÍCIOS

A **paridade ou reajuste paritário** era a forma de revisão dos proventos de aposentadoria e das pensões por morte aos quais foi assegurada a aplicação dessa regra, que ocorria na mesma proporção e na mesma data, sempre que se modificar a remuneração ou subsídio dos segurados em atividade, sendo também estendidos aos aposentados e pensionistas quaisquer benefícios ou vantagens posteriormente concedidos aos segurados, inclusive quando decorrentes da transformação ou reclassificação do cargo ou função em que se deu a aposentadoria ou que serviu de referência para a concessão de pensão por morte, desde que tenham natureza permanente e geral e sejam compatíveis com o regime jurídico dos segurados em atividade, na forma da lei.

Restou **extinta com o advento da Emenda 41/2003**, que alterou o artigo 40 da Constituição:

> ~~*"§ 8º Observado o disposto no art. 37, XI, os proventos de aposentadoria e as pensões serão revistos na mesma proporção e na mesma data, sempre que se modificar a remuneração dos servidores em atividade, sendo também estendidos aos aposentados e aos pensionistas quaisquer benefícios ou vantagens posteriormente concedidos aos servidores em atividade, inclusive quando decorrentes da transformação ou reclassificação do cargo ou função em que se deu a aposentadoria ou que serviu de referência para a concessão da pensão, na forma da lei. Incluído pela Emenda Constitucional nº 20, de 15/12/98)*~~
>
> *§ 8º É assegurado o reajustamento dos benefícios para preservar-lhes, em caráter permanente, o valor real, conforme critérios estabelecidos em lei. (Redação dada pela Emenda Constitucional nº 41, 19.12.2003)"*

Excepcionalmente, em regras de transição da EC 41/2003 e 47/2005, a paridade foi preservada, conforme já estudado. Deste então o **reajustamento anual** passou a se dar por **índice de correção monetária previsto na legislação.**

O reajuste dos benefícios será anual e pelo índice utilizado no RGPS, que é o INPC[33], salvo os servidores que tiverem paridade assegurada, na forma do **artigo 15, da Lei 10.887/2004**[34], com redação da Lei 11.784/2008.

> **■ POSIÇÃO DO STF**
>
> Nesse sentido, o STF determinou que o TCU revisasse benefício de servidor aposentado que não sofreu reajuste anual[35]:
>
> "EMENTAS: 1. MANDADO DE SEGURANÇA. Legitimidade. Passiva. Tribunal de Contas da União - TCU. Caracterização. Servidor público aposentado desse órgão. Proventos. Pedido de ordem para reajuste e pagamento. Verba devida pelo Tribunal a que está vinculado o funcionário aposentado. Efeito jurídico eventual de sentença favorável que recai sobre o TCU. Aplicação do art. 185, § 1º, da Lei Federal nº 8.112/90. Preliminar repelida. O Tribunal de Contas da União é parte passiva legítima em mandado de segurança para obtenção de reajuste de proventos de servidor seu que se aposentou. 2. SERVIDOR PÚBLICO. Funcionário aposentado. Proventos. Reajuste ou reajustamento anual. Exercício de 2005. Índice. Falta de definição pelo TCU. Adoção do índice aplicado aos benefícios do RGPS. Direito líquido e certo ao reajuste. MS concedido para assegurá-lo. Aplicação do art. 40, § 8º, da CF, cc. art. 9º da Lei nº 9.717/98, e art. 65, § único, da Orientação Normativa nº 3 de 2004, do Ministério da Previdência Social. Inteligência do art. 15 da Lei nº 10.887/2004. Servidor aposentado do Tribunal de Contas da União tem direito líquido e certo a reajuste dos proventos na ordem de 5,405%, no exercício de 2005."

> **■ POSIÇÃO DO STF**
>
> Contudo, no dia 28 de setembro de 2011, no julgamento da ADI 4.582, a Suprema Corte decidiu cautelarmente que o **artigo 15, da Lei 10.887/2004, não se aplica aos estados, ao Distrito Federal e aos municípios, mas apenas à União, conferindo-lhe interpretação de acordo com a Constituição de 1988.**
>
> Isso porque é concorrente a competência para legislar sobre os RPPS's, tendo a União invadido a competência dos demais entes políticos ao dispor sobre critério de reajuste dos benefícios previdenciários, consoante narrado no Informativo 642:
>
> "Lei federal 10.887/2004: previdência estadual e reajuste - 1
>
> O Plenário deferiu pedido de medida cautelar em ação direta de inconstitucionalidade, ajuizada pelo Governador do Estado do Rio Grande do Sul, para

33. Índice previsto no artigo 41-A da Lei 8.213/91.
34. Art. 15. Os proventos de aposentadoria e as pensões de que tratam os arts. 1º e 2º desta Lei serão reajustados, a partir de janeiro de 2008, na mesma data e índice em que se der o reajuste dos benefícios do regime geral de previdência social, ressalvados os beneficiados pela garantia de paridade de revisão de proventos de aposentadoria e pensões de acordo com a legislação vigente.
35. MS 25.871, de 11.02.2008.

restringir a aplicabilidade do que contido no art. 15 da Lei federal 10.887/2004, na redação conferida pelo art. 171 da Lei 11.784/2008, aos servidores ativos e inativos, bem como aos pensionistas da União ("Os proventos de aposentadoria e as pensões de que tratam os arts. 1º e 2º desta Lei serão reajustados, a partir de janeiro de 2008, na mesma data e índice em que se der o reajuste dos benefícios do regime geral de previdência social, ressalvados os beneficiados pela garantia de paridade de revisão de proventos de aposentadoria e pensões de acordo com a legislação vigente"). Após retrospecto acerca das alterações normativas da matéria, a par da controvérsia de índole material, observou-se haver problemática alusiva à competência para dispor sobre revisão de proventos. No ponto, ressaltou-se que a Constituição, ao se referir a "lei", remeteria, de regra, à federal. Por sua vez, consoante o art. 24, XII, da CF, surgiria competência concorrente da União, dos Estados-membros e do Distrito Federal para legislar sobre previdência social, proteção e defesa da saúde. Reputou-se forçoso concluir que a regência federal deveria ficar restrita, como previsto no § 1º do indicado art. 24, ao estabelecimento de normas gerais. Ademais, realçou-se não ser possível inferir que, no campo destas últimas, definir-se-ia o modo de revisão dos proventos dos servidores estaduais. Sob esse ângulo, entendeu-se, à primeira vista, relevante a alegação do mencionado ente federativo no que apontara o vício formal quanto à observância do preceito questionado aos respectivos servidores. Enfatizou-se que os citados artigos 1º e 2º do diploma legal versam o cálculo dos proventos no âmbito não só da União como também dos Estados-membros, do Distrito Federal e dos Municípios. Além disso, frisou-se que, na Constituição gaúcha, haveria dispositivo a homenagear o princípio igualitário, considerados os servidores da ativa, os inativos e os pensionistas. Ponderou-se que, da mesma maneira que a normatização de revisão geral do pessoal da ativa caberia ao próprio ente federativo, competiria ainda a este legislar sobre o reajuste do que percebido pelos inativos e pelos pensionistas, sob pena de o sistema ficar capenga. Explicitou-se que, na espécie, ter-se-ia a regência da revisão do pessoal da ativa mediante lei estadual e dos inativos e pensionistas via lei federal. Ato contínuo, assinalou-se que nada justificaria esse duplo enfoque, cujo tratamento deveria ser uniformizado.

Lei federal 10.887/2004: previdência estadual e reajuste - 2

No tocante ao vício material, não se vislumbrou relevância suficiente a deferir-se a liminar. Registrou-se que o exame se dera em virtude do princípio da eventualidade. Destacou-se que se deveria considerar, para tanto, a redação contemporânea do art. 15 em comento, pois o teor primitivo fora suplantado. Sublinhou-se que a menção dele constante ao termo inicial - janeiro de 2008 - far-se-ia ligada ao fato de o diploma em tela ter sido editado no mesmo ano, procedendo-se à retroação, haja vista que a referência seria a janeiro, enquanto a lei, de setembro. Ao perquirir sobre o texto constitucional então vigente, entreviu-se que o dispositivo atacado acarretaria, justamente, a conveniente proteção das situações constituídas. Dessa forma, ao discorrer sobre a revisão de benefícios segundo o regime geral de previdência social, ressalvara os beneficiados pela garantia da paridade de revisão de proventos de aposentadorias e pensões de acordo com a legislação em vigor à época. A Min. Cármen Lúcia ratificou que índices e datas nada teriam de norma geral. O Min. Celso de Mello salientou a aparente ofensa ao princípio da Federação, tendo em vista a aludida sujeição dos servidores a critério heterônomo imposto de fora ao Estado-membro. ADI 4582 MC/DF, rel. Min. Marco Aurélio, 28.9.2011. (ADI-4582)".

A questão do índice aplicável no interregno entre a Lei 10.887/2004 e a Lei 11.784/2008 foi julgada pelo STF no **Tema 1224** com Repercussão Geral. O curioso é que a União recorreu ao STF contra a aplicação de atos editados pelo próprio Ministério da Previdência Social (*venire contra factum proprium*), a fim de não conceder nenhum reajuste nos benefícios durante o período entre a Lei 10.887/2004 e a Lei 11.784/2008:

> *"Argumenta que "o reajustamento dos benefícios, sem qualquer contrapartida orçamentária previamente fixada pelo ente que suportará os efeitos financeiros e o impacto das majorações, implica desconsiderar o que já decidiu o Supremo Tribunal Federal", na Medida Cautelar na Ação Direta de Inconstitucionalidade 2.111, além de contrariar "os princípios da contributividade e da solidariedade, bem como o equilíbrio financeiro e atuarial estatuídos no 'caput' do art. 40 da Constituição Federal". Alude ao entendimento fixado pelo STF no Recurso Extraordinário 416.827, no sentido da impossibilidade de revisão de benefício previdenciário por lei nova eventualmente mais benéfica. Por fim, sustenta que "a repercussão econômica da demanda caracteriza-se pelo conhecido efeito multiplicador, já que o pleito almejado na presente ação tem efeito imediato de repercutir em todo o País, porquanto todos os servidores da ativa, aposentados e seus pensionistas, em situação idêntica ou similar, com certeza, irão postular o mesmo direito perante o Poder Judiciário, sob o fundamento da necessidade de tratamento isonômico e paritário". Quanto ao mérito, assevera que "o reajustamento previsto pelo § 8º do art. 40, com a redação dada pela EC nº 41/03, e no art. 2º do mesmo diploma constitucional carecia de definição legal, ou seja, a regra ali contida não operava efeitos imediatos para os seus beneficiários". Pontua que "a pretensão da parte autora, ora recorrida, esbarra na inexistência de legislação que previsse o índice de reajuste a ser concedido aos proventos e pensões tratados pela Lei nº 10.887/2004". Afirma ser "inviável a correção dos benefícios dos substituídos mediante a aplicação direta de atos normativos do Ministério da Previdência e Assistência Social - Orientação Normativa MPS/SPS nº 3, de 13-08-2004 e Orientação Normativa MPS/SPS nº 01, de 23-01-2007 -, na medida que até a edição da Medida Provisória nº 431/2008 inexistia a lei de iniciativa do Chefe do Poder Executivo da União que fixasse os índices de reajuste dos benefícios em questão, não o podendo fazer atos normativos hierarquicamente inferiores, sob pena de colisão direta com o*

> *Estatuto Maior". Frisa que, "em relação aos benefícios dos servidores públicos, a Lei nº 10.887/2004 foi expressa quanto à data em que se deveria operar o reajuste, deixando, todavia, de disciplinar acerca do índice a ser adotado. Tampouco autorizou que ato normativo estabelecesse o índice de reajuste." Prossegue argumentando que "a Lei nº 9.717/98 jamais serviu de fonte ou autorização para que se pudesse estender, por ato normativo, aos benefícios dos servidores públicos os mesmos índices de reajuste dos benefícios do RGPS".*

Registre-se que a regra de reajuste pelo INPC (índice do RGPS, nos termos do artigo 41-A da Lei 8.213/91) inserida pela Lei 11.784/2008 é meramente declaratória e deve ser aplicada de modo retroativo aos benefícios sem reajuste paritário concedidos a partir de 2004, pois as regras do RGPS se aplicam ao RPPS supletivamente, nos termos do artigo 40, §12, da Constituição Federal.

Inclusive, na época, essa foi a orientação do Ministério da Previdência Social, que expediu a **Orientação Normativa nº 3/2004 e nº 01/2007 nesse sentido**. Curiosamente, contra a posição administrativa ministerial, a União moveu recurso extraordinário ao STF contestando essa tese, tendo o recurso sido corretamente rejeitado pelo STF em sede de repercussão geral, no julgamento do **tema 1224**.

■ POSIÇÃO DO STF

Tema 1224 - "É constitucional o reajuste de proventos e pensões concedidos a servidores públicos federais e seus dependentes não beneficiados pela garantia de paridade de revisão, pelo mesmo índice de reajuste do regime geral de previdência social (RGPS), previsto em normativo do Ministério da Previdência Social, no período anterior à Lei 11.784 /2008".

É de se estranhar esse recurso do ente central, pois não há base jurídica de o ente público deduzir judicialmente tese contrária à sua própria normatização administrativa, tendo o STF demonstrado essa postura contraditória do recorrente.

Registre-se que a tese é compatível com o RPPS dos estados e municípios, dada a aplicação nacional do artigo 15 da Lei 10.887/2004 na redação dada pela Lei 11.784/2008, **ressalvada a autonomia estadual e municipal da edição de outro índice de correção monetária pela lei local**, sendo inconstitucional não aplicar nenhum índice de reajustamento, pois a Constituição garante o direito ao reajuste periódico.

A aplicação do mesmo índice do RGPS (INPC na atualidade) foi mantida para os servidores federais no artigo 26 da Emenda 103/2019:

> *"§ 7º Os benefícios calculados nos termos do disposto neste artigo serão reajustados nos termos estabelecidos para o Regime Geral de Previdência Social".*

Para os demais entes, cabe à lei local definir o índice de correção monetária, sendo a práxis indicar o INPC, exceto raras exceções, a exemplo do Estado de São Paulo, que provou o IPC apurado pela FIPE na reforma estadual.

Por fim, registre-se que é inconstitucional a vinculação do reajuste do benefício previdenciário ao salário mínimo, que não poderá ser utilizado como indexador.

■ POSIÇÃO DO STF

ARE 1360016 AgR

Órgão julgador: Segunda Turma

Relator(a): Min. EDSON FACHIN

Julgamento: 22/08/2022

Ementa

Ementa: AGRAVO REGIMENTAL NO RECURSO EXTRAORDINÁRIO COM AGRAVO. ESCREVENTE DE SERVENTIA EXTRAJUDICIAL. LEI ESTADUAL 10.393/1970. NORMA QUE VINCULA PROVENTOS AO SALÁRIO MÍNIMO. NÃO RECEPÇÃO PELA CONSTITUIÇÃO FEDERAL DE 1988. SÚMULA VINCULANTE 4. ADI 4.420. ALÍQUOTA DE CONTRIBUIÇÃO. PRETENSÃO DE MANUTENÇÃO. AUSÊNCIA DE DIREITO ADQUIRIDO A REGIME JURÍDICO. TEMA 660 DA REPERCUSSÃO GERAL. SUSTENTAÇÃO ORAL. INDEFERIMENTO. NÃO CABIMENTO EM SEDE DE AGRAVO INTERNO EM RECURSO EXTRAORDINÁRIO. ART. 131, § 2º, DO RISTF. **1. O Tribunal de origem, ao assentar que os arts. 12 e 13 da Lei 10.393/1970 do Estado de São Paulo, que preveem a vinculação de benefícios previdenciários ao salário mínimo, não foram recepcionados pela Constituição Federal, que proíbe, a teor do art. 7º, VI, qualquer tipo de vinculação remuneratória com o valor do salário mínimo, julgou a causa em conformidade com a jurisprudência sumulada desta Corte (Súmula Vinculante 4).** 2. Ao apreciar a ADI 4.420 e decidir sobre questão relativa à vinculação do reajustamento futuro dos benefícios, o Supremo Tribunal Federal não analisou a matéria sob a ótica da vinculação ao salário mínimo, mas sob o ângulo da constitucionalidade da previsão de critérios diversos de reajuste, ressalvando-se a impossibilidade da existência de direito adquirido à manutenção do regime jurídico anterior. Precedentes. 3. Não procede a pretensão de manutenção da alíquota de contribuição, tendo em vista que não há direito adquirido a regime jurídico, conforme orientação desta Corte. 4. Ademais, eventual divergência em relação ao entendimento adotado pelo juízo a quo demandaria o exame da legislação infraconstitucional local aplicável à espécie. Dessa forma, resta demonstrado a não ocorrência de ofensa constitucional direta, o que inviabiliza o processamento do apelo extremo. 5. O Supremo Tribunal Federal já assentou a inexistência da repercussão geral quando a alegada ofensa aos princípios do devido processo legal, da ampla defesa, do contraditório, da legalidade e dos limites da coisa julgada é debatida sob a ótica infraconstitucional (ARE-RG 748.371, Rel. Min. Gilmar Mendes, DJe 1º.08.2013, tema 660 da sistemática da RG). 6. Inviável dar guarida a pedido de sustentação oral em processos outros que não aqueles elencados no art. 937, § 3º, do CPC, consoante vedação expressa, sem qualquer ressalva, contida no art. 131, § 2º, do RISTF e assentada na tradicional jurisprudência desta Corte. 7. Agravo regimental a que se nega provimento, com previsão de aplicação da multa do art. 1.021, §4º, CPC. Mantida a decisão agravada quanto aos honorários advocatícios, eis que já majorados nos limites do art. 85, §§ 2º e 3º, do CPC.

2.21. VEDAÇÃO AO TEMPO DE CONTRIBUIÇÃO FICTÍCIO

A vedação à consideração do tempo de contribuição fictício foi introduzida no artigo 40 da Constituição pela EC 20/1998:

> "**§ 10** - A lei não poderá estabelecer qualquer forma de contagem de tempo de contribuição fictício. *(Parágrafo com redação dada pela Emenda Constitucional nº 20, de 1998)*"

Logo, não terá eficácia retroativa de acordo com o Princípio do *Tempus Regit Actum*:

■ POSIÇÃO DO STF

"De acordo com a orientação firmada neste Tribunal, o servidor que completou o tempo de serviço para usufruir da licença-prêmio em momento anterior à vigência da EC 20/1998, e não o fez, tem direito a computar em dobro o tempo correspondente à licença para fins de aposentadoria." (AI 725.444-AgR, Rel. Min. Joaquim Barbosa, julgamento em 7-2-2012, Segunda Turma, DJE de 23-2-2012)

A regulação da emissão de CTC pelo RPPS passou a ser regulamentada pela Portaria MTP 1.467, de 2 de junho de 2022, que revogou a Portaria MPS 154/2008.

Aliás, a própria extinta Portaria MPS 154/2008 (artigo 11, inciso III) já admitia a expedição de certidão de tempo de contribuição com tempo de serviço fictício prestado até o advento da Emenda 20/1998.

Nos termos do artigo 160-A da Portaria INSS/DIRBEN 991/2022, inserido pela Portaria INSS/DIRBEN 1.213/2024, são válidas, para fins de contagem recíproca e compensação financeira, as **certidões de tempo de serviço e de contribuição** e as relações de remunerações de contribuições emitidas:

I - **em data anterior à publicação da Portaria MPS nº 154, de 15 de maio de 2008**, pelos órgãos da Administração Pública da União, Estados, Distrito Federal e Municípios, suas autarquias, fundações ou unidade gestoras dos RPPS, relativamente ao tempo de serviço e de contribuição para esses regimes, desde que contenham, no mínimo:

a) indicação da lei que assegure, aos servidores do Estado, do Distrito Federal ou do Município, aposentadorias por invalidez, idade, tempo de contribuição e compulsória, e pensão por morte, com aproveitamento de tempo de contribuição prestado em atividade vinculada ao Regime Geral de Previdência Social;

b) referência à destinação do tempo ao RGPS; e

c) indicação de que tempo foi certificado para fins de averbação, concessão de aposentadorias ou contagem recíproca.

II - **nos termos da Portaria MPS nº 154, de 2008, durante sua vigência.**

No período posterior à vigência da Portaria MPS 154/2008, se o segurado não apresentar o documento que contenha a relação de remunerações de contribuições para o período da CTC, **o período certificado não poderá ser computado**, nem deverão ser informadas as remunerações de contribuições no período básico de cálculo - PBC.

Para CTC emitida antes da Portaria MPS nº 154, de 2008, se o segurado não apresentar o documento que contenha a relação de remunerações de contribuições relativa ao período certificado na CTC, **poderá ser computado o referido tempo**, mas não deverão ser informadas as remunerações de contribuições no PBC.

No caso de Certidão de Tempo de Serviço Militar emitida antes da Portaria MTP nº 1.467, de 2022, se não for apresentada a relação de remunerações de contribuições para o período certificado, **caberá o cômputo do tempo**, mas não deverão ser informadas as remunerações de contribuições no PBC.

É vedada a emissão de CTC para fins de contagem recíproca para o período de trabalho exercido sob o **regime especial de contribuição** de que trata o parágrafo único do art. 3º da Lei nº 3.807, de 1960, observado o disposto no §5º, assim considerado como o *regime especial de contribuição* o correspondente período em que os servidores civis e militares dos Estados, do Distrito Federal e dos Municípios contribuíam para o RGPS com o percentual de 4,0 ou 4,8% sobre o salário de contribuição, **apenas para fazer jus aos benefícios de família** (auxílio-natalidade, pensão por morte, auxílio-reclusão e auxílio-funeral), **sendo a aposentadoria de total responsabilidade dos Estados e Municípios.**

Entende-se como tempo fictício aquele considerado em lei como tempo de contribuição para fins de concessão de aposentadoria sem que tenha havido, por parte do servidor, a prestação de serviço ou a correspondente contribuição.

Nesse sentido, é forçoso reconhecer que o artigo 103, § 2º, da Lei 8.112/90, ao dispor que "será contado em dobro o tempo de serviço prestado às Forças Armadas em operações de guerra" não foi recepcionado pela EC 20/1998, não podendo ser aplicado para a contagem de tempo de contribuição em dobro em razão da participação do militar da União em potenciais, futuras e indesejáveis guerras.

2.22. CONTAGEM RECÍPROCA DO TEMPO DE CONTRIBUIÇÃO E EMISSÃO DE CERTIDÃO DE TEMPO DE CONTRIBUIÇÃO (CTC)

O artigo 94, da Lei 8.213/91, assegura a contagem ao RPPS do tempo de contribuição prestado no RGPS e vice-versa (contagem recíproca). Contudo, **não será considerado no RPPS** o tempo de contribuição do contribuinte individual que trabalhe por conta própria e do segurado facultativo que recolham 11% ou 5% sobre o salário mínimo, salvo se houver a complementação com os encargos legais, bem como o período prestado pelo trabalhador rural antes da Lei 8.213/91, salvo se indenizado, nos termos nos termos do artigo 127, V, do RPS.

De acordo com o TCU, "a contagem de tempo de serviço municipal ou estadual prestado, sob regime estatutário, anteriormente à maioridade não é, em regra, admitida. A presunção, nesse caso, é pela impossibilidade de nomeação de menor, haja vista as implicações legais (nas esferas cível, administrativa e penal) a que se sujeita o servidor público. Ademais, no âmbito federal, desde a Lei 1.711/52, revogada pela Lei 8.112/90, há a exigência da idade mínima de 18 anos como requisito para a posse em cargo público. Logo, não sendo apresentada norma de teor diverso, a presunção de idade mínima de 18 anos para o exercício do cargo público opera contra a pretensão de contagem de tempo de serviço prestado por menor sob regime estatutário"[36].

Outrossim, o tempo de contribuição federal, estadual ou municipal será contado para efeito de aposentadoria e o tempo de serviço correspondente para efeito de disponibilidade, sendo vedada qualquer contagem de tempo de contribuição fictício.

Na forma do artigo 123, parágrafo único, combinado com o artigo 127, V, ambos do RPS, para fins de contagem recíproca, ou seja, de consideração em RPPS, o tempo de serviço prestado pelo trabalhador rural anteriormente à competência novembro de 1991 será reconhecido apenas se houver indenização ao INSS.

Com efeito, pontifica com acerto o TCU que "assim como o tempo rural, a contagem de período laborado como pescador artesanal somente é possível, no regime estatutário, se acompanhada do recolhimento das contribuições previdenciárias

36. Acórdão 2077/2014 Segunda Câmara Pedido de Reexame, Relatora Ministra Ana Arraes.

devidas. Ilegalidade e negativa de registro do ato. Opção de retornar à atividade ou comprovar o recolhimento das contribuições previdenciárias"[37].

Embora a certidão de tempo de serviço rural expedida pelo INSS tenha validade para garantir a produção de efeitos no âmbito da previdência geral, ela não é suficiente para percepção de benefício no regime estatutário quando não acompanhada da comprovação de recolhimento das respectivas contribuições previdenciárias[38].

De acordo com o artigo 1º da Portaria SGP/SEDGG/ME 10.360/2022, considera-se **desaverbação** o desfazimento das inserções realizadas nos assentamentos funcionais do servidor e dos Sistemas Estruturantes de Gestão de Pessoas da Administração Pública Federal dos períodos contributivos realizados ao Regime Geral de Previdência Social, ao regime próprio de previdência social ou ao sistema de proteção social dos militares para contagem recíproca entre os regimes, **desde que não tenha gerado benefícios previdenciários ou vantagens remuneratórias.**

Nesse sentido, nos termos do artigo 96, inciso VIII, da Lei 8.213/91, é **vedada a desaverbação** de tempo em regime próprio de previdência social quando o tempo averbado tiver gerado a **concessão de vantagens remuneratórias ao servidor público em atividade**, a exemplo do abono de permanência.

A jurisprudência da TNU e do STJ vem admitindo a contagem recíproca de vínculos concomitantes ao RGPS antes da criação do regime jurídico único, mesmo na hipótese de averbação automática ao RPPS.

■ **POSIÇÃO DA TNU E STF**

TNU PEDLEF 50022719-04.2013.4.04.7003/PR DJ 22/02/2018.

"PEDIDO NACIONAL DE UNIFORMIZAÇÃO. DIREITO PREVIDENCIÁRIO. **CONTAGEM RECÍPROCA. ATIVIDADES CONCOMITANTES VINCULADAS AO RGPS. ALTERAÇÃO DO REGIME JURÍDICO TRABALHISTA DE UMA DAS FUNÇÕES PARA ESTATUTÁRIO. POSSIBILIDADE DE CÔMPUTO DAS ATIVIDADES NO RGPS E NO RPPS.** ACÓRDÃO EM CONFRONTO COM A JURISPRUDÊNCIA DESTA TNU. INCIDENTE PROVIDO".

STF - "DECISÃO RECURSO EXTRAORDINÁRIO. **ADMINISTRATIVO. PREVIDENCIÁRIO. APOSENTADORIA. TEMPO DE SERVIÇO EM REGIMES JURÍDICOS DISTINTOS. CONTAGEM RECÍPROCA: POSSIBILIDADE.** ACÓRDÃO RECORRIDO HARMÔNICO COM A JURISPRUDÊNCIA DO SUPREMO TRIBUNAL FEDERAL. RECURSO AO QUAL SE NEGA SEGUIMENTO. **Relatório** 1. Recurso extraordinário interposto com base na al. a do inc. III do art. 102 da Constituição da República contra o

37. ACÓRDÃO 2614/2013 Segunda Câmara.

38. Acórdão TCU 4216/2017 Primeira Câmara Aposentadoria, Relator Ministro Benjamin Zymler.

seguinte julgado do Tribunal Regional Federal da Quinta Região: "PREVIDENCIÁRIO. APOSENTADORIA POR IDADE. CARÊNCIA. MAGISTÉRIO. REGIME PRÓPRIO E REGIME GERAL DA PREVIDÊNCIA SOCIAL (RGPS). SIMULTANEIDADE DE VÍNCULOS. CONTRIBUIÇÃO PARA AMBOS OS REGIMES DE PREVIDÊNCIA. CONCESSÃO DO BENEFÍCIO PELA LEI Nº 8.213/91. POSSIBILIDADE. HONORÁRIOS ADVOCATÍCIOS. ART. 20, PARÁGRAFO 4º, DO CPC. I. Apelação contra sentença que concedeu aposentadoria por idade ao autor, considerando, para contagem do tempo mínimo de carência, o período em que o demandante trabalhou junto a EMATER, como celetista e que não foi aproveitado para concessão de benefício previdenciário estatutário junto à UFRN. II. O autor, no período de 01/08/1978 a 09/09/1993, trabalhou na Universidade Federal do Rio Grande do Norte como Professor Adjunto, sob a égide da CLT e com vínculo ao RGPS até 11.12.1990, data da edição da Lei nº 8.112/90, que instituiu o regime jurídico único no âmbito da União. Com a mudança do regime jurídico, assegurou-se a averbação automática do período celetista. III. Entre 01/03/1969 a 24/01/1990, o autor trabalhou na EMATER, regido pela CLT e vinculado ao RGPS. Deste vínculo, foi averbado o período de 01/03/1969 a 31/07/1978 para concessão de aposentadoria estatutária - UFRN. IV. O autor requer o reconhecimento da contagem do período em que laborou na EMATER (01/08/0978 a 24/01/1990) para cumprimento da carência exigida para a concessão de aposentadoria por idade, junto ao INSS. **V. Não se vislumbra óbice para reconhecimento do tempo de serviço pleiteado, uma vez que as contribuições referentes ao período em que o autor laborou na UFRN, o qual coincide com o trabalhado na EMATER (01/08/1978 a 24/01/1990), foram utilizadas para concessão da aposentadoria estatutária (regime próprio de previdência). VI. A averbação do período celetista não representa impedimento à concessão da aposentadoria requerida, por tratar-se de tempo de serviço prestado à UFRN. Ademais, a parte autora não pretende fazer uso do tempo de serviço laborado para o ente público, mas, apenas do trabalhado na EMATER, para o qual contribuiu regularmente**. Precedentes: PROCESSO: 200884000069670, APELREEX4889/RN, RELATOR: DESEMBARGADOR FEDERAL FRANCISCO CAVALCANTI, Primeira Turma, JULGAMENTO: 27/05/2010, PUBLICAÇÃO: DJE 16/06/2010 - Página 130; APELREEX 00055405320124058400, Desembargador Federal Francisco Wildo, TRF5 - Segunda Turma, DJE - Data:22/11/2012 - Página:170. VII. Os honorários fixados pelo magistrado de primeiro grau encontram-se em harmonia com o art. 20, § 4º do CPC e com a jurisprudência desta Corte. VIII. Apelações improvidas" (doc. 2). Os embargos de declaração opostos foram rejeitados. 2. O Recorrente alega ter o Tribunal de origem contrariado o art. 40, § 10, da Constituição da República. Afirma que "os períodos ora em discussão não foram utilizados para fins de aposentadoria por tempo de serviço perante o INSS pelo fato de que a lei não permite o cômputo de período em duplicidade para o mesmo regime ou para regimes diversos. Assim, se referidos períodos concomitantes não puderam ser utilizados no RGPS também não poderão ser utilizados no regime próprio de previdência social. O fato de o autor ter contribuído por ambas as atividades concomitantes não justifica o seu cômputo em regime diverso, pois o que gera a obrigação de contribuir não é a contraprestação da previdência, mas o exercício de atividade remunerada abrangida pelo Regime Geral de Previdência Social. (...) Assim sendo, em virtude do Princípio da Unicidade da Filiação, aquele que exerce duas ou mais atividades sujeitas ao RGPS tem direito a apenas um benefício, operando-se o cálculo com base nas diferentes contribuições. É que se o vínculo com o RGPS é único, como consequência, o benefício substituidor do salário-de-contribuição também deve ser apenas um - regra da inacumulabilidade das prestações" (doc. 2). Apreciada a matéria trazida na espécie, DECIDO.

3. Razão jurídica não assiste ao Recorrente.

4. O acórdão recorrido harmoniza-se com a jurisprudência deste Supremo Tribunal no sentido da possibilidade de contagem recíproca do tempo de serviço prestado em regimes jurídicos distintos para efeito de aposentadoria: "PROCESSUAL CIVIL. PREVIDENCIÁRIO. AGRAVO REGIMENTAL EM RECURSO EXTRAORDINÁRIO. RECURSO EXTRAORDINÁRIO. AUSÊNCIA DE PREQUESTIONAMENTO. SÚMULAS 282 E 356 DO STF. SERVIDOR PÚBLICO ESTADUAL. CONTAGEM RECÍPROCA DO TEMPO DE SERVIÇO PRESTADO NAS INICIATIVAS PÚBLICA E PRIVADA PARA FINS DE APOSENTADORIA. VIABILIDADE. AUTOAPLICABILIDADE DO ART. 202, § 2º, DA CONSTITUIÇÃO FEDERAL. PRECEDENTES. AGRAVO REGIMENTAL A QUE SE NEGA PROVIMENTO" (RE 354.960-AgR, Relator o Ministro Teori Zavascki, Segunda Turma, DJe 14.5.2013, grifos nossos). "Agravo regimental no agravo de instrumento. Contagem recíproca do tempo de serviço prestado na administração pública e na atividade privada. Possibilidade. Art. 202, § 2º, da Constituição Federal. Autoaplicabilidade. Precedentes. 1. É pacífica a jurisprudência desta Corte no sentido da autoaplicabilidade do art. 202, § 2º, da Constituição Federal, que dispõe sobre a contagem recíproca de tempo de serviço prestado para efeito de contribuição na administração pública e na atividade privada. 2. Agravo regimental não provido" (AI 336.460-AgR, Relator o Ministro Dias Toffoli, Primeira Turma, DJe 29.9.2011). "Agravo regimental em agravo de instrumento. 2. Contagem recíproca do tempo de serviço prestado em regimes jurídicos diferentes para efeito de aposentadoria. 3. Art. 201, § 9º, da CF/88 (antigo art. 202, § 2º, da CF/88). 4. Precedentes. 5. Agravo regimental a que se nega provimento" (AI 386496-AgR, Relator o Ministro Gilmar Mendes, Segunda Turma, DJe 20.5.2011). Nada há, pois, a prover quanto às alegações do Recorrente. 5. Pelo exposto, nego seguimento a este recurso extraordinário (art. 557, *caput*, do Código de Processo Civil e art. 21, § 1º, do Regimento Interno do Supremo Tribunal Federal). Publique-se. Brasília, 14 de novembro de 2014. Ministra CÁRMEN LÚCIA Relatora" **(RE**

844186, Relator(a): Min. CÁRMEN LÚCIA, julgado em 14/11/2014, publicado em PROCESSO ELETRÔNICO DJe-227 DIVULG 18/11/2014 PUBLIC 19/11/2014).

Daí, o servidor público terá a vantagem de desaverbar um período para obter aposentadoria pelo Regime Geral de Previdência Social, se for mais vantajoso no caso concreto, mantendo o outro vínculo para a obtenção de aposentadoria no RPPS. Embora generalistas, as decisões são corretas, desde que a desaverbação de um dos períodos de RGPS averbados em RPPS observe o seguinte:

a) o tempo de contribuição averbado não tenha sido considerado para a concessão de vantagens pecuniárias ao servidor público e;

b) tenha havido recolhimento de contribuição previdenciária, pois é possível que haja limitação ao teto previdenciário em um dos vínculos e no outro não incida contribuição previdenciária.

O caso envolve o exercício de atividades concomitantes na antiga previdência social urbana ou RGPS (emprego público e atividade privada concomitantes) em que o vínculo de emprego público foi convertido em estatutário em razão da adoção do regime jurídico único determinado pelo texto originário da Constituição Federal, que para o servidor federal se deu através do artigo 243 da Lei 8.112/90:

"Título IX
Capítulo Único
Das Disposições Transitórias e Finais

Art. 243. Ficam submetidos ao regime jurídico instituído por esta Lei, na qualidade de servidores públicos, os servidores dos Poderes da União, dos ex-Territórios, das autarquias, inclusive as em regime especial, e das fundações públicas, regidos pela Lei nº 1.711, de 28 de outubro de 1952 - Estatuto dos Funcionários Públicos Civis da União, ou pela Consolidação das Leis do Trabalho, aprovada pelo Decreto-Lei nº 5.452, de 1º de maio de 1943, exceto os contratados por prazo determinado, cujos contratos não poderão ser prorrogados após o vencimento do prazo de prorrogação.

§ 1º Os empregos ocupados pelos servidores incluídos no regime instituído por esta Lei ficam transformados em cargos, na data de sua publicação".

Desta forma, operou-se uma migração de regime previdenciário que foi automática para o servidor federal (antigo empregado público) da Previdência Urbana para o RPPS dos servidores federais, alterando a relação previdenciária:

a) Até o RJU, eram duas atividades sujeitas à Previdência Social Urbana (emprego público e atividade laboral privada);

b) Após o RJU, uma atividade sujeita ao RPPS (servidor público efetivo) e a atividade privada sujeita à Previdência Urbana, posteriormente substituída pelo RGPS no ano seguinte de 1991.

Por sua vez, o RJU foi adotado para servidores estaduais e municipais pelas respectivas normas estatutárias locais, que precisam ser analisadas no caso concreto.

Entendo que, **caso tenha havido recolhimento de contribuição previdenciária em ambos os vínculos citados sujeitos à Previdência Urbana**, nada impede que o período de atividade privada seja considerado para aposentadoria no RGPS e o período de emprego público seja computado para aposentadoria no RPPS, pois haverá recolhimentos paralelos decorrentes de relações de trabalho concomitantes.

Isto somente não se aplica se na atividade privada não houver recolhimento previdenciário, pois é possível que haja limitação ao teto previdenciário de época no vínculo de emprego público e na outra atividade não incida contribuição previdenciária.

Assim, a pretensão dos segurados não possui impedimento normativo, pois se trata do reconhecimento previdenciário de períodos contributivos paralelos em que houve recolhimento de contribuições previdenciárias na previdência urbana/ RGPS, em que um período foi alvo de contagem recíproca automática para o RPPS com o RJU, inexistindo vedação normativa no artigo 96 da Lei 8.213/91 para a utilização do período da atividade privada paralela para uma **aposentadoria no RGPS.**

Por outro lado, registre-se que tanto o Parecer CONJUR 224/2007 quanto o Parecer CONJUR 287/2013 são contrários ao posicionamento desta Nota Técnica e a mencionada jurisprudência utilizando como fundamento a impossibilidade de cisão dos períodos por unidade do vínculo previdenciário:

> **"PARECER N° 287 /2013/CONJUR-MPS/CGU/AGU CGPRE - COORDENAÇÃO-GERAL DE DIREITO PREVIDENCIÁRIO** Comando SIPPS n° 349248960, 348865777, e 356571021 (três volumes). Interessado: Procuradoria Federal Especializada junto ao INSS Assunto: Proposta de revisão do Parecer Normativo n° 224, de 27 de agosto de 2007
>
> EMENTA: DIREITO PREVIDENCIÁRIO. DESNECESSIDADE DE REVISÃO DO PARECER/CONJUR/MPS/N2 224/2007. TEMPO DE SERVIÇO. ATIVIDADES CONCOMITANTES. INICIATIVA PRIVADA E EMPREGO PÚBLICO ANTERIOR À LEI NP- 8.112/90. **Exercício de serviço público federal, na qualidade de empregado público, concomitante com o exercício de atividade na iniciativa privada, ambas vinculadas, à época, à antiga Previdência Social Urbana (PSU). Impossibilidade de cisão dos períodos. Unicidade do vínculo previdenciário. Manutenção do Parecer PARECER/CONJUR/MPS 224/2007".**

Com a devida *venia*, entendo que não há base jurídica para afastar a pretensão dos segurados, desde que haja recolhimentos em ambos os vínculos previdenciários, não tendo havido limitação ao teto em um deles e não recolhimento pelo segundo vínculo.

Afastar o direito fundamental à contagem recíproca do tempo de contribuição com base apenas em uma suposta unicidade de filiação não me convence, sendo a tese repelida por diversos precedentes do STJ, TNU e até por decisão do STF, gerando desnecessária judicialização do tema.

Ademais, **não concordo que haja "unicidade de filiação" na hipótese de exercício de duas ou mais atividades sujeitas a um único regime previdenciário.** Isso porque adotamos a Teoria Unitária cuja relação de proteção previdenciária decorre da relação de custeio tributário.

Daí que o segurado é o contribuinte do tributo contribuição previdenciária, recolhendo-a diretamente ou através de terceiros tomadores dos serviços responsáveis tributários, tendo direitos e obrigações fiscais e não fiscais em decorrência da relação de filiação, quando nasce a qualidade de segurado da previdência social.

Logo, se o segurado exerce duas ou mais atividades laborais remuneradas sujeitas à filiação ao RGPS, se tratam de relações tributárias autônomas para o pagamento da contribuição previdenciária.

Sendo mais de uma relação tributária, se cuida de mais de uma filiação previdenciária, não se podendo falar em "unicidade do vínculo previdenciário", tanto que são pagos dois ou mais tributos em decorrência do exercício de duas ou mais atividades laborais remuneradas, exceto quando houver limitação ao teto do salário de contribuição.

Prova disso é que cada vínculo pode gerar mais de um benefício previdenciário em determinadas situações, a exemplo do salário-maternidade, nos termos do Decreto 3.048/99:

> "Art. 98. No caso de empregos concomitantes, a segurada fará jus ao salário-maternidade relativo a cada emprego".

Por sua vez, se houvesse realmente uma "unicidade de filiação" não caberia expedição de CTC por órgão gestor de RPPS para o servidor efetivo que acumulou dois cargos efetivos e pediu exoneração de apenas um deles para levar o tempo ao RGPS.

Desta forma, creio que a posição administrativa do Poder Executivo da União é equivocada, razão assistindo à jurisprudência do STF, STJ, TNU e TRFs.

Com o advento da Lei 13.846/2019, fruto da conversão da MP 871/2019, o artigo 96 da Lei 8.213/91 foi ampliado com as seguintes regras:

a) é vedada a emissão de Certidão de Tempo de Contribuição (CTC) com o registro exclusivo de tempo de serviço, sem a comprovação de contribuição efetiva, exceto para o segurado empregado, empregado doméstico, trabalhador avulso e, a partir de 1º de abril de 2003, para o contribuinte individual que presta serviço a empresa obrigada a arrecadar a contribuição a seu cargo, observado o disposto no § 5º do art. 4º da Lei nº 10.666, de 8 de maio de 2003;

b) a CTC somente poderá ser emitida por regime próprio de previdência social para ex-servidor;

c) é vedada a contagem recíproca de tempo de contribuição do RGPS por regime próprio de previdência social sem a emissão da CTC correspondente, ainda que o tempo de contribuição RGPS tenha sido prestado pelo servidor público ao próprio ente instituidor;

d) é vedada a desaverbação de tempo em regime próprio de previdência social quando o tempo averbado tenha gerado a concessão de vantagens remuneratórias ao servidor público em atividade;

e) para fins de elegibilidade às aposentadorias especiais referidas no § 4º do art. 40 e no § 1º do art. 201 da Constituição Federal, os períodos reconhecidos pelo regime previdenciário de origem como de tempo especial, sem conversão em tempo comum, deverão estar incluídos nos períodos de contribuição compreendidos na CTC e discriminados de data a data.

As hipóteses inseridas no artigo 96 da Lei 8.213/91 já constavam da revogada Portaria MPS 154/2008 (arts. 2º, 11, 12 e 15), tendo sido inseridas na Lei 8.213/91 para respeitar o Princípio da Legalidade, afastando o argumento de inovação regulamentar indevida.

A vedação da letra A atinge apenas aos segurados que precisam efetivamente recolher sobre salário de contribuição para ter direito à contagem recíproca (contribuinte individual autônomo, segurado facultativo e segurado especial), não atingindo aos demais segurados que possuem presunção de recolhimento da contribuição previdenciária, pois o responsável tributário é o tomador do serviço.

Não se emite CTC em RPPS para o servidor ativo, pois este precisa estar ocupando o cargo para ter aposentadoria deferida em RPPS, sendo curial a vacância do cargo para a sua emissão.

O cancelamento da averbação (desaverbação) de tempo de contribuição do RGPS no RPPS é possível antes da concessão da aposentadoria pela autoridade administrativa, exceto se o servidor obtiver alguma vantagem remuneratória decorrente da aludida averbação.

Somente é possível a contagem recíproca com a emissão da CTC, pois é necessário um largo controle para prevenir fraudes (uso em duplicidade) e para calcular a compensação financeira de um regime ao outro.

A vedação da letra E apenas reforça o inciso I do artigo 96 da Lei 8.213/91, no sentido de que, para fins de contagem recíproca, inexiste conversão de tempo especial em comum.

Sobre o tema, colaciona-se parte final da Nota Informativa SEI nº 1/2019/ CONOR/CGNAL/SRPPS/SPREV-ME:

> "**IV - CONCLUSÕES**
>
> **41.** Os incisos VI, VII e VIII do art. 96 da Lei nº 8.213/1991, inseridos pela MP nº 871/2019, contêm comandos legais a serem obedecidos pelos RPPS de todos os entes da federação (União, Estados, Distrito Federal e Municípios). Conforme esclarecimentos contidos nesta Nota Informativa conclui-se que:
>
> **a.** Não é permitido aos RPPS emitir CTC a servidor ainda em exercício do cargo no qual se requer a certificação.
>
> **b.** A contagem recíproca e averbação de tempo pelos RPPS, inclusive para fins de concessão de abono de permanência ou outras vantagens financeiras, somente será feita mediante CTC emitida pelo RGPS, não sendo mais admitida a averbação automática pelo ente instituidor.
>
> **c.** O tempo regularmente averbado automaticamente antes da publicação da MP não exigirá a emissão de CTC para a concessão de benefícios funcionais ou previdenciários ou mesmo compensação financeira. d. Não se admite a desaverbação de tempo que foi averbado (automaticamente ou mediante CTC) e que tenha gerado o pagamento de vantagens remuneratórias ao servidor.
>
> **42.** Essas medidas visam evitar distorções na contagem recíproca de tempo entre os RPPS e o RGPS, que causavam o pagamento indevido de benefícios em prejuízo da manutenção do equilíbrio financeiro e atuarial desses regimes. A propósito, a Exposição de Motivos Interministerial da MP justifica as alterações no art. 96 da lei nº 8.213/1999 pelo objetivo de evitar práticas inadequadas envolvendo os RPPS, que podiam resultar na concessão indevida de benefícios tanto pelos regimes próprios como pelo RGPS, com efeitos negativos ao equilíbrio financeiro e atuarial dos regimes previdenciários".

Dessa forma, para todos os entes federativos, a partir de 18/01/2019 (data de publicação da MP 871, convertida na Lei 13.846/2019), foi **extinta a averbação automática** do ex-empregado público convertido em servidor estatutário na data de criação do regime jurídico único, que no caso do servidor federal se deu com o advento da Lei 8.112/90, **sendo condição de validade da contagem recíproca a emissão de CTC**.

Por outro lado, à luz do Princípio do *Tempus Regit Actum* e do ato jurídico perfeito**,** encontram-se vigentes e eficazes as averbações realizadas, cujos atos de aposentadoria, pensão ou abono de permanência tenham sido publicados até 17 de janeiro 2019.

Esse o correto posicionamento no RPPS federal. Veja-se a **INSTRUÇÃO NORMATIVA PRES/INSS Nº 120, DE 1º DE OUTUBRO DE 2021:**

"Art. 4º O tempo de serviço público prestado pelos servidores ex-celetistas que foram enquadrados no Regime Jurídico da Lei nº 8.112, de 11 de dezembro de 1990, deverá ser atestado pelo INSS (no âmbito do RGPS) por intermédio de CTC, vedada a averbação automática desse tempo pelas Unidades de Gestão de Pessoas, para fins de concessão de aposentadoria, pensão ou abono de permanência, observando-se que:

I - encontram-se vigentes e eficazes as averbações realizadas, cujos atos de aposentadoria, pensão ou abono de permanência tenham sido publicados até 17 de janeiro 2019; e

II - a partir de 18 de janeiro de 2019, o tempo de contribuição no RGPS deve ser obrigatoriamente certificado mediante CTC emitida pelo INSS, para benefícios concedidos pelo Regime Próprio de Previdência Social - RPPS".

Vale registrar que dentro do RPPS (não em contagem recíproca) o Supremo Tribunal Federal passou a admitir a conversão do tempo especial em comum até o advento da EC 103/2019, ao julgar o RE 1014286, em 31/08/2020, **Tema 942 em Repercussão Geral**:

> Tese firmada: *"Até a edição da Emenda Constitucional nº 103/2019, o direito à conversão, em tempo comum, do prestado sob condições especiais que prejudiquem a saúde ou a integridade física de servidor público decorre da previsão de adoção de requisitos e critérios diferenciados para a jubilação daquele enquadrado na hipótese prevista no então vigente inciso III do § 4º do art. 40 da Constituição da República, devendo ser aplicadas as normas do regime geral de previdência social relativas à aposentadoria especial contidas na Lei 8.213/1991 para viabilizar sua concretização enquanto não sobrevier lei complementar disciplinadora da matéria. Após a vigência da EC n.º 103/2019, o direito à conversão em tempo comum, do prestado sob condições especiais pelos servidores obedecerá à legislação complementar dos entes federados, nos termos da competência conferida pelo art. 40, § 4º-C, da Constituição da República".*

No âmbito do RPPS dos servidores federais, a Emenda 103/2019 veda a conversão do tempo especial em comum no seu artigo 10 após 13/11/2019:

> *"Art. 10. Até que entre em vigor lei federal que discipline os benefícios do regime próprio de previdência social dos servidores da União, aplica-se o disposto neste artigo.*
>
> *§ 3º A aposentadoria a que se refere o § 4º-C do art. 40 da Constituição Federal observará adicionalmente as condições e os requisitos estabelecidos para o Regime Geral de Previdência Social, naquilo em que não conflitarem com as regras específicas aplicáveis ao regime próprio de previdência social da União, **vedada a conversão de tempo especial em comum**".*

Somente será possível no RPPS dos entes políticos a conversão de tempo especial em comum após 13/11/2019 se houver lei complementar da lavra da entidade política autorizando.

Logo, o tema 942 autoriza a conversão do tempo especial em comum apenas internamente no RPPS, e não entre regimes de previdência, utilizando os critérios de especialidade e conversão do RGPS até 13/11/2019.

O caso julgado é sobre uma questão interna do RPPS do Estado de São Paulo, em que servidores públicos do cargo de assistentes agropecuários (**José Carlos Ribeiro Meirelles e outros**) buscavam o reconhecimento no RPPS de tempo especial para conversão em tempo comum à luz da aplicação analógica da Lei 8.213/91.

Após ler as 59 páginas do Acórdão do Tema STF 942, com voto vencedor do Ministro Fachin, percebe-se que em nenhum momento foi sequer discutida a conversão do tempo especial em comum para fins de contagem recíproca, vedada pelo artigo 96 da Lei 8.213/91.

Vale registrar que a Secretaria de Previdência incorporou na via administrativa a posição firmada pelo STF no Tema 942, **admitindo a conversão de tempo especial em comum no RPPS** na via administrativa dentro do RPPS, assim como pela emissão de CTC com indicação de especialidade para que o regime receptor faça a conversão até 13/11/2019.

Trata-se do DESPACHO Nº 846/2021/SPREV/SEPRT-ME, que trata da interpretação do Tema STF 942 em Repercussão Geral, o Secretário de Previdência, ao aprovar a Nota Técnica SEI nº 792/2021/SRPPS/SPREV/SEPRT/ME, de 21/01/2021, da Subsecretaria dos Regimes Próprios de Previdência Social - SRPPS/SPREV e a Nota Técnica SEI nº 6178/2021/SRGPS/SPREV/SEPRT/ME, de 10/02/2021, da Subsecretaria do Regime Geral de Previdência Social - SRPGS/SPREV:

> ***"DESPACHO Nº 846/2021/SPREV/SEPRT-ME***
>
> ***Processo nº 10133.100013/2021-69***
>
> ***ASSUNTO: CONVERSÃO DE TEMPO ESPECIAL EM COMUM. ANÁLISE DA TESE FIXADA PELO SUPREMOTRIBUNAL FEDERAL NO RECURSO EXTRAORDINÁRIO Nº 1014286/STF (TEMA Nº 942). APROVAÇÃO DANOTA TÉCNICA SEI Nº 792/2021/ME E DA NOTA TÉCNICA SEI Nº 6178/2021/ME***
>
> *Aprovo a Nota Técnica SEI nº 792/2021/SRPPS/SPREV/SEPRT/ME, de 21/01/2021, da Subsecretaria dos Regimes Próprios de Previdência Social - SRPPS/SPREV (12908723,) e a Nota Técnica SEI nº6178/2021/SRGPS/SPREV/SEPRT/ME, de 10/02/2021, da Subsecretaria do Regime Geral de Previdência Social -SRPGS/SPREV (13590427), que trataram da possibilidade de aplicação das regras do Regime Geral de Previdência Social -RGPS para a averbação do tempo de serviço prestado até a publicação da Emenda Constitucional nº 103/2019, em atividades exercidas sob condições especiais,*

nocivas à saúde ou à integridade física de servidor público, com conversão do tempo especial em comum, conforme análise do sentido e alcance da seguinte tese fixada pelo Supremo Tribunal Federal - STF no julgamento do Recurso Extraordinário - RE nº 1014286, representativo do Tema nº 942 da Repercussão Geral:

Até a edição da Emenda Constitucional nº 103/2019, o direito à conversão, em tempo comum, do prestado sob condições especiais que prejudiquem a saúde ou a integridade física de servidor público decorre da previsão de adoção de requisitos e critérios diferenciados para a jubilação daquele enquadrado na hipótese prevista no então vigente inciso III do § 4 º do art. 40 da Constituição da República, devendo ser aplicadas as normas do regime geral de previdência social relativas à aposentadoria especial contidas na Lei 8.213/1991 para viabilizar sua concretização enquanto não sobrevier lei complementar disciplinadora da matéria. Após a vigência da EC n.º 103/2019, o direito à conversão em tempo comum, do prestado sob condições especiais pelos servidores obedecerá à legislação complementar dos entes federados, nos termos da competência conferida pelo art. 40, § 4 º-C, da Constituição da República. (STF - RE: 1014286 SP 0021903-48.2011.8.26.0506, Relator: LUIZ FUX, Data de Julgamento: 31/08/2020, Tribunal Pleno, Data de Publicação: 24 /09/2020)

Estou de acordo com o entendimento sintetizado a seguir - fundamentado nas aludidas Notas Técnicas - e autorizo sua divulgação como orientação aos Regimes Próprios de Previdência Social - RPPS da União, dos Estados, do Distrito Federal e dos Municípios e ao Instituto Nacional do Seguro Social - INSS:

I - A tese fixada pelo Plenário do Supremo Tribunal Federal - STF no Recurso Extraordinário nº 1014286 (Tema nº 942 da Repercussão Geral):

I.1 - alcança apenas os servidores filiados ao RPPS cujas atividades foram exercidas sob condições especiais que prejudiquem a saúde ou a integridade física até a data de entrada em vigor da Emenda Constitucional nº 103, que se deu em 13 de novembro de 2019, quanto ao direito à conversão desse tempo especial em tempo comum para aplicação das regras do RGPS sobre aposentadoria especial de que trata o art. 57 da Lei nº 8.213, de 24/07/1991;

I.2 - não diz respeito à conversão em tempo comum do tempo prestado pelo servidor na condição de pessoa com deficiência, nem de conversão de tempo exercido em atividades de risco, hipóteses previstas nos incisos I e II do §4º do art. 40 da Constituição, na redação desses dispositivos anterior à EC nº 103/2019; e

I.3 - não abrange conversão, em tempo comum, do tempo de efetivo exercício das funções de magistério na educação infantil e no ensino fundamental e médio, na hipótese de aposentadoria especial de professor a que se refere o § 5º do art. 40 da Constituição Federal, na redação anterior à reforma previdenciária de 2019.

II - Com a edição da EC nº 103/2019, passam a existir, no RGPS, as seguintes normas de mesmo nível constitucional e contemporâneas aplicáveis à conversão de tempo especial em tempo comum, sendo ambas válidas e compatíveis já que o seu campo de aplicação é distinto:

II.1 - uma permissiva (art. 25 da EC nº 103/2019) que reconhece e assegura essa conversão para os períodos cumpridos até 13 de novembro de 2019 (publicação da EC 103), na forma prevista na Lei nº 8.213/1991; e

II.2 - outra que veda a conversão para o tempo especial cumprido após a sua entrada em vigor: § 14 do art. 201 da Constituição Federal.

III - A aplicação combinada do § 14 do art. 201 da Constituição Federal, acrescido pela EC nº 103/2019, e do art. 25 dessa Emenda, permite concluir que é válida a conversão - no âmbito do RGPS - de tempo especial em tempo comum,1. 2. cumprido até 13/11/2019, na forma prevista na Lei nº 8.213/1991, inclusive para efeito de contagem recíproca, pois a vedação de contagem de tempo de contribuição fictício - que abrange a conversão de tempo especial em tempo comum, para efeito de concessão de benefício previdenciário e de contagem recíproca - apenas incide em relação ao tempo especial cumprido após a entrada em vigor da Reforma.

IV - No âmbito do RGPS, não se admite, para fins de cumprimento do período de carência, a conversão de tempo especial em comum exercido em qualquer época.

V - A tese fixada pelo Plenário do Supremo Tribunal Federal no RE nº 1014286 permite que a conversão de tempo especial em tempo comum seja observada pelo RGPS e pelos RPPS para o tempo cumprido até 13/11/2019, pois:

V.1 - se trata de um precedente relevante da Corte Maior, cuja orientação firmada é persuasiva para os demais órgãos do Poder Judiciário, não obstante tenha sido adotada em controle difuso de constitucionalidade;

V.2 - ampliou, em substância, o alcance da Súmula Vinculante nº 33 do STF, pois ficou decidido que, na hipótese prevista no inciso III do § 4º do art. 40 da Constituição (na redação anterior à EC nº 103/2019), o direito à conversão, em tempo comum, do prestado sob condições especiais prejudiciais à saúde ou à integridade física, decorre da isonomia na proteção dos trabalhadores expostos a agentes nocivos.

V.3 - o STF reinterpretou a Súmula Vinculante nº 33, a seguir, já que a aplicação analógica das regras de aposentadoria especial do RGPS ao servidor público, "no que couber", passou a incluir necessariamente a possibilidade de conversão de tempo especial em tempo comum, cumprido até 13/11/2019: Aplicam-se ao servidor público, no que couber, as regras do regime geral da previdência social sobre aposentadoria especial de que trata o artigo 40, § 4º, inciso III da Constituição Federal, até a edição de lei complementar específica.

VI - Para a efetivação do direito à conversão de tempo especial em tempo comum, nos termos da EC nº 103/2019 e na forma da tese do STF para o

Tema 942 de sua Repercussão Geral, devem ser aplicados, na conversão do tempo especial em comum exercido até 13 de novembro de 2019, os fatores de conversão previstos no então vigente art. 70 do Regulamento da Previdência Social, aprovado pelo Decreto nº 3.048, de 06/05/1999, reproduzida no § 5º do art. 188-P do mesmo Regulamento, na redação dada pelo Decreto nº 10.410, de 30/06/2020, conforme a seguinte tabela:

	TEMPO A CONVERTER	
MULTIPLICADORES	MULHER (PARA30)	HOMEM (PARA35)
DE 15 ANOS	2,00	2,33
DE 20 ANOS	1,50	1,75
DE 25 ANOS	1,20	1,40

a) a época de cumprimento do tempo especial;

b) o critério de equivalência (fatar de conversão);

c) a legislação complementar regulamentadora da contagem diferenciada acaso existente no regime instituidor;

d) o fundamento legal da espécie de aposentadoria requerida, as quais podem vir a ser fixadas somente por ocasião do requerimento do benefício.

XIII - A decisão do Supremo Tribunal Federal reconhece, para os servidores filiados a RPPS, cujas atividades sejam exercidas sob condições especiais à saúde ou à integridade física, até o advento da Emenda antes referida, o direito à conversão desse tempo especial em tempo comum pela aplicação analógica das regras do RGPS sobre aposentadoria especial de que trata o art. 57 da Lei nº 8.213/1991, o que não significa que o tempo reconhecido como especial deva vir convertido em tempo comum na CTC, cabendo ao regime de origem tão-somente certificar a natureza do período de tempo especial, devendo a correspondente conversão ser efetivada pelo regime instituidor, quando cabível".

Cabe observar que o exercício da competência estabelecida no art. 40, § 4º-C, da Constituição Federal, pelos entes federativos, inclusive quanto à possibilidade de previsão de conversão de tempo especial, posterior à Emenda nº103/2019, em tempo comum, conforme entendimento do STF, deve estar embasada em prévia avaliação atuarial que demonstre os impactos no equilíbrio financeiro e atuarial do RPPS, cuja preservação é exigida pelo *caput* do mesmo artigo Constitucional.

Esse foi o posicionamento adotado pela **TNU** no julgamento do **Tema 278**, que acolheu memorial do próprio INSS subscrito pelo autor desta obra em favor do segurado diante da nova posição da Secretaria de Previdência após o Tema 942 do STF.

Tema	**278**	Situação do tema	Julgado	Ramo do direito	DIREITO ADMINISTRATIVO/ PREVIDENCIÁRIO
Questão submetida a julgamento	Saber se o(a) segurado(a) que trabalhava sob condições especiais e passou, sob qualquer condição, para regime previdenciário diverso, tem direito à conversão do tempo de atividade especial em tempo comum, para efeito de contagem recíproca, à luz do disposto no art. 96, I, da Lei n. 8.213/1991.				
Tese firmada	I - O(A) segurado(a) que trabalhava sob condições especiais e passou, sob qualquer condição, para regime previdenciário diverso, tem direito à expedição de certidão desse tempo identificado como especial, discriminado de data a data, ficando a conversão em comum e a contagem recíproca à critério do regime de destino, nos termos do art. 96, IX, da Lei n.º 8.213/1991; II - Na contagem recíproca entre o Regime Geral da Previdência Social - RGPS e o Regime Próprio da União, é possível a conversão de tempo especial em comum, cumprido até o advento da EC n.º 103/2019.				

Processo	Decisão de afetação	Relator (a)	Julgado em	Acórdão publicado em	Trânsito em julgado
PEDILEF 5005679-21.2018.4.04.7111/ RS	16/10/2020	Juiz Federal Gustavo Melo Barbosa	23/09/2021	27/09/2021	-

■ POSIÇÃO DO STJ

Posteriormente, coube ao STJ em 2022 rever o seu posicionamento e se alinhar ao tema 942/STF:

Processo

REsp 1.592.380-SC, Rel. Min. Francisco Falcão, Segunda Turma, por unanimidade, julgado em 08/02/2022, DJe 10/02/2022.

Ramo do Direito

DIREITO PREVIDENCIÁRIO

Tema

Aposentadoria. Conversão de tempo especial em comum. Certidão do tempo de contribuição do RGPS. Servidor público. Contagem recíproca. Regime próprio de previdência. Até a EC 103/2019. Possibilidade. Tema 942/STF. Juízo de retratação.

DESTAQUE

Até a edição da EC 103/2019, é admissível, aos servidores públicos, a conversão do tempo de serviço especial em comum objetivando a contagem recíproca de tempo de serviço.

INFORMAÇÕES DO INTEIRO TEOR

No caso pretende-se a conversão de tempo especial em comum, com ulterior emissão de certidão por tempo de contribuição, para se utilizar do tempo de serviço exercido no Regime Geral da Previdência Social - RGPS na aposentadoria no Regime Próprio de Previdência Social - RPPS.

Contudo, a jurisprudência do STJ, por meio do julgamento do EREsp n. 524.267/PB, relator Ministro Jorge Mussi, Terceira Seção, DJe 24/3/2014, sedimentou o entendimento de que, objetivando a contagem recíproca de tempo de serviço, não se admite a conversão do tempo de serviço especial em comum, em razão da expressa vedação legal (arts. 4º, I, da Lei n. 6.226/1975 e 96, I, da Lei n. 8.213/1991).

Ocorre que o Plenário do Supremo Tribunal Federal, no julgamento do RE n. 1.014.286 (Tema 942), com repercussão geral reconhecida, encerrado na sessão de 31/8/2020, enfrentou essa questão jurídica, firmando tese contrária à fixada pela Terceira Seção do STJ, para reconhecer que "até a edição da EC 103/2019, não havia impedimento à aplicação, aos servidores públicos, das regras do RGPS para a conversão do período de trabalho em condições nocivas à saúde ou à integridade física em tempo de atividade comum".

Dessa forma, é forçoso realinhar o entendimento desta Corte Superior e, nos termos do art. 1.040 do CPC/2015, fazer a devida adequação ao decidido pelo Supremo Tribunal Federal, no Tema n. 942.

Registre que a atividade de risco dos policiais não se confunde com o tempo especial por agentes nocivos, de modo que inexiste previsão legal para a conversão do período de tempo de contribuição como policial em tempo comum, quer internamente no RPPS ou em sede de contagem recíproca, não tendo sido esta conversão autorizada pelo Tema 942 em Repercussão Geral.

- **POSIÇÃO DO STF**

ARE 1396887 AgR

Órgão julgador: Primeira Turma

Relator(a): Min. CÁRMEN LÚCIA

Julgamento: 03/11/2022

Publicação: 07/11/2022

Ementa

EMENTA: AGRAVO REGIMENTAL NO RECURSO EXTRAORDINÁRIO COM AGRAVO. ADMINISTRATIVO E PREVIDENCIÁRIO. AGENTE PENITENCIÁRIO. ATIVIDADE POLICIAL. LEI COMPLEMENTAR N. 51/1985. APOSENTADORIA ESPECIAL. CONVERSÃO DE TEMPO DE SERVIÇO ESPECIAL EM TEMPO COMUM. INAPLICABILIDADE DO TEMA 942 DA REPERCUSSÃO GERAL. AUSÊNCIA DE OFENSA

CONSTITUCIONAL DIRETA. VERBA HONORÁRIA MAJORADA EM 1% (§§ 2º, 3º E 11 DO ART. 85 DO CÓDIGO DE PROCESSO CIVIL). AGRAVO REGIMENTAL DESPROVIDO.

De início, em questão jurídica de natureza preliminar, creio que **não podemos afirmar** que há *"utilização do tempo ficto decorrente de conversão de tempo especial em comum"*.

Com efeito, a despeito de nunca ter havido regulamentação por intermédio de lei federal, a vedação ao cômputo ao tempo de contribuição fictício não é inovação da Emenda 103/2019, tendo sido introduzido no RPPS e no RGPS com o advento da Emenda 20/1998:

> *"Art. 4º - **Observado o disposto no art. 40, § 10, da Constituição Federal,** o tempo de serviço considerado pela legislação vigente para efeito de aposentadoria, cumprido até que a lei discipline a matéria, será contado como tempo de contribuição.*
>
> *§ 10 - **A lei não poderá estabelecer qualquer forma de contagem de tempo de contribuição fictício**. (Incluído pela Emenda Constitucional nº 20, de 15/12/98)"*

Dessa forma, se o mencionado acréscimo fruto da conversão de tempo especial em comum fosse ficção jurídica, teria sido limitada à 16/12/1998, como ocorreu com o cômputo em dobro de licença prêmio não gozada.

Essa proibição apenas foi reforçada por intermédio da Emenda 103/2019. Contudo, trata-se de zona cinzenta do Direito Previdenciário do Brasil, diante da inexistência de lei de regulamentação e da aceitação pelo próprio Poder Executivo da União do cômputo de períodos de contribuição que, a rigor, seriam fictícios, em especial o gozo de benefícios por incapacidade laboral intercalados, admitidos como tempo de contribuição mesmo após o advento do Decreto 10.410/2020 que mantém a vigência do artigo 55, II, da Lei 8.213/91.

Sabe-se que no RGPS e no RPPU a Emenda 103/2019 vedou a conversão do tempo especial em comum após 13.11.2019:

> "Art. 10
>
> *§ 3º A aposentadoria a que se refere o § 4º-C do art. 40 da Constituição Federal observará adicionalmente as condições e os requisitos estabelecidos para o Regime Geral de Previdência Social, naquilo em que não conflitarem com as regras específicas aplicáveis ao regime próprio de previdência social da União, **vedada a conversão de tempo especial em comum.***
>
> ...

Art. 25

§ 2º Será reconhecida a conversão de tempo especial em comum, na forma prevista na Lei nº 8.213, de 24 de julho de 1991, ao segurado do Regime Geral de Previdência Social que comprovar tempo de efetivo exercício de atividade sujeita a condições especiais que efetivamente prejudiquem a saúde, cumprido até a data de entrada em vigor desta Emenda Constitucional, ***vedada a conversão para o tempo cumprido após esta data****".*

No entanto, é possível que lei complementar do ente federativo autorize a citada conversão após 13.11.2019 ao menos no RPPS, conforme fixado pelo STF no julgamento do tema 942 em sede de repercussão geral:

Tema 942 - Possibilidade de aplicação das regras do regime geral de previdência social para a averbação do tempo de serviço prestado em atividades exercidas sob condições especiais, nocivas à saúde ou à integridade física de servidor público, com conversão do tempo especial em comum, mediante contagem diferenciada.

Há Repercussão?

Sim

Relator(a):

MIN. DIAS TOFFOLI

Leading Case:

RE 1014286

Descrição:

Recurso extraordinário em que se discute, à luz do art. 40, § 4º, inc. III, da Constituição da República, a possibilidade de aplicação das regras do regime geral de previdência social para a averbação do tempo de serviço prestado em atividades exercidas sob condições especiais, nocivas à saúde ou à integridade física de servidor público, com conversão do tempo especial em comum, mediante contagem diferenciada.

Tese:

Até a edição da Emenda Constitucional nº 103/2019, o direito à conversão, em tempo comum, do prestado sob condições especiais que prejudiquem a saúde ou a integridade física de servidor público decorre da previsão de adoção de requisitos e critérios diferenciados para a jubilação daquele enquadrado na hipótese prevista no então vigente inciso III do § 4º do art. 40 da Constituição da República, devendo ser aplicadas as normas do regime geral de previdência social relativas à aposentadoria especial contidas na Lei 8.213/1991 para viabilizar sua concretização enquanto não sobrevier lei complementar disciplinadora da matéria. **Após a vigência da EC n.º 103/2019, o direito à conversão em tempo comum, do prestado sob condições especiais pelos**

servidores obedecerá à legislação complementar dos entes federados, nos termos da competência conferida pelo art. 40, § 4º-C, da Constituição da República.

Destarte, o STF admite que lei do ente federativo possa autorizar a conversão do tempo especial em comum após o advento da EC 103/2019.

Outrossim, **existem decisões específicas do STF no sentido de que a citada conversão não se caracteriza como tempo ficto**, inclusive da lavra do Plenário:

> *ARE 1173624 AgR-segundo*
>
> *Órgão julgador:* ***Primeira Turma***
>
> *Relator(a):* ***Min. FLÁVIO DINO***
>
> *Julgamento:* ***18/03/2024***
>
> *Publicação:* ***21/03/2024***
>
> **Ementa**
>
> EMENTA DIREITO ADMINISTRATIVO E PREVIDENCIÁRIO. SERVIDOR PÚBLICO. ATIVIDADE EXERCIDA EM CONDIÇÕES PREJUDICIAIS À SAÚDE OU À INTEGRIDADE FÍSICA. CONTAGEM DIFERENCIADA DE ***TEMPO*** ESPECIAL. DECISÃO AGRAVADA EM CONSONÂNCIA COM A JURISPRUDÊNCIA DO SUPREMO TRIBUNAL FEDERAL. AGRAVO NÃO PROVIDO. 1. O entendimento posto na decisão agravada está em consonância com a orientação do Plenário desta Suprema Corte, no sentido de que "**A *conversão* de *tempo* especial em comum por um fator multiplicador decorre diretamente do direito constitucional à aposentadoria especial (CRFB, art. 40, § 4º) e não incide na proibição de cômputo de tempo ficto (CRFB, art. 40, § 10)**" (MI 6.694 AgR, Rel. p/ Acórdão: Min. André Mendonça). 2. Majoração em 10% (dez por cento) dos honorários advocatícios anteriormente fixados, obedecidos os limites previstos no art. 85, §§ 2º, 3º e 11, do CPC, ressalvada eventual concessão do benefício da gratuidade da Justiça. 3. Agravo interno conhecido e não provido.
>
> *MI 6694 AgR*
>
> *Órgão julgador:* ***Tribunal Pleno***
>
> *Relator(a):* ***Min. EDSON FACHIN***
>
> *Redator(a) do acórdão:* ***Min. ANDRÉ MENDONÇA***
>
> *Julgamento:* ***13/02/2023***
>
> *Publicação:* ***17/02/2023***
>
> **Ementa**
>
> EMENTA: AGRAVO REGIMENTAL NO MANDADO DE INJUNÇÃO. DIREITO ADMINISTRATIVO E PREVIDENCIÁRIO. SERVIDOR

PÚBLICO. ATIVIDADE INSALUBRE. APOSENTADORIA ESPECIAL. CONTAGEM DIFERENCIADA DE ***TEMPO*** DE SERVIÇO. 1. Mandado de injunção em que se alega omissão na edição de lei complementar regulamentadora do direito à aposentadoria especial previsto no art. 40, § 4º, da Constituição da República, bem como do direito à contagem diferenciada de ***tempo*** especial. Requerimento de aplicação analógica das regras do art. 57 da Lei nº 8.213, de 1991. **2. A *conversão* de *tempo* especial em comum por um fator multiplicador decorre diretamente do direito constitucional à aposentadoria especial (CRFB, art. 40, § 4º) e não incide na proibição de cômputo de *tempo ficto* (CRFB, art. 40, § 10).** 3. O Supremo Tribunal Federal manifestou-se, por seu órgão Plenário, tanto pelo cabimento do mandado de injunção para dirimir a controvérsia posta nos autos, por identificar existir lacuna legislativa a ser colmatada em sede injuncional (MI nº 4.204/DF), como pela própria existência, até a edição da Emenda Constitucional nº 103, de 2019, do direito à ***conversão***, em ***tempo*** comum, do prestado sob condições especiais que prejudiquem a saúde ou a integridade física de servidor público (Recurso Extraordinário nº 1.014.286-RG/SP). 4. A decisão proferida em mandado de injunção não reconhece imediatamente o direito à contagem diferenciada de ***tempo*** especial, apenas supre a lacuna normativa e determina que a autoridade administrativa competente analise o caso, à luz dos documentos apresentados pela parte interessada. 5. Agravo regimental ao qual se dá provimento para conceder a ordem, em parte.

Outra razão é continuar existindo conversões de tempo de contribuição no RGPS que podem gerar acréscimos de tempo contributivo após a EC 103/2019, a saber:

A) Tempo especial em tempo especial - Artigo 66 do Decreto 3.048/99;

B) Tempo especial em tempo da pessoa com deficiência - Artigo 70-F do Decreto 3.048/99;

C) Tempo comum em tempo da pessoa com deficiência - Artigo 70-E do Decreto 3.048/99;

D) Tempo da pessoa com deficiência em tempo da pessoa com deficiência (alteração de grau) - Artigo 70-E do Decreto 3.048/99.

Conforme **Memorando-Circular nº 30 /DIRBEN/INSS, de 19/9/2017**, que se fundamenta no Parecer nº 380/2015/CONJUR-MPS/CGU/AGU, de 10 de julho de 2015, quanto à **responsabilidade pela emissão de Certidão de Tempo de Contribuição - CTC**, incumbe à Unidade Gestora do RPPS o seu fornecimento (regime direto) e, em situações excepcionais, em que a responsabilidade pela emissão da CTC seja do Órgão de Origem do servidor, esta deverá ser homologada pela Unidade Gestora do RPPS, nos termos do art. 2º da Portaria MPS nº 154, de 15 de maio de 2008.

Nas situações de RPPS operado mediante convênio de filiação previdenciária:

a) sendo o Instituto Previdenciário responsável por toda cobertura mínima (regime indireto), caberá a ele, e não ao Órgão de Origem do servidor que mantém convênio com o referido Instituto, certificar o tempo de contribuição, ainda que por homologação;

b) se a cobertura previdenciária mínima exigida do RPPS (aposentadoria e pensão), prevista no convênio, for prestada de forma mista, a certificação do tempo de contribuição caberá ao responsável pela prestação do benefício de aposentadoria e não ao responsável pela pensão. Isso significa que, se os benefícios a cargo da entidade gestora do RPPS não incluírem a aposentadoria, que permanece sendo prestada diretamente pelo ente federativo, a CTC deverá ser expedida por este, e não pela Unidade Gestora;

c) da mesma forma ocorre em relação ao regime especial de contribuição, conforme era previsto no parágrafo único do art. 3º, da Lei nº 3.807 (LOPS), de 26 de agosto de 1960, ou seja, o regime previdenciário à época era misto, sendo a aposentadoria prevista pelo ente federativo e a pensão pela Previdência Social Urbana. Nesse caso, conforme dispõe o art. 446 da Instrução Normativa nº 77/PRES/INSS, de 21 de janeiro de 2015, o período de trabalho exercido sob esse regime especial de contribuição não deve ser certificado pelo RGPS, e sim pelo ente federativo que mantinha o primeiro benefício programável da aposentadoria.

Quanto à **compensação previdenciária** entre o RPPS e o RGPS, decorrente da necessidade de manutenção do equilíbrio financeiro e atuarial desses regimes, observado o contido no art. 4º e seus parágrafos, da Portaria MPAS nº 6.209, de 16 de dezembro de 1999, com redação dada pela Portaria MPS nº 287, de 05 de novembro de 2009, deve cada qual ser responsável pela cobrança e recolhimento de suas contribuições, de modo que, uma vez emitida a CTC pelo regime de origem, essa será considerada para fins de compensação, independentemente de ter havido, ou não, o efetivo recolhimento das contribuições correspondentes ao tempo de contribuição certificado. Isso pelo fato de que a natureza da cobrança e recolhimento das contribuições, no âmbito da compensação previdenciária, é indenizatória e não fiscal, o que significa que eventuais pendências tributárias, antes da emissão da CTC, devem ser examinadas no bojo da relação entre o regime de origem e o contribuinte, e não entre os regimes[39].

A União, os Estados, o Distrito Federal e os Municípios publicarão, até 30 dias após o encerramento de cada bimestre, demonstrativo financeiro e orçamentário da receita e despesa previdenciárias acumuladas no exercício financeiro em curso.

39. Memorando-Circular nº 30 /DIRBEN/INSS, de 19/9/2017.

De acordo com o TCU, as "certidões emitidas por entes de direito público interno são aptas a comprovar tempo de serviço estatutário, quando não demonstrados os respectivos recolhimentos previdenciários, desde que haja especificação dos atos ou das portarias de provimento e de vacância, com suas respectivas publicações, bem como o regime jurídico a que o servidor foi submetido, se estatutário ou celetista. Em se tratando de regime celetista, o documento hábil para a averbação do tempo de serviço é a certidão expedida pelo Instituto Nacional do Seguro Social (INSS)"[40].

Por sua vez, "o tempo de efetivo exercício de advocacia prestado por membro do Ministério Público (art. 231, § 1º, LC 75/93), para ser contado para aposentadoria, depende de comprovação do recolhimento das contribuições previdenciárias, sendo possível o seu recolhimento sob a forma de indenização"[41].

Em que pese a vedação expressa contida no artigo 96, I, da Lei 8.213/91, que impede a contagem recíproca de tempo de contribuição em dobro ou em outras condições especiais, *antes da instituição do regime jurídico único*, que ocorreu na esfera federal com o advento da Lei 8.112/90, entende o STF que o tempo celetista prestado em condições especiais pelo servidor público (federal, estadual, distrital ou municipal) será contado com a respectiva conversão prevista na legislação previdenciária.

■ POSIÇÃO DO STF

"EMENTA: RECURSO EXTRAORDINÁRIO. SERVIDOR PÚBLICO ESTADUAL. APOSENTADORIA. TEMPO DE SERVIÇO PRESTADO EM CONDIÇÕES INSALUBRES EM PERÍODO ANTERIOR À SUPERVENIÊNCIA DO ESTATUTO DOS FUNCIONÁRIOS PÚBLICOS DO ESTADO. CONTAGEM RECÍPROCA. POSSIBILIDADE. 1. A contagem recíproca é um direito assegurado pela Constituição do Brasil. O acerto de contas que deve haver entre os diversos sistemas de previdência social não interfere na existência desse direito, sobretudo para fins de aposentadoria. **2. Tendo exercido suas atividades em condições insalubres à época em que submetido aos regimes celetista e previdenciário, o servidor público possui direito adquirido à contagem desse tempo de serviço de forma diferenciada e para fins de aposentadoria.** 3. Não seria razoável negar esse direito à recorrida pelo simples fato de ela ser servidora pública estadual e não federal. E isso mesmo porque condição de trabalho, insalubridade e periculosidade, é matéria afeta à competência da União (CB, artigo 22, I [direito do trabalho]). Recurso a que se nega provimento" (RE 255.827, de 25.10.2005).

40. Acórdão 428/2016 Primeira Câmara (Aposentadoria, Relator Ministro Walton Alencar Rodrigues).

41. Acórdão 7946/2014 Segunda Câmara (Aposentadoria, Relator Ministro Raimundo Carreiro).

Nesse sentido, de acordo com o TCU, "somente é possível a contagem ficta decorrente da conversão do tempo de serviço prestado em condições especiais, admitida para períodos anteriores à Lei 8.112/90 sob o regime celetista, quando houver comprovação da existência de risco à integridade física do empregado ou da presença de agentes nocivos à sua saúde no local de trabalho, mediante laudo pericial emitido por autoridade competente, ressalvados os casos em que as atribuições do emprego público presumivelmente envolviam atividades de risco para a higidez física do profissional (a exemplo de médicos, odontólogos e enfermeiros)"[42].

No entanto, "o servidor celetista inativado antes da edição do regime jurídico único não é alcançado pelo enquadramento no regime estatutário (art. 243 da Lei 8.112/1990). O direito à aposentadoria rege-se pela lei em vigor na ocasião em que o servidor reuniu os requisitos para obtenção do benefício ou, ainda, no momento da passagem para a inatividade"[43].

Ademais, "a percepção de adicional de insalubridade não é suficiente para o reconhecimento do direito à contagem de tempo de atividade especial prestada por servidores ex-celetistas em período anterior à vigência da Lei 8.112/90. Para tanto, é necessária a comprovação da condição de insalubridade por meio de certidão do INSS ou de laudo pericial emitido por autoridade competente"[44].

Por sua vez, "tratando-se de servidores ex-celetistas, os tempos de serviço público municipal e estadual podem ser computados para a aposentadoria, mas não para fins de anuênios"[45].

No entanto, "é ilegal a contagem especial de tempo de serviço em atividades insalubres, penosas e perigosas quando da concessão de aposentadorias especiais de policiais, porquanto estas já são concedidas com tempo reduzido. A prestação de serviço em condições decorrentes do exercício de atividade policial não dá ensejo, simultaneamente, a dois benefícios, de idêntica natureza, com dupla redução do tempo de serviço necessário à aposentadoria"[46].

Eis o conteúdo da CTC, a teor da Portaria MTP 1.467, de 2 de junho de 2022:

> *"Art. 186. Após as providências de que trata o art. 185, a unidade gestora do RPPS, o órgão de origem do segurado ou o órgão gestor do SPSM, quando se tratar de militar, deverá emitir a CTC ou a Certidão de Tempo de Serviço Militar constando, obrigatoriamente, no mínimo:*
>
> *I - órgão expedidor;*

42. Acórdão 7133/2015 Primeira Câmara (Aposentadoria, Relator Ministro Benjamin Zymler).
43. Acórdão 2509/2017 Primeira Câmara (Aposentadoria, Relator Ministro Vital do Rêgo).
44. Acórdão 7775/2015 Primeira Câmara (Pedido de Reexame, Relator Ministro José Múcio Monteiro).
45. Acórdão 2715/2015 Plenário (Revisão de Ofício, Relator Ministro Benjamin Zymler).
46. Acórdão 2964/2014 Segunda Câmara (Aposentadoria, Relator Ministro José Jorge).

II - nome do segurado ou militar, matrícula, RG, CPF, sexo, data de nascimento, filiação, PIS ou PASEP, cargo ou patente, lotação, data de admissão e data de exoneração ou demissão;

III - período de contribuição ao RPPS ou ao SPSM, de data a data, compreendido na certidão;

IV - fonte de informação;

V - discriminação da frequência durante o período abrangido pela certidão, indicadas as alterações existentes, tais como faltas, licenças, suspensões e outras ocorrências;

VI - soma do tempo líquido, que corresponde ao tempo bruto de dias de vínculo ao RPPS ou ao SPSM de data a data, inclusive o dia adicional dos anos bissextos, descontados os períodos de faltas, suspensões, disponibilidade, licenças e outros afastamentos sem remuneração;

VII - declaração expressa do servidor responsável pela emissão da certidão, indicando o tempo líquido de contribuição em dias e o equivalente em anos, meses e dias, considerando-se o mês de 30 (trinta) e o ano de 365 (trezentos e sessenta e cinco) dias;

VIII - assinatura do responsável pela emissão da certidão e do dirigente do órgão expedidor;

IX - indicação da lei que garanta ao segurado ou ao militar a concessão de aposentadorias, transferência para inatividade e pensão por morte;

X - relação das bases de cálculo de contribuição por competência, inclusive as correspondentes ao décimo terceiro salário ou gratificação natalina, a serem utilizadas no cálculo dos proventos da aposentadoria, apuradas em todo o período certificado desde a competência julho de 1994 ou desde a do início da contribuição, se posterior àquela competência, sob a forma de anexo; e

XI - homologação da unidade gestora do RPPS, no caso de a certidão ser emitida por outro órgão da administração do ente federativo de origem".

Já o artigo 188 da Portaria MTP 1.467, de 2 de junho de 2022 disciplina a emissão de CTC para tempos especiais:

"Art. 188. Para fins de elegibilidade às ***aposentadorias especiais referidas nos §§ 4º, 4º-A, 4º-B e 4º-C do art. 40 da Constituição Federal****, os períodos reconhecidos pelo regime previdenciário de origem como de tempo especial, cumprido em qualquer época, deverão estar incluídos nos períodos de contribuição compreendidos na CTC, sem conversão em tempo comum e discriminados de data a data, em campo próprio da CTC, conforme* ***Anexo IX.***

§ 1º Ressalvados os casos de ex-segurados amparados em decisão judicial, observados os limites nela estabelecidos, o ente de origem reconhecerá o tempo de contribuição de natureza especial cumprido no RPPS a qualquer tempo e

emitirá a CTC com essa informação apenas nas seguintes hipóteses: (Redação dada pela Portaria MPS nº 1.180, de 16/04/2024).

I - segurado com deficiência:

a) da União, a partir da vigência da Emenda Constitucional nº 103, de 2019, conforme art. 22 dessa Emenda; ou

b) dos Estados, do Distrito Federal e dos Municípios, a partir da vigência da Lei Complementar editada conforme atribuição do § 4º-A do art. 40 da Constituição Federal;

II - segurado titular do cargo de policial regido pela Lei Complementar nº 51, de 20 de dezembro de 1985;

III - segurado titular do cargo de policial e de agente penitenciário ou socioeducativo:

a) da União, a partir da vigência da Emenda Constitucional nº 103, de 2019, conforme o inciso I do § 2º do art. 10 dessa Emenda; ou

b) dos Estados e do Distrito Federal a partir da vigência da Lei Complementar editada conforme atribuição do § 4º-B do art. 40 da Constituição Federal;

IV - segurado em exercício de atividades sob condições especiais que prejudiquem a saúde ou a integridade física, nos limites da Súmula Vinculante nº 33:

a) da União, até a vigência da Emenda Constitucional nº 103, de 2019; ou

b) dos Estados, do Distrito Federal e dos Municípios até a vigência da Lei Complementar editada conforme atribuição do § 4º-C do art. 40 da Constituição Federal; e

V - segurado cujas atividades sejam exercidas com efetiva exposição a agentes químicos, físicos e biológicos prejudiciais à saúde, ou associação desses agentes:

a) da União, a partir da vigência da Emenda Constitucional nº 103, de 2019, conforme o inciso II do § 2º do art. 10 dessa Emenda; ou

b) dos Estados, do Distrito Federal e dos Municípios a partir da vigência da Lei Complementar editada conforme atribuição do § 4º-C do art. 40 da Constituição Federal".

Registre-se que não há sentido na limitação temporal do inciso I, pois é evidente que a regra do artigo 22 da EC 103/2019, que garantiu a aplicação da LC 142/2013 ao servidor com deficiência tem efeitos retroativos.

A unidade gestora do RPPS, o órgão ou entidade emissora da CTC e o órgão gestor do SPSM deverão efetuar no registro individualizado do segurado do RPPS ou do SPSM e nos assentamentos funcionais ou militares do ex-segurado ou ex--militar, respectivamente, anotação contendo, no mínimo, os seguintes dados[47]:

> I - número da CTC e respectiva data de emissão;
>
> II - o tempo líquido de contribuição somado na certidão expresso em dias e em anos, meses e dias;
>
> III - os períodos certificados e os órgãos destinatários correspondentes, bem como o tempo destinado a cada regime em caso de fracionamento; e
>
> IV - os períodos, dentro daqueles certificados, que foram reconhecidos pelo emissor da CTC como sendo tempo especial, sem conversão, na forma do art. 188.

Podemos sintetizar, ainda, no âmbito da Portaria MTP 1.467, de 2 de junho de 2022, as seguintes regras sobre a CTC e a contagem recíproca:

- Quando solicitado pelo ex-segurado que mantém filiação a 2 (dois) RPPS ou 2 (dois) vínculos funcionais com filiação ao mesmo RPPS e ao RGPS, é permitida a emissão de CTC única com destinação do tempo de contribuição para, no máximo, estes três regimes previdenciários ou dois vínculos, segundo indicação do requerente.
- A averbação, por RPPS, de tempo de contribuição constante de CTC emitida pelo INSS somente pode ser efetivada em um único cargo ocupado pelo segurado, ainda que, no período certificado, tenha havido filiação ao RGPS pelo exercício de múltiplas atividades decorrentes de empregos públicos ou privados ou cargos públicos.
- A CTC só poderá ser emitida para ex-segurado do RPPS ou ex-militar do SPSM e relativamente a períodos em que tenha havido, por parte deles, a prestação de serviço ou a correspondente contribuição.
- No caso de acumulação lícita de cargos efetivos no mesmo ente federativo, só poderá ser emitida CTC relativamente ao tempo de contribuição no cargo do qual o segurado se exonerou ou foi demitido.
- Na hipótese de migração do segurado ao RGPS por força de lei do ente federativo que resulte na extinção do RPPS, poderá ser emitida a CTC relativamente ao período de filiação ao RPPS mesmo que o segurado não esteja exonerado ou demitido do cargo efetivo na data do pedido, situação na qual a CTC somente poderá ser utilizada para obtenção de aposentadoria no RGPS relativa ao cargo a que se refere a certidão.
- Concedido o benefício, caberá ao RPPS instituidor comunicar o fato, por ofício, à unidade gestora do regime previdenciário de origem emitente da CTC

47. Artigo 191 da Portaria MTP 1.467, de 2 de junho de 2022.

ou ao órgão gestor responsável pela emissão da Certidão de Tempo de Serviço Militar no âmbito do SPSM, para os registros e providências de direito.

- Poderá haver revisão da CTC pelo ente federativo emissor, inclusive para fracionamento de períodos, desde que previamente devolvida a certidão original.
- Para possibilitar a revisão da CTC, o interessado deverá apresentar: I - requerimento de cancelamento da certidão, no qual esclarecerá o fim e a razão do pedido; II - a certidão original, anexa ao requerimento; e III - declaração, conforme Anexo XI, emitida pelo regime previdenciário ou SPSM a que se destinava a certidão contendo informações sobre a utilização, ou não, dos períodos lavrados na certidão e, em caso afirmativo, para que fins foram utilizados.
- Caberá revisão da CTC, inclusive de ofício, quando for constatado erro material e desde que tal revisão não importe em dar à certidão destinação diversa da que lhe foi dada originariamente.
- Para revisão da CTC que tenha sido utilizada no RGPS, em outro RPPS ou em SPSM, aplica-se o prazo decadencial estabelecido para esse fim na forma da legislação do ente federativo, salvo comprovada má-fé.
- Quanto aos períodos em que foi assegurado o pagamento de benefícios de aposentadoria e/ou pensão por morte mediante convênios ou consórcios entre entes federativos diversos, a emissão ou homologação da CTC caberá à unidade gestora do RPPS do ente federativo que seria diretamente responsável pela concessão do benefício de aposentadoria.
- É de responsabilidade do RPPS a emissão de CTC em relação a período exercido sob o Regime Especial disciplinado pelo parágrafo único do art. 3º da Lei nº 3.807, de 1960.
- Observado o disposto nos arts. 202 e 203, continuam válidas, para fins de contagem recíproca e compensação financeira as certidões de tempo de serviço e de contribuição e relações de remunerações de contribuição emitidas: I - em data anterior à publicação da Portaria MPS nº 154, de 2008, pelos órgãos da Administração Pública da União, Estados, Distrito Federal e Municípios, suas autarquias, fundações ou unidade gestoras dos RPPS, relativamente ao tempo de serviço e de contribuição para esses regimes; II - nos termos da Portaria MPS nº 154, de 2008, durante sua vigência; e III - em data anterior à vigência desta Portaria, quanto ao tempo de serviço militar.

A contagem recíproca do tempo de contribuição somente é legítima com a prévia emissão de CTC, conforme dispunha a revogada Portaria MPS 154/2008:

> *"Art. 3º O tempo de contribuição para o Regime Geral de Previdência Social - RGPS deverá ser comprovado com CTC fornecida pelo setor competente do Instituto Nacional do Seguro Social - INSS".*

Também nesse sentido o artigo 96, VII, da Lei 8.213/91, com redação dada pela Lei 13.846/2019, disciplina que ***"é vedada a contagem recíproca de tempo de contribuição do RGPS por regime próprio de previdência social sem a emissão da CTC correspondente, ainda que o tempo de contribuição referente ao RGPS tenha sido prestado pelo servidor público ao próprio ente instituidor"***.

De efeito, além de irregular a consideração de tempo de contribuição do RGPS em RPPS sem a emissão de CTC, isso irá inviabilizar a compensação financeira entre regimes previdenciários, nos termos da Lei 9.796/99 e do Decreto 10.188/2019:

> *"Art. 5º O regime instituidor apresentará ao regime de origem os seguintes dados e documentos referentes a cada benefício concedido com cômputo de tempo de contribuição no âmbito daquele regime de origem:*
>
> *I - dados pessoais e outros documentos necessários e úteis à identificação do segurado ou do servidor e, se for o caso, dos seus dependentes;*
>
> *II - o valor inicial da aposentadoria ou da pensão por morte dela decorrente e a data de início do benefício;*
>
> *III - o tempo de contribuição no âmbito do regime de origem utilizado na concessão do benefício na forma da contagem recíproca e o tempo de contribuição total do segurado ou do servidor no regime instituidor;*
>
> ***IV - cópia da Certidão de Tempo de Serviço ou da Certidão de Tempo de Contribuição fornecida pelo regime de origem e utilizada para cômputo do tempo de contribuição no âmbito do regime instituidor;***
>
> *V - cópia do laudo médico que reconheceu a invalidez nos casos de aposentadoria por invalidez;*
>
> *VI - cópia do ato expedido pela autoridade competente que concedeu a aposentadoria ou a pensão por morte dela decorrente; e*
>
> *VII - cópia do registro do ato concessório da aposentadoria ou da pensão por morte pelo Tribunal de Contas competente, quando couber.*
>
> *§ 1º A Certidão de Tempo de Contribuição emitida pelos RPPS, prevista no inciso IV do* **caput**, *observará as regras estabelecidas pela Portaria nº 154, de 15 de maio de 2008, do extinto Ministério da Previdência Social, quando emitida a partir de 16 de maio de 2008.*
>
> *§ 2º Será dispensado o envio de cópia dos documentos previstos neste artigo quando:*
>
> *I - o tempo de contribuição for averbado eletronicamente por meio de sistema disponibilizado pela Secretaria de Previdência da Secretaria Especial de Previdência e Trabalho do Ministério da Economia;*
>
> *II - os dados do registro do ato que tenha concedido a aposentadoria ou a pensão forem encaminhados eletronicamente pelo Tribunal de Contas; ou*
>
> *III - as demais informações exigidas puderem ser obtidas eletronicamente pelo órgão ou pela entidade responsável por prestar a informação.*

§ 3º A não apresentação das informações e dos documentos a que se refere este artigo vedará a realização da compensação financeira entre os regimes".

Trago, ainda, os modelos de documentos a serem utilizados pelo órgão gestor do RPPS, conforme anexos da Portaria MTP 1.467, de 2 de junho de 2022:

Eis o novo modelo de CTC trazido pela Portaria MPS 1.180/2024, que alterou o anexo IX da Portaria MTP 1.467/2022:

ANEXO I

(Anexo IX à Portaria MTP nº 1.467, de 2 de junho de 2022)

"ANEXO IX

(IDENTIFICAÇÃO DO ÓRGÃO OU ENTIDADE EMITENTE)

CERTIDÃO DE TEMPO DE CONTRIBUIÇÃO

		Nº	
ÓRGÃO EXPEDIDOR:		CNPJ:	
NOME DO SERVIDOR:		SEXO:	MATRÍCULA:
RG/ÓRGÃO EXPEDIDOR:	CPF:	PIS/PASEP:	
FILIAÇÃO:		DATA DE NASCIMENTO:	
CARGO EFETIVO:			
ÓRGÃO DE LOTAÇÃO:	DATA DE ADMISSÃO:	DATA DE EXONERAÇÃO/DEMISSÃO:	
PERÍODO DE CONTRIBUIÇÃO COMPREENDIDO NESTA CERTIDÃO: DE ____/____/_______ A ____/____/_______			
DESTINAÇÃO DO TEMPO DE CONTRIBUIÇÃO: PERÍODO DE ___/___/____ A ___/___/____ PARA APROVEITAMENTO NO ______________(ÓRGÃO A QUE SE DESTINA)________________ CNPJ DO ENTE DESTINATÁRIO________________ PERÍODO DE ___/___/____ A ___/___/____ PARA APROVEITAMENTO NO ______________(ÓRGÃO A QUE SE DESTINA)________________ CNPJ DO ENTE DESTINATÁRIO________________			

FREQUÊNCIA

ANO	TEMPO BRUTO	DEDUÇÕES						TEMPO LÍQUIDO
		FALTAS (*)	LICENÇAS (*)	LICENÇA SEM CONTRIBUIÇÃO (*)	SUSPENSÕES (*)	DISPONIBILIDADE (*)	OUTRAS (*)	
TOTAL (em dias) =								

(*) Vide períodos discriminados no verso

CERTIFICO, em face do apurado, que o interessado conta, de efetivo exercício prestado neste Órgão, o tempo de contribuição de ____ dias, correspondente a ____ anos, ____ meses e ____ dias.	
CERTIFICO que a Lei nº ___, de ___/___/___, assegura aos servidores do Estado/Município de __________ aposentadorias voluntárias, por incapacidade permanente e compulsória, e pensão por morte, com aproveitamento de tempo de contribuição para o Regime Geral de Previdência Social ou para outro Regime Próprio de Previdência Social.	
Lavrei a Certidão, que não contém emendas nem rasuras. Local e data: ____________________ Assinatura do servidor Nome/Cargo/Matrícula	Visto do Dirigente do Órgão Data: ___/___/______ Assinatura do servidor Nome/Cargo/Matrícula

UNIDADE GESTORA DO RPPS

HOMOLOGO a presente Certidão de Tempo de Contribuição e declaro que as informações nela constantes correspondem à verdade. Local e data: ________________ ______________________________ Assinatura e carimbo do Dirigente da UG

Endereço eletrônico para confirmação desta Certidão: ____________________

[Verso da Certidão de Tempo de Contribuição nº ______________]

FREQUÊNCIA - DISCRIMINAÇÃO DAS DEDUÇÕES DO TEMPO BRUTO		
Períodos	Tempo em dias	Identificação da ocorrência
DE ___/___/____ A ___/___/____		
DE ___/___/____ A ___/___/____		
DE ___/___/____ A ___/___/____		
DE ___/___/____ A ___/___/____		
DE ___/___/____ A ___/___/____		
DE ___/___/____ A ___/___/____		
DE ___/___/____ A ___/___/____		

TEMPO ESPECIAL INCLUÍDO, SEM CONVERSÃO, NO PERÍODO DE CONTRIBUIÇÃO COMPREENDIDO NESTA CERTIDÃO		
Especificação do exercício do tempo especial	Período	Tempo em dias
I - Na condição de segurado com deficiência:		
a. grave	DE ___/___/_____ A ___/___/_____	
b. moderada	DE ___/___/_____ A ___/___/_____	
c. leve	DE ___/___/_____ A ___/___/_____	

II - No cargo de policial, agente penitenciário ou de agente socioeducativo.	DE ___/___/_____ A ___/___/_____	
III - Em atividades sob condições especiais que prejudiquem a saúde ou a integridade física ou com efetiva exposição a agentes químicos, físicos e biológicos prejudiciais à saúde.		
a. com redução do tempo para 25 anos	DE ___/___/_____ A ___/___/_____ DE ___/___/_____ A ___/___/_____ DE ___/___/_____ A ___/___/_____	
b. com redução do tempo para 20 anos	DE ___/___/_____ A ___/___/_____ DE ___/___/_____ A ___/___/_____ DE ___/___/_____ A ___/___/_____	
c. com redução do tempo para 15 anos	DE ___/___/_____ A ___/___/_____ DE ___/___/_____ A ___/___/_____ DE ___/___/_____ A ___/___/_____	

TEMPO DE EFETIVO EXERCÍCIO DAS FUNÇÕES DE MAGISTÉRIO NA EDUCAÇÃO INFANTIL E NO ENSINO FUNDAMENTAL E MÉDIO NO PERÍODO DE CONTRIBUIÇÃO COMPREENDIDO NESTA CERTIDÃO	
Períodos	Tempo em dias
DE ___/___/________ A ___/___/________	
DE ___/___/________ A ___/___/______ ___	
DE ___/___/________ A ___/___/________	

OBSERVAÇÕES:

____________________ Assinatura do servidor que lavrou a certidão Nome/Cargo/Matrícula	____________________ Assinatura do Dirigente do Órgão Nome/Cargo/Matrícula

ANEXO X
(IDENTIFICAÇÃO DO ÓRGÃO OU ENTIDADE EMITENTE)
RELAÇÃO DAS BASES DE CÁLCULO DE CONTRIBUIÇÃO REFERENTE À CERTIDÃO DE TEMPO DE CONTRIBUIÇÃO Nº ______, DE ___/___/____.

<table>
<tr><td colspan="5">ÓRGÃO EXPEDIDOR:</td><td>CNPJ:</td></tr>
<tr><td colspan="5">NOME DO SERVIDOR:</td><td>MATRÍCULA:</td></tr>
<tr><td colspan="5">NOME DA MÃE:</td><td>DATA DE NASCIMENTO:</td></tr>
<tr><td colspan="2">DATA DE INÍCIO DA CONTRIBUIÇÃO/ ADMISSÃO:</td><td colspan="2">DATA DA EXONERAÇÃO:</td><td>PIS/PASEP</td><td>CPF:</td></tr>
<tr><td>Mês</td><td>Ano:</td><td>Ano:</td><td>Ano:</td><td>Ano:</td><td>Ano:</td></tr>
<tr><td></td><td>Valor</td><td>Valor</td><td>Valor</td><td>Valor</td><td>Valor</td></tr>
<tr><td>JANEIRO</td><td></td><td></td><td></td><td></td><td></td></tr>
<tr><td>FEVEREIRO</td><td></td><td></td><td></td><td></td><td></td></tr>
<tr><td>MARÇO</td><td></td><td></td><td></td><td></td><td></td></tr>
<tr><td>ABRIL</td><td></td><td></td><td></td><td></td><td></td></tr>
<tr><td>MAIO</td><td></td><td></td><td></td><td></td><td></td></tr>
<tr><td>JUNHO</td><td></td><td></td><td></td><td></td><td></td></tr>
<tr><td>JULHO</td><td></td><td></td><td></td><td></td><td></td></tr>
<tr><td>AGOSTO</td><td></td><td></td><td></td><td></td><td></td></tr>
<tr><td>SETEMBRO</td><td></td><td></td><td></td><td></td><td></td></tr>
<tr><td>OUTUBRO</td><td></td><td></td><td></td><td></td><td></td></tr>
<tr><td>NOVEMBRO</td><td></td><td></td><td></td><td></td><td></td></tr>
<tr><td>DEZEMBRO</td><td></td><td></td><td></td><td></td><td></td></tr>
<tr><td>13º SALÁRIO OU GRATIFICAÇÃO NATALINA</td><td></td><td></td><td></td><td></td><td></td></tr>
<tr><td colspan="3">LOCAL e DATA:</td><td colspan="3">CARIMBO, MATRÍCULA E ASSINATURA DO SERVIDOR RESPONSÁVEL:</td></tr>
</table>

UNIDADE GESTORA DO RPPS

HOMOLOGO o presente documento e declaro que as informações nele constantes correspondem com a verdade. Local e data: ____________________ ____ Carimbo e assinatura do dirigente da unidade gestora do Regime Próprio de Previdência Social

ESTE DOCUMENTO NÃO CONTÉM EMENDAS NEM RASURAS

ANEXO XI
(IDENTIFICAÇÃO DO ÓRGÃO OU ENTIDADE EMITENTE)
DECLARAÇÃO PARA REVISÃO DE CERTIDÃO DE TEMPO DE CONTRIBUIÇÃO.

ÓRGÃO EXPEDIDOR:	CNPJ:

DADOS PESSOAIS

<table>
<tr><td colspan="4">NOME:</td></tr>
<tr><td>RG:</td><td colspan="2">ÓRGÃO EXPEDIDOR:</td><td>DATA DE EXPEDIÇÃO:</td></tr>
<tr><td>CPF:</td><td colspan="2">TÍTULO DE ELEITOR:</td><td>PIS/PASEP:</td></tr>
<tr><td>DATA DE NASCIMENTO:</td><td colspan="3">NOME DA MÃE:</td></tr>
<tr><td colspan="4">ENDEREÇO:</td></tr>
<tr><td colspan="2">Nº da CTC:</td><td colspan="2">Data de expedição:</td></tr>
<tr><td colspan="4">Ato de averbação:</td></tr>
<tr><td colspan="2"></td><td colspan="2"></td></tr>
<tr><td colspan="4">DISCRIMINAÇÃO DOS PERÍODOS CERITIFICADOS NA CTC</td></tr>
<tr><td>Períodos
__/__/____ A __/__/____
__/__/____ A __/__/____
__/__/____ A __/__/____
__/__/____ A __/__/____</td><td colspan="2">Utilização (S/N)</td><td>Efeitos da utilização</td></tr>
<tr><td colspan="2">RESPONSÁVEL PELAS INFORMAÇÕES NOME/MATRÍCULA/CARGO:</td><td colspan="2">VISTO DO DIRIGENTE DO ÓRGÃO DE PESSOAL NOME/MATRÍCULA/CARGO:</td></tr>
<tr><td colspan="2">ASSINATURA E CARIMBO DO SERVIDOR</td><td colspan="2">ASSINATURA E CARIMBO DO SERVIDOR</td></tr>
<tr><td colspan="4">LOCAL e DATA</td></tr>
<tr><td colspan="4">OBSERVAÇÕES / OCORRÊNCIAS:</td></tr>
<tr><td></td><td></td><td></td><td></td></tr>
</table>

ANEXO XIII
(IDENTIFICAÇÃO DO ÓRGÃO OU ENTIDADE EMITENTE)
DECLARAÇÃO DE TEMPO DE CONTRIBUIÇÃO PARA FINS DE CONCESSÃO DE BENEFÍCIO OU EMISSÃO DE CTC PELO INSS.

ÓRGÃO EXPEDIDOR:	CNPJ:

DADOS PESSOAIS

<table>
<tr><td colspan="3">NOME:</td></tr>
<tr><td>RG:</td><td>ÓRGÃO EXPEDIDOR:</td><td>DATA DE EXPEDIÇÃO:</td></tr>
<tr><td>CPF:</td><td>TÍTULO DE ELEITOR:</td><td>PIS/PASEP:</td></tr>
<tr><td>DATA DE NASCIMENTO:</td><td colspan="2">NOME DA MÃE:</td></tr>
<tr><td colspan="3">ENDEREÇO:</td></tr>
</table>

DADOS FUNCIONAIS

CARGO EM COMISSÃO EXERCIDO:	
Nº DA PORTARIA DE NOMEAÇÃO: DATA DA ENTRADA EM EXERCÍCIO:	DATA DE PUBLICAÇÃO:
DATA DE ENCERRAMENTO / AFASTAMENTO:	
Nº DA PORTARIA DE EXONERAÇÃO/DEMISSÃO:	DATA DA PUBLICAÇÃO:

RESPONSÁVEL PELAS INFORMAÇÕES NOME/MATRÍCULA/CARGO:	VISTO DO DIRIGENTE DO ÓRGÃO DE PESSOAL NOME/MATRÍCULA/CARGO:
ASSINATURA E CARIMBO DO SERVIDOR	ASSINATURA E CARIMBO DO SERVIDOR
LOCAL e DATA:	
OBSERVAÇÕES / OCORRÊNCIAS:	

ESTA DECLARAÇÃO NÃO CONTÉM EMENDAS NEM RASURAS

ANEXO XIII

(IDENTIFICAÇÃO DO ÓRGÃO OU ENTIDADE EMITENTE)

CERTIDÃO ESPECÍFICA DE TEMPO DE CONTRIBUIÇÃO PRESTADO PELO SEGURADO AO PRÓRPIO ENTE INSTITUIDOR PARA FINS DE COMPENSAÇÃO

Nº DA CERTIDÃO:		
ÓRGÃO EXPEDIDOR:		
NOME DO SERVIDOR:		MATRÍCULA:
PIS/PASEP:	DATA DE NASCIMENTO:	CPF:
ADMISSÃO:	CARGO:	
FILIAÇÃO: e		

PERÍODO COMPREENDIDO/FILIADO AO RGPS:	ANO(S)	MÊS(S)	DIA(S)	
				DIAS
TOTAL				

Nº DO PROCESSO:	FONTE DE INFORMAÇÃO CENTRO DE DIREITOS E REGISTROS

CERTIFICO que o(a) interessado(a) conta com o tempo de serviço líquido de____dias, correspondendo a___ano(s),___mes(es),___dia(s) de exercício filiado ao Regime Geral de Previdência Social - RGPS, , calculado conforme as normas legais do INSS, para fins de Compensação Financeira entre o RGPS e os Regimes Próprios de Previdência Social - RPPS dos Servidores Públicos

DECLARO que o período certificado foi averbado até 18 de janeiro de 2019 e não foi incluído o tempo Regime Especial de contribuição em que tinha garantido apenas os benefícios de família, na forma do parágrafo único do art. 3º da Lei nº 3.807, de 26 de agosto de 1960 e no § 3º do art. 3º do Decreto 10.188, de 20 de dezembro de 2019, sob pena de aplicação das penalidades previstas no art. 299 do Código Penal.	
OBSERVAÇÕES:	
Local e Data	
RESPONSÁVEL PELAS INFORMAÇÕES NOME/MATRÍCULA/CARGO:	Carimbo e assinatura do Dirigente

ESTA DECLARAÇÃO NÃO CONTÉM EMENDAS NEM RASURAS

IMPORTANTE!

O artigo 25, § 3º, da EC 103/2019, considera-se **nula a aposentadoria** que tenha sido concedida ou que venha a ser concedida por regime próprio de previdência social com contagem recíproca do Regime Geral de Previdência Social mediante o **cômputo de tempo de serviço sem o recolhimento da respectiva contribuição ou da correspondente indenização pelo segurado obrigatório responsável**, à época do exercício da atividade, pelo recolhimento de suas próprias contribuições previdenciárias.

Por sua vez, pontifica a TNU que "a nulidade da investidura ou do contrato, decorrente da ausência de prévia aprovação em concurso público, não anula o respectivo tempo de serviço/contribuição, desde que não tenha havido simulação ou fraude na investidura ou contratação" (PUIL n. 0506749-92.2015.4.05.8400/RN - Informativo 31/2018), situação na qual deve ser expedida CTC para o cômputo do tempo de contribuição no RGPS.

Caso o servidor tenha sido **demitido a bem do serviço público** com a consequente perda do cargo ou mesmo tenha a sua **aposentadoria cassada** em sede de processo administrativo disciplinar, **a imposição da penalidade não desfaz o tempo de contribuição prestado.**

Isso porque inexiste regra que anule o tempo de contribuição vertido, devendo ser emitida CTC pelo órgão gestor do RPPS para fins de contagem recíproca provavelmente para o RGPS.

■ **POSIÇÃO DO STF**

RMS 34499 / DF - DISTRITO FEDERAL

RECURSO ORD. EM MANDADO DE SEGURANÇA

Relator(a): Min. ROBERTO BARROSO

Julgamento: 24/05/2017

Publicação

PROCESSO ELETRÔNICO

DECISÃO:

Ementa: **DIREITO ADMINISTRATIVO. RECURSO ORDINÁRIO EM MANDADO DE SEGURANÇA. PROCESSO ADMINISTRATIVO DISCIPLINAR. IMPROBIDADE ADMINISTRATIVA. CASSAÇÃO DE APOSENTADORIA.**

1. Pena de cassação de aposentadoria aplicada a ex-Auditor da Receita Federal do Brasil, em razão da prática de improbidade administrativa (art. 132, IV, da Lei 8.112/1990).

2. É pacífica a jurisprudência do Supremo Tribunal Federal no sentido da constitucionalidade da pena de cassação de aposentadoria prevista no art. 127, IV c/c 134 da Lei 8.112/1990, não obstante o caráter contributivo de que se reveste o benefício previdenciário.

3. Nos termos do art. 201, § 9°, da Constituição Federal, "para efeito de aposentadoria, é assegurada a contagem recíproca do tempo de contribuição na administração pública e na atividade privada, rural e urbana, hipótese em que os diversos regimes de previdência social se compensarão financeiramente, segundo critérios estabelecidos em lei".

4. Recurso a que se nega seguimento.

1. Trata-se de recurso ordinário em mandado de segurança interposto contra acórdão do Superior Tribunal de Justiça que denegou writ impetrado em face de ato do Ministro da Fazenda, consistente na Portaria nº 368, de 24 de junho de 2013, por meio da qual foi cassada a aposentadoria do impetrante, ex-Auditor da Receita Federal do Brasil. Confira-se a ementa do acórdão recorrido (e-STJ fl. 107): "PROCESSUAL CIVIL E ADMINISTRATIVO. MANDADO DE SEGURANÇA INDIVIDUAL. SERVIDOR PÚBLICO FEDERAL. AUDITOR FISCAL DA RECEITA FEDERAL DO BRASIL. PROCESSO ADMINISTRATIVO DISCIPLINAR. PENA DE CASSAÇÃO DE APOSENTADORIA. ART. 117, IX C/C ART. 132, IV E XIII, DA LEI 8.112/1990. CONSTITUCIONALIDADE. PRECEDENTES DO SUPREMO TRIBUNAL FEDERAL E DO SUPERIOR TRIBUNAL DE JUSTIÇA. CONTAGEM RECÍPROCA DO TEMPO DE SERVIÇO. INTELIGÊNCIA DO ART. 201, § 9°, DA CONSTITUIÇÃO FEDERAL. SEGURANÇA DENEGADA.

1. Pretende o impetrante, ex-Auditor Fiscal da Receita Federal do Brasil, a concessão da segurança para anular o ato coator que cassou a sua aposentadoria por invalidez, em razão da prática de infração disciplinar tipificada no art. 132, inc. IV ("improbidade administrativa") da Lei 8.112/1990, ao fundamento da inconstitucionalidade da pena de cassação de aposentadoria.

2. É firme o entendimento no âmbito do Supremo Tribunal Federal e desse Superior Tribunal de Justiça no sentido da constitucionalidade da pena de cassação de aposentadoria prevista no art. 127, IV e 134 da Lei 8.112/1990, inobstante o caráter contributivo de que se reveste o benefício previdenciário.

3. Precedentes: MS 23.299/DF, Rel. Min. Sepúlveda Pertence, Tribunal Pleno do STF, julgado em 06/03/2002, DJ 12/04/2002; AgR no MS 23.219/RS, Rel. Min. Eros Grau, Tribunal Pleno do STF, julgado em 30/06/2005, DJ 19/08/2005; (AgR na STA 729/SC, Rel. Min. Ricardo Lewandowski (Presidente), Tribunal Pleno do STF, julgado em 28/05/2015, DJe 22/06/2015; AgR no ARE 866.877/RJ, Rel. Min. Rosa Weber, Primeira Turma do STF, julgado em 25/08/2015, DJe 09/09/2015; MS 20.936/DF, Rel. Ministro Mauro Campbell Marques, Primeira Seção do STJ, julgado em 12/08/2015, DJe 14/09/2015; MS 17.537/DF, Rel. Ministro Arnaldo Esteves Lima, Rel. p/ Acórdão Ministro Mauro Campbell Marques, Primeira Seção do STJ, julgado em 11/03/2015, DJe 09/06/2015; MS 13.074/DF, Rel. Ministro Rogério Schietti Cruz, Terceira Seção do STJ, julgado em 27/05/2015, DJe 02/06/2015.

4. Nos termos do art. 201, § 9º, da Constituição Federal, "para efeito de aposentadoria, é assegurada a contagem recíproca do tempo de contribuição na administração pública e na atividade privada, rural e urbana, hipótese em que os diversos regimes de previdência social se compensarão financeiramente, segundo critérios estabelecidos em lei".

5. Segurança denegada.

(MS 20.470/DF, Rel. Ministro MAURO CAMPBELL MARQUES, PRIMEIRA SEÇÃO, julgado em 25/02/2016, DJe 03/03/2016)."

2. Narra o recorrente, em síntese, que:

a) em outubro de 2006 foi instaurado Processo Administrativo Disciplinar (PAD 10880.007335/2006-48), na Corregedoria do Ministério da Fazenda Estado de São Paulo, com o intuito de apurar suposta variação patrimonial;

b) apresentou quadro depressivo bastante acentuado, agravado pela descoberta e tratamento de um câncer;

c) tal situação clínica demonstrou-se de caráter persistente e evolutivo, culminando na aposentadoria por invalidez, ainda no curso da persecução disciplinar;

d) o relatório final da Comissão Processante concluiu pela sua responsabilidade por ato de improbidade administrativa e propôs a pena de demissão, de que trata o art. 132 da Lei 8.112/1990;

e) tendo em vista que o servidor já se encontrava em situação jurídica e aposentado por invalidez foi proposta a cassação da aposentadoria, baseada no art. 134 da Lei 8.112/1990.

3. Denegada a segurança pelo Superior Tribunal de Justiça, o recorrente reitera o fundamento da impetração, qual seja, a suposta inconstitucionalidade da penalidade de cassação da aposentadoria prevista na Lei nº 8.112/1990. Mais ainda, destaca que, no caso concreto, a aposentadoria se deu por invalidez, de modo que não teria o impetrante "condições de reestruturar sua vida, já que a capacidade laborativa se encontra comprometida". Alternativamente, sustenta

o impetrante que teria o direito, ao menos, de resgate das contribuições previdenciárias efetuadas ao longo de sua atividade funcional.

4. É o relatório. Decido.

5. O recurso não merece provimento. No caso concreto, o impetrante, ex-Auditor Fiscal da Receita Federal do Brasil, teve cassada sua aposentadoria por invalidez, em razão da prática de infração disciplinar tipificada no art. 132, IV, da Lei 8.112/1990 ("improbidade administrativa").

6. A jurisprudência do Supremo Tribunal Federal é pacífica no sentido da constitucionalidade da penalidade administrativa de cassação da aposentadoria, não obstante o caráter contributivo de que se reveste o benefício previdenciário. Nesse sentido, cf., entre outros, RE 848019 AgR/SP, Rel. Min. Teori Zavascki; STA 729 AgR, Rel. Min. Ricardo Lewandowski; MS 21.948/RJ, Rel. Min. Néri da Silveira; MS 23.299/SP, Rel. Min. Sepúlveda Pertence; e MS 23.219-AgR/RS, Rel. Min. Eros Grau.

7. É irrelevante o fato de a aposentadoria ter se dado por invalidez, já que todo aposentado se presume sem capacidade laborativa, não havendo diferenciação na legislação, para aplicação da penalidade, quanto à espécie de aposentadoria.

8. Por outro lado, inexiste o suposto direito de resgate das contribuições previdenciárias, na medida em que a Constituição estabelece solução diversa para esse caso, consistente na possibilidade de contagem do tempo de contribuição no regime próprio para a aposentadoria no Regime Geral de Previdência Social (art. 201, § 9º).

9. Diante do exposto, com base no art. 21, § 1º, do RI/STF, nego seguimento ao recurso.

Publique-se. Intimem-se.

Brasília, 24 de maio de 2017.

Ministro LUÍS ROBERTO BARROSO

Relator

No mesmo sentido, a TNU (tema 233):

Tema	**233**	Situação do tema	Em julgamento - eproc	Ramo do direito	DIREITO PREVIDENCIÁRIO
Questão submetida a julgamento		Saber se, uma vez cassada a aposentadoria estatutária, pode o respectivo tempo de contribuição ser aproveitado para a obtenção de aposentadoria em outro regime, no caso o RGPS.			
Tese firmada		**O servidor público aposentado no RPPS e que sofrer pena de cassação de sua aposentadoria pode utilizar o respectivo período contributivo para requerer aposentadoria no RGPS, devidamente comprovado por meio de Certidão de Tempo de Contribuição fornecida pelo órgão público competente.**			

Processo	Decisão de afetação	Relator (a)	Julgado em	Acórdão publicado em	Trânsito em julgado
PEDILEF 0053962-51.2016.4.02.5151/RJ	18/09/2019	Juiz Federal Erivaldo Ribeiro dos Santos	12/03/2020	16/03/2020	ED opostos

Questão interessante é definir **se a acumulação inconstitucional de cargos públicos deve gerar efeitos previdenciários**. Imagine um professor que acumula três cargos de professor e que pediu exoneração do terceiro após ser notificado pelo Tribunal de Contas da irregularidade.

Em seguida, esse professor pede ao RPPS a emissão de CTC referente ao tempo de contribuição do cargo em que foi exonerado para levar o período ao RGPS através da contagem recíproca do tempo de contribuição.

Pela existência de pagamento de contribuições efetivas o pedido deve ser acolhido. Mas pela inconstitucionalidade chapada e manifesta má-fé do professor é possível decretar a irregularidade da relação e negar a emissão.

Um caso deste ocorreu no Estado do Paraná em que **a Paranáprevidência emitiu a CTC**, mas o INSS não a admitiu no RGPS. A sentença condenou o INSS a conceder a aposentadoria por idade, mas **a Autarquia conseguiu vencer no âmbito do TRF da 4ª Região**:

> "EMENTA: PREVIDENCIÁRIO. APOSENTADORIA POR IDADE. CONTAGEM RECÍPROCA. TRÍPLICE CUMULAÇÃO DE CARGOS PÚBLICOS. INCONSTITUCIONALIDADE. HONORÁRIOS ADVOCATÍCIOS RECURSAIS.
>
> 1. Para a concessão de aposentadoria por idade urbana devem ser preenchidos dois requisitos: a) idade mínima (65 anos para o homem e 60 anos para a mulher) e b) carência - recolhimento mínimo de contribuições (sessenta na vigência da CLPS/1984 ou no regime da LBPS, de acordo com a tabela do art. 142 da Lei nº 8.213/1991).
>
> 2. Conforme entendimento firmado pelo Supremo Tribunal Federal, há vedação constitucional à cumulação em regime estatutário de dois proventos de aposentadoria como professor com vencimento de cargo efetivo exercido na mesma atividade, de modo que incabível também no âmbito do regime geral a contagem recíproca de tempo de serviço/contribuição exercido nestas condições.
>
> 3. Não preenchido o requisito da carência, o segurado não faz jus à concessão do benefício.

4. Verba honorária majorada em razão do comando inserto no § 11 do art. 85 do CPC/2015". **(TRF4, AC 5013298-06.2016.4.04.7003, TURMA REGIONAL SUPLEMENTAR DO PR, Relator LUIZ FERNANDO WOWK PENTEADO, juntado aos autos em 04/03/2020)**

Veja-se esta passagem do voto do Desembargador Luiz Penteado:

"Tendo a autora ocupado dois cargos de professora, inclusive recendo duas aposentadorias (concedidas em 19/04/93 e 26/03/99), jamais poderia ter exercido um terceiro cargo de professora.

Tanto é assim que a Paranaprevidência confirmou a ilegalidade e informou que "de regra a Paranaprevidência não concede o benefício de aposentadoria se o servidor estiver em situação de acúmulo ilegal de cargos públicos", bem como que "no presente caso a servidora é aposentada na LF-01 e LF-02, ambas no cargo de professora, e a LF-03 foi exonerada em vista do acúmulo ilegal" (Evento 46, INF2).

O entendimento, manifestado pelo mesmo órgão, no sentido de que, nada obstante a ilegalidade, as contribuições pagas poderiam ser aproveitadas para obtenção de aposentadoria pelo RGPS (em nome do "princípio contributivo"), não merece acolhimento.

O exercício do terceiro cargo público representa afronta direta à Constituição (conforme já registrado), incapaz de gerar efeitos previdenciários em favor do ocupante desse cargo. Da mesma forma que à Paranaprevidência não é permitido conceder uma terceira aposentadoria em favor da autora, ao INSS é vedada a concessão de aposentadoria, sob pena de prejuízo aos cofres da previdência social, em decorrência de uma ilegalidade. Somente se as contribuições tivessem sido vertidas diretamente ao RGPS (como decorrência do exercício do magistério particular, por exemplo) é que poderia fazer jus a autora à obtenção de uma aposentadoria por este regime.

É verdade que as contribuições ao RPPS foram recolhidas. Esse recolhimento, contudo, foi feito de maneira irregular, sendo que o eventual direito à restituição desses pagamentos passa pela análise das circunstâncias que permitiram à autora ingressar e exercer irregularmente um cargo público, durante quase vinte anos".

2.23. COMPENSAÇÃO FINANCEIRA EM DECORRÊNCIA DA CONTAGEM RECÍPROCA DO TEMPO DE CONTRIBUIÇÃO

Nas hipóteses de contagem recíproca, caberá aos diferentes regimes previdenciários se *compensarem financeiramente*, sendo feita ao sistema a que o interessado estiver vinculado ao requerer o benefício, consoante critérios aprovados pela Lei

9.796/99 e pelo Decreto 10.188/2019, **não sendo essa compensação condição para a contagem recíproca.**

A compensação financeira funciona como um acerto de contas, sendo paga pelo regime de origem[48] ao regime instituidor[49] e calculada proporcionalmente ao período de serviço/contribuição objeto da contagem recíproca.

Para a compreensão da legislação de regência, é curial apresentar quatro definições:

- **Estoque RGPS** - os valores da compensação financeira em atraso relativos ao período compreendido entre 5 de outubro de 1988 e 5 de maio de 1999 dos benefícios concedidos nesse período com contagem recíproca do tempo de contribuição do RGPS ou do RPPS, na hipótese de o RGPS ser o regime instituidor, desde que em manutenção em 5 de maio de 1999;
- **Estoque RPPS** - os valores da compensação financeira em atraso relativos ao período compreendido entre 5 de outubro de 1988 e 5 de maio de 1999 dos benefícios concedidos nesse período com contagem recíproca de outro RPPS, desde que em manutenção em 5 de maio de 1999 ou no período de 6 de maio de 1999 até a data de entrada em vigor deste Decreto;
- **Fluxo acumulado** - os valores da compensação financeira dos benefícios concedidos após o período de estoque RGPS ou de estoque RPPS relativos ao período entre a data de concessão e o deferimento do requerimento de compensação, observado o prazo prescricional; e
- **Fluxo mensal** - os valores da compensação financeira pagos mensalmente pelo regime de origem ao regime instituidor, a partir da competência de concessão da compensação, enquanto os pagamentos dos benefícios objeto da compensação financeira estiverem em manutenção.

O Regime Geral de Previdência Social, como regime instituidor, tem direito de receber de cada regime de origem (RPPS) a compensação financeira proporcional ao percentual do tempo de serviço total do segurado correspondente ao tempo de contribuição no âmbito daquele regime de origem, de acordo com a renda mensal inicial e a data de início do benefício.

A compensação deverá ser paga ao RGPS para cada mês da competência do benefício, consoante o valor resultante da multiplicação da renda mensal do benefício pelo percentual acima referido, sendo que a compensação financeira não

48. O regime previdenciário ao qual o segurado ou servidor público esteve vinculado sem que dele receba aposentadoria ou tenha gerado pensão para seus dependentes.

49. O regime previdenciário responsável pela concessão e pagamento de benefício de aposentadoria ou pensão dela decorrente a segurado ou servidor público ou a seus dependentes com cômputo de tempo de contribuição no âmbito do regime de origem.

poderá exceder à multiplicação do multicitado percentual pela renda mensal do maior benefício da mesma espécie pago diretamente pelo regime de origem.

Acaso o regime próprio de previdência de servidor público não possuir personalidade jurídica própria, atribuem-se ao respectivo ente federado solidariamente as obrigações e direitos previstos na Lei 9.796/99.

O Regime Geral de Previdência Social deve apresentar a cada regime de origem os seguintes dados referentes a cada benefício concedido com cômputo de tempo de contribuição no âmbito daquele regime de origem:

I - identificação do segurado e, se for o caso, de seu dependente;

II - a renda mensal inicial e a data de início do benefício;

III - o percentual do tempo de serviço total do segurado correspondente ao tempo de contribuição no âmbito daquele regime de origem.

Não será devida pelo RGPS a compensação financeira em relação aos servidores civis e militares dos Estados, do Distrito Federal e dos Municípios quanto aos períodos em que tinham garantida apenas aposentadoria pelo ente federativo e que foram inscritos em regime especial de contribuição para fazer jus aos benefícios de família, na forma prevista no parágrafo único do art. 3º da Lei nº 3.807, de 26 de agosto de 1960, e na legislação posterior.

Nos períodos em que tenha sido assegurado o pagamento de benefícios de aposentadoria ou pensão mediante convênios ou consórcios entre entes federativos, a compensação financeira é devida pelo ente ao qual, nos termos do convênio ou consórcio, recairia a concessão do benefício de aposentadoria.

O valor da compensação financeira será reajustado anualmente pelo INPC, índice previsto no artigo 41-A, da Lei 8.213/91, para a atualização anual dos benefícios pagos no RGPS, nas mesmas datas.

Este regramento também será aplicável na hipótese de o regime de origem ser a previdência de outra nação, desde que haja tratado internacional celebrado com o Brasil.

Outrossim, os Regimes Próprios de Previdência Social terão direito à compensação financeira a ser paga pelo Regime Geral de Previdência Social, caso considerem tempo de serviço/contribuição do RGPS para a concessão de aposentadorias e pensões.

Nesse sentido, serão identificados o valor dos proventos da aposentadoria ou pensão (não há previsão de outros benefícios) dela decorrente e a data de início do benefício, assim como o tempo de serviço total do servidor e o correspondente ao tempo de contribuição ao Regime Geral de Previdência Social.

Com nessas informações, o Regime Geral de Previdência Social calculará qual seria a renda mensal inicial daquele benefício segundo as suas próprias normas. A compensação financeira devida pelo Regime Geral de Previdência Social, relativa ao primeiro mês de competência do benefício, será calculada com base no valor do benefício pago pelo regime instituidor ou na renda mensal do benefício calculada de acordo com as regras do RGPS, o que for menor.

O valor da compensação financeira corresponderá à multiplicação do montante acima especificado (o que for menor) pelo percentual correspondente ao tempo de contribuição ao Regime Geral de Previdência Social no tempo de serviço total do servidor público, devendo ser corrigido anualmente pelo INPC, na mesma data dos reajustes dos benefícios pagos pelo INSS.

O regime instituidor deve apresentar ao Regime Geral de Previdência Social, além das normas que o regem, os seguintes dados referentes a cada benefício concedido com cômputo de tempo de contribuição no âmbito do Regime Geral de Previdência Social:

> I - identificação do servidor público e, se for o caso, de seu dependente;
>
> II - o valor dos proventos da aposentadoria ou pensão dela decorrente e a data de início do benefício;
>
> III - o tempo de serviço total do servidor e o correspondente ao tempo de contribuição ao Regime Geral de Previdência Social.

Por força da Lei 13.485/2017, o pagamento para os regimes próprios de previdência social credores da compensação financeira, relativa ao **período de 5 de outubro de 1988 a 5 de maio de 1999, cujos entes instituidores não sejam devedores** de contribuições previdenciárias ao Regime Geral de Previdência Social (RGPS), será efetivado conforme os seguintes parâmetros:

> I - até o exercício de 2017, para os Municípios:
>
> a) em parcela única, se o crédito não superar R$ 500.000,00 (quinhentos mil reais);
>
> b) em tantas parcelas mensais quantas forem necessárias até o limite de R$ 500.000,00 (quinhentos mil reais), se o crédito superar esse montante;
>
> II - a partir do exercício de 2018, para os Municípios, os Estados e o Distrito Federal:
>
> a) em parcela única, se o crédito não superar R$ 1.500.000,00 (um milhão e quinhentos mil reais);
>
> b) em tantas parcelas mensais de até R$ 1.500.000,00 (um milhão e quinhentos mil reais), se o crédito superar esse montante, no prazo de até cento e oitenta meses, condicionada à existência de recursos financeiros para cumprimento da meta de resultado primário estabelecido na lei de diretrizes orçamentárias; c) caso o limite de cento e oitenta meses não seja suficiente para a quitação dos créditos, o valor da parcela disposto na alínea *b* deste

inciso será ajustado de forma a garantir a quitação no prazo de cento e oitenta meses;

III - por meio de dação em pagamento de imóveis integrantes do Fundo do Regime Geral de Previdência Social (FRGPS).

Ademais, o pagamento da compensação financeira do Fundo do Regime Geral de Previdência Social depende da desistência de eventuais ações judiciais que tenham por objeto a dívida compensada, e é causa da extinção dos pagamentos acima citados a manutenção do litígio ou o ajuizamento de novas ações.

Deverá o INSS manter cadastro atualizado de todos os benefícios objeto de compensação financeira, totalizando o quanto deve para cada regime próprio de previdência dos servidores da União, dos estados, do Distrito Federal e dos municípios, bem como o montante devido por cada um deles para o Regime Geral de Previdência Social, como compensação financeira e pelo não recolhimento de contribuições previdenciárias no prazo legal, sendo possível o parcelamento.

Os regimes instituidores devem comunicar de imediato aos regimes de origem qualquer revisão no valor do benefício objeto de compensação financeira ou sua extinção total ou parcial, cabendo ao Instituto Nacional do Seguro Social - INSS registrar as alterações no cadastro a que se refere o artigo anterior.

O Instituto Nacional do Seguro Social - INSS comunicará o total a ser desembolsado por cada regime de origem até o dia trinta de cada mês, devendo os desembolsos serem feitos até o quinto dia útil do mês subsequente.

Na hipótese de descumprimento deste prazo de desembolso ou de descumprimento do prazo de análise dos requerimentos estipulado em regulamento, serão aplicadas as mesmas normas em vigor para atualização dos valores dos recolhimentos em atraso de contribuições previdenciárias arrecadadas pelo Instituto Nacional do Seguro Social (INSS).

No que for compatível, este regramento aplicar-se-á às compensações financeiras promovidas entre Regimes Próprios de Previdência Social da União, dos estados, do Distrito Federal e dos municípios.

De acordo com o artigo 12 da Lei 10.666/2003, com redação dada pela Lei 13.135/2015, para fins de compensação financeira entre o regime geral de previdência social e os regimes próprios de previdência social da União, dos Estados, do Distrito Federal e dos Municípios, os regimes instituidores apresentarão aos regimes de origem os dados relativos aos benefícios em manutenção em 5 de maio de 1999 concedidos a partir de 5 de outubro de 1988.

Nos termos do artigo 12 do Decreto 10.188/2019, aplica-se a prescrição quinquenal, nos termos do disposto no Decreto nº 20.910, de 6 de janeiro de 1932, aos valores não pagos nem reclamados em época própria do surgimento da pretensão, que ocorrerá:

> I - no primeiro dia subsequente ao registro do ato concessório de aposentadoria ou a pensão pelo Tribunal de Contas competente, quando o regime instituidor for o RPPS; ou
>
> II - no primeiro dia subsequente ao recebimento da primeira prestação, quando o regime instituidor for o RGPS.

Considerando que a regulamentação anterior (Decreto 3.112/1999) não previa a incidência da prescrição quinquenal, o prazo prescricional da compensação financeira relativo ao período do estoque do RPPS será contado a partir da entrada em vigor do Decreto 10.188/2019 (23/12/2019).

A Secretaria de Previdência disponibilizará para adesão do INSS, órgão gestor do RGPS, e dos RPPS da União, dos Estados, do Distrito Federal e dos Municípios, sistema de compensação previdenciária destinado a manter atualizado o cadastro de todos os benefícios objeto de compensação financeira e a apurar o montante devido pelos regimes.

O sistema de compensação previdenciária disponibilizado pela Secretaria de Previdência conterá o cadastro atualizado de todos os benefícios objeto de compensação financeira entre o RGPS e os RPPS, e destes entre si, incluído o total que cada regime deve aos demais como compensação financeira.

Até o dia trinta de cada mês, será disponibilizado ao regime de origem o total a ser por ele desembolsado a cada regime instituidor referente a competência do mês anterior, que corresponderá ao somatório do fluxo mensal, do fluxo acumulado e do estoque RGPS ou estoque RPPS, cujo desembolso deverá ser feito até o quinto dia útil do mês subsequente.

O descumprimento do prazo citado com o não pagamento da compensação financeira a qualquer regime resultará na **suspensão do pagamento da compensação financeira devida pelo RGPS** e poderá ensejar a inscrição do ente federativo do regime de origem em dívida ativa federal, estadual, distrital ou municipal.

A Secretaria Especial de Previdência, ouvido o Conselho Nacional dos Regimes Próprios de Previdência Social, estabelecerá prazo para que o regime de origem analise os requerimentos apresentados pelos regimes instituidores, observada a ordem cronológica dos requerimentos, sobre o qual incidirá a mesma atualização dos valores dos recolhimentos em atraso de contribuições previdenciárias arrecadadas pelo RGPS aos requerimentos que ultrapassarem o prazo determinado.

Os recursos financeiros recebidos pelo RPPS a título de compensação financeira somente poderão ser utilizados no pagamento de benefícios previdenciários do respectivo regime.

Caberá **recurso administrativo** da análise dos requerimentos da compensação financeira entre o RGPS e os RPPS e entre estes regimes e do pagamento dos valores relativos à compensação financeira, que será julgado pelo **Conselho de Recursos da Previdência Social**, na forma definida em seu regimento interno.

Nos termos do artigo 25 do decreto 10.188/2019, os Estados, o Distrito Federal e os Municípios deverão aderir à compensação financeira de que trata este Decreto até 31 de dezembro de 2021, sob pena de incidirem as sanções de que trata o art. 7º[50] da Lei nº 9.717, de 27 de novembro de 1998, e a suspensão do pagamento da compensação financeira devida pelo RGPS.

Coube ao Decreto 10.188/2019 constituir o **Conselho Nacional dos Regimes Próprios** de Previdência Social, com as seguintes competências:

> I - participar da definição das políticas e das diretrizes gerais relativas aos RPPS;
>
> II - propor a elaboração e a revisão de normas e procedimentos relativos aos RPPS e à compensação financeira entre o RGPS e os RPPS e destes entre si;
>
> III - examinar proposições de normas e procedimentos relativos aos RPPS e à compensação financeira entre os regimes;
>
> IV - deliberar sobre os parâmetros, as diretrizes e os critérios de responsabilidade previdenciária na instituição, na organização e no funcionamento dos RPPS, relativos a custeio, benefícios, atuária, contabilidade, aplicação e utilização de recursos e constituição e manutenção dos fundos previdenciários, a serem estabelecidos pela Secretaria Especial de Previdência e Trabalho do Ministério da Economia;
>
> V - propor metas e ações que contribuam para o aprimoramento dos RPPS e da compensação financeira;
>
> VI - participar da definição e acompanhar o desenvolvimento de sistemas relativos aos RPPS e à compensação previdenciária;
>
> VII - participar da definição de ações de educação previdenciária, de intercâmbio de informações e de articulação entre órgãos e entidades, públicas ou privadas, nacionais ou internacionais que atuem com previdência;
>
> VIII - acompanhar e avaliar a implementação de políticas, diretrizes gerais, metas, ações e a aplicação das normas e dos procedimentos relativos aos RPPS e à compensação financeira pelos entes federativos;

50. Art. 7º O descumprimento do disposto nesta Lei pelos Estados, Distrito Federal e Municípios e pelos respectivos fundos, implicará, a partir de 1º de julho de 1999:

I - suspensão das transferências voluntárias de recursos pela União;

II - impedimento para celebrar acordos, contratos, convênios ou ajustes, bem como receber empréstimos, financiamentos, avais e subvenções em geral de órgãos ou entidades da Administração direta e indireta da União;

III - suspensão de empréstimos e financiamentos por instituições financeiras federais.

IX - deliberar sobre o Programa de Certificação Institucional e Modernização da Gestão dos Regimes Próprios de Previdência Social da União, dos Estados, do Distrito Federal e dos Municípios - Pró-Gestão RPPS; e

X - elaborar e aprovar o seu regimento interno.

O detalhamento minucioso da compensação financeira é dado pela **Instrução Normativa SEDGG/ME 96, de 20/10/2021**, que estabeleceu orientação aos órgãos e entidades integrantes do Sistema de Pessoal Civil da Administração Federal (SIPEC) acerca da compensação financeira entre o Regime Próprio de Previdência Social da União e o Regime Geral de Previdência Social e os demais regimes próprios de previdência social dos servidores públicos dos Estados, do Distrito Federal e dos Municípios, que se aplica aos benefícios de aposentadoria concedidos a partir de 5 de outubro de 1988, desde que em manutenção em 6 de maio de 1999 ou concedidos após essa data, com contagem recíproca de tempo de contribuição, e às pensões por morte que delas decorrerem.

Até que seja regulamentada a compensação previdenciária relativa aos sistemas de proteção social dos militares, não deverá ser requerida a compensação financeira do tempo de serviço/contribuição do militar das Forças Armadas, dos Estados e do Distrito Federal.

Vale registrar que a posição da União é que não há regulamentação de compensação financeira na contagem recíproca do tempo de contribuição militar, nos termos da Nota SEI nº 5/2019/DIVON/COINT/CGNAL/SRPPS/SPREV/SEPRT-ME, de 11 de março de 2021, com a seguinte conclusão:

> *"28. Constata-se assim o silêncio das normas regulamentadoras de compensação financeira entre regimes de previdências - Lei n.º 9.796, de 1999 e Decreto n.º 10.188, de 2019 - no que pertine ao sistema de proteção social dos militares. Posto isso, ausente norma regulamentadora da compensação financeira entre RGPS e o sistema de proteção social dos militares dos Estados e do Distrito Federal, assume, a compensação entre tais regimes, posição ainda mais frágil que a anteriormente ocupada pela compensação entre os RPPS, vez que a Lei n.º 9.796, de 1999 sequer estabelece a sua aplicação subsidiária a compensação financeira que envolva regime previdenciário de militares, impossibilitando, ante a falta de regulamentação, a efetivação de pretensa compensação com tal regime de previdência".*

■ POSIÇÃO DO STF

No julgamento da **ACO 3.624,** o STF concedeu medida cautelar em favor do Estado do Ceará a fim de assegurar a compensação financeira pelo recebimento do tempo de serviço militar das Forças Armadas, **inclusive no período anterior à vigência da EC 103/2019**, conforme voto do Relator, Ministro Gilmar Mendes:

"A União e o INSS defendem que tão somente após a promulgação da Emenda Constitucional 103/2019 é que exsurgiu a possibilidade de aproveitamento de serviço militar para fins de averbação em regime previdenciário próprio, com a consequente compensação previdenciária entre os regimes, em razão de que apenas, com esse marco, passou-se a exigir contribuição previdenciária referente aos militares.

Sem razão. *O fato de, à época do serviço prestado na condição de militar (no período anterior à Emenda Constitucional 103/2019), não haver cobrar a correspondente contribuição previdenciária do militar, não é fato impeditivo de se reconhecer a contagem recíproca daquele tempo de serviço às Forças Armadas, para fins de averbação em regime previdenciário próprio diverso e contagem na aposentadoria e, consequentemente, geradora de direito de compensação entre os regimes previdenciários.*

Isso porque, esta Corte sempre compreendeu a autoaplicabilidade do mencionado art. 202, § 2º, da CF, na redação anterior à EC 20/1998 (e também a redação do § 9º do art. 201 da CF, na redação conferida pela EC 20/1998), reconhecendo a ilegitimidade de qualquer restrição à contagem recíproca do tempo de contribuição na administração pública e na atividade privada para fins de aposentadoria, tal como exigência de um mínimo de contribuições ao sistema previdenciário responsável pelos proventos do servidor ou deixar de considerar o tempo de contribuição prestado à Administração Pública.

...

4) Decisão Ante o exposto:

1) reconheço a ilegitimidade passiva ad causam do INSS, excluindo-o do polo passivo da presente lide, extinguindo a demanda sem julgamento de mérito os pedidos em seu desfavor, na forma do art. 485, VI, do CPC; e

2) presentes os requisitos legais, defiro a tutela de urgência, para que a União (RPPS) "de imediato, aceitem e procedam, enquanto obrigação de fazer, com a compensação previdenciária à luz das certidões de tempo de serviço militar oriundas das Forças Armadas, sem imposição de restrições temporais indevidas", independentemente de quando referir-se o tempo de serviço militar a ser averbado ou compensado".

Em 22.08.2023 a cautelar foi confirmada pelo Plenário do STF, gerando uma derrota *multi*bilionária contra a União:

"22/08/2023 PLENÁRIO REFERENDO E M TUTELA PROVISÓRIA NA AÇÃO CÍVEL ORIGINÁRIA 3.624 CEARÁ RELATOR : MIN. GILMAR MENDES AUTOR (A / S)(ES) : ESTADO DO CEARÁ PROC.(A / S)(ES) : PROCURADOR -GERAL DO ESTADO DO CEARÁ RÉU (É)(S) : UNIÃO PROC.(A / S)(ES) : ADVOGADO -GERAL DA UNIÃO RÉU (É)(S) : INSTITUTO NACIONAL DO SEGURO SOCIAL - INSS PROC.(A / S)(ES) : PROCURADOR -GERAL FEDERAL Referendo em tutela provisória de urgência em Ação Cível Originária. 2. Constitucional e Administrativo. **3. Tempo de serviço prestado perante as Forças Armadas. Período anterior à Emenda Constitucional 103/2019**. 4. Averbação perante Estado-membro. A despeito da inexistência de contribuição específica para a cobertura previdenciária, no período anterior à EC 103/2019, o tempo de serviço prestado pelo militar possuía natureza jurídica voltada à cobertura previdenciário-assistencial (inatividade remunerada) para efeito de cômputo com fins de percepção de proventos civis ou militares. Súmula 10 do Supremo Tribunal Federal. 5. Esta Corte entende que "No sistema de compensação financeira entre regimes previdenciários, o que deve prevalecer não é o interesse de um ou de outro regime, nem dessa ou daquela unidade federada, mas sim o interesse público, que se expressa, em especial, nas sadias concessões e manutenções dos benefícios previdenciários, seja qual for o ente da federação responsável por eles" (ACO 2.086, Rel. Min. Dias Toffoli, Tribunal Pleno, DJe 2.12.2019). 6. **Imperiosa necessidade de compensação previdenciária entre os regimes próprios, sob pena de enriquecimento ilícito do Órgão de origem.** 7. Referendo integral".

Não serão objeto de contagem recíproca:

I - As aposentadorias por invalidez decorrentes de acidente em serviço, moléstia profissional ou doença grave, contagiosa ou incurável, e as pensões delas decorrentes;

II - As aposentadorias cujo tempo de serviço/contribuição foi prestado integralmente na condição de funcionário público, regido pela Lei nº 1.711, de 28 de outubro de 1952, e/ou servidor público, regido pela Lei nº 8.112, de 11 de dezembro de 1990, nos Poderes Executivo, Legislativo e Judiciário da União, no Tribunal de Contas da União, no Ministério Público da União e na Defensoria Pública da União, e as pensões delas decorrentes.

Em relação à compensação financeira pela contagem recíproca do **trabalhador rural**, pontifica o artigo 4º da Instrução Normativa SEDGG/ME 96, de 20/10/2021:

"Art. 4º O tempo de atividade rural será comprovado por intermédio de Certidão de Tempo de Contribuição emitida pelo Instituto Nacional de Seguridade Social - INSS.

§ 1º O tempo de atividade rural reconhecido pelo Instituto Nacional de Seguridade Social - INSS por meio de Certidão de Tempo de Serviço expedida até 13 de outubro de 1996 será objeto de compensação financeira, desde que o mesmo tenha sido utilizado pelo regime instituidor em aposentadoria concedida até essa data.

§ 2º O tempo de atividade rural reconhecido pelo INSS por meio de Certidão de Tempo de Serviço emitida a partir de 14 de outubro de 1996 somente será

considerado para fins de compensação financeira caso esse período seja indenizado ao RGPS pelo servidor".

Evidente que o §2º somente se aplica ao segurado especial e ao contribuinte individual rural autônomo, que não possuem presunção de recolhimento de contribuição previdenciária, não se aplicando ao empregado, trabalhador avulso rural e contribuinte individual rural que labore para pessoa jurídica a contar de abril/2003.

A compensação previdenciária será operacionalizada, de modo centralizado, no âmbito do Poder Executivo:

> I - pela unidade do Ministério da Economia responsável pela centralização da concessão e da manutenção de aposentadorias e de pensões no âmbito da Administração Direta, em relação aos órgãos que tiveram os benefícios previdenciários centralizados, nos termos do Decreto nº 10.620, de 05 de fevereiro de 2021.
>
> II - pelo Instituto Nacional do Seguro Social - INSS, no caso dos órgãos da administração autárquica e fundacional.

Para os servidores submetidos ao regime da Consolidação das Leis do Trabalho - CLT, de que trata o Decreto-Lei nº 5.452, de 1º de maio de 1943, em período anterior à vigência do regime jurídico instituído pela Lei nº 8.112, de 1990, deverá ser emitida **Certidão Específica de Tempo de Contribuição** prestado pelo segurado ao próprio ente instituidor para fins de compensação, conforme Anexo III da Instrução Normativa SEDGG/ME 96, DE 20/10/2021, em relação aos períodos vinculados ao RGPS, em substituição à CTC.

A emissão de Certidão Específica de Tempo de Contribuição prestado pelo segurado ao próprio ente instituidor para fins de compensação será exigida para os servidores que tiveram a **averbação automática realizada até 17 de janeiro de 2019**. A partir de 18 de janeiro de 2019 será exigida a Certidão de Tempo de Contribuição emitida pelo Instituto Nacional do Seguro Social para a concessão de aposentadoria, Abono de Permanência e compensação financeira.

A Nota Técnica nº 15790/2020/ME e o Ofício SEI Circular nº 43/DGPA-INSS vieram regulamentar a MP 871/2019, que alterou o artigo 96 da Lei 8.213/91 **proibindo averbações automáticas**, exigindo a emissão de CTC.

Apenas ficaram resguardadas as situações consolidadas até 17/01/2019. O recorte foi o seguinte: "encontram-se vigentes e eficazes as averbações realizadas pelos órgãos, cujos atos de aposentadoria, pensão ou abono de permanência tenham sido publicados até o dia 17 de janeiro 2019", adotando-se o critério da data de publicação da aposentadoria até a vigência da MP 871/2019 (17/01/2019).

No mesmo sentido o artigo 12 da PORTARIA SGP/SEDGG/ME 10.360, de 6 de DEZEMBRO de 2022:

> *"Art. 12. É vedada a contagem do tempo de ex-empregado público amparado pelo art. 243 da Lei nº 8.112, de 11 de dezembro de 1990, pelo RPPS da União, sem a emissão da CTC correspondente pelo Instituto Nacional do Seguro Social - INSS.*
>
> *Parágrafo único.* ***Encontram-se válidas a averbação automática realizada até 18 de janeiro de 2019, que geraram a concessão de aposentadoria e abono de permanência até essa data".***

A **Certidão Específica** citada será emitida pelos gestores das Unidades de Gestão de Pessoas dos órgãos do SIPEC e, caso não conste o registro do vínculo no Cadastro Nacional de Informações Sociais - CNIS, deverão ser apresentadas provas de vínculo e do recolhimento das contribuições devidas ao RGPS, hipótese na qual o vínculo poderá ser comprovado por meio dos seguintes documentos, dentre outros:

1.registro na Carteira de Trabalho e Previdência Social do Servidor - CTPS;

2.folhas ou recibos de pagamentos de salários e demais registros contábeis;

3.livro ou ficha de registro de empregado;

4.contrato de trabalho e respectiva rescisão;

5.atos de nomeação e de exoneração publicados; e

6.outros registros funcionais capazes de demonstrar o exercício da atividade e o vínculo ao RGPS.

Será objeto de compensação financeira a parcela adicional do tempo de contribuição resultante de **conversão de tempo especial em comum** em decorrência de atividades exercidas sob condições especiais, nocivas à saúde ou à integridade física até 13 de novembro de 2019, data de publicação da Emenda Constitucional nº 103, de 2019, desde que tenha sido aproveitada para a concessão de aposentadoria ou de pensão dela decorrente.

Será realizada a compensação financeira dos servidores transpostos dos Estados de Roraima, Rondônia e Amapá, nos termos das Emendas Constitucionais nº 60, de 11 de novembro de 2009, nº 79, de 27 de maio de 2014, e nº 98, de 6 de dezembro de 2017.

Quando o RPPS da União for regime origem, regime previdenciário ao qual o servidor público esteve vinculado e não tenha ensejado o recebimento de aposentadoria ou de pensão aos seus dependentes, o INSS, órgão gestor do RGPS, e as Unidades Gestoras dos RPPS dos Estados, Distrito Federal e Municípios apresentarão à unidade (Ministério da Economia ou INSS, se for Administração Direta ou Indireta), em relação às vinculações aos órgãos da Administração Direta do Poder Executivo, e ao INSS, em relação aos órgãos da Administração Indireta, requerimento de compensação financeira referente aos benefícios concedidos com cômputo de tempo de contribuição no âmbito daquele regime de origem.

Para realizar o requerimento ou a análise de pedidos de compensação financeira, a Unidade (Ministério da Economia ou INSS, se for Administração Direta ou Indireta) poderá solicitar os seguintes dados e documentos referentes à cada benefício concedido com cômputo de tempo de contribuição:

> I - dados pessoais e outros documentos necessários e úteis à identificação do servidor aposentado e, se for o caso, dos seus dependentes, em caso de pensão;
>
> II - o valor inicial da aposentadoria ou da pensão por morte dela decorrente e a data de início do benefício;
>
> III - o tempo de contribuição no âmbito do RGPS ou dos RPPS dos demais entes utilizados na concessão do benefício na forma da contagem recíproca e o tempo de contribuição total do servidor no RPPS da União;
>
> IV - cópia da Certidão de Tempo de Serviço ou da Certidão de Tempo de Contribuição fornecida pelo regime de origem e utilizada para cômputo do tempo de contribuição no âmbito do regime instituidor;
>
> V - cópia do laudo da junta oficial em saúde, ou outro que o venha a substituir, que reconheceu a invalidez nos casos de aposentadoria por invalidez;
>
> VI - cópia da Portaria de concessão da aposentadoria ou da pensão por morte dela decorrente, e de suas retificações; e
>
> VII - cópia do registro do ato concessório da aposentadoria ou da pensão por morte pelo Tribunal de Contas da União.

Constituem o **Estoque RPPS** os valores da compensação financeira em atraso relativos ao período compreendido entre 5 de outubro de 1988 e 5 de maio de 1999 dos benefícios concedidos nesse período com contagem recíproca de outro RPPS, desde que em manutenção em 5 de maio de 1999, ou no período de 6 de maio de 1999 até 1º de janeiro de 2021, data de entrada em vigor do Decreto nº 10.188, de 2019, sendo o prazo prescricional contado a partir de 1º de janeiro de 2021, data da entrada em vigor do Decreto nº 10.188, de 2019.

Constituem o **Estoque RGPS** os valores da compensação financeira em atraso relativos ao período compreendido entre 5 de outubro de 1988 e 5 de maio de 1999 dos benefícios concedidos nesse período com contagem recíproca do tempo de contribuição do RGPS ou do RPPS, na hipótese de o RGPS ser o regime instituidor, desde que em manutenção em 5 de maio de 1999.

Constitui **Fluxo Acumulado** os valores da compensação financeira dos benefícios concedidos após o período de estoque RGPS ou de estoque RPPS relativos ao período entre a data de concessão e o deferimento do requerimento de compensação, observado o prazo prescricional.

A partir de 1º de janeiro de 2022 os requerimentos de compensação financeira apresentados pelos regimes instituidores deverão ser analisados pelo RPPS da União em até 1.080 (mil e oitenta) dias, sob pena de incidir a mesma atualização dos valores dos recolhimentos em atraso de contribuições previdenciárias arrecadadas pelo RGPS aos requerimentos que ultrapassarem esse prazo, nos termos da Portaria SEPT/ME nº 15.829, de 2 de julho de 2020, podendo ser reduzido para:

I - 540 (quinhentos e quarenta) dias, em 2023;

II - 360 (trezentos e sessenta) dias, em 2024;

III - 180 (cento e oitenta) dias, em 2025; e

IV - 90 (noventa) dias, a partir de 2026.

É vedada a emissão de Certidão de Tempo de Contribuição aos servidores vinculados ao RPPS da União que foram movimentados (cessão, requisição, redistribuição, exercício provisório, etc.) entre órgãos do Poder Executivo, integrante ou não do Sistema Integrado de Administração de Pessoal - SIAPE, ou que foram investidos em cargo efetivo em outros Poderes da União ou em órgãos federais constitucionalmente autônomos.

Para os órgãos que não integram o Sistema SIAPE, de outros Poderes da União ou órgãos federais constitucionalmente autônomos deverá ser emitida **Declaração de Tempo de Contribuição**, conforme Anexos I e II da Instrução Normativa SEDGG/ME 96, DE 20/10/2021, para subsidiar a análise dos processos de aposentadoria e de solicitação de compensação financeira.

O STF tem derrubado o limite imposto pelo Poder Executivo da União aos valores a serem pagos a título de compensação financeira do RGPS ao RPPS dos estados, Distrito Federal e municípios[51]:

---

51. 2. Os autores narram que, a partir de 1999, a União e o INSS regularizaram os pagamentos mensais da compensação previdenciária. Indicam, no entanto, que permaneceu em aberto a quantia apurada em acerto de contas financeiro relativa ao período de 1988 a 1999. Alegam que a compensação previdenciária, prevista no art. 201, § 9º, da Constituição, foi regulamentada pela Lei nº 9.796/1999 e pelo Decreto nº 3.112/1999 de forma a inviabilizar a liquidação do estoque existente. Sustentam que a previsão do art. 14-A desse Decreto, que condiciona a compensação previdenciária à disponibilidade orçamentária do INSS e limita o valor de parcelas mensais a R$ 500.000,00 (quinhentos mil reais), torna a dívida de R$ 740.557.990,40 (setecentos e quarenta milhões, quinhentos e cinquenta e sete mil, novecentos e noventa reais e quarenta centavos) impagável, uma vez que não é sequer suficiente para saldar o valor da atualização monetária do débito.

■ POSIÇÃO DO STF

ACO 2988 / DF - DISTRITO FEDERAL

AÇÃO CÍVEL ORIGINÁRIA

Relator(a): Min. ROBERTO BARROSO

Julgamento: 20/09/2021

Publicação: 04/10/2021

Órgão julgador: Tribunal Pleno

Publicação

PROCESSO ELETRÔNICO DJe-197 DIVULG 01-10-2021 PUBLIC 04-10-2021

Partes

AUTOR(A/S)(ES): DISTRITO FEDERAL AUTOR(A/S)(ES) : INSTITUTO DE PREVIDÊNCIA SOCIAL DOS SERVIDORES DO DISTRITO FEDERAL - IPREV/DF PROC.(A/S)(ES) : PROCURADOR-GERAL DO DISTRITO FEDERAL RÉU(É)(S): UNIÃO PROC.(A/S)(ES) : ADVOGADO-GERAL DA UNIÃO RÉU(É)(S) : INSTITUTO NACIONAL DO SEGURO SOCIAL - INSS PROC.(A/S)(ES) : PROCURADOR-GERAL FEDERAL

Ementa

Ementa: Direito Administrativo e Previdenciário. Ação Cível Originária. Conflito federativo. Inocorrência de perda superveniente do objeto por aplicação da decisão liminar. Compensação previdenciária. Restrições à quitação do débito. Abuso de competência normativa. Pedido parcialmente procedente. 1. **Ação cível originária movida pelo Distrito Federal e pelo IPREV/DF em face da União e do INSS, com objetivo de tornar efetivo o sistema de compensação previdenciária do art. 201, § 9º, da Constituição.** 2. A alegação de abuso de competência regulamentar para frustrar o pagamento de dívida previdenciária federal tem potencial para desestabilizar o pacto federativo. Caracterização da hipótese do art. 102, I, f, da Constituição. 3. O exaurimento da compensação pleiteada, em virtude da aplicação da medida liminar deferida nestes autos, não causa a perda superveniente do objeto controvertido. A medida liminar tem caráter provisório e precisa ser confirmada por decisão final. Precedentes do STJ e do STF. **4. O uso de competência normativa para impedir o pagamento de dívida reconhecida ofende ao princípio federativo. A demonstração, em concreto, de que as restrições impostas pelo Decreto nº 3.112/1999 impedem a quitação do débito federal: (i) frustra o regime constitucional de compensação previdenciária; (ii) afeta a esperada cooperação nas relações federativas; e (iii) caracteriza abuso no exercício de competência regulamentar.** Precedentes do STF. 5. Pedido julgado parcialmente procedente, prejudicado o Agravo Interno.

Decisão

O Tribunal, por unanimidade, julgou parcialmente procedente o pedido, para confirmar a medida de urgência deferida e autorizar a retenção pelo Distrito Federal, com o subsequente repasse ao IPREV/DF, do montante mensal das contribuições previdenciárias devidas ao Regime Geral de Previdência Social, até o valor do estoque da compensação previdenciária escriturado pelo INSS, constante do relatório do sistema Dataprev emitido em 03.07.2017, julgando prejudicado o agravo interposto contra a decisão de urgência. Sem custas (art. 4º, I, da Lei nº 9.289/1996) e fixados os honorários em 1% do valor da causa (art. 85, § 3º, V, do CPC/2015). Tudo nos termos do voto do Relator. Falou, pelo réu Instituto Nacional do Seguro Social - INSS, a Dra. Bruna Maria Palhano Medeiros, Procuradora Federal. Plenário, Sessão Virtual de 10.9.2021 a 17.9.2021.

Vale registrar que o Novo Regulamento (Decreto 10.188/2019) também possui as citadas restrições:

> *"Art. 9º Se for inviável financeiramente ao regime de origem desembolsar de imediato os valores apurados nos termos do art. 8º, os regimes poderão firmar termo de parcelamento em até cento e oitenta meses, hipótese em que os valores devidos serão atualizados nas mesmas datas e pelos mesmos índices de reajustamento dos benefícios do RGPS.*
>
> *§ 1º A parcela mínima dos parcelamentos formalizados entre os RPPS não poderá ser inferior ao limite máximo aplicável aos benefícios do Regime Geral de Previdência Social.*
>
> *§ 2º Comprovada a inexistência de débitos, na forma prevista no § 5º do art. 6º e no § 3º do art. 11 da Lei nº 9.796, de 1999, o pagamento dos valores de estoque RGPS será quitado:*
>
> *I - em parcela única, se o crédito não for superior a R$ 1.500.000,00 (um milhão e quinhentos mil reais);*
>
> ***II - em parcelas mensais de até R$ 1.500.000,00 (um milhão e quinhentos mil reais), se o crédito superar esse montante no prazo de até cento e oitenta meses, condicionada à existência de recursos financeiros para cumprimento da meta de resultado primário estabelecido na Lei de Diretrizes Orçamentárias; ou***
>
> *III - por meio de dação em pagamento de imóveis integrantes do Fundo do Regime Geral de Previdência Social - FRGPS, observados os demais procedimentos administrativos, orçamentários, contábeis e legais necessários para sua concretização".*

Para fins de contagem recíproca, deverá ser fornecida ao segurado uma *certidão de tempo de contribuição - CTC*, a ser emitida pelo INSS (RGPS) ou pelo órgão gestor do respectivo RPPS.

A regulação da emissão de CTC pelo RPPS passou a ser regulamentada pela Portaria MTP 1.467, de 2 de junho de 2022, que revogou a Portaria MPS 154/2008, sendo estudada no Título III desta obra.

Será permitida a emissão de CTC, pelo INSS, para os períodos em que os servidores públicos da União, dos estados, do Distrito Federal e dos municípios estiveram vinculados ao RGPS, somente se, por ocasião de transformação para RPPS, esse tempo não tiver sido averbado automaticamente pelo respectivo órgão, admitindo-se a utilização, no âmbito de um sistema de previdência social, do tempo de contribuição que ainda não tenha sido efetivamente aproveitado para obtenção de aposentadoria em outro, na conformidade do inciso III, do artigo 96, da Lei nº 8.213, de 1991.

Por sua vez, tratando-se de RPPS instituído por ente federativo estadual ou municipal, será necessário oficiar o órgão gestor do regime de previdência para que informe a lei instituidora do regime, a vigência, bem como, se há previsão expressa de averbação automática do período de vínculo sujeito ao RGPS, a exemplo da previsão contida no art. 243 da Lei nº 8.112, de 11 de dezembro de 1990.

Com o advento da MP 871/2019, convertida na Lei 13.846/2019, foi vedada a contagem recíproca de tempo de contribuição do RGPS por regime próprio de previdência social sem a emissão da CTC correspondente, ainda que o tempo de contribuição referente ao RGPS tenha sido prestado pelo servidor público ao próprio ente instituidor, tendo sido extinta a averbação automática, preservados os casos consolidados até 17/01/2019, conforme determinado no artigo 512 da Instrução Normativa INSS 128/2022.

Considera-se **averbação automática** o tempo de contribuição vinculado ao RGPS prestado pelo servidor público, que teve a apresentação da CTC dispensada pelo INSS para fins de realização da compensação financeira, nas seguintes hipóteses:

> I - período averbado no próprio ente em que foi prestado o serviço, decorrente da criação do Regime Jurídico Único, em obediência ao disposto no art. 39 da Constituição Federal de 1988; e
>
> II - no caso dos servidores estaduais, municipais ou distritais, período averbado no próprio ente em que foi prestado o serviço quando da transformação do Regime de Previdência em RPPS.

De efeito, para requerimentos de CTC posteriores a 18 de janeiro de 2019, início da vigência da Medida Provisória nº 871, deverão ser certificados os períodos de emprego público celetista, com filiação à Previdência Social Urbana, inclusive nas situações de averbação automática.

Nos termos do artigo 473, da revogada IN INSS 77/2015, a CTC relativa ao militar, tanto o integrante da Força Armada quanto o militar dos Estados e do

Distrito Federal, por ter regras constitucionais previdenciárias diferenciadas do servidor titular de cargo efetivo, não se submete às normas definidas na Portaria MPS nº 154, de 15 de maio de 2008.

Essa regra se manteve até 13/11/2019, pois a Emenda 103/2019 passou a prever a compensação financeira em caso de contagem recíproca militar (art. 201, §9º-A, da CF), devendo ser adotada a CTC conforme a **Portaria MTP** 1.467/2022 para períodos certificados a contar de 14/11/2019.

No caso de **CTC militar**, serão aplicadas as regras do artigo 198 do RLSM e Portaria nº 060/DGP, de 12 de setembro de 2000 - (Normas para a Emissão de Certidão de Tempo de Serviço Militar para Militares da Ativa e Inativos e para Civis):

> **PROCEDIMENTOS PARA EMISSÃO DE CERTIDÃO**
>
> a. Mediante apresentação do Certificado de Reservista ou da Carta Patente A expressão "Válido como Certidão de Tempo de Serviço Militar" constante nesses documentos, de acordo com o previsto no Decreto nº 83 936, de 06 de setembro de 1979, dispensa a expedição de certidão específica no âmbito da Administração Militar.
>
> b. Mediante requerimento pelo interessado
>
> 1) No caso de requerimento de direitos de reservista ex-combatente
>
> a) O requerimento deve ser dirigido ao Diretor de Inativos e Pensionistas a quem cabe deferir ou não de acordo com o que prevê a Port Nº 034/DGP, de 21 Jul 99, Normas para Emissão de Certidão de Tempo de Serviço Militar de Ex-combatente da 2ª Guerra Mundial.
>
> b) A OM onde der entrada um requerimento pleiteando direitos de reservista ex-combatente deverá: - verificar, preliminarmente, se o requerente está amparado pela legislação em vigor, a saber: Dec 61.705, de 13 Nov 1967; Dec 5315, de 12 Set 1967; Port Min 019-GB, de 12 Jan 1968; Port 034/DGP, de 21 Jul 1999 e Normas Técnicas da DIP; - constatando que há amparo legal, encaminhar o requerimento de acordo com as normas em vigor; - constatando que não há amparo legal, determinar o arquivamento do mesmo de acordo com a nota sobre encaminhamento de requerimentos publicada no Boletim do DGP nº 051, de 22 Dez 1999.
>
> 2) Nos demais casos
>
> a) O requerimento será dirigido ao Cmt da OM onde der entrada, observados os procedimentos quanto a tramitação do requerimento e o modelo previsto no Anexo "A" destas Normas.
>
> b) No caso de OM que não possua autonomia administrativa, as atribuições previstas para o Cmt serão cumpridas pelo escalão enquadrante da mesma, providenciando o Cmt daquela as comunicações e os registros necessários ou conseqüentes.
>
> c) Deverão ser anexados ao requerimento os seguintes documentos: - para o militar da ativa ou da reserva: cópia da carteira de identidade militar; - para

o civil: cópia da carteira de identidade civil - as cópias deverão ser autenticadas na própria OM onde der entrada o requerimento.

d) O militar, da ativa ou inativo, deverá dar entrada do requerimento junto à OM em que serve ou está vinculado.

e) O civil deverá dar entrada com seu requerimento, na OM mais próxima à sua residência.

f) O Cmt, Ch ou Diretor da OM que receber o requerimento deverá: - despachar o pedido, quando a OM for detentora de todas as informações para a emissão da CTSM; - quando o interessado tiver prestado serviço militar em mais de uma OM, solicitar, obrigatoriamente, os dados necessários à emissão da CTSM às demais OM onde o mesmo tenha servido, observando que: - no caso de TSM passado em Tiro de Guerra (TG) ou Escola de Instrução Militar (EsIM) , as informações deverão ser solicitadas à Região Militar que tenha jurisdição sobre o Tiro de Guerra ou Escola de Instrução Militar. - no caso de TSM passado como aluno de Curso de Formação de Reservista (CFR) em Colégio Militar, informações deverão ser solicitadas ao Cmt do Colégio Militar onde tenha sido realizado; - no caso de TSM passado como aluno do IME, no Curso de Formação de Oficiais (CFO) ou no Curso de Formação e Graduação (CFG), as informações deverão ser solicitadas ao IME; - no caso de Tempo de Serviço Militar (TSM) passado como aluno nos demais OFR, as informações deverão ser solicitadas ao próprio OFR ou à OM que o enquadrar; - no caso de o requerente houver prestado Serviço Militar em organização extinta, transformada ou tornada sem efetivo, as informações necessárias à expedição da certidão deverão levar em consideração o Catálogo de Acervos Documentais do Arquivo Histórico do Exército para o andamento do processo.

c. A OM que tiver que prestar informações para confecção de CTSM deverá fazer constar os seguintes dados a respeito do interessado e baseados em pesquisa nos assentamentos do mesmo ou assuntos publicados em Boletim Interno da OM: - nome por extenso, filiação e identidade; - data e motivo da inclusão (incorporação, matrícula, convocação etc.); - data de pronto para o serviço; - data e motivo da exclusão (licenciamento, demissão, movimentação etc.); - data de desligamento; - para o fim do inciso III do Art. 137 do Estatuto dos Militares

(E/1): período (data de início e fim) passado como aluno em OFR, CFR, TG, EIM ou de CFO ou CFG do IME e o tempo de serviço correspondente já calculado de acordo com a legislação em vigor; - para o fim do inciso V do Art. 137 do (E/1): período de férias não gozadas, enquadrado em um dos casos previstos nos parágrafos 4º ou 5º do Art. 63 do E/1 fazendo constar a data e documento que publicar o ato homologatório, quando este for previsto; - para o fim do inciso VI do Art. 137 do Estatuto dos Militares (E/1): período passado em guarnição especial de Categoria "A" (data de apresentação pronto e de desligamento), a partir da vigência da Lei nº 5.774, de 23 de dezembro de 1971 complementada pela Lei 7.698, de 20 de dezembro de 1988; - para o fim do inciso IV do Art. 137 do Estatuto dos Militares (E/1): período passado em gozo de licença especial - para o fim do parágrafo 4º do Art. 137 do Estatuto dos Militares (E/1): período (data de início e fim) passado em Licença para Tratamento de Saúde de Pessoa da Família (LTSPF); em Licença para Tratar de Interesse Particular (LTIP); como desertor; em cumprimento de pena de suspensão do exercício do posto, graduação, cargo ou função por sentença transitada em julgado; e/ou em cumprimento de pena restritiva da liberdade, por sentença transitada em julgado.

d. Certidão

1) A certidão será expedida pela OM onde der entrada o requerimento do interessado, exceto no caso do reservista ex-combatente, e observando o modelo previsto no Anexo "B" destas Normas.

2) Não constará da CTSM qualquer tempo de serviço passado fora do Exército.

3) Para a confecção da CTSM, além das orientações constantes do Anexo "B", deverá ser observado o seguinte:

a) a CTSM abrange todo o período passado pelo interessado no Exército e, quando este tiver prestado serviço militar em mais de uma OM, na CTSM não deverá haver referência a tempo de serviço passado em cada OM;

b) a OM expedidora deverá considerar todas as informações que detiver e as recebidas como resposta às consultas que fizer;

c) o tempo de serviço passado em OFR a ser computado na emissão da CTSM será o calculado pelo mesmo ou pela OM que o enquadrar;

d) quando o militar tiver sido movimentado de uma para outra OM, o período passado entre o desligamento de uma OM e a apresentação pronto para o serviço na outra deverá ser computado como efetivo serviço, exceto quando ocorrer uma das situações previstas no parágrafo 4º do Art. 137 do E/1;

e) verificar se há ocorrência de superposição de contagem de tempo de serviço;

f) fazer a contagem dos abatimentos previstos no parágrafo 4º do Art. 137 do E/1, computados dia-a-dia;

g) a contagem dia-a-dia prevista no "*caput*" do Art. 136 do E/1, deverá considerar o dia a mais existente nos anos bissextos;

h) realizar a apuração do tempo de efetivo serviço de acordo com o previsto no Art. 136 do E/1;

i) os acréscimos não deverão ser computados como tempo de efetivo serviço, devendo constar da CTSM para que sejam considerados somente para a inatividade, de acordo com os parágrafos 1º e 2º do Art. 137 do E/1.

4) A CTSM será entregue ao interessado, mediante recibo deste, na OM onde deu entrada o seu requerimento.

Nos termos do artigo 33 da antiga Portaria INSS/PRES 450/2019, para fins de comprovação do tempo de serviço militar, posterior a 14 de novembro de 2019, será exigida, exclusivamente, Certidão de Tempo de Contribuição, e será submetido aos procedimentos incidentes sobre a contagem recíproca. Essa posição segue vigente.

Coube à **Portaria MPS 1.400 de 27/05/2024** disciplinar os parâmetros e diretrizes da operacionalização da compensação financeira entre o Regime Geral de Previdência Social e os Regimes Próprios de Previdência Social da União, dos Estados, do Distrito Federal e dos Municípios, e destes entre si, em cumprimento da Lei nº 9.796/1999 e do Decreto nº 10.188/2019, **revogando expressamente os seguintes atos normativos**:

> "Art. 97. Revogam-se as seguintes normas:
>
> *I - Portaria MPS/MF nº 410, de 29 de julho de 2009;*
>
> *II - Portaria SEPRT/ME nº 15.829, de 02 de julho de 2020;*
>
> *III - Portaria SPREV/ME nº 6.657, de 11 de junho de 2021; e*
>
> *IV - Portaria SPREV/ME nº 7.803, de 30 de junho de 2021".*

Aplicar-se-á a Portaria MPS 1.400 de 27/05/2024 no caso de **extinção de regime próprio de previdência social do ente federativo**, na hipótese de contagem recíproca de tempo de contribuição, sendo que a unidade da Federação assumirá integralmente a responsabilidade pela compensação financeira dos benefícios, inclusive dos concedidos durante a sua vigência, bem como daqueles benefícios cujos requisitos necessários a sua concessão foram implementados anteriormente à extinção do respectivo regime próprio de previdência social, cumprindo ao ente federado observar ainda as seguintes regras:

> I - o tempo de serviço equivalente ao período das contribuições apuradas e parceladas nos termos do disposto no art. 154 do Regulamento da Organização e do Custeio da Seguridade Social, aprovado pelo Decreto nº 2.173, de 5 de março de 1997, devidas por Estados, Distrito Federal e Municípios ao INSS em razão da extinção de RPPS com o retorno dos respectivos servidores ao RGPS, desde que os débitos assim liquidados não tenham sido posteriormente compensados com contribuições previdenciárias vincendas devidas ao RGPS, com fulcro no parágrafo único do art. 18 do Decreto nº 3.112, de 6 de julho de 1999, será computado como tempo de contribuição ao RGPS, inclusive para efeito de contagem recíproca de tempo de contribuição e apuração do valor da compensação financeira; e
>
> II - compete ao INSS a emissão de Certidão de Tempo de Contribuição referente ao tempo de contribuição de que trata o inciso I.

São **elegíveis** à compensação financeira os benefícios de aposentadoria concedidos a partir de 5 de outubro de 1988, desde que em manutenção em 6 de maio de 1999 ou concedidos após essa data, com contagem recíproca de tempo de contribuição, **e as pensões por morte que deles decorrerem**. No entanto, somente pode ser objeto de compensação financeira o benefício concedido pelo **RPPS** cujo ato concessório tenha sido **registrado pelo Tribunal de Contas** competente.

Nos termos do artigo 3º da Portaria MPS 1.400 de 27/05/2024, **não serão objeto da compensação financeira:**

> I - as aposentadorias por invalidez ou por incapacidade permanente decorrentes de acidente em serviço, moléstia profissional ou doença grave, contagiosa ou incurável, especificada em lei, e as pensões por morte que delas decorrerem, quando o cálculo dos proventos independer da utilização de tempo de contribuição[52];
>
> II - as aposentadorias compulsórias de magistrado concedidas com vencimentos proporcionais ao tempo de serviço, com base no inciso V do art. 42 da Lei Complementar nº 35, de 14 de março de 1979, e a pensões por morte que delas decorrerem.

A regra me parece inválida no item I. Ora, se houve emissão de CTC pelo INSS averbada no RPPS e o tempo de contribuição considerado pelo RPPS na concessão da aposentadoria por incapacidade permanente, não há base legal ou constitucional para uma mera portaria excluir o pagamento da compensação financeira.

Ao requerer a compensação financeira no sistema Comprev, em caso de **aposentadoria por invalidez ou por incapacidade permanente para o trabalho ou pensão por morte dela decorrente**, o RPPS deverá, como regime instituidor, emitir parecer, por meio de médico por ele habilitado, relativo:

> I - ao enquadramento da aposentadoria nas hipóteses de acidente em serviço, moléstia profissional ou doença grave, contagiosa ou incurável, especificada em lei, e as pensões por morte que delas decorrerem, quando o cálculo dos proventos independer da utilização de tempo de contribuição; ou
>
> II - à situação de invalidez do dependente na data do óbito do segurado.

52. Para fins do disposto no inciso I do caput:

I - a natureza acidentária da invalidez ou da incapacidade permanente será caracterizada em consonância com os art. 20, art. 21 e art. 21-A da Lei nº 8.213, de 24 de julho de 1991; e

II - a doença grave, contagiosa ou incurável:

a) no que se refere ao RGPS, deverá ser especificada em conformidade com a lista de doenças e afecções prevista no inciso II do art. 26 da Lei nº 8.213, de 1991; e

b) no que se refere aos RPPS, deverá ser observado o disposto na lei do ente federativo do respectivo regime instituidor, na forma do inciso I do § 1º do art. 40 da Constituição Federal.

O parecer deverá estar embasado no laudo médico que compõe o processo de concessão do benefício que reconheceu a invalidez ou a incapacidade permanente para o trabalho do aposentado ou a situação de invalidez do dependente na data do óbito do segurado, não sendo necessária a sua anexação ao requerimento pelo regime instituidor.

Caso informada a situação de cálculo dos proventos independer da utilização de tempo de contribuição o requerimento será indeferido automaticamente.

Caso não sejam verificadas as situações acima descritas, o requerimento será reaberto ao regime instituidor para cumprimento de exigências automáticas do sistema, se for o caso, ou ficará disponível para o regime de origem proceder à análise.

Se o requerimento de aposentadoria for indeferido automaticamente e houver requerimento de pensão por morte dela decorrente, este será indeferido automaticamente.

Caso o parecer da situação do dependente da pensão por morte não conclua pela sua condição de inválido, será aberta uma exigência automática para o regime instituidor alterá-la, de acordo com o parecer médico.

Para os requerimentos de aposentadoria por invalidez e de pensão por morte dela decorrente, abertos até 31 de dezembro de 2019, a data de abertura no sistema Comprev interromperá o curso da prescrição.

O **sistema Comprev** é um sistema eletrônico disponibilizado pela Secretaria de Regime Próprio e Complementar do Ministério da Previdência Social, destinado ao cadastro e processamento de todos os benefícios objeto da compensação financeira prevista na Lei nº 9.796, de 1999, na hipótese de contagem recíproca de tempo de contribuição para efeito de aposentadoria entre o Regime Geral de Previdência Social - RGPS e os Regimes Próprios de Previdência Social - RPPS dos servidores públicos da União, dos Estados, do Distrito Federal e dos Municípios, e dos regimes próprios entre si, e a apuração do montante devido pelos regimes de origem, conforme estabelecido no art. 11 do Decreto nº 10.188, de 2019.

Para a operacionalização da compensação financeira pelo sistema Comprev, o INSS e os RPPS, conforme art. 10 do Decreto nº 10.188, de 2019, celebrarão:

I - termo de adesão ao Comprev com o Ministério da Previdência Social; e

II - contrato com a empresa de tecnologia desenvolvedora do sistema Comprev.

Eis os modelos:

ANEXO I
TERMO DE ADESÃO AO SISTEMA DE COMPENSAÇÃO PREVIDENCIÁRIA

TERMO DE ADESÃO CELEBRADO COM A SECRETARIA DE REGIME PRÓPRIO E COMPLEMENTAR DO MINISTÉRIO DA PREVIDÊNCIA SOCIAL, RELATIVO AO SISTEMA DE COMPENSAÇÃO PREVIDENCIÁRIA (COMPREV) NOS TERMOS DO DECRETO Nº 10.188, DE 2019.

O Município (ou Estado) de ____________________________, UF ____, inscrito no CNPJ sob o nº ________________, com sede ____, CEP __________, representado por seu Prefeito (ou Governador) ____________________ ____________________, CPF n.º ________________, doravante denominado ADERENTE, resolve celebrar o presente TERMO DE ADESÃO ao Sistema de Compensação Previdenciária - Comprev, disponibilizado pela SECRETARIA DE REGIME PRÓPRIO E COMPLEMENTAR - SRPC do Ministério da Previdência Social, doravante denominada SRPC/MPS, conforme previsto no § 1º do art. 10 do Decreto nº 10.188, de 20 de dezembro de 2019, para operacionalização da compensação financeira de que trata a Lei nº 9.796, de 5 de maio de 1999.

CLÁUSULA PRIMEIRA - DA DEFINIÇÃO E OBJETIVO DO SISTEMA

1.1 O Sistema Comprev é um sistema eletrônico disponibilizado pela Secretaria de Regime Próprio e Complementar do Ministério da Previdência Social, destinado ao cadastro e processamento de todos os benefícios objeto da compensação financeira prevista na Lei nº 9.796, de 1999, na hipótese de contagem recíproca de tempo de contribuição para efeito de aposentadoria entre o Regime Geral de Previdência Social - RGPS e os Regimes Próprios de Previdência Social - RPPS dos servidores públicos da União, dos Estados, do Distrito Federal e dos Municípios, e dos regimes próprios entre si, e a apuração do montante devido pelos regimes de origem, conforme estabelecido no art. 11 do Decreto nº 10.188, de 2019.

1.2 O sistema Comprev, cuja marca e operacionalidade pertencem à SRPC/MPS, visa proporcionar maior rapidez, confiabilidade e eficiência na operacionalização da compensação previdenciária entre os regimes previdenciários.

1.3 Ao celebrar o presente Termo de Adesão, o ADERENTE reconhece e aceita todas as condições estabelecidas, subordinando-se integralmente às disposições nele previstas.

CLÁUSULA SEGUNDA - DO ACESSO, DO CADASTRO DE USUÁRIOS E DAS INFORMAÇÕES CADASTRAIS

2.1 O acesso ao Sistema Comprev exige, além da celebração deste Termo de Adesão, a contratação direta do ente federativo com a Empresa de Tecnologia e Informações da Previdência - Dataprev, empresa desenvolvedora do sistema, cabendo ao ADERENTE arcar, conjuntamente com o Instituto Nacional do Seguro Social - INSS e com os demais entes federativos que possuem ou possuíram RPPS, com os custos operacionais de sua manutenção e melhorias, observadas as diretrizes de relações negociais estabelecidas pelo Conselho Nacional dos Regimes Próprios de Previdência Social - CNRPPS, conforme previsto no § 2º do art. 10 e no art. 18 do Decreto nº 10.188, de 2019.

2.2 Serão indicados pelo ADERENTE os servidores que irão atuar como gestores de acesso do Sistema Comprev, bem como os dados da conta bancária de titularidade do RPPS, que deverá ter por finalidade exclusiva a movimentação de recursos previdenciários.

2.3 O cadastramento de usuários do Sistema COMPREV será realizado pelos gestores de acesso indicados pelo ADERENTE, que deverão manter acesso restrito aos servidores do ente federativo, e o acesso será efetuado mediante 'login' e senha ou por certificado digital adquirido perante qualquer autoridade certificadora credenciada pelo ICP-BRASIL, constituindo a sua identificação eletrônica no sistema.

2.4 O ADERENTE cientificará os usuários e os gestores de acesso ao Sistema Comprev que serão integralmente responsáveis pelo sigilo do conteúdo, pela segurança da informação, bem como pelo uso e guarda das informações nele consultadas, respondendo civil, criminal e administrativamente por quaisquer perdas e danos advindos do uso ou guarda indevidos de tais informações, conforme as disposições da Lei Geral de Proteção de Dados (LGPD) - Lei nº 13.709, de 14 de agosto de 2018, Lei nº 12.527, de 18 de novembro de 2011, Decreto nº 7.724, de 16 de maio de 2012, Decreto nº 7.845, de 14 de novembro de 2012, além das normas e diretrizes expedidas pelo Gabinete de Segurança Institucional da Presidência da República - GSI/PR e demais normas relacionadas ao tema.

2.5 O acesso ao Sistema Comprev exige uma conduta compatível com as regras de comportamento adequado a 'internautas', como não fazer uso de artifícios, ferramentas e procedimentos que venham a ferir a competitividade, acessibilidade e a segurança do sistema ou que possam gerar prejuízos e violar a privacidade de outros usuários, cuja inobservância levará à imediata exclusão do usuário ou do gestor de acesso e poderá ensejar a aplicação de medidas judiciais contra o infrator dessas regras.

2.6 É de exclusiva responsabilidade do usuário ou do gestor de acesso o sigilo da senha, que constituirá sua identificação eletrônica, não sendo oponível, em qualquer hipótese, alegação de seu uso indevido, cabendo ao ADERENTE cientificar os seus usuários e gestores de acesso sobre esta cláusula.

2.7 Os gestores de acesso e os dados bancários poderão ser modificados pelo ADERENTE a qualquer tempo, com o envio de informações à SRPC/MPS, ficando delegada a atribuição de indicação dos gestores de acesso e dos dados bancários ao representante máximo do órgão ou entidade gestora do RPPS.

CLÁUSULA TERCEIRA - DAS OBRIGAÇÕES DO ADERENTE

3.1 Caberá ao ADERENTE inserir no Sistema Comprev os requerimentos de compensação previdenciária referentes às aposentadorias e pensões delas decorrentes, na hipótese de contagem recíproca de tempo de contribuição.

3.2 O ADERENTE deverá manter os dados cadastrais de seu RPPS atualizados, bem como os dados de todos os benefícios objeto de compensação previdenciária, inclusive quanto a eventuais revisões e sua extinção total ou parcial.

3.3 Ao inserir os requerimentos, o ADERENTE deverá juntar todos os documentos comprobatórios necessários para a análise pelo regime de origem previstos no Decreto nº 10.188, de 2019, e nos atos normativos expedidos pela SRPC/MPS.

3.4 O ADERENTE deverá indicar profissional médico habilitado para realizar o enquadramento do requerimento de compensação previdenciária, quando decorrente de aposentadorias por incapacidade permanente para o trabalho (ou antiga aposentadoria por invalidez), ao rol de doenças previsto na legislação.

3.5 O ADERENTE compromete-se a operacionalizar a compensação financeira, analisando os requerimentos recebidos por meio do Sistema Comprev dos demais regimes previdenciários, nos termos do § 2º do art. 1º da Lei nº 9.717, de 27 de novembro de 1998, sob pena de incidir nas sanções de que trata o art. 7º da referida Lei.

CLÁUSULA QUARTA - DAS OBRIGAÇÕES DA SRPC/MPS

4.1 Caberá à SRPC/MPS, em articulação com a Dataprev e o CNRPPS, fornecer as normas e manuais necessários à operacionalização da compensação previdenciária, bem como orientar os servidores designados pelo ADERENTE, para que possam operar o Sistema Comprev.

4.2 A SRPC/MPS disponibilizará o Sistema Comprev e promoverá a sua manutenção e melhorias, a serem financiadas na forma do item 2.1 deste termo de adesão.

4.3 A SRPC/MPS, quando identificada a necessidade de alteração das cláusulas do presente Termo de Adesão, disponibilizará ao ADERENTE versão atualizada para celebração de novo ajuste.

CLÁUSULA QUINTA - DO PRAZO

5.1 O prazo de vigência do presente Termo de Adesão é de cinco anos.

5.2 Enquanto existirem obrigações financeiras decorrentes da compensação previdenciária, o prazo será automaticamente prorrogado por novos períodos de cinco anos, salvo se houver denúncia expressa deste Termo de Adesão por parte do ADERENTE.

CLÁUSULA SEXTA - DO FORO

6.1 É competente para dirimir as questões judiciais decorrentes deste Termo de Adesão, que não possam ser resolvidas pela mediação administrativa, o foro da Justiça Federal, ficando eleito pelas partes a Seção Judiciária do Distrito Federal.

E, por estar de acordo, firma este Termo de Adesão.

NOME DO RESPONSÁVEL LEGAL DO ADERENTE

PREFEITO (OU GOVERNADOR)

ANEXO II
TERMO DE ADESÃO AO SISTEMA COMPREV
INDICAÇÃO DE DADOS BANCÁRIOS

Ente Federativo:		UF:
CNPJ do Ente Federativo:		
Órgão ou Entidade Gestora do RPPS:		
CNPJ do Órgão ou Entidade Gestora do RPPS:		
e-mail da Unidade Gestora:		
Banco:		
Código do Banco:	Agência:	C/C:
Conta Corrente vinculada ao CNPJ nº:		
Declaro que a conta bancária indicada neste Anexo II é de titularidade do Regime Próprio de Previdência Social e foi aberta com a finalidade exclusiva de movimentação de recursos previdenciários, nos termos do art. 15 do Decreto nº 10.188, de 2019, observando a Cláusula 2.2 do Termo de Adesão. Local, data. NOME DO RESPONSÁVEL LEGAL DO ADERENTE OU REPRESENTANTE DO RPPS PREFEITO OU GOVERNADOR/DIRIGENTE DO RPPS		

ANEXO III
TERMO DE ADESÃO AO SISTEMA COMPREV
IDENTIFICAÇÃO DOS GESTORES DE ACESSO DO SISTEMA COMPREV

Ente Federativo:	UF:
CNPJ do Ente Federativo:	
Órgão ou Entidade Gestora do RPPS:	
CNPJ do Órgão ou Entidade Gestora do RPPS:	
Inclusão ( ) Exclusão ( )	
Nome Completo:	
E-mail[1] (indicar dois): 1º__________ 2º__________	
CPF:	Telefones:
Inclusão ( ) Exclusão ( )	
Nome Completo:	
E-mail[1] (indicar dois): 1º__________ 2º__________	
CPF:	Telefones:
[1] Deverá ser indicado e-mail de uso privativo para cada gestor de acesso, não podendo ser utilizado e-mails departamentais ou compartilhados, pois o sistema Comprev exige o cadastro de e-mail único para cada CPF	
NOME DO RESPONSÁVEL LEGAL DO ADERENTE OU REPRESENTANTE DO RPPS PREFEITO OU GOVERNADOR/DIRIGENTE DO RPPS	

O INSS, a União, os Estados, Distrito Federal e Municípios que possuem ou possuíram RPPS e as unidades gestoras desses regimes, deverão, para a operacionalização da compensação financeira e processamento dos requerimentos de compensação, **arcar com os custos operacionais da manutenção e melhorias do sistema Comprev**, por meio da celebração de contrato com a Empresa de Tecnologia e Informações - Dataprev, empresa de tecnologia desenvolvedora do sistema, conforme previsto no § 1º do art. 10 do Decreto nº 10.188, de 2019.

Para a contratação deverão ser observados as diretrizes de relações negociais estabelecidas pelo CNRPPS, conforme previsto no § 2º do art. 10 do Decreto nº 10.188, de 2019, e os seguintes documentos por ele aprovados, disponibilizados no sítio da Previdência Social na internet:

I - o modelo de negócio para o sistema de compensação previdenciária entre o RGPS e os RPPS, e dos RPPS entre si;

II - o projeto básico referencial proposto para a contratação do sistema Comprev com a Dataprev; e

III - a minuta de contrato de adesão a ser celebrado pelos entes federativos e a Dataprev para utilização do sistema.

As taxas mensais pela utilização do sistema Comprev foram definidas pelo CNRPPS por grupos de RPPS, formados por faixas de quantidades de segurados e beneficiários utilizadas no Indicador de Situação Previdenciária - ISP, de que tratam o art. 238 da Portaria MTP nº 1.467, de 2022, e a Portaria SPREV/ME nº 14.762, de 19 de junho de 2020, e respectivos valores:

GRUPO	FAIXA DE SEGURADOS E BENEFICIÁRIOS, CONFORME ISP DO EXERCÍCIO ANTERIOR	VALOR MENSAL DE UTILIZAÇÃO DO COMPREV	
I	1	300	R$ 100,00
II	301	600	R$ 150,00
III	601	1.200	R$ 300,00
IV	1.201	3.000	R$ 600,00
V	3.001	6.000	R$ 1.200,00
VI	6.001	9.000	R$ 1.800,00
VII	9.001	18.000	R$ 2.800,00
VIII	18.001	36.000	R$ 5.000,00
IX	36.001	108.000	R$ 8.000,00
X	maior que 108.000		R$ 12.000,00

O sistema Comprev deverá conter as informações relativas à CTC como requisito indispensável para o tratamento automatizado da compensação financeira, exceto para as certidões emitidas pelo INSS anteriores à data de publicação da Portaria MPS 1400 de 27/05/2024 e para as certidões emitidas pelos entes federativos e unidades gestoras do RPPS até a data de publicação da Portaria MPS 1400 de 27/05/2024.

Caberá a compensação financeira nas hipóteses de acumulação de cargos previstas na Constituição Federal, **exceto quando houver concomitância nos períodos de contribuição para o RGPS**, observado o disposto no artigo 193 da Portaria MTP nº 1.467, de 2022[53].

53. Art. 193. A averbação, por RPPS, de tempo de contribuição constante de CTC emitida pelo INSS somente pode ser efetivada em um único cargo ocupado pelo segurado, ainda que, no período

É responsabilidade de cada regime instituidor encaminhar, por intermédio do Comprev, o requerimento de compensação financeira. Os dados dos benefícios objeto de requerimento de compensação financeira poderão ser migrados automaticamente para o sistema Comprev por meio de sistemas mantidos pelo INSS e pelos entes federativos, de Interface de Programação de Aplicativos, ou serem informados manualmente.

A data de ingresso no regime de origem será fixada na data em que se iniciou o aproveitamento do tempo certificado na CTC para a concessão do benefício, que poderá não corresponder à data inicial informada na certidão, nem poderá ser anterior ao período certificado.

O requerimento estará apto para análise da compensação financeira com a apresentação das informações e com o cumprimento das exigências automáticas. A não apresentação das informações ou o não cumprimento das exigências automáticas impossibilitará a disponibilização para análise do requerimento da compensação financeira. O requerimento de compensação financeira que não foi automaticamente disponibilizado pelo sistema Comprev ao regime de origem em virtude de alguma exigência automática deverá ser submetido ao procedimento manual.

Quando o RGPS for o regime instituidor e o RPPS, o regime de origem, o INSS deverá encaminhar ao ente federativo, por intermédio do sistema Comprev, o requerimento de compensação financeira referente a cada benefício concedido com tempo de contribuição do RPPS, que deverá conter os seguintes dados:

> I - dados pessoais do segurado e, se for o caso, dos seus dependentes;
>
> II - o tipo de benefício;
>
> III - a data de início do benefício;
>
> IV - a data de início do pagamento, quando for diferente da data de início do benefício;
>
> V - a data de cessação do benefício, se houver no momento do encaminhamento do requerimento;
>
> VI - o tempo de contribuição total do segurado aproveitado na concessão do benefício no regime instituidor;
>
> VII - o tempo de contribuição no âmbito do regime de origem utilizado na concessão do benefício;

certificado, tenha havido filiação ao RGPS pelo exercício de múltiplas atividades decorrentes de empregos públicos ou privados ou cargos públicos. Parágrafo único. Ressalva-se do disposto no caput, a hipótese de emissão, pelo INSS, de CTC única com divisão e destinação do tempo de contribuição para, no máximo, dois órgãos distintos, quando solicitado pelo segurado que exerce cargos constitucionalmente acumuláveis, conforme previsão do § 7º do art. 130 do Regulamento da Previdência Social, aprovado pelo Decreto nº 3.048, de 1999.

VIII - renda mensal inicial da aposentadoria ou da pensão por morte dela decorrente;

IX - a data de ingresso no regime de origem e a data de desvinculação no regime de origem, que serão automaticamente preenchidas quando da adição dos períodos aproveitados na concessão do benefício;

X - protocolo ou número da CTC, quando houver;

XI - a data de recebimento da primeira prestação; e

XII - os demais dados que vierem a ser solicitados no sistema Comprev.

A **data de desvinculação do regime de origem** será:

I - o dia seguinte ao da data fim do último período da CTC, em caso de utilização de todo o período certificado no cômputo do tempo total da aposentadoria;

II - o dia seguinte ao último dia aproveitado do regime de origem, em caso de não utilização de todo o período certificado no cômputo do tempo total da aposentadoria;

III - o dia seguinte ao da data fim do último período indicado na CTC para averbação no RGPS, em caso de CTC fracionada, na qual um período foi indicado para sua utilização no RGPS e outro para sua utilização no RPPS;

IV - o dia seguinte ao da última data de alteração de regime previdenciário, quando o ente federativo apresentar várias datas de instituição e extinção de RPPS;

V - o dia do início da licença sem vencimentos, quando dentro do período certificado constar licença sem vencimentos com término posterior à data da alteração de regime; e

VI - o dia de filiação ao regime instituidor, quando ocorrer em concomitância com o regime de origem.

Quando o RPPS for regime instituidor e o RGPS, o regime de origem, a unidade gestora do regime instituidor deverá encaminhar ao RGPS, por meio do sistema Comprev, o requerimento de compensação financeira referente a cada benefício concedido com tempo de contribuição do RGPS, contendo:

I - dados pessoais do segurado e, se for o caso, dos seus dependentes;

II - o tipo de benefício;

III - a data de início do benefício;

IV - a data de início do pagamento, quando for diferente da data de início do benefício;

V - a data de cessação do benefício, se houver no momento do encaminhamento do requerimento;

VI - o tempo de contribuição total do segurado aproveitado na concessão do benefício no regime instituidor;

VII - o tempo de contribuição no âmbito do regime de origem utilizado na concessão do benefício;

VIII - renda mensal inicial da aposentadoria ou da pensão por morte dela decorrente;

IX - a data de ingresso no regime de origem e a data de desvinculação no regime de origem, que serão automaticamente preenchidas quando da adição dos períodos aproveitados na concessão do benefício;

X - protocolo ou número da CTC, quando houver;

XI - a data de publicação do registro do ato concessório do benefício pelo Tribunal de Contas competente, ou a data do registro se este ocorrer até 15 de maio de 2012, antes da entrada em vigor da Lei de Acesso à Informação, Lei nº 12.527, de 18 de novembro de 2011; e

XII - os demais dados que vierem a ser solicitados no sistema Comprev.

Em caso de o tempo de contribuição vinculado ao RGPS ter sido prestado no próprio ente instituidor e averbado, até 18 de janeiro de 2019, sem a respectiva CTC emitida pelo INSS:

I - a comprovação para fins de compensação financeira se dará por meio de certidão específica, conforme modelo constante do Anexo XIII da Portaria MTP nº 1.467, de 2022;

II - os procedimentos para a confirmação, pelo INSS, do período do vínculo, deverão observar o disposto em atos normativos por ele editados; e

III - poderá ser solicitada ao ente federativo, através de exigência no Comprev, a apresentação de documentos e informações previstos nos atos de que trata o inciso II.

A data de desvinculação do regime de origem será:

I - o dia seguinte ao da data fim do último período da CTC, em caso de utilização de todo o período certificado no cômputo do tempo total da aposentadoria;

II - o dia seguinte ao da data fim do último período indicado na CTC para averbação no RPPS, em caso de CTC fracionada;

III - o dia seguinte ao da última data de alteração de regime previdenciário, quando o ente federativo apresentar várias datas de instituição e extinção de RPPS;

IV - o dia seguinte ao da data fim do período averbado automaticamente, correspondente à data da alteração de regime previdenciário, em caso de certidão específica emitida pelo ente federativo;

V - o dia de vinculação ao RPPS, quando a CTC emitida pelo RGPS possuir períodos posteriores concomitantes à data de ingresso no ente federativo e de vinculação ao RPPS instituidor;

VI - a data de alteração de regime previdenciário, quando o servidor estiver em gozo de auxílio-doença ou auxílio por incapacidade temporária concedido pelo INSS com início e cessação anterior à alteração de regime; e

VII - o dia seguinte ao da data de cessação do salário-maternidade, do auxílio-doença ou do auxílio por incapacidade temporária do RGPS, quando o servidor estiver em gozo do benefício concedido anteriormente à alteração de regime previdenciário e a cessação for posterior a essa alteração;

VIII - o dia seguinte ao último dia do afastamento da atividade no regime de origem; e

IX - o dia de filiação ao RPPS, quando ocorrer em concomitância com o regime de origem.

Quando o RPPS for regime instituidor e outro RPPS, o regime de origem, a unidade gestora do regime instituidor deverá encaminhar ao regime de origem, por meio do sistema Comprev, o requerimento de compensação financeira referente a cada benefício concedido com tempo de contribuição do regime de origem, contendo:

I - dados pessoais do segurado e, se for o caso, dos seus dependentes;

II - o tipo de benefício;

III - a data de início do benefício;

IV - a data de início do pagamento, quando for diferente da data de início do benefício;

V - a data de cessação do benefício, se houver no momento do encaminhamento do requerimento;

VI - o tempo de contribuição total do segurado aproveitado na concessão do benefício no regime instituidor;

VII - o tempo de contribuição no âmbito do regime de origem utilizado na concessão do benefício;

VIII - renda mensal inicial da aposentadoria ou da pensão por morte dela decorrente;

IX - a data de ingresso no regime de origem e a data de desvinculação no regime de origem, que serão automaticamente preenchidas quando da adição dos períodos aproveitados na concessão do benefício;

X - protocolo ou número da CTC, quando houver;

XI - a data de publicação do registro do ato concessório do benefício pelo Tribunal de Contas competente, ou a data do registro se este ocorrer até 15 de maio de 2012, antes da entrada em vigor da Lei de Acesso à Informação, Lei nº 12.527, de 18 de novembro de 2011; e

XII - a regra de cálculo da concessão do benefício, se por integralidade ou por média, nos termos do disposto nos incisos XVIII e XIX do caput do art. 2º da Portaria MTP nº 1.467, de 2022; e

XIII- os demais dados que vierem a ser solicitados no sistema Comprev.

A data de desvinculação do regime de origem será:

I - o dia seguinte ao da data fim do último período da CTC, em caso de utilização de todo o período certificado no cômputo do tempo total da aposentadoria;

II - o dia seguinte ao da data fim do último período indicado na CTC para averbação no RPPS, em caso de CTC fracionada;

III - o dia posterior à última data de alteração de regime previdenciário, quando o ente federativo apresentar várias datas de instituição e extinção de RPPS;

IV - o dia de vinculação ao RPPS instituidor, quando a CTC emitida pelo RPPS de origem possuir períodos posteriores concomitantes à data de ingresso no ente federativo e de vinculação ao RPPS instituidor; e

V - o dia do início da licença sem vencimentos, quando dentro do período certificado constar licença sem vencimentos com término posterior ao ingresso no regime instituidor.

Será realizada a compensação financeira dos servidores aposentados e aos pensionistas vinculados aos regimes próprios de previdência dos **Estados de Rondônia, do Amapá e de Roraima transpostos para o Regime Próprio de Previdência Social da União - RPPS - União**, consoante o § 1º do art. 4º e inciso I do art. 35 da Lei nº 13.681, de 18 de junho de 2018, c/c o art. 31 da Emenda Constitucional nº 19, de 4 de junho de 1998, com redação dada pela Emenda Constitucional nº 98, de 06 de dezembro de 2017, e as normas regulamentadoras expedidas pelo Órgão Central do Sistema de Pessoal Civil da Administração Federal - SIPEC.

O regime de origem, destinatário do requerimento de compensação financeira, não deverá abrir exigência de documentação no sistema Comprev sem que haja prévia análise realizada com base nas informações relativas ao segurado detidas por esse regime. Os requerimentos de compensação financeira encaminhados por meio do sistema Comprev são passíveis de:

I - exigências automáticas, definidas pelas regras de negócio do sistema; e

II - exigências inseridas no sistema pelo regime de origem, em caso de dúvida fundada decorrente da análise por ele efetuada, podendo se referir, entre outros dados e situações que possam interferir no direito à compensação financeira, a:

a) matrícula informada;

b) tipo de benefício concedido;

c) tempo aproveitado maior que o certificado;

d) tempo computado de forma concomitante;

e) existência de regime especial em período constante de certidão específica;

f) informação de data de ingresso e de data de desvinculação divergentes da certidão; ou

g) inexistência de segunda via de certidão, emitida em data anterior a 16 de maio de 2008, em posse do regime de origem.

A abertura de exigências pressupõe:

I - a análise completa do requerimento, observadas as normas aplicáveis à compensação financeira; e

II - a inserção de todas as exigências para suprir as dúvidas fundadas decorrentes da análise precedida.

Recebidas as exigências, deverá o regime instituidor efetuar as devidas correções, esclarecimentos ou complementar a documentação. Cada tipo de exigência poderá ser aberto por até três vezes.

Os requerimentos de compensação financeira deverão ser analisados no estado em que se encontram pelo regime de origem:

I - caso o regime instituidor não cumpra as exigências;

II - quando estiverem aguardando análise e for verificado, de forma fundamentada, que não são passíveis de compensação; ou

III - quando a exigência for encerrada pelo regime instituidor sem fundamentação.

A **funcionalidade** do sistema Comprev, **denominada exigência**, é classificada como:

I - exigência prazo, em que há interrupção da prescrição com a abertura do requerimento, para os requerimentos abertos até 31 de dezembro de 2019, ou com a disponibilização para análise após esta data, e a sua inserção no sistema dar-se-á:

a) automaticamente, para os requerimentos encaminhados até 31 de dezembro de 2019, antes da vigência do Decreto nº 10.188, de 2019; ou

b) pelo regime de origem, para os requerimentos encaminhados a partir de 1º de janeiro de 2020[54];

II - exigência prescrição, inserida automaticamente para os requerimentos encaminhados a partir de 1º de janeiro de 2020, em que:

a) a contagem da prescrição para o RPPS como regime instituidor tem início no primeiro dia subsequente à data de publicação do registro do ato concessório do benefício pelo Tribunal de Contas competente, ou à data do registro se este ocorrer até 15 de maio de 2012, antes da entrada em vigor da Lei de Acesso à Informação, Lei nº 12.527, de 18 de novembro de 2011, observado o disposto no parágrafo único do art. 12 do Decreto nº 10.188, de 2019; e

b) a contagem da prescrição para o RGPS como regime instituidor tem início no primeiro dia subsequente ao recebimento da primeira prestação pelo beneficiário; e

c) a prescrição quinquenal continua sendo aplicada enquanto o requerimento não for disponibilizado para análise do regime de origem; e

III - exigência indeferido, inserida automaticamente para os requerimentos indeferidos que migraram para o Comprev, que possibilitam:

a) a reabertura dos requerimentos para complemento ou retificação das informações pelo regime instituidor, não se aplicando a prescrição quinquenal devido a disponibilização anterior para análise pelo regime de origem; ou

b) que o regime instituidor ratifique o indeferimento, concordando com o indeferimento por não ser passível de compensação financeira, não sendo o requerimento reenviado para análise.

Em caso de dúvida fundada, quando for anexada a CTS ou CTC, e os dados não ficarem legíveis, é permitido o traslado dos dados para o formulário previsto no **Anexo IV da Portaria MPS 1400 de 27/05/2024**, devendo este ser anexado juntamente com a certidão ilegível:

ANEXO IV
TRASLADO DE CERTIDÃO DE TEMPO DE CONTRIBUIÇÃO

<table>
<tr><td colspan="2">Aos _______ dias do mês de __________________ do ano de ________, transcrevo os dados constantes na CTC de nº ______________, emitida em _______/_______/_________, pela Agência da Previdência Social de ____.</td></tr>
<tr><td colspan="2"></td></tr>
<tr><td colspan="2">ÓRGÃO EXPEDIDOR:</td></tr>
<tr><td>NOME DO SEGURADO:</td><td>DOCUMENTO DE IDENTIDADE:</td></tr>
<tr><td>NIT/PIS/PASEP:</td><td>DATA DE NASCIMENTO:</td></tr>
</table>

54. O regime instituidor terá até sessenta dias para cumprimento da exigência do regime de origem de que trata a alínea b, do inciso I do caput.

FILIAÇÃO:				
PAI:				
MÃE:				
EMPREGADOR:	PERÍODO	TEMPO LÍQUIDO		
		Anos	Meses	Dias
Tempo líquido (em dias):				
CERTIFICO que o(a) interessado(a) conta como de efetivo exercício o tempo de serviço líquido de _______ dias, correspondente a ______ ano(s), _______ mês(es) e _______ dias, vinculado ao RGPS/INSS. Por ser verdade, assinamos o presente:				
SERVIDOR EF/RPPS:		VISTO DO SERVIDOR INSS:		
Carimbo e Assinatura		Carimbo e Assinatura		

Na análise pelo **RGPS, como regime de origem**, do requerimento de compensação financeira encaminhado por RPPS, como regime instituidor, em caso de dúvida fundada, o RGPS poderá exigir do RPPS o envio, entre outros, dos seguintes documentos:

> I - cópia da CTC do RGPS utilizada para cômputo de tempo de contribuição na concessão de benefício pelo RPPS;
>
> II - cópia do ato expedido pela autoridade competente que concedeu a aposentadoria ou a pensão por morte dela decorrente;
>
> III - cópia do registro do ato concessório da aposentadoria ou da pensão por morte pelo Tribunal de Contas competente; e
>
> IV - cópia do mapa do tempo de contribuição, constando as informações do tempo de contribuição utilizado na concessão do benefício pelo RPPS.

Na análise pelo RGPS dos vínculos e contribuições para fins da compensação financeira:

> I - não se aplica o conceito de extemporaneidade das informações do Cadastro Nacional de Informações Sociais - CNIS utilizado na concessão de benefícios e emissão de CTC pelo INSS;
>
> II - não é causa de indeferimento do pedido, se o período certificado não constar no CNIS, mas que possa ser comprovado por meio de documentação;
>
> III - em caso de dúvida quanto aos períodos certificados, poderá ser solicitado pelo INSS o processo de averbação da CTC e de concessão do benefício e demais dados e informações necessários para a instrução e conclusão da análise do requerimento;
>
> IV - em caso de constatação de indícios de irregularidades nos dados e na documentação apresentados deverão ser tomadas as providências para apuração, respeitado o prazo de decadência, exceto na hipótese de comprovada má-fé;
>
> V - em caso de requerimentos que possuam CTC com conversão de tempo de serviço especial em comum deverá ser observado o disposto na Portaria MTP nº 1.467, de 2022; e
>
> VI - deverá ser verificado o atendimento ao disposto no § 14 do art. 195 da Constituição Federal, após a data de publicação da Emenda Constitucional nº 103, de 2019.

Quando for identificado que o benefício concedido pelo RPPS (regime instituidor) **utilizou período de contribuição do RGPS (regime de origem), averbado automaticamente no RPPS, que também foi computado na concessão de um benefício pelo RGPS:**

> I - se a data de início do benefício do RGPS for anterior à data da mudança de regime previdenciário dos servidores do ente federativo de RGPS para RPPS e à averbação automática desse período pelo ente:
>
> a) deverão ser adotados procedimentos para a revisão do benefício concedido pelo RPPS; e
>
> b) o período não poderá ser objeto de compensação financeira; ou
>
> II - se a data de início do benefício do RGPS for posterior à data de averbação automática e anterior à concessão de benefício do RPPS:
>
> a) deverão ser adotados procedimentos para a revisão do benefício concedido pelo RPPS, se o período averbado não havia gerado a concessão de vantagens remuneratórias ao servidor público até a data de início do benefício do RGPS;
>
> b) deverão ser adotados procedimentos para a revisão do benefício concedido pelo RGPS, se, na data do início deste, o período averbado automaticamente já havia gerado a concessão de vantagens remuneratórias ao servidor; e

c) na hipótese da alínea "a", o período da averbação automática não poderá ser objeto de compensação financeira, e na hipótese da alínea "b", o período poderá ser objeto de compensação financeira; ou

III - se a data de início do benefício do RGPS for posterior à data de concessão de benefício do RPPS:

a) deverão ser adotados procedimentos para a revisão do benefício concedido pelo RGPS; e

b) o período poderá ser objeto de compensação financeira.

Quando for identificado que o benefício concedido pelo RPPS (regime instituidor) utilizou período de contribuição do RGPS (regime de origem), constante de CTC do RGPS, que também foi computado na concessão de um benefício pelo RGPS:

I - se a data de emissão da CTC for anterior à do início do benefício do RGPS:

a) deverão ser adotados procedimentos para a revisão do benefício concedido pelo RGPS; e

b) o período poderá ser objeto de compensação financeira; ou

II - se a aposentadoria do RGPS foi concedida primeiro e a CTC foi emitida pelo INSS posteriormente à DIB desta aposentadoria, será considerada como indevida a emissão da certidão e:

a) deverão ser adotados procedimentos para a revisão da certidão do RGPS; e

b) o período não poderá ser objeto de compensação financeira.

Em caso de emissão de CTC do RGPS que contenha período averbado automaticamente e anteriormente utilizado na concessão de aposentadoria por RPPS distinto daquele a que se destinava a referida certidão, somente é devida a compensação ao RPPS que efetuou a averbação automática e:

I - deverão ser adotados procedimentos para a revisão da certidão do RGPS; e

II - o período certificado não poderá ser objeto de compensação financeira ao RPPS para o qual se destinava a CTC.

Na análise por **RPPS, como regime de origem**, do requerimento de compensação financeira encaminhado pelo RGPS, como regime instituidor, em caso de dúvida fundada, o RPPS poderá exigir do RGPS o envio, entre outros, dos seguintes documentos:

I - cópia da CTC do RPPS utilizada para cômputo do tempo de contribuição no benefício concedido pelo RGPS;

II - cópia do Resumo de Tempo de Contribuição em que conste as informações dos períodos de contribuição utilizados na concessão do benefício pelo RGPS; e

III - cópia do documento de concessão do benefício do RGPS, com a identificação do número e do tipo do benefício, da data de início do benefício, da data de início do pagamento e da renda mensal inicial.

Quando for identificado que o benefício concedido pelo RGPS (regime instituidor) utilizou período de contribuição do RPPS (regime de origem), constante de CTC do RPPS, que também foi computado na concessão de um benefício pelo RPPS:

I - se a CTC foi emitida antes da data do início do benefício do RPPS:

a) deverão ser adotados procedimentos para a revisão do benefício concedido pelo RPPS; e

b) o período poderá ser objeto de compensação financeira ao RGPS (regime instituidor); ou

II - se a data de emissão da CTC for posterior à data do início do benefício do RPPS:

a) deverão ser adotados procedimentos para a revisão da certidão do RPPS; e

b) o período não poderá ser objeto de compensação financeira ao RGPS.

Na análise do requerimento de compensação financeira encaminhado pelo **RPPS (regime instituidor) a outro RPPS (regime de origem)**, em caso de dúvida fundada, o RPPS (regime de origem) poderá exigir do RPPS (regime instituidor) o envio, entre outros, dos seguintes documentos:

I - cópia da CTC utilizada para cômputo do tempo de contribuição no âmbito do regime instituidor;

II - cópia do ato expedido pela autoridade competente que concedeu a aposentadoria ou a pensão por morte dela decorrente;

III - cópia do registro do ato concessório da aposentadoria ou da pensão por morte pelo Tribunal de Contas competente; e

IV - cópia do mapa do tempo de contribuição, constando as informações do tempo de contribuição utilizado na concessão do benefício pelo RPPS.

Em análise ao direito à compensação, se for constatada a emissão de CTC/CTS pelo Regime de Origem e a existência de aposentadoria concedida neste mesmo Regime de Origem, com utilização do mesmo período, deverá ser observado o que segue:

I - se a CTC/CTS foi emitida antes da concessão da aposentadoria no RPPS de origem: será considerada como indevida a aposentadoria concedida pelo

RPPS de origem posteriormente à emissão da CTC, sendo devida a compensação ao regime solicitante[55];

II - se a aposentadoria do RPPS de origem foi concedida primeiro e a CTC/CTS foi emitida pelo RPPS de origem posteriormente à DIB da citada aposentadoria: será considerada como indevida a emissão da certidão[56].

Para fins de cargos acumuláveis, é possível ter uma CTC/CTS emitida para uma matrícula, e ao mesmo tempo, ter um benefício concedido em outra matrícula, usando períodos concomitantes, no mesmo RPPS.

Caberão requerimentos de compensação previdenciária na hipótese de acumulação de cargos prevista na Constituição Federal para o mesmo CPF, com matrículas distintas no regime instituidor, em caso de aproveitamento de períodos concomitantes oriundos de matrículas diferentes do regime de origem.

Não haverá compensação na hipótese de acumulação de cargos prevista na Constituição Federal para o mesmo CPF, com aproveitamento de períodos concomitantes oriundos de matrículas diferentes do regime de origem na mesma matrícula no regime instituidor.

O **sistema Comprev** deverá permitir a automatização dos processos de compensação financeira para dispensar a apresentação de documentos para o envio e a análise dos requerimentos de compensação e promover o atendimento das demandas dos seus usuários, a fim de otimizar o uso da força de trabalho do INSS e dos RPPS dos entes federativos.

Caberá **recurso administrativo** da análise conclusiva do requerimento de compensação financeira, após o seu processamento com ou sem a abertura de exigências, se resultar em indeferimento, que será julgado pelo **Conselho de Recursos da Previdência Social - CRPS**, na forma definida em seu regimento interno.

Nos termos do artigo 45 da **Portaria MPS 1400 de 27/05/2024,** os requerimentos de compensação financeira encaminhados pelos regimes instituidores deverão ser analisados pelos regimes de origem nos seguintes prazos estabelecidos pelo CNRPPS, nos termos do art. 8º da Lei nº 9.796, de 1999, e do § 8º do art. 11 do Decreto nº 10.188, de 2019:

I - mil e oitenta dias, em 2022;

I - quinhentos e quarenta dias, em 2023;

III - trezentos e sessenta dias, em 2024;

---

55. § 1º Na hipótese do inciso I, deverá ser solicitada revisão de ofício no benefício, observado o prazo decadencial, salvo se comprovada a má-fé apurada conforme regras vigentes.

56. § 2º Na hipótese do inciso II, deverá ser solicitada a revisão da CTC.

> IV - cento e oitenta dias, em 2025; e
>
> V - noventa dias, a partir de 2026.

O repasse do fluxo mensal de compensação financeira entre regimes poderá ser suspenso quando o credor deixar de decidir ou decidir processos em quantidade proporcionalmente inferior aos decididos pelo devedor, considerando-se os critérios de reciprocidade nas análises a serem estabelecidos pela Secretaria de Regime Próprio e Complementar, ouvido o CNRPPS.

Após o deferimento do requerimento de compensação financeira relativo a uma aposentadoria, o sistema Comprev calcula automaticamente o valor da compensação devida, de acordo com os art. 3º, art. 4º e art. 8º-A da Lei nº 9.796, de 1999, e o art. 6º do Decreto nº 10.188, de 2019, utilizando:

> I - a renda mensal inicial da compensação financeira;
>
> II - o percentual correspondente ao tempo de contribuição ao regime de origem, utilizado na concessão do benefício na forma da contagem recíproca, no tempo total de contribuição do segurado no regime instituidor, sendo ambos calculados em dias; e
>
> III - o valor do pro rata inicial da compensação financeira, obtido pela multiplicação do percentual de participação pelo valor da renda mensal inicial do requerimento de compensação financeira.

Ao valor do benefício pago pelo RPPS (regime instituidor) será acrescido, observados os limites da renda mensal inicial da compensação financeira:

> I - o **benefício especial** de que trata o § 1º do art. 3º da Lei nº 12.618, de 30 de abril de 2012, no caso da União; ou
>
> II - o benefício que tenha a mesma natureza do benefício de que trata o inciso I, se previsto em lei pelos Estados, Distrito Federal ou Municípios.

Quando o **RPPS É O REGIME DE ORIGEM E O RGPS, O REGIME INSTITUIDOR**, a **renda mensal inicial da compensação financeira será o menor valor entre:**

> I - o valor da renda mensal inicial do benefício concedido pelo RGPS (instituidor); e
>
> II - o valor da renda inicial da aposentadoria simulada na data de desvinculação do ex-segurado ao RPPS (regime de origem), e atualizada até a data de início do benefício concedido pelo RGPS (instituidor); ou
>
> III - caso não seja possível a simulação de que trata o inciso II, o valor médio da renda mensal do total dos benefícios pagos pelo INSS, divulgado no sítio da Previdência Social na internet, relativo à mesma competência do início do benefício concedido pelo RGPS (instituidor).

O cálculo do valor da renda mensal inicial simulada de benefício no RPPS (origem), de que trata o inciso II acima referido, deverá observar os seguintes parâmetros:

> I - mesma espécie de benefício daquele concedido pelo RGPS (instituidor);
>
> II - com base nas normas aplicáveis aos benefícios concedidos pelo RPPS (origem), vigentes na data de desvinculação do servidor;
>
> III - período básico de cálculo utilizará as remunerações de vinculação ao RPPS (origem) encontradas no CNIS ou no repositório de CTC do sistema Comprev, a partir da competência julho de 1994, ou desde a data do ingresso no ente, se posterior à essa competência, até a competência anterior à data de desvinculação, atualizadas, com base nos índices de reajustamento dos benefícios concedidos pelo RGPS, até a data de desvinculação ao RPPS (origem);
>
> IV - em caso de ingresso do segurado no serviço público até 31 de dezembro de 2003, deverá ser utilizada a última remuneração do servidor no vínculo RPPS, do mês anterior à data de sua desvinculação;
>
> V - em caso de ingresso posterior à data de que trata o inciso IV, para fins do cálculo pela média, nos termos do inciso XIX do caput do art. 2º da Portaria MTP nº 1.467, de 2022, a renda mensal inicial deverá corresponder à média aritmética de:
>
> a) oitenta por cento das maiores remunerações, se a data de desvinculação for anterior à data de vigência da Emenda Constitucional nº 103, de 2019; ou
>
> b) cem por cento das remunerações, se a data de desvinculação for posterior à data de vigência da Emenda Constitucional nº 103, de 2019, observado o disposto no art. 164 da Portaria MTP nº 1.467, de 2022.

A renda mensal inicial acima referida deverá:

> I - ser atualizada da data de desvinculação ao RPPS (origem) até a data de início do benefício concedido pelo RGPS (instituidor), com base nos índices de reajustamento dos benefícios concedidos pelo RGPS; e
>
> II - ser comparada com a renda mensal inicial de que trata o inciso I, para verificação da renda de menor valor, salvo na hipótese do inciso III do item anterior.

A renda mensal inicial simulada de pensão por morte corresponderá à simulada para a aposentadoria na data de desvinculação do servidor, atualizada, com base nos índices de reajustamento dos benefícios concedidos pelo RGPS, até a competência do início do benefício da pensão, e deverá ser comparada com a renda mensal inicial da pensão por morte no regime instituidor para verificação da renda de menor valor. A renda mensal inicial da compensação financeira não poderá ser:

I - inferior ao salário-mínimo nacional; ou

II - superior ao valor da remuneração do cargo efetivo que o servidor teria no ente do RPPS (origem), na data imediatamente anterior à da concessão da aposentadoria pelo RGPS (instituidor), ou que teria servido de referência para a concessão da pensão por morte pelo RPPS (origem).

QUANDO O RGPS É O REGIME DE ORIGEM E O RPPS, O REGIME INSTITUIDOR, a renda mensal inicial da compensação financeira será o menor valor entre:

I - a renda mensal inicial do benefício concedido pelo RPPS (instituidor), conforme as informações constantes no requerimento; e

II - o valor da renda inicial da aposentadoria simulada na data de desvinculação do ex-segurado ao RGPS (origem), e atualizada até da data de início do benefício; ou

III - caso não seja possível a simulação de que trata o inciso II, o valor médio da renda mensal do total dos benefícios pagos pelo INSS, divulgado no sítio da Previdência Social na internet, relativo a mesma competência da data de início do benefício.

O cálculo do valor da renda mensal inicial simulada de benefício no RGPS (origem), de que trata o inciso II, deverá observar os seguintes parâmetros:

I - mesma espécie de benefício daquele concedido pelo RPPS (instituidor);

II - com base nas normas aplicáveis aos benefícios concedidos pelo RGPS (origem), vigentes na data de desvinculação do segurado;

III - quando a data da desvinculação for anterior a 5 de outubro de 1988, o cálculo do Salário de Benefício - SB e da Renda Mensal Inicial - RMI será realizado de acordo com o Decreto nº 83.080, de 1979;

IV - quando a data de desvinculação for a partir de 5 de outubro de 1988 até 28 de novembro de 1999 (data da publicação da Lei 9.876, de 1999) o cálculo para encontrar o salário de benefício e, posteriormente, a RMI, abrangerá os últimos salários de contribuição dos meses imediatamente anteriores à desvinculação, até o máximo de 36 (trinta e seis), apurados em período não superior a 48 (quarenta e oito) meses. Todos os 36 (trinta e seis) salários de contribuição utilizados do cálculo serão reajustados, mês a mês, de acordo com o INPC, e

V - quando a data da desvinculação for a partir de 29 de novembro de 1999, o período básico de cálculo utilizará as remunerações de vinculação ao RGPS (origem) encontradas no CNIS ou no repositório de CTC do sistema Comprev, a partir da competência julho de 1994, ou desde a data da vinculação ao RGPS (origem), se posterior à essa competência, até a competência anterior à data de desvinculação, atualizadas até a data de desvinculação ao RGPS (origem), com base nos índices de reajustamento dos benefícios concedidos pelo RGPS, observado o art. 26 da Emenda Constitucional nº 103, de 2019, para concessões com base neste dispositivo.

A renda mensal inicial obtida no item anterior deverá:

> I - ser atualizada da data de desvinculação ao RGPS (origem) até a data de início de benefício concedido pelo RPPS (instituidor), com base nos índices de reajustamento dos benefícios concedidos pelo RGPS; e
>
> II - ser comparada com a renda mensal inicial de que trata o inciso I, para verificação da renda de menor valor, salvo na hipótese do inciso III.

A renda mensal inicial simulada de pensão por morte corresponderá à simulada para a aposentadoria na data de desvinculação do servidor, atualizada, com base nos índices de reajustamento dos benefícios concedidos pelo RGPS, até a competência do início do benefício da pensão, e deverá ser comparada com a renda mensal inicial da pensão por morte no regime instituidor para verificação da renda de menor valor. A renda mensal inicial da compensação financeira de que trata este artigo não poderá ser:

> I - inferior ao salário-mínimo nacional; ou
>
> II - superior ao limite máximo dos benefícios pagos pelo RGPS (origem).

QUANDO UM RPPS É O REGIME DE ORIGEM E OUTRO RPPS, O REGIME INSTITUIDOR, a renda mensal inicial da compensação financeira será o menor valor entre:

> I - a renda mensal inicial do benefício concedido pelo RPPS (instituidor), conforme as informações constantes no requerimento; e
>
> II - o valor da renda inicial da aposentadoria simulada na data de desvinculação do ex-segurado ao RPPS (origem) e atualizada até a data de início do benefício; ou
>
> III - caso não seja possível a simulação de que trata o inciso II, o valor do salário-mínimo vigente na data de início do benefício.

O cálculo do valor da renda mensal inicial simulada de benefício no RPPS (origem), de que trata o inciso II, deverá observar os seguintes parâmetros:

> I - mesma espécie de benefício daquele concedido pelo RGPS (instituidor);
>
> II - com base nas normas aplicáveis aos benefícios concedidos pelo RPPS (origem), vigentes na data de desvinculação do servidor;
>
> III - período básico de cálculo utilizará as remunerações de vinculação ao RPPS (origem) encontradas no CNIS ou no repositório de CTC do sistema

> Comprev, a partir da competência julho de 1994, ou desde a data do ingresso no ente, se posterior à essa competência, até a competência anterior à data de desvinculação, atualizadas, com base nos índices de reajustamento dos benefícios concedidos pelo RGPS, até a data de desvinculação ao RPPS (origem);
>
> IV - em caso de ingresso do segurado no serviço público até 31 de dezembro de 2003, deverá ser utilizada a última remuneração do servidor no vínculo RPPS, do mês anterior à data de sua desvinculação;
>
> V - em caso de ingresso posterior à data de que trata o inciso IV, para fins do cálculo pela média, nos termos do inciso XIX do caput do art. 2º da Portaria MTP nº 1.467, de 2022, a renda mensal inicial deverá corresponder à média aritmética de:
>
> a) oitenta por cento das maiores remunerações, se a data de desvinculação for anterior à data de vigência da Emenda Constitucional nº 103, de 2019; ou
>
> b) cem por cento das remunerações, se a data de desvinculação for posterior à data de vigência da Emenda Constitucional nº 103, de 2019, observado o disposto no art. 164 da Portaria MTP nº 1.467, de 2022.

Outrossim, deve observar:

> I - deverá ser utilizada a regra de cálculo informada do benefício concedido pelo RPPS (instituidor), se por média ou integralidade;
>
> II - caso seja informada a regra de cálculo pela média, mas as datas de ingresso ou de desvinculação sejam anteriores a 31 de dezembro de 2003, a simulação será efetuada pela integralidade.

A renda mensal inicial simulada de pensão por morte corresponderá à simulada para a aposentadoria na data de desvinculação do servidor, atualizada, com base nos índices de reajustamento dos benefícios concedidos pelo RGPS, até a competência do início do benefício da pensão, e deverá ser comparada com a renda mensal inicial da pensão por morte no regime instituidor para verificação da renda de menor valor. A renda mensal inicial da compensação financeira de que trata este artigo não poderá ser:

> I - inferior ao salário-mínimo; ou
>
> II - superior o valor da remuneração do cargo efetivo que o servidor teria no RPPS de origem na data imediatamente anterior a do início da aposentadoria concedida pelo RPPS instituidor ou que teria servido de referência para a concessão da pensão por morte pelo RPPS de origem.

O valor da primeira renda mensal da compensação financeira cujo requerimento foi deferido no sistema Comprev corresponderá ao valor do pro rata inicial calculado de acordo com as fórmulas anteriores, atualizado com base nos índices de reajustamento dos benefícios concedidos pelo RGPS, desde a data de início do benefício, até a competência do deferimento do requerimento de compensação financeira.

Nas competências seguintes à do deferimento do requerimento da compensação financeira, a renda mensal deverá ser atualizada nas mesmas datas e com base nos mesmos índices de reajustamento dos benefícios concedidos pelo RGPS, para obtenção do fluxo mensal devido em cada requerimento, a ser pago até a data de cessação da aposentadoria ou da pensão dela decorrente.

Para apuração do **décimo terceiro salário** do fluxo mensal da compensação financeira deverão ser observados os seguintes parâmetros para cada requerimento deferido:

> I - no ano da competência do deferimento do requerimento da compensação financeira:
>
> a) o marco inicial para o cômputo dos meses será 1º de janeiro, ou a data de início do pagamento do benefício, ou na falta desta, a data do início do benefício, se posterior a 1º de janeiro; e
>
> b) o marco final para o cômputo dos meses será 31 de dezembro, ou a data de cessação da aposentadoria ou da pensão por morte dela decorrente, se anterior; e
>
> II - nos anos seguintes ao da competência do deferimento do requerimento da compensação financeira:
>
> a) o marco inicial para o cômputo dos meses será 1º de janeiro; e
>
> b) o marco final para o cômputo dos meses será 31 de dezembro, ou a data de cessação da aposentadoria ou da pensão por morte dela decorrente, se anterior; e
>
> III - deverá ser apurada a quantidade de meses entre os marcos iniciais e finais de que tratam os incisos I e II, sem computar aqueles com quantidade de dias inferior a quinze;
>
> IV - quando a quantidade de meses de que trata o inciso III for igual a doze, o valor do décimo terceiro salário corresponderá ao valor do fluxo mensal da compensação financeira;
>
> V - quando a quantidade de meses de que trata o inciso III for inferior a doze, o valor do décimo terceiro salário corresponderá ao valor do fluxo mensal da compensação financeira dividido por doze e multiplicado pela quantidade de meses;
>
> VI - o valor obtido na forma do inciso IV será incorporado aos demais valores devidos da compensação financeira da competência outubro;
>
> VII - em caso de a cessação do benefício ocorrer após a competência outubro, será gerada glosa do valor de décimo terceiro pago indevidamente, relativo aos meses após a cessação; e

VIII - se a competência do deferimento do requerimento da compensação de que trata o art. 52 for posterior a outubro, o pagamento da compensação relativa ao décimo terceiro será efetuado juntamente com as competências de novembro ou dezembro do ano de deferimento.

Para apuração dos valores devidos referentes aos **estoques** deverão ser considerados:

I - como marco inicial do estoque, a data de início do pagamento do benefício concedido, ou na falta desta, a data de início do benefício; e

II - como marco final do estoque RGPS, 5 de maio de 1999, em caso de aposentadoria ou pensão dela decorrente em manutenção nessa data; ou

III - como marcos finais do estoque RPPS:

a) 31 de dezembro de 2020, em caso de aposentadoria ou pensão dela decorrente em manutenção nessa data; ou

b) a data de cessação do benefício, se ocorrida até 31 de dezembro de 2020.

Aplica-se a **prescrição quinquenal**, nos termos do disposto no Decreto nº 20.910, de 6 de janeiro de 1932, no caso de estoque da compensação financeira, bem como, nos termos do § 1º do art. 58, de fluxo acumulado, observando-se a data de disponibilidade para análise dos requerimentos por meio do sistema Comprev, para os valores não pagos nem reclamados em época própria do surgimento da pretensão, que ocorrerá:

I - em caso de estoque RGPS:

a) a partir de 1º de janeiro de 2020, conforme inciso I do art. 28 do Decreto nº 10.188, de 2019, caso o recebimento da primeira prestação pelo beneficiário tenha ocorrido até essa data, quando o regime instituidor for o RGPS;

b) no primeiro dia subsequente ao recebimento da primeira prestação pelo beneficiário, quando o regime instituidor for o RGPS; e

c) no primeiro dia subsequente ao registro do ato concessório de aposentadoria ou a pensão pelo Tribunal de Contas competente, quando o regime instituidor for o RPPS;

II - em caso de estoque RPPS:

a) a partir de 1º de janeiro de 2021, conforme parágrafo único do art. 12 do Decreto nº 10.188, de 2019, caso o registro do ato concessório de aposentadoria ou a pensão pelo Tribunal de Contas competente tenha ocorrido até essa data; ou

b) no primeiro dia subsequente ao registro do ato concessório de aposentadoria ou a pensão pelo Tribunal de Contas competente, se ocorrido após 1º de janeiro de 2021.

Fluxo acumulado são os valores da compensação financeira dos benefícios concedidos após o período de estoque RGPS ou de estoque RPPS, relativos ao período entre a data de início do benefício e a competência anterior a do deferimento do requerimento da compensação, observado o prazo prescricional. Neste caso, oprazo para fins de aplicação da **prescrição quinquenal** de que trata o artigo 12 do Decreto nº 10.188, de 2019, será contado:

> I - quando o regime instituidor for o RGPS, do primeiro dia subsequente ao recebimento da primeira prestação do benefício;
>
> II - quando o regime instituidor for o RPPS, do primeiro dia subsequente à data de publicação do registro do benefício pelo Tribunal de Contas ou a data do registro se este ocorrer até 15 de maio de 2012, antes da entrada em vigor da Lei de Acesso à Informação, Lei nº 12.527, de 18 de novembro de 2011.

Quando for verificado o **pagamento indevido** de compensação financeira de aposentadoria e/ou pensão por morte deverá ocorrer a cobrança dos valores, por meio de **glosa**, classificada da seguinte forma:

> I - glosa de estoque RGPS, no caso de pagamentos indevidos relativos ao período de 5 de outubro de 1988 a 5 de maio de 1999;
>
> II - glosa de estoque RPPS, no caso de pagamentos indevidos relativos ao período de 5 de outubro de 1988 a 31 de dezembro de 2020;
>
> III - glosa de fluxo acumulado da compensação entre o RGPS e RPPS, no caso de pagamentos indevidos relativos a períodos a partir de 6 de maio de 1999 até o último dia da competência anterior à da primeira renda mensal deferida de compensação financeira, observada a prescrição quinquenal;
>
> IV - glosa de fluxo acumulado da compensação entre RPPS, no caso de pagamentos indevidos relativos a períodos a partir de 1º de janeiro de 2021 até o último dia da competência anterior à da primeira renda mensal deferida de compensação financeira, observada a prescrição quinquenal; e
>
> V - glosa de fluxo, no caso de pagamentos indevidos relativos a períodos a partir da competência da primeira renda mensal deferida de compensação financeira e até a data da cessação do benefício, observada a prescrição quinquenal.

Para fins do **cálculo dos valores da glosa**, a quantidade de meses de compensação recebida indevidamente, inclusive dos décimos terceiros salários, deverá ser multiplicada pelo valor do fluxo mensal atual para obtenção do valor a ser glosado, da seguinte forma:

> I - a glosa do estoque deverá corresponder à soma:
>
> a) do valor obtido pela multiplicação da quantidade de dias de glosa do estoque pela razão do fluxo mensal sobre trinta; e

b) do valor da glosa do décimo terceiro do estoque, que corresponde ao valor do fluxo mensal multiplicado pela quantidade de anos de estoque de décimo terceiro somado à razão do fluxo mensal sobre doze, multiplicado pela quantidade de meses de estoque do décimo terceiro;

II - a glosa do fluxo acumulado deverá corresponder à soma:

a) do valor obtido pela multiplicação da quantidade de dias de glosa de fluxo acumulado pela razão do valor do fluxo mensal sobre trinta; e

b) do valor da glosa do décimo terceiro salário do fluxo acumulado, que corresponde ao valor do fluxo multiplicado pela quantidade de anos de fluxo acumulado de décimo terceiro somado à razão do fluxo mensal sobre doze, multiplicado pela quantidade de meses restantes de fluxo acumulado de décimo terceiro; e

III - a glosa do fluxo mensal deverá corresponder à soma:

a) do valor obtido pela multiplicação da quantidade de dias de glosa de fluxo pela razão do valor do fluxo mensal sobre trinta; e

b) do valor do décimo terceiro salário da glosa do fluxo mensal, que corresponde ao valor do fluxo multiplicado pela quantidade de anos de fluxo de décimo terceiro somado à razão do fluxo sobre doze, multiplicado pela quantidade de meses restantes de fluxo acumulado de décimo terceiro.

Aplica-se a **cobrança em dobro das parcelas pagas indevidamente pelo regime de origem**, na competência seguinte ao da sua constatação, prevista no parágrafo único do artigo 7º da Lei nº 9.796, de 1999:

I - se não promovidas pelo regime instituidor as alterações de imediato nos requerimentos em compensação, relativas às situações de revisão no valor do benefício, extinção total ou parcial;

II - se entre a data de cessação do benefício e a cessação manual ou automática do requerimento decorrerem mais de quarenta e cinco dias; e

III - para os casos em que o requerimento de pensão é deferido, sem que haja a cessação automática ou manual da compensação da aposentadoria.

A compensação financeira considera os valores de estoque, fluxo acumulado, fluxo mensal, incluindo as glosas e bloqueios, devidos por um regime previdenciário a outro, para definição de qual regime será credor ou devedor na competência do processamento da folha da compensação. Os valores de estoque, fluxo acumulado e fluxo mensal são totalizados para cada regime e os valores obtidos são comparados entre os dois regimes participantes para a apuração do valor da compensação financeira na competência.

Para a **apuração do valor do estoque:**

> I - calcula-se o valor de estoque total bruto de cada regime, somando-se os valores do estoque e do décimo terceiro de estoque;
>
> II - calcula-se o valor a ser glosado para cada regime, decorrente de situações que envolvam ambos os regimes;
>
> III - deduz-se do valor de estoque total bruto de que trata o inciso I, o valor da glosa prevista no inciso II, obtendo-se, para cada regime, o valor do estoque total líquido na competência;
>
> IV - apura-se o saldo do estoque, pela diferença entre o estoque total líquido do regime com compensação a receber pelo estoque total líquido do regime com compensação a pagar; e
>
> V - o regime com o maior valor de estoque total líquido será o regime que terá a compensação de estoque a receber, no montante do saldo de que trata o inciso IV, a ser considerado na apuração do valor da compensação financeira.

Para a apuração do **valor do fluxo acumulado**:

> I - calcula-se o valor de fluxo acumulado total bruto de cada regime, somando-se os valores do fluxo acumulado e do décimo terceiro de fluxo acumulado;
>
> II - calcula-se o valor a ser glosado para cada regime, decorrente de situações que envolvam ambos os regimes;
>
> III - deduz-se do valor de fluxo acumulado total bruto de que trata o inciso I, o valor da glosa prevista no inciso II, obtendo-se, para cada regime, o valor do fluxo acumulado total líquido na competência;
>
> IV - apura-se o saldo do fluxo acumulado, que corresponde à diferença entre o fluxo acumulado total líquido do regime com compensação a receber pelo fluxo acumulado total líquido do regime com compensação a pagar; e
>
> V - o regime com o maior valor de fluxo acumulado total líquido será o regime que terá a compensação de fluxo acumulado a receber, no montante do saldo de que trata o inciso IV, a ser considerado na apuração do valor da compensação financeira.

Para a apuração do **valor do fluxo mensal**:

> I - calcula-se o valor de fluxo mensal total bruto de cada regime, somando-se os valores do fluxo mensal e do décimo terceiro de fluxo mensal;
>
> II - calcula-se o valor a ser glosado para cada regime, decorrente de situações que envolvam ambos os regimes;

III - deduz-se do valor de fluxo mensal total bruto de que trata o inciso I, o valor da glosa prevista no inciso II, obtendo-se, para cada regime, o valor do fluxo mensal total líquido na competência;

IV - apura-se o saldo do fluxo mensal, que corresponde à diferença entre o fluxo mensal total líquido do regime com compensação a receber pelo fluxo acumulado total líquido do regime com compensação a pagar; e

V - o regime com o maior valor de fluxo mensal total líquido será o regime que terá a compensação de fluxo mensal a receber, no montante do saldo de que trata o inciso IV, a ser considerado na apuração do valor da compensação financeira.

Após calculados os valores de cada parcela referentes ao estoque, fluxo acumulado e fluxo mensal, deverá ser processada a apuração do valor da compensação financeira devida de lado a lado, em cada competência, por meio da totalização dos valores dessas parcelas, com a finalidade de definição dos regimes credor e devedor dessa competência, observados os seguintes parâmetros:

I - o valor da compensação relativo à competência é a diferença entre os saldos totais líquidos dos regimes participantes;

II - o regime credor é o que apresentar o maior saldo total de compensação a receber na competência e que terá o direito de receber do regime devedor a diferença prevista no inciso I;

III - o regime devedor é o que apresentar o menor saldo total de compensação a receber na competência e que terá que desembolsar ao regime credor a diferença prevista no inciso I;

IV - caso um regime possua valores a receber de competências anteriores, em relação ao RGPS, que foram suspensos conforme o art. 78, os valores deverão ser:

a) atualizados para a competência, com base nos índices de reajustamento dos benefícios concedidos pelo RGPS; e

b) computados em conjunto com o saldo total para determinação de qual o regime que terá a compensação a receber;

V - caso um regime possua valores a receber de competências anteriores, em relação ao outro regime, que ficaram no estado de rejeitados no processamento do pagamento, na forma do inciso VII do caput do art. 69, esses valores serão computados em conjunto com o saldo total para determinação de qual o regime que terá a compensação a receber; e

VI - caso o regime devedor tenha saldo de estoque a receber, o valor a pagar será deduzido do saldo de estoque.

Para o pagamento da compensação financeira deverão ser considerados, para atendimento ao art. 11 do Decreto nº 10.188, de 2019, os seguintes **marcos temporais**:

> I - no último dia útil da competência, respeitado o horário bancário, o sistema Comprev deverá efetuar a verificação das situações de bloqueio do pagamento dos valores devidos pelo RGPS previstas no artigo 78 ou de cessação do requerimento, na forma do artigo 79, ambos da Portaria MPS 1400 de 27/05/2024;
>
> II - até o quarto dia útil do mês posterior ao da competência, o sistema Comprev deverá realizar o processamento da prévia da folha de pagamento da compensação financeira;
>
> III - no dia subsequente ao do seu processamento previsto no inciso II, deverá ser disponibilizada a prévia da folha de pagamento a todos regimes que poderão, até a data de que trata o inciso IV, apontar divergências nos seus valores;
>
> IV - no décimo dia útil do mês posterior ao da competência, o sistema Comprev deverá realizar o processamento da folha de pagamento da competência do mês anterior;
>
> V - no dia seguinte ao fechamento da folha de que trata o inciso IV, deverão ser disponibilizados no sistema Comprev e BG-COMPREV os relatórios para pagamento da compensação; e
>
> VI - até o quinto dia útil do mês subsequente ao do fechamento da folha a que se refere o inciso IV, deverá ser realizado o desembolso pelo regime devedor dos valores apresentados na forma do inciso V, observado o valor mínimo de que trata o artigo 73 da Portaria MPS 1400 de 27/05/2024.

O não pagamento pelo regime devedor dos valores apurados a título de compensação financeira:

> I - resultará na atualização dos valores em atraso;
>
> II - resultará no bloqueio do pagamento da compensação financeira devida pelo RGPS; e
>
> III - poderá ensejar a inscrição do ente federativo do regime devedor em dívida ativa federal, estadual, distrital ou municipal, conforme § 6º do art. 11 do Decreto nº 10.188, de 2019.

Nos termos do artigo 69 da Portaria MPS 1400 de 27/05/2024, o sistema Comprev deverá apresentar as seguintes **situações relativas ao pagamento da compensação financeira** para cada competência:

> **I - em aberto**, exibido até o fim do prazo para pagamento, de que trata o inciso VI do caput do art. 67;

II - contestado, exibido quando for apresentada contestação pelo regime credor ao regime devedor, durante o prazo para defesa previsto no inciso I do caput do art. 77, devido à não identificação do pagamento ou do pagamento a menor do valor da compensação financeira de que trata o art. 66;

III - aguardando análise, exibido durante o prazo previsto no inciso II do caput do art. 77 para que o regime credor analise a defesa apresentada pelo regime devedor;

IV - aguardando decisão do recurso, exibido após o regime devedor interpor recurso ao Conselho de Recursos da Previdência Social - CRPS na forma do inciso III do caput do art. 77, enquanto não proferida a decisão final;

V - pago, exibido nas seguintes situações:

a) quando for identificado o pagamento da Guia de Recolhimento da União - GRU emitida pelo sistema Comprev;

b) quando consumada a prescrição para interpor contestação dos valores pelo RPPS credor;

c) quando, após a contestação de que trata o art. 77, o regime devedor comprovar ao regime credor, no prazo para a defesa, a regularização do pagamento;

d) após decisão de recurso pelo CRPS, que considere o pagamento efetivado, na forma do inciso III do caput do art. 77;

e) quando o regime credor certificar-se do pagamento, na forma do § 4º do caput do art. 77;

f) enquanto não for apresentada contestação, na forma do art. 77;

VI - não pago, exibido nas seguintes situações:

a) quando não houver a confirmação de pagamento da GRU emitida pelo sistema Comprev;

b) o pagamento desembolsado a menor enquanto não for recolhida a diferença com a devida atualização;

c) caso o regime devedor, ao ser contestado pelo regime credor, não comprovar a regularização do pagamento ou apresentar defesa no prazo previsto no inciso I do caput do art. 77;

d) caso o regime devedor, após ser comunicado pelo regime credor do indeferimento da defesa apresentada em resposta à contestação, não ingressar com recurso junto ao CRPS, na forma do inciso III do caput do art. 77;

e) após decisão de recurso pelo CRPS, que considere que o pagamento não foi efetivado; e

VII - rejeitado, exibido quando o pagamento não foi efetuado devido a divergências nos dados bancários cadastrados no sistema COMPREV.

Os valores da compensação financeira serão acrescidos, conforme art. 8º da Lei nº 9.796, de 1999, e os § 5º e § 8º do art. 11 do Decreto nº 10.188, de 2019, dos **juros**

de mora aplicáveis aos valores dos recolhimentos em atraso das contribuições previdenciárias do RGPS, nos seguintes casos:

> I - na hipótese de descumprimento dos prazos de análise dos requerimentos pelo regime de origem; e
>
> II - na hipótese de descumprimento do prazo de desembolso.

Os juros de mora serão, conforme § 3º do art. 61 da Lei nº 9.430, de 27 de dezembro de 1996, e o art. 35 da Lei nº 8.212, de 1991, equivalentes:

> I - à taxa referencial do Sistema Especial de Liquidação e Custódia - SELIC, para títulos federais, acumulada mensalmente, calculada a partir do primeiro dia do mês subsequente ao vencimento do prazo até o mês anterior ao do pagamento; e
>
> II - à taxa de um por cento no mês de pagamento.

Nos termos do artigo 71 da Portaria MPS 1400 de 27/05/2024, os valores de estoque RGPS serão quitados na forma prevista no § 5º do art. 6º da Lei nº 9.796, de 1999, desde que o entes federativos não sejam devedores de contribuições previdenciárias devidas a esse regime:

> I - em parcela única, se o crédito não for superior a R$ 1.500.000,00 (um milhão e quinhentos mil reais);
>
> II - em parcelas mensais de até R$ 1.500.000,00 (um milhão e quinhentos mil reais), se o crédito superar esse montante, no prazo de até cento e oitenta meses, contado da data da publicação da Lei nº 13.485, de 02 de outubro de 2017;
>
> III - em parcelas mensais com valores acima de R$ 1.500.000,00 (um milhão e quinhentos mil reais), caso o prazo de que trata o inciso II não seja suficiente para a quitação do crédito; ou
>
> IV - por meio de dação em pagamento de imóveis integrantes do Fundo do Regime Geral de Previdência Social - FRGPS, observados os demais procedimentos administrativos, orçamentários, contábeis e legais necessários para sua concretização.

O pagamento dos valores do estoque RPPS deverá observar os seguintes parâmetros:

> I - em parcela única, na competência do deferimento do requerimento de compensação financeira;
>
> II - em parcelas mensais, de acordo com os grupos definidos pelas informações do ISP em até cento e oitenta meses:

GRUPO	FAIXA DE SEGURADOS E BENEFICIÁRIOS DO ISP	VALOR MÍNIMO DAS PARCELAS MENSAIS DO ESTOQUE RPPS	
I	1	300	R$ 7.507,49
II	301	600	R$ 11.261,24
III	601	1.200	R$ 15.014,98
IV	1.201	3.000	R$ 22.522,47
V	3.001	6.000	R$ 30.029,96
VI	6.001	9.000	R$ 37.537,45
VII	9.001	18.000	R$ 45.044,94
VIII	18.001	36.000	R$ 52.552,43
IX	36.001	108.000	R$ 60.059,92
X	maior que 108.000		R$ 67.567,41

Deverão ser aplicados os seguintes procedimentos relativos ao **desembolso** dos valores apurados da compensação financeira:

> I - se o regime devedor for o RGPS, o sistema Comprev envia as informações à instituição financeira para os procedimentos relacionados ao depósito dos valores, de acordo com os dados bancários cadastrados pelos RPPS;
>
> II - se o regime credor for o RGPS, o pagamento deverá ser por meio de Guia de Recolhimento da União - GRU;
>
> III - quando o regime credor for o RPPS da União e o regime devedor for outro RPPS, o pagamento deverá ser realizado por meio de GRU; ou
>
> IV - quando o regime credor for RPPS dos Estados, Distrito Federal e dos Municípios, e o regime devedor for outro RPPS, deverão ser consultados os dados bancários do RPPS credor disponíveis no sistema Comprev para o pagamento, cujo comprovante deverá ser arquivado pelo regime devedor.

No caso de pagamento de **compensação financeira a maior**, para fins de repetição do indébito, a diferença será corrigida com base nos índices de reajustamento dos benefícios concedidos pelo RGPS, aplicando-se, independentemente de ocorrência de mora e de quem lhe deu causa, desde a data do recebimento, observado o prazo prescricional. Já no caso de pagamento de **compensação financeira a menor**, para fins de quitação do débito, a diferença ficará sujeita à incidência da mesma norma em vigor aplicável para efeito de atualização dos valores dos recolhimentos em atraso de contribuições previdenciárias arrecadadas pelo RGPS.

Poderá ocorrer a **contestação**, após o prazo do quinto dia útil do mês subsequente ao do fechamento da folha, observadas as disposições relativas à prescrição, quando o regime credor não identificar o pagamento pelo regime devedor ou constatar o seu pagamento a menor, da seguinte forma, por intermédio do sistema Comprev:

> I - a partir da data de apresentação da contestação, o regime devedor terá o prazo de trinta dias, para encaminhar defesa ao regime credor, comprovando o pagamento do valor, atualizado;
>
> II - a partir da data de apresentação da defesa, o regime credor terá o prazo de trinta dias para concluir a sua análise e comunicá-la ao regime devedor; e
>
> III - caso a defesa seja considerada insuficiente, o regime devedor terá o prazo de trinta dias para interpor recurso ao Conselho de Recursos da Previdência Social - CRPS, conforme previsto no inciso IV do art. 126 da Lei nº 8.213, de 1991, e no art. 17 do Decreto 10.188, de 2019.

O pagamento da compensação financeira pelo RGPS dependerá da **desistência de eventuais ações judiciais** que tenham por objeto a dívida compensada, conforme § 6º do artigo 6º da Lei nº 9.796, de 1999.

Na contestação e na defesa serão tratados somente os aspectos relacionados à verificação do pagamento e recebimento dos valores apurados na compensação financeira.

O **bloqueio**, relativo à suspensão do pagamento da compensação financeira devida pelo RGPS, aplica-se, nos termos da Lei nº 9.796, de 1999, em caso de:

> I - não operacionalização da compensação financeira, caracterizada pela não celebração do termo de adesão e do contrato com a empresa de tecnologia desenvolvedora do sistema Comprev;
>
> II - existência de débitos do ente federativo do regime instituidor pelo não recolhimento de contribuições previdenciárias devidas ao RGPS;
>
> III - não haver pagamento do aluguel de imóvel do INSS utilizado pelo ente federativo, conforme § 3º do art. 11 do Decreto nº 10.188, de 2019;
>
> IV - inadimplência entre o RGPS e os RPPS, e destes entre si, identificada pelo sistema Comprev; ou
>
> V - cumprimento de ordem judicial, em que haja suspensão do pagamento ou outra sanção decorrente de decisão judicial.

Ao final de cada competência, para o processamento da folha da compensação financeira, o sistema Comprev efetua pesquisa de óbitos no CNIS para a execução automática da cessação do requerimento de compensação financeira.

Os requerimentos de compensação financeira, deferidos ou indeferidos, que estejam sendo pagos ou que foram cessados, poderão ser objeto de **revisão no**

sistema Comprev, observados os prazos de decadência e de prescrição, nas seguintes situações:

I - em caso de revisão do ato concessório do benefício, inclusive em caso de anulação ou revogação do ato;

II - por solicitação do regime de origem;

III - de ofício pelo regime instituidor;

IV - por decisão final de recurso pelo CRPS; ou

V - por decisão judicial.

Na hipótese de solicitação de **revisão a pedido do regime de origem** (regime demandante):

I - o regime de origem deverá encaminhar notificação ao regime instituidor;

II - a partir da data da ciência da notificação de que trata o inciso I, o regime instituidor terá o prazo de 90 (noventa) dias para análise e conclusão do requerimento ao regime de origem;

III - no caso de abertura de exigência pelo regime instituidor, em que o regime de origem terá prazo de 30 (trinta) dias para cumprimento, o prazo que trata o inciso II é suspenso sendo retomada a contagem após o cumprimento da exigência ou do decurso do prazo;

IV - se o pedido de revisão for indeferido pelo regime instituidor, o regime de origem terá 30 (trinta) dias para interpor recurso ao CRPS, conforme previsto no inciso IV do art. 126 da Lei nº 8.213, de 1991, e no art. 17 do Decreto 10.188, de 2019;

V - se o regime instituidor não finalizar a revisão no prazo do inciso II, o que caracteriza a negativa da revisão a pedido, o regime de origem poderá apresentar recurso na forma do inciso IV deste parágrafo.

Na hipótese de **revisão de ofício** pelo regime instituidor:

I - o regime instituidor deverá encaminhar notificação ao regime de origem;

II - a partir da data da ciência da notificação de que trata o inciso I, o regime de origem terá o prazo de 90 (noventa) dias para apresentar defesa ao regime instituidor;

III - no caso de abertura de exigência pelo regime de origem, em que o regime instituidor terá prazo de 30 (trinta) dias para cumprimento, o prazo que trata o inciso II é suspenso, sendo retomada a contagem após o cumprimento da exigência.

IV - a partir da data de apresentação da defesa de que trata o inciso II pelo regime de origem, o regime instituidor terá o prazo de 90 (noventa) dias para concluir a sua análise e comunicá-la ao regime de origem;

V - no caso de o regime de origem não apresentar defesa ou o regime instituidor concluir pela sua insubsistência, será concluída a revisão; e

VI - após concluída a revisão, será aberto prazo de 30 (trinta) dias para interposição de recurso ao CRPS pela parte interessada, conforme previsto no inciso IV do art. 126 da Lei nº 8.213, de 1991 e no art. 17 do Decreto 10.188, de 2019.

A revisão da decisão pelo regime de origem pode ocorrer:

I - com a apresentação de novos elementos pelo regime instituidor, em virtude de:

a) dados que não eram do conhecimento do regime de origem ou que haviam sido declarados inexistentes pelo regime instituidor, até a decisão que motivou a solicitação de revisão;

b) dados que, apesar de solicitados por meio de exigências, não haviam sido apresentados pelo regime instituidor até a decisão do regime de origem; e

c) outros elementos que não estavam presentes na análise inicial do requerimento e que possam interferir nos parâmetros que fundamentaram a decisão ou no reconhecimento do direito à compensação; ou

II - sem a apresentação de novos elementos pelo regime instituidor, assim considerados os requerimentos:

a) analisados e deferidos manualmente, com ou sem abertura de exigências ao regime instituidor, tendo documentos anexados no requerimento;

b) passíveis de análise automática que venham a ser deferidos automaticamente, sem solicitação de exigências ao regime instituidor, que tenham documentos apresentados ou não, em eventual pedido de revisão.

No caso das hipóteses de revisão com a apresentação de **novos elementos**, a revisão gera o direito ao recebimento ou obrigação de pagamento de eventuais diferenças dela decorrentes a partir da competência de disponibilização do pedido de revisão.

No caso das hipóteses de revisão **sem a apresentação de novos elementos**, a revisão gera o direito ao recebimento ou obrigação de pagamento de eventuais diferenças dela decorrentes de forma retroativa, observada a prescrição a ser considerada a partir da competência de disponibilização do pedido de revisão.

Em caso de requerimentos que foram indeferidos:

I - com a necessidade de apresentação de novos elementos ou informações para conclusão da análise, em razão de não terem sido cumpridas as exigências feitas na análise inicial, hipótese em que o regime de origem deverá encaminhar notificação ao regime instituidor e que o pedido será tratado como novo requerimento, considerando a data de disponibilidade para análise relativa ao cumprimento da exigência no sistema Comprev;

II - sem a necessidade de apresentação de novos elementos ou informações para conclusão da análise, hipótese em que será mantida a data inicial e disponibilidade para análise no sistema Comprev; ou

III - com a necessidade de apresentação de novos elementos ou informações para conclusão da análise, em razão de não terem sido feitas as devidas exigências na análise inicial, que não será tratado como novo requerimento, mantendo a data inicial de disponibilidade para análise no sistema Comprev.

Durante a análise da revisão:

I - quando for identificado erro operacional na análise do requerimento que resulte no seu indeferimento, o requerimento deverá ser cessado na data do início do benefício, assegurado o direito ao contraditório e à ampla defesa, e observado o prazo prescricional; e

II - caso os novos elementos apresentados ensejarem o direito à compensação financeira, mas com base em parâmetros distintos, sem efeitos retroativos, os valores da compensação financeira serão recalculados a partir da data do pedido da revisão efetuada pelo regime de origem, observada a prescrição quinquenal.

Em caso de **revisão do ato concessório do benefício objeto de compensação financeira:**

I - o regime instituidor deverá registrá-la imediatamente no sistema Comprev;

II - se houver modificação do valor inicial do benefício:

a) serão utilizados os mesmos parâmetros para a concessão da compensação financeira, recalculados os valores de compensação devidos ao regime instituidor desde a data de início de pagamento do benefício, observada a prescrição quinquenal; e

b) o crédito ou débito das diferenças de compensação será efetuado de forma retroativa, observado o prazo prescricional contado da data do pedido de revisão do benefício, e integrará a apuração da compensação financeira na competência da revisão da compensação; ou

III - se houver modificação no valor inicial do benefício, com efeitos financeiros a partir da data do pedido de revisão do ato concessório:

a) os valores da compensação financeira serão recalculados a partir do pagamento do valor do benefício revisado; e

b) o crédito ou débito das diferenças de compensação será apurado a partir da data do pedido de revisão do benefício, e integrará a apuração da compensação financeira na competência da revisão da compensação, observado o prazo prescricional.

Para fins de definição da **competência do reprocessamento do cálculo da compensação financeira e aplicação de prazo prescricional**, a data do pedido de revisão será fixada:

I - na data de disponibilização do pedido de revisão, em se tratando de revisões abertas pelo regime instituidor ou de revisões solicitadas pelo regime de origem, no caso de requerimento em compensação ou compensado ser alterado para cessado/indeferido;

II - na data estabelecida na decisão administrativa pelo CRPS; ou

III - na data estabelecida na decisão judicial.

A revisão do requerimento de pensão por morte deverá ser verificada a necessidade de revisão no requerimento relativo à aposentadoria, observados os prazos de decadência e de prescrição.

Após a conclusão do processamento da revisão do requerimento, o sistema Comprev exibirá as informações relativas a todas as alterações produzidas. O direito de anular ou rever os atos de deferimento ou indeferimento da compensação financeira decairá no prazo de cinco anos, contado da data em que tenham sido praticados, exceto se comprovada má-fé, nos termos do disposto no art. 54 da Lei nº 9.784, de 29 de janeiro de 1999.

2.24. INDENIZAÇÃO PREVIDENCIÁRIA PARA A CONTAGEM DO TEMPO DE CONTRIBUIÇÃO

É comum que os segurados do RGPS, para cômputo do tempo de serviço (antes da Emenda 20/98) ou de contribuição, queiram considerar períodos no qual exerceram atividade laborativa remunerada, mas encontram obstáculo em razão da inexistência do pagamento das contribuições previdenciárias, **nas hipóteses em que a responsabilidade tributária pelo recolhimento lhes é atribuída**.

Esse fato poderá ocorrer por diversas hipóteses, a exemplo do contribuinte individual que desenvolvia atividade laborativa remunerada e não honrou com o pagamento das respectivas contribuições previdenciárias em razão da sua falta de cautela com o futuro ou por carência de recursos disponíveis.

Outrossim, é possível que determinada categoria, conquanto desenvolvesse trabalho remunerado no período a ser reconhecido, não era enquadrada como segurada obrigatória da Previdência Social, sendo a adesão apenas facultativa na época, a exemplo dos empregados domésticos antes da edição do Decreto 71.785/73.

Entende-se como **reconhecimento de filiação** o direito de o segurado ter reconhecido, em qualquer época, o tempo de exercício de atividade anteriormente abrangida pela previdência social[57].

O tema vem disciplinado genericamente pelo artigo 96, inciso IV, da Lei 8.213/91, ao dispor que **o tempo de serviço anterior ou posterior à obrigatoriedade de filiação à Previdência Social *só será contado mediante indenização da contribuição correspondente ao período respectivo*, com acréscimo de juros moratórios de 0,5% ao mês, capitalizados anualmente, e multa de 10%.**

Vale destacar que a indenização ao INSS é uma espécie de ressarcimento pelo não pagamento da contribuição previdenciária, tendo necessariamente **caráter subsidiário**, ou seja, se ainda for juridicamente possível o adimplemento da contribuição previdenciária, não se admitirá a indenização previdenciária.

A filiação ao RGPS de contribuinte individual que trabalhe por conta própria é condicionada ao recolhimento tempestivo das contribuições previdenciárias, que se forem sonegadas pelo trabalhador forçarão a Secretaria da Receita Federal do Brasil a lançá-las de ofício, aplicando as penalidades respectivas e os juros de mora.

Caso o segurado contribuinte individual manifeste interesse em recolher contribuições relativas a período anterior à sua inscrição, a retroação da data do início das contribuições será autorizada, desde que comprovado o exercício de atividade remunerada no respectivo período.

A **retroação da DIC (Data de Início das Contribuições)** é a antecipação da data de inscrição do contribuinte individual autônomo, se demonstrado o exercício de labor remunerado em data anterior, a fim de permitir o pagamento em atraso com os encargos legais de contribuições previdenciárias que ainda não foram fulminadas pela decadência tributária quinquenal.

A retroação da DIC é prevista no artigo 124 do RPS:

> ***"Subseção II***
> ***Da Retroação da Data do Início das Contribuições***
>
> Art. 124. Caso o segurado contribuinte individual manifeste interesse em recolher contribuições relativas a período anterior à sua inscrição, a retroação da data do início das contribuições será autorizada, desde que comprovado o exercício de atividade remunerada no respectivo período, observado o disposto no § 7º e nos § 9º ao § 14 do art. 216 e nos § 8º e § 8º-A do art. 239. (Redação dada pelo Decreto nº 10.410, de 2020)
>
> *Parágrafo único. O valor do débito poderá ser objeto de parcelamento desde que solicitado pelo segurado à Secretaria Especial da Receita Federal do*

57. Artigo 121 do RPS.

> *Brasil do Ministério da Economia. (Redação dada pelo Decreto nº 10.410, de 2020)".*

O período será contado como tempo de contribuição, mas não será considerado para fins de carência por não ser pagamento tempestivo.

Todavia, é comum que não haja essa atuação do órgão de arrecadação, em razão das dificuldades de fiscalização desses segurados, operando-se a decadência quinquenal para o lançamento das contribuições previdenciárias.

Logo, **uma vez consumada a decadência**, o contribuinte individual apenas contará esse tempo de serviço ou de contribuição para a percepção de benefício previdenciário se indenizar o INSS (retroação da data de início das contribuições), **exceto para fins de carência**, pois esta pressupõe o recolhimento tempestivo do tributo, conforme previsto no artigo 45-A, da Lei 8.212/91, inserido pela Lei Complementar 128/2008:

> *"Art. 45-A. O contribuinte individual que pretenda contar como tempo de contribuição, para fins de obtenção de benefício no Regime Geral de Previdência Social ou de contagem recíproca do tempo de contribuição, período de atividade remunerada alcançada pela decadência deverá indenizar o INSS".*

O período indenizado será computado como tempo de contribuição, mas não será considerado para fins de período de carência, nos termos do artigo 194, inciso IV, da Instrução Normativa INSS 128/2022.

Isso porque a autorização legal do artigo 45-A da Lei 8.212/91 somente considera a autorização de consideração como tempo de contribuição, sendo a indenização imprestável para fins de período de carência, que pressupõe o pagamento tempestivo de contribuições previdenciárias, à luz do artigo 27, inciso II, da Lei 8.213/91.

Deveras, se não houve o recolhimento a bom tempo da contribuição previdenciária, é evidente que a incompatibilidade do período de carência com o instituto da indenização previdenciária.

Veja-se, a respeito, a jurisprudência remansosa:

> *"O presente caso, entendo acertado o posicionamento do INSS ao indeferir a expedição da CTC para o período pretendido. Explico.* ***Nos termos do art. 45-A da Lei nº 8.212/1991, a indenização do tempo de serviço é condição imprescindível para o cômputo de período de atividade laborativa remunerada, exceto para fins de carência, visando à concessão de benefício no RGPS ou consideração em outro regime previdenciário, quer pelo não pagamento de contribuições previdenciárias já decaídas, quer pela atividade na época não se enquadrar como de filiação obrigatória"*** *(Processo*

0005597-67.2015.4.01.4200 - PRIMEIRA TURMA RECURSAL - AM/RR - 20/02/2017)[58].

"Foi homologada transação judicial celebrada entre a Autarquia Federal e o autor, para promover a averbação de tempo de serviço rural relativo ao período de 05/08/1982 a 31/05/1988, ficando estabelecido que o autor deverá indenizar o RGPS para obter a certidão para contagem recíproca do tempo de contribuição, ***com a ressalva de que esse tempo não poderá ser utilizado para fins de carência****, no caso de requerimento de benefício previdenciário"* ***(TRF 3ª REGIÃO - AGRAVO DE INSTRUMENTO - 499324 (AI) - 12/8/2013).***

"APELAÇÃO CÍVEL - DIREITO PREVIDENCIÁRIO - APOSENTADORIA POR IDADE URBANA - CARÊNCIA NÃO COMPLETADA - LIMITAÇÃO LEGAL DO RECOLHIMENTO DE CONTRIBUIÇÕES EM ATRASO - INDEFERIMENTO DO BENEFÍCIO - HONORÁRIOS ADVOCATÍCIOS - SISTEMÁTICA DO NOVO CPC. I - Analisando os recolhimentos constantes do Cadastro Nacional de Informações Sociais - CNIS e do resumo elaborado pelo INSS, constata-se que, com a exclusão das contribuições consideradas irregulares pela Autarquia Previdenciária, a autora não perfaz as 180 necessárias ao deferimento do benefício almejado. Registre-se, ainda, que ela não logrou desconstituir as alegações do INSS, quanto aos recolhimentos inferiores ao mínimo, as quais gozam de presunção de legitimidade. II - A indenização pleiteada, nos termos do art. 45-A da Lei nº 8.212/91, refere-se a período de atividade remunerada alcançada pela decadência, que não é o caso dos autos. ***Acrescente-se que há limitação legal quanto ao recolhimento em atraso de contribuições previdenciárias, para fins de carência (art. 27, II, da Lei nº 8.213/91).*** *III - Fixação da verba honorária em 10% do valor atualizado da causa, nos termos do art. 85, § 2º, do Código de Processo Civil de 2015, considerando que não houve condenação pecuniária, observada a condição suspensiva do art. 98, § 3º, do mesmo diploma, já que foi deferida a gratuidade de justiça. IV - Apelação desprovida"* ***(TRF 2ª Região, Processo 01517205420144025101, de 06/10/2016).***

Estão sujeitas à legislação de regência e não ao cálculo na forma de indenização, o recolhimento de contribuições devidas à Previdência Social conforme abaixo:

I - as contribuições em atraso do segurado contribuinte individual, passíveis de cálculo no período não alcançado pela decadência;

II - as contribuições em atraso do segurado facultativo;

58. Este julgado, lavrado em 2017, é muito similar ao nosso conceito de indenização previdenciária que será apresentado ao final deste item e que consta desde a primeira edição desta obra no ano de 2010, quando se chamava Direito Previdenciário Sistematizado.

> III - as contribuições em atraso do empregado doméstico a partir de 8 de abril de 1973, data de vigência do Decreto nº 71.885, de 1973; e
>
> IV - as diferenças apuradas do contribuinte individual quando provenientes de recolhimentos a menor.
>
> V - os períodos de atividade remunerada não alcançados pela decadência, para fins de contagem recíproca, de acordo com o § 3º do art. 45-A da Lei nº 8.212, de 1991.

Ora, se não se operou a decadência quinquenal, cabe o recolhimento da contribuição pelo contribuinte individual, sendo descabida a indenização. Em relação ao segurado facultativo, como inexiste obrigatoriedade de recolhimento da sua contribuição, pois a sua filiação previdenciária é sempre discricionária, não se há de falar em indenização.

No caso de mero complemento de contribuição a ser feita por contribuinte individual, cabe o efetivo recolhimento do *plus* a qualquer tempo, não havendo indenização a ser paga.

Essa indenização, que poderá ter pagamento facilitado em até 60 parcelas, observado o disposto no artigo 244, do RPS, também será necessária para a contagem recíproca do tempo de contribuição, ou seja, quando o segurado quiser aproveitar o período de filiação do RGPS no RPPS, e vice-versa.

Outrossim, há hipóteses de pessoas que hoje estão enquadradas como contribuintes individuais ou outras categorias, mas, no passado, não eram consideradas como seguradas obrigatórias do RGPS, a exemplo dos ministros de confissão religiosa (antes da Lei 6.696/79), devendo indenizar o INSS para o cômputo desse período, na forma do artigo 96, inciso IV, da Lei 8.213/91.

O valor dessa indenização corresponderá a **20%** (por mês a ser reconhecido):

> I - da média aritmética simples dos maiores salários-de-contribuição, reajustados, correspondentes a 80% (oitenta por cento) de todo o período contributivo decorrido desde a competência julho de 1994; ou
>
> II - da remuneração sobre a qual incidem as contribuições para o regime próprio de previdência social a que estiver filiado o interessado, no caso de indenização para fins da contagem recíproca de que tratam os arts. 94 a 99 da Lei nº 8.213, de 24 de julho de 1991, observados o limite máximo previsto no art. 28 e o disposto em regulamento.

Destarte, quando cabível, a indenização ao INSS é condição inafastável ao reconhecimento do tempo de serviço ou de contribuição, conforme pacífica jurisprudência:

> *"MANDADO DE SEGURANÇA. CONTRIBUINTE INDIVIDUAL. CONTRIBUIÇÕES PREVIDENCIÁRIAS NÃO RECOLHIDAS. INDENIZAÇÃO NECESSÁRIA PARA CONTAGEM DE TEMPO DE SERVIÇO. -* ***A ocorrência de decadência do prazo para o INSS apurar e constituir o crédito tributário, ou de prescrição, não liberam o segurado do ônus de recolher contribuições caso queira ver reconhecida a contagem recíproca do tempo de serviço. - O INSS não é obrigado a reconhecer tempo de serviço àqueles que não contribuíram. - Indenização necessária de modo a repor o patrimônio da autarquia, na exata dimensão do que deixou de receber na época própria****. - Aplicação do artigo 45 da Lei nº 8.212/91 e parágrafos apenas na hipótese de inexistência de elementos suficientes à comprovação dos valores percebidos pela prestação laboral. - Manutenção da sentença que determinou o recolhimento das contribuições atrasadas conforme a lei vigente à época do exercício da atividade, com o acréscimo de multa, juros e correção monetária de acordo com a legislação atual, mais o desconto de eventual quantia já recolhida. - Apelação e remessa oficial não providas" (TRF 3ª Região, AMS 283.954, de 18.02.2008).*

Sobre a indenização ainda incidirão **juros moratórios de 0,5% ao mês, capitalizados anualmente, limitados ao percentual máximo de 50%, e multa de 10%**, não sendo exigíveis esses encargos nos períodos anteriores a 11.10.1996, ante a inexistência de previsão legal, conforme entende o STJ.

Com o advento do Decreto 10.410/2020, finalmente a jurisprudência do STJ pela vedação da aplicação de encargos antes da MP 1.523/1996 (que os criou) restou inserida no Regulamento da Previdência Social no artigo 239:

> *"§ 8º Sobre as contribuições devidas e apuradas com fundamento no inciso IV[59] do* ***caput*** *do art. 127 e no § 1º do art. 348 incidirão juros moratórios de cinco décimos por cento ao mês, capitalizados anualmente, limitados ao percentual máximo de cinquenta por cento, e multa de dez por cento. (Redação dada pelo Decreto nº 10.410, de 2020)*
>
> ***§ 8º-A A incidência de juros moratórios e multa de que trata o § 8º será estabelecida para fatos geradores ocorridos a partir de 14 de outubro de 1996.*** *(Incluído pelo Decreto nº 10.410, de 2020)"*

59. IV - o tempo de contribuição anterior ou posterior à obrigatoriedade de filiação à previdência social só será contado por meio de indenização da contribuição correspondente ao período respectivo, com acréscimo de juros moratórios de cinco décimos por cento ao mês, capitalizados anualmente, e multa de dez por cento, observado o disposto nos § 8º e § 8º-A do art. 239. (Redação dada pelo Decreto nº 10.410, de 2020)

■ POSIÇÃO DO STJ

Em seguida a clássica posição do STJ foi confirmada no **Tema 1.103:**

PROCESSO

REsp 1929631 / PR

RECURSO ESPECIAL

2020/0243752-1

RECURSO REPETITIVO

Pesquisa de tema: Tema Repetitivo 1103

Situação do tema: Acórdão Publicado

Pesquisa de Repetitivos e IACs Anotados

RELATOR

Ministro OG FERNANDES (1139)

ÓRGÃO JULGADOR

S1 - PRIMEIRA SEÇÃO

DATA DO JULGAMENTO

11/05/2022

DATA DA PUBLICAÇÃO/FONTE

DJe 20/05/2022

EMENTA

PROCESSUAL CIVIL. RECURSO ESPECIAL SOB O RITO DOS RECURSOS REPETITIVOS. CONTRIBUIÇÕES PREVIDENCIÁRIAS NÃO RECOLHIDAS NO MOMENTO OPORTUNO. ACRÉSCIMO DE MULTA E DE JUROS. INCIDÊNCIA APENAS QUANDO O PERÍODO A SER INDENIZADO FOR POSTERIOR À EDIÇÃO DA MP Nº 1.523/1996. ART. 1º DA MP Nº 1.523/1996 (CONVERTIDA NA LEI Nº 9.528/1997). INCLUSÃO DO § 4º NO ART. 45 DA LEI Nº 8.212/19 91. RECURSO ESPECIAL CONHECIDO E IMPROVIDO. RECURSO JULGADO SOB A SISTEMÁTICA DOS ARTS. 1.036 E SEGUINTES DO CPC/2015, C/C OS ARTS. 256-N E SEGUINTES DO REGIMENTO INTERNO DO STJ. 1. O objeto da presente demanda é definir se as contribuições previdenciárias não recolhidas no momento oportuno sofrerão o acréscimo de multa e de juros quando o período a ser indenizado for anterior à edição da Medida Provisória n.º 1.523/1996 (convertida na Lei n.º 9.528/1997). 2. A indenização pelo contribuinte dos períodos não recolhidos à época devida para usufruir de benefícios previdenciários já era possível desde o art. 32, § 3º, da Lei n.º 3.807/1960 (antiga LOPS), faculdade essa reafirmada no art. 96, IV, da Lei n.º 8.213/1991 e no Decreto n.º 611/1991 (que a regulamentou), e posteriormente na Lei n.º 9.032/1995, a qual acrescentou o § 2º ao art. 45 da Lei n.º 8.212/1991. 3. No entanto, apenas a partir de 11/10/1996, quando foi editada a Medida Provisória

> n.º 1.523/1996 (posteriormente convertida na Lei n.º 9.528/1997), é que foi acrescentado o § 4º ao art. 45 da Lei n.º 8.212/1991, determinando expressamente a incidência de juros moratórios de 1% (um por cento) ao mês e multa de 10% (dez por cento) sobre os valores apurados. Somente a partir de então é que podem ser cobrados juros moratórios e multa, uma vez que não é possível realizar, como pretende o INSS, a cobrança de tais encargos sem previsão na legislação. Também descabe cogitar de cobrança dos encargos em caráter retroativo, devendo haver a incidência apenas quando o período a ser indenizado for posterior à edição da Medida Provisória n.º 1.523/1996. Precedentes do STJ. 4. Como se vê, a jurisprudência do STJ tratando do caso concreto é pacífica há bastante tempo. Mais recentemente, inclusive, é rotineiro o proferimento de decisões monocráticas aplicando o entendimento dominante, como se pode conferir em rápida pesquisa na jurisprudência da Corte. A necessidade de afetar o tema como repetitivo se deve à insistência do INSS na interposição de recursos trazendo a mesma temática repetidas vezes a esta Corte. Após firmar-se o precedente vinculante em recurso repetitivo, os tribunais locais terão o instrumental para evitar a subida de recursos ao STJ, e o Poder Judiciário deverá considerar como litigância de má-fé a eventual postulação contra precedente vinculante. 5. Não se configura presente a necessidade de modulação dos efeitos do julgado, tendo em vista que tal instituto visa assegurar a efetivação do princípio da segurança jurídica, impedindo que o jurisdicionado de boa-fé seja prejudicado por seguir entendimento dominante que terminou sendo superado em momento posterior, o que, como se vê claramente, não ocorreu no caso concreto. **6. Tese jurídica firmada: "As contribuições previdenciárias não recolhidas no momento oportuno sofrerão o acréscimo de multa e de juros apenas quando o período a ser indenizado for posterior à edição da Medida Provisória n.º 1.523/1996 (convertida na Lei n.º 9.528/1997).".** 7. Recurso especial conhecido e improvido, nos termos da fundamentação. 8. Recurso julgado sob a sistemática do art. 1.036 e seguintes do CPC/2015 e art. 256-N e seguintes do Regimento Interno deste STJ.

De acordo com a Portaria **240/DIRBEN/INSS, de 30/03/2020,** em razão da diferença na obtenção da base de cálculo, quando do requerimento, o segurado deverá indicar a finalidade do cálculo de indenização, se o tempo de contribuição a ser indenizado será destinado para contagem no Regime Geral de Previdência Social - RGPS ou para aproveitamento em Regime Próprio de Previdência Social - RPPS.

Sendo identificado, posteriormente, que o tempo de contribuição, indenizado de acordo com a base de cálculo própria para fins contagem no RGPS, for indicado para aproveitamento em RPPS, o segurado será comunicado da necessidade de retificação do cálculo, ainda que a escolha pela finalidade diversa tenha sido por erro administrativo.

Também haverá necessidade de regularização quando o cálculo de contribuições em atraso tiver sido realizado em desacordo com a legislação aplicável, como na hipótese de erro na apuração da base de cálculo ou na escolha da modalidade do cálculo (legislação de regência ou indenização).

Ainda de acordo com a Portaria **240/DIRBEN/INSS, de 30/03/2020 não haverá retificação do cálculo da indenização previdenciária:**

I - Decorridos mais de 10 anos entre a data do pagamento ou do pedido de parcelamento do valor apurado e a data do pedido de emissão ou de revisão da Certidão de Tempo de Contribuição;

II - A data de ingresso no RPPS de designação do tempo de contribuição for posterior à data do requerimento para cálculo da indenização;

III - O valor da base de cálculo for igual para ambas as finalidades; ou

IV - A data do requerimento do cálculo de indenização for anterior à publicação do Memorando- Circular Conjunto nº 33/INSS/DIRBEN/DIRAT, de 04 de dezembro de 2009.

Nesse sentido, para fins de concessão dos benefícios do RGPS, **o tempo de serviço prestado pelo trabalhador rural anteriormente à competência novembro de 1991 será reconhecido, desde que devidamente comprovado[60], independentemente de indenização**, pois é respeitado o regramento da época, **salvo para fins de carência**, a teor do §2º do artigo 55 da Lei 8.213/91:

> *"2º O tempo de serviço do segurado trabalhador rural, anterior à data de início de vigência desta Lei, será computado independentemente do recolhimento das contribuições a ele correspondentes,* ***exceto para efeito de carência****, conforme dispuser o Regulamento".*

Esse é o entendimento uniforme do STJ[61] e da **Súmula 24 da TNU**:

> "**Súmula 24** - O tempo de serviço do segurado trabalhador rural anterior ao advento da Lei nº 8.213/91, sem o recolhimento de contribuições previdenciárias, pode ser considerado para a concessão de benefício previdenciário do Regime Geral de Previdência Social (RGPS), exceto para efeito de carência, conforme a regra do art. 55, §2º, da Lei nº 8.213/91".

Isto porque se trata do tempo de serviço prestado à Previdência Social Rural, regulada pela revogada Lei Complementar 11/1971, em que não era necessário o efetivo recolhimento da contribuição ao FUNRURAL, optando o legislador em considerar esse período como tempo de serviço para fins de concessão da

60. Artigo 123 do RPS.

61. AR 3.629, de 23.06.2008.

aposentadoria por tempo de contribuição, ressalvada a sua não contagem no período de carência.

No entanto, para o STJ, que flexibiliza a vedação legal, **no caso do empregado rural a situação jurídica é diversa.** Isso porque, mesmo no regime previdenciário anterior, a teor do artigo 15[62], da LC 11/1971, cabia ao empregador rural o recolhimento da contribuição previdenciária ou ao adquirente da produção fazê-lo, de modo que o tempo rural anterior à competência de novembro de 1991 do empregado rural será computado para fins de carência, haja vista a restrição do mencionado §2º se voltar apenas ao produtor rural, e não ao empregado rural.

Logo, entende-se ser razoável excluir ao menos o segurado empregado rural da dura restrição contida no §2º do artigo 55, da Lei 8.213/91, que veda o uso do antigo tempo de serviço rural para fins de carência, conquanto exista vedação legal direta.

■ POSIÇÃO DO STJ

Nesse sentido, o STJ:

"INFORMATIVO 532- DIREITO PREVIDENCIÁRIO. TEMPO DE SERVIÇO/CONTRIBUIÇÃO ANTERIOR À LEI 8.213/1991. RECURSO REPETITIVO (ART. 543-C DO CPC E RES. 8/2008-STJ).

É possível a concessão de aposentadoria por tempo de serviço/contribuição mediante o cômputo de atividade rural com registro em carteira profissional em período anterior ao advento da Lei 8.213/1991 para efeito da carência exigida pela Lei de Benefícios. De fato, estabelece o § 2º do art. 55 da Lei 8.213/1991 que "o tempo de serviço do segurado trabalhador rural, anterior à data de início de vigência desta Lei, será computado independentemente do recolhimento das contribuições a ele correspondentes, exceto para efeito de carência, conforme dispuser o Regulamento". **Entretanto, não ofende o citado dispositivo o reconhecimento do tempo de serviço exercido por trabalhador rural registrado em carteira profissional para efeito de carência, tendo em vista que o empregador rural, juntamente com as demais fontes previstas na legislação de regência, eram os responsáveis pelo custeio do fundo de assistência e previdência rural (FUNRURAL). Assim, o trabalhador rural não pode ser responsabilizado pela comprovação do recolhimento das contribuições**

62. Art. 15. Os recursos para o custeio do Programa de Assistência ao Trabalho Rural provirão das seguintes fontes:

I - Da contribuição de 2% (dois por cento) devida pelo produtor, sôbre o valor comercial dos produtos rurais, e recolhida:

a) pelo adquirente, consignatário ou cooperativa que ficam sub-rogados, para êsse fim, em todas as obrigações do produtor;

b) pelo produtor, quando êle próprio industrializar seus produtos ou vendê-los, no varejo, diretamente ao consumidor.

vertidas ao fundo. Ademais, na atual legislação, o parágrafo único do art. 138 da Lei 8.213/1991 expressamente considera o tempo de contribuição devido aos regimes anteriores a sua vigência. Por fim, o art. 63 da Lei 4.214/1963 (Estatuto do Trabalhador Rural) determinava que os contratos de trabalhos, se constantes de anotações em carteira profissional, não poderiam ser contestados. Precedente citado: REsp 554.068-SP, Quinta Turma, DJ 17/11/2003. REsp 1.352.791-SP, Rel. Min. Arnaldo Esteves Lima, julgado em 27/11/2013".

Nesse mesmo sentido, a TNU não vem aplicando a sua Súmula 24 ao empregado rural do Pró-Rural, conforme notícia publicada no sítio da Justiça Federal.

■ POSIÇÃO DA TNU

Tempo de serviço do segurado empregado rural antes de 1991 deve ser reconhecido para fins de carência

Decisão TNU

por publicado: 30/11/2017 10h23 última modificação: 30/11/2017 10h25

A Turma Nacional de Uniformização dos Juizados Especiais Federais (TNU) reafirmou a tese que permite, para efeito de carência, o reconhecimento do tempo de serviço exercido por trabalhador rural, com registro na carteira profissional, em período anterior à Lei nº 8.213/91. O julgamento foi realizado no dia 22 de novembro, em Fortaleza, na sede da Seção Judiciária do Ceará. Em razão de tal entendimento, entendeu ainda o Colegiado ser necessária uma nova interpretação da Súmula 24 da TNU, de modo a excluir de seu escopo o trabalhador empregado rural com registro em CTPS, permitindo, neste caso, que o tempo de serviço de anterior ao advento da Lei nº 8.213/91 seja considerado para efeito de carência, independente da comprovação do recolhimento das contribuições previdenciárias.

A decisão ocorreu durante o julgamento de um recurso apresentado pelo Instituto Nacional do Seguro Social (INSS) contra um acórdão da Terceira Turma Recursal de Minas Gerais, que reconheceu, para fins de carência, o tempo em que o autor da ação manteve a condição de trabalhador rural empregado antes do advento da Lei nº 8.213/91. No pedido de uniformização de jurisprudência, o INSS defendia que a decisão estaria em desconformidade ao disposto no art. 55, §2º da referida Lei, que diz que "O tempo de serviço do segurado trabalhador rural, anterior à data de início de vigência desta Lei, será computado independentemente do recolhimento das contribuições a ele correspondentes, exceto para efeito de carência, conforme dispuser o Regulamento".

A relatora do processo na TNU, juíza federal Gisele Chaves Sampaio Alcântara, reconheceu o incidente de uniformização, mas negou a pretensão da autarquia previdenciária. Para a magistrada, a interpretação literal da legislação, conforme apontado pelo INSS, foi afastada após o julgamento pela Primeira

Seção do Superior Tribunal de Justiça (STJ) do REsp 1352791/SP, que passou a nortear os julgados da TNU.

"Nos autos daquele repetitivo, firmou a Corte o entendimento de que não ofende o § 2º do art. 55 da Lei nº 8.213/91 o reconhecimento do tempo de serviço exercido por trabalhador rural registrado em carteira profissional para efeito de carência, tendo em vista que o empregador rural, juntamente com as demais fontes previstas na legislação de regência, eram os responsáveis pelo custeio do fundo de assistência e previdência rural (FUNRURAL)", afirmou a relatora em seu voto.

O entendimento da juíza federal foi acompanhado à unanimidade pelo Colegiado da TNU. O processo foi julgado como representativo da controvérsia, para que o mesmo entendimento seja aplicado a casos semelhantes.

Processo nº 0000804-14.2012.4.01.3805

A PGF editou o Parecer Referencial **n. 00002/2019/DEPCONT/PGF/AGU:**

> **PROCESSUAL CIVIL. PREVIDENCIÁRIO. APLICAÇÃO DO ARTIGO 3º, INCISOS I E IX, DA PORTARIA AGU Nº 488, DE 2016. RECURSO ESPECIAL REPETITIVO Nº 1.352.791/SP. PEDIDO DE UNIFORMIZAÇÃO DE JURISPRUDÊNCIA N.º 0000804-14.2012.4.01.3805, JULGADO PELA TURMA NACIONAL DE UNIFORMIZAÇÃO, COMO REPRESENTATIVO DE CONTROVÉRSIA. APOSENTADORIA POR TEMPO DE SERVIÇO/CONTRIBUIÇÃO. AVERBAÇÃO DE TEMPO DE SERVIÇO RURAL COM REGISTRO EM CARTEIRA DE TRABALHO. DESNECESSIDADE DE RECOLHIMENTO, PARA EFEITO DE CARÊNCIA.**

Vale frisar que a nova jurisprudência do STJ e da TNU vem subvertendo as tradicionais regras sobre a necessidade de indenização do empregado doméstico para reconhecimento do tempo de serviço prestado anteriormente à Lei 5.859/72, que inseriu o empregado doméstico na Previdência Urbana.

Entendia-se que o cômputo do tempo de serviço do empregado doméstico anterior à Lei 5.859/72 dependia do recolhimento da indenização previdenciária, vez que na época não existia a obrigação do recolhimento da contribuição previdenciária.

Sucede que o STJ e a TNU dispensaram a prova do recolhimento da contribuição previdenciária por parte do empregado doméstico ou da indenização para fins de consideração para fins de período de carência, o que, em tese, nem mesmo o pagamento da indenização supriria.

■ POSIÇÃO DO STJ E DA TNU

"PREVIDENCIÁRIO. APOSENTADORIA POR IDADE. TRABALHADORA DOMÉSTICA. ART. 55, § 1º, DA LEI 8.213/91. RECOLHIMENTO DAS CONTRIBUIÇÕES PREVIDENCIÁRIAS PARA O PERÍODO ANTERIOR À VIGÊNCIA DA LEI 5.859/72. DESNECESSIDADE. **1. A jurisprudência do Superior Tribunal de Justiça tem se firmado no sentido da desobrigação do trabalhador doméstico de efetuar o recolhimento das contribuições previdenciárias para fins de aposentadoria no período que antecedeu a vigência da Lei 5.859/72, porquanto, à época da prestação do serviço, não havia previsão legal de seu registro, tampouco obrigatoriedade de filiação à Previdência.** Precedentes. 2. Acórdão da Corte de origem em consonância com o entendimento deste Tribunal. Incidência da Súmula 83/STJ que se aplica também à alínea "a", do permissivo constitucional. Recurso especial improvido" **(STJ, 2ª Turma, REsp 1479250, de 18/09/2014).**

"PEDIDO DE UNIFORMIZAÇÃO SUSCITADO PELA PARTE AUTORA. PREVIDENCIÁRIO. **APOSENTADORIA POR IDADE. EMPREGADA DOMÉSTICA. TRABALHO ANTERIOR À VIGÊNCIA DA LEI Nº 5.859/72. FLEXIBILIZAÇÃO DO INÍCIO DE PROVA MATERIAL. DISPENSA DE REGISTRO NA CTPS E DE FILIAÇÃO AO RGPS. DESNECESSIDADE DE CONTRIBUIÇÕES À PREVIDÊNCIA PARA FINS DE CARÊNCIA.** INCIDENTE CONHECIDO E PARCIALMENTE PROVIDO. 1. Pedido de Uniformização interposto pela parte autora contra acórdão proferido pela Segunda Turma Recursal da Seção Judiciária de São Paulo, que manteve sentença de improcedência do pedido de concessão de aposentadoria por idade, mediante contagem de tempo de serviço na condição de empregada doméstica. 2. Alega, em síntese, que o r. acórdão incorreu em inconstitucionalidade e ilegalidade ao exigir que a prova documental seja plena ou exaustiva. Suscita divergência com precedentes do STJ e do Tribunal Regional Federal da 3ªRegião, no sentido de não ser necessária a exigência de prova documental para atividades de empregada doméstica anteriores à regulamentação trazida pela Lei nº 5.859/1972, uma vez que não havia previsão legal para registro do trabalhador doméstico, nem obrigatoriedade de filiação ao RGPS. 3. Incidente inadmitido na origem por não ter o recorrente se desincumbido da demonstração analítica da divergência. 4. O incidente de uniformização, contudo, merece ser conhecido. 5. Os acórdãos de Tribunal Regional Federal não servem de paradigma para o incidente conforme precedentes deste Colegiado: "1. Acórdãos paradigmas oriundos de Tribunais Regionais Federais não se prestam a autorizar caracterização de divergência apta a autorizar o conhecimento do incidente de uniformização. [...]." (TNU, PEDILEF 200772510014642, Rel. Juíza Federal Simone dos Santos Lemes Fernandes, DOU 01/06/2012), razão pela qual apenas admito como paradigma o julgado do STJ. 6. Como se verifica, a sentença impugnada considerou incabível a concessão de aposentadoria por idade à recorrente, tendo em vista o não cumprimento da carência, ante a ausência de documentos que comprovassem o exercício da atividade de empregada doméstica, sem registro em CTPS, no período de fevereiro de 1962 a julho de 1988, tempo que resultaria no atendimento da carência exigida. Ressaltou o magistrado que a recorrente somente efetuou o recolhimento de 70 (setenta) contribuições. Não obstante, a sentença proferida em sede de embargos, ao analisar a prova testemunhal produzida nos autos, acabou por reconhecer como comprovado o trabalho doméstico da parte autora no período declinado na inicial, ou seja, de 02/1962 a 07/1988 (evento 025). Tal tempo de serviço foi corroborado pela declaração da empregadora, anexa à petição inicial, de que a recorrente trabalhara em sua residência no período de 1962 a 1988. 7. O acórdão recorrido, a seu tempo, alertou para a impossibilidade de computar o prazo de carência de 60 meses (conforme legislação vigente quando de sua filiação), uma vez que o implemento do requisito etário ocorreu já na vigência da Lei 8.213/91, não sendo conferido à parte direito adquirido a regime jurídico. Acrescentou que a carência exigida deve ser aquela do ano em que ela implementou o requisito etário, mas que no caso não teria sido cumprida, não sendo possível, por isso, a concessão do benefício requerido. 8. Por sua vez, o acórdão paradigma do STJ se refere à flexibilização da exigência de razoável início de prova documental para fins de comprovação da relação de emprego dos trabalhadores domésticos no período anterior à vigência da Lei nº 5.859/72, bem como à desnecessidade de verter contribuições concernentes ao referido período, em virtude da ausência de previsão legal para registro em CTPS e filiação ao RGPS. Considerando que a controvérsia dos autos cinge-se ao cumprimento do período de carência e levando-se em conta a existência de tempo laborado antes da entrada em vigor da citada lei, instaurada está a divergência. 9. O STJ, com efeito, já possui entendimento consolidado no sentido de que "Não tem qualquer amparo exigir-se o pagamento de contribuições previdenciárias referentes a trabalho como empregada doméstica sem registro porque até a Lei 5.859/72 as mesmas não eram exigíveis e ainda porque a partir dessa norma os recolhimentos eram atribuídos ao empregador (art. 5º)". (AREsp 545814, Ministro Herman Benjamin, publicado em 08/09/2014). 10. Pois bem, considerando que já consta do CNIS (evento 015) contribuições individuais de 05/1990 a 05/1995, 12/1996, 02/1997 e de 09/2004 a 03/2005, num total de 70 contribuições e considerando, também, que até a entrada em vigor da Lei 5.859/72 os empregados domésticos não estavam obrigados a comprovar que efetuaram contribuições à previdência para fins de carência, verifico que o acórdão recorrido merece reforma. **11. Incidente de uniformização de jurisprudência conhecido e provido em parte para: a) estabelecer a premissa jurídica de que não é exigível que o trabalhador doméstico recolha contribuições à Previdência social para os períodos laborados antes da entrada em vigor da lei 5.859/72; b) estando devidamente comprovado e reconhecido que a recorrente exerceu atividade doméstica desde fevereiro de 1962, a partir daquela data até o início da vigência da aludida Lei, o tempo de labor deverá ser contado como período**

de carência, independentemente de comprovação dos recolhimentos; c) determinar o retorno dos autos à Turma de origem para adequação do julgado à premissa acima fixada. 12. Julgamento realizado de acordo com o art. 7º, VII, a), do RITNU, servindo como representativo de controvérsia" (**TNU, PEDILEF 00082231420094036302, de 08/10/2014**).

Muito embora se tratem de julgados que beneficiaram a parte hipossuficiente da relação previdenciária, é certo que são desprovidos de base jurídica, pois a indenização é sempre facultativa e nesta situação busca suprir recolhimentos previdenciários não realizados pelo fato de o empregado doméstico não ser segurado obrigatório anteriormente à Lei 5.859/72, não se destinando a suprir carência, e sim tempo de serviço. Desta forma, esses julgados fizeram tábula rasa do §1º do artigo 55 da Lei 8.213/91, que sequer foi debatido nas decisões:

> *"§ 1º A averbação de tempo de serviço durante o qual o exercício da atividade não determinava filiação obrigatória ao anterior Regime de Previdência Social Urbana só será admitida mediante o recolhimento das contribuições correspondentes, conforme dispuser o Regulamento, observado o disposto no § 2º."*

É importante ressaltar que a indenização era tratada nos §§3º, 4º e 5º, do artigo 45, da Lei 8.212/91, que foi declarado inconstitucional pelo STF juntamente com o artigo 46, por preverem a decadência e a prescrição em 10 anos, tema afeto apenas à lei complementar[63].

Ao que parece, ele foi reputado inconstitucional por indevido arrastamento, pois não se exige que a indenização seja tema tratado por lei complementar, vez que a Suprema Corte não apreciou expressamente a sua incompatibilidade vertical, mas apenas dos prazos decenais de prescrição para cobrança e de decadência para o lançamento das contribuições para a seguridade social.

Por isso, plenamente válido é o novel artigo 45-A da Lei 8.212/91, trazido, por cautela, pela Lei Complementar 128/2008, que grosso modo manteve as mesmas regras de antes.

De arremate, **impende aduzir que a indenização não será devida pelo contribuinte individual que preste serviço à pessoa jurídica a partir da competência 04/2003, pois desde então a responsabilidade pelo recolhimento da sua contribuição previdenciária passou a ser exclusivamente da empresa tomadora**, por força do artigo 4º da Lei 10.666/2003.

Nesse caminho, o Enunciado 27 do Conselho de Recursos da Previdência Social:

63. Súmula vinculante nº 08.

"Cabe ao contribuinte individual comprovar a interrupção ou o encerramento da atividade pela qual vinha contribuindo, sob pena de ser considerado em débito no período sem contribuição. A concessão de benefícios previdenciários, requeridos pelo contribuinte individual em débito, é condicionada ao recolhimento prévio das contribuições em atraso, ressalvada a alteração introduzida pelo Decreto nº 4.729/2003, no artigo 26, § 4º e no artigo 216, I, a, do Decreto 3.048/99, que, a partir da competência Abril/2003, torna presumido o recolhimento das contribuições descontadas dos contribuintes individuais pela empresa contratante de seus serviços".

Da mesma forma, não se há de falar em indenização a ser paga pelo empregado ou trabalhador avulso, visto que existe um regime de presunção de recolhimento por parte da empresa, na forma do artigo 33, §5º, da Lei 8.212/91.

Com o advento da Secretaria da Receita Federal do Brasil com a Lei 11.457/2007, que transferiu a competência para a arrecadação, fiscalização e cobrança das contribuições previdenciárias para o referido órgão da União, a Dívida Ativa deixou de ser do INSS e passou para o ente político central.

Nesse sentido, considerando que a indenização busca suprir a contribuição previdenciária que não foi paga, o STJ reconheceu a legitimidade passiva de a União/ Fazenda Nacional para responder ação judicial em que se questiona a incidência de juros de mora e multa sobre a indenização previdenciária.

■ POSIÇÃO DO STJ

"RECURSO ESPECIAL. PROCESSUAL CIVIL. **LEGITIMIDADE DA FAZENDA NACIONAL PARA FIGURAR NO PÓLO PASSIVO DA DEMANDA. LEI 11.457/2007**. TRANSFERÊNCIA DA RESPONSABILIDADE PELAS CONTRIBUIÇÕES PREVIDENCIÁRIAS DO INSS PARA A SECRETARIA DA RECEITA FEDERAL DO BRASIL. APOSENTADORIA. RECOLHIMENTO EXTEMPORÂNEO DAS CONTRIBUIÇÕES. INCIDÊNCIA DE JUROS MORATÓRIOS E MULTA SOMENTE A PARTIR DA EDIÇÃO DA MP 1.523/96. RECURSO ESPECIAL DESPROVIDO.

1. **Trata-se, na origem, de ação ordinária que objetiva o reconhecimento da inexigibilidade de multa e juros de mora no cálculo de indenização necessária à expedição de certidão de tempo de serviço para contagem recíproca.** Tal indenização relaciona-se com o recolhimento de contribuições previdenciárias devidas pelo recorrido, ora agravado.

2. O recolhimento dessas contribuições previdenciárias foi transferido à Secretaria da Receita Federal do Brasil pelo art. 2º da Lei 11.457/07, que previu, por outro lado, em seus arts. 16 e 23, a transferência da responsabilidade pela sua cobrança judicial para a Fazenda Nacional, de modo que à Procuradoria-Geral Federal compete apenas a representação judicial e extrajudicial do INSS.

3. Em outras palavras, da mesma forma que se atribui à Fazenda Nacional a legitimidade ativa para a cobrança judicial da dívida ativa da União Federal, atribui-se-lhe também a legitimidade, no caso, passiva, para a sua defesa em processos como o presente, em que se pleiteia a inexigibilidade de multa e juros de mora incidentes sobre o montante relativo ao recolhimento, em atraso, das contribuições previdenciárias mencionadas no art. 2o. da Lei 11.457/07.

4. Esta Corte firmou entendimento de que a obrigatoriedade imposta pelo § 4º. do art. 45 da Lei 8.212/91 quanto à incidência de juros moratórios e multa no cálculo da indenização das contribuições previdenciárias somente opera a partir da edição da MP 1.523/96 que, conferindo nova redação à Lei de Organização da Seguridade Social acrescentou tal parágrafo ao referido art. 45" (RECURSO ESPECIAL Nº 1.325.977 - SC, DJ de 24.09.2012).

Pelo exposto, fica fácil definir a *indenização de tempo de serviço ou contribuição* como a quantia devida ao INSS como **condição inafastável** para o cômputo de período de exercício de atividade laborativa remunerada, **exceto para fins de carência**, visando à concessão de benefício do RGPS ou consideração em outro regime previdenciário (contagem recíproca), quer pelo não pagamento de contribuições previdenciárias já **decaídas**, quer pela atividade na época não se enquadrar como de filiação obrigatória.

Em síntese, eis um rol exemplificativo de situações em que é cabível o pagamento de indenização previdenciária para a consideração do período como tempo de contribuição:

- **Contribuinte individual autônomo com dívida de contribuições antigas (mais de 5 anos);**
- **Contribuinte individual que trabalha para pessoa jurídica até a competência março de 2003[64];**
- **Titular de mandato eletivo antes da Lei 9.506/97[65];**
- **Trabalhador rural antes de novembro de 1991 para emissão de CTC[66];**
- **Empregado doméstico antes da sua inclusão previdenciária (STJ em sentido contrário, conforme visto);**

64. Somente a partir da competência abril de 2003, a responsabilidade tributária passou para a empresa tomadora do serviço, a teor do artigo 4º da Lei 10.666/2003.
65. Somente foi colocado como segurado obrigatório do RGPS com a Lei 9.506/97.
66. Artigos 123, parágrafo único e 127 do Decreto 3.048/99.

- **Segurado especial para emissão de CTC[67], salvo se contribuiu facultativamente sobre 20% do salário de contribuição, a teor do artigo 25, §1º, da Lei 8.212/91.**

INDENIZAÇÃO E REFORMA DA PREVIDÊNCIA - EMENDA 103/2019

Muitos segurados do RGPS vêm buscando o pagamento de **indenização previdenciária** à luz do artigo 45-A da Lei 8.212/91 de períodos de labor autônomo sem o devido recolhimento de contribuição previdenciária na época da prestação.

Isso é plenamente possível para o cômputo de tempo de contribuição em que o tributo já decaiu em razão do decurso de prazo superior a 5 anos do fato gerador, desde que demonstrada a atividade remunerada autônoma na época por início de prova material contemporâneo aos fatos ou inscrição ativa no INSS no período.

No entanto, para a formação do direito adquirido, conquanto o artigo 3º da Emenda 103/2019 não trate do tema de modo expresso, entende-se que **o pagamento da indenização previdenciária deve ocorrer até o dia da publicação da Emenda (13/11/2019)**, sob pena de não consideração para fins de aquisição de direito pré-reforma, pois o direito ao tempo de contribuição respectivo só é adquirido com o efetivo pagamento, conquanto se refira a período remoto.

Isso porque o direito adquirido é assegurado somente para os casos do direito formado no dia da publicação da Emenda 103/2019 ("desde que tenham sido cumpridos os requisitos para obtenção destes benefícios até a data de entrada em vigor desta Emenda Constitucional"), o que não ocorre se o pagamento da indenização se der a *posteriori*, pois nesta hipótese não havia o direito de aposentadoria na data de mudança de regime jurídico.

Por exceção, acaso o segurado tenha requerido ao INSS o pagamento de indenização em prazo razoável para a duração do processo administrativo previdenciário, com requerimento em data anterior ao advento da alteração constitucional em comento, entende-se que o pagamento deve ser admitido para a formação do direito adquirido, mesmo que efetuado posteriormente à reforma constitucional, pois o segurado não poderá se prejudicar pela mora da Autarquia Federal.

Tomando como parâmetro o julgamento do RE 631.240[68], entende-se que somente o requerimento de cálculo de indenização perpetrado antes de 90 dias do dia da publicação da Emenda Reformadora se amolda na situação citada.

67. A contribuição previdenciária sobre a produção rural não é considerada como tempo de contribuição - Vide Súmula 272 do STJ.

68. 7. Nas ações sobrestadas, o autor será intimado a dar entrada no pedido administrativo em 30 dias, sob pena de extinção do processo. **Comprovada a postulação administrativa, o INSS será intimado a se manifestar acerca do pedido em até 90 dias, prazo dentro do qual a Autarquia deverá colher todas as provas eventualmente necessárias e proferir decisão**. Se o pedido for acolhido administrativamente ou não puder ter o seu mérito analisado devido a razões imputáveis ao próprio requerente, extingue-se a ação. Do contrário, estará caracterizado o interesse em agir e o feito deverá prosseguir.

■ **POSIÇÃO DA TNU**

Nesse sentido, a TNU também entende pela **natureza constitutiva do pagamento da indenização previdenciária:**

Tipo

Acórdão

Precedente Relevante

Número

5001844-45.2020.4.04.7114

50018444520204047114

Classe

Pedido de Uniformização de Interpretação de Lei (Turma)

Relator(a)

GUSTAVO MELO BARBOSA

Origem

TNU

Órgão julgador

TURMA NACIONAL DE UNIFORMIZAÇÃO

Data

23/06/2022

Data da publicação

27/06/2022

Fonte da publicação

27/06/2022

Ementa

PEDIDO DE UNIFORMIZAÇÃO DE INTERPRETAÇÃO DE LEI FEDERAL. PREVIDENCIÁRIO. INDENIZAÇÃO DE CONTRIBUIÇÕES PREVIDENCIÁRIAS. NATUREZA CONSTITUTIVA DO DIREITO À CONTAGEM DO TEMPO DE CONTRIBUIÇÃO. FIXAÇÃO DO TERMO INICIAL DO BENEFÍCIO APENAS APÓS O SEU PAGAMENTO. INCIDENTE CONHECIDO E DESPROVIDO. 1. A indenização de contribuições previdenciárias não tem caráter declaratório, mas constitutivo do direito, motivo pelo qual é inviável a fixação do termo inicial do benefício pretendido em momento anterior ao pagamento. 2. É bem verdade que o(a) autora traz uma particularidade muito relevante do caso concreto, qual seja, de que solicitou a emissão das guias necessárias ao pagamento da indenização ainda no curso do processo administrativo, pedido este solenemente ignorado pela autarquia previdenciária. 3. Não obstante a extrema relevância do argumento, o que me parece incontornável é que o(a) promovente, antes do pagamento da indenização, simplesmente não tinha direito adquirido ao benefício, pois não reunia tempo de contribuição suficiente. 4. Ademais, a indenização só se fez necessária porque o(a) segurado(a), em primeiríssimo lugar, não cumpriu com sua obrigação a tempo e modo, de maneira que o INSS não errou sozinho. **5. Tese fixada: "Havendo necessidade de indenização de contribuições previdenciárias para fins de contagem de tempo de contribuição, o termo inicial do benefício está condicionado ao seu pagamento"**. 6. Incidente conhecido e desprovido.

Decisão

A Turma Nacional de Uniformização decidiu, por maioria, vencidos os Juízes Federais JAIRO DA SILVA PINTO e FABIO DE SOUZA SILVA, CONHECER e NEGAR PROVIMENTO ao incidente de uniformização, nos termos do voto do Juiz Relator. O Juiz Federal DAVID WILSON DE ABREU PARDO apresentou declaração de voto.

"PUIL n. 5002282-04.2020.4.04.7104 / RS

Relator(a): JUIZ FEDERAL FRANCISCO GLAUBER PESSOA ALVES Assunto: APOSENTADORIA POR TEMPO DE CONTRIBUIÇÃO. RECOLHIMENTO COMPLEMENTAR DE CONTRIBUIÇÕES PREVIDENCIÁRIAS. EFEITOS FINANCEIROS. Ementa: PEDIDO DE UNIFORMIZAÇÃO DE INTERPRETAÇÃO DE LEI FEDERAL. PREVIDENCIÁRIO. APOSENTADORIA POR TEMPO DE CONTRIBUIÇÃO. RECOLHIMENTO COMPLEMENTAR DE CONTRIBUIÇÕES PREVIDENCIÁRIAS. ***CONSTITUTIVO DE DIREITO.*** *RECONHECIMENTO DOS PERÍODOS COMPLEMENTADOS NA CONTAGEM DO TEMPO DE CONTRIBUIÇÃO.* ***TERMO INICIAL DO BENEFÍCIO E EFEITOS FINANCEIROS APENAS A PARTIR DO EFETIVO PAGAMENTO.*** *REAFIRMAÇÃO DE TESE: "HAVENDO NECESSIDADE DE INDENIZAÇÃO DE CONTRIBUIÇÕES PREVIDENCIÁRIAS PARA FINS DE CONTAGEM DE TEMPO DE CONTRIBUIÇÃO, O TERMO INICIAL DO BENEFÍCIO ESTÁ CONDICIONADO AO SEU PAGAMENTO". QUESTÃO DE ORDEM Nº 20. INCIDENTE PROVIDO.*

Tese reafirmada: "Havendo necessidade de indenização de contribuições previdenciárias para fins de contagem de tempo de contribuição, o termo inicial do benefício está condicionado ao seu pagamento".

Julgado em 19/04/2023.

■ POSIÇÃO DO STJ

O mesmo posicionamento já foi adotado pelo STJ:

PROCESSO

REsp 1213106 / RS

RECURSO ESPECIAL

2010/0177735-5

RELATORA

Ministra MARIA THEREZA DE ASSIS MOURA (1131)

ÓRGÃO JULGADOR

T6 - SEXTA TURMA

DATA DO JULGAMENTO

03/05/2012

DATA DA PUBLICAÇÃO/FONTE

DJe 14/05/2012

EMENTA

PREVIDENCIÁRIO. APOSENTADORIA POR TEMPO DE SERVIÇO. RECONHECIMENTO DE PERÍODO COMO AUTÔNOMO. RECOLHIMENTO DAS CONTRIBUIÇÕES. NECESSIDADE. EFEITOS FINANCEIROS.

1. Para o reconhecimento do período compreendido entre julho de 1982 e outubro de 1989 como segurado autônomo, impõe-se o recolhimento das contribuições correspondentes.

2. Assim, referido lapso temporal só será computado para fins de concessão de benefício previdenciário se houver o pagamento da respectiva indenização. Somente a partir desse momento os requisitos restarão implementados e a parte autora fará jus à aposentadoria.

3. Recurso especial a que se nega provimento.

PROCESSO

AgInt no AREsp 1089440 / RS

AGRAVO INTERNO NO AGRAVO EM RECURSO ESPECIAL

2017/0090498-3

RELATOR

Ministro FRANCISCO FALCÃO (1116)

ÓRGÃO JULGADOR

T2 - SEGUNDA TURMA

DATA DO JULGAMENTO

19/04/2018

DATA DA PUBLICAÇÃO/FONTE

DJe 03/05/2018

RSTP vol. 348 p. 112

EMENTA

PREVIDENCIÁRIO. REVISÃO DE BENEFÍCIO. AGRAVO DE INSTRUMENTO. DEFICIÊNCIA DA FUNDAMENTAÇÃO. INCIDÊNCIA DO ENUNCIADO N. 284 DA SÚMULA DO STF. ACÓRDÃO EM CONSONÂNCIA COM A JURISPRUDÊNCIA DESTA CORTE.

I - O feito encontra-se em sede de execução. Então, por óbvio, deverá ser observado o título executivo. **II - O Tribunal a quo, apenas manteve a sentença, exarando entendimento no sentido de que o direito à revisão da aposentadoria somente pode ser reconhecido a partir do momento em que foram efetuadas as contribuições a destempo.** III - Havendo portanto decisão judicial no sentido de que ao recorrente é possibilitado o recolhimento a destempo, e feito esse recolhimento é possível o cômputo do período trabalhado desde então, não é possível em sede de recurso especial alterar esse entendimento para entender possível revisão que retroaja ao termo inicial da sua aposentadoria ou, mesmo do requerimento administrativo. IV - Desse modo, o recurso especial interposto na fase de execução que busca alterar entendimento firmado no processo de conhecimento, já transitado em julgado, encontra óbice na Súmula 284/STF. **V - Ainda que fosse possível superar tal óbice, melhor sorte não acolheria ao recorrente. Isto porque a jurisprudência desta e. Corte entende que para o reconhecimento de tempo de serviço, impõe-se, necessariamente, o recolhimento prévio da contribuição.** Nesse sentido: AgRg no REsp 1452151/PR, Rel. Ministro HERMAN BENJAMIN, SEGUNDA TURMA, julgado em 24/03/2015, DJe 01/07/2015; REsp 1213106/RS, Rel. Ministra MARIA THEREZA DE ASSIS MOURA, SEXTA TURMA, julgado em 03/05/2012, DJe 14/05/2012. VI - Gize-se, por oportuno, que não corresponde à realidade a alegação de que o atraso no pagamento das contribuições se deu em razão do INSS. VII - A uma porque o tempo correto do recolhimento das contribuições era o período em que o segurado estava laborando, e não anos depois. A duas porque nunca houve, de fato, impedimento a que o segurado recolhesse as contribuições em atraso, as quais ele atribuía a obrigação à empresa da qual era sócio. E esse foi o pedido administrativo e judicial. E o que restou reconhecido no acórdão era que, na verdade, a obrigação é do segurado e as contribuições poderiam ser recolhidas a destempo, com efeitos dali em diante. VIII - Agravo interno improvido.

2.25. CONCESSÃO DE APOSENTADORIA E VACÂNCIA DO CARGO PÚBLICO

Para os entes federativos que criaram RPPS para os seus servidores efetivos, historicamente a publicação do ato aposentador gera a vacância do cargo público.

A questão que sempre foi controvertida se refere aos municípios que não constituíram RPPS, pois neste caso o servidor efetivo é filiado ao RGPS. **Frise-se que para o extinto Ministério do Trabalho e Previdência Social a** concessão de aposentadoria ao servidor titular de cargo efetivo, ainda que pelo RGPS, determinará a vacância do cargo[69], devendo ser desligado do cargo efetivo o servidor municipal que se aposentar pelo Regime Geral.

69. Artigo 79 da Orientação Normativa 02/2009.

No entanto, centenas de municípios mantinham os servidores efetivos no cargo após o ato aposentador do INSS, pois a lei municipal não previa a citada vacância. **O tema restou pacificado pela EC 103/2019, que introduziu o § 14 no artigo 37 da Constituição:**

> *§ 14. A aposentadoria concedida com a utilização de tempo de contribuição decorrente de cargo, emprego ou função pública, inclusive do* **Regime Geral** *de Previdência Social, acarretará o* **rompimento do vínculo** *que gerou o referido tempo de contribuição.*

Nesse sentido a Portaria MTP 1.467/2022:

> *"Art. 170. A concessão de aposentadoria ao servidor titular de cargo efetivo, ainda que pelo RGPS, com a utilização de tempo de contribuição decorrente do cargo em exercício, acarretará o rompimento do vínculo funcional e determinará a vacância do cargo. Parágrafo único. O tempo de contribuição relativo a emprego público ou cargo anterior averbado no RPPS, somente poderá ser desaverbado e utilizado para obtenção de aposentadoria no regime anterior se não tiver gerado a concessão de vantagens remuneratórias ao segurado no cargo em exercício".*

A concessão de aposentadoria no RPPS já gerava o rompimento da relação jurídica estatutária antes da reforma constitucional com a vacância do cargo efetivo.

A novidade agora é que a concessão de aposentadoria no RGPS passa a gerar a extinção da relação de trabalho com a Administração Pública, quer celetista ou mesmo estatutária, o que atinge servidores efetivos de municípios que não criaram RPPS.

Dessa forma, além dos servidores efetivos de municípios sem RPPS, mesmo os empregados públicos das estatais que se aposentarem pelo RGPS terão a extinção do contrato de trabalho com a Administração Pública.

Pela abertura do texto, embora seja até absurdo, tal regra chega a atingir os servidores que apenas ocupem cargo em comissão e que se aposentem pelo RGPS, embora neste caso nada impede nova nomeação após a exoneração decorrente da concessão da aposentadoria.

Para a aplicabilidade do dispositivo, será necessário criar um canal de comunicação entre o INSS e as entidades da Administração Pública para estas tomarem conhecimento da concessão de aposentadoria pelo RGPS.

O dispositivo também se aplica ao notário, ou tabelião, e oficial de registro, ou registrador, pois exercem função pública, reforçando a regra do artigo 39[70], incisos II e III, da Lei 8.935/94, que prevê a aposentadoria do RGPS como causa de extinção da delegação:

Entende-se que os agentes públicos que adquiriram direito a se aposentar no RGPS antes da alteração constitucional possuem direito adquirido a permanecer com o vínculo ativo com a Administração Pública, embora a Emenda Constitucional 103/2019 silencie a respeito e a regra de transição trate de modo diverso.

Há, no entanto, fórmula de transição esdrúxula do artigo 6º da Emenda:

> *"Art. 6º O disposto no § 14 do art. 37 da Constituição Federal não se aplica a* ***aposentadorias concedidas*** *pelo Regime Geral de Previdência Social até a data de entrada em vigor desta Emenda Constitucional".*

Trata-se de regra infeliz, que utilizou como recorte intertemporal a data da concessão da aposentadoria pelo RGPS, e não a data do implemento dos requisitos da aposentadoria.

Daí que, se aplicável na literalidade, os segurados que requereram o benefício antes da promulgação da reforma constitucional serão prejudicados, acaso o INSS demore na concessão administrativa e só o faça após vigente o novo regime jurídico.

Entende-se que o dispositivo deve ser interpretado conforme a Constituição, que deve ser uma unidade normativa, de modo que o direito adquirido se forma pela implementação dos requisitos a uma aposentadoria, e não no momento da concessão administrativa.

Ao menos deve ser considerada a data do requerimento administrativo como divisor do regime jurídico, e não a data da concessão da aposentadoria.

O posicionamento esposado nessa obra foi seguido pelo Decreto 10.410/2020, que inseriu o artigo 153-A no Decreto 3.048/99:

> *"Art. 153-A. A concessão de aposentadoria* ***requerida a partir de 14 de novembro de 2019*** *com utilização de tempo de contribuição decorrente de cargo, emprego ou função pública acarretará o rompimento do vínculo que gerou o referido tempo de contribuição. (Incluído pelo Decreto nº 10.410, de 2020)*

---

70. Art. 39. Extinguir-se-á a delegação a notário ou a oficial de registro por:
I - morte;
II - aposentadoria facultativa;
III - invalidez.

> *Parágrafo único. Para fins do disposto no* ***caput****, após a consolidação da aposentadoria, nos termos do disposto no art. 181-B, o INSS* ***notificará a empresa responsável sobre a aposentadoria do segurado e constarão da notificação as datas de concessão e de início do benefício****. (Incluído pelo Decreto nº 10.410, de 2020)".*

Logo, somente os servidores efetivos de municípios sem RPPS que requereram ao INSS aposentadoria voluntária a partir de 14/11/2019 terão o rompimento do vínculo estatutário, devendo a autarquia notificar o ente político quando conceder o benefício previdenciário.

■ POSIÇÃO DO STF

O tema ganhou um novo elemento para causar controvérsia na decisão da 1ª Turma do STF no julgamento dos agravos em recursos extraordinários 1234192 e 1250903 em junho de 2020.

Isso porque, **analisando situação anterior à EC 103/2019**, a Suprema Corte entendeu que já era incompatível que o servidor municipal ocupante de cargo efetivo continuasse ocupando o cargo após a concessão de aposentadoria pelo INSS no âmbito do RGPS:

1ª Turma reafirma impossibilidade de servidor receber proventos e remuneração pelo mesmo cargo

Prevaleceu o entendimento de que a acumulação só é possível em cargos distintos.

16/06/2020 20h48

Por maioria dos votos, a Primeira Turma do Supremo Tribunal Federal (STF) decidiu que servidor público municipal aposentado pelo Regime Geral de Previdência Social (RGPS) não pode ser reintegrado ao cargo em que se aposentou a fim de acumular proventos de aposentadoria e remuneração. A decisão foi tomada na tarde desta terça-feira (16) na análise dos Recursos Extraordinários com Agravos (AREs) 1234192 e 1250903.

Os casos

Um servente e um operador de máquinas do Município de Bituruna (PR) pediram a reintegração no cargo efetivo, com o fundamento de que sua exoneração, decorrente de aposentadoria pelo RGPS, foi ilegal. Eles argumentavam que, como não havia regime próprio de previdência, as despesas da inatividade não seriam suportadas pelo município.

O Tribunal de Justiça do Paraná (TJ-PR) considerou nulas as exonerações, por entender que o recebimento simultâneo de proventos de aposentadoria e vencimentos é vedado apenas para servidores vinculados ao regime próprio de previdência. Nos recursos extraordinários, o município sustentava desrespeito ao princípio da administração pública e apontava violação à regra constitucional (artigo 37, *caput* e parágrafo 10) que veda a acumulação em determinados casos.

O relator, ministro Marco Aurélio, havia rejeitado os dois recursos, motivando a interposição de agravos regimentais pelo município.

Impossibilidade de acumulação

Prevaleceu, no julgamento, o voto do ministro Alexandre de Moraes. Segundo ele, não há problema no fato de o servidor aposentado ter acesso a outro cargo público, seja em comissão ou por meio da realização de outro concurso, **mas não pode haver o acúmulo de duas remunerações que derivam do mesmo cargo (proventos de aposentadoria e a própria remuneração). "Uma vez que pediu a aposentadoria e se aposentou no cargo público efetivo específico, ele passou a ganhar aposentadoria e não pode retornar ao mesmo cargo**", afirmou.

Para o ministro, o servidor não pode recolher pelo INSS e, completado o tempo de serviço, continuar normalmente no cargo, agregando uma aposentadoria. Ao citar o entendimento da Turma nos REs 1238957 e 1235897, ele votou pelo provimento dos agravos regimentais a fim de julgar improcedentes os pedidos feitos pelos servidores. Seu voto foi acompanhado pelos ministros Luís Roberto Barroso e Luiz Fux.

O ministro Marco Aurélio votou pelo desprovimento dos agravos, com o entendimento de que o RE não é meio próprio para nova análise de provas nem serve à interpretação de normas. A ministra Rosa Weber seguiu o voto do relator.

E esta posição foi confirmada pelo Plenário do STF:

RE 1283913 AgR-EDv-AgR / MG - MINAS GERAIS

AG.REG.NOSEMB.DIV.NOAG.REG.NORECURSOEXTRAORDINÁRIO

Relator(a): Min. RICARDO LEWANDOWSKI

Julgamento: 14/02/2022

Publicação: 18/02/2022

Órgão julgador: Tribunal Pleno

Publicação

PROCESSO ELETRÔNICO DJe-032 DIVULG 17-02-2022 PUBLIC 18-02-2022

Partes

AGTE.(S): SEBASTIAO MACHADO SOBRINHO ADV.(A/S): MARILESSA MARIA SANTOS MELLO FLORIANO AGDO.(A/S): MUNICIPIO DE VAZANTE PROC.(A/S)(ES): PROCURADOR-GERAL DO MUNICÍPIO DE VAZANTE

Ementa

Ementa: AGRAVO REGIMENTAL NOS EMBARGOS DE DIVERGÊNCIA NO AGRAVO REGIMENTAL NO RECURSO EXTRAORDINÁRIO.

PREVIDENCIÁRIO. MUNICÍPIO DE VAZANTE. AUSÊNCIA DE REGIME PRÓPRIO DE PREVIDÊNCIA SOCIAL. APOSENTADORIA DE SERVIDOR PÚBLICO MUNICIPAL PELO REGIME GERAL. VACÂNCIA DO CARGO PREVISTA EM LEI LOCAL. IMPOSSIBILIDADE DE REINTEGRAÇÃO AO MESMO CARGO PARA ACUMULAR OS PROVENTOS E A REMUNERAÇÃO DELE DECORRENTES. ACÓRDÃO EMBARGADO EM DISSONÂNCIA COM A JURISPRUDÊNCIA DESTA CORTE . EMBARGOS DE DIVERGÊNCIA DO MUNICIPIO CONHECIDOS. AGRAVO REGIMENTAL A QUE SE NEGA PROVIMENTO. **I - Os embargos de divergência do Município foram conhecidos tendo em vista que a jurisprudência desta Corte é no sentido de que: "O servidor público aposentado pelo Regime Geral de Previdência Social, com previsão de vacância do cargo em lei local, não tem direito a ser reintegrado ao mesmo cargo no qual se aposentou ou nele manter-se, por violação à regra do concurso público e à impossibilidade de acumulação de proventos e remuneração não acumuláveis em atividade"** (RE 1.302.501/PR-RG, Rel. Min. Luiz Fux, Tribunal Pleno). II - Agravo regimental a que se nega provimento.

Esse posicionamento acaba esvaziando a regra de transição do artigo 6º da Emenda 103/2019, permitindo inclusive que os municípios exonerem todos os servidores municipais efetivos aposentados pelo RGPS mesmo que antes do advento da EC 103/2019.

2.26. VEDAÇÕES DE COMPLEMENTAÇÕES E INCORPORAÇÕES APÓS A EC 103/2019

A EC 103/2019 inseriu o § 15 no artigo 37 da Constituição:

> *"§ 15. É **vedada a complementação de aposentadorias** de servidores públicos e de pensões por morte a seus dependentes que não seja decorrente do disposto nos §§ 14 a 16 do art. 40 ou que não seja prevista em lei que extinga regime próprio de previdência social".*

Vedou-se que o complemento de aposentadorias e pensões por morte do RPPS seja feito pelos entes políticos, salvo no caso de regime de previdência complementar e de lei de extinção de RPPS que poderão prever os complementos.

Dessa forma, barra-se a edição de leis municipais que complementam aposentadorias no RGPS de servidores efetivos municipais em que inexiste RPPS constituído.

Veja um exemplo que ocorreu no Município de Ipatinga quando ainda não possuía RGPS[71]:

71. Município de Ipatinga. Lei municipal n. 1.311, de 1994.

> *"Art. 10. Aos servidores, que se aposentarem pelo Instituto Nacional de Seguridade Social - INSS, será assegurada, desde a data desta lei, a complementação da aposentadoria, paga pelos cofres municipais de Ipatinga.*
>
> *Parágrafo único. A complementação, de que trata o artigo, corresponderá à diferença entre o valor da aposentadoria paga pelo INSS e os vencimentos previstos para o nível e grau do cargo em que o servidor se aposentou, acrescida dos respectivos quinquênios".*

O problema jurídico desse complemento é a inexistência de contribuição previdenciária do servidor municipal, pois a sua contribuição foi limitada ao teto do salário de contribuição.

No entanto, existe regra de transição no artigo 7º da EC 103/2019:

> *"Art. 7º O disposto no § 15 do art. 37 da Constituição Federal não se aplica a complementações de aposentadorias e pensões* ***concedidas*** *até a data de entrada em vigor desta Emenda Constitucional".*

Trata-se de regra infeliz, que utilizou como recorte intertemporal a data da concessão da aposentadoria ou pensão por morte, e não a data do implemento dos requisitos.

Daí que, se aplicável na literalidade, os segurados que requereram o benefício ou morreram antes da promulgação da reforma constitucional serão prejudicados, acaso o INSS ou o órgão gestor do RPPS demorem na concessão administrativa e só o faça após vigente o novo regime jurídico.

Entende-se que o dispositivo deve ser interpretado conforme a Constituição, que deve ser uma unidade normativa, de modo que o direito adquirido se forma pela implementação dos requisitos a uma aposentadoria ou pela lei em vigor no dia do óbito, e não no momento da concessão administrativa.

O STF poderia ter analisado o tema em repercussão geral, **mas negou afetação**:

> **Tema 1278** - Complementação, à luz da concernente legislação local, da aposentadoria de servidor público municipal submetido ao regime geral de previdência social - RGPS.
>
> Há Repercussão?
>
> Não
>
> Relator(a):
>
> MINISTRO PRESIDENTE
>
> Leading Case:
>
> RE 1438780

Descrição:

Recurso extraordinário em que se discute, à luz dos artigos 37, caput, e 202 da Constituição Federal, a possibilidade, ou não, da complementação de proventos de aposentadoria à luz do art. 3º da Lei 4.496/2002, do Município de Conselheiro Lafaiete/MG.

Ademais, restou inserido o § 9º no artigo 39 da Constituição Federal pela EC 103/2019:

> *"§ 9º É **vedada a incorporação** de vantagens de caráter temporário ou vinculadas ao exercício de função de confiança ou de cargo em comissão à remuneração do cargo efetivo".*

A política de incorporações de valores de cargos em comissão e funções comissionadas foi extinta no Poder Executivo da União desde o Governo de Fernando Henrique Cardoso, com a aprovação da Lei 9.528/97, que alterou o artigo 62[72] da Lei 8.112/90.

Mas essa política administrativa ainda existe em muitos estados e municípios brasileiros, o que acaba "inchando" a folha de remunerações e repercutindo nos gastos no RPPS, estando vedada desde a vigência da reforma previdenciária.

No entanto, o artigo 13 da Emenda 103/2019 preservou, como não poderia ser diferente, o direito adquirido:

> *"Art. 13. Não se aplica o disposto no § 9º do art. 39 da Constituição Federal a parcelas remuneratórias decorrentes de incorporação de vantagens de caráter temporário ou vinculadas ao exercício de função de confiança ou de cargo em comissão efetivada até a data de entrada em vigor desta Emenda Constitucional".*

Logo, quem preencheu todos os requisitos para a incorporação de parcela remuneratória decorrente de função de confiança ou cargo em comissão até a data da promulgação da Emenda possui direito adquirido.

2.27. ABONO DE PERMANÊNCIA

Por força do §19 do artigo 40 da Constituição, modificado pela Emenda 103/2019, observados critérios a serem estabelecidos em **lei do respectivo ente federativo**, o servidor titular de cargo efetivo que tenha completado as exigências para a aposentadoria voluntária e que opte por permanecer em atividade

72. ~~§ 2º A gratificação prevista neste artigo incorpora-se à remuneração do servidor e integra o provento da aposentadoria, na proporção de 1/5 (um quinto) por ano de exercício na função de direção, chefia ou assessoramento, até o limite de 5 (cinco) quintos.~~

poderá fazer jus a um **abono de permanência** equivalente, no máximo, ao valor da sua contribuição previdenciária, até completar a idade para aposentadoria compulsória.

Trata-se do **regramento permanente** do **abono de permanência em serviço**. Eis as modificações:

A) O abono de permanência em serviço passa a ser de pagamento facultativo;

B) O valor do abono não mais é fixado no valor da contribuição previdenciária devida pelo servidor público, podendo ser inferior a esse valor, não tendo sido previsto sequer um limite mínimo.

Logo, de obrigatório e de valor fixo para a ser facultativo e com valor aberto, limitado ao valor da contribuição previdenciária descontada do servidor, cabendo a sua **regulação de acordo com cada lei local do ente político**.

Por outro lado, va**mos falar do abono de permanência no período anterior ao advento da EC 103/2019**. Em termos do RPPS, a Emenda 41/03 instituiu o abono de permanência em favor do servidor público que completou todos os requisitos para se aposentar com proventos integrais, ou seja, 60 anos de idade e 35 anos de contribuição, se homem, ou 55 anos de idade e 30 anos de contribuição, se mulher, desde que conte com 10 anos de efetivo exercício no serviço público e 05 anos no cargo efetivo.

Tratava-se do abono de permanência pelo regramento permanente de aposentadoria voluntária por idade e tempo de contribuição com proventos integrais, inserido no § 19 do artigo 40 da Constituição Federal.

Evidente que os professores do ensino básico possuíam direito ao abono de permanente com a redução em cinco anos na idade e no tempo de contribuição na aposentadoria com proventos integrais.

■ **POSIÇÃO DO STF**

Nesse sentido, de acordo com o STF, "o entendimento firmado pelo Tribunal de origem está alinhado à jurisprudência do Supremo Tribunal Federal. Nota-se que o Plenário Virtual desta Corte, no julgamento do ARE 954.408-RG, sob a relatoria do Ministro Teori Zavascki (Tema 888), reconheceu a repercussão geral da controvérsia e reafirmou a jurisprudência no sentido **de** que não há qualquer óbice à extensão do direito ao **abono de permanência** aos servidores públicos beneficiados por aposentadoria especial. Isso porque a Constituição Federal não restringe a concessão da vantagem apenas aos servidores que cumprirem os requisitos necessários para a aposentadoria voluntária comum. **Tal entendimento é plenamente aplicável ao caso dos autos, tendo em vista que a aposentadoria diferenciada dos professores prevista no art. 40, § 5º, não pode ser considerada afastada pelo art. 40, § 19, de modo que os**

professores que preenchem os requisitos necessários para a aposentadoria voluntária e que optem por permanecer em atividade, fazem jus ao recebimento de abono de permanência[73].

O abono de permanência correspondeis até a Emenda 103/2019 ao valor da contribuição previdenciária devida pelo servidor até completar as exigências para aposentadoria compulsória, não incidindo sobre ele contribuição previdenciária.

No entanto, as regras transitórias de aposentadoria da Emenda 41/2003 (artigo 2º[74]) e da Emenda 47/2005 (artigo 3º[75]) também darão direito ao abono de permanência, embora inexista previsão expressa.

Ademais, ainda existe o abono de permanência com base no artigo 3º da Emenda 41/2003, assegurado em favor do servidor que, a qualquer tempo, tenham cumprido todos os requisitos para obtenção de aposentadoria até o dia 31/12/2003 (publicação da EC 41/2003), com base nos critérios da legislação então vigentes, desde que o servidor opte por permanecer em atividade e tenha completado as exigências para aposentadoria voluntária e que conte com, no mínimo, vinte e cinco anos de contribuição, se mulher, ou trinta anos de contribuição, se homem, até completar as exigências para aposentadoria compulsória.

Destarte, existiam até a EC 103/2019 quatro regras (uma permanente e três transitórias) para o deferimento do abono de permanência:

Regra permanente	Artigo 40, § 19, da Constituição
Regra de transição	Artigo 2º da Emenda 41/2003
Regra de transição	Artigo 3º da Emenda 41/2003
Regra de transição	Artigo 3º da Emenda 47/2005 (entendimento do TCU pela concessão, pois a Emenda 47/2005 foi omissa sobre a concessão do abono neste caso - veja o item 8.3 a seguir)

Veja-se que o TCU garante o abono de permanência à regra de transição do artigo 3º da EC 47/2005, embora a Constituição não preveja por expresso:

73. ARE 840465 / RN, de 28/4/2016.

74. § 5º O servidor de que trata este artigo, que tenha completado as exigências para aposentadoria voluntária estabelecidas no *caput*, e que opte por permanecer em atividade, fará jus a um abono de permanência equivalente ao valor da sua contribuição previdenciária até completar as exigências para aposentadoria compulsória contidas no art. 40, § 1º, II, da Constituição Federal.

75. § 1º O servidor de que trata este artigo que opte por permanecer em atividade tendo completado as exigências para aposentadoria voluntária e que conte com, no mínimo, vinte e cinco anos de contribuição, se mulher, ou trinta anos de contribuição, se homem, fará jus a um abono de permanência equivalente ao valor da sua contribuição previdenciária até completar as exigências para aposentadoria compulsória contidas no art. 40, § 1º, II, da Constituição Federal.

"TCU

GRUPO I - CLASSE V - Plenário

TC 006.993/2013-3

A Emenda Constitucional nº 47, de 6/7/2005, apresentou nova regra de transição àqueles que ingressaram no serviço público até 16/12/1998 e que contassem com no mínimo 25 anos de serviço público, quinze anos na carreira e cinco no cargo (representando um aumento de exigências em relação à regra de transição estabelecida no art. 6º da EC nº 41/2003). Foi oferecida a possibilidade de, uma vez completado o tempo mínimo de contribuição, aplicar-se um redutor correspondente a cada ano de contribuição que excedesse o tempo mínimo. Nela não há referência ao abono de permanência.

***Nesse contexto, o Conselho Superior da Justiça do Trabalho (CSJT), no ano de 2012, encaminhou consulta a este Tribunal acerca da possibilidade de pagamento de abono de permanência para servidores ou magistrados quando implementados os requisitos para aposentadoria com base na regra do art. 3º da Emenda Constitucional nº 47/2005, no caso de opção por permanecer na atividade. Analisando a situação, esta Corte de Contas entendeu haver plausibilidade jurídica de concessão de abono de permanência nas hipóteses em que sejam cumpridos, por servidores ou magistrados, os requisitos para aposentadoria com base na regra do art. 3º da Emenda Constitucional nº 47/2005, no caso de opção por permanecer em atividade, consignando tal entendimento no Acórdão nº 1.482/2012-TCU-Plenário,** nos seguintes termos:*

'(...)

responder ao nobre Presidente do Conselho Superior da Justiça do Trabalho que é lícita a concessão de abono de permanência, de que trata o art. 3º, § 1º, da Emenda Constitucional nº 20, de 15 de dezembro de 1998, nas hipóteses em que sejam implementados, por servidores ou magistrados, os requisitos para aposentadoria com base na regra do art. 3º da Emenda Constitucional nº 47, de 5 de julho de 2005, no caso de opção por permanecer em atividade, sendo aplicável ao caso, por analogia, o disposto no art. 86 da Orientação Normativa MPS/SPS nº 2/2009.'

Apresentadas as mudanças constitucionais sobre a matéria, vê-se claramente que a intenção do legislador, ao longo do tempo, é desestimular aposentadorias precoces ou, de outro modo, incentivar a permanência em atividade do servidor que já tivesse preenchido os requisitos para aposentadoria voluntária, seja na forma inicial de isenção da contribuição previdenciária, seja por meio da concessão do abono de permanência, até completarem setenta anos de idade, quando seriam compulsoriamente aposentados. Compulsadas todas as alterações, sempre se encontra a exigência da permanência no cargo por, no mínimo, cinco anos, para a concessão da aposentadoria ou do abono de permanência para aqueles que optarem por permanecer na ativa até completarem as exigências para a aposentadoria compulsória".

Outrossim, **o Supremo Tribunal Federal possui precedentes da 2ª Turma pela concessão do abono de permanência em favor dos servidores que preencheram as regras para a concessão de aposentadoria com base no regramento do Regime Geral de Previdência Social ou nas normas especiais dos policiais:**

■ **POSIÇÃO DO STF**

ARE 904533 AgR / RS - RIO GRANDE DO SUL

AG.REG. NO RECURSO EXTRAORDINÁRIO COM AGRAVO

Relator(a): Min. GILMAR MENDES

Julgamento: 27/10/2015 Órgão Julgador: Segunda Turma

Agravo regimental em recurso extraordinário com agravo. **2. Abono de permanência. Servidores públicos beneficiados por aposentadoria especial. Possibilidade.** 3. Ausência de argumentos suficientes a infirmar a decisão recorrida. 4. Agravo regimental a que se nega provimento.

ARE 904527 AgR / RS - RIO GRANDE DO SUL

AG.REG. NO RECURSO EXTRAORDINÁRIO COM AGRAVO

Relator(a): Min. GILMAR MENDES

Julgamento: 27/10/2015 Órgão Julgador: Segunda Turma

Agravo regimental em recurso extraordinário com agravo. 2. Direito Previdenciário. **3. Abono de permanência. Servidores públicos beneficiados por aposentadoria especial. Possibilidade.** 4. Agravo regimental a que se nega provimento.

ARE 905116 AgR / RS - RIO GRANDE DO SUL

AG.REG. NO RECURSO EXTRAORDINÁRIO COM AGRAVO

Relator(a): Min. GILMAR MENDES

Julgamento: 15/09/2015 Órgão Julgador: Segunda Turma

Agravo regimental em recurso extraordinário com agravo. **2. Direito Previdenciário. 3. Lei Complementar 51/85. Recepção pela Constituição Federal. 4. Abono de permanência. Servidores públicos beneficiados por aposentadoria especial. Possibilidade.** 5. Agravo regimental a que se nega provimento".

Ao menos até a Emenda 103/2019, o abono era pago desde o dia de formação do direito adquirido, desde que requerido em até 5 anos, sob pena de incidência da prescrição quinquenal. No entanto, tema deverá ser avaliado à luz do regramento específico de cada RPPS, pois alguns entes da federação criaram regras específicas sobre o termo inicial do pagamento.

Nesse sentido, para o Estado de Rondônia, através do artigo 40 da Lei Complementar estadual 432/2008, o abono de permanência é devido a partir do cumprimento dos requisitos para obtenção do benefício de aposentadoria, quando requerido até 30 (trinta) dias após a data em que se deu o implemento do último requisito para a concessão de aposentadoria; e da data de protocolização do requerimento, quando este for apresentado depois de decorridos os 30 (trinta) dias estabelecidos os requisitos das aposentadorias mencionadas.

O objetivo do Poder Público com a criação do abono de permanência é manter o servidor público que já possui direito a uma das regras de aposentadoria acima referidas em atividade, com um gasto extra equivalente ao valor da sua contribuição previdenciária, postergando o aumento de despesas com a nomeação de novos servidores para suprir a inatividade do aposentado.

Algumas leis de RPPS fixam o termo inicial dos efeitos financeiros do abono de permanência na data do requerimento administrativo quando requerido após determinado prazo, e não na data do implemento das condições para a concessão da aposentadoria que gera abono.

É o caso do RPPS do Estado de Rondônia, cuja LC 432/2008 prevê no seu artigo 40 que o pagamento do abono de permanência é de responsabilidade do órgão a que o servidor esteja vinculado e será devido a partir:

> I - do cumprimento dos requisitos para obtenção do benefício de aposentadoria quando requerido até 30 (trinta) dias após a data em que se deu o implemento do último requisito para a concessão de aposentadoria; e
>
> **II - da data de protocolização do requerimento quando este for apresentado depois de decorridos os 30 (trinta) dias estabelecidos no inciso anterior.**

A Constituição Federal não tratava do tema e antes da EC 103/2019 os demais entes não legislavam sobre o abono, de modo que o STF entende que os atrasados são devidos ao servidor (obviamente, respeitada a prescrição quinquenal), afastando as citadas leis estaduais:

■ POSIÇÃO DO STF

"DIREITO ADMINISTRATIVO E PREVIDENCIÁRIO. AGRAVO REGIMENTAL EM RECURSO EXTRAORDINÁRIO COM AGRAVO. SERVIDORA PÚBLICA. MOMENTO DO RECEBIMENTO DO ABONO DE PERMANÊNCIA. APLICAÇÃO DA SÚMULA 359/STF. **1. O Supremo Tribunal Federal possui o entendimento no sentido de que o termo inicial para o recebimento do abono de permanência ocorre com o preenchimento dos requisitos para a aposentadoria voluntária. Precedentes.** 2. Agravo regimental a que se nega provimento" (ARE 825334 AgR/, **1ª Turma, 24/5/2016).**

Ainda no *contexto anterior à EC 103/2019*, quando o **abono de permanência** era sempre um direito do servidor público, **o STF decidiu que cabe a sua concessão de ofício pela Administração Pública,** no julgamento da ADI 5.026/AL, em 05/03/2020:

"CONSTITUCIONAL. AÇÃO DIRETA DE INCONSTITUCIONALIDADE. REGIME PRÓPRIO DE PREVIDÊNCIA SOCIAL. AUXÍLIO-DOENÇA E ABONO DE PERMANÊNCIA. ALEGAÇÃO DE INCONSTITUCIONALIDADE DOS ARTIGOS 53 E 89, § 1º, DA LEI Nº 7.114/2009 DO ESTADO DE ALAGOAS, QUE REESTRUTURA O REGIME PRÓPRIO DE PREVIDÊNCIA DOS SERVIDORES ESTADUAIS, POR VIOLAÇÃO DOS ARTIGOS 5º, XXXVI, 37, XV, 40, § 19, E 194, PARÁGRAFO ÚNICO, DA CONSTITUIÇÃO DA REPÚBLICA. PROCEDÊNCIA PARCIAL.

1. Alegação de inconstitucionalidade material do artigo 53 da lei combatida, que prevê a forma de cálculo da renda mensal do benefício previdenciário de auxílio-doença com estipulação de valor inferior ao do rendimento efetivo do servidor. Inexistência de afronta aos princípios da irredutibilidade dos vencimentos e dos benefícios (artigos 37, XV, e 194, parágrafo único, da Constituição Federal). Os vencimentos recebidos pelo servidor público, pagos em contraprestação pelo seu labor, não se confundem com os valores auferidos a título de benefício previdenciário. O regime previdenciário possui natureza contributiva e solidária, que deve observar o equilíbrio financeiro e atuarial (art. 40, CF, e art. 1º, Lei 9.717/98). A vedação que decorre da Constituição Federal é a do pagamento de benefícios com valores inferiores ao do salário mínimo, como estatui o seu artigo 201, § 2. A forma de cálculo do benefício de auxílio-doença pode ser parametrizada pelos Estados como decorrência da sua autonomia. O texto normativo impugnado guarda conformidade e convergência com o desenho constitucional estabelecido para a organização e o funcionamento dos regimes próprios dos servidores públicos dos Estados. Ausência de violação dos parâmetros constitucionais invocados.

2. O abono de permanência deve ser concedido uma vez preenchidos os seus requisitos, sem necessidade de formulação de requerimento ou outra exigência não prevista constitucionalmente. A jurisprudência desta Suprema Corte tem afirmado que cumpridas as condições para o gozo da aposentadoria, o servidor que decida continuar a exercer as atividades laborais tem direito ao aludido abono sem qualquer tipo de exigência adicional. Precedentes. Súmula 359 deste Supremo Tribunal Federal. O artigo 89, § 1º, da Lei alagoana nº 7.114/2009, ao prever que "o pagamento do Abono de Permanência será devido a partir do mês subsequente ao que for requerido", impõe condições não constitucionalmente assentadas e afronta, por conseguinte, o direito adquirido do servidor. Inconstitucionalidade material por violação dos artigos 5º, XXXVI, e 40, §19, da Constituição da República.

3. Pedido julgado parcialmente procedente, para declarar a inconstitucionalidade do artigo 89, § 1º, da Lei nº 7.114/2009 do Estado de Alagoas".

O STJ irá definir **se o abono de permanência refletirá na base de cálculo do terço de férias e da gratificação de natal dos servidores federais** no julgamento do tema repetitivo 1233:

Processo

ProAfR no REsp 1993530 / RS
PROPOSTA DE AFETAÇÃO NO RECURSO ESPECIAL
2021/0389122-8

DECISÃO DE AFETAÇÃO

Pesquisa de tema: Tema Repetitivo 1233

Relatora

Ministra REGINA HELENA COSTA (1157)

Órgão Julgador

S1 - PRIMEIRA SEÇÃO

Data do Julgamento

12/12/2023

Data da Publicação/Fonte

DJe 21/02/2024

Ementa

PROCESSUAL CIVIL. RECURSO ESPECIAL. CÓDIGO DE PROCESSO CIVIL DE 2015. APLICABILIDADE. PROPOSTA DE AFETAÇÃO COMO REPRESENTATIVO DA CONTROVÉRSIA. SERVIDOR PÚBLICO FEDERAL. ABONO DE PERMANÊNCIA. INCLUSÃO NO CÁLCULO DO ADICIONAL DE FÉRIAS E DA GRATIFICAÇÃO NATALINA (13º SALÁRIO).

1. Delimitação da questão de direito controvertida: Definir se o abono de permanência integra as bases de cálculo do adicional de férias e da gratificação natalina (13º salário) dos servidores públicos federais.

2. Determinada a suspensão dos REsps e AREsps em segundo grau de jurisdição e/ou no Superior Tribunal de Justiça, adotando-se, neste último caso, a providência prevista no art. 256-L do RISTJ.

3. Recurso especial submetido à sistemática dos recursos repetitivos, em afetação conjunta com o REsp n. 2.055.836/PR.

Acórdão

A PRIMEIRA SEÇÃO, por unanimidade, afetou o processo ao rito dos recursos repetitivos (RISTJ, art. 257-C) para delimitar a seguinte tese controvertida: "definir se o **abono de permanência** integra as bases de cálculo do adicional de férias e da gratificação natalina (13º salário) dos servidores públicos federais" e, igualmente por unanimidade, suspendeu a tramitação dos Recursos Especiais e Agravos em Recursos Especiais em segundo grau de jurisdição e/ou no Superior Tribunal de Justiça, dotando-se, neste último caso, a providência prevista no art. 256-L do RISTJ, conforme proposta da Sra. Ministra Relatora. Petição Nº IJ2483/2023 - ProAfR no REsp 1993530.

Os Srs. Ministros Paulo Sérgio Domingues, Afrânio Vilela, Francisco Falcão, Herman Benjamin, Mauro Campbell Marques, Benedito Gonçalves e Sérgio Kukina votaram com a Sra. Min istra Relatora.

Impedida a Sra. Ministra Assusete Magalhães.

Presidiu o julgamento o Sr. Ministro Gurgel de Faria.

Registre-se que os precedentes das Turmas de Direito Público indicam positivamente:

Processo

AgInt no REsp 2075191 / PB
AGRAVO INTERNO NO RECURSO ESPECIAL
2023/0172337-3

Relator

Ministro SÉRGIO KUKINA (1155)

Órgão Julgador

T1 - PRIMEIRA TURMA

Data do Julgamento

20/11/2023

Data da Publicação/Fonte

DJe 23/11/2023

Ementa

SERVIDOR PÚBLICO. ABONO PERMANÊNCIA. NATUREZA REMUNERATÓRIA. BASE DE CÁLCULO. TERÇO CONSTITUCIONAL DE FÉRIAS. GRATIFICAÇÃO NATALINA. INCLUSÃO. 1. "O abono de permanência é vantagem de caráter permanente, incorporando-se ao patrimônio jurídico do servidor e inserindo- se no conceito de remuneração do cargo efetivo. Dessa forma, pode ser incluído na base de cálculo do terço de férias e da gratificação natalina. Precedentes do STJ." (AgInt no REsp n. 2.026.028/AL, relator Ministro Herman Benjamin, Segunda Turma, julgado em 27/3/2023, DJe de 4/4/2023.). 2. Agravo interno não pr ovido.

Acórdão

Vistos e relatados estes autos em que são partes as acima indicadas, acordam os Ministros da PRIMEIRA TURMA do Superior Tribunal de Justiça, em sessão virtual de 14/11/2023 a 20/11/2023, por unanimidade, negar provimento ao recurso, nos termos do voto do Sr. Ministro Relator. Os Srs. Ministros Benedito Gonçalves, Regina Helena Costa, Gurgel de

Faria e Paulo Sérgio Domingues votaram com o Sr. Ministro Relator. Presidiu o julgamento o Sr. Ministro Paulo Sérgio Domingues.

Processo

AgInt no REsp **2026028** / AL
AGRAVO INTERNO NO RECURSO ESPECIAL
2022/0287284-9

Relator

Ministro HERMAN BENJAMIN (1132)

Órgão Julgador

T2 - SEGUNDA TURMA

Data do Julgamento

27/03/2023

Data da Publicação/Fonte

DJe 04/04/2023

Ementa

PROCESSUAL CIVIL E ADMINISTRATIVO. SERVIDOR PÚBLICO. ABONO DE PERMANÊNCIA. INCLUSÃO NA BASE DE CÁLCULO DO TERÇO DE FÉRIAS E DA GRATIFICAÇÃO NATALINA.

1. O acórdão recorrido decidiu em conformidade com a jurisprudência do STJ de que o abono de permanência é vantagem de caráter permanente, incorporando-se ao patrimônio jurídico do servidor e inserindo-se no conceito de remuneração do cargo efetivo. Dessa forma, pode ser incluído na base de cálculo do terço de férias e da gratificação natalina. Precedentes do STJ.

2. Agravo Interno não provido.

Acórdão

Vistos e relatados estes autos em que são partes as acima indicadas, acordam os Ministros da SEGUNDA TURMA do Superior Tribunal de Justiça, em sessão virtual de 21/03/2023 a 27/03/2023, por unanimidade, negar provimento ao recurso, nos termos do voto do Sr. Ministro Relator.

Os Srs. Ministros Francisco Falcão, Humberto Martins e Mauro Campbell Marques votaram com o Sr. Ministro Relator.

Impedida a Sra. Ministra Assusete Magalhães.

Presidiu o julgamento o Sr. Ministro Mauro Campbell Marques.

A **natureza jurídica do abono de permanência** é tema controverso, no sentido de identificar se é uma parcela remuneratória ou indenizatória. **A 1ª Seção do STJ decidiu pela natureza remuneratória**, pois validou a incidência de Imposto de Renda sobre o abono:

■ **POSIÇÃO DO STJ**

"PROCESSUAL CIVIL. AGRAVO REGIMENTAL NO RECURSO ESPECIAL. ABONO DE PERMANÊNCIA. INCIDÊNCIA DE IMPOSTO DE RENDA. OBSERVÂNCIA DO RESP 1.192.556/PE, JULGADO SOB O RITO DO ART. 543-C DO CPC. 1. A Primeira Seção do STJ, por ocasião do julgamento do REsp 1.192.556/PE, da relatoria do Ministro Mauro Campbell Marques, submetido ao regime dos recursos repetitivos, consolidou o entendimento de que "sujeitam-se à incidência do Imposto de Renda os rendimentos recebidos a título de abono de permanência a que se referem o § 19 do art. 40 da Constituição Federal, o § 5º do art. 2º e o § 1º do art. 3º da Emenda Constitucional 41/2003, e o art. 7º da Lei 10.887/2004" (DJe de 06.09.2010). 2. Agravo regimental desprovido" (AgRg no REsp 1284402, de 20/10/2015).

O STF decidiu que se trata de matéria infraconstitucional, devendo a última posição ser dada pelo Superior Tribunal de Justiça:

> **"RE 688001 RG / RS - RIO GRANDE DO SUL**
> **REPERCUSSÃO GERAL NO RECURSO EXTRAORDINÁRIO**
> **Relator(a): Min. TEORI ZAVASCKI**
> **Julgamento: 03/10/2013**
> TRIBUTÁRIO E CONSTITUCIONAL. RECURSO EXTRAORDINÁRIO. INCIDÊNCIA DE IMPOSTO DE RENDA SOBRE O ABONO DE PERMANÊNCIA. MATÉRIA INFRACONSTITUCIONAL. AUSÊNCIA DE REPERCUSSÃO GERAL (ART. 543-A DO CPC). 1. A controvérsia a respeito da incidência do imposto de renda sobre as verbas percebidas a título de abono de permanência é de natureza infraconstitucional, não havendo, portanto, matéria constitucional a ser analisada (ARE 665800 AgR, de minha relatoria, Segunda Turma, DJe de 20/08/2013; ARE 691857 AgR, Rel. Min. CÁRMEN LÚCIA, Primeira Turma, DJe 19/09/2012; ARE 662017 AgR, Rel. Min. DIAS TOFFOLI, Primeira Turma, DJe de 03/08/2012; ARE 646358 AgR, Rel. Min. RICARDO LEWANDOWSKI, Segunda Turma, DJe de 15/05/2012). 2. É cabível a atribuição dos efeitos da declaração de ausência de repercussão geral quando não há matéria constitucional a ser apreciada ou quando eventual ofensa à Constituição Federal se dê de forma indireta ou reflexa (RE 584.608 RG, Min. ELLEN GRACIE, Pleno, DJe de 13/03/2009). 3. Ausência de repercussão geral da questão suscitada, nos termos do art. 543-A do CPC".

Com lastro no tema 1157, considerando que o abono de permanência não é um benefício previdenciário, **o STF tem negado o seu deferimento aos servidores estabilizados nos termos do artigo 19 do ADCT da Constituição de 1988** (ARE 1448076 / SC - SANTA CATARINA, RECURSO EXTRAORDINÁRIO COM

AGRAVO, Relator(a): Min. EDSON FACHIN, Julgamento: 09/08/2023, Publicação: 14/08/2023).

2.28. UNIDADE GESTORA ÚNICA

Entende-se por ***unidade gestora***, a teor da Portaria MTP 1.467/2022, a entidade ou órgão único, de natureza pública, de cada ente federativo, abrangendo todos os poderes, órgãos e entidades autárquicas e fundacionais, que tenha por finalidade a administração, o gerenciamento e a operacionalização do RPPS, incluindo a arrecadação e gestão de recursos e fundos previdenciários, a concessão, o pagamento e a manutenção dos benefícios previdenciários.

A sua exigência decorreu da Emenda 41/2003 e foi preservada pela EC 103/2019, nos termos do artigo 40 da Constituição:

> *"§ 20. É vedada a existência de mais de um regime próprio de previdência social e de mais de um órgão ou entidade gestora desse regime em cada ente federativo, abrangidos todos os poderes, órgãos e entidades autárquicas e fundacionais, que serão responsáveis pelo seu financiamento, observados os critérios, os parâmetros e a natureza jurídica definidos na lei complementar de que trata o § 22". (Redação dada pela Emenda Constitucional nº 103, de 2019)*

Com a EC 103/2019, restou mantida a vedação de criação de mais de um RPPS em cada entidade federativa e de mais de um órgão ou unidade gestora de Regime Próprio, restando inserido que este regramento se aplica a todos os Poderes dos entes federativos.

■ POSIÇÃO DO STF

Nesse sentido, o STF no julgamento da ADPF 446, de 17/10/2019:

Ementa

Ementa: CONSTITUCIONAL E PREVIDENCIÁRIO. ARGUIÇÃO DE DESCUMPRIMENTO DE PRECEITO FUNDAMENTAL. LEIS 5.085/86, 6.243/93, 6.623/95, 7.498/01, 7.960/03 E 9.041/08, DO ESTADO DE MATO GROSSO. **REGIME PRÓPRIO DE PREVIDÊNCIA DOS PARLAMENTARES ESTADUAIS. IMPOSSIBILIDADE. VIOLAÇÃO AO ART. 40, §13, DA CONSTITUIÇÃO FEDERAL**. AGENTES POLÍTICOS. CARGOS TEMPORÁRIOS. FILIAÇÃO OBRIGATÓRIA AO RGPS. MODULAÇÃO DE EFEITOS. PRESERVAÇÃO DOS BENEFÍCIOS CONCEDIDOS ANTERIORMENTE À DECISÃO CAUTELAR. 1. A Arguição de Descumprimento de Preceito Fundamental é a via adequada para impugnação conjunta de atos normativos anteriores e posteriores à edição dos preceitos constitucionais que são invocados como parâmetros de controle. **2. A Emenda Constitucional 20/98 limitou a filiação aos regimes próprios de previdência apenas a servidores titulares de cargo efetivo, bem como vedou a criação de regimes**

previdenciários alternativos, em benefício de categorias determinadas. 3. Os agentes políticos, no exercício de mandato, desempenham cargos públicos temporários, de modo que se submetem à filiação obrigatória ao Regime Geral de Previdência Social, a teor do disposto no art. 40, §13, da Constituição Federal, incluído pela EC 20/18. **4. A existência de regime previdenciário específico para os deputados estaduais de Mato Grosso, com condições mais vantajosas que aquelas definidas no RGPS, importa violação aos princípios republicano, da igualdade, da moralidade, da razoabilidade e da impessoalidade.** 5. Medida cautelar confirmada e arguição julgada parcialmente procedente, com modulação dos efeitos da decisão, para resguardar os pensionistas que, até a data da publicação da decisão que deferiu a medida cautelar, já percebiam os benefícios previdenciários previstos nas leis invalidadas.

De acordo com o artigo 9º da Lei 9.717/98, a unidade gestora do regime próprio de previdência dos servidores, prevista no art. 40, § 20, da Constituição Federal:

> *"I - contará com colegiado, com participação paritária de representantes e de servidores dos Poderes da União, cabendo-lhes acompanhar e fiscalizar sua administração, na forma do regulamento;*
>
> *II - procederá, no mínimo a cada 5 (cinco) anos, a recenseamento previdenciário, abrangendo todos os aposentados e pensionistas do respectivo regime;*
>
> *III - disponibilizará ao público, inclusive por meio de rede pública de transmissão de dados, informações atualizadas sobre as receitas e despesas do respectivo regime, bem como os critérios e parâmetros adotados para garantir o seu equilíbrio financeiro e atuarial".*

Por sua vez, atribuiu-se a cada Poder o custeio das suas despesas com RPPS, cabendo a uma lei complementar nacional fixar os parâmetros.

Ademais, retirou-se a ressalva de que o dispositivo não se aplica na situação do disposto no art. 142, § 3º, X[76], pois caberá a uma lei complementar da União reger o tema.

Por força do artigo 8º da Lei 9.717/98, com redação dada pela Lei 13.846/2019, os responsáveis pelos poderes, órgãos ou entidades do ente estatal, os dirigentes da unidade gestora do respectivo regime próprio de previdência social e os membros dos seus conselhos e comitês **respondem diretamente por infração ao disposto**

76. § 3º Os membros das Forças Armadas são denominados militares, aplicando-se-lhes, além das que vierem a ser fixadas em lei, as seguintes disposições: X - a lei disporá sobre o ingresso nas Forças Armadas, os limites de idade, a estabilidade e outras condições de transferência do militar para a inatividade, os direitos, os deveres, a remuneração, as prerrogativas e outras situações especiais dos militares, consideradas as peculiaridades de suas atividades, inclusive aquelas cumpridas por força de compromissos internacionais e de guerra. (Incluído pela Emenda Constitucional nº 18, de 1998)

nesta legislação, sujeitando-se, no que couber, ao regime disciplinar estabelecido na Lei Complementar nº 109, de 29 de maio de 2001, e seu regulamento, e conforme diretrizes gerais.

Ademais, os dirigentes do ente federativo instituidor do regime próprio de previdência social e da unidade gestora do regime e os demais responsáveis pelas ações de investimento e aplicação dos recursos previdenciários, inclusive os consultores, os distribuidores, a instituição financeira administradora da carteira, o fundo de investimentos que tenha recebido os recursos e seus gestores e administradores serão **solidariamente responsáveis**, na medida de sua participação, pelo ressarcimento dos prejuízos decorrentes de aplicação em desacordo com a legislação vigente a que tiverem dado causa.

De acordo com o **artigo 71 da Portaria MTP 1.467, de 2 de junho de 2022**, a unidade gestora única deverá **gerenciar, direta ou indiretamente**, a concessão, o pagamento e a manutenção, dos benefícios de aposentadoria e pensão por morte devidos a todos os segurados e beneficiários do RPPS e a seus dependentes, relativos a todos os poderes, órgãos e entidades do ente federativo.

Há **gerenciamento indireto** quando a concessão, o pagamento e a manutenção dos benefícios forem executados por outro órgão ou entidade integrante da correspondente Administração Pública, atendendo-se, porém, na realização daquelas atividades, ao comando, à coordenação e ao controle da unidade gestora única.

O gerenciamento indireto poderá se dar sob a forma de sistema, cabendo à unidade gestora o papel de órgão central do sistema previdenciário e às unidades de administração descentralizadas, o de órgãos setoriais, observado o seguinte:

> I - o órgão central do sistema previdenciário procederá à orientação normativa e à supervisão técnica dos órgãos setoriais, sem prejuízo da subordinação dessas unidades descentralizadas ao órgão em cuja estrutura administrativa estiverem integradas;
>
> II - as atribuições previstas no inciso I serão desempenhadas pelo órgão central do sistema previdenciário por meio, dentre outros, do estabelecimento e acompanhamento dos procedimentos, atividades e rotinas a serem observados pelos órgãos setoriais na concessão, revisão e pagamento dos benefícios de aposentadorias e de pensão por morte;
>
> III - compete ao órgão central do sistema previdenciário a decisão final, no âmbito administrativo, acerca da concessão, da manutenção, do pagamento e da revisão dos benefícios de aposentadorias e de pensão por morte à luz da legislação local e federal aplicável, ressalvadas as competências constitucionais dos Tribunais de Contas; e
>
> IV - os órgãos setoriais deverão observar a decisão final de que trata o inciso III e procederem as adequações requeridas pelo órgão central.

O ente federativo deverá manter registro individualizado dos segurados e beneficiários do RPPS, que conterá, no mínimo, as seguintes informações[77]:

> I - nome e demais dados pessoais, inclusive dos dependentes;
> II - matrícula e outros dados funcionais;
> III - valores mensais das remunerações, subsídios e proventos e das bases de cálculo das contribuições;
> IV - valores mensais da contribuição do segurado e do beneficiário;
> V - valores mensais da contribuição do ente federativo; e
> VI - Certidão de Tempo de Contribuição - CTC.

Ainda de acordo com as mudanças perpetradas pela Lei 13.846/19, os **dirigentes da unidade gestora do regime próprio de previdência social** deverão atender aos seguintes r**equisitos mínimos**:

> I - não ter sofrido condenação criminal ou incidido em alguma das demais situações de inelegilidade previstas no inciso I do caput do art. 1º da Lei Complementar nº 64, de 18 de maio de 1990, observados os critérios e prazos previstos na referida Lei Complementar;
> II - possuir certificação e habilitação comprovadas, nos termos definidos em parâmetros gerais;
> III - possuir comprovada experiência no exercício de atividade nas áreas financeira, administrativa, contábil, jurídica, de fiscalização, atuarial ou de auditoria;
> IV - ter formação superior.

Eis a regulamentação do dispositivo na Portaria MTP 1.467, de 2 de junho de 2022:

> *"Seção I*
>
> *Requisitos dos dirigentes e membros dos conselhos deliberativo, fiscal e comitê de investimentos dos RPPS*
>
> *Art. 76. Deverá ser comprovado o atendimento, pelos dirigentes da unidade gestora do RPPS, aos seguintes requisitos previstos no art. 8º-B da Lei nº 9.717, de 1998, para sua nomeação ou permanência, sem prejuízo de outras condições estabelecidas na legislação do regime:*
>
> *I - não ter sofrido condenação criminal ou incidido em alguma das demais situações de inelegibilidade previstas no inciso I do caput do art. 1º da Lei*

77. Artigo 75 da Portaria MTP 1.467, de 2 de junho de 2022.

Complementar nº 64, de 18 de maio de 1990, observados os critérios e prazos previstos na referida Lei Complementar;

II - possuir certificação, por meio de processo realizado por entidade certificadora para comprovação de atendimento e verificação de conformidade com os requisitos técnicos necessários para o exercício de determinado cargo ou função;

III - possuir comprovada experiência no exercício de atividade nas áreas financeira, administrativa, contábil, jurídica, de fiscalização, atuarial ou de auditoria; e

IV - ter formação acadêmica em nível superior.

§ 1º Os requisitos de que tratam os incisos I e II do caput aplicam-se aos membros dos conselhos deliberativo e fiscal e do comitê de investimentos do RPPS.

§ 2º Os requisitos de que tratam os incisos I a IV do caput aplicam-se ao responsável pela gestão das aplicações dos recursos do RPPS.

§ 3º É de responsabilidade do ente federativo e da unidade gestora do RPPS a verificação dos requisitos de que trata este artigo e o encaminhamento das correspondentes informações à SPREV, na forma estabelecida no art. 241.

§ 4º A autoridade do ente federativo ou da unidade gestora do RPPS competente para apreciar o atendimento aos requisitos previstos neste artigo deverá verificar a veracidade das informações e autenticidade dos documentos a ela apresentados e adotar as providências relativas à nomeação e permanência dos profissionais nas respectivas funções.

§ 5º A lei do ente federativo poderá estabelecer outros requisitos além dos previstos neste artigo.

Art. 77. A comprovação do requisito de que trata o inciso I do caput do art. 76 será exigida a cada 2 (dois) anos, observados os seguintes parâmetros:

I - a inexistência de condenação criminal, inclusive para os delitos previstos no inciso I do art. 1º da Lei Complementar nº 64, de 1990, mediante apresentação de certidões negativas de antecedentes criminais da Justiça Estadual e da Justiça Federal competentes; e

II - no que se refere às demais situações previstas no inciso I do art. 1º da Lei Complementar nº 64, de 1990, mediante declaração de não ter incidido em alguma das situações ali previstas, conforme modelo de declaração disponibilizado pela SPREV na página da Previdência Social na Internet.

Parágrafo único. Em caso de ocorrência das situações de que trata este artigo, os profissionais deixarão de ser considerados como habilitados para as correspondentes funções desde a data de implementação do ato ou fato obstativo.

Art. 78. A comprovação do requisito de que trata o inciso II do caput do art. 76 deverá ser efetuada com a apresentação de certificação emitida por meio de processo realizado por entidade certificadora reconhecida na forma do § 5º, observados os seguintes prazos:

I - dos dirigentes da unidade gestora, 1 (um) ano, a contar da data da posse;

II - dos membros titulares dos conselhos deliberativo e fiscal, 1 (um) ano, a contar da data da posse; ou

III - do responsável pela gestão das aplicações dos recursos do RPPS e dos membros titulares do comitê de investimentos, previamente ao exercício de suas funções.

§ 1º Na hipótese de substituição dos titulares dos cargos ou funções referidos nos incisos I e II do caput:

I - antes de decorrido um ano de sua posse, o prazo para comprovação da certificação pelos seus sucessores será igual ao período para comprovação que ainda restava ao profissional substituído; ou

II - a partir de um ano de sua posse e até o término do mandato originário, o dirigente sucessor ou o membro suplente que assumir como titular deverão possuir certificação para entrar em exercício na correspondente função.

§ 2º Para mandatos de dirigentes ou membros dos conselhos deliberativo e fiscal inferiores a 4 (quatro) anos o prazo de que tratam os incisos I e II do caput é de 6 (seis) meses.

§ 3º As certificações terão validade máxima de 4 (quatro) anos e deverão ser obtidas mediante aprovação prévia em exames por provas, ou por provas e títulos, ou adicionalmente pela análise de experiência e, em caso de renovação, por programa de qualificação continuada.

§ 4º As certificações e programas de qualificação continuada deverão ter os seus conteúdos alinhados aos requisitos técnicos necessários ao exercício da correspondente função.

§ 5º Para fins do cumprimento do disposto neste artigo, a gestão do reconhecimento dos certificados e das entidades certificadoras, a ser efetuada na forma definida pela SPREV, deverá contemplar, entre outras, as seguintes medidas:

I - análise e decisão sobre os pedidos de reconhecimento das entidades certificadoras e dos correspondentes certificados ou programas de qualificação continuada;

II - definição dos modelos dos processos de certificação ou programas de qualificação continuada e os conteúdos mínimos dos temas para cada tipo de certificação ou programa;

III - definição dos critérios de qualificação técnica das entidades certificadoras;

IV - reconhecimento do processo de certificação e programa de qualificação continuada em que os requisitos técnicos necessários para o exercício da função sejam estabelecidos por modelo que considere sistema de atribuição de pontos por nível ou tipo de certificação;

V - estabelecimento das situações de dispensa da certificação em função de reconhecido conhecimento técnico inerente à titulação acadêmica do dirigente da unidade gestora ou do conselheiro do RPPS ou ao cargo público de que é titular ou de que seja oriundo; e

VI - estabelecimento de critérios para implantação gradual e aperfeiçoamento dos processos de certificação e programas de qualificação continuada de que trata este artigo.

§ 6º O programa de qualificação continuada deverá exigir, como condição de aprovação, dentre outras atividades, produção acadêmica, participação periódica em cursos presenciais ou educação a distância e em eventos de capacitação e educação previdenciárias.

§ 7º A SPREV divulgará na página da Previdência Social na Internet a relação das certificadoras, dos certificados e dos programas de qualificação continuada reconhecidos na forma do § 5º e que serão aceitos para fins da certificação prevista neste artigo".

Nos termos do artigo 241 da Portaria MTP 1.467, de 2 de junho de 2022, "**os entes federativos deverão encaminhar à SPREV dados e informações relativos, entre outros, aos seguintes aspectos dos regimes previdenciários de seus servidores**:

"I - à legislação relacionada ao regime previdenciário, imediatamente após a sua publicação, com informação da data e forma de publicação de cada ato;

II - à estrutura de governança do RPPS, contemplando a identificação dos dirigentes da unidade gestora, do responsável pela gestão das aplicações dos recursos e dos membros dos conselhos deliberativo e fiscal e do comitê de investimentos e a comprovação do atendimento aos requisitos de que trata o art. 76; (Redação dada pela Portaria MPS nº 1.180, de 16/04/2024).

III - à gestão atuarial do RPPS:

a) a Nota Técnica Atuarial - NTA, imediatamente após sua elaboração ou retificação;

b) o Demonstrativo de Resultado da Avaliação Atuarial - DRAA, os fluxos atuariais e o Relatório da Avaliação Atuarial relativos à avaliação atuarial anual, até o dia 31 de março de cada exercício; e

c) o Demonstrativo de Viabilidade do Plano de Custeio e o Relatório de Análise das Hipóteses, conforme disposto no Anexo VI;

IV - aos investimentos dos recursos:

a) o Demonstrativo da Política de Investimentos - DPIN relativo ao exercício seguinte, até 31 de dezembro de cada exercício, acompanhado do documento da política de investimentos correspondente;

b) o Demonstrativo de Aplicações e Investimentos dos Recursos - DAIR, até o último dia de cada mês, relativamente às informações das aplicações do mês anterior; e

c) os dados cadastrais de fundos de investimentos, informações referentes aos ativos pertencentes às carteiras desses fundos e à movimentação e posição de títulos públicos federais, nos termos do art. 150;

V - à apuração, contabilização e execução das receitas e despesas do RPPS:

a) encaminhamento dos instrumentos de transparência fiscal e as informações e dados contábeis, orçamentários e fiscais de que trata o art. 163-A da Constituição Federal de 1988 e o § 2º do art. 48 da Lei Complementar nº 101, de 2000, compreendendo os relativos ao RPPS, na forma e nos prazos estabelecidos pela STN; (Redação dada pela Portaria MTP nº 3.803, de 16/11/2022).

b)) o Demonstrativo de Informações Previdenciárias e Repasses - DIPR, até o último dia do mês seguinte ao encerramento de cada bimestre do ano civil; e

c) os termos de acordos de parcelamento e reparcelamento dos débitos, nos termos do art. 17;

*VI - aos dados cadastrais, funcionais e remuneratórios dos segurados e beneficiários do RPPS, considerando as informações constantes dos eventos de tabelas, periódicos e não periódicos, enviadas por meio do Sistema Simplificado de Escrituração Digital das Obrigações Previdenciárias, Trabalhistas e Fiscais - eSocial, observando-se as regras e prazos estabelecidos na documentação técnica aprovada pelo Ministério da Previdência Social em conjunto com os órgãos gestores do eSocial. (**PORTARIA MPS Nº 1.499, DE 28 DE MAIO DE 2024**):*

VII - ao RPC:

a) encaminhar até 31 de março de 2022, a lei de instituição do RPC que atenda ao disposto nas normas gerais aplicáveis, independentemente de possuírem servidores filiados ao RPPS com remuneração acima do limite máximo estabelecido para os benefícios do RGPS;

b) apresentar até 30 de junho de 2022, convênio de adesão ao plano de benefício da entidade de previdência complementar autorizado pela Superintendência de Previdência Complementar - Previc, caso haja ingresso de segurados no RPPS com remuneração acima do limite máximo estabelecido para os benefícios do RGPS após a instituição do RPC, ou após essa data, para os que vierem a admitir novos servidores que se enquadrem nessa situação".

2.29. DIREITO ADQUIRIDO

Tanto a Emenda 20 (artigo 3º), quanto a Emenda 41 (artigo 3º) asseguraram o **direito adquirido** à aposentadoria e pensão àqueles que preencheram os requisitos até a sua promulgação, mesmo os que não optaram por seu gozo, inclusive com base nos critérios da legislação vigente, em decorrência do Princípio do *Tempus Regit Actum*.

O direito adquirido é um dos temas mais relevantes em termos de legislação previdenciária, tendo em conta as inúmeras alterações feitas nas normas ao longo das últimas décadas.

Considera-se como direito adquirido o que se incorpora de maneira lícita ao patrimônio do seu titular, uma vez preenchidos todos os pressupostos legais para a sua concessão, sendo no Brasil uma garantia constitucional, pois adotamos neste ponto a Teoria Subjetiva defendida por Carlo Francesco Gabba, que considerava os efeitos jurídicos de uma lei em favor das pessoas.

Com efeito, **em termos de benefícios previdenciários, caso preenchidos todos os requisitos para a sua concessão, restará assegurado ao beneficiário a aplicação do regime jurídico do dia do nascimento do direito, mesmo que o segurado ou dependente não tenha requerido a prestação, não sendo aplicável o novo regramento**, salvo por expressa possibilidade legal e por opção do beneficiário.

Destarte, cuida-se de instituto que tem nexo direto com o Princípio do *Tempus Regit Actum*. É dessa forma que tem sido traçado o contorno do direito adquirido no Brasil em termos de Regime Geral de Previdência Social, em especial à luz da Emenda 20/1998, que o previu no seu artigo 3º:

> *"Art. 3º - É assegurada a concessão de aposentadoria e pensão, a qualquer tempo, aos servidores públicos e aos segurados do regime geral de previdência social, bem como aos seus dependentes, que, até a data da publicação desta Emenda, tenham cumprido os requisitos para a obtenção destes benefícios, com base nos critérios da legislação então vigente".*

Logo, em que pese as importantes alterações perpetradas pela primeira reforma da previdência social, todos os segurados e dependentes do RGPS e RPPS que tenham preenchido todos os requisitos legais para a concessão dos benefícios até 16.12.1998, terão direito adquirido à sua concessão, inclusive a fórmula de cálculo, ficando imunes à aplicação das novas regras.

Vale ressaltar que enquanto não completados os requisitos legais não há de se falar em direito adquirido, mas apenas em mera expectativa de direito. Apesar disso, as reformas costumam aprovar regras de transição para atenuar o novo regramento, em decorrência do Princípio da Segurança Jurídica, para aqueles já filiados ao RGPS na data da vigência das alterações.

De acordo com o TCU, "os servidores que adquiriram o direito à aposentadoria por idade, com o implemento das condições antes da edição da EC 41/03, podem se aposentar, a qualquer tempo, com base nos critérios definidos na legislação anterior, desde que computado apenas o tempo de serviço prestado até a data de publicação dessa Emenda (31/12/2003)"[78].

O mesmo ocorre com os óbitos de segurados ocorridos até o dia da promulgação da Emenda, cujo regime jurídico será o anterior, independentemente da data de entrada do requerimento administrativo, pois é pacífico que a norma em vigor no dia da morte forma o estatuto do benefício, em respeito ao Princípio do *Tempus Regit Actum*.

■ POSIÇÃO DO STJ

Nesse sentido, o STJ:

Súmula 340. *"A lei aplicável à concessão de pensão previdenciária por morte é aquela vigente na data do óbito do segurado"*.

■ POSIÇÃO DO STF

Nesse sentido, pontifica a Súmula 359, do STF, que "ressalvada a revisão prevista em lei, os proventos da inatividade regulam-se pela lei vigente ao tempo em que o militar, ou o servidor civil, reuniu os requisitos necessários", independentemente de requerimento administrativo, conforme redação que decorreu do julgamento do RE 72.509.

Não vejo como possível a aplicação da Teoria do Adimplemento Substancial ao Direito Previdenciário em razão da Legalidade e da Regra de Contrapartida, sob pena de o Poder Judiciário sempre poder flexibilizar requisitos por falta de cumprimento por mínimo período de contribuição ou idade, ou mesmo pelo salário de contribuição não atingir o salário mínimo por poucos Reais.

Demais disso, **se trata de relação de Direito Público**, e não de Direito Privado, que gera despesas à União indevidas na situação de concessão de benefício sem o adimplemento de todos os requisitos constitucionais e legais.

Nesse sentido, **é imprescindível que o segurado conte com todos os requisitos até 13.11.2019** para ter direito adquirido a um benefício à luz do regime jurídico anterior frente à Emenda Constitucional 103/2019.

■ POSIÇÃO DA TNU

Nesse sentido, veja-se precedente da TNU de maio de 2023:

Acórdão

Precedente Relevante

78. **Acórdão 1896/2015 Primeira Câmara** (Monitoramento, Relator Ministro Walton Alencar Rodrigues).

Número

5002105-46.2020.4.04.7005

50021054620204047005

Classe

Pedido de Uniformização de Interpretação de Lei (Turma)

Relator(a)

FRANCISCO DE ASSIS BASILIO DE MORAES

Relator para Acórdão

FRANCISCO GLAUBER PESSOA ALVES

Origem

TNU

Órgão julgador

TURMA NACIONAL DE UNIFORMIZAÇÃO

Data

17/05/2023

Data da publicação

22/05/2023

Fonte da publicação

22/05/2023

Ementa

EMENTA: PEDIDO DE UNIFORMIZAÇÃO DE LEI FEDERAL. CONSTITUCIONAL E PREVIDENCIÁRIO. **APOSENTADORIA POR TEMPO DE CONTRIBUIÇÃO. NÃO PREENCHIMENTO DOS REQUISITOS À LUZ DO DIREITO ANTERIOR À EC N. 103/2019. INAPLICABILIDADE DA TEORIA DO ADIMPLEMENTO SUBSTANCIAL AO DIREITO PREVIDENCIÁRIO.** NÃO É LÍCITO AO SEGURADO CONJUGAR AS VANTAGENS DO NOVO SISTEMA COM AQUELAS APLICÁVEIS AO ANTERIOR, PORQUANTO INEXISTE DIREITO ADQUIRIDO A DETERMINADO REGIME JURÍDICO. IMPOSSIBILIDADE DE MESCLA DE REGIMES JURÍDICOS PARA GARANTIR BENEFÍCIO NOS MOLDES DO DIREITO ANTERIOR. NÃO HÁ DIREITO A REGIME JURÍDICO PARA O QUAL NÃO SE TENHAM IMPLEMENTADO AS CONDIÇÕES BASTANTES A TEMPO E MODO. RESTABELECIMENTO DA SENTENÇA QO N. 38 DESTA TNU. INCIDENTE PROVIDO.

Decisão

A Turma Nacional de Uniformização decidiu, por maioria, vencidos o relator e as Juízas Federais SUSANA SBROGIO GALIA e LUCIANA ORTIZ TAVARES COSTA ZANONI, DAR PROVIMENTO ao pedido, nos termos do voto do Juiz Federal FRANCISCO GLAUBER PESSOA ALVES que lavrará o acórdão.

O direito adquirido não é um fardo ao segurado, pois o seu gozo é facultativo. É evidente que nas situações em que o regramento da Emenda 103/2019 (servidor federal), da reforma estadual ou municipal, quer regramento de transição ou permanente, se tornar no caso concreto mais favorável ao segurado, deverá o ente federativo conceder o melhor benefício, inclusive no que concerne à renda mensal.

Ressalve-se apenas que na situação de ato jurídico perfeito consistente na concessão do benefício antes da reforma da previdência do ente federativo é descabida a incidência do novel regramento, diante da situação consolidada.

Ao revés, na situação de requerimento administrativo oferecido antes da reforma da previdência do ente federativo em que a renda mensal fruto da aplicação da regra de direito adquirido formado na sua vigência for inferior à renda da nova regra permanente ou transitória, deve a unidade gestora do RPPS conceder o melhor benefício.

Decerto, **o direito adquirido se refere ao melhor benefício, inexistindo direito adquirido ao pior benefício (menor renda mensal)**, quando a novel legislação é mais benéfica ao segurado e inexista ato jurídico perfeito na data de mudança do regime jurídico.

2.30. REGISTRO DAS APOSENTADORIAS E PENSÕES POR MORTE NOS TRIBUNAIS DE CONTAS

Compete ao Tribunal de Contas da União "apreciar, para fins de registro, a legalidade dos atos de admissão de pessoal, a qualquer título, na administração direta e indireta, incluídas as fundações instituídas e mantidas pelo Poder Público, excetuadas as nomeações para cargo de provimento em comissão, bem como a das concessões de aposentadorias, reformas e pensões, ressalvadas as melhorias posteriores que não alterem o fundamento legal do ato concessório", a teor do artigo 71, inciso III, da Constituição Federal, sendo uma **norma de repetição obrigatória para os demais entes políticos.**

Na forma do ***artigo 261 do RITCU*** para o exercício da competência atribuída ao TCU, nos termos do inciso III do artigo 71 da Constituição Federal, a autoridade administrativa responsável por ato de admissão de pessoal ou de concessão de aposentadoria, reforma ou pensão submeterá os dados e informações necessários ao respectivo órgão de controle interno, que deverá emitir parecer sobre a legalidade dos referidos atos e torná-los disponíveis à apreciação do Tribunal, sendo que o Tribunal determinará o registro dos atos que considerar legais e recusará o registro dos atos considerados ilegais.

O acórdão que considerar legal o ato e determinar o seu registro não faz coisa julgada administrativa e poderá ser revisto de ofício pelo Tribunal, com a oitiva do Ministério Público e do beneficiário do ato, dentro do prazo de cinco anos da apreciação, se verificado que o ato viola a ordem jurídica, ou a qualquer tempo, no caso de comprovada má-fé.

De acordo com o *artigo 262 do RITCU*, quando o ato de concessão de aposentadoria, reforma ou pensão **for considerado ilegal, o órgão de origem fará cessar o pagamento dos proventos ou benefícios no prazo de quinze dias**, contados da ciência da decisão do Tribunal, sob pena de **responsabilidade solidária da autoridade administrativa omissa.**

Caso não seja suspenso o pagamento, ou havendo indício de procedimento culposo ou doloso na concessão de benefício sem fundamento legal, **o Tribunal determinará a instauração ou a conversão do processo em tomada de contas especial**, para apurar responsabilidades e promover o ressarcimento das despesas irregularmente efetuadas.

Recusado o registro do ato, por ser considerado ilegal, a autoridade administrativa responsável poderá emitir novo ato, se for o caso, escoimado das irregularidades verificadas.

Verificada a omissão total ou parcial de vantagens a que faz jus o interessado, o Tribunal poderá considerar o ato legal, independentemente das comunicações que entender oportunas para cada caso.

Deveras, "o Supremo Tribunal Federal pacificou entendimento de que, sendo a aposentadoria **ato complexo**, que só se aperfeiçoa com o registro no Tribunal de Contas da União, o prazo decadencial da Lei n. 9.784/99 tem início a partir de sua publicação"[79].

Este prazo quinquenal tem aplicação supletiva às demais entidades federativas.

> **■ POSIÇÃO DO STJ**
>
> **SÚMULA N. 633**
>
> A Lei n. 9.784/1999, especialmente no que diz respeito ao prazo decadencial para a revisão de atos administrativos no âmbito da Administração Pública federal, pode ser aplicada, de forma subsidiária, aos estados e municípios, se inexistente norma local e específica que regule a matéria. **Primeira Seção, julgado em 12/06/2019, DJe 17/06/2019.**

Deveria a prescrição quinquenal contra a Administração Pública ser iniciada com o registro no Tribunal de Contas, se é ato complexo. No entanto, "**de acordo com a jurisprudência do STJ, entende-se que o termo inicial do prazo prescricional da pretensão de revisão do ato de aposentadoria se inicia na data da concessão do ato de aposentadoria e não após o seu registro perante a Corte de Contas**. Precedentes: AgRg no AREsp n. 43.863/RS, Rel. Min. Castro Meira,

79. MS 25.552, de 007.04.2008.

Segunda Turma, julgado em 18/9/2012, Dje 25/9/2012; AgRg no AREsp n. 567.783/MG, Rel. Ministro Mauro Campbell Marques, Segunda Turma, julgado em 21/10/2014, DJe 28/10/2014; AgInt no AgInt no REsp n. 1.645.143/DF, Rel. Ministro Og Fernandes, Segunda Turma, julgado em 21/6/2018, DJe 27/6/2018; e EDcl no REsp n. 1.634.035/RS, Rel. Ministro Og Fernandes, Segunda Turma, julgado em 20/3/2018, DJe 23/3/2018".

Compete ainda ao TCU assinar prazo para que o órgão ou entidade adote as providências necessárias ao exato cumprimento da lei, se verificada ilegalidade, nos termos do artigo 71, IX, da Constituição.

Assim, o Tribunal de Contas da União, e, por reflexão, dos Estados, irá adotar as seguintes providências no processo de registro de aposentadorias e pensões no RPPS:

- Promover o registro, quando o ato concessório praticado pela autoridade administrativa for legítimo;
- Negar o registro, quando o mencionado ato administrativo for irregular e contiver vício insanável (a exemplo da inexistência de tempo de contribuição para se aposentar);
- Recomendar a readequação do ato à autoridade administrativa à luz do Princípio do Aproveitamento dos Atos Jurídicos e para não prejudicar o aposentado ou pensionista, quando o vício for sanável (a exemplo de mero erro de remissão à regra de aposentadoria).

Impende salientar que inexiste autorização constitucional para que o Tribunal de Contas determine que a autoridade administrativa corrija o ato, mas apenas que recomente a sua modificação, cabendo ao Tribunal apenas negar o registro, sob pena de cometimento de ato ilícito do Conselheiro.

De acordo com o artigo 19 da Portaria SGP/SEDGG/ME 10.360/2022, a competência do TCU nas concessões de aposentadorias, para fins de registro, limita-se à aferição da legalidade dos respectivos atos, a luz dos elementos que os suportam, **não cabendo àquele Tribunal efetuar qualquer alteração nos títulos jurídicos emitidos pelo órgão ou entidade de origem**.

Muito menos poderá o Tribunal de Contas inovar no mundo jurídico através da alteração do ato concessório da aposentadoria, pois isto extrapolaria a sua competência constitucional.

■ POSIÇÃO DO STF

Este é o entendimento há muito pacificado pelo Plenário do STF no julgamento Mandado de Segurança 21.466, de 19 de maio de 1993:

"MANDADO DE SEGURANÇA - TRIBUNAL DE CONTAS DA UNIÃO- COMPETÊNCIA CONSTITUCIONAL - APRECIAÇÃO DA LEGALIDADE

DE ATO CONCESSIVO DE APOSENTADORIA - POSSIBILIDADE DE CONVERSÃO DO JULGAMENTO EM DILIGÊNCIA - CARÁTER NÃO-VINCULANTE DA DELIBERAÇÃO DO TCU - JUIZ CLASSISTA - PRERROGATIVAS - À QUESTÃO DA SUA EQUIPARAÇÃO AOS MAGISTRADOS TOGADOS - AUSÊNCIA DE DIREITO LÍQUIDO E CERTO A UM MESMO REGIME JURÍDICO - WRIT DENEGADO. - Com a superveniência da nova Constituição, ampliou-se, de modo extremamente significativo, a esfera de competência dos Tribunais de Contas, os quais, distanciados do modelo inicial consagrado na Constituição republicana de 1891, foram investidos de poderes mais amplos, que ensejam, agora, a fiscalização contábil, financeira, orçamentária, operacional e patrimonial das pessoas estatais e das entidades e órgãos de sua administração direta e indireta. - No exercício da sua função constitucional de controle, o Tribunal de Contas da União procede, dentre outras atribuições, a verificação da legalidade da aposentadoria, e determina - tal seja a situação jurídica emergente do respectivo ato concessivo - a efetivação, ou não, de seu registro. O Tribunal de Contas da União, no desempenho dessa específica atribuição, não dispõe de competência para proceder a qualquer inovação no título jurídico de aposentação submetido a seu exame. Constatada a ocorrência de vício de legalidade no ato concessivo de aposentadoria, torna-se lícito ao Tribunal de Contas da União - especialmente ante a ampliação do espaço institucional de sua atuação fiscalizadora - recomendar ao órgão ou entidade competente que adote as medidas necessárias ao exato cumprimento da lei, evitando, desse modo, a medida radical da recusa de registro. Se o órgão de que proveio o ato juridicamente viciado, agindo nos limites de sua esfera de atribuições, recusar-se a dar execução a diligência recomendada pelo Tribunal de Contas da União -reafirmando, assim, o seu entendimento quanto a plena legalidade da concessão da aposentadoria -, caberá a Corte de Contas, então, pronunciar-se, definitivamente, sobre a efetivação do registro".

■ POSIÇÃO DO TCU

Este, inclusive, é o posicionamento atual do TCU:

Acórdão 471/2015 Plenário (Representação, Relator Ministro-Substituto Marcos Bemquerer)

"Competência do TCU. Administração Pública Federal. Ato normativo.

O TCU não tem competência para determinar a órgão jurisdicionado a retirada de atos normativos ou enunciativos do mundo jurídico".

Acórdão 4606/2015 Primeira Câmara (Aposentadoria, Relator Ministro Benjamin Zymler)

"Pessoal. Apreciação do ato. Alteração do ato

Ao exercer a competência prevista no art. 71, inciso III, da Constituição Federal, o TCU só tem por alternativa considerar legal a aposentadoria nos termos em que ela foi concedida ou considerá-la ilegal, sendo-lhe defeso determinar o registro do ato em termos diferentes do que foi requerido e deferido pela Administração".

No plano federal, nos termos do artigo 260 e seguintes do Regimento Interno do TCU, para o exercício da competência atribuída ao Tribunal, nos termos do inciso III do art. 71 da Constituição Federal, a autoridade administrativa responsável por ato de admissão de pessoal ou de concessão de aposentadoria, reforma ou pensão submeterá os dados e informações necessários ao respectivo órgão de controle interno, que deverá emitir parecer sobre a legalidade dos referidos atos e torná-los disponíveis à apreciação do Tribunal, na forma estabelecida em ato normativo.

Por sua vez, o TCU determinará o registro dos atos que considerar legais e recusará o registro dos atos considerados ilegais, ao passo em que o acórdão que considerar legal o ato e determinar o seu registro não faz coisa julgada administrativa e poderá ser revisto de ofício pelo Tribunal, com a oitiva do Ministério Público e do beneficiário do ato, dentro do prazo de cinco anos da apreciação, se verificado que o ato viola a ordem jurídica, ou a qualquer tempo, no caso de comprovada má-fé.

Ademais, identificada irregularidade em ato de concessão já cadastrado nos sistemas informatizados do TCU, poderá o Tribunal proceder ao exame do respectivo ato, dispensando a manifestação do órgão de controle interno respectivo. No entanto, os atos que, a despeito de apresentarem algum tipo de inconsistência em sua versão submetida ao exame do TCU, não estiverem dando ensejo, no momento de sua apreciação, a pagamentos irregulares, serão considerados legais, para fins de registro, devendo ser consignada no julgamento a ressalva em relação à falha que deixou de existir, podendo considerar prejudicado, por perda de objeto, o exame dos atos de admissão e concessão cujos efeitos financeiros tenham se exaurido antes de sua apreciação.

Quando o ato de concessão de aposentadoria, reforma ou pensão for considerado ilegal, o órgão de origem fará cessar o pagamento dos proventos ou benefícios no prazo de quinze dias, contados da ciência da decisão do Tribunal, sob pena de responsabilidade solidária da autoridade administrativa omissa. Acaso não seja suspenso o pagamento, ou havendo indício de procedimento culposo ou doloso na concessão de benefício sem fundamento legal, o TCU determinará a instauração ou a conversão do processo em tomada de contas especial, para apurar responsabilidades e promover o ressarcimento das despesas irregularmente efetuadas.

Se recusado o registro do ato, por ser considerado ilegal, a autoridade administrativa responsável **poderá emitir novo ato**, se for o caso, escoimado das irregularidades verificadas. Verificada a omissão total ou parcial de vantagens a que faz jus o interessado, o Tribunal poderá considerar o ato legal, independentemente das comunicações que entender oportunas para cada caso.

Ainda prevê o Regimento Interno que o relator ou o Tribunal não conhecerá de requerimento que lhe seja diretamente dirigido por interessado na obtenção de quaisquer benefícios ou vantagens de caráter pessoal, devendo a solicitação ser arquivada após comunicação ao requerente.

■ POSIÇÃO DO TCU

Destacamos, ainda, as seguintes decisões do TCU a respeito do registro de aposentadorias:

Acórdão 3547/2015 Segunda Câmara (Pedido de Reexame, Relator Ministro Raimundo Carreiro)

Competência do TCU. Coisa julgada. Independência de instâncias.

A proteção à coisa julgada não afasta do TCU a competência para negar registro aos atos que considere irregulares, sendo determinante apenas para a não interrupção dos pagamentos assegurados na decisão judicial.

Acórdão 984/2015 Segunda Câmara (Pedido de Reexame, Relator Ministro Raimundo Carreiro)

Pessoal. Competência do TCU. Decisão judicial.

Em apreciação de atos de pessoal, o TCU pode manifestar entendimento diferente do declarado por instâncias do Poder Judiciário, inclusive mediante o julgamento pela ilegalidade de atos de aposentadoria amparados por decisão judicial. Só o Supremo Tribunal Federal pode determinar ao TCU que proceda a registro de ato que tenha sido recusado.

Acórdão 7751/2015 Segunda Câmara (Pedido de Reexame, Relator Ministro Augusto Nardes)

Pessoal. Ato sujeito a registro. Princípio da ampla defesa.

O longo transcurso de tempo entre a edição do ato e sua apreciação pelo TCU não convalida a aposentadoria ilegal. Na hipótese de o ato haver ingressado no Tribunal há mais de cinco anos, é necessária a instauração do contraditório e da ampla defesa para a validade do processo.

Acórdão 2294/2014 Primeira Câmara (Aposentadoria, Relator Ministro-Substituto Augusto Sherman)

Registro de ato. Mora da Administração. Legalidade em caráter excepcional.

A mora da Administração na apreciação de ato de aposentadoria que impossibilite o interessado, mesmo que retorne à atividade, de completar os requisitos que garantem a integralidade e a paridade, aliada à exiguidade do tempo faltante, pode ensejar, em caráter excepcional, a legalidade e registro do ato, em homenagem aos princípios da proporcionalidade, da eficiência e da segurança jurídica.

Acórdão 6421/2013 Segunda Câmara

Pessoal. Aposentadoria. Idade mínima completada na inatividade.

O ato de concessão de aposentadoria que não observou o requisito da idade mínima pode ser considerado legal para fins de registro se cumpridas as demais condições e se o beneficiário já atingiu, na inatividade, a idade exigida, tendo em vista os princípios da eficiência e da economia processual, uma vez que o servidor, se obrigado a retornar à atividade, pode requerer nova aposentadoria com o mesmo fundamento; levando-se em conta, também, a inexistência de pagamentos irregulares no momento da apreciação do mérito do ato e o recolhimento da contribuição previdenciária mesmo na vigência da aposentadoria.

ACÓRDÃO 1051/2013 Segunda Câmara

Registro de ato. Aposentadoria. Segurança jurídica.

Conversão indevida de tempo de serviço exercido na atividade de magistério. Longo tempo transcorrido entre a vigência do ato de aposentação e seu exame pelo TCU. Ausência de condições para a aplicação do princípio da segurança jurídica. A aplicação do princípio da segurança jurídica em detrimento do princípio da legalidade, no exame de concessão há muito publicada, deve ocorrer apenas em caso extremo, quando for irreversível a situação fática do interessado ou insuportável o prejuízo a este causado. Negativa de registro do ato.

ACÓRDÃO 3020/2013 Segunda Câmara

Pedido de Reexame. Aposentadoria. Contagem de tempo.

Contagem indevida de tempo de serviço. Exíguo tempo faltante. O retorno à atividade para completar pequeno período de tempo não é proveitoso para a Administração. Legalidade. Recurso provido.

Acórdão 11235/2017 Primeira Câmara (Aposentadoria, Relator Ministro Vital do Rêgo)

Pessoal. Aposentadoria. Vantagem opção. Paridade. Quintos.

A vantagem decorrente da opção guarda paridade com a remuneração dos servidores ativos, diferentemente da incorporação de quintos. Havendo alteração na forma de cálculo da vantagem opção para os ativos, os inativos que percebem seus proventos com paridade também são beneficiários dessa modificação.

Acórdão 17953/2021 Segunda Câmara (Aposentadoria, Relator Ministro Aroldo Cedraz)

Pessoal. Aposentadoria. Proventos. Média aritmética. Cálculo. Gratificação natalina.

No cálculo de proventos de aposentadoria pela média aritmética das maiores remunerações (art. 40, §§ 3º e 17, da Constituição Federal, na redação da EC 41/2003), é lícita a inclusão do valor da gratificação natalina no cálculo da média, desde que a soma dos treze salários de contribuição no ano seja dividida por treze.

Acórdão 8160/2021 Primeira Câmara (Pensão Militar, Relator Ministro--Substituto Augusto Sherman)

Pessoal. Reforma (Pessoal). Reforma-prêmio. Tempo de serviço. Escola militar. Reserva militar.

O tempo de serviço como aluno de órgão de formação da reserva (art. 137, inciso III, da Lei 6.880/1980) e o tempo de serviço acadêmico (art. 37 da MP 2.215/2001) não podem ser computados pelo militar para a concessão da vantagem prevista na redação original do art. 50, inciso II, da Lei 6.880/1980 (remuneração na inatividade correspondente ao grau hierárquico superior, ou sua melhoria). A averbação do primeiro encontra obstáculo no art. 137, § 1º, da Lei 6.880/1980; já o segundo, por se tratar de tempo ficto, não pode ser considerado tempo de efetivo serviço militar.

Acórdão 8316/2021 Primeira Câmara (Pedido de Reexame, Relator Ministro Vital do Rêgo)

Pessoal. Tempo de serviço. Tempo ficto. Contagem de tempo de serviço. Marco temporal. Insalubridade. Periculosidade. Penosidade.

É permitida a contagem ponderada de tempo de serviço prestado em condições de risco, perigosas ou insalubres no serviço público em período posterior ao advento da Lei 8.112/1990. Até a edição da EC 103/2019, devem ser aplicadas as normas do regime geral de previdência social relativas à aposentadoria especial contidas na Lei 8.213/1991, enquanto não sobrevier lei complementar disciplinadora da matéria. Após a edição da EC 103/2019, o direito à conversão em tempo comum do tempo prestado sob condições especiais pelos servidores obedecerá a legislação complementar (art. 40, § 4º-C, da Constituição Federal).

Acórdão 8317/2021 Segunda Câmara (Pensão Especial de Ex-combatente, Relator Ministro Raimundo Carreiro)

Pessoal. Pensão especial de ex-combatente. Filha maior solteira. Legislação. Marco temporal.

É ilegal a concessão de pensão especial de ex-combatente (art. 53, inciso III, do ADCT) a filha maior de 21 anos e não inválida de instituidor falecido após o início da vigência da Constituição Federal de 1988, pois a Lei 8.059/1990, ao regulamentar o mencionado dispositivo do ADCT, excluiu do rol de dependentes de ex-combatente esse tipo de beneficiário.

Acórdão 9438/2021 Primeira Câmara (Aposentadoria, Relator Ministro Jorge Oliveira)

Pessoal. Ato sujeito a registro. Princípio da insignificância. Aposentadoria. Pensão. Pagamento indevido.

O valor insignificante de parcela incluída irregularmente em ato de concessão de aposentadoria ou pensão pode ensejar em caráter excepcional o julgamento pela legalidade do ato, com o devido registro, em observância aos princípios da razoabilidade, da eficiência e da economicidade, desde que adotada medida para a regularização financeira da falha.

Acórdão 11504/2021 Primeira Câmara (Pensão Civil, Relator Ministro-Substituto Marcos Bemquerer)

Pessoal. Acumulação de cargo público. Regime de dedicação exclusiva. Aposentadoria. Simultaneidade. Professor. Compatibilidade de horário.

A acumulação de proventos de aposentadoria de cargo exercido em regime de dedicação exclusiva com proventos de outro cargo só é lícita se ambos os cargos se enquadrarem em uma das hipóteses do art. 37, inciso XVI, da Constituição Federal e tiverem sido exercidos em períodos distintos, haja vista a previsão constitucional de compatibilidade de horários para a acumulação lícita de cargos e a imposição legal de o regime de dedicação exclusiva impedir o seu titular de exercer outro cargo, emprego ou função no âmbito da Administração Pública (art. 14 do Decreto 94.664/1987).

Acórdão 11068/2021 Segunda Câmara (Aposentadoria, Relator Ministro Raimundo Carreiro)

Pessoal. Aposentadoria. Proventos. Média aritmética. Base de cálculo. Plano econômico.

É regular a inclusão de rubrica judicial referente a plano econômico na base de cálculo dos proventos de aposentadoria pela média das maiores remunerações (art. 40, §§ 3º e 17, da Constituição Federal), caso a rubrica integre a base das contribuições previdenciárias recolhidas pelo servidor, uma vez que não contraria o comando constitucional de preservação do equilíbrio financeiro e atuarial do sistema previdenciário e esse tipo de rubrica não consta do rol de vantagens que devem ser excluídas daquele cálculo (art. 4º, § 1º, da Lei 10.887/2004).

Acórdão 46/2024 Segunda Câmara (Pensão Civil, Relator Ministro Aroldo Cedraz)

Pessoal. Ato sujeito a registro. Princípio da insignificância. Aposentadoria. Pensão. Pagamento indevido.

O valor insignificante de parcela incluída irregularmente em ato de concessão de aposentadoria ou pensão pode ensejar em caráter excepcional o julgamento pela legalidade do ato, com o devido registro, em observância aos princípios da razoabilidade, da eficiência e da economicidade, desde que adotada medida para a regularização financeira da falha.

Acórdão 607/2024 Segunda Câmara (Pedido de Reexame, Relator Ministro Antonio Anastasia)

Pessoal. Ato sujeito a registro. Ato complexo. Aposentadoria. Pensão. Jurisprudência. Retroatividade. Princípio da segurança jurídica.

Eventual irregularidade em ato de aposentadoria registrado pelo TCU pode ser novamente analisada, de acordo com a jurisprudência vigente, na apreciação da pensão decorrente, pois a concessão da pensão é ato novo, também complexo, que somente se aperfeiçoa após a análise realizada pelo Tribunal no exercício da competência prevista no art. 71, inciso III, da Constituição Federal. O emprego do entendimento vigente para a apreciação de atos complexos que ainda não foram registrados pelo TCU não configura aplicação retroativa de novo entendimento jurisprudencial (art. 24 do Decreto-lei 4.657/1942 - Lindb)

Acórdão 398/2024 Primeira Câmara (Pedido de Reexame, Relator Ministro Benjamin Zymler)

Pessoal. Acumulação de pensões. Limite. Anistiado político. Servidor público militar. Pensão militar.

É legal a acumulação de pensão militar com a pensão especial de anistiado político (art. 13 da Lei 10.559/2002) instituída por ex-militar, pois são benefícios regulados por regimes jurídicos distintos (art. 29, inciso II, da Lei 3.765/1960).

Acórdão 712/2024 Primeira Câmara (Aposentadoria, Relator Ministro Benjamin Zymler)

Pessoal. Ato sujeito a registro. Alteração. Irregularidade. Revisão de ofício. Decadência.

A presença de ilegalidade em ato já registrado e sem possibilidade de revisão de ofício em razão da decadência (art. 260, § 2º, do Regimento Interno do TCU) é obstáculo a registro de alteração para incremento do valor do benefício. Ao apreciar alteração de ato sujeito a registro, o TCU deve examinar a legalidade de todos os aspectos do ato, inclusive irregularidades eventualmente já existentes e não identificadas no momento da apreciação inicial, ainda que decorrido o prazo decadencial.

Acórdão 769/2024 Segunda Câmara (Aposentadoria, Relator Ministro Augusto Nardes)

Pessoal. Ato sujeito a registro. Alteração. Irregularidade. Revisão de ofício. Decadência.

Após cinco anos da apreciação da concessão inicial de aposentadoria, não pode o TCU, ao examinar ato de alteração, considerá-lo ilegal apenas pela percepção de vantagem considerada irregular, mas já existente e considerada regular no momento da concessão da aposentadoria, uma vez que, transcorrido o prazo de cinco anos, decai o direito de o Tribunal rever a decisão que considerou legal o ato e determinou seu registro (art. 260, § 2º, do Regimento Interno do TCU).

Acórdão 250/2024 Plenário (Aposentadoria, Relator Ministro Benjamin Zymler)

Pessoal. Aposentadoria especial. Policial. Proventos. Proventos integrais. Paridade.

O servidor público policial da União que preencheu os requisitos para a aposentadoria especial voluntária prevista na LC 51/1985 tem direito ao cálculo de seus proventos com base nas regras da integralidade e da paridade (art. 38 da Lei 4.878/1965), independentemente do cumprimento das regras de transição especificadas nas EC 41/2003 e 47/2005.

Acórdão 1465/2024 Primeira Câmara (Pedido de Reexame, Relator Ministro Vital do Rêgo)

Pessoal. Aposentadoria. Vantagem opção. Requisito. Marco temporal.

É vedado o pagamento das vantagens oriundas do art. 193 da Lei 8.112/1990, inclusive o pagamento parcial da remuneração do cargo em comissão ("opção"), aos servidores que implementaram os requisitos de aposentadoria após 16/12/1998, data de publicação da EC 20/1998, que limitou o valor dos proventos à remuneração do cargo efetivo no qual se deu a aposentadoria.

Acórdão 1514/2024 Primeira Câmara (Aposentadoria, Relator Ministro Benjamin Zymler)

Pessoal. Regime de dedicação exclusiva. Vedação. Aposentadoria. Tempo de serviço. Limite mínimo.

É ilegal o ato de aposentadoria de professor que contemple mudança de regime de trabalho para o de dedicação exclusiva há menos de cinco anos da aposentação, por frustrar a preservação do equilíbrio financeiro e atuarial e o caráter contributivo do regime previdenciário.

Acórdão 2409/2024 Primeira Câmara (Aposentadoria, Relator Ministro Benjamin Zymler)

Pessoal. Tempo de serviço. Tempo ficto. Cargo público. Atividade-meio. Vedação. Exceção.

Cargos de natureza eminentemente administrativa não podem ser beneficiados pela contagem especial de tempo de serviço, salvo se restar efetivamente demonstrada a existência de risco ou de agentes nocivos à saúde no local de trabalho.

Acórdão 2040/2024 Segunda Câmara (Aposentadoria, Relator Ministro Vital do Rêgo)

Pessoal. Aposentadoria. Proventos. Cálculo. Opção. Paridade. Média aritmética.

O servidor que se enquadra nas condições estabelecidas no art. 4º, § 6º, inciso I, da EC 103/2019 não pode fazer opção pela regra de cálculo dos proventos de aposentadoria que entender mais benéfica, razão pela qual esses devem ser calculados pela paridade, e não pela média das remunerações.

Acórdão 2325/2024 Segunda Câmara (Tomada de Contas Especial, Relator Ministro Vital do Rêgo)

Pessoal. Ressarcimento administrativo. Dispensa. Pensão. Requerimento. Direito. Inexistência. Princípio da boa-fé.

Não configura má-fé pedido de concessão de pensão fundado em documentos idôneos e sem indícios de fraude ou simulação das condições dos envolvidos, ainda que se possa verificar, posteriormente, a inexistência do direito pleiteado, razão pela qual o julgamento do ato respectivo pela ilegalidade não implica a devolução dos valores recebidos indevidamente (Súmula TCU 106).

Acórdão 3135/2024 Primeira Câmara (Aposentadoria, Relator Ministro Benjamin Zymler)

Pessoal. Ato sujeito a registro. Alteração. Proventos. Acréscimo. Prescrição.

Considera-se ilegal ato de alteração que aumente o valor dos proventos ou benefícios caso o requerimento de alteração tenha sido formulado pelo interessado após o prazo de cinco anos contados da concessão inicial, uma vez que, após esse prazo, incide a prescrição do fundo de direito (arts. 1º e 2º do Decreto 20.910/1932).

Acórdão 2986/2024 Segunda Câmara (Pensão Militar, Relator Ministro-Substituto Marcos Bemquerer)

Pessoal. Teto constitucional. Pensão. Remuneração. Proventos. Acumulação. Glosa. Opção.

Em caso de acumulação de pensão por morte instituída após a publicação da EC 19/1998 com remuneração e/ou proventos, cujo somatório ultrapasse o teto remuneratório previsto no art. 37, inciso XI, da Constituição Federal (Tema 359 da Repercussão Geral do STF), é direito do interessado a manifestação de opção acerca do rendimento sobre o qual deve incidir a glosa

Acórdão 3831/2024 Primeira Câmara (Aposentadoria, Relator Ministro Walton Alencar Rodrigues)

Pessoal. Ato sujeito a registro. Princípio da segurança jurídica. Aposentadoria. Averbação. Tempo de serviço. Ato ilegal.

Em caráter excepcional, considerando a idade avançada do interessado, que impossibilita seu retorno ao trabalho para complementação de tempo de serviço irregularmente averbado, e o longo período decorrido entre a data de concessão da aposentadoria e sua apreciação pelo TCU, é possível a aplicação do princípio da segurança jurídica, a fim de se considerar legal ato que contenha mencionada irregularidade

Acórdão 3965/2024 Primeira Câmara (Aposentadoria, Relator Ministro Walton Alencar Rodrigues)

Pessoal. Aposentadoria proporcional. Doença especificada em lei. Invalidez permanente. Superveniência. Proventos. Integralização.

Na hipótese de integralização de proventos em razão de invalidez superveniente na inatividade (art. 190 da Lei 8.112/1990), o fundamento legal do ato concessório original não deve ser modificado. Não obstante, o mencionado dispositivo legal deve ser incluído no ato de alteração da concessão submetido à apreciação do TCU.

De acordo com o TCU, "as normas processuais delineadas na Lei 9.784/99 (estabelece normas básicas sobre o processo administrativo) se aplicam aos processos do TCU apenas de forma subsidiária, por força do art. 298 do Regimento Interno do Tribunal. Não é cabível a aplicação da referida lei sobre matérias regulamentadas pelas normas processuais do TCU"[80].

Inclusive, partindo da premissa que o ato não se perfaz com o registro na Corte de Contas, sequer há necessidade de concessão do contraditório e da ampla defesa, conforme entendimento da súmula vinculante 03:

> **■ POSIÇÃO DO STF**
>
> "Súmula vinculante 03 - nos processos perante o Tribunal de Contas da União asseguram-se o contraditório e a ampla defesa quando da decisão puder resultar anulação ou revogação de ato administrativo que beneficie o interessado, excetuada a apreciação da legalidade do ato de concessão inicial de aposentadoria, reforma e pensão".

> De acordo com a **Súmula 106, do TCU**, "o julgamento, pela ilegalidade, das concessões de reforma, aposentadoria e pensão, não implica por si só a obrigatoriedade da reposição das importâncias já recebidas de boa-fé, até a data do conhecimento da decisão pelo órgão competente".

No entanto, "a dispensa de reposição das parcelas recebidas de boa-fé, quando calcada expressamente na Súmula TCU 106, é limitada à data do conhecimento da decisão do TCU pelo responsável"[81].

No mesmo sentido é o entendimento do STF, que entende que "o julgamento pela ilegalidade do pagamento do benefício previdenciário não importa na obrigatoriedade da devolução das importâncias recebidas de boa-fé." (AI 746.442-AgR, Min. Cármen Lúcia, julgamento em 25-8-2009, Primeira Turma, DJE de 23-10-2009).

---

80. Acórdão 7795/2015 Segunda Câmara (Recurso de Reconsideração, Relator Ministro-Substituto André Luís de Carvalho).

81. Acórdão 1876/2014 Segunda Câmara (Embargos de Declaração, Relator Ministro Raimundo Carreiro).

Por outro lado, entende o TCU que "a reforma de sentença judicial que permitia pagamentos considerados como irregulares impõe o dever de ressarcimento ao erário. É impossível falar-se em boa-fé quando o interessado tem pleno conhecimento de que estava recebendo os valores em discussão em razão de provimento jurisdicional de natureza precária ou não definitivo. Em caso de cassação desse tipo de decisão, devem as partes, por decorrência lógica da improcedência do pedido, retornar ao *status quo ante*, cabendo ao sucumbente repor os danos causados pela execução provisória da medida cassada"[82].

Entretanto, o Tribunal de Contas não poderá demorar muitos anos para registrar a aposentadoria concedida pela autoridade, pois tal mora atenta contra o Princípio da Segurança Jurídica. Por isso, o STF já flexibilizou a súmula vinculante 03, em um caso que o registro da aposentadoria levou mais de 05 anos para se realizar, concedendo direito de contraditório ao aposentado, conforme se depreende da análise de passagem do Informativo 598 do STF.

■ POSIÇÃO DO STF

"Prazo para Registro de Aposentadoria e Princípios do Contraditório e da Ampla Defesa - 6

Em conclusão, o Tribunal, por maioria, concedeu mandado de segurança para anular acórdão do TCU no que se refere ao impetrante e para o fim de se lhe assegurar a oportunidade do uso das garantias constitucionais do contraditório e da ampla defesa. Na situação dos autos, a Corte de Contas negara registro a ato de aposentadoria especial de professor - outorgada ao impetrante - por considerar indevido o cômputo de serviço prestado sem contrato formal e sem o recolhimento das contribuições previdenciárias - v. Informativos 415, 469, 589 e 590. Não obstante admitindo o fato de que a relação jurídica estabelecida no caso se dá entre o TCU e a Administração Pública, o que, em princípio, não reclamaria a audição da parte diretamente interessada, entendeu-se, tendo em conta o longo decurso de tempo da percepção da aposentadoria até a negativa do registro (cinco anos e oito meses), haver direito líquido e certo do impetrante de exercitar as garantias do contraditório e da ampla defesa. Considerou-se, ao invocar os princípios da segurança jurídica e da lealdade, ser imperioso reconhecer determinadas situações jurídicas subjetivas em face do Poder Público. Salientou-se a necessidade de se fixar um tempo médio razoável a ser aplicado aos processos de contas cujo objeto seja o exame da legalidade dos atos concessivos de aposentadorias, reformas e pensões, e afirmou-se poder se extrair, dos prazos existentes no ordenamento jurídico brasileiro, o referencial de cinco anos. Com base nisso, assentou-se que, transcorrido in albis o prazo qüinqüenal, haver-se-ia de convocar o particular para fazer parte do processo de seu interesse. MS 25116/DF, rel. Min. Ayres Britto, 8.9.2010. (MS-25116)".

82. Acórdão 7845/2013 Primeira Câmara.

Esse entendimento da Suprema Corte foi ratificado posteriormente, consoante historiado pelo Informativo 609:

> "Registro de aposentadoria: garantias constitucionais e anistia
>
> O Plenário, por maioria, concedeu parcialmente mandado de segurança para anular acórdão do Tribunal de Contas da União - TCU e restabelecer a percepção dos proventos de aposentadoria da impetrante, até que nova decisão seja proferida, em processo no qual lhe sejam garantidos a ampla defesa e o contraditório. Tratava-se, na espécie, de writ impetrado contra decisão da Corte de Contas que negara registro à aposentadoria da impetrante ao fundamento de que ela não teria comprovado vínculo com a Administração Pública antes de ser beneficiada por anistia (26.5.89), outorgada com amparo na EC 26/85, em que determinada a sua reintegração ao serviço público. Por conseguinte, o TCU desconstituíra o ato concessivo de anistia e cassara seus efeitos. Salientou-se que a apreciação, para fins de registro, do ato de concessão inicial de aposentadoria da impetrante fora realizada pelo TCU passados mais de 10 anos de sua efetivação. Nesse sentido, rememorou-se a orientação firmada pelo STF no julgamento do MS 26116/DF (j. em 8.9.2010, v. Informativo 599) em que assentada a necessidade de se assegurar aos interessados as garantias do contraditório e da ampla defesa caso decorridos mais de 5 anos da apreciação da legalidade do ato de concessão inicial de aposentadoria, reforma e pensão. Aduziu-se, ainda, que a negativa de registro da aposentadoria invalidara a própria anistia concedida à impetrante 15 anos antes e sem que observados os princípios do contraditório e da ampla defesa. Consignou-se que, se a Administração Pública tivesse, por meio de procedimento administrativo autônomo, procedido à revisão da anistia, teria que proporcionar à impetrante o contraditório e a ampla defesa. Assim, não faria sentido que - no bojo do procedimento de apreciação, para fins de registro, do ato de aposentadoria - pudesse fazê-lo sem considerar essas mesmas garantias. Vencidos os Ministros Marco Aurélio e Joaquim Barbosa que concediam a ordem em maior extensão por não reconhecerem ao TCU a atribuição de examinar a licitude, ou não, da anistia. MS 26053/DF, rel. Min. Ricardo Lewandowski, 18.11.2010. (MS-26053)".

■ POSIÇÃO DO TCU

A posição do STF passou a ser adotada pelo próprio TCU:

Acórdão 364/2015 Segunda Câmara (Pedido de Reexame, Relator Ministro Raimundo Carreiro)

Pessoal. Apreciação do ato. Contraditório e ampla defesa.

Diante de constatação que possa levar à negativa de registro de ato de admissão de pessoal ou de concessão de aposentadoria, reforma ou pensão, o TCU deve assegurar aos beneficiários a oportunidade do uso das garantias constitucionais do contraditório e da ampla defesa, sempre que transcorrido lapso temporal superior a cinco anos entre a entrada do ato no Tribunal e sua apreciação.

IMPORTANTE OVERRULING:

Mas tivemos uma grande inovação de jurisprudência do STF a respeito do tema no sentido de que **o Tribunal de Contas não poderá negar registro de aposentadoria, pensão por morte e reforma militar após o prazo de 5 anos, a contar da chegada do processo na Corte de Contas.**

- **POSIÇÃO DO STF**

Trata-se do julgamento do Tema 445 (RE 636553/RS, de 19/2/2020, publicado em 26/5/2020):

"Recurso extraordinário. Repercussão geral. 2. Aposentadoria. Ato complexo. Necessária a conjugação das vontades do órgão de origem e do Tribunal de Contas. Inaplicabilidade do art. 54 da Lei 9.784/1999 antes da perfectibilização do ato de aposentadoria, reforma ou pensão. Manutenção da jurisprudência quanto a este ponto. 3. Princípios da segurança jurídica e da confiança legítima. Necessidade da estabilização das relações jurídicas. Fixação do prazo de 5 anos para que o TCU proceda ao registro dos atos de concessão inicial de aposentadoria, reforma ou pensão, **após o qual se considerarão definitivamente registrados**. 4. Termo inicial do prazo. Chegada do processo ao Tribunal de Contas. 5. Discussão acerca do contraditório e da ampla defesa prejudicada. **6. TESE: "Em atenção aos princípios da segurança jurídica e da confiança legítima, os Tribunais de Contas estão sujeitos ao prazo de 5 anos para o julgamento da legalidade do ato de concessão inicial de aposentadoria, reforma ou pensão, a contar da chegada do processo à respectiva Corte de Contas".** 7. Caso concreto. Ato inicial da concessão de aposentadoria ocorrido em 1995. Chegada do processo ao TCU em 1996. Negativa do registro pela Corte de Contas em 2003. Transcurso de mais de 5 anos. 8. Negado provimento ao recurso".

Dessa forma, o silêncio da Corte de Contas consistente em não julgar o registro da aposentadoria, reforma militar ou pensão por morte em até cinco anos, a contar da chegada do processo no Tribunal, importará em registro tácito do ato administrativo concessório do benefício.

Curioso notar que o STF não ventilou nenhuma hipótese de suspensão do lustro, haja vista que existem situações em que é razoável que haja a suspensão do prazo, a exemplo do período de cumprimento de exigência perpetrada pelo Tribunal de Contas perante a Administração Pública ou mesmo para o beneficiário.

Demais disso, nem mesmo em situações de manifesta inconstitucionalidade o STF afastou o prazo quinquenal para negar um registro após o quinquênio, a exemplo de nomeação e posse em cargo público após a Constituição de 1988 sem concurso público, situação ilegítima que ainda ocorre fartamente no Brasil especialmente no âmbito municipal.

De certo, o que levou o Supremo Tribunal a rever a sua tradicional jurisprudência foi o abuso de muitas Cortes de Contas desorganizadas que levam mais de uma década para julgar o ato concessão dos citados benefícios.

O caso apreciado pelo STF versou sobre um período de oito anos para o julgamento do registro, sendo conhecidos casos que chegaram a dez ou quinze anos, denotando a ineficiência de várias Cortes de Contas que deveriam zelar pela eficiência administrativa.

Mas fica a preocupação da perpetuação do erro administrativo ou mesmo de fraudes contra o Erário com a concessão ilegal ou mesmo inconstitucional de uma aposentadoria, reforma ou pensão por morte no âmbito do RPPS ou da previdência militar, com um registro tácito do Tribunal de Contas competente após o transcurso *in albis* do prazo quinquenal para a deliberação de registro.

Nem mesmo a má-fé do beneficiário foi colocada como causa de afastamento do prazo de cinco anos para o julgamento do ato administrativo em situações que podem até configurar algum delito contra a Administração Pública.

Sobre o tema, cumpre citar o voto vencido do Ministro Marco Aurélio que expressou essa preocupação:

> "O SENHOR MINISTRO MARCO AURÉLIO - Presidente, diria: "**Pronto! Estão todos aposentados!" E as situações precárias criadas a partir do órgão de origem se tornam, em um passe de mágica, definitivas**. Tem-se que pensar no Brasil. Tem-se que pensar na segurança jurídica. Tem-se que pensar na prevalência do Direito positivo. Tem-se, diria mesmo, que amar - e o verbo foi afastado do Código Civil -, **um pouco mais a Lei das leis que é a Constituição Federal**. O sistema não fecha. O sistema não fecha a partir do momento em que se diz que o ato originário é um ato precário e efêmero, e conclui-se, agora, que, considerada a passagem do tempo, sem que exista lei dispondo que os Tribunais de Contas do País têm prazo para apreciar aposentadorias e pensões a eles enviadas, o ato se transmuda em definitivo. Seria interessante fazer-se levantamento, só no Tribunal de Contas da União, de quantos processos versando aposentadorias e pensões estão pendentes de apreciação e ficarão prejudicados com a decisão do Supremo, desconhecendo que o registro preconizado na Constituição Federal, da aposentadoria ou da pensão, considerados os cálculos efetuados na origem, encerra formalidade essencial. A lei que versa a decadência, o que pressupõe? Ato jurídico perfeito e acabado. E, então, a Administração Pública tem cinco anos para

revê-lo. No processo de aposentadoria, no processo alusivo à pensão, não se tem, presente o ato primeiro, que é o do órgão de origem do servidor, ato jurídico perfeito e acabado. Como fazer incidir esse prazo e dizer que a Administração Pública decaiu da possibilidade de proceder, em fase que compõe a higidez do ato primeiro, ao exame de registro? Como, sem lei a prever, com sanção, tempo para o Tribunal de Contas se pronunciar? Assentar-se que tem prazo para fazê-lo e que, não o fazendo, decai do direito de cumprir a Constituição Federal - direito-dever - de proceder à análise, sob o ângulo da legalidade, é passo, Presidente, demasiadamente largo. E não é o fato de o Supremo não ter acima dele órgão para rever as decisões que profira que o levará a fechar a Constituição Federal, a colocar em segundo plano o arcabouço normativo tal como elaborado pelo Congresso Nacional. Ao contrário, essa circunstância cobra dos integrantes do Tribunal responsabilidade maior, e já se disse que se está decidindo com repercussão ímpar no Brasil, no Brasil continental. Não existe como órgão de controle apenas o Tribunal de Contas da União. Tem-se situações concretas que não deságuam no Tribunal de Contas da União; tem-se situações concretas que envolvem servidores de Municípios, servidores de Estados que se encerram no Tribunal de Contas de origem. E são muitos, Presidente, são milhares os processos que aguardam o crivo do órgão de controle há mais de cinco anos. O ato é complexo e não se pode afastar o exame visando o registro, sacramentando-se, ante a passagem dos cinco anos, o que estabelecido pelo órgão de origem do servidor? Onde está, no arcabouço normativo pátrio, que, passados cinco anos, os órgãos de controle decaem do direito de examinar a situação jurídica? Sem o registro, o ato continua precário; o ato continua submetido a uma condição resolutiva, que pode se operar mesmo após cinco anos, ou seja, à revelada pela glosa dos cálculos efetuados, sabe lá como, pelo órgão de origem. É passo, Presidente, demasiadamente largo que, sem ser legalista ao extremo, não consigo dar, porque não cabe substituir o Congresso Nacional. Estar-se-á como que aprovando ato normativo, estabelecendo prazo, estabelecendo sanção, que não atende ao interesse público, ao interesse da sociedade, drástica, além de desconhecer-se que as Cortes de Conta estão sobrecarregadas. Peço vênia, Presidente, para mais uma vez marchar em sentido inverso ao da tropa e pronunciar-me pelo provimento do recurso interposto pela União, porque - vou repetir -, em primeiro lugar, não tenho como aplicar a lei que versa o prazo decadencial alusivo à possibilidade de a Administração rever as próprias decisões. E não tenho por isto: trata-se de ato que não se aperfeiçoou, de ato precário do órgão a que integrado o servidor. E, segundo, porque não cabe desconhecer a realidade pátria; desconhecer que milhares de processos estão pendentes de apreciação e que ficarão prejudicados ante a passagem do tempo. Provejo o recurso".

No que concerne à natureza jurídica da aposentadoria, reforma e pensão por morte como ato jurídico complexo e da desnecessidade do contraditório para a negativa do registro, desde que dentro do prazo de cinco anos, a jurisprudência do STF restou reafirmada pelo Plenário.

Por outro lado, restou prejudicada a discussão sobre a necessidade de concessão de contraditório na situação de a decisão do Tribunal de Contas se dar após o quinquênio, pois agora não poderá haver a negativa de registro após o citado prazo se consumar.

Ademais, restou confirmada a tese de que a decadência quinquenal de cinco anos para o exercício da autotutela somente terá início após o registro do ato administrativo concessório da aposentadoria, reforma ou pensão por morte.

Vale registrar que não houve nenhum tipo de modulação da mudança jurisprudencial, incidindo o novel posicionamento da Corte Suprema a todos os casos anteriores de concessão do benefício.

Desse modo, os processos recebidos pelos Tribunais de Contas sobre o tema há mais de cinco anos a respeito da concessão de aposentadoria, reforma ou pensão por morte no RPPS ou regime de previdência militar não mais terão julgamento, consumando-se o tácito registro decorrente da contumácia quinquenal dos Tribunais de Contas.

Por sua vez, a PGF, órgão da AGU que representa as autarquias e fundações públicas federais editou o seguinte parecer:

> **PARECER n. 00001/2020/NTCU/DEPCONSU/PGF/AGU**
>
> **NUP: 52402.002863/2020-44**
>
> **INTERESSADOS: INSTITUTO NACIONAL DA PROPRIEDADE INDUSTRIAL - INPI**
>
> **ASSUNTOS: SERVIDOR PÚBLICO CIVIL**
>
> EMENTA: ADMINISTRATIVO. REGISTRO INICIAL DOS ATOS DE APOSENTADORIAS, REFORMAS E PENSÕES. TRIBUNAL DE CONTAS DA UNIÃO - TCU. VERBAS REMUNERATÓRIAS ALCANÇADAS PELA DECADÊNCIA ADMINISTRATIVA. DISTINÇÃO ENTRE AUTOTUTELA E EXERCÍCIO DO CONTROLE EXTERNO. INAPLICABILIDADE DO ARTIGO 54 DA LEI 9.784/1999. ATO COMPLEXO. JURISPRUDÊNCIA DO STF. EXTENSÃO A PARCELAS PAGAS EM ATIVIDADE E INCORPORADAS AOS PROVENTOS DE APOSENTADORIA. TERMO INICIAL DO PRAZO DE CINCO ANOS FIXADO PELO STF: DATA DE ENTRADA DO PROCESSO NAS DEPENDÊNCIAS DA CORTE DE CONTAS. REPERCUSSÃO GERAL. TEMA 445.
>
> 1. Resta inaplicável o artigo 54 da Lei nº 9.784/99 - que trata do prazo decadencial de revisão, pelo Poder Público, dos atos de que decorram efeitos favoráveis aos administrados - ao procedimento de controle externo da legalidade, pelo Tribunal de Contas da União - TCU, dos atos de concessão de aposentadorias,

reformas e pensões, instaurados com fundamento no artigo 71, inciso III, da Constituição Federal de 1988.

2. Em atenção ao princípio da segurança jurídica e da proteção da confiança, o TCU dispõe de cinco anos para revisar o ato administrativo de concessão do benefício da aposentadoria, a contar da chegada do processo à Corte de Contas. Precedente do STF. Repercussão Geral. Tema 445.

3. A ciência, pelo TCU, do pagamento tido como irregular somente se torna possível a partir da comunicação do ato de concessão da aposentadoria pela Administração Pública à Corte de Contas para fins de registro, razão pela qual é a entrada do processo nas dependências da Corte de Contas que dispara o prazo de 5 (cinco) anos para o exercício do controle externo, não importando, para tal finalidade, a data de concessão inicial do benefício pela Administração Pública.

4. A decadência para o exercício da autotutela administrativa, prevista no artigo 54 da Lei nº 9.784/99, não obsta o exercício do controle externo da legalidade da aposentadoria pelo TCU, desde que observado o prazo de 5 (cinco) anos fixado pela jurisprudência do STF.

5. O controle externo exercido pelo TCU sobre o registro dos atos de concessão inicial de aposentadorias, reformas e pensões engloba parcelas remuneratórias que, concedidas na ativa, foram incorporadas à aposentadoria do servidor público, integrando a composição dos proventos pagos ao servidor na inatividade, dados os inegáveis reflexos financeiros oriundos da relação jurídica firmada a partir da concessão da aposentadoria. Tais gratificações, quando integrarem o cômputo dos proventos, acabam por sujeitar-se ao controle externo de legalidade exercido pelo TCU.

■ POSIÇÃO DO TCU

Veja-se o TCU:

Acórdão 8596/2021 Primeira Câmara (Pedido de Reexame, Relator Ministro Jorge Oliveira)

Pessoal. Ato sujeito a registro. Registro tácito. Repercussão geral. Efeito ex tunc. Prazo. Termo inicial.

A tese fixada pelo STF sobre registro tácito de atos de pessoal (RE 636.553 - Tema 445 da Repercussão Geral) tem aplicação imediata e efeitos retroativos (*ex tunc*), de modo a incidir sobre processos que tenham atingido o limite de cinco anos, contados de sua entrada no TCU, sem apreciação definitiva, mesmo antes da publicação da tese pelo Supremo.

Acórdão 8660/2021 Primeira Câmara (Pedido de Reexame, Relator Ministro Vital do Rêgo)

Pessoal. Ato sujeito a registro. Registro tácito. STF. Repercussão geral. Prazo. Decadência. Interrupção. Suspensão.

O prazo de cinco anos estabelecido pelo STF para a apreciação definitiva de atos sujeitos a registro, contado da data de entrada do ato no TCU (RE 636.553 - Tema 445 da Repercussão Geral), possui natureza decadencial, não se sujeitando a marcos suspensivos ou interruptivos.

Por seu turno, para o STF, o termo a quo do prazo de cinco anos para que o Tribunal de Contas da União examine a legalidade dos atos concessivos de aposentadorias, reformas e pensões, conta-se a partir da data de chegada do processo administrativo na própria Corte de Contas (MS 24.781, de 02/03/2011).

Demais disso, de acordo com o Corte Especial do STJ, "o termo inicial do prazo decadencial de cinco anos para que a Administração Pública anule ato administrativo referente à concessão de aposentadoria, previsto no art. 54 da Lei n. 9.784/1999, é a data da homologação da concessão pelo Tribunal de Contas. A concessão de aposentadoria tem natureza jurídica de ato administrativo complexo que somente se perfaz com a manifestação do Tribunal de Contas acerca da legalidade do ato. Precedentes citados: AgRg no REsp 1.284.915-SC, DJe 10/4/2012; REsp 1.264.053-RS, DJe 16/3/2012; AgRg no REsp 1.259.775-SC, DJe 16/2/2012, e AgRg no REsp 1.257.666-PR, DJe 5/9/2011. EREsp 1.240.168-SC, Rel. Min. João Otávio de Noronha, julgados em 7/11/2012"[83].

No mesmo sentido, o Plenário do STF:

> "MANDADO DE SEGURANÇA - AUTORIDADE COATORA - MODIFICAÇÃO. Mostra-se válido o redirecionamento subjetivo do mandado de segurança quando a inicial é aditada dentro do prazo de 120 dias da prática do ato impugnado. DECADÊNCIA - REVISÃO DE ATO ADMINISTRATIVO - APOSENTADORIA - ARTIGO 54 DA LEI Nº 9.784/99. Enquanto não for aperfeiçoada a aposentadoria, a pressupor atos sequenciais, não incide a decadência quinquenal. APOSENTADORIA - SERVIÇO PÚBLICO - TEMPO DE ATIVIDADE RURAL - CÔMPUTO - SISTEMA CONTRIBUTIVO. O cômputo de tempo de atividade rural na aposentadoria em cargo público submete-se ao sistema contributivo" (MS 26.391, de 13/04/2011).

No mesmo sentido, a TNU (Informativo 29/2018):

> PUIL n. 0504009-13.2014.4.05.8105/CE - "Reafirmação do entendimento sedimentado no Tema n. 99 dos representativos de controvérsia, no sentido de que o prazo decadencial de cinco anos previsto no art. 54 da Lei n. 9.784/99 para alterar ato de aposentadoria de servidor público se inicia a partir do registro do ato no Tribunal de Contas, não do ato de concessão expedido pelo órgão a que estava vinculado".

83. Informativo 508 do STJ.

Este também é o entendimento do TCU:

Acórdão 9572/2015 Segunda Câmara (Aposentadoria, Relator Ministro Augusto Nardes)

Ato sujeito a registro. Ato complexo. Decadência.

O prazo decadencial estabelecido pelo art. art. 54 da Lei 9.784/99 aplica-se aos atos de pessoal somente a partir do respectivo registro pelo TCU, visto que, em se tratando de atos complexos, só se aperfeiçoam no momento do registro.

Acórdão 1660/2014 Plenário (Aposentadoria, Relator Ministro Benjamin Zymler)

Pessoal. Revisão de ofício. Requisitos.

A revisão de ofício de ato de aposentadoria considerado legal pelo Tribunal de Contas da União depende da presença de três requisitos: 1) o temporal: cinco anos da data da apreciação, se verificado que o ato viola a ordem jurídica, ou a qualquer tempo no caso de comprovada má-fé; 2) o procedimental: oitiva do Ministério Público junto ao TCU e do beneficiário; e **3) o material: constatação de efetiva ocorrência de violação da ordem jurídica ou de ato praticado com comprovada má-fé.**

O TCU tem afastado a decadência quinquenal quando no exercício de atividade de controle:

Acórdão 9167/2017 Segunda Câmara (Embargos de Declaração, Relator Ministro Augusto Nardes)

Responsabilidade. Decadência. Legislação. Princípio da autotutela. Processo de controle externo.

A decadência de que trata o art. 54, § 1º, da **Lei 9.784/1999** é aplicável ao TCU somente como meio de autotutela no desempenho de sua função administrativa, e não aos processos de controle externo.

Ainda de acordo com a Corte de Contas, o prazo decadencial a que se refere o art. 54 da Lei 9.784/1999 somente começa a contar a partir da data de registro do ato pelo TCU. **Quando o ato de pessoal é apreciado pela ilegalidade, com negativa de registro, não há que se falar em início da contagem do prazo decadencial, até porque tal ato ilegal não existia no mundo jurídico[84].**

Eis um ato do TCU que promoveu o **registro de uma aposentadoria voluntária**:

ACÓRDÃO Nº 1216/2024 - TCU - 2ª Câmara

1. Processo nº TC 008.915/2023-7.

2. Grupo II - Classe de Assunto: V - Aposentadoria

84. **Acórdão 4837/2017 Primeira Câmara** (Embargos de Declaração, Relator Ministro Vital do Rêgo).

3. Interessados/Responsáveis:

3.1. Interessada: Maria Madalena Correia de Souza (725.675.206-78).

4. Órgão/Entidade: Fundação Universidade Federal de Ouro Preto.

5. Relator: Ministro Aroldo Cedraz.

6. Representante do Ministério Público: Procurador Rodrigo Medeiros de Lima.

7. Unidade Técnica: Unidade de Auditoria Especializada em Pessoal (AudPessoal).

8. Representação legal: não há.

9. Acórdão:

VISTOS, relatados e discutidos estes autos de concessão de aposentadoria de Maria Madalena Correia de Souza (725.675.206-78), vinculada à Fundação Universidade Federal de Ouro Preto, submetidos, para fins de registro, à apreciação do Tribunal de Contas da União;

ACORDAM os ministros do Tribunal de Contas da União, reunidos em sessão da Segunda Câmara, diante das razões expostas pelo relator, com fundamento nos arts. 71, inciso III, da Constituição Federal; 1º, inciso V, e 39, inciso II, da Lei 8.443/1992; 260, § 1º, do Regimento Interno/TCU; c/c o art. 19, inciso II, da IN TCU 78/2018, em:

9.1. considerar legal o presente ato de concessão de aposentadoria, concedendo-lhe o respectivo registro;

9.2. dar ciência desta deliberação ao órgão, informando que o teor integral de suas peças (Relatório e Voto) poderá ser obtido no endereço eletrônico https://www.tcu.gov.br/acordaos.

10. Ata nº 5/2024 - 2ª Câmara.

11. Data da Sessão: 27/2/2024 - Ordinária.

12. Código eletrônico para localização na página do TCU na Internet: AC-1216-05/24-2.

13. Especificação do quórum:

13.1. Ministros presentes: Augusto Nardes (na Presidência), Aroldo Cedraz (Relator), Vital do Rêgo e Antônio Anastasia.

13.2. Ministro-Substituto presente: Marcos Bemquerer Costa.

2.31. FISCALIZAÇÃO DA UNIÃO

A Lei 9.717/98 já previa o controle externo da União sobre o RPPS dos estados, Distrito Federal e municípios:

"Art. 9º Compete à União, por intermédio da Secretaria Especial de Previdência e Trabalho do Ministério da Economia, em relação aos regimes próprios de previdência social e aos seus fundos previdenciários: (Redação dada pela Lei nº 13.846, de 2019)

I - a orientação, a supervisão, a fiscalização e o acompanhamento; (Redação dada pela Lei nº 13.846, de 2019)

II - o estabelecimento e a publicação de parâmetros, diretrizes e critérios de responsabilidade previdenciária na sua instituição, organização e funcionamento, relativos a custeio, benefícios, atuária, contabilidade, aplicação e utilização de recursos e constituição e manutenção dos fundos previdenciários, para preservação do caráter contributivo e solidário e do equilíbrio financeiro e atuarial; (Redação dada pela Lei nº 13.846, de 2019)

III - a apuração de infrações, por servidor credenciado, e a aplicação de penalidades, por órgão próprio, nos casos previstos no art. 8º desta Lei; (Redação dada pela Lei nº 13.846, de 2019)

IV - a emissão do Certificado de Regularidade Previdenciária (CRP), que atestará, para os fins do disposto no art. 7º desta Lei, o cumprimento, pelos Estados, Distrito Federal e Municípios, dos critérios e exigências aplicáveis aos regimes próprios de previdência social e aos seus fundos previdenciários. (Incluído pela Lei nº 13.846, de 2019)

Parágrafo único. A União, os Estados, o Distrito Federal e os Municípios encaminharão à Secretaria Especial de Previdência e Trabalho do Ministério da Economia, na forma, na periodicidade e nos critérios por ela definidos, dados e informações sobre o regime próprio de previdência social e seus segurados. (Redação dada pela Lei nº 13.846, de 2019)".

Todavia, **nesse período que precedeu a EC 103/2019**, o STF analisou a inconstitucionalidade do artigo 9º da Lei 9.717/98, entendendo que houve quebra de autonomia dos estados, Distrito Federal e municípios, pois os subordinou ao Ministério da Previdência Social, havendo clara ingerência administrativa indevida, afastando o dispositivo liminarmente no caso concreto, em ação proposta pelo Estado do Paraná e pela Paranaprevidência.

Com propriedade, liminarmente, entendeu a Suprema Corte que a União ultrapassou a sua competência para editar normas gerais sobre a previdência dos servidores públicos, determinando a expedição do Certificado de Regularidade Previdenciário pelo MPS e dos respectivos repasses a título de compensação previdenciária[85].

Destarte, se formou uma jurisprudência do STF nesse sentido.

85. ACO-TAR 830, de 29.10.2007, Relator Ministro Marco Aurélio.

Sucede que, com o advento da Emenda 103/2019, **agora há previsão constitucional para a fiscalização e controle externo pela União** sobre RPPSs de estados, Distrito federal e municípios, nos termos do artigo 40 da Constituição:

> *"§ 22. Vedada a instituição de novos regimes próprios de previdência social, lei complementar federal estabelecerá, para os que já existam, normas gerais de organização, de funcionamento e de responsabilidade em sua gestão, dispondo, entre outros aspectos, sobre: (Incluído pela Emenda Constitucional nº 103, de 2019)*
>
> ...
>
> ***III - fiscalização pela União e controle externo e social; (Incluído pela Emenda Constitucional nº 103, de 2019)"***

Agora que é regra constitucional, restava saber se o STF iria rever a sua jurisprudência ou reafirmá-la, pronunciado (ou não) inconstitucional esta passagem da Emenda que pode afrontar a autonomia federativa.

No julgamento da cautelar na ACO 3.529, o Plenário do STF validou a Emenda 103/2019, legitimando a fiscalização da União sobre o RPPS do Estado do Rio Grande do Norte, tendo apenas dado um prazo de 2 anos para adequação à regra do artigo 9º, §§2º e 3º da EC 103/2019.

Dessa forma, temos um indicativo de *overruling* no STF em decorrência da previsão expressa da Reforma de 2019 legitimando essa fiscalização, o que certamente trará enormes dificuldades para estados e municípios, com a negativa de expedição do CRP e, por conseguinte, do bloqueio dos repasses federais, ao menos no que tange ao descumprimento das regras da Emenda 103/2019 pelos estados e municípios.

■ **POSIÇÃO DO STF**

ACO 3529 MC-Ref

Órgão julgador: Tribunal Pleno

Relator(a): Min. ROBERTO BARROSO

Julgamento: 04/11/2021

Publicação: 03/12/2021

Ementa

EMENTA: Direito constitucional e previdenciário. Ação cível originária. Medida Cautelar. Emenda Constitucional nº 103/2019. Regime Próprio de Previdência Social. Limitação do rol de benefícios a aposentadoria e pensão. **1. Ação cível originária que objetiva a emissão de Certificado de Regularidade Previdenciária - CRP**, negado pela União em razão do descumprimento do art. 9º, §§ 2º e 3º, da Emenda Constitucional nº 103/2019. Diferentemente de precedentes anteriores, a questão principal consiste em saber se o Estado-autor tem direito à emissão do CRP quando descumpridas normas da própria Constituição Federal. **2. A Reforma da Previdência restringiu o rol dos benefícios pagos pelos regimes próprios de previdência social às aposentadorias e pensões por morte (art. 9º, § 2º, da EC n.º 103/2019). Com isso, impôs aos entes subnacionais a necessidade de alteração de seus regimes próprios para que fosse transferida ao tesouro local a responsabilidade pelo pagamento de benefícios diversos, como é o caso do auxílio-doença, salário-maternidade, auxílio-reclusão e salário-família.** 3. Tanto (i) a norma que limita os benefícios pagos pelos regimes próprios às aposentadorias e pensões por morte como (ii) aquela que determina a responsabilidade do tesouro local pelo pagamento dos benefícios decorrentes de incapacidade temporária para o trabalho e o salário-maternidade, encontram-se no mesmo artigo da EC nº 103/2019 que prevê o prazo de dois anos para a instituição do regime de previdência complementar e a adequação do órgão gestor do regime próprio às novas regras. Ou seja: todos os comandos acima são parte da lógica do art. 9º da EC n.º 103/2021 e demandam intermediação legislativa. Além disso, são normas que interferem no planejamento orçamentário do ente federado, a justificar tratamento conjunto e em igual prazo. 5. Medida cautelar parcialmente deferida para aplicar o prazo de dois anos previsto no art. 9º, § 6º, da EC n.º 103/2019 à hipótese de adequação do Estado-autor às normas dos §§ 2º e 3º do mesmo artigo.

No entanto, em decisões posteriores o STF se limitou a pronunciar a invalidade do artigo 9º da Lei 9.717/98, furtando-se a analisar a incidência do novo regramento da EC 103/2019:

■ **POSIÇÃO DO STF**

ACO 3647 MC-Ref

Órgão julgador: **Tribunal Pleno**

*Relator(a): **Min. NUNES MARQUES***

*Julgamento: **27/11/2023***

*Publicação: **11/12/2023***

Ementa

EMENTA REFERENDO EM MEDIDA CAUTELAR EM AÇÃO CÍVEL ORIGINÁRIA. SISTEMA DE INFORMAÇÕES DOS REGIMES PÚBLICOS DE PREVIDÊNCIA SOCIAL (CADPREV). **INSCRIÇÃO. DESCUMPRIMENTO DA LEI N. 9.717/1998. *CERTIFICADO* DE *REGULARIDADE PREVIDENCIÁRIA* (CRP). PLAUSIBILIDADE JURÍDICA E PERIGO NA DEMORA**. 1. Em juízo de cognição sumária, surge razoável reconhecer a necessidade de a União se abster de inscrever o Estado de Rondônia no Sistema de Informações dos Regimes Públicos de Previdência Social (CADPREV) por descumprimento da Lei n. 9.717/1998, na esteira da jurisprudência desta Corte.

Plausibilidade jurídica da postulação que justifica o implemento da medida cautelar. 2. Caracteriza situação de perigo na demora o potencial impacto nas políticas públicas decorrente da inscrição de ente da Federação como irregular no Sistema de Informações dos Regimes Públicos de Previdência Social (CADPREV). 3. Medida cautelar referendada.

ACO 3201 MC-Ref

Órgão julgador: **Primeira Turma**

*Relator(a): **Min. MARCO AURÉLIO***

*Redator(a) do acórdão: **Min. LUIZ FUX***

*Julgamento: **13/03/2023***

*Publicação: **05/05/2023***

Ementa

Ementa: REFERENDO NA MEDIDA CAUTELAR NA AÇÃO CÍVEL ORGINÁRIA. DIREITO CONSTITUCIONAL, ADMINISTRATIVO E PREVIDENCIÁRIO. NEGATIVA DE RENOVAÇÃO DO ***CERTIFICADO*** DE ***REGULARIDADE PREVIDENCIÁRIA*** **- CRP. LEI 9.717/1998. LEI QUE EXTRAVASA A COMPETÊNCIA LEGISLATIVA DA UNIÃO RELATIVA ÀS NORMAS GERAIS SOBRE PREVIDÊNCIA SOCIAL. PRESERVAÇÃO DA AUTONOMIA FEDERATIVA DO ENTE ESTATAL. MEDIDA CAUTELAR REFERENDADA.** AGRAVO INTERNO PREJUDICADO. 1. Os dispositivos atinentes da Lei nº 9.717/1998 "revelam usurpação da competência legislativa ao atribuir a ente da Administração Central atividades administrativas em órgãos da Previdência Social dos Estados, do Distrito Federal, dos Municípios", cenário em que "o quadro normativo federal denota o extravasamento dos limites constitucionais, da autonomia própria, em se tratando de Federação" (ACO 3.201, Rel. Min. Marco Aurélio, decisão monocrática, DJe de 19/12/2018). 2. Medida cautelar referendada. Agravo interno prejudicado.

Todavia, o STF modificou totalmente a sua jurisprudência, pronunciando a constitucionalidade incidental da Lei 9.717/98, validando o regramento (art. 7º e 9º) que legitima a União a fiscalizar e impor sanções por descumprimento sobre o RPPS dos Estados, Distrito Federal e Municípios. Eis a tese firmada no julgamento do tema 968 em sede de repercussão geral:

> **"Tema:**
>
> **0968**
>
> Título:
>
> Competência legislativa da União para dispor sobre normas gerais em matéria previdenciária no que diz respeito ao descumprimento da Lei 9.717/1998 e do Decreto 3.778/2001 pelos demais entes federados.

Descrição: Recurso extraordinário em que se discute, à luz dos arts. 2º e 24, inc. XII e § 1º, da Constituição da República, a constitucionalidade dos arts. 7º e 9º da Lei 9.717/1998 e do Decreto 3.788/2001, no aspecto em que estabelecem medidas sancionatórias ao ente federado que não cumpra as regras gerais para a organização e o funcionamento dos regimes próprios de previdência social dos servidores públicos.

19/12/2024 Julgado mérito de tema com repercussão geral

TRIBUNAL PLENO

Decisão: O Tribunal, por maioria, deu provimento ao recurso extraordinário e fixou a seguinte tese (tema 968 da repercussão geral): "**1. É constitucional a previsão, em lei federal, de medidas sancionatórias ao ente federativo que descumprir os critérios e exigências aplicáveis aos regimes próprios de previdência social. 2. Admite-se o controle judicial das exigências feitas pela União no exercício da fiscalização desses regimes. Nesse caso, o ente fiscalizado deverá demonstrar, de forma técnica: (i) a inexistência do déficit atuarial apontado; ou, (ii) caso reconheça o desequilíbrio, a impertinência das medidas impostas pela União e a existência de plano alternativo capaz de assegurar, de maneira equivalente, a sustentabilidade do regime**". Tudo nos termos do voto do Ministro Flávio Dino, Redator para o acórdão, vencidos os Ministros Edson Fachin (Relator), Alexandre de Moraes, Cármen Lúcia e Luiz Fux. Plenário, Sessão Virtual de **6.12.2024 a 13.12.2024**".

Dessa forma, diante deste *overruling*, o STF não mais afastará a negativa de emissão de CRP pelo MPS ao argumento da inconstitucionalidade da Lei 9.717/98.

O relator do acórdão foi o Min. Flávio Dino, com ratificação da tese firmada no voto do Min. Roberto Barroso. Destaco os seguintes trechos avulsos pela relevância de aferição da fundamentação posta:

> *"O **art. 7º** preconiza, de forma geral e indistinta, com relação a Estados, Distrito Federal e Municípios, que a não observância das disposições da Lei nº 9.717/1998 deságua na impossibilidade das instituições financeiras federais, órgãos ou entidades da administração direta e indireta da União, assim como da União repassarem recursos voluntários aos demais entes federados. Tenho, assim, que o óbice legal se dirige, se não exclusivamente, ao menos em primeiro plano, ao ente central, detentor dos recursos financeiros cujo repasse - a quem não comprovar a regularidade do seu regime de previdência - fica vedado.*
>
> *O **art. 9º** do diploma em apreço coloca sob a responsabilidade da União - "em relação aos regimes próprios de previdência social e aos seus fundos previdenciários" - os deveres de orientar, supervisionar, fiscalizar, acompanhar (inciso I); estabelecer e publicar parâmetros, diretrizes e critérios de responsabilidade previdenciária, tais como os "relativos a custeio, benefícios, atuária,*

contabilidade, aplicação e utilização de recursos e constituição e manutenção dos fundos previdenciários" (inciso II).

*À luz dos termos empregados na redação de tais preceitos legais, **alinho-me ao entendimento de que se está diante de categoria normativa geral, editada nos estritos limites da competência concorrente conferida à União pelo § 1º do art. 24 da Lei Maior.** Nesse sentido, rememoro as seguintes decisões desta Casa:*

"EMENTA: AGRAVO REGIMENTAL NO RECURSO EXTRAORDINÁRIO. OMISSÃO NA DECISÃO AGRAVADA. INEXISTÊNCIA. LEI N. 9.717/98. OFENSA AO PRINCÍPIO DA AUTONOMIA DOS ENTES FEDERADOS. INOCORRÊNCIA. 1. Esta Corte já decidiu que: (i) a Constituição do Brasil não confere às entidades da federação autonomia irrestrita para organizar o regime previdenciário de seus servidores; (ii) por se tratar de tema tributário, a matéria discutida nestes autos pode ser disciplinada por norma geral, editada pela União, sem prejuízo da legislação estadual, suplementar ou plena, na ausência de lei federal (ADI n. 2.024, Relator o Ministro Sepúlveda Pertence, DJ de 1º.12.00). Agravo regimental a que se nega provimento." (RE 395666 AgR, Relator(a): EROS GRAU, Primeira Turma, julgado em 25-10-2005, DJ 02-12-2005 PP-00008 EMENT VOL-02216-02 PP-00392 - destaquei)

"DIREITO CONSTITUCIONAL E TRIBUTÁRIO. SERVIDORES TEMPORÁRIOS E OCUPANTES EXCLUSIVAMENTE DE CARGO EM COMISSÃO. CONTRIBUIÇÃO PREVIDENCIÁRIA. VINCULAÇÃO AO REGIME GERAL DA PREVIDÊNCIA SOCIAL. CONSTITUCIONALIDADE DA LEI 9.717/98. PRECEDENTES. 1. O Supremo Tribunal Federal entende que as disposições da Lei 9.717/98 não ofendem o princípio da autonomia dos entes federados, pois a Constituição Federal não confere às entidades da federação autonomia irrestrita para organizar o regime previdenciário de seus servidores e que, por se tratar de tema tributário, a matéria pode ser disciplinada por norma geral, editada pela União, sem prejuízo da legislação estadual, suplementar ou plena, na ausência de lei federal. 2. Agravo regimental a que se nega provimento." (RE 495684 AgR, Relator(a): ELLEN GRACIE, Segunda Turma, julgado em 15-03-2011, DJe-063 DIVULG 01-04-2011 PUBLIC 04-04-2011 EMENT VOL-02495-01 PP-00127 - destaquei)

Pontuo que a alteração perpetrada pela Lei nº 13.846/2019, pela qual introduzido no rol do art. 9º o "Certificado de Regularidade Previdenciária", não tem o condão de desnaturar tal diploma, retirando-lhe a qualidade de norma geral sobre previdência social, editada pela União sob o manto do art. 24, XII, da Constituição Federal. Tal certificado - comprovante de regularidade previdenciária - já se encontrava regularmente previsto no Decreto nº 3.788/2001, sob idênticas denominação e finalidade.** Acresço não haver previsão, nem mesmo nos diplomas infralegais apontados na peça de ingresso, de alíquotas específicas a serem observadas pelos entes federados, limitando-se a legislação impugnada a dispor sobre o piso* *e o teto da contribuição patronal - parâmetros a serem observados por todos os entes federados, a saber, respectivamente, a alíquota de contribuição aplicada ao servidor ativo e o dobro dessa contribuição (arts. 2º e 3º da Lei nº 9.717/1998 e art. 5º, XIV, da Portaria MPS nº 204/2008).* ***No arcabouço jurídico em exame, voltado a disciplinar os Regimes Próprios de Previdência Social, constato haver tão somente orientações gerais acerca da adoção de medidas garantidoras do seu equilíbrio financeiro e atuarial, assim como de implementação de planos voltados a reequilibrar tais sistemas previdenciários, caso se encontrem em situação deficitária.

No aspecto, registro que o detalhamento maior, como é de praxe, encontra-se na Portaria MPS nº 204/2008, da qual consta a necessidade de "observância do equilíbrio financeiro e atuarial, correspondente à implementação, em lei, atendidos os parâmetros estabelecidos pelas Normas de Atuária aplicáveis aos RPPS", de "plano de amortização ou a segregação de massas para equacionamento de seu déficit atuarial". (art. 5º, II, "b" - destaquei) Por seu turno, não se pode negar, em matéria de previdência social dos servidores públicos, o relevante papel de fiscalização de que o texto constitucional investiu a União, incumbência que se mostra inviável de ser realizada a contento sem que lhe sejam assegurados instrumentos legais e efetivos de controle. Ao advento da reforma implementada pela EC nº 103/2019, a necessidade de que os entes federados observem "critérios que preservem o equilíbrio financeiro e atuarial" foi reafirmada no caput do art. 40.

Em tal oportunidade, o legislador constitucional incluiu no regramento dedicado aos regimes próprios de previdência social o § 22, pelo qual explicitado que a legislação federal sobre "normas gerais de organização, de funcionamento e de responsabilidade em sua gestão", deve dispor, entre outros aspectos, sobre "fiscalização pela União e controle externo e social", "definição de equilíbrio financeiro e atuarial", "mecanismos de equacionamento do deficit atuarial" e "parâmetros para apuração da base de cálculo e definição de alíquota de contribuições ordinárias e extraordinárias" (incisos III, IV, VI e X - destaquei). Sob o prisma das alterações introduzidas pela EC nº 103/2019, compreendo redobradas as razões pelas quais julgo os preceitos da Lei nº 9.717/1998 em harmonia ao texto constitucional. Ademais, imprescindível assentar que os preceitos legais impugnados são meios alinhados ao dever constitucional de responsabilidade fiscal, sem a qual não existe responsabilidade social, inclusive na dimensão intergeracional. Dispõe a Carta Magna:

> *"Art. 164-A. A União, os Estados, o Distrito Federal e os Municípios devem conduzir suas políticas fiscais de forma a manter a dívida pública em níveis sustentáveis, na forma da lei complementar referida no inciso VIII do caput do art. 163 desta Constituição." "Art. 167-A. Apurado que, no período de 12 (doze) meses, a relação entre despesas correntes e receitas correntes supera 95% (noventa e cinco por cento), no âmbito dos Estados, do Distrito Federal e dos Municípios, é facultado aos Poderes Executivo, Legislativo e Judiciário, ao Ministério Público, ao Tribunal de Contas e à Defensoria Pública do ente,*

enquanto permanecer a situação, aplicar o mecanismo de ajuste fiscal de vedação da:"

Veja-se uma negativa de CRP pelo STF ao Estado do Acre com base neste novo posicionamento:

> **ACO 2884**
> **Órgão julgador:** Tribunal Pleno
> **Relator(a):** Min. EDSON FACHIN
> **Redator(a) do acórdão:** Min. FLÁVIO DINO
> **Julgamento:** 16/12/2024
> **Publicação:** 13/02/2025
> **Ementa**
> Ementa: DIREITO CONSTITUCIONAL E PREVIDENCIÁRIO. AÇÃO CÍVEL ORIGINÁRIA. REGIME PRÓPRIO DE PREVIDÊNCIA SOCIAL DOS ESTADOS. NEGATIVA DE EXPEDIÇÃO DE CERTIFICADO DE REGULARIDADE PREVIDENCIÁRIA (CRP). COMPETÊNCIA LEGISLATIVA DA UNIÃO. AUTONOMIA DOS ENTES FEDERADOS. CONSTITUCIONALIDADE DOS ARTS. 7º E 9º DA LEI Nº 9.717/1998. IMPROCEDÊNCIA DO PEDIDO.w I. Caso em exame 1. Ação cível originária ajuizada pelo Estado do Acre contra a União, na qual se questiona a exigência de ajuste na alíquota da contribuição patronal do regime próprio de previdência social estadual como condição para renovação do Certificado de Regularidade Previdenciária (CRP). O autor sustenta que a imposição da União fere sua autonomia federativa e extrapola a competência legislativa concorrente prevista no art. 24, XII, da Constituição Federal. Requer a abstenção de qualquer sanção decorrente da não adequação da alíquota e a expedição do CRP. II. Questão em discussão 2. Há duas questões em discussão: (i) definir se a União extrapolou sua competência legislativa ao exigir a adequação da alíquota da contribuição patronal como condição para expedição do CRP; e (ii) estabelecer se a negativa de emissão do CRP e a aplicação de sanções previstas no art. 7º da Lei nº 9.717/1998 violam a autonomia estadual. III. Razões de decidir 3. A União possui competência legislativa concorrente para estabelecer normas gerais sobre previdência social, nos termos do art. 24, XII, da Constituição Federal, o que abrange a disciplina sobre equilíbrio financeiro e atuarial dos regimes próprios de previdência social (RPPS). 4. Os arts. 7º e 9º da Lei nº 9.717/1998 constituem normas gerais válidas, pois impõem exigências indistintas a todos os entes federados, visando à uniformização dos regimes de previdência social e à responsabilidade fiscal e se compatibilizam com o princípio da proporcionalidade. 5. A negativa de expedição do CRP e a inscrição do Estado em cadastros de inadimplência não configuram ingerência indevida na autonomia estadual, mas apenas consequências do não

cumprimento de exigências gerais para a manutenção do equilíbrio atuarial do RPPS. 6. A fiscalização e supervisão dos RPPS pela União, inclusive com a imposição de sanções em caso de descumprimento das normas gerais, encontram respaldo constitucional e são instrumentos legítimos para assegurar a sustentabilidade dos regimes previdenciários. 7. A necessidade de equilíbrio financeiro e atuarial dos RPPS foi reforçada pela EC nº 103/2019, que prevê a adoção de mecanismos para equacionamento do déficit atuarial e a fiscalização da União sobre o tema. 8. Não se exclui o controle jurisdicional sobre eventuais atos abusivos perpetrados pela União, em uma análise motivada, caso a caso, sem contudo abstratamente tolher meios explícita e implicitamente vinculados ao alcance de fins enunciados pela Constituição Federal. IV. Dispositivo e tese 9. Pedido julgado improcedente.

De outra face, destaco que as medidas estatuídas no art. 7º da Lei nº 9.717/1998 são compatíveis com o princípio da proporcionalidade, posto que são restrições dirigidas à União, como já assinalado, evitando que o ente central seja compelido a arcar com os ônus da irresponsabilidade fiscal - emanada sobretudo de entidades subnacionais com grande força na federação. E tais medidas não atingem direitos das unidades federativas, pois se limitam a impedir atos voluntários e discricionários da União.

Ressalto, por fim, que a exegese aqui encampada privilegia a presunção de constitucionalidade dos atos legislativos e equaciona a controvérsia de forma orientada à máxima realização dos direitos fundamentais - chave que autoriza o julgador a decidir em favor da competência do ente maior -, observado que a previdência social consubstancia direito social fundamental, consagrado no caput do art. 6º da Lei Maior.

Daí nasce o dever de que todos zelem pela previdência social, em nome das atuais e futuras gerações. Assinalo que o meu entendimento não exclui o controle jurisdicional sobre eventuais atos abusivos perpetrados pela União, em uma análise motivada, caso a caso, sem contudo abstratamente tolher meios explícita e implicitamente vinculados ao alcance de fins enunciados pela Constituição Federal. Ante o exposto, pedindo vênia ao Relator, dou provimento ao recurso extraordinário. ***Em complemento, acresço que, como se cuida de caso com repercussão geral, incorporo ainda ao meu voto a tese sugerida pelo Ministro Presidente Luís Roberto Barroso".***

Dessa forma, conforme a tese firmada, a ação movida pelos estados ou municípios contra a União contra a fiscalização do MPS pelo descumprimento local das regras a respeito do RPPS, inclusive para fins de emissão de CRP negado na via administrativa, terá que demonstrar (ônus da prova do autor):

> **"(i) a inexistência do déficit atuarial apontado; ou,**
>
> **(ii) caso reconheça o desequilíbrio, a impertinência das medidas impostas pela União e a existência de plano alternativo capaz de assegurar, de maneira equivalente, a sustentabilidade do regime"**

Na primeira situação, inicialmente o julgador terá que definir juridicamente qual a definição de déficit atuarial que adotará, pois a matéria não possui regulamentação por lei, mas apenas em normatização do MPS, a exemplo da Portaria 1.467/2022, o que inclusive poderá demandar prova pericial com a nomeação de um perito atuário.

Na segunda situação, acaso incontroversa a existência de déficit atuarial, caberá ao ente demonstrar que as medidas impostas pela União são abusivas e que o RPPS local apresentou plano alternativo que permitirá manter/restabelecer a sustentabilidade do Regime, o que inclusive poderá também demandar prova pericial com a nomeação de um perito atuário.

2.32. PROCESSO ADMINISTRATIVO DE FISCALIZAÇÃO NOS REGIMES PRÓPRIOS DE PREVIDÊNCIA SOCIAL

É regulado pelos **artigos 251 e seguintes da Portaria MTP 1.467, de 2 de junho de 2022**. A fiscalização dos RPPS será exercida, conforme previsto nos §§ 2º e 3º do art. 11 da Lei nº 11.457, de 16 de março de 2007, por Auditor-Fiscal da Receita Federal do Brasil - AFRFB credenciado pela SPREV quando aí em exercício e na forma por ela estabelecida.

Ao AFRFB, devidamente credenciado, deverá ser dado livre acesso à unidade gestora do RPPS e do fundo previdenciário e às entidades e órgãos do ente federativo que possuam servidores vinculados ao RPPS, podendo examinar livros, bases de dados, documentos e registros contábeis e praticar os atos necessários à consecução da fiscalização, inclusive a apreensão e guarda de livros e documentos, nos termos do §§ 4º e 5º do art. 11 da Lei nº 11.457, de 2007.

O procedimento de fiscalização poderá abranger a verificação da totalidade dos critérios relacionados à regularidade do RPPS ou apenas dos critérios necessários para o atendimento à denúncia ou outra ação específica.

Constatadas irregularidades impeditivas da emissão do CRP, o AFRFB lavrará a Notificação de Auditoria-Fiscal - NAF, que conterá, no mínimo, os seguintes elementos:

I - o local e a data de sua lavratura;

II - a identificação do ente federativo notificado;

III - os fundamentos normativos da irregularidade;

IV - a descrição dos fatos que caracterizem a irregularidade, o período e as circunstâncias em que foi praticada;

V - os efeitos da irregularidade em relação à emissão do CRP;

VI - a notificação do ente federativo e da unidade gestora do RPPS fixando prazo e local para apresentação da defesa, com a informação da continuidade do processo independentemente do comparecimento do seu representante; e

VII - a identificação da autoridade notificante, com indicação do cargo ou função, número de matrícula e assinatura.

O ente federativo e a unidade gestora do RPPS serão cientificados do encerramento da fiscalização e, no caso de terem sido constatadas irregularidades, será encaminhada, ao representante legal do ente federativo, a NAF, acompanhada de relatório circunstanciado emitido pelo AFRFB.

O Processo Administrativo Previdenciário - PAP se destina a apurar, para fins de aplicação do disposto no art. 7º da Lei nº 9.717, de 1998, as irregularidades impeditivas da emissão do CRP verificadas em fiscalização, tendo início com a lavratura da NAF.

Cabe somente ao representante legal do ente federativo notificado, ou terceiro por ele formalmente indicado, apresentar impugnação à NAF no prazo de 30 (trinta) dias, contados da ciência da notificação.

A impugnação, instruída com a prova de representação legal do ente federativo, será formalizada por meio de documento original e apresentada diretamente à SPREV, mediante protocolo *in loco* ou eletrônico, ou remetida por via postal, hipótese em que será considerada tempestiva se postada no prazo do *caput*.

A impugnação conterá as seguintes informações:

I - qualificação do impugnante;

II - pontos de discordância e os motivos, de fato e de direito, em que se fundamenta o pedido;

III - relação dos documentos que a acompanham, demonstrando a sua pertinência com os motivos de fato em que se fundamenta o pedido;

IV - planilha circunstanciada contendo os valores repassados (do ente, dos segurados e dos segurados), as datas de seus recolhimentos e os correspondentes extratos bancários do RPPS em que estejam comprovadas, na hipótese de irregularidade relativa ao caráter contributivo; e

V - a data e a assinatura do subscrevente.

O AFRFB designado, desde que não seja o responsável pela lavratura da respectiva NAF, apreciará, em Decisão-Notificação - DN, a defesa e as provas, se houver, observando os fatos e as circunstâncias descritas nos autos, e concluirá sobre a procedência ou improcedência da irregularidade, submetendo sua decisão à homologação da autoridade superior.

Da DN caberá recurso, com efeito suspensivo, ao Conselho de Recursos da Previdência Social - CRPS, órgão julgador de último grau, no prazo de 30 (trinta) dias, contados da ciência do notificado.

Constituem razões de não conhecimento do recurso:

> I - a intempestividade;
>
> II - a ilegitimidade do recorrente;
>
> III - o não cabimento do recurso;
>
> IV - a desistência voluntária manifestada por escrito pelo interessado ou seu procurador; e
>
> V - a perda do objeto do recurso.

Após o julgamento do recurso pelo CRPS e, se for o caso, do embargo de declaração, o extrato da decisão definitiva será publicado no Diário Oficial da União e o processo administrativo será devolvido à SPREV para as providências referentes ao cumprimento do acórdão.

Os atos do PAP devem realizar-se em dias úteis, no horário normal de funcionamento da repartição, com exceção daqueles cujo adiamento prejudique o curso regular do procedimento ou cause danos ao ente federativo interessado ou à Administração.

As notificações e intimações serão realizadas por qualquer meio que assegure a ciência do interessado, procedendo-se, dentre outros:

> I - mediante sua ciência ou do seu representante legal, efetivada por servidor designado, ou, no caso de recusa, de aposição de assinatura em declaração expressa de quem proceder à notificação ou intimação;
>
> II - por via postal, comprovando-se sua entrega pelo aviso de recebimento ou documento similar com mesma finalidade, emitido pelo serviço postal;
>
> III - por meio eletrônico; ou
>
> IV - por edital, publicado uma única vez no Diário Oficial da União, se frustradas as tentativas de notificação por via pessoal, postal ou eletrônica, ou pela constatação de estar o autuado em lugar incerto ou ignorado, devendo constar do edital o termo inicial para contagem do prazo para apresentação da defesa.

São nulos:

> I - os atos e termos lavrados por pessoa incompetente;
>
> II - os despachos e decisões proferidos por autoridade incompetente ou com preterição do direito de defesa;
>
> III - as decisões não fundamentadas; e
>
> IV - a NAF que não contenha elementos suficientes para determinar, com segurança, a irregularidade.

2.33. CERTIFICADO DE REGULARIDADE PREVIDENCIÁRIA (CRP)

Nos termos da Portaria MTP 1.467/2022, o **Certificado de Regularidade Previdenciária é o** documento instituído pelo Decreto n º 3.788, de 11 de abril de 2001, que atesta, para os fins do disposto no art. 7º da Lei nº 9.717, de 1998, o cumprimento, pelos Estados, Distrito Federal e Municípios, dos critérios e exigências aplicáveis aos RPPS e aos seus fundos previdenciários, conforme previsão do inciso IV do art. 9º dessa Lei.

Ressalte-se que o Certificado de Regularidade Previdenciária - CRP, a ser expedido pelo Ministério da Previdência Social, instituído pelo Decreto nº 3.788/01, atestará o cumprimento pelos Estados, Distrito Federal e Municípios, dos critérios e exigências estabelecidos na Lei nº 9.717/98 e na Lei nº 10.887/04.

O CRP é atualmente regulado pelos **artigos 246/249 da Portaria MTP 1.467, de 2 de junho de 2022**, sendo exigido nos seguintes casos:

> *"I - realização de transferências voluntárias de recursos pela União;*
>
> *II - celebração de acordos, contratos, convênios ou ajustes, bem como recebimento de empréstimos, financiamentos, avais e subvenções em geral de órgãos ou entidades da Administração Direta e Indireta da União; e*
>
> *III - liberação de recursos de empréstimos e financiamentos por instituições financeiras federais".*

Nos termos do artigo 247 da Portaria MTP 1.467, de 2 de junho de 2022, para a **emissão do CRP**, o ente federativo deverá comprovar à SPREV o cumprimento dos seguintes critérios e exigências, relativos ao RPPS de seus servidores:

> *"I - observância do caráter contributivo, conforme disposto no art. 7º;*
>
> *II - observância dos limites de contribuição do ente, dos segurados e beneficiários, conforme disposto no art. 11;*
>
> *III - organização baseada em normas gerais de atuária previstas nesta Portaria, de modo a garantir o seu equilíbrio financeiro e atuarial, com a realização de avaliações atuariais anuais para a organização e revisão do plano de custeio e de benefícios;*
>
> *IV - plano de benefícios integrado apenas por aposentadorias e pensão por morte, conforme disposto no art. 157;*
>
> *V - existência de apenas um RPPS administrado por uma única unidade gestora, abrangidos todos os poderes, órgãos e entidades autárquicas e fundacionais, que serão responsáveis pelo seu financiamento, conforme disposto no art. 71;*
>
> *VI - cobertura exclusiva aos segurados e beneficiários de que trata o art. 3º;*
>
> *VII - atendimento aos requisitos mínimos estabelecidos para os dirigentes da unidade gestora do RPPS, para o responsável pela gestão das aplicações dos*

recursos e para os membros dos conselhos deliberativo e fiscal e do comitê de investimentos do regime, nos termos do art. 76;

VIII - utilização de recursos, incluídos os valores integrantes dos fundos, com finalidade previdenciária, nos termos do art. 81;

IX - aplicação dos recursos conforme previsto no art. 87;

X - instituição e vigência do RPC, nos termos do inciso VI do art. 241;

XI - operacionalização da compensação financeira do RPPS com o RGPS e com os demais RPPS, consistente na habilitação para o processamento, enquanto regime instituidor, do requerimento pelo sistema de compensação disponibilizado pela SPREV, nos termos do art. 10 do Decreto nº 10.188, de 2019;

XII - atendimento de solicitação de documentos ou informações pela SPREV, no prazo e na forma estipulados nos procedimentos referidos nos incisos II e III do caput do art. 250;

XIII - encaminhamento de documentos, demonstrativos e informações previstos no art. 241; e

XIV - atendimento ao disposto no art. 164 nas normas editadas para a adequação, à Emenda Constitucional nº 103, de 2019, das regras de concessão, cálculo e reajustamento das aposentadorias e pensão por morte".

Para fins da **instituição e vigência do RPC**, a lei de instituição do RPC deverá ser encaminhada pelo ente federativo por meio do Gescon e observar o disposto nas normas gerais aplicáveis a esse regime, de forma a possibilitar a sua vigência, bem como o ente deverá informar, na forma estipulada pela SPREV, a ocorrência do ingresso, após a instituição do RPC, de segurados do RPPS com remuneração acima do limite máximo estabelecido para os benefícios do RGPS.

O CRP será emitido por meio do Cadprev após a verificação do cumprimento dos critérios e exigências previstos no art. 247, demonstrados no extrato previdenciário de cada ente federativo disponibilizado pela SPREV na página da Previdência Social na Internet, e observará os seguintes parâmetros:

"I - será disponibilizado no endereço eletrônico;

II - conterá numeração única;

III - terá validade de 180 (cento e oitenta) dias a contar da data de sua emissão;

IV - poderá ser específico para cumprimento de decisão judicial que determinou sua emissão e nos casos de ordem judicial que determine a suspensão de irregularidades relacionadas aos critérios exigidos para sua emissão, ou a regularização da situação do ente federativo quanto ao RPPS nos cadastros da União; e

V - será cancelado, por reforma da decisão judicial que fundamentou sua emissão, por emissão indevida ou quando constatadas pela SPREV a sua emissão com base em informações falsas prestadas nos documentos de que trata o art. 241".

Ainda é prevista a emissão de um **CRP emergencial** para o ente federativo que tenha encaminhado os documentos e informações aptos a comprovar o atendimento dos critérios e exigências para sua emissão quando o registro da situação de regularidade dos critérios e exigências depender de adequação das funcionalidades do Cadprev; bem como em face de problema de natureza operacional, ocorrido neste sistema de informações, que implique interrupção de funcionamento, indisponibilidade ou intermitência ou que estejam aguardando análise pela SPREV, relativas aos seguintes casos a) termos de acordo de parcelamento, desde que formalizados conforme parâmetros gerais e que contemplem todo o período dos débitos; e b) demais situações em que a análise e aprovação da documentação pela SPREV seja condição para implementação, pelo ente, das medidas destinadas a promover a regularização do critério.

A emissão do CRP nas situações acima postas será permitida quando não existirem impedimentos em critérios diversos daqueles referidos e não afastará a posterior verificação, pela Secretaria de Regime Próprio e Complementar, da conformidade dos documentos apresentados.

Eis a página de acesso ao CADPREV (https://cadprev.previdencia.gov.br/Cadprev/pages/publico/crp/pesquisarEnteCrp.xhtml):

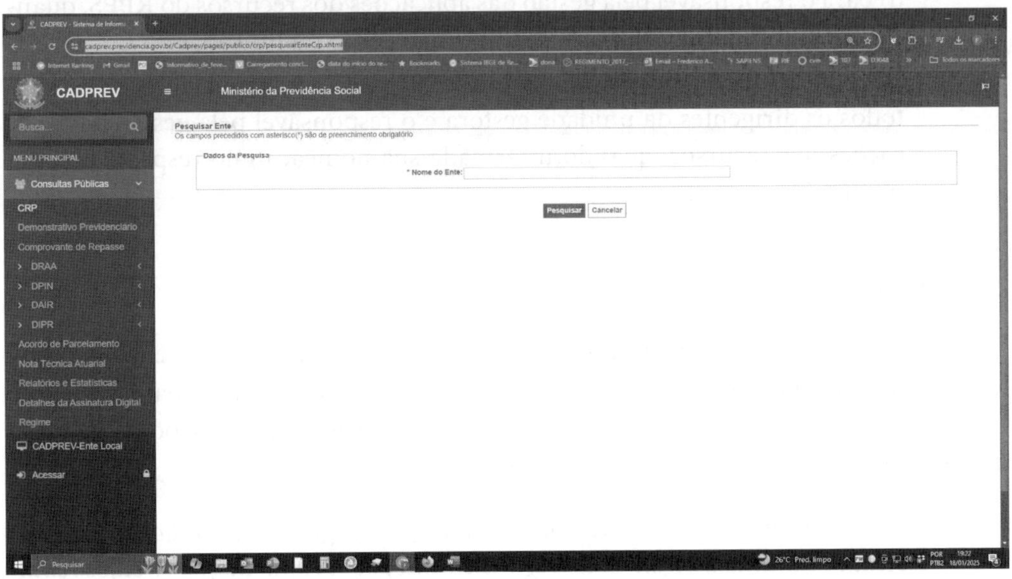

Por força da Portaria MPS 1.499/2024, para o atendimento de **solicitação de documentos ou informações pela SPREV**, "deverá ser realizada pelo Cadprev, a partir das informações prestadas pela unidade gestora neste sistema, nos seguintes prazos e situações:

I - o requisito previsto no inciso I do caput do art. 76, para os dirigentes da unidade gestora, o responsável pela gestão das aplicações de recursos e todos os membros titulares dos conselhos deliberativo e fiscal e do comitê de investimentos, quando informada sua nomeação no respectivo cargo ou função, ou posse, e a cada período de dois anos, contados a partir da data da habilitação informada no Cadprev, sem prejuízo do disposto no § 4º do mesmo artigo;

II - o requisito previsto no inciso II do caput do art. 76:

a) para a maioria dos dirigentes da unidade gestora de que trata o inciso VII do caput do art. 2º, incluindo, obrigatoriamente, o seu representante legal ou detentor da autoridade mais elevada, em 31 de julho de cada exercício, independentemente da data da nomeação no respectivo cargo ou função, a iniciar-se em 2024;

b) para um terço dos membros titulares do conselho deliberativo e do conselho fiscal, até 31 de dezembro de 2025, e para sua maioria a partir desta data, em 31 de julho de cada exercício, independentemente da data de sua posse, a iniciar-se em 2024;

c) para a maioria dos membros titulares do comitê de investimentos, até 31 de dezembro de 2025, e para a sua totalidade a partir desta data, quando informada sua posse no respectivo comitê, exceto na situação de que trata o art. 280; e

d) para o responsável pela gestão das aplicações dos recursos do RPPS, quando informada sua nomeação no respectivo cargo ou função; e

III - os requisitos previstos nos incisos III e IV do caput do art. 76, para todos os dirigentes da unidade gestora e o responsável pela gestão das aplicações dos recursos, quando informada sua nomeação no respectivo cargo ou função".

2.34. EXTINÇÃO DE RPPS

De acordo com o **artigo 34 da Emenda 103/2019**, na hipótese de **extinção por lei de regime previdenciário** e migração dos respectivos segurados para o Regime Geral de Previdência Social, serão observados, até que lei federal disponha sobre a matéria, os seguintes requisitos pelo ente federativo:

"I - assunção integral da responsabilidade pelo pagamento dos benefícios concedidos durante a vigência do regime extinto, bem como daqueles cujos requisitos já tenham sido implementados antes da sua extinção;

II - previsão de mecanismo de ressarcimento ou de complementação de benefícios aos que tenham contribuído acima do limite máximo do Regime Geral de Previdência Social;

III - vinculação das reservas existentes no momento da extinção, exclusivamente:

a) ao pagamento dos benefícios concedidos e a conceder, ao ressarcimento de contribuições ou à complementação de benefícios, na forma dos incisos I e II; e

b) à compensação financeira com o Regime Geral de Previdência Social".

A Portaria MTP 1.467/2022 define **RPPS em extinção** como o RPPS do ente federativo que deixou de assegurar em lei os benefícios de aposentadoria e pensão por morte a todos os segurados, mantendo a responsabilidade pelo pagamento dos benefícios concedidos, bem como daqueles cujos requisitos necessários à sua concessão foram implementados anteriormente à vigência da lei. Não se trata de novidade da Emenda 103/2019, pois já prevista na Lei 9.717/98:

"Art. 10. No caso de extinção de regime próprio de previdência social, a União, o Estado, o Distrito Federal e os Municípios assumirão integralmente a responsabilidade pelo pagamento dos benefícios concedidos durante a sua vigência, bem como daqueles benefícios cujos requisitos necessários a sua concessão foram implementados anteriormente à extinção do regime próprio de previdência social".

A novidade é a imposição de um **mecanismo de ressarcimento ou de complementação de benefícios** aos que tenham contribuído acima do limite máximo do Regime Geral de Previdência Social, pois não é justo que o servidor que contribuiu acima do teto do INSS seja prejudicado com a ulterior extinção do RPPS.

Ademais, haverá **vinculação das reservas** existentes no momento da extinção, exclusivamente ao pagamento dos benefícios concedidos e a conceder, ao ressarcimento de contribuições ou à complementação de benefícios.

Deve também o ente que extinguiu o RPPS arcar com a pensão por morte do aposentado anterior ao ato extintivo, pois não haverá filiação do aposentado ao RGPS, sob pena de o pensionista não receber nenhum benefício, considerando que os recolhimentos foram feitos ao RPPS extinto.

Veja-se o Tribunal de Justiça do Rio Grande do Sul:

> **Ementa**: APELAÇÃO CÍVEL. PREVIDÊNCIA PÚBLICA. PENSÃO POR MORTE. **A falecida servidora pública municipal aposentou-se quando em vigor a Lei nº 121/73 - previamente à extinção do Regime Próprio Previdenciário e da autarquia municipal -, de modo que nítida a responsabilidade do Município pelo pagamento da aposentadoria e, também, de eventual pensão, como sucessor das referidas responsabilidades**. DESNECESSIDADE DE INVALIDEZ. O cônjuge sobrevivente de segurada guarda direito à pensão previdenciária por morte, independentemente da condição de inválido ou de dependente econômico. No contexto constitucional atual, não há mais espaço a qualquer norma escrita que ainda implique discriminação por gênero. Tratando-se de interpretação, máxime a constitucional,

necessário lançar mão de parâmetros hermenêuticos obrigatórios que levem em conta a estruturação do ordenamento jurídico como um sistema aberto, composto por princípios e regras, sob pena de romper-se o sistema. Preponderância dos princípios constitucionais na construção do sentido normativo. FONTE DE CUSTEIO. A exigibilidade de fonte de custeio prevista em seu art. 195, § 5º, não incide sobre os benefícios diretamente criados pela própria Constituição Federal, mas tão somente em relação aos instituídos pelo legislador ordinário, não se olvidando do caráter contributivo como ponto de partida a sustentar o futuro atendimento dos proventos e pensões. Caso em que plenamente atendida à exigência constitucional, eis que o pagamento de pensão por morte é norma auto-aplicável, dotada de plena eficácia, constituída de todos os elementos para sua incidência imediata, sendo, pois, devido aos dependentes/pensionistas seu pagamento, uma vez implementada a condição - morte da segurada e contribuição do falecido, razão pela qual não há falar em criação, majoração ou extensão de novo benefício sem fonte de custeio anterior, mas de simples afastamento de restrição inaceitável. NEGARAM PROVIMENTO AO RECURSO. UNÂNIME.(Apelação Cível, Nº **70058029208**, Segunda Câmara Cível, Tribunal de Justiça do RS, Relator: Laura Louzada Jaccottet, Julgado em: 11-06-2014)".

De acordo com o *artigo 181 da Portaria MTP 1.467, de 2 de junho de 2022*, o **início da extinção de RPPS** e a consequente migração dos segurados para o RGPS somente será feita por meio de lei do ente federativo, que deverá prever também:

I - um mecanismo de ressarcimento ou de complementação de aposentadorias e pensões por morte aos que tenham contribuído acima do limite máximo do RGPS, vedada a concessão concomitante dessas prestações;

II - a manutenção das alíquotas de contribuição dos segurados que tenham cumprido os requisitos para aposentadoria antes da vigência da lei de extinção e dos beneficiários em fruição de aposentadoria ou de pensão por morte, observados os limites de que trata o art. 11; e

III - a migração ao RGPS de todos os servidores ocupantes de cargos efetivos que não se enquadrem nas situações de que trata o inciso II.

O ente federativo que aprovar lei de extinção de RPPS, observará as seguintes exigências:

I - assunção integral da responsabilidade pelo pagamento:

a) dos benefícios de aposentadoria e de pensão por morte concedidos durante a vigência do regime e daqueles cujos requisitos necessários para sua concessão tenham sido implementados antes da vigência da lei;

b) das pensões por morte decorrentes do falecimento dos segurados e aposentados que estejam nas situações de que trata a alínea "a", independentemente da data do óbito;

c) do ressarcimento de contribuições ou da complementação de benefícios de que trata o inciso I do caput; e

d) da compensação financeira com o RGPS, outro RPPS ou SPSM;

II - responsabilidade pelo repasse das contribuições em atraso, relativas às competências anteriores à publicação da lei de que trata o caput, inclusive as incluídas em termos de acordo de parcelamento;

III - manutenção em contas segregadas das demais sob a titularidade do ente federativo e aplicação conforme art. 87 dos seguintes recursos:

a) as reservas do RPPS existentes no momento da extinção;

b) as contribuições descontadas dos segurados e beneficiários depois da extinção, previstas conforme inciso II do caput; e

c) as contribuições em atraso de que trata o inciso II;

IV - vinculação dos recursos de que trata o inciso III exclusivamente para cumprimento das responsabilidades descritas no inciso I; e

V - emissão da CTC e da relação das bases de cálculo de contribuição ao RPPS de que trata o Capítulo IX e sua entrega a todos os segurados que migraram para o RGPS, para fins de averbação quando do requerimento do benefício junto a esse regime.

A lei deverá ser encaminhada à SPREV, acompanhada das seguintes informações:

I - cadastrais, funcionais e remuneratórias dos segurados e beneficiários que estejam nas situações de que trata o inciso I do § 1º;

II - contábeis e financeiras sobre os recursos a que se refere o inciso III do § 1º; e

III - do órgão do Poder Executivo que será responsável pela administração dos recursos do RPPS em extinção e pelo pagamento dos benefícios.

Essas regras são aplicáveis aos entes cujo regime jurídico estatutário esteja em extinção, pela adoção do regime da Consolidação das Leis do Trabalho - CLT como regime jurídico único para seus servidores até 4 de junho de 1998, em cumprimento ao *caput* do art. 39 na redação original da Constituição Federal de 1988, e que garantam, em lei, a concessão de aposentadoria aos segurados amparados pelo RPPS em extinção e de pensão por morte a seus dependentes.

Considera-se extinto o RPPS do ente federativo que teve cessada a responsabilidade pela concessão e manutenção de benefícios de aposentadoria e pensão por morte, ressarcimento de contribuições ou da complementação de benefícios ou que utilizaram a totalidade do valor mantido em contas segregadas para o cumprimento das obrigações.

Por outro lado, a revogação da lei que criou a unidade gestora do RPPS não representa a extinção do RPPS se houver lei vigente assegurando a concessão dos benefícios de aposentadoria e de pensão por morte.

O servidor que tiver implementado os requisitos necessários à concessão de aposentadoria pelo RPPS antes da vigência da lei de extinção do regime, se permanecer em atividade, não se filia ao RGPS, exceto no caso de implemento do direito à aposentadoria proporcional ou com redutores nos proventos sendo-lhe assegurado nessa hipótese:

> I - o direito aos benefícios previdenciários do RGPS desde que cumpridas as condições estabelecidas nesse regime depois da filiação; ou
>
> II - a opção pelo benefício do RPPS cujo direito à concessão foi implementado antes da data da extinção, computando-se somente o tempo de contribuição até essa data.

2.35. LICENÇA SEM VENCIMENTOS E CONTRIBUIÇÃO AO RPPS OU RGPS

Vale registrar que cabe a lei local do RPPS definir se o servidor efetivo em gozo de licença sem vencimentos poderá pagar contribuição facultativo no período para manter a proteção previdenciária, a exemplo da União, que permite no artigo 183 da Lei 8.112/90.

No entanto, durante o gozo de licença sem vencimentos, a lei do RPPS não pode prever que o servidor público arque com o pagamento da sua contribuição juntamente com a contribuição do ente público por ser algo desproporcional:

■ **POSIÇÃO DO STF**

ARE 1312842 AgR / SP - SÃO PAULO

AG.REG. NO RECURSO EXTRAORDINÁRIO COM AGRAVO

Relator(a): Min. RICARDO LEWANDOWSKI

Julgamento: 28/06/2021

Publicação: 05/07/2021

Órgão julgador: Segunda Turma

Publicação

PROCESSO ELETRÔNICO DJe-133 DIVULG 02-07-2021 PUBLIC 05-07-2021

Partes

AGTE.(S) : INSTITUTO DE PREVIDENCIA DO MUNICIPIO DE BIRIGUI--BIRIGUIPREV ADV.(A/S): ALEXANDRE MARANGON PINCERATO AGDO.(A/S): MARIA DOMINGUES RUIZ ADV.(A/S): FRANCO GUSTAVO PILAN MERANCA

Ementa

Ementa: AGRAVO REGIMENTAL NO RECURSO EXTRAORDINÁRIO COM AGRAVO. DIREITO CONSTITUCIONAL. CONTRIBUIÇÃO PREVIDENCIÁRIA. SERVIDOR PÚBLICO. ART. 93, § 3º, DA LEI 4.804/2006, DO

MUNICÍPIO DE BIRIGUI/SP. ATRIBUIÇÃO DA RESPONSABILIDADE PELO PAGAMENTO DA CONTRIBUIÇÃO PREVIDENCIÁRIA PATRONAL AO SERVIDOR AFASTADO SEM REMUNERAÇÃO. IMPOSSIBILIDADE. PRINCÍPIO DA SOLIDARIEDADE. AGRAVO REGIMENTAL A QUE SE NEGA PROVIMENTO. **I - É inadmissível que a lei municipal transfira ao servidor público afastado sem remuneração a responsabilidade pelo recolhimento da contribuição previdenciária patronal, uma vez que, tendo em conta o seu caráter solidário, o custeio do sistema previdenciário dever ser compartilhado por todos - ente federativo, servidores ativos, aposentados e pensionistas -, por meio das alíquotas estabelecidas em lei (art. 40, caput, CF).** II - Agravo regimental a que se nega provimento.

2.36. PRESCRIÇÃO QUINQUENAL

Vale ressaltar que, de acordo com o tradicional entendimento do STJ, o lapso prescricional quinquenal contra o Poder Público, previsto no vetusto Decreto 20.910/32, **contar-se-á da data da publicação do ato administrativo de concessão da aposentadoria**, e não da data do registro no Tribunal de Contas, revelando-se como uma prescrição do fundo do direito, e não progressiva.

■ POSIÇÃO DO STJ

"ADMINISTRATIVO. SERVIDOR PÚBLICO. ATO DE APOSENTADORIA. REVISÃO. CONTAGEM DE TEMPO DE SERVIÇO ESPECIAL. PRESCRIÇÃO DE FUNDO. OCORRÊNCIA. 1. A pretensão de revisão do ato de aposentadoria, com a contagem especial de tempo de serviço prestado de forma insalubre, tem como termo inicial para o prazo prescricional a concessão dessa pela Administração. Transcorridos mais de cinco anos entre a inativação do servidor e o ajuizamento da ação que pretende a alteração desse ato, torna-se imperioso o reconhecimento da prescrição do chamado fundo de direito. 2. O prazo prescricional para revisão do ato de aposentadoria começa a transcorrer na data de sua publicação e não do seu registro no Tribunal de Contas, pois este possui natureza jurídica meramente declaratória. 3. Recurso especial improvido"[86].

Deveria a prescrição quinquenal contra a Administração Pública ser iniciada com o registro no Tribunal de Contas, se é ato complexo. **No entanto, "de acordo com a jurisprudência do STJ, entende-se que o termo inicial do prazo prescricional da pretensão de revisão do ato de aposentadoria se inicia na data da concessão do ato de aposentadoria e não após o seu registro perante a Corte de Contas**. Precedentes: AgRg no AREsp n. 43.863/RS, Rel. Min. Castro Meira, Segunda Turma, julgado em 18/9/2012, Dje 25/9/2012; AgRg no AREsp n. 567.783/

86. REsp 1032428, de 29.09.2009.

MG, Rel. Ministro Mauro Campbell Marques, Segunda Turma, julgado em 21/10/2014, DJe 28/10/2014; AgInt no AgInt no REsp n. 1.645.143/DF, Rel. Ministro Og Fernandes, Segunda Turma, julgado em 21/6/2018, DJe 27/6/2018; e EDcl no REsp n. 1.634.035/RS, Rel. Ministro Og Fernandes, Segunda Turma, julgado em 20/3/2018, DJe 23/3/2018".

Assim, nota-se que na atualidade o STJ reviu o seu posicionamento e passou a incidir a prescrição a partir do ato da concessão da aposentadoria, e não do registro no Tribunal de Contas.

Outrossim, por existir um regramento próprio disciplinando a prescrição das aposentadorias concedidas em sede de RPPS, o STJ vem afastando a aplicação do artigo 103 da Lei 8.213/91, aplicável somente ao RGPS.

■ POSIÇÃO DO STJ

Informativo 542- Primeira Seção - DIREITO ADMINISTRATIVO E PREVIDENCIÁRIO. APLICABILIDADE DO ART. 1º DO DECRETO 20.910/1932 AOS CASOS DE REVISÃO DE APOSENTADORIA DE SERVIDOR PÚBLICO.

Nos casos em que o servidor público busque a revisão do ato de aposentadoria, ocorre a prescrição do próprio fundo de direito após o transcurso de mais de cinco anos - e não de dez anos - entre o ato de concessão e o ajuizamento da ação. Trata-se da aplicação do art. 1º do Decreto 20.910/1932, segundo o qual as "dívidas passivas da União, dos Estados e dos Municípios, bem assim todo e qualquer direito ou ação contra a Fazenda federal, estadual ou municipal, seja qual for a sua natureza, prescrevem em cinco anos contados da data do ato ou fato do qual se originarem". A existência de norma específica que regula a prescrição quinquenal, nos feitos que envolvem as relações de cunho administrativo - tais como aquelas que envolvem a Administração Pública e os seus servidores -, afasta a adoção do prazo decenal previsto no art. 103, *caput*, da Lei 8.213/1991, que dispõe sobre os Planos de Benefícios da Previdência Social. Ressalte-se, ademais, que os requisitos e critérios fixados para o regime geral de previdência social - cuja adoção não poderá ser diferenciada tão somente para efeito de aposentadoria- serão aplicáveis aos regimes de previdência dos servidores públicos titulares de cargo efetivo "no que couber", conforme determina a redação do art. 40, § 12, da CF. Precedentes citados: AgRg no AREsp 86.525-RS, Primeira Turma, DJe 16/5/2014; e AgRg no REsp 1.242.708-RS, Segunda Turma, DJe 14/4/2014. Pet 9.156-RJ, Rel. Min. Arnaldo Esteves Lima, julgado em 28/5/2014.

Processo

AgInt nos EREsp 1205694 / RS

AGRAVO INTERNO NOS EMBARGOS DE DIVERGÊNCIA EM RECURSO ESPECIAL

2014/0270114-1

Relator(a)

Ministro NAPOLEÃO NUNES MAIA FILHO (1133)

Órgão Julgador

CE - CORTE ESPECIAL

Data do Julgamento

16/12/2020

Data da Publicação/Fonte

DJe 02/06/2021

Ementa

PREVIDENCIÁRIO E ADMINISTRATIVO. AGRAVO INTERNO NOS EMBARGOS DE DIVERGÊNCIA EM RECURSO ESPECIAL. **SERVIDOR PÚBLICO FEDERAL. REVISÃO DO ATO DE APOSENTADORIA.** RECONHECIMENTO DE TEMPO ESPECIAL DE SERVIÇO PRESTADO EM CONDIÇÕES INSALUBRES ANTES DA LEI 8.112/1990. ORIENTAÇÕES NORMATIVAS 3 E 7 DE 2017 DO MPOG. RENÚNCIA À PRESCRIÇÃO. INOCORRÊNCIA. PRESCRIÇÃO DE **FUNDO DE DIREITO**. ACÓRDÃO IMPUGNADO QUE ENTENDIMENTO CONSOLIDADO NESTA CORTE. INCIDÊNCIA DA SÚMULA 168/STJ. AGRAVO INTERNO DOS PARTICULARES A QUE SE NEGA PROVIMENTO. 1. Os Embargos de Divergência têm por finalidade uniformizar a jurisprudência do próprio Superior Tribunal de Justiça quando se verificarem idênticas situações fáticas nos julgados, mas se tenha dado diferente interpretação na legislação aplicável ao caso. 2. A jurisprudência desta Corte é firme ao afirmar que a **prescrição da pretensão de revisão de aposentadoria, para a complementação de contagem especial de tempo de serviço especial, alcança o próprio fundo de direito, não havendo falar em relação de trato sucessivo.** 3. O acórdão embargado está em consonância com a orientação consolidada no Superior Tribunal de Justiça, desse modo incide o enunciado da Súmula 168/STJ, ao dispor que não cabem Embargos de Divergência, quando a jurisprudência do Tribunal se firmou no mesmo sentido do acórdão embargado. 4. Agravo Interno dos Particulares a que se nega provimento.

Processo

REsp 1783975 / RS

RECURSO ESPECIAL

2018/0322821-7

Relator(a)

Ministro HERMAN BENJAMIN (1132)

Órgão Julgador

S1 - PRIMEIRA SEÇÃO

Data do Julgamento

28/10/2020

Data da Publicação/Fonte

DJe 01/07/2021

Ementa

ADMINISTRATIVO E PROCESSUAL CIVIL. RECURSOS ESPECIAIS REPRESENTATIVOS DA CONTROVÉRSIA. TEMA 1.017/STJ. RESP 1.772.848/RS E RESP 1.783.975/RS. SERVIDOR PÚBLICO. AÇÃO REVISIONAL. VERBAS SALARIAIS NÃO PAGAS NA ATIVA. REPERCUSSÃO NA APOSENTADORIA. PRESCRIÇÃO. ARTS. 1º E 3º DO DECRETO 20.910/1932. SÚMULA 85/STJ. FUNDO DE DIREITO. ATO DE APOSENTADORIA. PRESUNÇÃO DE NEGATIVA EXPRESSA DO DIREITO. IMPOSSIBILIDADE. IDENTIFICAÇÃO DA CONTROVÉRSIA 1. O tema ora controvertido (1.017/STJ) consiste na "definição sobre a configuração do ato de aposentadoria de servidor público como expressa negativa da pretensão de reconhecimento e cômputo, em seus proventos, de direito não concedido enquanto o servidor estava em atividade, à luz do art. 1º do Decreto 20.910/1932 e da Súmula 85/STJ." 2. Na origem, trata-se de demanda proposta por servidora pública estadual aposentada que pretende reajustes previstos na Lei Estadual 10.395/1995, na fração de 20% da parcela autônoma do magistério incorporada ao vencimento básico, referente a período em que estava na ativa. 3. Em síntese, o recorrente defende que a aposentadoria, por ter sido calculada com base na média remuneratória, constitui negativa do direito e, assim, marco para início da prescrição do fundo de direito. EXAME DO TEMA REPETITIVO 4. O regime prescricional incidente sobre as parcelas devidas a servidores públicos ativos e inativos está previsto no art. 1º do Decreto 20.910/1932, segundo o qual "as dívidas passivas da União, dos Estados e dos Municípios, bem assim todo e qualquer direito ou ação contra a Fazenda federal, estadual ou municipal, seja qual for a sua natureza, prescrevem em cinco anos contados da data do ato ou fato do qual se originarem." 5. De acordo com o art. 3º do mesmo Decreto, "quando o pagamento se dividir por dias, meses ou anos, a prescrição atingirá progressivamente as prestações à medida que completarem os prazos estabelecidos pelo presente decreto." 6. Interpretando os citados dispositivos, o Superior Tribunal de Justiça editou a Súmula 85/STJ: "Nas relações de trato sucessivo em que a Fazenda Pública figure como devedora, quando não tiver sido negado o próprio direito reclamado, a prescrição atinge apenas as prestações vencidas antes do quinquênio anterior à propositura da ação." 7. Registra-se que o Superior Tribunal de Justiça, alinhado com a compreensão do Supremo Tribunal Federal no julgamento do RE 626.489/SE (Rel. Min. Roberto Barroso, DJe 23.9.2014), entende que o direito ao benefício previdenciário, em si, é imprescritível, mas incide a prescrição sobre a pretensão de revisar o ato administrativo de análise do pedido de aposentadoria. 8.

O que se depreende desse contexto é que a prescrição sempre recairá sobre cada parcela inadimplida pela Administração, por negativa implícita ou explícita do direito. 9. Por negativa implícita entende-se aquela que é repetida mês a mês sem manifestação formal da Administração em contraposição ao direito. Ou seja, a cada mês há uma negativa implícita do direito e, por isso, a prescrição incide sobre cada parcela mensal não contemplada, o que é chamado pela jurisprudência de prestações de trato sucessivo. 10. Por outro lado, havendo a supressão do direito por expressa negativa da Administração, representada por ato normativo de efeito concreto ou ato administrativo formalizado e com ciência ao servidor, o transcurso do prazo quinquenal sem o exercício do direito de ação fulmina a própria pretensão do servidor. **11. No que respeita à pretensão de revisão de ato de aposentadoria, a jurisprudência do STJ se firmou no sentido de que incide o prazo prescricional quinquenal do próprio fundo de direito.** 12. O raciocínio antes construído está em sintonia com a compreensão do STJ acima mencionada, pois o ato de aposentação é específico e expresso sobre os requisitos para a inatividade e, assim, configura negativa expressa do direito a ele relacionado. 13. Por outro lado, questões não afetas à aposentadoria, como a referente às verbas remuneratórias devidas enquanto o servidor estava na ativa, não podem ser objeto de presunção de negativa expressa pelo ato de aposentação. 14. Em outras palavras, a concessão de aposentadoria pela Administração não tem o condão, por si só, de fazer iniciar o prazo prescricional do fundo de todo e qualquer direito anterior do servidor, ainda que o reconhecimento deste repercuta no cálculo da aposentadoria, salvo se houver expressa negativa do referido direito no exame da aposentadoria. 15. O principal argumento do recorrente é que, como a aposentadoria foi calculada pelo regime das médias (EC 41/2003), a não inclusão da parcela ora pleiteada no cálculo da aposentadoria equivaleria à expressa negativa do direito. 16. Esse raciocínio poderia até ser relevado se a parcela tivesse sido regularmente paga pela Administração, mas na hipótese nem sequer havia sido reconhecido o direito até a edição do ato da aposentadoria para que nesta fosse computada a verba controvertida. DEFINIÇÃO DA TESE REPETITIVA **17. Propõe-se a fixação da seguinte tese repetitiva para o Tema 1.017/STJ: "O ato administrativo de aposentadoria de servidor público não configura, por si só, para fins do art. 1º do Decreto 20.910/1932 e da Súmula 85/STJ, expressa negativa do direito ao reconhecimento e ao cômputo de verbas não concedidas enquanto ele estava em atividade, salvo quando houver, no mesmo ato, inequívoco indeferimento pela Administração, situação essa que culminará na prescrição de fundo do direito se decorrido o prazo prescricional."** RESOLUÇÃO DO CASO CONCRETO 18. O Tribunal de origem assentou que não houve expressa negativa do direito pleiteado, concernente a diferenças de reajuste de fração da Parcela Autônoma do Magistério. 19. Assim, não há falar em prescrição do fundo de direito, mas tão somente em prescrição das parcelas que antecedem os cinco anos anteriores

> ao ajuizamento da ação, como corretamente apreciou o acórdão recorrido. CONCLUSÃO 20. Recurso Especial não provido, sob o rito dos arts. 1.036 e seguintes do CPC/2015.

Isso porque se trata de revisão de benefício, e não de concessão, estando garantido o direito ao benefício.

> **■ POSIÇÃO DO TCU**
>
> No mesmo sentido o TCU:
>
> **NÚMERO DO ACÓRDÃO**
>
> ACÓRDÃO 8015/2022 - PRIMEIRA CÂMARA
>
> **RELATOR**
>
> WEDER DE OLIVEIRA
>
> **PROCESSO**
>
> 013.284/2021-5 launch
>
> **TIPO DE PROCESSO**
>
> APOSENTADORIA (APOS)
>
> **DATA DA SESSÃO**
>
> 22/11/2022
>
> **NÚMERO DA ATA**
>
> 40/2022 - Primeira Câmara
>
> **INTERESSADO / RESPONSÁVEL / RECORRENTE**
>
> 3. Interessada: Anamaria Calheiros Pastor de Lima (XXX.007.177-XX).
>
> **ENTIDADE**
>
> Ministério da Saúde.
>
> **REPRESENTANTE DO MINISTÉRIO PÚBLICO**
>
> Procurador Marinus Eduardo De Vries Marsico.
>
> **UNIDADE TÉCNICA**
>
> Secretaria de Fiscalização de Integridade de Atos e Pagamentos de Pessoal e de Benefícios Sociais (Sefip).
>
> **REPRESENTANTE LEGAL**
>
> não há.
>
> **ASSUNTO**
>
> ATOS DE APOSENTADORIA.
>
> **SUMÁRIO**
>
> PESSOAL. *APOSENTADORIA*. ALTERAÇÃO. INTEGRALIZAÇÃO DE PROVENTOS PELA INCLUSÃO DE TEMPO DE SERVIÇO EM ATIVIDADE

INSALUBRE. ATO INICIAL EMITIDO HÁ MAIS DE 5 (CINCO) ANOS. JURISPRUDÊNCIA CONSOLIDADA PELO STJ. ***PRESCRIÇÃO* DO *FUNDO* DE *DIREITO*. A *REVISÃO* DO ATO DE *APOSENTADORIA* PARA APROVEITAMENTO DE TEMPO LABORADO EM CONDIÇÕES INSALUBRES SUBMETE-SE AO PRAZO PRESCRICIONAL DE 5 (CINCO) ANOS CONTADOS DA CONCESSÃO DO BENEFÍCIO, NOS TERMOS DO ART. 1º DO DECRETO 20.910/1932.** ILEGALIDADE. SÚMULA 106. DETERMINAÇÕES.

No entanto, **na situação de indeferimento expresso de pensão por morte no âmbito de RPPS estadual, entendeu a 1ª Seção do STJ que ocorre a prescrição de fundo de direito se entre o indeferimento administrativo e o ajuizamento da ação se passaram mais de 5 anos**:

■ **POSIÇÃO DO STJ**

Processo

EDcl nos EREsp 1269726 / MG

EMBARGOS DE DECLARAÇÃO NOS EMBARGOS DE DIVERGÊNCIA EM RECURSO ESPECIAL

2012/0098926-4

Relator(a)

Ministro MANOEL ERHARDT (DESEMBARGADOR CONVOCADO DO TRF5) (8410)

Órgão Julgador

S1 - PRIMEIRA SEÇÃO

Data do Julgamento

25/08/2021

Data da Publicação/Fonte

DJe 01/10/2021

Ementa

PROCESSUAL CIVIL. EMBARGOS DE DECLARAÇÃO NOS EMBARGOS DE DIVERGÊNCIA EM RECURSO ESPECIAL. **PRESCRIÇÃO DO FUNDO DE DIREITO. ADMISSIBILIDADE DOS RECURSOS RECONHECIDA. PENSÃO POR MORTE DE SERVIDOR PÚBLICO ESTADUAL. RELAÇÃO DE TRATO SUCESSIVO. CONCESSÃO INICIAL DO BENEFÍCIO PREVIDENCIÁRIO. INEXISTINDO NEGATIVA EXPRESSA E FORMAL DA ADMINISTRAÇÃO, INCIDE A SÚMULA 85/STJ.** RE 626.489/SE (TEMA 313/STF). APLICABILIDADE. OMISSÃO. EMBARGOS DE DECLARAÇÃO DA AUTARQUIA ESTADUAL ACOLHIDOS EM

PARTE, SEM ATRIBUIÇÃO DE EFEITOS INFRINGENTES. 1. Embargos de declaração em que se alega omissão no julgado, uma vez que: (a) não teria se manifestado em relação à incidência da Súmula 158/STJ; (b) não teria ficado comprovada a similitude fática entre o acórdão paradigma da Primeira Turma do STJ e a hipótese tratada nos autos; (c) inúmeros julgados desta Corte Superior evidenciam a ocorrência de prescrição do fundo do direito, quando o benefício previdenciário é requerido somente após o decurso do prazo de cinco anos do falecimento do servidor; e (d) não seria o caso de aplicar o entendimento firmado nos autos do RE 626.489/STF, porquanto não se discute revisão de benefício previdenciário, mas sim o suposto direito à concessão de benefício previdenciário decorrido o prazo prescricional de cinco anos previsto no DL 20.910/1932, o qual não guarda nenhuma relação com o prazo decadencial previsto na MP 1.523/1997. 2. O inconformismo da parte embargante se amolda, em parte, aos contornos da via dos embargos de declaração, previsto no art. 1.022 do 3. Referente à omissão no julgado, no que diz respeito à ausência da manifestação em relação à incidência da Súmula 158/STJ, não assiste razão à parte embargante, isso porque o voto-vista proferido pela Ministra ASSUSETE MAGALHÃES, que integra o presente acórdão, levantou a discussão acerca da admissibilidade dos embargos de divergência, suscitando os mesmos argumentos lançados no presente recurso, como não com rovação do dissídio e incidência da Súmula 158/STJ. 4. Ocorre que, após a discussão do colegiado, ficou superado o não conhecimento dos recursos de embargos de divergência, vencidos os Ministros MAURO CAMPBELL MARQUES, OG FERNANDES e a Ministra ASSUSETE MAGALHÃES, prevalecendo o entendimento do relator, afirmando a comprovação do dissídio jurisprudencial e a similitude fática do acórdão apontado como paradigma e do acordão embargado, não sendo o caso da aplicação do Enunciado da Súmula 158/STJ. 5. Por outro lado, observo vício com relação à ementa do acórdão embargado, que deve ser aclarada. Como bem observado pelo eminente Ministro HERMAN BENJAMIN no seu voto-vogal nos presentes embargos de declaração: (...) não foi deliberado, como pode induzir o acórdão lavrado, pela Primeira Seção que em nenhuma hipótese ocorre a prescrição de fundo de direito da pensão por morte. (...) o que merece ser aclarado na ementa do acórdão embargado é que a prescrição do fundo de direito ocorre se houver expresso indeferimento pela Administração, a teor da Súmula 85/STJ. 6. A partir da leitura do voto condutor do eminente relator Ministro NAPOLEÃO NUNES MAIA FILHO, constata-se que ficou estabelecido que, nas causas em que se pretende a concessão de benefício de caráter previdenciário, inexistindo negativa expressa e formal da Administração, não há falar em prescrição do fundo de direito, nos termos do art. 1º do Decreto-Lei 20.910/1932, porquanto a obrigação é de trato sucessivo, motivo pelo qual incide, no caso, o disposto na Súmula 85 do STJ (fls. 429). 7. Situação diversa ocorre quando houver o indeferimento do pedido administrativo de pensão por morte, pois, em tais situações, o interessado deve submeter ao Judiciário, no prazo de 5 (cinco) anos, contados do indeferimento, a pretensão referente ao próprio direito postulado, sob pena de fulminar o lustro prescricional. 8. Equivoca-se a parte embargante quando defende a inaplicabilidade do entendimento firmado pelo STF. Isto porque, de fato, a matéria de fundo era a análise de incidência de prazo decadencial para a revisão de benefício. Contudo, o Supremo Tribunal Federal, no julgamento do RE 626.489/SE, de Relatoria do Ministro ROBERTO BARROSO, Tema 313/STF, com repercussão geral reconhecida, firmou entendimento de que o direito fundamental ao benefício previdenciário pode ser exercido a qualquer tempo, sem que se atribua qualquer consequência negativa à inércia do beneficiário, reconhecendo que inexiste prazo que fulmine a pretensão de concessão inicial de benefício previdenciário, permanecendo perfeitamente aplicáveis os enunciados das Súmulas 443/STF e 85/STJ, na medida em que registram a imprescritibilidade do fundo de direito do benefício não requerido. 9. Embargos de declaração parcialmente acolhidos, sem atribuição de efeitos infringentes, para aclarar os itens 6 e 8 da ementa do acórdão embargado, cujas redações devem ser as seguintes: 6. Situação diversa ocorre quando houver o indeferimento do pedido administrativo de pensão por morte, pois, em tais situações, o interessado deve submeter ao Judiciário, no prazo de 5 (cinco) anos, contados do indeferimento, a pretensão referente ao próprio direito postulado, sob pena de fulminar o lustro prescricional. (...) 8. Nestes termos, deve-se reconhecer que não ocorre a prescrição do fundo de direito no pedido de concessão de pensão por morte, no caso de inexistir manifestação expressa da Administração negando o direito reclamado, estando prescritas apenas as prestações vencidas no quinquênio que precedeu à propositura da ação, nos termos da Súmula 85/STJ.

Creio que essa decisão deve ser interpretada no sentido de que não há impedimento a um novo requerimento administrativo de pensão por morte, pois o direito ao benefício em si não está sujeito a prescrição ou decadência, sob pena de afronta à jurisprudência do STF, em especial ao *obter dictum* no julgamento da ADI 6.096.

Nesse sentido, o STF:

RE 1505996 AgR

Órgão julgador: Segunda Turma

Relator(a): Min. ANDRÉ MENDONÇA

Julgamento: 06/11/2024

Publicação: 26/11/2024

Ementa

Ementa: Direito administrativo e outras matérias de direito público. Direito previdenciário. Agravo regimental no recurso extraordinário.

> Prescrição. **Pensão por morte. Imprescritibilidade do direito ao benefício previdenciário. Inconstitucionalidade de legislação que estabelece prazo decadencial para indeferimento de benefícios.** I. Caso em exame 1. Agravo regimental interposto contra decisão que reformou acórdão da 2ª Turma Recursal do Grupo Jurisdicional de Montes Claros/MG, em ação que discutia a prescrição do direito à pensão por morte. O benefício foi indeferido administrativamente em 2013, e a ação judicial foi ajuizada em 2020. O recorrente alegou a prescrição do fundo de direito, com base na contagem do prazo a partir do indeferimento administrativo. II. Questão em discussão 2. Há duas questões em discussão: (i) determinar se o direito à pensão por morte pode ser fulminado pela prescrição do fundo de direito e (ii) definir se a legislação que estabelece prazo decadencial para o indeferimento de benefícios previdenciários é compatível com a Constituição. III. Razões de decidir 3. O direito ao benefício previdenciário, como a pensão por morte, é imprescritível, conforme reiterado pelo Supremo Tribunal Federal (STF) em diversas decisões, incluindo o julgamento da ADI nº 6.096/DF. 4. A legislação que prevê prazo decadencial para o indeferimento de benefício previdenciário (art. 24 da Lei nº 13.846, de 2019) foi considerada inconstitucional pelo STF, pois compromete o núcleo essencial do direito à previdência social, ao impedir o exercício do direito à concessão do benefício. 5. No caso concreto, a negativa do benefício não pode ser considerada marco inicial para contagem de prazo prescricional que afete o fundo de direito à pensão por morte. IV. Dispositivo e tese 6. Agravo regimental ao qual se nega provimento. **Tese de julgamento: 1. O direito ao recebimento de benefício previdenciário, como a pensão por morte, é imprescritível, aplicando-se a prescrição apenas às parcelas vencidas antes do quinquênio que antecedeu o ajuizamento da ação.** 2. A legislação que estabelece prazo decadencial para indeferimento de benefício previdenciário é inconstitucional, por comprometer o núcleo essencial do direito à previdência social ________ Dispositivos relevantes citados: CRFB, art. 6º; Lei nº 8.213, de 1991, art. 103; Lei nº 13.846, de 2019, art. 24. Jurisprudência relevante citada: STF, ADI nº 6.096/DF (2020); STF, RE nº 626.489/SE (2014); STF, ARE nº 1.439.551-RG/RS (2023).

Registre-se que no **tema repetitivo 1.109**, o STJ firmou tese no sentido de que ***"não ocorre renúncia tácita à prescrição (art. 191 do Código Civil), a ensejar o pagamento retroativo de parcelas anteriores à mudança de orientação jurídica, quando a Administração Pública, inexistindo lei que, no caso concreto, autorize a mencionada retroação, reconhece administrativamente o direito pleiteado pelo interessado"***, somente ocorrendo a renúncia da prescrição consumada se houver expressa previsão legal em razão do regime jurídico administrativo, que impede que as tradicionais regras de renúncia ao prazo prescricional elencadas no Código Civil sejam aplicadas à Administração Pública.

■ **POSIÇÃO DO STJ**

PROCESSO

REsp 1925193 / RS

RECURSO ESPECIAL

2020/0207595-8

RECURSO REPETITIVO

Pesquisa de tema: Tema Repetitivo 1109

Situação do tema: Acórdão Publicado

Pesquisa de Repetitivos e IACs Anotados

RELATOR

Ministro SÉRGIO KUKINA (1155)

ÓRGÃO JULGADOR

S1 - PRIMEIRA SEÇÃO

DATA DO JULGAMENTO

13/09/2023

DATA DA PUBLICAÇÃO/FONTE

DJe 02/10/2023

TESE JURÍDICA

"Não ocorre renúncia tácita à prescrição (art. 191 do Código Civil), a ensejar o pagamento retroativo de parcelas anteriores à mudança de orientação jurídica, quando a Administração Pública, inexistindo lei que, no caso concreto, autorize a mencionada retroação, reconhece administrativamente o direito pleiteado pelo interessado".

Veja o Tema Repetitivo 1109

EMENTA

DIREITO ADMINISTRATIVO. RECURSO ESPECIAL REPETITIVO. TEMA 1.109. SERVIDOR PÚBLICO APOSENTADO. REVISÃO ADMINISTRATIVA DEFLAGRADA DEPOIS DE TRANSCORRIDOS MAIS DE CINCO ANOS DESDE O ATO DE APOSENTAÇÃO. RECONHECIMENTO DO DIREITO À CONTAGEM DE TEMPO ESPECIAL COM REFLEXO FINANCEIRO FAVORÁVEL AO APOSENTADO. REALINHAMENTO DA ADMINISTRAÇÃO FEDERAL AO QUANTO DECIDIDO PELO TCU NO ACÓRDÃO N. 2008/2006 (CONFORME ORIENTAÇÕES NORMATIVAS 3 E 7, DE 2007, DO MPOG). PRETENSÃO DA PARTE APOSENTADA EM RECEBER AS RESPECTIVAS DIFERENÇAS DESDE 11/2010. IMPOSSIBILIDADE. RECONHECIMENTO DE DIREITO QUE NÃO IMPLICOU RENÚNCIA TÁCITA À PRESCRIÇÃO POR PARTE DA ADMINISTRAÇÃO. **INAPLICABILIDADE DO ART. 191 DO CÓDIGO CIVIL NA ESPÉCIE.**

REGIME JURÍDICO-ADMINISTRATIVO DE DIREITO PÚBLICO QUE EXIGE LEI AUTORIZATIVA PRÓPRIA PARA FINS DE RENÚNCIA À PRESCRIÇÃO JÁ CONSUMADA EM FAVOR DA ADMINISTRAÇÃO.

1. O Tema Repetitivo n. 1.109 teve sua afetação assim delimitada: "Definição acerca da ocorrência, ou não, de renúncia tácita da prescrição, como prevista no art. 191 do Código Civil, quando a Administração Pública, no caso concreto, reconhece o direito pleiteado pelo interessado".

2. A revisão administrativa que promova a adoção de entendimento mais favorável ao administrado, em observância aos princípios da igualdade e da segurança jurídica, não se caracteriza como renúncia, tácita ou expressa, à prescrição já consumada em favor da Administração Pública, máxime com vistas à pretendida produção de efeitos financeiros retroativos à data do ato concessivo da aposentadoria da parte autora, à míngua de lei nesse sentido. Inaplicabilidade do art. 191 do Código Civil na espécie.

3. Em respeito ao princípio da deferência administrativa, o agir administrativo transigente, pautado na atuação conforme a lei e o direito, segundo padrões éticos de probidade e boa-fé, deve ser prestigiado pela jurisdição, sinalizando, assim, favoravelmente a que os órgãos administrativos tomadores de decisão sempre tenham em seu horizonte a boa prática da busca de soluções extrajudiciais uniformes, desestimulando, com isso, a litigiosidade com os administrados.

4. Nesse sentido, destaca-se orientação doutrinária segundo a qual "[os] tribunais também desestimulam a solução extrajudicial quando conferem à Administração transigente, que reconhece administrativamente direitos, tratamento até mais gravoso do que aquele que lhe seria conferido em caso de intransigência." (Luciano, Pablo Bezerra. In A renúncia tácita à prescrição pelo Poder Público. Revista Consultor Jurídico, 11 fev. 2002).

5. TESE REPETITIVA: Não ocorre renúncia tácita à prescrição (art. 191 do Código Civil), a ensejar o pagamento retroativo de parcelas anteriores à mudança de orientação jurídica, quando a Administração Pública, inexistindo lei que, no caso concreto, autorize a mencionada retroação, reconhece administrativamente o direito pleiteado pelo interessado.

6. RESOLUÇÃO DO CASO CONCRETO:

6.1. Em razão de nova interpretação jurídica decorrente do Acórdão TCU n. 2008/2006 (superação da Súmula n. 245/TCU), a Administração Pública reconheceu administrativamente o direito de servidora aposentada à contagem de tempo especial (serviço insalubre) prestado no serviço público, mas em regime celetista, até ao advento do Regime Jurídico Único (Lei n. 8.112/90), com os correspondentes reflexos financeiros, retificando e, com isso, majorando seus proventos (a contar de 6/11/2006, data da publicação do referido acórdão do TCU, observada a prescrição quinquenal, marcada pelo requerimento administrativo datado de outubro de 2016).

6.2. Nada obstante a Administração Pública tenha reconhecido a produção de efeitos financeiros prospectivos, isto é, a partir da nova interpretação jurídica conferida pelo acórdão do TCU, a decisão judicial ora recorrida qualificou a sobredita revisão administrativa como sendo caso de renúncia tácita à prescrição, condenando a União ao pagamento retroativo de diferenças vencimentais desde 11/2010, período postulado na exordial, ou seja, em desalinho com a tese firmada no presente repetitivo.

6.3. Recurso especial da União conhecido em parte e, nessa extensão, parcialmente provido.

2.37. DECADÊNCIA PARA O EXERCÍCIO DA AUTOTUTELA

Cabe à Administração Pública rever os seus atos ilegais de ofício, observado o prazo de autotutela a ser estabelecido no âmbito da lei do ente federativo.

Em termos gerais na Administração Pública federal, salvo comprovada má-fé, nas hipóteses em que o ato administrativo ilegal gere efeitos patrimoniais aos administrados, há prazo decadencial para que seja procedida a sua anulação de ofício, que é de 05 anos, a contar da percepção do primeiro pagamento, na forma do artigo 54 da Lei 9.784/99. Este prazo quinquenal tem aplicação supletiva às demais entidades federativas.

■ **POSIÇÃO DO STJ**

SÚMULA N. 633

A Lei n. 9.784/1999, especialmente no que diz respeito ao prazo decadencial para a revisão de atos administrativos no âmbito da Administração Pública federal, pode ser aplicada, de forma subsidiária, aos estados e municípios, se inexistente norma local e específica que regule a matéria. **Primeira Seção, julgado em 12/06/2019, DJe 17/06/2019.**

Excepcionalmente, se o ato ilegal afrontar texto da Constituição Federal, teremos uma ilegalidade qualificada denominada **inconstitucionalidade**, vício tão gravoso que **permite o exercício da autotutela a qualquer tempo.**

■ **POSIÇÃO DO STF E STJ**

De efeito, "concluiu o STF, no RE 817.338/DF, sob o regime de repercussão geral, que "a Constituição Federal de 1988, no art. 8º do ADCT, assim como os diplomas que versam sobre a anistia, não contempla aqueles militares que não foram vítimas de punição, demissão, afastamento de suas atividades profissionais por atos de motivação política, a exemplo dos cabos da Aeronáutica que foram licenciados com fundamento na legislação disciplinar ordinária por alcançarem o tempo legal de serviço militar (Portaria nº 1.104-GM3/64)", situação do impetrante. **Em hipótese como a dos autos, entendeu a Suprema**

Corte que se trata de situação flagrantemente inconstitucional, ofensiva ao art. 8º do ADCT da CF/88, **que não deve ser consolidada pelo decurso do prazo decadencial previsto no art. 54 da Lei 9.784/99**. Nesse sentido, em juízo de retratação: STJ, MS 18.442/DF, Rel. Ministro SÉRGIO KUKINA, PRIMEIRA SEÇÃO, DJe de 18/11/2022; MS 20.163/DF, Rel. Ministro GURGEL DE FARIA, PRIMEIRA SEÇÃO, DJe de 14/10/2022; MS 20.187/DF, Rel. Ministro MANOEL ERHARDT (Desembargador Federal convocado do TRF/5ª Região), PRIMEIRA SEÇÃO, DJe de 16/08/2022".

Demais disso, de acordo com o Corte Especial do STJ, "o **termo inicial do prazo decadencial de cinco anos** para que a Administração Pública anule ato administrativo referente à concessão de aposentadoria, previsto no art. 54 da Lei n. 9.784/1999, **é a data da homologação da concessão pelo Tribunal de Contas**. A concessão de aposentadoria tem natureza jurídica de ato administrativo complexo que somente se perfaz com a manifestação do Tribunal de Contas acerca da legalidade do ato. Precedentes citados: AgRg no REsp 1.284.915-SC, DJe 10/4/2012; REsp 1.264.053-RS, DJe 16/3/2012; AgRg no REsp 1.259.775-SC, DJe 16/2/2012, e AgRg no REsp 1.257.666-PR, DJe 5/9/2011. EREsp 1.240.168-SC, Rel. Min. João Otávio de Noronha, julgados em 7/11/2012"[87].

■ **POSIÇÃO DO STF**

"MANDADO DE SEGURANÇA - AUTORIDADE COATORA - MODIFICAÇÃO. Mostra-se válido o redirecionamento subjetivo do mandado de segurança quando a inicial é aditada dentro do prazo de 120 dias da prática do ato impugnado. DECADÊNCIA - REVISÃO DE ATO ADMINISTRATIVO - APOSENTADORIA - ARTIGO 54 DA LEI Nº 9.784/99. Enquanto não for aperfeiçoada a aposentadoria, a pressupor atos sequenciais, não incide a decadência quinquenal. APOSENTADORIA - SERVIÇO PÚBLICO - TEMPO DE ATIVIDADE RURAL - CÔMPUTO - SISTEMA CONTRIBUTIVO. O cômputo de tempo de atividade rural na aposentadoria em cargo público submete-se ao sistema contributivo" (MS 26.391, de 13/04/2011).

2.38. DURAÇÃO RAZOÁVEL DO PROCESSO ADMINISTRATIVO DE CONCESSÃO DO BENEFÍCIO

No âmbito do serviço público, entende-se que o ato de concessão de aposentadoria ou mesmo de pensão por morte classifica-se como ato jurídico complexo, pois formado pela junção da manifestação de vontade da autoridade administrativa e do respectivo Tribunal de Contas[88].

87. Informativo 508 do STJ.
88. Nesse sentido o STF, no RE 285.495, de 02.10.2007.

Normalmente, a vigência preliminar da aposentadoria será iniciada a partir do dia da publicação do ato de concessão pela autoridade administrativa, mesmo sem o registro no Tribunal de Contas, devendo ser analisada a lei do RPPS da entidade política que disporá sobre o tema.

Em tese, deveria a lei do RPPS fixar prazo máximo para a apreciação do requerimento de aposentadoria perpetrado pelo servidor público efetivo, a exemplo de 90 dias, pois se tem notícia de que em alguns entes políticos se chega a demorar mais de dois anos, forçando o servidor a trabalhar por largo período até o seu deferimento pela autoridade administrativa, sem efeitos financeiros retroativos, configurando enriquecimento ilícito da Administração Pública.

Diante do direito fundamental à duração razoável do processo e do prejuízo experimentado pelo servidor público que somente poderá deixar o cargo após publicada a portaria concessiva da aposentadoria, é cabível o controle judicial da omissão do Poder Público com determinação de obrigação de fazer para decidir rapidamente sobre o benefício, inclusive em sede de mandado de segurança. Ademais, o STJ admite até a condenação do Poder Público em reparação pecuniária.

> ■ **POSIÇÃO DO STJ**
>
> **"O Superior Tribunal de Justiça firmou entendimento no sentido de que a demora injustificada da Administração em analisar o requerimento de aposentadoria [...] gera o dever de indenizar o servidor, que foi obrigado a permanecer no exercício de suas atividades.** Precedentes: STJ, REsp 968.978/MS, Rel. Ministro MAURO CAMPBELL MARQUES, SEGUNDA TURMA, DJe de 29/03/2011; AgRg no REsp 1.260.985/PR, Rel. Ministro CASTRO MEIRA, SEGUNDA TURMA, DJe de 03/08/2012; REsp 1.117.751/MS, Rel. Ministra ELIANA CALMON, SEGUNDA TURMA, DJe de 05/10/2009" (AgInt no REsp 1.694.600/DF, Rel. Ministro MAURO CAMPBELL MARQUES, SEGUNDA TURMA, DJe 29/05/2018)".

De acordo com o STJ, o termo inicial do prazo prescricional para ajuizamento da ação de indenização contra o Estado em razão da demora na concessão da aposentadoria conta-se a partir do seu deferimento. REsp 1.840.570-RS, Rel. Min. Benedito Gonçalves, Primeira Turma, por unanimidade, julgado em 16/11/2021, DJe 23/11/2021.

No entanto, destaca-se o instituto do **afastamento preliminar (licença remunerada)** previsto em alguns RPPS pontuais, como o do Estado de Minas Gerais e do Município de Salvador.

De acordo com o artigo 9º, da Lei Complementar 64/2002, de Minas Gerais, o servidor poderá afastar-se da atividade a partir da data do requerimento da aposentadoria, nos termos da Constituição do Estado, sendo que o deferimento do pedido de afastamento preliminar dependerá de análise prévia da unidade administrativa competente do órgão ou da entidade a que o servidor esteja vinculado.

Neste caso, o servidor em afastamento preliminar cujo benefício de aposentadoria não for concedido retornará ao serviço para o cumprimento do tempo de contribuição que, àquela data, faltava para a aquisição do direito, hipótese em que voltará a contribuir com a alíquota prevista pela norma estadual. Se devido o benefício, a aposentadoria será devida no Estado de Minas Gerais desde a data do afastamento preliminar.

No RPPS dos servidores efetivos do Município de Salvador, dispõe o artigo 236 da Lei Complementar 1/1991 que, na hipótese de aposentadoria voluntária com proventos integrais, o servidor que a requerer, juntando certidão do tempo de serviço, expedida pelo órgão competente, será afastado do exercício de suas funções a partir da protocolização do pedido, considerando-se como de licença remunerada o período compreendido entre o afastamento e a publicação do respectivo ato.

2.39. REGULAÇÃO DOS INVESTIMENTOS DO RPPS PELO CMN

Coube à **Resolução 4.963/2021 do Conselho Monetário Nacional** dispor sobre as aplicações dos recursos dos regimes próprios de previdência social instituídos pela União, pelos Estados, pelo Distrito Federal e pelos Municípios.

Na aplicação dos recursos os responsáveis pela gestão do regime próprio de previdência social devem:

> I - observar os princípios de segurança, rentabilidade, solvência, liquidez, motivação, adequação à natureza de suas obrigações e transparência;
>
> II - exercer suas atividades com boa fé, lealdade e diligência;
>
> III - zelar por elevados padrões éticos;
>
> IV - adotar regras, procedimentos e controles internos que visem garantir o cumprimento de suas obrigações, respeitando a política de investimentos estabelecida, observados os segmentos, limites e demais requisitos previstos nesta Resolução e os parâmetros estabelecidos nas normas gerais de organização e funcionamento desses regimes, em regulamentação da Secretaria de Previdência;
>
> V - realizar com diligência a seleção, o acompanhamento e a avaliação de prestadores de serviços contratados;
>
> VI - realizar o prévio credenciamento, o acompanhamento e a avaliação do gestor e do administrador dos fundos de investimento e das demais instituições escolhidas para receber as aplicações.

Os responsáveis pela gestão do regime próprio de previdência social e os demais participantes do processo decisório dos investimentos deverão comprovar experiência profissional e conhecimento técnico conforme requisitos estabelecidos nas normas gerais desses regimes.

Entendem-se por responsáveis pela gestão as pessoas que participam do processo de análise, de assessoramento e decisório sobre a aplicação dos recursos dos regimes próprios de previdência social e os participantes do mercado de títulos e valores mobiliários no que se refere à distribuição, intermediação e administração dos ativos aplicados por esses regimes.

Incluem-se neste rol de pessoas, na medida de suas atribuições, os gestores, dirigentes e membros dos conselhos e órgãos colegiados de deliberação, de fiscalização ou do comitê de investimentos do regime próprio de previdência social, os consultores e outros profissionais que participem do processo de análise, de assessoramento e decisório sobre a aplicação dos recursos do regime próprio de previdência social, diretamente ou por intermédio de pessoa jurídica contratada e os agentes que participam da distribuição, intermediação e administração dos ativos aplicados por esses regimes.

O regime próprio de previdência social deve definir claramente a separação de responsabilidades de todos os agentes que participem do processo de análise, avaliação, gerenciamento, assessoramento e decisão sobre a aplicação dos recursos, inclusive com a definição das alçadas de decisão de cada instância.

O regime próprio de previdência social deverá manter registro, por meio digital, de todos os documentos que suportem a tomada de decisão na aplicação de recursos.

Os **recursos** dos regimes próprios de previdência social devem ser alocados nos seguintes segmentos de aplicação:

I - renda fixa;

II - renda variável;

III - investimentos no exterior;

IV - investimentos estruturados[89];

V - fundos imobiliários;

VI - empréstimos consignados.

Os fundos de investimento objeto de aplicação por parte dos regimes próprios de previdência social devem ser registrados na Comissão de Valores Mobiliários, e os investimentos por eles realizados, inclusive por meio de cotas de fundos de investimento.

89. São considerados investimentos estruturados: I - fundos de investimento classificados como multimercado; II - fundos de investimento em participações (FIP); e III - fundos de investimento classificados como "Ações - Mercado de Acesso".

Os regimes próprios de previdência social devem avaliar os custos decorrentes das aplicações, inclusive daquelas efetuadas por meio de fundos de investimento, e divulgar as despesas com as aplicações e com a contratação de prestadores de serviços.

Aplicam-se aos fundos de investimento os limites de concentração por emissor e por modalidade de ativo financeiro e demais critérios definidos pela Comissão de Valores Mobiliários em regulamentação específica.

São considerados **recursos:**

> I - as disponibilidades oriundas das receitas correntes e de capital;
>
> II - os demais ingressos financeiros auferidos pelo regime próprio de previdência social;
>
> III - as aplicações financeiras;
>
> IV - os títulos e os valores mobiliários;
>
> V - os ativos vinculados por lei ao regime próprio de previdência social; e
>
> VI - demais bens, direitos e ativos com finalidade previdenciária do regime próprio de previdência social.

Os recursos dos regimes próprios de previdência social visam à constituição das reservas garantidoras dos benefícios do regime e devem ser mantidos e controlados de forma segregada dos recursos do ente federativo e geridos, em conformidade com a política de investimento estabelecida e os critérios para credenciamento de instituições e contratações, de forma independente.

Para garantir a segregação os recursos do regime próprio de previdência social deverão ser vinculados a órgão ou entidade gestora do regime ou a fundos previdenciários com inscrição específica no Cadastro Nacional da Pessoa Jurídica.

Os responsáveis pela gestão do regime próprio de previdência social, antes do exercício a que se referir, deverão **definir a política anual de aplicação dos recursos de forma a contemplar**, no mínimo:

> I - o modelo de gestão a ser adotado e, se for o caso, os critérios para a contratação de pessoas jurídicas autorizadas nos termos da legislação em vigor para o exercício profissional de administração de carteiras;
>
> II - a estratégia de alocação dos recursos entre os diversos segmentos de aplicação e as respectivas carteiras de investimentos;
>
> III - os parâmetros de rentabilidade perseguidos, que deverão buscar compatibilidade com o perfil de suas obrigações, tendo em vista a necessidade de busca e manutenção do equilíbrio financeiro e atuarial e os limites de diversificação e concentração previstos na referida Resolução;
>
> IV - os limites utilizados para investimentos em títulos e valores mobiliários de emissão ou coobrigação de uma mesma pessoa jurídica;

V - a metodologia, os critérios e as fontes de referência a serem adotados para precificação dos ativos;

VI - a metodologia e os critérios a serem adotados para análise prévia dos riscos dos investimentos, bem como as diretrizes para o seu controle e monitoramento;

VII - a metodologia e os critérios a serem adotados para avaliação e acompanhamento do retorno esperado dos investimentos;

VIII - o plano de contingência, a ser aplicado no exercício seguinte, com as medidas a serem adotadas em caso de descumprimento dos limites e requisitos previstos nesta Resolução e dos parâmetros estabelecidos nas normas gerais dos regimes próprios de previdência social, de excessiva exposição a riscos ou de potenciais perdas dos recursos.

Justificadamente, a política anual de investimentos poderá ser revista no curso de sua execução, com vistas à adequação ao mercado ou à nova legislação.

O regime próprio de previdência social deverá estabelecer critérios para a contratação de pessoas jurídicas que desempenham atividade de avaliação de investimentos em valores mobiliários, as quais devem ser registradas, autorizadas ou credenciadas nos termos da regulamentação da Comissão de Valores Mobiliários, com a finalidade de produção de recomendações, relatórios de acompanhamento e estudos, que auxiliem no processo de formulação da política de investimento e de tomada de decisão de investimento.

A política anual de investimentos dos recursos do regime próprio de previdência social e suas revisões deverão ser aprovadas pelo órgão superior competente, antes de sua implementação.

No segmento de **renda fixa**, as aplicações dos recursos dos regimes próprios de previdência social subordinam-se aos seguintes limites:

I - até 100% (cem por cento) em:

a) títulos de emissão do Tesouro Nacional, registrados no Sistema Especial de Liquidação e Custódia (Selic);

b) cotas de fundos de investimento classificados como renda fixa, conforme regulamentação estabelecida pela Comissão de Valores Mobiliários, constituídos sob a forma de condomínio aberto, cujos regulamentos determinem que seus recursos sejam aplicados exclusivamente em títulos definidos na alínea "a", ou compromissadas lastreadas nesses títulos;

c) cotas de fundos de investimento em índice de mercado de renda fixa, negociáveis em bolsa de valores, conforme regulamentação estabelecida pela Comissão de Valores Mobiliários, cujos regulamentos determinem que suas carteiras sejam compostas exclusivamente em títulos definidos na alínea "a", ou compromissadas lastreadas nesses títulos (fundos de índice de renda fixa);

II - até 5% (cinco por cento) diretamente em operações compromissadas, lastreadas exclusivamente pelos títulos definidos na alínea "a" do inciso I;

III - até 60% (sessenta por cento) no somatório dos seguintes ativos:

a) cotas de fundos de investimento classificados como renda fixa, conforme regulamentação estabelecida pela Comissão de Valores Mobiliários, constituídos sob a forma de condomínio aberto (fundos de renda fixa);

b) cotas de fundos de investimento em índice de mercado de renda fixa, negociáveis em bolsa de valores, compostos por ativos financeiros que busquem refletir as variações e rentabilidade de índice de renda fixa, conforme regulamentação estabelecida pela Comissão de Valores Mobiliários (fundos de índice de renda fixa);

IV - até 20% (vinte por cento) diretamente em ativos financeiros de renda fixa de emissão com obrigação ou coobrigação de instituições financeiras bancárias autorizadas a funcionar pelo Banco Central do Brasil, que atendam às condições previstas no inciso I do § 2º do art. 21;

V - até 5% (cinco por cento) em:

a) cotas de classe sênior de fundos de investimento em direitos creditórios (FIDC);

b) cotas de fundos de investimento classificados como renda fixa com sufixo "crédito privado" constituídos sob a forma de condomínio aberto, conforme regulamentação estabelecida pela Comissão de Valores Mobiliários (fundos de renda fixa);

c) cotas de fundo de investimento de que trata art. 3º da Lei nº 12.431, de 24 de junho de 2011, que disponha em seu regulamento que 85% (oitenta e cinco por cento) do patrimônio líquido do fundo seja aplicado em debêntures de que trata o art. 2º dessa mesma Lei, observadas as normas da Comissão de Valores Mobiliários.

No segmento de **renda variável**, as aplicações dos recursos dos regimes próprios de previdência social subordinam-se ao limite de até 30% (trinta por cento) em:

I - cotas de fundos de investimento classificados como ações, constituídos sob a forma de condomínio aberto, conforme regulamentação estabelecida pela Comissão de Valores Mobiliários (fundos de renda variável);

II - cotas de fundos de investimento em índice de mercado de renda variável, negociáveis em bolsa de valores, cujas carteiras sejam compostas por ativos financeiros que busquem refletir as variações e rentabilidade de índices de renda variável, divulgados ou negociados por bolsa de valores no Brasil, conforme regulamentação estabelecida pela Comissão de Valores Mobiliários (fundos de índice de renda variável).

No segmento de **investimentos no exterior**, as aplicações dos recursos dos regimes próprios de previdência social subordinam-se ao limite de até 10% (dez por cento) no conjunto de:

> I - cotas de fundos de investimento e cotas de fundos de investimento em cotas de fundos de investimento classificados como "Renda Fixa - Dívida Externa";
>
> II - cotas de fundos de investimento constituídos no Brasil sob a forma de condomínio aberto com o sufixo "Investimento no Exterior", nos termos da regulamentação estabelecida pela Comissão de Valores Mobiliários, que invistam, no mínimo, 67% (sessenta e sete por cento) do seu patrimônio líquido em cotas de fundos de investimento constituídos no exterior;
>
> III - cotas dos fundos da classe "Ações - BDR Nível I", nos termos da regulamentação estabelecida pela Comissão de Valores Mobiliários.

No segmento de **investimentos estruturados**, as aplicações dos recursos do regime próprio de previdência social subordinam-se ao limite global de até 15% (quinze por cento), e adicionalmente aos seguintes:

> I - até 10% (dez por cento) em cotas de fundos de investimento classificados como multimercado (FIM) e em cotas de fundos de investimento em cotas de fundos de investimento classificados como multimercado (FICFIM);
>
> II - até 5% (cinco por cento) em cotas de fundos de investimento em participações (FIP), constituídos sob a forma de condomínio fechado, vedada a subscrição em distribuições de cotas subsequentes, salvo se para manter a mesma proporção já investida nesses fundos;
>
> III - até 5% (cinco por cento) em cotas de fundos de investimento classificados como "Ações - Mercado de Acesso", conforme regulamentação estabelecida pela Comissão de Valores Mobiliários.

No segmento de **fundos imobiliários**, as aplicações dos recursos do regime próprio de previdência social sujeitam-se ao limite de até 5% (cinco por cento) em cotas de fundos de investimento imobiliários (FII) negociadas nos pregões de bolsa de valores.

No segmento de **empréstimos a segurados**, na modalidade **consignados**, as aplicações dos recursos do regime próprio de previdência social subordinam-se, alternativamente, aos seguintes limites:

> I - até 5% (cinco por cento), para os regimes que não alcançarem os níveis de governança;
>
> II - até 10% (dez por cento), para os regimes que alcançarem ao menos o primeiro nível de governança de quatro níveis.

Os contratos das operações de empréstimos devem conter:

> I - cláusula de consignação em pagamento com desconto em folha, cujo correspondente valor deverá ser imediatamente creditado ao órgão ou entidade gestora do regime próprio de previdência social;
>
> II - autorização, em caso de exoneração, demissão, cessação do vínculo do servidor ou do benefício do aposentado ou pensionista, ou de afastamentos do servidor sem manutenção da remuneração mensal, de retenção das verbas rescisórias para a quitação do saldo devedor líquido do empréstimo;
>
> III - autorização para débito em conta corrente do tomador, no caso de inviabilidade do desconto direto em folha de pagamento ou das verbas rescisórias de que tratam os incisos I e II;
>
> IV - anuência dos órgãos responsáveis pelo pagamento dos servidores, aposentados e pensionistas, de sua responsabilidade como devedor solidário pela cobertura de eventual inadimplemento.

A permissão da concessão de empréstimos consignados pelo RPPS pela EC 103/2019 se configura com uma segura opção de rendimentos ao regime público, com a captação de juros para a sua coletividade. Veja-se nesse sentido manifestação do MPS[90]:

> *"A Emenda Constitucional nº 103/2019, desempenhou um papel fundamental na viabilização dessa possibilidade. Anteriormente à Emenda, os RPPS não tinham autorização para utilizar seus recursos para a concessão de empréstimos aos segurados e beneficiários. O inciso V do art. 6º da Lei nº 9.717/1998, e o inciso II do § 2º do art. 43 da Lei Complementar nº 101, de 04 de maio de 2000, a Lei de Responsabilidade Fiscal, vedavam expressamente a aplicação de recursos dos RPPS na concessão de empréstimos a seus segurados, mas com a promulgação da emenda, ocorreu uma alteração relevante no sistema previdenciário, permitindo que esses regimes passassem a atuar também como credores para seus segurados em operações de empréstimos1 . Posteriormente, em 3 de janeiro de 2022, entrou em vigor a Resolução CMN nº 4.963, de 25 de novembro de 2021, regulamentando as diretrizes dessa carteira de investimentos de empréstimos consignados aos segurados e beneficiários dos RPPS, conforme estabelecido pelo § 7º do art. 9º da EC nº 103/2019. Essa Resolução estabeleceu critérios específicos que os RPPS devem seguir na estruturação da carteira de empréstimos consignados. Com base nessa regulamentação, os RPPS passaram a ter orientações gerais sobre as práticas e procedimentos a serem adotados para oferecer essa modalidade de empréstimo aos seus*

90. GUIA ORIENTATIVO PARA RECOLHIMENTO DO IOF EM OPERAÇÕES DE EMPRÉSTIMOS CONSIGNADOS ENTRE RPPS E SEGURADOS E BENEFICIÁRIOS.

segurados e beneficiários. Por sua vez, as normas sobre a operacionalização do empréstimo consignado para os RPPS foram estabelecidas pela Portaria MTP nº 1.467, de 02 de junho de 2022, expedida pelo Ministério do Trabalho e Previdência, atualmente, MPS. Essa Portaria detalha os procedimentos e critérios a serem seguidos na concessão e gestão dos empréstimos consignados pelos RPPS, com fulcro no inciso II do art. 9º da Lei nº 9.717/1998, e no § 13 do art. 12 da Resolução CMN nº 4.963/2021".

Nos segmentos de renda variável, investimentos estruturados e fundos imobiliários, ficam os regimes próprios de previdência social sujeitos a um limite global de 30% (trinta por cento) da totalidade de suas aplicações

Já os regimes próprios de previdência social que comprovarem o primeiro, segundo, terceiro e quarto níveis de governança poderão elevar suas participações nos segmentos, respectivamente, até os limites globais de 35% (trinta e cinco por cento), 40% (quarenta por cento), 50% (cinquenta por cento) e 60% (sessenta por cento) em relação ao total de seus recursos aplicados.

As aplicações dos regimes próprios de previdência social em fundos de investimento em cotas de fundos de investimento serão admitidas desde que seja possível identificar e demonstrar que os respectivos fundos mantenham as composições, os limites e as garantias exigidos para os fundos de investimento.

A aplicação de recursos pelos regimes próprios de previdência social em fundos de investimentos ou em carteiras administradas, quando os regulamentos ou contratos contenham cláusulas que tratem de taxa de performance, está condicionada a que o pagamento da referida taxa atenda cumulativamente às seguintes condições:

I - rentabilidade do investimento superior à valorização de, no mínimo, 100% (cem por cento) do índice de referência;

II - montante final do investimento superior ao capital inicial da aplicação ou ao valor do investimento na data do último pagamento;

III - periodicidade, no mínimo, semestral;

IV - conformidade com as demais regras aplicáveis a investidores que não sejam considerados qualificados, nos termos da regulamentação da Comissão de Valores Mobiliários.

As aplicações em cotas de um mesmo fundo de investimento, fundo de investimento em cotas de fundos de investimento ou fundo de índice não podem, direta ou indiretamente, exceder a 20% (vinte por cento) das aplicações dos recursos do regime próprio de previdência social.

O total das aplicações dos recursos do regime próprio de previdência social em um mesmo fundo de investimento deverá representar, no máximo, 15% (quinze por cento) do patrimônio líquido do fundo.

O total das aplicações dos recursos do regime próprio de previdência social em fundos de investimento e carteiras administradas não pode exceder a 5% (cinco por cento) do volume total de recursos de terceiros gerido por um mesmo gestor ou por gestoras ligadas ao seu respectivo grupo econômico, assim definido pela Comissão de Valores Mobiliários em regulamentação específica.

A gestão das aplicações dos recursos dos regimes próprios de previdência social poderá ser **própria, por entidade autorizada e credenciada ou mista:**

> I - gestão própria, quando as aplicações são realizadas diretamente pelo órgão ou entidade gestora do regime próprio de previdência social;
>
> II - gestão por entidade autorizada e credenciada, quando as aplicações são realizadas por intermédio de instituição financeira ou de outra instituição autorizada, nos termos da legislação em vigor, para o exercício profissional de administração de carteiras; e
>
> III - gestão mista, quando as aplicações são realizadas parte por gestão própria e parte por gestão por entidade autorizada e credenciada.

Os regimes próprios de previdência social somente poderão aplicar recursos em cotas de fundos de investimento quando atendidas, cumulativamente, as seguintes condições:

> I - o administrador ou o gestor do fundo de investimento seja instituição autorizada a funcionar pelo Banco Central do Brasil obrigada a instituir comitê de auditoria e comitê de riscos, nos termos da regulamentação do Conselho Monetário Nacional;
>
> II - o administrador do fundo de investimento detenha, no máximo, 50% (cinquenta por cento) dos recursos sob sua administração oriundos de regimes próprios de previdência social;
>
> III - o gestor e o administrador do fundo de investimento tenham sido objeto de prévio credenciamento e sejam considerados pelos responsáveis pela gestão de recursos do regime próprio de previdência social como de boa qualidade de gestão e de ambiente de controle de investimento.

Na aplicação dos recursos do regime próprio de previdência social em **títulos e valores mobiliários,** o responsável pela gestão, além da consulta à instituição financeira, à instituição autorizada a funcionar pelo Banco Central do Brasil ou às pessoas jurídicas autorizadas pela Comissão de Valores Mobiliários para o exercício profissional de administração de carteira, deverá observar as informações divulgadas, diariamente, por entidades reconhecidamente idôneas pela sua transparência e elevado padrão técnico na difusão de preços e taxas dos títulos, para fins de utilização como referência em negociações no mercado financeiro, antes do efetivo fechamento da operação.

Na hipótese de contratação objetivando a prestação de serviços relacionados à gestão dos recursos do regime próprio de previdência social:

I - a contratação deverá recair sobre pessoas jurídicas;

II - a regulamentação específica da Comissão de Valores Mobiliários para os prestadores de serviço por esta regulados deverá ser observada;

III - a contratação sujeitará o prestador e as partes a ele relacionadas, direta ou indiretamente, em relação às aplicações dos recursos do regime próprio de previdência social, a fim de que:

a) não recebam qualquer remuneração, benefício ou vantagem que potencialmente prejudiquem a independência na prestação de serviço;

b) não figurem como emissores dos ativos ou atuem na originação e estruturação dos produtos de investimento.

Os ativos financeiros devem ser admitidos à negociação em mercado organizado, registrados em sistema de registro, de custódia ou de liquidação financeira ou depositados perante depositário central, observada a regulamentação da Comissão de Valores Mobiliários e do Banco Central do Brasil, nas suas respectivas áreas de competência.

Os recursos dos regimes próprios de previdência social, representados por disponibilidades financeiras, devem ser mantidos em contas bancárias ou em depósitos de poupança distintos dos do ente federativo, em instituições financeiras bancárias, públicas ou privadas, devidamente autorizadas a funcionar no País pelo Banco Central do Brasil, controlados e contabilizados de forma segregada dos recursos do ente federativo.

É vedado aos regimes próprios de previdência social:

I - aplicar recursos na aquisição de cotas de fundo de investimento cuja atuação em mercados de derivativos gere exposição superior a uma vez o respectivo patrimônio líquido;

II - aplicar recursos, diretamente ou por meio de cotas de fundo de investimento, em títulos ou outros ativos financeiros nos quais o ente federativo figure como emissor, devedor ou preste fiança, aval, aceite ou coobrigação sob qualquer outra forma;

III - aplicar recursos na aquisição de cotas de fundo de investimento em direitos creditórios não padronizados;

IV - realizar diretamente operações de compra e venda de um mesmo ativo financeiro em um mesmo dia (operações day trade);

V - atuar em modalidades operacionais ou negociar com duplicatas, títulos de crédito ou outros ativos que não os previstos na Resolução;

VI - negociar cotas de fundos de índice em mercado de balcão;

VII - aplicar recursos diretamente na aquisição de cotas de fundo de investimento destinado exclusivamente a investidores qualificados ou profissionais, quando não atendidos os critérios estabelecidos em regulamentação específica;

VIII - remunerar quaisquer prestadores de serviço relacionados direta ou indiretamente aos fundos de investimento em que foram aplicados seus recursos, de forma distinta das seguintes:

a) taxas de administração, performance, ingresso ou saída previstas em regulamento ou contrato de carteira administrada; ou

b) encargos do fundo, nos termos da regulamentação da Comissão de Valores Mobiliários;

IX - aplicar recursos na aquisição de cotas de fundo de investimento cujos prestadores de serviço, ou partes a eles relacionadas, direta ou indiretamente, figurem como emissores dos ativos das carteiras, salvo as hipóteses previstas na regulamentação da Comissão de Valores Mobiliários;

X - aplicar recursos em empréstimos de qualquer natureza, ressalvado o disposto no art. 12 da Resolução;

XI - aplicar recursos diretamente em certificados de operações estruturadas (COE).

2.40. AVALIAÇÃO ATUARIAL ANUAL E NOTA ATUARIAL ANUAL

Ao RPPS deverá ser garantido o equilíbrio financeiro e atuarial em conformidade com avaliações atuariais realizadas em cada exercício financeiro para a organização e revisão do plano de custeio e de benefícios.

Deverão ser realizadas avaliações atuariais anuais com data focal em 31 de dezembro de cada exercício, coincidente com o ano civil, que se refiram ao cálculo dos custos e compromissos com o plano de benefícios do RPPS, cujas obrigações iniciar-se-ão no primeiro dia do exercício seguinte, observados os seguintes parâmetros[91]:

I - elaboração por atuário habilitado;

II - embasamento na Nota Técnica Atuarial - NTA;

III - demonstração da situação do RPPS em relação ao equilíbrio financeiro e atuarial, considerando as normas gerais de organização e funcionamento dos RPPS e a legislação do ente federativo vigentes na data focal;

IV - inclusão de todos os benefícios concedidos e a conceder e respectivos critérios para sua concessão, manutenção e pagamento, indicando, se for o caso, a necessidade de revisão do plano de benefícios;

91. Art. 26 da Portaria MTP 1.467, de 2 de junho de 2022.

V - fornecimento das projeções atuariais e da avaliação da situação financeira e atuarial do RPPS, de que trata a Lei Complementar nº 101, de 4 de maio de 2000;

VI - apuração das provisões matemáticas previdenciárias a serem registradas nas demonstrações contábeis levantadas nessa data, observadas as normas de contabilidade aplicáveis ao setor público; e

VII - definição do resultado atuarial do RPPS, com a apuração dos custos normal e suplementar e dos compromissos do plano de benefícios, para estabelecer o plano de custeio de equilíbrio do regime, embasado em regime financeiro e método de financiamento descritos na NTA, indicando, se for o caso, a necessidade de revisão dos planos vigentes.

A NTA (Nota Técnica Atuarial) deverá fundamentar a elaboração da avaliação atuarial do RPPS e conter a estrutura e os elementos mínimos previstos no Anexo VI da Portaria MTP 1.467, de 2 de junho de 2022:

ANEXO VI

APLICAÇÃO DOS PARÂMETROS PARA GARANTIA DO EQUILÍBRIO FINANCEIRO E ATUARIAL

Art. 1º A aplicação dos parâmetros previstos no Capítulo IV desta Portaria relativos ao equilíbrio financeiro e atuarial dos Regimes Próprios de Previdência Social - RPPS obedecerá, de forma complementar, o disposto neste Anexo.

Seção I

Conceitos

Art. 2º Para os efeitos deste Anexo, considera-se:

I - alíquota de contribuição normal: percentual de contribuição, instituído em lei do ente federativo, definido, anualmente, para cobertura do custo normal e cujos valores são destinados à constituição de reservas com a finalidade de prover o pagamento de benefícios;

II - alíquota de contribuição suplementar: percentual de contribuição, estabelecido em lei do ente federativo, para cobertura do custo suplementar e equacionamento do deficit atuarial;

III - análise de sensibilidade: método que busca mensurar o efeito de uma hipótese ou premissa no resultado final de um estudo ou avaliação atuarial;

IV - ativos garantidores dos compromissos do plano de benefícios: somatório dos recursos provenientes das contribuições, das disponibilidades decorrentes das receitas correntes e de capital e demais ingressos financeiros auferidos pelo RPPS, e dos bens, direitos, ativos financeiros e ativos de qualquer natureza vinculados, por lei, ao regime, destacados como investimentos, conforme normas contábeis aplicáveis ao setor público, excluídos os recursos relativos ao financiamento das despesas administrativas do regime e aqueles vinculados aos fundos para oscilação de riscos e os valores das provisões para pagamento dos benefícios avaliados em regime de repartição de capitais de cobertura;

V - atuário: profissional técnico especializado, bacharel em Ciências Atuariais e legalmente habilitado para o exercício da profissão nos termos do Decreto-lei nº 806, de 04 de setembro de 1969;

VI - auditoria atuarial: exame dos aspectos atuariais do plano de benefícios do RPPS realizado por atuário ou empresa de consultoria atuarial certificada com o objetivo de verificar e avaliar a coerência e a consistência da base cadastral, das bases técnicas adotadas, da adequação do plano de custeio, dos montantes estimados para as provisões (reservas) matemáticas e fundos de natureza atuarial, bem como de demais aspectos que possam comprometer a liquidez e solvência do plano de benefícios;

VII - avaliação atuarial: documento elaborado por atuário, em conformidade com as bases técnicas estabelecidas para o plano de benefícios do RPPS, que caracteriza a massa de segurados e beneficiários e a base cadastral utilizada, discrimina os encargos, estima os recursos necessários e as alíquotas de contribuição normal e suplementar do plano de custeio de equilíbrio para todos os benefícios do plano, que apresenta os montantes dos fundos de natureza atuarial, das reservas técnicas e provisões matemáticas a contabilizar, o fluxo atuarial e as projeções atuariais exigidas pela legislação pertinente e que contem parecer atuarial conclusivo relativo à solvência e liquidez do plano de benefícios;

VIII - bases técnicas: premissas, pressupostos, hipóteses e parâmetros biométricos, demográficos, econômicos e financeiros utilizados e adotados no plano de benefícios pelo atuário, com a concordância dos representantes do RPPS, adequados e aderentes às características da massa de segurados e beneficiários do RPPS e ao seu regramento, compreendo, também, os regimes financeiros adotados para o financiamento dos benefícios, as tábuas biométricas utilizadas, bem como fatores e taxas utilizados para a estimação de receitas e encargos;

IX - custo normal: o valor correspondente às necessidades de custeio do plano de benefícios do RPPS, atuarialmente calculadas, conforme os regimes financeiros adotados, referentes a períodos compreendidos entre a data da avaliação e a data de início dos benefícios;

X - custo suplementar: o valor correspondente às necessidades de custeio, atuarialmente calculadas, destinado à cobertura do tempo de serviço passado, ao equacionamento de deficit gerados pela ausência ou insuficiência de alíquotas de contribuição, inadequação das bases técnicas ou outras causas que ocasionaram a insuficiência de ativos garantidores necessários à cobertura das provisões matemáticas previdenciárias;

XI - data focal da avaliação atuarial: data na qual foram posicionados, a valor presente, os encargos, as contribuições e aportes relativos ao plano de benefícios, bem como os ativos garantidores, e na qual foram apurados o resultado e a situação atuarial do plano, sendo que nas avaliações atuariais anuais, a data focal é a data do último dia do ano civil, 31 de dezembro;

XII - deficit atuarial: resultado negativo apurado por meio do confronto entre o somatório dos ativos garantidores dos compromissos do plano de benefícios e os valores atuais do fluxo de contribuições futuras, do fluxo dos valores líquidos da compensação financeira a receber e dos parcelamentos vigentes a receber, menos o somatório dos valores atuais dos fluxos futuros de pagamento dos benefícios do plano de benefícios;

XIII - deficit financeiro: valor da insuficiência financeira, período a período, apurada por meio do confronto entre o fluxo das receitas e o fluxo das despesas do RPPS em cada exercício financeiro;

XIV - Demonstrativo de Resultado da Avaliação Atuarial - DRAA: documento exclusivo de cada RPPS, que demonstra, as características gerais do plano de benefícios, da massa segurada pelo plano e os principais resultados da avaliação atuarial, elaborado conforme definido pela Secretaria de Previdência - SPREV do Ministério do Trabalho e Previdência - MTP;

XV - duração do passivo: a média ponderada dos prazos dos fluxos de pagamentos de benefícios de cada plano, líquidos de contribuições incidentes sobre esses pagamentos;

XVI - equacionamento de deficit atuarial: decisão do ente federativo quanto às formas, prazos, valores e condições em que se dará o completo reequilíbrio dos planos de custeio e de benefícios do RPPS, observadas as normas legais e regulamentares;

XVII - equilíbrio atuarial: garantia de equivalência, a valor presente, entre o fluxo das receitas estimadas e das obrigações projetadas, ambas estimadas e projetadas atuarialmente, até a extinção da massa de segurados a que se refere; expressão utilizada para denotar a igualdade entre o total dos recursos garantidores do plano de benefícios do RPPS, acrescido das contribuições futuras e direitos, e o total de compromissos atuais e futuros do regime;

XVIII - equilíbrio financeiro: garantia de equivalência entre as receitas auferidas e as obrigações do RPPS em cada exercício financeiro;

XIX - Estrutura a Termo de Taxa de Juros Média - ETTJM: a média das Estruturas a Termo de Taxa de Juros diárias embasadas nos títulos públicos federais indexados ao Índice de Preço ao Consumidor Amplo - IPCA;

XX - evento gerador do benefício: evento que gera o direito e torna o segurado ativo do RPPS, ou o seu dependente, e o segurado inativo elegíveis ao benefício;

XXI - Fundo em Capitalização: fundo especial, instituído nos termos da Lei nº 4.320, de 17 de março de 1964, com a finalidade de acumulação de recursos para pagamento dos compromissos definidos no plano de benefícios do RPPS, no qual, pelo menos, as aposentadorias programadas e as pensões por morte decorrentes dessas aposentadorias são estruturadas sob o regime financeiro de capitalização;

XXII - Fundo em Repartição: fundo especial, instituído nos termos da Lei nº 4.320, de 1964, em caso de segregação da massa, em que as contribuições a serem pagas pelo ente federativo, pelos segurados e beneficiários filiados ao RPPS são fixadas sem objetivo de acumulação de recursos, sendo as insuficiências aportadas pelo ente federativo, admitida a constituição de fundo para oscilação de riscos;

XXIII - fluxo atuarial: discriminação dos fluxos de recursos, direitos, receitas e encargos do plano de benefícios do RPPS, benefício a benefício, período a período, que se trazidos a valor presente pela taxa atuarial de juros adotada no plano, convergem para os resultados do Valor Atual dos Benefícios Futuros e do Valor Atual das Contribuições Futuras que deram origem aos montantes dos fundos de natureza atuarial, às provisões matemáticas (reservas) a contabilizar e ao eventual deficit ou superavit apurados da Avaliação Atuarial;

XXIV - fundo para oscilação de riscos: valor destinado à cobertura de riscos decorrentes de desvios das hipóteses adotadas na avaliação atuarial ou com o objetivo de anti-seleção de riscos, cuja finalidade é manter nível de estabilidade do plano de custeio do RPPS e garantir sua solvência;

XXV - ganhos e perdas atuariais: demonstrativo sobre o ajuste entre a realidade e a expectativa que se tinha quando da formulação do plano de custeio, acerca do comportamento das hipóteses ou premissas atuariais;

XXVI - método de financiamento atuarial: metodologia adotada pelo atuário para estabelecer o nível de constituição das provisões necessárias à cobertura dos benefícios estruturados no regime financeiro de capitalização, em face das características biométricas, demográficas, econômicas e financeiras dos segurados do RPPS;

XXVII - Nota Técnica Atuarial - NTA: documento técnico elaborado por atuário e exclusivo de cada RPPS, que contém todas as formulações e expressões de cálculo utilizadas nas avaliações atuariais do regime, relativas às alíquotas de contribuição e encargos do plano de benefícios, às provisões (reservas) matemáticas previdenciárias e aos fundos de natureza atuarial, em conformidade com as bases técnicas aderentes à massa de segurados e beneficiários do RPPS, bem como descreve, de forma clara e precisa, as características gerais dos benefícios, as bases técnicas adotadas e metodologias utilizadas nas formulações;

XXVIII - Provisão Matemática de Benefícios a Conceder: corresponde ao valor presente dos encargos (compromissos) com um determinado benefício não concedido, líquidos das contribuições futuras e aportes futuros, ambos também a valor presente;

XXIX - Provisão Matemática de Benefícios Concedidos: corresponde ao valor presente dos encargos (compromissos) com um determinado benefício já concedido, líquidos das contribuições futuras e aportes futuros, ambos também a valor presente;

XXX - passivo atuarial: é o valor presente, atuarialmente calculado, dos benefícios referentes aos servidores, dado determinado método de financiamento do plano de benefícios;

XXXI - parecer atuarial: documento emitido por atuário que apresenta de forma conclusiva a situação financeira e atuarial do plano de benefícios, no que se refere à sua liquidez de curto prazo e solvência, que certifica a adequação da base cadastral e das bases técnicas utilizadas na avaliação atuarial, a regularidade ou não do repasse de contribuições ao RPPS e a observância do plano de custeio vigente, a discrepância ou não entre o plano de custeio vigente e o plano de custeio de equilíbrio estabelecido na última avaliação atuarial e aponta medidas para a busca e manutenção do equilíbrio financeiro e atuarial;

XXXII - plano de benefícios: o conjunto de benefícios de natureza previdenciária oferecidos aos segurados do RPPS, segundo as regras constitucionais e legais, limitado às aposentadorias e pensões por morte;

XXXIII - plano de custeio de equilíbrio: conjunto de alíquotas normais e suplementares e de aportes, discriminadas por benefício, para financiamento do plano de benefícios e dos custos com a sua administração, necessários para se garantir o equilíbrio financeiro e atuarial do plano de benefícios, proposto na avaliação atuarial;

XXXIV - plano de custeio vigente: conjunto de alíquotas normais e suplementares e de aportes para financiamento do plano de benefícios e dos custos com a administração desse plano, estabelecido em lei pelo ente federativo e vigente na posição da avaliação atuarial;

XXXV - projeções atuariais: compreendem as projeções de todas as receitas e despesas do RPPS, considerando o fluxo atuarial dos benefícios calculados pelo regime financeiro de capitalização, os benefícios calculados por capitais de cobertura e os benefícios calculados por repartição simples, em caso de Fundo em Repartição e benefícios mantidos pelo Tesouro e taxa de administração;

XXXVI - Relatório da Avaliação Atuarial: documento elaborado por atuário legalmente habilitado que apresenta os resultados do estudo técnico desenvolvido, baseado na NTA e demais bases técnicas, com o objetivo principal de estabelecer, de forma suficiente e adequada, os recursos necessários para a garantia do equilíbrio financeiro e atuarial do plano de previdência;

XXXVII - Relatório de Análise das Hipóteses: instrumento de responsabilidade da unidade gestora do RPPS, elaborado por atuário legalmente responsável, pelo qual demonstra-se a adequação e aderência das bases técnicas adotadas na avaliação atuarial do regime próprio às características da massa de beneficiários do regime e aos parâmetros gerais estabelecidos neste Anexo;

XXXVIII - regime financeiro de capitalização: regime no qual o valor atual de todo o fluxo de contribuições normais e suplementares futuras acrescido ao patrimônio do plano é igual ao valor atual de todo o fluxo de pagamento de benefícios futuros, fluxo este considerado até sua extinção e para todos os benefícios cujo evento gerador venha a ocorrer no período futuro dos fluxos, requerendo o regime, pelo menos, a constituição:

a) de provisão matemática de benefícios a conceder até a data prevista para início do benefício, apurada de acordo com o método de financiamento estabelecido; e

b) de provisão matemática de benefícios concedidos para cada benefício do plano a partir da data de sua concessão;

XXXIX - regime financeiro de repartição de capitais de cobertura: regime no qual o valor atual de todo o fluxo de contribuições normais futuras de um único período é igual ao valor atual de todo o fluxo de pagamento de benefícios futuros, considerado até sua extinção, para os benefícios cujo evento gerador venha a ocorrer naquele único período, requerendo o regime, no mínimo, a constituição de provisão matemática de benefícios concedidos para cada benefício a partir da data de concessão do mesmo;

XL - regime financeiro de repartição simples: regime em que o valor atual do fluxo de contribuições normais futuras de um único exercício é igual ao valor atual de todo o fluxo de benefícios futuros cujo pagamento venha a ocorrer nesse mesmo exercício;

XLI - resultado atuarial: resultado apurado por meio do confronto entre o somatório dos ativos garantidores dos compromissos do plano de benefícios com os valores atuais do fluxo de contribuições futuras, do fluxo dos valores líquidos da compensação financeira a receber, menos o somatório dos valores atuais dos fluxos futuros de pagamento dos benefícios do plano de benefícios, sendo superavitário, caso as receitas superem as despesas, e, deficitário, em caso contrário;

XLII - segregação da massa: a separação dos segurados do plano de benefícios do RPPS em grupos distintos que integrarão o Fundo em Capitalização e o Fundo em Repartição;

XLIII - serviço passado: parcela do passivo atuarial do segurado correspondente ao período anterior a seu ingresso no RPPS do ente, para a qual não exista compensação financeira integral, e, para os beneficiários, à parcela do passivo atuarial relativa ao período anterior à assunção pelo regime próprio e para o qual não houve contribuição para custear esses benefícios;

XLIV - sobrevida média dos beneficiários: representa a sobrevida média da tábua de mortalidade na data da avaliação atuarial e expresso em anos dos aposentados e pensionistas vitalícios e da duração do tempo do benefício das pensões temporárias;

XLV - superavit atuarial: resultado positivo apurado por meio do confronto entre o somatório dos ativos garantidores dos compromissos do plano de benefícios com os valores atuais do fluxo de contribuições futuras, do fluxo dos valores líquidos da compensação financeira a receber, menos o somatório dos valores atuais dos fluxos futuros de pagamento dos benefícios do plano de benefícios;

XLVI - tábuas biométricas: instrumentos demográficos estatísticos utilizados nas bases técnicas da avaliação atuarial que estimam as probabilidades de ocorrência de eventos relacionados de determinado grupo de pessoas, como sobrevivência, mortalidade, invalidez e morbidade;

XLVII - taxa atuarial de juros: é a taxa anual utilizada no cálculo dos direitos e compromissos do plano de benefícios a valor presente, sem utilização do índice oficial de inflação de referência do plano de benefícios;

XLVIII - taxa de juros parâmetro: aquela cujo ponto da Estrutura a Termo de Taxa de Juros Média - ETTJ, divulgado anualmente no Anexo VII desta Portaria, seja o mais próximo à duração do passivo do respectivo plano de benefícios;

XLIX - Valor Atual das Contribuições Futuras - VACF: valor presente atuarial do fluxo das futuras contribuições de um plano de benefícios, considerando as bases técnicas indicadas na NTA e os preceitos da Ciência Atuarial;

L - Valor Atual dos Benefícios Futuros - VABF: valor presente atuarial do fluxo de futuros pagamentos de benefícios de um plano de benefícios, considerados as bases técnicas indicadas na NTA e os preceitos da Ciência Atuarial;

LI - viabilidade financeira: capacidade de o ente federativo dispor de recursos financeiros suficientes para honrar os compromissos previstos no plano de benefícios do RPPS;

LII - viabilidade fiscal: capacidade de cumprimento dos limites fiscais previstos na Lei Complementar nº 101, de 04 de maio de 2000; e

LVIII - viabilidade orçamentária: capacidade de o ente federativo consignar receitas e fixar despesas, em seu orçamento anual, suficientes para honrar os compromissos com o RPPS.

Parágrafo único. Nas referências deste Anexo:

I - às alíquotas ou contribuições normais estão compreendidas as alíquotas ou contribuições normais do ente, dos segurados e beneficiários; e

II - às alíquotas ou contribuições suplementares estão compreendidas as alíquotas ou contribuições suplementares do ente.

Seção II

Nota Técnica Atuarial

Art. 3º A NTA deverá ser encaminhada à SPREV até o prazo de envio do DRAA relativo à avaliação atuarial nela fundamentada e observar a estrutura e o conteúdo mínimo do modelo disponibilizado pela SPREV na página da Previdência Social na Internet, especialmente as seguintes informações:

I - a descrição da metodologia utilizada, das caraterísticas do plano de benefícios, dos critérios utilizados para o cálculo das premissas atuariais, financeiras e demográficas, dos regimes financeiros e métodos de financiamento utilizados na elaboração das avaliações atuariais;

II - a demonstração das expressões matemáticas e suas respectivas simbologias utilizadas para determinar o cálculo do custeio e obrigações do custo normal, das provisões matemáticas, do custo suplementar e dos fluxos atuariais;

III - a descrição das condições de elegibilidade para a concessão dos benefícios previdenciários, justificando os critérios e apresentando as formulações utilizadas para a determinação das regras permanentes, das regras de transição e do comportamento para aposentadoria;

IV - a demonstração da formulação do cálculo da dinâmica populacional de reposição, das provisões matemáticas e dos custos correspondentes relativos à hipótese de alteração do perfil da massa de segurados por reposição de segurados em decorrência de falecimento, rotatividade, invalidez e entrada em aposentadoria; e

V - a explicitação da forma de cálculo relativa à metodologia para determinação do valor dos benefícios, com base na média aritmética simples das bases de cálculo das contribuições ou na última remuneração do servidor no cargo efetivo.

Parágrafo único. A NTA deverá estar atualizada e ser elaborada em estrita observância à modelagem do plano de benefícios, considerando suas características gerais.

Subseção I

Hipóteses atuariais e premissas

Art. 4º As formulações e metodologias relativas às hipóteses biométricas, demográficas, econômicas e financeiras e premissas adotadas nas avaliações atuariais deverão ser descritas na NTA, com a seguinte estrutura mínima:

I - tábua de mortalidade geral (válidos e inválidos);

II - tábua de entrada em invalidez;

III - tábua de morbidez;

IV - alterações futuras no perfil e composição das massas;

V - rotatividade;

VI - expectativa de reposição de segurados;

VII - estimativas de bases de cálculo de contribuições, remunerações e proventos;

VIII - taxa real de crescimento da base de cálculo das contribuições, remunerações e proventos;

IX - taxa de juros atuarial;

X - entrada no mercado de trabalho e em aposentadoria programada;

XI - idade estimada de ingresso no mercado de trabalho;

XII - idade estimada de entrada em aposentadoria programada;

XIII - composição do grupo familiar;

XIV - fator de determinação do valor real ao longo do tempo das bases de cálculo das contribuições, remunerações e proventos;

XV - premissa de cálculo do valor dos benefícios;

XVI - estimativa do crescimento real do teto de contribuição do Regime Geral de Previdência Social - RGPS; e

XVII - demais premissas e hipóteses.

Subseção II

Taxa de administração

Art. 5º A base técnica relativa à taxa de administração do RPPS deverá ser descrita na NTA, destacando-se:

I - critérios considerados para o custeio administrativo;

II - formulações de cálculo do custeio administrativo; e

III - metodologia para a constituição da reserva administrativa.

Subseção III

Formulações matemáticas e metodologias de cálculo

Art. 6º As formulações matemáticas e as metodologias de cálculo serão apresentadas na NTA para cada espécie de benefício, a conceder ou concedido, de responsabilidade do RPPS:

I - aposentadoria de válidos, programada ou compulsória;

II - reversão em pensão devida a dependente de aposentado válido;

III - aposentadoria por incapacidade permanente para o trabalho;

IV - reversão em pensão devida a dependente de aposentado por incapacidade permanente para o trabalho; e

V - pensão por morte de segurado.

Art. 7º Serão informadas, na NTA, as seguintes bases técnicas para cada tipo de benefício a conceder pelo RPPS:

I - regime financeiro;

II - método de financiamento;

III - formulações para o cálculo do benefício inicial;

IV - formulações para o cálculo do custo normal em valores monetários e em percentual sobre a remuneração de contribuição;

V - formulações para o valor atual dos benefícios futuros a conceder, abertas ao nível de anuidades, probabilidades e fatores financeiros, se aplicável ao benefício e à sua estrutura técnica, para os segurados atuais e para a expectativa de reposição de segurados;

VI - formulações para o valor atual das contribuições futuras, relativas às provisões dos benefícios a conceder, abertas ao nível de anuidades, probabilidades e fatores financeiros, se aplicável ao benefício e à sua estrutura técnica, para os segurados atuais e para a expectativa de reposição de segurados; e

VII - formulações para a elaboração dos fluxos atuariais abertos no nível de anuidades, probabilidades e fatores financeiros.

Art. 8º Serão informadas as seguintes bases técnicas para cada tipo de benefício concedido pelo RPPS:

I - regime financeiro;

II - formulações para o valor atual dos benefícios futuros concedidos, abertas ao nível de anuidades, probabilidades e fatores financeiros, se aplicável ao benefício e à sua estrutura técnica, para os segurados atuais e para a expectativa de reposição de segurados;

III - formulações para o valor atual das contribuições futuras, relativas às provisões dos benefícios concedidos, abertas ao nível de anuidades, probabilidades e fatores financeiros, se aplicável ao benefício e à sua estrutura técnica, para os segurados atuais e para a expectativa de reposição de segurados; e

IV - formulações para a elaboração dos fluxos atuariais abertas ao nível de anuidades, probabilidades e fatores financeiros.

Art. 9º Deverão ser apresentadas as expressões de cálculo das contribuições para cobertura do custo normal do ente, segurados e beneficiários e do valor atual das bases de cálculo das contribuições futuras, geralmente referidas como Valor Atual das Remunerações Futuras - VARF.

Art. 10. Deverão ser apresentadas a metodologia e as expressões de cálculo para a compensação financeira segregadas por:

I - compensação financeira dos benefícios concedidos a receber;

II - compensação financeira dos benefícios concedidos a pagar;

III - compensação financeira dos benefícios a conceder a receber; e

IV - compensação financeira dos benefícios a conceder a pagar.

Art. 11. Serão apresentadas as expressões de cálculo para a projeção do quantitativo de segurados atuais e para a expectativa de reposição.

Art. 12. Serão apresentadas as expressões de cálculo e metodologia para a constituição do:

I - fundo garantidor de benefícios estruturados em regime de repartição simples;

II - fundo garantidor de benefícios estruturados em regime de repartição de capitais de cobertura;

III - fundo para oscilação de riscos dos benefícios estruturados em regime financeiro de repartição simples;

IV - fundo para oscilação de riscos dos benefícios estruturados em repartição de capitais de cobertura; e

V - fundo para oscilação de riscos dos benefícios estruturados em regime de capitalização.

Subseção IV

Demais informações e expressões de cálculo

Art. 13. Serão apresentados na NTA:

I - as expressões de cálculo da construção da tábua de serviços;

II - o glossário das nomenclaturas utilizadas e as simbologias;

III - as expressões de cálculo e a metodologia para demonstração dos ganhos e perdas atuariais, no mínimo para:

a) valor das remunerações;

b) expectativa de mortalidade;

c) taxa de juros; e

d) quantidade e valores de aposentadorias;

IV - as expressões de cálculo e a metodologia para o equacionamento do deficit atuarial; e

V - os parâmetros considerados para a segregação de massas.

Art. 14. Em caso de substituição da NTA com a utilização de método de financiamento diverso daquele previsto neste Anexo, a nova nota técnica deverá:

I - conter todas as formulações necessárias e pertinentes para identificação do novo modelo;

II - discriminar a data de referência de cálculo do custo normal, compreendida como sendo a data de posicionamento dos encargos e receitas para fins de cálculo da alíquota normal ou do custo normal, conforme o caso;

III - apresentar projeção do valor do benefício inicial futuro, na data de sua elegibilidade, considerando, no mínimo, a taxa de crescimento da remuneração e a probabilidade do segurado ser elegível ao benefício na data do respectivo evento gerador; e

IV - permitir a identificação de alíquotas normais e custos normais por evento gerador de benefício.

Seção III

Fluxos atuariais

Art. 15. Os fluxos atuariais deverão ser encaminhados à SPREV conforme o modelo de planilha eletrônica disponibilizado pela SPREV na página da Previdência Social na Internet.

§ 1º As formulações relativas a cada grupo de informações da planilha dos fluxos atuariais compõem a NTA, devendo ser atualizadas sempre que houver alterações na base técnica veiculada nesse último documento.

§ 2º Os conceitos relativos às variáveis utilizadas na planilha dos fluxos atuariais e os procedimentos adotados para apuração dos correspondentes valores constam das instruções de preenchimento que acompanham o modelo a que se refere o caput.

§ 3º A planilha dos fluxos atuariais integra conjunto de informações dispostas em colunas numeradas, contemplando, especialmente as informações relativas:

I - aos anos a que referem os fluxos de pagamentos de benefícios e de recebimentos de contribuições, que deverão ser postecipados;

II - à hipótese de taxa atuarial de juros utilizada na avaliação atuarial;

III - ao fator de desconto composto para cada ano;

IV - aos valores das receitas de contribuições futuras a cargo dos segurados, dos beneficiários e do ente federativo, das receitas de contribuições e aportes incluídos em planos de amortização do deficit, das receitas de parcelamentos de débitos previdenciários, das receitas de compensação financeira, das receitas de aportes para cobertura de insuficiências financeiras dos Fundos em Repartição, sendo que os valores anuais são totalizados e apresentados de forma segregada;

V - aos valores das despesas futuras com benefícios e os da compensação financeira a pagar, que representam os encargos do RPPS, sendo que os valores anuais são totalizados e apresentados de forma segregada;

VI - à apuração das insuficiências ou excedentes financeiros anuais e à demonstração da evolução dos recursos garantidores vinculados ao RPPS;

VII - aos valores das receitas de contribuições futuras e das despesas esperadas no ano, em relação às coberturas dos benefícios de aposentadoria por incapacidade permanente para o trabalho e pensão na fase laborativa, estruturadas em regime de repartição de capitais de cobertura;

VIII - aos valores das receitas de taxa de administração e das despesas administrativas futuras projetadas no ano;

IX - ao resumo geral das receitas, despesas e resultados anuais, que engloba todas as despesas e receitas previdenciárias;

X - às bases de cálculo anuais da contribuição do ente e dos segurados; e

XI - às projeções anuais de novos entrantes e de aposentadorias e de pensões por morte a serem concedidas.

§ 4º Todos os valores anuais deverão ser informados pelos seus valores nominais originários, sem quaisquer efeitos da taxa de juros.

Seção IV

Métodos de financiamento

Art. 16. Os métodos atuariais de financiamento a serem utilizados nas avaliações atuariais dos RPPS para apuração dos compromissos e determinação dos custos do seu plano de benefícios devem observar o disposto neste Anexo.

§ 1º Na utilização do regime financeiro de capitalização, o fluxo de contribuições normais futuras deve ter como limite temporal máximo a data estimada de elegibilidade ao respectivo benefício.

§ 2º Os fluxos de pagamentos de benefícios e de recebimentos das contribuições dos RPPS deverão ser postecipados.

§ 3º Os benefícios estruturados sob o regime de capitalização decorrentes dos eventos de morte e invalidez devem ter todo o fluxo de eventos geradores e de contribuição estimados apenas a partir da data focal da avaliação atuarial.

Art. 17. Para apuração do custo normal dos benefícios avaliados em regime financeiro de capitalização, o financiamento gradual do custo dos benefícios futuros deverá ser estruturado durante toda a vida laboral do segurado em atividade, por meio de um dos seguintes métodos atuariais de financiamento:

I - Crédito Unitário Projetado - CUP:

a) pela data de ingresso no ente federativo - CUP-e; ou

b) pela data de ingresso no plano de benefícios - CUP-p;

II - Idade Normal de Entrada - INE;

III - Prêmio Nivelado Individual - PNI:

a) pela data de ingresso no ente federativo - PNI-e; ou

b) pela data de ingresso no plano de benefícios - PNI-p; ou

IV - Agregado/Ortodoxo.

Parágrafo único. Poderão ser utilizados outros métodos além daqueles previstos neste artigo, desde que:

I - apresentem nível de formação de reservas superior ao crédito unitário projetado;

II - possam ser inteiramente caracterizados conforme critérios estabelecidos neste Anexo; e

III - sejam submetidos à aprovação da SPREV, com a apresentação de justificativa técnica acompanhada da substituição da NTA.

Subseção I

Características dos métodos de financiamento sob o regime financeiro de capitalização

Art. 18. Para categorização e identificação de métodos de financiamento sob o regime de capitalização, elencam-se as seguintes características e atributos de enquadramento do método utilizado nas avaliações atuariais dos RPPS:

I - em relação ao valor do benefício, em determinado momento antes da data de elegibilidade, um método pode ser categorizado como:

a) de benefício projetado, quando o encargo referente ao benefício, em qualquer momento do período de contribuição, é representado pela totalidade do encargo a valor atual, relativo ao benefício ao qual o segurado terá direito na data de elegibilidade, calculado segundo as bases técnicas do plano; ou

b) de benefício acumulado (accrued benefit), quando o encargo referente ao benefício, em qualquer momento do período de contribuição, é representado por uma parcela equivalente a "n" avos do encargo total, a valor atual, relativo ao benefício ao qual o segurado terá direito na data de elegibilidade, calculado segundo as bases técnicas do plano;

II - em relação à forma de cálculo do custo normal, um método pode ser categorizado como:

a) individual, quando o custo normal e a alíquota referente à contribuição normal são calculados por meio da situação e das caraterísticas de cada segurado, possibilitando-se identificar o custo e a alíquota individual de cada um, sendo que o estabelecimento e a consequente utilização de um custo normal médio ou de uma alíquota normal média para o grupo de segurados decorrentes do cálculo individual mantém o método na categoria de método individual, para fins de categorização sob o aspecto do cálculo do custo normal; ou

b) agregado, quando não é possível identificar o custo e a alíquota individual de cada segurado, segundo a situação e características de cada um, sendo que o custo normal e a alíquota normal decorrem de um fator médio, tais como anuidade ou período, ponderado pela remuneração de contribuição, idade, tempo de contribuição a decorrer ou outra característica objetiva relativa a cada segurado que fará jus ao para o benefício;

III - em relação ao momento de reconhecimento de perdas e ganhos atuariais, um método pode ser categorizado como:

a) de reconhecimento imediato ou explícito, quando, a partir da avaliação atuarial, é possível identificar, reconhecer e registrar explicitamente um superavit ou deficit, cuja amortização deve ser realizada por meio de aportes ou alíquotas suplementares ao ingresso normal de recursos, em razão do custo normal e da alíquota normal contemplarem apenas os fluxos de contribuições normais futuras, não incluindo insuficiências de fluxos normais passados; ou

b) de reconhecimento diferido ou implícito, quando a partir da avaliação atuarial não é possível identificar, reconhecer e registrar explicitamente um superavit ou deficit, em razão de tais situações serem implícita e automaticamente incorporadas à alíquota normal e ao custo normal futuro, não existindo assim aporte ou alíquota suplementar ao ingresso normal de recursos em caso de deficit; e

IV - em relação à existência de serviço passado, um método pode ser categorizado como:

a) com serviço passado, quando o método reconhece obrigações do plano para com o segurado, relativas a uma data anterior à sua entrada no RPPS; ou

b) sem serviço passado, quando o método não reconhece obrigações do plano para com o segurado, relativas a uma data anterior à sua entrada no RPPS.

Parágrafo único. A SPREV poderá solicitar esclarecimentos adicionais e a discriminação de outras características do método de financiamento e da formulação utilizada na NTA, de forma a possibilitar maior transparência e evidenciação do método utilizado na avaliação atuarial e a verificação do atendimento ao equilíbrio financeiro e atuarial do RPPS.

Subseção II

Métodos de Crédito Unitário Projetado

Art. 19. O regime financeiro de capitalização estruturado pelo método do Crédito Unitário Projetado pela data de ingresso do segurado no ente federativo, método CUP-e, deverá possuir as seguintes características:

I - o número de períodos anuais de contribuição deverá corresponder à diferença, em anos, entre a data de elegibilidade ao benefício e a data de ingresso do segurado no ente federativo como servidor titular de cargo efetivo;

II - o valor inicial do benefício futuro, na data estimada para sua elegibilidade, deverá ser projetado considerando, no mínimo, a taxa de crescimento da remuneração e a probabilidade do segurado ser elegível ao benefício na data do respectivo evento gerador;

III - o custo normal anual deverá corresponder ao quociente entre o valor atual de todo o fluxo de benefícios futuros, posicionado na data focal da avaliação atuarial, e o número de períodos anuais de contribuição, calculado na forma do inciso I;

IV - a parcela anual relativa à compensação financeira entre os regimes previdenciários, caso estimada, deverá corresponder ao valor do quociente entre o valor atual de todo fluxo de compensação estimada, posicionada na data focal da avaliação atuarial, e o número de períodos anuais de contribuição, calculado na forma do inciso I;

V - a alíquota normal, relativa ao benefício, deverá corresponder ao quociente entre o custo normal anual, calculado na forma do inciso III e líquido da parcela anual de compensação financeira, e:

a) o valor atual do fluxo de remunerações de contribuição futuras, calculado por meio de anuidade aleatória temporária de um período, posicionado na data focal da avaliação e relativo ao período anual imediatamente posterior à data focal da avaliação atuarial; ou

b) o valor atual do fluxo de remunerações de contribuição futuras, calculado por meio de anuidade certa temporária de um período, posicionado na data focal da avaliação e relativo ao período anual imediatamente posterior à data focal da avaliação atuarial; ou

c) o produto entre o fator 13 (treze) e a remuneração mensal de contribuição, posicionada na data focal da avaliação; e

VI - a provisão matemática de benefícios a conceder de um segurado deverá corresponder ao produto:

a) do valor atual de todo o fluxo de benefícios futuros, posicionado na data focal da avaliação atuarial, pela razão do número de períodos anuais correspondentes à diferença, em anos, entre a data focal da avaliação atuarial e a data de ingresso do segurado no ente federativo como servidor titular de cargo efetivo, pelo número de períodos anuais de contribuição calculado na forma do inciso I; ou

b) do custo normal anual, estabelecido no inciso III, pelo número de períodos anuais correspondentes à diferença, em anos, entre a data focal da avaliação atuarial e a data de ingresso do segurado no ente federativo como servidor titular de cargo efetivo.

Parágrafo único. Em caso de estimativa de valor a receber relativo à compensação financeira, essa quantia deverá ser considerada como redutora do passivo atuarial e corresponder ao produto entre a parcela anual de compensação, estabelecida conforme inciso IV do caput, e o número de períodos anuais correspondentes à diferença, em anos, entre a data focal da avaliação atuarial e a data de ingresso do segurado no ente como servidor titular de cargo efetivo.

Art. 20. O regime financeiro de capitalização estruturado pelo método do Crédito Unitário Projetado pela data de ingresso do segurado no plano de benefícios, método CUP-p, deverá possuir as seguintes características:

I - o número de períodos anuais de contribuição deverá corresponder à diferença, em anos, entre a data de elegibilidade ao benefício e a data de ingresso do segurado no plano de benefícios;

II - o valor inicial do benefício futuro, na data estimada para sua elegibilidade, deverá ser projetado considerando, no mínimo, a taxa de crescimento da remuneração e a probabilidade de o segurado ser elegível ao benefício na data do respectivo evento gerador;

III - o custo normal anual do plano de custeio deverá corresponder ao quociente entre o valor atual de todo o fluxo de benefícios futuros, posicionado na data focal da avaliação atuarial, e o número de períodos anuais de contribuição, calculado na forma do inciso I;

IV - a parcela anual relativa à compensação financeira entre os regimes previdenciários, caso estimada, deverá corresponder ao valor do quociente entre o valor atual de todo fluxo de compensação estimada, posicionada na data focal da avaliação atuarial, e o número de períodos anuais de contribuição, calculado na forma do inciso I;

V - a alíquota normal, relativa ao benefício, deverá corresponder ao quociente entre o custo normal anual, calculado na forma do inciso III e líquido da parcela anual de compensação financeira, e:

a) o valor atual do fluxo de remunerações de contribuição futuras, calculado por meio de anuidade aleatória temporária de um período, posicionado na data focal da avaliação e relativo ao período anual imediatamente posterior à data focal da avaliação atuarial; ou

b) o valor atual do fluxo de remunerações de contribuição futuras, calculado por meio de anuidade certa temporária de um período, posicionado na data focal da avaliação e relativo ao período anual imediatamente posterior à data focal da avaliação atuarial; ou

c) o produto entre o fator 13 (treze) e a remuneração mensal de contribuição, posicionada na data focal da avaliação; e

VI - a provisão matemática de benefícios a conceder de um segurado deverá corresponder ao produto:

a) do valor atual de todo o fluxo de benefícios futuros, posicionado na data focal da avaliação atuarial, pela razão do número de períodos anuais correspondentes à diferença, em anos, entre a data focal da avaliação atuarial e a data de ingresso do segurado no plano de benefícios do RPPS, pelo número de períodos anuais de contribuição calculado na forma do inciso I; ou

b) do custo normal anual, estabelecido no inciso III, pelo número de períodos anuais correspondentes à diferença, em anos, entre a data focal da avaliação atuarial e data de ingresso do segurado no plano de benefícios do RPPS.

Parágrafo único. Em caso de estimativa de valor a receber relativo à compensação financeira, essa quantia deverá ser considerada como redutora do passivo atuarial e corresponder ao produto entre a parcela anual de compensação, estabelecida conforme inciso IV do caput, e o número de períodos anuais correspondentes à diferença, em anos, entre a data focal da avaliação atuarial e a data de ingresso do segurado no plano de benefícios do RPPS.

Art. 21. Os métodos CUP-e e CUP-p são considerados como métodos de benefício projetado, com custo normal individual, reconhecimento imediato e explícito de perdas e ganhos atuariais e sem serviço passado, em que as alíquotas normais individuais não contemplam a existência de obrigação anterior à data de referência do cálculo, apesar de poder ser considerada a eventual existência de compensação financeira decorrente de tempo anterior de contribuição do segurado a algum regime previdenciário.

Subseção III

Método da Idade Normal de Entrada

Art. 22. O regime financeiro de capitalização estruturado pelo método da Idade Normal de Entrada, método INE, deverá possuir as seguintes características:

I - a data de referência de cálculo da alíquota normal individual deverá corresponder à de ingresso do segurado em algum regime de previdência social, podendo ser o próprio RPPS, em caso de não possuir tempo anterior de contribuição a outro regime previdenciário, ou ao primeiro regime de previdência social ao qual tenha sido vinculado e cujo tempo de contribuição deverá ser computado para fins de elegibilidade ao benefício;

II - o valor inicial do benefício futuro, na data estimada para sua elegibilidade, deverá ser projetado considerando, no mínimo, a taxa de crescimento da remuneração e a probabilidade do segurado ser elegível ao benefício na data do respectivo evento gerador;

III - a alíquota normal individual a ser calculada por segurado deverá corresponder à razão entre:

a) o valor atual do fluxo de benefícios futuros do segurado, posicionado na data de referência de cálculo estabelecida no inciso I, líquido do valor atual do fluxo de compensação financeira do segurado, caso exista compensação financeira a ser estimada para o segurado; e

b) o valor atual do fluxo de remunerações de contribuição futuras do segurado, calculado por meio de anuidade aleatória e temporária entre a data de elegibilidade ao benefício e data de referência de cálculo estabelecida no inciso I e utilizando-se a remuneração de contribuição na data focal da avaliação, projetada de forma retrospectiva para a data de referência de cálculo estabelecida no inciso I;

IV - a alíquota normal média do grupo de segurados, relativa ao benefício, deverá corresponder à média ponderada das alíquotas normais individuais estabelecidas no inciso III, tendo como peso de ponderação:

a) a remuneração de contribuição do segurado, na data focal da avaliação atuarial; ou

b) a anuidade aleatória temporária do segurado, calculada entre a data focal da avaliação e a data de elegibilidade ao benefício; ou

c) o valor atual do fluxo de remunerações de contribuição futuras do segurado, posicionado na data focal da avaliação atuarial e calculado pela anuidade aleatória temporária do segurado, relativa a um período anual; ou

d) o valor atual do fluxo de remunerações de contribuição futuras do segurado posicionado na data focal da avaliação atuarial e calculado pela anuidade aleatória temporária do segurado, entre a data de elegibilidade ao benefício e a data focal da avaliação;

V - o custo normal anual do grupo de segurados, relativo ao período imediatamente posterior à data focal da avaliação atuarial, deverá corresponder ao produto da alíquota normal média calculada na forma do inciso IV pelo valor atual dos fluxos de remunerações de contribuição futuras dos segurados, posicionados na data focal da avaliação atuarial e calculados por anuidades aleatórias temporárias de um período anual; e

VI - a provisão matemática de benefícios a conceder de um segurado, calculada pelo método prospectivo, deverá corresponder à diferença entre o valor atual do fluxo de benefícios futuros e o valor atual do fluxo de contribuições futuras estimado com a alíquota normal média estabelecida no inciso IV, ambos os fluxos posicionados na data focal da avaliação.

§ 1º Em caso de estimativa de valor a receber relativo à compensação financeira, esse deverá ser considerado como redutor do passivo atuarial e corresponder ao valor atual dos fluxos futuros de compensação a receber, posicionados na data focal da avaliação e calculados por meio de anuidades aleatórias, segurado a segurado.

§ 2º O método INE é considerado como método de benefício projetado, com custo normal individual, reconhecimento imediato e explícito de perdas e ganhos atuariais e com serviço passado.

Subseção IV

Métodos do Prêmio Nivelado Individual

Art. 23. O regime financeiro de capitalização estruturado pelo método do Prêmio Nivelado Individual na data de ingresso do segurado no ente federativo, método PNI-e, também denominado de "capitalização ortodoxa na data de ingresso no ente", deverá possuir as seguintes características:

I - a data de referência de cálculo da alíquota normal individual deverá corresponder à de ingresso do segurado no ente federativo como servidor titular de cargo efetivo;

II - o valor inicial do benefício futuro, na data estimada para sua elegibilidade, deverá ser projetado considerando, no mínimo, a taxa de crescimento da remuneração e a probabilidade do segurado ser elegível ao benefício na data do respectivo evento gerador;

III - a alíquota normal individual a ser calculada por segurado deverá corresponder à razão entre:

a) o valor atual do fluxo de benefícios futuros do segurado, posicionado na data de referência de cálculo estabelecida no inciso I, líquido do valor atual de todo o fluxo de compensação financeira caso exista compensação financeira a ser estimada para o segurado; e

b) o valor atual do fluxo de remunerações de contribuição futuras, calculado por meio de anuidade aleatória e temporária entre a data de elegibilidade ao benefício e a data de referência de cálculo estabelecida no inciso I e utilizando-se a remuneração de contribuição da data focal da avaliação, projetada de forma retrospectiva para a data de referência de cálculo estabelecida no inciso I;

IV - a alíquota normal média do grupo de segurados, relativa ao benefício, deverá corresponder à média

ponderada das alíquotas normais individuais estabelecidas no inciso III, tendo como peso de ponderação:

a) a remuneração de contribuição do segurado, na data focal da avaliação atuarial; ou

b) a anuidade aleatória temporária do segurado, calculada entre a data focal da avaliação e a data de elegibilidade ao benefício; ou

c) o valor atual do fluxo de remunerações de contribuição futuras do segurado, posicionado na data focal da avaliação atuarial e calculado pela anuidade aleatória temporária do segurado, relativa a um período anual; ou

d) o valor atual do fluxo de remunerações de contribuição futuras do segurado, posicionado na data focal da avaliação atuarial e calculado pela anuidade aleatória temporária do segurado, entre a data de elegibilidade ao benefício e a data focal da avaliação;

V - o custo normal anual do grupo de segurados, relativo ao período imediatamente posterior à data focal da avaliação atuarial, deverá corresponder ao produto da alíquota normal média calculada na forma do inciso IV pelo valor atual dos fluxos de remunerações de contribuição futuras dos segurados, posicionados na data focal da avaliação atuarial e calculados por anuidades aleatórias temporárias de um período anual; e

VI - a provisão matemática de benefícios a conceder de um segurado, calculada pelo método prospectivo, deverá corresponder à diferença entre o valor atual do fluxo de benefícios futuros e o valor atual do fluxo de contribuições futuras estimado com a alíquota normal média estabelecida no inciso IV, ambos os fluxos posicionados na data focal da avaliação.

Parágrafo único. Em caso de estimativa de valor a receber relativo à compensação financeira, essa quantia deverá ser considerada como redutora do passivo atuarial e corresponder ao valor atual dos fluxos futuros de compensação a receber, calculados por meio de anuidades aleatórias, segurado a segurado.

Art. 24. O regime financeiro de capitalização estruturado pelo método do Prêmio Nivelado Individual na data de ingresso do segurado no plano de benefícios, método PNI-p, também denominado de "capitalização ortodoxa na data de ingresso no plano", deverá possuir as seguintes características:

I - a data de referência de cálculo da alíquota normal individual deverá corresponder à de ingresso do segurado no plano de benefícios dos RPPS;

II - o valor inicial do benefício futuro, na data estimada para sua elegibilidade, deverá ser projetado considerando, no mínimo, a taxa de crescimento da remuneração e a probabilidade do segurado ser elegível ao benefício na data do respectivo evento gerador;

III - a alíquota normal individual a ser calculada por segurado deverá corresponder à razão entre:

a) o valor atual do fluxo de benefícios futuros do segurado, posicionado na data de referência de cálculo estabelecida no inciso I, líquido do valor atual de todo o fluxo de compensação financeira, caso exista compensação financeira a ser estimada para o segurado; e

b) o valor atual do fluxo relativo às remunerações de contribuição futuras, calculado por meio de anuidade aleatória e temporária entre a data de elegibilidade ao benefício e a data de referência de cálculo estabelecida no inciso I e utilizando-se a remuneração de contribuição na data focal da avaliação, projetada de forma retrospectiva para a data de referência de cálculo estabelecida no inciso I;

IV - a alíquota normal, relativa ao benefício, deverá corresponder à média ponderada das alíquotas normais individuais estabelecidas no inciso III, tendo como peso de ponderação:

a) a remuneração de contribuição do segurado, na data focal da avaliação atuarial; ou

b) a anuidade aleatória temporária do segurado, calculada entre a data focal da avaliação e a data de elegibilidade ao benefício; ou

c) o valor atual do fluxo relativo às remunerações de contribuição futuras do segurado, posicionado na data focal da avaliação atuarial e calculado pela anuidade aleatória temporária do segurado, relativa, apenas, ao período anual imediatamente posterior à data focal da avaliação; ou

d) o valor atual do fluxo relativo às remunerações de contribuição futuras do segurado, posicionado na data focal da avaliação atuarial e calculado pela anuidade aleatória temporária respectiva, entre a data de elegibilidade ao benefício e a data focal da avaliação;

V - o custo normal anual, relativo ao período imediatamente posterior à data focal da avaliação atuarial, deverá corresponder ao produto da alíquota normal média calculada na forma do inciso IV pelo valor atual do fluxo relativo às remunerações de contribuição futuras dos segurados, posicionado na data focal da avaliação atuarial e calculado por anuidade aleatória temporária relativa a apenas um período anual; e

VI - a provisão matemática de benefícios a conceder de um segurado, calculada pelo método prospectivo, deverá corresponder à diferença entre o valor atual do fluxo de benefícios futuros e o valor atual do fluxo de contribuições futuras estimado com a alíquota normal média estabelecida no inciso IV e anuidade aleatória, ambos os fluxos posicionados na data focal da avaliação.

Parágrafo único. Em caso de estimativa de valor a receber relativo à compensação financeira, essa quantia deverá ser considerada como redutor do passivo atuarial e corresponder ao valor atual de todos os fluxos futuros de compensação a receber, calculados por meio de anuidades aleatórias, segurado a segurado.

Art. 25. Os métodos PNI-e e PNI-p são considerados como métodos de benefício projetado, com custo normal individual, reconhecimento imediato e explícito de perdas e ganhos atuariais e sem serviço passado, em que as alíquotas normais individuais não contemplam a existência de obrigação anterior à data de referência de cálculo, apesar de poder ser considerada a eventual existência de compensação financeira decorrente de tempo anterior de contribuição do segurado a algum regime previdenciário.

Subseção V

Método Agregado/Ortodoxo

Art. 26. O regime financeiro de capitalização estruturado pelo método Agregado/Ortodoxo deverá possuir as seguintes características:

I - a data de referência de cálculo da alíquota normal e do custo normal deverá corresponder a data focal da avaliação atuarial;

II - o valor inicial do benefício futuro, na data estimada para sua elegibilidade, deverá ser projetado considerando, no mínimo, a taxa de crescimento da remuneração e a probabilidade do segurado ser elegível ao benefício na data do respectivo evento gerador;

III - o valor atual do fluxo de remunerações de contribuição futuras será o somatório dos valores atuais dos fluxos de remuneração de contribuição futura de cada segurado, relativo a cada benefício em regime de capitalização sob esse método, posicionados na data focal da avaliação atuarial e calculados por anuidade aleatória temporária, entre a data da elegibilidade ao benefício e a data focal da avaliação;

IV - a alíquota total anual, posicionada na data de referência de cálculo estabelecida no inciso I deverá corresponder à razão entre:

a) o somatório dos valores atuais dos fluxos de benefícios futuros de cada segurado, posicionados na data focal da avaliação atuarial, relativos a cada benefício em regime de capitalização sob esse método, líquido do valor atual do fluxo de compensação financeira e do saldo de ativos garantidores dos compromissos do plano de benefícios do RPPS, após a cobertura das provisões matemáticas de benefícios concedidos; e

b) e o valor atual do fluxo de remunerações de contribuição futuras, calculado na forma do inciso III;

V - o custo total anual, relativo ao período imediatamente posterior à data focal da avaliação atuarial, deverá corresponder ao produto da alíquota total anual estabelecida na forma do inciso IV pelo o somatório dos valores atuais dos fluxos de remuneração de contribuição futura de cada segurado, relativo a cada benefício em regime de capitalização, posicionados na data focal da avaliação atuarial e relativos, apenas, a um período anual;

VI - a provisão matemática de benefícios a conceder deverá corresponder à diferença entre:

a) o somatório dos valores atuais dos fluxos de benefícios futuros de cada segurado, posicionados na data focal da avaliação atuarial, relativos a cada benefício em regime de capitalização sob esse método; e

b) o produto da alíquota normal, estabelecida na forma do § 2°, pelo valor atual do fluxo de remunerações de contribuição futuras, calculado na forma do inciso III; e

VII - a anuidade aleatória média do grupo segurado é a razão entre o valor atual do fluxo de remunerações de contribuição futuras, estabelecido no inciso III, e o montante mensal de remunerações de contribuição na data focal da avaliação.

§ 1° Em caso de estimativa de valor a receber relativo à compensação financeira, essa quantia deverá ser considerada como redutora do passivo atuarial e corresponder ao valor atual dos fluxos futuros de compensação a receber, calculados por meio de anuidades aleatórias, segurado a segurado.

§ 2° A alíquota anual a ser considerada como alíquota normal, para fins do plano de custeio, será o menor valor entre a alíquota vigente, na data focal da avaliação atuarial, e a alíquota total anual estabelecida no inciso IV do caput.

§ 3° Caso a alíquota total anual, estabelecida no inciso IV do caput, seja superior à alíquota vigente na data focal da avaliação atuarial, a diferença será considerada como alíquota suplementar mínima, com a finalidade de amortização de deficit decorrente de insuficiência de alíquota normal, situação na qual deverá ser reconhecido um deficit atuarial cujo montante corresponderá, no mínimo, ao produto da alíquota suplementar pelo valor atual do fluxo relativo às remunerações de contribuição futuras calculado por meio da anuidade aleatória média do grupo segurado estabelecida no inciso VII do caput.

§ 4º Caso a alíquota total anual, estabelecida no inciso IV do caput, seja inferior à alíquota vigente na data focal da avaliação atuarial, a diferença será considerada como alíquota adicional máxima, situação na qual deverá ser reconhecido um superávit atuarial cujo montante corresponderá, no máximo, ao produto da alíquota adicional pelo valor atual do fluxo relativo às remunerações de contribuição futuras calculado por meio da anuidade aleatória média do grupo segurado estabelecida no inciso VII do caput.

§ 5º O método Agregado/Ortodoxo é considerado como método de benefício projetado, com custo normal agregado, reconhecimento diferido e implícito de perdas e ganhos atuariais e sem serviço passado, em que as alíquotas normais individuais não contemplam a existência de obrigação anterior à data de referência de cálculo, apesar de poder ser considerada a eventual existência de compensação financeira decorrente de tempo anterior de contribuição do segurado a algum regime previdenciário e de eventual descompasso entre a alíquota vigente na data focal da avaliação e a alíquota total.

Seção V

Relatório de análise das hipóteses

Art. 27. O Relatório de Análise das Hipóteses deverá ser elaborado por profissional habilitado, conter a descrição da metodologia utilizada, por meio de testes estatísticos e/ou atuariais, e ser conclusivo quanto à manutenção ou necessidade de alteração das hipóteses utilizadas nas avaliações atuariais anuais dos RPPS.

§ 1º A responsabilidade do profissional pela elaboração dos cálculos e estudos técnicos apresentados no Relatório de Análise das Hipóteses não exime a dos dirigentes e gestores do RPPS e do ente federativo pela fidedignidade dos dados e das informações que lhe foram repassados para sua elaboração.

§ 2º A unidade gestora deverá elaborar sumário executivo com os resultados e recomendações do Relatório de Análise das Hipóteses para cientificação dos conselhos deliberativo e fiscal e disponibilizá-lo, juntamente com o relatório, aos beneficiários do regime e aos órgãos de controle interno e externo.

Subseção I

Probabilidades de ocorrência de morte e invalidez

Art. 28. O Relatório de Análise das Hipóteses deverá contemplar o estudo técnico de aderência, decorrente da confrontação entre as probabilidades de ocorrência de morte ou invalidez constantes das tábuas utilizadas e aquelas constatadas para a massa analisada, contendo, no mínimo:

I - a análise da convergência entre o número de eventos indicados a partir da aplicação das probabilidades de ocorrência de morte ou invalidez das tábuas biométricas utilizadas na avaliação atuarial do RPPS e os decréscimos constatados na massa de beneficiários do regime, pelo menos, nos 5 (cinco) exercícios anteriores ao da realização do estudo;

II - a comparação dos eventos constatados com as tábuas biométricas disponíveis; e

III - a indicação das tábuas biométricas mais aderentes às características da massa dos beneficiários do RPPS.

Parágrafo único. Em caso de impossibilidade de demonstração da aderência e adequação de hipóteses quando da aplicação de metodologias para esse fim, deverá ser atestado no Relatório de Análise das Hipóteses que as informações históricas relativas às ocorrências de morte ou invalidez dos beneficiários do RPPS não são suficientes para a realização do estudo ou que a massa não é estatisticamente suficiente para aferição de aderência das tábuas biométricas.

Subseção II

Taxa real de crescimento da remuneração

Art. 29. A hipótese de taxa real de crescimento da remuneração deverá ser fundamentada na análise da estrutura funcional e remuneratória dos segurados em atividade do RPPS prevista na legislação do ente federativo, bem como de sua evolução, considerando as informações relativas às medidas e políticas de gestão de pessoal por ele implementadas.

§ 1º O Relatório de Análise das Hipóteses deverá contemplar o estudo técnico de aderência da hipótese de crescimento da remuneração, contendo, no mínimo:

I - a relação da legislação do ente federativo que trata dos cargos, carreiras e estrutura remuneratória dos segurados do RPPS;

II - a descrição da estrutura geral remuneratória prevista na legislação e a aplicabilidade do método utilizado a essa estrutura;

III - as estatísticas de distribuição dos segurados do RPPS nos cargos, carreiras e respectivas remunerações;

IV - a descrição e análise do histórico do crescimento salarial, por estrutura funcional e remuneratória dos segurados, pelo menos, dos 5 (cinco) exercícios anteriores ao da realização do estudo;

V - informações sobre as manifestações fundamentadas encaminhadas pelo ente federativo relacionadas ao estabelecimento de políticas ou à execução de programas de gestão de pessoal; e

VI - a indicação da taxa real de crescimento futuro da remuneração mais aderente à massa dos segurados do RPPS.

§ 2º A análise deverá contemplar também os segurados cuja remuneração é abrangida por legislações federais.

Subseção III

Taxa atuarial de juros

Art. 30. O Relatório de Análise das Hipóteses deverá contemplar o estudo técnico da convergência entre a hipótese de taxa de juros e as rentabilidades obtidas pelos recursos garantidores do plano de benefícios do RPPS, bem como em relação à taxa de rentabilidade projetada, no longo prazo, para a aplicação desses recursos, contendo, no mínimo:

I - a descrição da metodologia utilizada para aferição do histórico de rentabilidade da carteira de investimentos do RPPS, indicando as fontes de dados;

II - o histórico da rentabilidade carteira de investimentos do RPPS dos 3 (três) exercícios anteriores ao da realização do estudo;

III - as informações relativas às metas e estratégias de investimento estabelecidas na política anual de aplicação dos recursos do RPPS dos 3 (três) exercícios anteriores ao da realização do estudo;

IV - a análise do comportamento das rentabilidades obtidas em relação às metas estabelecidas;

V - as rentabilidades projetadas a partir da carteira que compõe os recursos garantidores do plano de benefícios do RPPS, conforme a atual política anual de investimentos do RPPS, considerando cada segmento de aplicação; e

VI - indicação da aderência ou não da hipótese da taxa real de juros utilizada nas últimas 3 (três) avaliações atuariais e de eventual necessidade de alteração da atualmente utilizada.

§ 1º As rentabilidades projetadas de que trata o inciso V do caput deverão considerar eventuais descasamentos de fluxos de ativos e passivos que acarretem risco de reinvestimento dos recursos a taxas de retorno inferiores às da carteira corrente, utilizando-se as projeções das receitas e despesas do RPPS constantes dos fluxos atuariais.

§ 2º É vedada a utilização de modelos probabilísticos para verificação da aderência da hipótese de que trata este artigo, à exceção do cálculo da projeção de retorno de longo prazo, decorrente de reinvestimentos.

§ 3º O disposto neste artigo não se aplica às submassas que operam em regime financeiro de repartição simples.

Subseção IV

Demais hipóteses do Relatório de Análise

Art. 31. Caso o estudo técnico contenha a análise do comportamento e aderência de outras hipóteses biométricas, demográficas, econômicas e financeiras utilizadas na avaliação atuarial deverão ser considerados, no mínimo, os dados relativos aos 3 (três) exercícios anteriores ao da realização do estudo.

§ 1º O período de abrangência dos dados de que trata o caput é aplicável àquelas hipóteses cuja análise necessite de levantamento de dados históricos do ente federativo ou do RPPS e da sua massa de segurados e beneficiários.

§ 2º A inclusão das hipóteses relativas à idade de primeira vinculação a regime previdenciário e à idade provável de aposentadoria é facultativa caso sejam utilizados os parâmetros mínimos prudenciais estabelecidos no Capítulo IV desta Portaria.

Subseção V

Encaminhamento do Relatório de Análise das Hipóteses

Art. 32. O Relatório de Análise das Hipóteses deverá ser elaborado, no mínimo, a cada 4 (quatro) anos e conter as assinaturas do profissional responsável pelo estudo e do dirigente da unidade gestora.

§ 1º A necessidade de elaboração do Relatório de Análise das Hipóteses em prazo inferior ao previsto no caput deverá ser avaliada pelos dirigentes e membros dos conselhos deliberativo e fiscal do RPPS bem como pelo atuário habilitado responsável pelas avaliações atuariais do regime.

§ 2º O Relatório de Análise das Hipóteses deverá ser encaminhado à SPREV por meio do Sistema de Informações dos Regimes Públicos de Previdência Social - Cadprev na forma de documento digitalizado, como anexo ao Relatório da Avaliação Atuarial referente ao exercício posterior ao de sua elaboração, devendo compor o mesmo arquivo digitalizado.

§ 3º A SPREV poderá solicitar a elaboração do Relatório de Análise das Hipóteses em prazo inferior ao previsto no caput para fundamentar processos de análise de pedidos de alteração de estruturas atuariais do RPPS.

§ 4º Em caso de não envio do Relatório de Análise das Hipóteses será considerado que o ente federativo não demonstrou a adoção de medidas objetivando o equilíbrio financeiro e atuarial do RPPS.

Seção VI

Reposição de segurados

Art. 33. A utilização da hipótese de reposição de segurados não impactará os valores dos compromissos e o resultado atuarial para fins de definição do plano de custeio de equilíbrio do RPPS enquanto não definidos pelo MTP critérios para sua utilização.

Seção VII

Compensação previdenciária

Art. 34. A estimativa dos efeitos da compensação financeira entre os regimes previdenciários relativos aos benefícios concedidos deverá observar os seguintes procedimentos:

I - no que se refere aos benefícios concedidos:

a) em caso de benefícios que já estejam sendo objeto de compensação, será utilizado o valor pró-rata individual do respectivo benefício constante do Sistema de Compensação Previdenciária - Comprev;

b) em caso de benefícios elegíveis à compensação financeira, mas que ainda não tenham seus requerimentos deferidos no Comprev, deverá ser aplicada a relação percentual agregada obtida a partir dos valores de que trata a alínea "a"; e

c) em caso de não se dispor de informações de compensação financeira dos benefícios concedidos pelo RPPS no Comprev, deverá ser utilizado, para o cálculo do valor individual, o resultante da aplicação de percentual de proporção de tempos de contribuição, para efeito de compensação estimado na avaliação atuarial, sobre o valor médio per capita dos benefícios pagos pelo RGPS; e

II - no que se refere aos benefícios a conceder:

a) deverá ter por base os dados cadastrais relativos ao tempo de contribuição anterior a outros regimes previdenciários, inclusive as comprovações de vínculo apresentadas quando da concessão dos benefícios de aposentadoria, ou os valores de compensação efetivamente verificados para o RPPS; e

b) caso a base cadastral não contenha todas as informações suficientes para aplicação da alínea "a", poderá ser utilizado o valor percentual de 10% (dez por cento) aplicado sobre o Valor Atual dos Benefícios Futuros (VABF) relativo aos benefícios passiveis de compensação.

Parágrafo único. O percentual de que trata a alínea "b" do inciso II do caput se aplica para a avaliação atuarial do exercício de 2020, sendo que nas avaliações seguintes, esse será reduzido à razão de 1% ao ano até o limite de 5%.

Seção VIII

Duração do passivo

Art. 35. O cálculo da duração do passivo dos fluxos de pagamentos de benefícios deve considerar os benefícios concedidos e a conceder que tenham seu valor ou nível previamente estabelecido e cujo custeio seja determinado atuarialmente, utilizando-se os valores informados nos fluxos atuariais, conforme a seguinte fórmula:

$$Duração = \frac{\sum_{i=1}^{N}\left[\left(\frac{F_i}{(1+TA)^{(i-0,5)}}\right).(i-0,5)\right]}{\sum_{i=1}^{N}\left(\frac{F_i}{(1+TA)^{(i-0,5)}}\right)}$$

Os **fluxos atuariais**, parte integrante da avaliação atuarial, deverão possibilitar o acompanhamento do nível de constituição das reservas e ser base matemática para o cálculo do valor presente atuarial das obrigações e direitos do plano de benefícios e observar os seguintes parâmetros[92]:

92. Art. 28 da Portaria MTP 1.467, de 2 de junho de 2022.

I - separação das massas na forma do § 1º do art. 27, além de outra desagregação necessária para fins de acompanhamento do passivo previdenciário;

II - inclusão de projeções de todas as receitas e despesas do RPPS que, trazidas a valor presente, deverão convergir com os valores dos compromissos apurados na avaliação atuarial;

III - demonstração dos quantitativos esperados de novos entrantes e de concessão de benefícios;

IV - evidenciação das projeções relativas aos segurados em atividade considerados como riscos iminentes; e

V - inclusão das previsões de receitas líquidas provenientes da exploração econômica ou da vinculação de bens, direitos e ativos vinculados ao RPPS não classificáveis como ativos garantidores dos compromissos do plano de benefícios.

A **duração do passivo** do RPPS corresponde à média dos prazos dos fluxos de pagamentos de benefícios do RPPS, líquidos das contribuições dos beneficiários, ponderada pelos valores presentes desses fluxos[93].

Para apuração do **custo normal dos benefícios avaliados em regime financeiro de capitalização**, o financiamento gradual do custo dos benefícios futuros deverá ser estruturado durante toda a vida laboral do segurado, por meio de um dos seguintes métodos atuariais de financiamento, que deverão atender aos parâmetros previstos no Anexo VI da Portaria MTP 1.467, de 2 de junho de 2022:

I - Crédito Unitário Projetado;

II - Idade Normal de Entrada;

III - Prêmio Nivelado Individual; e

IV - Agregado/Ortodoxo.

Poderão ser utilizados outros métodos, desde que:

I - apresentem nível de formação de reservas superior ao método do Crédito Unitário Projetado;

II - possam ser inteiramente caracterizados conforme critérios estabelecidos no Anexo VI; e

III - sejam submetidos à aprovação da SPREV com todas as formulações necessárias e pertinentes para identificação do novo modelo.

Em caso de alteração do método de financiamento utilizado nas avaliações atuariais:

93. Art. 29 da Portaria MTP 1.467, de 2 de junho de 2022.

> *I - a unidade gestora deverá cientificar o conselho deliberativo do RPPS;*
>
> *II - deverá ser encaminhada à SPREV a justificativa técnica de substituição da NTA;*
>
> *III - a motivação e os seus impactos deverão constar do Relatório da Avaliação Atuarial; e*
>
> *IV - exceto em caso de sua aprovação prévia pela SPREV, o plano de custeio do RPPS somente poderá ser reduzido em decorrência dessa alteração caso o método a ser alterado tenha sido utilizado, no mínimo, nos últimos 3 (três) exercícios e sejam observados os parâmetros previstos no art. 65 Portaria MTP 1.467, de 2 de junho de 2022:*

O ente federativo, a unidade gestora do RPPS e o atuário responsável pela elaboração da avaliação atuarial deverão eleger conjuntamente as hipóteses biométricas, demográficas, econômicas e financeiras adequadas à situação do plano de benefícios e aderentes às características da massa de beneficiários do regime para o correto dimensionamento dos seus compromissos futuros[94].

A unidade gestora do RPPS deverá solicitar dos representantes do ente federativo informações e manifestação fundamentada das hipóteses econômicas e financeiras relacionadas ao estabelecimento de políticas ou à execução de programas e atividades sob responsabilidade do ente, especialmente daqueles referentes à gestão de pessoal, para subsidiar a escolha e a análise da aderência[95].

Deverá ser elaborado Relatório de Análise das Hipóteses para comprovação de sua adequação às características da massa de beneficiários do regime, atendendo-se em sua formulação às seguintes diretrizes[96]:

> *I - observância dos elementos mínimos constantes do Anexo VI;*
>
> *II - elaboração por profissional habilitado; e*
>
> *III - abrangência e conclusão, no mínimo, quanto à manutenção ou necessidade de alteração das seguintes hipóteses:*
>
> *a) taxa atuarial de juros;*
>
> *b) crescimento real das remunerações;*
>
> *c) probabilidades de ocorrência de morte e invalidez;*
>
> *d) proporção de participantes do plano com dependentes que serão elegíveis aos benefícios;*
>
> *e) idade de primeira vinculação a regime previdenciário; e*
>
> *f) idade provável de aposentadoria.*

94. Art. 33 da Portaria MTP 1.467, de 2 de junho de 2022.
95. Art. 34 da Portaria MTP 1.467, de 2 de junho de 2022.
96. Art. 35 da Portaria MTP 1.467, de 2 de junho de 2022.

A utilização de **tábuas biométricas** para a projeção da longevidade e da entrada em invalidez deverá observar os seguintes critérios[97]:

> *I - para a taxa de sobrevivência de válidos e inválidos, o limite mínimo:*
>
> *a) será dado pela tábua anual de mortalidade do Instituto Brasileiro de Geografia e Estatísticas - IBGE, segregada obrigatoriamente por sexo, divulgada pela SPREV; e*
>
> *b) será averiguado por meio da comparação entre a Expectativa de Vida - Ex estimada por essa tábua com aquela gerada pelas tábuas utilizadas na avaliação atuarial, com base na idade média geral da massa de segurados do RPPS; e*
>
> *II - para a taxa de entrada em invalidez, o limite mínimo:*
>
> *a) será dado pela tábua Álvaro Vindas; e*
>
> *b) será averiguado com a comparação das probabilidades de entrada em invalidez de segurados em atividade indicadas por essa tábua mínima com aquelas geradas pela tábua utilizada na avaliação atuarial, com base no somatório de ix, de idade a idade, desde a idade média do grupo de segurados até a idade prevista na regra constitucional para aposentadoria voluntária do servidor do gênero masculino.*

A avaliação atuarial deverá contemplar as perspectivas de alteração futura no perfil e na composição da massa de segurados, cujos critérios deverão ser demonstrados no Relatório da Avaliação Atuarial[98].

A hipótese de taxa real de crescimento da remuneração ao longo da carreira será de, no mínimo, 1% (um por cento) a cada ano da projeção atuarial, e os critérios adotados para sua definição deverão estar explicitados no Relatório da Avaliação Atuarial, observando-se os seguintes parâmetros[99]:

> *I - utilização uniforme em todas as etapas da avaliação atuarial, devendo a taxa de crescimento real das remunerações, em caso de plano de equacionamento de deficit atuarial, ser a mesma utilizada para a apuração dos compromissos e dos custos do plano de benefícios do RPPS;*
>
> *II - possibilidade de diferenciação por poderes, órgãos ou entidades, bem como por categorias ou carreiras; e*
>
> *III - fundamentação, alternativamente ou cumulativamente:*
>
> *a) nas informações recebidas pela unidade gestora, na forma do art. 34;*

97. Art. 36 da Portaria MTP 1.467, de 2 de junho de 2022.
98. Art. 37 da Portaria MTP 1.467, de 2 de junho de 2022.
99. Art. 38 da Portaria MTP 1.467, de 2 de junho de 2022.

> *b) a partir de dados, desagregados ou não, por carreiras ou cargos, apurando-se a evolução das remunerações de acordo com a idade ou data de ingresso no ente federativo, ou outra metodologia apropriada; e*
>
> *c) em estudo, a constar no Relatório de Análise das Hipóteses, da estrutura remuneratória prevista na legislação do ente federativo, com a evolução na carreira estabelecida em estatuto dos servidores ou de carreiras específicas, ou no cumprimento de pisos salariais previstos em lei para determinadas categorias.*

A taxa de juros real anual a ser utilizada como taxa de desconto para apuração do valor presente dos fluxos de benefícios e contribuições do RPPS será equivalente à taxa de juros parâmetro cujo ponto da Estrutura a Termo de Taxa de Juros Média - ETTJ seja o mais próximo à duração do passivo do RPPS[100].

Em caso de inexistência na base cadastral de informações sobre o tempo de contribuição do segurado em atividade anterior ao seu ingresso no ente federativo ou se as existentes indicarem vinculação a algum regime previdenciário com idade superior a 25 (vinte e cinco) anos, essa poderá ser adotada para cálculo do tempo de contribuição[101].

Com relação à **estimativa da data provável de entrada em aposentadoria**, deverão constar, no Relatório da Avaliação Atuarial, as informações relativas[102]:

> *I - às premissas utilizadas para cálculo das elegibilidades aos benefícios de aposentadoria programada, dentre as quais as condições para determinação das regras permanentes, das regras de transição e do lapso temporal para espera por uma regra mais vantajosa;*
>
> *II - à adoção da premissa quanto ao recebimento do abono de permanência, descrevendo a estimativa percentual de obtenção do abono e a perspectiva de duração dessa condição;*
>
> *III - à quantidade de segurados em atividade considerados como risco iminente por já apresentarem condições de entrada em aposentadoria na data focal da avaliação atuarial, explicitando a forma de distribuição desses riscos iminentes nos primeiros anos de projeção atuarial;*
>
> *IV - à projeção do quantitativo das futuras elegibilidades, conforme informações da base cadastral ou em decorrência da premissa adotada; e*
>
> *V - à descrição do comportamento das despesas com benefícios projetadas para os primeiros anos de projeção atuarial diante do histórico dos últimos anos das referidas despesas, objetivando demonstrar a adequação da projeção ao histórico e destacar o impacto dessa projeção para o RPPS no curto prazo.*

---

100. Art. 39 da Portaria MTP 1.467, de 2 de junho de 2022.
101. Art. 40 da Portaria MTP 1.467, de 2 de junho de 2022.
102. Art. 41 da Portaria MTP 1.467, de 2 de junho de 2022.

Na falta ou inconsistência de dados cadastrais dos dependentes, deverá ser estimada a composição do grupo familiar para fins de cálculo do compromisso gerado pela morte de segurado ou aposentado com o pagamento de pensões por morte, sempre numa perspectiva conservadora quanto aos impactos nos custos e provisões. O Relatório da Avaliação Atuarial deverá descrever os critérios adotados, observados os seguintes parâmetros[103]:

> *I - no caso de utilização de família padrão, deverão ser indicadas a composição familiar estimada e a diferença de idades entre os cônjuges e a idade dos filhos; e*
>
> *II - no caso de utilização de percentual esperado de segurados e aposentados que deixarão pensão previdenciária, deverão ser indicados o percentual utilizado e qual o critério técnico adotado, com a explicitação da idade considerada para o cônjuge.*

A avaliação atuarial deverá computar os efeitos da compensação financeira entre os regimes previdenciários, projetando os valores a receber e a pagar pelo RPPS relativos aos benefícios concedidos e a conceder, cujos critérios e a metodologia utilizados deverão ser demonstrados no Relatório da Avaliação Atuarial[104].

As avaliações atuariais indicarão os valores dos custos, dos compromissos futuros do plano de benefícios do RPPS, suas necessidades de custeio e o resultado atuarial. Preliminarmente à apuração do resultado do plano de benefícios do RPPS, deverão ser considerados no mínimo[105]:

> *I - a satisfação das exigências regulamentares relativas ao custeio do plano, mediante o uso de modelos e critérios consistentes;*
>
> *II - os riscos que possam comprometer a solvência e liquidez do plano de benefícios;*
>
> *III - a adequada precificação dos recursos garantidores do plano de benefícios; e*
>
> *IV - o correto provisionamento das contingências passivas imputáveis ao plano de benefícios, observados os princípios contábeis e as normas legais vigentes.*

Os valores necessários para o financiamento dos benefícios avaliados em regime de repartição de capitais de cobertura deverão compor o custo normal do plano de benefícios e os saldos de recursos arrecadados, o respectivo fundo garantidor, podendo ser constituído fundo para oscilação de riscos[106].

---

103. Art. 42 da Portaria MTP 1.467, de 2 de junho de 2022.

104. Art. 46 da Portaria MTP 1.467, de 2 de junho de 2022.

105. Art. 48 da Portaria MTP 1.467, de 2 de junho de 2022.

106. Art. 49 da Portaria MTP 1.467, de 2 de junho de 2022.

O **passivo atuarial do RPPS** é representado pelas provisões matemáticas previdenciárias, que correspondem aos compromissos líquidos do plano de benefícios, avaliados em regime de capitalização. O resultado atuarial será obtido pela diferença entre o passivo atuarial e os ativos garantidores dos compromissos do plano de benefícios, podendo ser constituído fundo para oscilação de riscos[107].

Poderão ser considerados como ativos garantidores dos compromissos do plano de benefícios do RPPS[108]:

> *I - os ativos destacados contabilmente como investimentos, desde que:*
>
> *a) mensurados adequadamente, conforme normas de contabilidade aplicáveis ao setor público;*
>
> *b) aplicados conforme regras estabelecidas pelo Conselho Monetário Nacional - CMN; e*
>
> *c) atendidos, em caso de bens, direitos e demais ativos vinculados ao RPPS, no mínimo, os parâmetros previstos no art. 63; e*
>
> *II - os valores dos créditos a receber reconhecidos nas demonstrações contábeis do RPPS, exigindo-se, em relação aos créditos a receber do ente federativo, que:*
>
> *a) estejam por ele devidamente reconhecidos e contabilizados como dívida fundada com a unidade gestora do RPPS; e*
>
> *b) o termo de acordo de parcelamento esteja cadastrado no Cadprev.*

Para observância do equilíbrio financeiro e atuarial do RPPS, a avaliação atuarial deve indicar o **plano de custeio** necessário para a cobertura do custo normal e do custo suplementar do plano de benefícios. O plano de custeio proposto na avaliação atuarial deverá observar os seguintes parâmetros[109]:

> *I - cobrir os custos de todos os benefícios do RPPS e contemplar, nos termos do art. 84, os recursos da taxa de administração;*
>
> *II - ser objeto de demonstração em que se evidencie que possui viabilidade orçamentária, financeira e fiscal do ente federativo, nos termos do art. 64;*
>
> *III - as contribuições, normal e suplementar, a cargo do ente federativo poderão ser diferenciadas por massa de segurados sujeita a critérios legais de elegibilidade específicos, desde que assegurada a equidade no financiamento do RPPS e demonstrado que o plano de custeio financia integralmente o custo total apurado na avaliação atuarial;*

107. Art. 50 da Portaria MTP 1.467, de 2 de junho de 2022.
108. Art. 51 da Portaria MTP 1.467, de 2 de junho de 2022.
109. Art. 53 da Portaria MTP 1.467, de 2 de junho de 2022.

> *IV - em caso de segregação da massa, a contribuição a cargo do ente poderá ser diferenciada por Fundo em Repartição e Fundo em Capitalização; e*
>
> *V - sua revisão, com redução das contribuições, na forma de alíquotas ou aportes, deverá observar os critérios prudenciais estabelecidos no art. 65.*

O plano de custeio proposto na avaliação atuarial com data focal em 31 de dezembro de cada exercício que indicar a necessidade de majoração das contribuições deverá ser implementado por meio de lei do ente federativo editada, publicada e encaminhada à SPREV e ser exigível até 31 de dezembro do exercício seguinte[110].

No caso de a avaliação atuarial apurar déficit atuarial, deverão ser adotadas medidas para o seu **equacionamento**, que poderão consistir em:

> *I - plano de amortização com contribuições suplementares, na forma de alíquotas ou aportes mensais com valores preestabelecidos*[111]*;*
>
> *II - segregação da massa;*
>
> *III - aporte de bens, direitos e ativos, observados os critérios previstos no art. 63; e*
>
> *IV - adequações das regras de concessão, cálculo e reajustamento dos benefícios, na forma do art. 164.*

Para assegurar o equilíbrio financeiro e atuarial do RPPS, o **plano de amortização** estabelecido em lei do ente federativo deverá, adicionalmente aos parâmetros previstos nesta Portaria relativos ao plano de custeio do regime, observar os seguintes[112]:

> *I - garantir a solvência e liquidez do plano de benefícios, mantendo nível de arrecadação de contribuições e acumulação de reservas compatível com o regime financeiro adotado, bem como com as obrigações futuras, a serem demonstrados por meio dos fluxos atuariais;*
>
> *II - que o montante de contribuição anual, na forma de alíquotas suplementares ou aportes mensais, seja superior ao montante anual de juros do saldo do déficit atuarial do exercício, conforme definido no Anexo VI;*
>
> *III - não poderá prever diferimento para início da exigibilidade das contribuições; e*
>
> *IV - contemplar as alíquotas e valores dos aportes para todo o período do plano, na forma prevista no art. 10.*

---

110. Art. 54 da Portaria MTP 1.467, de 2 de junho de 2022.

111. Art. 55 da Portaria MTP 1.467, de 2 de junho de 2022.

112. Art. 56 da Portaria MTP 1.467, de 2 de junho de 2022.

Poderá ser implementada a **segregação da massa** dos beneficiários do RPPS, divididos entre o Fundo em Repartição e o Fundo em Capitalização, para o equacionamento do déficit do regime, observados os seguintes parâmetros[113]:

> *I - atendimento aos princípios da eficiência e economicidade na alocação dos recursos financeiros do regime e na composição das submassas;*
>
> *II - o Fundo em Repartição será constituído por um grupo fechado em extinção, sendo vedado o ingresso de novos segurados, os quais deverão ser alocados no Fundo em Capitalização;*
>
> *III - para a definição da composição da submassa do Fundo em Capitalização, deverá ser considerado que a ele serão vinculados os saldos de todos os recursos financeiros do RPPS acumulados anteriormente à implementação da segregação, para fazer frente aos compromissos desse grupo; e*
>
> *IV - não se estabeleçam datas futuras para a composição da submassa do Fundo em Capitalização, à exceção, no que se refere ao parâmetro relativo ao ingresso de segurados no ente federativo, do prazo previsto no art. 54 ou do início da vigência do Regime de Previdência Complementar, conforme disposto no art. 158.*

A estrutura de gestão do RPPS deve possibilitar o controle eficiente dos ativos e passivos previdenciários segregados por fundo, devendo a segregação da massa ser objeto de contínuo acompanhamento por parte, dentre outros[114]:

> *I - do ente federativo, que deverá avaliar, periodicamente, os seus impactos orçamentários, financeiros e fiscais e adotar medidas para mitigar os riscos do não cumprimento do plano de custeio e aportes sob sua responsabilidade;*
>
> *II - da unidade gestora, que deverá estabelecer procedimentos que garantam os repasses das contribuições, dos pagamentos dos benefícios, da aplicação dos recursos, dentre outros, separados por fundo;*
>
> *III - dos conselhos deliberativo e fiscal, que deverão verificar a regularidade da separação orçamentária, financeira e contábil dos recursos e obrigações correspondentes; e*
>
> *IV - do atuário responsável pela avaliação atuarial, que deverá demonstrar, nos Relatórios das Avaliações Atuariais, a evolução dos custos e compromissos de cada fundo, das receitas e despesas e dos ativos garantidores, indicando se há necessidade de adequação do plano de equacionamento.*

Em adição aos planos de amortização do déficit e de segregação da massa, poderão ser **aportados, ao RPPS, bens, direitos e demais ativos de qualquer natureza**

113. Art. 58 da Portaria MTP 1.467, de 2 de junho de 2022.

114. Art. 61 da Portaria MTP 1.467, de 2 de junho de 2022.

para equacionamento de déficit ou para constituição dos fundos referidos no art. 249 da Constituição Federal e no art. 6º da Lei nº 9.717, de 1998, desde que garantidas a solvência e a liquidez do plano de benefícios, a adequação do processo de análise e afetação aos princípios que regem a Administração Pública[115].

Deverão ser garantidos os recursos econômicos suficientes para honrar os compromissos estabelecidos no plano de custeio e na segregação da massa, cabendo ao ente federativo demonstrar a adequação do plano de custeio do RPPS à sua capacidade orçamentária e financeira e aos limites de gastos com pessoal impostos pela Lei Complementar nº 101, de 2000[116].

A **redução do plano de custeio** do RPPS será admitida desde que sejam demonstrados[117]:

> *I - o fundamento da revisão do plano no Relatório da Avaliação Atuarial;*
>
> *II - a garantia da constituição de reservas necessárias para o cumprimento das obrigações do RPPS e que as receitas do RPPS sejam superiores às despesas, excluindo os valores de receitas e despesas administrativas, nos 5 (cinco) exercícios subsequentes ao da avaliação;*
>
> *III - que o total dos ativos garantidores referente às aplicações de recursos realizadas conforme Resolução do CMN seja superior às provisões matemáticas dos benefícios concedidos;*
>
> *IV - apreciação pelo conselho deliberativo do RPPS; e*
>
> *V - observância, em caso de alteração do método de financiamento, do disposto no inciso IV do caput do art. 32.*

O **Relatório da Avaliação Atuarial** deverá observar a estrutura e os elementos mínimos previstos no modelo disponibilizado pela SPREV na página da Previdência Social na Internet e, além de outras informações previstas nesta Portaria, deverá conter[118]:

> *I - a descrição da base de dados e a certificação do nível de sua adequação;*
>
> *II - a descrição das hipóteses atuariais e os fundamentos da sua utilização e, se for o caso, a análise de sensibilidade do resultado à alteração das principais hipóteses utilizadas na avaliação atuarial;*
>
> *III - a demonstração dos resultados e análises das projeções atuariais;*

115. Art. 63 da Portaria MTP 1.467, de 2 de junho de 2022.

116. Art. 64 da Portaria MTP 1.467, de 2 de junho de 2022.

117. Art. 64 da Portaria MTP 1.467, de 2 de junho de 2022.

118. Art. 66 da Portaria MTP 1.467, de 2 de junho de 2022.

> *IV - informações circunstanciadas sobre a situação atuarial do plano de benefícios dos RPPS, dispondo, quando for o caso, sobre as principais causas do superávit ou do déficit apontado;*
>
> *V - a definição do plano de custeio de equilíbrio do RPPS, e, em decorrência, os valores dos custos normal e suplementar e dos compromissos do plano de benefícios, indicando, se for o caso, a necessidade de revisão dos planos de custeio e de benefícios vigentes;*
>
> *VI - a indicação, dentre aquelas previstas na legislação aplicável, das medidas para o equacionamento de déficit e para a busca e manutenção do equilíbrio financeiro e atuarial, demonstrando os cenários e os seus impactos;*
>
> *VII - a recomendação da medida a ser adotada pelo ente federativo para o equacionamento de déficit e das demais ações que deverão pautar a busca da sustentabilidade de longo prazo do RPPS;*
>
> *VIII - a análise comparativa entre os resultados das 3 (três) últimas avaliações atuariais, indicando as maiores alterações e os prováveis motivos; e*
>
> *IX - a demonstração dos ganhos e perdas atuariais, conforme critérios estabelecidos no Anexo VI.*

É vedado o pagamento de benefícios, mediante convênios ou consórcios entre Estados, entre Estados e Municípios e entre Municípios, por força do artigo 1º, inciso V, da Lei 9.717/98.

Anteriormente, a cobertura previdenciária mínima de aposentadoria e pensão, exigida do RPPS, até o início da vigência da Medida Provisória-MP nº 1.723, de 29 de outubro de 1998, convertida na Lei nº 9.717, de 27 de novembro de 1998, podia ser prestada de forma direta, indireta ou mista, a saber:

a) **Direta** - quando prestada pelos próprios entes federativos (União, Estados, Distrito Federal ou Municípios);

b) **Indireta** - quando prestada por entidades conveniadas ou consorciadas;

c) **Mista** - quando prestada tanto pelo ente federativo quanto por entidade conveniada ou consorciada, com um dos benefícios, geralmente o de aposentadoria, assegurado diretamente pelo ente federativo e o outro, geralmente a pensão, prestado por outra entidade (por um Instituto Previdenciário ou pela Previdência Social Urbana, em decorrência de regime especial de contribuição).

2.41. TEMPO DE SERVIÇO PÚBLICO E INGRESSO NO SERVIÇO PÚBLICO

Em muitas passagens da legislação previdenciária do servidor efetivo amparado por RPPS na Constituição (regras permanentes e transitórias) exige-se certo tempo mínimo de serviço público para o gozo de benefícios, especialmente de algumas aposentadorias.

Outras vezes verifica-se a data do ingresso no serviço público para a definição do regime jurídico aplicável ao servidor público, se pelas regras permanentes ou de transição, e neste caso, qual o estatuto transitório aplicável, pois mais de um.

Destarte, é imprescindível definir o sentido e o alcance da expressão "serviço público" nestes dois contextos postos. É certo que o servidor ocupante de cargo de provimento efetivo da União, dos estados, do Distrito Federal e dos municípios, bem como de suas autarquias e fundações públicas integra o serviço público e terá computado tempo de contribuição no serviço público, haja vista se tratarem de pessoas jurídicas de direito público.

A histórica controvérsia repousa no tempo de contribuição prestado às empresas públicas, sociedades de economia mista e subsidiárias, pois é certo que, apesar de se enquadrarem com entes da Administração Pública Indireta, o seu regime jurídico é privado, ao menos de maneira preponderante.

A antiga interpretação administrativa da União não estendia ao tempo prestado às empresas estatais o regime do tempo de serviço público (Parecer CONJUR 1041-2.9/2005). No entanto, o mencionado posicionamento foi revisto.

Isso porque o Advogado-Geral da União acolheu integralmente as conclusões contidas no Parecer 028/2010/DECOR/CGU/AGU, por meio de Despacho datado de 31 de março de 2010, equiparando o tempo de serviço prestado a empresas públicas e sociedades de economia mista ao tempo de efetivo serviço público constante do art. 40, II, da CF (regramento permanente de aposentadorias), art. 6º, III, da EC nº 41, de 2003, e art. 3º, II, da EC nº 47, de 2005 (regras de transição de aposentadoria):

> ***"DESPACHO DO ADVOGADO-GERAL DA UNIÃO***
>
> *REFERÊNCIA: Processo nº 000400.002345/2010-75*
>
> *INTERESSADO: JOSÉ SIMPLICIANO FONTES DE FARIA FERNANDES*
>
> *ASSUNTO: Aposentadoria no cargo de Ministro do Tribunal Superior do Trabalho*
>
> *O Ministro José Simpliciano Fontes de Faria Fernandes, do Tribunal Superior do Trabalho, requereu a sua aposentadoria por tempo de serviço. Todavia, a Subchefia de Assuntos Jurídicos da Casa Civil da Presidência da República, ao analisar o pleito vislumbrou a aparente existência de divergência de interpretação jurídica entre as projeções da Advocacia-Geral da União junto aos Ministérios da Previdência Social e da Justiça.*
>
> *Observados os trâmites de estilo, o assunto foi submetido ao Advogado-Geral da União, em consonância com o disposto no art. 4º, XI, da Lei Complementar nº 73, de 10 de fevereiro de 1993.*
>
> *Ab initio, cabe aqui lembrar que a Carta Política de 1988, em sua redação original, manteve o tratamento diferenciado que já existia na Constituição de*

1967 e na Emenda nº 1, de 1969, ao regular a aposentadoria dos trabalhadores vinculados ao Regime Geral de Previdência Social no art. 201 e, quanto aos agentes públicos, no art. 40, com regras bastante diferenciadas quanto à obtenção de proventos, e ainda, não exigindo destes últimos contribuição como requisito para a concessão da aposentadoria, enquanto declarava expressamente a necessidade de contribuições dos trabalhadores do Regime Geral para o direito a benefícios da Previdência Social. A exigência de contribuição por parte dos servidores públicos só veio a ocorrer com o advento da EC nº 3 no ano de 1993.

Inegavelmente, foi a EC nº 20 de 1998 o verdadeiro marco regulatório da matéria, ao instituir a noção de tempo de contribuição, eliminando contagens de tempo fictício, e possibilitando o estabelecimento de um teto para as aposentadorias do serviço público a exemplo do que já ocorria com os afiliados ao Regime Geral de Previdência Social.

Em dezembro de 2003 vem a lume a EC nº 41, promovendo nova mudança nas regras para os Regimes próprios dos agentes públicos, ao conferir nova redação ao caput do art. 40, de forma a estabelecer que estes se caracterizam pelo caráter contributivo e solidário.

Mais adiante, precisamente em julho de 2005, a EC nº 47 estabeleceu, com aplicação retroativa à data de vigência da EC nº 41, critérios para os agentes públicos que já ocupavam cargos antes de sua promulgação, como também antes da promulgação da EC nº 20/98.

Tecidas estas breves considerações sobre a evolução histórica do regime previdenciário dos servidores públicos até o atual estágio, verifico que o aparente conflito interpretativo entre as Pastas da Justiça e Previdência Social, apontado pela SAJ/PRESI, jamais ocorreu. Ora, o PARECER Nº 028/2010/DECOR/CGU/AGU (fls. 57/65) demonstra com meridiana clareza que o entendimento dos órgãos jurídicos de ambos os ministérios é, na verdade, convergente.

Nesse sentido são as conclusões da manifestação jurídica do DECOR/CGU/AGU, que a seguir transcrevo:

"34.4 Inexiste, no caso dos autos, divergência entre a interpretação conferida a expressão "efetivo serviço público" constante do art, 40, inciso III, da CF/88, art. 6º, inciso III, da EC n. 41/03, art. 3º, inciso II, da EC nº 47/05, pela Consultoria Jurídica do Ministério da Previdência Social e a Subchefia para Assuntos Jurídicos da Casa Civil da Presidência da Republica (sic), as quais entendem, de forma idêntica, pela possibilidade de computo do tempo de serviço prestado às empresas públicas e sociedades de economia mista como de efetivo serviço público, para fins de preenchimento dos requisitos para a concessão de aposentadoria, inocorrendo, pois, quanto a este ponto, qualquer óbice a submissão do processo nº 08025.000653/2009-69 ao Presidente da República para fins de apreciação do ato de concessão da aposentadoria do Ministro do Tribunal Superior do Trabalho, José Simpliciano Fontes de Farias.

34.5 Quanto ao fundamento legal do ato de concessão de aposentadoria do Interessado, Ministro do Tribunal Superior do Trabalho, José Simpliciano Fontes de Farias, conclui-se que o mesmo somente pode respaldar-se no art. 6º, caput, da EC nº 41/03, vez que, nos termos da fundamentação supra, em 16 de dezembro de 1998, não havia o Interessado ingressado no serviço público, através do desempenho de cargos ou funções na Administração Pública direta, autárquica e fundacional, de forma ininterrupta, não podendo, pois, se valer da regra de transição estabelecida no art. 3º, caput, da EC nº 47/05."

Ressalvo apenas que a ilustre parecerista equivocou-se ao consignar que a Consultoria Jurídica do Ministério da Previdência Social e a Subchefia para Assuntos Jurídicos da Casa Civil da Presidência da República comungam de igual entendimento quanto ao termo "efetivo serviço público". Na verdade, a SAJ/PRESI não emitiu qualquer juízo quanto à este ponto, apenas reportou a aparente existência de divergência entre o posicionamento adotado pelo Ministério da Justiça e orientações normativas editadas pelo Ministério da Previdência Social. Inobstante isso, a conclusão expressa no item 34.4 suso transcrito permanece hígida, alterando-se apenas um dos atores.

Todavia, no que concerne à escolha do fundamento legal para o ato de aposentação vindicado, de fato a divergência interpretativa se estabeleceu entre a CONJUR/MJ e a SAJ/PRESI, e à toda evidência, razão assiste à segunda, eis que havendo o interessado assumido como Ministro do Tribunal Superior do Trabalho no ano de 2001, somente poderá valer-se da regra de transição encartada no art. 6º, caput, da EC nº 41/03. Não há como aplicar-se in casu a regra do art. 3º, caput, da EC nº 47/05.

Quanto à possibilidade de contagem como efetivo serviço público, para fins de aposentadoria, do tempo trabalhado em sociedades de economia mista ou empresas públicas, a jurisprudência das Cortes Superiores já é iterativa nesse sentido, ex vi: RE 195.767, Segunda Turma, unânime, rel. Min. MAURÍCIO CORREA, j. 25.11.1997, p. DJ 27.02.1998; ADIn 1.400-5 MC, Plenário, unânime, rel. Min. ILMAR GALVÃO, j. 18.04.1996, p. DJ 31.05.1996; RE 357.129, rel. Min. GILMAR MENDES, DJ 23/02/2005 PP-00040; REsp 960200/RS, rel. Min. ARNALDO ESTEVES LIMA, DJe 18/05/2009); AgRg no REsp 1067895/RJ, Rel. Min. FÉLIX FISCHER, DJe 16/2/2009).

Na mesma esteira é o entendimento firmado pela Corte de Contas em sua composição plenária, conforme se infere pela leitura dos acórdãos nºs 1871/2003, 2.636/2008 e 2.229/2009.

À vista do exposto, divirjo parcialmente do entendimento manifestado pelo ilustre Consultor-Geral da União no Despacho nº 501/2010 (fls. 66/68), na parte em que afirma não ser possível a equiparação, para fins de aposentadoria, do tempo de serviço prestado a empresas públicas e sociedades de economia mista ao de efetivo serviço público constante do art. 40, II, da CF, art. 6º, III, da EC nº 41/03 e art. 3º, II, da EC nº, 47/05.

Acolho, pois, in integrum a fundamentação, as conclusões e encaminhamentos do PARECER Nº 028/2010/DECOR/CGU/ AGU, aprovado pelo Diretor do DECOR/CGU/AGU, no sentido de estarem atendidos os requisitos legais necessários à implementação da aposentadoria por tempo de serviço requerida pelo Ministro José Simpliciano Fontes de Faria Fernandes, devendo contudo, esta ser enquadrada na regra do art. 6º, caput, da EC nº 41/03.

Encaminhem-se cópias do presente despacho e do PARECER Nº 028/2010/ DECOR/CGU/AGU ao Ministério da Previdência Social, à Procuradoria-Geral Federal e a todas as consultorias jurídicas e núcleos de assessoramento jurídico da União, para fins de conhecimento e uniformização de procedimentos.

Em seguida, restituam-se os autos à Subchefia de Assuntos Jurídicos da Casa Civil da Presidência da República, para ciência e adoção das providências subseqüentes.

Em 31 de março de 2010.

LUÍS INÁCIO LUCENA ADAMS"

No mesmo sentido já vinha entendendo o TCU desde a lavra dos Acórdãos 1.871/2003, 2.636/2008 e 2.229/20909 -Plenário. Nesse sentido, colaciona-se o Sumário do Acórdão TCU/Plenário 2.921/2010 no mesmo sentido:

***"Número Interno do Documento:** AC-2921-41/10*

***Colegiado:** Plenário*

Relator:

VALMIR CAMPELO

***Processo:** 025.760/2009-0*

Sumário:

REPRESENTAÇÃO. CONCEITO DE SERVIÇO PÚBLICO. ALEGADA CONTROVÉRSIA ENTRE ENTENDIMENTO DESTA CORTE DE CONTAS E ORIENTAÇÃO NORMATIVA DO MINISTÉRIO DA PREVIDÊNCIA SOCIAL. AUSÊNCIA DA CONTROVÉRSIA SUSCITADA. QUESTÃO JÁ TRATADA, EM SEDE DE CONSULTA, PELO PLENÁRIO DESTE TRIBUNAL. IMPROCEDÊNCIA.

1. O conceito de "serviço público" trazido pelo art. 40, § 1º, inciso III, da Constituição Federal de 1988, pelo inciso III do art. 6º da Emenda Constitucional nº 41, de 2003, e pelo inciso II do art. 3º da Emenda Constitucional nº 47, de 2005, deve ser entendido de forma ampla, para abranger também as empresas públicas e sociedades de economia mista.

2. Diverso é o conceito de "serviço público" contido no caput do art. 6º da Emenda Constitucional nº 41, de 2003, e no caput do art. 3º da Emenda Constitucional nº 47, de 2005, que deve ser tomado de forma restrita, uma vez que as regras contidas nesses artigos, ditas de transição, aplicam-se

> ***exclusivamente aos servidores ocupantes de cargo efetivo na Administração Pública direta, autárquica e fundacional, ao tempo da edição dessas emendas.***
>
> *3. A Orientação Normativa MPS/SPS nº 2, de 31 de março de 2009, está em consonância com o entendimento esposado por esta Corte de Contas pelos Acórdãos nº 2636/2008-TCU-Plenário e nº 2229/09-TCU-Plenário".*

A mesma ratio do TCU/AGU se aplica ao servidor exclusivamente comissionado, pois também vinculado ao RGPS, e, mais que o empregado celetista, está sujeito ao Estatuto do Servidor Público.

Logo, nota-se que o TCU e a AGU aplicam a definição extensiva de tempo de serviço público para as regras internas de concessão de aposentadorias no RPPS, quer permanentes, quer transitórias:

a) art. 40, § 1º, IIII, da Constituição:

"III - voluntariamente, desde que cumprido tempo mínimo de dez anos de **efetivo exercício no serviço público** e cinco anos no cargo efetivo em que se dará a aposentadoria, observadas as seguintes condições:"

b) art. 6º, inciso III, da Emenda 41/2003: "III - vinte anos de **efetivo exercício no serviço público**; e"

c) art. 3º, inciso II, da Emenda 47/2005: "II- vinte e cinco anos de **efetivo exercício no serviço público**, quinze anos de carreira e cinco anos no cargo em que se der a aposentadoria;"

Nesse sentido o artigo 2º da Portaria MTP 1.467/2022:

> ***XII - tempo de efetivo exercício no serviço público:*** *o tempo de exercício de cargo, inclusive militar, função ou emprego público, ainda que descontínuo, na Administração direta e indireta de qualquer dos entes federativos;*

Por outro lado, para **fins de fixação da data de ingresso no "serviço público"**, a interpretação será restritiva, não sendo considerada entrada no "serviço público" a contratação por empresas públicas, sociedades de economia mista e subsidiárias, mas apenas por pessoas jurídicas de direito público:

a) art. 6º, *caput*, da Emenda 41/2003: "Art. 6º Ressalvado o direito de opção à aposentadoria pelas normas estabelecidas pelo art. 40 da Constituição Federal ou pelas regras estabelecidas pelo art. 2º desta Emenda, o servidor da União, dos Estados, do Distrito Federal e dos Municípios, incluídas suas autarquias e fundações, que tenha **ingressado no serviço público** até a data de publicação desta Emenda poderá aposentar-se com proventos integrais, que corresponderão à totalidade da remuneração do servidor no cargo efetivo em que se der a aposentadoria, na forma da lei, quando, observadas as reduções de idade e tempo de contribuição contidas no § 5º do art. 40

da Constituição Federal, vier a preencher, cumulativamente, as seguintes condições:"

b) art. 3º, *caput*, da Emenda 47/2005: "Art. 3º Ressalvado o direito de opção à aposentadoria pelas normas estabelecidas pelo art. 40 da Constituição Federal ou pelas regras estabelecidas pelos arts. 2º e 6º da Emenda Constitucional nº 41, de 2003, o servidor da União, dos Estados, do Distrito Federal e dos Municípios, incluídas suas autarquias e fundações, que tenha **ingressado no serviço público** até 16 de dezembro de 1998 poderá aposentar-se com proventos integrais, desde que preencha, cumulativamente, as seguintes condições:"

2.42. ACUMULAÇÃO DE REMUNERAÇÃO COM PROVENTOS DE CARGOS INACUMULÁVEIS

É certo que a Emenda 20, que inseriu o § 10, no artigo 37, da Constituição, proíbe a acumulação de remuneração de cargos, empregos ou funções públicas com proventos de aposentadoria, exceto nos casos excepcionais de cargos acumuláveis previstos expressamente.

Todavia, há uma regra de transição para os servidores ingressos até 16.12.98, data da publicação da Emenda 20.

De acordo com o artigo 11, da referida Emenda, "a vedação prevista no art. 37, § 10, da Constituição Federal, não se aplica aos membros de poder e aos inativos, servidores e militares, que, até a publicação desta Emenda, tenham ingressado novamente no serviço público por concurso público de provas ou de provas e títulos, e pelas demais formas previstas na Constituição Federal, sendo-lhes proibida a percepção de mais de uma aposentadoria pelo regime de previdência a que se refere o art. 40 da Constituição Federal, aplicando-se-lhes, em qualquer hipótese, o limite de que trata o § 11 deste mesmo artigo".

Logo, esses servidores antigos poderão excepcionalmente acumular a remuneração com os proventos de aposentadoria, mas não poderão concentrar duas aposentadorias.

A regra do artigo 11 da EC 20/1998 apenas é aplicável à situação de vedação de acumulação de cargos proibida com essa Reforma Constitucional, pois nas situações de acumulação atualmente permitida (CF, art. 37, XVI) continua sendo possível a acumulação de duas aposentadorias no âmbito do RPPS.

■ POSIÇÃO DO STF

Nesse sentido, o **Tema 627 em Repercussão Geral**: *"Em se tratando de cargos constitucionalmente acumuláveis, descabe aplicar a vedação de acumulação de aposentadorias e pensões contida na parte final do art. 11 da Emenda*

Constitucional 20/1998, porquanto destinada apenas aos casos de que trata, ou seja, aos reingressos no serviço público por meio de concurso público antes da publicação da referida emenda e que envolvam cargos inacumuláveis." RE 658.999/SC, relator Ministro Dias Toffoli, julgamento virtual finalizado em 16.12.2022 (sexta-feira), às 23:59.

De acordo com o artigo 24 da Portaria SGP/SEDGG/ME 10.360/2022, o servidor **aposentado**, para ser **investido em cargo público efetivo não acumulável** com aquele que gerou a aposentadoria, deverá renunciar aos proventos dessa, exceto na situação de membros de Poder e aos aposentados, servidores e militares que, até 16 de dezembro de 1998, tenham ingressado novamente no serviço público por concurso público de provas ou de provas e títulos, e pelas demais formas previstas na Constituição Federal, sendo-lhes proibida a percepção de mais de uma aposentadoria pelo RPPS da União. Neste caso, é resguardado o direito de opção pela aposentadoria mais vantajosa, sendo vedada, em caso de renúncia à aposentadoria em vigor, a averbação do tempo de serviço/contribuição para concessão do novo benefício previdenciário.

Por derivação, se não for possível a acumulação de duas aposentadorias, também não poderão ser instituídas duas pensões por morte em favor dos dependentes do servidor falecido, conforme correto pronunciamento do STF, noticiado no Informativo 638.

■ POSIÇÃO DO STF

"638 - Acumulação de pensões e reingresso no serviço público antes da EC 20/98 - 4

Não é possível cogitar-se de direito ao recebimento de uma segunda pensão por morte se proibida a percepção de dupla aposentadoria estatutária pelo servidor que veio a falecer. Esse o consenso do Plenário que, em conclusão de julgamento, desproveu recurso extraordinário no qual se discutia a possibilidade de acumulação de duas pensões de natureza estatutária. Na espécie, ele aposentara-se em determinado cargo da Administração Pública, posteriormente nela reingressara, por concurso público, antes da EC 20/98, permanecendo no cargo até seu falecimento, em julho de 2001 - v. Informativos 564 e 588. **Em razão de o reingresso no serviço público ter ocorrido anteriormente à EC 20/98, salientou-se que - não obstante a ressalva do direito à acumulação dos proventos da aposentadoria com a remuneração do cargo que exercia - não lhe era permitida a percepção de mais de uma aposentadoria estatutária** (EC 20/98: "Art. 11 - A vedação prevista no art. 37, § 10, da Constituição Federal, não se aplica aos membros de poder e aos inativos, servidores e militares, que, até a publicação desta Emenda, tenham ingressado novamente no serviço público por concurso público de provas ou de provas e títulos, e pelas demais formas previstas na Constituição Federal, sendo-lhes proibida a percepção de mais de uma aposentadoria pelo regime de previdência a que se refere o art. 40 da Constituição Federal, aplicando-se-lhes, em qualquer hipótese, o limite de que trata o § 11 deste mesmo artigo"). **Por conseguinte, entendeu-se não haver direito ao recebimento de duas ou mais pensões por parte de seus dependentes**, uma vez que o art. 40, § 7º, da CF subordinava esse benefício ao valor dos proventos a que o servidor teria jus ("Lei disporá sobre a concessão do benefício da pensão por morte, que será igual ao valor dos proventos do servidor falecido ou ao valor dos proventos a que teria direito o servidor em atividade na data de seu falecimento, observado o disposto no § 3º"). Observou-se, por fim, não ser aplicável, ao caso, a regra de transição prevista no art. 3º da EC 20/98, visto que o instituidor da pensão não preenchia, em relação ao segundo cargo exercido, os requisitos para a obtenção de qualquer benefício. Alguns precedentes citados: RE 463028/RS (DJU de 10.3.2006); RE 527714 AgR/RJ (DJe de 29.6.2007); RE 489776 AgR/MG (DJe de 1º.8.2008). **RE 584388/SC, rel. Min. Ricardo Lewandowski, 31.8.2011".**

Mas se o servidor obteve o direito a ambas as aposentadorias antes da EC 20/1998 em cargos cuja acumulação foi vedada por essa Emenda essa proibição não poderá retroagir. E, **em havendo direito a duas aposentadorias, haverá direito a instituição de duas pensões por morte, mesmo que se trata de óbito após 16/12/1998.**

■ **POSIÇÃO DO STF**

RE 1210686 / RJ - RIO DE JANEIRO
RECURSO EXTRAORDINÁRIO
Relator(a): Min. CELSO DE MELLO
Julgamento: 12/09/2019
Publicação: 19/09/2019
Publicação
PROCESSO ELETRÔNICO DJe-203 DIVULG 18/09/2019 PUBLIC 19/09/2019

Partes

RECTE.(S) : INSTITUTO BRASILEIRO DE GEOGRAFIA E ESTATISTICA - IBGE ADV.(A/S) : PROCURADOR-GERAL FEDERAL RECDO.(A/S): MARLENE DE SOUZA ZOMER ADV.(A/S) : PAULO VINICIUS NASCIMENTO FIGUEIREDO

Decisão

DECISÃO: O presente recurso extraordinário foi interposto pelo Instituto Brasileiro de Geografia e Estatística - IBGE contra acórdão que, proferido pelo E. Tribunal Regional Federal da 2ª Região, está assim ementado: "ADMINISTRATIVO. SERVIDOR. CUMULAÇÃO DE PENSÕES. DECADÊNCIA, INEXISTÊNCIA. APOSENTADORIAS ANTERIORES À EMENDA CONSTITUCIONAL

20/1998. 1. O cancelamento de uma das pensões da Autora decorreu de julgamento do TCU, o qual, segundo tranquilo entendimento do STF 'no exercício da competência de controle externo da legalidade do ato de concessão inicial de aposentadorias, reformas e pensões (art. 71, inciso III, CEM), não se submete ao prazo decadencial da Lei nº 9.784/99, iniciando-se o prazo quinquenal somente após a publicação do registro na imprensa oficial' (STF, 1ª T., MS 27746 ED). **2. O instituidor das pensões da Autora recebia duas aposentadorias pelo IBGE, a primeira, publicada em 17/08/1973, correspondente ao período de 1939 a 1973, e a segunda, compulsória em 12/12/1990, correspondente ao período de 1973 a 1990, o que gerou duas pensões estatutárias para a Autora a partir do óbito em 2001, recebidas cumulativamente até o cancelamento de uma delas em 2009. 3. O STF, em caso no qual a primeira aposentadoria se deu sob a égide do regime constitucional anterior e, a segunda, após o advento da Constituição de 1988, mas antes da edição da EC nº 20/1998, tal como ocorre na hipótese do instituidor da pensão da Autora, entendeu que 'o artigo 11 da EC nº 20/98, ao vedar a acumulação de aposentadorias em cargos inacumuláveis na ativa, não pode retroagir para ferir o direito adquirido e o ato jurídico perfeito' (1ª Turma, RE 635011 AgR-segundo).** 4. Por conseguinte, adotando a orientação do STF para a hipótese excepcional que ora se apresenta, uma vez afastadas as vedações impostas pela EC nº 20/1998 com relação ao servidor, **reconhecendo o direito à dupla aposentadoria, não se pode afastar para a Autora o direito derivado às pensões respectivas**. 5. Apelação da Autora provida." A parte ora recorrente, ao deduzir o apelo extremo em questão, sustentou que o Tribunal "a quo" teria transgredido os preceitos inscritos nos arts. 37, XVI, e 40, § 6º, da Constituição da República. Sendo esse o contexto, passo a examinar a postulação recursal em causa. E, ao fazê-lo, observo que a controvérsia jurídica objeto deste processo já foi dirimida por ambas as Turmas do Supremo Tribunal Federal (AI 862.681-AgR/RS, Rel. Min. ROBERTO BARROSO - ARE 708.176/RJ, Rel. Min. MARCO AURÉLIO, v.g.): "ACUMULAÇÃO - PROVENTOS - EMENDA CONSTITUCIONAL Nº 20/98 - SITUAÇÕES CONSTITUÍDAS - RESSALVA - RECURSO EXTRAORDINÁRIO - NEGATIVA DE SEGUIMENTO." (RE 597.546/PE, Rel. Min. MARCO AURÉLIO) "SEGUNDO AGRAVO REGIMENTAL NO RECURSO EXTRAORDINÁRIO. ADMINISTRATIVO. SERVIDOR PÚBLICO. ACUMULAÇÃO DE PROVENTOS DE DOIS CARGOS PÚBLICOS CIVIS ANTES DA EMENDA CONSTITUCIONAL Nº 20/98. POSSIBILIDADE. DECISÃO RECORRIDA EM HARMONIA COM O ENTENDIMENTO DESTA CORTE. SEGUNDO AGRAVO REGIMENTAL A QUE SE NEGA PROVIMENTO. 1. Esta Corte possui entendimento segundo o qual a 'Constituição do Brasil de 1967, bem como a de 1988, esta na redação anterior à Emenda Constitucional nº 20/98, não obstavam o retorno ao serviço público e a posterior aposentadoria, acumulando os respectivos proventos' (MS nº 27.572, Relator o Ministro Eros Grau, DJe de 08/10/2008). 2. 'In casu', a primeira aposentadoria se deu em 1987, na vigência da Carta de 1967; e a segunda ocorreu em 1997, logo, antes da publicação da Emenda Constitucional nº 20/98. 3. O artigo 11 da EC nº 20/98, ao vedar a acumulação de aposentadorias em cargos inacumuláveis na ativa, não pode retroagir para ferir o direito adquirido e o ato jurídico perfeito. Observância da boa-fé do servidor aliada ao princípio da proteção da confiança, dimensão subjetiva da segurança jurídica. 4. Segundo agravo regimental desprovido." (RE 635.011-AgR-segundo/RJ, Rel. Min. LUIZ FUX) Convém registrar, por oportuno, que o Ministério Público Federal, em pronunciamento da lavra do ilustre Subprocurador-Geral da República Dr. PAULO GUSTAVO GONET BRANCO, opinou pelo desprovimento do presente recurso, em parecer assim ementado: "Recurso extraordinário. Recebimento de duas pensões por morte originadas de aposentadorias estatutárias. Alegadas ofensas aos arts. 37, § 10, e 40, § 6º, da Constituição Federal que não se positivam. Possibilidade de acumulação de aposentadorias civis no caso de sucessão de regimes constitucionais. Jurisprudência consolidada do STF. Não incidência no caso concreto de paradigma de repercussão geral (RE 584.388/SC - Tema 162). Parecer pelo desprovimento do recurso." O exame da presente causa evidencia que o acórdão impugnado nesta sede recursal ajusta-se à orientação jurisprudencial que esta Suprema Corte firmou na análise da matéria em referência. **Sendo assim, e em face das razões expostas, nego provimento ao recurso extraordinário, por achar-se em confronto com entendimento firmado por esta Suprema Corte (CPC, art. 932, IV, "b").** Majoro, ainda, em 10% (dez por cento), nos termos do art. 85, § 11, do CPC, a verba honorária anteriormente arbitrada nestes autos, observados os limites estabelecidos nos §§ 2º e 3º desse mesmo art. 85 do referido estatuto processual civil e considerada a orientação que culminou por prevalecer no Plenário desta Suprema Corte no julgamento da AO 2.063- -AgR/CE, Red. p/ o acórdão Min. LUIZ FUX. Publique-se. Brasília, 12 de setembro de 2019. Ministro CELSO DE MELLO Relator".

Por outro lado, o STF não estendeu essa proibição à acumulação de pensão civil com pensão militar, por serem regimes distintos e não existir regra proibitiva expressa, reformando decisão do TCU.

■ POSIÇÃO DO STF

Informativo 859 - Cumulação de proventos, pensões e cargos públicos inacumuláveis em atividade

A Primeira Turma concedeu mandado de segurança impetrado contra ato do Tribunal de Contas da União (TCU), que determinou à impetrada optar por uma das duas pensões que recebe em decorrência de aposentadorias de seu falecido esposo - servidor público civil aposentado pelo SNI e militar reformado do Exército -, ao fundamento de que a cumulação seria ilegal.

Inicialmente, afastou a preliminar de decadência. O acordão impugnado foi publicado em 3.3.2004, ao passo que o "mandamus" somente foi protocolado em 13.10.2004, mais de 120 dias após a ciência do ato impugnado, o que resultaria na perda do direito de ajuizar a ação mandamental.

O Colegiado, entretanto, asseverou que o fato de a impetrante haver sido favorecida por decisão liminar deferida em 10.11.2004 - portanto, há mais de doze anos - justifica avançar na análise da impetração.

Ressaltou a necessidade de encontrar solução alternativa que leve em consideração a eficiência processual e a primazia da decisão de mérito, normas fundamentais já incorporadas na estrutura do novo CPC (1 e 2).

Ademais, citou precedentes da Corte no sentido da superação de óbices processuais, quando necessária para adentrar no exame das questões de mérito. Apontou, ainda, precedente no sentido da obrigatoriedade da observância do princípio da segurança jurídica, diante da concessão de medidas liminares em processos cujos méritos são definitivamente julgados depois de passados muitos anos.

No mérito, a Turma anotou que o art. 11 (3) da Emenda Constitucional 20/1998 vedou expressamente a concessão de mais de uma aposentadoria pelo regime de previdência dos servidores civis previsto no art. 40 da Constituição Federal (CF). Registrou, no entanto, não haver qualquer referência à concessão de proventos militares, os quais são tratados nos arts. 42 e 142 do texto constitucional.

Ressaltou que, por cumular a percepção de pensão civil com pensão militar, a impetrante está enquadrada em situação não alcançada pela proibição da referida emenda. Por fim, o Colegiado apontou precedentes nesse sentido (4).

1. CPC/2015: "Art. 4º As partes têm o direito de obter em prazo razoável a solução integral do mérito, incluída a atividade satisfativa."

2. CPC/2015: "Art. 8º Ao aplicar o ordenamento jurídico, o juiz atenderá aos fins sociais e às exigências do bem comum, resguardando e promovendo a dignidade da pessoa humana e observando a proporcionalidade, a razoabilidade, a legalidade, a publicidade e a eficiência."

3. EC 20/1998: "Art. 11 A vedação prevista no art. 37, § 10, da Constituição Federal, não se aplica aos membros de poder e aos inativos, servidores e militares, que, até a publicação desta Emenda, tenham ingressado novamente no serviço público por concurso público de provas ou de provas e títulos, e pelas demais formas previstas na Constituição Federal, sendo-lhes proibida a percepção de mais de uma aposentadoria pelo regime de previdência a que se refere o art. 40 da Constituição Federal, aplicando-se-lhes, em qualquer hipótese, o limite de que trata o § 11 deste mesmo artigo." 4. AI 375011/RS (DJU de 28.10.2004); RE 298694/SP (DJU de 23.4.2004); MS 22357/DF (DJU de 5.11.2004); MS 25192/DF (DJU de 6.5.2005); MS 24958/DF (DJU de 1º.4.2005); AI 801096 AgR-EDv/DF (DJE de 30.6.2015). **MS 25097/DF, rel. Min. Gilmar Mendes, julgamento em 28.3.2017. (MS-25097).**

TABELA DIFERENCIADORA DO REGIME JURÍDICO APLICÁVEL AO SERVIDOR EFETIVO NO RPPS POR DATA DE INGRESSO ESTADOS, DF E MUNICÍPIOS ATÉ A INCORPORAÇÃO DA EC 103/2019	
DATA DE INGRESSO NO SERVIÇO PÚBLICO (POSSE)	**REGRAS APLICÁVEIS**
Até 16/12/1998 (Até a Emenda 20/1998)	- Regra de transição de aposentadoria do artigo 2º da Emenda 41/2003; - Regra de transição de aposentadoria do artigo 3º da Emenda 47/2005; - Regra de transição do artigo 11 da Emenda 20/1998; - Paridade e integralidade pela regra de transição do artigo 6º da Emenda 41/2003 (vide art. 2º da Emenda 47/2005); - Regra de transição da aposentadoria por invalidez da Emenda 70/2012.
Após 16/12/1998 e até 31/12/2003 (Até a Emenda 41/2003)	- Paridade e integralidade pela regra de transição do artigo 6º da Emenda 41/2003 (vide art. 2º da Emenda 47/2005); - Regra de transição da aposentadoria por invalidez da Emenda 70/2012.
A partir de 01/01/2004 (após a Emenda 41/2003) e até a véspera do funcionamento da previdência complementar	- Cálculo da aposentadoria pela média das 80% maiores remunerações (art. 1º da Lei 10.887/2004), limitada à remuneração do cargo.
A partir do funcionamento da previdência complementar	- Aposentadoria e pensão limitada ao teto do Regime Geral de Previdência Social.
A partir da vigência da reforma previdenciária estadual e municipal	- Requisitos e renda mensal das aposentadorias e pensões por morte nos termos da lei do ente federativo.

2.43. O PRÉVIO REQUERIMENTO ADMINISTRATIVO E O TEMA 350 STF

Assim como ocorre no RGPS, no RPPS é necessário, em regra, o prévio requerimento administrativo como condição da ação judicial, sob pena de extinção terminativa da demanda por carência de interesse-necessidade de agir, considerando que o Tema 350 em Repercussão Geral também se aplica a este regime público de previdência.

■ **POSIÇÃO DO STJ**

Processo

AgInt no REsp 1649721 / GO

AGRAVO INTERNO NO RECURSO ESPECIAL

2017/0015740-4

Relator(a)

Ministro MANOEL ERHARDT (DESEMBARGADOR CONVOCADO DO TRF-5ª REGIÃO) (8410)

Órgão Julgador

T1 - PRIMEIRA TURMA

Data do Julgamento

08/06/2021

Data da Publicação/Fonte

DJe 14/06/2021

Ementa

PROCESSUAL CIVIL E PREVIDENCIÁRIO. AGRAVO INTERNO NO RECURSO ESPECIAL. **SERVIDOR PÚBLICO ESTADUAL.** INTERESSE DE AGIR NÃO CONFIGURADO. **INEXISTÊNCIA DE PRÉVIO REQUERIMENTO NA ESFERA ADMINISTRATIVA PARA CONCESSÃO DO BENEFÍCIO DA APOSENTADORIA POR INVALIDEZ OU AUXÍLIO-DOENÇA. REQUISITO QUE NÃO SE SATISFAZ PELO REQUERIMENTO DE READAPTAÇÃO DE FUNÇÃO.** IMPOSSIBILIDADE DE REVISÃO DO ACERVO FÁTICO-PROBATÓRIO. INCIDÊNCIA DO ÓBICE DA SÚMULA 7/STJ. AGRAVO INTERNO DO ESTADO DE GOIÁS PROVIDO. 1. Trata-se de Agravo Interno em face de decisão monocrática do então Relator, Ministro NAPOLEÃO NUNES MAIA FILHO, que deu provimento ao Recurso Especial, sob o fundamento de que o requerimento administrativo formulado por servidora pública estadual para readaptação de função satisfaz a exigência do STF para o ajuizamento de ação judicial para concessão de aposentadoria por invalidez ou auxílio-doença, pois o benefício especificado, quando do requerimento administrativo, é desinfluente, visto que cabe à Administração Pública conceder ao segurado a melhor prestação a que faz jus. **2. Por ocasião do julgamento do RE 631.240/MG - Tema 350 de sua repercussão geral, o STF fixou a tese de que é necessário demonstrar, nas ações previdenciárias, a existência de prévio requerimento administrativo, a fim de caracterizar o interesse de agir, condição para o ajuizamento da demanda judicial. Após, a Primeira Seção desta Corte alinhou sua jurisprudência ao referido entendimento, por ocasião do julgamento do Recurso Especial 1.369.834/SP, submetido ao rito do artigo 543-C do CPC - Tema 660.** 3. Na hipótese dos autos, como constatou o Tribunal local, a servidora pública estadual, ora agravada, requereu a readaptação da função, que foi concedida e já expirada. E, antes do acionamento da esfera judicial, não apresentou requerimento administrativo para que lhe fosse concedido o benefício previdenciário de auxílio-doença ou de aposentadoria por invalidez, e, assim, sequer foi submetida à perícia médica, requisito imprescindível para a concessão do benefício previdenciário postulado. Por tal razão, como se trata de ação ajuizada após 3.9.2014, inviável provocar diretamente o Judiciário para obter a concessão do benefício previdenciário, visto que não se comprova qualquer resistência da administração pública estatual. 4. Nesse cenário, não restou configurado o interesse processual para buscar a concessão de uma tutela previdenciária, visto que, antes da apreciação e indeferimento do pleito na esfera administrativa, não há falar em pretensão resistida por parte do ente estatal, sendo indispensável que a servidora seja submetida à avaliação administrativa para análise de seu quadro de saúde, conforme entendimento sedimentado do STF e do STJ. 5. Ademais, não há como se aferir se as circunstâncias fáticas apreciadas pelo ente estatal quando do remoto requerimento administrativo para readaptação da função correspondem à realidade fática necessária ao deferimento do benefício de aposentadoria por invalidez, de modo a permitir a dispensa do prévio requerimento ao acionar o Judiciário, haja vista que dependeria do reexame do acervo fático-probatório dos autos, o que é vedado pelo óbice da Súmula 7/STJ. 6. Assim sendo, as razões recursais apresentadas pelo Estado de Goiás merecem acolhimento, a fim de que seja mantido o acórdão de origem que extinguiu o processo sem resolução de mérito por ser a parte autora carecedora de ação, por falta de interesse de agir. 7. Agravo Interno do Estado de Goiás provido para não conhecer do Recurso Especial, mantendo, na íntegra, o acórdão de origem.

Somente nas situações de demora excessiva no julgamento do pedido do benefício ou de tese manifestamente rejeitada pela Administração Pública é que não teremos a aplicação do tema 350 em repercussão geral.

2.44. ÍNDICE DE SITUAÇÃO PREVIDENCIÁRIA (ISP)

Nos termos do artigo 238 da Portaria MTP 1.467/2022, foi previsto o **Índice de Situação Previdenciária dos Regimes Próprios de Previdência Social (ISP-RPPS)**, aferido anualmente segundo conceitos, critérios de composição, metodologia de cálculo e periodicidade estabelecidos pela SPREV.

Para apuração do ISP-RPPS serão utilizadas as informações de que trata o artigo 241 da Portaria MTP 1.467/2022, relativas ao exercício anterior ao de sua divulgação, encaminhadas até a data-base estabelecida pela SPREV. Os regimes próprios serão segregados em grupos, conforme seu porte, calculado pelas quantidades de segurados e beneficiários do RPPS, e subgrupos, de forma a refletir o grau de maturidade da sua massa.

As informações detalhadas sobre a composição e metodologia de aferição do ISP-RPPS serão disponibilizadas pela SPREV na página da Previdência Social na Internet por meio de relatório anual, com a correspondente memória de cálculo do índice.

Após ser publicado o relatório anual, os interessados terão o prazo de 30 (trinta) dias para apresentar à SPREV, impugnação aos resultados apresentados, cuja apreciação e decisão serão informadas aos interessados em até 30 (trinta) dias contados do encerramento do prazo para apresentação da impugnação, procedendo-se, então, se for o caso, à revisão do ISPRPPS que será considerado válido até a próxima divulgação anual do índice.

Os conceitos, critérios de composição, metodologia de aferição e periodicidade de publicação do Indicador de Situação Previdenciária dos Regimes Próprios de Previdência Social - ISP-RPPS são regulados pela **Portaria ME 14.762/2020**.

Os regimes próprios serão agregados, conforme seu **porte**, em **quatro grupos** para apuração do ISP-RPPS, os quais serão definidos da seguinte forma:

I - RPPS de Estados e do Distrito Federal: **Porte Especial**;

II - RPPS dos Municípios, segmentados conforme as quantidades de segurados ativos, aposentados e pensionistas vinculados ao regime, em:

a) **Grande Porte**, os RPPS cuja quantidade de segurados ativos, aposentados e pensionistas esteja entre os regimes que representem 5% (cinco por cento) das maiores quantidades;

b) **Médio Porte**, os RPPS cuja quantidade de segurados ativos, aposentados e pensionistas esteja entre os regimes que apresentem quantidades inferiores aos do grupo de que trata a alínea "a" desse inciso e acima da mediana, assim considerada como o valor que separa a metade superior e a inferior dos dados;

c) **Pequeno Porte**, os RPPS não classificados nos grupos de que tratam as alíneas "a" e "b" deste inciso;

d) **Porte Não Classificado**, em caso de omissão no envio das informações relativas à quantidade de segurados ativos.

Eis, por exemplo, o ISP/RPPS do Município de Abadia (GO) referente ao ano de 2024:

ENTE	GRUPO	SUBGRUPO	SEGURADOS ATIVOS	APOSENTADOS	PENSIONISTAS	ESTRUTURA DE MATURIDADE DE MASSA	FONTE
ABADIA DE GOIÁS - GO	PEQUENO PORTE	MENOR MATURIDADE	306	47	7	5,6667	DRAA2024

ENTE	Aplicações Financeiras Resol. CMN - Adequação DAIR e Política Investimentos	Atendimento à fiscalização	Atendimento à Secretaria de Regime Próprio e Complementar	Caráter contributivo - Previsão de alíquota em lei	Caráter contributivo - Repasse	Cobertura exclusiva a servidores efetivos	Demonstrativo da Política de Investimentos - DPIN - Consistência	Demonstrativo da Política de Investimentos - DPIN - Encaminhamento	Demonstrativo das Aplicações e Investimentos dos Recursos - DAIR - Consistência	Demonstrativo das Aplicações e Investimentos dos Recursos - DAIR - Encaminhamento	Demonstrativo de Informações Previdenciárias e Repasses - DIPR - Consistência e Caráter Contributivo	Demonstrativo de Informações Previdenciárias e Repasses - DIPR - Encaminhamento	Encaminhamento da legislação	Envio das informações e dados contábeis, orçamentários e fiscais	Equilíbrio Financeiro e Atuarial - Encaminhamento NTA, DRAA e resultados das análises	Existência e funcionamento de unidade gestora e regime próprio únicos	Instituição do regime de previdência complementar - Aprovação da lei	Instituição do regime de previdência complementar - Aprovação do convênio de adesão	Observância dos limites de contribuição do ente	Observância dos limites de contribuição dos segurados e beneficiários	Operacionalização da compensação previdenciária - Contrato com empresa de tecnologia	Operacionalização da compensação previdenciária - Termo de Adesão	Plano de benefícios integrado apenas por aposentadorias e pensões por morte	Regras de concessão, cálculo e de reajustamento dos benefícios nos termos do art. 40 da Constituição Federal	Utilização dos recursos previdenciários
ABADIA DE GOIÁS - GO	Regular	Regular	Regular	Regular	Regular	Regular	Regular	Regular	Regular	Regular	Dec Jud	Regular	Regular	Regular	Dec Jud	Regular	Regular	Em Análise	Regular	Regular	Regular	Regular	Regular	Regular	Regular

ENTE	GRUPO	SUBGRUPO	CRITÉRIOS COM CONFORMIDADE	CRITÉRIOS IRREGULARES COM DEC JUD	DIAS COM CRP VÁLIDO
ABADIA DE GOIÁS - GO	PEQUENO PORTE	MENOR MATURIDADE	23	2	362

ENTE	GRUPO	SUBGRUPO	DRAA 2024	DAIR 2023	DIPR 2023	DPIN 2024	MSC 2023
ABADIA DE GOIÁS - GO	PEQUENO PORTE	MENOR MATURIDADE	1	12	6	1	12

ENTE	GRUPO	SUBGRUPO	DATA RECEBIMENTO DO TERMO DE ADESÃO	DATA DO TERMO DE ADESÃO	DATA DA CERTIFICAÇÃO	NÍVEL DA CERTIFICAÇÃO
ABADIA DE GOIÁS - GO	PEQUENO PORTE	MENOR MATURIDADE	-	-	-	-

ENTE	GRUPO	SUBGRUPO	TOTAL DAS RECEITAS PREVIDENCIÁRIAS - RREO 6º BIM/2023	ALIENAÇÃO DE BENS, DIREITOS E ATIVOS - RREO 6º BIM/2023	DEMAIS RECEITAS CORRENTES - RREO 6º BIM/2023	OUTRAS RECEITAS PATRIMONIAIS - RREO 6º BIM/2023	RECEITAS MILITARES - RREO 6º BIM/2023	RECEITAS PREVIDENCIÁRIAS APÓS DEDUÇÕES - RREO 6º BIM/2023	TOTAL DAS DESPESAS PREVIDENCIÁRIAS - RREO 6º BIM/2023	DESPESAS MILITARES - RREO 6º BIM/2023	DESPESAS PREVIDENCIÁRIAS APÓS DEDUÇÕES - RREO 6º BIM/2023
ABADIA DE GOIÁS - GO	PEQUENO PORTE	MENOR MATURIDADE	9.608.272,46	0,00	0,00	0,00	0,00	9.608.272,46	1.713.156,95	0,00	1.713.156,95

ENTE	GRUPO	SUBGRUPO	SALDO DAIR 12/2022	SALDO DAIR 12/2023	ACRÉSCIMO / DECRÉSCIMO NO SALDO DOS ATIVOS FINANCEIROS EM 2023	TOTAL DAS DESPESAS PREVIDENCIÁRIAS - RREO 6º BIM/2023	DESPESAS MILITARES - RREO 6º BIM/2023	DESPESAS PREVIDENCIÁRIAS APÓS DEDUÇÕES - RREO 6º BIM/2023
ABADIA DE GOIÁS - GO	PEQUENO PORTE	MENOR MATURIDADE	28.285.441,23	35.775.151,67	7.489.710,44	1.713.156,95	0,00	1.713.156,95

ENTE	GRUPO	SUBGRUPO	ATIVOS DAIR 12/2023	ANO DRAA	PROVISÃO BENEFÍCIOS CONCEDIDOS PLANO FINANCEIRO - DRAA 2024	PROVISÃO BENEFÍCIOS A CONCEDER PLANO FINANCEIRO - DRAA 2024	PROVISÃO BENEFÍCIOS CONCEDIDOS MANTIDOS PELO TESOURO - DRAA 2024	PROVISÃO BENEFÍCIOS A CONCEDER MANTIDOS PELO TESOURO - DRAA 2024	PROVISÃO BENEFÍCIOS CONCEDIDOS PLANO PREVIDENCIÁRIO - DRAA 2024	PROVISÃO BENEFÍCIOS A CONCEDER PLANO PREVIDENCIÁRIO - DRAA 2024	PROVISÃO MATEMÁTICA TOTAL AJUSTADA
ABADIA DE GOIÁS - GO	PEQUENO PORTE	MENOR MATURIDADE	35.775.151,67	2024	0,00	0,00	0,00	0,00	18.604.146,87	52.682.578,97	71.286.725,84

2.45. PROGRAMA DE CERTIFICAÇÃO INSTITUCIONAL E MODERNIZAÇÃO DA GESTÃO DOS REGIMES PRÓPRIOS DE PREVIDÊNCIA SOCIAL (PRÓ-GESTÃO RPPS)

O **Programa de Certificação Institucional e Modernização da Gestão dos Regimes Próprios de Previdência Social**, no âmbito da Secretaria de Previdência da União e de ADESÃO FACULTATIVA, foi instituído pela Portaria MPS nº 185/2015, alterada pela Portaria MF nº 577/2017 e tem como objetivo a implantação das boas práticas de gestão inseridas nas ações que compõem os três pilares do Programa: Controles Internos, Governança Corporativa e Educação Previdenciária.

De acordo com o Manual do **Pró-Gestão RPPS**, eis as vantagens de sua adesão pelos entes federativos:

> - Melhoria na organização das atividades e processos; - Incremento da produtividade e aumento da motivação por parte dos servidores;
>
> - Redução de custos e do retrabalho com a padronização e manutenção de rotinas de boas práticas;
>
> - Maior transparência e facilidade no acesso à informação aos segurados e a sociedade; - Possibilidade de ser considerado RPPS Investidor Qualificado ou RPPS Investidor Profissional, conforme previsões do art. 6º-A e 6º-B, da Portaria MPS nº 519, de 2011, com maiores possibilidades de aplicação, voltadas especificamente a esses tipos de investidores, possibilitando maiores rentabilidades;
>
> - Elevação dos limites de aplicação em renda fixa e renda variável e investimentos estruturados, previstos nos art. 7º e 8º da Resolução CMN nº 3.922, de 2010, exclusivamente para os RPPS que alcançaram os níveis de governança, decorrentes da certificação institucional no Pró-Gestão RPPS, aumentando as possibilidades de aplicação e maiores rentabilidades;
>
> - A Portaria 19.451, de 18 de agosto de 2020 que alterou o artigo 15 da Portaria MPS nº 402, de 10 de dezembro de 2008 e que dispõe sobre a taxa de administração, prevê que, aos RPPS que aderiram ao programa e aos já certificados será facultado a elevação do percentual em 20%, cujos adicionais deverão ser destinados exclusivamente para o custeio das despesas administrativas destinadas à obtenção e manutenção da certificação institucional no âmbito do Programa de Certificação Institucional e Modernização da Gestão dos RPPS
>
> - Pró-Gestão RPPS e para a certificação profissional para nomeação e permanência de dirigentes do órgão ou entidade gestora do RPPS, do responsável pela gestão dos recursos e dos membros dos conselhos deliberativo e fiscal e do comitê de investimentos.

- O Indicador de Situação Previdenciária - ISP RPPS passou a considerar o indicador de modernização de gestão, visando identificar os RPPS que adotam melhores práticas de gestão previdenciária com base nas informações relativas à obtenção do certificado institucional no âmbito do PróGestão RPPS, com reflexo direto na definição do perfil de risco atuarial do RPPS;

- Segundo a Portaria SEPRT nº 14.762, de 19 de junho de 2020, que dispõe sobre a composição e metodologia do ISP-RPPS, a atribuição dos perfis atuariais será determinada pela classificação do ISP-RPPS. A partir do perfil de risco atuarial do RPPS poderão ser estabelecidos modelos de estruturação atuarial e de financiamento distintos dos estabelecidos pela Portaria MF nº 464/2018, bem como aplicados regimes diferenciados de aplicação dos parâmetros e de envio de informações à SPREV, previstas na aludida Portaria.

- Reconhecimento da instituição com a modernização e profissionalização do RPPS. Destaca-se que não importa se o RPPS é de pequeno, médio e grande porte ou porte especial, as obrigações e responsabilidades dos dirigentes e conselheiros são as equivalentes, devendo os profissionais que exercem essas funções estratégicas na estrutura organizacional do RPPS estar devidamente capacitados e habilitados para exercer esses cargos ou funções, visando à melhoria da gestão do RPPS.

A certificação institucional no âmbito do Pró-Gestão RPPS será concedida aos RPPS que cumprirem ações nas dimensões de Controles Internos, Governança Corporativa e Educação Previdenciária, constará de **quatro níveis de aderência** e terá **prazo de validade de 3 (três) anos.**

Eis as ações a serem verificadas para concessão da certificação institucional no Pró-Gestão:

ANEXO PRO-GESTÃO RPPS - CERTIFICAÇÃO INSTITUCIONAL - AÇÕES A SEREM VERIFICADAS EM CADA DIMENSÃO:

I - CONTROLES INTERNOS

1 - Mapeamento das atividades das áreas de atuação do RPPS.

2 - Manualização das atividades das áreas de atuação do RPPS.

3 - Capacitação e certificação dos gestores e servidores das áreas de risco.

4 - Estrutura de controle interno.

5 - Política de segurança da informação.

6 - Gestão e controle da base de dados cadastrais dos servidores públicos, aposentados e pensionistas.

II - GOVERNANÇA CORPORATIVA

1 - Relatório de governança corporativa.

2 - Planejamento. 3 - Relatório de gestão atuarial.

4 - Código de ética da instituição.
5 - Políticas previdenciárias de saúde e segurança do servidor.
6 - Política de investimentos.
7 - Comitê de Investimentos.
8 - Transparência.
9 - Definição de limites de alçadas.
10 - Segregação das atividades.
11 - Ouvidoria.
12 - Qualificação do órgão de direção.
13 - Conselho Fiscal.
14 - Conselho de Administração.
15 - Mandato, representação e recondução.
16 - Gestão de pessoas.

III - EDUCAÇÃO PREVIDENCIÁRIA

1 - Plano de ação de capacitação.
2 - Ações de diálogo com os segurados e a sociedade.

A avaliação do cumprimento dos requisitos mínimos a serem observados em cada uma das ações e a atribuição da certificação institucional será de responsabilidade de entidade credenciada para esse fim.

2.46. PERÍODOS EM RPPS E CONSIDERAÇÃO EM ACORDOS INTERNACIONAIS DE PREVIDÊNCIA

Já os períodos de seguros cumpridos em RPPS brasileiro, **poderão ser considerados, para efeito de benefício no âmbito dos Acordos Internacionais**, obedecidas as regras de contagem recíproca e compensação previdenciária, nas seguintes situações:

> I - período de RPPS anterior ao período no RGPS, mesmo estando vinculado por último ao regime de previdência do Estado acordante, previsto no respectivo Acordo;
>
> II - período de RPPS posterior ao período no RGPS, estando vinculado por último a um regime de previdência do Estado acordante, previsto no respectivo Acordo ou se já afastado, não ter transcorrido o prazo que caracteriza perda de qualidade de segurado; e
>
> III - não poderão ser considerados os períodos dos RPPS brasileiros, no âmbito do Acordo Internacional, quando não houver período de seguro para o RGPS brasileiro.

Eis os Acordos de Previdência firmados pelo Brasil que consideram tempo prestado em RPPS:

ACORDO	INÍCIO DA VIGÊNCIA	CONSIDE-RAÇÃO RETROATIVA DE PERÍODO DE CON-TRIBUIÇÃO ANTERIOR À VIGÊNCIA DO ACORDO	DIREITO A BENEFÍCIOS POR EVENTOS ANTERIORES À SUA VIGÊNCIA	REGIMES BRA-SILEIROS ABARCA-DOS	BENEFÍCIOS PREVISTOS	PRAZOS DE DESLOCA-MENTO TEM-PORÁRIO
Alemanha	1/5/2013	Sim	Sim, mas sem retroação de pagamentos de parcelas de antes da vigência do Acordo.	RGPS e RPPS	RGPS (apo-sentadorias, exceto tempo de contribuição, a pensão por morte e o aux-ílio-acidente) RPPS (aposenta-dorias e pensão por morte)	24 meses
Bélgica	1/12/2014	Sim	Sim, mas sem retroação de pagamentos de parcelas de antes da vigência do Acordo.	RGPS e RPPS	Aposentadoria por idade, por in-validez e pensão por morte	24 meses, prorrogáveis por até 36 meses.
Cabo Verde (adoção do Acor-do com Portugal)	7/2/1979	Omisso.	Omisso.	RGPS e RPPS	Aposentadoria por invalidez, aposentadoria por idade, pensão por morte, auxílio-doença, salário-ma-ternidade, salário-família, auxílio-acidente e aposentadoria por tempo de contribuição.	60 meses, prorrogáveis por 12 meses
Canadá	1/8/2014	Sim	Sim, mas sem retroação de pagamentos de parcelas de antes da vigência do Acordo.	RGPS e RPPS	Aposentadoria por idade, por in-validez e pensão por morte	60 meses.
Coreia (do Sul)	1/11/2015	Sim	Sim, mas sem retroação de pagamentos de parcelas de antes da vigência do Acordo.	RGPS e RPPS	Aposentadoria por idade, por in-validez e pensão por morte	5 anos, prorrogável por mais 3 anos.

ACORDO	INÍCIO DA VIGÊNCIA	CONSIDERAÇÃO RETROATIVA DE PERÍODO DE CONTRIBUIÇÃO ANTERIOR À VIGÊNCIA DO ACORDO	DIREITO A BENEFÍCIOS POR EVENTOS ANTERIORES À SUA VIGÊNCIA	REGIMES BRASILEIROS ABARCADOS	BENEFÍCIOS PREVISTOS	PRAZOS DE DESLOCAMENTO TEMPORÁRIO
França	1/9/2014	Sim	Sim, mas sem retroação de pagamentos de parcelas de antes da vigência do Acordo.	RGPS e RPPS	Aposentadoria por idade, aposentadoria por invalidez, auxílio-doença, salário-maternidade e pensão por morte	2 anos, admitida uma prorrogação de até 2 anos.
Grécia	1/9/1990	Sim	Sim, mas sem retroação de pagamentos de parcelas de antes da vigência do Acordo.	RGPS e RPPS	Aposentadoria por invalidez, aposentadoria por idade, salário-maternidade, pensão por morte e auxílio-doença.	12 meses, prorrogável por prazo não definido.
Japão	1/3/2012	Sim	Sim, mas sem retroação de pagamentos de parcelas de antes da vigência do Acordo.	RGPS, RPPS e previdência militar.	Aposentadoria por invalidez, aposentadoria por idade e pensão por morte.	5 anos, prorrogável por 3 anos.
Luxemburgo	1/3/2018	Sim	Sim, mas sem retroação de pagamentos de parcelas de antes da vigência do Acordo.	RGPS e RPPS	Aposentadoria por idade, aposentadoria por invalidez e pensão por morte	24 meses.
Portugal	Acordo atual: 1/5/2013 (havia acordo anterior)	Omisso.	Omisso.	RGPS e RPPS	Aposentadoria por invalidez, aposentadoria por idade, pensão por morte, auxílio-doença, salário-maternidade, salário-família, auxílio-acidente e aposentadoria por tempo de contribuição.	60 meses, prorrogáveis por 12 meses

ACORDO	INÍCIO DA VIGÊNCIA	CONSIDERAÇÃO RETROATIVA DE PERÍODO DE CONTRIBUIÇÃO ANTERIOR À VIGÊNCIA DO ACORDO	DIREITO A BENEFÍCIOS POR EVENTOS ANTERIORES À SUA VIGÊNCIA	REGIMES BRASILEIROS ABARCADOS	BENEFÍCIOS PREVISTOS	PRAZOS DE DESLOCAMENTO TEMPORÁRIO
Quebec	1/10/2016	Sim	Sim, mas sem retroação de pagamentos de parcelas de antes da vigência do Acordo.	RGPS e RPPS	Aposentadoria por invalidez, aposentadoria por idade e pensão por morte (Brasil).	60 meses, renovável após decorrido o prazo de um ano após o término do deslocamento anterior.
EUA	1/10/2018	Sim	Sim, mas sem retroação de pagamentos de parcelas de antes da vigência do Acordo.	RGPS, RPPS e previdência militar.	Aposentadoria por idade, aposentadoria por invalidez e pensão por morte	60 meses, exigindo 6 meses de ausência para renovação.
Suiça	2/10/2019	Sim	Sim, mas sem retroação de pagamentos de parcelas de antes da vigência do Acordo.	RGPS e RPPS	Aposentadoria por idade, por invalidez e pensão por morte	5 anos
Moçambique	27/12/2023	Sim	Sim, mas sem retroação de pagamentos de parcelas de antes da vigência do Acordo.	RGPS e RPPS	Aposentadoria por idade, por invalidez, auxílio-doença e pensão por morte	2 anos, admitida uma prorrogação de até 2 anos. Para o autônomo, 12 meses.
Índia	14/02/2024	Sim	Sim, mas sem retroação de pagamentos de parcelas de antes da vigência do Acordo.	RGPS e RPPS	Aposentadoria por idade, por invalidez e pensão por morte	36 meses prorrogáveis por mais 24 meses (total de até 60 meses)

Nos termos do artigo 207 da Portaria MTPS 1.467/2022, os entes federativos emitirão, para apresentação ao INSS na condição de organismo de ligação, Declaração de Tempo de Contribuição para Aplicação de Acordo Internacional relativa a segurado filiado ao seu RPPS, conforme formulário constante no ***Anexo XIV***, para o cumprimento de **acordos internacionais** de previdência social que **contenham cláusula convencional que alcance a legislação dos RPPS:**

ANEXO XIV
(IDENTIFICAÇÃO DO ÓRGÃO OU ENTIDADE EMITENTE)
DECLARAÇÃO DE TEMPO DE CONTRIBUIÇÃO AO RPPS PARA APLICAÇÃO DE ACORDOS INTERNACIONAIS DE PREVIDÊNCIA SOCIAL

ÓRGÃO EXPEDIDOR:					CNPJ:
DADOS PESSOAIS					
NOME:					
RG:	ÓRGÃO EXPEDIDOR:				DATA DE EXPEDIÇÃO:
CPF:	TÍTULO DE ELEITOR:				PIS/PASEP:
DATA DE NASCIMENTO:	NOME DA MÃE:				
ENDEREÇO:					
DADOS FUNCIONAIS					
APOSENTADO:		NÃO		SIM	DATA DA APOSENTADORIA:
CARGO EFETIVO:					
ORGÃO DE LOTAÇÃO:					
DATA DE ADMISSÃO:					MATRÍCULA:
DADOS DO BENEFÍCIO					
BENEFÍCIO A SER REQUERIDO:					
PERÍODO DE CONTRIBUIÇÃO AO RPPS DE ____/____/______ A ____/____/______					
FONTE DE INFORMAÇÃO:					
DECLARO que até esta data o servidor conta, de efetivo exercício prestado neste Órgão, o tempo líquido de contribuição de ___ dias, correspondente a ___ anos, ___ meses e ___ dias.					
Lavrei esta Declaração, que não contém emendas nem rasuras. ____________________ Assinatura e carimbo do servidor Nome/Matrícula/Cargo					Visto do Dirigente do Órgão ____________________ Assinatura e carimbo do dirigente Nome/Matrícula/Cargo
LOCAL e DATA:					
OBSERVAÇÕES / OCORRÊNCIAS:					
UNIDADE GESTORA DO RPPS					
HOMOLOGO a presente Declaração de Tempo de Contribuição ao RPPS e declaro que as informações nela constantes correspondem à verdade. Local e data: ____________________ Assinatura e carimbo do Dirigente da UG					

A **Portaria MTPS 1.467/2022** possui um capítulo específico para disciplinar a aplicação de acordos internacionais de previdência que alcancem os RPPS's (arts. 212/235):

> *"CAPÍTULO X APLICAÇÃO DE ACORDOS INTERNACIONAIS DE PREVIDÊNCIA SOCIAL CUJO CAMPO DE APLICAÇÃO MATERIAL ALCANCE A LEGISLAÇÃO DOS RPPS*
>
> *Seção I Disposições preliminares*
>
> *Art. 212. Será observado o disposto neste Capítulo para a definição da condição de regime instituidor quando da aplicação, no plano jurídico interno, dos acordos internacionais de previdência social ratificados pelo Brasil e ajustes administrativos correspondentes, cujo campo de aplicação material contenha cláusula convencional que alcance a legislação dos RPPS da União, dos Estados, do Distrito Federal e dos Municípios".*

Na aplicação do acordo internacional de previdência social, quando a pessoa interessada estiver filiada ao sistema previdenciário de Estado Acordante à época do requerimento e comprovar tempo anterior de filiação a RPPS, o RGPS será considerado regime instituidor, em consonância com o § 6º do art. 3º da Lei nº 9.796, de 1999, no que concerne à parcela proporcional da prestação brasileira do benefício a ser concedido por totalização.

Neste caso, o INSS exigirá do RPPS de origem, para fins de contagem recíproca do tempo de contribuição e posterior compensação financeira, a CTC, relativa ao tempo de vínculo no RPPS que venha a ser considerado período de seguro válido nos termos do acordo internacional de previdência social.

Entende-se por período de seguro ou período de cobertura os períodos de contribuição, de emprego, de serviço, de exercício de atividade profissional ou período equivalente que sejam reconhecidos pela legislação dos Estados Acordantes para fins de aquisição do direito a benefícios, inclusive quando a pessoa interessada nunca tiver mantido filiação ao RGPS.

O **RPPS** será considerado **regime instituidor** apenas quando, no momento da aplicação do acordo internacional de previdência social, a pessoa interessada mantiver vínculo atual com o RPPS, na condição de segurado.

O INSS manterá a condição de organismo de ligação nesta hipótese, para fins de aplicação do acordo internacional de previdência social. O formulário de ligação encaminhado pelo INSS ao RPPS, cujo período de seguro tenha sido validado pelo organismo de ligação do Estado Acordante, será considerado documento hábil para fins de registro no RPPS, cálculo da prestação teórica e da prestação proporcional do benefício a ser concedido por totalização.

Se o segurado filiado a RPPS requerer, para fins de aplicação de acordo internacional, além do cômputo do período de seguro cumprido no Estado Acordante, a contagem recíproca de tempo de contribuição para o RGPS ou outro RPPS, como regimes de origem, esse tempo nacional, mediante a expedição de CTC, será passível de compensação financeira nos termos da Lei nº 9.796, de 1999.

A unidade gestora do RPPS deverá verificar a autenticidade dos dados cadastrais, de identificação e de habilitação constantes do formulário de ligação, e a dos documentos anexos que o instruem, antes de encaminhá-los, por intermédio do INSS, à instituição congênere do Estado Acordante, que também encaminhará todos os documentos e informações de que dispuser e que possam ser necessários para a instituição competente do Estado Acordante estabelecer a elegibilidade ao benefício.

A instituição competente do Estado Acordante será igualmente informada acerca dos fatos relevantes supervenientes, no âmbito da aplicação do acordo internacional de previdência social no Brasil, a exemplo de:

> I - concessão ou indeferimento de uma prestação;
> II - cessação de uma prestação, inclusive de cota parte de pensão por morte;
> III - alteração dos períodos de seguro;
> IV - revisão do cálculo da prestação;
> V - permanência ou retorno à atividade laboral;
> VI - óbito do beneficiário, titular ou dependente;
> VII - mudança de residência habitual para outro país;
> VIII - início da incapacidade laboral; e
> IX - recuperação da capacidade laboral.

A unidade gestora do RPPS, ao receber ou transmitir dados pessoais sigilosos, em conformidade com as normas específicas do acordo internacional de previdência social, a legislação brasileira e as normas do Direito Internacional vigente em matéria de proteção de dados, adotará as medidas necessárias para assegurar a sua confidencialidade e a privacidade dos interessados, sob as penas da lei.

A unidade gestora do RPPS notificará diretamente o requerente ou beneficiário de sua decisão sobre o requerimento[119], indicando a fundamentação legal pertinente e motivação e informando, nos termos da legislação brasileira, a forma, o prazo e os meios de impugnação da decisão administrativa.

A União, os Estados, o Distrito Federal ou os Municípios realizarão o exame médico-pericial do requerente ou beneficiário, quando filiado ao seu RPPS e residente no Brasil, para efeito de reconhecimento inicial do direito à prestação,

---

119. A notificação poderá ocorrer por intermédio do INSS, se houver norma específica nesse sentido no acordo internacional de previdência social.

manutenção do benefício concedido por totalização, ou a pedido da instituição competente do Estado Acordante.

A unidade gestora do RPPS avaliará a condição de incapacidade laboral do interessado, levando em consideração os antecedentes médicos e preencherá o formulário próprio acordado para este fim, que deverá ser encaminhado ao Estado Acordante, juntamente com toda a documentação médica que dispuser a respeito do estado de saúde do requerente ou beneficiário.

Na hipótese de o interessado não residir no Brasil, a unidade gestora do RPPS poderá solicitar, por intermédio do organismo de ligação, na forma convencionada entre os Estados Acordantes, os exames médicos que sejam necessários à aplicação do acordo internacional de previdência social. A unidade gestora do RPPS realizará a análise médico-pericial dos casos concretos, relativos a residentes no exterior, a partir das informações constantes no formulário acordado e na documentação recebidos do Estado Acordante.

A distribuição do ônus da realização de exames médicos entre os Estados Acordantes e o direito ao reembolso ou à compensação de seus custos dependerão do que for convencionado pelas Partes no acordo internacional de previdência social correspondente.

O RPPS determinará o montante da prestação teórica, assim considerada aquela a que o interessado faria jus como se todos os períodos de seguro totalizados tivessem sido cumpridos sob a legislação brasileira.

No cálculo da prestação teórica do benefício a ser concedido por totalização, a unidade gestora do RPPS observará que:

> I - os períodos certificados pelos Estados Acordantes no formulário de ligação serão considerados somente para fins de determinação do tempo de contribuição, não devendo ser levados em conta os rendimentos, contribuições, bases de cálculo de contribuição ou remunerações referentes a períodos de seguro cumpridos em regimes estrangeiros;
>
> II - o valor da prestação teórica será determinado de acordo com a regra de cálculo do benefício aplicável a cada caso concreto, observados os requisitos constitucionais e legais vigentes, levando-se em conta, conforme a hipótese, o subsídio ou a remuneração do segurado no cargo efetivo em que se der a aposentadoria ou as bases de cálculo das contribuições do servidor aos regimes de previdência a que esteve filiado no Brasil; e
>
> III - a prestação teórica do benefício não poderá ser inferior ao valor do salário mínimo nacional.

A faculdade prevista no § 6º do artigo 26 da Emenda Constitucional nº 103, de 2019 (regra de descarte móvel), referente à exclusão de contribuições que resultem em redução do valor do benefício, tem efeito na determinação do montante da prestação teórica segundo a legislação brasileira, mas não altera o período de seguro cumprido no Brasil nem o cálculo da prestação proporcional (pro rata) do benefício a ser concedido por totalização, observado o que dispuser cada acordo internacional de previdência, devendo constar a informação desse período de seguro cumprido para efeito de elegibilidade no Estado Acordante.

A unidade gestora do RPPS pagará ao beneficiário a prestação proporcional do benefício concedido por totalização, em moeda nacional, nos termos estabelecidos pelos Estados Acordantes no acordo internacional de previdência social.

A conversão do valor da prestação brasileira em moeda estrangeira atenderá ao que dispuser o acordo internacional de previdência social em relação ao pagamento de beneficiários não residentes no Brasil. A prestação mensal proporcional dos benefícios concedidos por totalização, com base em acordos internacionais de previdência social, pode ter valor inferior ao do salário mínimo.

Se o segurado filiado a RPPS requerer, para fins de aplicação de acordo internacional de previdência social, além do cômputo do período de seguro cumprido no Estado Acordante, a contagem recíproca de tempo de contribuição para o RGPS ou outro RPPS, como regimes de origem, esse tempo nacional, comprovado mediante Certidão de Tempo de Contribuição - CTC, será passível de compensação financeira nos termos da Lei nº 9.796, de 1999.

Quando previsto no acordo internacional de previdência social, a unidade gestora do RPPS que pagar a um beneficiário prestação que exceda aquela a que ele tem direito, poderá solicitar à instituição competente do Estado Acordante, devedora de prestações de mesma natureza em favor desse beneficiário, a dedução do valor correspondente nas quantias pagas por esta e o seu reembolso, observado o disposto na legislação aplicável.

Por fim, coube ao Anexo IV da Portaria INSS/DIRBEN 995/2022 dispor sobre a aplicação dos Acordos que considerem tempo de contribuição em RPPS:

ANEXO IV

PORTARIA DIRBEN/INSS Nº 995, DE 28 DE MARÇO DE 2022

DISPÕE SOBRE APLICAÇÃO DOS ACORDOS, NO PLANO JURÍDICO INTERNO, QUANDO ESTES POSSUÍREM CLÁUSULA CONVENCIONAL QUE ALCANCE A LEGISLAÇÃO DOS REGIMES PRÓPRIOS DE PREVIDÊNCIA SOCIAL - RPPS

1. Os Acordos Internacionais de Previdência Social celebrados pelo Brasil preveem, no âmbito de aplicação material, a legislação do Regime Geral de Previdência Social - RGPS e para alguns, a do Regime Próprio de Previdência Social - RPPS, para alcançar a elegibilidade aos benefícios previdenciários com regras de totalização de períodos de seguro.

2. A Portaria nº 1.467, de 02 de junho de 2022, disciplina os parâmetros e as diretrizes gerais para organização e funcionamento dos Regimes Próprios de Previdência Social dos servidores públicos da União, dos Estados, do Distrito Federal e dos Municípios, em cumprimento à Lei nº 9.717, de 1998, aos arts. 1º e 2º da Lei nº 10.887, de 2004 e à Emenda Constitucional nº 103, de 2019 e dispõe sobre a aplicação dos Acordos Internacionais no âmbito dos RPPS, com as seguintes regras:.

2.1. Regime Instituidor/Instituição Competente: RPPS:

2.1.1. O RPPS será o regime instituidor do benefício a ser concedido por totalização e atuará como Instituição Competente, respondendo pela aplicação da norma internacional em cada caso concreto, quando, no momento da aplicação do Acordo, a pessoa interessada mantiver vínculo atual com o RPPS na condição de servidor público titular de cargo efetivo ou seu dependente.

2.1.2. O INSS, neste caso, manterá a condição de Organismo de Ligação para aplicação do Acordo Internacional de Previdência Social.

2.1.3. O formulário de ligação encaminhado pelo INSS ao RPPS, cujo período de seguro tenha sido validado pelo Organismo de Ligação do Estado Acordante, será considerado documento hábil para fins de registro no RPPS, cálculo da prestação teórica e da prestação proporcional do benefício a ser concedido por totalização, sendo necessários os seguintes procedimentos:

a) recebido o formulário de solicitação o RPPS encaminhará ao Organismo de Ligação brasileiro a validação do tempo de contribuição para aquele Regime, certificado por meio do formulário constante no anexo I desta Portaria, junto com o formulário de solicitação recebido;

b) após a transcrição do tempo de contribuição validado pelo RPPS no formulário de ligação, o Organismo de Ligação brasileiro competente o encaminhará ao País Acordante;

c) a validação do tempo de contribuição do País Acordante será encaminhada à Instituição Competente do RPPS pelo Organismo de Ligação competente brasileiro, visando a análise e conclusão do pedido;

d) o reconhecimento do direito ficará a cargo da Instituição Competente do RPPS, bem como o pagamento do benefício que deverá ser realizado diretamente ao beneficiário.

2.1.4. Se o segurado filiado a RPPS requerer, para fins de aplicação de Acordo Internacional, além do cômputo do período de seguro cumprido no Estado Acordante, a contagem recíproca de tempo de contribuição para o RGPS ou outro RPPS, como regimes de origem, esse tempo nacional, mediante a expedição de Certidão de Tempo de Contribuição - CTC, será passível de compensação financeira nos termos da Lei nº 9.796, de 1999.

3. Regime Instituidor/Instituição Competente: RGPS:

3.1. O Regime Geral de Previdência Social - RGPS será o regime instituidor quando, no momento da aplicação do Acordo, o interessado estiver vinculado ao sistema previdenciário do País Acordante e possuir vinculação anterior ao RPPS, inclusive, quando o interessado não tenha filiação anterior ao RGPS.

3.2. Para fins de aplicação do Acordo, o Organismo de Ligação brasileiro deverá:

a) verificar no formulário de solicitação se o requerente possui tempo de contribuição ao RGPS;

b) analisar a Certidão de Tempo de Contribuição apresentada pelo segurado, relativa ao RPPS de vinculação, para envio da validação do tempo de contribuição brasileiro, em formulário próprio, ao País Acordante;

c) analisar e concluir o pedido, considerando a validação do tempo de seguro do País Acordante.

3.3. Para o reconhecimento de direito, o INSS exigirá do RPPS de origem, para fins de contagem recíproca do tempo de contribuição e posterior compensação financeira, a CTC, relativa ao tempo de vínculo no RPPS que venha a ser considerado período de seguro válido nos termos do Acordo Internacional de Previdência Social.

3.4. Como regime instituidor o RGPS ficará com a responsabilidade da análise e conclusão do benefício e, para os casos concedidos, do pagamento do benefício diretamente ao beneficiário. Os dois Regimes farão a compensação financeira do período de contribuição nacional, na forma da Lei nº 9.796, de 5 de maio de 1999.

3.5. O Regime instituidor será o responsável pela concessão e pagamento da prestação proporcional do benefício brasileiro, na condição de Instituição Competente, no âmbito do Acordo Internacional.

3.6. Quando o RPPS for o Regime Instituidor, a realização de perícia médica, quando necessária, para requerente residente no Brasil, ficará a cargo do RPPS, com a utilização do formulário próprio firmado entre os Países Acordantes.

CAPÍTULO

3

Regras específicas do Regime Próprio de Previdência Social da União e demais benefícios e licenças do Plano de Seguridade Social dos servidores federais

Após estudarmos na Capítulo 2 as regras gerais nacionais sobre os Regimes Próprios de Previdência Social, neste Capítulo 3 iremos focar nas regras específicas do RPPS da União, que sofreu larga reforma constitucional através da Emenda 103/2019.

Embora a maior parte das suas regras previdenciárias estejam desatualizadas, ainda existem pontos da Lei 8.112/90 que ainda estão em vigor e serão igualmente abordados.

Outrossim, no âmbito da União existem dois atos normativos que regem as aposentadorias e a pensão por morte:

A) Portaria ME/SED/SG Nº 10.360, de 6 de dezembro de 2022 - *Estabelece orientação aos órgãos e entidades do Sistema de Pessoal Civil da Administração Pública Federal - Sipec, acerca da concessão, manutenção e pagamento dos benefícios de aposentadoria no âmbito do Regime Próprio de Previdência Social da União - RPPS da União.*

B) Portaria SGP/SEDGG/ME Nº 4.645, de 24 de maio de 2022 - *Dispõe sobre os procedimentos e orienta os órgãos e entidades integrantes do Sistema de Pessoal Civil da Administração Federal (Sipec) acerca da concessão e manutenção dos benefícios de pensão por morte de que tratam a Lei nº 8.112, de 11 de dezembro de 1990, e a Lei nº 3.373, de 12 de março de 1958.*

De acordo com o artigo 184 da Lei 8.112/90, o **Plano de Seguridade Social** visa a dar cobertura aos riscos a que estão sujeitos o servidor e sua família, e compreende um conjunto de benefícios e ações que atendam às seguintes finalidades: garantir meios de subsistência nos eventos de doença, invalidez, velhice, acidente em serviço, inatividade, falecimento e reclusão; proteção à maternidade, à adoção e à paternidade e assistência à saúde.

Os *servidores efetivos federais* terão direito aos seguintes benefícios/licenças do Plano de Seguridade Social:

a) **aposentadoria;**

b) **auxílio-natalidade;**

c) **salário-família;**

d) **licença para tratamento de saúde;**

e) **licença à gestante, à adotante e licença-paternidade;**

f) **licença por acidente em serviço;**

g) **assistência à saúde;**

h) **garantia de condições individuais e ambientais de trabalho satisfatórias**[1]**.**

Já os *dependentes* terão direito aos seguintes benefícios/licenças de seguridade social:

a) **pensão por morte;**

b) **auxílio-funeral;**

c) **auxílio-reclusão;**

d) **assistência à saúde.**

> **IMPORTANTE!**
>
> No entanto, por força do **artigo 9º da EC 103/2019** o rol de **benefícios dos regimes próprios de previdência social** fica limitado às **aposentadorias e à pensão por morte**, sendo os afastamentos por incapacidade temporária para o trabalho e o salário-maternidade serão pagos diretamente pelo ente federativo e não correrão à conta do regime próprio de previdência social ao qual o servidor se vincula.

Vale frisar que os militares da União terão o seu regime previdenciário ditado pela Lei 6.880/80 (Estatuto dos Militares), não tendo direito à aposentadoria, e sim a reforma ou reserva remunerada.

A *reforma* é uma espécie de inatividade, caracterizando-se como uma dispensa definitiva do militar da prestação de serviço na ativa, apesar de continuar percebendo remuneração da União, podendo, a partir da Lei 9.442/97, o reformado executar excepcionalmente tarefa por tempo certo para as Forças Armadas do Brasil.

1. Não se trata de um benefício previdenciário, pois inexiste obrigação de pagar, sendo uma atecnia da Lei 8.112/90.

Já a *reserva remunerada* é outra modalidade de inatividade em que os reformados poderão executar tarefa por tempo certo, segundo regulamentação para cada Força Armada.

Ainda há previsão da *pensão militar*, a ser deferida aos beneficiários[2] do militar falecido ou extraviado paga conforme o disposto em legislação específica (Lei 3.765/1960), sendo que todos os militares são contribuintes obrigatórios da pensão militar correspondente ao seu posto ou graduação, com as exceções previstas em legislação específica.

Desde o Decreto 9.498/2018, restou centralizada a concessão e a manutenção de aposentadorias e de pensões do regime próprio de previdência social dos órgãos da administração pública federal direta integrantes do Sistema de Pessoal Civil da Administração Federal - Sipec, a ser completada até 1/2/2022.

3.1. GESTÃO DO RPPS FEDERAL

Ainda inexiste lei fixando uma unidade gestora do RPPS federal. Nesse sentido, cada órgão ou entidade federal vinha concedendo os benefícios para os servidores efetivos e dependentes.

Com o advento do **Decreto 10.620/2021**, que não fixou a unidade gestora do RPPS federal por ser matéria de reserva legal, se promoveu uma reorganização

2. **De acordo com o artigo 50, do Estatuto dos Militares: § 2° São considerados dependentes do militar:** I - a esposa; II - o filho menor de 21 (vinte e um) anos ou inválido ou interdito; III - a filha solteira, desde que não receba remuneração; IV - o filho estudante, menor de 24 (vinte e quatro) anos, desde que não receba remuneração; V - a mãe viúva, desde que não receba remuneração; VI - o enteado, o filho adotivo e o tutelado, nas mesmas condições dos itens II, III e IV; VII - a viúva do militar, enquanto permanecer neste estado, e os demais dependentes mencionados nos itens II, III, IV, V e VI deste parágrafo, desde que vivam sob a responsabilidade da viúva; VIII - a ex-esposa com direito à pensão alimentícia estabelecida por sentença transitada em julgado, enquanto não contrair novo matrimônio. **§ 3º São, ainda, considerados dependentes do militar, desde que vivam sob sua dependência econômica, sob o mesmo teto, e quando expressamente declarados na organização militar competente:** a) a filha, a enteada e a tutelada, nas condições de viúvas, separadas judicialmente ou divorciadas, desde que não recebam remuneração; b) a mãe solteira, a madrasta viúva, a sogra viúva ou solteira, bem como separadas judicialmente ou divorciadas, desde que, em qualquer dessas situações, não recebam remuneração; c) os avós e os pais, quando inválidos ou interditos, e respectivos cônjuges, estes desde que não recebam remuneração; d) o pai maior de 60 (sessenta) anos e seu respectivo cônjuge, desde que ambos não recebam remuneração; e) o irmão, o cunhado e o sobrinho, quando menores ou inválidos ou interditos, sem outro arrimo; f) a irmã, a cunhada e a sobrinha, solteiras, viúvas, separadas judicialmente ou divorciadas, desde que não recebam remuneração; g) o neto, órfão, menor inválido ou interdito; h) a pessoa que viva, no mínimo há 5 (cinco) anos, sob a sua exclusiva dependência econômica, comprovada mediante justificação judicial; i) a companheira, desde que viva em sua companhia há mais de 5 (cinco) anos, comprovada por justificação judicial; e j) o menor que esteja sob sua guarda, sustento e responsabilidade, mediante autorização judicial.

do Poder Executivo federal (não se aplica aos Poderes Legislativo e Judiciário e aos órgãos constitucionalmente autônomos).

Desse modo, a competência para a concessão e a manutenção das aposentadorias e pensões do Regime Próprio de Previdência Social da União no âmbito da administração pública federal passou a ser a seguinte:

> I - do órgão central do Sistema de Pessoal Civil da Administração Federal - Sipec, quanto à administração pública federal direta; e
>
> II - do Instituto Nacional do Seguro Social - INSS, quanto às autarquias e às fundações públicas.

Logo, para os servidores da União a competência passou para o órgão central do SIPEC, ao passo que para os servidores efetivos das autarquias e fundações federais passa a ser do INSS.

De acordo com a Portaria 3.031, de 19/03/2021 da lavra do Ministério da Economia, os serviços de concessão, pagamento e manutenção dos benefícios a aposentados e pensionistas dos órgãos da administração pública federal **direta** serão executados, de modo centralizado, pelo *Departamento de Centralização de Serviços de Inativos, Pensionistas e Órgãos Extintos da Secretaria de Gestão e Desempenho de Pessoal da Secretaria Especial de Desburocratização, Gestão e Governo Digital do Ministério da Economia.*

São responsabilidades permanentes dos **órgãos de origem**, após a finalização dos procedimentos para transferência dos serviços referentes a servidores aposentados e pensionistas:

> I - na **recepção de requerimentos** de aposentadoria e pensão por morte de servidor ativo, na forma do roteiro a ser fornecido pelo Ministério da Economia:
>
> a) instruir os processos com as informações e documentos necessários; e
> b) enviar processo ao Ministério da Economia, via PEN ou pelo barramento do SEI.
>
> II - em ações judiciais relacionadas a servidores aposentados e pensionistas envolvendo o órgão de origem: comunicar e encaminhar ao Ministério da Economia demandas recebidas do Poder Judiciário, relacionadas a processos novos ou transferidos, acompanhadas, quando solicitado, de seus respectivos subsídios; e
> III - no processo de divulgação interna e orientação do público-alvo acerca da transferência dos serviços:
> a) realizar ação de comunicação para promover a atualização cadastral dos servidores ativos, aposentados e pensionistas; e

b) divulgar o processo de transferência dos serviços ao Ministério da Economia, internamente no órgão de origem e aos aposentados e pensionistas vinculados, quando for o caso.

Dito isto, podemos concluir que a legitimidade passiva para responder as ações judiciais envolvendo os servidores federais e os seus dependentes será da **União** quando se tratar da Administração **Direta** e passará a ser progressivamente do **INSS** no que tange à Administração Pública Federal **Indireta.**

Isso porque a assunção pelo INSS ainda está em fase inicial de execução. Coube à PORTARIA SGP/SEDGG/ME Nº 8.374, DE 9 DE JULHO DE 2021, dispor sobre os procedimentos e requisitos gerais para a centralização da concessão e manutenção de aposentadorias e de pensões das autarquias e fundações públicas federais pelo Instituto Nacional do Seguro Social - INSS.

As informações fornecidas pelos entes de origem servirão de base para que o INSS elabore o Plano de Trabalho, visando a efetivação da transferência dos dados, dos acervos funcionais e dos processos administrativos e judiciais.

O Plano de Trabalho integrará Acordo de Cooperação Técnica a ser firmado entre o INSS e cada ente de origem que definirá, de modo específico, as responsabilidades e contrapartidas das partes, visando a correta e segura transição e manutenção dos processos e a garantia dos benefícios esperados com a centralização das atividades.

São **responsabilidades permanentes dos entes de origem**, após a finalização dos procedimentos para transferência dos serviços referentes a concessão e manutenção de benefícios para o INSS:

I - adotar medidas de correção e atendimento de demandas judiciais, processos administrativos ou demandas de órgãos de controle que se refiram, exclusivamente, à situação do servidor enquanto estava ativo;

II - prestar apoio técnico e operacional no atendimento de demandas judiciais, de processos administrativos ou de órgãos de controle que se refiram, no todo ou em parte, ao período de atividade do servidor, com reflexos na inatividade ou na pensão;

III - receber e encaminhar as solicitações e os pedidos administrativos efetuados pelos aposentados e pensionistas nos canais de comunicação do ente de origem, na forma do roteiro a ser fornecido pelo INSS, em especial quanto a:

a) instrução dos processos com as informações e documentos necessários;

b) envio dos processos ao INSS via SAG Entidade, ou outros sistemas que o substituam; e

c) digitalização dos assentamentos funcionais do requerente ou instituidor.

IV - comunicar e encaminhar ao ente centralizador demandas recebidas do poder judiciário ou de órgãos de controle, relacionadas a processos transferidos, acompanhadas, quando for o caso, de seus respectivos subsídios;

V - promover divulgação interna e orientação acerca da transferência dos serviços, por meio de:

a) ação de comunicação para promover a atualização cadastral dos servidores ativos, aposentados e pensionistas; e

b) divulgação do processo de transferência eletrônica/digital dos serviços ao INSS, internamente no ente e aos aposentados e pensionistas vinculados, quando for o caso.

VI - colaborar na elaboração de manuais e sistematização dos processos internos relativos à concessão e manutenção dos benefícios.

Com o advento do Decreto 11.756, de 25/10/2023, **o processo de centralização no INSS ficará suspenso até 31 de dezembro de 2024**, podendo ser prorrogado por mais um ano por ato do Ministro de Estado da Gestão e da Inovação em Serviços Públicos.

Por outro lado, a suspensão do processo de centralização não enseja:

I - a paralisação da concessão e da manutenção de aposentadorias e pensões pelos órgãos com concessões transferidas ao INSS, quanto aos órgãos e às entidades cujas atividades de concessão e de manutenção de aposentadorias e pensões já tenham sido centralizadas;

II - a desconstituição dos benefícios concedidos e

III - a paralisação de ações com vistas à criação do órgão ou da entidade gestora única do regime próprio de previdência social, no âmbito da União, de que trata o § 20 do art. 40 da Constituição.

Deste modo, o processo foi suspenso, preservando-se a concessão de aposentadorias e pensões no RPPS das entidades já transferidas, a saber:

- Instituto Nacional do Seguro Social - INSS;
- SUDECO - Sup. De Desenvolvimento Do Centro Oeste janeiro, 2022;
- CVM - Comissão De Valores Mobiliários janeiro, 2022;
- FUNAG - Fundação Alexandre de Gusmão janeiro, 2022;
- UNILA - Universidade Federal da Integração Latino - Americana março, 2022;
- Instituto Federal de Rondônia março, 2022;
- UFT - Fundação Universidade Federal do Tocantins março, 2022;
- Superintendência Zona Franca De Manaus maio, 2022;
- IFAL - Instituto Federal De Alagoas julho, 2022.

Por força da **Portaria MGI 9.538, de 16/12/2024**, fica prorrogada até **31 de dezembro de 2025** a suspensão do processo de centralização gradual das atividades de concessão e de manutenção das aposentadorias e pensões do regime próprio de previdência social da União no âmbito da administração pública federal, sendo que a referida suspensão não implica:

> I - a paralisação da concessão e da manutenção de aposentadorias e pensões pelos órgãos de que trata o art. 3º do Decreto nº 10.620, de 5 de fevereiro de 2021, quanto aos órgãos e às entidades cujas atividades de concessão e de manutenção de aposentadorias e pensões já tenham sido centralizadas;
>
> II - a desconstituição dos benefícios concedidos nos termos do disposto no Decreto nº 10.620, de 5 de fevereiro de 2021; e
>
> III - paralisação de ações com vistas à criação do órgão ou da entidade gestora única do regime próprio de previdência social no âmbito da União, de que trata o art. 40, § 20, da Constituição.

Coube à **Portaria DGP/INSS 25, de 11.05.2023,** estabelecer orientações e competências para processos de Recurso Administrativo de beneficiários do **Regime Próprio de Previdência Social da União no âmbito do INSS.**

O Recurso Administrativo será dirigido à Divisão de Atendimento do Regime Próprio da União - DIAT-RPPU que emitiu ato decisório, que poderá exercer juízo de reconsideração no prazo de 5 dias.

Caso não haja reconsideração o recurso será encaminhado à autoridade superior. O prazo para interposição do recurso administrativo é de 10 dias da ciência da decisão, conforme regulamentado na Lei nº 9.784, de 29 de janeiro de 1999.

A estrutura decisória do Recurso Administrativo no âmbito do Regime Próprio de Previdência da União segue o exposto abaixo:

I - Compete à Divisão de Atendimento do Regime Próprio de Previdência da União - DIATRPPU:

> a) Recepcionar o processo de Recurso Administrativo;
>
> b) Analisar se o processo cumpre todas as formalidades exigidas;
>
> c) Emitir decisão em sede de reconsideração no âmbito do RPPU;
>
> d) Encaminhar à Coordenação de Benefícios do Regime Próprio de Previdência da União - COBEN-RPPU, o requerimento de recurso administrativo em primeira instância.

II - Compete à Coordenação de Benefícios do Regime Próprio de Previdência da União - COBENRPPU:

a) Elaborar Nota Técnica em Recurso Administrativo para decisão em primeira Instância;

b) Elaborar Minuta do despacho decisório do Recurso Administrativo em sede de primeira instância a ser encaminhada à CGC-RPPU;

c) Elaborar Nota Técnica em Recurso Administrativo para decisão em segunda Instância;

d) Elaborar Minuta do despacho decisório do Recurso Administrativo em sede de segunda Instância a ser encaminhada à CGC-RPPU

III - Compete à Coordenação-Geral de Centralização do Regime Próprio de Previdência Social da União - CGC-RPPU:

a) Emitir despacho decisório em sede de primeira instância no âmbito do RPPU;

b) Analisar os elementos necessários para reconhecimento do recurso em segunda estância;

c) Encaminhar à Diretoria de Gestão de Pessoas do INSS, Nota Técnica em relação ao processo de

Recurso Administrativo via SEI para análise e decisão em segunda e última instância.

IV - Compete, na forma estabelecida pelo Regimento Interno do Instituto Nacional do Seguro Social, à Diretoria de Gestão de Pessoas decidir em segunda e última instância os processos de Recurso Administrativo.

Eis o modelo de peça processual apresentado pelo citado Normativo:

ANEXO I

PORTARIA DGP/INSS Nº 25, DE 11 DE MAIO DE 2023 REQUERIMENTO RECURSO ADMINISTRATIVO

1. Documentos Necessários

a) Formulário de requerimento;
b) Documentos de identificação do interessado/ requerente;
c) Documentos de identificação do representante legal, quando for o caso;
d) d) Demais documentos que embasem o pedido de recurso.

2. Dados do(a) Interessado(a)/ Requerente

Nome:				
Nome Social:				
Matrícula SIAPE:			Órgão de Vinculação:	
Identidade:	Órgão Emissor:	UF:	Data da Emissão:	CPF:

Endereço Residencial (Rua, Praça, Nº, Bairro):			
Município / Cidade:		CEP:	UF:
Telefone / Celular:	E-mail:		

3. Dados do(a) Representante Legal

Nome:		CPF:	
RG:	Data de expedição:	Órgão de expedição:	
Endereço residencial:			
Bairro:	Cidade:	CEP:	UF:
E-mail:		Telefone/Celular:	

4. Requerimento

Venho requerer Recurso Administrativo contra decisão proferida em Processo protocolado junto a essa Unidade de Gestão de Pessoas, conforme informações a seguir:	
Número do Processo/ Protocolo:	
Referente a requerimento de:	
Razões do pedido de Recurso:	

5. Declarações

a) Veracidade das informações:

As informações ora prestadas são verdadeiras, sob pena de responsabilidade administrativa, civil e penal, conforme Art. 299 do Código Penal Brasileiro (falsidade ideológica).

LOCAL: ________________________ DATA: ________________

____

____

ASSINATURA DO REQUERENTE OU REPRESENTANTE LEGAL

Em regra, por força do artigo 109, inciso I, da Constituição, a demanda por envolver entidades federais deverá ser processada e julgada pela **Justiça Federal**, **exceto** no que tange aos benefícios previdenciários por **acidente de trabalho**.

Isso porque a parte final do citado dispositivo excluiu da competência da Justiça Federal as demandas lastreadas em acidentes de trabalho, regra que não se limita ao RGPS.

Dessa forma, se se tratar de concessão ou revisão de uma aposentadoria por incapacidade permanente ou pensão por morte por acidente de trabalho a ação será de competência absoluta *ex ratione materiae* da Justiça Estadual (Vara de Acidente de Trabalha ou congênere).

Veja-se que o STJ admite a competência estadual até mesmo nas ações de indenização por acidente de trabalho propostas por servidores federais.

■ **POSIÇÃO DO STJ**

Processo

AgRg no CC 127312 / MG

AGRAVO REGIMENTAL NO CONFLITO DE COMPETÊNCIA

2013/0073219-6

Relator(a)

Ministra REGINA HELENA COSTA (1157)

Órgão Julgador

S1 - PRIMEIRA SEÇÃO

Data do Julgamento

22/02/2018

Data da Publicação/Fonte

DJe 28/02/2018

Ementa

PROCESSUAL CIVIL. AGRAVO REGIMENTAL NO CONFLITO DE COMPETÊNCIA. CÓDIGO DE PROCESSO CIVIL DE 1973. APLICABILIDADE. INDENIZAÇÃO POR DANOS MORAIS E MATERIAIS DECORRENTES DE ACIDENTE DE TRABALHO. SERVIDOR ESTATUTÁRIO. COMPETÊNCIA DA JUSTIÇA ESTADUAL. SÚMULA VINCULANTE N. 22/STF. NÃO INCIDÊNCIA ARGUMENTOS INSUFICIENTES PARA DESCONSTITUIR A DECISÃO ATACADA. I - Consoante o decidido pelo Plenário desta Corte na sessão realizada em 09.03.2016, o regime recursal será determinado pela data da publicação do provimento jurisdicional impugnado. In casu, aplica-se o Código de Processo Civil de 1973.

II - Esta Corte já firmou o entendimento de que o julgamento das ações de indenização por danos morais e materiais decorrentes de acidente **de** trabalho, **que envolverem** servidor **estatutário e o ente público, ainda que** federal, **a** competência **será da Justiça estadual.**

III - Impossibilidade de incidência da Súmula Vinculante n. 22, pois o caso concreto envolve servidor público estatutário e ente público.

IV - A Agravante não apresenta, no regimental, argumentos suficientes para desconstituir a decisão agravada.

V - Agravo Regimental improvido.

Processo

AgRg no CC 115766 / CE

AGRAVO REGIMENTAL NO CONFLITO DE COMPETÊNCIA 2011/0025693-0

Relator(a)

Ministra MARGA TESSLER (JUÍZA FEDERAL CONVOCADA DO TRF 4ª REGIÃO) (8360)

Órgão Julgador

S1 - PRIMEIRA SEÇÃO

Data do Julgamento

08/10/2014

Data da Publicação/Fonte

DJe 14/10/2014

Ementa

PROCESSO CIVIL. CONFLITO DE COMPETÊNCIA. ACIDENTE DE TRABALHO. SERVIDOR PÚBLICO ESTATUTÁRIO. AUTARQUIA FEDERAL.

A competência para apreciar e julgar as causas em que se pleiteia indenização por acidente de trabalho, mesmo naquelas que envolverem servidor estatutário e ente público federal, será da Justiça Comum Estadual, **pois as ações de acidente de trabalho, lato sensu, foram, nos termos do art. 109, I, da Constituição Federal, excluídas da competência da Justiça Federal.** Agravo regimental desprovido.

3.2. SEGURADOS

São segurados do RPPS da União apenas os servidores públicos civis efetivos federais, pois desde o advento da Lei 8.647/93 o servidor apenas titular de cargo em comissão, por não ter vínculo efetivo, foi inserido no RGPS como segurado empregado, a teor do artigo 11, inciso I, "g", da Lei 8.213/91.

Também são excluídos do RPPS da União os titulares de qualquer outro cargo temporário ou de emprego público, bem como os detentores de mandato eletivo sem vínculo efetivo com a União.

São filiados ao RPPS da União, nos termos do artigo 4º da Portaria SGP/SEDGG/ME 10.360/2022:

> I - os servidores ocupantes de cargo efetivo federal;
>
> II - servidor público federal da administração direta, autárquica ou fundacional dos ex-Territórios Federais do Amapá, Rondônia e Roraima transpostos para os quadros federais;
>
> III - os dependentes em usufruto de pensão por morte e os aposentados, na condição de beneficiários; e
>
> IV - os aposentados e pensionistas dos regimes próprios de previdência dos Estados de Rondônia, do Amapá e de Roraima que forem transpostos para o RPPS da União, nos termos da Portaria SGP/SEDGG/ME nº 44, de 20 de abril de 2021.

Por outro lado, **não integram o RPPS da União**:

> I - os servidores ocupantes de cargo efetivo das Polícias Civil e Penal do Distrito Federal;
>
> II - os empregados dos conselhos de fiscalização de profissões regulamentadas; e
>
> III - os policiais e os bombeiros militares dos ex-Territórios Federais do Amapá, Rondônia e Roraima transpostos para os quadros federais.

É vedada a concessão, em qualquer caso, de aposentadoria pelo RPPS da União a servidor ocupante de cargo em comissão, sem vínculo efetivo com a Administração Pública, exceto em favor de servidor que tiver reunido todos os requisitos à inativação na vigência da Lei nº 8.112, de 1990, até 13 de abril de 1993, véspera da publicação da Lei nº 8.647, de 13 de abril de 1993, desde que neste período tenha exercido o cargo em comissão em que haveria a aposentadoria por no mínimo dois anos de efetivo exercício, sendo vedado o somatório de tempo de cargos distintos.

Nos termos do artigo 8º da Portaria SGP/SEDGG/ME 10.360/2022, a **perda da condição de filiado ou beneficiário ao RPPS da União** ocorrerá nas hipóteses de:

I - morte;

II - exoneração;

III - posse em outro cargo efetivo inacumulável em outros entes federativos;

IV - demissão;

V - cassação da aposentadoria;

VI - decisão judicial; e

VII - transcurso do tempo de duração ou demais condições da pensão por morte, nos termos da Portaria SGP/SEDGG/ME nº 4.645, de 24 de maio de 2022.

De acordo com o artigo 11 da Portaria SGP/SEDGG/ME 10.360/2022, **não haverá interrupção para a fixação da data de ingresso no serviço público** desde que o servidor cumpra os seguintes requisitos:

I - a vacância do cargo efetivo anterior e a posse no novo cargo produzam efeitos na mesma data; e

II - o efetivo exercício tenha início no prazo de quinze dias para o servidor empossado em cargo público entrar em exercício, contados da data da posse.

Por outro lado, a vinculação a emprego, público ou privado, ou a cargo em comissão sem vinculação efetiva interrompe a sucessão de cargos, sendo essa iniciada novamente se houver vinculação exclusivamente a cargo efetivo posterior à interrupção.

Na forma do artigo 12 da Portaria SGP/SEDGG/ME 10.360/2022, o ingresso em emprego público ou nas **carreiras militares e nas forças auxiliares não será contado para fins de definição da data de ingresso no serviço público para definição das regras de aposentadoria**.

De acordo com o artigo 15 da Portaria SGP/SEDGG/ME 10.360/2022, a **reintegração administrativa ou judicial tem efeito retroativo**, devendo ser considerado o tempo de afastamento como tempo de contribuição, de serviço público, no cargo efetivo e na carreira, mesmo que o efetivo recolhimento da contribuição previdenciária se dê no momento do pagamento dos precatórios.

Com lastro no artigo 15 da Portaria SGP/SEDGG/ME 10.360/2022, o servidor licenciado ou afastado sem remuneração, que não optou pela manutenção à filiação ao RPPS da União, nos termos do § 3º do art. 183 da Lei nº 8.112, de 1990, terá a **filiação reativada** ao regime de previdência após o recolhimento da primeira contribuição previdenciária.

Será assegurada ao servidor federal licenciado ou afastado sem remuneração a manutenção da vinculação ao regime do Plano de Seguridade Social do Servidor

Público, mediante o recolhimento mensal da contribuição própria, no mesmo percentual devido pelos servidores em atividade, incidente sobre a remuneração total do cargo a que faz jus no exercício de suas atribuições, computando-se, para esse efeito, inclusive, as vantagens pessoais, nos termos do artigo 183 da Lei 8.112/90.

Por outro lado, o servidor efetivo federal afastado ou licenciado do cargo efetivo, sem direito à remuneração, inclusive para servir em organismo oficial internacional do qual o Brasil seja membro efetivo ou com o qual coopere, ainda que contribua para regime de previdência social no exterior, terá suspenso o seu vínculo com o regime do Plano de Seguridade Social do Servidor Público enquanto durar o afastamento ou a licença, não lhes assistindo, neste período, os benefícios do mencionado regime de previdência.

Por isso é de grande importância que o servidor federal afastado sem direito à remuneração pague a contribuição facultativa ao RPPS federal durante o afastamento, não apenas para computar o tempo para fins de contribuição, mas para garantir benefícios não programados por invalidez e óbito, sob pena de não se concedida a aposentadoria por incapacidade permanente e a pensão por morte se o fato gerador se concretizar no período da licença ou afastamento sem remuneração.

3.3. CONTRIBUIÇÕES PREVIDENCIÁRIAS

Com o advento da Lei 12.350/2010, passou a competir à Secretaria da Receita Federal do Brasil a normatização, cobrança, fiscalização e controle da arrecadação das contribuições destinadas ao custeio do RPPS da União.

Desde a competência março de 2020, a contribuição previdenciária do servidor federal teve o regime extremamente modificado pela Emenda 103/2019.

Eis o artigo 11 da EC 103/2019:

> Art. 11. Até que entre em vigor lei que altere a alíquota da contribuição previdenciária de que tratam os arts. 4º, 5º e 6º da Lei nº 10.887, de 18 de junho de 2004, esta será de **quatorze por cento**.
>
> § 1º A alíquota prevista no *caput* será reduzida ou majorada, considerado o valor da base de contribuição ou do benefício recebido, de acordo com os seguintes parâmetros:
>
> I - até um salário-mínimo, redução de seis inteiros e cinco décimos pontos percentuais;
>
> II - acima de um salário-mínimo até R$ 2.000,00 (dois mil reais), redução de cinco pontos percentuais;

> III - de R$ 2.000,01 (dois mil reais e um centavo) até R$ 3.000,00 (três mil reais), redução de dois pontos percentuais;
>
> IV - de R$ 3.000,01 (três mil reais e um centavo) até R$ 5.839,45 (cinco mil oitocentos e trinta e nove reais e quarenta e cinco centavos), sem redução ou acréscimo;
>
> V - de R$ 5.839,46 (cinco mil oitocentos e trinta e nove reais e quarenta e seis centavos) até R$ 10.000,00 (dez mil reais), acréscimo de meio ponto percentual;
>
> VI - de R$ 10.000,01 (dez mil reais e um centavo) até R$ 20.000,00 (vinte mil reais), acréscimo de dois inteiros e cinco décimos pontos percentuais;
>
> VII - de R$ 20.000,01 (vinte mil reais e um centavo) até R$ 39.000,00 (trinta e nove mil reais), acréscimo de cinco pontos percentuais; e
>
> VIII - acima de R$ 39.000,00 (trinta e nove mil reais), acréscimo de oito pontos percentuais.
>
> § 2º A alíquota, reduzida ou majorada nos termos do disposto no § 1º, será aplicada de forma *progressiva* sobre a base de contribuição do servidor público, incidindo cada alíquota sobre a faixa de valores compreendida nos respectivos limites.
>
> § 3º Os valores previstos no § 1º serão reajustados, a partir da data de entrada em vigor desta Emenda Constitucional, na mesma data e no mesmo índice em que se der o reajuste dos benefícios do Regime Geral de Previdência Social, ressalvados aqueles vinculados ao salário-mínimo, aos quais se aplica a legislação específica.
>
> § 4º A contribuição de que trata o *caput*, com a redução ou a majoração decorrentes do disposto no § 1º, será devida pelos aposentados e pensionistas de quaisquer dos Poderes da União, incluídas suas entidades autárquicas e suas fundações, **incidentes sobre o valor da parcela dos proventos de aposentadorias e pensões que superem o limite máximo estabelecido para os benefícios do Regime Geral de Previdência Social**, hipótese em que será considerada a totalidade do valor do benefício para fins de definição das alíquotas aplicáveis.

Eis as faixas já atualizadas para o exercício de 2022 pela Portaria MTP/ME 12, de 17/01/2022, da lavra do Ministério do Trabalho e Previdência e do Ministério da Economia:

> "Art. 10. Os valores previstos nos incisos II a VIII do § 1º do art. 11 da Emenda Constitucional nº 103, de 12 de novembro de 2019, ficam reajustados a partir de 1º de janeiro de 2022 em 10,16% (dez inteiros e dezesseis décimos por cento), índice aplicado aos benefícios do RGPS, nos termos do § 3º do mesmo artigo.

§ 1º Em razão do reajuste previsto no caput, a alíquota de 14% (quatorze por cento) estabelecida no caput do art. 11 da Emenda Constitucional nº 103, de 2019, será reduzida ou majorada, considerado o valor da base de contribuição ou do benefício recebido, de acordo com os parâmetros previstos no Anexo III desta Portaria.

§ 2º A alíquota, reduzida ou majorada nos termos do disposto no § 1º, será aplicada de forma progressiva sobre a base de contribuição do servidor ativo de quaisquer dos Poderes da União, incluídas suas entidades autárquicas e suas fundações, incidindo cada alíquota sobre a faixa de valores compreendida nos respectivos limites.

§ 3º A alíquota de contribuição de que trata o § 1º, com a redução ou a majoração decorrentes do disposto nos incisos I a VIII do mesmo parágrafo, será devida pelos aposentados e pensionistas de quaisquer dos Poderes da União, incluídas suas entidades autárquicas e suas fundações, e incidirá sobre o valor da parcela dos proventos de aposentadoria e de pensões que supere o limite máximo estabelecido para os benefícios do RGPS, hipótese em que será considerada a totalidade do valor do benefício para fins de definição das alíquotas aplicáveis".

ANEXO III

TABELA DE CONTRIBUIÇÃO DOS SEGURADOS E BENEFICIÁRIOS DO REGIME PRÓPRIO DE PREVIDÊNCIA SOCIAL DA UNIÃO A PARTIR DE 1º DE JANEIRO DE 2022

BASE DE CONTRIBUIÇÃO (R$)	ALÍQUOTA PROGRESSIVA INCIDINDO SOBRE A FAIXA DE VALORES
até 1.212,00	7,5%
de 1,212,01 até 2.427,35	9%
de 2.427,36 até 3.641,03	12%
de 3.641,04 até 7.087,22	14%
de 7.087,23 até 12.136,79	14,5%
de 12.136,80 até 24.273,57	16,5%
de 24.273,58 até 47.333,46	19%
acima de 47.333,46	22%

Por sua vez, eis a tabela atualização para **2023** pela Portaria Interministerial MPS/MF 26, de 10 de janeiro de 2023:

ANEXO III

TABELA DE CONTRIBUIÇÃO DOS SEGURADOS E BENEFICIÁRIOS DO REGIME PRÓPRIO DE PREVIDÊNCIA SOCIAL DA UNIÃO A PARTIR DE 1º DE JANEIRO DE 2023:

BASE DE CONTRIBUIÇÃO (R$)	ALÍQUOTA PROGRESSIVA INCIDINDO SOBRE A FAIXA DE VALORES
até 1.302,00	7,5%
de 1.302,01 até 2.571,29	9%
de 2.571,30 até 3.856,94	12%
de 3.856,95até 7.507,49	14%
de 7.507,50 até 12.856,50	14,5%
de 12.856,51 até 25.712,99	16,5%
de 25.713,00 até 50.140,33	19%
acima de 50.140,33	22%

Já para o ano de **2024 os valores foram atualizados** pela Portaria Interministerial MPS/MF 2, de 11 de janeiro de 2024:

ANEXO III

TABELA DE CONTRIBUIÇÃO DOS SEGURADOS E BENEFICIÁRIOS DO REGIME PRÓPRIO DE PREVIDÊNCIA SOCIAL DA UNIÃO A PARTIR DE 1º DE JANEIRO DE 2024

BASE DE CONTRIBUIÇÃO (R$)	ALÍQUOTA PROGRESSIVA INCIDINDO SOBRE A FAIXA DE VALORES
até 1.412,00	7,5%
de 1.412,01 até 2.666,68	9%
de 2.666,69 até 4.000,03	12%
de 4.000,04 até 7.786,02	14%
de 7.786,03 até 13.333,48	14,5%
de 13.333,49 até 26.666,94	16,5%
de 26.666,95 até 52.000,54	19%
acima de 52.000,54	22%

Eis os valores atualizados para **2025**:

BASE DE CONTRIBUIÇÃO (R$)	ALÍQUOTA PROGRESSIVA INCIDINDO SOBRE A FAIXA DE VALORES
até 1.518,00	7,5 %
de 1.518,01 até 2.793,88	9 %
de 2.793,89 até 4.190,83	12 %
de 4.190,84 até 8.157,41	14 %
de 8.157,42 até 13.969,49	14,5 %
de 13.969,50 até 27.938,95	16,5 %
de 27.938,96 até 54.480,97	19 %
acima de 54.480,97	22 %

Trata-se de regra transitória para regular a contribuição previdenciária do servidor federal, até que sejam alterados os artigos 4º, 5º e 6º da Lei nº 10.887/2004, que fixavam em 11% a alíquota de contribuição do servidor federal, respeitado o Princípio da Anterioridade Nonagesimal, na hipótese de elevação tributária.

Com o artigo 11 da Emenda 103/2019, **a alíquota é elevada para 14%,** mas com faixas de redução e elevação (progressividade extrafiscal), a depender do valor da remuneração, aposentadoria ou pensão por morte.

Essa regra **poderá refletir nas demais entidades políticas**, pois o artigo 9º, § 4º, da Emenda prevê que "até que entre em vigor lei complementar que discipline o § 22 do art. 40 da Constituição Federal, aplicam-se aos regimes próprios de previdência social o disposto na Lei nº 9.717, de 27 de novembro de 1998 e o disposto neste artigo", estatuindo que "os Estados, o Distrito Federal e os Municípios **não poderão estabelecer alíquota inferior à da contribuição dos servidores da União**, exceto se demonstrado que o respectivo regime próprio de previdência social não possui déficit atuarial a ser equacionado, hipótese em que a alíquota não poderá ser inferior às alíquotas aplicáveis ao Regime Geral de Previdência Social".

Desta forma, **as faixas de contribuição de que trata este artigo 11 da Emenda passam a constituir o piso para as contribuições de servidores estaduais, distritais e municipais**, exceto se o RPPS não possuir déficit atuarial a ser equacionado.

Entende-se que se trata de regra com efeitos imediatos para estados, Distrito Federal e municípios, pois não exige regulamentação "na forma da lei" e já possui elementos suficientes de autoaplicabilidade, conquanto se presuma que muitos estados e municípios irão advogar a tese da não aplicação imediata, o que pode gerar descumprimento constitucional indesejado por omissão, pois bastaria que o ente estadual ou municipal nunca editasse lei de regulamentação.

Com esta nova regra, os servidores federais passam a ter alíquotas progressivas por faixas de remuneração, respeitada a noventena nos casos de elevação do valor do tributo, tomando por base progressiva e regressiva a alíquota de 14%, e não mais a incidência da alíquota de 11% linear para todos os servidores da União, autarquias e fundações.

Haverá redução de contribuição previdenciária para os servidores federais que ganham pouco, e, do outro lado, elevação para os que recebem as maiores remunerações, como membros da AGU, DPU, MPF, juízes federais, delegados federais e Auditores da Receita Federal.

No caso de **inativos e pensionistas federais**, as faixas serão incidentes sobre o valor da parcela dos proventos de aposentadorias e pensões que superem o limite máximo estabelecido para os benefícios do Regime Geral de Previdência Social, hipótese em que será considerada a totalidade do valor do benefício para fins de definição das alíquotas aplicáveis.

Os valores serão reajustados anualmente pelo INPC, na mesma data do reajuste anual do RGPS, conforme portaria anual do Ministério da Economia.

Já a **contribuição previdenciária da União será** equivalente ao **dobro da contribuição do servidor**, a teor do artigo 8º, da Lei 10.887/04, sendo responsável pela cobertura de eventuais insuficiências financeiras do regime decorrentes do pagamento de benefícios previdenciários, destinada ao Fundo Previdenciário afetado ao pagamento dos benefícios.

A base de cálculo das contribuições previdenciárias do segurado apenas será formada por parcelas remuneratórias do labor, devendo ser excluídas as indenizatórias.

Nesse sentido, por força do artigo 4º, § 1º, da Lei 10.887/04, no que concerne ao **servidor federal**, entende-se como base de contribuição o vencimento do cargo efetivo, acrescido das vantagens pecuniárias permanentes estabelecidas em lei, os adicionais de caráter individual ou quaisquer outras vantagens, excluídas:

Não incidirá contribuição previdenciária sobre as seguintes parcelas recebidas pelo servidor federal:

I - as diárias para viagens;

II - a ajuda de custo em razão de mudança de sede;

III - a indenização de transporte;

IV - o salário-família;

V - o auxílio-alimentação;

VI - o auxílio pré-escolar;

VII - as parcelas remuneratórias pagas em decorrência de local de trabalho;

VIII - a parcela percebida em decorrência do exercício de cargo em comissão ou de função comissionada ou gratificada;

IX - o abono de permanência de que tratam o § 19 do art. 40 da Constituição Federal, o § 5º do art. 2º e o § 1º do art. 3º da Emenda Constitucional nº 41, de 19 de dezembro de 2003;

X - o adicional de férias;

XI - o adicional noturno;

XII - o adicional por serviço extraordinário;

XIII - a parcela paga a título de assistência à saúde suplementar;

XIV - a parcela paga a título de assistência pré-escolar;

XV - a parcela paga a servidor público indicado para integrar conselho ou órgão deliberativo, na condição de representante do governo, de órgão ou de entidade da administração pública do qual é servidor;

XVI - o auxílio-moradia;

XVII - a Gratificação por Encargo de Curso ou Concurso, de que trata o art. 76-A da Lei no 8.112, de 11 de dezembro de 1990;

XVIII - a Gratificação Temporária das Unidades dos Sistemas Estruturadores da Administração Pública Federal (GSISTE), instituída pela Lei no 11.356, de 19 de outubro de 2006;

XIX - a Gratificação Temporária do Sistema de Administração dos Recursos de Informação e Informática (GSISP), instituída pela Lei no 11.907, de 2 de fevereiro de 2009;

XX - a Gratificação Temporária de Atividade em Escola de Governo (GAEG), instituída pela Lei nº 11.907, de 2 de fevereiro de 2009;

XXI - a Gratificação Específica de Produção de Radioisótopos e Radiofármacos (GEPR), instituída pela Lei nº 11.907, de 2 de fevereiro de 2009;

XXII - a Gratificação de Raio X;

XXIII - a parcela relativa ao Bônus de Eficiência e Produtividade na Atividade Tributária e Aduaneira, recebida pelos servidores da carreira Tributária e Aduaneira da Receita Federal do Brasil;

XXIV - a parcela relativa ao Bônus de Eficiência e Produtividade na Atividade de Auditoria-Fiscal do Trabalho, recebida pelos servidores da carreira de Auditoria-Fiscal do Trabalho;

XXVI - o Bônus de Desempenho Institucional por Perícia Médica em Benefícios por Incapacidade (BPMBI); (Redação dada pela Lei nº 14.875, de 2024)

XXVII - o Bônus de Desempenho Institucional por Análise de Benefícios com Indícios de Irregularidade do Monitoramento Operacional de Benefícios (BMOB); e (Redação dada pela Lei nº 14.875, de 2024)

XXVIII - a Gratificação Temporária de Proteção e Defesa Civil (GPDEC). (Incluído pela Lei nº 14.875, de 2024)

Por outro lado, nos termos da Lei 14.875/2024, o servidor ocupante de cargo efetivo federal poderá **optar pela inclusão** na base de cálculo da contribuição, para efeito de cálculo do benefício a ser concedido com fundamento no art. 40 da Constituição Federal e no art. 2º da Emenda Constitucional nº 41, de 19 de dezembro de 2003, respeitada a limitação estabelecida no § 2º do art. 40 da Constituição Federal e no art. 26 da Emenda Constitucional nº 103, de 12 de novembro de 2019, das seguintes parcelas:

I - as percebidas em decorrência de local de trabalho e do exercício de cargo em comissão ou de função comissionada ou gratificada;

II - a GSISTE;

III - a GSISP;

IV - a GAEG;

V - a GEPR;

VI - a Gratificação de Raio X;

VII - as recebidas a título de adicional noturno ou de adicional por serviço extraordinário; e

VIII - a GPDEC.

Registre-se que os incisos X/XIX foram inseridos pela Lei 12.688/2012, valendo destacar que passou a existir previsão legal expressa para que o adicional de férias seja excluído da base de cálculo da contribuição previdenciária para o RPPS, em atendimento à jurisprudência do STF e do STJ.

Curiosamente, algumas parcelas tipicamente remuneratórias também foram excluídas *a priori* da base de cálculo da contribuição previdenciária dos servidores efetivos, a exemplo do adicional noturno, da gratificação de Raio-X e do adicional por serviço extraordinário, que apenas poderão ser tributadas por expressa autorização do servidor, a teor do artigo 4º, § 2º, da atual redação da Lei 10.887/04.

Ademais, a parcela paga a servidor público indicado para integrar conselho ou órgão deliberativo, na condição de representante do governo, de órgão ou de entidade da Administração Pública do qual é servidor, também foi retirada da base de cálculo da contribuição previdenciária, não podendo ser tributada nem com a aquiescência do servidor, conquanto tenha nítido caráter remuneratório.

O mesmo se verifica com a Gratificação por Encargo de Curso ou Concurso, de que trata o art. 76-A da Lei no 8.112, de 11 de dezembro de 1990 e com a Gratificação Temporária das Unidades dos Sistemas Estruturadores da Administração Pública Federal (GSISTE), instituída pela Lei no 11.356, de 19 de outubro de 2006, que possuem natureza remuneratória.

A contribuição das entidades políticas não poderá ser inferior à do servidor, nem superior ao dobro deste, na forma do artigo 2º da Lei 9.717/98. No caso da União, suas autarquias e fundações, foi fixada no teto, ou seja, no dobro da remuneração do servidor federal, a teor do artigo 8º[3] da Lei 10.887/2004.

Com o advento da Lei 12.688/2012, no RPPS da União, passou a ser da competência da Secretaria da Receita Federal do Brasil formalizar representações aos órgãos de controle e constituir o crédito tributário relativo à parcela devida pelo servidor ativo, aposentado ou pensionista.

Caso o servidor da Administração Indireta entenda que o desconto da contribuição previdenciária promovido na sua remuneração foi indevido, ou maior que o devido, deverá ingressar com pedido administrativo ou judicial contra a respectiva entidade política, titular da competência tributária.

Isso porque o responsável tributário pelos descontos (autarquia ou fundação pública) é parte ilegítima para responder ação de repetição do indébito tributário, pois o ente político é que é o titular da relação jurídico-tributária.

■ POSIÇÃO DO STJ

Nesse sentido, o STJ:

"ADMINISTRATIVO. PROCESSO CIVIL. AGRAVO REGIMENTAL NO AGRAVO EM RECURSO ESPECIAL. EMBARGOS À EXECUÇÃO. CONTRIBUIÇÃO PREVIDENCIÁRIA. EXECUÇÃO PARA RESSARCIMENTO DE VALORES DEVIDOS ENTRE A DATA DA IMPETRAÇÃO ATÉ A DATA DA CESSAÇÃO DOS DESCONTOS. ILEGITIMIDADE DA UNIVERSIDADE FEDERAL DE PERNAMBUCO PARA FIGURAR NO POLO PASSIVO DA AÇÃO. AGRAVO NÃO PROVIDO.

1. A Universidade Federal de Pernambuco, ao reter as contribuições previdenciárias de seus servidores, não se transforma em sujeito ativo da relação jurídico-tributária titularizada pela União. Precedentes do STJ.

2. Sem a determinação no título judicial de que o substituto legal tributário seria responsável pela restituição do indébito, não há falar em ofensa ao comando da coisa julgada. Precedentes de ambas as Turmas da Primeira Seção" (AgRg no AREsp 199169, de 05/02/2013).

No mais, ressalte-se que as contribuições previdenciárias ao RPPS decorrentes de decisão judicial serão retidas na fonte pela instituição financeira responsável pelo pagamento, ainda que oriundas de acordo homologado.

---

3. Art. 8º A contribuição da União, de suas autarquias e fundações para o custeio do regime de previdência, de que trata o art. 40 da Constituição Federal, será o dobro da contribuição do servidor ativo, devendo o produto de sua arrecadação ser contabilizado em conta específica.

Parágrafo único. A União é responsável pela cobertura de eventuais insuficiências financeiras do regime decorrentes do pagamento de benefícios previdenciários.

■ **POSIÇÃO DO STJ**

O STJ entende que essa retenção na fonte independe de previsão no título judicial[4]:

"REPETITIVO. RETENÇÃO. PSS. EXECUÇÃO. SENTENÇA

É certo que a contribuição do plano de seguridade do servidor público (PSS) incide sobre os valores pagos em cumprimento de decisão judicial, ainda que decorrentes de acordo (art. 16-A da Lei n. 10.887/2004). Porém, o PSS deve ser retido na fonte independentemente de condenação ou de prévia autorização no título executivo, visto que constitui uma obrigação ex lege. A Seção firmou esse entendimento no julgamento deste recurso especial, sujeito aos ditames do art. 543-C do CPC (recurso repetitivo). Precedente citado: REsp 999.444-RN, DJe 3/11/2008. REsp 1.196.777-RS, Rel. Min. Teori Albino Zavascki, julgado em 27/10/2010".

Ademais, de acordo com a Corte Superior, "a determinação de retenção na fonte da contribuição previdenciária, na forma e pelo modo estabelecido no art. 16-A da Lei n. 10.887/2004, nada mais representa do que uma providência de arrecadação do tributo, não traduzindo juízo de certeza quanto à legitimidade ou não da exação tributária ou do respectivo valor, razão pela qual o contribuinte não fica inibido de promover, contra a entidade credora, ação própria de repetição de indébito ou outra que for adequada para, se for o caso, obter a devida tutela jurisdicional a respeito." (EDcl no REsp 1.196.778/RS, Rel. Min. Teori Albino Zavascki, Primeira Seção, julgado em 25.5.2011, DJe 7.6.2011).

Ainda de acordo com o STJ, "a Administração, tendo deixado de recolher, por erro, na época própria, valores referentes à contribuição previdenciária sobre a Gratificação de Atividade Executiva (GAE), não pode proceder ao seu desconto em folha, com efeitos retroativos. É que, em razão da natureza tributária da parcela, sua cobrança deve observar as normas do direito tributário, assegurando ainda ao servidor o direito ao contraditório e à ampla defesa[5].

Vale registrar que a contribuição previdenciária do servidor público em decorrência de determinação judicial não incidirá sobre os juros de mora, pois esta parcela possui natureza indenizatória em razão da mora da Administração Pública.

■ **POSIÇÃO DO STJ**

Nesse sentido, colaciona-se passagem do Informativo 513 do STJ:

"DIREITO TRIBUTÁRIO. CONTRIBUIÇÃO PARA O PSS DO SERVIDOR PÚBLICO CIVIL DA UNIÃO. INCIDÊNCIA SOBRE OS JUROS DE

4. Passagem do Informativo 453.
5. AgRg no AREsp 14.264, de 12.04.2012.

MORA RELATIVOS A VALORES PAGOS EM CUMPRIMENTO DE DECISÃO JUDICIAL. RECURSO REPETITIVO (ART. 543-C DO CPC E RES. N. 8/2008-STJ).

A contribuição para o PSS não incide sobre o valor correspondente aos juros de mora, ainda que estes sejam relativos a quantias pagas em cumprimento de decisão judicial. Os juros de mora não constituem remuneração pelo trabalho prestado ou pelo capital investido, possuindo sim natureza indenizatória, pois se destinam a reparar o prejuízo suportado pelo credor em razão da mora do devedor que não efetuou o pagamento nas condições estabelecidas pela lei ou pelo contrato. Além disso, o fato de incidir contribuição para o Plano de Seguridade Social (PSS) sobre os valores pagos em cumprimento de decisão judicial não justifica, por si só, a cobrança de contribuição sobre os juros de mora a eles referentes. Com efeito, ainda que se admita a integração da legislação tributária pelo princípio do direito privado segundo o qual, salvo disposição em contrário, o bem acessório segue o principal, tal integração não pode acarretar a exigência de tributo não previsto em lei, nem dispensa do pagamento de tributo devido. Ademais, mesmo que seja possível a incidência de contribuição social sobre quaisquer vantagens pagas aos servidores públicos federais (art. 4º, § 1º, da Lei n. 10.887/2004), não se admite sua incidência sobre as parcelas pagas a título de indenização, como é o caso dos juros de mora, haja vista que, conforme expressa previsão legal (art. 49, I e § 1º, da Lei n. 8.112/1990), tais parcelas não se incorporam ao vencimento ou provento. REsp 1.239.203-PR, Rel. Min. Mauro Campbell Marques, julgado em 12/12/2012".

Por outro lado, incidirá contribuição previdenciária sobre a correção monetária, pois esta parcela se destina apenas a corrigir o valor básico, não tendo natureza compensatória.

POSIÇÃO DO STJ

PROCESSO	**REsp 1.268.737-RS, Rel. Min. Regina Helena Costa, por unanimidade, julgado em 14/2/2017, DJe 21/2/2017.**
RAMO DO DIREITO	**DIREITO PREVIDENCIÁRIO**
TEMA	Execução de sentença. Verbas salariais pagas em atraso. Contribuição previdenciária. Incidência sobre valores pagos a título de correção monetária.
DESTAQUE	
Incide contribuição previdenciária sobre os valores recebidos a título de correção monetária em execução de sentença na qual se reconheceu o direito a reajuste de servidores públicos.	
INFORMAÇÕES DO INTEIRO TEOR	

Entre outras questões aduzidas no recurso especial, alega-se, com base nos arts. 4º e 6º da Lei 10.887/2004, a impossibilidade de inclusão na base de cálculo do tributo de valores que não são incorporáveis aos proventos do servidor - como, no caso, da correção monetária. Todavia, o entendimento do STJ é no sentido de que o pagamento de verbas salariais, recebidas em atraso, não altera a natureza jurídica dos referidos valores, uma vez que se trata de retribuição por trabalho efetivamente realizado. Logo, incide contribuição previdenciária sobre a quantia recebida a título de correção monetária oriunda do pagamento, em atraso, de verbas salariais. Em sentido análogo, citam-se: REsp 188.744-CE, Segunda Turma, DJ 12/9/2005 e REsp 460.535-CE, Segunda Turma, DJ 11/10/2004.

Ainda de acordo com o STJ, "os valores devidos a título de contribuição do Plano de Seguridade do Servidor Público (PSS) devem integrar a base de cálculo dos juros de mora, na hipótese de pagamento em cumprimento de decisão judicial, de modo a evitar indevida antecipação do fato gerador, bem como indevida redução da obrigação de pagar" (REsp 1.805.918-PE, Rel. Min. Og Fernandes, Segunda Turma, por unanimidade, julgado em 25/05/2021).

3.4. APOSENTADORIAS DO SERVIDOR FEDERAL EFETIVO - REGRAS PERMANENTES

Algumas disposições sobre as aposentadorias previstas no artigo 186, da Lei 8.112/90, não estão atualizadas com o texto da Constituição Federal após a reforma inaugurada pela Emenda 20/1998. Outras regras não foram recebidas pela EC 103/2019.

O servidor público federal terá direito às seguintes espécies de aposentadoria do RPPS:

a) Aposentadoria por invalidez (atual incapacidade permanente);
b) Aposentadoria compulsória;
c) Aposentadoria voluntária por idade e tempo de contribuição atual programada);
d) Aposentadoria voluntária por idade (não recebida pela EC 103/2019).

Já a aposentadoria com critérios especiais para os servidores portadores de deficiência, em atividades de risco (salvo policiais) ou que sejam exercidas sob condições especiais que prejudiquem a saúde ou a integridade física, ainda não regulamentada por lei complementar até o advento da EC 103/2019, o que não impediu o STF de integrar a mora com a aplicação analógica das normas do RGPS ao RPPS.

Por sua vez, a regulamentação das aposentadorias por agentes nocivos, atividades de risco (além dos policiais) e servidores federais por deficiência veio dada pela EC 103/2019.

A aposentadoria por invalidez do servidor efetivo passa a se chamar de **aposentadoria por incapacidade permanente**, sendo necessário para a sua concessão um requisito adicional: **não cabimento da readaptação**.

De acordo com o artigo 39 da Portaria SGP/SEDGG/ME 10.360/2022, a autoridade competente para determinar a **readaptação** no plano federal é o Ministro de Estado dos órgãos da Administração Pública Federal Direta e a autoridade máxima das autarquias e fundações públicas responsável pela gestão do plano, da carreira ou do cargo, podendo haver delegação de competência mediante previsão em ato normativo específico.

Ademais, a **revisão periódica da incapacidade permanente** passou a ter previsão constitucional, cabendo a cada esfera de governo edital norma sobre o procedimento das perícias de revisão.

Outrossim, a regra constitucional permanente não mais dispõe sobre os proventos da aposentadoria por incapacidade permanente, cabendo a lei do ente federativo a regulação (parágrafo 3º, a ser estudado).

Assim, a renda mensal da aposentadoria por incapacidade permanente e das demais aposentações foi desconstitucionalizada, cabendo a aplicação da regra de transição do **artigo 26 da Emenda 103/2019**, conforme será estudado abaixo, até que cada ente federativo regule o tema.

Eis uma portaria federal que concedeu aposentadoria por incapacidade permanente com proventos proporcionais ao tempo de contribuição:

> **PORTARIA SEGEP/RJ Nº 145, DE 1º DE MARÇO DE 2024**
>
> A CHEFE DO SERVIÇO DE GESTÃO DE PESSOAS DA SUPERINTENDÊNCIA ESTADUAL DO MINISTÉRIO DA SAÚDE NO RIO DE JANEIRO, no uso das atribuições tendo em vista a aprovação da nova Estrutura Regimental conferidas pelo Decreto nº 11.358, de 01/01/2023, publicado na Seção 1, Edição Especial do Diário Oficial da União (DOU) de 01/01/2023, pela PT/GM/MS nº 4010, de 11/11/2022, publicada no Diário Oficial da União (DOU) nº 216, de 17/11/2022 e à vista das informações constantes no Processo nº 25001.011003/2023-94, resolve:
>
> Conceder **Aposentadoria por Incapacidade Permanente** para o trabalho à NATHALIA DRUMOND RIBEIRO, Matrícula Siape nº 1.737.877, Auxiliar de Enfermagem, Nível Intermediário, Classe B, Padrão VI, do Quadro de Pessoal deste Ministério, lotada na SEMS/RJ, com fundamento no **Artigo 40, parágrafo 1º, Inciso I da Constituição Federal de 1988, com redação dada pela Emenda Constitucional nº 103/19, Artigo 10,parágrafo 1º, Inciso II, com os proventos calculados com base no Artigo 26, parágrafo 2º, Inciso II da citada Emenda.**

Restou mantido o inciso II, que prevê a aposentadoria compulsoriamente, com proventos proporcionais ao tempo de contribuição, aos 70 (setenta) anos de idade, ou aos 75 (setenta e cinco) anos de idade, na forma de lei complementar, conforme Emenda 88/2015.

Dessa forma, os requisitos da LC 152/2015[6] foram recebidos pela Emenda da reforma previdenciária, ao fixar a idade de 75 anos, salvo regra de transição em favor dos servidores do Serviço Exterior Brasileiro.

O inciso III também foi modificado, fixando como regra permanente para os **servidores federais efetivos** a seguinte idade mínima para o deferimento de aposentadoria voluntária:

a) 65 anos, homens;

b) 62 anos, mulheres.

No âmbito dos **Estados, do Distrito Federal e dos Municípios**, na idade mínima estabelecida mediante emenda às respectivas **Constituições e Leis Orgânicas**, razão pela qual estes entes passaram a possuir autonomia para a fixação da idade mínima, quebrando a isonomia dos servidores públicos, que poderão ter idades diferentes para a aposentação, o que é um verdadeiro absurdo constitucional, pois injustificável.

Ademais, o inciso III não mais trata do tempo mínimo de serviço público e de ocupação do cargo, cabendo a **lei complementar do respectivo ente federativo** dispor sobre o tempo de contribuição e os demais requisitos.

No âmbito do RPPS dos **servidores federais**, até que haja lei ordinária federal sobre o tema, será aplicado o artigo 10 da Emenda 103/2019 aos novos servidores:

> **Art. 10. Até que entre em vigor lei federal que discipline os benefícios do regime próprio de previdência social dos servidores da União, aplica-se o disposto neste artigo.**
>
> § 1º Os servidores públicos federais serão aposentados:
>
> **I - voluntariamente**, observados, cumulativamente, os seguintes requisitos:
>
> **a) 62 (sessenta e dois) anos de idade, se mulher, e 65 (sessenta e cinco) anos de idade, se homem; e**

---

6. Art. 2º Serão aposentados compulsoriamente, com proventos proporcionais ao tempo de contribuição, aos 75 (setenta e cinco) anos de idade:

I - os servidores titulares de cargos efetivos da União, dos Estados, do Distrito Federal e dos Municípios, incluídas suas autarquias e fundações;

II - os membros do Poder Judiciário;

III - os membros do Ministério Público;

IV - os membros das Defensorias Públicas;

V - os membros dos Tribunais e dos Conselhos de Contas.

Parágrafo único. Aos servidores do Serviço Exterior Brasileiro, regidos pela Lei nº 11.440, de 29 de dezembro de 2006, o disposto neste artigo será aplicado progressivamente à razão de 1 (um) ano adicional de limite para aposentadoria compulsória ao fim de cada 2 (dois) anos, a partir da vigência desta Lei Complementar, até o limite de 75 (setenta e cinco) anos previsto no *caput*.

b) **25 (vinte e cinco) anos de contribuição**, desde que cumprido o tempo mínimo de **10 (dez) anos de efetivo exercício no serviço público** e de **5 (cinco) anos no cargo efetivo** em que for concedida a aposentadoria;

II - por **incapacidade permanente para o trabalho**, no cargo em que estiver investido, quando **insuscetível de readaptação**, hipótese em que será obrigatória a realização de avaliações periódicas para verificação da continuidade das condições que ensejaram a concessão da aposentadoria; ou

III - **compulsoriamente**, na forma do disposto no inciso II do § 1º do art. 40 da Constituição Federal.

(...)

§ 4º Os proventos das aposentadorias concedidas nos termos do disposto neste artigo corresponderão ao valor apurado na forma da lei.

(...)

§ 7º Aplicam-se às aposentadorias dos servidores dos Estados, do Distrito Federal e dos Municípios as normas constitucionais e infraconstitucionais anteriores à data de entrada em vigor desta Emenda Constitucional, enquanto não promovidas alterações na legislação interna relacionada ao respectivo regime próprio de previdência social.

Dessa forma, para os **servidores federais efetivos**, até que haja lei federal sobre o tema, as regras permanentes de aposentadorias deverão observar o artigo 10 da Emenda 103/2019 com requisitos cumulativos:

a) **HOMENS, 65 anos de idade;**
b) **MULHERES, 62 anos de idade;**
c) **25 anos de tempo de contribuição;**
d) **10 anos de efetivo exercício no serviço público;**
e) **5 anos no cargo efetivo de concessão da aposentadoria.**

Conforme o artigo 21 da Portaria SGP/SEDGG/ME 10.360/2022, **a aposentadoria do servidor transgênero será regida pelo gênero constante no Registro Civil das Pessoas Naturais - RCPN - no momento da filiação ao RPPS da União.**

Trata-se de tema extremamente polêmico na previdência pública, pois as mulheres possuem redução etária em comparação aos homens, de modo que para fins previdenciários a alteração do gênero masculino para o feminino gera vantagem previdenciária, ao passo em que a alteração de gênero feminino para o masculino gera desvantagem previdenciária para o segurado.

A **opção da União no seu RPPS foi considerar o gênero registrado no momento da filiação ao RPPS, e não o do momento do requerimento da aposentadoria.**

Transgêneros são pessoas que não se identificam com o gênero a qual foram designadas, baseado em seu sexo biológico. A meu ver, a alteração do registro civil deve ter eficácia *ex tunc*, de modo que, *permissa venia*, **creio que a melhor posição jurídica seja considerar o registro civil no momento da concessão do benefício**, exceto em situações de simulação ou fraude devidamente comprovadas do gênero masculino para o feminino apenas para obter indevida redução etária na aposentadoria.

Esta posição já foi reconhecida pelo Tribunal de Contas de Santa Catarina em fevereiro de 2022. Registre-se que o direito ao reconhecimento da identidade de gênero e alteração do prenome foi reconhecido pelo STF na ADI 4.275.

■ **POSIÇÃO DO STF**

ADI 4275

"DIREITO CONSTITUCIONAL E REGISTRAL. PESSOA TRANSGÊNERO. ALTERAÇÃO DO PRENOME E DO SEXO NO REGISTRO CIVIL. POSSIBILIDADE. DIREITO AO NOME, AO RECONHECIMENTO DA PERSONALIDADE JURÍDICA, À LIBERDADE PESSOAL, À HONRA E À DIGNIDADE. INEXIGIBILIDADE DE CIRURGIA DE TRANSGENITALIZAÇÃO OU DA REALIZAÇÃO DE TRATAMENTOS HORMONAIS OU PATOLOGIZANTES. 1. O direito à igualdade sem discriminações abrange a identidade ou expressão de gênero. 2. A identidade de gênero é manifestação da própria personalidade da pessoa humana e, como tal, cabe ao Estado apenas o papel de reconhecê-la, nunca de constituí-la. 3. A pessoa transgênero que comprove sua identidade de gênero dissonante daquela que lhe foi designada ao nascer por autoidentificação firmada em declaração escrita desta sua vontade dispõe do direito fundamental subjetivo à alteração do prenome e da classificação de gênero no registro civil pela via administrativa ou judicial, independentemente de procedimento cirúrgico e laudos de terceiros, por se tratar de tema relativo ao direito fundamental ao livre desenvolvimento da personalidade. 4. Ação direta julgada procedente".

Tramita na Câmara o PL 684/2022, que prevê que as pessoas que obtiverem mudança de gênero no registro civil, sejam observados critérios de idade e tempo de contribuição do sexo biológico de nascimento.

> *"O Projeto de Lei 684/22 determina que, na concessão dos benefícios de aposentadoria a pessoas que obtiverem mudança de gênero no registro civil, sejam observados critérios de idade e tempo de contribuição do sexo biológico de nascimento.*
>
> *O texto em análise na Câmara dos Deputados insere a medida na Lei 8.213/91, que trata dos planos de benefícios da Previdência Social.*

De acordo com a Emenda Constitucional 103, o segurado filiado ao Regime Geral de Previdência Social será aposentado aos 62 anos de idade e 15 anos de tempo de contribuição, se mulher, e 65 anos de idade e 20 anos de tempo de contribuição, no caso dos homens.

Autor da proposta, o deputado Alex Santana (Republicanos-BA) citou decisão do Tribunal de Contas do estado de Santa Catariana que estabeleceu, para efeito de aposentadoria do servidor que tenha realizado alteração de gênero, a necessidade de se considerar o gênero que consta do "registro civil de pessoa natural (certidão de nascimento) no momento do requerimento do benefício previdenciário".

"Assim, homens que, na véspera de completarem 62 anos de idade, decidirem mudar de gênero poderão usufruir desse critério favorecido de aposentadoria, criando o cenário perfeito para todo tipo de fraudes em detrimento do já deficitário sistema de previdência social", disse Santana.

Tramitação

A proposta será analisada em caráter conclusivo pelas comissões de Direitos Humanos e Minorias; de Seguridade Social e Família; e de Constituição e Justiça e de Cidadania.

Fonte: Agência Câmara de Notícias"

Como se vê, urge que o legislador normatize a matéria diante da omissão normativa na previdência pública, optando por um destes três caminhos:

A) Considerar o registro civil do nascimento;

B) Considerar o registro civil da data de filiação previdenciária;

C) Considerar o registro civil em vigor no momento do requerimento e concessão do benefício.

A respeito, veja-se consulta da lavra da **Divisão de Orientação e Informações Técnicas do Ministério da Previdência Social:**

"TRANSGÊNERO. ADI nº 4275/DF E DO RE nº 670.422/RS (TEMA 671). AUSÊNCIA DE PREVISÃO DE ALCANCE NO ÂMBITO PREVIDENCIÁRIO. PRINCÍPIO DA LEGALIDADE. REQUISITOS PARA APOSENTADORIA SEGUNDO CRITÉRIO BIOLÓGICO. EVENTUAL ALTERAÇÃO POR NORMA OU DECISÃO JUDICIAL EXIGE AJUSTES PARA FINS DE EQUILÍBRIO FINANCEIRO E ATUARIAL DO RPPS.

Além de não existir previsão normativa que permita a concessão de aposentadoria para pessoa transgênero considerando os requisitos para aposentadoria estabelecidos pelo gênero de identidade, não houve, no julgamento da ADI nº 4275/DF e do RE nº 670.422/RS (Tema 671), comando do STF para a produção de efeitos no âmbito previdenciário decorrentes da alteração de gênero.

Assim, a orientação a ser dada ao Município no momento é no sentido de que, até que haja alteração nesse panorama legal e jurisprudencial, deve ser cumprido o Princípio da Legalidade, considerando-se, para fins previdenciários, o gênero biológico, pois que as normas previdenciárias só contêm uma divisão binária e biológica, entre homens e mulheres.

Em consequência, o gênero autodeclarado para fins civis, de maneira diversa daquela em que se deu a filiação ao regime previdenciário, não deverá causar efeitos previdenciários automáticos. Ressalvada decisão judicial em sentido contrário, o segurado, pessoa transgênero, que teve alterado voluntariamente o registro civil de nascimento para gênero diverso daquele que nele constava, conforme o critério biológico, mantém-se filiado aos regimes previdenciários conforme o sexo de nascimento, devendo cumprir as regras de elegibilidade que correspondam a este critério.

Cabe observar ainda que, se houver alteração nesse tratamento previdenciário quanto aos benefícios programados, por norma ou decisão judicial de efeitos amplos, nos quais há a diferenciação de tempo de contribuição e de idade entre homens e mulheres, os regimes previdenciários deverão observar os critérios que preservem o seu equilíbrio financeiro e atuarial, conforme comandos do art. 40 e 201 da Constituição Federal, visto que haverá alteração nas premissas e bases adotadas originalmente no cálculo". **(Divisão de Orientação e Informações Técnicas - DIOIT/CGNAL/DRPPS/SRPC/MPS. GESCON L490502/2024. Data: 16/10/2024).**

De acordo com o artigo 1º da Portaria SGP/SEDGG/ME 10.360/2022, considera-se **tempo de efetivo exercício no serviço público** o tempo de exercício do cargo, efetivo ou comissionado, posto militar, função, contratação temporária ou emprego público, ainda que descontínuo, na Administração direta, autárquica ou fundacional, e indireta e nos conselhos de fiscalização profissional de qualquer dos entes federativos.

De acordo com o artigo 15 da Portaria SGP/SEDGG/ME 10.360/2022, são vedadas no RPPS da União:

> ***I - a conversão de tempo:***
>
> *a) exercido sob condições especiais prejudiciais à saúde ou à integridade física em tempo comum, a partir de 13 de novembro de 2019, bem como o exercido com efetiva exposição a agentes prejudiciais à saúde a que se refere o § 4º-C do art. 40 da Constituição Federal, salvo quando houver previsão expressa em lei;*
>
> *b) de efetivo exercício nas funções de magistério, em tempo comum, depois da Emenda Constitucional nº 18, de 30 de junho de 1981;*
>
> *c) em atividades de risco ou as exercidas nos cargos efetivos de agente penitenciário, agente socioeducativo ou de policial em tempo comum; e*

d) cumprido pelo segurado com deficiência em tempo de contribuição comum;

II - a contagem de tempo de contribuição sujeito à filiação ao RGPS com a de RPPS ou de serviço militar ou de mais de uma atividade, quando concomitantes;

III - a concessão de proventos em valor inferior ao salário-mínimo nacional;

IV - a percepção de mais de uma aposentadoria à conta do RPPS da União, ressalvadas as decorrentes dos cargos efetivos acumuláveis previstos na Constituição Federal;

V - a filiação ao RGPS, na qualidade de contribuinte facultativo, de filiado do RPPS da União, inclusive durante as licenças ou afastamento sem remuneração;

VI - a complementação de aposentadorias de servidores públicos e de pensões por morte a seus dependentes, exceto o Benefício Especial de que trata o § 2º do art. 3º da Lei nº 12.618, de 30 de abril de 2012;

VII - a desaverbação de tempo de contribuição de outros regimes de previdência ou do serviço de proteção social dos militares quando o tempo averbado tiver gerado a concessão de vantagens remuneratórias ao servidor em atividade, mesmo na hipótese de restituição dos valores recebidos;

VIII - a renúncia aos proventos de aposentadoria do RPPS da União com o propósito de desaverbar tempo de contribuição para aproveitamento em outro cargo, mesmo na hipótese do art. 11 da Emenda Constitucional nº 20, de 15 de dezembro de 1998;

IX - a desaverbação de tempo de contribuição excedente ao mínimo exigido pelas regras de aposentadoria para utilização em outro cargo público;

X - a renúncia do tempo de contribuição do RPPS da União do cargo efetivo em que o servidor estiver em exercício;

XI - a concessão de aposentadoria com combinação de requisitos e critérios de concessão, regras de cálculo e reajustamentos previstos em dispositivos constitucionais ou legais distintos;

XII - a revisão do ato concessório de benefícios para mudança do seu fundamento legal, salvo no caso em que o servidor tenha implementado, na mesma data-base da concessão inicial, todos os requisitos e critérios exigidos, conforme disciplinado no art. 78 deste normativo;

XIII - a acumulação tríplice de remunerações ou proventos decorrentes de cargos públicos, ainda que os provimentos nestes tenham ocorrido antes da vigência da Emenda Constitucional nº 20, de 1998;

XIV - a alteração de regime de trabalho para o de dedicação exclusiva do professor que esteja há, no mínimo, cinco anos de adquirir o direito à aposentadoria, em qualquer das modalidades previstas na legislação em vigor;

XV - a redução da jornada de trabalho, nos termos do art. 5º da Medida Provisória nº 2.174-28, de 24 de agosto de 2001, ao servidor que esteja há, no máximo, cinco anos de adquirir o direito à aposentadoria pela integralidade;

XVI - a contagem de tempo de contribuição fictício para efeito de concessão dos benefícios previdenciários e de contagem recíproca, exceto a conversão de licença-prêmio e a conversão de tempo especial em comum, de que trata o art. 40 do Anexo II desta Portaria;

XVII - a desaverbação do tempo de licença-prêmio contado em dobro para fins de aposentadoria ou percepção de abono de permanência, por se tratar de ato irretratável;

XVIII - a utilização de contribuições realizadas ao RPPS da União na condição de aposentado ou pensionista, em decorrência da determinação constante no § 18 do art. 40 da Constituição Federal, para a obtenção de benefícios previdenciários e estatutários;

XIX - considerar o tempo de atividade autônoma (atividade privada) com filiação à antiga Previdência Social Urbana, atual RGPS, exercido de forma concomitante ao período de empregado público celetista, com filiação a mesma Previdência Social Urbana, objeto de averbação no RPPS da União, nos termos do art. 247 da Lei nº 8.112, de 1990, para efetivo de mais de uma aposentadoria, independentemente do regime instituidor do benefício.

Por outro lado, o § 4º do artigo 10 da Emenda 103/2019 não chegou a fixar o valor dos proventos de aposentadorias, devendo ser feito para os novos servidores por intermédio de lei federal ulterior.

Enquanto não editada a lei complementar federal, os proventos de aposentadoria dos servidores federais observarão a regra de transição do **artigo 26** da Emenda 103/2019.

Eis as orientações da Portaria MTP 1.467/2022 para o cumprimento da EC 103/2019:

ANEXO III

INSTRUÇÕES PARA O RECONHECIMENTO DO TEMPO DE EXERCÍCIO DE ATIVIDADES COM EFETIVA EXPOSIÇÃO A AGENTES QUÍMICOS, FÍSICOS E BIOLÓGICOS PREJUDICIAIS À SAÚDE, OU ASSOCIAÇÃO DESSES AGENTES, PELO RPPS DA UNIÃO E DOS DEMAIS ENTES FEDERATIVOS QUE ADOTAREM AS MESMAS REGRAS ESTABELECIDAS PARA OS SERVIDORES FEDERAIS

Art. 1º Aplicam-se às aposentadorias especiais dos segurados do Regime Próprio de Previdência Social - RPPS da União e às dos segurados dos RPPS dos demais entes federativos que adotarem as mesmas regras aplicáveis à União, cujas atividades sejam exercidas com efetiva exposição a agentes químicos, físicos e biológicos prejudiciais à saúde, ou a associação desses agentes, na forma do § 4º-C do art. 40 da Constituição Federal, as normas a elas referentes que constam dos arts. 10 e 21 da Emenda Constitucional nº 103, de 12 de novembro de 2019, conforme requisitos e critérios definidos neste Anexo.

Parágrafo único. Na concessão, cálculo e reajustamento dos benefícios do RPPS da União e dos entes federativos que adotarem as mesmas regras estabelecidas para os servidores federais pela Emenda Constitucional nº 103, de 2019, serão observados o disposto nos arts. 2º, III, 8º e 9º do Anexo I desta Portaria.

Art. 2º O reconhecimento do tempo de exercício de atividades com efetiva exposição a agentes químicos, físicos e biológicos prejudiciais à saúde, ou associação desses agentes, de que trata o § 4º-C do art. 40 da Constituição Federal observará adicionalmente as condições e os requisitos estabelecidos para o Regime Geral de Previdência Social - RGPS, naquilo em que não conflitarem com as regras específicas aplicáveis aos regimes próprios da União e com as dos demais entes federativos, em consonância com o disposto no § 12 do art. 40 da Constituição Federal, vedada a conversão de tempo especial exercido a partir de 13 de novembro de 2019 em tempo comum.

Art. 3º A caracterização e a comprovação do exercício de atividades com efetiva exposição a agentes químicos, físicos e biológicos prejudiciais à saúde, ou a associação desses agentes, obedecerão ao disposto na legislação em vigor na época do exercício das atribuições do segurado.

§ 1º O reconhecimento de tempo de serviço público exercido com efetiva exposição a agentes químicos, físicos e biológicos prejudiciais à saúde, ou a associação desses agentes, pelos regimes próprios, dependerá de comprovação do exercício de atribuições do cargo público de modo permanente, não ocasional nem intermitente, nessas condições, inclusive no período em que o segurado estiver em exercício de mandato eletivo, cedido, com ou sem ônus para o cessionário, a órgão ou entidade da administração direta ou indireta, do mesmo ou de outro ente federativo, ou afastado do país por cessão ou licenciamento.

§ 2º A efetiva exposição a agente prejudicial à saúde configura-se quando, mesmo após a adoção das medidas de controle previstas na legislação, a nocividade não seja eliminada ou neutralizada.

§ 3º Para fins do disposto no § 2º, considera-se:

I - eliminação: a adoção de medidas de controle que efetivamente impossibilitem a exposição ao agente prejudicial à saúde no ambiente de trabalho; e

II - neutralização: a adoção de medidas de controle que reduzam a intensidade, a concentração ou a dose do agente prejudicial à saúde ao limite de tolerância previsto no Regulamento da Previdência Social, aprovado pelo Decreto nº 3.048, de 6 de maio de 1999, ou, na sua ausência, na legislação trabalhista.

§ 4º Para fins do disposto no caput, a exposição aos agentes químicos, físicos e biológicos prejudiciais à saúde, ou a associação desses agentes, deverá superar os limites de tolerância estabelecidos segundo critérios quantitativos ou estar caracterizada de acordo com os critérios da avaliação qualitativa de riscos comprovada pela descrição:

I - das circunstâncias de exposição ocupacional a determinado agente ou associação de agentes prejudiciais à saúde presentes no ambiente de trabalho durante toda a jornada de trabalho;

II - de todas as fontes e possibilidades de liberação dos agentes mencionados no inciso I deste parágrafo; e

III - dos meios de contato ou exposição dos trabalhadores, as vias de absorção, a intensidade da exposição, a frequência e a duração do contato.

§ 5º A caracterização de tempo especial não ocorre quando o Equipamento de Proteção Individual - EPI tiver a capacidade real de neutralizar a exposição do trabalhador, salvo na hipótese de exposição a ruído acima dos limites de tolerância a que se refere o art. 12, ainda que haja declaração da eficácia do EPI quanto a este agente prejudicial à saúde, emitida pelo órgão responsável da Administração e constante do documento de comprovação de que trata o art. 8º.

§ 6º Os agentes reconhecidamente cancerígenos para humanos, listados pelo Ministério do Trabalho e Previdência - MTP, serão avaliados em conformidade com os critérios da avaliação qualitativa dispostos nos incisos I a III do § 4º e na forma do art. 11 e, caso sejam adotadas as medidas de controle previstas na legislação trabalhista que eliminem a nocividade, será descaracterizada a efetiva exposição.

§ 7º É vedada a caracterização por categoria profissional ou ocupação para concessão de aposentadoria especial.

§ 8º Não será admitida a comprovação de tempo de serviço público de que trata o § 1º por meio de prova exclusivamente testemunhal ou com base no mero recebimento de adicional de insalubridade ou equivalente.

Art. 4º Até 28 de abril de 1995, data anterior à vigência da Lei nº 9.032, bem como no período de 29 de abril de 1995 até 5 de março de 1997, o enquadramento de atividade especial somente admitirá o critério de efetiva exposição a agentes químicos, físicos e biológicos prejudiciais à saúde, ou a associação desses agentes, no exercício de atribuições do cargo público, em condições análogas às que permitem enquadrar as atividades profissionais como perigosas, insalubres ou penosas, conforme a classificação em função da efetiva exposição aos referidos agentes, agrupados sob o código 1.0.0 do Quadro anexo ao Decreto nº 53.831, de 1964 e sob o código 1.0.0 do

Anexo I do Regulamento dos Benefícios da Previdência Social, aprovado pelo Decreto nº 83.080, de 1979.

Art. 5º De 6 de março de 1997 até 6 de maio de 1999, o enquadramento de atividade especial observará a efetiva exposição a agentes químicos, físicos e biológicos prejudiciais à saúde, ou a associação desses agentes, conforme a classificação que consta do Anexo IV do Regulamento dos Benefícios da Previdência Social, aprovado pelo Decreto nº 2.172, de 5 de março de 1997.

Art. 6º A partir de 7 de maio de 1999, o enquadramento de atividade especial observará a efetiva exposição a agentes químicos, físicos e biológicos prejudiciais à saúde, ou a associação desses agentes, conforme a classificação que consta do Anexo IV do Regulamento da Previdência Social, aprovado pelo Decreto nº 3.048, de 1999.

Art. 7º O procedimento de reconhecimento de tempo de atividade especial pelo órgão competente da União, dos Estados, do Distrito Federal e dos Municípios, incluídas as suas autarquias e fundações, deverá ser instruído com os seguintes documentos:

I - documento de comprovação de efetiva exposição a agentes prejudiciais à saúde, em meio físico, ou documento eletrônico que venha a substituí-lo;

II - Laudo Técnico de Condições Ambientais do Trabalho - LTCAT, observado o disposto no art. 9º, ou os documentos aceitos em substituição àquele, consoante o art. 10; e

III - parecer da perícia médica, em relação ao enquadramento por efetiva exposição a agentes prejudiciais à saúde, na forma do art. 11.

Art. 8º O documento de comprovação de efetiva exposição a agentes prejudiciais à saúde de que trata o inciso I do caput do art. 7º é o modelo de documento instituído para o RGPS, segundo seu período de vigência, sob as siglas SB-40, DISESBE 5235, DSS-8030 ou DIRBEN 8030, que serão aceitos, quando emitidos até 31 de dezembro de 2003, e o Perfil Profissiográfico Previdenciário - PPP, que é o formulário exigido a partir de 1º de janeiro de 2004.

Parágrafo único. O documento de comprovação de efetiva exposição será emitido pelo órgão ou entidade responsável pelos assentamentos funcionais do segurado no correspondente período de exercício das atribuições do cargo, observado o disposto no art. 3º.

Art. 9º O LTCAT será expedido por médico do trabalho ou engenheiro de segurança do trabalho que integre, de preferência, o quadro funcional da Administração Pública responsável pelo levantamento ambiental, podendo esse encargo ser atribuído a terceiro que comprove o mesmo requisito de habilitação técnica.

§ 1º O enquadramento de atividade especial por exposição ao agente físico ruído, em qualquer época da prestação do labor, exige laudo técnico pericial.

§ 2º Em relação aos demais agentes nocivos, o laudo técnico pericial será obrigatório para os períodos laborados a partir de 14 de outubro de 1996, data de publicação da Medida Provisória nº 1.523, posteriormente convertida na Lei nº 9.528, de 10 de dezembro de 1997.

§ 3º É admitido o laudo técnico emitido em data anterior ou posterior ao exercício da atividade pelo segurado, se não houve alteração no ambiente de trabalho ou em sua organização, desde que haja ratificação, nesse sentido, pelo responsável técnico a que se refere o caput.

§ 4º Não serão aceitos:

I - laudo relativo a atividade diversa, salvo quando efetuada no mesmo órgão público;

II - laudo relativo a órgão público ou equipamento diversos, ainda que as funções sejam similares; e

III - laudo realizado em localidade diversa daquela em que houve o exercício da atividade.

§ 5º Nas avaliações ambientais deverão ser considerados, além do disposto nos arts. 4º a 6º, a metodologia e os procedimentos de avaliação estabelecidos pela Fundação Jorge Duprat Figueiredo de Segurança e Medicina do Trabalho - Fundacentro.

§ 6º Na hipótese de não terem sido estabelecidos pela Fundacentro a metodologia e os procedimentos de avaliação, caberá ao MTP indicar outras instituições para estabelecê-los.

§ 7º O laudo técnico a que se refere este artigo conterá informações sobre a existência de tecnologia de proteção coletiva ou individual e sobre a sua eficácia e será elaborado com observância às normas editadas pelo MTP e aos procedimentos adotados pelo INSS.

Art. 10. Poderão ser aceitos em substituição ao LTCAT, ou ainda de forma complementar a este, os seguintes documentos:

I - laudos técnico-periciais emitidos por determinação da Justiça do Trabalho, em ações trabalhistas, acordos ou dissídios coletivos;

II - laudos emitidos pela Fundacentro;

III - laudos emitidos pelo MTP, ou, ainda, pelas Delegacias Regionais do Trabalho - DRT;

IV - laudos individuais acompanhados de:

a) autorização escrita do órgão administrativo competente, se o levantamento ambiental ficar a cargo de responsável técnico não integrante do quadro funcional da respectiva Administração;

b) cópia do documento de habilitação profissional do engenheiro de segurança do trabalho ou médico do trabalho, indicando sua especialidade;

c) nome e identificação do servidor da Administração responsável pelo acompanhamento do levantamento ambiental, quando a emissão do laudo ficar a cargo de profissional não pertencente ao quadro efetivo dos funcionários; e

d) data e local da realização da perícia; e

V - demonstrações ambientais constantes dos seguintes documentos:

a) Programa de Prevenção de Riscos Ambientais - PPRA;

b) Programa de Gerenciamento de Riscos - PGR;

c) Programa de Condições e Meio Ambiente de Trabalho na Indústria da Construção - PCMAT; e

d) Programa de Controle Médico de Saúde Ocupacional - PCMSO.

Art. 11. A análise para a caracterização e o enquadramento do exercício de atribuições com efetiva exposição a agentes químicos, físicos e biológicos prejudiciais à saúde, ou a associação desses agentes, será de responsabilidade de Perito Médico que integre, de preferência, o quadro funcional da Administração Pública do ente concessor, mediante a adoção dos seguintes procedimentos:

I - análise do documento de comprovação de efetiva exposição a agentes prejudiciais à saúde e laudo técnico ou demais demonstrações ambientais referidas no inciso V do caput do art. 10;

II - a seu critério, inspeção de ambientes de trabalho com vistas à rerratificação das informações contidas nas demonstrações ambientais; e

III - emissão de parecer médico-pericial conclusivo, descrevendo o enquadramento por efetiva exposição a agentes prejudiciais à saúde, indicando a codificação contida na legislação específica e o correspondente período de atividade.

Art. 12. Considera-se especial a atividade exercida com efetiva exposição a ruído quando a exposição ao ruído tiver sido superior a:

I - 80 (oitenta) decibéis (dB), até 5 de março de 1997;

II - 90 (noventa) dB, a partir de 6 março de 1997 até 18 de novembro de 2003; e

III - 85 (oitenta e cinco) dB, a partir de 19 de novembro de 2003.

Parágrafo único. O enquadramento a que se refere o inciso III do caput, será efetuado quando o Nível de Exposição Normalizado - NEN se situar acima de 85 (oitenta e cinco) decibéis ou for ultrapassada a dose unitária, observados:

I - os limites de tolerância definidos no Quadro Anexo I da NR-15 do MTP; e

II - as metodologias e os procedimentos definidos na Norma de Higiene Ocupacional - NHO-01 da Fundacentro.

Art. 13. Consideram-se tempo de serviço sob condições especiais, para os fins deste Anexo, desde que o segurado estivesse exercendo atividade considerada especial ao tempo das seguintes ocorrências:

I - períodos de descanso determinados pela legislação do regime estatutário do ente federativo, inclusive férias;

II - licença gestante, adotante e paternidade; e

III - ausência por motivo de doação de sangue, alistamento como eleitor, participação em júri, casamento e óbito de pessoa da família.

Art. 14. No cálculo e no reajustamento dos proventos de aposentadorias especiais dos segurados, cujas atividades sejam exercidas com efetiva exposição a agentes químicos, físicos e biológicos prejudiciais à saúde, ou a associação desses agentes, aplica-se o art. 26 da Emenda Constitucional nº 103, de 2019, inclusive quanto ao reajuste do benefício nos termos estabelecidos para o RGPS.

Art. 15. O responsável por informações falsas, no todo ou em parte, inserida nos documentos a que se referem os arts. 7º e 8º, responderá pela prática dos crimes previstos nos arts. 297 e 299 do Código Penal.

Art. 16. Aplicam-se, no que couber, as disposições da Instrução Normativa INSS nº 77, de 21 de janeiro de 2015, para o reconhecimento do tempo de exercício de atividades com efetiva exposição a agentes químicos, físicos e biológicos prejudiciais à saúde, ou a associação desses agentes, nos casos omissos neste Anexo.

Art. 17. Salvo decisão judicial expressa em contrário, este Anexo não será aplicado para conversão do tempo de exercício de atividades com efetiva exposição a agentes químicos, físicos e biológicos prejudiciais à saúde, ou associação desses agentes, a partir de 13 de novembro de 2019, em tempo de contribuição comum, inclusive para fins de contagem recíproca de tempo de contribuição;

Eis o **Anexo IV** do Regulamento da Previdência Social (Decreto 3.048/99), que traz o vigente rol de agentes nocivos:

REGULAMENTO DA PREVIDÊNCIA SOCIAL

ANEXO IV

CLASSIFICAÇÃO DOS AGENTES NOCIVOS

Código	Agente nocivo	Tempo de exposição
1.0.0	**AGENTES QUÍMICOS** O que determina o direito ao benefício é a exposição do trabalhador ao agente nocivo presente no ambiente de trabalho e no processo produtivo, em nível de concentração superior aos limites de tolerância estabelecidos. (Redação dada pelo Decreto, nº 3.265, de 1999) **O rol de agentes nocivos é exaustivo, enquanto que as atividades listadas, nas quais pode haver a exposição, é exemplificativa. (Redação dada pelo Decreto, nº 3.265, de 1999)**	

Código	Agente nocivo	Tempo de exposição
1.0.1	ARSÊNIO E SEUS COMPOSTOS a) extração de arsênio e seus compostos tóxicos; b) metalurgia de minérios arsenicais; c) utilização de hidrogênio arseniado (arsina) em sínteses orgânicas e no processamento de componentes eletrônicos; d) fabricação e preparação de tintas e lacas; e) fabricação, preparação e aplicação de inseticidas, herbicidas, parasiticidas e raticidas com a utilização de compostos de arsênio; f) produção de vidros, ligas de chumbo e medicamentos com a utilização de compostos de arsênio; g) conservação e curtume de peles, tratamento e preservação da madeira com a utilização de compostos de arsênio.	25 anos
1.0.2	ASBESTOS a) extração, processamento e manipulação de rochas amiantíferas; b) fabricação de guarnições para freios, embreagens e materiais isolantes contendo asbestos; c) fabricação de produtos de fibrocimento; d) mistura, cardagem, fiação e tecelagem de fibras de asbestos.	20 anos
1.0.3	BENZENO E SEUS COMPOSTOS TÓXICOS a) produção e processamento de benzeno; b) utilização de benzeno como matéria-prima em sínteses orgânicas e na produção de derivados; c) utilização de benzeno como insumo na extração de óleos vegetais e alcoois; d) utilização de produtos que contenham benzeno, como colas, tintas, vernizes, produtos gráficos e solventes; e) produção e utilização de clorobenzenos e derivados; f) fabricação e vulcanização de artefatos de borracha; g) fabricação e recauchutagem de pneumáticos.	25 anos
1.0.4	BERÍLIO E SEUS COMPOSTOS TÓXICOS a) extração, trituração e tratamento de berílio; b) fabricação de compostos e ligas de berílio; c) fabricação de tubos fluorescentes e de ampolas de raio X; d) fabricação de queim f) utilização do berílio na indústria aeroespacial.	25 anos
1.0.5	BROMO E SEUS COMPOSTOS TÓXICOS a) fabricação e emprego do bromo e do ácido brômico.	25 anos
1.0.6	CÁDMIO E SEUS COMPOSTOS TÓXICOS a) extração, tratamento e preparação de ligas de cádmio; b) fabricação de compostos de cádmio; c) utilização de eletrodos de cádmio em soldas; d) utilização de cádmio no revestimento eletrolítico de metais; e) utilização de cádmio como pigmento e estabilizador na indústria do plástico; f) fabricação de eletrodos de baterias alcalinas de níquel-cádmio.	25 anos

Código	Agente nocivo	Tempo de exposição
1.0.7	CARVÃO MINERAL E SEUS DERIVADOS a) extração, fabricação, beneficiamento e utilização de carvão mineral, piche, alcatrão, betume e breu; b) extração, produção e utilização de óleos minerais e parafinas; c) extração e utilização de antraceno e negro de fumo; d) produção de coque.	25 anos
1.0.8	CHUMBO E SEUS COMPOSTOS TÓXICOS a) extração e processamento de minério de chumbo; b) metalurgia e fabricação de ligas e compostos de chumbo; c) fabricação e reformas de acumuladores elétricos; d) fabricação e emprego de chumbo-tetraetila e chumbo-tetrametila; e) fabricação de tintas, esmaltes e vernizes à base de compostos de chumbo; f) pintura com pistola empregando tintas com pigmentos de chumbo; g) fabricação de objetos e artefatos de chumbo e suas ligas; h) vulcanização da borracha pelo litargírio ou outros compostos de chumbo; i) utilização de chumbo em processos de soldagem; j) fabricação de vidro, cristal e esmalte vitrificado; l) fabricação de pérolas artificiais; m) fabricação e utilização de aditivos à base de chumbo para a indústria de plásticos.	25 anos
1.0.9	CLORO E SEUS COMPOSTOS TÓXICOS a) fabricação e emprego de defensivos organoclorados; b) fabricação e emprego de cloroetilaminas (mostardas nitrogenadas); c) fabricação e manuseio de bifenis policlorados (PCB); d) fabricação e emprego de cloreto de vinil como monômero na fabricação de policloreto de vinil (PVC) e outras resinas e como intermediário em produções químicas ou como solvente orgânico; e) fabricação de policloroprene; f) fabricação e emprego de clorofórmio (triclorometano) e de tetracloreto de carbono.	25 anos
1.0.10	CROMO E SEUS COMPOSTOS TÓXICOS a) fabricação, emprego industrial, manipulação de cromo, ácido crômico, cromatos e bicromatos; b) fabricação de ligas de ferro-cromo; c) revestimento eletrolítico de metais e polimento de superfícies cromadas; d) pintura com pistola utilizando tintas com pigmentos de cromo; e) soldagem de aço inoxidável.	25 anos

Código	Agente nocivo	Tempo de exposição
1.0.11	DISSULFETO DE CARBONO a) fabricação e utilização de dissulfeto de carbono; b) fabricação de viscose e seda artificial (raiom); c) fabricação e emprego de solventes, inseticidas e herbicidas contendo dissulfeto de carbono; d) fabricação de vernizes, resinas, sais de amoníaco, de tetracloreto de carbono, de vidros óticos e produtos têxteis com uso de dissulfeto de carbono.	25 anos
1.0.12	FÓSFORO E SEUS COMPOSTOS TÓXICOS a) extração e preparação de fósforo branco e seus compostos; b) fabricação e aplicação de produtos fosforados e organofosforados (sínteses orgânicas, fertilizantes e praguicidas); c) fabricação de munições e armamentos explosivos.	25 anos
1.0.13	IODO a) fabricação e emprego industrial do iodo.	25 anos
1.0.14	MANGANÊS E SEUS COMPOSTOS a) extração e beneficiamento de minérios de manganês; b) fabricação de ligas e compostos de manganês; c) fabricação de pilhas secas e acumuladores; d) preparação de permanganato de potássio e de corantes; e) fabricação de vidros especiais e cerâmicas; f) utilização de eletrodos contendo manganês; g) fabricação de tintas e fertilizantes.	25 anos
1.0.15	MERCÚRIO E SEUS COMPOSTOS a) extração e utilização de mercúrio e fabricação de seus compostos; b) fabricação de espoletas com fulminato de mercúrio; c) fabricação de tintas com pigmento contendo mercúrio; d) fabricação e manutenção de aparelhos de medição e de laboratório; e) fabricação de lâmpadas, válvulas eletrônicas e ampolas de raio X; f) fabricação de minuterias, acumuladores e retificadores de corrente; g) utilização como agente catalítico e de eletrólise; h) douração, prateamento, bronzeamento e estanhagem de espelhos e metais; i) curtimento e feltragem do couro e conservação da madeira; j) recuperação do mercúrio; l) amalgamação do zinco. m) tratamento a quente de amálgamas de metais; n) fabricação e aplicação de fungicidas.	25 anos
1.0.16	NÍQUEL E SEUS COMPOSTOS TÓXICOS a) extração e beneficiamento do níquel; b) niquelagem de metais; c) fabricação de acumuladores de níquel-cádmio.	25 anos

Código	Agente nocivo	Tempo de exposição
1.0.17	PETRÓLEO, XISTO BETUMINOSO, GÁS NATURAL E SEUS DERIVADOS a) extração, processamento, beneficiamento e atividades de manutenção realizadas em unidades de extração, plantas petrolíferas e petroquímicas; b) beneficiamento e aplicação de misturas asfálticas contendo hidrocarbonetos policíclicos.	25 anos
1.0.18	SÍLICA LIVRE a) extração de minérios a céu aberto; b) beneficiamento e tratamento de produtos minerais geradores de poeiras contendo sílica livre cristalizada; c) tratamento, decapagem e limpeza de metais e fosqueamento de vidros com jatos de areia; d) fabricação, processamento, aplicação e recuperação de materiais refratários; e) fabricação de mós, rebolos e de pós e pastas para polimento; f) fabricação de vidros e cerâmicas; g) construção de túneis; h) desbaste e corte a seco de materiais contendo sílica.	25 anos
1.0.19	OUTRAS SUBSTÂNCIAS QUÍMICAS GRUPO I - ESTIRENO; BUTADIENO-ESTIRENO; ACRILONITRILA; 1-3 BUTADIENO; CLOROPRENO; MERCAPTANOS, n-HEXANO, DIISOCIANATO DE TOLUENO (TDI); AMINAS AROMÁTICAS a) fabricação e vulcanização de artefatos de borracha; b) fabricação e recauchutagem de pneus. GRUPO II - AMINAS AROMÁTICAS, AMINOBIFENILA, AURAMINA, AZATIOPRINA, BIS (CLORO METIL) ÉTER, 1-4 BUTANODIOL, DIMETANOSULFONATO (MILERAN), CICLOFOSFAMIDA, CLOROAMBUCIL, DIETILESTIL-BESTROL, ACRONITRILA, NITRONAFTILAMINA 4-DIMETIL-AMINOAZOBENZENO, BENZOPIRENO, BETA-PROPIOLACTONA, BISCLOROETILETER, BISCLOROMETIL, CLOROMETILETER, DIANIZIDINA, DICLOROBENZIDINA, DIETILSULFATO, DIMETILSULFATO, ETILENOAMINA, ETILENOTIUREIA, FENACETINA, IODETO DE METILA, ETILNITROSUREIAS, METILENO-ORTOCLOROANILINA (MOCA), NITROSAMINA, ORTOTOLUIDINA, OXIME-TALONA, PROCARBAZINA, PROPANOSULTONA, 1-3-BUTADIENO, ÓXIDO DE ETILENO, ESTILBENZENO, DIISOCIANATO DE TOLUENO (TDI), CREOSOTO, 4-AMINODIFENIL, BENZIDINA, BETANAFTILAMINA, ESTIRENO, 1-CLORO-2, 4 - NITRODIFENIL, 3-POXIPRO-PANO a) manufatura de magenta (anilina e ortotoluidina); b) fabricação de fibras sintéticas; c) sínteses químicas; d) fabricação da borracha e espumas; e) fabricação de plásticos; f) produção de medicamentos; g) operações de preservação da madeira com creosoto; h) esterilização de materiais cirúrgicos.	25 anos

Código	Agente nocivo	Tempo de exposição
2.0.0	**AGENTES FÍSICOS** Exposição acima dos limites de tolerância especificados ou às atividades descritas.	
2.0.1	RUÍDO a) exposição a Níveis de Exposição Normalizados (NEN) superiores a 85 dB(A). (Redação dada pelo Decreto nº 4.882, de 2003)	25 anos
2.0.2	VIBRAÇÕES a) trabalhos com perfuratrizes e marteletes pneumáticos.	25 anos
2.0.3	RADIAÇÕES IONIZANTES a) extração e beneficiamento de minerais radioativos; b) atividades em minerações com exposição ao radônio; c) realização de manutenção e supervisão em unidades de extração, tratamento e beneficiamento de minerais radioativos com exposição às radiações ionizantes; d) operações com reatores nucleares ou com fontes radioativas; e) trabalhos realizados com exposição aos raios Alfa, Beta, Gama e X, aos nêutrons e às substâncias radioativas para fins industriais, terapêuticos e diagnósticos; f) fabricação e manipulação de produtos radioativos; g) pesquisas e estudos com radiações ionizantes em laboratórios.	25 anos
2.0.4	TEMPERATURAS ANORMAIS a) trabalhos com exposição ao calor acima dos limites de tolerância estabelecidos na NR-15, da Portaria nº 3.214/78.	25 anos
2.0.5	PRESSÃO ATMOSFÉRICA ANORMAL a) trabalhos em caixões ou câmaras hiperbáricas; b) trabalhos em tubulões ou túneis sob ar comprimido; c) operações de mergulho com o uso de escafandros ou outros equipamentos.	25 anos
3.0.0	**BIOLÓGICOS** Exposição aos agentes citados unicamente nas atividades relacionadas.	
3.0.1	MICROORGANISMOS E PARASITAS INFECTO-CONTAGIOSOS VIVOS E SUAS TOXINAS (Redação dada pelo Decreto nº 4.882, de 2003) a) trabalhos em estabelecimentos de saúde em contato com pacientes portadores de doenças infecto-contagiosas ou com manuseio de materiais contaminados; b) trabalhos com animais infectados para tratamento ou para o preparo de soro, vacinas e outros produtos; c) trabalhos em laboratórios de autópsia, de anatomia e anátomo-histologia; d) trabalho de exumação de corpos e manipulação de resíduos de animais deteriorados; e) trabalhos em galerias, fossas e tanques de esgoto; f) esvaziamento de biodigestores; g) coleta e industrialização do lixo.	25 anos

<table>
<tr><th>Código</th><th>Agente nocivo</th><th>Tempo de exposição</th></tr>
<tr><td>4.0.0</td><td colspan="2">ASSOCIAÇÃO DE AGENTES (Redação dada pelo Decreto nº 4.882, de 2003)
Nas associações de agentes que estejam acima do nível de tolerância, será considerado o enquadramento relativo ao que exigir menor tempo de exposição. (Redação dada pelo Decreto nº 4.882, de 2003)</td></tr>
<tr><td>4.0.1</td><td>FÍSICOS, QUÍMICOS E BIOLÓGICOS
a) mineração subterrânea cujas atividades sejam exercidas afastadas das frentes de produção.</td><td>20 anos</td></tr>
<tr><td>4.0.2</td><td>FÍSICOS, QUÍMICOS E BIOLÓGICOS
a) trabalhos em atividades permanentes no subsolo de minerações subterrâneas em frente de produção.</td><td>15 anos</td></tr>
</table>

Ademais, para os servidores do Distrito Federal, estados e municípios, o regramento constitucional anterior permanecerá em vigor, enquanto não promovidas alterações na legislação interna relacionada ao respectivo regime próprio de previdência social (art. 10, § 7º).

Trata-se de um tremendo absurdo, pois as regras gerais de aposentação deveriam ser fixadas para todos os servidores públicos, independentemente da esfera de governo a que pertença.

Vale registrar que, por questões didáticas, os §§ 2º, 3º, 5º e 6º serão estados no momento oportuno quando formos tratar das regras especiais de aposentadorias voluntárias.

Até que haja uma lei ordinária para os servidores federais, o cálculo dos benefícios do RPPS irá observar as regras do artigo 26 da Emenda 103/2019:

> Art. 26. Até que lei discipline o cálculo dos benefícios do **regime próprio de previdência social da União** e do Regime Geral de Previdência Social, será utilizada a **média aritmética simples** dos salários de contribuição e das remunerações adotados como base para contribuições a regime próprio de previdência social e ao Regime Geral de Previdência Social, ou como base para contribuições decorrentes das atividades militares de que tratam os arts. 42 e 142 da Constituição Federal, atualizados monetariamente, correspondentes a **cem por cento do período contributivo** desde a competência julho de 1994 ou desde o início da contribuição, se posterior àquela competência.
>
> § 1º A média a que se refere o *caput* será limitada ao valor máximo do salário de contribuição do Regime Geral de Previdência Social para os segurados deste regime e para o servidor que ingressou no serviço público em cargo efetivo após a implantação do regime de previdência complementar

ou que tenha exercido a opção correspondente, nos termos do disposto nos §§ 14 a 16 do art. 40 da Constituição Federal.

2º O valor do benefício de aposentadoria corresponderá a **sessenta por cento da média aritmética** definida na forma prevista no *caput* e no § 1º, **com acréscimo de dois por cento para cada ano de contribuição que exceder o tempo de vinte anos de contribuição no caso:**

(...)

II - do § 4º do art. 10, ressalvado o disposto no inciso II do § 3º e no § 4º deste artigo;

(...)

§ 3º O valor do benefício de aposentadoria corresponderá a **cem por cento da média aritmética** definida na forma prevista no *caput* e no § 1º:

(...)

II - no caso de aposentadoria por incapacidade permanente, quando decorrer de acidente de trabalho, de doença profissional e de doença do trabalho.

§ 4º O valor do benefício da aposentadoria de que trata o inciso III do § 1º (APOSENTADORIA COMPULSÓRIA) do art. 10 corresponderá ao resultado do tempo de contribuição dividido por vinte anos, limitado a um inteiro, multiplicado pelo valor apurado na forma do *caput* do § 2º, ressalvado o caso de cumprimento de critérios de acesso para aposentadoria voluntária que resulte em situação mais favorável.

...

§ 6º Poderão ser excluídas da média as contribuições que resultem em redução do valor do benefício, desde que mantido o tempo mínimo de contribuição exigido, vedada a utilização do tempo excluído para qualquer finalidade, inclusive para o acréscimo a que se referem os §§ 2º e 5º, para a averbação em outro regime previdenciário ou para a obtenção dos proventos de inatividade de que tratam os arts. 42 e 142 da Constituição Federal.

§ 7º Os benefícios calculados nos termos do disposto neste artigo serão reajustados nos termos estabelecidos para o Regime Geral de Previdência Social.

Desta forma, para os servidores federais, será feita média aritmética simples de **100% do período contributivo** desde a competência **julho de 1994** ou desde o início da contribuição, se posterior àquela competência, não se aplicando mais a média aritmética simples dos 80% maiores, prevista no artigo 1º da Lei 10.887/2004[7].

7. Art. 1º No cálculo dos proventos de aposentadoria dos servidores titulares de cargo efetivo de qualquer dos Poderes da União, dos Estados, do Distrito Federal e dos Municípios, incluídas suas autarquias e fundações, previsto no § 3º do art. 40 da Constituição Federa l e no art. 2º da Emenda

O valor do benefício de aposentadoria corresponderá a **sessenta por cento da média aritmética das 100% das remunerações/salários de contribuição desde julho de 1994, com acréscimo de 2% para cada ano que ultrapassar os 20 anos de contribuição para homens e mulheres:**

TEMPO DE CONTRIBUIÇÃO	COEFICIENTE
Até 20 Anos	60%
21 anos	62%
22 anos	64%
23 anos	66%
24 anos	68%
25 anos	70%
26 anos	72%
27 anos	74%
28 anos	76%
29 anos	78%
30 anos	80%
31 anos	82%
32 anos	84%
33 anos	86%
34 anos	88%
35 anos	90%
36 anos	92%
37 anos	94%
38 anos	96%
39 anos	98%
40 anos	100%
E assim sucessivamente	E assim sucessivamente

Constitucional nº 41, de 19 de dezembro de 2003, será considerada a média aritmética simples das maiores remunerações, utilizadas como base para as contribuições do servidor aos regimes de previdência a que esteve vinculado, correspondentes a 80% (oitenta por cento) de todo o período contributivo desde a competência julho de 1994 ou desde a do início da contribuição, se posterior àquela competência.

Desta forma, conforme tabela supra, em regra, a aposentadoria do servidor federal variará de 60% a 100% (ou mais de 100%) da média de todas as remunerações desde 7/1994, somente atingindo a 100% da média quando o servidor federal possuir 40 anos de tempo de contribuição.

Curioso notar que, **intencionalmente**, o artigo 26 da Emenda 103/2019 não limita a média de todas as remunerações do servidor a 100%, de modo que o servidor federal que possuir mais de 40 anos de tempo de contribuição poderá ter proventos que ultrapassem a 100% (**proventos *ultra* integrais**), a exemplo:

41 anos	**102%**
42 anos	**104%**
43 anos	**106%**
44 anos	**108%**
45 anos	**110%**
E assim sucessivamente	**E assim sucessivamente**

Ademais, **poderão ser excluídas da média as contribuições que resultem em redução do valor do benefício**, desde que mantido o tempo mínimo de contribuição exigido, vedada a utilização do tempo excluído para qualquer finalidade, para a averbação em outro regime previdenciário ou para a obtenção dos proventos de inatividade dos militares.

De efeito, cuida-se da REGRA DE DESCARTE. Suponha-se que determinado benefício previdenciário exija 25 anos de tempo de contribuição e que o segurado possua 30 anos de tempo de contribuição.

Nesse caso, se for benéfico no caso concreto, devendo ser feitas as simulações, o sistema da previdência que roda com inteligência artificial irá descartar até 5 anos se tempo de contribuição, se a renda mensal for melhor para o segurado.

Isso porque o descarte poderá aumentar o salário de benefício, mas irá reduzir o coeficiente do benefício (cada ano descartado reduz 2%), devendo ser simulado no caso concreto a melhor renda mensal em prol do segurado, o que é feito com perfeição pelo sistema do INSS que *utiliza a inteligência artificial.*

Assim, se o servidor federal possuir remunerações muito baixas, quer do RGPS ou do próprio RPPS, estas poderão ser excluídas da média as contribuições que resultem em redução do valor do benefício, desde que mantido o tempo mínimo de contribuição exigido, vedada a utilização do tempo excluído para qualquer finalidade.

Vale frisar que a regra de descarte somente é compatível com os benefícios programados, *não sendo compatível com a pensão por morte e aposentadoria por* *incapacidade permanente.* De acordo com o artigo 72 da Portaria SGP/SEDGG/ME 10.360/2022, a regra de descarte não se aplica à aposentadoria por incapacidade permanente e à aposentadoria compulsória.

A posição adotada nesta obra (e no Monstro Verde) foi encampada pelo Conselho da Justiça Federal:

> *PROCESSO: 0003124-29.2022.4.04.8000 RELATORA: Conselheira Presidente Ministra MARIA THEREZA DE ASSIS MOURA INTERESSADA: Justiça Federal. ASSUNTO: Cálculo dos proventos de aposentadoria. Elevação de matéria pelo TRF4. Limitações aos proventos de aposentadoria.*
>
> *EMENTA PROCEDIMENTO NORMATIVO. CÁLCULO DE PROVENTOS DE APOSENTADORIA. PROVENTOS LIMITADOS AO CARGO EM QUE SE DEU A APOSENTADORIA. AUSÊNCIA DE LIMITAÇÃO A 100% DA MÉDIA ARITMÉTICA. DESCARTE MANUAL DAS CONTRIBUIÇÕES. RESTRITO AOS BENEFÍCIOS COM TEMPO MÍNIMO DE CONTRIBUIÇÃO. ADMINISTRAÇÃO. VANTAJOSO. DEVER CÁLCULO MELHOR DA MAIS DESCARTE. MELHOR BENEFÍCIO.*
>
> *I - No cálculo da aposentadoria estabelecido pelo art. 26, caput e § 2º, da EC 103/2019, os proventos do RPPS não estão limitados à última remuneração do servidor no cargo efetivo em que se deu a aposentadoria.*
>
> ***II - A regra de descarte prevista no art. 26, § 6º, da EC n. 103/2019 aplica-se tão somente a benefícios que exijam tempo mínimo de contribuição, ressalvada a possibilidade de descarte de salários de contribuição referentes aos meses de ingresso no serviço público e de aposentação, quando proporcionais.***
>
> *III - Compete à Administração efetuar o cálculo mais vantajoso sobre o melhor benefício a que o servidor fizer jus. Enquanto não implementadas ferramentas que automatizem o cálculo mais favorável, o beneficiário pode tomar a iniciativa de indicar o melhor cálculo, que terá efeitos retroativos, respeitada a prescrição quinquenal.*
>
> *IV - Pedido de providências respondido.*

Nesse sentido, passagem do voto da Ministra Assusete Magalhães promovendo citação direta do Monstro Verde:

> *"Acrescento que esse entendimento encontra amparo na doutrina: "Assim, se o servidor federal possuir remunerações muito baixas, quer do RGPS ou do próprio RPPS, estas poderão ser excluídas das médias as contribuições que resultem em redução do valor do benefício, desde que mantido o tempo mínimo de contribuição exigido, vedada a utilização do tempo excluído para qualquer finalidade. Vale frisar que a regra de descarte somente é compatível com os benefícios programados, não sendo compatível com a pensão por morte.*

De acordo com o artigo 72 da Portaria SGP/SEDGG/ME 10.360/2022, a regra de descarte não se aplica à aposentadoria por incapacidade permanente e à aposentadoria compulsória. Por força da remissão feita no § 2º, inciso II, este artigo 26 da Emenda 103/2019 será aplicável às aposentadorias do servidor federal disciplinadas no artigo 10 da Emenda. Por exceção, no caso de aposentadoria por incapacidade permanente, quando decorrer de acidente de trabalho, de doença profissional e de doença do trabalho, os proventos corresponderão a 100% da média de todas as remunerações" (AMADO, Frederico. Curso de Direito e Processo Previdenciário, ob. cit., p. 898)".

Por força da remissão feita no § 2º, inciso II, este artigo 26 da Emenda 103/2019 será aplicável às aposentadorias do servidor federal disciplinadas no artigo 10 da Emenda.

Por exceção, no caso de **aposentadoria por incapacidade permanente**, quando decorrer de **acidente de trabalho, de doença profissional e de doença do trabalho**, os proventos corresponderão a 100% da média de todas as remunerações.

Nota-se que a aposentadoria por invalidez do servidor federal quando decorrente de **doença grave, contagiosa ou incurável**, na forma da lei, lastimavelmente não mais tem a garantia dos proventos integrais, devendo ser feita a média supra.

Logo, para a **incapacidade permanente a contar de 13/11/2019**, as doenças **graves, contagiosas ou incuráveis** que constam do *artigo 186, § 1º, da Lei 8.112/90*, não mais geram proventos integrais: tuberculose ativa, alienação mental, esclerose múltipla, neoplasia maligna, cegueira posterior ao ingresso no serviço público, hanseníase, cardiopatia grave, doença de Parkinson, paralisia irreversível e incapacitante, espondiloartrose anquilosante, nefropatia grave, estados avançados do mal de Paget (osteíte deformante), Síndrome de Imunodeficiência Adquirida - AIDS, e outras que a lei indicar, com base na medicina especializada.

Infelizmente, mesmo sabendo que a lista legal de doenças graves, contagiosas ou incuráveis normalmente não as exaure, **decidiu o STF que a lei do RPPS que previr o seu rol é taxativa.**

Logo, mesmo que o servidor senha portador de doença notoriamente grave, contagiosa ou incurável, se a enfermidade não estiver listada pela lei da respectiva entidade política, os proventos da aposentadoria por invalidez serão proporcionais ao tempo de contribuição do servidor.

■ POSIÇÃO DO STF

Informativo 755 - Aposentadoria por invalidez com proventos integrais: doença incurável e rol taxativo. A concessão de aposentadoria por invalidez com proventos integrais exige que a doença incapacitante esteja prevista em rol taxativo da legislação de regência. Com base nessa orientação, o Plenário deu provimento a recurso extraordinário para reformar acórdão que deferira à recorrida aposentadoria com proventos integrais por invalidez decorrente de doença grave e incurável, embora a enfermidade da qual portadora não estivesse incluída em lei, tendo em conta que norma não poderia alcançar todas as hipóteses consideradas pela medicina como graves, contagiosas e incuráveis. Discutia-se a possibilidade de concessão de aposentadoria por invalidez com proventos integrais nos casos em que a moléstia incurável não estivesse especificada em lei. O Tribunal aduziu que o art. 40, § 1º, I, da CF assegura aos servidores públicos abrangidos pelo regime de previdência nele estabelecido o direito à aposentadoria por invalidez com proventos proporcionais ao tempo de contribuição. Registrou, no entanto, que esse benefício seria devido com proventos integrais quando a invalidez fosse decorrente de acidente em serviço, moléstia profissional ou doença grave, contagiosa ou incurável, "na forma da lei". Asseverou, desse modo, pertencer ao domínio normativo ordinário a definição das doenças e moléstias que ensejariam aposentadoria por invalidez com proventos integrais, cujo rol, segundo a jurisprudência do STF, teria natureza taxativa.RE 656860/MT, rel. Min. Teori Zavascki, 21.8.2014. (RE-656860).

■ POSIÇÃO DO STJ

Sem saída, coube ao STJ se curvar ao entendimento do STF:

Informativo 557 - Direito administrativo e previdenciário. Aposentadoria de servidor público com doença não prevista no art. 186 Da lei 8.112/1990. Serão proporcionais - e não integrais - os proventos de aposentadoria de servidor público federal diagnosticado com doença grave, contagiosa ou incurável não prevista no art. 186, § 1º, da Lei 8.112/1990 nem indicada em lei. A jurisprudência do STJ firmara-se no sentido de que o rol de doenças constantes do § 1º do art. 186 da Lei 8.112/1990 para fins de aposentadoria integral não seria taxativo, mas exemplificativo, tendo em vista a impossibilidade de a norma prever todas as doenças consideradas pela medicina como graves, contagiosas ou incuráveis. No entanto, o STF, reconhecendo a repercussão geral da matéria, entendeu que "pertence, portanto, ao domínio normativo ordinário a definição das doenças e moléstias que ensejam aposentadoria por invalidez com proventos integrais, cujo rol, segundo a jurisprudência assentada pelo STF, tem natureza taxativa" (RE 656.860-MT, Tribunal Pleno, DJe 18/9/2014). Nesse contexto, em atendimento ao art. 543-B, § 3º, do CPC, a aposentadoria de servidor público federal diagnosticado com moléstia não mencionada no § 1º do art. 186 da Lei 8.112/1990, não pode se dar com o pagamento de proventos integrais, mas sim proporcionais. REsp 1.324.671-SP, Rel. Min. Humberto Martins, julgado em 3/3/2015, DJe 9/3/2015.

O TCU possui o mesmo entendimento pelo rol taxativo:

ACÓRDÃO 2874/2013 Primeira Câmara

Registro de ato. Aposentadoria. Invalidez com proventos integrais.

Doença não especificada na Lei 8.112/90. Impossibilidade jurídica. O servidor somente tem direito à aposentadoria por invalidez com proventos integrais quando incapacitado por doença prevista em dispositivo legal (§ 1º do art. 186 da Lei 8.112/90). Rol taxativo de doenças graves, contagiosas ou incuráveis. Ilegalidade. Negativa de registro do ato.

■ POSIÇÃO DO STF

De acordo com o **Tema 1.096 em Repercussão Geral**, *"a enfermidade ou doença mental, ainda que tenha sido estabelecida a curatela, não configura, por si, elemento suficiente para determinar que a pessoa com deficiência não tenha discernimento para os atos da vida civil"*, **sendo inconstitucional** - por ofensa aos princípios da proporcionalidade e da dignidade da pessoa humana - **norma que prevê o pagamento da aposentadoria por invalidez decorrente de doença mental somente ao curador do segurado**, condicionado à apresentação do termo de curatela, ainda que provisório. RE 918.315/DF, relator Ministro Ricardo Lewandowski, julgamento virtual finalizado em 16.12.2022 (sexta-feira), às 23:59.

A aposentadoria por invalidez será precedida de **licença para tratamento de saúde**, por período não excedente a **24 (vinte e quatro) meses**, que, uma vez expirada e não estando recuperado o servidor para assumir o cargo ou ser readaptado[8], gerará a aposentação por invalidez.

Sobre o tema, eis a Súmula 273 do TCU:

Súmula nº 273 de 16/05/2012

A aposentadoria por invalidez só poderá prosperar após a conclusão, por junta médica oficial, no sentido de que o servidor esteja incapacitado definitivamente para o exercício do cargo que ocupa e haja a impossibilidade de ser readaptado em cargo de atribuições e responsabilidades compatíveis com a respectiva limitação, nos termos do art. 24 da Lei nº 8.112/1990.

De efeito, de acordo com o TCU, "na aposentadoria por invalidez, a vigência da concessão se inicia com a publicação da portaria no Diário Oficial da União, e não com a emissão do laudo médico, que apenas se pronuncia sobre as condições físicas do servidor para o trabalho[9]".

8. A readaptação é mais uma forma de provimento de cargo público, de acordo com a limitação que o servidor tenha sofrido em sua capacidade física ou mental verificada em inspeção médica.
9. Acórdão 2361/2013 Plenário.

De acordo com o TCU, a integralização de proventos, em razão de doença superveniente na inatividade (art. 190 da Lei 8.112/1990), não transmuda a natureza jurídica da aposentadoria voluntária proporcional para aposentadoria por invalidez. Nesse caso, o fundamento legal do ato concessório não deverá ser modificado de aposentadoria voluntária para aposentadoria por invalidez permanente, devendo, contudo, como supedâneo para a integralização do provento, ser incluído o art. 190 da Lei 8.112/1990 no ato de alteração da concessão de aposentadoria[10].

No que concerne à **aposentadoria compulsória do servidor federal**, esta corresponderá ao resultado do tempo de contribuição dividido por vinte anos, limitado a um inteiro, multiplicado pelo valor apurado na forma do *caput* do § 2º do artigo 10 da Emenda 103/2019, ressalvado o caso de cumprimento de critérios de acesso para aposentadoria voluntária que resulte em situação mais favorável.

Assim, um servidor federal que for se aposentar de modo compulsório aos 75 anos de idade, sem ainda preencher os requisitos da aposentadoria idade voluntária, e que tenha 10 anos de tempo de contribuição, necessário dividir 10 por 20, chegando a ½ de 60%, com proventos à razão de 30% da média de todas as remunerações desde julho de 1994, assegurado ao menos um salário mínimo de renda mensal.

De acordo com o artigo 40 da Portaria SGP/SEDGG/ME 10.360/2022, a **vigência da aposentadoria compulsória** será a partir do dia imediato àquele em que o servidor completar a idade de 75 anos, independentemente da data de publicação do ato no Diário Oficial da União, encerrando-se, automaticamente, as licenças ou afastamentos que porventura esteja usufruindo.

Outrossim, com lastro no artigo 41 da Portaria SGP/SEDGG/ME 10.360/2022, o servidor que tenha implementado os requisitos legais para a concessão de aposentadoria voluntária em qualquer regra deverá exercê-la no prazo de **90 (noventa) dias anteriores ao atingimento da data limite de permanência no serviço público**, sendo que a não apresentação do requerimento de aposentação ensejará o início do processo de aposentadoria compulsória e qualquer alteração de fundamento não ensejará o pagamento de valores retroativos.

Nos termos do artigo 72 da Portaria SGP/SEDGG/ME 10.360/2022, na base de cálculo da média deverão ser consideradas as contribuições realizadas sobre o adicional de férias realizados até 1º de abril de 2012, data de publicação da Medida Provisória nº 556, de 23de dezembro de 2011.

De acordo com o artigo 72 da Portaria SGP/SEDGG/ME 10.360/2022, nas hipóteses de competências até 16 de dezembro de 1998, em que não tenha havido

10. Acórdão 437/2017 Primeira Câmara (Aposentadoria, Relator Ministro José Múcio Monteiro).

contribuição para o RPPS da União, a base de cálculo dos proventos será a remuneração percebida pelo servidor no cargo efetivo ou o subsídio.

Nos moldes do artigo 72 da Portaria SGP/SEDGG/ME 10.360/2022, para o cálculo dos proventos com base no artigo 26 da EC 103/2019, as bases de cálculo de contribuição consideradas no cálculo da aposentadoria não poderão ser superiores ao limite máximo do salário de contribuição vigente na competência da remuneração, quanto aos meses em que o servidor esteve filiado ao RGPS ou vinculado ao Regime de Previdência Complementar de que trata a Lei nº 12.618, de 2012.

Com lastro no artigo 72, §16, da Portaria SGP/SEDGG/ME 10.360/2022, **o valor dos proventos iniciais calculados conforme o artigo 26 da EC 103/2019 poderá ser superior à remuneração ou subsídio do cargo efetivo em que se der a aposentadoria**, ressalvado o servidor submetido ao Regime de Previdência Complementar de que trata a Lei nº 12.618, de 30 de abril de 2012. Isso porque **a EC 103/2019 retirou o limitador máximo do valor da aposentadoria à remuneração do cargo efetivo em que se der a aposentação do servidor federal**, devendo apenas ser observado o teto federal do subsídio dos ministros do STF, exceto no que tange aqueles limitados ao teto do RGPS, quer porque ingressaram após o funcionamento da previdência complementar, quer porque são antigos mas optaram pela migração de regime de previdência.

No mesmo sentido o artigo 9º, § 14, do Anexo I da Portaria MTP 1.467/2022, introduzido pela Portaria MPS 1.180/2024:

> *"§ 14. O valor dos proventos iniciais calculados conforme este artigo **pode ser superior à remuneração ou subsídio do cargo efetivo em que se der a aposentadoria**, observado o disposto no § 1º."*

A posição adotada nesta obra (e no Monstro Verde) foi encampada pelo Conselho da Justiça Federal:

> *PROCESSO: 0003124-29.2022.4.04.8000 RELATORA: Conselheira Presidente Ministra MARIA THEREZA DE ASSIS MOURA INTERESSADA: Justiça Federal. ASSUNTO: Cálculo dos proventos de aposentadoria. Elevação de matéria pelo TRF4. Limitações aos proventos de aposentadoria.*
> *EMENTA PROCEDIMENTO NORMATIVO. CÁLCULO DE PROVENTOS DE APOSENTADORIA. PROVENTOS LIMITADOS AO CARGO EM QUE SE DEU A APOSENTADORIA. AUSÊNCIA DE LIMITAÇÃO A 100% DA MÉDIA ARITMÉTICA. DESCARTE MANUAL DAS CONTRIBUIÇÕES. RESTRITO AOS BENEFÍCIOS COM TEMPO MÍNIMO DE CONTRIBUIÇÃO. ADMINISTRAÇÃO. VANTAJOSO. DEVER CÁLCULO MELHOR DA MAIS DESCARTE. MELHOR BENEFÍCIO.*

> ***I - No cálculo da aposentadoria estabelecido pelo art. 26, caput e § 2º, da EC 103/2019, os proventos do RPPS não estão limitados à última remuneração do servidor no cargo efetivo em que se deu a aposentadoria.***
>
> *II - A regra de descarte prevista no art. 26, § 6º, da EC n. 103/2019 aplica-se tão somente a benefícios que exijam tempo mínimo de contribuição, ressalvada a possibilidade de descarte de salários de contribuição referentes aos meses de ingresso no serviço público e de aposentação, quando proporcionais.*
>
> *III - Compete à Administração efetuar o cálculo mais vantajoso sobre o melhor benefício a que o servidor fizer jus. Enquanto não implementadas ferramentas que automatizem o cálculo mais favorável, o beneficiário pode tomar a iniciativa de indicar o melhor cálculo, que terá efeitos retroativos, respeitada a prescrição quinquenal.*
>
> *IV - Pedido de providências respondido.*

Nesse sentido, passagem do voto da Ministra Assusete Magalhães promovendo citação direta do Monstro Verde:

> *Nesse sentido, a doutrina especializada: "Com lastro no artigo 72, § 16, da Portaria SGP/SEDGG/ME 10.360/2022, o valor dos proventos iniciais calculados conforme o artigo 26 da EC 103/2019 poderá ser superior à remuneração ou subsídio do cargo efetivo em que se der a aposentadoria, ressalvado o servidor submetido ao Regime de Previdência Complementar de que trata a Lei nº 12.618, de 30 de abril de 2012. Isso porque a EC 103/2019 retirou o limitador máximo do valor da aposentadoria à remuneração do cargo efetivo em que se der a aposentação do servidor federal, devendo apenas ser observado o teto federal do subsídio dos ministros do STF, exceto no que tange aqueles limitados ao teto do RGPS, quer porque ingressaram após o funcionamento da previdência complementar, quer porque são antigos mas optaram pela migração do regime de previdência"* ***(AMADO, Frederico. Curso de Direito e Processo Previdenciário, Tomo II, 17ª ed., Editora JusPodivm, 2023, p. 900).***

De acordo com o artigo 81 da Portaria SGP/SEDGG/ME 10.360/2022, uma vez adquirido o direito a aposentação por uma ou mais regras de aposentadoria previstas, **o beneficiário poderá requerer a alteração da fundamentação legal de sua aposentadoria**, desde que atendidos os seguintes pressupostos cumulativos:

> I - que o servidor cumpra, em atividade, os critérios para aposentação em mais de uma regra de aposentadoria; e
>
> II - que a regra para a qual o servidor pretende migrar lhe conceda o melhor benefício, considerando aquele que lhe proporcionar o maior valor de proventos em moeda corrente, na mesma data-base da concessão inicial; e
>
> III - observância do prazo de 5 (cinco) anos, previsto no inciso I do art. 110 da Lei nº 8.112, de1990, contado da data de publicação do ato de concessão

do benefício, caso os atos de aposentadoria não tenham sido registrados pelo Tribunal de Contas da União - TCU.

Ainda de acordo com esta Norma, os efeitos financeiros da alteração do fundamento de aposentadoria passam a fruir a partir da publicação da Portaria de alteração do fundamento, aplicando-se a prescrição quinquenal fixada no art.1º do Decreto nº 20.910, de 6 de janeiro de 1932. Nos casos em que o ato de jubilação já se encontre registrado pelo TCU aplicam-se as determinações constante na Súmula TCU nº 199[11]. No entanto, a Norma vedou a alteração do fundamento de aposentadoria quando o pedido estiver baseado em critérios legais de recomposição e/ou reajustes posteriores à data de concessão originária (pois são fatos supervenientes) e ainda proibiu a alteração do fundamento de aposentadoria voluntária para incapacidade permanente para o trabalho ou invalidez.

O servidor tem o direito ao melhor benefício e a Administração Pública deve orientá-lo. Deveria a Portaria SGP/SEDGG/ME 10.360/2022 ter essa previsão expressa, no sentido de que cabe ao Poder Público apresentar os direitos a quem o aposentando faz jus, para a sua escolha.

De acordo com o artigo 82 da Portaria SGP/SEDGG/ME 10.360/2022, o **fundamento de aposentadoria poderá ser revisto de ofício pela Administração**, no uso do seu poder de autotutela em controle de legalidade, ainda que decorrerem efeitos desfavoráveis para o beneficiário que não tiver comprovado contra si a má-fé, observado o prazo decadencial quinquenal de 5(cinco) anos, nos termos do art. 54 da Lei nº 9.784, de 1999, fruindo a partir do registro do ato pelo Tribunal de Contas da União.

Os benefícios serão reajustados pelo índice legal de correção monetária do Regime Geral, que atualmente é o INPC, nos termos do artigo 41-A da Lei 8.213/91[12].

Vale registrar que na NOTA INFORMATIVA 806/2012/CGNOR/DENOP/SEGEP/MP, de 02 de outubro de 2012, o extinto Ministério do Planejamento, Orçamento e Gestão adotou "o entendimento no sentido da possibilidade de servidor público renunciar à aposentadoria, tornando-se, assim, disponível o tempo de serviço/contribuição no momento da prática do ato, podendo ser

11. Súmula 199 - Salvo por sua determinação, não podem ser cancelados pela autoridade administrativa concedente, os atos originários ou de alterações, relativos a aposentadoria, reformas e pensões, já registrados pelo Tribunal de Contas, ao apreciar-lhes a legalidade, no uso da sua competência constitucional.

12. Art. 41-A. O valor dos benefícios em manutenção será reajustado, anualmente, na mesma data do reajuste do salário mínimo, *pro rata*, de acordo com suas respectivas datas de início ou do último reajustamento, com base no Índice Nacional de Preços ao Consumidor - INPC, apurado pela Fundação Instituto Brasileiro de Geografia e Estatística - IBGE. (Incluído pela Lei nº 11.430, de 2006)

utilizado em outro cargo efetivo no qual o servidor encontra-se ativo, para fins de aquisição de jubilação".

Logo, **para fins de concessão de nova aposentadoria, o RPPS da União no que concerne aos servidores do Poder Executivo acolheu a tese da desaposentação.** Contudo, "adota o posicionamento pela impossibilidade, na hipótese de renúncia, de concessão ou recálculo: do adicional por tempo de serviço; das vantagens do art. 2º, 3º e 10 da Lei n.º 8.911, de 11 de junho de 1994; da vantagem do art. 184 da Lei n.º 1.711, de 28 de outubro de 1952; da vantagem do art. 192 da Lei n.º 8.112, de 11 de dezembro de 1990, da licença-prêmio, entre outros, uma vez que as legislações que permitiam as suas concessões não mais se encontram vigentes".

No mesmo sentido o TCU:

> **Acórdão 2305/2015 Plenário** (Revisão de Ofício, Relator Ministro Walton Alencar Rodrigues)
>
> Pessoal. Aposentadoria. Renúncia à aposentadoria.

É lícita a renúncia a aposentadoria com o objetivo de contar o tempo de serviço nela empregado para a concessão de nova inativação.

Acórdão 2305/2015 Plenário (Revisão de Ofício, Relator Ministro Walton Alencar Rodrigues)

Pessoal. Aposentadoria. Renúncia à aposentadoria.

A renúncia a aposentadoria, reforma ou pensão é irretratável quando firmada sem vício de vontade, por ser ato unilateral, discricionário, pelo qual se abdica de direito.

O TCU modulou a sua posição, somente admitindo a desaposentação em RPPS se anterior ao julgamento pelo STF em 2016 do RE 661.256:

- **Número do Acórdão**

  ACÓRDÃO 2492/2018 - PLENÁRIO

  Relator

  BENJAMIN ZYMLER

  Processo

  005.792/2017-7

  Tipo de processo

  APOSENTADORIA (APOS)

  Data da sessão

  31/10/2018

  Número da ata

  43/2018 - Plenário

- **ATOS DE APOSENTADORIA. CÔMPUTO, EM UMA DAS CONCESSÕES, DE TEMPO DE SERVIÇO ORIUNDO DE RENÚNCIA A APOSENTADORIA ANTERIOR JÁ USUFRUÍDA ("DESAPOSENTAÇÃO"). IMPOSSIBILIDADE. PRECEDENTES. REGISTRO DO TÍTULO DE INATIVAÇÃO, EM CARÁTER EXCEPCIONAL, PORQUANTO EDITADO ANTERIORMENTE AO JULGAMENTO, PELO SUPREMO TRIBUNAL FEDERAL, DO RECURSO EXTRAORDINÁRIO 661.256, EM QUE FIXADA TESE DE REPERCUSSÃO GERAL A RESPEITO. LEGALIDADE E REGISTRO DO OUTRO ATO.**

Resta saber se este posicionamento será mantido, pois sabemos que o STF rejeitou a tese da desaposentação sem previsão normativa.

Considerando que o STF classifica a aposentadoria no RPPS como ato jurídico complexo, tese que particularmente não concordamos, entende-se que até a edição do registro no Tribunal de Contas poderá o servidor exercer de modo legítimo o seu direito de arrependimento, desde que restitua integralmente as parcelas recebidas do benefício acrescidas do índice legal de correção monetária, haja vista que se afastou do trabalho após a publicação do ato de concessão da autoridade administrativa.

Após perpetrado o registro, destarte, não será mais possível a desistência do pedido, recaindo na vedação à renúncia da aposentadoria (desaposentação), tese firmada pelo STF em 26 de outubro de 2016 pela ausência de previsão normativa da renúncia à aposentadoria, salvo se alguma lei local de RPPS autorizar expressamente.

No RPPS do Estado de São, por exemplo, a SPPREV somente aceita o pedido de desistência até a publicação do ato da autoridade administrativa que conceda a aposentadoria, e não até o registro no TCE, conforme disposto no Manual de Aposentadoria elaborado pela Diretoria de Benefício dos Servidores Públicos.

Eis as novas **regras permanentes** a respeito das **aposentadorias especiais** inauguradas pela EC 103/2019:

> § 4º É vedada a adoção de requisitos ou critérios diferenciados para concessão de benefícios em regime próprio de previdência social, ressalvado o disposto nos §§ 4º-A, 4º-B, 4º-C e 5º.
>
> § 4º-A **Poderão** ser estabelecidos por **lei complementar** do respectivo ente federativo idade e tempo de contribuição diferenciados para aposentadoria de servidores com **deficiência**, previamente submetidos à avaliação biopsicossocial realizada por equipe multiprofissional e interdisciplinar.
>
> § 4º-B **Poderão** ser estabelecidos por **lei complementar** do respectivo ente federativo idade e tempo de contribuição diferenciados para aposentadoria de ocupantes do cargo de **agente penitenciário**, de **agente socioeducativo**

ou de **policial** dos órgãos de que tratam o inciso IV do *caput* do art. 51, o inciso XIII do *caput* do art. 52 e os incisos I a IV do *caput* do art. 144.

§ 4º-C **Poderão** ser estabelecidos por **lei complementar** do respectivo ente federativo idade e tempo de contribuição diferenciados para aposentadoria de servidores cujas atividades sejam exercidas com efetiva exposição a **agentes nocivos** químicos, físicos e biológicos prejudiciais à saúde, ou associação destes agentes, **vedada a caracterização por categoria profissional ou ocupação.**

As aposentadorias especiais no RPPS eram uma determinação constitucional. Agora passaram a ser um **ato discricionário do legislador**, ao inserir expressamente no texto constitucional a expressão **"poderão"**, o que é um lamentável retrocesso.

E agora cabe a **cada ente federativo** aprovar uma **lei complementar** com as regras especiais, **discricionariamente**, não sendo mais necessário que haja uma lei complementar nacional, quebrando a isonomia entre servidores das esferas de governo.

Em relação aos servidores que laboram expostos a agentes nocivos à saúde, nunca foi editada lei complementar em RPPS, razão pela qual o STF determinava a aplicação da legislação do RGPS, no que couber.

■ **POSIÇÃO DO STF**

Súmula Vinculante 33

Aplicam-se ao servidor público, no que couber, as regras do regime geral da previdência social sobre aposentadoria especial de que trata o artigo 40, § 4º, inciso III da Constituição Federal, até a edição de lei complementar específica.

Precedentes Representativos

A aposentadoria especial de servidor público portador de deficiência é assegurada mediante o preenchimento dos requisitos previstos na legislação aplicável à aposentadoria especial dos segurados do Regime Geral de Previdência Social, até que seja editada a lei complementar exigida pelo art. 40, § 4º, II, da CF/1988. (...) 2. A eficácia do direito à aposentadoria especial objeto do art. 40, § 4º, da CF/1988 exige regulamentação mediante lei complementar de iniciativa privativa do presidente da República, de modo que cabe ao Supremo Tribunal Federal, *ex vi* do art. 102, I, *q*, da Lei Maior, o julgamento do mandado de injunção impetrado com o objetivo de viabilizar o seu exercício. [**MI 4.158 AgR-segundo**, rel. min. **Luiz Fux**, P, j. 18-12-2013, *DJE* 34 de 19-2-2014.]

MANDADO DE INJUNÇÃO. APOSENTADORIA ESPECIAL DO SERVIDOR PÚBLICO. ART. 40, § 4º, DA CF/1988. AUSÊNCIA DE LEI

> COMPLEMENTAR A DISCIPLINAR A MATÉRIA. NECESSIDADE DE INTEGRAÇÃO LEGISLATIVA. 1. Servidor público. Investigador da polícia civil do Estado de São Paulo. Alegado exercício de atividade sob condições de periculosidade e insalubridade. 2. Reconhecida a omissão legislativa em razão da ausência de lei complementar a definir as condições para o implemento da aposentadoria especial. 3. Mandado de injunção conhecido e concedido para comunicar a mora à autoridade competente e determinar a aplicação, no que couber, do art. 57 da Lei 8.213/1991. **MI 795**, rel. min. **Cármen Lúcia**, P, j. 15-4-2009, *DJE* 94 de 22-5-2009.]

O tema é regulamentado pela Instrução Normativa MPS/SPS 01, de 22.07.2010, que estabelece instruções para o reconhecimento do tempo de serviço público exercido sob condições especiais que prejudiquem a saúde ou a integridade física pelos regimes próprios de previdência social para fins de concessão de aposentadoria especial aos servidores públicos amparados por Mandado de Injunção.

Como agora inexiste uma determinação constitucional de regulamentação, entende-se que não mais caberá ao STF determinar a aplicação das regras do RGPS para os **novos servidores.**

O **ANEXO IV** da Portaria SGP/SEDGG/ME 10.360/2022 rege o reconhecimento do temo especial por agentes nocivos dos servidores federais **após 13.11.2019**, com lastro na aplicação da EC 103/2019.

> **ANEXO IV**
>
> **RECONHECIMENTO DO TEMPO DE EXERCÍCIO DE ATIVIDADES COM EFETIVA EXPOSIÇÃO A AGENTES QUÍMICOS, FÍSICOS E BIOLÓGICOS PREJUDICIAIS À SAÚDE, OU ASSOCIAÇÃO DESSES AGENTES, A PARTIR DE 13 DE NOVEMBRO DE 2019, DATA DA EMENDA CONSTITUCIONAL Nº 103, DE 2019.**
>
> Art. 1º Deverá ser instituído processo administrativo para caracterização e comprovação da efetiva exposição a agentes químicos, físicos e biológicos prejudiciais à saúde, ou associação desses agentes, para fins exclusivos de concessão de aposentadoria de que trata o art. 56 desta Portaria.
>
> §1º O processo a que se refere o caput será instruído pelo órgão ou entidade no qual o servidor exerceu atividades especiais e, necessariamente, deverá integrar os autos de aposentadoria, mesmo que seja concedido em outro distinto.
>
> §2º A responsabilidade pelas informações prestadas nos autos a que se refere o caput é da autoridade que o instruiu, respondendo solidariamente a autoridade responsável pela concessão de aposentadoria em caso de utilização de tempo convertido sem que sejam observadas as questões formais disciplinadas neste Anexo.

Art. 2º O reconhecimento do tempo de exercício de atividades com efetiva exposição a agentes químicos, físicos e biológicos prejudiciais à saúde, ou associação desses agentes, de que trata o § 4º-C do art. 40 da Constituição Federal observará adicionalmente as condições e os requisitos estabelecidos para o Regime Geral de Previdência Social - RGPS, naquilo em que não conflitarem com as regras específicas aplicáveis aos RPPS da União, em consonância com o disposto no § 12 do art. 40 da Constituição Federal, vedada a conversão de tempo especial exercido a partir de 13 de novembro de 2019 em tempo comum.

Art. 3º A caracterização e a comprovação do exercício de atividades com efetiva exposição a agentes químicos, físicos e biológicos prejudiciais à saúde, ou a associação desses agentes, obedecerão ao disposto na legislação em vigor na época do exercício das atribuições do segurado.

§ 1º O reconhecimento de tempo de serviço público exercido com efetiva exposição a agentes químicos, físicos e biológicos prejudiciais à saúde, ou a associação desses agentes, pelos regimes próprios, dependerá de comprovação do exercício de atribuições do cargo público de modo permanente, não ocasional nem intermitente, nessas condições, inclusive no período em que o segurado estiver em exercício de mandato eletivo, cedido, com ou sem ônus para o cessionário, a órgão ou entidade da administração direta ou indireta, do mesmo ou de outro ente federativo, ou afastado do país por cessão ou licenciamento.

§ 2º A efetiva exposição a agente prejudicial à saúde configura-se quando, mesmo após a adoção das medidas de controle previstas na legislação, a nocividade não seja eliminada ou neutralizada.

§ 3º Para fins do disposto no § 2º, considera-se:

I - eliminação: a adoção de medidas de controle que efetivamente impossibilitem a exposição ao agente prejudicial à saúde no ambiente de trabalho; e

II - neutralização: a adoção de medidas de controle que reduzam a intensidade, a concentração ou a dose do agente prejudicial à saúde ao limite de tolerância previsto no Regulamento da Previdência Social, aprovado pelo Decreto nº 3.048, de 6 de maio de 1999, ou, na sua ausência, na legislação trabalhista.

§ 4º Para fins do disposto no caput, a exposição aos agentes químicos, físicos e biológicos prejudiciais à saúde, ou a associação desses agentes, deverá superar os limites de tolerância estabelecidos segundo critérios quantitativos ou estar caracterizada de acordo com os critérios da avaliação qualitativa de riscos comprovada pela descrição:

I - das circunstâncias de exposição ocupacional a determinado agente ou associação de agentes prejudiciais à saúde presentes no ambiente de trabalho durante toda a jornada de trabalho;

II - de todas as fontes e possibilidades de liberação dos agentes mencionados no inciso I deste parágrafo; e

III - dos meios de contato ou exposição dos trabalhadores, as vias de absorção, a intensidade da exposição, a frequência e a duração do contato.

§ 5º A caracterização de tempo especial não ocorre quando o Equipamento de Proteção Individual - EPI - tiver a capacidade real de neutralizar a exposição do trabalhador, salvo na hipótese de exposição a ruído acima dos limites de tolerância a que se refere o art. 10, ainda que haja declaração da eficácia do EPI quanto a este agente prejudicial à saúde, emitida pelo órgão responsável da Administração e constante do documento de comprovação de que trata o art. 6º.

§ 6º Os agentes reconhecidamente cancerígenos para humanos, listados pelo Ministério do Trabalho e Previdência - MTP, serão avaliados em conformidade com os critérios da avaliação qualitativa dispostos nos incisos I a III do § 4º e na forma do art. 9º e, caso sejam adotadas as medidas de controle previstas na legislação trabalhista que eliminem a nocividade, será descaracterizada a efetiva exposição.

§ 7º É vedada a caracterização por categoria profissional ou ocupação para concessão de aposentadoria especial.

§ 8º Não será admitida a comprovação de tempo de serviço público de que trata o § 1º por meio de prova exclusivamente testemunhal ou com base no mero recebimento de adicional de insalubridade ou equivalente.

Art. 4º O enquadramento de atividade em condições especiais observará os seguintes marcos temporais e critérios:

I - Até 5 de março de 1997, o enquadramento de atividade especial somente admitirá o critério de efetiva exposição a agentes químicos, físicos e biológicos prejudiciais à saúde, ou a associação desses agentes, no exercício de atribuições do cargo público, em condições análogas às que permitem enquadrar as atividades profissionais como perigosas, insalubres ou penosas, conforme a classificação em função da efetiva exposição aos referidos agentes, agrupados sob o código 1.0.0 do Quadro anexo ao Decreto nº 53.831, de 1964 e sob o código 1.0.0 do Anexo I do Regulamento dos Benefícios da Previdência Social, aprovado pelo Decreto nº 83.080, de 1979.

II - De 6 de março de 1997 até 6 de maio de 1999 o enquadramento de atividade especial observará a relação dos agentes nocivos prejudiciais à saúde ou à integridade física que consta do Anexo IV do Regulamento dos Benefícios da Previdência Social, aprovado pelo Decreto nº 2.172, de 5 de março de 1997.

III - A partir de 7 de maio de 1999, o enquadramento de atividade especial observará a relação dos agentes nocivos prejudiciais à saúde ou à integridade física que consta do Anexo IV do Regulamento da Previdência Social, aprovado pelo Decreto nº 3.048, de 6 de maio de 1999.

Art. 5º O processo administrativo a que se refere o art. 1º deste Anexo deverá ser individualizado e deverá ser instruído com os seguintes documentos, cumulativamente:

I - documento de comprovação de efetiva exposição a agentes prejudiciais à saúde, em meio físico, ou documento eletrônico que venha a substituí-lo;

II - Laudo Técnico de Condições Ambientais do Trabalho - LTCAT, observado o disposto no art. 7º, ou os documentos aceitos em substituição àquele, consoante o art. 8º; e

III - parecer da perícia médica, em relação ao enquadramento por efetiva exposição a agentes prejudiciais à saúde, na forma do art. 9º.

Art. 6º O documento de comprovação de efetiva exposição a agentes prejudiciais à saúde de que trata o inciso I do caput do art. 5º é o modelo de documento instituído para o RGPS, segundo seu período de vigência, sob as siglas SB-40, DISESBE 5235, DSS-8030 ou DIRBEN 8030, que serão aceitos, quando emitidos até 31 de dezembro de 2003, e o Perfil Profissiográfico Previdenciário - PPP, conforme Anexo V, que é o formulário exigido a partir de 1º de janeiro de 2004.

Parágrafo único. O documento de comprovação de efetiva exposição será emitido pelo órgão ou entidade responsável pelos assentamentos funcionais do segurado no correspondente período de exercício das atribuições do cargo, observado o disposto no art. 3º.

Art. 7º O LTCAT será expedido por médico do trabalho ou engenheiro de segurança do trabalho que integre, de preferência, o quadro funcional da Administração Pública responsável pelo levantamento ambiental, podendo esse encargo ser atribuído a terceiro que comprove o mesmo requisito de habilitação técnica.

§ 1º O enquadramento de atividade especial por exposição ao agente físico ruído, em qualquer época da prestação do labor, exige laudo técnico pericial.

§ 2º Em relação aos demais agentes nocivos, o laudo técnico pericial será obrigatório para os períodos laborados a partir de 14 de outubro de 1996, data de publicação da Medida Provisória nº 1.523, posteriormente convertida na Lei nº 9.528, de 10 de dezembro de 1997.

§ 3º É admitido o laudo técnico emitido em data anterior ou posterior ao exercício da atividade pelo segurado, se não houve alteração no ambiente de trabalho ou em sua organização, desde que haja ratificação, nesse sentido, pelo responsável técnico a que se refere o caput.

§ 4º Não serão aceitos:

I - laudo relativo à atividade diversa, salvo quando efetuada no mesmo órgão público;

II - laudo relativo a órgão público ou equipamento diversos, ainda que as funções sejam similares; e

III - laudo realizado em localidade diversa daquela em que houve o exercício da atividade.

§ 5º Nas avaliações ambientais deverão ser considerados, além do disposto nos incisos do art. 4º, a metodologia e os procedimentos de avaliação estabelecidos pela Fundação Jorge Duprat Figueiredo de Segurança e Medicina do Trabalho - Fundacentro.

§ 6º Na hipótese de não terem sido estabelecidos pela Fundacentro a metodologia e os procedimentos de avaliação, caberá ao MTP indicar outras instituições para estabelecê-los.

§ 7º O laudo técnico a que se refere este artigo conterá informações sobre a existência de tecnologia de proteção coletiva ou individual e sobre a sua eficácia e será elaborado com observância às normas editadas pelo MTP e aos procedimentos adotados pelo INSS.

Art. 8º Poderão ser aceitos em substituição ao LTCAT, ou ainda de forma complementar a este, os seguintes documentos:

I - laudos técnico-periciais emitidos por determinação da Justiça do Trabalho, em ações trabalhistas, acordos ou dissídios coletivos;

II - laudos emitidos pela Fundacentro;

III - laudos emitidos pelo MTP, ou, ainda, pelas Delegacias Regionais do Trabalho - DRT;

IV - laudos individuais acompanhados de:

a) autorização escrita do órgão administrativo competente, se o levantamento ambiental ficar a cargo de responsável técnico não integrante do quadro funcional da respectiva Administração;

b) cópia do documento de habilitação profissional do engenheiro de segurança do trabalho ou médico do trabalho, indicando sua especialidade;

c) nome e identificação do servidor da Administração responsável pelo acompanhamento do levantamento ambiental, quando a emissão do laudo ficar a cargo de profissional não pertencente ao quadro de pessoal do órgão ou da entidade; e

d) data e local da realização da perícia; e

V - demonstrações ambientais constantes dos seguintes documentos:

a) Programa de Prevenção de Riscos Ambientais - PPRA;

b) Programa de Gerenciamento de Riscos - PGR;

c) Programa de Condições e Meio Ambiente de Trabalho na Indústria da Construção - PCMAT; e

d) Programa de Controle Médico de Saúde Ocupacional - PCMSO.

Art. 9º A análise para a caracterização e o enquadramento do exercício de atividades com efetiva exposição a agentes químicos, físicos e biológicos prejudiciais à saúde, ou a associação desses agentes, será de responsabilidade de Perito Médico que integre, de preferência, o quadro de pessoal da Administração Pública do ente concessor, mediante a adoção dos seguintes procedimentos:

I - análise do documento de comprovação de efetiva exposição a agentes prejudiciais à saúde e laudo técnico ou demais demonstrações ambientais referidas no inciso V do caput do art. 8º;

II - a seu critério, inspeção de ambientes de trabalho com vistas à rerratificação das informações contidas nas demonstrações ambientais; e

III - emissão de parecer médico-pericial conclusivo, descrevendo o enquadramento por efetiva exposição a agentes prejudiciais à saúde, indicando a codificação contida na legislação específica e o correspondente período de atividade.

Art. 10. Considera-se especial a atividade exercida com efetiva exposição a ruído quando a exposição ao ruído tiver sido superior a:

I - 80 (oitenta) decibéis (dB), até 5 de março de 1997;

II - 90 (noventa) dB, a partir de 6 março de 1997 até 18 de novembro de 2003; e

III - 85 (oitenta e cinco) dB, a partir de 19 de novembro de 2003.

Parágrafo único. O enquadramento a que se refere o inciso III do caput, será efetuado quando o Nível de Exposição Normalizado - NEN se situar acima de 85 (oitenta e cinco) decibéis ou for ultrapassada a dose unitária, observados:

I - os limites de tolerância definidos no Quadro Anexo I da NR-15 do MTP; e

II - as metodologias e os procedimentos definidos na Norma de Higiene Ocupacional - NHO-01 da Fundacentro.

Art. 11 Considera-se tempo de serviço sob condições especiais, para os fins deste Anexo, desde que o segurado estivesse exercendo atividade considerada especial ao tempo das seguintes ocorrências:

I - períodos de descanso determinados pela legislação do regime estatutário da União, inclusive férias;

II - licença gestante, adotante e paternidade; e

III - ausência por motivo de doação de sangue, alistamento como eleitor, participação em júri, casamento e óbito de pessoa da família.

Art. 12. No cálculo e no reajustamento dos proventos de aposentadorias especiais dos segurados, cujas atividades sejam exercidas com efetiva exposição a agentes químicos, físicos e biológicos prejudiciais à saúde, ou a associação desses agentes, aplica-se o art. 26 da Emenda Constitucional nº 103, de 2019, inclusive quanto ao reajuste do benefício nos termos estabelecidos para o RGPS.

Art. 13. O responsável por informações falsas, no todo ou em parte, inserida nos documentos a que se referem os arts. 5º e 6º, responderá pela prática dos crimes previstos nos arts. 297 e 299 do Código Penal.

Art. 14. Aplicam-se, no que couber, as disposições da Instrução Normativa da SGP/SEGGG/ME nº 15 de 16 de março de 2022, da Secretaria de Gestão e Desempenho de Pessoal, que estabelece orientações sobre a concessão dos adicionais de insalubridade, periculosidade, irradiação ionizante e gratificação por trabalhos com raios-x ou substâncias radioativas, e dá outras providências.

Art. 15. Este Anexo não será aplicado para conversão do tempo de exercício de atividades com efetiva exposição a agentes químicos, físicos e biológicos prejudiciais à saúde, ou associação desses agentes, a partir de 13 de novembro de 2019, em tempo de contribuição comum, inclusive para fins de contagem recíproca de tempo de contribuição.

Ademais, **havia vedação expressa à caracterização por categoria profissional ou ocupação e o enquadramento por periculosidade**, a exemplo de *vigilantes* e *eletricitários*, buscando barrar a jurisprudência do STJ no RGPS que se aplicava ao RPPS em razão da súmula vinculante 33.

■ POSIÇÃO DO STJ

RECURSO REPETITIVO

Pesquisa de tema: Tema Repetitivo 534

Situação do tema: Trânsito em Julgado

Pesquisa de Repetitivo Organizado por Assunto

Veja os EDcl no REsp 1306113-SC, que foram parcialmente providos.

Processo

REsp 1306113 / SC

RECURSO ESPECIAL

2012/0035798-8

Relator(a)

Ministro HERMAN BENJAMIN (1132)

Órgão Julgador

S1 - PRIMEIRA SEÇÃO

Data do Julgamento

14/11/2012

Data da Publicação/Fonte

DJe 07/03/2013

Ementa

RECURSO ESPECIAL. MATÉRIA REPETITIVA. ART. 543-C DO CPC E RESOLUÇÃO STJ 8/2008. RECURSO REPRESENTATIVO DE CONTROVÉRSIA. ATIVIDADE ESPECIAL. AGENTE ELETRICIDADE. SUPRESSÃO PELO DECRETO 2.172/1997 (ANEXO IV). ARTS. 57 E 58 DA LEI 8.213/1991. ROL DE ATIVIDADES E AGENTES NOCIVOS. CARÁTER EXEMPLIFICATIVO. AGENTES PREJUDICIAIS NÃO PREVISTOS. REQUISITOS PARA CARACTERIZAÇÃO. SUPORTE TÉCNICO MÉDICO E JURÍDICO. EXPOSIÇÃO PERMANENTE, NÃO OCASIONAL NEM INTERMITENTE (ART. 57, § 3º, DA LEI 8.213/1991).

1. Trata-se de Recurso Especial **interposto pela autarquia previdenciária com o escopo de prevalecer a tese de que a supressão do agente** eletricidade **do rol de agentes nocivos pelo Decreto 2.172/1997 (Anexo IV) culmina na impossibilidade de configuração como tempo** especial **(arts. 57 e 58 da Lei 8.213/1991) de tal hipótese a partir da vigência do citado ato normativo.**

2. À luz da interpretação sistemática, as normas regulamentadoras que estabelecem os casos de agentes e atividades nocivos à saúde do trabalhador são exemplificativas, podendo ser tido como distinto o labor que a técnica médica e a legislação correlata considerarem como prejudiciais ao obreiro, desde que o trabalho seja permanente, não ocasional, nem intermitente, em condições especiais **(art. 57, § 3º, da Lei 8.213/1991). Precedentes do STJ.**

3. No caso concreto, o Tribunal de origem embasou-se em elementos técnicos (laudo pericial) e na legislação trabalhista para reputar como especial o trabalho exercido pelo recorrido, por consequência da exposição habitual à eletricidade, o que está de acordo com o entendimento fixado pelo STJ.

4. Recurso Especial não provido. Acórdão submetido ao regime do art. 543-C do CPC e da Resolução 8/2008 do STJ.

Processo

Pet 10679 / RN

PETIÇÃO

2014/0233212-2

Relator(a)

Ministro NAPOLEÃO NUNES MAIA FILHO (1133)

Órgão Julgador

S1 - PRIMEIRA SEÇÃO

Data do Julgamento

22/05/2019

Data da Publicação/Fonte

DJe 24/05/2019

Ementa

PREVIDENCIÁRIO. PEDIDO DE UNIFORMIZAÇÃO DE INTERPRETAÇÃO DE LEI FEDERAL. ATIVIDADE **ESPECIAL. VIGILANTE,** COM OU SEM USO DE ARMA DE FOGO. SUPRESSÃO PELO DECRETO 2.172/1997. ARTS. 57 E 58 DA LEI 8.213/1991. ROL DE ATIVIDADES E AGENTES NOCIVOS. CARÁTER EXEMPLIFICATIVO. AGENTES PREJUDICIAIS NÃO PREVISTOS. REQUISITOS PARA CARACTERIZAÇÃO. EXPOSIÇÃO PERMANENTE, NÃO OCASIONAL NEM INTERMITENTE (ART. 57, § 3º., DA LEI 8.213/1991). INCIDENTE DE UNIFORMIZAÇÃO INTERPOSTO PELO SEGURADO PROVIDO.

1. Não se desconhece que a periculosidade não está expressamente prevista nos Decretos 2.172/1997 e 3.048/1999, o que à primeira vista, levaria ao entendimento de que está excluída da legislação a aposentadoria especial pela via da periculosidade.

2. Contudo, o art. 57 da Lei 8.213/1991 assegura expressamente o direito à aposentadoria especial ao Segurado que exerça sua atividade em condições que coloquem em risco a sua saúde ou a sua integridade física, nos termos dos arts. 201, § 1º. e 202, II da Constituição Federal.

3. Assim, o fato de os decretos não mais contemplarem os agentes perigosos não significa que não seja mais possível o reconhecimento da especialidade da atividade, já que todo o ordenamento jurídico, hierarquicamente superior, traz a garantia de proteção à integridade física do trabalhador.

4. Corroborando tal assertiva, a Primeira Seção desta Corte, no julgamento do 1.306.113/SC, fixou a orientação de que a despeito da supressão do agente eletricidade pelo Decreto 2.172/1997, é possível o reconhecimento da especialidade da atividade submetida a tal agente perigoso, desde que comprovada a exposição do trabalhador de forma permanente, não ocasional, nem intermitente.

5. Seguindo essa mesma orientação, é possível reconhecer a possibilidade de caracterização da atividade de vigilante como especial, com ou sem o uso de arma de fogo, mesmo após 5.3.1997, desde que comprovada a exposição do trabalhador à atividade nociva, de forma permanente, não ocasional, nem intermitente.

6. *In casu*, merece reparos o acórdão proferido pela TNU afirmando a impossibilidade de contagem como tempo especial o exercício da atividade de vigilante no período posterior ao Decreto 2.172/1997, restabelecendo o acórdão proferido pela Turma Recursal que reconheceu a comprovação da especialidade da atividade.

7. Incidente de Uniformização interposto pelo Segurado provido para fazer prevalecer a orientação ora firmada.

No entanto, após uma negociação no Senado, a vedação ao enquadramento por periculosidade foi retirada e o tema será em breve regulado por lei complementar, que irá descrever as situações de concessão por risco.

De acordo com a **Emenda Constitucional 120, de 5 de maio de 2022**, *"os agentes comunitários de saúde e os agentes de combate às endemias terão também, em razão dos riscos inerentes às funções desempenhadas,* ***aposentadoria especial*** *e, somado aos seus vencimentos, adicional de insalubridade"*.

Trata-se de regra constitucional que **determina** a concessão de aposentadoria especial aos citados agentes de saúde por presunção de nocividade por exposição aos agentes biológicos, que diante da sua generalidade abarca o **RGPS** (empregados públicos) e **RPPS** (servidores com cargo efetivo).

Não possui aplicação imediata, pois não detém elementos mínimos de concretização sem a devida regulamentação por **lei complementar**, conforme exige o artigo 201, §4º, combinado com o artigo 40, §4º-C, ambos da Constituição, tais como tempo de contribuição e idade.

Registre-se que, no âmbito do RPPS dos estados, Distrito Federal e municípios, caberá aos respectivos entes políticos a sua regulamentação através de lei complementar.

Demais disso, **parece ser uma concessão excepcional de aposentadoria especial por categoria profissional**, posto que não exige exposição permanente aos agentes biológicos, trazendo uma presunção constitucional absoluta de especialidade por profissão, sistemática que havia sido extinta pela Lei 9.032/95 e reforçada pela Emenda 103/2019, sendo neste ponto um retrocesso no modelo de concessão do benefício, que desde 29/04/1995 havia abandonado a concessão por categoria profissional para focar na exposição permanente aos agentes nocivos, independentemente da profissão desempenhada.

Desse modo, somente após a sua regulamentação por intermédio de leis complementares teremos a efetiva aplicação desse novo dispositivo, sem prejuízo da concessão do benefício pelas regras anteriores por exposição permanente aos agentes biológicos com risco anormal de exposição em decorrência da natureza da atividade desempenhada, à luz dos artigos 19 e 21 da EC 103/2019 combinado com o artigo 57 da Lei 8.213/91.

Restou mantida a previsão de aposentadoria especial para a **pessoa com deficiência**, previamente submetidos à avaliação biopsicossocial realizada por equipe multiprofissional e interdisciplinar, mas agora passa a ser um **ato discricionário do legislador** de cada esfera de governo, mediante lei complementar, o que é lamentável, pois julgamos que a pessoa com deficiência deveria sempre ter o direito a regras especiais de aposentação.

Por sua vez, a Constituição deixa de se referir a atividades de risco, agora elencando as carreiras que **poderão ter direito a uma aposentadoria especial,** se aprovada lei complementar no âmbito da respectiva esfera de governo:

A) agente penitenciário;

B) agente socioeducativo;

C) policial civil dos estados e do Distrito Federal;

D) policiais federais, policiais rodoviários federais e policiais ferroviários federais;

E) policiais da Câmara dos Deputados e do Senado.

Dessa forma, ao listar as carreiras do serviço público que possuirão direito à aposentadoria especial, a Emenda 103/2019 enterra pleitos de outras categorias que buscavam a especialidade de aposentação, a exemplo dos oficiais de justiça e guardas municipais.

Os **agentes socioeducativos** são servidores que laboram em órgãos do sistema de segurança de crianças e adolescentes que cometeram atos infracionais, conforme capitulado na Lei 8.069/1990 (ECA), não sendo policiais penais, conforme firmado pelo STF na ADI 7.229/AC, sendo regulados pelas leis estaduais das respectivas carreiras.

A previsão na EC 103 da aposentadoria especial decorre do risco da atividade. Nos termos da Lei 12.594/2012, entendem-se por medidas socioeducativas as previstas no artigo 112 da Lei nº 8.069, de 13 de julho de 1990 (Estatuto da Criança e do Adolescente), as quais têm por objetivos:

> I - a responsabilização do adolescente quanto às consequências lesivas do ato infracional, sempre que possível incentivando a sua reparação;
>
> II - a integração social do adolescente e a garantia de seus direitos individuais e sociais, por meio do cumprimento de seu plano individual de atendimento; e
>
> III - a desaprovação da conduta infracional, efetivando as disposições da sentença como parâmetro máximo de privação de liberdade ou restrição de direitos, observados os limites previstos em lei.

Por sua vez, nos termos do artigo 112 do ECA, uma vez verificada a prática de **ato infracional**, a autoridade competente poderá aplicar ao adolescente as seguintes medidas:

> I - advertência;
>
> II - obrigação de reparar o dano;
>
> III - prestação de serviços à comunidade;

IV - liberdade assistida;

V - inserção em regime de semi-liberdade;

VI - internação em estabelecimento educacional;

VII - qualquer uma das previstas no art. 101, I a VI (I - encaminhamento aos pais ou responsável, mediante termo de responsabilidade; II - orientação, apoio e acompanhamento temporários; III - matrícula e freqüência obrigatórias em estabelecimento oficial de ensino fundamental; IV - inclusão em serviços e programas oficiais ou comunitários de proteção, apoio e promoção da família, da criança e do adolescente;V - requisição de tratamento médico, psicológico ou psiquiátrico, em regime hospitalar ou ambulatorial; VI - inclusão em programa oficial ou comunitário de auxílio, orientação e tratamento a alcoólatras e toxicômanos).

Essas são as regras permanentes sobre as aposentadorias especiais aplicáveis aos **novos servidores**, ressalvada a existência de regra de transição nos artigos 5º e 10 da Emenda para os antigos servidores, que serão estudadas.

No entanto, o artigo 10 da Emenda 103 constituiu regras de transição até que entre em vigor **lei federal** que discipline os benefícios do regime próprio de previdência social dos servidores da União.

Até que a União edite uma lei para disciplinar as regras especiais de aposentadorias dos servidores federais, deverá ser observado o regramento de transição do artigo 10 da Emenda 103/2019 **(regra de transição a uma regra permanente):**

> Art. 10. **Até que entre em vigor lei federal** que discipline os benefícios do regime próprio de previdência social dos servidores da União, aplica-se o disposto neste artigo.
>
> ...
>
> § 2º **Os servidores públicos federais com direito a idade mínima ou tempo de contribuição distintos da regra geral para concessão de aposentadoria**, na forma dos §§ 4º-B, 4º-C e 5º do art. 40 da Constituição Federal, poderão se aposentar, observados os seguintes requisitos:
>
> I - o **policial civil** do órgão a que se refere o inciso XIV[13] do *caput* do art. 21 da Constituição Federal, o **policial** dos órgãos a que se referem o inciso

13. XIV - organizar e manter a polícia civil, a polícia militar e o corpo de bombeiros militar do Distrito Federal, bem como prestar assistência financeira ao Distrito Federal para a execução de serviços públicos, por meio de fundo próprio; (Redação dada pela Emenda Constitucional nº 19, de 1998)

> IV[14] do *caput* do art. 51, o inciso XIII[15] do *caput* do art. 52 e os incisos I a III[16] do *caput* do art. 144 da Constituição
>
> Federal e os ocupantes dos cargos de **agente federal penitenciário ou socioeducativo**, aos 55 (cinquenta e cinco) anos de idade, 30 (trinta) anos de contribuição e 25 (vinte e cinco) anos de efetivo exercício em cargo destas carreiras, para ambos os sexos;
>
> II - o **servidor público federal** cujas atividades sejam exercidas com efetiva exposição a **agentes nocivos** químicos, físicos e biológicos prejudiciais à saúde, ou associação destes agentes, vedada a caracterização por categoria profissional ou ocupação, aos 60 (sessenta) anos de idade, 25 (vinte e cinco) anos de efetiva exposição e contribuição, 10 (dez) anos de efetivo exercício de serviço público e 5 (cinco) anos no cargo efetivo em que for concedida a aposentadoria;
>
> § 3º A aposentadoria a que se refere o § 4º-C do art. 40 da Constituição Federal observará adicionalmente as condições e **os requisitos estabelecidos para o Regime Geral de Previdência Social**, naquilo em que não conflitarem com as regras específicas aplicáveis ao regime próprio de previdência social da União, **vedada a conversão de tempo especial em comum.**

Vale registrar que dentro do RPPS o Supremo Tribunal Federal passou a admitir a conversão do tempo especial em comum até o advento da EC 103/2019, ao julgar o RE 1014286, em 31/08/2020, **Tema 942 em Repercussão Geral**.

> ■ **POSIÇÃO DO STF**
>
> **Tese firmada - Tema 942:** "Até a edição da Emenda Constitucional nº 103/2019, o direito à conversão, em tempo comum, do prestado sob condições especiais que prejudiquem a saúde ou a integridade física de servidor público decorre da previsão de adoção de requisitos e critérios diferenciados para a jubilação daquele enquadrado na hipótese prevista no então vigente inciso III do § 4º do art. 40 da Constituição da República, devendo ser aplicadas as

14. Art. 51. Compete privativamente à Câmara dos Deputados: IV - dispor sobre sua organização, funcionamento, polícia, criação, transformação ou extinção dos cargos, empregos e funções de seus serviços, e a iniciativa de lei para fixação da respectiva remuneração, observados os parâmetros estabelecidos na lei de diretrizes orçamentárias; (Redação dada pela Emenda Constitucional nº 19, de 1998)
15. Art. 52. Compete privativamente ao Senado Federal: XIII - dispor sobre sua organização, funcionamento, polícia, criação, transformação ou extinção dos cargos, empregos e funções de seus serviços, e a iniciativa de lei para fixação da respectiva remuneração, observados os parâmetros estabelecidos na lei de diretrizes orçamentárias; (Redação dada pela Emenda Constitucional nº 19, de 1998)
16. Art. 144. A segurança pública, dever do Estado, direito e responsabilidade de todos, é exercida para a preservação da ordem pública e da incolumidade das pessoas e do patrimônio, através dos seguintes órgãos: I - polícia federal; II - polícia rodoviária federal; III - polícia ferroviária federal.

normas do regime geral de previdência social relativas à aposentadoria especial contidas na Lei 8.213/1991 para viabilizar sua concretização enquanto não sobrevier lei complementar disciplinadora da matéria. Após a vigência da EC n.º 103/2019, o direito à conversão em tempo comum, do prestado sob condições especiais pelos servidores obedecerá à legislação complementar dos entes federados, nos termos da competência conferida pelo art. 40, § 4º-C, da Constituição da República".

No âmbito do RPPS dos servidores federais, a Emenda 103/2019 veda a conversão do tempo especial em comum no seu artigo 10 após 13/11/2019:

> *"Art. 10. Até que entre em vigor lei federal que discipline os benefícios do regime próprio de previdência social dos servidores da União, aplica-se o disposto neste artigo.*
>
> *§ 3º A aposentadoria a que se refere o § 4º-C do art. 40 da Constituição Federal observará adicionalmente as condições e os requisitos estabelecidos para o Regime Geral de Previdência Social, naquilo em que não conflitarem com as regras específicas aplicáveis ao regime próprio de previdência social da União,* ***vedada a conversão de tempo especial em comum****".*

Somente será possível no RPPS dos entes políticos a conversão de tempo especial em comum após 13/11/2019 se houver lei complementar da lavra da entidade política autorizando.

De efeito, para os **policiais civis do Distrito Federal, policiais da Câmara dos Deputados, policiais do Senado, policiais federais, policiais rodoviários federais e policiais ferroviários federais, agentes penitenciários federais e agentes federais socioeducativos**, assegurou-se a concessão de aposentadoria observados os seguintes requisitos para ambos os sexos:

a) cinquenta e cinco anos de idade;

b) trinta anos de contribuição;

c) vinte e cinco anos de efetivo exercício em cargo destas carreiras.

Para o **servidor federal** efetivamente exposto a **agentes nocivos à saúde**, assegurou-se a concessão de aposentadoria observados os seguintes requisitos para ambos os sexos:

a) sessenta anos de idade;

b) vinte e cinco anos de efetiva exposição;

c) dez anos de efetivo exercício no serviço público;

d) cinco anos no cargo em que for concedida a aposentadoria.

Ademais, a aferição deve observar (no que couber) as complexas regras dos artigos 57 e 58 da Lei 8.213/91, tendo sido vedada a **conversão de tempo especial em comum após 13/11/2019.**

No âmbito da Administração Pública federal, o extinto Ministério do Planejamento, Orçamento e Gestão (MPOG), através da sua Secretaria de Gestão Pública, publicou a Orientação Normativa 16, de 23 de dezembro de 2013, que estabelece orientações aos órgãos e entidades integrantes do Sistema de Pessoal Civil da Administração Federal - SIPEC quanto aos procedimentos necessários à análise dos processos de aposentadoria especial com fundamento no art. 57 da Lei nº 8.213, de 24 de julho de 1991, dos servidores públicos federais amparados por decisão judicial em mandado de injunção julgado pelo Supremo Tribunal Federal.

Caberá à Administração Pública federal produzir laudo técnico de condições ambientais (LTCAT) elaborado por médico ou engenheiro do trabalho para, em seguida, preencher o formulário denominado perfil profissiográfico previdenciário (PPP), observado o regime de presunção por categoria profissional até 28/4/1995 (Lei 9.032/95).

Este regramento é **exclusivo para os servidores federais**. Nos termos do artigo 10, § 7º, da Emenda, "aplicam-se às aposentadorias dos servidores dos Estados, do Distrito Federal e dos Municípios as normas constitucionais e infraconstitucionais anteriores à data de entrada em vigor desta Emenda Constitucional, enquanto não promovidas alterações na legislação interna relacionada ao respectivo regime próprio de previdência social".

Dessa forma, para policiais civis dos estados da federação ainda devem ser aplicadas as regras de aposentação constantes da Lei Complementar 51/1985.

SÍNTESE DAS REGRAS DOS POLICIAIS CIVIS - LC 51/1985

Os policiais possuem um regramento especial para a sua aposentação ditado na Lei Complementar 51/1985, garantindo-se no seu texto originário aposentadoria voluntária com proventos integrais, após 30 anos de serviço, desde que conte, pelo menos 20 anos de exercício em cargo de natureza estritamente policial.

No entanto, coube à Lei Complementar 144/2014 alterar essas regras em benefício das mulheres policiais, que passaram a se aposentar com 25 anos de tempo de contribuição. Em síntese, garante-se a aposentadoria voluntária aos policiais, com proventos integrais, independentemente da idade, nas seguintes condições:

a) após 30 (trinta) anos de contribuição, desde que conte, pelo menos, 20 (vinte) anos de exercício em cargo de natureza estritamente policial, se homem;

b) após 25 (vinte e cinco) anos de contribuição, desde que conte, pelo menos, 15 (quinze) anos de exercício em cargo de natureza estritamente policial, se mulher.

De acordo com o artigo 54 da Portaria SGP/SEDGG/ME 10.360/2022, **o tempo de carreira do policial da União ou do agente federal de execução penal** poderá ser contínuo, na mesma carreira, ou intercalado entre as carreiras e cargos a que se refere o caput e as carreiras de Polícia Civil do Distrito Federal e de Policial Legislativo Federal da Câmara dos Deputados e do Senado Federal. No entanto, o tempo em que o servidor esteve em exercício de mandato eletivo ou cedido a órgão ou entidade da administração direta ou indireta, do mesmo ou de outro ente federativo, com ou sem ônus para o cessionário, ou afastado do país por cessão ou licenciamento, não será considerado tempo de contribuição diferenciado para fins de aposentadoria com regra especial.

Outrossim, nos moldes do artigo 64 da Portaria SGP/SEDGG/ME 10.360/2022, será considerado **tempo de exercício em cargo de natureza estritamente policial**, para os fins da regra especial de aposentação, o tempo de atividade militar nas Forças Armadas, nas polícias militares e nos corpos de bombeiros militares, e o tempo de atividade como agente penitenciário ou socioeducativo dos entes federativos, **não sendo considerado** efetivo exercício em cargos das referidas carreiras o tempo em que o servidor público estiver em exercício de mandato eletivo, ou, em razão de sua própria natureza, as atribuições que lhe forem cometidas não se enquadrarem em atividades típicas dos aludidos cargos, entre outras hipóteses, se for o caso, quando estiver cedido a órgão ou entidade da administração direta ou indireta, do mesmo ou de outro ente federativo, com ou sem ônus para o cessionário, ou afastado do país por cessão ou licenciamento.

No que concerne ao servidor federal com deficiência, foi constituída regra transitória no artigo 22 da EC 103/2019:

> Art. 22. Até que lei discipline o § 4º-A do art. 40 e o inciso I do § 1º do art. 201 da Constituição Federal, a aposentadoria da pessoa com deficiência segurada do Regime Geral de Previdência Social ou do **servidor público federal** com deficiência vinculado a regime próprio de previdência social, desde que cumpridos, no caso do servidor, o tempo mínimo de **10 (dez) anos de efetivo exercício no serviço público e de 5 (cinco) anos no cargo efetivo** em que for concedida a aposentadoria, será concedida na forma da **Lei Complementar nº 142, de 8 de maio de 2013**, inclusive quanto aos critérios de cálculo dos benefícios.
>
> Parágrafo único. Aplicam-se às aposentadorias dos servidores com deficiência dos **Estados, do Distrito Federal e dos Municípios** as normas constitucionais e infraconstitucionais anteriores à data de entrada em vigor desta Emenda Constitucional, enquanto não promovidas alterações na legislação interna relacionada ao respectivo regime próprio de previdência social.

Trata-se da regra de transição em favor do servidor federal portador de deficiência empossado antes ou demais da Emenda 103/2019 até que seja editada uma lei complementar de regulação.

Na sistemática anterior a União nunca editou lei complementar nacional para regular a aposentadoria dos servidores públicos com deficiência.

Diante deste quadro de omissão inconstitucional no cenário anterior à EC 103/2019, a Suprema Corte também passou a prover os prover mandados de injunção dos servidores públicos portadores de deficiência física, determinando a aplicação por analogia, no que couber, das regras do artigo 57 da Lei 8.213/91:

■ **POSIÇÃO DO STF**

"MANDADO DE INJUNÇÃO. SERVIDOR PÚBLICO PORTADOR DE DEFICIÊNCIA. DIREITO PÚBLICO SUBJETIVO À APOSENTADORIA ESPECIAL (CF, ART. 40, § 4º, I). INJUSTA FRUSTRAÇÃO DESSE DIREITO EM DECORRÊNCIA DE INCONSTITUCIONAL, PROLONGADA E LESIVA OMISSÃO IMPUTÁVEL A ÓRGÃOS ESTATAIS DA UNIÃO FEDERAL. CORRELAÇÃO ENTRE A IMPOSIÇÃO CONSTITUCIONAL DE LEGISLAR E O RECONHECIMENTO DO DIREITO SUBJETIVO À LEGISLAÇÃO. DESCUMPRIMENTO DE IMPOSIÇÃO CONSTITUCIONAL LEGIFERANTE E DESVALORIZAÇÃO FUNCIONAL DA CONSTITUIÇÃO ESCRITA. A INÉRCIA DO PODER PÚBLICO COMO ELEMENTO REVELADOR DO DESRESPEITO ESTATAL AO DEVER DE LEGISLAR IMPOSTO PELA CONSTITUIÇÃO. OMISSÕES NORMATIVAS INCONSTITUCIONAIS: UMA PRÁTICA GOVERNAMENTAL QUE SÓ FAZ REVELAR O DESPREZO DAS INSTITUIÇÕES OFICIAIS PELA AUTORIDADE SUPREMA DA LEI FUNDAMENTAL DO ESTADO. A COLMATAÇÃO JURISDICIONAL DE OMISSÕES INCONSTITUCIONAIS: UM GESTO DE FIDELIDADE À SUPREMACIA HIERÁRQUICO - NORMATIVA DA CONSTITUIÇÃO DA REPÚBLICA. A VOCAÇÃO PROTETIVA DO MANDADO DE INJUNÇÃO. LEGITIMIDADE DOS PROCESSOS DE INTEGRAÇÃO NORMATIVA (DENTRE ELES, O RECURSO À ANALOGIA) COMO FORMA DE SUPLEMENTAÇÃO DA "INERTIA AGENDI VEL DELIBERANDI". PRECEDENTES DO SUPREMO TRIBUNAL FEDERAL. MANDADO DE INJUNÇÃO CONHECIDO E DEFERIDO" **(mandado de injunção 1.967, de 24/05/2011, Rel. Min. Celso de Mello).**

Com o advento da LC 142/2013, que veio a regulamentar a aposentadoria especial do segurado deficiente do RGPS, o STF determinou a aplicação desta norma para a aposentadoria especial do servidor público, conforme notícia publicada no sítio da Suprema Corte.

■ POSIÇÃO DO STF

"Sexta-feira, 04 de outubro de 2013

Ministro define critérios para aposentadoria de servidores com deficiência

Ao analisar agravo regimental no Mandado de Injunção (MI) 5126, o ministro Luiz Fux, do Supremo Tribunal Federal (STF), determinou a aplicação, ao caso, do disposto no artigo 57 da Lei 8.213/1991 (que dispõe sobre os benefícios da Previdência Social) até a entrada em vigor da Lei Complementar 142/2013 para fins de verificação do preenchimento dos requisitos para a aposentadoria especial do servidor com deficiência. Após a vigência da LC 142/2013, a aferição será feita nos moldes ali previstos.

O MI 5126 foi impetrado por um servidor público que alegava omissão legislativa da presidente da República e do governador do Distrito Federal. Ele sustenta ser portador de cervicalgia em razão da sequela de poliomielite, deficiência física passível de ser reconhecida como causa de aposentadoria especial, nos termos do artigo 40, parágrafo 4º, inciso I, da Constituição Federal.

Na primeira análise, o ministro Luiz Fux julgou procedente o pedido para conceder parcialmente a ordem, determinando a aplicação, no que coubesse, do artigo 57 da Lei Federal 8.213/1991, para os fins de verificação do preenchimento dos requisitos para a aposentadoria especial do servidor.

O governador do Distrito Federal interpôs agravo regimental contra a decisão, sustentando a impossibilidade de se aplicar à hipótese sob exame o disposto no artigo 57 da Lei 8.213/1991, uma vez que essa disposição trata apenas da aposentadoria especial em razão do exercício de atividades prejudiciais à saúde ou à integridade física. Destacou ainda que, em 8 de maio deste ano, foi editada a Lei Complementar 142/2013, que regulamenta a aposentadoria da pessoa com deficiência segurada do Regime Geral da Previdência Social, "revelando-se a disciplina adequada para o presente caso".

Decisão

O ministro Luiz Fux apontou que o STF já reconheceu a mora legislativa relativamente à disciplina da aposentadoria especial de servidores públicos, prevista no artigo 40, parágrafo 4º, da Constituição Federal. O dispositivo estabelece que lei complementar irá definir a aposentadoria especial dos servidores portadores de deficiência.

O relator explicou que, na primeira análise do MI 5126, ainda não havia regulamentação específica do direito à aposentadoria especial das pessoas com deficiência pelo Regime Geral de Previdência Social, razão pela qual o Supremo vinha determinando a aplicação do artigo 57 da Lei 8.213/1991. No entanto, com a regulamentação da aposentadoria da pessoa com deficiência naquele regime, o ministro reconsiderou parcialmente a decisão anterior e determinou a aplicação da LC 142/2013 a partir da data em que entrar em vigor (seis meses após sua publicação) e até que o direito dos servidores públicos na mesma condição seja objeto de regulamentação. Ressalvou, porém, que, até a sua entrada em vigor, mantém-se a aplicação do artigo 57 da Lei 8.213/1991".

A aposentadoria com regras especiais em favor dos segurados deficientes passou a ter previsão na Constituição de 1988 somente com o advento da Emenda 47/2005. Coube à **Lei Complementar 142, de 08 de maio de 2013**, regulamentar a concessão de aposentadoria com critérios especiais aos referidos segurados, mas que apenas entrou em vigor após transcorridos seis meses da sua publicação, perpetrada no dia 09/05/2013.

Por sua vez, o Decreto 8.145, de 03 de dezembro de 2013, publicado nesse mesmo dia, promoveu a sua regulamentação, através da inserção no Regulamento da Previdência Social dos artigos 70-A *usque* 70-I.

A aposentadoria especial do deficiente (chamada pelo Decreto 3048/99 de aposentadoria por tempo de contribuição do deficiente) dependerá do **grau de deficiência** (grave, moderada ou leve), cabendo ao Regulamento da Previdência Social defini-las e ao INSS atestar o grau de deficiência por sua perícia médica, observada a seguinte tabela:

	Deficiência Grave	Deficiência Moderada	Deficiência Leve
Homens	25 anos de contribuição	29 anos de contribuição	33 anos de contribuição
Mulheres	20 anos de contribuição	24 anos de contribuição	28 anos de contribuição

Esta regra de transição do artigo 22 da Emenda será aplicável aos servidores federais empossados até a data da sua publicação, até que a união aprove lei complementar a respeito.

Serão aplicáveis aos servidores federais as regras citadas da LC 142/2013, acrescidas dos seguintes requisitos:

a) **tempo mínimo de 10 anos de efetivo exercício no serviço público;**

b) **5 anos no cargo efetivo em que for concedida a aposentadoria.**

A renda mensal desta aposentadoria do servidor federal com deficiência não será calculada no cabe no artigo 26 da Emenda, pois este artigo não se refere à esta regra de transição.

Ademais, a própria regra de transição determina a aplicação da LC 142/2013, "inclusive quanto aos critérios de cálculo dos benefícios", tema regular nos artigos 9º e 10:

> *"Art. 8º A renda mensal da aposentadoria devida ao segurado com deficiência será calculada aplicando-se sobre o salário de benefício, apurado em conformidade com o disposto no art. 29 da Lei nº 8.213, de 24 de julho de 1991, os seguintes percentuais:*

> *I - 100% (cem por cento), no caso da aposentadoria de que tratam os incisos I, II e III do art. 3º;"*
>
> *Art. 9º Aplicam-se à pessoa com deficiência de que trata esta Lei Complementar:*
>
> *I - o fator previdenciário nas aposentadorias, se resultar em renda mensal de valor mais elevado;"*

Dessa forma, será de 100% do salário de benefício com aplicação do fator previdenciário, se benéfico ao segurado. Agora o fator previdenciário poderá migrar do RGPS ao RPPS neste caso, se favorável ao servidor com deficiência.

Essa remissão é totalmente infeliz, pois os benefícios do RGPS possuem base de cálculo no salário de benefício, que é limitado em 2025 a R$ 8.157,41, sistemática distinta do RPPS e que vai gerar dúvidas de aplicação.

No que concerne à **avaliação do grau de deficiência**, deve ser aplicada a Portaria Interministerial SDH/MPS/MF/MOG/AGU Nº 1, DE 27 DE JANEIRO DE 2014, que aprovou o instrumento destinado à avaliação do segurado da Previdência Social e à identificação dos graus de deficiência, bem como definiu impedimento de longo prazo.

De efeito, compete à perícia própria da União (perícia médica e serviço social), por meio de avaliação médica e funcional, para efeito de concessão da aposentadoria da pessoa com deficiência, avaliar o segurado e fixar a data provável do início da deficiência e o respectivo grau, assim como identificar a ocorrência de variação no grau de deficiência e indicar os respectivos períodos em cada grau.

Por sua vez, a avaliação funcional indicada no *caput* será realizada com base no conceito de funcionalidade disposto na **Classificação Internacional de Funcionalidade, Incapacidade e Saúde - CIF**, da Organização Mundial de Saúde, e mediante a aplicação do **Índice de Funcionalidade Brasileiro Aplicado para Fins de Aposentadoria - IFBrA**, conforme o instrumento anexo da referida Portaria Interministerial.

Seguindo-se a sistemática da Lei Orgânica de Assistência Social, considerou-se **impedimento de longo** prazo, para os efeitos do Decreto nº 3.048, de 1999, aquele que produza efeitos de natureza física, mental, intelectual ou sensorial, pelo **prazo mínimo de 02 (dois) anos**, contados de forma ininterrupta.

Adotou-se um sistema de pontuação similar à caracterização do deficiente para fins do benefício assistencial de um salário mínimo.

Por fim, este regramento de transição **não será aplicável às aposentadorias dos servidores com deficiência dos Estados, do Distrito Federal e dos Municípios**, que conservarão as normas constitucionais e infraconstitucionais (inexistentes) anteriores à data de entrada em vigor desta Emenda Constitucional 103/2019, enquanto não promovidas alterações na legislação interna relacionada ao respectivo regime próprio de previdência social.

Certamente os servidores dos estados, Distrito Federal e municípios precisarão continuar impetrando mandados de injunção para ter a apreciação dos seus pedidos de aposentadoria de deficientes apreciados à luz da LC 142/2013.

Considerando que após 13.11.2019 a aposentadoria especial por agentes nocivos do servidor passou a ser da competência do legislador estadual e municipal, não mais dependendo da edição de lei complementar da União, no julgamento da PSV 118 o STF pronunciou a **perda de objeto da Súmula Vinculante 33.**

■ POSIÇÃO DO STF

PSV 118

Órgão julgador: Tribunal Pleno

Relator(a): Min. LUIZ FUX (Presidente)

Redator(a) do acórdão: Min. ALEXANDRE DE MORAES

Julgamento: 11/04/2022

Publicação: 30/06/2022

Ementa

EMENTA: DIREITO CONSTITUCIONAL E PREVIDENCIÁRIO. PROPOSTA DE SÚMULA VINCULANTE 118. REVISÃO DA SÚMULA VINCULANTE 33. ALTERAÇÃO CONSTITUCIONAL. PREENCHIMENTO DAS LACUNAS NORMATIVAS. PERDA SUPERVENIENTE DO OBJETO. PROPOSTA REJEITADA. 1. **Proposta de revisão da Súmula Vinculante 33**, a fim de inserir referência à antiga redação do inciso I do parágrafo 4º do artigo 40 da CF/88, sugerindo-se a seguinte redação: "aplicam-se ao servidor público, no que couber, as regras do regime geral da previdência social sobre aposentadoria especial de que trata o artigo 40, § 4º, incisos I e III, da Constituição Federal, até a edição de lei complementar específica". **2. Com a promulgação da Emenda Constitucional 103/2019, a aposentadoria especial dos servidores públicos passou por profunda modificação, sendo que as lacunas normativas então existentes, as quais justificaram a aprovação do Enunciado Vinculante 33 e o pedido revisional aqui apresentado, já não mais subsistem, motivo pelo qual a presente revisão perdeu seu objeto. 3. Proposta de revisão de Súmula Vinculante rejeitada por perda superveniente do objeto.**

Mas após a EC 103/2019, como os estados e municípios adquiriram competência para legislar sobre este tema, o mandado de injunção deve ser ajuizado no respectivo Tribunal de Justiça, e não mais no STF.

De acordo com o artigo 51 da Portaria SGP/SEDGG/ME 10.360/2022, a **avaliação da deficiência** pelos órgãos competentes da União será realizada de forma multiprofissional e interdisciplinar por meio de avaliação que fixará a data provável do início da deficiência e o seu grau, no correspondente período de filiação ao RPPS da União, e de exercício das atribuições do cargo efetivo na condição de servidor com deficiência e, para efeito da avaliação médica e funcional, o RPPS da União utilizará os normativos editados pelo RGPS.

Eis as orientações da Portaria MTP 1.467/2022 para o cumprimento da EC 103/2019:

> **ANEXO V**
>
> **INSTRUÇÕES PARA O RECONHECIMENTO DO DIREITO À APOSENTADORIA ESPECIAL DOS SEGURADOS COM DEFICIÊNCIA DO RPPS DA UNIÃO E DOS DEMAIS ENTES FEDERATIVOS QUE ADOTAREM AS REGRAS DA UNIÃO, INCLUSIVE DOS ENTES FEDERATIVOS QUE NÃO PROMOVEREM ALTERAÇÕES NA LEGISLAÇÃO RELACIONADA AO RPPS, QUANDO O RECONHECIMENTO DO DIREITO À APOSENTADORIA ESPECIAL DO SEGURADO COM DEFICIÊNCIA TIVER AMPARO EM ORDEM CONCEDIDA EM MANDADO DE INJUNÇÃO.**
>
> Art. 1º Os parâmetros e diretrizes gerais estabelecidos neste Anexo serão observados para fins de análise do direito do segurado com deficiência à concessão da aposentadoria especial na forma da Lei Complementar nº 142, de 8 de maio de 2013, com fundamento no art. 22 da Emenda Constitucional nº 103, de 12 de novembro de 2019, para os Regimes Próprios de Previdência Social - RPPS de que trata o art. 40 da Constituição Federal:
>
> I - da União;
>
> II - dos entes federativos que adotarem as mesmas regras da União; ou
>
> III - dos entes federativos que não promoverem alteração na sua legislação relacionada ao RPPS de seus servidores nos termos do § 4º-A do art. 40 da Constituição Federal, quando o segurado for amparado por ordem concedida em mandado de injunção.
>
> Art. 2º Considera-se pessoa com deficiência aquela que tem impedimentos de longo prazo de natureza física, mental, intelectual ou sensorial, os quais, em interação com diversas barreiras, podem obstruir sua participação plena e efetiva na sociedade em igualdade de condições com as demais pessoas, consoante o art. 1º da Convenção Internacional sobre os Direitos das Pessoas com Deficiência, promulgada pelo Decreto nº 6.949, de 25 de agosto de 2009.
>
> Parágrafo único. Segurado com deficiência é a pessoa com deficiência abrangida por RPPS.
>
> Art. 3º A adoção de requisitos e critérios diferenciados para a concessão de aposentadoria voluntária ao segurado com deficiência está condicionada à comprovação das condições a que se refere o art. 2º na data de entrada do requerimento ou na data de aquisição do direito ao benefício.

Seção I

Requisitos e critérios diferenciados

Art. 4º Os segurados com deficiência dos entes federativos de que trata o art. 1º serão aposentados voluntariamente, desde que cumprido tempo mínimo de 10 (dez) anos de efetivo exercício no serviço público e 5 (cinco) anos no cargo efetivo em que se dará a aposentadoria, observadas as seguintes condições:

I - aos 25 (vinte e cinco) anos de tempo de contribuição, se homem, e 20 (vinte) anos, se mulher, no caso de segurado com deficiência grave;

II - aos 29 (vinte e nove) anos de tempo de contribuição, se homem, e 24 (vinte e quatro), se mulher, no caso de segurado com deficiência moderada;

III - aos 33 (trinta e três) anos de tempo de contribuição, se homem, e 28 (vinte e oito), se mulher, no caso de segurado com deficiência leve; ou

IV - aos 60 (sessenta) anos de idade, se homem, e 55 (cinquenta e cinco) anos de idade, se mulher, desde que cumprido tempo mínimo de contribuição de 15 (quinze) anos na condição de segurado com deficiência.

Parágrafo único. O tempo mínimo de contribuição previsto nos incisos I a III do caput deve ser cumprido na condição de pessoa com deficiência, conforme o grau especificado, e, no inciso IV do caput, independentemente do grau de deficiência, observado, em qualquer caso, o disposto no art. 3º.

Art. 5º Se a condição de pessoa com deficiência sobrevier à filiação nos diversos regimes de previdência social, ou se houver alteração do grau de deficiência, os parâmetros mencionados nos incisos I, II e III do caput do art. 4º serão proporcionalmente ajustados conforme as tabelas abaixo, considerando-se o número de anos de exercício de atividade laboral sem deficiência e com deficiência, observando-se o correspondente grau de deficiência preponderante:

MULHER			
TEMPO A AJUSTAR	**MULTIPLICADORES**		
	Para 20 anos (Deficiência Grave)	Para 24 anos (Deficiência Moderada)	Para 28 anos (Deficiência Leve)
De 20 anos	1,00	1,20	1,40
De 24 anos	0,83	1,00	1,17
De 28 anos	0,71	0,86	1,00
De 30 anos	0,67	0,80	0,93

HOMEM			
TEMPO A AJUSTAR	**MULTIPLICADORES**		
	Para 25 anos (Deficiência Grave)	Para 29 anos (Deficiência Moderada)	Para 33 anos (Deficiência Leve)
De 25 anos	1,00	1,16	1,32
De 29 anos	0,86	1,00	1,14
De 33 anos	0,76	0,88	1,00
De 35 anos	0,71	0,83	0,94

Parágrafo único. O grau de deficiência preponderante será aquele em que o segurado cumpriu maior tempo de contribuição, antes de ajustado, e servirá como parâmetro para definir o tempo mínimo necessário para a aposentadoria voluntária dos incisos I, II e III do caput do art. 4º.

Art. 6º Poderá ser realizada a conversão em tempo com deficiência do tempo em que o segurado exerceu, inclusive como pessoa com deficiência, atividades sujeitas a condições especiais que prejudiquem a saúde ou a integridade física, que fundamentam a concessão da aposentadoria especial de que trata o art. 57 da Lei nº 8.213, de 24 de julho de 1991, se resultar mais favorável ao segurado, conforme as tabelas abaixo:

MULHER			
TEMPO A CONVERTER	**MULTIPLICADORES**		
	Para 20 anos (Deficiência Grave)	Para 24 anos (Deficiência Moderada)	Para 28 anos (Deficiência Leve)
De 25 anos	0,80	0,96	1,12
HOMEM			
TEMPO A CONVERTER	MULTIPLICADORES		
	Para 25 anos (Deficiência Grave)	Para 29 anos (Deficiência Moderada)	Para 33 anos (Deficiência Leve)
De 25 anos	1,00	1,16	1,32

Art. 7º Na concessão da aposentadoria a que se refere o inciso IV do caput do art. 4º, o tempo mínimo de contribuição exigido deve ser apurado sem o ajuste ou conversão de tempo de que tratam os arts. 5º e 6º, respectivamente, e inteiramente cumprido na condição de pessoa com deficiência.

Parágrafo único. Para a aposentadoria por idade concedida a pessoa com deficiência, será assegurada, exclusivamente para fins de cálculo do valor dos proventos, a conversão do período de exercício de atividade sujeito a condições especiais que prejudiquem a sua saúde ou a sua integridade física, na forma do art. 6º, cumprido na condição de pessoa com deficiência até 13 de novembro de 2019.

Art. 8º A redução de tempo de contribuição prevista nos incisos I, II e III do caput do art. 4º não poderá ser acumulada, no tocante ao mesmo período contributivo, com a redução assegurada aos casos de atividades exercidas sob condições especiais que prejudiquem a saúde ou a integridade física a que se refere o art. 6º.

Seção II

Avaliação e comprovação da deficiência

Art. 9º A avaliação da deficiência pelos órgãos competentes da União, dos Estados, do Distrito Federal e dos Municípios será médica e funcional, por meio de perícia que fixará a data provável do início da deficiência e o seu grau, no correspondente período de filiação ao respectivo RPPS, e de exercício das suas atribuições na condição de segurado com deficiência.

§ 1º A avaliação do segurado no período de sua filiação ao Regime Geral de Previdência Social - RGPS compete à perícia própria do Instituto Nacional do Seguro Social - INSS.

§ 2º Para efeito da avaliação médica e funcional de que trata o caput, a União, os Estados, o Distrito Federal e os Municípios utilizarão, para fins de integração normativa, a disciplina própria que a esse respeito for editada para o RGPS.

§3º Na avaliação mencionada neste artigo poderá ser adotado o instrumento aprovado por meio da Portaria Interministerial AGU/MPS/MF/SEDH/MP nº 1, de 27 de janeiro de 2014.

Art. 10. A comprovação de tempo de contribuição na condição de segurado com deficiência, filiado a RPPS, não será admitida por meio de prova exclusivamente testemunhal.

Art. 11. Aplica-se ao segurado com deficiência a contagem recíproca do tempo de contribuição nessa condição relativo à filiação ao RGPS, ao RPPS ou ao Sistema de Proteção Social dos Militares, devendo os regimes compensar-se financeiramente, na forma de regulamentação específica.

Parágrafo único. Para aplicação do disposto no caput, o tempo de contribuição com deficiência em outro regime ou no SPSM deverá ser comprovado, respectivamente, mediante Certidão de Tempo de Contribuição - CTC emitida pelo regime previdenciário de origem ou Certidão de Tempo de Serviço Militar, devendo estar identificados os períodos com deficiência e seus graus, na forma do Anexo IX.

> Seção III
>
> Cálculo e reajuste dos proventos
>
> Art. 12. Os proventos de aposentadoria do segurado com deficiência de que trata o art. 1º corresponderão ao valor resultado mediante a aplicação dos seguintes percentuais sobre a média aritmética simples das maiores bases de cálculo de contribuição para o RGPS ou RPPS, ou das contribuições decorrentes das atividades militares de que tratam os arts. 42 e 142 da Constituição Federal, atualizados monetariamente, correspondentes a 100% (cem por cento) de todo o período contributivo, desde a competência julho de 1994 ou desde o início da contribuição, se posterior àquela competência:
>
> I - 100% (cem por cento), para os casos dos incisos I, II e III do caput do art. 4º; ou
>
> II - 70% (setenta por cento) mais 1% (um por cento) por grupo de 12 (doze) contribuições mensais até o máximo de 30% (trinta por cento), no caso do inciso IV do art. 4º do caput.
>
> § 1º No cálculo dos proventos de aposentadoria especial do segurado com deficiência aplica-se ainda o disposto nos §§ 2º, 14, 15 e 16 do art. 40 da Constituição Federal.
>
> § 2º Os proventos calculados conforme o disposto neste artigo serão reajustados nos termos estabelecidos para o RGPS.
>
> Seção IV
>
> Disposições Finais
>
> Art. 13. Salvo decisão judicial expressa em contrário, este Anexo não será aplicado para:
>
> I - conversão do tempo cumprido pelo segurado com deficiência em tempo de contribuição comum, inclusive para fins de contagem recíproca de tempo de contribuição; e
>
> II - reconhecimento de tempo de contribuição exercido na condição de pessoa com deficiência com o objetivo de instruir futuro pedido de aposentadoria voluntária.

No que concerne ao regramento do professor do ensino básico, a EC 103/2019 alterou o § 5º do artigo 40 da Constituição:

> § 5º Os ocupantes do **cargo de professor terão idade mínima reduzida em 5 (cinco) anos** em relação às idades decorrentes da aplicação do disposto no inciso III do § 1º, desde que comprovem tempo de efetivo exercício das funções de magistério na educação infantil e no ensino fundamental e médio fixado em **lei complementar** do respectivo ente federativo.

Os professores do ensino infantil, fundamental e médio conservaram o direito de **reduzir 5 anos na idade** no benefício de aposentadoria por idade em relação às regras ordinárias, que no serviço público federal são de 65 anos para os homens e 62 para as mulheres, reduzindo na área federal para **60 anos para os professores e 57 anos de idade para as professoras.**

Em relação aos estados, Distrito Federal e municípios, após as Constituições e Leis Orgânicas fixarem a idade mínima para os servidores comuns, deverá ser editada lei complementar reduzindo em 5 anos para os professores.

Nos termos do artigo 10, § 7º, da Emenda 103/2019, aplicável a este dispositivo, **"aplicam-se às aposentadorias dos servidores dos Estados, do Distrito Federal e dos Municípios as normas constitucionais e infraconstitucionais anteriores à data de entrada em vigor desta Emenda Constitucional, enquanto não promovidas alterações na legislação interna relacionada ao respectivo regime próprio de previdência social".**

Deste modo, a redação revogada continuará em vigor em favor de professores do ensino básico dos estados, Distrito Federal e municípios até que o tema seja regulamentado pela legislação local.

Por outro lado, **não mais há garantia de redução em 5 anos no tempo de contribuição**. Ademais, cada ente federativo deverá aprovar **lei complementar** de regulamentação fixando o tempo de efetivo exercício das funções de magistério na educação infantil e no ensino fundamental e médio que dará direito a esta regra especial.

De acordo com o artigo 43, §2º, da Portaria SGP/SEDGG/ME 10.360/2022, não se enquadra no conceito de **"efetivo exercício das funções de magistério"** o tempo de serviço relativo a licenças ou afastamentos para a realização de cursos de qualquer natureza.

A regra especial do professor trata-se de **norma impositiva** e não discricionária, pois o dispositivo utilizou a expressão "terão", diferentemente do § 4º anteriormente estudado.

O artigo 10 da Emenda 103/2019 constituiu regras de transição até que entre em vigor lei federal que discipline os benefícios do regime próprio de previdência social dos servidores da União:

> Art. 10. Até que entre em vigor lei federal que discipline os benefícios do regime próprio de previdência social dos servidores da União, aplica-se o disposto neste artigo.
>
> (...)
>
> § 2º **Os servidores públicos federais com direito a idade mínima ou tempo de contribuição distintos da regra geral para concessão de aposentadoria**, na forma dos §§ 4º-B, 4º-C e 5º do art. 40 da Constituição Federal, poderão se aposentar, observados os seguintes requisitos:
>
> (...)

> III - o titular do cargo federal de **professor**, aos **60 (sessenta) anos de idade, se homem**, aos **57 (cinquenta e sete) anos, se mulher**, **25 (vinte e cinco) anos de contribuição** exclusivamente em efetivo exercício das funções de magistério na educação infantil e no ensino fundamental e médio, **10 dez anos** de efetivo exercício de serviço público e **5 cinco anos** no cargo efetivo em que for concedida a aposentadoria, para ambos os sexos.
>
> § 4º Os proventos das aposentadorias concedidas nos termos do disposto neste artigo corresponderão ao valor apurado na forma da lei.

Dessa forma, os servidores federais ocupantes de cargo de professor do ensino básico poderão se aposentar com os seguintes requisitos:

a) sessenta anos de idade, homens e cinquenta e sete anos, mulheres;

b) vinte e cinco anos de tempo de contribuição em cargo com efetivo exercício de funções no ensino básico;

c) dez anos de efetivo exercício no serviço público;

d) cinco anos no cargo em que irá se dar a aposentadoria.

Até que haja uma lei ordinária para os servidores federais, o cálculo dos benefícios do RPPS irá observar as regras do artigo 26 da Emenda 103/2019:

> Art. 26. Até que lei discipline o cálculo dos benefícios do regime próprio de previdência social da União e do Regime Geral de Previdência Social, será utilizada a média aritmética simples dos salários de contribuição e das remunerações adotados como base para contribuições a regime próprio de previdência social e ao Regime Geral de Previdência Social, ou como base para contribuições decorrentes das atividades militares de que tratam os arts. 42 e 142 da Constituição Federal, atualizados monetariamente, correspondentes a cem por cento do período contributivo desde a competência julho de 1994 ou desde o início da contribuição, se posterior àquela competência.
>
> § 1° A média a que se refere o *caput* será limitada ao valor máximo do salário de contribuição do Regime Geral de Previdência Social para os segurados deste regime e para o servidor que ingressou no serviço público em cargo efetivo após a implantação do regime de previdência complementar ou que tenha exercido a opção correspondente, nos termos do disposto nos §§ 14 a 16 do art. 40 da Constituição Federal.
>
> § 2º O valor do benefício de aposentadoria corresponderá a sessenta por cento da média aritmética definida na forma prevista no *caput* e no § 1º, com acréscimo de dois por cento para cada ano de contribuição que exceder o tempo de vinte anos de contribuição no caso:
>
> (...)

II - do § 4º do art. 10, ressalvado o disposto no inciso II do § 3º e no § 4º deste artigo;

§ 7º Os benefícios calculados nos termos do disposto neste artigo serão reajustados nos termos estabelecidos para o Regime Geral de Previdência Social.

Desta forma, para os professores federais, será feita média aritmética simples de **100% do período contributivo** desde a competência julho de 1994 ou desde o início da contribuição, se posterior àquela competência, não se aplicando mais a média aritmética simples dos 80% maiores, prevista no artigo 1º da Lei 10.887/2004[17].

O valor do benefício de aposentadoria corresponderá a **sessenta por cento da média aritmética das 100% das remunerações/salários de contribuição desde julho de 1994, com acréscimo de 2% para cada ano que ultrapassar os 20 anos de contribuição**, para homens e mulheres:

TEMPO DE CONTRIBUIÇÃO	COEFICIENTE
Até 20 anos	60%
21 anos	62%
22 anos	64%
23 anos	66%
24 anos	68%
25 anos	70%
26 anos	72%
27 anos	74%
28 anos	76%
29 anos	78%
30 anos	80%
31 anos	82%

17. Art. 1º No cálculo dos proventos de aposentadoria dos servidores titulares de cargo efetivo de qualquer dos Poderes da União, dos Estados, do Distrito Federal e dos Municípios, incluídas suas autarquias e fundações, previsto no § 3º do art. 40 da Constituição Federa l e no art. 2º da Emenda Constitucional nº 41, de 19 de dezembro de 2003, será considerada a média aritmética simples das maiores remunerações, utilizadas como base para as contribuições do servidor aos regimes de previdência a que esteve vinculado, correspondentes a 80% (oitenta por cento) de todo o período contributivo desde a competência julho de 1994 ou desde a do início da contribuição, se posterior àquela competência.

TEMPO DE CONTRIBUIÇÃO	COEFICIENTE
32 anos	84%
33 anos	86%
34 anos	88%
35 anos	90%
36 anos	92%
37 anos	94%
38 anos	96%
39 anos	98%
40 anos	100%

Desta forma, somente chegará a 100% da citada média quando o professor atingir a 40 anos de tempo de contribuição.

Curioso notar que, **intencionalmente**, o artigo 26 da Emenda 103/2019 não limita a média de todas as remunerações do servidor a 100%, de modo que o servidor federal que possuir mais de 40 anos de tempo de contribuição poderá ter proventos que ultrapassem a 100% (**proventos *ultra* integrais**), a exemplo:

41 anos	102%
42 anos	104%
43 anos	106%
44 anos	108%
45 anos	110%
E assim sucessivamente	E assim sucessivamente

Ademais, **poderão ser excluídas da média as contribuições que resultem em redução do valor do benefício**, desde que mantido o tempo mínimo de contribuição exigido, vedada a utilização do tempo excluído para qualquer finalidade, para a averbação em outro regime previdenciário ou para a obtenção dos proventos de inatividade dos militares.

O reajuste da aposentadoria observará a variação anual do INPC, índice utilizado para o reajuste anual dos benefícios do RGPS, nos termos do artigo 41-A[18] da Lei 8.213/91.

18. Art. 41-A. O valor dos benefícios em manutenção será reajustado, anualmente, na mesma data do reajuste do salário mínimo, *pro rata*, de acordo com suas respectivas datas de início ou do último reajustamento, com base no Índice Nacional de Preços ao Consumidor - INPC, apurado pela

De acordo com o artigo 3º do **Anexo II** da Portaria SGP/SEDGG/ME 10.360/2022, são considerados como **tempo de serviço no cargo efetivo e tempo na carreira**, para fins de aposentadoria, além do tempo de efetivo exercícios das atribuições do cargo, nos termos do art. 15 da Lei nº 8.112, de 1990, **as ausências, os afastamentos e as licenças consideradas como de efetivo exercício pela referida legislação ou pelas legislações esparsas**, conforme segue:

I - as ausências constantes no art. 97 da Lei nº 8.112, de 1990:

a) por 1 (um) dia, para doação de sangue;

b) pelo período comprovadamente necessário para alistamento ou recadastramento eleitoral, limitado, em qualquer caso, a 2 (dois) dias;

c) por 8 (oito) dias consecutivos em razão de:

1. casamento; e

2. falecimento do cônjuge, companheiro, pais, madrasta ou padrasto, filhos, enteados, menor sob guarda ou tutela e irmãos.

II - os seguintes afastamentos e licenças constantes no art. 102 da Lei 8.112, de 1990:

a) férias;

b) cessão, com ou sem remuneração, para ter exercício em outro órgão ou entidade dos Poderes da União, dos Estados, ou do Distrito Federal e dos Municípios, nos termos do art. 93 da Lei nº 8.112, de 1990, e seus regulamentos;

c) exercício de cargo ou função de governo ou administração, em qualquer parte do território nacional, por nomeação do Presidente da República;

d) participação em programa de treinamento regularmente instituído ou em programa de pós-graduação stricto sensu no País, conforme dispuser o regulamento;

e) desempenho de mandato eletivo federal, estadual, municipal ou do Distrito Federal.

f) o tempo disponível a júri e outros serviços obrigatórios por lei;

g) missão ou estudo no exterior, quando autorizado o afastamento, conforme dispuser o regulamento;

h) licença:

1) à gestante, à adotante e à paternidade, e suas prorrogações;

2) para tratamento da própria saúde, até o limite de vinte e quatro meses, cumulativo ao longo do tempo de serviço público prestado à União, em cargo de provimento efetivo;

Fundação Instituto Brasileiro de Geografia e Estatística - IBGE. (Incluído pela Lei nº 11.430, de 2006)

3) para o desempenho de mandato classista ou participação de gerência ou administração em sociedade cooperativa constituída por servidores para prestar serviços a seus membros;

4) por motivo de acidente em serviço ou doença profissional;

5) para capacitação, conforme dispuser o regulamento;

6) por convocação para o serviço militar;

i) deslocamento para a nova sede de que trata o art. 18 da Lei nº 8.112, de 1990;

j) participação em competição desportiva nacional ou convocação para integrar representação desportiva nacional, no País ou no exterior, conforme disposto em lei específica;

k) conversão da pena de suspensão em multa, nos termos do § 2º do art. 130 da Lei nº 8.112, de 1990.

l) licença para atividade política, no uso do art. 86, § 2º, da Lei n. 8.112, de 1990.

III - As seguintes situações amparadas por legislações esparsas:

a) a licença para tratamento de saúde de pessoal da família do servidor, com remuneração, até 30 (trinta) dias;

b) outros afastamentos considerados como de efetivo exercício previstos nas legislações dos planos, carreiras e cargos, ou legislações esparsas.

Outrossim, nos termos do artigo 4º do **Anexo II** da Portaria SGP/SEDGG/ME 10.360/2022, são considerados como **tempo de efetivo exercício no serviço público**, para fins de aposentadoria, além das situações elencadas no art. 3º, as seguintes situações:

I - o tempo prestado às Forças Armadas (art. 100 da Lei n ° 8.112, de 1990 - DC-0365-39/91-1);

II - tempo de serviço relativo a tiro de guerra;

III - o tempo de serviço prestado em virtude de contratação temporária no serviço público, com base na Lei nº 8.745, de 1993 (art. 16 da referida Lei);

IV - tempo de serviço prestado à administração pública estadual, distrital e municipal;

V - o tempo de exercício exclusivamente de cargo em comissão declarado em lei de livre nomeação e exoneração ou de função pública;

VI - tempo de emprego público em empresa pública, sociedade de economia mista e nos conselhos de fiscalização profissional de qualquer dos entes federativos;

VII - o tempo de serviço prestado pelo servidor que era regido pela Lei nº 1.711, de 1952, sob qualquer regime jurídico, inclusive sob a CLT, em órgão da administração direta e autarquias, da União, Estados, Distrito Federal e Municípios, em período anterior à vigência da Lei nº 8.112, de 1990, conforme a Lei nº 6.936, de 31 de agosto de 1981;

VIII - o tempo de serviço prestado pelo servidor que era regido pela Lei nº 1.711, de 1952, na qualidade de extranumerário, diarista ou tarefeiro, bem como o retribuído à conta de dotação global, desde que legalmente considerado para aposentadoria e disponibilidade, a partir de 15 de dezembro de 1980, na forma da Lei nº 6.890, de 11 de dezembro de 1980;

IX - o tempo de serviço relativo ao Centro de Preparação de Oficiais da Reserva e de outros órgãos análogos, reconhecidos na forma da lei e das normas emanadas das autoridades militares competentes, a ser apurada proporcionalmente à razão de razão de 1 (um) dia de tempo de serviço para o período de cada 8 (oito) horas de instrução, em consonância com as regras estatuídas no art. 134, § 2º, da Lei 6.880, de 09 de dezembro de 1980, e art. 198, § 1º, do Decreto nº 57.654, de 20 de janeiro de 1966;

X - a licença para tratamento da própria saúde, por doença especificada no art. 104, da Lei nº 1.711, de 1952; e

XI - outros afastamentos e licenças que forem considerados como de efetivo por lei.

Por outro lado, de acordo com o artigo 5º do **Anexo II** da Portaria SGP/SEDGG/ME 10.360/2022, **NÃO serão considerados como tempo no cargo efetivo, tempo na carreira e tempo de efetivo exercício no serviço público**:

I - os tempos de contribuições concomitantes;

II - a licença para tratar de interesses particulares prevista no art. 91, inciso VI, da Lei nº 8.112, de 1990;

III - a licença por motivo de afastamento do cônjuge, servidor público civil ou militar na forma do art. 84, § 1º, da Lei nº 8.112, de 1990;

IV - a licença por motivo de doença em pessoa da família, sem remuneração na forma do art. 83 da Lei nº 8.112, de 1990;

V - a licença até 30 (trinta) dias, sem remuneração, após a conclusão do serviço militar (art. 85, parágrafo único, da Lei nº 8.112, de 1990);

VI - a licença sem remuneração, para escolha de candidato em convenção partidária (art. 86 da Lei nº 8.112, de 1990);

VII - a licença para o desempenho de mandato classista ou participação de gerência ou administração em sociedade cooperativa constituída por servidores para prestar serviços a seus membros;

VIII - afastamento para servir em organismo internacional de que o Brasil participe ou com o qual coopere, conforme art. 9º deste Anexo;

IX - o período correspondente à pena de suspensão aplicada em casos de falta grave ou de reincidência prevista no art. 130 da Lei nº 8.112, de 1990;

X - as faltas não justificadas previstas no art. 44, inciso I, da Lei nº 8.112, de 1990;

XI - o período de licença-prêmio convertida em dobro;

XII - tempo especial convertido em comum, nos termos do art. 40 deste Anexo;

XIII - outros afastamentos não considerados com de efetivo exercício pela legislação.

XIV - Os períodos em que o servidor ficou afastado sem remuneração, mas houve contribuições previdenciárias para fins de manutenção da filiação ativa ao RPPS da União nos termos do §3º do art. 183 da Lei nº 8.112, de 11 de dezembro de 1990; e

XV - outros afastamentos não considerados com de efetivo exercício pela legislação.

Ademais, é **indevida** a averbação, para quaisquer fins, o período de aluno monitor, estagiário, bolsista, tempo gratuito sem vínculo empregatício, ainda que anterior ao estatuto de 1939; contrato de locação de serviços, de que trata o art. 232 da Lei n. 8.112 de 11 de dezembro de 1990; e retribuído mediante recibo.

De acordo com o artigo 6º do **Anexo II** da Portaria SGP/SEDGG/ME 10.360/2022, **será considerado, para fins de aposentadoria do servidor federal, como tempo de contribuição:**

I - os períodos efetivamente laborados pelo servidor até 16 de dezembro de 1998, mesmo que não tenha sido realizado a contribuição o RPPS da União;

II - os períodos efetivamente laborados pelo servidor após 16 de dezembro de 1998, desde que haja a efetiva contribuição ao RPPS da União;

III - os períodos de licenças e os afastamentos, observando-se os seguintes parâmetros:

a) até 16.12.1998, todas a licenças e afastamentos considerados como de efetivo exercício pela legislação, nos termos do art. 4º da EC 20, de 15 de dezembro de 1998;

b) de 17.12.1998 a 18.12.2002, data da Medida Provisória nº 86, de 2002, convertida na Lei nº 10.667, de 14 de maio de 2003, o tempo em que tenha havido a respectiva contribuição do servidor a regimes de previdência, seja próprio ou geral; e

c) a partir de 19.12.2002 será considerado o tempo em que haja contribuição para o Plano de Seguridade Social do Servidor - PSS - ou ao RGPS, na condição de segurado obrigatório.

IV - o período de disponibilidade;

V - tempo de aluno aprendiz, mesmo após o advento da Lei nº 3.552, de 16 de fevereiro de 1959, devendo ser apresentada certidão de tempo de serviço que conste as seguintes informações:

a) comprovação da condição de aluno-aprendiz, baseada em documentos que comprovem o labor do então estudante na execução de encomendas recebidas pela escola;

b) retribuição em prestação pecuniária ou em auxílios materiais à conta do Orçamento à título de contraprestação por labor na execução de bens e serviços destinados a terceiros em montante correspondente a uma fração da renda auferida com a execução das encomendas.

c) menção expressa do período trabalhado, desprezando-se o cômputo do período de férias escolares;

d) Não será admitida a simples percepção de auxílio financeiro ou em bens, bolsas de estudo ou de subsídios diversos concedidos aos alunos.

VI - período de atividade rural, que deverá ser comprovado mediante certidão emitida pelo Regime Geral de Previdência Social, que comprove o recolhimento das contribuições previdenciárias à época da realização da atividade rural ou, mesmo a posteriori, de forma indenizada.

VII - a licença-prêmio convertida em dobro, nos termos do art. 7º da Lei nº 9.527, de 10 de dezembro de 1997;

VIII - a conversão de tempo especial em comum a que se refere o art. 40 do Anexo II desta Portaria.

Por sua vez, a competência para o reconhecimento da atividade de aluno-aprendiz será:

I - do RPPS da União para os casos em que a atividade foi exercida em instituição de ensino federal e antes do advento da Lei nº 3.780, de 1960;

II - do RPPS do ente federado para os casos em que a atividade foi exercida em instituição de ensino pública e desde que no momento da atividade existisse RPPS devidamente instituído; e

III - do INSS para os demais casos.

Na forma do artigo 8º do **Anexo II** da Portaria SGP/SEDGG/ME 10.360/2022, o candidato habilitado para participar em **programa de formação, decorrente de concurso público**, inclusive, o candidato que seja servidor, **contará o tempo destinado ao seu cumprimento**, conforme segue:

I - Até 24.11.1995, data anterior à da publicação da Medida Provisória nº 1.195, de 24 de novembro de 1995, não há possibilidade de contribuição ao RPPS - União, em face da ausência de amparo legal, porém, este tempo poderá ser averbado caso o interessado apresente CTC obtida junto ao Regime Geral da Previdência Social - RGPS.

II - Entre 25.11.1995 e 15.12.1998, data anterior a da publicação da Emenda Constitucional nº 20, de 15 de dezembro de 1998, o tempo será considerado como contribuitivo no RPPS da União, independentemente de contribuição e de o candidato aprovado no programa de formação ser ou não servidor público federal.

III - A partir de 16.12.1998, com a entrada em vigor da EC nº 20, de 15 de dezembro de 1998:

a) Antes da regulamentação pela Instrução Normativa nº 1.332, de 14 de fevereiro de 2013, da Secretaria da Receita Federal do Brasil, revogada pela Instrução Normativa RFB nº 2.097, de 18 de julho de 2022

1 - Caso o candidato seja servidor público federal e opte pela remuneração do cargo efetivo, o tempo de curso de formação será considerado como tempo de contribuição.

2 - Caso o candidato seja servidor público federal e opte pelo auxílio financeiro, o tempo de curso de formação será considerado como tempo de contribuição somente se houve contribuição ao RPPS da União, nos termos da legislação de vigência à época.

3 - Caso o candidato não seja servidor público federal, o tempo de curso de formação será considerado como tempo de contribuição somente se houve contribuição ao RPPS da União, nos termos da legislação de vigência à época.

b) após a regulamentação pela Instrução Normativa nº 1.332, de 14 de fevereiro de 2013, da Secretaria da Receita Federal do Brasil, revogada pela Instrução Normativa RFB nº 2.097, de 18 de julho de 2022:

1 - Caso o candidato seja servidor público federal e opte pela remuneração do cargo efetivo e haja a respectiva contribuição ao RPPS da União, o tempo de curso de formação será considerado como tempo de contribuição.

2 - Caso o candidato seja servidor público federal e opte pelo auxílio financeiro, o tempo de curso de formação será considerado como tempo de contribuição somente se houver a contribuição ao RPPS da União, nos termos do art. 15 da Instrução Normativa nº 1.332, de 14 de fevereiro de 2013, revogada pela Instrução Normativa RFB nº 2.097, de 18 de julho de 2022;

3 - Caso o candidato não seja servidor público federal, o tempo de curso de formação será considerado como tempo de contribuição somente com base em certidão obtida junto ao Instituto Nacional do Seguro Social (INSS).

Outrossim, será considerado como tempo de contribuição, independente de contribuição, até 16 de dezembro de 1998, o tempo de curso de formação que a legislação do plano, carreiras e cargos determina como de efetivo exercício ou para fins de aposentadoria, como por exemplo, o art. 12 da Lei nº 4.878, de 16 de novembro de 1964, que dispõe sobre o regime jurídico dos funcionários policiais civis da União e do Distrito Federal.

De acordo com o artigo 9º do **Anexo II** da Portaria SGP/SEDGG/ME 10.360/2022, o período em que o servidor federal esteve **afastado para servir em organismo internacional de que o Brasil participe ou com o qual coopere será considerado**, para fins de aposentadoria, conforme segue:

> I - De 12.12.1990 a 3.07.1997 - o afastamento é considerado somente como tempo de contribuição, independentemente da existência da efetiva contribuição a qualquer regime de previdência (Lei nº 8.112, de 1990, c/c o Decreto nº 201, de 26 de agosto de 1991);
>
> II - De 4.07.1997 a 16.12.1998, data da Emenda Constitucional nº 20 de 15 de dezembro de 1998 - é considerado como de efetivo exercício e será considerado como tempo contributivo para fins de aposentadoria, independentemente de contribuição a qualquer regime de previdência.
>
> III - De 17.12.1998 a 18.12.2002 - somente será considerado como tempo contributivo desde que o servidor averbe o tempo de contribuição filiado a qualquer regime de previdência, com exceção do RPPS da União.
>
> IV - A partir de 19.12.2002 - somente será considerado como tempo contributivo desde que o servidor contribua ao RPPS da União ou ao RGPS na condição de segurado obrigatório.

De acordo com o artigo 1º da Portaria SGP/SEDGG/ME 10.360/2022, considera-se **averbação de tempo de serviço/contribuição** o registro nos assentamentos funcionais e nos Sistemas Estruturantes de Gestão de Pessoas da Administração Pública Federal, para fins previdenciários, dos períodos contributivos realizados ao Regime Geral de Previdência Social, a regime próprio de previdência social ou a sistema de proteção social dos militares para contagem recíproca entre os regimes.

Pontifica o artigo 15 do **Anexo II** da Portaria SGP/SEDGG/ME 10.360/2022, que **somente haverá a averbação, no RPPS da União, de tempo especial de outros regimes**, cumprido em qualquer época, desde que a CTC, sem conversão em tempo comum e discriminados de data a data, em campo próprio, contenha as informações dos servidores passiveis de aposentadoria especiais constantes nos §§ 4º, 4º-A, 4º-B e 4º-C do art. 40 e no §1º, I e II do art. 201 da Constituição Federal de 5 de outubro de 1988, emitida nos seguintes períodos:

> I - servidor com deficiência: a partir da vigência da Lei Complementar editada pelo ente federativo, conforme atribuição do § 4º-A do art. 40 da Constituição Federal.
>
> II - segurado do RGPS com deficiência, a partir da vigência da Lei Complementar nº 142, de 8 de maio de 2013;

III - servidor ocupante do cargo de policial civil regido pela Lei Complementar nº 51, de 20 de dezembro de 1985, a partir da edição da referida lei;

IV - servidor ocupante do cargo de policial penal, de agente penitenciário ou socioeducativo: a partir da vigência da Lei Complementar editada pelo Estado ou Distrito Federal, conforme atribuição do § 4º-B do art. 40 da Constituição Federal de 5 de outubro de 1988;

V - servidor em exercício de atividades sob condições especiais que prejudiquem a saúde ou a integridade física, nos limites da Súmula Vinculante nº 33: até a vigência da Lei Complementar editada pelo ente federativo, conforme atribuição do § 4º-C do art. 40 da Constituição Federal de 5 de outubro de 1988.

VI - segurado do RGPS em exercício de atividades sob condições especiais que prejudiquem a saúde ou a integridade física, até da vigência da Emenda Constitucional nº 103, de 2019, conforme legislação vigente no âmbito daquele regime;

VII - servidor cujas atividades sejam exercidas com efetiva exposição a agentes químicos, físicos e biológicos prejudiciais à saúde, ou associação desses agentes a partir da vigência da Lei Complementar editada pelo Estado, Distrito Federal ou município conforme atribuição do § 4º-C do art. 40 da Constituição Federal; e

VIII - segurado do RGPS cujas atividades sejam exercidas com efetiva exposição a agentes químicos, físicos e biológicos prejudiciais à saúde, ou associação desses agentes a partir da vigência da Emenda Constitucional nº 103, de 2019.

De acordo com o artigo 17 do **Anexo II** da Portaria SGP/SEDGG/ME 10.360/2022, **é lícita a averbação de tempo contributivo do RGPS realizado durante a aposentadoria do servidor**, para, em caso de **reversão**, a obtenção de nova aposentadoria pelas regras então vigentes no momento da concessão do segundo benefício.

Pontifica o artigo 18 do **Anexo II** da Portaria SGP/SEDGG/ME 10.360/2022 que a averbação do tempo contribuitivo do RGPS deverá observar os seguintes parâmetros:

I - Até 13 de novembro de 2019, data da publicação da Emenda Constitucional nº 103, de 2019, considera-se como tempo de contribuição, o tempo contado de data a data, desde o início até a data do desligamento de atividade abrangida pela Previdência Social ou até a data de requerimento de benefício, descontados os períodos legalmente estabelecidos, conforme art. 188-G do Decreto nº 3.048, de 1999, respeitadas as regras de indenização previstas na legislação para os fins de emissão de Certidão de Tempo de Contribuição - CTC.

> **II - Após a Emenda Constitucional nº 103, de 12 de novembro de 2019, o tempo de contribuição deve ser considerado em sua forma integral, independentemente do número de dias trabalhados, desde que o valor mensal da remuneração percebida atinja o piso legal ou convencional da categoria ou, se inexistente, o salário-mínimo nacional.**

Logo, **o RPPS da União adotou a mesma metodologia de cômputo do tempo de contribuição após 13.11.2019 do RGPS**, nos termos do Decreto 10.410/2022, **para considerar a competência mensal integral**, e não o cômputo em dias, observado o limite mínimo de um salário mínimo, silenciando a respeito da possibilidade de complementação da base de cálculo, se o valor mensal não atingir o piso.

De acordo com o artigo 42 do **Anexo II** da Portaria SGP/SEDGG/ME 10.360/2022, a **conversão de tempo especial em comum** (Tema 942, STF) não se aplica:

> I - períodos de labor posterior a 13 de novembro de 2019, data de publicação da Emenda Constitucional nº 103, de 12 de novembro de 2019;
>
> II - a conversão em tempo comum do tempo prestado pelo servidor na condição de pessoa com deficiência, nem de conversão de tempo exercido para fins de aposentadoria de que trata a Lei Complementar nº 51, de 20 de dezembro de 1985, exceto para fins do disposto no parágrafo único do art. 49 da Portaria;
>
> III - não abrange conversão, em tempo comum, do tempo de efetivo exercício das funções de magistério na educação infantil e no ensino fundamental e médio, na hipótese de aposentadoria especial de professor a que se refere o § 5º do art. 40 da Constituição Federal de 5 de outubro de 1988, na redação anterior à reforma previdenciária de 2019; e
>
> IV - ao período de emprego público convertido em cargo público pelo art. 243 da Lei nº 8.112, de 1990, que deverá ser atestado pelo RGPS;

3.5. REAJUSTAMENTO

Com o advento da Emenda 41/2003, que alterou o §3º, do artigo 40, da CRFB, foi **extinta a integralidade remuneratória entre ativos e inativos**, ou seja, os novos servidores públicos perderam o direito de se aposentar com a mesma remuneração percebida no cargo efetivo que ocupavam, salvo os beneficiados pela regra de transição da Emenda 47/2005.

Assim, a renda das aposentadorias e consequentemente das pensões por morte considerarão as remunerações utilizadas como base para as contribuições previdenciárias do servidor, similarmente como ocorre no RGPS.

Importante:
Determina o artigo 1º, da Lei 10.887/04, que seja promovida a **média aritmética simples das maiores remunerações, utilizadas como base para as contribuições do servidor aos regimes de previdência a que esteve vinculado, correspondentes a 80% de todo o período contributivo desde a competência julho de 1994 ou desde a do início da contribuição**, se posterior àquela competência, atualizadas pelo índice do RGPS, que atualmente é o INPC.
Exceto DIREITO ADQUIRIDO, essas regras não mais se aplicam aos servidores federais, pois o artigo 26 da Emenda 103/2019 trouxe nova fórmula de cálculo das aposentadorias dos servidores federais (100% da média desde Julho/1994). No âmbito dos **estados, do Distrito Federal e dos municípios** continua sendo aplicável o artigo 1º, da Lei 10.887/04, pois dependerá de emenda às respectivas Constituições e Leis Orgânicas a extensão da fórmula de cálculo da Emenda 103/2019, sendo conservado o antigo regime constitucional provisoriamente.

Vale ressaltar que a base de cálculo não poderá ser inferior a um salário mínimo nem superior ao teto do RGPS, se houver período fora do serviço público, garantindo-se a aposentadoria em, pelo menos, um salário mínimo.

Por outro lado, os proventos de aposentadorias e pensões, por ocasião de sua concessão, não podiam exceder a remuneração do respectivo servidor, no cargo efetivo em que se deu a aposentadoria ou que serviu de referência para a concessão da pensão. **Mas isso mudou com a Emenda 103/2019.**

Considerando que a **Emenda 103/2019** determina a criação obrigatória do regime de previdência complementar (§ 14 do artigo 40 da Constituição, alterado pela reforma em comento), **o teto da aposentadoria passa a ser o teto do RGPS para os novos servidores públicos empossados no novo regime**, respeitado o valor mínimo de um salário mínimo.

No entanto, não vejo como aplicar esse dispositivo enquanto estados e municípios, que ainda não possuem, não constituírem um regime de previdência complementar, de modo que somente pode ser aplicado de modo compulsório aos servidores que ingressarem após o funcionamento da previdência complementar nesses entes políticos.

O reajuste dos benefícios será anual e pelo índice utilizado no RGPS, que é o INPC, salvo os servidores que tiverem paridade assegurada, na forma do artigo 15 da Lei 10.887/2004, com redação da Lei 11.784/2008.

O artigo 26, §7º, da Emenda 103/2019, manteve o INPC como índice de reajuste das aposentadorias e pensões por morte dos servidores federais no âmbito da Emenda 103/2019, exceto situações excepcionais de reajuste paritário:

> *"Art. 26. Até que lei discipline o cálculo dos benefícios do regime próprio de previdência social da União e do Regime Geral de Previdência Social, será*

utilizada a média aritmética simples dos salários de contribuição e das remunerações adotados como base para contribuições a regime próprio de previdência social e ao Regime Geral de Previdência Social, ou como base para contribuições decorrentes das atividades militares de que tratam os arts. 42 e 142 da Constituição Federal, atualizados monetariamente, correspondentes a 100% (cem por cento) do período contributivo desde a competência julho de 1994 ou desde o início da contribuição, se posterior àquela competência.

§ 1º A média a que se refere o ***caput*** *será limitada ao valor máximo do salário de contribuição do Regime Geral de Previdência Social para os segurados desse regime e para o servidor que ingressou no serviço público em cargo efetivo após a implantação do regime de previdência complementar ou que tenha exercido a opção correspondente, nos termos do disposto nos §§ 14 a 16 do art. 40 da Constituição Federal.*

§ 2º O valor do benefício de aposentadoria corresponderá a 60% (sessenta por cento) da média aritmética definida na forma prevista no ***caput*** *e no § 1º, com acréscimo de 2 (dois) pontos percentuais para cada ano de contribuição que exceder o tempo de 20 (vinte) anos de contribuição nos casos:*

I - do inciso II do § 6º do art. 4º, do § 4º do art. 15, do § 3º do art. 16 e do § 2º do art. 18;

II - do § 4º do art. 10, ressalvado o disposto no inciso II do § 3º e no § 4º deste artigo;

III - de aposentadoria por incapacidade permanente aos segurados do Regime Geral de Previdência Social, ressalvado o disposto no inciso II do § 3º deste artigo; e

IV - do § 2º do art. 19 e do § 2º do art. 21, ressalvado o disposto no § 5º deste artigo.

§ 3º O valor do benefício de aposentadoria corresponderá a 100% (cem por cento) da média aritmética definida na forma prevista no ***caput*** *e no § 1º:*

I - no caso do inciso II do § 2º do art. 20;

II - no caso de aposentadoria por incapacidade permanente, quando decorrer de acidente de trabalho, de doença profissional e de doença do trabalho.

§ 4º O valor do benefício da aposentadoria de que trata o inciso III do § 1º do art. 10 corresponderá ao resultado do tempo de contribuição dividido por 20 (vinte) anos, limitado a um inteiro, multiplicado pelo valor apurado na forma do ***caput*** *do § 2º deste artigo, ressalvado o caso de cumprimento de critérios de acesso para aposentadoria voluntária que resulte em situação mais favorável.*

§ 5º O acréscimo a que se refere o ***caput*** *do § 2º será aplicado para cada ano que exceder 15 (quinze) anos de tempo de contribuição para os segurados de que tratam a alínea "a" do inciso I do § 1º do art. 19 e o inciso I do art. 21 e para as mulheres filiadas ao Regime Geral de Previdência Social.*

§ 6º Poderão ser excluídas da média as contribuições que resultem em redução do valor do benefício, desde que mantido o tempo mínimo de contribuição exigido, vedada a utilização do tempo excluído para qualquer finalidade, inclusive para o acréscimo a que se referem os §§ 2º e 5º, para a averbação em outro regime previdenciário ou para a obtenção dos proventos de inatividade das atividades de que tratam os arts. 42 e 142 da Constituição Federal.

§ 7º Os benefícios calculados nos termos do disposto neste artigo serão reajustados nos termos estabelecidos para o Regime Geral de Previdência Social".

Dessa forma, **todas as concessões de benefícios aos servidores federais e seus dependentes com renda mensal calculada com base no artigo 26 da EC 103/2019 terão como índice de reajuste o mesmo índice do RGPS, ou seja, o INPC.**

3.6. PENSÃO POR MORTE

A Emenda 103/2019 alterou o § 7º do artigo 40 da Constituição (óbitos a partir de 14/11/2019 para os servidores federais):

"§ 7º Observado o disposto no § 2º do art. 201[19] ***quando se tratar da única fonte de renda formal auferida pelo dependente****, o benefício de* ***pensão por morte*** *será concedido nos termos de* ***lei do respectivo ente federativo****, a qual tratará de* ***forma diferenciada*** *a hipótese de morte dos servidores de que trata o § 4º-B decorrente de agressão sofrida no exercício ou em razão da função".*

Este parágrafo foi reformulado, possibilitando que a pensão por morte do servidor público possa ter **renda inferior a um salário mínimo**, desde que o dependente seja beneficiário de **renda formal**, a exemplo de salário ou de aposentadoria.

Essa regra foi retirada do RGPS no projeto que ensejou a Emenda 103/2019 e mantida no RPPS com evidente quebra de isonomia. Não há razão para essa diferenciação de dois pensionistas, um podendo ter pensão abaixo de um salário mínimo (RRPS) e o outro não (RGPS).

---

19. § 2º Nenhum benefício que substitua o salário de contribuição ou o rendimento do trabalho do segurado terá valor mensal inferior ao salário mínimo. (Redação dada pela Emenda Constitucional nº 20, de 1998)

Ademais, o critério é injusto. Se a renda do dependente for informal, a exemplo do labor autônomo de R$ 5.000,00 por mês, a pensão por morte não poderá ser inferior a um salário mínimo.

Mas se o dependente tiver emprego ou renda de outro benefício previdenciário a sua pensão por morte poderá ser inferior a um salário mínimo. Esdrúxulo o fator de discrímen. Manifesta a inconstitucionalidade material, pois é núcleo intangível da proteção constitucional previdenciária que os benefícios substitutivos da remuneração não sejam inferiores a um salário mínimo, devendo haver isonomia com o RGPS (art. 201, §2º, da CF/1988).

De acordo com a **Portaria SEPRT 936 DE 06/08/2019, "*considera-se renda formal***, *para fins de reconhecimento de direito e manutenção dos pagamentos de pensão por morte do regime geral de previdência social, o somatório dos rendimentos recebidos mensalmente, constantes de sistema integrado de dados relativos a segurados e beneficiários de regimes de previdência, de militares, de programas de assistência social, ou de prestações indenizatórias, igual ou superior a um salário mínimo*". No entanto, "*enquanto não instituído o sistema referido* ***considerar-se-ão os rendimentos mensais constantes do Cadastro Nacional de Informações Sociais - CNIS para apuração da renda formal***".

Caso haja mais de um dependente habilitado à pensão por morte, basta que um deles não possua renda formal para que o benefício não seja inferior a um salário mínimo. O ideal é a que lei complementar nacional a ser editada pela União sobre regras gerais de RPPS adentre a esta regulamentação.

Ademais, a regra permanente não mais trata da renda da pensão por morte, fazendo remissão à **lei do respectivo ente federativo**, que necessariamente terá que tratar de modo diferenciado a morte dos **policiais**, **agentes penitenciários** e **agentes socioeducativos** por agressão em decorrência da sua função de risco.

Essa regra deveria ser estendida por isonomia a todos os servidores públicos que são agredidos e morrem no exercício da função, a exemplo do assassinato de um perito médico previdenciário durante atendimento na agência do INSS.

Necessário que o óbito decorra de uma agressão em decorrência do cargo policial, mesmo que fora do horário e local de trabalho, não bastando que seja acidente de trabalho.

Um exemplo de configuração de agressão é o policial morto na folga em razão do meliante o ter identificado como agente de segurança pública. Por outro lado, uma capotagem de viatura, *de per se*, não configura agressão, exceto se provocada por terceiros, a exemplo de uma perseguição policial em que o veículo é abalroado e gere a morte do policial.

O ideal é a que lei complementar nacional a ser editada pela União sobre regras gerais de RPPS adentre a esta regulamentação.

Por força do artigo 23, § 8º, **e dos Municípios** as normas constitucionais e infraconstitucionais **anteriores à data de entrada em vigor desta Emenda Constitucional**, enquanto não promovidas alterações na legislação interna relacionada ao respectivo regime próprio de previdência social".

Até a aprovação da lei federal sobre benefícios do RPPS, deve ser observado o artigo 10, § 6º, da Emenda 103/2019, para as seguintes carreiras da segurança pública:

> *Art. 10. Até que entre em vigor lei federal que discipline os benefícios do regime próprio de previdência social dos* ***servidores da União****, aplica-se o disposto neste artigo. (...)*
>
> *§ 6º A* ***pensão por morte*** *devida aos dependentes do policial civil do órgão a que se refere o inciso XIV do caput do art. 21 da Constituição Federal, do policial dos órgãos a que se referem o inciso IV do caput do art. 51, o inciso XIII do caput do art. 52 e os incisos I a III do caput do art. 144 da Constituição Federal e dos ocupantes dos cargos de agente federal penitenciário ou socioeducativo decorrente* ***de agressão sofrida no exercício ou em razão da função*** *será* ***vitalícia*** *para o cônjuge ou companheiro e equivalente à* ***remuneração do cargo****.*

Deste modo, a pensão por morte decorrente de agressão no exercício ou em razão da função dos seguintes cargos irá gerar **pensão por morte vitalícia** para cônjuge ou companheiro (independentemente da idade do pensionista, tempo de casamento e período de ocupação do cargo até a data do óbito) e equivalerá à remuneração total do cargo (**pensão com integralidade**):

A) agente penitenciário federal;

B) agente socioeducativo federal;

C) policial civil do Distrito Federal;

D) policiais federais, policiais rodoviários federais e policiais ferroviários federais;

E) policiais da Câmara dos Deputados e do Senado.

Essa regra também deveria ser estendida por isonomia a todos os servidores públicos federais que são agredidos e morrem no exercício da função.

Para os demais servidores federais deverá ser aplicado o artigo 23 da EC 103/2019:

> *Art. 23. A pensão por morte concedida a dependente de segurado do Regime Geral de Previdência Social ou de* ***servidor público federal*** *será equivalente a uma cota familiar de* ***50% (cinquenta por cento)*** *do valor da aposentadoria recebida pelo segurado ou servidor ou daquela a que teriam direito se fossem* ***aposentados por incapacidade permanente*** *na data do óbito,*

*acrescida de cotas de **dez pontos percentuais por dependente**, até o máximo de **100% (cem) por cento.***

*§ 1º As cotas por dependente cessarão com a perda desta qualidade e **não serão reversíveis aos demais dependentes**, preservado o valor de 100% (cem por cento) da pensão por morte, quando o número de dependentes remanescente for igual ou superior a 5 (cinco).*

*§ 2º Na hipótese de existir **dependente inválido ou com deficiência intelectual, mental ou grave**, o valor da pensão por morte de que trata o caput será equivalente a:*

*I - **cem por cento** da aposentadoria recebida pelo segurado ou servidor ou daquela a que teriam direito se fossem aposentados por incapacidade permanente na data do óbito, **até o limite máximo de benefícios do Regime Geral de Previdência Social**; e*

*II - a uma cota familiar de **cinquenta por cento** acrescida de **cotas de dez pontos percentuais por dependente**, até o máximo de cem por cento, **para o valor que supere o limite máximo de benefícios do Regime Geral de Previdência Social.***

*§ 3º Quando não houver mais dependente inválido ou com deficiência intelectual, mental ou grave, o valor da pensão será **recalculado** na forma do disposto no caput e no § 1º.*

§ 4º O tempo de duração da pensão por morte e das cotas individuais por dependente até a perda desta qualidade, o rol de dependentes, a sua qualificação e as condições necessárias para enquadramento serão aqueles estabelecidos na Lei nº 8.213, de 24 de julho de 1991.

§ 5º Para o dependente inválido ou com deficiência intelectual, mental ou grave, a condição de deficiente pode ser reconhecida previamente ao óbito do segurado, por meio de avaliação biopsicossocial realizada por equipe multiprofissional e interdisciplinar, observada revisão periódica na forma da legislação.

§ 6º Equiparam-se a filho, para fins de recebimento da pensão por morte, exclusivamente o enteado e o menor tutelado, desde que comprovada a dependência econômica.

*§ 7º As regras sobre pensão previstas neste artigo e na legislação vigente na data de entrada em vigor desta Emenda Constitucional poderão ser **alteradas na forma da lei**, para o Regime Geral de Previdência Social, e, na forma do § 7º do art. 40 da Constituição Federal, para o regime próprio de previdência social da União.*

*§ 8º Aplicam-se às pensões concedidas aos dependentes de **servidores dos Estados, do Distrito Federal e dos Municípios** as normas constitucionais e infraconstitucionais **anteriores à data de entrada em vigor desta Emenda Constitucional**, enquanto não promovidas alterações na legislação interna relacionada ao respectivo regime próprio de previdência social.*

A renda mensal da pensão por morte do servidor federal cujo óbito foi posterior ao advento da Emenda 103/2019 (a partir de 14/11/2019) será calculada com arrimo no artigo 23, exceto a regra especial anteriormente estudada no artigo 10, § 6º, da Emenda.

Em regra, haverá um valor básico de 50% da aposentadoria recebida pelo inativo ou 50% da aposentadoria por incapacidade que teria direito na data do óbito, acrescido de 10% por dependente até o limite de 100%:

COEFICIENTE	DEPENDENTES
60%	1 dependente
70%	2 dependentes
80%	3 dependentes
90%	4 dependentes
100%	5 ou mais dependentes

Dessa forma, para o servidor ativo que vem a óbito, será necessário calcular os proventos da aposentadoria por incapacidade permanente para em seguida calcular o valor da pensão por morte.

Por força do artigo 26 da Emenda 103/2019, o valor do benefício de aposentadoria por incapacidade permanente corresponderá a **sessenta por cento da média aritmética das 100% das remunerações/salários de contribuição, com acréscimo de 2% para cada ano que ultrapassar os 20 anos de contribuição:**

TEMPO DE CONTRIBUIÇÃO	COEFICIENTE
Até 20 anos	60%
21 anos	62%
22 anos	64%
23 anos	66%
24 anos	68%
25 anos	70%
26 anos	72%
27 anos	74%
28 anos	76%
29 anos	78%
30 anos	80%

TEMPO DE CONTRIBUIÇÃO	COEFICIENTE
31 anos	**82%**
32 anos	**84%**
33 anos	**86%**
34 anos	**88%**
35 anos	**90%**
36 anos	**92%**
37 anos	**94%**
38 anos	**96%**
39 anos	**98%**
40 anos	**100%**

Assim, se um servidor federal morrer com até 20 anos de tempo de contribuição, o valor da aposentadoria por incapacidade permanente será de 60% da média de todas as remunerações desde julho de 1994, sendo este o valor base para o cálculo da pensão por morte que será incidirá à razão de 60, 70, 80, 90 ou 100% sobre 60% de toda a média contributiva do servidor federal.

Suponha-se um servidor federal tenha morrido com 10 anos de tempo de contribuição, de modo que os proventos de aposentadoria por incapacidade que ele teria direito seriam de 60% da média das remunerações.

Se ele possuir dois dependentes habilitados à pensão, o valor da pensão por morte será de 70% multiplicado por 60% da média das remunerações do servidor federal a partir de 7/1994 (7 x 6 = 42) chegando a apenas 42% da média das remunerações desde o Plano Real (não é 42% do último salário).

Curioso notar que, **intencionalmente**, o artigo 26 da Emenda 103/2019 não limita a média de todas as remunerações do servidor a 100%, de modo que o servidor federal que possuir mais de 40 anos de tempo de contribuição poderá gerar pensão que ultrapassem a 100%, a exemplo:

41 anos	**102%**
42 anos	**104%**
43 anos	**106%**
44 anos	**108%**
45 anos	**110%**
E assim sucessivamente	**E assim sucessivamente**

Importante!
Excepcionalmente, no caso de morte por acidente de trabalho do servidor federal, se o segurado falecido não estava aposentado, a base de cálculo da pensão por morte deve ser 100% da média, pois essa seria a base da aposentadoria por incapacidade permanente decorrente de acidente de trabalho.

Eis uma portaria federal que concedeu pensão por morte à luz do artigo 23 da EC 103/2019:

> **PORTARIA DE PESSOAL UFSM DE 29 DE FEVEREIRO DE 2024**
>
> A VICE-REITORA DA UNIVERSIDADE FEDERAL DE SANTA MARIA, no uso de suas atribuições legais e estatutárias, em virtude da delegação de competência atribuída pela Portaria de Pessoal UFSM N. 2.190, de 29 de dezembro de 2021, resolve:
>
> Nº 449-Art. 1º Conceder **pensão** a Ivoni Ida Altermann Palma, na qualidade de cônjuge do ex-servidor Silvio Palma, ocupante do cargo de Técnico em Agrimensura, matrícula Siape 380346, do quadro de pessoal da Universidade Federal de Santa Maria, falecido em inatividade, em 29 de janeiro de 2024, com fundamento no inciso I do art. 3º da Portaria SGP/SEDGG/ME Nº 4645, de 24 de maio de 2022, c/c o art. **217 da Lei nº 8.112, de 11 de dezembro de 1990, e arts. 23 e 24 da Emenda Constitucional nº 103**, de 12 de novembro de 2019. (Processo n. 010669/2024-38)
>
> **Art. 2º Os efeitos desta Portaria entram em vigor em 29 de janeiro de 2023.**

Outrossim, existe uma regra especial muito justa em favor do **dependente inválido ou com deficiência intelectual, mental ou grave (filhos, cônjuges/companheiros, pais e irmãos)**, pois neste caso a renda da pensão por morte será equivalente a:
I - **100%** da aposentadoria recebida pelo segurado ou servidor ou daquela a que teriam direito se fossem aposentados por incapacidade permanente na data do óbito, **até o limite máximo de benefícios do Regime Geral de Previdência Social**; e
II - a uma cota familiar de **50%** acrescida de **cotas de dez pontos percentuais por dependente**, até o máximo de cem por cento, **para o valor que supere o limite máximo de benefícios do Regime Geral de Previdência Social.**

Neste caso, o cálculo será feito em duas etapas, exceto se a aposentadoria recebida ou a aposentadoria por incapacidade permanente que o servidor teria direito não superarem ao teto do teto do RGPS em vigor no ano do óbito.

Ademais, é vedada a reversão de cotas de pensão entre dependentes. Dessa forma, para os novos óbitos após a vigência da Emenda 103/2019, o artigo 223 da Lei 8.212/90 não foi recebido pelo novel regramento constitucional:

> *"Art. 223. Por morte ou perda da qualidade de beneficiário, a respectiva cota reverterá para os cobeneficiários. (Redação dada pela Lei nº 13.135, de 2015)"*

Com efeito, à luz do Princípio Constitucional da **Separação dos Poderes**, que integra o núcleo intangível da Constituição Federal de 1988, somente deve o Poder Judiciário afastar regras que **manifestamente afrontem o texto constitucional (AUTOCONTENÇÃO JUDICIAL)**, máxime quando editado pelo Poder Constituinte Reformador, **sob pena de invasão do espaço de conformação do poder constituinte reformador.**

■ POSIÇÃO DO STF

Nesse sentido, no julgamento da **ADI 7.051, de 26.06.2023**, com o placar de 8 x 2, o STF pronunciou a **validade da regra do artigo 23 da EC 103/2019**, que fixou a renda mensal da pensão por morte no RGPS e no RPPS dos servidores federais:

"O Tribunal, por maioria, julgou improcedente o pedido formulado na ação direta e fixou a seguinte tese de julgamento: ***"É constitucional o art. 23, caput, da Emenda Constitucional nº 103/2019, que fixa novos critérios de cálculo para a pensão por morte no Regime Geral e nos Regimes Próprios de Previdência Social"****, nos termos do voto do Relator, vencidos parcialmente os Ministros Edson Fachin e Rosa Weber (Presidente). Plenário, Sessão Virtual de 16.6.2023 a 23.6.2023".*

Transcreve-se passagem do voto do Ministro Roberto Barroso no julgamento da **ADI 7.051**:

*"**11.** No presente caso, busca-se a declaração de inconstitucionalidade de dispositivo da Emenda Constitucional nº 103/2019, que realizou uma nova reforma na Previdência Social, alterando aspectos essenciais dos regimes próprios e do regime geral. As questões abrangidas pela reforma são divisivas, de difícil obtenção de consenso. Fazem aflorar a tensão entre, de um lado, a proteção de direitos sociais - sobretudo o direito à previdência social - e, de outro, postulados de equilíbrio e responsabilidade fiscal. A atuação diligente e justificada de corporações, em defesa do status quo, traz um elemento de pressão a mais sobre o processo político, com o qual os parlamentares precisam lidar. O atingimento de um quórum qualificado de aprovação, nesse ambiente, não é tarefa simples. Por isso, considero que o primeiro vetor interpretativo a ser aplicado aqui é o da autocontenção judicial, que deve pautar o controle sobre a atuação do poder reformador.*

12. Conforme já assinalei em estudo doutrinário, nesse âmbito, não sendo evidente a inconstitucionalidade da emenda, deve o órgão competente abster-se de declará-la. Além disso, havendo alguma interpretação possível que permita afirmar a compatibilidade da norma com a Constituição, em meio a outras que carreavam para ela um juízo de invalidade, deve o intérprete optar pela interpretação legitimadora, mantendo o preceito em vigor. A cautela e deferência próprias da jurisdição constitucional acentuam-se aqui pelo fato de se tratar de uma emenda à Constituição, cuja aprovação tem o batismo da maioria de três quintos de cada Casa do Congresso Nacional. A declaração de inconstitucionalidade de uma emenda é possível, mas não fará parte da rotina da vida.

***13.** O art. 60, § 4º, da Constituição, contém limitação material expressa ao poder constituinte derivado. Nos seus termos, não será objeto de deliberação a proposta de emenda tendente a abolir: a forma federativa de Estado; o voto direto, secreto, universal e periódico; a separação dos Poderes; e os direitos e garantias individuais. A locução tendente a abolir deve ser interpretada com equilíbrio. Por um lado, ela deve servir para que se impeça a erosão do conteúdo substantivo das cláusulas protegidas. De outra parte, não deve prestar-se a ser uma inútil muralha contra o vento da história, petrificando determinado status quo. A Constituição não pode abdicar da salvaguarda de sua própria identidade, assim como da preservação e promoção de valores e direitos fundamentais. Mas não deve ter a pretensão de suprimir a deliberação majoritária legítima dos órgãos de representação popular, juridicizando além da conta o espaço próprio da política. O juiz constitucional não deve ser prisioneiro do passado, mas militante do presente e passageiro do futuro.*

***14.** Há duas razões relevantes e complementares pelas quais a interpretação das cláusulas pétreas deve ser feita sem alargamento do seu sentido e alcance: a) para não sufocar o espaço de conformação reservado à deliberação democrática, exacerbando a atuação contramajoritária do Judiciário; e b) para não engessar o texto constitucional, o que obrigaria à convocação repetida e desestabilizadora do poder constituinte originário. A observação panorâmica das cláusulas pétreas abrigadas nas Constituições dos países democráticos revela que, em geral, elas veiculam princípios fundamentais e, menos frequentemente, regras que representem concretizações diretas desses princípios. Não é meramente casual que seja assim. Princípios, como se sabe, caracterizam-se pela relativa indeterminação de seu conteúdo. Trazem em si, porém, um núcleo de sentido, em cujo âmbito funcionam como regras, prescrevendo objetivamente determinadas condutas. Para além desse núcleo, existe um espaço de conformação, cujo preenchimento é atribuído prioritariamente aos órgãos de deliberação democrática, por força do princípio democrático. Aí não caberia mais ao Judiciário impor sua visão do que seria a concretização ideal de determinado princípio.*

***15.** O vetor interpretativo proposto neste tópico é amplamente adotado por esta Corte. Nesse sentido, confiram-se os seguintes precedentes: ADI 2.024, Rel. Min. Sepúlveda Pertence, j. em 27.10.1999; ADI 3.128, Red. p/o acórdão Min. Cezar Peluso, j. em 18.08.2004; ADI 5.296 MC, Rel. Min. Rosa Weber, j. em*

18.05.2016; MS 32.262-MC, Rel. Min. Luís Roberto Barroso, j. em 20.08.2013; e MS 34.448-MC, Rel. Min. Luís Roberto Barroso, j. Em 10.10.2016.

***16.** Portanto, em se tratando de controle de constitucionalidade de emenda à Constituição, adoto uma postura de deferência às escolhas políticas realizadas pelos Poderes Executivo e Legislativo, o que, por certo, não impedirá a declaração de inconstitucionalidade se realmente estiver presente contrariedade com a CF/1988".*

O real retrocesso, que por certo não ocorrerá justamente em razão dos ajustes previdenciários constitucionais perpetrados pela Emenda 103/2019, é a União não possuir recursos anuais para honrar a totalidade do pagamento dos benefícios no âmbito do RGPS ou RPPS, gerando um caos social e um verdadeiro e inconstitucional desamparo social.

Foi uma Reforma dura, indesejável, mas infelizmente necessária quando se avalia a custeio.

■ **POSIÇÃO DO STF**

No mesmo sentido, transcreve-se passagem do voto do Ministro Roberto Barroso no julgamento da **ADI 7.051,** que se manifestou pela constitucionalidade da nova fórmula de cálculo da pensão por morte (art. 23 da EC 103/2019):

*"**38.** Não vejo, por fim, ofensa ao princípio da vedação ao retrocesso social. O princípio da vedação ao retrocesso, que ainda desperta controvérsias na doutrina, não pode ser interpretado como uma proibição a qualquer atuação restritiva do legislador em matéria de direitos fundamentais, sob pena de violação ao princípio democrático. Só permitir que se modifique a regulamentação de um direito fundamental para ampliar o seu alcance, cristalizando-se tudo o mais, impõe amarras excessivas ao poder de conformação legislativa e limita exageradamente o espaço de deliberação democrática. E não se pode esquecer que muitas das escolhas feitas na Previdência Social tiveram como pano de fundo um quadro de abundância de recursos, que já não se põe mais. A mudança nas circunstâncias fáticas não pode ser desconsiderada na interpretação constitucional. O Direito tem, sim, a pretensão de conformar a realidade, mas também sofre a influência dos aspectos fáticos que se apresentam diante de cada caso.*

***39.** Por todas essas razões, entendo não haver inconstitucionalidade no art. 23 da Emenda Constitucional nº 103/2019".*

Vale registrar que as despesas com o RGPS representavam 4,6% do PIB em 1995 para **8,6% do PIB em 2018**, conforme dado registrado na exposição de motivos da PEC 6.

Conforme dados oficiais do Governo federal divulgados em janeiro de 2021, o RGPS teve um déficit de 227,3 bilhões de Reais em 2019 e de 269,8 bilhões de Reais em 2020, de modo que mesmo após a reforma implementada pela Emenda 103/2019 vem aumentando acima da inflação oficial o complemento anual aportado pela União no Fundo do RGPS.

■ POSIÇÃO DO STF

No mesmo sentido, transcreve-se passagem do voto do Ministro Roberto Barroso no julgamento da **ADI 7.051**:

"**3.** *Vejamos, primeiramente, os dados sociais. A população brasileira está vivendo mais. Segundo o Instituto Brasileiro de Geografia e Estatística - IBGE, a expectativa de vida ao nascer, em 2018, alcançou 76,3 anos. Em 1940, era de apenas 45,5 anos. Um incremento, portanto, de mais de 30 anos nesse período. Em paralelo, os idosos também estão vivendo mais no Brasil. O tempo médio de vida para uma pessoa com certa idade - a chamada expectativa de sobrevida - costuma ser mais elevado do que para quem acabou de nascer. Isso se deve às taxas de mortalidade infantil no país, que ainda são aterradoras. Alguém que hoje conte com 60 anos de idade deve viver até os 82,6 anos. E, de acordo com projeções da Organização das Nações Unidas - ONU, em 2100, o brasileiro que chegar aos 60 anos viverá, em média, até os 90. A essa altura, o Brasil será o 10º país do mundo em maior proporção de idosos, que representarão 39% do total da população. É a chamada inversão da pirâmide etária. Sem dúvida, esses são números a celebrar. Colocam, todavia, novos desafios, estando um deles na Previdência Social. Viver mais significa receber benefícios por um período maior, o que demanda ainda mais recursos financeiros.*

4. *Além disso, ao longo dos anos, as famílias brasileiras vêm encolhendo. As mulheres vêm decidindo ter menos filhos. Em 1940, a média de filhos por mulher era de 6,16. Em 2016, essa taxa caiu para 1,69. E, desde 2005, já era inferior à taxa de reposição da população, que é de 2,1. Dito de forma mais simples: se o cenário se mantiver assim, a população no Brasil parará de crescer em 2048. A expressiva queda na taxa de fecundidade impacta diretamente a Previdência Social. Como é intuitivo, quando essa taxa se reduz, a população em idade ativa também diminui. No Brasil, a Previdência Social segue o regime de financiamento de repartição simples, em que os mais jovens arcam com os benefícios dos mais idosos. O descompasso entre as contribuições dos mais novos, que decrescem, e os gastos com as aposentadorias, que só sobem, é uma das maiores causas de desequilíbrio.*

...

"**6.** *Esse conjunto de elementos sociais e jurídicos formam um cenário preocupante, que pode ser dimensionado pelos dados econômicos. O déficit da Previdência Social no Brasil é incontestável. Tanto o regime geral de previdência social (RGPS), relativo aos trabalhadores da iniciativa privada, quanto* *os regimes próprios (RPPS), dos servidores públicos efetivos, vêm enfrentando sérias dificuldades para manter ou restabelecer o equilíbrio financeiro e atuarial. De acordo com o Ministério da Economia, no final de 2019, o regime geral apresentou déficit de R$ 213,3 bilhões, os regimes dos servidores públicos civis da União, de R$ 53 bilhões, e o dos militares, de R$ 47 bilhões. Para fins de comparação, no final de 2004, após duas reformas abrangentes feitas pelas EC nº 20/1998 e 41/2003, esses números eram de R$ 28,5 bilhões, no RGPS, e de R$ 32,4 bilhões, nos regimes dos servidores públicos civis e militares da União. Como se vê, a piora foi significativa. As Emendas Constitucionais nº 20/1998 e 41/2003 se mostraram insuficientes para reverter esse quadro. A existência de inúmeras regras de transição, com uma disciplina mais favorável para servidores que ingressaram no serviço público até 2003, diluiu de forma excessiva no tempo os efeitos das mudanças na Constituição.*

***7.** Em 2017, os dispêndios com benefícios previdenciários apenas na União consumiram 10% do PIB. Para traçar um paralelo, em 2015, a média de gasto com aposentadorias e pensões nos países da Organização para a Cooperação e Desenvolvimento Econômico - OCDE foi de 8%. O Brasil, que ainda tem uma população considerada jovem, gasta quase a mesma proporção do PIB que países como Alemanha e Japão, cujo número de idosos é significativamente superior. Nos anos de 2016 e 2017, nações como o México e o Chile, com patamar etário mais próximo ao da população brasileira, despenderam 2,6% e 2,8% do PIB, respectivamente.*

***8.** Ademais, os gastos previdenciários constituem uma fatia expressiva do orçamento da União. Em 2018, representaram 31,91% do total das despesas liquidadas. De outra parte, os desembolsos com saúde e educação foram de 5,05% e 3,91%, respectivamente. Não obstante a relevância do direito à previdência social, a desproporção é muito acentuada. É preciso reconhecer que algo está errado nessa distribuição dos recursos públicos. Outra constatação fundamental é a de que o crescimento das despesas obrigatórias - que decorrem de obrigações constitucionais ou legais, como é o caso dos gastos com a Previdência Social - comprime, cada vez mais, o espaço das despesas discricionárias, isto é, aquelas que o Poder Executivo tem algum grau de liberdade decisória quanto a fazer ou não fazer. De acordo com o Ministério da Economia, entre 2010 e 2020, o valor das despesas discricionárias caiu quase 60%. A conclusão é que tem sobrado muito pouco para novos investimentos em obras, serviços e políticas públicas".*

Sobre a interpretação do artigo 23 da EC 103/2019, eis a posição do MPS/SPREV através da **Nota Informativa SEI nº 33521/2020/ME**:

"**a)** O art. 23 da Emenda Constitucional nº 103, de 2019, define as regras para concessão da pensão por morte aos dependentes dos servidores da União falecidos a partir da publicação dessa Emenda ou da vigência da norma local dos entes federativos que adotarem os mesmos preceitos.

b) A pensão por morte será calculada com base no provento recebido pelo segurado se o óbito ocorrer na aposentadoria, ou no provento a que teria direito o servidor se fosse aposentado por incapacidade permanente na data do óbito, se esse ocorrer em atividade, devendo, nesse último caso, ser aplicada a regra de cálculo dos proventos previsto no art. 26 da Emenda Constitucional nº 103, de 2019.

c) O valor total da pensão será equivalente a uma cota familiar de 50% do provento base de cálculo, acrescida de cotas de 10% por dependente, até o máximo de 100%, que será dividido entre os dependentes em cotas-partes iguais.

d) A cota de 10% por dependente cessará com a perda dessa qualidade e não será reversível aos demais beneficiários, preservado o valor de 100% quando o número de dependentes for igual ou superior a cinco.

e) Quando houver a exclusão de um beneficiário ou eventual ingresso por habilitação tardia, a pensão será reduzida ou aumentada em 10% do provento base de cálculo (percentual que corresponde à cota individual por dependente), situação em que o valor devido a cada beneficiário será recalculado, mediante nova divisão em cotas-partes iguais.

f) Tanto da concessão inicial, quanto no recálculo decorrente da alteração do número de beneficiários, a pensão corresponderá a 50% do provento base de cálculo, acrescida de cotas de 10% por dependente, devido à garantia da cota familiar e de uma cota individual por beneficiário.

g) Na hipótese de existir dependente inválido ou com deficiência intelectual, mental ou grave, o valor da pensão será 100% do provento até o limite máximo de benefícios do RGPS, aplicando-se a regra geral de cálculo para a parcela que ultrapassar desse valor.

h) Segundo o § 6º do art. 10 da EC nº 103, de 2019, em consonância com a parte final do § 7º do art. 40 da Constituição Federal, a pensão por morte aos dependentes dos servidores integrantes das forças de segurança especificados nesse dispositivo, se decorrente de agressão sofrida no exercício ou em razão da função, será equivalente à remuneração do cargo e vitalícia para o cônjuge ou companheiro

i) Na concessão da pensão por falecimento em atividade é admitida a contagem recíproca de tempo de contribuição anterior do segurado a outro regime de previdência social, mediante apresentação de Certidão de Tempo de Contribuição - CTC, visto que o cálculo do provento base, da aposentadoria por incapacidade permanente que seria devida, exige a aplicação da média estabelecida no art. 26 da EC nº 103, de 2019, que leva em conta o tempo e as bases de cálculo da contribuição do segurado a qualquer regime previdenciário.

j) Se o servidor tiver cumprido todos os requisitos para aposentadoria voluntária e falecer em atividade antes de concedido esse benefício, o cálculo da pensão terá por base no provento a que faria jus, em respeito ao princípio do direito adquirido.

k) Enquanto não promovidas alterações na legislação interna relacionada ao RPPS dos Estados, do Distrito Federal e dos Municípios, aplicam-se às pensões por morte decorrentes do falecimento de segurados desses regimes, as normas constitucionais e infraconstitucionais anteriores à data de entrada em vigor dessa Emenda, inclusive o art. 2º da Lei nº 10.887, de 2004.

l) A cota-parte devida mensalmente a cada beneficiário de pensão por morte, caso recebida acumuladamente com outras pensões ou proventos de aposentadoria ou de inatividade militar, sujeita-se à aplicação das regras do art. 24 da EC nº 103, de 2019, ainda que o ente federativo aplique as normas constitucionais e infraconstitucionais anteriores acerca de pensão, pois esse artigo tem eficácia plena e aplicabilidade imediata, devendo ser obedecidos independentemente de qualquer previsão legislativa de âmbito local a respeito.

m) As regras do art. 24 da EC nº 103, de 2019, não se aplicam se o direito à percepção dos benefícios acumulados houver sido adquirido antes da publicação dessa Emenda, ainda que a concessão tenha sido posterior a essa data".

Registro que discordo da conclusão constante no item "j", pois o artigo 23 da EC 103/2019 remete que a base de cálculo da pensão por morte do servidor em atividade será a renda da aposentadoria por incapacidade permanente que teria direito, e que o fato de ter direito adquirido a uma aposentadoria voluntária não o torna aposentado, sendo uma interpretação que contraria o texto do dispositivo.

Ademais, há situações em que a aplicação desta conclusão da Nota Informativa SEI nº 33521/2020/ME será prejudicial ao dependente, em especial quando o falecido tinha a partir de 41 anos de contribuição, pois nesta situação os proventos da aposentadoria por incapacidade permanente seriam acima de 100% da média, podendo ser superior à regra de integralidade.

Por sua vez, o tempo de duração da pensão por morte e das cotas individuais por dependente até a perda desta qualidade, o rol de dependentes, a sua qualificação e as condições necessárias para enquadramento serão aqueles estabelecidos na Lei nº 8.213, de 24 de julho de 1991.

Considerando que as regras da pensão por morte do servidor federal foram aproximadas ao regramento do RGPS pelas Leis 13.135/2015 e 13.846/2019 não se trata propriamente de uma novidade.

Em regra, se o óbito ocorrer sem que o servidor federal tenha vertido 18 (dezoito) contribuições mensais ou se o casamento ou a união estável tiverem sido iniciados em menos de 2 (dois) anos antes do óbito do segurado, a pensão por morte será paga por apenas 4 (quatro) meses ao cônjuge, companheiro ou companheira, salvo se o óbito do segurado decorrer de acidente de qualquer natureza ou de doença profissional ou do trabalho.

A Lei 13.135/2015 admitiu expressamente que o tempo de contribuição a Regime Próprio de Previdência Social (RPPS) ou RGPS será considerado na contagem das 18 (dezoito) contribuições mensais, acaso o servidor não possua 18 recolhimentos no RPPS federal.

Por sua vez, transcorridos os seguintes períodos, estabelecidos de acordo com a idade do beneficiário na data de óbito do segurado, se o óbito ocorrer depois de vertidas 18 (dezoito) contribuições mensais e pelo menos 2 (dois) anos após o início do casamento ou da união estável, ou se então o óbito do segurado decorrer de acidente de qualquer natureza ou de doença profissional ou do trabalho, a pensão terá a seguinte duração, sendo vitalícia apenas se o pensionista tiver 44 anos de idade no dia da morte **(ÓBITOS ATÉ 31/12/2020)**:

1) 3 (três) anos, com menos de 21 (vinte e um) anos de idade;
2) 6 (seis) anos, entre 21 (vinte e um) e 26 (vinte e seis) anos de idade;
3) 10 (dez) anos, entre 27 (vinte e sete) e 29 (vinte e nove) anos de idade;
4) 15 (quinze) anos, entre 30 (trinta) e 40 (quarenta) anos de idade;
5) 20 (vinte) anos, entre 41 (quarenta e um) e 43 (quarenta e três) anos de idade;
6) vitalícia, com 44 (quarenta e quatro) ou mais anos de idade.

No entanto, há uma regra especial para o pensionista inválido ou com deficiência cônjuge ou companheiro(a), pois neste caso a pensão por morte apenas será cancelada pela cessação da invalidez ou pelo afastamento da deficiência. Se não houver recuperação do pensionista, portanto, será vitalícia, mesmo que o segurado não tenha vertido 18 (dezoito) contribuições mensais ou se o casamento ou a união estável tiverem menos de 2 (dois) anos antes do óbito do segurado. Caso o pensionista inválido ou deficiente se recupere, serão respeitados, ao menos, os prazos anteriores apresentados.

Tivemos entre 2015 e 2020 uma elevação na expectativa de sobrevida ao nascer que atingiu 1,7 ano:

- Tábua do IBGE publicada em 01/12/2014 (referente ao de 2013) que vigorava quando do advento da Lei 13.135/2015: expectativa de sobrevida do brasileiro ao nascer em **74,9 ANOS.**
- Tábua do IBGE publicada em 01/12/2020 (referente ao ano de 2019) quando do advento da Portaria ME 424/2020: expectativa de sobrevida do brasileiro ao nascer em **76,6 ANOS.**

Nesse sentido, PARA ÓBITOS OCORRIDOS A PARTIR DE 1/1/2021, as faixas etárias foram elevadas em 1 ano pela Portaria ME 424, de 29/12/2020:

> ***"PORTARIA ME Nº 424, DE 29 DE DEZEMBRO DE 2020***
>
> *Fixa as novas idades de que tratam a alínea "b" do inciso VII do art. 222 da Lei nº 8.112, de 11 de dezembro de 1990, e a alínea "c" do inciso V do § 2º do art. 77 da Lei nº 8.213, de 24 de julho de 1991.*
>
> *O MINISTRO DE ESTADO DA ECONOMIA, SUBSTITUTO, no uso da atribuição que lhe foi conferida pelo § 3º do art. 222 da Lei nº 8.112, de 11 de dezembro de 1990, e pelo § 2º-B do art. 77 da Lei nº 8.213, de 24 de julho de 1991, resolve:*
>
> *Art. 1º O direito à percepção de cada cota individual da pensão por morte, nas hipóteses de que tratam a alínea "b" do inciso VII do art. 222 da Lei nº 8.112, de 11 de dezembro de 1990, e a alínea "c" do inciso V do § 2º do art. 77 da Lei nº 8.213, de 24 de julho de 1991, cessará, para o cônjuge ou companheiro, com o transcurso dos seguintes períodos, estabelecidos de acordo com a idade do beneficiário na data de óbito do segurado, se o óbito ocorrer depois de vertidas dezoito contribuições mensais e pelo menos dois anos após o início do casamento ou da união estável:*
>
> ***I - três anos, com menos de vinte e dois anos de idade;***
>
> ***II - seis anos, entre vinte e dois e vinte e sete anos de idade;***
>
> ***III - dez anos, entre vinte e oito e trinta anos de idade;***
>
> ***IV - quinze anos, entre trinta e um e quarenta e um anos de idade;***
>
> ***V - vinte anos, entre quarenta e dois e quarenta e quatro anos de idade;***
>
> ***VI - vitalícia, com quarenta e cinco ou mais anos de idade.***
>
> ***Art. 2º Esta Portaria entra em vigor em 1º de janeiro de 2021".***

Logo, para fins de cumprimento da regra do **artigo 222, §3º, da Lei 8.112/90**, houve uma elevação de 1,7 ano na expectativa de sobrevida do brasileiro ao nascer comparado as tábuas do IBGE em vigor na data de publicação da Lei 13.135/2018 e da Portaria ME 424/2020.

Dessa forma, a concessão de pensão por morte vitalícia aos cônjuges e companheiros para a exigir deste a idade mínima de 45 anos de idade do dia do óbito do segurado, para as mortes ocorridas as partir do ano de 2021, conservando a idade de 44 anos apenas para os óbitos até 31/12/2020.

Curioso notar que é possível que no final de 2021 essa portaria precise ser revista para que as faixas anteriores sejam restabelecidas. É que as lamentáveis milhares de mortes por COVID-19 irão afetar a tábua a ser publicada em 01/12/2021, que considerada o ano de 2020.

Isso se a atual expectativa de sobrevida ao nascer, que é de 77,6 anos, caia para menos de 75,9 anos, pois a expectativa de sobrevida que vigorava na vigência da Lei 13.135/2015 era de 74,9 anos e a elevação da idade em um ano nas faixas exige que "se verifique o incremento mínimo de um ano inteiro na média nacional única, para ambos os sexos, correspondente à expectativa de sobrevida da população brasileira ao nascer", nos termos do artigo 222, §3º, da Lei 8.112/90, preservadas as faixas mínimas fixadas no citado artigo.

Regra de grande impacto na EC 103/2019 é a que prevê que se equiparam a filho, para fins de recebimento da pensão por morte, exclusivamente o enteado e o menor tutelado, desde que comprovada a dependência econômica.

O objetivo desta regra foi reverter a posição repetitiva do STJ que equipara ao filho o menor sob guarda, inclusive no RPPS, nos termos do artigo 33, § 3º, do ECA.

POSIÇÃO DO STJ

PROCESSO	REsp 1.411.258-RS, Rel. Min. Napoleão Nunes Maia Filho, Primeira Seção, por unanimidade, julgado em 11/10/2017, DJe 21/02/2018. (Tema 732).
RAMO DO DIREITO	DIREITO PREVIDENCIÁRIO, DIREITO DA CRIANÇA E DO ADOLESCENTE
TEMA	Menor sob guarda judicial. Dependente econômico. Óbito do instituidor da pensão em data posterior à vigência da MP 1.523/1996, reeditada e convertida na Lei n. 9.528/1997. Manutenção do benefício previdenciário. Proibição de retrocesso. Diretrizes constitucionais de isonomia, prioridade absoluta e proteção integral à criança e ao adolescente.

DESTAQUE
O menor sob guarda tem direito à concessão do benefício de pensão por morte do seu mantenedor, **comprovada sua dependência econômic**a, nos termos do art. 33, § 3º do Estatuto da Criança e do Adolescente, ainda que o óbito do instituidor da pensão seja posterior à vigência da Medida Provisória 1.523/96, reeditada e convertida na Lei n. 9.528/97. Funda-se essa conclusão na qualidade de lei especial do Estatuto da Criança e do Adolescente (8.069/90), frente à legislação previdenciária.

INFORMAÇÕES DO INTEIRO TEOR
A questão jurídica objeto de afetação ao rito dos recursos repetitivos consiste em definir sobre a possibilidade (ou não) do pagamento de pensão por morte ao menor sob guarda, quando o óbito do segurado tenha ocorrido após a vigência da MP 1.523/1996, que alterou o art. 16, § 2º da Lei de Benefícios da Previdência Social (Lei n. 8.213/1991). A redação original do mencionado dispositivo previa que o menor sob guarda judicial se equiparava a filho do segurado e, portanto, detinha a condição de dependente natural ou automático dele (do segurado), como beneficiário do RGPS. Ocorre que a MP 1.523/1996, convertida na Lei n. 9.528/1997, alterou o citado dispositivo e retirou do menor sob guarda a condição de dependente previdenciário. Entretanto, a jurisprudência mais recente desta Corte Superior reconhece ao menor sob guarda a condição de dependente para fins previdenciários, condição

que resulta de situação essencialmente fática, cabendo-lhe o direito à pensão previdenciária sempre que o mantenedor (segurado do INSS) faleça, a fim de não se deixar o hipossuficiente ao desabrigo de qualquer proteção, máxime quando se achava sob guarda, forma de tutela que merece estímulos, incentivos e subsídios do Poder Público, conforme compromisso constitucional assegurado pelo art. 227, § 3º, VI da Carta Magna, além de atentar contra a proteção da confiança com aquele já devidamente cadastrado como dependente do segurado, mediante a prática de ato jurídico administrativo perfeito, pelos agentes do INSS. Assim, a alteração do art. 16, § 2º, da Lei n. 8.213/1991, pela Lei n. 9.528/1997, não elimina o substrato fático da dependência econômica do menor e representa, do ponto de vista ideológico, um retrocesso normativo nas diretrizes constitucionais de isonomia e proteção à criança e ao adolescente. Da leitura do art. 227 da CF, constata-se que foi imposto não só à família, mas também à sociedade e ao Estado o dever de, solidariamente, assegurar à criança e ao adolescente os direitos fundamentais com absoluta prioridade. Além disso, foi imposto ao legislador ordinário a obrigação de garantir ao menor os direitos previdenciários e trabalhistas, bem como o estímulo do Poder Público ao acolhimento, sob a forma de guarda, de criança ou adolescente órfão ou abandonado. Outra reflexão instigante diz respeito ao fato de alteração normativa veicular entendimento adverso, claramente maculador do princípio que deve permear as leis reconhecedoras de direitos sociais, como os previdenciários, ou seja, o da proibição de retrocesso; assim, se já definida uma orientação legal mais favorável à proteção dos hipossuficientes, não se afigura aceitável, do ponto de vista jurídico e sistêmico que, a partir da adoção de lei restritiva ocasional, dê-se a inversão da orientação até então vigorante. Finalmente, registre-se que a Lei n. 8.069/1990 (Estatuto da Criança e do Adolescente) que, convém ressaltar, é norma específica e em perfeita harmonia com o mandamento constitucional, dispõe em seu art. 33, § 3º que "a guarda confere à criança ou adolescente a condição de dependente, para todos os fins e efeitos de direito, inclusive previdenciário". Nessa linha de raciocínio, impõe-se concluir que, se fosse a intenção do legislador infraconstitucional excluir o menor sob guarda da pensão por morte, teria alterado também a Lei n. 8.069/1990 o que, como visto, não ocorreu.

■ **PROCESSO**

AgInt no AREsp 1289416 / RN

AGRAVO INTERNO NO AGRAVO EM RECURSO ESPECIAL

2018/0107251-3

Relator(a)

Ministro MAURO CAMPBELL MARQUES (1141)

Órgão Julgador

T2 - SEGUNDA TURMA

Data do Julgamento

04/10/2018

Data da Publicação/Fonte

DJe 29/10/2018

Ementa

ADMINISTRATIVO. AGRAVO INTERNO NO AGRAVO EM RECURSO ESPECIAL. ENUNCIADO ADMINISTRATIVO 3/STJ. **SERVIDORA PÚBLICA ESTADUAL APOSENTADA. MENOR SOB GUARDA. BISNETO. INCLUSÃO COMO DEPENDENTE. APLICABILIDADE DO**

> **ESTATUTO DA CRIANÇA E DO ADOLESCENTE - ECA.** INTERPRETAÇÃO COMPATÍVEL COM A DIGNIDADE DA PESSOA HUMANA E COM O PRINCÍPIO DE PROTEÇÃO INTEGRAL DO MENOR. PRECEDENTE DA PRIMEIRA SEÇÃO DESTA CORTE. AGRAVO INTERNO NÃO PROVIDO.
>
> 1. A orientação do STJ firmada sob o regime do art. 543-C do CPC/1973, é no sentido de que ao menor sob guarda deve ser assegurado o benefício de pensão por morte em face da prevalência do disposto no artigo 33, § 3º, do Estatuto da Criança e do Adolescente - ECA sobre norma previdenciária de natureza específica.
> 2. Agravo interno não provido.

É aguardar para ver a reação da jurisprudência ao novel dispositivo, que corre o risco de ser afastado por inconstitucionalidade. Este artigo, de início, não será aplicável à pensão por morte dos servidores estaduais, distritais e municipais, enquanto não promovidas alterações na legislação interna relacionada ao respectivo regime próprio de previdência social.

> ■ **POSIÇÃO DO STF**
>
> Em 8 de junho de 2021, por 6 x 5, no julgamento das **ADI's 4.878 e 5.083** o Tribunal, por maioria, julgou procedente a ação, de modo a **conferir interpretação conforme ao § 2º do art. 16 da Lei nº 8.213/1991, para contemplar, em seu âmbito de proteção, o "menor sob guarda"**, nos termos do voto do Ministro Edson Fachin, Redator para o acórdão, vencidos os Ministros Gilmar Mendes (Relator), Alexandre de Moraes, Marco Aurélio, Nunes Marques e Luiz Fux (Presidente), que julgavam improcedente a ação. Falaram: pelo interessado Presidente da República, a Dra. Izabel Vinchon Nogueira de Andrade, Secretária-Geral de Contencioso da Advocacia-Geral da União; pelo amicus curiae Associação Nacional de Entidades de Previdência dos Estados e Municípios - ANEPREM, o Dr. Bruno Sá Freire Martins; pelo amicus curiae Defensoria Pública da União - DPU, o Dr. Antonio Ezequiel Inácio Barbosa, Defensor Público Federal; e, pelo amicus curiae Instituto Nacional do Seguro Social - INSS, a Dra. Bruna Maria Palhano Medeiros, Procuradora Federal. Plenário, Sessão Virtual de 28.5.2021 a 7.6.2021.
>
> Prevaleceu o voto do Ministro Fachin com os seguintes fundamentos:
>
> *"A justificativa normativa para a exclusão do "menor sob guarda" do rol de dependentes para fins previdenciários calcava-se na afirmação de que haveria muitas fraudes em processo de guarda, nos quais os avós requereriam a guarda de seus netos apenas para fins de concessão do direito à pensão. O e. Ministro Relator, em seu voto, faz referência a tais fatos, invocando não apenas a doutrina da Professora Maria Berenice Dias nesse sentido, mas também*

o Parecer nº 53 de 1997. Ano LII, nº 219, do Senado Federal. Tal argumento, contudo, não deve ser acolhido.

Sublinho, neste passo, os relevantes fundamentos aduzidos pelo Dr. Antonio Ezequiel Inacio Barbosa, na sustentação oral que fez aportar, em via eletrônica. Não se trata de chancelar qualquer tipo de fraude, ao revés. Em primeiro lugar, porque o argumento pauta-se na presunção de má-fé. Em segundo lugar, porque pretensas fraudes supostamente ocorridas em processos de guarda não são justificativa para impedir o acesso de crianças e adolescentes a seus direitos previdenciários, assegurados tanto pelo art. 227, CRFB, quanto pelo art. 33, do Estatuto da Criança e do Adolescente. Há, como ressaltou a Defensoria Pública da União, meios de combater as fraudes sem que, com isso, haja privação de direitos.

O Estatuto da Criança e do Adolescente (Lei 8069/1990), a seu turno, dispõe que guarda pode ser conferida, nos termos do art. 33, § 1º, no trâmite de processo judicial de adoção ou tutela, regularizando-se, assim, a situação de quem já está, na prática, atuando como guardião. Há também a hipótese do § 2º do art. 33, quando se defere guarda fora dos casos de tutela e de adoção para atender a situações excepcionais ou suprir a falta eventual dos pais ou responsável, como se vê

A interpretação que assegura ao "menor sob guarda" o direito à proteção previdenciária deve prevalecer, não apenas porque assim dispõe o Estatuto da Criança e do Adolescente, mas porque direitos fundamentais devem observar o princípio da máxima eficácia. Assegura-se, assim, a prevalência do compromisso constitucional contido no art. 227, § 3º, VI da Constituição.

Vale ressaltar que, nos termos do texto constitucional, assegurar à criança e ao adolescente, com absoluta prioridade, seus direitos fundamentais é dever que se impõe não apenas ao Estado, mas também à família e à sociedade. A interpretação conforme a ser conferida ao art. 16, § 2º, da Lei 8213 /1991, portanto, deve contemplar os "menores sob guarda" na categoria de dependentes do Regime Geral de Previdência Social, em consonância com o princípio da proteção integral e da prioridade absoluta, nos termos do art. 227 da Constituição da República, desde que comprovada a dependência econômica, nos termos em que exige a legislação previdenciária (art. 16, § 2º, Lei 8.213/1991 e Decreto 3048/1999).

Não se ignora, ademais, a recente alteração promovida pela Emenda Constitucional n.º 103/2019, conhecida como "reforma previdenciária", que, no art. 23, repetiu, como salientou o e. Ministro Relator, a redação conferida ao art. 16 da Lei 8.213/1991, mantendo-se, desta forma, a exclusão do "menor sob guarda" do rol de dependentes do segurado, nos seguintes termos:

"Art. 23. A pensão por morte concedida a dependente de segurado do Regime Geral de Previdência Social ou de servidor público federal será equivalente a uma cota familiar de 50% (cinquenta por cento) do valor da aposentadoria

> *recebida pelo segurado ou servidor ou daquele a que teria direito se fosse aposentado por incapacidade permanente na data do óbito, acrescida de cotas de 10 (dez) pontos percentuais por dependente, até o máximo de 100% (cem por cento). (...)*
>
> *§ 6º Equiparam-se a filho, para fins de recebimento da pensão por morte, exclusivamente o enteado e o menor tutelado, desde que comprovada a dependência econômica*
>
> *Os pedidos formulados nas ADIs 5083 e 4878, contudo, não contemplaram a redação do art. 23 da EC 103/2019, razão pela qual, ao revés do e. Ministro Relator, não procedo à verificação da constitucionalidade do dispositivo, em homenagem ao princípio da demanda. De toda sorte, os argumentos veiculados na presente manifestação são em todo aplicáveis ao art. 23 referido.*
>
> *Diante do exposto, homenageando conclusões diversas, julgo procedente a ADI 4878 e parcialmente procedente a ADI 5083, de modo a conferir interpretação conforme ao § 2º do art. 16, da Lei 8.213/1991, para contemplar, em seu âmbito de proteção, o "menor sob guarda".*

Dessa forma, **para os óbitos até a vigência da Emenda 103 (13/11/2019)** a decisão do STF vincula o INSS (controle abstrato de constitucionalidade com eficácia vinculante perante a Administração Pública), garantindo a inserção do menor sob guarda como equiparado a filho, desde que provada a dependência econômica, prevalecendo o ECA sobre a exclusão perpetrada pela Lei 9.528/97.

Por outro lado, considerando que o STF rejeitou a aferição de constitucionalidade do artigo 23, §6º, da EC 103/2019, conquanto em *obiter dictum* o Ministro Fachin aduziu que os mesmos argumentos seriam válidos para a extensão da tese, **a decisão não vincula o INSS para os óbitos a contar de 14/11/2019.**

Considerando a amplitude da regra do artigo 33, §3º, do ECA, a decisão da Suprema Corte também se aplica aos Regimes Próprios de Previdência Social, sendo que no RPPS federal se limita às mortes até 13/11/2019, considerando que o artigo 23 da EC 103/2019 não se aplica ao RPPS dos estados, Distrito Federal e municípios, sendo que nestes regimes locais a aplicação da decisão do STF é temporalmente irrestrita.

A pensão por morte no serviço público sofreu relevantes alterações com o advento da Emenda 41/2003, com a criação de um redutor para as pensões com maior valor. Após a EC 103/2019, a fórmula de cálculo foi novamente revista, conforme supra estudado.

Embora as **ADI's 4.878 e 5.083 versem sobre o menor sob guarda no RGPS, o STF vem provendo reclamações para o RPPS em razão de termos a mesma *ratio*.**

■ **POSIÇÃO DO STF**

Rcl 50418 / SE - SERGIPE

RECLAMAÇÃO

Relator(a): Min. EDSON FACHIN

Julgamento: 16/08/2022

Publicação: 18/08/2022

Publicação

PROCESSO ELETRÔNICO DJe-163 DIVULG 17/08/2022 PUBLIC 18/08/2022

Partes

RECLTE.(S): R.T.R.S. REPRESENTADO POR M.T.R. ADV.(A/S): ALBERTO HORA MENDONCA FILHO E OUTRO(A/S) RECLDO.(A/S): PRESIDENTE DO TRIBUNAL SUPERIOR DO TRABALHO ADV.(A/S): SEM REPRESENTAÇÃO NOS AUTOS BENEF.(A/S): NÃO INDICADO ADV.(A/S): CATHARINA DE ANDRADE MACIEL ADV.(A/S): PEDRO MENESES FEITOSA NETO

Decisão

DECISÃO: Quando da análise da medida cautelar, em 23 de novembro de 2021, relatei o presente feito nos seguintes termos (eDoc 29): "Trata-se de reclamação, com pedido de liminar, ajuizada em face de ato do Tribunal Superior do Trabalho, nos autos do Processo nº 312-95.2020.5.20.0000, que, ao rejeitar pedido de restabelecimento do pagamento de pensão a criança sob guarda de servidora pública aposentada, teria desrespeitado a autoridade da decisão proferida por esta Corte no julgamento da ADI 4.878. Argumenta-se que a criança permanecia sob dependência econômica da avó desde o ano de 2012 e que o posterior reconhecimento judicial da guarda apenas serviu para regularizar a situação de fato. Afirma-se que, ao rejeitar o pagamento do benefício previdenciário devido, sob interpretação literal do art. 217 da Lei 8.112/1990, o Tribunal reclamado ofendeu o entendimento firmado pela Suprema Corte e deixou de atentar-se aos arts. 215 e 227, § 3º, II e VI, da Constituição Federal, bem como ao art. 33, § 3º, do Estatuto da Criança e do Adolescente. Nesse contexto, requer-se a concessão de medida liminar para determinar a concessão imediata do benefício da pensão por morte. No mérito, pleiteia-se a cassação definitiva do ato reclamado." Naquela oportunidade, por considerar presentes os requisitos autorizadores da concessão da medida cautelar, deferi a liminar com efeito suspensivo ativo, nos termos dos arts. 300 e 989, II, do CPC, para, até o julgamento do mérito desta reclamação, ordenar que o Tribunal Superior do Trabalho tome as providências administrativas pertinentes para implementar o imediato pagamento da pensão ao menor de idade. A autoridade reclamada manifestou-se sobre o andamento do processo no órgão reclamado (eDoc 31). A Procuradoria-Geral da

República manifestou-se pela procedência da ação em parecer assim sintetizado (eDoc 33): "RECLAMAÇÃO. CONSTITUCIONAL. ADMINISTRATIVO. PREVIDENCIÁRIO. REGIME PRÓPRIO DE PREVIDÊNCIA SOCIAL. PENSÃO POR MORTE. CRIANÇA SOB GUARDA. ADI 4.878 E ADI 5.083/DF. ACÓRDÃO PARADIGMA. ADERÊNCIA. ART. 227 DA CONSTITUIÇÃO FEDERAL. PREVALÊNCIA DO PRINCÍPIO DA PROTEÇÃO INTEGRAL E DA PRIORIDADE ABSOLUTA. ESTATUTO DA CRIANÇA E DO ADOLESCENTE. PROCEDÊNCIA. 1. É cabível reclamação por alegado descumprimento da decisão do Supremo Tribunal Federal proferida nas ADI's 4.878/DF e 5.083/DF, que incluiu a criança e o adolescente sob guarda na categoria de dependentes do Regime Geral de Previdência Social. 2. O entendimento firmado pelo STF nas ADI's 4.878/DF e 5.083/DF alcança o regime próprio de previdência social para conferir interpretação conforme o texto constitucional às alterações promovidas pela Lei 13.135/2015, de modo a permitir a percepção de pensão por morte a criança ou adolescente sob guarda, com fundamento no art. 33, § 3º, do ECA, diante da eficácia protetiva desta última lei, em perfeita consonância com os preceitos constitucionais e a sua interpretação inclusiva. - Parecer pela procedência do pedido, confirmando-se a medida liminar anteriormente deferida. " É o relatório. Decido. Consigno que a reclamação caracteriza-se como uma demanda de fundamentação vinculada, vale dizer, cabível somente quando se fizer presente alguma das hipóteses para ela estritamente previstas. Partindo de construção jurisprudencial a instrumento com expresso assento constitucional, trata-se de ação vocacionada, precipuamente, a duas diferentes finalidades: de um lado, visa a reclamação à (i) tutela da autoridade das decisões proferidas por esta Corte e das súmulas vinculantes por ela editadas. De outro, à (ii) proteção do importante rol de competências atribuídas ao Supremo Tribunal Federal. É o que se vê nos artigos 102, I, l, e 103-A, §3º, da Constituição da República. Ademais, a relação de pertinência estrita entre o ato reclamado e o parâmetro de controle é requisito indispensável para o cabimento de reclamação, não sendo possível a sua utilização como sucedâneo recursal. Nesse sentido: Rcl 7.082 AgR, Rel. Min. Roberto Barroso, Primeira Turma, DJe 11.12.2014; Rcl 11.463 AgR, Rel. Min. Dias Toffoli, Primeira Turma, DJe 13.2.2015; Rcl 15.956 ED, Rel. Min. Teori Zavascki, Segunda Turma, DJe 5.3.2015; Rcl 12.851 AgR-segundo, Rel. Min. Luiz Fux, Primeira Turma, DJe 26.3.2015, entre outros. Consoante já observado quando do deferimento liminar, convém observar a conclusão desta Corte no processo paradigma - ADI 4.878 -, julgado em conjunto com a ADI 5.083 e assim ementado: "AÇÕES DIRETAS DE INCONSTITUCIONALIDADE. JULGAMENTO CONJUNTO. DIREITO CONSTITUCIONAL. DIREITO PREVIDENCIÁRIO. ARTIGO 16, § 2º, DA LEI N.º 8.213/1991. REDAÇÃO CONFERIDA PELA LEI N.º 9.528/1997. MENOR SOB GUARDA. PROTEÇÃO PREVIDENCIÁRIA. DOUTRINA DA PROTEÇÃO INTEGRAL. PRINCÍPIO DA PRIORIDADE ABSOLUTA.

ART. 227, CRFB. INTERPRETAÇÃO CONFORME, PARA RECONHECER O MENOR SOB GUARDA DEPENDENTE PARA FINS DE CONCESSÃO DE BENEFÍCIO PREVIDENCIÁRIO, DESDE QUE COMPROVADA A DEPENDÊNCIA ECONÔMICA. 1. Julgamento conjunto da ADI nº 4.878 e da ADI nº 5.083, que impugnam o artigo 16, § 2º, da Lei nº 8.213/1991, na redação conferida pela Lei nº 9.528/1997, que retirou o "menor sob guarda" do rol de dependentes para fins de concessão de benefício previdenciário. 2. A Constituição de 1988, no art. 227, estabeleceu novos paradigmas para a disciplina dos direitos de crianças e de adolescentes, no que foi em tudo complementada pelo Estatuto da Criança e do Adolescente (Lei n. º 8.069/1990). Adotou-se a doutrina da proteção integral e o princípio da prioridade absoluta, que ressignificam o status protetivo, reconhecendo-se a especial condição de crianças e adolescentes enquanto pessoas em desenvolvimento. 3. Embora o "menor sob guarda" tenha sido excluído do rol de dependentes da legislação previdenciária pela alteração promovida pela Lei nº 9.528/1997, ele ainda figura no comando contido no art. 33, § 3º, do Estatuto da Criança e do Adolescente (Lei n.º 8.069/1990), que assegura que a guarda confere à criança ou adolescente a condição de dependente, para todos os fins e direitos, inclusive previdenciários. 4. O deferimento judicial da guarda, seja nas hipóteses do art. 1.584, § 5º, do Código Civil (Lei n.º 10.406/2002); seja nos casos do art. 33, do Estatuto da Criança e do Adolescente (Lei n.º 8.069/1990), deve observar as formalidades legais, inclusive a intervenção obrigatória do Ministério Público. A fiel observância dos requisitos legais evita a ocorrência de fraudes, que devem ser combatidas sem impedir o acesso de crianças e de adolescentes a seus direitos previdenciários. 5. A interpretação constitucionalmente adequada é a que assegura ao "menor sob guarda" o direito à proteção previdenciária, porque assim dispõe o Estatuto da Criança e do Adolescente e também porque direitos fundamentais devem observar o princípio da máxima eficácia. Prevalência do compromisso constitucional contido no art. 227, § 3º, VI, CRFB. 6. ADI 4878 julgada procedente e ADI 5083 julgada parcialmente procedente para conferir interpretação conforme ao § 2º do art. 16, da Lei n.º 8.213/1991, para contemplar, em seu âmbito de proteção, o "menor sob guarda", na categoria de dependentes do Regime Geral de Previdência Social, em consonância com o princípio da proteção integral e da prioridade absoluta, nos termos do art. 227 da Constituição da República, desde que comprovada a dependência econômica, nos termos em que exige a legislação previdenciária (art. 16, § 2º, Lei 8.213/1991 e Decreto 3048/1999)." (ADI 4878, Rel. Min. Relator: GILMAR MENDES, Redator p/ Acórdão: EDSON FACHIN, Tribunal Pleno, DJe 5.8.2021). Sob a égide do art. 227, § 3º, da Constituição Federal e à luz do princípio da proteção integral da criança e do adolescente, a conclusão de julgamento da ação direta foi a de que a atribuição de nova redação ao art. 16 da Lei 8.213/1991 não teve o condão de revogar o art. 33, § 3º, do Estatuto da Criança e do Adolescente - ECA. Assim, esse dispositivo permanece assegurando especial proteção a crianças e adolescentes sob guarda, inclusive para fins previdenciários, independentemente do eventual silêncio da lei previdenciária, desde que sejam dependentes econômicos do instituidor. Eis o que pontuei no voto que encaminhou a conclusão do julgamento: "Embora o "menor sob guarda" tenha sido excluído do rol de dependentes da legislação previdenciária, ele ainda figura no comando contido no art. 33, § 3º do Estatuto da Criança e do Adolescente (Lei 8069/1990), como se vê: 'Art. 33. A guarda obriga a prestação de assistência material, moral e educacional à criança ou adolescente, conferindo a seu detentor o direito de opor-se a terceiros, inclusive aos pais. (...) § 3º A guarda confere à criança ou adolescente a condição de dependente, para todos os fins e efeitos de direito, inclusive previdenciários.' O dispositivo do Estatuto da Criança e do Adolescente confere a condição de dependente, para todos os efeitos jurídicos, abrangendo, também, a esfera previdenciária. A norma previdenciária, como se verifica da redação do dispositivo objeto da presente ação direta, deixou de considerar o "menor sob guarda" como dependente, mantendo-se em sua abrangência da proteção apenas o "menor sob tutela". É preciso ter em dimensão crítica a nomenclatura eleita pelo legislador previdenciário, ao tratar da criança e do adolescente, em sua condição de pessoa em desenvolvimento, com o vocábulo "menor", que remonta à legislação já revogada, ou seja, ao Código de Menores, Lei n.º 6697/1979. A Constituição de 1988 alterou significativamente a disciplina dos direitos das crianças e dos adolescentes, ao estabelecer novos paradigmas na matéria, no que foi em tudo complementada com a edição do Estatuto da Criança e do Adolescente, Lei nº 8.069/1990. Trata-se da transição de paradigma, em verdadeira "virada copernicana". O ordenamento abandona a doutrina da situação irregular, em que a criança e o adolescente, então referidos como "menores", eram tidos como objeto do direito e passa a adotar a doutrina da proteção integral da criança e do adolescente, nos termos do art. 227, CRFB. A doutrina da proteção integral ressignifica o estatuto protetivo de crianças e adolescentes, conferindo-lhes status de sujeitos de direito. Seus direitos e garantias devem, portanto, ser universalmente reconhecidos, diante de sua especial condição de pessoas em desenvolvimento. Garantem-se, assim, todas as suas necessidades, de modo não mais restrito à ambiência penal, como se dava no paradigma anterior. Nesse sentido: 'Em suma, o ordenamento jurídico cindia a coletividade de crianças e adolescentes em dois grupos distintos, os menores em situação regular e os menores em situação irregular, para usar a terminologia empregada no Código de Menores brasileiro de 1979. E ao fazê-lo não reconhecia a incidência do princípio da igualdade à esfera das relações jurídicas envolvendo crianças e adolescentes. Hoje não. Se o Direito se funda num sistema de garantias dos direitos fundamentais das pessoas, e no tocante a crianças e adolescentes um sistema especial de proteção, as pessoas (entre elas crianças e adolescentes) necessariamente têm um mesmo status jurídico: aquele que decorre dos artigos 227, 228, e 226 da CF e se cristalizou, na lei ordinária, no Estatuto da Criança e do Adolescente. Não há mais uma dualidade no ordenamento jurídico envolvendo a coletividade crianças e adolescentes ou a categoria crianças e adolescentes: a categoria é uma e detentora do mesmo conjunto de direitos fundamentais; o que não impede, nem impediu, o ordenamento de reconhecer situações jurídicas especificas e criar instrumentos para o tratamento delas, como aliás, ocorre em qualquer ramo do direito.' (MACHADO, Martha de Toledo, 'A proteção constitucional de Crianças e Adolescentes e os Direitos Humanos', 1ª edição, Barueri - SP, Manole, 2003,. Pág. 146). A doutrina da proteção integral, como se pode depreender, consagra a proteção absoluta que deriva não apenas do caput do art. 227 da Constituição de 1988, mas, também, dos tratados internacionais vigentes sobre o tema, dos quais sobressai a Convenção dos Direitos das Crianças (Decreto 99710/1990). A prioridade absoluta, conforme Valter Kenji Ishida, significa primazia dos direitos das crianças e dos adolescentes em todas as esferas de interesse, incluindo a judicial, a extrajudicial e a administrativa (ISHIDA, Válter Kenji. Estatuto da Criança e Adolescente: doutrina e jurisprudência. 15ed. São Paulo: Atlas, 2014, p; 14). Neste sentido, decisão do e. Ministro Celso de Mello: 'A ineficiência administrativa e o descaso governamental com direitos básicos da pessoa, a incapacidade de gerir recursos públicos, a falta de visão política do enorme significado social de que se reveste a proteção à criança e ao adolescente não podem nem devem representar obstáculos à execução, pelo Poder Público, da norma do art. 227, CF que impõe ao Estado um dever inafastável.' (Min Celso de Mello no Re 482.611/SC, 2010). A justificativa normativa para a exclusão do "menor sob guarda" do rol de dependentes para fins previdenciários calcava-se na afirmação de que haveria muitas fraudes em processo de guarda, nos quais os avós requereriam a guarda de seus netos apenas para fins de concessão do direito à pensão. O e. Ministro Relator, em seu voto, faz referência a tais fatos, invocando não apenas a doutrina da Professora Maria Berenice Dias nesse sentido, mas também o Parecer nº 53 de 1997. Ano LII, nº 219, do Senado Federal. Tal argumento, contudo, não deve ser acolhido. Sublinho, neste passo, os relevantes fundamentos aduzidos pelo Dr. Antonio Ezequiel Inacio Barbosa, na sustentação oral que fez aportar, em via eletrônica. Não se trata de chancelar qualquer tipo de fraude, ao revés. Em primeiro lugar, porque o argumento pauta-se na presunção de má-fé. Em segundo lugar, porque pretensas fraudes supostamente ocorridas em processos de guarda não são justificativa para impedir o acesso de crianças e adolescentes a seus direitos previdenciários, assegurados tanto pelo art. 227, CRFB, quanto pelo art. 33, do Estatuto da Criança e do Adolescente. Há, como ressaltou a Defensoria Pública da União, meios de combater as fraudes sem que, com isso, haja privação de direitos. Ao assegurar a qualidade de dependente ao "menor sob tutela" e negá-la ao "menor sob guarda", a legislação previdenciária priva crianças e adolescentes de seus direitos e garantias fundamentais. A guarda, vale ressaltar, é situação de fato. Consubstancia dever que incumbe aos pais, ou ao tutor, na falta destes, como se depreende do art. 1566 e 1724 do Código Civil: 'Art. 1.566. São deveres de ambos os cônjuges: (...) IV - sustento, guarda e educação dos filhos; (...) Art. 1.724. As relações pessoais entre os companheiros obedecerão aos deveres de lealdade, respeito e assistência, e de guarda, sustento e educação dos filhos.' Nos termos do § 5º do art. 1584 do Código Civil, se o juiz verificar que o filho não deve permanecer sob a guarda do pai ou da mãe, deferirá a guarda a pessoa que revele compatibilidade com a natureza da medida, considerados, de preferência, o grau de parentesco e as relações de afinidade e afetividade. O Estatuto da Criança e do Adolescente (Lei 8069/1990), a seu turno, dispõe que guarda pode ser conferida, nos termos do art. 33, § 1º, no trâmite de processo judicial de adoção ou tutela, regularizando-se, assim, a situação de quem já está, na prática, atuando como guardião. Há também a hipótese do § 2º do art. 33, quando se defere guarda fora dos casos de tutela e de adoção para atender a situações excepcionais ou suprir a falta eventual dos pais ou responsável, como se vê: 'Art. 33. A guarda obriga a prestação de assistência material, moral e educacional à criança ou adolescente, conferindo a seu detentor o direito de opor-se a terceiros, inclusive aos pais. § 1º A guarda destina-se a regularizar a posse de fato, podendo ser deferida, liminar ou incidentalmente, nos procedimentos de tutela e adoção, exceto no de adoção por estrangeiros. § 2º Excepcionalmente, deferir-se-á a guarda, fora dos casos de tutela e adoção, para atender a situações peculiares ou suprir a falta eventual dos pais ou responsável, podendo ser deferido o direito de representação para a prática de atos determinados. § 3º A guarda confere à criança ou adolescente a condição de dependente, para todos os fins e efeitos de direito, inclusive previdenciários. § 4º Salvo expressa e fundamentada determinação em contrário, da autoridade judiciária competente, ou quando a medida for aplicada em preparação para adoção, o deferimento da guarda de criança ou adolescente a terceiros não impede o exercício do direito de visitas pelos pais, assim como o dever de prestar alimentos, que serão objeto de regulamentação específica, a pedido do interessado ou do Ministério Público.' Ao deferir judicialmente a guarda, portanto, seja na hipótese do § 5º do art. 1584 do Código Civil, seja nas hipóteses descritas no art. 33 do ECA, o magistrado observará as formalidades legais, com intervenção obrigatória do Ministério Público. A observância dos requisitos legais evita a ocorrência de fraudes, ou seja, de hipóteses em que os avós requeiram a guarda tão somente para que os netos permaneçam beneficiários da Previdência Social na falta deles. À toda evidência, se o guardião falecer, sem que a criança ou adolescente tenha sido colocada sob tutela ou adoção, é preciso que os direitos previdenciários sejam resguardados, em observância ao princípio da proteção integral e da prioridade absoluta, desde que comprovada a dependência econômica, como exige a legislação previdenciária. O

e. Superior Tribunal de Justiça tem precedente reconhecendo esta linha interpretativa: 'PREVIDENCIÁRIO. EMBARGOS DE DIVERGÊNCIA EM RECURSO ESPECIAL. EXCEPCIONAL ADMISSIBILIDADE. MITIGAÇÃO. PENSÃO POR MORTE DO AVÔ. DEPENDÊNCIA. MENOR À DATA DO ÓBITO. PESSOA COM DEFICIÊNCIA DE LONGO PRAZO. ESTATUTO DA CRIANÇA E DO ADOLESCENTE E ESTATUTO DA PESSOA COM DEFICIÊNCIA. RECURSO CONHECIDO E PROVIDO. 1. Destacadas e reconhecidas as excepcionalidades do caso concreto, são mitigadas as exigências formais para o conhecimento dos embargos de divergência, em que se mostra notório o dissídio jurisprudencial, de modo a prevalecer valores sociais e humanitários relevantes, diretamente referidos à dignidade da pessoa humana, fundamento do Estado Democrático Brasileiro (CF, art. 1º, III). 2. Resta demonstrada a divergência entre o acórdão embargado (AgRg nos EDcl no REsp 1.104.494/RS, SEXTA TURMA, j. em 16/12/2014) e o aresto paradigma (RMS 36.034/MT, Rel. Ministro BENEDITO GONÇALVES, PRIMEIRA SEÇÃO, j. em 26/02/2014), confronto excepcionalmente admitido pelas razões acima e por ser esse precedente o primeiro - e o mais contemporâneo à época da interposição do recurso -, vindo a alterar a jurisprudência anterior, firmando nova e remansosa compreensão sobre o tema, em sentido oposto ao do acórdão embargado. 3. Esta Corte de Justiça consagra o entendimento da possibilidade de concessão de pensão previdenciária, no regime geral, a menor sob guarda judicial, mesmo quando o óbito do segurado houver ocorrido na vigência da redação do § 2º do art. 16 da Lei 8.213/91, dada pela Lei 9.528/97. Prevalência do disposto na Carta Federal (art. 227) e no Estatuto da Criança e do Adolescente (Lei 8.069/90, art. 33, § 3º) sobre a alteração legislativa que retirou o menor sob guarda da condição de dependente previdenciário natural ou legal do segurado do INSS. Entendimento que se mantém inalterado, quando, ao atingir a maioridade, é o beneficiário da pensão pessoa portadora de severa deficiência de longo prazo, passando à tutela do Estatuto da Pessoa com Deficiência (Lei 13.146/2015). 4. Embargos de divergência providos. (EREsp 1104494/RS, Rel. Ministro RAUL ARAÚJO, CORTE ESPECIAL, julgado em 03/02/2021, DJe 02/03/2021).' Grifos nossos. A interpretação que assegura ao "menor sob guarda" o direito à proteção previdenciária deve prevalecer, não apenas porque assim dispõe o Estatuto da Criança e do Adolescente, mas porque direitos fundamentais devem observar o princípio da máxima eficácia. Assegura-se, assim, a prevalência do compromisso constitucional contido no art. 227, § 3º, VI da Constituição. Vale ressaltar que, nos termos do texto constitucional, assegurar à criança e ao adolescente, com absoluta prioridade, seus direitos fundamentais é dever que se impõe não apenas ao Estado, mas também à família e à sociedade. A interpretação conforme a ser conferida ao art. 16, § 2º, da Lei 8213/1991, portanto, deve contemplar os "menores sob guarda" na categoria de dependentes do Regime Geral de Previdência Social, em consonância com o princípio da proteção integral e da prioridade absoluta, nos termos do art. 227 da Constituição da República, desde que comprovada a dependência econômica, nos termos em que exige a legislação previdenciária (art. 16, § 2º, Lei 8.213/1991 e Decreto 3048/1999). Não se ignora, ademais, a recente alteração promovida pela Emenda Constitucional n.º 103/2019, conhecida como "reforma previdenciária", que, no art. 23, repetiu, como salientou o e. Ministro Relator, a redação conferida ao art. 16 da Lei 8.213/1991, mantendo-se, desta forma, a exclusão do "menor sob guarda" do rol de dependentes do segurado, nos seguintes termos: 'Art. 23. A pensão por morte concedida a dependente de segurado do Regime Geral de Previdência Social ou de servidor público federal será equivalente a uma cota familiar de 50% (cinquenta por cento) do valor da aposentadoria recebida pelo segurado ou servidor ou daquele a que teria direito se fosse aposentado por incapacidade permanente na data do óbito, acrescida de cotas de 10 (dez) pontos percentuais por dependente, até o máximo de 100% (cem por cento). (...) § 6º Equiparam-se a filho, para fins de recebimento da pensão por morte, exclusivamente o enteado e o menor tutelado, desde que comprovada a dependência econômica.' Os pedidos formulados nas ADIs 5083 e 4878, contudo, não contemplaram a redação do art. 23 da EC 103/2019, razão pela qual, ao revés do e. Ministro Relator, não procedo à verificação da constitucionalidade do dispositivo, em homenagem ao princípio da demanda. De toda sorte, os argumentos veiculados na presente manifestação são em todo aplicáveis ao art. 23 referido. Diante do exposto, homenageando conclusões diversas, julgo procedente a ADI 4878 e parcialmente procedente a ADI 5083, de modo a conferir interpretação conforme ao § 2º do art. 16, da Lei 8.213/1991, para contemplar, em seu âmbito de proteção, o 'menor sob guarda'." O ato reclamado, contudo, caracterizou de forma expressa a guarda legal da criança. Negou, porém, o restabelecimento do pagamento da pensão devido às alterações promovidas pela Lei 13.135/2015 no art. 217, § 3º, da Lei 8.112/1990, vigente ao tempo do óbito da servidora aposentada. Colhe-se do provimento reclamado (eDoc 26, pp. 6-9): "Conforme se depreende da decisão reproduzida acima, a controvérsia dos autos cinge-se em saber 'se o menor sob guarda tem direito à pensão decorrente do falecimento de servidora pública aposentada de TRT, no contexto das alterações promovidas pela Lei nº 13.135/15'. Assinale-se que o TRT denegou a segurança sob o fundamento central de que 'A decisão combatida respalda-se no art. 217, parágrafo 3º, da Lei 8.112/91, com a redação dada pela Lei nº 13.135 de 2015, legislação vigente à data do óbito da servidora aposentada, o qual prevê como beneficiário da pensão apenas o menor tutelado'. Com efeito, malgrada toda a discussão em torno do tema alusivo à concessão da pensão ao menor sob guarda, o fato é que à época da morte da servidora, em 27/05/2020, estava em pleno vigor a Lei nº 13.135/2015, que, de forma expressa, revogou a alínea 'b' do inciso II do art. 217 da Lei nº 8.112/90, retirando, assim, do elenco dos beneficiários da pensão o menor sob guarda. Consoante constou da decisão liminar, de acordo com a Súmula nº 340 do STJ, 'A lei aplicável à concessão de pensão previdenciária por morte é aquela vigente na data do óbito do segurado'. Logo, num exame perfunctório, tem aplicabilidade nos autos as disposições da Lei nº 8.112/90, alteradas pela Lei nº 13.135/2015. De outra parte, não se desconhece que, no dia 08/06/2021, o Supremo Tribunal Federal concluiu o julgamento das ADIn's 4.878 e 5.083, no qual aquela Corte pronunciou a inconstitucionalidade da Lei nº 9.528/97, no tocante à supressão da figura do 'menor sob guarda' do rol de dependentes previdenciários previsto no art. 16 da Lei 8.213/91. Ocorre que tais ações tiveram repercussão somente no Regime Geral da Previdência Social, tendo em vista o seu objeto restrito à Lei nº 9.528/97, que, repise-se, modificou a Lei 8.213/91. [...] Note-se, portanto, que, a despeito da similitude da matéria, não foi examinada, nas referidas ações, a inconstitucionalidade/constitucionalidade da Lei nº 13.135/2015, de aplicação exclusiva ao RPPS. Apenas por intermédio da manifestação explícita do STF, no sentido de estender os efeitos daquele julgamento aludido diploma legal, é que se poderia cogitar, em tese, do reconhecimento do direito do autor à pensão. Porém, até o momento, não se tem notícia de qualquer posicionamento do Supremo Tribunal Federal nessa direção. Por fim, vale o registro de que a ADI nº 4.878 encontra-se pendente de julgamento de embargos de declaração. Do exposto, indeferido o pedido de reconsideração." Cumpre acrescer que, uma vez que o deferimento legal do pedido de guarda pressupõe o devido processo legal, com intervenção obrigatória do Ministério Público, presumem-se, in casu, a lisura do procedimento e a legitimidade da guarda instituída. Esse o quadro, entendo que a decisão reclamada divergiu do entendimento desta Casa no sentido de que o menor sob guarda de servidor público, dependente economicamente, tem direito à pensão de que trata o artigo 217, II, b da Lei nº 8.112/1990 por força do art. 33 do Estatuto da Criança e do Adolescente. Nesse sentido já se manifestaram ambas as Turmas desta Corte: "Agravo regimental em mandado de segurança. Tribunal de Contas da União. Ato que determinou a cessação do pagamento de pensão concedida com base no então vigente art. 217, II, d, da Lei nº 8.112/1990. Concessão parcial da segurança. Menor portador de deficiência sob guarda e dependência econômica em relação ao servidor falecido. Comprovação. Anulação de ato do TCU. Princípio da proteção à criança - art. 227 da CF. Agravo regimental não provido. 1. A impetrante em menoridade comprovou ter obtido decisão judicial proferida em procedimento de jurisdição voluntária no sentido de se reconhecer sua dependência em relação ao servidor público Elias Ferreira Maia à data de seu falecimento, para todos os efeitos de direito, em especial previdenciários. 2. É firme a posição do Supremo Tribunal Federal de que o menor que estivesse sob a guarda de servidor público e dele dependesse economicamente teria direito à pensão temporária de que tratava o art. 217, II, b, da Lei nº 8.112/90. 3. Agravo regimental não provido." (MS 32.471-AgR, Rel. Min. DIAS TOFFOLI, Segunda

> Turma, DJe 6.10.2017) "AGRAVO REGIMENTAL EM MANDADO DE SEGURANÇA. PODERES DO RELATOR. TRIBUNAL DE CONTAS DA UNIÃO. ATO DE CONCESSÃO DE PENSÃO. MENOR SOB GUARDA. RECUSA DE REGISTRO. 1. O art. 205 do Regimento Interno desta Casa, na redação conferida pela Emenda Regimental nº 28/2009, expressamente autoriza o Relator a julgar monocraticamente o mandado de segurança quando a matéria em debate for objeto de jurisprudência consolidada do Supremo Tribunal Federal. 2. Até os 21 anos, tem direito à pensão temporária o menor sob guarda cujo guardião, servidor público civil da União, tenha falecido na vigência do art. 217, II, "b", da Lei 8.112/1990. Precedentes do Plenário e de ambas as Turmas desta Corte. Agravo regimental conhecido e não provido." (MS 30.141-AgR, Rel. Min. Rosa Weber, Primeira Turma, DJe 12.4.2016) A interpretação restritiva da Reclamação para esse fim infirmaria a proteção constitucional do menor. Ante o exposto, conheço da reclamação e julgo procedente o pedido para, nos termos dos arts. 21, § 1º, e 161, parágrafo único, do RISTF, cassar o ato reclamado e determinar que outro seja proferido com a observância do que decidido por esta Corte nas ADI 4.878 e 5.083. Publique-se. Brasília, 16 de agosto de 2022. Ministro Edson Fachin Relator.

No mesmo sentido o julgamento da Rcl 55715 MC, Relator(a) Min. ANDRÉ MENDONÇA, Julgamento: 23/09/2022.

Registre-se que para óbitos após a Emenda 103/2019, a questão será julgada pelo STF no **tema 1271 em repercussão geral**, que avaliará a validade do §6º do artigo 23 da Emenda 103/2019, aplicável ao RGPS e ao RPPS da União:

Tema 1271 - Exclusão da criança e do adolescente sob guarda do rol de beneficiários, na condição de dependentes, do segurado do Regime Geral de Previdência Social, implementada pelo art. 23 da Emenda Constitucional nº 103/2019.

> Há Repercussão?
>
> **Sim**
>
> **Relator(a):**
>
> MIN. ANDRÉ MENDONÇA
>
> **Leading Case:**
>
> RE 1442021
>
> **Descrição:**
>
> Recurso extraordinário em que se discute, à luz dos artigos 2º, 60, § 4º, 201, da Constituição Federal e do artigo 23, § 6º, da Emenda Constitucional 103/2019, se a retirada da criança e do adolescente sob guarda do rol de beneficiários, na qualidade de dependentes do segurado do Regime Geral de Previdência Social, violou os princípios da igualdade, proibição do retrocesso e da proteção integral das crianças e dos adolescentes.

IMPORTANTE!

No âmbito do RGPS e do RPPS da União, para óbitos ocorridos a partir de 14 de março de 2025, **o menor sob guarda expressamente foi reinserido como equiparado a filho no artigo 16 da Lei 8.213/91** pela Lei 15.108/2025:

> *"§ 2º O enteado, o menor sob tutela e o* ***menor sob guarda judicial*** *equiparam-se a filho, mediante declaração do segurado e* ***desde que não possuam condições suficientes para o próprio sustento e educação.*** *(Redação dada pela Lei nº 15.108, de 2025)"*

Inicialmente, registre-se que a Lei 15.108/2025 não é inconstitucional, pois o §7º do artigo 23 da EC 103/2019 permite que lei ordinária da União regule a temática:

> *"§ 7º As regras sobre pensão previstas neste artigo e na legislação vigente na data de entrada em vigor desta Emenda Constitucional* ***poderão ser alteradas na forma da lei*** *para o Regime Geral de Previdência Social e para o regime próprio de previdência social da União".*

Mas o que realmente chamou a minha atenção foi outro ponto. Antes, desde o advento da Lei 9.528/97, os equiparados a filho eram dependentes ***"desde que comprovada a dependência econômica":***

> ~~*§ 2º .O enteado e o menor tutelado equiparam-se a filho mediante declaração do segurado e desde que comprovada a dependência econômica na forma estabelecida no Regulamento. (Redação dada pela Lei nº 9.528, de 1997)*~~

Com o advento da Lei 15.108/2025, os equiparados a filho serão dependentes ***"desde que não possuam condições suficientes para o próprio sustento e educação".*** Curiosamente, esse conceito vigorou no artigo 16 da Lei 8.213/91 no seu texto originário até a alteração perpetrada pela Lei 9.528/1997:

> ~~*"§ 2º Equiparam-se a filho, nas condições do inciso I, mediante declaração do segurado: o enteado; o menor que, por determinação judicial, esteja sob a sua guarda; e o menor que esteja sob sua tutela e não possua condições suficientes para o próprio sustento e educação".*~~

A meu ver, analisando a nova redação à luz do método de interpretação literal, o conceito jurídico foi aberto e possivelmente foi extinta a necessidade de prova de dependência econômica do menor em relação ao tutor, guardião ou padrasto/madrasta.

É que o texto inserido pela Lei 15.108/2025 apenas exige que o menor não possua condições suficientes para o próprio sustento e educação. Assim, ao menos pela literalidade, em uma situação hipotética em que o menor não tenha nenhuma renda própria para se manter e custear o seu sustento e educação, poderá ser considerado dependente **mesmo que efetivamente não dependesse do tutor, guardião ou padrasto/madrasta.**

Por certo, o INSS promoverá uma interpretação teleológica do dispositivo e manterá a exigência da prova de dependência econômica e teremos um foco de judicialização com potencial massivo de elevação das concessões de pensões por morte aos equiparados a filho, que apenas precisarão provar que não possuem condições suficientes para o próprio sustento e educação.

Desse modo, o ideal é que o legislador mantenha o menor sob guarda no rol de equiparados a filho pois esta é a sua vontade soberana, mas restaure a prova de dependência econômica no texto legal, posto que não tem nenhum sentido que um tutor, guardião ou padrasto/madrasta instituir uma pensão por morte em favor de um menor tutelado, sob guarda judicial ou enteado que efetivamente não sustentava.

Poderia ser adotada a seguinte redação: "*§ 2º. O enteado, o menor sob guarda judicial e o menor tutelado equiparam-se a filho mediante declaração do segurado e desde que comprovada a dependência econômica na forma estabelecida no Regulamento*".

Por fim, há uma lacuna normativa. Para os óbitos ocorridos após 13.11.2019 não incide a eficácia vinculante da ADI 4878 e 5083, sendo objeto do tema em repercussão geral 1271.

Já a Lei 15.108/2025 se aplica aos óbitos a partir de sua vigência apenas, a contar de 14 de março de 2025. Logo, **há uma lacuna para os óbitos ocorridos entre 14.11.2019 e 13.03.2025**, de modo que o advento da Lei 15.108/2025 não prejudicou na integralidade o julgamento do tema 1271 em repercussão geral.

Outrossim, no âmbito do RPPS dos servidores federais efetivos, a Medida Provisória 664/2014 promoveu uma reforma significativa no benefício, alterando os artigos 215, 217, 218, 222, 223, 225 da Lei 8.112/90, ao tempo em que revogou expressamente o art. 216 e os §§ 1º a 3º do art. 218 da Lei nº 8.112, de 11 de dezembro de 1990.

Posteriormente, a MP 664/2015 foi convertida na **Lei 13.135/2015** promovendo novas modificações no benefício. Tivemos também mudanças com a MP 871/2019 convertida na **Lei 13.846/2019.**

No âmbito do RPPS da União, a pensão por morte se divide quanto à natureza em **vitalícia ou temporária, muito embora as regras tenham sido alteradas com o advento da Lei 13.135/2015.**

Eram beneficiários da *pensão vitalícia* pelo regramento anterior: o cônjuge; a pessoa desquitada, separada judicialmente ou divorciada, com percepção de pensão alimentícia; o companheiro ou companheira designado que comprove união estável como entidade familiar; a mãe e o pai que comprovem dependência econômica do servidor; a pessoa designada, maior de 60 (sessenta) anos e a pessoa portadora de deficiência, que vivam sob a dependência econômica do servidor.

O parceiro homoafetivo estável do servidor também será considerado dependente, pois esta relação terá o mesmo regime jurídico previdenciário da união estável entre homem e mulher, conforme entendimento vinculante do Advogado-Geral da União, em 01.06.2010, que homologou o Parecer 38/2009, da lavra do Departamento de Análise de Atos Normativos, órgão da Consultoria-Geral da União.

De acordo com o entendimento do STF, **o(a) concubino(a) não é dependente previdenciária**, não tendo direito à pensão por morte.

■ **POSIÇÃO DO STF**

"COMPANHEIRA E CONCUBINA - DISTINÇÃO. Sendo o Direito uma verdadeira ciência, impossível é confundir institutos, expressões e vocábulos, sob pena de prevalecer a babel. UNIÃO ESTÁVEL - PROTEÇÃO DO ESTADO. A proteção do Estado à união estável alcança apenas as situações legítimas e nestas não está incluído o concubinato. PENSÃO - SERVIDOR PÚBLICO - MULHER - CONCUBINA - DIREITO. A titularidade da pensão decorrente do falecimento de servidor público pressupõe vínculo agasalhado pelo ordenamento jurídico, mostrando-se impróprio o implemento de divisão a beneficiar, em detrimento da família, a concubina" (**STF, RE 590.779, de 10.02.2009**).

Em 18/12/2020, ao julgar o RE 1.045.273 em **Repercussão Geral**, por 6 votos a 5, o STF reafirmou a sua tradicional jurisprudência no sentido de **negar a concessão de pensão por morte ao(a) concubino(a)**, fixando a seguinte tese:

"A preexistência de casamento ou de união estável de um dos conviventes, ressalvada a exceção do artigo 1723, §1º do Código Civil, impede o reconhecimento de novo vínculo referente ao mesmo período, inclusive para fins previdenciários, em virtude da consagração do dever de fidelidade e da monogamia pelo ordenamento jurídico-constitucional brasileiro".

O caso tratou em duas relações concomitantes mantidas pelo segurado falecido: uma união estável mais antiga com uma mulher e com reconhecimento judicial e uma relação homoafetiva com um homem, esta última sendo considerada como concubinato e negada a pensão por morte ao concubino.

No entanto, existia precedente do TCU se posicionando pela repartição da pensão por morte de servidor federal entre a esposa e a concubina:

Acórdão 3072/2015 Segunda Câmara (Pensão Civil, Relator Ministro Augusto Nardes)

Pessoal. Pensão Civil. Concessão simultânea à viúva e à companheira.

Em respeito ao princípio da verdade material, é possível a concessão simultânea de pensão à viúva e à companheira, **ainda que inexistente reconhecimento judicial da união estável entre o instituidor e a companheira ou da separação**

de fato entre ele e sua esposa, quando essa situação puder ser comprovada por outros elementos probatórios robustos.

Posteriormente, o TCU reviu a sua posição:

> Acórdão 10729/2021 Primeira Câmara (Pensão Militar, Relator Ministro-Substituto Augusto Sherman)
>
> Pessoal. Pensão civil. Concessão simultânea. Companheiro. Duplicidade. Bigamia.
>
> É irregular a concessão de pensão simultaneamente a duas companheiras. Não se reconhece a união estável entre um homem e duas mulheres simultaneamente, em razão da própria natureza do instituto, já que o ordenamento pátrio não admite a bigamia, motivo pelo qual não é possível o rateio de benefício previdenciário nessa circunstância.

Vale registrar que não constitui requisito para a concessão de pensão por morte no RPPS federal a pronúncia judicial da união estável.

■ POSIÇÃO DO STF

Informativo 824- Pensão por morte à companheira e à ex-esposa

"Não constitui requisito legal para a concessão de pensão por morte à companheira que a união estável seja declarada judicialmente, mesmo que vigente formalmente o casamento. Dessa forma, não é dado à Administração Pública negar o benefício apenas com base nesse fundamento, sem deixar, porém, de averiguar, no âmbito administrativo, a separação de fato e a união estável. Com base nessa orientação, a Primeira Turma confirmou a medida liminar e concedeu a ordem em mandado de segurança para anular acórdão do TCU e restabelecer a pensão por morte da impetrante em concorrência com a viúva de ex-servidor público. Na espécie, o TCU negara registro à pensão por morte concedida à impetrante que a percebia há mais de dez anos em concorrência com a viúva. Segundo aquela Corte de Contas, não existiria decisão judicial a confirmar a união estável e a separação de fato. A Turma esclareceu que por via processual administrativa o órgão pagador do servidor falecido reconhecera a união estável e concedera-lhe a pensão por morte em concurso com a ex-esposa. Em preliminar, a Turma rejeitou a alegação de decadência do direito de revisão do ato administrativo. Anotou que o decurso de mais de cinco anos decorridos da entrada do processo no TCU não implicaria decadência do direito de rever o ato analisado, mas apenas a obrigatoriedade de se dar oportunidade de contraditório. Destacou que não se discutia nesses autos a possibilidade de rateio da pensão, muito menos a efetiva comprovação da união estável - reconhecida pela esfera administrativa e não afastada pelo ato impugnado. A questão cingiu-se à legalidade de se exigir decisão judicial a reconhecer a união estável e a separação de fato como requisitos para a concessão da pensão por morte. Frisou que o Código

> Civil dispõe não haver impedimento ao reconhecimento da união estável se a pessoa casada se achar separada de fato ou judicialmente ("Art. 1.723 ... § 1º. A união estável não se constituirá se ocorrerem os impedimentos do art. 1.521; não se aplicando a incidência do inciso VI no caso de a pessoa casada se achar separada de fato ou judicialmente"). A separação de fato, por definição, também seria situação que não dependeria de reconhecimento judicial para a sua configuração, tanto que a lei utiliza tal expressão em oposição à separação judicial. Salientou, ainda, que a Lei 8.112/1990, ao tratar da pensão por morte do servidor em favor do companheiro dependente não exige que a prova da união estável seja feita mediante decisão judicial. Por fim, sublinhou que a situação dos autos seria diversa da decidida no RE 397.762/BA (DJe de 12.9.2008), em que não havia separação de fato, mas relações concomitantes. Tal tema, no entanto, não está em discussão no presente julgamento. **MS 33008/DF, rel. Min. Roberto Barroso, 3.5.2016. (MS-33008)".**

Tinham direito à *pensão temporária* pelo regramento anterior: os filhos, ou enteados, até 21 (vinte e um) anos de idade, ou, se inválidos, enquanto durar a invalidez; o menor sob guarda ou tutela até 21 (vinte e um) anos de idade; o irmão órfão, até 21 (vinte e um) anos, e o inválido, enquanto durar a invalidez, que comprovem dependência econômica do servidor; a pessoa designada que viva na dependência econômica do servidor, até 21 (vinte e um) anos, ou, se inválida, enquanto durar a invalidez.

Agora as regras foram reformadas pela Lei 13.135/2015. Assim como ocorreu no Regime Geral de Previdência Social, criou-se a pensão por morte provisória para cônjuges, companheiros e companheiras com idade inferior a 44 anos na data do óbito do servidor federal (45 ANOS, PARA ÓBITOS A CONTAR DE 1/1/2021).

Ademais, **excluiu-se do rol de dependentes** o menor sob guarda, à semelhança do que já havia ocorrido no Regime Geral de Previdência Social no ano de 1996, assim como a pessoa designada, maior de 60 (sessenta) anos e a pessoa portadora de deficiência, que vivam sob a dependência econômica do servidor; a pessoa designada que viva na dependência econômica do servidor, até 21 (vinte e um) anos, ou, se inválida, enquanto durar a invalidez.

Pelo novo artigo 217 da Lei 8.112/90, reformado pela Lei 13.135/2015, são dependentes habilitados à pensão por morte do servidor federal efetivo:

I - o cônjuge;

II - o cônjuge divorciado ou separado judicialmente ou de fato, com percepção de pensão alimentícia estabelecida judicialmente;

III - o companheiro ou companheira que comprove união estável como entidade familiar;

IV - o filho de qualquer condição que atenda a um dos seguintes requisitos:

a) seja menor de 21 (vinte e um) anos;

b) seja inválido;

c) tenha deficiência grave; ou

d) tenha deficiência intelectual ou mental;

V - a mãe e o pai que comprovem dependência econômica do servidor; e

VI - o irmão de qualquer condição que comprove dependência econômica do servidor e atenda a um dos requisitos previstos no inciso IV.

Os dependentes previstos nos incisos I a IV são preferenciais, afastando os dependentes arrolados nos incisos V e VI. Por sua vez, os dependentes do inciso V preferem aos dependentes do inciso VI. Por sua vez, o enteado e o menor tutelado equiparam-se a filho mediante declaração do segurado e desde que comprovada a dependência econômica na forma estabelecida no Regulamento.

Da mesma forma que ocorre no RGPS (Lei 8.213/91), no RPPU (Lei 8.112/90) a normatização não exige que a invalidez do filho se dê antes da maioridade previdenciária. É necessário apenas que se opere antes do óbito do servidor federal.

■ **POSIÇÃO DO STJ**

Nesse sentido, a **Súmula 663 do STJ** e seus precedentes:

"Súmula 663 - "A pensão por morte de servidor público federal pode ser concedida ao filho inválido de qualquer idade, desde que a invalidez seja anterior ao óbito". (PRIMEIRA SEÇÃO, julgado em 8/11/2023, DJe de 13/11/2023)".

EXCERTO DOS PRECEDENTES ORIGINÁRIOS [...] DIREITO À PENSÃO. FILHA MAIOR E INVÁLIDA. INVALIDEZ PREEXISTENTE AO ÓBITO DO INSTITUIDOR DA PENSÃO. [...] O entendimento jurisprudencial do STJ é o de que, em se tratando de filho inválido, a concessão da pensão por morte depende apenas da comprovação de que a invalidez é anterior ao óbito do instituidor do benefício. 2. Não se deve perder de vista, na análise de questão envolvendo o pagamento de pensão a pessoa inválida, que o objetivo de tal prestação é a proteção de quem apresenta a incapacidade; neste caso, a pensão decorre, ademais, do esforço contributivo do seu instituidor, e não propriamente de uma concessão ex gratia. [...] (**AgRg no Ag 1427186** PE, relator Ministro Napoleão Nunes Maia Filho, Primeira Turma, julgado em 6/9/2012, DJe de 14/9/2012)

[...] SERVIDOR PÚBLICO. [...] PENSÃO POR MORTE. FILHA MAIOR INVÁLIDA. INVALIDEZ PREEXISTENTE AO ÓBITO DO SERVIDOR PÚBLICO. PENSÃO. DIREITO. DEPENDÊNCIA ECONÔMICA. PRESUNÇÃO LEGAL. COMPROVAÇÃO. DESNECESSIDADE. [...] De acordo com a interpretação sistemática dos arts. 217, II, e 222, IV, da Lei 8.112/1990 (vigentes ao tempo do óbito do pai da autora, em 2013), pode-se concluir que:

(a) tratando-se de filhos não inválidos, a pensão por morte somente será devida se ao tempo do óbito do instituidor fossem menores de 21 (vinte e um) anos de idade, cessando seu pagamento quanto implementada essa idade; (b) é devida a pensão por morte ao filho que ao tempo do óbito do instituidor já era inválido, independentemente da idade. [...] 2. Na forma da jurisprudência desta Corte, firmada à luz da legislação de regência vigente ao tempo do óbito, a lei não exige a comprovação de dependência econômica para o deferimento da pensão por morte ao filho maior inválido. Ao contrário, reconhece a presunção de dependência nesses casos. [...]" (AgInt no AREsp 1.943.659/RS, Rel. Ministro FRANCISCO FALCÃO, SEGUNDA TURMA, DJe 31/3/2022). [...] (**AgInt no REsp 1940842** RN, relator Ministro Sérgio Kukina, Primeira Turma, julgado em 23/5/2022, DJe de 27/5/2022)

[...] SERVIDOR PÚBLICO FEDERAL. [...] OFENSA AO ART. 217, II, "A", DA LEI Nº 8.112/90. PENSÃO POR MORTE ESTATUTÁRIA. FILHA MAIOR. INVALIDEZ ANTERIOR À MAIORIDADE DA FILHA. REQUISITO SEM PREVISÃO LEGAL. [...] O art. 217, II, "a", daLei nº 8.112/90, vigente no ano de 2012, época do óbito do servidor,estabelecia como beneficiário da pensão por morte o filho inválido, enquanto durar a invalidez, não tendo o legislador condicionado qualquer marco temporal para a constatação da invalidez, seja em momento anterior ou posterior à maioridade do filho. 3. "Para ter direito à pensão por morte, a norma legal (inciso IV do artigo 217 da Lei n. 8.112/1990) não condiciona que a invalidez deva preceder à maioridade da autora. Não cabe ao Poder Judiciário dar interpretação extensiva proibitiva sobre aquilo que não está contido no texto legal e que não corresponde à vontade literal do legislador, sobretudo, para justificar a retirada de um direito" (REsp nº 1.954.926/PB, Rel. Min. Benedito Gonçalves, decisão publicada no DJe de 01/09/2021). 4. "A Segunda Turma desta Corte, em reiterados julgados, tem se posicionado no sentido de que a pensão por morte temporária prevista no art. 217 da Lei n.º 8.112/1990 pode ser concedida ao filho inválido de qualquer idade, independentemente da data em que se iniciou a invalidez, desde que anterior ao óbito do instituidor" (REsp nº 1.899.272/PE, Rel. Min. Og Fernandes, decisão publicada no DJe de 29/03/2021). [...]" (**AREsp 1925264** PE, relator Ministro Mauro Campbell Marques, Segunda Turma, julgado em 16/8/2022, DJe de 31/8/2022)

"[...] PENSÃO POR MORTE. FILHO MAIOR. INVALIDEZ PRECEDENTE AO ÓBITO DO INSTITUIDOR. CONFIRMAÇÃO. DIFICULDADE DE FIXAÇÃO DE UM TERMO ESPECÍFICO. BENEFÍCIO DE NATUREZA CONTRIBUTIVA. [...] A orientação adotada na origem está consentânea com a jurisprudência desta Corte no sentido de que a invalidez deve anteceder o óbito do instituidor para que o filho inválido tenha direito à pensão por morte. [...] 2. A fixação do período em que tem origem a incapacidade mental para deferimento da pensão a filho inválido é essencial para o exame do direito ao benefício. Diante das peculiaridades trazidas nos autos e da natureza contributiva do benefício, tem-se, no caso específico, a incapacidade como preexistente ao óbito do instituidor. [...]" (**REsp 1353931** RS, relatora Ministra Eliana Calmon, Segunda Turma, julgado em 19/9/2013, DJe de 26/9/2013)

"[...] PENSÃO POR MORTE - SERVIDORA PÚBLICA FEDERAL - MENOR SOB GUARDA - CONTINUIDADE DO PAGAMENTO APÓS OS 21 ANOS - INVALIDEZ ANTECEDENTE AO ÓBITO - COMPROVAÇÃO [...] A orientação adotada na origem está consentânea com a jurisprudência desta Corte no sentido de que a invalidez deve anteceder o óbito do instituidor para que o filho inválido tenha direito à pensão por morte. [...] 2. A fixação do período em que tem origem a incapacidade mental para deferimento da pensão a filho inválido é essencial para o exame do direito ao benefício. [...]" (**REsp 1364824** CE, relatora Ministra Eliana Calmon, Segunda Turma, julgado em 14/5/2013, DJe de 20/5/2013)

Mas um ponto não foi expressamente abordado. **Se a presunção de dependência econômica é relativa ou absoluta**. A meu ver, deve ser adotada a mesma posição que o STJ aplica ao RGPS, com presunção relativa, cabendo à União o ônus da desconstituição.

■ POSIÇÃO DO STJ

Nesse sentido, o seguinte precedente no STJ em RPPS:

PROCESSO

AgInt no REsp 2071102 / RJ

AGRAVO INTERNO NO RECURSO ESPECIAL

2023/0146283-2

RELATOR

Ministro FRANCISCO FALCÃO (1116)

ÓRGÃO JULGADOR

T2 - SEGUNDA TURMA

DATA DO JULGAMENTO

16/10/2023

DATA DA PUBLICAÇÃO/FONTE

DJe 19/10/2023

EMENTA

PROCESSUAL CIVIL. PREVIDENCIÁRIO. AÇÃO ORDINÁRIA. PENSÃO POR MORTE. FILHO MAIOR INVÁLIDO. PRESUNÇÃO RELATIVA DE DEPENDÊNCIA. DESPROVIMENTO DO AGRAVO INTERNO. MANUTENÇÃO DA DECISÃO RECORRIDA. INCIDÊNCIA DO ENUNCIADO N. 7 DA SÚMULA DO STJ.

I - Na origem, trata-se de ação ordinária objetivando o restabelecimento da pensão por morte estatutária, acrescida dos consectários legais. Na sentença o pedido foi julgado procedente. No Tribunal a quo, a sentença foi reformada para julgar o pedido improcedente.

> **II - A jurisprudência do Superior Tribunal de Justiça orienta-se no sentido de que a comprovação da dependência econômica é dispensável para o filho maior inválido de servidor público, em razão da presunção relativa da dependência**. Nesse sentido: AgInt no REsp n. 2.000.163/RJ, relatora Ministra Regina Helena Costa, Primeira Turma, julgado em 24/10/2022, DJe de 26/10/2022; AgInt no REsp n. 2.044.658/RJ, relator Ministro Mauro Campbell Marques, Segunda Turma, julgado em 29/5/2023, DJe de 1º/6/2023.
>
> III - Verifica-se que a Corte de origem analisou a controvérsia dos autos levando em consideração os fatos e provas relacionados à matéria. Assim, para se chegar à conclusão diversa, seria necessário o reexame fático-probatório, o que é vedado pelo enunciado n. 7 da Súmula do STJ, segundo o qual "A pretensão de simples reexame de provas não enseja recurso especial". Nesse sentido: AgInt no AREsp n. 1.722.527/RJ, relator Ministro Francisco Falcão, Segunda Turma, julgado em 14/3/2022, DJe de 17/3/2022; AgInt no REsp n. 1.968.718/PE, relator Ministro Og Fernandes, Segunda Turma, julgado em 19/4/2022, DJe de 26/4/2022.
>
> IV - Ressalte-se ainda que a Incidência do enunciado n. 7, quanto à interposição pela alínea a, impede o conhecimento da divergência jurisprudencial, diante da patente impossibilidade de similitude fática entre acórdãos. Nesse sentido: AgInt no AREsp n. 1.044.194/SP, relatora Ministra Maria Isabel Gallotti, Quarta Turma, julgado em 19/10/2017, DJe 27/10/2017.
>
> V - Agravo interno improvido.

Embora o STJ tenha editado a Súmula 336 com lastro no RGPS, entendo que a sua aplicação é plenamente pertinente no RPPS.

Além do cônjuge ou companheiro (a) do segurado, o *ex-cônjuge e o ex-companheiro (a)* também serão considerados como dependentes, desde que haja a *percepção de alimentos* por ocasião da separação judicial (atualmente extinta pela Emenda 66/2010) ou do divórcio.

De acordo com a *Súmula 336, do STJ*, "a mulher que renunciou aos alimentos na separação judicial tem direito à pensão previdenciária por morte do ex-marido, comprovada a necessidade econômica superveniente".

Com todo o respeito que merece a Corte Superior pelos relevantes serviços prestados ao país com a melhor interpretação e uniformização da legislação federal, não há como deixar de criticar a redação da Súmula 336.

Inicialmente, por isonomia, ao invés de se referir a "mulher", o enunciado deveria ter dito "pessoa", pois o mesmo entendimento é aplicável aos homens com o advento da Constituição de 1988 e da Lei 8.213/91. Ademais, esse entendimento não se limita à separação, sendo aplicável ao divórcio, como já decidiu o próprio STJ[20].

20. REsp 472.742, DJ de 31.03.2003.

Demais disso, também na dissolução da união estável é possível a adoção dessa linha de pensamento, pois também é uma relação apta a instituir uma entidade familiar, sendo cada vez mais comum no Brasil, por sua praticidade e economicidade, conquanto ainda se tenha certa dificuldade probatória, que inexiste no casamento.

O mesmo entendimento também é extensível à parceria homoafetiva, pois, como será visto, a Corte Superior acertadamente coloca o parceiro como dependente preferencial do RGPS.

Vale destacar que a renúncia é um ato de disposição expresso dos alimentos, caso a mulher fizesse jus na separação judicial, bem como a necessidade econômica deverá ser comprovada no momento do óbito, pois é esta a ocasião em que se definem os dependentes, e não posteriormente.

Ainda se entende que os alimentos são prestações indisponíveis, não sendo tecnicamente adequado se falar em renúncia, com base no artigo 1.707 do Código Civil:

> *"Art. 1.707. Pode o credor não exercer, porém lhe é vedado renunciar o direito a alimentos, sendo o respectivo crédito insuscetível de cessão, compensação ou penhora".*

Insta argumentar que essa necessidade econômica superveniente deverá ser comprovada com a demonstração de que o segurado falecido prestava algum auxílio substancial ao ex-cônjuge, companheiro(a) ou parceiro homoafetivo supérstite, mesmo sem o pagamento formal de pensão alimentícia.

Por tudo isso, crê-se que o enunciado deverá ser interpretado da seguinte forma: **"A pessoa que não exerceu o direito à prestação alimentícia na separação judicial, no divórcio, na dissolução de união estável ou de relação homoafetiva, terá direito à pensão por morte em decorrência do falecimento do respectivo segurado, desde que demonstrada a necessidade econômica superveniente, até a data do óbito, através da prestação de alimentos in natura ou de qualquer outro auxílio substancial que conduzisse à dependência econômica".**

■ POSIÇÃO DO STJ E TRF DA 5ª REGIÃO

Tipo

Acórdão

Número

2009.02.03981-0200902039810

Classe

AGRESP - AGRAVO REGIMENTAL NO RECURSO ESPECIAL - 1159832

Relator(a)

FELIX FISCHER

Origem

STJ - SUPERIOR TRIBUNAL DE JUSTIÇA

Órgão julgador

QUINTA TURMA

Data

23/02/2010

Data da publicação

15/03/2010

Fonte da publicação

DJE DATA:15/03/2010 ..DTPB:

Ementa

EMEN: AGRAVO REGIMENTAL NO RECURSO ESPECIAL. PREQUESTIONAMENTO. AUSÊNCIA. VIOLAÇÃO AO ART. 535 DO CPC. NÃO OCORRÊNCIA. **SERVIDOR PÚBLICO. PENSÃO POR MORTE**. DESQUITE. **SÚMULA** N.º 336/STJ. NECESSIDADE ECONÔMICA SUPERVENIENTE. NÃO DEMONSTRADA. I - A omissão no julgado que desafia os declaratórios é aquela referente às questões, de fato ou de direito, trazidas à apreciação do magistrado, e não a referente às teses defendidas pelas partes a propósito daquelas questões. Mesmo porque, as teses jurídicas podem ser rechaçadas implicitamente pelo julgador. II - É inadmissível o recurso especial quando ausente o prequestionamento do tema inserto na norma apontada como violada. Incidência da **Súmula** n.º 282 do c. STF. III - Nos termos do enunciado n.º **336** da Súmula/STJ, "A mulher que renunciou aos alimentos na separação judicial tem direito à **pensão** previdenciária **por morte** do ex-marido, comprovada a necessidade econômica superveniente". IV- In casu, os autos revelam que não restou demonstrada a superveniente dependência econômica da recorrente, razão pela qual ela não faz jus à pensão por morte vindicada. Agravo regimental desprovido. ..EMEN:

Decisão

Vistos, relatados e discutidos os autos em que são partes as acima indicadas, acordam os Ministros da QUINTA TURMA do Superior Tribunal de Justiça, **por** unanimidade, negar provimento ao agravo regimental. Os Srs. Ministros Laurita Vaz, Arnaldo Esteves Lima, Napoleão Nunes Maia Filho e Jorge Mussi votaram com o Sr. Ministro Relator.

Tipo

Acórdão

Número

0007530-43.2011.4.05.8100

00075304320114058100

Classe

AC - Apelação Civel - 545313

Relator(a)

Desembargador Federal Geraldo Apoliano

Origem

TRIBUNAL - QUINTA REGIAO

Órgão julgador

Terceira Turma

Data

20/09/2012

Data da publicação

16/10/2012

Fonte da publicação

DJE - Data::16/10/2012 - Página::154

Ementa

PREVIDENCIÁRIO. ADMINISTRATIVO. REVERSÃO DE **PENSÃO POR MORTE DE SERVIDOR PÚBLICO.** EX-ESPOSA SEPARADA JUDICIALMENTE. NÃO RECEBIMENTO DE **PENSÃO** ALIMENTÍCIA. AUSÊNCIA DE COMPROVAÇÃO DE NECESSIDADE ECONÔMICA SUPERVENIENTE. 1. Pretensão de que o 'DNOCS' seja condenado a reverter a pensão por morte de falecido ex-servidor público federal, que era percebida integralmente por sua filha, em prol da Autora, ex-esposa separada judicialmente. 2. Matéria que já se encontra sumulada no **STJ**. "É devida a **pensão** por morte ao ex-cônjuge separado judicialmente que comprove a dependência econômica superveniente, ainda que tenha dispensado, temporariamente, a percepção de alimentos quando da separação judicial. **Súmula 336.**" 3. Autora-Apelante que não recebia pensão alimentícia do falecido ex-cônjuge, quando da separação judicial. Ausência de comprovação da atual dependência econômica em relação ao "de cujus". 4. Apelação improvida.

Decisão

UNÂNIME

Referência legislativa

LEG-FED LEI-1060 ANO-1950 - LEG-FED SUM-379 (STF) - LEG-FED SUM-**336** (**STJ**) - LEG-FED LEI-8112 ANO-1990 ART-217 INC-1 LET-A LET-B LET-C LET-D LET-E

Inteiro teor

http://www.trf5.gov.br/archive/2012/10/00075304320114058100_20121016_4776410.pdf

De acordo com o TCU, "não é cabível a concessão de pensão por morte a filho maior inválido quando este tiver renda própria suficiente para prover a sua subsistência"[21].

Outrossim, acertadamente o TCU considera "ilegal, por ofensa à moralidade e ao espírito da lei, o ato de pensão civil instituída em favor de filho adotivo quando caracterizado o desvirtuamento do instituto da adoção por escritura pública, utilizado tão somente com a finalidade de transferir benefício previdenciário à pessoa que a ele não faria jus (a exemplo dos netos do instituidor), como se herança fosse, sob a forma de renda vitalícia"[22].

De acordo com o artigo 23, § 4º, da EC 103/2019, "o tempo de duração da pensão por morte e das cotas individuais por dependente até a perda dessa qualidade, o rol de dependentes e sua qualificação e as condições necessárias para enquadramento serão aqueles estabelecidos na Lei nº 8.213, de 24 de julho de 1991". Considerando que as regras da pensão por morte do servidor federal foram aproximadas ao regramento do RGPS pelas Leis 13.135/2015 e 13.846/2019 não se trata propriamente de uma novidade:

> **Lei 8.213/91 - Art. 16. São beneficiários do Regime Geral de Previdência Social, na condição de dependentes do segurado:**
>
> I - o cônjuge, a companheira, o companheiro e o filho não emancipado, de qualquer condição, menor de 21 (vinte e um) anos ou inválido **ou que tenha deficiência intelectual ou mental** ou deficiência grave; (Redação dada pela Lei nº 13.146, de 2015) (Vigência)
>
> II - os pais;
>
> III - o irmão não emancipado, de qualquer condição, menor de 21 (vinte e um) anos ou inválido **ou que tenha deficiência intelectual ou mental** ou deficiência grave; (Redação dada pela Lei nº 13.146, de 2015) (Vigência)
>
> IV - (Revogada pela Lei nº 9.032, de 1995)
>
> § 1º A existência de dependente de qualquer das classes deste artigo exclui do direito às prestações os das classes seguintes.
>
> § 2º .O enteado e o menor tutelado equiparam-se a filho mediante declaração do segurado e desde que comprovada a dependência econômica na forma estabelecida no Regulamento. (Redação dada pela Lei nº 9.528, de 1997) (Vide ADIN 4878) (Vide ADIN 5083)

21. Acórdão 5151/2015 Primeira Câmara (Pensão Civil, Relator Ministro Benjamin Zymler).
22. Acórdão 1154/2015 Primeira Câmara (Pensão Civil, Relator Ministro Bruno Dantas).

§ 3º Considera-se companheira ou companheiro a pessoa que, sem ser casada, mantém união estável com o segurado ou com a segurada, de acordo com o § 3º do art. 226 da Constituição Federal.

§ 4º A dependência econômica das pessoas indicadas no inciso I é presumida e a das demais deve ser comprovada.

§ 5º As provas de união estável e de dependência econômica exigem início de prova material contemporânea dos fatos, produzido em período não superior a 24 (vinte e quatro) meses anterior à data do óbito ou do recolhimento à prisão do segurado, não admitida a prova exclusivamente testemunhal, exceto na ocorrência de motivo de força maior ou caso fortuito, conforme disposto no regulamento. (Incluído pela Lei nº 13.846, de 2019)

§ 6º Na hipótese da alínea *c* do inciso V do § 2º do art. 77 desta Lei, a par da exigência do § 5º deste artigo, deverá ser apresentado, ainda, início de prova material que comprove união estável por pelo menos 2 (dois) anos antes do óbito do segurado. (Incluído pela Lei nº 13.846, de 2019)

§ 7º Será excluído definitivamente da condição de dependente quem tiver sido condenado criminalmente por sentença com trânsito em julgado, como autor, coautor ou partícipe de homicídio doloso, ou de tentativa desse crime, cometido contra a pessoa do segurado, ressalvados os absolutamente incapazes e os inimputáveis. (Incluído pela Lei nº 13.846, de 2019)

Lei 8.112/90 - Art. 217. São beneficiários das pensões:

I - o cônjuge; (Redação dada pela Lei nº 13.135, de 2015)

a) (Revogada); (Redação dada pela Lei nº 13.135, de 2015)

b) (Revogada); (Redação dada pela Lei nº 13.135, de 2015)

c) (Revogada); (Redação dada pela Lei nº 13.135, de 2015)

d) (Revogada); (Redação dada pela Lei nº 13.135, de 2015)

e) (Revogada); (Redação dada pela Lei nº 13.135, de 2015)

II - o cônjuge divorciado ou separado judicialmente ou de fato, com percepção de pensão alimentícia estabelecida judicialmente; (Redação dada pela Lei nº 13.135, de 2015)

a) (Revogada); (Redação dada pela Lei nº 13.135, de 2015)

b) (Revogada); (Redação dada pela Lei nº 13.135, de 2015)

c) Revogada); (Redação dada pela Lei nº 13.135, de 2015)

d) (Revogada); (Redação dada pela Lei nº 13.135, de 2015)

III - o companheiro ou companheira que comprove união estável como entidade familiar; (Incluído pela Lei nº 13.135, de 2015)

IV - o filho de qualquer condição que atenda a um dos seguintes requisitos: (Incluído pela Lei nº 13.135, de 2015)

a) seja menor de 21 (vinte e um) anos; (Incluído pela Lei nº 13.135, de 2015)

> b) seja inválido; (Incluído pela Lei nº 13.135, de 2015)
>
> c) tenha deficiência grave; ou (Redação dada pela Lei nº 13.135, de 2015)
>
> d) tenha deficiência intelectual ou mental; (Redação dada pela Lei nº 13.846, de 2019)
>
> V - a mãe e o pai que comprovem dependência econômica do servidor; e (Incluído pela Lei nº 13.135, de 2015)
>
> VI - o irmão de qualquer condição que comprove dependência econômica do servidor e atenda a um dos requisitos previstos no inciso IV. (Incluído pela Lei nº 13.135, de 2015)
>
> § 1º A concessão de pensão aos beneficiários de que tratam os incisos I a IV do caput exclui os beneficiários referidos nos incisos V e VI. (Redação dada pela Lei nº 13.135, de 2015)
>
> § 2º A concessão de pensão aos beneficiários de que trata o inciso V do caput exclui o beneficiário referido no inciso VI. (Redação dada pela Lei nº 13.135, de 2015)
>
> § 3º O enteado e o menor tutelado equiparam-se a filho mediante declaração do servidor e desde que comprovada dependência econômica, na forma estabelecida em regulamento. (Incluído pela Lei nº 13.135, de 2015)
>
> § 4º (VETADO). (Incluído pela Lei nº 13.846, de 2019)

Em regra, se o óbito ocorrer sem que o servidor federal tenha vertido 18 (dezoito) contribuições mensais ou se o casamento ou a união estável tiverem sido iniciados em menos de 2 (dois) anos antes do óbito do segurado, a pensão por morte será paga por apenas 4 (quatro) meses ao cônjuge, companheiro ou companheira, salvo se o óbito do segurado decorrer de acidente de qualquer natureza ou de doença profissional ou do trabalho.

A Lei 13.135/2015 admitiu expressamente que o tempo de contribuição a Regime Próprio de Previdência Social (RPPS) ou RGPS será considerado na contagem das 18 (dezoito) contribuições mensais, acaso o servidor não possua 18 recolhimentos no RPPS federal.

Por sua vez, transcorridos os seguintes períodos, estabelecidos de acordo com a idade do beneficiário na data de óbito do segurado, **se o óbito ocorrer depois de vertidas 18 (dezoito) contribuições mensais e pelo menos 2 (dois) anos após o início do casamento ou da união estável, ou se então o óbito do segurado decorrer de acidente de qualquer natureza ou de doença profissional ou do trabalho,** a pensão terá a seguinte duração, sendo vitalícia apenas se o pensionista tiver 44 anos de idade no dia da morte:

1) **3 (três) anos**, com menos de 21 (vinte e um) anos de idade;
2) **6 (seis) anos**, entre 21 (vinte e um) e 26 (vinte e seis) anos de idade;
3) **10 (dez) anos**, entre 27 (vinte e sete) e 29 (vinte e nove) anos de idade;

4) **15 (quinze) anos**, entre 30 (trinta) e 40 (quarenta) anos de idade;

5) **20 (vinte) anos**, entre 41 (quarenta e um) e 43 (quarenta e três) anos de idade;

6) **vitalícia**, com 44 (quarenta e quatro) ou mais anos de idade.

No entanto, há uma regra especial para o pensionista inválido ou com deficiência cônjuge ou companheiro(a), pois neste caso a pensão por morte apenas será cancelada pela cessação da invalidez ou pelo afastamento da deficiência. Se não houver recuperação do pensionista, portanto, será vitalícia, mesmo que **o segurado não tenha vertido 18 (dezoito) contribuições mensais ou se o casamento ou a união estável tiverem menos de 2 (dois) anos antes do óbito do segurado.** Caso o pensionista inválido ou deficiente se recupere, serão respeitados, ao menos, os prazos anteriores apresentados.

PARA ÓBITOS OCORRIDOS A PARTIR DE 1/1/2021, as faixas etárias foram elevadas em 1 ano pela Portaria ME 424, de 29/12/2020:

> ***"PORTARIA ME Nº 424, DE 29 DE DEZEMBRO DE 2020***
>
> *Fixa as novas idades de que tratam a alínea "b" do inciso VII do art. 222 da Lei nº 8.112, de 11 de dezembro de 1990, e a alínea "c" do inciso V do § 2º do art. 77 da Lei nº 8.213, de 24 de julho de 1991.*
>
> *O MINISTRO DE ESTADO DA ECONOMIA, SUBSTITUTO, no uso da atribuição que lhe foi conferida pelo § 3º do art. 222 da Lei nº 8.112, de 11 de dezembro de 1990, e pelo § 2º-B do art. 77 da Lei nº 8.213, de 24 de julho de 1991, resolve:*
>
> *Art. 1º O direito à percepção de cada cota individual da pensão por morte, nas hipóteses de que tratam a alínea "b" do inciso VII do art. 222 da Lei nº 8.112, de 11 de dezembro de 1990, e a alínea "c" do inciso V do § 2º do art. 77 da Lei nº 8.213, de 24 de julho de 1991, cessará, para o cônjuge ou companheiro, com o transcurso dos seguintes períodos, estabelecidos de acordo com a idade do beneficiário na data de óbito do segurado, se o óbito ocorrer depois de vertidas dezoito contribuições mensais e pelo menos dois anos após o início do casamento ou da união estável:*
>
> ***I - três anos, com menos de vinte e dois anos de idade;***
>
> ***II - seis anos, entre vinte e dois e vinte e sete anos de idade;***
>
> ***III - dez anos, entre vinte e oito e trinta anos de idade;***
>
> ***IV - quinze anos, entre trinta e um e quarenta e um anos de idade;***
>
> ***V - vinte anos, entre quarenta e dois e quarenta e quatro anos de idade;***
>
> ***VI - vitalícia, com quarenta e cinco ou mais anos de idade.***
>
> ***Art. 2º Esta Portaria entra em vigor em 1º de janeiro de 2021".***

Vale frisar que a partir de junho de 2018 existe a possibilidade de mudanças nas faixas da pensão temporária e vitalícia, por ato do Ministro de Estado do

Planejamento, Orçamento e Gestão, desde que haja o incremento mínimo de um ano inteiro na média nacional única, para ambos os sexos, correspondente à expectativa de sobrevida da população brasileira ao nascer, limitado o acréscimo na comparação com as idades anteriores ao referido incremento.

É sabido que no Brasil existem simulações e fraudes envolvendo casamentos e uniões estáveis apenas com o objetivo de instituir a pensão por morte. Por força da Lei 13.135/2015, **perde o direito à pensão por morte o cônjuge, o companheiro ou a companheira se comprovada, a qualquer tempo, simulação ou fraude no casamento ou na união estável, ou a formalização desses com o fim exclusivo de constituir benefício previdenciário, apuradas em processo judicial no qual será assegurado o direito ao contraditório e à ampla defesa.**

■ **POSIÇÃO DO STF**

MS 29310 / BA - BAHIA

MANDADO DE SEGURANÇA

Relator(a): Min. MARCO AURÉLIO

Julgamento: 08/02/2021

Publicação: 22/02/2021

Órgão julgador: Primeira Turma

Publicação

PROCESSO ELETRÔNICO DJe-032 DIVULG 19-02-2021 PUBLIC 22-02-2021

Partes

IMPTE.(S) : BEATRIZ AUGUSTA ISAAC LOBO ADV.(A/S) : TALITA ROMEU IMPDO.(A/S) : TRIBUNAL DE CONTAS DA UNIÃO PROC.(A/S) (ES) : ADVOGADO-GERAL DA UNIÃO LIT.PAS.(A/S) : UNIÃO PROC.(A/S)(ES) : ADVOGADO-GERAL DA UNIÃO

Ementa

DECADÊNCIA - MÁ-FÉ. Uma vez verificada má-fé, não se tem a incidência do prazo decadencial previsto no artigo 54 da Lei nº 9.784/1999. PENSÃO - CASAMENTO - FORMAL VERSUS REAL. **Surgindo de contexto fático o objetivo de, mediante casamento (tio juiz classista, aos 72 anos, com doença terminal, e sobrinha de 25 anos), alcançar-se, em detrimento do erário, pensão, tem-se a impossibilidade de concluir-se pela existência de direito líquido e certo ao benefício.** VERDADE - PLATÃO. "É preciso tender para a verdade, com toda a alma, com o coração e a inteligência."

Decisão

A Turma, por unanimidade, indeferiu a ordem, nos termos do voto do Relator. Primeira Turma, Sessão Virtual de 18.12.2020 a 5.2.2021.

Registre-se o posicionamento da TNU de que a sentença estadual que reconheça a união estável não vincula do INSS ou a Justiça Federal:

> ***"Pedido de Uniformização de Interpretação de Lei (Turma) Nº 5019729-56.2021.4.04.7108/RS***
>
> ***REQUERENTE:*** *RUTE SOARES PORTO*
>
> ***REQUERIDO:*** *INSTITUTO NACIONAL DO SEGURO SOCIAL - INSS*
>
> ***EMENTA***
>
> ***PREVIDENCIÁRIO. PEDIDO DE UNIFORMIZAÇÃO NACIONAL. união estável. sentença declaratória proferida na vara de família. não vinculação do juízo federal. Pedido de uniformização a que se nega provimento com fixação de tese.***
>
> ***Tese fixada: "A sentença declaratória de união estável proferida na vara de família não faz coisa julgada contra o INSS ou vincula o juízo previdenciário".***

Eis os fundamentos extraídos do voto do Juiz Federal Ivanir Ireno:

> *"4. Pedi vista dos autos para melhor analisar a controvérsia, especialmente no que diz respeito à tese proposta.*
>
> *5. Conforme exposto e defendido pela parte autora na petição inicial do Pedilef, "deve ser aplicado o entendimento de que a decisão do Juízo de Família possui efeito erga omnes e deve ser observada pelo Juízo Federal, com fundamento no artigo 9º da Lei nº 9.278/1996, bem como no artigo 27, inciso I, alínea 'e', da Lei nº 11.697, de 13 de junho de 2008."*
>
> *6. A controvérsia central no Pedilef consiste em determinar se a decisão do Juízo de Vara de Família que reconhece a união estável faz coisa julgada em relação ao INSS em ação de concessão de benefício, vinculando, assim, o Juízo Federal.*
>
> *7. No que se refere especificamente a essa questão, acompanho o voto da relatora, que concluiu que a decisão do Juízo de Vara de Família que reconhece a união estável não faz coisa julgada contra o INSS em ação de concessão de benefício e, portanto, não vincula o Juízo Federal. Nesse sentido, como bem ressaltado por Sua Excelência, esse é o entendimento consolidado e reiterado pelo STJ.*
>
> *8. Entretanto, peço vênia para divergir quanto à fixação da tese, especialmente no que se refere à possibilidade de considerar a sentença declaratória de união estável, proferida pela Justiça Estadual, como início de prova material para fins previdenciários.*
>
> *9. Em primeiro lugar, essa não é a verdadeira controvérsia estabelecida no Pedilef, conforme espero ter demonstrado acima. A parte autora não sustenta que a sentença do juízo de família possa ser considerada início de prova material, nem mesmo de forma alternativa ou subsidiária. Além disso, o julgado paradigma também não aborda essa questão.*

10. Pelo contrário, o Pedilef defende, de forma exclusiva, que essa sentença seja reconhecida como prova plena e vinculante, possivelmente em razão da existência de outros documentos nos autos do processo previdenciário que servem como prova material. Reforçando esse entendimento, observa-se que o reconhecimento da sentença apenas como início de prova material, conforme proposto na tese da relatora, não favorece a parte autora, que, ao contrário, vê seu Pedilef ser desprovido.

11. Salvo melhor juízo, não faz sentido incluir na tese questão jurídica de alta relevância que não foi objeto de controvérsia entre as partes e não integra a causa de pedir do Pedilef.

12. Em segundo lugar, tanto a legislação quanto a jurisprudência dos últimos anos têm reafirmado a importância do início de prova material contemporâneo para a produção de efeitos previdenciários, com o objetivo de conferir maior segurança jurídica às demandas contra o RGPS. Dessa forma, fragilizar essa exigência ao reconhecer, de forma genérica e abstrata, a sentença de união estável proferida pelo juízo de família como suficiente para esse fim vai de encontro a essa tendência, sem respaldo em uma justificativa fática ou jurídica adequada.

13. A seguir, apresenta-se um breve histórico da reafirmação da importância do início de prova material contemporâneo para fins previdenciários:

13.1. O art. 55, §3º, da Lei 8.213/91 exige início de prova material para comprovar tempo de serviço.

13.2. A Súmula 149 e o Tema 297, ambos do STJ, ratificaram essa exigência.

13.3. O STF, por mais de uma vez, ratificou a constitucionalidade do início de prova material para fins previdenciários (RE 226772, 2ª T, DJu 27/04/2001; ADI 2.555, Tribunal Pleno, 02/05/2003; e ADI 6096, Tribunal Pleno, DJe 26/11/2020).

13.4. No Tema 554, o STJ firmou que, mesmo para o boia-fria, é necessário início de prova material.

13.5. Na súmula 34, a TNU exige início de prova material comtemporâneo.

13.6. A Lei 13.846/2019 alterou o § 3º do art. 55 da Lei 8.213/91, para exigir que o início de prova material seja contemporânea dos fatos;

13.7. A mesma Lei 13.846/2019 passou a exigir início de prova material contemporânea dos fatos para comprovação, no âmbito previdenciário, da união estável e da dependência econômica. Merece destaque que a própria lei, em interpretação autêntica, definiiu o que é contemporâneo, ou seja, o início de prova material "produzido em período não superior a 24 (vinte e quatro) meses anterior à data do óbito ou do recolhimento à prisão do segurado".

Certamente, na esteira da Lei 13.135/2015, que introduziu regras de duração da pensão por morte, essa exigência surgiu a partir da constatação empírica da facilidade com que se produzia prova exclusivamente oral da união estável, conforme previa a jurisprudência pacífica do STJ e da TNU (Súmula 63). Esse cenário contribuiu significativamente para que a pensão por morte se tornasse o segundo benefício mais concedido pelo RGPS[1], evidenciando a necessidade de maior rigor na comprovação da união estável para fins previdenciários.

13.8. O STJ, no Tema 1188, ratificou o entendimento, já constante do PUIL 293, de que "A sentença trabalhista homologatória de acordo, assim como a anotação na CTPS e demais documentos dela decorrentes, somente será considerada início de prova material válida, conforme o disposto no art. 55, § 3º, da Lei 8.213/91, ***quando houver nos autos elementos probatórios contemporâneos que comprovem os fatos alegados e sejam aptos a demonstrar*** *o tempo de serviço no período que se pretende reconhecer na ação previdenciária, exceto na hipótese de caso fortuito ou força maior." Inobstante o tema esteja circunscrito às sentenças homologatórias de acordo, os fundamentos da decisão indicam aplicação também aos casos de sentença trabalhsita com instrução.*

14. Do breve histórico apresentado, merece destaque a ADI 2555, na qual o STF definiu a importância do início de prova material no âmbito previdenciário ao declarar constitucional a exigência prevista na Lei nº 9.711/1998, que alterou a Lei nº 7.986/1989, para condicionar a comprovação da condição de seringueiro/soldado da borracha — situação fática que remonta à década de 1940. Essa decisão evidencia a relevância da prova material, mesmo em contexto histórico pretérito e de difícil documentação.

ADI 2555

Órgão julgador: Tribunal Pleno

Relator(a): Min. ELLEN GRACIE

Julgamento: 03/04/2003

Publicação: 02/05/2003

Ementa

AÇÃO DIRETA DE INCONSTITUCIONALIDADE. ART. 54 DO ADCT. PENSÃO MENSAL VITALÍCIA AOS SERINGUEIROS RECRUTADOS OU QUE COLABORARAM NOS ESFORÇOS DA SEGUNDA GUERRA MUNDIAL. ART. 21 DA LEI Nº 9.711, DE 20.11.98, QUE MODIFICOU A REDAÇÃO DO ART. 3º DA LEI Nº 7.986, DE 20.11.89. EXIGÊNCIA, PARA A CONCESSÃO DO BENEFÍCIO, DE INÍCIO DE PROVA MATERIAL E VEDAÇÃO AO USO DA PROVA EXCLUSIVAMENTE TESTEMUNHAL. A vedação à utilização da prova exclusivamente testemunhal e a exigência do início de prova material para o reconhecimento judicial da situação descrita no art. 54 do ADCT e no art. 1º da Lei nº 7.986/89 não vulneram os incisos XXXV, XXXVI e LVI do art. 5º da CF. O maior relevo conferido pelo legislador ordinário ao princípio da segurança jurídica visa a um maior rigor na verificação da situação exigida para o recebimento do benefício. Precedentes da Segunda Turma do STF: REs nº 226.588, 238.446, 226.772, 236.759 e 238.444, todos de relatoria

> *do eminente Ministro Marco Aurélio. Descabida a alegação de ofensa a direito adquirido. O art. 21 da Lei 9 .711/98 alterou o regime jurídico probatório no processo de concessão do benefício citado, sendo pacífico o entendimento fixado por esta Corte de que não há direito adquirido a regime jurídico. Ação direta cujo pedido se julga improcedente.*
>
> *15. A prática previdenciária revela que a busca por sentenças declaratórias de união estável, ajuizadas após o óbito do instituidor, muitas vezes decorre de acordos, reconhecimento do pedido ou até mesmo da revelia dos réus (como filhos e demais interessados), sem que haja efeitos patrimoniais sobre os bens do suposto casal. Esse expediente, em muitos casos, visa à produção artificial de prova documental pré-constituída para fins previdenciários, configurando uma tentativa de contornar a exigência de início de prova material contemporânea, requisito essencial para a concessão do benefício.*
>
> *16. Como já mencionado, não há justificativa fática ou jurídica idônea para admitir essa prática. Em primeiro lugar, o juízo previdenciário sempre enfrentou, como questão incidental, o reconhecimento da união estável nos processos de concessão de pensão por morte, sendo desnecessária a prévia passagem pelo juízo de família.*
>
> *17. Em segundo lugar, a exigência legal refere-se apenas ao início de prova material, e não à comprovação plena, por meio de documentos inequívocos, da convivência como casal com o objetivo de constituir família. Na prática previdenciária, verifica-se que simples documentos que indiquem o mesmo domicílio já estão sendo considerados suficientes para atender esse requisito.*
>
> *18. Por fim, a união estável é um fato de mais fácil comprovação por meio de início de prova material do que o próprio tempo de serviço, não havendo, portanto, justificativa para um tratamento diferenciado ou privilegiado.*
>
> *19. Em resumo, divirjo parcialmente da relatora simplesmente para negar provimento ao Pedilef, sem a fixação de tese.*
>
> *20. Se o colegiado entender necessária a fixação de tese, voto no sentido de negar provimento ao Pedilef, fixando a seguinte tese:* ***"A sentença declaratória de união estável proferida na vara de família não faz coisa julgada contra o INSS ou vincula o juízo previdenciário.***
>
> *21. A relatora, em voto complementar, aderiu à tese proposta por este magistrado no item 20 acima.*
>
> ***22. Assim sendo, voto por ACOMPANHAR a relatora".***

De acordo com o artigo 5º, da Lei 13.135/2015, "os atos praticados com base em dispositivos da Medida Provisória nº 664, de 30 de dezembro de 2014, serão revistos e adaptados ao disposto nesta Lei", devendo haver retroação, pois a Lei 13.135/2015 foi mais benéfica ao pensionista e prevê expressamente a sua retroação, afastando-se, por exceção, o *Tempus Regit Actum*.

Contra as modificações promovidas pela Lei 13.135/2015 na Lei 8.112/90, a ANASPS propôs a ação direta de inconstitucionalidade 5461, conforme noticiado pelo site do STF:

> ***Notícias STF***
>
> *Quarta-feira, 03 de fevereiro de 2016*
>
> ***Associação questiona norma que alterou pensão por morte para servidores***
>
> *A Associação Nacional dos Servidores da Previdência e da Seguridade Social (ANASPS), ajuizou no Supremo Tribunal Federal (STF) a Ação Direta de Inconstitucionalidade (ADI) 5461, com pedido de liminar, contra dispositivos da Lei 13.135/2015, que alteraram as regras sobre pensão por morte de servidores públicos federais. A entidade sustenta que a utilização de medida provisória para efetuar alterações na Lei 8.112/1990 foi abusiva, pois não estariam presentes os requisitos de urgência e relevância, representando vício insanável na origem. Alega, ainda, que a conversão em lei não convalida os vícios formais existentes originariamente no ato normativo.*
>
> *A entidade alega que a alteração legislativa, ao estabelecer que o tempo de pensão por morte será condicionado a determinados prazos, tanto para a concessão quanto para a fruição do benefício, teria negado a cobertura securitária assegurada expressamente na Constituição. Afirma ainda que alguns benefícios tradicionalmente vitalícios passaram a ter duração por prazo determinado, como as pensões percebidas por cônjuges em geral, cônjuges divorciados, separados judicialmente ou de fato com percepção de pensão alimentícia estabelecida judicialmente, ou, ainda, por companheiros que comprovem união estável como entidade familiar.*
>
> *Em caráter liminar, a ANASPS pede a suspensão da aplicação dos dispositivos impugnados até o julgamento final da ADI. No mérito, pede a declaração de inconstitucionalidade formal da Lei 13.135/2015, a inconstitucionalidade material dos artigos 3º e 7º, inciso I, da lei impugnada. Em caráter subsidiário, pede que seja declarado inconstitucional o artigo 3º da Lei 13.135/2015, ao menos em relação à inclusão do inciso VII e dos parágrafos 1º a 4º no artigo 222 da Lei 8.112/1990.*
>
> *A relatoria da ADI 5461 é do ministro Luiz Fux, relator também das ADIs 5340, 5389, 5411 e 5419, sobre o mesmo tema.*
>
> *PR/FB*

■ POSIÇÃO DO STJ

De acordo com o STJ, "**não se exige prova de dependência econômica para a concessão de pensão por morte a filho inválido de servidor público federal.** Isso porque, nos termos do art. 217 da Lei 8.112/1990, não há exigência de prova da dependência econômica para o filho inválido, ainda que maior de 21 anos de idade. Conforme se infere do texto expresso da lei, a prova da dependência econômica somente é exigível, nas pensões vitalícias, da mãe, do pai e da pessoa designada maior de 60 anos ou portadora de deficiência. Quanto às pensões temporárias, a prova da dependência é exigida restritivamente do irmão órfão ou da pessoa designada, em qualquer caso até 21 anos ou, se inválido, enquanto perdurar eventual invalidez" (REsp 1.440.855-PB, **Rel. Min. Humberto Martins, julgado em 3/4/2014).**

Ainda de acordo com a Corte Superior (Informativo 553), "para fins de concessão da pensão por morte de servidor público federal, a designação do beneficiário nos assentos funcionais do servidor é prescindível se a vontade do instituidor em eleger o dependente como beneficiário da pensão houver sido comprovada por outros meios idôneos. Precedentes citados: AgRg no REsp 1.362.822-PE, Primeira Turma, DJe 17/4/2013; AgRg no REsp 1.295.320-RN, Segunda Turma, DJe 28/6/2012; e REsp 1.307.576-PE, Segunda Turma, DJe 25/4/2012. REsp 1.486.261-SE, Rel. Min. Herman Benjamin, julgado em 20/11/2014, DJe 5/12/2014".

De acordo com o TCU, mesmo antes da exclusão do menor sob guarda do rol de dependentes do servidor federal operada pela Lei 13.135/2015, não havia possibilidade de concessão de pensão civil a menor sob guarda ou tutela (neto de servidor), designado, porém sem comprovação de dependência econômica em relação ao instituidor[23].

De efeito, **o TCU e a AGU não mais vinham admitindo o menor sob guarda como dependente do servidor federal**. Conquanto a Lei 8.112/90 ainda o previa (até a MP 664/2014, convertida na Lei 13.135/2015) como dependente, para o entendimento da Corte de Contas e da Advocacia-Geral da União, a Lei 9.717/98 acabou revogando tacitamente este dispositivo, ao aduzir no seu artigo 5º, inserido pela MP 2.187-13/2001, que "os regimes próprios de previdência social dos servidores públicos da União, dos Estados, do Distrito Federal e dos Municípios, dos militares dos Estados e do Distrito Federal não poderão conceder benefícios distintos dos previstos no Regime Geral de Previdência Social, de que trata a Lei nº 8.213, de 24 de julho de 1991, salvo disposição em contrário da Constituição Federal". Veja-se:

> **"TCU - Processo: 020.668/2011-2**
>
> Sumário: PENSÃO CIVIL. AUSÊNCIA DE COMPROVAÇÃO DE DEPENDÊNCIA ECONÔMICA DE MENOR SOB GUARDA. IRRELEVÂNCIA ANTE A REVOGAÇÃO DA ESPÉCIE DE BENEFÍCIO

23. Acórdão 586/2005, Plenário.

PREVIDENCIÁRIO, BEM COMO DE OUTRAS CATEGORIAS DE BENEFICIÁRIOS DE PENSÃO CIVIL ESTATUTÁRIA PELA LEI 9.717/1998. CONSIDERAÇÕES SOBRE A EVOLUÇÃO NORMATIVA DA MATÉRIA. JURISPRUDÊNCIA DOS TRIBUNAIS SUPERIORES. POSICIONAMENTO DA AGU. ILEGALIDADE DE UM ATO. NEGATIVA DE REGISTRO. LEGALIDADE DOS DEMAIS. REGISTRO. DETERMINAÇÃO E CIÊNCIA AOS ÓRGÃOS CENTRAIS DE GESTÃO DE RECURSOS HUMANOS DA ADMINISTRAÇÃO PÚBLICA FEDERAL

Assunto: Pensão Civil

Número do acórdão: 2515

Ano do acórdão: 2011

AGU - Parecer 047/2010, emitido pela Advocacia-Geral da União, aprovado nos termos do Despacho do Consultor-Geral da União 878/2010, da lavra do Ministro Luis Inácio Lucena Adams:

"PAGAMENTO, PELO REGIME PRÓPRIO DE PREVIDÊNCIA SOCIAL DA UNIÃO, DE PENSÃO POR MORTE A MENOR SOB GUARDA DE SERVIDOR PÚBLICO FALECIDO. IMPOSSIBILIDADE. INEXISTÊNCIA DE PREVISÃO LEGAL DE TAL BENEFÍCIO NO REGIME GERAL DE PREVIDÊNCIA SOCIAL. INTELIGÊNCIA DO ART. 5º DA LEI 9.717/98.

1. O ART. 5º da Lei 9.717/98 deve ser interpretado de forma a vedar, tanto da concessão, pelos RPPS, de benefícios distintos daqueles previstos no RGPS, quanto da ampliação do rol dos beneficiários previstos neste regime.

2. Inexistindo previsão do pagamento de pensão por morte a menor sob guarda no RGPS, vedada sua concessão pelo RPPS da União."

Discordava-se do entendimento do TCU e da AGU até o advento da MP 664/2014, convertida na Lei 13.135/2015. Isso porque o artigo 5º, da Lei 9.717/98, apenas veda que o RPPS conceda benefícios não previstos no RGPS, não exigindo que o rol de dependentes do regime previdenciário dos servidores público seja o mesmo do Regime Geral de Previdência Social.

Não obstante isso, é forçoso afirmar que o STF já suspendeu liminarmente disposição de lei estadual que estendeu aos filhos solteiros dos servidores, com idade até 24 anos e frequência a cursos superiores ou técnico de 2º grau, a condição de dependentes com fundamento similar ao adotado pelo TCU e a AGU, muito embora também tenha se adotado o Princípio da Precedência da Fonte de Custeio:

■ POSIÇÃO DO STF

"Ação direta de inconstitucionalidade. Lei Estadual n.º 2.120/99. Alegação de que a Lei Estadual violou os arts. 25, §§ 1º e 4º, 40 e 195, "*caput*", § 5º, da CF, ao indicar "os filhos solteiros, com idade até 24 anos e freqüência a cursos superiores ou técnico de 2º grau como dependentes, para fins previdenciários, no Estado do Mato Grosso do Sul. 2. O art. 195, da CF, na redação da EC n.º 20/98, estipula que nenhum benefício ou serviço de seguridade social poderá ser criado, majorado ou estendido sem a correspondente fonte de custeio total. **A Lei n.º 9.717/98 dispôs sobre regras gerais para a organização e funcionamento dos regimes próprios de previdência social dos servidores públicos da União, dos Estados, do Distrito Federal e dos Municípios, dos militares dos Estados e do Distrito Federal, dando outras providências. 3. No art. 5º, da Lei n.º 9.717/98 dispõe que "os regimes próprios de previdência social dos servidores públicos da União, dos Estados, do Distrito Federal e dos Municípios, dos militares dos Estados, e do Distrito Federal, não poderão conceder benefícios distintos dos previstos no Regime Geral de Previdência Social, de que trata a Lei n.º 8.213/91.**4. Extensão do benefício impugnada se fez sem qualquer previsão de correspondente fonte de custeio. A competência concorrente dos Estados em matéria previdenciária, não autoriza se desatendam os fundamentos básicos do sistema previdenciário, de origem constitucional. 5. Relevantes os fundamentos da inicial. Medida liminar deferida" (ADI/MC 2.311, de 07/03/2011).

No caso em apreço, **antes do advento da MP 664/2014, convertida na Lei 13.135/2015, o STF afastou corretamente o entendimento do TCU e da AGU, garantindo a pensão por morte ao menor sob guarda no RPPS dos servidores federais**, ante a expressa previsão legal vigente no artigo 217, II, letra B, da Lei 8.112/90.

■ POSIÇÃO DO STF

"Agravo regimental em mandado de segurança. Tribunal de Contas da União. Menor sob guarda. Anulação de ato em que se negou registro, por ilegalidade, a pensão concedida com base no art. 217, II, b, da Lei nº 8.112/1990. Princípio da proteção à criança - art. 227 da CF. Dependência econômica do menor em relação à servidora falecida. Agravo regimental não provido. 1. É direito do menor que, na data do óbito de servidor, esteja sob a sua guarda receber pensão temporária até completar 21 (vinte e um) anos de idade (alínea 'b' do inciso II do art. 217 da Lei nº 8.112/90). Precedente. 2. Agravo regimental não provido" **(MS 31687 AgR, de 11/03/2014).**

"MANDADO DE SEGURANÇA - REGIME PRÓPRIO DE PREVIDÊNCIA SOCIAL DO SERVIDOR PÚBLICO FEDERAL - PENSÃO TEMPORÁRIA INSTITUÍDA EM FAVOR DE MENOR SOB GUARDA (LEI Nº 8.112/90, ART. 217, INCISO II, "B") - POSSIBILIDADE - SITUAÇÃO DE DEPENDÊNCIA ECONÔMICA DO MENOR EM RELAÇÃO AO RESPONSÁVEL - INAPLICABILIDADE, AO CASO, DO DISPOSTO NO ART. 5º DA LEI Nº 9.717/98 - ENTENDIMENTO JURISPRUDENCIAL DESTA SUPREMA CORTE - RECURSO DE AGRAVO IMPROVIDO" **(MS 30185 AgR, de 25/03/2014).**

■ POSIÇÃO DO STF

De acordo com o STF, "as reformas constitucionais ocorridas em matéria previdenciária não teriam tido o condão de extirpar dos entes federados a competência para criar e dispor sobre regime próprio para os seus servidores, com a observância de critérios que preservassem o equilíbrio financeiro e atuarial e, por óbvio, das normas gerais estabelecidas pela União. Sob essa perspectiva, a interpretação do art. 5º da Lei 9.717/1998 a admitir a vinculação dos critérios de concessão de benefícios nos regimes próprios àqueles estipulados no Regime Geral de Previdência Social ofenderia o art. 24, XII, da CF", conforme passagem do Informativo 766:

"Pensão a menor sob guarda de ex-servidor - 2

A Turma ressalvou que o fato de se cuidar de vinculação ao regime previdenciário dos servidores da União tampouco afastaria a existência de vício na interpretação conferida ao dispositivo. De igual modo, estaria caracterizada a impossibilidade de a lei atender à norma constitucional inserida por emenda a ela posterior. Nesse ponto, a Lei 9.717/1998 - que não disporia do fundamento constitucional invocado pelo TCU - seria resultado da conversão, em 27.11.1998, da Medida Provisória 1.723, editada em 29.10.1998. Houvesse o dispositivo constitucional invocado (art. 40, § 12) estipulado a adoção de parâmetros de simetria entre os dois regimes na forma preconizada pelo TCU, não constaria em seu texto a ressalva "no que couber". Sinalizou a inexistência de lacuna legislativa a autorizar a aplicação subsidiária do RGPS no que se refere aos benefícios previstos no regime próprio de previdência dos servidores federais. A Lei 8.112/1990 apresentaria disciplina exaustiva sobre a pensão por morte, em cumprimento ao que disposto no § 5º da norma originária do art. 40 da CF, hoje § 7º. Considerada a diversidade da natureza das normas previdenciárias em discussão, não se poderia falar em revogação expressa de uma lei pela outra, tampouco em derrogação tácita das alíneas do inciso II do art. 217 da Lei 8.112/1990 (regime próprio) pelo § 2º do art. 16 da Lei 8.213/1991 (regime geral). Ademais, as normas dos sistemas de proteção social deveriam ser fundadas na ideia de abrigo aos menos favorecidos, quando colocados em situação de desamparo pela ocorrência de risco social. Dentre as situações constitucionalmente inseridas na previdência social brasileira, estaria a morte de segurado que fosse provedor econômico de determinada pessoa. Nesse aspecto, a preocupação com os indivíduos em relação a eventos que lhes pudessem causar dificuldade ou até mesmo impossibilidade de subsistência estaria na gênese da proteção social almejada pelo Estado contemporâneo. Enfatizou que a interpretação conferida ao art. 5º da Lei 9.717/1998 pelo TCU, que excluísse da ordem dos beneficiários, tradicionalmente consagrados pela previdência social, pessoa em comprovada situação de dependência econômica do segurado, seria divorciar-se do sistema de proteção formatado na Constituição, a afrontar, ainda, os princípios da vedação do retrocesso social e da proteção ao hipossuficiente. MS 31770/DF, rel. Min. Cármen Lúcia, 3.11.2014. (MS-31770)".

Após estas decisões do STF, o TCU reviu o seu posicionamento:

Acórdão 2377/2015 Plenário (Pensão Civil, Relator Ministro Aroldo Cedraz)

Pessoal. Pensão civil. Legislação.

O art. 5º da Lei 9.717/98 não derrogou do regime próprio de previdência social dos servidores públicos da União (RPPS) as categorias de pensão civil estatutária destinadas a filho emancipado e não inválido, a irmão emancipado e não inválido, a menor sob guarda e a pessoa designada. **A redação original do art. 217, incisos I e II, da Lei 8.112/90 permaneceu vigente até a edição da Medida Provisória 664/14 (convertida na Lei 13.135/15).**

Mesmo após o advento da Lei 13.135/2015, o tema ainda traz muita polêmica, pois o STJ não vem admitindo a exclusão do menor sob guarda do rol de dependentes do servidor, mesmo havendo lei específica o excluindo, conforme precedente da 1ª Seção que envolveu o RPPS do Estado do Mato Grosso.

■ **POSIÇÃO DO STJ**

"Processo

RMS 36034 / MT

RECURSO ORDINÁRIO EM MANDADO DE SEGURANÇA 2011/0227834-9

Relator(a)

Ministro BENEDITO GONÇALVES (1142)

Órgão Julgador

S1 - PRIMEIRA SEÇÃO

Data do Julgamento

26/02/2014

Data da Publicação/Fonte

DJe 15/04/2014

Ementa

PROCESSUAL CIVIL E ADMINISTRATIVO. RECURSO EM MANDADO DE SEGURANÇA. PENSÃO POR MORTE. MENOR SOB GUARDA JUDICIAL. APLICABILIDADE DO ESTATUTO DA CRIANÇA E DO ADOLESCENTE - ECA. INTERPRETAÇÃO COMPATÍVEL COM A DIGNIDADE DA PESSOA HUMANA E COM O PRINCÍPIO DE PROTEÇÃO INTEGRAL DO MENOR.

1. Caso em que se discute a possibilidade de assegurar benefício de pensão por morte a menor sob guarda judicial, em face da prevalência do disposto

no artigo 33, § 3º, do Estatuto da Criança e do Adolescente - ECA, sobre norma previdenciária de natureza específica.

2. Os direitos fundamentais da criança e do adolescente têm seu campo de incidência amparado pelo status de prioridade absoluta, requerendo, assim, uma hermenêutica própria comprometida com as regras protetivas estabelecidas na Constituição Federal e no Estatuto da Criança e do Adolescente.

3. A Lei 8.069/90 representa política pública de proteção à criança e ao adolescente, verdadeiro cumprimento da ordem constitucional, haja vista o artigo 227 da Constituição Federal de 1988 dispor que é dever do Estado assegurar com absoluta prioridade à criança e ao adolescente o direito à vida, à saúde, à alimentação, à educação, ao lazer, à profissionalização, à cultura, à dignidade, ao respeito, à liberdade e à convivência familiar e comunitária, além de colocá-los a salvo de toda forma de negligência, discriminação, exploração, violência, crueldade e opressão.

4. Não é dado ao intérprete atribuir à norma jurídica conteúdo que atente contra a dignidade da pessoa humana e, consequentemente, contra o princípio de proteção integral e preferencial a crianças e adolescentes, já que esses postulados são a base do Estado Democrático de Direito e devem orientar a interpretação de todo o ordenamento jurídico.

5. Embora a lei complementar estadual previdenciária do Estado de Mato Grosso seja lei específica da previdência social, não menos certo é que a criança e adolescente tem norma específica, o Estatuto da Criança e do Adolescente que confere ao menor sob guarda a condição de dependente para todos os efeitos, inclusive previdenciários (art. 33, § 3º, Lei n.º 8.069/90), norma que representa a política de proteção ao menor, embasada na Constituição Federal que estabelece o dever do poder público e da sociedade na proteção da criança e do adolescente (art. 227, caput, e § 3º, inciso II).

6. Havendo plano de proteção alocado em arcabouço sistêmico constitucional e, comprovada a guarda, deve ser garantido o benefício para quem dependa economicamente do instituidor.

7. Recurso ordinário provido".

Pelas novas regras, ocorrendo habilitação de vários titulares à pensão o seu valor será distribuído em partes iguais entre os beneficiários habilitados. Por morte ou perda da qualidade de beneficiário, a respectiva cota reverterá para os cobeneficiários.

Por força de inovação da MP 871/2019 (óbitos a partir de 18/1/2019 - Princípio do *Tempus Regit Actum*), convertida na Lei 13.846/2019, na hipótese de o servidor falecido estar, na data de seu falecimento, obrigado por determinação judicial a pagar **alimentos temporários** a ex-cônjuge, ex-companheiro ou ex-companheira, **a**

pensão por morte será devida pelo prazo remanescente na data do óbito, caso não incida outra hipótese de cancelamento anterior do benefício.

Antigamente (óbitos até 17/1/2019) a pensão por morte do servidor federal era paga desde o óbito do instituidor, independentemente da data do requerimento administrativo, observada apenas a prescrição quinquenal, que não correrá contra os absolutamente incapazes.

Isso foi modificado pela MP 871/2019, para os óbitos de servidores federais efetivos a partir da data de sua publicação (18/1/2019). Agora a pensão por morte será devida ao conjunto dos dependentes do segurado que falecer, aposentado ou não, a contar da data: do óbito, quando requerida em até **cento e oitenta dias** após o óbito, para os filhos **menores de dezesseis anos**; ou em até **noventa dias** após o óbito, para os **demais dependentes.**

Note-se que agora não haverá pagamento de atrasados em favor do absolutamente incapaz se o requerimento não for ofertado em até 180 dias do óbito. Para os demais, em até 90 dias do óbito, em alinhamento ao regramento do RGPS.

A concessão da pensão por morte não será protelada pela falta de habilitação de outro possível dependente e a habilitação posterior que importe em exclusão ou inclusão de dependente só produzirá efeito **a partir da data da publicação da portaria de concessão da pensão ao dependente habilitado**.

Outra novidade da **Lei 13.846/2019** é que, acaso ajuizada a ação judicial para reconhecimento da condição de dependente, este poderá requerer a sua habilitação provisória ao benefício de pensão por morte, exclusivamente para fins de rateio dos valores com outros dependentes, **vedado o pagamento da respectiva cota até o trânsito em julgado da decisão judicial que reconhecer a qualidade de dependente do autor da ação, salvo decisão judicial em sentido contrário.**

Se julgada improcedente a ação citada, o valor retido será corrigido pelos índices legais de reajustamento e será pago de forma proporcional aos demais dependentes, de acordo com as suas cotas e o tempo de duração de seus benefícios.

De acordo com o artigo 220 da Lei 8.112/90, "não faz jus à pensão o beneficiário condenado pela prática de crime doloso de que tenha resultado a morte do servidor", devendo haver condenação transitada em julgado em respeito ao Princípio da Presunção de Inocência.

O artigo 221, da Lei 8.112/90, ainda prevê a **pensão provisória por morte presumida do servidor**, a ser deferida nas hipóteses de declaração de ausência, pela autoridade judiciária competente; desaparecimento em desabamento, inundação, incêndio ou acidente não caracterizado como em serviço ou se desaparecimento no desempenho das atribuições do cargo ou em missão de segurança.

Esta pensão provisória será transformada em vitalícia ou temporária, conforme o caso, após decorridos cinco anos de sua vigência, ressalvado o eventual reaparecimento do servidor, hipótese em que o benefício será automaticamente cancelado.

São hipóteses de perda da qualidade de beneficiário da pensão por morte no RPPS da União:

I - o seu falecimento;

II - a anulação do casamento, quando a decisão ocorrer após a concessão da pensão ao cônjuge;

III - a cessação de invalidez, em se tratando de beneficiário inválido;

IV - o atingimento da idade de vinte e um anos pelo filho ou irmão, e equiparados a filho;

V - a acumulação de pensão na forma do art. 225;

VI - a renúncia expressa; e

VII - o decurso do prazo de recebimento de pensão dos beneficiários cônjuges, companheiros ou companheiras.

De acordo com a nova redação do artigo 225 da Lei 8.112/90, ressalvado o direito de opção, é vedada a percepção cumulativa de pensão deixada por mais de um cônjuge, companheiro ou companheira, e de mais de duas pensões.

A União editou a Portaria SGP 4.645 de 24/05/2022, *dispondo os procedimentos e orienta os órgãos e entidades integrantes do Sistema de Pessoal Civil da Administração Federal (Sipec) acerca da concessão e manutenção dos benefícios de* ***pensão por morte*** *de que tratam a Lei nº 8.112, de 11 de dezembro de 1990, e a Lei nº 3.373, de 12 de março de 1958.*

O Título I trata do regramento de direito material da pensão por morte em razão de óbitos ocorridos na vigência da Lei 8.112/90:

"Art. 1º Esta Portaria dispõe e orienta os órgãos e entidades integrantes do Sistema de Pessoal Civil da Administração Federal (Sipec) acerca dos procedimentos administrativos necessários à concessão e manutenção dos benefícios de pensão por morte assegurado pelas seguintes legislações:

I - Lei nº 8.112, de 11 de dezembro 1990, cujo óbito tenha ocorrido após 11 de dezembro de 1990; e

II - Lei nº 3.373, de 12 de março de 1958, combinada com a Lei nº 6.782, de 19 de maio de 1980, observados os artigos 161 e 256 da Lei nº 1.711, de 28 de outubro de 1952, cujo óbito tenha ocorrido até 11 de dezembro de 1990, data imediatamente anterior à da publicação da Lei nº 8.112, de 11 de dezembro de 1990.

TÍTULO I - PENSÃO DE QUE TRATA A LEI Nº 8.112, DE 1990

CAPÍTULO I - REQUISITOS PARA A INSTITUIÇÃO DA PENSÃO

Art. 2º Por morte do servidor titular de cargo efetivo da administração direta, autárquica e fundacional ou aposentado, os seus dependentes fazem jus à pensão por morte, nas hipóteses legais, observados os limites estabelecidos no inciso XI do art. 37 da Constituição Federal, no art. 2º da Lei nº 10.887, de 18 de junho de 2004 e nos arts. 23 e 24 da Emenda Constitucional nº 103, de 12 de novembro de 2019.

Parágrafo único. Para a instituição do benefício da pensão de que trata o caput faz-se necessário que, na data do óbito, o servidor titular de cargo efetivo tenha vinculação ativa no Regime Próprio de Previdência Social da União, por meio do recolhimento da Contribuição para o Plano de Seguridade Social do Servidor (CPSS), nos termos de ato normativo editado pela Secretaria da Receita Federal do Brasil que trate da CPSS, ou que seja beneficiário de aposentadoria.

CAPÍTULO II - BENEFICIÁRIOS DE PENSÃO

Art. 3º São beneficiários de pensão:

I - o cônjuge;

II - o cônjuge divorciado ou separado judicialmente ou de fato, com percepção de pensão alimentícia estabelecida por decisão judicial ou por escritura pública;

III - o cônjuge divorciado ou separado judicialmente ou de fato, que tenha renunciado aos alimentos no momento do divórcio ou separação, que comprove superveniente dependência econômica do servidor ou aposentado;

IV - o companheiro ou a companheira que comprove união estável como entidade familiar;

V - o ex-companheiro ou a ex-companheira com percepção de pensão alimentícia estabelecida judicialmente ou por escritura pública, e aquele que renunciou aos alimentos na dissolução judicial ou extrajudicial da união estável, que comprove superveniente dependência econômica do servidor ou aposentado;

VI - o filho de qualquer condição que atenda a um dos seguintes requisitos:

a) seja menor de vinte e um anos de idade;

b) seja inválido;

c) tenha deficiência grave; ou

d) tenha deficiência intelectual ou mental.

VII - o enteado e o menor tutelado equiparados a filho por declaração do servidor ou do aposentado que atenda a um dos requisitos previstos no inciso VI, e comprove dependência econômica nos termos desta Portaria;

VIII - a mãe e o pai do servidor ou do aposentado que comprovem dependência econômica, nos termos desta Portaria; e

IX - o irmão de qualquer condição que comprove dependência econômica e atenda a um dos requisitos previstos no inciso VI.

§ 1º A concessão de pensão aos beneficiários de que tratam os incisos I a VII do caput exclui a possibilidade de concessão aos beneficiários referidos nos incisos VIII e IX.

§ 2º A concessão de pensão aos beneficiários de que trata o inciso VIII do caput exclui a possibilidade de concessão ao beneficiário referido no inciso IX.

§ 3º Entende-se por menor tutelado, para fins desta Portaria, o menor sobre o qual o servidor ou aposentado detém a responsabilidade de proteger e administrar os bens, representando-o ou assistindo-o em todos os atos da vida civil, exercendo necessariamente o dever de guarda.

Art. 4º Para fins de concessão de pensão, a comprovação da invalidez será obrigatoriamente realizada mediante avaliação pericial e a avaliação da deficiência intelectual ou mental será biopsicossocial, realizada por equipe multiprofissional e interdisciplinar.

Parágrafo único. O diagnóstico da invalidez, da deficiência grave, da deficiência intelectual ou mental e o reconhecimento da dependência econômica devem estar caracterizados em momento anterior à data do óbito do servidor ou do aposentado.

Art. 5º É vedada a concessão do benefício de pensão por morte de forma concomitante à cônjuge e companheiro ou companheira, sendo concedido o benefício ao cônjuge quando houver habilitação simultânea dos dois beneficiários.

§ 1º A concessão do benefício de pensão por morte ao companheiro ou companheira de que trata o caput, somente poderá ocorrer quando houver decisão judicial reconhecendo a união estável e a separação de fato.

§ 2º Considera-se união estável aquela configurada na convivência pública, contínua e duradoura entre pessoas, estabelecida com intenção de constituição de família, observado o disposto no § 3º do art. 226 da Constituição Federal e no § 1º do art. 1.723, da Lei nº 10.406, de 10 de janeiro de 2002 - Código Civil, desde que comprovado o vínculo na forma estabelecida nesta Portaria.

CAPÍTULO III - INÍCIO DO EFEITO FINANCEIRO DA PENSÃO

Art. 6º Nos casos de fatos geradores ocorridos a partir de 18 de janeiro de 2019, data da publicação da Medida Provisória nº 871, de 18 de janeiro de 2019, convertida na Lei nº 13.846, de 18 de junho de 2019, a pensão por morte será devida ao conjunto dos dependentes do servidor ou do aposentado que falecer, a contar da data:

I - do óbito, quando requerida em até cento e oitenta dias após o óbito, para os filhos menores de dezesseis anos, ou em até noventa dias após o óbito, para os demais dependentes;

II - do requerimento, quando requerida após o prazo previsto no inciso I; ou

III - da decisão judicial ou administrativa, na hipótese de morte presumida.

Parágrafo único. Para os fatos geradores ocorridos até 17 de janeiro de 2019 aplicam-se os prazos vigentes à época do óbito.

CAPÍTULO IV - REQUERIMENTO DO BENEFÍCIO DE PENSÃO

Art. 7º Os dependentes deverão apresentar requerimento de pensão, por meio digital ou físico, conforme disciplinado pelo órgão do Sipec, nos moldes do Anexo I desta Portaria, acompanhado, quando for o caso, de cópia dos seguintes documentos comprobatórios:

I - Documentos de apresentação comum para todos os dependentes:

a) Carteira de identidade ou registro geral (RG) com foto do beneficiário;

b) certidão de óbito do servidor ou aposentado;

c) número de inscrição no cadastro de pessoa física - CPF do beneficiário;

d) dados bancários do beneficiário, contendo nome/número do banco, agência e conta-salário; e

e) declaração de acumulação de aposentadoria e pensão, nos termos do Anexo II desta Portaria;

II - Documentos específicos, conforme o dependente:

a) cônjuge: certidão de casamento civil ou religioso com efeitos civis emitida após a da data do óbito do servidor ou aposentado.

b) filhos:

1. certidão de nascimento ou carteira de identidade; e

2. declaração - filho, enteado, menor tutelado e irmão, conforme Anexo III.

c) companheira ou companheiro:

1. certidão de nascimento do servidor ou do aposentado falecido emitida após a data do óbito, quando esse for solteiro ou solteira;

2. certidão de nascimento do requerente emitida após a data do óbito do servidor ou aposentado, quando o companheiro ou a companheira forem, respectivamente, solteiro ou solteira;

3. certidão de casamento civil ou religioso com efeitos civis emitida após a data de óbito do servidor ou aposentado, com averbação da separação judicial ou do divórcio, quando um dos companheiros(as) ou ambos(as) já tiverem sido casados; ou certidão de óbito, quando um dos companheiros ou ambos forem viúvos; e

4. comprovação de união estável, nos termos desta Portaria.

d) cônjuge divorciado ou separado judicialmente ou de fato, ou ex-companheiro ou ex-companheira separado judicial ou extrajudicialmente:

1. certidão de casamento civil ou religioso com efeitos civis emitida após a data de óbito do servidor ou aposentado, com averbação da separação judicial ou divórcio;

2. decisão judicial ou escritura pública que fixe o pagamento de pensão alimentícia em favor do requerente; e

3. comprovação de dependência econômica em relação ao servidor ou aposentado para aqueles que renunciaram aos alimentos na dissolução judicial ou extrajudicial do casamento ou da união estável, ou que estabeleceram pensão alimentícia extrajudicialmente (escritura pública), nos termos desta Portaria.

e) Enteado e o menor tutelado equiparados a filho:

1. certidão de casamento civil ou religioso com efeitos civis atualizada do servidor ou aposentado com o genitor ou genitora do enteado, emitida após a data do óbito; ou

2. comprovação de união estável do servidor ou aposentado com o genitor ou genitora do enteado;

3. certidão de nascimento ou carteira de identidade do enteado ou equiparado;

4. declaração firmada pelo servidor de existência de dependência econômica do enteado e do menor tutelado para com ele, conforme Anexo IV;

5. declaração - filho, enteado, menor tutelado e irmão, conforme Anexo III;

6. comprovação de dependência econômica do enteado ou o menor tutelado com o servidor ou aposentado falecido, nos termos desta Portaria; e

7. certidão judicial de tutela, em se tratando de menor tutelado.

f) pais:

1. documento oficial do requerente, que comprove a relação de parentesco com o instituidor; e

2. comprovação de dependência econômica, nos termos desta Portaria.

g) irmão:

1. documento oficial do requerente, que comprove a relação de parentesco com o instituidor;

2. comprovação de dependência econômica, nos termos desta Portaria; e

3. declaração - filho, enteado, menor tutelado e irmão, conforme Anexo III;

h) filho, enteado ou irmão inválido ou deficiente:

1. documento oficial do requerente, que comprove a relação de parentesco com o instituidor;

2. declaração - filho, enteado, menor tutelado e irmão, conforme Anexo III; e

3. laudo pericial emitido por junta oficial que ateste a invalidez e sua preexistência em data anterior ao óbito do servidor ou aposentado; ou

4. laudo pericial, emitido por perícia singular ou junta oficial em saúde, por meio de instrumento específico para avaliação biopsicossocial da pessoa

com deficiência, que ateste a deficiência intelectual, mental ou grave e sua preexistência em data anterior ao óbito do servidor ou aposentado;

§ 1º Nos casos em que a qualidade de dependente for reconhecida judicialmente deverá ser apresentada a decisão judicial.

§ 2º No caso de requerimento realizado por Procurador deverá ser apresentado, além dos documentos exigidos do beneficiário, o instrumento de mandato, público ou particular, este último, preferencialmente, nos moldes do Anexo V, devidamente acompanhado da cópia do seu documento de identificação com foto.

§ 3º Para os maiores de dezesseis anos é necessária a apresentação de pelo menos um documento oficial de identificação com foto.

§ 4º A documentação mencionada nos incisos do caput somente será exigida quando não constar do assentamento funcional do servidor ou do aposentado, podendo a Administração, a qualquer tempo, requerer a apresentação de novos documentos que julgar necessários para a avaliação da concessão do benefício.

CAPÍTULO V - COMPROVAÇÃO DA UNIÃO ESTÁVEL E DEPENDÊNCIA ECONÔMICA

Art. 8º Nas hipóteses em que houver a necessidade de comprovação da união estável e da dependência econômica para fins de concessão de pensão, a Unidade de Gestão de Pessoas competente para a prática do ato promoverá a análise do caso concreto, por meio probatório idôneo e capaz de atestar a veracidade da situação familiar e econômica do eventual beneficiário de pensão em relação ao servidor ou aposentado.

§ 1º A dependência econômica tem por objetivo assegurar ao beneficiário a percepção do montante mínimo necessário para proporcionar uma sobrevivência condigna, não lhe sendo garantida a manutenção do padrão de vida existente antes da instituição da pensão.

§ 2º A percepção de renda ou de benefício previdenciário por parte do dependente, por si só, não é suficiente para descaracterizar a dependência econômica, devendo ser consideradas as peculiaridades do caso concreto.

Art. 9º Para fins das comprovações de que trata o caput do art. 8º deverão ser apresentados no mínimo dois dos seguintes documentos:

I - certidão de nascimento de filho havido em comum;

II - certidão de casamento religioso;

III - declaração de união estável registrada em cartório;

IV - sentença judicial de reconhecimento de união estável;

V - declaração de imposto de renda do servidor ou aposentado, em que conste o interessado como seu dependente;

VI - prova de residência no mesmo domicílio;

VII - registro em associação de qualquer natureza, no qual conste o nome do interessado como dependente do servidor;

VIII - apólice de seguro de vida no qual conste o servidor como titular do seguro e a pessoa interessada como sua beneficiária;

IX - ficha de tratamento em instituição de assistência médica, da qual conste o servidor como responsável;

X - escritura de compra e venda de imóvel pelo servidor em nome do dependente;

XI - disposições testamentárias;

XII - declaração especial feita perante tabelião;

XIII - prova de encargos domésticos evidentes e existência de sociedade ou comunhão nos atos da vida civil;

XIV - procuração ou fiança reciprocamente outorgada;

XV - conta bancária conjunta;

XVI - anotação constante de ficha ou livro de registro de empregados; e

XVII - quaisquer outros que possam levar à comprovação do fato ou da situação.

§ 1º O auxílio financeiro ou quaisquer outros meios de subsistência material custeada pelo instituidor não constitui meio de comprovação de dependência econômica.

§ 2º As provas de união estável e de dependência econômica exigem início de prova material contemporânea dos fatos, produzido em período não superior a 24 (vinte e quatro) meses anterior à data do óbito, não sendo admitida a prova exclusivamente testemunhal, exceto na ocorrência de motivo de caso fortuito e/ou força maior.

§ 3º Caso não esteja caracterizada a dependência econômica, a Unidade de Gestão de Pessoas responsável pela análise do pedido de pensão poderá requerer a apresentação de outros documentos constantes além daqueles previstos no caput.

Art. 10. O cônjuge, o companheiro ou companheira, o ex-cônjuge ou ex-companheiro ou ex-companheira com pensão alimentícia fixada judicialmente possuem presunção absoluta de dependência econômica.

Art. 11. Possuem presunção relativa de dependência econômica:

I - o ex-cônjuge e o ex-companheiro ou ex-companheira:

a) que renunciou a alimentos no divórcio, na separação judicial, ou na dissolução da união estável; ou

b) separado de fato;

II - o separado, o divorciado, o ex-companheiro ou ex-companheira que perceba pensão alimentícia extrajudicialmente, mediante escritura pública;

III - o enteado, o menor tutelado, o irmão, a mãe e o pai; ou

IV - o filho de até vinte e um anos ou inválido, deficiente grave, intelectual ou mental.

§ 1º Os dependentes que possuem presunção relativa de dependência econômica deverão comprová-la quando do requerimento do benefício de pensão, à exceção do filho com até vinte e um anos de idade ou inválido, deficiente grave, intelectual ou mental, enquanto durar a invalidez ou a deficiência, cujo ônus de descaracterizar a dependência econômica em relação ao servidor ou aposentado, caso este perceba qualquer tipo de renda, é da própria Administração.

§ 2º O exercício de atividade remunerada, inclusive na condição de microempreendedor individual, não impede a concessão ou manutenção da cota da pensão de dependente com deficiência intelectual ou mental ou com deficiência grave.

CAPÍTULO VI - CÁLCULO E REAJUSTE

Seção I Regras para o Cálculo da Pensão cujo óbito ocorreu entre 20 de fevereiro de 2004 e 12 de novembro de 2019 - dia anterior à publicação da EC nº 103/2019

Art. 12. A pensão por morte, nos casos de fatos geradores ocorridos entre 20 de fevereiro de 2004 e 12 de novembro de 2019, data anterior à publicação da Emenda Constitucional nº 103, de 2019, corresponderá à totalidade:

I - dos proventos percebidos pelo aposentado na data anterior ao do óbito, até o limite máximo estabelecido para os benefícios do Regime Geral de Previdência Social - RGPS, acrescido de setenta por cento da parcela excedente a esse limite; ou

II - da remuneração percebida pelo servidor público no cargo efetivo na data anterior ao óbito, até o limite máximo estabelecido para os benefícios do RGPS, acrescida de setenta por cento da parcela excedente a esse limite, se o falecimento ocorrer quando o servidor ainda estava em atividade.

§ 1º Entende-se por remuneração do cargo do servidor, para fins desta Portaria, o subsídio ou o vencimento básico acrescido das vantagens pecuniárias permanentes estabelecidas em lei e das vantagens de caráter pessoal permanentes, percebidas pelo servidor.

§ 2º Consideram-se proventos a designação técnica dos valores pecuniários recebidos pelo servidor aposentado, que serão calculados ou tendo por base a remuneração do respetivo servidor no cargo efetivo em que se deu a aposentadoria, na forma como disciplinar a lei que instituiu cada benefício, e das vantagens de caráter pessoal permanentes, ou pela média aritmética simples, de acordo com o estabelecido no art. 1º da Lei nº 10.887, de 2004.

§ 3º Somente integrarão a base de cálculo de que tratam os §§ 1º e 2º, os valores ou vantagens incorporadas por decisão judicial, de natureza geral ou individual, ainda que decorrentes de sentença judicial transitada em julgado, se decorrentes de vantagens remuneratórias.

§ 4º Em caso de dúvidas quanto a incorporação a que se refere o § 3º, as unidades de gestão de pessoas deverão consultar as unidades de assessoramento jurídico.

§ 5º O valor da pensão não poderá exceder o valor da remuneração do cargo efetivo ou dos proventos que serviu de base para a sua concessão, nos termos do parágrafo único do art. 2º da Lei nº 10.887, de 2004.

§ 6º Na hipótese de cálculo de pensão oriunda de falecimento do servidor na atividade, é vedada a inclusão de parcelas remuneratórias pagas em decorrência de local de trabalho, de função de confiança, de cargo em comissão, de outras parcelas de natureza temporária, ou do abono de permanência, bem como a previsão de incorporação de tais parcelas diretamente no valor da pensão ou na remuneração.

§ 7º Em caso de falecimento de servidor em exercício de cargos acumuláveis ou que acumulava proventos ou remuneração com proventos decorrentes de cargos acumuláveis, o cálculo da pensão será feito individualmente, por cargo ou provento, na forma do caput.

Art. 13. As pensões amparadas pelo parágrafo único do art. 3º da Emenda Constitucional nº 47, de 2005, e no art. 6-A da Emenda Constitucional 41, de 19 de dezembro de 2003, não possuem direito à integralidade, aplicando-se lhes o disposto no art. 12.

Art. 14. Para o cálculo da pensão de que trata o art. 12, será utilizada como referência a remuneração do servidor no cargo efetivo na data anterior à do óbito do servidor ainda em atividade conforme art. 2º, II da Lei nº 10.887, de 2004, mesmo que proporcionalizada em face de redução da jornada de trabalho, ou do provento, quando se tratar de aposentado.

Art. 15. As pensões instituídas por servidor ou aposentado que se encontrava submetidos ao Regime de Previdência Complementar de que trata a Lei nº 12.618, de 30 de abril de 2012, no momento do óbito, deverão ser limitadas ao valor máximo estabelecido para os benefícios do Regime Geral de Previdência Social - RGPS.

Seção II Regras para o Reajuste da Pensão cujo óbito ocorreu entre 20 de fevereiro de 2004 e 12 de novembro de 2019 - dia anterior à publicação da EC nº 103/2019.

Art. 16. As pensões de que tratam o art. 12 serão reajustadas nos mesmos índices e datas aplicáveis aos benefícios do Regime Geral de Previdência Social - RGPS, exceto as pensões amparadas pelo parágrafo único do art. 3º da Emenda Constitucional nº 47, de 5 de julho de 2005, e pelo art. 6-A da Emenda Constitucional 41, de 19 de dezembro de 2003, que se aplicará a direito à paridade com os servidores em atividade.

§ 1º No cálculo da revisão pela paridade das pensões amparadas pelo parágrafo único do art. 3º da Emenda Constitucional nº 47, de 5 de julho de 2005, e pelo art. 6º-A da Emenda Constitucional nº 41, de 19 de dezembro de 2003, o redutor previsto no art. 40, § 7º, incisos I e II, da Constituição Federal e no art. 2º, incisos I e II da Lei nº 10.887, de 2004, será recalculado sempre que houver reajuste nos benefícios do Regime Geral de Previdência Social ou na remuneração do cargo do instituidor da pensão, incluindo parcelas remuneratórias criadas após a concessão da pensão que sejam extensíveis aos pensionistas.

§ 2º Por paridade entende-se a revisão na mesma proporção e na mesma data, sempre que se modificar a remuneração dos servidores em atividade, sendo também estendidos aos pensionistas quaisquer benefícios ou vantagens posteriormente concedidas aos servidores em atividade, inclusive quando decorrentes da transformação ou reclassificação do cargo ou função que serviu de referência para a concessão da pensão, na forma da lei.

§ 3º Os benefícios e vantagens a que se referem o parágrafo anterior não serão extensíveis aos pensionistas de forma automática, devendo ter característica de generalidade, isto é, são aplicáveis indistintamente aos servidores ativos, independentemente do efetivo exercício de alguma atividade especial ou outra circunstância pessoal.

Seção III Regras para o Cálculo da Pensão cujo óbito ocorreu a partir de 13 de novembro de 2019 - data da publicação da EC nº 103/2019

Art. 17. A pensão por morte, conferida ao conjunto de dependentes do servidor ou aposentado falecido a partir de 13 de novembro de 2019, data da publicação da Emenda Constitucional nº 103, de 2019, será calculada observando-se as seguintes regras.

Regra geral

Art. 18. A pensão por morte será equivalente a uma cota familiar de 50% (cinquenta por cento) da base de cálculo, acrescida de cotas de dez pontos percentuais da base de cálculo por dependente, até o máximo de cem por cento do valor do benefício do instituidor.

§ 1º A base de cálculo a que se refere o caput corresponderá:

I - na hipótese de óbito do aposentado, a totalidade dos proventos na data do óbito; e

II - na hipótese de óbito do servidor, ao valor a que teria direito se fosse aposentado por incapacidade permanente para o trabalho na data do óbito, exceto na hipótese constante no § 5º, II deste artigo.

§ 2º Para o cálculo dos proventos de aposentadoria por incapacidade permanente, inicialmente, será realizada a média aritmética simples dos salários de contribuição e das remunerações adotados como base para contribuições a regime próprio de previdência social e ao Regime Geral de Previdência Social, ou como base para contribuições decorrentes das atividades militares de que tratam os arts. 42 e 142 da Constituição Federal, atualizados monetariamente, correspondentes a cem por cento do período contributivo desde a competência julho de 1994 ou desde o início da contribuição, se posterior àquela competência.

§ 3º Exceto na hipótese constante no § 5º, I deste artigo, o valor da média será multiplicado pelo percentual constante no Anexo VII, que tem como referência o tempo de contribuição do servidor aos regimes de previdência a que se encontrou vinculado ou as contribuições decorrentes das atividades militares.

§ 4º Para os servidores submetidos ao Regime de Previdência Complementar de que trata a Lei nº 12.618, de 30 de abril de 2012, a média a que se refere o § 2º deste artigo será limitada ao valor máximo do salário de contribuição do Regime Geral de Previdência Social.

§ 5º No caso de servidor ativo cujo óbito seja decorrente de acidente de trabalho, doença profissional ou do trabalho, ou que tenha cumprido os requisitos para aposentadoria voluntária:

I - quando decorrente de acidente de trabalho, doença profissional ou do trabalho, a base de cálculo corresponderá a cem por cento da média aritmética simples das remunerações e dos salários de contribuição, adotados como base para contribuições aos regimes de previdência social, ou como base para contribuições decorrentes das atividades militares de que tratam os arts. 42 e 142 da Constituição Federal, correspondentes a cem por cento de todo o período contributivo, desde a competência julho de 1994 ou desde a competência do início da contribuição, se posterior àquela competência; ou

II - quando o servidor tiver adquirido direito à aposentadoria voluntária, mas optar em permanecer em atividade, a base de cálculo corresponderá ao valor do provento a que faria jus se estivesse aposentado voluntariamente.

Art. 19. Para a pensão cujo óbito tenha ocorrido a partir de 13 de novembro de 2019, data de publicação da Emenda Constitucional nº 103, de 2019, as cotas por dependente a que se refere o art. 18 desta Portaria, cessarão com a perda dessa qualidade e não serão reversíveis aos demais dependentes, preservado o valor de cem por cento da pensão por morte quando o número de dependentes remanescentes for igual ou superior a cinco.

Art. 20. O benefício de pensão por morte poderá ser inferior ao valor do salário-mínimo enquanto não for regulamentada a disposição contida no § 7º do art. 40 da Constitucional Federal.

§ 1º Não se aplica o disposto no caput quando:

I - a pensão for a única renda formal auferida pelo dependente (art. 201, § 2º, CF de 1988); ou

II - existir dependente inválido ou com deficiência intelectual, mental ou grave (art. 23, § 2º, EC nº 103, de 2019).

§ 2º Considera-se renda formal a que se refere o inciso I do parágrafo anterior, o somatório dos rendimentos recebidos mensalmente, constantes de sistema integrado de dados relativos a beneficiários de regimes de previdência, de militares, de programas de assistência social, ou de prestações indenizatórias, a ser instituído pelo Ministério do Trabalho e Emprego, igual ou superior a um salário-mínimo.

§ 3º Enquanto não instituído o sistema de que trata o parágrafo anterior, as Unidade de Gestão de Pessoas considerar-se-ão os rendimentos mensais constantes do Cadastro Nacional de Informações Sociais - CNIS.

Regra aplicável quando houver dependente inválido ou com deficiência intelectual, mental ou grave.

Art. 21. Na existência de dependente inválido ou com deficiência intelectual, mental ou grave, a pensão corresponderá à:

I - cem por cento da aposentadoria recebida pelo servidor aposentado ou daquela a que teria direito se fosse aposentado por incapacidade permanente na data do óbito, calculada nos termos dos §§ 1º, 2º, 3º, 4º e 5º do art. 18, até o limite máximo de benefícios do Regime Geral de Previdência Social; e

II - uma cota familiar de cinquenta por cento acrescida de cotas individuais de dez pontos percentuais por dependente, até o máximo de cem por cento, do valor da aposentadoria que o servidor recebia ou daquela a que teria direito se fosse aposentado por incapacidade permanente ou nas situações do § 5º do art. 18 na data do óbito que ultrapassar o limite máximo de benefícios do Regime Geral de Previdência Social.

Parágrafo único. Quando não houver mais dependente inválido ou com deficiência intelectual, mental ou grave, o valor da pensão será recalculado na forma disposta no art. 18 desta Portaria.

Regra aplicável às pensões instituídas por policiais civis da União cujo óbitos decorram de agressão sofrida no exercício ou em razão da função.

Art. 22. A pensão a ser concedida aos dependentes de servidores integrantes das Carreiras de Policial Federal, de Policial Rodoviário Federal, de Agente Penitenciário Federal, cujo óbito decorra de agressão sofrida no exercício ou em razão da função, será vitalícia para o cônjuge ou companheiro e equivalente à remuneração do cargo.

Parágrafo único. Aplica-se o disposto no caput ao Policial Civil dos Extintos Territórios Federais do Acre, Amapá, Rondônia e Roraima transposto para o quadro em extinção da União.

Art. 23. As pensões a que se referem os art. 18, 21 e 22 desta Portaria serão reajustadas nos termos do art. 15 da Lei nº 10.887, de 2004.

CAPÍTULO VII - RATEIO, REVERSÃO E RECÁLCULO DO BENEFÍCIO DE PENSÃO

Art. 24. A pensão será considerada instituída quando da sua concessão ao primeiro dependente habilitado.

Parágrafo único. A habilitação posterior que importe exclusão ou inclusão de dependente só produzirá efeito a partir da data da publicação da portaria de concessão da pensão ao habilitado.

Art. 25. Ocorrendo a habilitação de vários titulares à pensão, o seu valor será distribuído em partes iguais entre os beneficiários habilitados.

Art. 26. Ajuizada a ação judicial para reconhecimento da condição de dependente, o interessado poderá requerer a sua habilitação provisória ao benefício de pensão por morte, exclusivamente para fins de rateio dos valores com outros dependentes, vedado o pagamento da respectiva cota até o trânsito em julgado da respectiva ação, ressalvada a existência de decisão judicial em contrário.

Art. 27. Nas ações judiciais em que for parte o ente público responsável pela concessão da pensão por morte, o interessado poderá proceder de ofício à habilitação excepcional do benefício, apenas para efeitos de rateio, descontando-se os valores referentes à habilitação das demais cotas, vedado o pagamento da respectiva cota até o trânsito em julgado da respectiva ação, ressalvada a existência de decisão judicial em contrário.

Art. 28. Julgada improcedente a ação judicial, eventual valor retido será pago de forma proporcional aos demais dependentes, de acordo com as suas cotas e o tempo de duração de seus benefícios.

Parágrafo único. Os valores eventualmente retidos serão corrigidos pelos mesmos critérios de reajuste do benefício de pensão.

Art. 29. Em qualquer hipótese, fica assegurada ao órgão concessor da pensão por morte a cobrança dos valores indevidamente pagos em função de nova habilitação, nos termos do art. 46 da Lei nº 8.112, de 1990, e nas normas regulamentares expedidas pelo órgão central do Sipec para reposição de valores ao erário.

Parágrafo único. Na reposição de que trata o caput, a devolução será devida mesmo que os valores tenham sido realizados de boa-fé.

Art. 30. Não haverá reversão das cotas de 10% (dez por cento) por dependente de que trata o art. 18 e o inciso II do art. 21, para as pensões cujo óbito tenha ocorrido a partir de 13 de novembro de 2019, devendo ser recalculado o valor total da pensão conforme o mesmo artigo quando houver a perda de qualidade de algum dos dependentes, segundo a quantidade de remanescentes.

§ 1º Será preservado o valor de cem por cento da pensão por morte quando o número de dependentes remanescentes for igual ou superior a cinco, respeitado o mínimo de 50% (cinquenta por cento) de cota familiar mais 10% (dez por cento) de cota individual quando houver apenas um beneficiário remanescente, aplicando-se o disposto no art. 25 para a definição da nova cota-parte.

§ 2º Em caso da perda da qualidade de beneficiário das pensões cujo óbito tenha ocorrido até 12 de novembro de 2019, data anterior à publicação da Emenda Constitucional nº 103, de 2019, a respectiva cota-parte reverterá integralmente aos co-beneficiários, nos termos do art. 223 da Lei nº 8.112, de 1990.

Art. 31. Na situação de perda da qualidade de dependente, a pensão deverá ser recalculada utilizando como referência o valor do provento e do teto previdenciário vigentes no mês do fato gerador, nos termos dos arts. 18, 21 e 22, conforme o caso.

CAPÍTULO VIII - PERDA E CESSAÇÃO DO DIREITO À PENSÃO

Art. 32. Perde o direito à pensão por morte:

I - após o trânsito em julgado, o beneficiário condenado criminalmente, como autor, coautor ou partícipe de homicídio doloso, ou de tentativa desse crime, cometido contra o servidor ou aposentado, ressalvados os absolutamente incapazes e os inimputáveis; ou

II - o cônjuge, companheiro ou companheira se comprovada, a qualquer tempo, simulação ou fraude no casamento ou na união estável, ou a sua formalização com fim exclusivo de constituir benefício previdenciário, apuradas em processo judicial no qual será assegurado o direito ao contraditório e à ampla defesa.

Art. 33. Acarreta perda da qualidade de beneficiário:

I - o seu falecimento;

II - a anulação do casamento, quando a decisão ocorrer após a concessão da pensão ao cônjuge;

III - a cessação da invalidez, em se tratando de beneficiário inválido, o afastamento da deficiência, em se tratando de beneficiário com deficiência, ou o levantamento da interdição, em se tratando de beneficiário com deficiência intelectual ou mental que o torne absoluta ou relativamente incapaz, respeitados, para o cônjuge, companheiro ou companheira, os períodos mínimos decorrentes da aplicação das alíneas "a" e "b" do inciso VIII deste artigo;

IV - o implemento da idade de vinte e um anos, pelo filho, enteado ou irmão;

V - pela emancipação, quando caracterizada alguma das seguintes situações, observado o § 1º do art. 11:

a) pela concessão dos pais, ou de um deles na falta do outro, mediante instrumento público, independente de homologação judicial ou por sentença de juiz, ouvido o tutor, se o menor tiver dezesseis anos completos;

b) pelo casamento ou união estável;

c) pelo exercício de cargo ou emprego público efetivo;

d) pela colação de grau em ensino de curso superior; e

e) pelo estabelecimento civil ou comercial ou pela existência de relação de emprego, desde que, em função deles, o menor com dezesseis anos completos tenha economia própria.

VI - a acumulação de pensão na forma do art. 34 desta Portaria;

VII - a renúncia expressa; e

VIII - em relação aos beneficiários de que tratam os incisos I a V do art. 3º:

a) o decurso de quatro meses, se o óbito ocorrer sem que o servidor tenha vertido dezoito contribuições mensais ou se o casamento ou a união estável tiverem sido iniciados em menos de dois anos antes do óbito do servidor ou aposentado; e

b) o decurso dos períodos, estabelecidos de acordo com a idade do pensionista na data de óbito do servidor ou aposentado, fixada por ato do Ministro de Estado do Planejamento, Orçamento e Gestão, atual Ministro de Estado da Economia, no uso da atribuição que lhe foi conferida pelo § 3º do art. 222 da Lei nº 8.112, de 11 de dezembro de 1990, depois de vertidas dezoito contribuições mensais e pelo menos dois anos após o início do casamento ou da união estável.

§ 1º A descaracterização da condição de beneficiário de que trata o inciso V será precedida de análise nos termos do § 1º do art. 11 desta Portaria.

§ 2º A cota-parte do cônjuge ou companheiro será vitalícia quando caracterizada a situação constante no art. 22, não se aplicando a determinação constante no inciso VIII.

§ 3º O tempo anterior de união estável do servidor ou aposentado que contrair matrimônio é contado para fins de cumprimento do prazo exigido nas alíneas "a" e "b" do inciso VIII do caput deste artigo.

§ 4º À critério da Administração, a qualquer momento o beneficiário de pensão cuja manutenção seja motivada por invalidez, por incapacidade ou por deficiência, poderá ser convocado para avaliação das condições que ensejaram a concessão do benefício, sob pena de suspensão do seu pagamento.

§ 5º O beneficiário que não atender à convocação de que trata o parágrafo anterior terá o benefício suspenso, devendo o órgão ou entidade promover o contato necessário com a pessoa com deficiência em sua residência.

§ 6º Aplica-se, conforme o caso, o disposto no inciso III ou na alínea "b" do inciso VIII, todos do caput, se o óbito do servidor ou aposentado decorrer de acidente de qualquer natureza ou doença profissional ou do trabalho, independentemente do recolhimento de dezoito contribuições mensais ou da comprovação de dois anos de casamento ou de união estável.

§ 7º O tempo de contribuição ao Regime Próprio de Previdência Social ou ao Regime Geral de Previdência Social será considerado na contagem das dezoito contribuições mensais referidas nas alíneas "a" e "b" do inciso VIII do caput, desde que o servidor tenha averbado o respectivo período junto ao Regime Próprio de Previdência Social da União.

§ 8º Na hipótese de o servidor ou aposentado falecido estar, na data de seu falecimento, obrigado por determinação judicial a pagar alimentos temporários a ex-cônjuge, ex-companheiro ou ex-companheira, a pensão por morte será devida pelo prazo remanescente constante na decisão judicial, caso não incida outra hipótese de cancelamento anterior do benefício.

§ 9º Não se considera, para fins de cumprimento do interstício previsto no inciso VIII deste artigo, o tempo de serviço militar.

§ 10. Com a extinção da parte do último pensionista a pensão extinguir-se-á.

Regras de acumulação de pensão por morte

Art. 34. Ressalvado o direito de opção pela pensão mais vantajosa, fica vedada a percepção cumulativa, no âmbito do Regime Próprio de Previdência Social da União:

I - de pensão instituída por mais de um cônjuge, companheiro ou companheira; e

II - de mais de duas pensões.

Parágrafo único. As determinações constantes no inciso I do caput não se aplicam quando as pensões do mesmo instituidor decorrerem de cargos acumuláveis, na forma prevista no inciso XVI do art. 37 da Constituição Federal.

Art. 35. Será admitida a acumulação dos seguintes benefícios previdenciários quando concedidos por regimes distintos:

I - pensão por morte deixada por cônjuge, companheiro ou companheira no Regime Próprio de Previdência Social da União, com pensão por morte concedida por outro regime de previdência social, ou com pensões decorrentes das atividades militares de que tratam os arts. 42 e 142 da Constituição Federal;

II - pensão por morte deixada por cônjuge, companheiro ou companheira no Regime Próprio de Previdência Social da União, com aposentadoria concedida no âmbito do RPPS da União ou de outro regime próprio ou no Regime Geral de Previdência Social, ou com proventos de inatividade decorrentes das atividades militares de que tratam os arts. 42 e 142 da Constituição Federal; ou

III - aposentadoria concedida no Regime Próprio de Previdência Social da União com pensão por morte concedida neste regime ou de outro regime próprio, ou do Regime Geral de Previdência Social, ou ainda decorrentes das atividades militares de que tratam os arts. 42 e 142 da Constituição Federal.

§ 1º Nas hipóteses de acumulação previstas nos incisos do caput deste artigo, é assegurada a percepção do valor integral do benefício mais vantajoso e de uma parte de cada um dos demais benefícios, apurada cumulativamente de acordo com as seguintes faixas:

I - sessenta por cento do valor que exceder um salário-mínimo, até o limite de dois salários-mínimos;

II - quarenta por cento do valor que exceder dois salários-mínimos, até o limite de três salários-mínimos;

III - vinte por cento do valor que exceder três salários-mínimos, até o limite de quatro salários-mínimos; e

IV - dez por cento do valor que exceder quatro salários-mínimos.

§ 2º O beneficiário deverá manifestar-se formalmente sobre qual benefício deverá incidir a limitação de que trata o parágrafo anterior.

§ 3º A aplicação do disposto no § 1º deste artigo poderá ser revista a qualquer tempo, a pedido do interessado, em razão de alteração de algum dos benefícios ou em decorrência de alteração da sua opção, gerando efeitos financeiros a partir da data do requerimento, vedado quaisquer pagamentos retroativos a este termo.

§ 4º O valor do salário-mínimo a que se refere o § 1º deste artigo será o vigente no momento do cálculo, que será realizado mensalmente.

§ 5º Os órgãos do Sipec deverão informar sobre a redução do valor do benefício, conforme o § 1º deste artigo, ao regime que realiza a manutenção do outro benefício, ou aos órgãos do Poder Executivo que não processam a folha de pagamento no Sistema Integrado de Administração de Recursos Humanos - Siape; ou ao respectivo Poder ou órgão constitucionalmente autônomo da União, ao Instituto Nacional do Seguro Social - INSS, aos respectivos comandos militares.

§ 6º As restrições previstas neste artigo não serão aplicadas se o direito aos dois benefícios houver sido adquirido antes de 13 de novembro de 2019, data da entrada em vigor da Emenda Constitucional nº 103, de 2019.

CAPÍTULO IX - PENSÃO PROVISÓRIA

Art. 36. Será concedida pensão provisória por morte presumida do servidor, nos seguintes casos:

I - declaração de ausência, pela autoridade judiciária competente; ou

II - desde que devidamente comprovado:

a) o desaparecimento em desabamento, inundação, incêndio ou acidente não caracterizado como em serviço; e

b) o desaparecimento no desempenho das atribuições do cargo ou em missão de segurança.

§ 1º Para a concessão da pensão nas situações do inciso II servirão como prova hábil do desaparecimento, entre outras:

I - boletim do registro de ocorrência feito junto à autoridade de policial;

II - prova documental de sua presença no local da ocorrência;

III - noticiário nos meios de comunicação; e

IV - protocolo de ingresso da ação judicial para fins de reconhecimento de morte presumida.

§ 2º Nas situações de que tratam o parágrafo anterior, a cada seis meses o recebedor do benefício deverá apresentar documento da autoridade competente, contendo informações acerca do andamento do processo, relativamente à declaração de morte presumida, até que seja apresentada a certidão de óbito.

§ 3º A pensão deixará de ser provisória decorridos cinco anos de sua vigência, ressalvado o eventual reaparecimento do servidor, hipótese em que o benefício será automaticamente cancelado, desobrigados os dependentes da reposição dos valores recebidos, salvo comprovada má-fé.

§ 4º Aplicam-se à concessão da pensão provisória tratada no caput as disposições contidas nesta Portaria, a exceção do Título II".

Já o Título II trata regramento de direito material da pensão por morte em razão de óbitos ocorridos na vigência da Lei 3.373/1958:

"TÍTULO II - BENEFÍCIO DE PENSÃO DE QUE TRATA A LEI Nº 3.373, DE 1958

Art. 37. A concessão e a manutenção do benefício de pensão de que trata a Lei nº 3.373, de 1958, combinada com a Lei nº 6.782, de 1980, observados os artigos 161 e 256 da Lei nº 1.711, de 1952, passam a ser reguladas no âmbito do Sistema de Pessoal Civil da Administração Federal - Sipec pelo disposto neste Título.

Parágrafo único. As disposições deste Título aplicam-se aos beneficiários de pensão por morte instituída por servidor público federal, cujo óbito tenha ocorrido até 11 de dezembro de 1990, data imediatamente anterior à da publicação da Lei nº 8.112 de 11 de dezembro de 1990.

CAPÍTULO I - BENEFICIÁRIOS DE PENSÃO

Art. 38. São beneficiários de pensão:

I - vitalícia:

a) a esposa, exceto a divorciada que não receba pensão de alimentos;

b) o marido inválido; e

c) a mãe viúva ou sob dependência econômica preponderante do servidor, ou pai inválido, no caso de ser o segurado solteiro ou viúvo;

II - temporária:

a) o filho em qualquer condição, ou enteado, até a idade de vinte e um anos, ou, se inválido, enquanto durar a invalidez;

b) o irmão, órfão de pai e sem padrasto, até a idade de vinte e um anos, ou se inválido, enquanto perdurar a invalidez, no caso de ser o servidor solteiro ou viúvo, sem filhos ou enteados; e

c) a filha solteira maior de vinte e um anos, não ocupante de cargo público permanente.

§ 1º Equipara-se à beneficiária a que se refere a alínea "c" do inciso II do caput deste artigo, a filha separada judicialmente ou divorciada até a data do óbito do instituidor.

§ 2º Para fazer jus ao benefício de pensão os interessados deverão comprovar que atendiam aos requisitos necessários à habilitação na data de óbito do servidor, bem como que os atendem no momento do requerimento.

Art. 39. A comprovação da dependência econômica para o beneficiário constante na alínea "c" do inciso I do art. 38, deverá observar os termos do Capítulo V do Título

I - comprovação da união estável e dependência econômica - desta Portaria.

§ 1º Aos beneficiários de que tratam o art. 38 aplicam-se às disposições constante no art. 7º desta Portaria, no que couber.

§ 2º A filha maior solteira, além da documentação comum constante no inciso I do art. 7º, deverá apresentar os seguintes documentos específicos:

1. certidão de nascimento, emitida há no máximo 90 dias do protocolo do pedido de pensão;

2. certidão de casamento civil ou religioso com efeitos civis com averbação da separação judicial ou do divórcio realizada até a data do óbito do instituidor, emitida há no máximo 90 dias do protocolo do pedido de pensão; e

3. Declaração - pensão filha maior solteira, conforme Anexo VI

Art. 40. No caso da habilitação provisória aplicam-se os arts. 26, 27 e 28 desta Portaria.

CAPÍTULO II - EXTINÇÃO DO BENEFÍCIO

Art. 41. Acarreta a perda da qualidade de beneficiário da pensão por morte com fundamento na Lei nº 3.373, de 1958:

I - o seu falecimento;

II - a cessação de invalidez, em se tratando de beneficiário inválido; e

III - a maioridade de filho, enteado ou e irmão órfão, aos vinte e um anos de idade.

Parágrafo único. A filha maior solteira a que se refere a alínea "c" do inciso II do art. 38 desta Portaria perderá a qualidade de beneficiária da pensão, ainda, quando:

I - ocupar cargo público permanente; ou

II - obtiver o estado civil de casada ou viúva; ou

III - estabelecer união estável; ou

IV - perceber benefícios previdenciários decorrentes da alteração do estado civil, como a pensão prevista no art. 217, incisos I, II e III, da Lei nº 8.112, de 1990, ou de outros regimes de previdência.

Art. 42. Caracterizada alguma das situações elencadas nos incisos I e III do caput ou nos incisos I, II e IV do parágrafo único do art. 41 desta Portaria, a perda da qualidade de beneficiário é imediata e irrevogável, devendo o benefício ser cancelado, ainda que já tenha sido registrado pelo Tribunal de Contas da União - TCU.

§ 1º Na hipótese da perda da condição de beneficiário decorrer da situação de que trata o inciso II do caput e III do parágrafo único do art. 41, antes do cancelamento do benefício, deverá ser oportunizado ao beneficiário o contraditório e a ampla defesa, nos moldes dos art. 56 a 65 da Lei nº 9.784, de 29 de janeiro de 1999.

§ 2º O cancelamento da pensão deverá ser comunicado ao Tribunal de Contas da União, por meio do sistema e-Pessoal.

Art. 43. Uma vez perdida a qualidade de beneficiário, é vedada a opção entre a continuidade da percepção da pensão em detrimento de qualquer outra verba remuneratória ou previdenciária".

Na visão do STJ, neste regime jurídico a união estável deve se equiparar ao casamento para todos os fins, INCLUSIVE para efeitos da Lei 3.373/1958:

■ **POSIÇÃO DO STJ**

PROCESSO

AgInt no AREsp 2233236 / RJ

AGRAVO INTERNO NO AGRAVO EM RECURSO ESPECIAL

2022/0333314-5

RELATOR

Ministro HERMAN BENJAMIN (1132)

ÓRGÃO JULGADOR

T2 - SEGUNDA TURMA

DATA DO JULGAMENTO

27/03/2023

DATA DA PUBLICAÇÃO/FONTE

DJe 04/04/2023

EMENTA

ADMINISTRATIVO E PROCESSUAL CIVIL. OFENSA AO ART. 1.022 DO CPC/2015 NÃO CONFIGURADA. **PENSÃO POR MORTE. LEI 3.373/1958. FILHA SOLTEIRA. CONSTITUIÇÃO DE UNIÃO ESTÁVEL. CANCELAMENTO DO BENEFÍCIO. LEGALIDADE DO CANCELAMENTO DA PENSÃO POR MORTE À FILHA SOLTEIRA. IMPLEMENTO DE CONDIÇÃO RESOLUTIVA. EQUIPARAÇÃO DA UNIÃO ESTÁVEL AO CASAMENTO PARA TODOS OS EFEITOS.**

1. A solução integral da controvérsia, com fundamento suficiente, não caracteriza ofensa ao art. 1.022 do CPC/2015. PENSÃO POR MORTE DA FILHA SOLTEIRA - LEGISLAÇÃO DE REGÊNCIA - ART. 5º DA LEI 3.3721958.

2. Como é sabido, os benefícios previdenciários regulam-se pela lei vigente ao tempo em que preenchidos os requisitos para sua concessão, conforme a regra do tempus regit actum, e como pacificado no RE 597.389/SP, submetido ao regime da Repercussão Geral.

3. No caso da pensão por morte, a norma que rege seu deferimento é aquela vigente na data do óbito.

4. Na hipótese dos autos, o benefício foi obtido com base na Lei 3.372/1958, cujo art. 5º dispunha: "Art 5º Para os efeitos do artigo anterior, considera-se família do segurado: (...) II - Para a percepção de pensões temporárias: a) o filho de qualquer condição, ou enteado, até a idade de 21 (vinte e um) anos, ou, se inválido, enquanto durar a invalidez; b) o irmão, órfão de pai e sem padrasto, até a idade de 21 (vinte e um) anos, ou, se inválido enquanto durar a invalidez, no caso de ser o segurado solteiro ou viúvo, sem filhos nem enteados. Parágrafo único. A filha solteira, maior de 21 (vinte e um) anos, só perderá a pensão temporária quando ocupante de cargo público permanente."

5. Depreende-se do parágrafo único do citado artigo que o benefício da pensão por morte à filha solteira é temporário, embora possa prolongar-se, indefinidamente, até a morte da beneficiária, bastando que a filha mulher cumpra as duas condições nele descritas.

6. A Lei 8.112/1990 deixou de prever a concessão de pensão temporária a filha maior e solteira e determinou a cessão do benefício aos 21 (vinte e anos).

Entretanto, diante do direito adquirido e do princípio tempus regit actum deve ser mantido o pagamento dos benefícios anteriormente concedidos, desde que seus beneficiários continuem preenchendo os requisitos com base na legislação em vigor à época do óbito. Portanto, as pensões concedidas às filhas maiores sob a égide da Lei 3.373/1958 que atenderam aos requisitos relativos ao estado civil e à não ocupação de cargo público de caráter permanente encontram-se consolidadas e somente podem ser cassadas e cessadas se um dos dois requisitos for superado, ou seja, se deixarem de ser solteiras ou se passarem a ocupar cargo público permanente.

7. Em outras palavras, como bem destacado pelo acórdão recorrido, significa que tal benefício tem como condições resolutivas: a) a alteração do estado civil ou b) a ocupação de cargo público de caráter permanente. Destarte, enquanto a titular da pensão permanecer solteira e não ocupar cargo permanente, ela tem incorporado ao seu patrimônio jurídico o direito à manutenção dos pagamentos da pensão concedida sob a égide de legislação então vigente, não podendo ser esse direito extirpado por norma superveniente, que prevê causa de extinção outrora não estabelecida.

8. Não obstante o art. 5º da Lei 3.373/1958 não estipular a união estável como condição para a perda da pensão temporária pela filha maior de 21 anos, até porque à época da citada norma o referido instituto não era reconhecido, sua equiparação ao casamento feita pelo art. 226, § 3º, da Constituição Federal não deixa dúvidas de que a constituição de tal entidade familiar altera o estado civil da beneficiária, fazendo com que ela perca o direito ao benefício. EQUIPARAÇÃO ENTRE O CASAMENTO E A UNIÃO ESTÁVEL QUANTO AOS EFEITOS JURÍDICOS, PESSOAIS E PATRIMONIAIS.

9. O art. 226, § 3º, da CF/1988, ao conferir proteção à união estável, visou igualar os direitos entre ela e o casamento, sendo descabido que essa proteção garanta a tal forma de família direitos não previstos para o casamento. Estando os companheiros e os cônjuges em igualdade de condições, não se pode conceder mais direitos ao primeiro do que ao último. Não há como conceber que as pessoas em união estável utilizem a legislação somente em benefício próprio, apenas nos aspectos em que a situação de convivência gere direitos e furtando-se aos seus efeitos quando os exclua. Da mesma forma que há violação ao princípio da isonomia o não reconhecimento de direito à união estável, afronta o referido princípio acatar o direito à pensão às mulheres que estejam nessa composição familiar, mas não às que estejam casadas.

10. Com o reconhecimento da união estável pelo constituinte originário e pelo sistema jurídico pátrio, a jurisprudência tem admitido sua equiparação ao casamento quanto a todos os efeitos jurídicos, pessoais e patrimoniais, e mesmo no que concerne à modificação do estado civil de solteira. A propósito: REsp 1.516.599/PR, Rel. Ministra Nancy Andrighi, Terceira Turma, DJe 2.10.2017; REsp 1.617.636/DF, Rel. Ministro Marco Aurélio Bellizze, Terceira

> Turma, DJe 3.9.2019) INEXISTÊNCIA DE ILEGALIDADE DO CANCELAMENTO DE PENSÃO POR MORTE EM VIRTUDE DA EXISTÊNCIA DE UNIÃO ESTÁVEL - INSTITUTO QUE SE EQUIPARA AO CASAMENTO - IMPLEMENTO DE CONDIÇÃO RESOLUTIVA.
>
> 11. No caso em exame, não se trata de estabelecer requisito não previsto na legislação de regência para perpetuação de benefício, nem de retroagir nova interpretação para modificar ato jurídico consolidado, mas sim de reconhecer o implemento de condição resolutiva preestabelecida já prevista pela Lei 3.373/1998: a manutenção da condição de solteira. Portanto, descabido o argumento de que existe violação a direito adquirido e inobservância do prazo de cinco anos para a Administração rever os atos de que decorram efeitos favoráveis aos seus destinatários.
>
> 12. Na hipótese analisada, uma das condições para a manutenção da pensão concedida com base no art. 5º, parágrafo único, da Lei 3.373/1998 - que é a continuação da qualidade de solteira - não mais se verifica, porquanto consta dos autos que a recorrente constituiu união estável, sendo inclusive atualmente beneficiária de pensão por morte de ex-companheiro. Portanto, está implementada a condição resolutiva, já que o primeiro requisito essencial à manutenção de benefício da impetrante, qual seja, a qualidade de filha solteira, foi superado. CONCLUSÃO.
>
> 13. Agravo Interno não provido.

De sua vez, o Título III apresenta os procedimentos de concessão e manutenção da pensão por morte do servidor federal:

> "TÍTULO III - DOS PROCEDIMENTOS COMUM
>
> CAPÍTULO I - DO PROCEDIMENTO DE CONCESSÃO DE PENSÃO POR MORTE
>
> Art. 44. O Procedimento de Concessão de Pensão por morte observará as seguintes etapas:
>
> I - solicitação do benefício pelo beneficiário; e
>
> II - análise dos requisitos exigidos para a concessão da pensão por morte.
>
> Seção I - Solicitação do benefício
>
> Art. 45. O pedido de pensão por morte será instruído com os documentos indicados no art. 7º desta Portaria.
>
> § 1º O requerimento será apresentado pelos meios disponibilizados pelos órgãos setoriais e seccionais integrantes do Sipec, sendo a comunicação acerca da sua análise processual; da complementação de documentação; e da decisão proferida, ser realizada na primeira oportunidade, via eletrônica ou por ciência nos autos.

§ 2º Quando não houver ciência nos autos, a comunicação deverá ser feita via postal com aviso de recebimento, telegrama ou outro meio que assegure a ciência do interessado, devendo a informação ficar registrada no processo administrativo.

Art. 46. Cada beneficiário que pleitear o benefício deverá apresentar um requerimento, vedada a abertura de novo requerimento se houver outro em tramitação para o mesmo beneficiário.

Parágrafo único. Nos processos físicos e digitais, caso seja apresentado mais de um requerimento, todos deverão ser anexados ao primeiro, que será considerado para fins de contagem dos prazos constantes nesta Portaria.

Art. 47. A apresentação de documentação incompleta não constitui, por si só, motivo para recusa do requerimento de benefício, ainda que seja possível identificar previamente que o beneficiário não faça jus ao benefício.

§ 1º Na hipótese de que trata o caput, as unidades de gestão de pessoas deverão notificar o interessado, por meios que possam garantir a certeza da sua ciência, para apresentar a documentação necessária no prazo de 30 (trinta) dias.

§ 2º Encerrado o prazo para cumprimento da exigência sem que os documentos solicitados tenham sido apresentados pelo interessado, a unidade de gestão de pessoas:

I - decidirá pelo arquivamento do processo sem análise de mérito do requerimento, caso não haja elementos suficientes ao reconhecimento do direito nos termos do disposto no art. 40 da Lei nº 9.784, de 1999; e

II - proferirá decisão de mérito:

a) se a inércia do interessado se der em hipótese que envolva relevante interesse público que extrapole o seu interesse individual e a pendência possa ser suprida de ofício; ou

b) caso haja elementos suficientes para subsidiar a decisão pelo deferimento ou indeferimento do pleito.

§ 3º Não caberá recurso da decisão que determine o arquivamento do requerimento sem análise de mérito decorrente da não apresentação de documentação indispensável ao exame do requerimento.

§ 4º Caso haja manifestação formal do interessado no sentido de não dispor de outras informações ou documentos úteis diversos daqueles apresentados ou disponíveis ao órgão, será proferida a decisão administrativa com análise de mérito do requerimento.

§ 5º Aplica-se o disposto no parágrafo anterior nas situações em que o interessado reapresentar os mesmos documentos inicialmente apresentados.

§ 6º O arquivamento do processo não inviabilizará a apresentação de novo requerimento pelo interessado, que terá efeitos a partir da data de apresentação da nova solicitação.

§ 7º O reconhecimento do direito ao benefício com base em documento apresentado após a decisão administrativa de arquivamento ou de indeferimento considerará como data de entrada do requerimento a data de apresentação do referido documento.

§ 8º O disposto no parágrafo anterior aplica-se aos pedidos de recursos fundamentados em documentos não apresentados no momento do requerimento administrativo e, quanto aos seus efeitos financeiros, aplica-se o disposto no art. 46.

Seção II - Da análise

Art. 48. Os requerimentos de pensão por morte deverão ser analisados em até 30 (trinta) dias.

§ 1º Concluída a análise, a Administração tem o prazo de até 30 (trinta) dias para decidir, salvo prorrogação por igual período expressamente motivada.

§ 2º O prazo previsto no caput será suspenso, em caráter excepcional, em razão de irregularidade na instrução do pedido até que o interessado promova a sua regularização, após a devida notificação.

Subseção I - Do Recurso

Art. 49. Da decisão proferida quanto ao pedido de pensão por morte caberá recurso administrativo, nos termos dos arts. 56 a 65 da Lei nº 9.784, de 1999, no prazo de 10 (dez) dias, contado a partir da ciência pelo interessado, à autoridade que proferiu a decisão, que poderá reconsiderar o ato, no prazo de 5 (cinco) dias, ou, mantendo a decisão, submeter a instância administrativa superior.

§ 1º O recurso será interposto em meio digital ou físico, conforme disciplinado pelo órgão do Sipec, devendo, obrigatoriamente, ser utilizado o mesmo meio de comunicação do requerimento.

§ 2º Se o recorrente alegar que a decisão administrativa contraria enunciado da súmula vinculante, caberá à autoridade prolatora da decisão impugnada, se não a reconsiderar, explicitar, antes de encaminhar o recurso à autoridade superior, as razões da aplicabilidade ou inaplicabilidade da súmula, conforme o caso.

§ 3º Não é considerado pedido de recurso de decisão de indeferimento definitiva, mas de novo pedido de benefício, o que vier acompanhado de outros documentos além dos já existentes no processo, aplicando-se o disposto no § 6º do art. 47.

§ 4º O recurso administrativo deverá ser decidido no prazo máximo de 30 (trinta dias), a partir do recebimento dos autos pelo órgão competente, podendo ser prorrogado por igual período, ante justificativa explícita.

Art. 50. O recurso não será conhecido quando interposto:

I - fora do prazo;

II - perante órgão incompetente;

III - por quem não seja legitimado;

IV - após exaurida a esfera administrativa.

§ 1º Na hipótese do inciso II, será indicada ao recorrente a autoridade competente, sendo-lhe devolvido o prazo para recurso.

§ 2º O não conhecimento do recurso não impede a Administração de rever de ofício o ato ilegal, desde que não ocorrida preclusão administrativa, nos termos do art. 46 desta Portaria.

Subseção II - Da Decadência e Prescrição

Art. 51. Os beneficiários de pensão possuem legitimidade para pedir em nome próprio as diferenças de benefício antes titulado pelo instituidor da pensão e por este não recebidas em vida ou que influenciar no cálculo do benefício pensional.

Parágrafo único. O prazo para pleitear o direito a que se refere o caput, decai em cinco anos a contar do óbito do servidor, nos termos do inciso I do art. 110 da Lei nº 8.112, de 1990, ou do registro do ato pensional pelo Tribunal de Contas da União, o que ocorrer primeiro.

Art. 52. Prescreve em cinco anos, a contar da data em que deveriam ter sido pagas, toda e qualquer ação para haver prestações vencidas ou quaisquer restituições ou diferenças devidas, nos termos do Decreto-Lei nº 20.910, de 06 de janeiro de 1932.

CAPÍTULO II - REVISÃO DOS ATOS DA PENSÃO

Art. 53. Para a revisão do benefício de pensão a Administração deverá observar os ritos estabelecidos nos §§ 1º e 2º deste artigo, conforme o caso:

§ 1º Para os benefícios que ainda não foram registrados pelo Tribunal de Contas da União:

I - o órgão ou entidade do Sistema de Pessoal Civil da Administração Pública Federal - Sipec deverá aplicar as determinações previstas em normativo editado pelo órgão central quanto aos procedimentos para a regularização de dados financeiros e cadastrais de servidores, aposentados e beneficiários de pensão civil;

II - realizar a alteração do valor do benefício no Sistema Integrado de Administração de Recursos Humanos - Siape; e

III - encaminhar ao Tribunal de Contas da União as informações relativas às alterações realizadas no ato da pensão, da seguinte forma:

a) para os benefícios que não foram encaminhados ao Tribunal de Contas da União, concedidos em prazo inferior a cinco anos, enviar pelo Sistema e-Pessoal o ato de pensão original;

b) para os benefícios que não foram encaminhados ao Tribunal de Contas da União, concedidos em prazo superior a cinco anos, enviar pelo Sistema e-Pessoal o ato de pensão original e o ato de alteração com os valores recalculados, caso tenha ocorrido a alteração de valores;

c) para os benefícios encaminhados ao Tribunal de Contas da União, não apreciados, concedidos em prazo inferior a cinco anos, solicitar o retorno dos respectivos atos ao órgão concedente e proceder à alteração devida no ato, com reenvio posterior àquele Tribunal pelo Sistema e-Pessoal para a unidade de controle interno; e

d) para os benefícios encaminhados ao Tribunal de Contas da União, não apreciados, concedidos em prazo superior a cinco anos, enviar pelo e-Pessoal o ato de alteração, com os valores recalculados.

§ 2º Para os benefícios registrados pelo Tribunal de Contas da União, a Unidade de Gestão de Pessoas deverá enviar expediente informando sobre a necessidade de revisão do pagamento, no qual deverá conter, necessariamente:

1. os nomes e números dos CPF's do instituidor e dos beneficiários da pensão;

2. número de controle dos atos de pessoal nos sistemas e-Pessoal ou Sisac com necessidade de revisão;

3. as memórias de cálculo do valor inicial da pensão e do valor obtido com o recálculo, apontando expressamente os motivos que fundamentaram a necessidade de recálculo, especificar rubricas e/ou operações indevidamente utilizadas na apuração da média das contribuições.

§ 3º O prazo decadencial para a Administração rever os seus atos terá início a partir da publicação do ato de registro da pensão pelo Tribunal de Contas da União.

§ 4º Para a reposição ao erário de valores recebidos indevidamente por beneficiários de pensão, os órgãos e entidades do Sistema de Pessoal Civil da Administração Pública Federal, deverão observar os normativos editados pelo órgão central do Sipec quanto à matéria.

Art. 54. A manutenção de valores ou benefícios recebidos por beneficiários de pensão, amparados por decisão judicial ou por decisão do Tribunal de Contas da União, serão apresentadas em situação/rubrica específica no Siape ou no Sistema de Gestão de Pessoas - Sigepe".

Mais adiante, o Título IV traz as regras finais:

"TÍTULO IV - DISPOSIÇÕES FINAIS

Art. 55. No caso de requerimento de pensão por morte de servidor, caberá ao dependente apresentar Certidão de Tempo de Contribuição, a ser requerida nos regimes de previdência nos quais o servidor esteve vinculado, para fins de cálculo do benefício na forma do inciso II do § 1º do art. 18 desta Portaria.

§ 1º A apresentação da Certidão de Tempo de Contribuição fica dispensada quando a pensão por morte é precedida de aposentadoria concedida ao instituidor até 17 de janeiro de 2019 à luz da averbação automática vigente até a publicação Medida Provisória nº 871, de 18 de janeiro de 2019, convertida na Lei nº 13.846, de 18 de junho de 2019.

§ 2º Em caso de majoração do benefício, o valor será devido a partir da decisão da autoridade competente, observando-se a prescrição constante nos arts. 51 e 52.

Art. 56. A pensão instituída até 31 de dezembro de 2003 será revista na forma estabelecida no § 2º do art. 16 desta Portaria.

Art. 57. A pensão instituída no período compreendido entre 1º de janeiro de 2004 e 20 de fevereiro de 2004 será calculada pela última remuneração ou provento percebido pelo servidor ou aposentado na data anterior ao óbito e será revista na forma estabelecida nas legislações que instituíram as vantagens utilizadas como base para o cálculo da pensão ou, na sua falta, na mesma data e índices aplicados aos benefícios do RGPS.

Art. 58. A lei aplicável à concessão de pensão por morte é aquela vigente na data do óbito do servidor ou aposentado.

Art. 59. Concedida a pensão ou revisto o seu ato concessório, o ato será publicado no Diário Oficial da União e encaminhado pelo órgão ou entidade concedente ao Tribunal de Contas da União - TCU, para fins de registro, nos termos da Instrução Normativa TCU nº 78, de 21 de março de 2018.

§ 1º Os dirigentes da Unidade de Gestão de Pessoas dos órgãos e entidades integrantes do Sipec devem informar aos pensionistas que o ato de pensão pendente de registro no Tribunal de Contas da União é precário, sujeito a apreciação do Tribunal, e que poderá ser revisto.

§ 2º No caso de adesão do servidor ou aposentado ao plano de benefícios da Fundação de Previdência Complementar do Servidor Público Federal do Poder Executivo - Funpresp-Exe, as Unidades de Gestão de Pessoas deverão orientar os beneficiários a acionar a Fundação, por meio de seus canais de atendimento, objetivando formalizar o requerimento de eventuais benefícios

Art. 60. As dúvidas decorrentes da aplicação desta Portaria poderão ser dirigidas a esta Secretaria de Gestão e Desempenho de Pessoal, observados os procedimentos quanto ao encaminhamento de consultas estabelecidos pelo órgão central do Sipec.

§ 1º O órgão central do Sipec não tem competência para realizar esclarecimentos de determinações do Tribunal de Contas da União, que deverão ser dirigidas diretamente à corte de contas.

§ 2º Quando houver dúvida jurídica interpretativa na aplicação dos institutos da prescrição e decadência, deverá submeter os autos à análise do respectivo órgão de assessoramento jurídico.

Art. 61. A renúncia expressa à pensão é irretratável.

Art. 62. As unidades de gestão de pessoas deverão utilizar o modelo de portaria constante no Anexo VIII desta Portaria, para a concessão do benefício de pensão.

Art. 63. Os dirigentes da Unidade de Gestão de Pessoas dos órgãos e entidades integrantes do Sipec devem assegurar a observância desta Portaria, sob pena de responsabilidade administrativa, civil e penal.

Parágrafo único. O cumprimento do Título II desta Portaria não desobriga os órgãos do Sipec a observarem as determinações do Tribunal de Contas da União, em especial as constantes no Acórdão nº 2.175/2020 - Plenário.

Art. 64. As disposições desta Portaria aplicam-se, no que couber, aos processos administrativos em trâmite na unidade administrativa do Ministério da Economia e no Instituto Nacional do Seguro Social, responsáveis pela centralização das aposentadorias e pensões de que trata o Decreto nº 10.620, de 05 de fevereiro de 2021, e nos órgãos correlatos, seccionais, setoriais do Sipec.

Parágrafo único. A unidade administrativa do Ministério da Economia e o Instituto Nacional do Seguro Social poderão restituir aos órgãos centralizados os processos que se encontram em desacordo com esta Portaria, principalmente, em relação ao Capítulo V do Título I.

Art. 65. Os órgãos deverão observar os normativos editados pelo órgão central do Sipec quanto aos procedimentos para a aplicação do limite remuneratório de que trata o inciso XI, do art. 37, da Constituição Federal.

Art. 66. O órgão central do Sipec disponibilizará sistema informatizado para que os beneficiários apresentarem os requerimentos de pensão.

Art. 67. Ficam revogadas a partir de 13 de junho de 2022:

I - a Orientação Normativa SAF nº 54, de 18 de janeiro de 1991;

II - a Orientação Normativa SAF nº 110, de 27 de maio de 1991;

III - a Instrução Normativa nº 6, de julho de 1993.

IV - a Orientação Normativa SRH MP nº 9, de 5 de novembro de 2010;

V - a Orientação Normativa SEGEP/MPOG nº 13, de 30 de outubro de 2013; e

VI - a Orientação Normativa nº 3, de 21 de março de 2017.

Art. 69. Esta Portaria entra em vigor:

I - em 13 de junho de 2022, em relação aos Títulos I, II e IV; e

II - em 1º de agosto de 2022, em relação ao Título III.

LEONARDO JOSÉ MATTOS SULTANI"

O Anexo I traz o formulário de requerimento de pensão por morte:

ANEXO I

<table>
<tr><td colspan="6">REQUERIMENTO DE PENSÃO</td></tr>
<tr><td colspan="6">1. DADOS DO SERVIDOR</td></tr>
<tr><td colspan="6">Nome Civil:</td></tr>
<tr><td colspan="6">CPF:</td></tr>
<tr><td colspan="2">Situação funcional na Data do Óbito:</td><td colspan="2">() Ativo</td><td colspan="2">() Aposentado</td></tr>
<tr><td colspan="6">2. PARENTESCO</td></tr>
<tr><td colspan="6">Lei nº 8.112, de 11 de dezembro 1990</td></tr>
<tr><td>() Cônjuge</td><td>() Companheiro</td><td>() Ex-cônjuge ou ex-companheiro</td><td>() Filho menor de 21 anos</td><td>() Filho inválido</td><td>() Outros:</td></tr>
<tr><td colspan="6">Lei nº 3.373, de 12 de março de 1958</td></tr>
<tr><td>() esposa</td><td>() marido</td><td>() pai</td><td>() mãe</td><td>() irmão</td><td>() Filha maior solteira</td></tr>
<tr><td colspan="6">3. DADOS DO BENEFICIÁRIO</td></tr>
<tr><td colspan="6">Nome Civil:</td></tr>
<tr><td colspan="6">Nome Social:</td></tr>
<tr><td colspan="2">CPF:</td><td colspan="4">Data de nascimento:</td></tr>
<tr><td colspan="2">Título de Eleitor:</td><td>Zona:</td><td>Seção:</td><td colspan="2">UF:</td></tr>
<tr><td colspan="6">Nº Identidade/Órgão Expedidor/Data de Expedição:</td></tr>
<tr><td colspan="6">Endereço Residencial (Rua, Praça, Nº, Bairro):</td></tr>
<tr><td colspan="4">Município/Cidade:</td><td colspan="2">UF:</td></tr>
<tr><td colspan="2">CEP:</td><td colspan="2">Telefone/Celular:</td><td colspan="2">E-mail</td></tr>
<tr><td colspan="6">Banco:</td></tr>
<tr><td colspan="6">Código Agência:</td></tr>
<tr><td colspan="6">Conta Salário nº:</td></tr>
<tr><td colspan="2">Cidade:</td><td colspan="4">UF:</td></tr>
<tr><td colspan="6">3. PROCURADOR/CURADOR*</td></tr>
<tr><td colspan="6">Nome:</td></tr>
<tr><td>CPF:</td><td>RG</td><td colspan="2">Data de expedição</td><td colspan="2">Órgão de expedição</td></tr>
<tr><td colspan="6">e-mail:</td></tr>
<tr><td colspan="6">4. TERMO DE COMPROMISSO
O Requerente/Representante de pensão se compromete a manter os dados atualizados sempre que modificar a situação apresentada neste formulário, principalmente, quanto à emancipação dos menores de idade ou obtenção de renda que que possa interferir a situação de beneficiário ou no cálculo do benefício.</td></tr>
</table>

O Requerente/Representante acima identificado requer o benefício de que trata o art. 215 da Lei nº 8.112, de 1990, publicada no DOU de 12.12.1990, nos termos da Portaria SGP/SEDGG/ME Nº 4245, de 24 de maio de 2022.
Local e data: _____________, ______ de_________________de 202__
(Assinatura do Requerente/Representante, de acordo como documento de identidade apresentado)
* Anexar cópia da escritura pública ou particular (se particular, sugere-se o modelo constante no Anexo V da Portaria SGP/SEDGG/ME Nº 4245, de 24 de maio de 2022)
REQUERIMENTO DE PENSÃO (Continuação)
Checklist - Documentação
(Art. 7º, da Portaria SGP/SEDGG/ME Nº 4245, de 24 de maio de 2022)
I - Documentos de apresentação obrigatória para todos os dependentes
() certidão de óbito do servidor ou aposentado;
() carteira de identidade ou registro geral (RG) com foto do beneficiário
() número de inscrição no cadastro de pessoa física - CPF do beneficiário;
() dados bancários do beneficiário, contendo nome/número do banco, agência e conta-salário. Obs.: Não serão aceitas conta-corrente ou conta poupança.
() declaração de acumulação de aposentadoria e pensão, nos termos do Anexo II da Portaria SGP/SEDGG/ME Nº 4245, de 24 de maio de 2022.
() comprovantes de rendimentos (contracheque) de vínculos com outros entes da federação ou de órgãos públicos que não processam a folha de pagamento no SiapeSIAPE, inclusive o Regime Geral de Previdência Social.
II - Documentos específicos, conforme o dependente
Cônjuge
() certidão de casamento civil ou religioso com efeitos civis emitida após a da data do óbito do servidor ou aposentado
Filho
() certidão de nascimento ou carteira de identidade.
() declaração - filho, enteado, menor tutelado e irmão, conforme Anexo III da Portaria SGP/SEDGG/ME Nº 4245, de 24 de maio de 2022; Companheira ou companheiro
() certidão de nascimento do servidor ou do aposentado falecido emitida após a data do óbito, quando esse for solteiro ou solteira;
() certidão de nascimento emitida após a data do óbito do servidor ou aposentado, quando o companheiro ou a companheira forem, respectivamente, solteiro ou solteira;
() certidão de casamento civil ou religioso com efeitos civis emitida após a data de óbito do servidor ou aposentado, com averbação da separação judicial ou do divórcio, quando um dos companheiros(as) ou ambos(as) já tiverem sido casados; ou certidão de óbito, quando um dos companheiros ou ambos forem viúvos; e
() comprovação de união estável, nos termos da Portaria SGP/SEDGG/ME Nº 4245, de 24 de maio de 2022.
Cônjuge divorciado ou separado judicialmente ou de fato, ou ex-companheiro ou ex-companheira separado judicial ou extrajudicialmente
() certidão de casamento civil ou religioso com efeitos civis emitida após a data de óbito do servidor ou aposentado, com averbação da separação judicial ou divórcio;
() decisão judicial que fixe o pagamento de pensão alimentícia; ou
() escritura pública que fixe o pagamento de pensão alimentícia; e

() comprovação de dependência econômica em relação ao servidor ou aposentado para aqueles que renunciaram aos alimentos na dissolução judicial ou extrajudicial do casamento ou da união estável, ou que estabeleceram pensão alimentícia extrajudicialmente (escritura pública), nos termos da Portaria SGP/SEDGG/ME Nº 4245, de 24 de maio de 2022.

Enteado e o menor tutelado equiparados a filho

() certidão de casamento civil ou religioso com efeitos civis atualizada do servidor ou aposentado com o genitor ou genitora do enteado, emitida após a data do óbito;

() comprovação de união estável do servidor ou aposentado com o genitor ou genitora do enteado;

() certidão de nascimento ou carteira de identidade do enteado ou equiparado;

() declaração firmada pelo servidor de existência de dependência econômica do enteado e do menor tutelado para com ele, conforme Anexo IV da Portaria SGP/SEDGG/ME Nº 4245, de 24 de maio de 2022;

() declaração - filho, enteado, menor tutelado e irmão, conforme Anexo III da Portaria SGP/SEDGG/ME Nº 4245, de 24 de maio de 2022;

() comprovação de dependência econômica do enteado ou o menor tutelado com o servidor ou aposentado falecido, nos termos da Portaria SGP/SEDGG/ME Nº 4245, de 24 de maio de 2022; e

() certidão judicial de tutela, em se tratando de menor tutelado.

Pais

() documento oficial do requerente, que comprove a relação de parentesco com o instituidor; e

() comprovação de dependência econômica, nos termos desta Portaria.

Irmão

() documento oficial do requerente, que comprove a relação de parentesco com o instituidor; e

() comprovação de dependência econômica, nos termos da Portaria SGP/SEDGG/ME Nº 4245, de 24 de maio de 2022.

() declaração - filho, enteado, menor tutelado e irmão, conforme Anexo III da Portaria SGP/SEDGG/ME Nº 4245, de 24 de maio de 2022.

Filho ou irmão inválido ou deficiente

() certidão de nascimento ou carteira de identidade; e

() laudo pericial emitido por junta oficial que ateste a invalidez e sua preexistência em data anterior ao óbito do servidor ou aposentado; ou

() laudo pericial, emitido por perícia singular ou junta oficial em saúde, por meio de instrumento específico para avaliação biopsicossocial da pessoa com deficiência, que ateste a deficiência intelectual, mental ou grave e sua preexistência em data anterior ao óbito do servidor ou aposentado.

() declaração - filho, enteado, menor tutelado e irmão, conforme Anexo III da Portaria SGP/SEDGG/ME Nº 4245, de 24 de maio de 2022.

Filha maior solteira

() certidão de nascimento atualizada, emitida há no máximo 90 dias do protocolo do pedido de pensão.

() certidão de casamento civil ou religioso com efeitos civis com averbação da separação judicial ou do divórcio realizada até a data do óbito do instituidor atualizada, emitida há no máximo 90 dias do protocolo do pedido de pensão.

() Declaração - pensão filha maior solteira, conforme Anexo VI da Portaria SGP/SEDGG/ME Nº 4245, de 24 de maio de 2022.

O Anexo II traz Declaração de Acumulação de Aposentadorias e Pensões:

ANEXO II Declaração de Acumulação de Aposentadorias e Pensões

Eu, (nome do beneficiário/pensionista), na qualidade de (relação de parentesco), do ex-servidor (nome do servidor), Matrícula (número), DECLARO, para fins de concessão de Pensão por Morte prevista nos arts. 215 e 217, bem como, do limite estabelecido no art. 225, todos da Lei nº 8.112, de 11 de dezembro de 1990, e do art. 24 da Emenda Constitucional nº 103, de 12 de novembro de 2019, que:

() Não percebo aposentadoria ou pensão de morte por regime de previdência ou decorrente de atividades militares.
() Percebo aposentadoria(s) ou pensão(ões) do RPPS da União (em órgão dos Poderes Executivo, Legislativo e Judiciário da União, MPU, TCU e DPU), do RGPS, de outro Regime Próprio de Previdência, ou decorrentes das atividades militares e opto pela aplicação do redutor de que trata o § 2º do art. 24 da Emenda Constitucional nº 103, de 2019, no () benefício a ser concedido neste órgão ou () no benefício concedido pelo (nome do regime de previdência)*
Declaro, ainda, que tenho consciência de que constitui crime, previsto no art. 299 do Código Penal Brasileiro, prestar declaração falsa com o fim de criar obrigação ou alterar a verdade sobre fato juridicamente relevante e que a penalidade aplicada no seu cumprimento varia de 01 (um) a 03 (três) anos de reclusão e multa.
Local e data: ______________, ______ de_________________de 202__
Assinatura do beneficiário/pensionista
(*) Anexar comprovante/contracheque dos valores recebidos, caso receba benefício de aposentadoria ou pensão em algum órgão previdenciário (RPPS da União - órgão dos Poderes Executivo, Legislativo e Judiciário da União, MPU, TCU e DPU -, RGPS, ou qualquer outro Regime Próprio de Previdência).

O Anexo III traz o modelo de Declaração do filho, enteado, menor tutelado e irmão:

ANEXO III Declaração - filho, enteado, menor tutelado e irmão
Eu, (nome do dependente maior de 18 anos ou do representante legal), portador do RG nº..... e do CPF nº....., representante do menor (nome do dependente menor de 18 anos), declaro para os devidos fins e efeitos legais, sob as penas da lei, que o requerente ao benefício de pensão:
() é emancipado (caso o(a) dependente seja maior de 16 anos e menor de 18 anos)
() não é emancipado (caso o(a) dependente seja maior de 16 anos e menor de 18 anos)
() incorreu em pelo menos uma das situações abaixo (caso o(a) dependente seja maior de 18 anos)
() não incorreu em nenhuma das situações abaixo (caso o(a) dependente seja maior de 18 anos)
Nos termos do art. 5º do Código Civil, a emancipação ocorrer nas seguintes situações:
pela concessão dos pais, ou de um deles na falta do outro, mediante instrumento público, independentemente de homologação judicial, ou por sentença do juiz, ouvido o tutor, se o menor tiver dezesseis anos completos;
pelo casamento;
pelo exercício de emprego público efetivo;
pela colação de grau em curso de ensino superior;
pelo estabelecimento civil ou comercial, ou pela existência de relação de emprego, desde que, em função deles, o menor com dezesseis anos completos tenha economia própria.*
Declaro, ainda, que tenho consciência de que constitui crime, previsto no art. 299 do Código Penal Brasileiro, prestar declaração falsa com o fim de criar obrigação ou alterar a verdade sobre fato juridicamente relevante e que a penalidade aplicada no seu cumprimento varia de 01 (um) a 03 (três) anos de reclusão e multa.
Local e data: ______________, ______ de_________________de 202__
Assinatura do beneficiário/pensionista
(*) Anexar comprovante/contracheque dos valores recebidos, em caso de recebimento de renda em decorrência da relação de emprego, público ou privado.

O Anexo IV traz a Declaração de inclusão de enteado ou menor tutelado como beneficiário de pensão:

ANEXO IV Declaração de inclusão de enteado ou menor tutelado como beneficiário de pensão
Eu, (nome do servidor), ocupante do cargo (denominação do cargo/carreira), matrícula Siape (número), do quadro de pessoal deste (nome do órgão ou entidade), declaro para os devidos fins e efeitos legais, sob as penas da lei, que o(a) menor (nome do menor), é meu (enteado ou menor tutelado) e beneficiário para fins concessão de pensão, sendo meu dependente econômico, nos termos da Portaria SGP/SEDGG/ME Nº 4645, de 24 de maio de 2022.
Local e data: ______________, ______ de__________________de 202__
Assinatura do servidor

O Anexo V traz um modelo de procuração particular:

ANEXO V Procuração Particular
Por este instrumento particular de procuração, eu (NOME COMPLETO DO REQUERENTE), nascido(a) em (MUNICÍPIO DA NASCIMENTO), (DATA DE NASCIMENTO), (NACIONALIDADE), (ESTADO CIVIL), portador(a) da cédula de identidade RG Nº (NÚMERO), inscrito(a) no CPF/MF sob nº (NÚMERO), residente e domiciliado(a) à (ENDEREÇO COMPLETO), (BAIRRO), (CIDADE), (ESTADO - UF), (CEP), (TELEFONE), nomeio e constituo meu(minha) bastante procurador(a) Sr(a) (NOME COMPLETO DO PROCURADOR), (NACIONALIDADE), (ESTADO CIVIL), portador(a) da cédula de identidade RG (NÚMERO) inscrito(a) no CPF/MF sob nº (NÚMERO), (PROFISSÃO), residente e domiciliado(a) à (ENDEREÇO COMPLETO), (BAIRRO), (CIDADE), (ESTADO - UF), (CEP), (TELEFONE), a quem confiro poderes especiais para representá-lo perante o (ÓRGÃO DE VINCULAÇÃO DO SERVIDOR), bem como usar de todos os meios legais para o fiel cumprimento do presente mandato, podendo requerer benefícios, revisão e interpor recursos.
Local e data: ______________, ______ de__________________de 202__
Assinatura do Procurador
TERMO DE RESPONSABILIDADE
Pelo presente Termo de Responsabilidade, comprometo-me a comunicar ao (ÓRGÃO DE VINCULAÇÃO DO SERVIDOR) qualquer evento que possa anular a presente Procuração, no prazo de trinta dias, a contar da data que o mesmo ocorra, principalmente o óbito do requerente, mediante apresentação da respectiva certidão.
Estou ciente que o descumprimento do compromisso ora assumido, além de obrigar a devolução de importâncias recebidas indevidamente, quando for o caso, sujeitar-me-á às penalidades previstas nos arts. 171 e 299, ambos do Código Penal.
Local e data: ______________, ______ de__________________de 202__
Assinatura do Procurador

O Anexo VI traz o modelo de declaração da filha maior solteira:

ANEXO VI Declaração - pensão filha maior solteira
Eu, (nome do dependente), portador do RG nº..... e do CPF nº....., declaro para os devidos fins e efeitos legais e sob as penas da lei que:
não ocupo ou ocupei cargo público permanente; ou
não obtive o estado civil de casada ou viúva após o óbito do instituir da pensão; ou
não estabeleci união estável; ou

não percebi ou percebo benefícios previdenciários decorrentes da alteração do estado civil de solteira, como a pensão prevista no art. 217, incisos I, II e III, da Lei nº 8.112, de 1990, ou de outros regimes de previdência. Comprometo-me a informar, imediatamente, ao (nome órgão de vinculação da pensão) a ocorrência de quaisquer das situações acima. Declaro, ainda, que tenho consciência de que constitui crime, previsto no art. 299 do Código Penal Brasileiro, prestar declaração falsa com o fim de criar obrigação ou alterar a verdade sobre fato juridicamente relevante e que a penalidade aplicada no seu cumprimento varia de 01 (um) a 03 (três) anos de reclusão e multa. Local e data: ______________, ______ de__________________de 202__ Assinatura do Procurador

Por fim, o Anexo VIII traz uma minuta de portaria de concessão:

ANEXO VIIII Minuta de Portaria de Concessão de Pensão PORTARIA Nº XXX, DE XX DE XXXX DE 20XX A (autoridade competente), no uso da competência que lhe foi atribuída pela (ato legal ou infralegal), publicada no DOU de XX de XXX de XXXX, e tendo em vista o que consta do Processo nº XXXXX, Resolve: Art. 1º Conceder pensão à(o) (nome do beneficiário), na qualidade de (tipo de beneficiário) do ex-servidor (nome do ex-servidor), ocupante do cargo (denominação do cargo/carreira), matricula Siape (número), do quadro de pessoal deste (nome do órgão ou entidade), falecido em (atividade/ aposentado), em (data de falecimento), com fundamento no inciso (numero) do art. 3º da Portaria SGP/SEDGG/ME Nº 4645, de 24 de maio de 2022, c/c o art. 217 da Lei nº 8.112, de 11 de dezembro de 1990, e (art. 2º da Lei nº 10.887, de 18 de junho de 2004 ou art. 23 da Emenda Constitucional nº 103, de 12 de novembro de 2019). Art. 2º Os efeitos desta Portaria entram em vigor em (data do óbito/requerimento/decisão judicial/ data da portaria). Assinatura da autoridade competente

3.7. AUXÍLIO-NATALIDADE

O auxílio-natalidade é devido à servidora por motivo de nascimento de filho, em quantia equivalente ao menor vencimento do serviço público, inclusive no caso de natimorto, sendo pago ao cônjuge ou companheiro servidor público, quando a parturiente não for servidora. Na hipótese de parto múltiplo, o valor será acrescido de 50% (cinquenta por cento), por nascituro.

3.8. SALÁRIO-FAMÍLIA

O salário-família é devido ao servidor ativo ou ao inativo, por dependente econômico[24], assim considerado, para fins de percepção deste benefício: o cônjuge ou

24. Não se configura a dependência econômica quando o beneficiário do salário-família perceber rendimento do trabalho ou de qualquer outra fonte, inclusive pensão ou provento da aposentadoria, em valor igual ou superior ao salário-mínimo.

companheiro e os filhos, inclusive os enteados até 21 (vinte e um) anos de idade ou, se estudante, até 24 (vinte e quatro) anos ou, se inválido, de qualquer idade; o menor de 21 (vinte e um) anos que, mediante autorização judicial, viver na companhia e às expensas do servidor, ou do inativo; a mãe e o pai sem economia própria.

Quando o pai e mãe[25] forem servidores públicos e viverem em comum, o salário-família será pago a um deles; quando separados, será pago a um e outro, de acordo com a distribuição dos dependentes.

O salário-família **não está sujeito a qualquer tributo**, nem servirá de base para qualquer contribuição, inclusive para a Previdência Social, sendo que **o afastamento do cargo efetivo, sem remuneração, não acarreta a suspensão do pagamento do salário-família.**

O valor deste benefício não foi fixado diretamente pela Lei 8.112/90, e sim em ato normativo regulamentador, sendo que após o advento da Emenda 20/1998, apenas os servidores de **baixa renda** terão direito a este benefício.

Eis o artigo 13 da Emenda 20/1998 (atualmente revogado pela EC 103/2019):

> *"Art. 13 - Até que a lei discipline o acesso ao salário-família e auxílio-reclusão para os* ***servidores****, segurados e seus dependentes, esses benefícios serão concedidos apenas àqueles que tenham renda bruta mensal igual ou inferior a R$ 360,00 (trezentos e sessenta reais), que, até a publicação da lei, serão corrigidos pelos mesmos índices aplicados aos benefícios do regime geral de previdência social".*

Mas a EC 103/2019 revogou o artigo 13 da EC 20/1998 (art. 35, inciso II), bem como limitou o rol de benefícios dos regimes próprios de previdência social às aposentadorias e à pensão por morte (art. 9º, §2º), de modo que não há mais base constitucional para a concessão do auxílio-reclusão em RPPS.

E isso gerou uma brecha. Isso porque com a revogação expressa do artigo 13 da EC 20/1998, passou a ser aplicado o artigo 27 da EC 103/2019:

> *"Art. 27. Até que lei discipline o acesso ao salário-família e ao auxílio-reclusão de que trata o* ***inciso IV do art. 201 da Constituição Federal****, esses benefícios serão concedidos apenas àqueles que tenham renda bruta mensal igual ou inferior a R$ 1.364,43 (mil, trezentos e sessenta e quatro reais e quarenta e três centavos), que serão corrigidos pelos mesmos índices aplicados aos benefícios do Regime Geral de Previdência Social.*
>
> *§ 1º Até que lei discipline o valor do auxílio-reclusão, de que trata o* ***inciso IV do art. 201 da Constituição Federal****, seu cálculo será realizado na*

25. Ao pai e à mãe equiparam-se o padrasto, a madrasta e, na falta destes, os representantes legais dos incapazes.

forma daquele aplicável à pensão por morte, não podendo exceder o valor de 1 (um) salário-mínimo.

§ 2º Até que lei discipline o valor do salário-família, de que trata o ***inciso IV do art. 201 da Constituição Federal****, seu valor será de R$ 46,54 (quarenta e seis reais e cinquenta e quatro centavos)".*

A questão é que o artigo 27 da EC 103 apenas remete ao artigo 201 da Constituição, que trata do Regime Geral. Dessa forma, desde 13/11/2019, não há mais impedimento constitucional para a concessão em RPPS de auxílio-reclusão para dependentes de servidores presos que não sejam de baixa renda.

3.9. LICENÇA PARA TRATAMENTO DE SAÚDE

No RPPS da União ainda não foi instituído o auxílio-doença, ao contrário do que prevê várias leis estaduais e municipais, razão pela qual a própria entidade política central arca com o pagamento da remuneração do servidor doente e incapacitado de trabalhar, não sendo utilizado o fundo previdenciário.

Deveras, será concedida ao servidor licença para tratamento de saúde, a pedido ou de ofício, com base em perícia médica oficial, sem prejuízo da remuneração a que fizer jus, sendo realizada, se necessário, na residência do servidor ou no estabelecimento hospitalar onde se encontrar internado, podendo ser feitas perícias periódicas.

Vale destacar que **a licença para tratamento de saúde inferior a 15 dias, dentro de 01 ano, poderá ser dispensada de perícia oficial**, na forma definida em regulamento, aprovado pelo Decreto 7.003, de 09.11.2009[26].

O atestado e o laudo da junta médica não se referirão ao nome ou natureza da doença, salvo quando se tratar de lesões produzidas por acidente em serviço, doença profissional ou qualquer das doenças especificadas no artigo 186, § 1º, da Lei 8.112/90.

3.10. LICENÇA À GESTANTE

De acordo com o artigo 207, da Lei 8.112/90, será concedida licença à servidora gestante por **120 (cento e vinte) dias consecutivos**, sem prejuízo da remuneração.

---

26. Art. 4º A perícia oficial poderá ser dispensada para a concessão de licença para tratamento de saúde, desde que:

I - não ultrapasse o período de cinco dias corridos; e

II - somada a outras licenças para tratamento de saúde gozadas nos doze meses anteriores, seja inferior a quinze dias.

Contudo, com o advento do Decreto 6.690/2008, que regulamentou a Lei 11.770/08, a licença à gestante poderá ser **prorrogada em 60 dias**, pois criado no RPPS da União o Programa de Prorrogação da Licença à Gestante e à Adotante, **desde que haja requerimento de prorrogação até o final do primeiro mês após o parto**[27].

Contudo, no período de prorrogação da licença à gestante as servidoras públicas não poderão exercer qualquer atividade remunerada e a criança não poderá ser mantida em creche ou organização similar, sob pena de perder o direito à prorrogação e ressarcir os cofres públicos.

Frise-se que para amamentar o próprio filho, até a idade de seis meses, a servidora lactante terá direito, durante a jornada de trabalho, a uma hora de descanso, que poderá ser parcelada em dois períodos de meia hora.

No caso de **aborto** atestado por médico oficial, a servidora terá direito a **30 (trinta) dias de repouso remunerado.**

■ POSIÇÃO DO STF

Em maio de 2022, em sede de Repercussão Geral, ao julgar o **Tema 1.182**, o STF estendeu a licença maternidade da servidora federal ao servidor pai monoparental:

O Tribunal, por unanimidade, apreciando o tema 1.182 da repercussão geral, negou provimento ao recurso extraordinário, para manter o acórdão recorrido, e fixou a seguinte tese: *"À luz do art. 227 da CF, que confere proteção integral da criança com absoluta prioridade e do princípio da paternidade responsável, a licença maternidade, prevista no art. 7º, XVIII, da CF/88 e regulamentada pelo art. 207 da Lei 8.112/1990, estende-se ao pai genitor monoparental"*, nos termos do voto do Relator. Ausente, justificadamente, a Ministra Rosa Weber. Presidência do Ministro Luiz Fux. Plenário, 12.5.2022.

Uma situação nova não habitualmente normatizada pelos entes federativos envolvendo a concessão de licença-maternidade foi julgada pelo STF no âmbito do tema 1072 em repercussão geral.

Embora não se trate de questão previdenciária, e sim de licença remunerada, é deveras importante abordar a situação. Conforme narrado nos autos, se trata de recurso extraordinário representativo do **Tema 1072 da sistemática da Repercussão Geral**, referente à possibilidade de concessão de licença-maternidade à mãe

27. De acordo com a Nota Técnica nº 201/2010-COGES/DENOP/SRH, não haverá direito de prorrogação de licença gestante fora do prazo de 30 dias após o parto.

não gestante, em união estável homoafetiva, cuja companheira engravidou após procedimento de inseminação artificial

Na origem, a ora recorrida ajuizou ação de concessão de licença gestante contra o Município de São Bernardo do Campo/SP, afirmando, em síntese, que: (i) é servidora pública pertencente ao quadro do referido ente municipal; (ii) convive em união estável homoafetiva; (iii) ela e sua companheira realizaram tratamento de fertilização in vitro utilizando os seus óvulos, o que ocasionou a gravidez em sua parceira; e (iv) sua companheira atua profissionalmente como autônoma e não é filiada a qualquer regime de previdência, não tendo, por isso, usufruído da licença-maternidade.

O STF adotou posição intermediária julgando a tese em abstrato. Apesar de garantir a concessão da licença-maternidade à servidora mãe não gestante, **não garantiu a concessão de duas licenças-maternidade**, e sim de **uma licença-maternidade e de uma licença-paternidade**, cujo prazo, habitualmente é menor no âmbito dos estatutos dos servidores públicos ou mesmo na CLT.

Veja-se a decisão:

> **Tema 1072 - Possibilidade de concessão de licença-maternidade à mãe não gestante, em união estável homoafetiva, cuja companheira engravidou após procedimento de inseminação artificial.**
>
> Há Repercussão?
>
> **Sim**
>
> **Relator(a):**
>
> MIN. LUIZ FUX
>
> Leading Case:
>
> RE 1211446
>
> Descrição:
>
> Recurso extraordinário em que se discute, à luz dos artigos 7º, inciso XVIII, e 37, caput, da Constituição Federal, a possibilidade de servidora pública, mãe não gestante, em união estável homoafetiva, cuja gestação de sua companheira decorreu de procedimento de inseminação artificial heteróloga, gozar de licença-maternidade.
>
> **Tese:** O Tribunal, por unanimidade, apreciando o tema 1.072 da repercussão geral, negou provimento ao recurso extraordinário, nos termos do voto do Relator. Em seguida, por maioria, foi fixada a seguinte tese: "A mãe servidora ou trabalhadora não gestante em união homoafetiva tem direito ao gozo de licença-maternidade. Caso a companheira tenha utilizado o benefício, fará jus à licença pelo período equivalente ao da licença-paternidade", vencidos os Ministros Alexandre de Moraes, Dias Toffoli e Cármen Lúcia. Presidência do Ministro Luís Roberto Barroso. Plenário, 13.3.2024.

Por isonomia e aplicando a mesma *ratio* da ADI 6.327 (RGPS), à licença paternidade do servidor público, na situação de internação do recém-nascido, o seu termo inicial será a data da alta hospitalar da criança, de modo que desde o nascimento até a referida alta hospitalar será devida a licença sem limite de prazo, fixando-se o termo inicial do prazo previsto na legislação do servidor público a partir da alta hospitalar da criança internada:

> RE 1532276
> **Órgão julgador:** Segunda Turma
> **Relator(a):** Min. ANDRÉ MENDONÇA
> **Julgamento:** 22/02/2025
> **Publicação:** 07/03/2025
> **Ementa**
> Ementa: Direito constitucional. Recurso extraordinário. **Licença-paternidade. Termo inicial em caso de internação hospitalar do recém-nascido. Necessidade de interpretação conforme princípios constitucionais.** I. Caso em exame 1. Recurso que discute a interpretação dada pela Corte de origem sobre norma distrital que trata do termo inicial da licença-paternidade dos policiais penais do Distrito Federal, determinando que o início de tal licença deve ocorrer a partir da alta hospitalar do recém-nascido. **II. Questão em discussão 2. A questão em discussão consiste em saber se é possível definir o termo inicial da licença-paternidade como sendo a alta hospitalar do recém-nascido, em caso de previsão normativa de que tal termo é o nascimento ou a adoção de filhos.** III. Razões de decidir 3. O direito à licença-paternidade possui assento constitucional e, ainda que caiba a normas infraconstitucionais sua regulamentação - incluindo a definição de seu termo inicial -, a interpretação dessas deve levar em conta os objetivos de tal direito, a própria razão para sua previsão expressa em nossa Carta Magna e os princípios e normas a ele relacionados. **4. A interpretação das normas referentes à licença-paternidade deve ser realizada em consonância com as disposições constitucionais relacionadas à criança, verdadeira principal destinatária da licença, à família, à paternidade responsável e à igualdade de gênero.** 5. A licença-paternidade é importante direito para a proteção da primeira infância, da formação e fortalecimento do vínculo familiar e de uma maior equalização da almejada igualdade entre homens e mulheres no exercício de seus cuidados em relação ao recém-nascido e nos impactos do nascimento de um filho na carreira de cada um. 6. A licença-paternidade, em casos que demandam internação hospitalar do recém-nascido, somente pode ser fruída na forma constitucionalmente estabelecida após a alta hospitalar deste, situação que deve ser levada em conta na definição de seu termo inicial. IV. Dispositivo e tese 7. Recurso não provido. **Tese de julgamento: O termo inicial da licença-paternidade, em caso de internação hospitalar do**

recém-nascido, deve ser considerado como a data de sua alta.

Dispositivos relevantes citados: CRFB, 5º, inc. I; art. 7º, inc. XIX; art. 39, § 3º; art. 226, caput, e §§ 5º e 7º; art. 227, caput; art. 229. Lei nº 13.257, de 2016. Jurisprudência relevante citada: ADI nº 6.327-MC/DF (2020), Rel. Min. Edson Fachin; ADI nº 6.327/DF (2022), Rel. Min. Edson Fachin; RE nº 1.348.854/SP (2022), Rel. Min. Alexandre de Moraes; ADO nº 20/DF (2024), Redator do acórdão Min. Edson Fachin.

3.11. LICENÇA À ADOTANTE

Na hipótese de servidora que **adotar ou obtiver guarda judicial de criança até um ano de idade, serão concedidos 90 dias de licença remunerada, ou de 30 dias, se a criança contar com mais de um ano de idade.**

No caso de adoção ou guarda judicial para adoção, de acordo com o Decreto 6.690/08, é prevista uma prorrogação, que poderá ocorrer nos seguintes prazos:

a) quarenta e cinco dias, no caso de criança de até um ano de idade;

b) quinze dias, no caso de criança com mais de um ano de idade[28].

Ressalte-se que no período de prorrogação da licença à adotante as servidoras públicas não poderão exercer qualquer atividade remunerada e a criança não poderá ser mantida em creche ou organização similar, sob pena de perder o direito à prorrogação e ressarcir os cofres públicos.

3.12. LICENÇA-PATERNIDADE

Pelo nascimento ou adoção de filhos, o **servidor terá direito à licença-paternidade de 05 dias consecutivos.**

Com o advento do Decreto 8.737/2016, foi instituído o Programa de Prorrogação da Licença-paternidade para os servidores para os servidores federais regidos pela Lei 8.112/90, podendo agora a licença alcançar a vinte dias no total.

De efeito, a prorrogação da licença-paternidade será concedida ao servidor público que requeira o benefício **no prazo de dois dias úteis após o nascimento ou a adoção e terá duração de quinze dias**, além dos cinco dias concedidos pelo art. 208 da Lei nº 8.112, de 1990.

Por outro lado, o beneficiado pela prorrogação da licença-paternidade não poderá exercer qualquer atividade remunerada durante a prorrogação da licença-paternidade.

28. Considera-se criança a pessoa de até doze anos de idade incompletos, nos termos do art. 2º da Lei nº 8.069, de 13 de julho de 1990.

3.13. LICENÇA POR ACIDENTE DE SERVIÇO

Se vitimado por acidente em serviço que o impeça de desenvolver as funções do seu cargo, o servidor público federal efetivo terá direito a uma licença com remuneração integral, pois inexistente o auxílio-doença no RPPS da União.

Configura acidente em serviço o dano físico ou mental sofrido pelo servidor, que se relacione, mediata ou imediatamente, com as atribuições do cargo exercido, devendo ser comprovado em 10 dias, prorrogável conforme as peculiaridades concretas.

O servidor acidentado em serviço que necessite de tratamento especializado poderá ser tratado em instituição privada, à conta de recursos públicos, mas o tratamento recomendado por junta médica oficial constitui medida de exceção e somente será admissível quando inexistirem meios e recursos adequados em instituição pública.

São equiparados a acidente em serviço o dano decorrente de agressão sofrida e não provocada pelo servidor no exercício do cargo ou sofrido no percurso da residência para o trabalho e vice-versa (acidente *in itinere*).

De acordo com a Lei 6.782/80, as doenças profissionais também foram equiparadas a acidente em serviço para fins de concessão de pensão, sendo aplicável este entendimento para a concessão desta licença.

3.14. ASSISTÊNCIA À SAÚDE DO SEGURADO E DE SEUS DEPENDENTES

De acordo com o artigo 230, da Lei 8.112/90, a assistência à saúde do servidor, ativo ou inativo, e de sua família compreende assistência médica, hospitalar, odontológica, psicológica e farmacêutica, terá como diretriz básica o implemento de ações preventivas voltadas para a promoção da saúde e será prestada pelo Sistema Único de Saúde - SUS, diretamente pelo órgão ou entidade ao qual estiver vinculado o servidor, **ou mediante convênio ou contrato, ou ainda na forma de *auxílio*, mediante ressarcimento parcial do valor despendido pelo servidor, ativo ou inativo, e seus dependentes ou pensionistas com planos ou seguros privados de assistência à saúde**, na forma estabelecida em regulamento.

A União, suas autarquias e fundações públicas poderão celebrar convênios exclusivamente para a prestação de serviços de assistência à saúde para os seus servidores ou empregados ativos, aposentados, pensionistas, bem como para seus respectivos grupos familiares definidos, com entidades de autogestão por elas patrocinadas por meio de instrumentos jurídicos efetivamente celebrados e publicados até 12 de fevereiro de 2006 e que possuam autorização de funcionamento do órgão regulador, sendo certo que os convênios celebrados depois dessa data somente poderão sê-lo na forma da regulamentação específica sobre patrocínio de autogestões, a ser publicada pelo mesmo órgão regulador, no prazo de 180 (cento e oitenta) dias da vigência desta Lei, normas essas também aplicáveis aos convênios existentes até 12 de fevereiro de 2006.

Outrossim, será possível a contratação, por licitação, de operadoras de planos e seguros privados de assistência à saúde que possuam autorização de funcionamento do órgão regulador.

De arremate, **o valor do ressarcimento fica limitado ao total despendido pelo servidor ou pensionista civil com plano ou seguro privado de assistência à saúde**, tendo natureza indenizatória, sendo regulado pela Portaria Normativa 05/2010, da lavra do Secretário de Recursos Humanos do Ministério do Planejamento, variando entre R$ 72,00 e R$ 129,00 por pessoa, a depender da remuneração do servidor e da sua faixa etária.

3.15. AUXÍLIO-FUNERAL

É um benefício devido à família do servidor falecido na atividade ou aposentado, em valor equivalente a um mês da remuneração ou provento, equivalendo a maior remuneração, na hipótese de acumulação legal de cargos, que objetiva auxiliar nas despesas de funeral.

Se uma terceira pessoa não integrante da família do servidor falecido custear as despesas de funeral, este terá direito ao benefício.

Caso o falecimento de servidor em serviço fora do local de trabalho, inclusive no exterior, as despesas de transporte do corpo correrão à conta de recursos da União, autarquia ou fundação pública.

De acordo com o entendimento do Tribunal de Contas de União, o auxílio-funeral não ostenta a natureza de benefício previdenciário, e assim assistencialista[29], mesmo porque os Regimes Próprios de Previdência Social não poderão conceder benefícios diversos do RGPS.

3.16. AUXÍLIO-RECLUSÃO

Os familiares do servidor federal encarcerado terão direito à percepção do auxílio-reclusão, **equivalente a dois terços da remuneração**, quando afastado por motivo de prisão, em flagrante ou preventiva, determinada pela autoridade competente, enquanto perdurar a prisão, tendo direito o servidor à integralização posterior da remuneração se for absolvido.

Na hipótese de condenação transitada em julgado, se não houver perda do cargo público, equivalerá a metade da remuneração do servidor.

O benefício cessará a partir do livramento, mesmo que condicional.

29. Acórdão 346/2006 - Plenário.

Com o advento da Emenda 20/98, apenas os servidores presos de baixa renda instituirão o auxílio-reclusão aos seus dependentes, devendo ser considerada a última remuneração.

Fará jus ao auxílio-reclusão o dependente do servidor de baixa renda, recolhido à prisão, nos termos da lei de cada ente, sendo que até que a lei discipline o acesso ao auxílio-reclusão para os dependentes do segurado, esses benefícios serão concedidos apenas àqueles que recebam remuneração, subsídio ou provento mensal igual ou inferior ao valor limite definido no âmbito no RGPS.

Eis o artigo 13 da Emenda 20/1998 (atualmente revogado pela EC 103/2019):

> *"Art. 13 - Até que a lei discipline o acesso ao salário-família e auxílio-reclusão para os* ***servidores****, segurados e seus dependentes, esses benefícios serão concedidos apenas àqueles que tenham renda bruta mensal igual ou inferior a R$ 360,00 (trezentos e sessenta reais), que, até a publicação da lei, serão corrigidos pelos mesmos índices aplicados aos benefícios do regime geral de previdência social".*

No entanto, de maneira equivocada, o STJ já vinha afastando a exigência de baixa renda do servidor preso, conferindo interpretação restritiva ao artigo 13 da Emenda 20/1998, que não diferenciou o regime previdenciário do servidor.

■ **POSIÇÃO DO STJ**

INFORMATIVO 560 - "DIREITO ADMINISTRATIVO. AUXÍLIO-RECLUSÃO A SERVIDORES OCUPANTES DE CARGO EFETIVO.

Para concessão de auxílio-reclusão, não se aplica aos servidores públicos estatutários ocupantes de cargos efetivos a exigência de baixa renda prevista no art. 13 da EC 20/1998. Isso porque o referido dispositivo legal foi dirigido apenas aos servidores públicos vinculados ao Regime Geral da Previdência Social (RGPS). Ademais, por ocasião do julgamento do RE 486.413-SP, o STF examinou a questão do auxílio-reclusão sob a ótica de saber se, para sua concessão, a renda a ser considerada é a do próprio segurado preso ou aquela de seus dependentes. Naquela oportunidade, o STF assentou que "a Constituição circunscreve a concessão do auxílio-reclusão às pessoas que: (i) estejam presas; (ii) possuam dependentes; (iii) sejam seguradas da Previdência Social; e (iv) tenham baixa renda", tendo o voto vencedor expressamente registrado que "um dos escopos da referida Emenda Constitucional foi o de restringir o acesso ao auxílio-reclusão, utilizando, para tanto, a renda do segurado" (RE 486.413-SP, Tribunal Pleno, DJe 8/5/2009). Assim, conclui-se que o art. 13 da EC 20/1998 não afeta a situação jurídica dos servidores ocupantes de cargo público de provimento efetivo, mas apenas os servidores vinculados ao RGPS, isto é, empregados públicos, contratados temporariamente e exclusivamente titulares de cargos comissionados. Precedente citado: REsp 1.421.533-PB, Segunda Turma, DJe 25/9/2014. AgRg no REsp 1.510.425-RJ, Rel. Min. Humberto Martins, julgado em 16/4/2015, DJe 22/4/2015".

Corresponderá à última remuneração do cargo efetivo ou subsídio do servidor recluso, observado o valor definido como baixa renda, sendo devido aos dependentes do servidor recluso que não estiver recebendo remuneração decorrente do seu cargo e será pago enquanto for titular desse cargo.

Mas a EC 103/2019 revogou o artigo 13 da EC 20/1998 (art. 35, inciso II), bem como limitou o rol de benefícios dos regimes próprios de previdência social às aposentadorias e à pensão por morte (art. 9º, §2º), de modo que não há mais base constitucional para a concessão do auxílio-reclusão em RPPS.

E isso gerou uma brecha. Isso porque com a revogação expressa do artigo 13 da EC 20/1998, passou a ser aplicado o artigo 27 da EC 103/2019:

> *"Art. 27. Até que lei discipline o acesso ao salário-família e ao auxílio-reclusão de que trata o* ***inciso IV do art. 201 da Constituição Federal****, esses benefícios serão concedidos apenas àqueles que tenham renda bruta mensal igual ou inferior a R$ 1.364,43 (mil, trezentos e sessenta e quatro reais e quarenta e três centavos), que serão corrigidos pelos mesmos índices aplicados aos benefícios do Regime Geral de Previdência Social.*
>
> *§ 1º Até que lei discipline o valor do auxílio-reclusão, de que trata o* ***inciso IV do art. 201 da Constituição Federal****, seu cálculo será realizado na forma daquele aplicável à pensão por morte, não podendo exceder o valor de 1 (um) salário-mínimo.*
>
> *§ 2º Até que lei discipline o valor do salário-família, de que trata o* ***inciso IV do art. 201 da Constituição Federal****, seu valor será de R$ 46,54 (quarenta e seis reais e cinquenta e quatro centavos)".*

A questão é que o artigo 27 da EC 103 apenas remete ao artigo 201 da Constituição, que trata do Regime Geral. Dessa forma, desde 13/11/2019, não há mais impedimento constitucional para a concessão em RPPS de auxílio-reclusão para dependentes de servidores presos que não sejam de baixa renda.

Por fim, vale frisar que o auxílio-reclusão será devido, nas mesmas condições da pensão por morte, aos dependentes do segurado servidor federal recolhido à prisão.

Deste modo, as regras da pensão por morte serão aplicáveis ao auxílio-reclusão no que for compatível, tendo havido a comunicação das regras inauguradas pela Lei 13.135/2015.

3.17. ABONO DE PERMANÊNCIA

Para os **servidores federais** existem na Emenda 103/2019 três regras para o pagamento abono de permanência em serviço:

a) artigo 3º, §3º;

b) artigo 8º;

c) artigo 10, §5º.

Essas regras garantem o pagamento do abono de permanência em valor equivalente ao da contribuição previdenciária paga pelo servidor federal.

A **primeira** delas preserva o direito ao abono para quem adquiriu o direito a se aposentar com base nas regras antigas até 13.11.2019 pelo direito adquirido:

> *"Art. 3º A concessão de* ***aposentadoria ao servidor público federal*** *vinculado a regime próprio de previdência social e ao segurado do Regime Geral de Previdência Social e de pensão por morte aos respectivos dependentes será assegurada, a qualquer tempo, desde que tenham sido cumpridos os requisitos para obtenção desses benefícios* ***até a data de entrada em vigor desta Emenda Constitucional,*** *observados os critérios da legislação vigente na data em que foram atendidos os requisitos para a concessão da aposentadoria ou da pensão por morte.*
>
> *§ 1º Os proventos de aposentadoria devidos ao servidor público a que se refere o* ***caput*** *e as pensões por morte devidas aos seus dependentes serão calculados e reajustados de acordo com a legislação em vigor à época em que foram atendidos os requisitos nela estabelecidos para a concessão desses benefícios.*
>
> *§ 2º Os proventos de aposentadoria devidos ao segurado a que se refere o* ***caput*** *e as pensões por morte devidas aos seus dependentes serão apurados de acordo com a legislação em vigor à época em que foram atendidos os requisitos nela estabelecidos para a concessão desses benefícios.*
>
> ***§ 3º Até que entre em vigor lei federal de que trata o § 19 do art. 40 da Constituição Federal, o servidor de que trata o caput que tenha cumprido os requisitos para aposentadoria voluntária com base no disposto na alínea "a" do inciso III do § 1º do art. 40 da Constituição Federal, na redação vigente até a data de entrada em vigor desta Emenda Constitucional, no art. 2º, no § 1º do art. 3º ou no art. 6º da Emenda Constitucional nº 41, de 19 de dezembro de 2003, ou no art. 3º da Emenda Constitucional nº 47, de 5 de julho de 2005, que optar por permanecer em atividade fará jus a um abono de permanência equivalente ao valor da sua contribuição previdenciária, até completar a idade para aposentadoria compulsória".***

A **segunda** regra garante o direito ao abono no caso de implemento das regras de aposentação citadas (quatro regras de transição e o regramento permanente da pessoa com deficiência):

> *"Art. 8º Até que entre em vigor lei federal de que trata o § 19 do art. 40 da Constituição Federal, o servidor público federal que cumprir as exigências para a concessão da aposentadoria voluntária nos termos do disposto nos* ***arts. 4º, 5º, 20, 21 e 22*** *e que optar por permanecer em atividade fará jus a um* ***abono de permanência equivalente ao valor da sua contribuição previdenciária****, até completar a idade para aposentadoria compulsória".*

A **terceira** garante o direito ao abono no caso de preenchimento das regras permanentes de aposentação do artigo 10 da EC 103/2019:

> *"Art. 10. Até que entre em vigor lei federal que discipline os benefícios do regime próprio de previdência social dos servidores da União, aplica-se o disposto neste artigo.*

§ 1º Os servidores públicos federais serão aposentados:

I - voluntariamente, observados, cumulativamente, os seguintes requisitos:

a) 62 (sessenta e dois) anos de idade, se mulher, e 65 (sessenta e cinco) anos de idade, se homem; e

b) 25 (vinte e cinco) anos de contribuição, desde que cumprido o tempo mínimo de 10 (dez) anos de efetivo exercício no serviço público e de 5 (cinco) anos no cargo efetivo em que for concedida a aposentadoria;

II - por incapacidade permanente para o trabalho, no cargo em que estiverem investidos, quando insuscetíveis de readaptação, hipótese em que será obrigatória a realização de avaliações periódicas para verificação da continuidade das condições que ensejaram a concessão da aposentadoria; ou

III - compulsoriamente, na forma do disposto no inciso II do § 1º do art. 40 da Constituição Federal.

§ 2º Os servidores públicos federais com direito a idade mínima ou tempo de contribuição distintos da regra geral para concessão de aposentadoria na forma dos §§ 4º-B, 4º-C e 5º do art. 40 da Constituição Federal poderão aposentar-se, observados os seguintes requisitos:

I - o policial civil do órgão a que se refere o inciso XIV do caput do art. 21 da Constituição Federal, o policial dos órgãos a que se referem o inciso IV do caput do art. 51, o inciso XIII do caput do art. 52 e os incisos I a III do caput do art. 144 da Constituição Federal e o ocupante de cargo de agente federal penitenciário ou socioeducativo, aos 55 (cinquenta e cinco) anos de idade, com 30 (trinta) anos de contribuição e 25 (vinte e cinco) anos de efetivo exercício em cargo dessas carreiras, para ambos os sexos;

II - o servidor público federal cujas atividades sejam exercidas com efetiva exposição a agentes químicos, físicos e biológicos prejudiciais à saúde, ou associação desses agentes, vedada a caracterização por categoria profissional ou ocupação, aos 60 (sessenta) anos de idade, com 25 (vinte e cinco) anos de efetiva exposição e contribuição, 10 (dez) anos de efetivo exercício de serviço público e 5 (cinco) anos no cargo efetivo em que for concedida a aposentadoria;

III - o titular do cargo federal de professor, aos 60 (sessenta) anos de idade, se homem, aos 57 (cinquenta e sete) anos, se mulher, com 25 (vinte e cinco) anos de contribuição exclusivamente em efetivo exercício das funções de magistério na educação infantil e no ensino fundamental e médio, 10 (dez) anos de efetivo exercício de serviço público e 5 (cinco) anos no cargo efetivo em que for concedida a aposentadoria, para ambos os sexos.

§ 3º A aposentadoria a que se refere o § 4º-C do art. 40 da Constituição Federal observará adicionalmente as condições e os requisitos estabelecidos para o Regime Geral de Previdência Social, naquilo em que não conflitarem com as regras específicas aplicáveis ao regime próprio de previdência social da União, vedada a conversão de tempo especial em comum.

§ 4º Os proventos das aposentadorias concedidas nos termos do disposto neste artigo serão apurados na forma da lei.

§ 5º Até que entre em vigor lei federal de que trata o § 19 do art. 40 da Constituição Federal, o servidor federal que cumprir as exigências para a concessão da aposentadoria voluntária nos termos do disposto neste artigo e que optar por permanecer em atividade fará jus a um abono de permanência equivalente ao valor da sua contribuição previdenciária, até completar a idade para aposentadoria compulsória".

3.18. DIREITO ADQUIRIDO

O direito adquirido é regido pelo artigo 3º da EC 103/2019:

"Art. 3º A concessão de **aposentadoria** ao servidor público federal vinculado a regime próprio de previdência social e ao segurado do Regime Geral de Previdência Social e de **pensão por morte** aos respectivos dependentes será assegurada, **a qualquer tempo, desde que tenham sido cumpridos os requisitos para obtenção destes benefícios até a data de entrada em vigor desta Emenda Constitucional**, observados os critérios da legislação vigente na data em que foram atendidos os requisitos para a concessão da aposentadoria ou da pensão por morte.

§ 1º Os proventos de aposentadoria a serem concedidos ao servidor público a que se refere o *caput* e as pensões por morte devidas aos seus dependentes serão **calculados e reajustados de acordo com a legislação em vigor à época em que foram atendidos os requisitos nela estabelecidos para a concessão destes benefícios.**

§ 2º O valor da aposentadoria e da pensão concedida na forma prevista no *caput* para o segurado do Regime Geral de Previdência Social ou para seus dependentes será apurado de acordo com a legislação em vigor à época em que foram atendidos os requisitos nela estabelecidos para a concessão do benefício".

A **vigência da Emenda 103/2019** se deu data da sua publicação, ocorrida em **13/11/2019**, com início do novo regime jurídico no dia seguinte à sua publicação, salvo exceções contempladas no seu artigo 36.

Desde as Emendas 20/98[30] e 41/2003[31], assegurou-se o regime jurídico anterior com a formação do direito adquirido, ou seja, o implemento de todos os requisitos para a concessão do benefício em RPPS antes da reforma constitucional.

---

30. Art. 3º - É assegurada a concessão de aposentadoria e pensão, a qualquer tempo, aos servidores públicos e aos segurados do regime geral de previdência social, bem como aos seus dependentes, que, até a data da **publicação desta Emenda**, tenham cumprido os requisitos para a obtenção destes benefícios, com base nos critérios da legislação então vigente.

31. Art. 3º É assegurada a concessão, a qualquer tempo, de aposentadoria aos servidores públicos, bem como pensão aos seus dependentes, que, até a data de **publicação desta Emenda**, tenham cumprido

Daí que os servidores que implementarem todos os requisitos para se aposentar **até o dia da entrada em vigor da Emenda** 103/2019 **(data da publicação)** terão direito adquirido ao regime anterior, mesmo que prossigam em atividade.

O mesmo ocorre com os óbitos de servidores públicos ocorridos até o dia da publicação da Emenda, cujo regime jurídico será o anterior, independentemente da data de entrada do requerimento administrativo, pois é pacífico que a norma em vigor no dia da morte forma o estatuto do benefício, em respeito ao Princípio do *Tempus Regit Actum*.

> **■ POSIÇÃO DO STJ**
>
> Nesse sentido, o STJ:
>
> Súmula 340- *"A lei aplicável à concessão de pensão previdenciária por morte é aquela vigente na data do óbito do segurado"*.

Nesse sentido, o **direito adquirido do servidor federal** restou assegurado no artigo 3º da Emenda 103/2019.

A ninguém é dado ter o melhor de dois mundos jurídicos, criando um terceiro regime jurídico com a escolha do melhor dos dois mundos. Daí que o servidor federal que prosseguir em atividade e optar pela concessão com base no direito adquirido, não poderá computar novas contribuições previdenciárias vertidas após a vigência da reforma constitucional.

Muitos servidores públicos federais vêm buscando o pagamento de **indenização previdenciária** à luz do artigo 45-A[32] da Lei 8.212/91 para a emissão de

---

todos os requisitos para obtenção desses benefícios, com base nos critérios da legislação então vigente.

32. Art. 45-A. O contribuinte individual que pretenda contar como tempo de contribuição, para fins de obtenção de benefício no Regime Geral de Previdência Social ou de contagem recíproca do tempo de contribuição, período de atividade remunerada alcançada pela decadência deverá indenizar o INSS. (Incluído pela Lei Complementar nº 128, de 2008)

    § 1º O valor da indenização a que se refere o *caput* deste artigo e o § 1º do art. 55 da Lei nº 8.213, de 24 de julho de 1991, corresponderá a 20% (vinte por cento): (Incluído pela Lei Complementar nº 128, de 2008)

    I - da média aritmética simples dos maiores salários-de-contribuição, reajustados, correspondentes a 80% (oitenta por cento) de todo o período contributivo decorrido desde a competência julho de 1994; ou (Incluído pela Lei Complementar nº 128, de 2008)

    II - da remuneração sobre a qual incidem as contribuições para o regime próprio de previdência social a que estiver filiado o interessado, no caso de indenização para fins da contagem recíproca de que tratam os arts. 94 a 99 da Lei nº 8.213, de 24 de julho de 1991, observados o limite máximo previsto no art. 28 e o disposto em regulamento. (Incluído pela Lei Complementar nº 128, de 2008)

    § 2º Sobre os valores apurados na forma do § 1º deste artigo incidirão juros moratórios de 0,5% (cinco décimos por cento) ao mês, capitalizados anualmente, limitados ao percentual máximo de 50% (cinqüenta por cento), e multa de 10% (dez por cento). (Incluído pela Lei Complementar nº 128, de 2008)

CTC pelo INSS para trazer ao RPPS períodos de labor autônomo sem o devido recolhimento de contribuição previdenciária ao RGPS na época da prestação.

Isso é plenamente possível para o cômputo de tempo de contribuição em que o tributo já decaiu em razão do decurso de prazo superior a 5 anos do fato gerador, desde que demonstrada a atividade remunerada autônoma na época por início de prova material contemporâneo aos fatos ou inscrição ativa no INSS no período.

No entanto, para a formação do direito adquirido, conquanto o artigo 3º da Emenda 103/2019 não trate do tema de modo expresso, entende-se que **o pagamento da indenização previdenciária deve ocorrer até o dia da publicação da Emenda**, sob pena de não consideração para fins de aquisição de direito pré-reforma, pois o direito ao tempo de contribuição respectivo só é adquirido com o efetivo pagamento, conquanto se refira a período remoto.

Isso porque o direito adquirido é assegurado somente para os casos do direito formado no dia da publicação da Emenda, o que não ocorre se o pagamento da indenização se der *a posteriori*, pois nesta hipótese não havia o direito de aposentadoria na data de mudança de regime jurídico.

Por exceção, acaso o servidor federal tenha requerido ao INSS o pagamento de indenização em prazo razoável para a duração do processo administrativo previdenciário, com requerimento em data anterior ao advento da alteração constitucional em comento, entende-se que o pagamento deve ser admitido para a formação do direito adquirido, mesmo que efetuado posteriormente à reforma constitucional, pois o segurado não poderá se prejudicar pela mora da Autarquia Federal.

Tomando como parâmetro o julgamento do RE 631.240[33], entende-se que somente o requerimento de cálculo de indenização perpetrado antes de 90 dias do dia da publicação da Emenda se amolda na situação citada.

Isso porque o direito adquirido, para fins do artigo 3º da Emenda 103/2019, é um "retrato" tirado em 13/11/2019, data da sua publicação. Pagamentos posteriores não são válidos para fins de direito adquirido, pois os pagamentos são constitutivos do direito a partir da sua realização, não tendo efeitos retroativos

§ 3º O disposto no § 1º deste artigo não se aplica aos casos de contribuições em atraso não alcançadas pela decadência do direito de a Previdência constituir o respectivo crédito, obedecendo-se, em relação a elas, as disposições aplicadas às empresas em geral. (Incluído pela Lei Complementar nº 128, de 2008)

33. 7. Nas ações sobrestadas, o autor será intimado a dar entrada no pedido administrativo em 30 dias, sob pena de extinção do processo. **Comprovada a postulação administrativa, o INSS será intimado a se manifestar acerca do pedido em até 90 dias, prazo dentro do qual a Autarquia deverá colher todas as provas eventualmente necessárias e proferir decisão.** Se o pedido for acolhido administrativamente ou não puder ter o seu mérito analisado devido a razões imputáveis ao próprio requerente, extingue-se a ação. Do contrário, estará caracterizado o interesse em agir e o feito deverá prosseguir.

na situação de segurados que não possuem presunção de recolhimento de contribuição previdenciária (exemplo principal é o contribuinte individual autônomo).

Por outro lado, **"todos os recolhimentos em atraso realizados até a data de entrada do requerimento serão considerados, inclusive para cômputo no tempo total calculado para a verificação do direito às regras de transição aplicadas nas aposentadorias por idade, tempo de contribuição, do professor e especial, ressalvada a hipótese anterior".**

Destarte, para fins das regras de transição, em regra, serão considerados recolhimentos feitos após a vigência da Emenda 103/2019, salvo nas situações em que a regra exija um tempo de contribuição cumprido até 13.11.2019.

O **ANEXO I da Portaria SGP/SEDGG/ME 10.360/2022** simplificou as regras de direito adquirido do servidor federal, se lhe forem mais favoráveis que as novas regras, na situação de formação de direito até 13.11.2019 (data de publicação da Emenda 103/2019, conforme assegurado no seu art. 3º):

> **ANEXO I**
> **REGRAS DE APOSENTADORIA PELO DIREITO ADQUIRIDO**
>
> Art. 1º A concessão de aposentadoria ao servidor público federal filiado ao Regime Próprio de Previdência Social da União - RPPS da União - será assegurada, a qualquer tempo, desde que tenham sido cumpridos os requisitos para a sua obtenção até a data da entrada em vigor da Emenda Constitucional nº 103, de 2019, observados os critérios da legislação vigente na data em que foram atendidos os requisitos para a sua concessão.
>
> § 1º São asseguradas as seguintes aposentadorias:
>
> I - por invalidez;
>
> II - compulsória; e
>
> III - voluntária.
>
> § 2º O servidor afastado para o exercício de mandato eletivo, de licença para mandato classista, para estudo ou missão no exterior ou participação em programa de formação, que não realizou o recolhimento da contribuição ao RPPS da União, poderá indenizar o regime, nos termos da Instrução Normativa RFB nº 2097, de 18 de julho de 2022, para fins de cumprimento do requisito do tempo de contribuição.
>
> CAPÍTULO
>
> REGRAS DE APOSENTADORIA
>
> Seção I
>
> Aposentadoria por Invalidez
>
> Art. 2º O servidor cujo laudo médico pericial definir como início da invalidez permanente data anterior a 13 de novembro de 2019 será aposentado

por invalidez, com proventos proporcionais ao tempo de contribuição, exceto se decorrente de acidente em serviço, moléstia profissional ou doença grave, contagiosa ou incurável constantes no § 1º do art. 186 da Lei nº 8.112, de 1990, hipóteses em que os proventos serão integrais.

§ 1º O rol constante no § 1º do art. 186 da Lei nº 8.112, de 1990, é taxativo, sendo vedado o enquadramento de outras doenças como graves, contagiosas ou incuráveis que não estejam expressamente previstas no referido dispositivo.

§ 2º O denominador a ser utilizado na aposentadoria proporcional é de 35 (trinta e cinco) anos para o homem; e 30 (trinta) anos para a mulher, independentemente de o servidor ter cumprido os requisitos para aposentadorias especiais.

Art. 3º O servidor que acumula licitamente dois cargos públicos poderá ser declarado inválido em um cargo e continuar em atividade no outro.

Parágrafo único. Aplica-se o disposto no caput ao servidor investido em cargo em comissão.

Art. 4º Não é incompatível o exercício de atividade na iniciativa privada, por servidor aposentado por invalidez, se as atividades desempenhadas não forem idênticas às atividades inerentes ao cargo para o qual foi declarado inválido (atribuições, carga horária e procedimentos - requisitos não cumulativos).

Parágrafo único. O servidor que se enquadrar na situação do caput deverá ser submetido à perícia Oficial em Saúde, que avaliará a subsistência dos requisitos que ensejaram a concessão do benefício previdenciário; a manutenção da aposentadoria; ou a possibilidade de aplicação da readaptação.

Art. 5º Os proventos de aposentadoria a que se refere o art. 2º deste Anexo serão calculados observando-se os seguintes requisitos:

I - para o servidor que ingressou em cargo efetivo até 31 de dezembro de 2003, será calculado segundo a Seção I do Capítulo II deste Anexo;

II - para o servidor que ingressou em cargo efetivo após 1º de janeiro de 2004, deverá observar-se o disposto na Seção II do Capítulo II.

Parágrafo único. Para fins de cálculo dos proventos de aposentadoria o tempo contributivo será considerado em dias, cujos efeitos financeiros vigoram desde o dia 19 de setembro de 2018.

Seção II

Aposentadoria Compulsória

Art. 6º Ressalvado o direito à aposentadoria voluntária, o servidor será aposentado compulsoriamente aos 75 (setenta e cinco) anos de idade, com proventos proporcionais ao tempo de contribuição, observado, quanto ao seu cálculo, o disposto na Seção II do Capítulo II deste Anexo.

§ 2º A aposentadoria terá vigência no dia imediato àquele em que o servidor completar 75 (setenta e cinco) anos de idade, encerrando-se, automaticamente, as licenças ou afastamentos que porventura esteja usufruindo.

§ 3º Os proventos das aposentadorias de que tratam este artigo serão calculados, nos termos da Seção II do Capítulo II deste Anexo.

Seção III

Aposentadoria Voluntária

Subseção I

Art. 40 da Constituição Federal

Art. 7º O servidor que tenha ingressado regularmente em cargo público efetivo na Administração Pública direta, autárquica e fundacional da União, Estados, Distrito Federal e Municípios poderá se aposentar voluntariamente desde que tenha cumprido os seguintes requisitos até 12 de novembro de 2019:

I - voluntariamente por idade e tempo de contribuição:

a) 10 (dez) anos de efetivo exercício no serviço público;

b) 5 (cinco) anos de efetivo exercício no cargo efetivo em que se der a aposentadoria; e

c) 60 (sessenta) anos de idade e 35 (trinta e cinco) anos de tempo de contribuição, se homem; e 55 (cinquenta e cinco) anos de idade e 30 (trinta) anos de tempo de contribuição, se mulher.

II - voluntariamente por idade, com proventos proporcionais ao tempo de contribuição:

a) 10 (dez) anos de efetivo exercício no serviço público;

b) 5 (cinco) anos de efetivo exercício no cargo em que se der a aposentadoria;

c) 65 (sessenta e cinco) anos de idade, se homem; e 60 (sessenta) anos de idade, se mulher.

III - será concedida aposentadoria especial ao servidor ocupante de cargo de professor, desde que comprove tempo de efetivo exercício exclusivamente nas funções de magistério na educação infantil e no ensino fundamental e médio, e que tenha preenchido os seguintes requisitos:

a) 10 (dez) anos de efetivo exercício no serviço público;

b) 5 (cinco) anos de efetivo exercício no cargo efetivo em que se der a aposentadoria; e

c) 55 (cinquenta e cinco) anos de idade e 30 (trinta) anos de tempo de contribuição, se homem; e 50 (cinquenta) anos de idade e 25 (vinte e cinco) anos de tempo de contribuição, se mulher.

§ 1º São consideradas funções de magistério aquelas exercidas por servidor ocupante de cargo de professor no desempenho de atividades educativas, quando exercidas em estabelecimento de educação básica, formada pela educação infantil, ensino fundamental e médio, em seus diversos níveis e modalidades, incluídas, além do exercício de docência, as de direção de unidade escolar e as de coordenação e assessoramento pedagógico.

§ 2º Não se enquadra no conceito de "efetivo exercício das funções de magistério", o tempo de serviço relativo as licenças ou afastamentos para a realização de cursos de qualquer natureza.

§ 3º Os proventos das aposentadorias de que tratam este artigo serão calculados nos termos da Seção II do Capítulo II deste Anexo.

Subseção II

Art. 2º da Emenda Constitucional nº 41, de 2003.

Art. 8º Assegurado o direito de opção pelas regras previstas no art. 7º deste Anexo, o servidor que tenha ingressado regularmente em cargo público efetivo na Administração Pública direta, autárquica e fundacional da União, Estados, Distrito Federal e Municípios até 16 de dezembro de 1998, é facultado aposentar-se voluntariamente, desde que tenha cumprido os seguintes requisitos até 12 de novembro de 2019:

I - 53 (cinquenta e três) anos de idade, se homem; e 48 (quarenta e oito) anos de idade, se mulher;

II - 5 (cinco) anos de efetivo exercício no cargo em que se der a aposentadoria; e

III - contar tempo de contribuição igual, no mínimo, à soma de:

a) 35 (trinta e cinco) anos, se homem; e 30 (trinta) anos, se mulher, e

b) um período adicional de contribuição equivalente a 20% (vinte por cento) do tempo que, em 16 de dezembro de 1998, faltaria para atingir o limite de tempo de trinta e cinco anos de contribuição, se homem, e trinta anos, se mulher.

§ 1º O servidor de que trata este artigo, que cumpriu as exigências para aposentadoria na forma do caput, terá os seus proventos calculados nos termos da Seção II do Capítulo II deste Anexo, sendo reduzido para cada ano antecipado em relação aos limites de idade estabelecidos pelo art. 7º, inciso III, alínea "c" deste Anexo, observada a seguinte proporção:

I - 3,5% (três inteiros e cinco décimos por cento) para aquele que tiver completado as exigências para aposentadoria na forma do caput até 31 de dezembro de 2005; e

II - 5,00% (cinco por cento) para aquele que completou as exigências previstas no caput a partir de 1º de janeiro de 2006.

§ 2º O número de anos antecipados para fins de cálculo da redução do § 1º deste artigo será verificado no momento da concessão do benefício.

§ 3º Os percentuais de redução previstos nos incisos I e II do § 1º deste artigo serão aplicados sobre o valor do benefício inicial calculado pela média das contribuições, conforme Seção II do Capítulo II deste Anexo, não podendo exceder o valor da remuneração ou subsídio do respectivo servidor no cargo efetivo em que se der a aposentadoria.

§ 4º O professor de qualquer nível de ensino que, até 16 de dezembro de 1998, data da publicação da Emenda Constitucional nº 20, de 1998, tenha ingressado regularmente em cargo efetivo das carreiras de magistério da União, Estados, Distrito Federal e Municípios, incluídas suas autarquias e fundações, e que opte por aposentar-se com fundamento neste artigo, terá o tempo de serviço exercido até 16 de dezembro de 1998, acrescido em 17% (dezessete por cento), se homem, e em 20% (vinte por cento), se mulher, desde que se aposente, exclusivamente, com tempo de efetivo exercício nas funções de magistério, conforme definição constante no § 1º do art. 7º deste Anexo.

Subseção III

Art. 6º da Emenda Constitucional nº 41, de 2003

Art. 9º Ressalvado o direito de opção pelas regras contidas nos arts. 7º e 8º deste Anexo, o servidor que tenha ingressado em cargo público efetivo na Administração Pública direta, autárquica e fundacional da União, Estados, Distrito Federal e Municípios até 31 de dezembro de 2003, data de publicação da Emenda Constitucional nº 41, de 2003, poderá aposentar-se com proventos calculados conforme a Seção I do Capítulo II deste Anexo, desde que atendidas, cumulativamente, as seguintes condições até 12 de novembro de 2019:

I - 60 (sessenta) anos de idade, se homem; e 55 (cinquenta e cinco) anos de idade, se mulher;

II - 35 (trinta e cinco) anos de tempo de contribuição, se homem; e 30 (trinta) anos de tempo de contribuição, se mulher;

III - 20 (vinte) anos de efetivo exercício no serviço público;

IV - 10 (dez) anos de carreira; e

V - 5 (cinco) anos de efetivo exercício no cargo em que se der a aposentadoria.

§ 1º Os requisitos de idade e de tempo de contribuição serão reduzidos em cinco anos para o ocupante do cargo de professor que comprove tempo de efetivo exercício, exclusivamente, nas funções de magistério na educação infantil e no ensino fundamental e médio, nos termos dos §§ 1º e 2º do art. 7º deste Anexo.

§ 2º Os proventos das aposentadorias de que tratam este artigo serão calculados nos termos da Seção I do Capítulo II deste Anexo.

Seção IV

Art. 3º da Emenda Constitucional nº 47, de 2005

Art. 10. Ressalvado o direito de opção pelas regras constantes nos arts. 7º, 8º e 9º deste Anexo, o servidor da Administração Pública direta, autárquica e fundacional da União, Estados, Distrito Federal e Municípios que tiver ingressado em cargo público efetivo até 16 de dezembro de 1998, poderá aposentar-se com proventos calculados conforme Seção I do Capítulo II deste Anexo, desde que tenha preenchido, cumulativamente, os seguintes requisitos até 12 de novembro de 2019:

I - 35 (trinta e cinco) anos de contribuição, se homem; e 30 (trinta) anos de contribuição, se mulher;

II - 25 (vinte e cinco) anos de efetivo exercício no serviço público;

III - 15 (quinze) anos de carreira;

IV - 5 (cinco) anos no cargo em que se der a aposentadoria; e

V - idade mínima resultante da redução, relativamente aos limites fixados no art. 7º, inciso I, alínea "c" deste Anexo, de um ano de idade para cada ano de contribuição que exceder a condição prevista no inciso I deste artigo.

§ 1º Na aplicação da regra de que trata o inciso "V" deste artigo não se aplicam as reduções relativas ao professor, previstas no inciso III do art. 7º deste Anexo.

§ 2º Os proventos das aposentadorias de que tratam este artigo serão calculados nos termos da Seção I do Capítulo II deste Anexo.

Seção IV

Art. 3º da Emenda Constitucional nº 41, de 2003

Art. 11. É assegurada a concessão, a qualquer tempo, de aposentadoria aos servidores públicos que tenham cumprido todos os requisitos contidos neste Anexo para a obtenção do benefício, devendo ser observados os seguintes marcos e fundamentos:

I - até 16 de dezembro de 1998, com base no art. 40 da Constituição Federal de 1988, em sua redação original; e

II - até 31 de dezembro de 2003, com base no art. 40 da Constituição Federal de 1988, com a redação dada pela Emenda Constitucional nº 20, de 1998; e no art. 8º da Emenda Constitucional nº 20, de 1998.

Parágrafo único. Os proventos de aposentadoria a serem concedidos aos servidores referidos no caput serão integrais ou proporcionais ao tempo de contribuição, na forma dos incisos I e II, e calculados de acordo com a legislação em vigor à época em que foram atendidos os requisitos nela estabelecidos para a concessão dos benefícios.

Seção IV

Aposentadorias Especiais

Art. 12. Os servidores públicos federais que tinham direito à aposentadoria com critérios distintos da regra geral, na forma do § 4º do art. 40 da Constituição Federal, com redação dada pela Emenda Constitucional nº 47, de

2005, poderão aposentar-se desde que cumpridos os seguintes requisitos até 12 de novembro de 2019:

I - os servidores integrantes da Carreira de Policial Federal e da Carreira de Policial Rodoviário Federal deverão atender aos critérios estabelecidos pela Lei Complementar nº 51, de 20 de dezembro de 1985:

a) 30 (trinta) anos de contribuição, desde que conte, pelo menos, 20 (vinte) anos de exercício em cargo de natureza estritamente policial, se homem;

b) 25 (vinte e cinco) anos de contribuição, desde que conte, pelo menos, 15 (quinze) anos de exercício em cargo de natureza estritamente policial, se mulher.

II - o servidor cujas atividades sejam exercidas sob condições especiais que prejudiquem a saúde ou a integridade física, devem atender aos seguintes requisitos:

a) 10 (dez) anos de efetivo exercício no serviço público;

b) 5 (cinco) anos no cargo efetivo em que se dará a aposentadoria;

c) tempo de contribuição conforme reconhecimento administrativo do exercício das atribuições do cargo público em condições especiais, prejudiciais à saúde ou à integridade física, de modo permanente, não ocasional ou intermitente, nos termos do Anexo III desta Portaria.

III - o servidor com deficiência deverá atender os seguintes requisitos:

a) estar amparado por decisão em Mandado de Injunção expedida pelo Supremo Tribunal Federal;

b) 10 (dez) anos de efetivo exercício no serviço público;

c) 5 (cinco) anos no cargo efetivo em que se dará a aposentadoria;

d) atender às seguintes condições:

1. aos 25 (vinte e cinco) anos de tempo de contribuição, se homem; e 20 (vinte) anos, se mulher, no caso de servidor com deficiência grave;

2. aos 29 (vinte e nove) anos de tempo de contribuição, se homem; e 24 (vinte e quatro) anos, se mulher, no caso de servidor com deficiência moderada;

3. aos 33 (trinta e três) anos de tempo de contribuição, se homem; e 28 (vinte e oito) anos, se mulher, no caso de servidor com deficiência leve; ou

4. aos 60 (sessenta) anos de idade, se homem; e 55 (cinquenta e cinco) anos de idade, se mulher, desde que cumprido tempo mínimo de contribuição de 15 (quinze) anos na condição de servidor com deficiência.

§ 1º Para fins de análise do tempo de exercício em cargo de natureza estritamente policial, de que tratam as alíneas "a" e "b" do inciso I do caput, não será considerado o tempo de atividade militar nas Forças Armadas, nas polícias militares e nos corpos de bombeiros militares; e o tempo de atividade como agente penitenciário ou socioeducativo, carcereiro e médico legista.

§ 2º A aposentadoria de que trata o inciso II observará os parâmetros e as diretrizes gerais constantes na Instrução Normativa SPPS nº 02, de 13 de fevereiro de 2014, da extinta Secretaria de Políticas de Previdência Social do antigo Ministério da Previdência Social.

§ 3º Aplica-se à aposentadoria de que trata o inciso III do caput o disposto nos arts. 51, 52 e 55 a 58 desta Portaria.

§ 4º Os proventos das aposentadorias de que tratam este artigo serão calculados:

I - nos termos da Seção I do Capítulo II deste Anexo, em atenção ao Parecer JL nº 4, de 2020, da Advocacia-Geral da União, para as aposentadorias amparadas no inciso I;

II - nos termos da Seção II do Capítulo II deste Anexo, para os servidores cujas atividades sejam exercidas sob condições especiais que prejudiquem a saúde ou a integridade física e servidores com deficiência.

CAPÍTULO II

CÁLCULO DOS PROVENTOS DE APOSENTADORIA

Art. 13. Os proventos das aposentadorias disciplinadas por este Anexo serão calculados segundo a legislação vigente na data do cumprimento de todos os requisitos para a obtenção desses benefícios.

Parágrafo único. Nas aposentadorias com proventos integrais ou proporcionais previstas neste Anexo, considerar-se-á o tempo de contribuição cumprido até 12 de novembro de 2019, não se admitindo o cômputo de tempo de contribuição posterior a esta data, exceto para a concessão de aposentadoria disciplinada pela Emenda Constitucional nº 103, de 2019.

Seção I

Integralidade

Art. 14. Para o cálculo dos proventos de aposentadoria pela integralidade, serão consideradas as parcelas remuneratórias que integram a remuneração do cargo efetivo em que se der a aposentadoria, observadas as legislações que tratam da incorporação de cada vantagem pecuniária.

Parágrafo único. No cálculo do benefício concedido de acordo com a legislação vigente à época da aquisição do direito, será utilizado como base a remuneração do servidor no cargo efetivo no momento da concessão da aposentadoria.

Subseção I

Incorporação das Gratificações de Desempenho, da Gratificação de Atividade de Combate e Controle de Endemias - GACEN e da Gratificação de Incremento à Atividade de Administração do Patrimônio da União - GIAPU

Art. 15. A opção pela incorporação da gratificação de desempenho, da Gacen e da Giapu à aposentadoria, de que tratam as Leis nºs 13.324, de 29 de julho de 2016; 13.325, de 29 de julho de 2016; 13.326, de 29 de julho de 2016; 13.327, de 29 de julho de 2016 e 13.328, de 29 de julho de 2016, e a Medida Provisória nº 765, de 29 de dezembro de 2016, convertida na Lei nº 13.464, de 10 de julho de 2017, dar-se-á de forma irretratável, observadas as regras e orientações estabelecidas nesta Subseção.

Art. 16. A opção pela incorporação das gratificações à aposentadoria de que trata este Anexo poderá alcançar os seguintes beneficiários:

I - servidores públicos que tenham efetivamente percebido a gratificação por, no mínimo 60 (sessenta) meses, cuja aposentadoria possa se efetivar segundo uma das regras constitucionais dispostas nos arts. 3º, 6º e 6º-A da Emenda Constitucional nº 41, de 19 de dezembro de 2003,ou no art. 3º da Emenda Constitucional nº 47, de 5 de julho de 2005; e

II - aposentados que estavam nesta condição em 29 de julho de 2016 e tenham percebido efetivamente gratificação de desempenho por, no mínimo, 60 (sessenta) meses, quando estavam em atividade, e cujos proventos tenham sido calculados segundo uma das regras constitucionais dispostas nos arts. 3º, 6º, 6º-A da Emenda Constitucional nº 41, de 2003, ou no art. 3º da Emenda Constitucional nº 47, de 2005.

Art. 17. A aferição dos requisitos para fins do disposto no caput do art. 15 deverá ter por parâmetro a situação funcional individual do servidor, observada a data da efetiva percepção da gratificação.

Parágrafo único. Não será computado como efetivo percebimento da gratificação de desempenho o período em que o servidor esteve afastado ou licenciado sem remuneração e que se manteve filiado ao RPPS da União, em consonância com o § 3º do art. 183 da Lei nº 8.112, de 1990.

Art. 18. A incorporação das gratificações de desempenho aos proventos de aposentadoria obedece ao disposto nas leis específicas dos respectivos planos, carreiras e cargos, e às regras de aposentadoria a que estiverem submetidos os servidores e aposentados.

Art. 19. Os servidores, os aposentados ou os pensionistas alcançados pelas regras de que trata esta Subseção poderão optar, em caráter irretratável, pela incorporação da gratificação de desempenho mediante a assinatura do termo de opção contido nos Anexos das leis de que tratam o art. 15, observadas as seguintes regras gerais:

§ 1º A opção de que trata o caput somente poderá ser exercida se o servidor ou aposentado tiver efetivamente percebido quaisquer gratificações de desempenho por, no mínimo, 60 (sessenta) meses, antes da data do requerimento da aposentadoria.

§ 2º Para fins do cômputo dos 60 (sessenta) meses serão consideradas todas as gratificações de desempenho percebidas ao longo da vida funcional do servidor ou do aposentado no cargo efetivo em que se der a aposentadoria.

§ 3º O período mínimo de 60 (sessenta) meses poderá ser composto por períodos contínuos ou interpolados, que somente considerarão os meses de efetiva percepção da gratificação de desempenho.

§ 4º Na aferição dos 60 (sessenta) meses poderão ser considerados os períodos em que o servidor esteve cedido ou requisitado a outro órgão ou entidade, desde que tenha percebido gratificação de desempenho, nos termos das leis específicas dos planos, carreiras e cargos.

Art. 20. O prazo para a opção pela incorporação da gratificação de desempenho por servidor sujeito as regras desta Subseção é o momento do requerimento da aposentadoria.

Art. 21. O prazo para a opção pela incorporação da gratificação de desempenho pelo aposentado que esteja sujeito às regras desta Subseção foi de 29 de julho de 2016 à 31 de outubro de 2018.

Parágrafo único. O aposentado que fazia jus à opção pela nova forma de cálculo de incorporação da gratificação de desempenho e que não a exerceu no prazo de que trata o caput, permanecerá sujeito às regras gerais previstas nas respectivas leis dos planos, carreiras e cargos, nos termos do art. 18 deste Anexo.

Art. 22. O valor da gratificação de desempenho a ser incorporado em cada período pelo servidor que optar na forma desta Subseção observará os seguintes prazos e percentuais:

I - a partir de 1º de janeiro de 2017: 67% (sessenta e sete por cento) do valor incorporável;

II - a partir de 1º de janeiro de 2018: 84% (oitenta e quatro por cento) do valor incorporável; e

III - a partir de 1º de janeiro de 2019: 100% (cem por cento) do valor incorporável.

Art. 23. O valor incorporável à aposentadoria será obtido a partir da média aritmética simples da pontuação total auferida pelo servidor em cada um dos sessenta meses utilizados na composição do cálculo, multiplicada pelo valor unitário do ponto vigente da respectiva gratificação no mês de concessão da aposentadoria, observados os prazos de vigência estabelecidos em lei e o posicionamento do optante na tabela remuneratória.

§ 1º A média aritmética simples de que trata o caput deverá ser composta, obrigatoriamente, pelo total de pontos recebidos em cada um dos últimos sessenta meses em que o optante, ainda em atividade, tiver recebido gratificação de desempenho, observado o disposto no art. 18 desta Subseção.

§ 2º A pontuação mensal utilizada na composição da média de sessenta meses, integrante do cálculo do valor incorporável, deverá ser obtida a partir das informações efetivamente registradas no cadastro e na folha de pagamento do optante.

§ 3º A conversão dos valores de pontuação mensal para fins de cálculo do valor incorporável será obtida pela divisão do valor nominal efetivamente pago a título de gratificação de desempenho, em cada um dos sessenta meses utilizados na composição da média de pontos, pelo valor unitário da gratificação de desempenho vigente em cada mês considerado no cálculo, observado o posicionamento do optante na tabela remuneratória no período.

§ 4º Na conversão de que trata o parágrafo anterior deverá ser considerada a proporcionalidade aplicada à remuneração em cada competência de forma a se obter a pontuação correspondente ao pagamento proporcional em cada competência em que houver essa situação.

§ 5º Eventuais valores retroativos pagos a título de gratificação de desempenho no período utilizado para composição da média de pontos deverão ser considerados conforme o mês de competência.

Art. 24. No caso de gratificação de desempenho mensurada em percentual, preliminarmente à aplicação dos cálculos previstos no art. 23 e a aplicação dos percentuais previstos nos incisos I a III do art. 22, os percentuais serão convertidos em pontos.

Art. 25. Na hipótese em que a gratificação de desempenho corresponda à valor monetário específico, preliminarmente a aplicação dos cálculos previstos no art. 23 e à aplicação dos percentuais previstos nos incisos I a III do art. 22, deverá ser feita a conversão em pontos em que a pontuação atribuída ao servidor será igual ao valor efetivamente recebido, multiplicado por 100 (cem) e dividido pelo valor máximo previsto para a gratificação.

Art. 26. Aplica-se a mesma forma de cálculo de que trata o art. 23 ao valor incorporável a ser pago aos aposentados e pensionistas que estavam nesta condição em 29 de julho de 2016, observado, neste caso, o mês de assinatura e entrega da opção e os prazos de vigência estabelecidos em lei.

Art. 27. Na conversão de percentuais e valores em pontos para fins de cálculo do valor incorporável não poderá haver prejuízo ao servidor, aposentado ou pensionista.

Art. 28. Eventual diferença entre o valor que o aposentado ou pensionista recebia ou o servidor receberia antes da opção, e o valor decorrente da aplicação dos incisos I e II do art. 22, terá como base de cálculo o valor do ponto vigente e será paga a título de parcela complementar, de natureza provisória, até a implantação das parcelas subsequentes.

Parágrafo único. O valor da parcela complementar será gradativamente absorvido quando da implantação de cada parcela de incorporação subsequente, conforme prazos e percentuais descritos no art. 23 deste Anexo.

Art. 29. Poderão optar, na forma desta Subseção, pela incorporação da Gacen, de que trata a Lei nº 11.784, de 22 de setembro de 2008, os servidores que ocupem e os aposentados que tenham ocupado os cargos relacionados no art. 54 da Lei nº 11.784, de 2008, e nos arts. 284 e 284-A da Lei nº 11.907, de 2009, do Quadro de Pessoal do Ministério da Saúde ou do Quadro de Pessoal da Fundação Nacional de Saúde - Funasa, desde que tenham percebido a Gacen por, no mínimo, sessenta meses, antes da data da aposentadoria.

Parágrafo único. Para fins de incorporação da Gacen, será observado:

a) os prazos e percentuais previstos no art. 22 desta subseção; e

b) o valor a ser incorporado em cada período será o resultado da aplicação dos percentuais de que trata o art. 22 sobre o último valor monetário da Gacen percebido pelo servidor ou aposentado.

Art. 30. Eventual diferença entre o valor que o aposentado recebia antes da opção e o valor decorrente da aplicação das alíneas "a" e "b" do parágrafo único do art. 29 terá como base de cálculo o valor do ponto vigente e será paga a título de parcela complementar, de natureza provisória, até a implantação das parcelas subsequentes.

§ 1º O valor da parcela complementar observará a diferença total entre o valor recebido à título de gratificação de desempenho no mês de dezembro de 2016 ou no mês anterior ao da opção, no caso da opção formalizada em data posterior a janeiro de 2017, e o valor incorporável apurado na forma do art. 22 desta Subseção.

§ 2º O valor da parcela complementar será gradativamente absorvido quando da implantação de cada parcela de incorporação subsequente, conforme prazos e percentuais descritos no art. 22 desta Subseção.

Art. 31. Poderá optar, na forma deste Anexo, pela incorporação da Giapu, de que trata a Lei nº 11.095, de 2005, o servidor e o aposentado que:

I - tenha percebido a Giapu no último mês de atividade; e

II - tenha percebido a Giapu ou outra gratificação de desempenho por, no mínimo sessenta meses, antes da data da aposentadoria.

§ 1º Aplica-se, para fins de incorporação da Giapu, os seguintes prazos e percentuais:

I - a partir de 1º de janeiro de 2017: 67% (sessenta e sete por cento) do valor referente à média dos percentuais das gratificações recebidos nos últimos sessenta meses de atividade;

II - a partir de 1º de janeiro de 2018: 84% (oitenta e quatro por cento) do valor referente à média dos percentuais das gratificações recebidos nos últimos sessenta meses de atividade; e

III - a partir de 1º de janeiro de 2019: 100% (cem por cento) do valor da média dos percentuais das gratificações recebidos nos últimos sessenta meses de atividade.

§ 2º Para fins de cálculo da incorporação da Giapu serão adotados os seguintes procedimentos:

I - o percentual obtido da média aritmética simples dos últimos sessenta meses em que o servidor, o aposentado que percebeu a Giapu, será aplicado sobre os percentuais referidos nos incisos I a III do § 1º deste artigo; e

II - consecutivamente, o percentual obtido para cada um dos incisos do § 2º deste artigo será aplicado sobre o valor máximo da Giapu, de acordo com o nível do cargo efetivo, conforme anexo específico da Lei de criação da referida gratificação.

§ 3º Para o servidor ou o aposentado que percebeu outra gratificação nos últimos sessenta meses de atividade, o cálculo da média dos percentuais das gratificações percebidos dar-se-á da seguinte forma:

I - os pontos obtidos em cada período serão convertidos em percentuais sobre a pontuação total da gratificação; e

II - sobre a média dos percentuais obtidos nos últimos sessenta meses, serão aplicados o disposto nos incisos I e II do § 2º.

Art. 32. Eventual diferença entre o valor que o aposentado recebia antes da opção e o valor decorrente da aplicação das regras dos incisos I a II do § 1º do art. 31 será paga a título de parcela complementar, de natureza provisória, até a implantação das parcelas subsequentes.

§ 1º O valor da parcela complementar observará a diferença total entre o valor recebido à título de gratificação de desempenho no mês de dezembro de 2016 ou no mês anterior ao da opção, no caso da opção formalizada em data posterior a janeiro de 2017, e o valor incorporável apurado na forma do art. 31 desta Subseção.

§ 2º O valor da parcela complementar será gradativamente absorvido quando da implantação de cada parcela de incorporação subsequente, conforme prazos e percentuais descritos no art. 31 desta Subseção.

Art. 33. A opção pela incorporação das gratificações de desempenho, da Gacen e da Giapu aos proventos de aposentadoria somente será válida com a assinatura do respectivo termo de opção, contido nas leis de que tratam o art. 15 desta Subseção, e observará:

I - a forma, os prazos e os percentuais; e

II - a renúncia à forma de cálculo de incorporação da gratificação de desempenho reconhecida por decisão administrativa ou judicial.

Art. 34. A assinatura do termo de opção implica a renúncia ao direito de pleitear, na via administrativa ou judicial, quaisquer valores ou vantagens decorrentes da forma de cálculo da gratificação de desempenho incorporada aos proventos de aposentadoria, exceto em caso de comprovado erro material.

Art. 35. Na hipótese de pagamento em duplicidade de valores referentes às gratificações de desempenho previstas nesta Subseção, fica o ente público autorizado a reaver a importância paga a maior administrativamente, por meio de desconto direto nos proventos.

Parágrafo único. Para fins de desconto de importância paga a maior, deverão ser observados os procedimentos de que tratama Orientação Normativa SEGEP/MP nº 5, de 21 de fevereiro de 2013.

Art. 36. Os efeitos financeiros da opção pela incorporação das gratificações de desempenho ocorrerão somente a partir da data de entrega do termo de opção.

Art. 37. A aplicação do disposto nesta Subseção não poderá acarretar o pagamento de valores retroativos à data da vigência das leis de que tratam o art. 15 desta Portaria.

Subseção II

Incorporação da Vantagem do art. 184 da Lei nº 1.711, de 1952, e do art. 192 da Lei nº 8.112, de 1990.

Art. 38. Nos termos do art. 184 da Lei nº 1.711, de 1952, revogada pela Lei nº 8.112, de 1990, o servidor que contasse com 35 (trinta e cinco) anos de tempo de serviço faria jus à aposentadoria com proventos integrais, acrescidos da vantagem do referido artigo, nas seguintes formas:

I - com proventos correspondentes ao vencimento ou remuneração da classe imediatamente superior;

II - com o provento acrescido em 20%, quando ocupante da última classe da respectiva carreira; ou

III - com o provento acrescido em 20%, quando ocupante de cargo isolado, caso tenha permanecido neste cargo durante três anos.

§ 1º Para fins de cálculo das vantagens previstas nos incisos I, II e III do art. 184, da Lei nº 1.711, de 1952, deverá ser utilizada a remuneração do servidor.

§ 2º Entende-se por remuneração, para fins do disposto no parágrafo anterior, o vencimento do cargo efetivo e as vantagens pecuniárias permanentes estabelecidas em lei.

§ 3º É vedada a concessão da vantagem do art. 184, inciso II, da Lei nº 1.711, de 1952, no período compreendido entre 1º de janeiro de 1991 a 18 de abril de 1991, e após 18 de abril de 1992.

§ 4º É vedado o pagamento cumulativo da vantagem de quintos de que trata a Lei nº 8.911, de 11 de julho de 1994, com a vantagem pecuniária do art. 184 da Lei nº 1.711, de 1952.

Art. 39. Nos termos do art. 192 da Lei nº 8.112, de 1990, revogado pela Lei nº 9.527, de 10 de dezembro de 1997, o servidor que contasse tempo de serviço para aposentadoria com proventos integrais seria aposentado:

I - com a remuneração do padrão de classe imediatamente superior àquela em que se encontra posicionado;

II - quando ocupante da última classe da carreira, com a remuneração do padrão correspondente, acrescida da diferença entre esse e o padrão da classe imediatamente anterior.

§ 1º Para efeitos de cálculo das vantagens de que trata este artigo, entende-se por remuneração do padrão/classe, o vencimento básico fixado em lei.

§ 2º Os servidores que implementaram as condições para aposentadoria integral até 14 de outubro de 1996, data da publicação da Medida Provisória nº 1.522, de 11 de outubro de 1996, reeditada até a Medida Provisória nº 1.595-14, convertida na Lei nº 9.527, de 10 de dezembro de 1997, farão jus à percepção das vantagens do art. 192, observada a estrutura remuneratória e funcional vigente à época.

Art. 40. Na hipótese de a nova estrutura remuneratória do servidor não permitir o cálculo das vantagens de que trata esta Subseção, serão mantidos os valores originalmente concedidos.

Art. 41. É vedado:

I - o pagamento de VPNI, a título de compensação, na hipótese de redução dos valores das vantagens de que trata esta Subseção, quando houver transformação, transposição, reestruturação, reorganização ou outra alteração de planos, carreiras e cargos nos quais tenha se aposentado o servidor; e

II - a alteração da vantagem do art. 184 da Lei nº 1.711, de 1952, pela vantagem do art. 192 da Lei nº 8.112, de 1990, e vice-versa;

III - a percepção da vantagem do art. 184 da Lei nº 1.711, de 1952, e da vantagem do art. 192 da Lei nº 8.112, de 1990, pelos servidores que optaram pela Estrutura Remuneratória Especial de que trata a Lei nº 12.277, de 30 de junho de 2010.

Subseção III

Da Proporcionalização dos Proventos de Aposentadoria

Art. 42. Para efeito de proporcionalidade de proventos, serão desconsideradas do cálculo as seguintes parcelas:

I - adicional por tempo de serviço;

II - vantagem pessoal decorrente dos "quintos";

III - vantagem prevista no art. 193 da Lei nº 8.112, de 1990; e

IV - vantagem do art. 180 da Lei nº 1.711, de 1952.

Art. 43. As gratificações não calculadas sobre o vencimento básico de servidores, como as gratificações de desempenho, devem ser proporcionalizadas, sendo indevido o seu pagamento integral quando os proventos forem calculados de forma proporcional.

Art. 44. O denominador da proporcionalização dos proventos será o tempo mínimo exigido na alínea "a" do inciso II do § 1º da art. 40 da Constituição Federal.

Seção II

Média Aritmética Simples

Art. 45. Para o cálculo das aposentadorias constantes do inciso II do art. 5º e dos arts. 6º, 7º e 8º deste Anexo, considerar-se-á a média aritmética simples das maiores remunerações ou subsídios, utilizados como base das contribuições do servidor ao regime de previdência a que esteve filiado, correspondente a 80% (oitenta por cento) de todo o período contributivo desde a competência julho de 1994, ou desde o início da contribuição, se posterior àquela competência, até 13 de novembro de 2019, devendo ser observados a fixação do valor do provento inicial do benefício, nas seguintes condições:

I - se o valor resultante da média for inferior ao valor do salário-mínimo, o provento inicial será igual ao valor do salário-mínimo;

II - se o valor da média for superior à remuneração ou subsídio do cargo efetivo em que se der a aposentadoria, o provento inicial será limitado ao valor da remuneração ou do subsídio do cargo efetivo, observado o disposto nos §§ 14 a 16 do art. 40 da Constituição Federal.

III - será considerado o tempo de contribuição cumprido até 13 de novembro de 2019, não sendo computado qualquer tempo posterior a essa data, salvo na hipótese de elegibilidade mais favorável a outra regra de concessão de benefícios.

§ 1º Os períodos de tempo utilizados no cálculo previsto neste artigo serão considerados em número de dias.

§ 2º No cálculo da média que de que trata o caput, será incluído no numerador e no denominador o décimo terceiro salário ou a gratificação natalina.

§ 3º Para os efeitos do disposto no caput, serão utilizados os valores das remunerações ou subsídios que constituíram a base de cálculo das contribuições do servidor aos regimes de previdência, independentemente do percentual da alíquota estabelecida ou de terem sido referidas contribuições destinadas ao custeio de parte dos benefícios previdenciários.

§ 4º Nas competências a partir de julho de 1994, em que não tenha havido contribuição do servidor filiado a regime próprio, considerar-se-á como base de cálculo dos proventos a remuneração ou subsídio do cargo efetivo do servidor, inclusive nos períodos em que houve afastamento do cargo, desde que o respectivo afastamento seja legalmente considerado como de efetivo exercício, observando-se os seguintes parâmetros:

I - até 16 de dezembro de 1998, todo o tempo de efetivo exercício será considerado como tempo de contribuição;

II - de 17 de dezembro de 1998 a 18 de dezembro de 2002 (data da Medida Provisória nº 86, de 2002, convertida na Lei nº 10.667, de 2003), o tempo será considerado desde que tenha havido a respectiva contribuição a regimes próprios ou geral de previdência; e

III - a partir de 19 de dezembro de 2002 será considerado o tempo de contribuição para o RPPS da União ou ao RGPS na condição de segurado obrigatório.

§ 5º Aplicam-se as disposições do parágrafo anterior ao servidor que foi beneficiado pelo instituto da isenção de contribuição previdenciária prevista no § 1º do art. 3º da Emenda Constitucional nº 20, de 1998, ou nos casos de não haver alíquota válida.

§ 6º Na determinação do número de competências correspondentes a oitenta por cento do período contributivo de que trata o caput, desprezar-se-á a parte decimal.

§ 7º Na hipótese de haver lacunas no período contributivo compreendido entre julho de 1994 a 16 de dezembro de 1998, por não filiação do servidor a regime previdenciário em razão de ausência de prestação de serviço ou de contribuição, esse período será desprezado do cálculo de que trata este artigo, ressalvando-se o tempo de serviço militar exercido nas atividades de que tratam os arts. 42, 142 e 143, conforme o § 9º-A do art. 201 da Constituição Federal.

§ 8º Para fins de cálculo dos proventos de que trata o caput, considera-se base de contribuição o vencimento do cargo efetivo, acrescido das vantagens pecuniárias permanentes estabelecidas em lei, os adicionais de caráter individual ou quaisquer outras vantagens, excluídas as parcelas previstas no § 1º do art. 4º da Lei nº 10.887, de 2004.

§ 9º É facultado ao servidor ocupante de cargo efetivo optar pela inclusão, na base de contribuição a que se refere o § 9º, de parcelas remuneratórias percebidas em decorrência de local de trabalho, do exercício de cargo em comissão ou de função de confiança, para efeito do cálculo do benefício de aposentadoria.

§ 10. No cálculo de que trata este artigo deverão ser consideradas as remunerações pagas retroativamente, por meio de decisão administrativa ou judicial, sobre as quais incidiram as alíquotas de contribuição:

I - a atualização dos valores das remunerações e subsídios que serviram de base para as contribuições, mês a mês, aplicando-se os índices do Regime Geral de Previdência Social - RGPS;

II - o ajuste dos valores atualizados, de forma que não sejam menores do que o valor do salário mínimo vigente à época;

III - no que se refere aos períodos de tempo do RGPS averbados no RPPS da União, os valores atualizados deverão ser ajustados de forma que não sejam superiores ao limite máximo do salário-de-contribuição do RGPS vigente à época.

§ 11. As bases de cálculo de contribuição consideradas no cálculo do valor inicial dos proventos terão os seus valores atualizados mês a mês, de acordo com a variação integral do índice fixado para a atualização dos salários de contribuição considerados no cálculo dos benefícios do RGPS.

Art. 46. Para fins de cálculo do valor inicial dos proventos proporcionais ao tempo de contribuição será utilizada fração cujo numerador será o total desse tempo e o denominador o tempo necessário à respectiva aposentadoria voluntária com proventos integrais, considerando 35 (trinta e cinco) anos de tempo de contribuição, se homem, e 30 (trinta) anos de tempo de contribuição, se mulher, não se aplicando, nesse caso, a redução da idade e do tempo de contribuição de que trata o inciso III do art. 7º deste Anexo ou das regras de aposentadorias especiais.

Parágrafo único. O valor resultante da média aritmética deverá ser previamente confrontado com a remuneração do cargo efetivo em que se der a aposentadoria, para posterior proporcionalização ao tempo de contribuição, para depois aplicação da fração de que trata o caput.

Art. 47. Os proventos de aposentadoria do servidor com deficiência de que trata o inciso III do art. 12, após serem calculados conforme os arts. 45 e 46, corresponderão a:

I - 100% (cem por cento) da média, para os casos dos itens 1 a 3 da alínea "d" do inciso III do art. 12; ou

II - 70% (setenta por cento) da média mais 1% (um por cento) por grupo de 12 (doze) contribuições mensais até o máximo de 30% (trinta por cento), no caso do item 4 da alínea "d" do inciso III do art. 12.

CAPÍTULO III

DOS CRITÉRIOS DE REAJUSTE

Art. 48. Os proventos de aposentadoria calculados de acordo com a Seção II do Capítulo II deste Anexo serão reajustados, desde janeiro de 2008, nas mesmas datas e índices utilizados para fins de reajustes dos benefícios do RGPS.

Art. 49. Os proventos de aposentadoria em fruição em 31 de dezembro de 2003, bem como os abrangidos pela Seção I do Capítulo II serão revistos na mesma proporção e na mesma data, sempre que se modificar a remuneração dos servidores em atividade, sendo também estendidos aos aposentados quaisquer benefícios ou vantagens posteriormente concedidas aos servidores em atividade, inclusive quando decorrentes da transformação ou reclassificação do cargo ou função em que se deu a aposentadoria, na forma da lei.

Art. 50. As aposentadorias concedidas no período compreendido entre 1º de janeiro de 2004 e 20 de fevereiro de 2004 serão calculadas pela última remuneração ou provento percebido pelo servidor ou aposentado na data anterior ao óbito e serão revistas na forma estabelecida nas legislações que instituíram as vantagens utilizadas como base para o cálculo da aposentadoria ou, na sua falta, na mesma data e índices aplicados aos benefícios do RGPS.

CAPÍTULO IV

DA APLICAÇÃO DA VANTAGEM DO ART. 190 DA LEI Nº 8.112, DE 1990.

Art. 51. O servidor aposentado com provento proporcional que foi acometido de qualquer das moléstias especificadas no § 1º do art. 186 da Lei nº 8.112, de 1990, até 13 de novembro de 2019, e por esse motivo for considerado inválido por junta médica oficial, passará a perceber provento integral, calculado com base no fundamento legal de concessão da aposentadoria.

Parágrafo único. É vedada a alteração do fundamento de aposentadoria de voluntária para invalidez para a integralização de que trata este artigo.

Eis uma portaria federal de concessão de aposentadoria com lastro no direito adquirido a regra de transição do artigo 3º da EC 47/2005:

PORTARIA DIRAP Nº 1.079/3PC2, DE 29 DE FEVEREIRO DE 2024

O DIRETOR DE ADMINISTRAÇÃO DO PESSOAL, no uso da competência que lhe foi subdelegada pela Portaria nº 377/GC3, de 7 de julho de 2011, Art. 1º, inciso VI, publicada no DOU nº 130, Seção 1, de 8 de julho de 2011, e considerando o Processo nº 67441.014972/2023-68, resolve:

Art. 1º Conceder **aposentadoria** a BERNADETE VALENTE FARIA (Nr Ord 4515994), SIAPE nº 0213673, no cargo de Assistente Social, código 480061, Classe "S", padrão III, NS, de acordo com o **Art. 3º da Emenda Constitucional nº 47, de 5 de julho de 2005, assegurado pelo Art. 3º da Emenda Constitucional nº 103, de 13 de novembro de 2019**. Código de vaga nº 91226.

De acordo com o artigo 2º, §2º, o denominador a ser utilizado na aposentadoria proporcional é de **35 (trinta e cinco) anos para o homem; e 30 (trinta) anos para a mulher, independentemente de o servidor ter cumprido os requisitos para aposentadorias especiais.**

A meu ver, **na situação de regra especial de aposentação com redução de tempo de contribuição**, a exemplo de professores do ensino básico, agentes nocivos, pessoas com deficiência e policiais antes da EC 103/2019, **a regra de proporcionalidade do cálculo de proventos deve ser modificada**, não devendo ser considerado 100% para 35 anos de contribuição para os homens e 100% para 30 anos de contribuição para as mulheres.

No âmbito policial antes da EC 103/2019 a TNU afetou o **tema 374:**

Tema	374	Situação do tema	Em Julgamento		Ramo do direito	DIREITO ADMINISTRATIVO
Questão submetida a julgamento		Definir, para fatos geradores anteriores à EC nº 103/2019, o divisor aplicável ao cálculo da aposentadoria por invalidez do servidor policial vinculado ao RPPS da União, se 30 ou 25 anos, conforme se trate de homem ou mulher, respectivamente, com base no art. 1º da Lei Complementar nº 51/1985, ou se 35 ou 30 anos, também conforme se trate de homem ou mulher, com base no art. 40, §1º, III da Constituição da República.				
Tese firmada						
Processo		**Decisão de afetação**	**Relator (a)**	**Julgado em**	**Acórdão publicado em**	**Trânsito em julgado**
PEDILEF 1005761-45.2020.4.01.3810/MG		04/12/2024	Juiz Federal Odilon Romano Neto			

3.19. CASSAÇÃO DE APOSENTADORIA

Vale ressaltar que o aposentado do RPPS poderá perder o seu benefício, se no processo administrativo disciplinar houver a aplicação da penalidade de cassação de aposentadoria, a ser prevista do Estatuto do Servidor, como ocorre na esfera federal, em que esta sanção é elencada no artigo **127, inciso IV, da Lei 8.112/90**.

Assim, mesmo aposentado, nos casos de cometimento de ilícito administrativo grave antes da inatividade, poderá a Administração Pública cassar a aposentadoria do ex-servidor, após o devido processo legal, conforme referendado pelo STF:

■ POSIÇÃO DO STF

"EMENTA: CONSTITUCIONAL. ADMINISTRATIVO. SERVIDOR PÚBLICO. PROCESSO ADMINISTRATIVO DISCIPLINAR. CASSAÇÃO DE APOSENTADORIA. CERCEAMENTO DE DEFESA. ALEGAÇÃO DE INCONSTITUCIONALIDADE DA CASSAÇÃO DE APOSENTADORIA: IMPROCEDÊNCIA. Lei 8.112/90. I. - Processo administrativo disciplinar: o quadro orgânico da legalidade no que toca à apuração de faltas disciplinares dos servidores públicos, na forma da Lei 8.112/90. II. - Servidor público submetido a processo administrativo de forma regular, no qual foi-lhe assegurado o direito de defesa. Inocorrência de cerceamento de defesa. III. - O Supremo Tribunal Federal assentou que não é inconstitucional a penalidade de cassação de aposentadoria: Lei 8.112/90, art. 127, IV: MS 21.948/RJ, Relator Ministro Néri da Silveira, Plenário, 29.9.94, "D.J." de 07.12.95. IV. - Inocorrência de violação ao princípio da proporcionalidade na aplicação da penalidade. V. - R.M.S. não provido" (RMS 24557, de 13.04.2004).

De acordo com o artigo 20 da Portaria SGP/SEDGG/ME 10.360/2022, o servidor federal que responde a **Processo Administrativo Disciplinar - PAD** somente poderá se aposentar voluntariamente após a conclusão do mesmo e o efetivo cumprimento da penalidade, caso seja comprovada a culpa do servidor, exceto na hipótese em que o prazo para conclusão do PAD tenha ultrapassado 140 (cento e quarenta) dias, e desde que reste comprovado que o servidor não foi o responsável pela demora na realização da fase de instrução processual, impedindo, por consequência, o julgamento pela autoridade competente em prazo razoável. Ademais, será **cassada a aposentadoria** do servidor que ao final do processo de PAD for imputada falta punível com a demissão.

Neste caso, entende-se que **a penalidade administrativa de cassação de aposentadoria não poderá desconsiderar todos os anos de contribuição do ex-servidor**, que contribuiu para o RPPS, pois inexiste previsão legal nesse sentido.

Assim, crê-se ser possível que esse tempo de contribuição seja levado para outro RPPS (caso a pessoa ocupe outro cargo público efetivo) ou mesmo para o RGPS, através da contagem recíproca, vez que mesmo cometendo um ilícito grave a pessoa deverá ter uma proteção previdenciária, haja vista ter contribuído por décadas.

■ POSIÇÃO DO STF

Ainda de acordo com o STF, "não pode prosperar, aqui, contra a demissão, a alegação de possuir o servidor mais de trinta e sete anos de serviço público. A demissão, no caso, decorre da apuração de ilícito disciplinar perpetrado pelo funcionário público, no exercício de suas funções. Não é, em consequência, invocável o fato de já possuir tempo de serviço público suficiente à aposentadoria. A lei prevê, inclusive, a pena de cassação da aposentadoria, aplicável ao servidor já inativo, se resultar apurado que praticou ilícito disciplinar grave, em atividade." (MS 21.948, Rel. Min. Néri da Silveira, julgamento em 29-9-1994, Plenário, DJ de 7-12-1995.) No mesmo sentido: RE 552.682-AgR, Rel. Min. Ayres Britto, julgamento em 26-4- 2011, Segunda Turma, DJE de 18-8-2011; MS 23.299, Rel. Min. Sepúlveda Pertence, julgamento em 6-3-2002, Plenário, DJ de 12-4-2002.

■ POSIÇÃO DO STF

RMS 34499 / DF - DISTRITO FEDERAL

RECURSO ORD. EM MANDADO DE SEGURANÇA

Relator(a): Min. ROBERTO BARROSO

Julgamento: 24/05/2017

Publicação

PROCESSO ELETRÔNICO

DECISÃO:

Ementa: **DIREITO ADMINISTRATIVO. RECURSO ORDINÁRIO EM MANDADO DE SEGURANÇA. PROCESSO ADMINISTRATIVO DISCIPLINAR. IMPROBIDADE ADMINISTRATIVA. CASSAÇÃO DE APOSENTADORIA.**

1. Pena de cassação de aposentadoria aplicada a ex-Auditor da Receita Federal do Brasil, em razão da prática de improbidade administrativa (art. 132, IV, da Lei 8.112/1990).

2. É pacífica a jurisprudência do Supremo Tribunal Federal no sentido da constitucionalidade da pena de cassação de aposentadoria prevista no art. 127, IV c/c 134 da Lei 8.112/1990, não obstante o caráter contributivo de que se reveste o benefício previdenciário.

3. Nos termos do art. 201, § 9°, da Constituição Federal, "para efeito de aposentadoria, é assegurada a contagem recíproca do tempo de contribuição na administração pública e na atividade privada, rural e urbana, hipótese em que os diversos regimes de previdência social se compensarão financeiramente, segundo critérios estabelecidos em lei".

4. Recurso a que se nega seguimento.

1. Trata-se de recurso ordinário em mandado de segurança interposto contra acórdão do Superior Tribunal de Justiça que denegou writ impetrado em face de ato do Ministro da Fazenda, consistente na Portaria nº 368, de 24 de junho de 2013, por meio da qual foi cassada a aposentadoria do impetrante, ex-Auditor da Receita Federal do Brasil. Confira-se a ementa do acórdão recorrido (e-STJ fl. 107): "PROCESSUAL CIVIL E ADMINISTRATIVO. MANDADO DE SEGURANÇA INDIVIDUAL. SERVIDOR PÚBLICO FEDERAL. AUDITOR FISCAL DA RECEITA FEDERAL DO BRASIL. PROCESSO ADMINISTRATIVO DISCIPLINAR. PENA DE CASSAÇÃO DE APOSENTADORIA. ART. 117, IX C/C ART. 132, IV E XIII, DA LEI 8.112/1990. CONSTITUCIONALIDADE. PRECEDENTES DO SUPREMO TRIBUNAL FEDERAL E DO SUPERIOR TRIBUNAL DE JUSTIÇA. CONTAGEM RECÍPROCA DO TEMPO DE SERVIÇO. INTELIGÊNCIA DO ART. 201, § 9°, DA CONSTITUIÇÃO FEDERAL. SEGURANÇA DENEGADA.

1. Pretende o impetrante, ex-Auditor Fiscal da Receita Federal do Brasil, a concessão da segurança para anular o ato coator que cassou a sua aposentadoria por invalidez, em razão da prática de infração disciplinar tipificada no art. 132, inc. IV ("improbidade administrativa") da Lei 8.112/1990, ao fundamento da inconstitucionalidade da pena de cassação de aposentadoria.

2. É firme o entendimento no âmbito do Supremo Tribunal Federal e desse Superior Tribunal de Justiça no sentido da constitucionalidade da pena de cassação de aposentadoria prevista no art. 127, IV e 134 da Lei 8.112/1990, inobstante o caráter contributivo de que se reveste o benefício previdenciário.

3. Precedentes: MS 23.299/DF, Rel. Min. Sepúlveda Pertence, Tribunal Pleno do STF, julgado em 06/03/2002, DJ 12/04/2002; AgR no MS 23.219/RS, Rel. Min. Eros Grau, Tribunal Pleno do STF, julgado em 30/06/2005, DJ 19/08/2005; (AgR na STA 729/SC, Rel. Min. Ricardo Lewandowski (Presidente), Tribunal Pleno do STF, julgado em 28/05/2015, DJe 22/06/2015; AgR no ARE 866.877/RJ, Rel. Min. Rosa Weber, Primeira Turma do STF, julgado em 25/08/2015, DJe 09/09/2015; MS 20.936/DF, Rel. Ministro Mauro Campbell Marques, Primeira Seção do STJ, julgado em 12/08/2015, DJe 14/09/2015; MS 17.537/DF, Rel. Ministro Arnaldo Esteves Lima, Rel. p/ Acórdão Ministro Mauro Campbell Marques, Primeira Seção do STJ, julgado em 11/03/2015, DJe 09/06/2015; MS 13.074/DF, Rel. Ministro Rogério Schietti Cruz, Terceira Seção do STJ, julgado em 27/05/2015, DJe 02/06/2015.

4. Nos termos do art. 201, § 9º, da Constituição Federal, "para efeito de aposentadoria, é assegurada a contagem recíproca do tempo de contribuição na administração pública e na atividade privada, rural e urbana, hipótese em que os diversos regimes de previdência social se compensarão financeiramente, segundo critérios estabelecidos em lei".

5. Segurança denegada.

(MS 20.470/DF, Rel. Ministro MAURO CAMPBELL MARQUES, PRIMEIRA SEÇÃO, julgado em 25/02/2016, DJe 03/03/2016)."

2. Narra o recorrente, em síntese, que:

a) em outubro de 2006 foi instaurado Processo Administrativo Disciplinar (PAD 10880.007335/2006-48), na Corregedoria do Ministério da Fazenda Estado de São Paulo, com o intuito de apurar suposta variação patrimonial;

b) apresentou quadro depressivo bastante acentuado, agravado pela descoberta e tratamento de um câncer;

c) tal situação clínica demonstrou-se de caráter persistente e evolutivo, culminando na aposentadoria por invalidez, ainda no curso da persecução disciplinar;

d) o relatório final da Comissão Processante concluiu pela sua responsabilidade por ato de improbidade administrativa e propôs a pena de demissão, de que trata o art. 132 da Lei 8.112/1990;

e) tendo em vista que o servidor já se encontrava em situação jurídica e aposentado por invalidez foi proposta a cassação da aposentadoria, baseada no art. 134 da Lei 8.112/1990.

3. Denegada a segurança pelo Superior Tribunal de Justiça, o recorrente reitera o fundamento da impetração, qual seja, a suposta inconstitucionalidade da penalidade de cassação da aposentadoria prevista na Lei nº 8.112/1990. Mais ainda, destaca que, no caso concreto, a aposentadoria se deu por invalidez, de modo que não teria o impetrante "condições de reestruturar sua vida, já que a capacidade laborativa se encontra comprometida". Alternativamente, sustenta o impetrante que teria o direito, ao menos, de resgate das contribuições previdenciárias efetuadas ao longo de sua atividade funcional.

4. É o relatório. Decido.

5. O recurso não merece provimento. No caso concreto, o impetrante, ex-Auditor Fiscal da Receita Federal do Brasil, teve cassada sua aposentadoria por invalidez, em razão da prática de infração disciplinar tipificada no art. 132, IV, da Lei 8.112/1990 ("improbidade administrativa").

6. A jurisprudência do Supremo Tribunal Federal é pacífica no sentido da constitucionalidade da penalidade administrativa de cassação da aposentadoria, não obstante o caráter contributivo de que se reveste o benefício previdenciário. Nesse sentido, cf., entre outros, RE 848019 AgR/SP, Rel. Min. Teori Zavascki; STA 729 AgR, Rel. Min. Ricardo Lewandowski; MS 21.948/RJ, Rel. Min. Néri da Silveira; MS 23.299/SP, Rel. Min. Sepúlveda Pertence; e MS 23.219-AgR/RS, Rel. Min. Eros Grau.

7. É irrelevante o fato de a aposentadoria ter se dado por invalidez, já que todo aposentado se presume sem capacidade laborativa, não havendo diferenciação na legislação, para aplicação da penalidade, quanto à espécie de aposentadoria.

8. Por outro lado, inexiste o suposto direito de resgate das contribuições previdenciárias, na medida em que a Constituição estabelece solução diversa para esse caso, consistente na possibilidade de contagem do tempo de contribuição no regime próprio para a aposentadoria no Regime Geral de Previdência Social (art. 201, § 9º).

9. Diante do exposto, com base no art. 21, § 1º, do RI/STF, nego seguimento ao recurso.

Publique-se. Intimem-se.

Brasília, 24 de maio de 2017.

Ministro LUÍS ROBERTO BARROSO

Relator

■ POSIÇÃO DO STJ

Processo

AgRg no AREsp 1732310 / SP

AGRAVO REGIMENTAL NO AGRAVO EM RECURSO ESPECIAL

2020/0182267-3

Relator(a)

Ministro NEFI CORDEIRO (1159)

Órgão Julgador

T6 - SEXTA TURMA

Data do Julgamento

02/02/2021

Data da Publicação/Fonte

DJe 08/02/2021

Ementa

AGRAVO REGIMENTAL NO AGRAVO EM RECURSO ESPECIAL. POLICIAL MILITAR INATIVO. CRIME DE TORTURA. CONDENAÇÃO CRIMINAL. PERDA DO CARGO. ATO PRATICADO NA ATIVIDADE. EXCLUSÃO DO MILITAR DO SERVIÇO INATIVO. POSSIBILIDADE. PRECEDENTES DO STF E DO STJ. SÚMULA 83 DO STJ. AGRAVO NÃO REBATE O ÓBICE APONTADO NA DECISÃO DE INADMISSIBILIDADE DO RECURSO ESPECIAL. SÚMULA 182 DO STJ. AGRAVO IMPROVIDO. **1. O STF já se manifestou pela constitucionalidade da cassação da aposentadoria, a despeito do caráter contributivo de que se reveste o benefício previdenciário (MS 21.948/RJ, Rel. Min. Néri da Silveira; MS 23.219-AgR/R, Rel. Min. Eros Grau; STA n. 729 AgR, Rel. Min. Ricardo Lewandowski), assim como esta Corte de Justiça: MS 20.926/DF, Rel. Min. Mauro Campbell Marques, Primeira Seção, DJe 14/9/2015; MS 20.444/DF, Rel. Min. Herman Benjamin, Primeira Seção, DJe 11/3/2014.** 2. A ausência de impugnação específica ao fundamento da decisão que inadmitiu o recurso especial obsta ao conhecimento do agravo, nos termos dos arts. 932, III, do CPC e 253, parágrafo único, I, do RISTJ e da Súmula 182 do STJ, aplicável por analogia. 3. Agravo regimental improvido.

No mesmo sentido, a TNU (tema 233):

<table>
<tr><td>Tema</td><td>233</td><td>Situação do tema</td><td colspan="2">Em julgamento - eproc</td><td>Ramo do direito</td><td>DIREITO PREVIDENCIÁRIO</td></tr>
<tr><td colspan="2">Questão submetida a julgamento</td><td colspan="5">Saber se, uma vez cassada a aposentadoria estatutária, pode o respectivo tempo de contribuição ser aproveitado para a obtenção de aposentadoria em outro regime, no caso o RGPS.</td></tr>
<tr><td colspan="2">Tese firmada</td><td colspan="5">O servidor público aposentado no RPPS e que sofrer pena de cassação de sua aposentadoria pode utilizar o respectivo período contributivo para requerer aposentadoria no RGPS, devidamente comprovado por meio de Certidão de Tempo de Contribuição fornecida pelo órgão público competente.</td></tr>
<tr><td colspan="2">Processo</td><td>Decisão de afetação</td><td>Relator (a)</td><td>Julgado em</td><td>Acórdão publicado em</td><td>Trânsito em julgado</td></tr>
<tr><td colspan="2">PEDILEF 0053962-51.2016.4.02.5151/RJ</td><td>18/09/2019</td><td>Juiz Federal Erivaldo Ribeiro dos Santos</td><td>12/03/2020</td><td>16/03/2020</td><td>ED opostos</td></tr>
</table>

De acordo com o artigo 92, inciso I, do Código Penal, é efeito da sentença penal condenatória proferida contra servidor público a perda de cargo, função pública ou mandato eletivo quando aplicada pena privativa de liberdade por tempo igual ou superior a um ano, nos crimes praticados com abuso de poder ou violação de dever para com a Administração Pública, ou quando for aplicada pena privativa de liberdade por tempo superior a 4 (quatro) anos nos demais casos.

Por se tratar de um dispositivo criminal, tal regra não poderá ter interpretação extensiva a fim de gerar a perda da aposentadoria do servidor público.

■ POSIÇÃO DO STJ

Informativo 552- DIREITO PENAL. INAPLICABILIDADE DO ART. 92, I, DO CP A SERVIDOR PÚBLICO APOSENTADO ANTERIORMENTE À CONDENAÇÃO CRIMINAL.

Ainda que condenado por crime praticado durante o período de atividade, o servidor público não pode ter a sua aposentadoria cassada com fundamento no art. 92, I, do CP, mesmo que a sua aposentadoria tenha ocorrido no curso da ação penal. De fato, os efeitos de condenação criminal previstos no art. 92, I, do CP - segundo o qual são efeitos da condenação criminal a "perda de cargo, função pública ou mandato eletivo" -, embora possam repercutir na esfera das relações extrapenais, são efeitos penais, na medida em que decorrem de lei penal. Sendo assim, pela natureza constrangedora desses efeitos (que acarretam restrição ou perda de direitos), eles somente podem ser declarados nas hipóteses restritas do dispositivo mencionado, o que implica afirmar que o rol do art. 92 do CP é taxativo, sendo vedada a interpretação extensiva ou analógica para estendê-los em desfavor do réu, sob pena de afronta ao princípio da legalidade. Dessa maneira, como essa previsão legal é dirigida para a "perda de cargo, função pública ou mandato eletivo", não se pode estendê-la ao servidor que se aposentou, ainda que no decorrer da ação penal. Precedentes citados: REsp 1.317.487-MT, Quinta Turma, DJe 22/8/2014; e RMS 31.980-ES, Sexta Turma, DJe 30/10/2012. REsp 1.416.477-SP, Rel. Min. Walter de Almeida Guilherme (Desembargador convocado do TJ/SP), julgado em 18/11/2014.

O Superior Tribunal de Justiça entende que a cassação de aposentadoria não poderá se dar no âmbito da ação civil por improbidade administrativa por ausência de base legal.

■ **POSIÇÃO DO STJ**

Processo

AgInt no REsp 1761937 / SP

AGRAVO INTERNO NO RECURSO ESPECIAL

2018/0217303-2

Relator(a)

Ministro NAPOLEÃO NUNES MAIA FILHO (1133)

Órgão Julgador

T1 - PRIMEIRA TURMA

Data do Julgamento

17/12/2019

Data da Publicação/Fonte

DJe 19/12/2019

Ementa

DIREITO SANCIONADOR. AGRAVO INTERNO EM RECURSO ESPECIAL. AÇÃO CIVIL PÚBLICA DE IMPROBIDADE ADMINISTRATIVA AJUIZADA PELO MPF EM DESFAVOR DE AUDITOR FISCAL DO TRABALHO. ACÓRDÃO DO TRF3 QUE MANTEVE A SENTENÇA NO PONTO EM QUE AFASTOU A APLICAÇÃO DA SANÇÃO DE CASSAÇÃO DE APOSENTADORIA. INEXISTÊNCIA DE PREVISÃO DESSA ESPÉCIE SANCIONADORA NA LEI 8.429/1992. ILUSTRATIVOS DA TESE: AGINT NO RESP 1.496.347/ES, REL. MIN. SÉRGIO KUKINA, DJE 9.8.2018; RESP 1.564.682/RO, REL. MIN. OLINDO MENEZES, DJE 14.12.2015. AGRAVO INTERNO DO ÓRGÃO ACUSADOR DESPROVIDO. 1. Cinge-se a controvérsia em saber se é cabível a imposição da pena de cassação de aposentadoria

> nas lides que tramitaram sob o rito da Lei 8.429/1992. 2. Esta Corte Superior tem a diretriz de que o art. 12 da Lei 8.429/92, quando cuida das sanções aplicáveis aos agentes públicos que cometem atos de improbidade administrativa, não contempla a cassação de aposentadoria, mas tão só a perda da função pública. As normas que descrevem infrações administrativas e cominam penalidades constituem matéria de legalidade estrita, não podendo sofrer interpretação extensiva (REsp. 1.564.682/RO, Rel. Min. OLINDO MENEZES, DJe 14.12.2015). Outro exemplar: AgInt no REsp. 1.496.347/ES, Rel. Min. SÉRGIO KUKINA, DJe 9.8.2018. 3. Na espécie, o Tribunal de origem, ao apreciar o tema, assinalou que, em consonância com os precedentes desta E. Turma, verifica-se a impossibilidade de aplicação da pena de cassação da aposentadoria, ante a inexistência de previsão legal desta modalidade de pena no rol do art. 12 da LIA (fls. 4.739). Referida compreensão, bem por isso, não se aparta de ilustrativos desta Corte Superior no tema. 4. Agravo Interno do Órgão Acusador desprovido.

Entende-se que se a aposentadoria já foi alvo de registro no TCU, a aplicação da penalidade de cassação depende da aquiescência da Corte de Contas, conforme tradicional posicionamento do STF[34], podendo ser questionada no prazo de 05 anos para os servidores federais, na forma do artigo 110, inciso I, da Lei 8.112/90.

3.20. ACUMULAÇÃO INCONSTITUCIONAL DE CARGOS PÚBLICOS

Questão interessante é definir **se a acumulação inconstitucional de cargos públicos deve gerar efeitos previdenciários**. Imagine um professor que acumula três cargos de professor e que pediu exoneração do terceiro após ser notificado pelo Tribunal de Contas da irregularidade.

Em seguida, esse professor pede ao RPPS a emissão de CTC referente ao tempo de contribuição do cargo em que foi exonerado para levar o período ao RGPS através da contagem recíproca do tempo de contribuição.

Pela existência de pagamento de contribuições efetivas o pedido deve ser acolhido. Mas pela inconstitucionalidade chapada e manifesta má-fé do professor é possível decretar a irregularidade da relação e negar a emissão.

Um caso deste ocorreu no Estado do Paraná em que **a Paranáprevidência emitiu a CTC**, mas o INSS não a admitiu no RGPS. A sentença condenou o INSS a conceder a aposentadoria por idade, mas **a Autarquia conseguiu vencer no âmbito do TRF da 4ª Região**:

34. MS 19.873, de 03.11.1971, Rel. Min. Amaral Santos.

"EMENTA: PREVIDENCIÁRIO. APOSENTADORIA POR IDADE. CONTAGEM RECÍPROCA. TRÍPLICE CUMULAÇÃO DE CARGOS PÚBLICOS. INCONSTITUCIONALIDADE. HONORÁRIOS ADVOCATÍCIOS RECURSAIS.

1. Para a concessão de aposentadoria por idade urbana devem ser preenchidos dois requisitos: a) idade mínima (65 anos para o homem e 60 anos para a mulher) e b) carência - recolhimento mínimo de contribuições (sessenta na vigência da CLPS/1984 ou no regime da LBPS, de acordo com a tabela do art. 142 da Lei nº 8.213/1991).

2. Conforme entendimento firmado pelo Supremo Tribunal Federal, há vedação constitucional à cumulação em regime estatutário de dois proventos de aposentadoria como professor com vencimento de cargo efetivo exercido na mesma atividade, de modo que incabível também no âmbito do regime geral a contagem recíproca de tempo de serviço/contribuição exercido nestas condições.

3. Não preenchido o requisito da carência, o segurado não faz jus à concessão do benefício.

4. Verba honorária majorada em razão do comando inserto no § 11 do art. 85 do CPC/2015". **(TRF4, AC 5013298-06.2016.4.04.7003, TURMA REGIONAL SUPLEMENTAR DO PR, Relator LUIZ FERNANDO WOWK PENTEADO, juntado aos autos em 04/03/2020)**

Veja-se esta passagem do voto do Desembargador Luiz Penteado:

"Tendo a autora ocupado dois cargos de professora, inclusive recendo duas aposentadorias (concedidas em 19/04/93 e 26/03/99), jamais poderia ter exercido um terceiro cargo de professora.

Tanto é assim que a Paranaprevidência confirmou a ilegalidade e informou que *"de regra a Paranaprevidência não concede o benefício de aposentadoria se o servidor estiver em situação de acúmulo ilegal de cargos públicos"*, bem como que *"no presente caso a servidora é aposentada na LF-01 e LF-02, ambas no cargo de professora, e a LF-03 foi exonerada em vista do acúmulo ilegal"* (Evento 46, INF2).

O entendimento, manifestado pelo mesmo órgão, no sentido de que, nada obstante a ilegalidade, as contribuições pagas poderiam ser aproveitadas para obtenção de aposentadoria pelo RGPS (em nome do "princípio contributivo"), não merece acolhimento.

O exercício do terceiro cargo público representa afronta direta à Constituição (conforme já registrado), incapaz de gerar efeitos previdenciários em favor do ocupante desse cargo. Da mesma forma que à Paranaprevidência não é permitido conceder uma terceira aposentadoria em favor da autora, ao INSS é vedada a concessão de aposentadoria, sob pena de prejuízo aos cofres da previdência social, em decorrência de uma ilegalidade.

Somente se as contribuições tivessem sido vertidas diretamente ao RGPS (como decorrência do exercício do magistério particular, por exemplo) é que poderia fazer jus a autora à obtenção de uma aposentadoria por este regime.

É verdade que as contribuições ao RPPS foram recolhidas. Esse recolhimento, contudo, foi feito de maneira irregular, sendo que o eventual direito à restituição desses pagamentos passa pela análise das circunstâncias que permitiram à autora ingressar e exercer irregularmente um cargo público, durante quase vinte anos".

No âmbito da União, coube à **Instrução Normativa SGP/MGI 30/2025** consolidar as orientações expedidas pelo órgão central do Sistema de Pessoal Civil da Administração Federal - Sipec e orienta as unidades de gestão de pessoas quanto à **acumulação remunerada de cargos, empregos e funções públicas e a percepção cumulativa dos proventos e pensões decorrentes**, por servidores, empregados públicos, aposentados e pensionistas da administração pública federal direta, autárquica e fundacional:

CAPÍTULO I
DISPOSIÇÕES PRELIMINARES

Objeto e âmbito de aplicação

Art. 1º Esta Instrução Normativa consolida as orientações expedidas pelo órgão central do Sistema de Pessoal Civil da Administração Federal - Sipec e orienta acerca da acumulação remunerada de cargos, empregos e funções públicas e da percepção cumulativa dos proventos e pensões deles decorrentes, pelos servidores, empregados públicos, aposentados e pensionistas da administração pública federal direta, autárquica e fundacional.

Art. 2º Será objeto desta Instrução Normativa apenas a acumulação que, necessariamente remunerada, envolver pelo menos um cargo, emprego ou função públicos na administração pública federal direta, autárquica ou fundacional, dentre os seguintes:

I - cargo público civil de provimento efetivo;

II - emprego público;

III - vínculo decorrente de contratação por tempo determinado de que trata o art. 37, caput, inciso IX, da Constituição, nos termos do art. 6º, § 1º, incisos I e II, da Lei nº 8.745, de 9 de dezembro de 1993; e

IV - cargo em comissão ou função de confiança de que trata a Lei nº 14.204, de 16 de setembro de 2021.

Art. 3º Considera-se acumulação para fins desta Instrução Normativa a percepção cumulativa de remunerações, pensões e proventos de aposentadoria decorrentes:

I - dos vínculos de que trata o art. 2º;

II - de um dos vínculos de que trata o art. 2º com remuneração decorrente de cargo de natureza militar; ou

III - de um dos vínculos de que trata o art. 2º com remuneração decorrente de cargo, emprego ou função pública de outros poderes ou órgãos constitucionalmente autônomos da União ou de órgãos de outras esferas federativas.

§ 1º Ao órgão central do Sipec compete a adoção de medidas em relação aos vínculos de que trata o art. 2º, cabendo em relação aos demais vínculos, inclusive aos de natureza militar, apenas o dever de comunicar às unidades competentes eventuais irregularidades ou procedimentos funcionais adotados em relação a um dos vínculos.

§ 2º Não configuram acumulação para fins desta Instrução Normativa aquelas que envolvam atividades:

I - decorrentes de mandato eletivo;

II - de médico residente, nos termos da Lei nº 6.932, de 7 de julho de 1981; e

II - decorrentes de participação no Programa Mais Médicos, instituído pela Lei nº 12.871, de 22 de outubro de 2013, nos termos do disposto no art. 17 da referida Lei.

Art. 4º As acumulações de que trata esta Instrução Normativa configuram-se no momento da posse ou ingresso no segundo vínculo.

Parágrafo único. As acumulações terão sua licitude analisada sob os termos da legislação vigente à época.

Proventos de aposentadoria e pensões

Art. 5º As acumulações, nos termos desta Instrução Normativa, entre proventos de aposentadoria ou pensões decorrentes dos vínculos referidos no art. 3º, caput, incisos I, II e III, ou entre esses proventos ou pensões e remuneração de vínculo ativo, serão lícitas se:

I - os vínculos dos quais decorrerem forem considerados acumuláveis na atividade, nos termos desta Instrução Normativa; e

II - houverem sido cumpridos todos os requisitos de licitude vigentes à época dos vínculos ativos.

§ 1º Nas acumulações que envolvam pensão, para fins de análise da licitude nos termos desta Instrução Normativa, consideram-se os vínculos mantidos pelo instituidor do benefício, e não os mantidos pelo beneficiário.

§ 2º Nas acumulações que envolvam a pensão instituída pela Lei nº 3.373, de 12 de março de 1958, observam-se ainda as disposições da Portaria SGP/SEDGG/ME nº 4.645, de 24 de maio de 2022.

§ 3º A regra do caput aplica-se inclusive quando a análise de licitude se der após o registro da aposentadoria pelo Tribunal de Contas da União.

§ 4º Configura exceção à regra do caput a acumulação fundamentada no art. 11 da Emenda Constitucional nº 20, de 15 de dezembro de 1998.

§ 5º No caso de que trata o § 4º, uma vez adquirido o direito de aposentadoria também no vínculo em que se deu o reingresso no serviço público, caberá a opção por apenas uma das aposentadorias, sendo vedada a percepção de ambas, exceto se reunidos os requisitos para a concessão antes da vigência da Emenda Constitucional nº 20, de 15 de dezembro de 1998.

§ 6º Aplicam-se ao militar e ao empregado público aposentado que retornar ao serviço público para cargo público civil, as exceções referidas nos §§ 4º e 5º.

Declaração de vínculos

Art. 6º A pessoa que vier a ocupar cargo, emprego ou função pública de natureza civil na administração pública federal direta, autárquica ou fundacional deverá, no ato da posse ou ingresso, declarar expressamente se mantém qualquer vínculo público prévio com a administração pública, seja ativo ou inativo, de caráter permanente ou temporário, em quaisquer dos poderes ou órgãos constitucionalmente autônomos da União ou de órgãos de outras esferas federativas, nos termos do art. 13, § 5º, da Lei 8.112, de 11 de dezembro de 1990.

§ 1º A declaração de que trata o caput ocorrerá por meio do preenchimento do Formulário de Declaração de Vínculos constante dos anexos II, III e IV desta Instrução Normativa e indicará todas as informações acerca dos vínculos mantidos com a administração pública.

§ 2º O Formulário de Declaração de Vínculos será preenchido preferencialmente no SouGov, ou, na falta desse, será disponibilizado pela unidade de gestão de pessoas do órgão ou entidade onde ocorrer a posse ou ingresso.

§ 3º Caso seja identificada, a qualquer tempo, a falsidade das declarações prestadas, caberá o imediato encaminhamento das informações para o órgão correcional competente e para a Polícia Federal.

§ 4º As medidas referidas no § 3º serão adotadas apenas em relação ao vínculo civil federal, competindo ao órgão ou entidade comunicar os fatos ao órgão responsável pelo vínculo militar, ou de outros poderes ou órgãos constitucionalmente autônomos da União ou de órgãos de outras esferas federativas.

Deveres da administração pública

Art. 7º No ato da posse ou ingresso em cargo, emprego ou função pública de natureza civil, em órgão ou entidade da administração pública federal, a unidade de gestão de pessoas verificará a ocorrência de acumulação de vínculos, analisará de imediato a sua licitude e, caso identificadas irregularidades, adotará as medidas necessárias para a regularização, nos termos desta Instrução Normativa.

Parágrafo único. À unidade de gestão de pessoas referida no caput caberá ainda:

I - zelar pelo correto preenchimento do formulário de que trata o art. 6º e suas atualizações, garantindo que constem todas as informações necessárias à análise de licitude das acumulações de que trata esta Instrução Normativa;

II - manter a guarda das informações obtidas por meio do formulário de que trata o art. 6º;

III - adotar todas as medidas possíveis para manter atualizadas as informações quanto aos vínculos mantidos com a administração pública, e para confirmar sua veracidade, inclusive por meio dos sistemas informatizados integrados destinados ao registro de dados funcionais;

IV - adotar as providências cabíveis quando caracterizadas as situações irregulares previstas no art. 6º, § 3º;

V - orientar e capacitar sua força de trabalho quanto aos procedimentos a serem adotados para evitar ou sanar as eventuais ilicitudes nas acumulações;

VI - informar aos órgãos e entidades não incluídos no caput deste artigo, com os quais sua força de trabalho mantenha outro vínculo público, inclusive de natureza militar, a ocorrência ou a iminência de ocorrência de acumulação ilícita, nos termos desta Instrução Normativa;

VII - monitorar periodicamente os vínculos mantidos pela força de trabalho do órgão ou entidade, inclusive os inativos, a fim de identificar surgimento de eventuais ilicitudes nas acumulações de que trata esta Instrução Normativa; e

VIII - adotar as medidas de regularização, nos termos desta Instrução Normativa, caso sejam identificadas ilicitudes nas acumulações, a qualquer tempo.

CAPÍTULO II

REQUISITOS GERAIS

Vedações constitucionais à acumulação e requisitos para exceções

Art. 8º É vedada a percepção cumulativa de remunerações ou proventos de aposentadoria ou pensões decorrentes dos vínculos referidos no art. 3º, caput, incisos I, II e III, ressalvados os casos previstos na Constituição.

Parágrafo único. Serão consideradas lícitas apenas as acumulações que, além de ressalvadas pela Constituição, estiverem de acordo com todos os requisitos dispostos nesta Instrução Normativa.

Exceções às vedações de acumulação

Art. 9º Nos termos do art. 37, caput, inciso XVI, alíneas "a", "b" e "c", da Constituição, são acumuláveis, desde que haja compatibilidade de horários e cumpridas as demais exigências referidas nesta Instrução Normativa:

I - dois cargos de professor;

II - um cargo de professor com outro técnico ou científico; e

III - dois cargos ou empregos privativos de profissionais de saúde com profissões regulamentadas.

§ 1º Quanto às contratações por tempo determinado de que trata a Lei nº 8.745, de 9 de dezembro de 1993, considera-se lícita:

I - a contratação para exercer atividade de professor substituto:

a) de servidor ocupante de cargo público efetivo classificado como técnico ou científico; ou

b) de servidor ocupante de cargo público efetivo de professor, exceto se integrante das carreiras de magistério de que trata a Lei nº 7.596, de 10 de abril de 1987, nos termos do art. 6º, § 1º, inciso I, da Lei referida no caput; e

II - a contratação de profissionais de saúde em unidades hospitalares administradas pelo Governo Federal, desde que o contratado não ocupe cargo efetivo ou emprego permanente em órgão ou entidade da administração pública federal direta e indireta, conforme disposto no art. 6º, § 1º, inciso II, da Lei referida no caput.

§ 3º Quanto aos cargos em comissão e funções de confiança de que trata a Lei nº 14.204, de 16 de setembro de 2021, e equivalentes, considera-se que:

I - não são acumuláveis entre si, exceto se interinamente em um deles, nos termos do art. 9º, parágrafo único, da Lei nº 8.112, de 11 de dezembro de 1990;

II - são acumuláveis com outro cargo ou emprego público, inclusive de natureza militar, independentemente do disposto nos incisos do caput deste artigo, desde que cumprido o requisito da compatibilidade de horários, e observado o disposto no inciso I deste parágrafo e as regras de remuneração previstas na Lei nº 14.204, de 16 de setembro de 2021; e

III - são acumuláveis com proventos de aposentadoria ou pensões decorrentes dos vínculos públicos, independentemente do disposto nos incisos do caput deste artigo.

§ 4º Ao servidor ou empregado público que acumular licitamente, nos termos desta Instrução Normativa, dois cargos efetivos ou empregos permanentes, quando investido nos cargos e funções referidos no § 3º, ficará afastado de ambos os cargos efetivos, salvo na hipótese em que houver compatibilidade de horário e local com o exercício de um deles, declarada pelas autoridades máximas dos órgãos e entidades envolvidos, conforme art. 120 da Lei nº 8.112, de 11 de dezembro de 1990, ou legislação trabalhista e contrato de trabalho, conforme o caso.

§ 5º Em caso de usufruto de licença ou outro afastamento em relação ao primeiro vínculo, que mantenha ou não a percepção de remuneração, aplicam-se as vedações constitucionais de acumulação e os demais requisitos desta Instrução Normativa para a posse ou ingresso no segundo vínculo, inclusive as possibilidades de regularização de ilicitude.

§ 6º É vedado o ingresso em cargo em comissão ou função de confiança durante o usufruto de licença ou outro afastamento no primeiro vínculo, sendo obrigatório o retorno prévio ao exercício de suas atribuições.

Aspectos gerais da tecnicidade e cientificidade

Art. 10. A análise quanto à tecnicidade e cientificidade referida no art. 9º, caput, inciso II, caberá à unidade de gestão de pessoas do órgão ou entidade com o qual se estabelecer o vínculo.

Parágrafo único. Quando a acumulação envolver vínculos mantidos com órgãos ou entidades de outros poderes, de outras esferas de poder, ou de natureza militar, suas unidades de gestão de pessoas serão consultadas quanto à análise de que trata o caput, se necessário.

Art. 11. Considera-se:

I - técnico: o cargo público efetivo do Poder Executivo federal para cujo exercício seja exigida habilitação profissional em curso, ministrado por instituição de ensino reconhecida pelo MEC, que seja legalmente classificado como ensino técnico ou tecnológico; e

II - científico: o cargo público efetivo do Poder Executivo federal para cujo exercício seja exigido conhecimentos e habilitação específica sobre determinado ramo científico, adquirido em nível superior.

§ 1º Não se consideram técnicos ou científicos os cargos cujas atribuições tenham natureza meramente burocrática, repetitiva ou pouco complexa.

§ 2º A presença do termo "técnico" na denominação do cargo não é suficiente para considerá-lo dotado de tecnicidade.

§ 3º Não restando claro o disposto no inciso I do caput, deve-se verificar se o cargo consta do Catálogo Nacional de Cursos Técnicos - CNCT, instituído pela Portaria MEC nº 870, de 16 de julho de 2008.

Aspectos gerais quanto ao vínculo privativo de profissionais de saúde

Art. 12. Será considerada lícita a acumulação remunerada de dois vínculos privativos de profissionais de saúde, referida no art. 9º, caput, inciso III, desde que comprovado cumulativamente que:

I - as atribuições previstas para o vínculo são inerentemente afetas à área de saúde;

II - as profissões referentes são regulamentadas e privativas de profissionais de saúde; e

III - o exercício das atribuições é realizado em órgão ou entidade de saúde ou, alternativamente, se comprovado que as atribuições exercidas no caso concreto são correlatas às exercidas em órgão ou entidade de saúde.

Casos específicos de cargos efetivos ou empregos públicos privativos de profissionais de saúde

Art. 13. Observado, em qualquer caso, o disposto no art. 12, fica estabelecido ainda, para fins de sua caracterização como cargo privativo de profissionais de saúde, que:

I - quanto ao cargo transformado em Auditor-Fiscal do Trabalho, da Carreira Auditoria-Fiscal do Trabalho, nos termos do art. 10, caput, inciso I, da Lei nº 10.593, de 6 de dezembro de 2002, exige-se:

a) que o ingresso tenha se dado originalmente em cargo da área de especialização em medicina, com permanência no desempenho das atribuições da área; e

b) que seu ocupante possua registro no órgão fiscalizador da profissão;

II - quanto ao ingresso originariamente no cargo referido no inciso I, exige-se:

a) a comprovação da respectiva capacitação profissional, em nível de pós-graduação, na área de especialização em medicina do trabalho, oficialmente reconhecida, nos termos do art. 3º, § 2º, da Lei nº 10.593, de 6 de dezembro de 2002; e

b) que seu ocupante possua registro no órgão fiscalizador da profissão;

III - quanto ao cargo de Atendente, integrante da Categoria Funcional de Auxiliar Operacional de Serviços Diversos, de que trata o Decreto nº 72.950, de 17 de outubro de 1973, exige-se o exercício de atribuições análogas às dos demais profissionais de saúde e destinadas à Classe "C" da mesma Categoria Funcional, nos termos da Portaria DASP nº 179, de 3 de dezembro de 1973; e

IV - Aplicam-se as disposições do art. 12 desta instrução normativa aos ocupantes dos cargos de Agente Comunitário de Saúde e de Agente de Combate às Endemias, a partir da vigência da Lei nº 14.536, de 20 de janeiro de 2023, podendo ser acumuláveis entre si ou com outro que preencha os critérios constantes do art. 12.

Compatibilidade de horários

Art. 14. Os cargos considerados acumuláveis, nos termos dos arts. 9º a 13, para fins de acumulação lícita, deverão cumprir o requisito da compatibilidade de horários referido no art. 9º, caput, o qual observará o cumprimento da jornada de trabalho semanal de cada um dos vínculos envolvidos.

§ 1º A análise do requisito da compatibilidade de horários não recai sobre o vínculo no qual o servidor tenha se aposentado ou que seja objeto da instituição de pensão, devido à ausência de jornada de trabalho.

§ 2º Compete à unidade de gestão de pessoas do órgão ou entidade verificar, no momento da posse ou ingresso no vínculo e, após isso, periodicamente, o cumprimento do requisito de que trata o caput, garantindo que não haja:

I - sobreposição de horários entre os vínculos; e

II - prejuízo à carga horária e às atividades exercidas em cada um deles.

§ 3º A verificação de que trata o § 2º considerará se o tempo necessário para o deslocamento entre os locais de exercício das atribuições, quando houver, prejudicará ou não o cumprimento das jornadas de trabalho.

Art. 15. Para a análise de que trata o art. 14, quando a soma das jornadas semanais de trabalho for superior a 60 (sessenta) horas semanais, será necessária a manifestação fundamentada das autoridades competentes dos órgãos ou entidades envolvidos atestando a observância do disposto no art. 14, § 2º.

§ 1º Caso não seja possível atestar o cumprimento da exigência a que se refere o caput no momento da posse ou ingresso, o órgão ou entidade deverá fazê-lo em até seis meses.

§ 2º Quanto às acumulações de que trata o caput, a averiguação periódica prevista no art. 14, § 2º, deverá vir acompanhada de nova manifestação fundamentada, nos termos deste artigo.

§ 3º A manifestação de que trata o caput será objeto de supervisão e controle pelos próprios órgãos e, no caso de órgãos seccionais do Sipec ou correlatos, também pelos respectivos setoriais a que se vinculam e se subordinam administrativamente.

Compatibilidade de horários e Programa de Gestão e Desempenho - PGD

Art. 16. Os casos de acumulação que envolverem atividades exercidas por meio do Programa de Gestão e Desempenho - PGD de que trata o Decreto nº 11.072, de 17 de maio de 2022, ou outro programa que autorize o teletrabalho, submetem-se ao disposto nesta Instrução Normativa, independentemente da modalidade adotada, inclusive para fins de comprovação da compatibilidade de horários.

Parágrafo único. Ao servidor ou empregado público que aderir ao PGD após a posse ou ingresso no segundo vínculo, configurando hipóteses de acumulação de que trata esta Instrução Normativa, e à respectiva unidade de gestão de pessoas do órgão ou entidade, caberá zelar pela atualização das informações constantes da Declaração de Vínculos referida no art. 6º.

CAPÍTULO III

ACUMULAÇÃO ILÍCITA E REGULARIZAÇÃO

Aspectos gerais de ilicitude na acumulação

Art. 17. Em caso de suspeita de ilicitude nas acumulações de que tratam esta Instrução Normativa, a qualquer tempo, será adotada de imediato a medida referida no art. 6º, § 3º, quanto aos vínculos de que trata o art. 3º, caput, incisos I, II e III.

§ 1º Quando estiverem envolvidos vínculos de órgãos e entidades que não se submetem às previsões desta Instrução Normativa, inclusive os de natureza militar, serão comunicados a esses órgãos e entidades todos os fatos relativos à acumulação supostamente ilícita e as medidas adotadas quanto aos vínculos submetidos a esta Instrução Normativa.

§ 2º Será considerada ilícita a acumulação remunerada tríplice de cargos públicos efetivos ou empregos públicos permanentes, e dos proventos ou pensões deles decorrentes, ainda que a posse ou ingresso tenha ocorrido antes da vigência da Emenda Constitucional nº 20.

§ 3º A ilicitude de que trata o § 2º será regularizada nos termos desta Instrução Normativa.

§ 4º A regularização da ilicitude na acumulação não afasta a aplicabilidade das sanções ou penalidades cabíveis em relação ao período irregular, nos termos da legislação vigente.

Regime de dedicação exclusiva e acumulação

Art. 18. Ao servidor ocupante de cargo público efetivo de professor, quando exercido em regime de dedicação exclusiva, são vedadas as acumulações de que trata esta Instrução Normativa, independentemente da jornada de trabalho.

§ 1º A inobservância do disposto no caput acarretará a obrigação de ressarcimento ao erário das parcelas remuneratórias recebidas a título de dedicação exclusiva do período em que perdurou a acumulação ilícita.

§ 2º A acumulação remunerada de outros cargos acumuláveis cujos ocupantes estejam submetidos ao regime de dedicação exclusiva deve ser analisada caso a caso, de acordo com a legislação pertinente.

§ 3º É lícita a acumulação entre proventos de aposentadoria ou pensões decorrentes do cargo de Professor exercido em regime de dedicação exclusiva, ou desses com remuneração decorrente de outro vínculo ativo, inclusive exercido nesse regime, desde que:

I - os cargos sejam acumuláveis entre si, nos termos desta Instrução Normativa; e

II - não verificada, na atividade, a ocorrência da ilicitude a que se refere o caput deste artigo.

§ 4º - É vedado aos órgãos ou entidades conceder mudança do regime de trabalho para o de dedicação exclusiva do servidor que esteja há, no mínimo, cinco anos de adquirir o direito à aposentadoria em qualquer das modalidades previstas na legislação vigente.

Regularização da ilicitude por acumulação de vínculos não acumuláveis

Art. 19. A acumulação entre vínculos que não seja considerada lícita nos termos do art. 9º, identificada a qualquer tempo, deverá ser regularizada imediatamente pelo detentor dos vínculos, que realizará a opção por um deles, na forma do art. 133 da Lei nº 8.112, de 11 de dezembro de 1990.

§ 1º O disposto no caput aplica-se aos vínculos dos quais decorram proventos de aposentadoria ou pensões, nos termos do art. 3º, cabendo opção:

I - por um dos vínculos inativos, quando acumulados entre si;

II - pelo vínculo inativo em detrimento do ativo; ou

III - pelo vínculo ativo em detrimento do inativo.

§ 2º A opção de que trata o caput ensejará o desfazimento do vínculo preterido, em caráter irrevogável.

Regularização da ilicitude por descumprimento da compatibilidade de horários

Art. 20. Quando a ilicitude da acumulação decorrer unicamente do descumprimento do requisito da compatibilidade de horários, será facultado ao detentor dos vínculos:

I - solicitar a redução da jornada de trabalho de um dos vínculos, com remuneração proporcional, desde que fundamentada em previsão normativa; ou

II - optar por um dos vínculos.

§ 1º A redução de jornada de que trata o inciso I do caput será concedida a critério da administração e sua solicitação se fundamentará:

I - quanto a cargo público efetivo federal, nos arts. 5º e 6º da Medida Provisória nº 2.174-28, de 24 de agosto 2001 ou outra previsão legal; e

II - quanto a emprego público federal, nos termos da legislação trabalhista e do contrato de trabalho.

§ 2º O servidor ou empregado público que teve a jornada de trabalho reduzida em razão do previsto no inciso I do caput poderá, desde que não haja vedação normativa ou contratual, solicitar o retorno à jornada original, após efetivada a aposentadoria no outro vínculo.

§ 3º A solicitação de retorno à jornada original de que trata o § 2º deve ocorrer antes da inativação do vínculo correspondente e deverá observar o normativo próprio quanto à concessão de aposentadoria no Regime Próprio da Previdência Social da União.

CAPÍTULO IV
DAS DISPOSIÇÕES FINAIS

Restituição ao erário

Art. 21. O período em que se tenha permanecido em acumulação ilícita, nos termos desta Instrução Normativa, não ensejará a restituição ao erário da remuneração equivalente percebida caso verificada a efetiva prestação de serviço por parte do servidor ou empregado público.

Dúvidas decorrentes da aplicabilidade desta Instrução Normativa

Art. 22. As dúvidas decorrentes da aplicação desta Instrução Normativa serão dirigidas ao órgão central do Sipec, desde que observados os requisitos de admissibilidade previstos na Portaria SGP/SEDGG/ME nº 11.265, de 29 de dezembro de 2022, ou no ato que vier a substituí-la.

Anexos

Art. 23. Integram esta Instrução Normativa os seguintes anexos:

I - Orientações Gerais para a Declaração de Vínculos;

II - Declaração Negativa de Vínculos;

III - Declaração Positiva de Vínculos;

IV - Complementação à declaração positiva de vínculos; e

V - Declaração de Responsabilidade.

3.21. REGRA DE TRANSIÇÃO DE APOSENTADORIA: ARTIGO 4º DA EC 103/2019 (SERVIDORES COMUNS E PROFESSORES DO ENSINO BÁSICO)

> Art. 4º O **servidor público federal** que tenha ingressado no serviço público em cargo efetivo **até a data de entrada em vigor desta Emenda Constitucional** poderá aposentar-se voluntariamente quando preencher, cumulativamente, os seguintes requisitos:
>
> I - **56 (cinquenta e seis) anos** de idade, se **mulher**, e **61 (sessenta e um) anos** de idade, **se homem**, observado o disposto no § 1º;
>
> II - *30* **(trinta) anos** de contribuição, se **mulher**, e **35 (trinta e cinco) anos** de contribuição, se **homem**;
>
> III - 20 (vinte) anos de efetivo exercício no serviço público;
>
> IV - 5 (cinco) anos no cargo efetivo em que se der a aposentadoria; e
>
> V - somatório da idade e do tempo de contribuição, incluídas as frações, equivalente a 86 **(oitenta e seis) pontos, se mulher, e 96 (noventa e seis) pontos, se homem**, observado o disposto nos §§ 2º e 3º.
>
> § 1º A partir de 1º de janeiro de **2022**, a **idade mínima** a que se refere o inciso I do *caput* será elevada para cinquenta e sete anos de idade, se mulher, e sessenta e dois anos de idade, se homem.
>
> § 2º A partir de 1º de janeiro de **2020**, a **pontuação** a que se refere o inciso V do *caput* será acrescida a cada ano de um ponto, até atingir o limite de **100 (cem) pontos, se mulher, e de 105 (cento e cinco) pontos, se homem**.
>
> § 3º A idade e o tempo de contribuição serão apurados em dias para o cálculo do somatório de pontos a que se referem o inciso V do *caput* e o § 2º.
>
> § 4º Para o titular do **cargo de professor** que comprovar exclusivamente tempo de efetivo exercício das funções de magistério na **educação infantil e no ensino fundamental e médio**, os requisitos de idade e de tempo de contribuição de que tratam os incisos I e II do *caput* serão:
>
> I - 51 (cinquenta e um) anos de idade, se mulher, e 56 (cinquenta e seis) anos de idade, se homem;
>
> II - 25 (vinte e cinco) anos de contribuição, se mulher, e 30 (trinta) anos de contribuição, se homem; e
>
> III - 52 (cinquenta e dois) anos de idade, se mulher, e 57 (cinquenta e sete) anos de idade, se homem, a partir de 1º de janeiro de 2022.
>
> § 5º O somatório da idade e do tempo de contribuição de que trata o inciso V do *caput* para as pessoas a que se refere o § 4º, incluídas as frações, será de **81 (oitenta e um) pontos, se mulher, e 91 (noventa e um) pontos, se homem**, aos quais serão acrescidos, a partir de 1º de janeiro de 2020, 1

(um) ponto a cada ano, até atingir o limite de 92 (noventa e dois) pontos, se mulher, e de 100 (cem) pontos, se homem.

§ 6º Os proventos das aposentadorias concedidas nos termos do disposto neste artigo corresponderão:

I - à **totalidade da remuneração do servidor público** no cargo efetivo em que se der a aposentadoria, observado o disposto no § 8º, para o servidor público que tenha ingressado no serviço público em cargo efetivo até 31 de dezembro de 2003 e que não tenha feito a opção de que trata o § 16 do art. 40 da Constituição Federal, desde que tenha, no mínimo, 62 (sessenta e dois) anos de idade, se mulher, e 65 (sessenta e cinco) anos de idade, se homem, ou, para os titulares do cargo de **professor** de que trata o § 4º, 57 (cinquenta e sete) anos de idade, se mulher, e 60 (sessenta) anos de idade, se homem;

II - ao valor apurado na forma da lei, para o servidor público não contemplado no inciso I.

§ 7º Os proventos das aposentadorias concedidas nos termos do disposto neste artigo não serão inferiores ao valor a que se refere o § 2º do art. 201 da Constituição Federal e serão reajustados:

I - de acordo com o disposto no art. 7º da Emenda Constitucional nº 41, de 19 de dezembro de 2003, se concedidas nos termos do disposto no inciso I do § 6º; ou

II - nos termos estabelecidos para o Regime Geral de Previdência Social, se concedidas na forma prevista no inciso I do § 6º.

§ 8º Considera-se remuneração do servidor público no cargo efetivo, para fins de cálculo dos proventos de aposentadoria que tenham fundamento no disposto no inciso I do § 6º ou no inciso I do § 2º do art. 20, o valor constituído pelo subsídio, pelo vencimento e pelas vantagens pecuniárias permanentes do cargo, estabelecidos em lei, acrescidos dos adicionais de caráter individual e das vantagens pessoais permanentes, observados os seguintes critérios:

público no cargo efetivo em que se deu a aposentadoria e considerará a média aritmética simples dessa carga horária proporcional ao número de anos completos de recebimento e contribuição, contínuos ou intercalados, em relação ao tempo total exigido para a aposentadoria;

I - se o cargo estiver sujeito a variações na carga horária, o valor das rubricas que reflete essa variação integrará o cálculo do valor da remuneração do servidor

II - se as vantagens pecuniárias permanentes forem **variáveis** por estarem vinculadas a indicadores de desempenho, produtividade ou situação similar, o valor dessas vantagens integrará o cálculo da remuneração do servidor público no cargo efetivo mediante a aplicação, sobre o valor atual de referência das vantagens pecuniárias permanentes variáveis, da média aritmética simples do indicador, proporcional ao número de anos completos de recebimento e de respectiva contribuição, contínuos ou intercalados, em relação ao tempo total exigido para a aposentadoria ou, se inferior, ao tempo total de percepção da vantagem.

§ 9º Aplicam-se às aposentadorias dos servidores dos Estados, do Distrito Federal e dos Municípios as normas constitucionais e infraconstitucionais anteriores à data de entrada em vigor desta Emenda Constitucional, enquanto não promovidas alterações na legislação interna relacionada ao respectivo regime próprio de previdência social.

§ 10. Estende-se o disposto no § 9º às normas sobre aposentadoria de servidores públicos incompatíveis com a redação atribuída por esta Emenda Constitucional aos §§ 4º, § 4º-A, § 4º-B e § 4º-C do art. 40 da Constituição Federal.

A Emenda 103/2019 apresentou duas regras de transição concomitantes em favor dos **servidores federais** que já estavam **empossados no serviço público até a data da vigência da Emenda**.

Isso se aplica a servidores federais empossados após a Emenda, desde que tenham vindo sem interrupção do serviço público estadual ou municipal com posse em data anterior à publicação da Emenda.

Analisaremos primeiro a regra de transição do **artigo 4º da Emenda**. Eis os requisitos cumulativos para os antigos servidores federais que implementarem todos os requisitos até **31/12/2021**:

a) **61 anos de idade para os homens e 56 anos de idade para as mulheres;**

b) 35 anos de contribuição para os homens e 30 anos de contribuição para as mulheres;

c) 20 anos de efetivo exercício no serviço público;

d) 5 anos no cargo em que se dará a aposentadoria;

e) pontuação com soma de idade e tempo de contribuição.

Por sua vez, a idade mínima será elevada em 1 ano para os antigos servidores federais que implementarem todos os requisitos a partir de **1/1/2022**:

a) **62 anos de idade para os homens e 57 anos de idade para as mulheres;**

b) 35 anos de contribuição para os homens e 30 anos de contribuição para as mulheres;

c) 20 anos de efetivo exercício no serviço público;

d) 5 anos no cargo em que se dará a aposentadoria;

e) pontuação com soma de idade e tempo de contribuição.

Para os servidores federais que implementarem os requisitos **até 31/12/2019**, será adotada a seguinte pontuação mínima na soma da idade com o tempo de contribuição, incluídas as frações:

a) **96 pontos para os homens;**

b) **86 pontos para as mulheres.**

Sucede que, para quem implementar os requisitos ***a* partir de 1/1/2020**, essa pontuação será **progressiva**, acrescida a cada ano de um ponto, até atingir o limite de 100 pontos, se mulher (2033), e de 105, se homem (2028):

ANO	HOMENS	MULHERES
Até 31/12/2019	96	86
1/1/2020	97	87
1/1/2021	98	88
1/1/2022	99	89
1/1/2023	100	90
1/1/2024	101	91
1/1/2025	102	92
1/1/2026	103	93
1/1/2027	104	94
1/1/2028	105	95
1/1/2029	105	96
1/1/2030	105	97
1/1/2031	105	98
1/1/2032	105	99
1/1/2033	105	100

Dessa forma, os **homens** atingirão o ápice do escore em **105 pontos** em **1/1/2028** e as **mulheres** com **100 pontos** em **1/1/2033**.

De seu turno, para os **professores federais do ensino básico** com tempo de contribuição nessa condição, que ingressaram até a data da publicação da Emenda, serão observados os seguintes requisitos cumulativos se implementarem todos os requisitos até **31/12/2021**:

a) **56 anos de idade para os homens e 51 anos de idade para as mulheres;**

b) 30 anos de contribuição para os homens e 25 anos de contribuição para as mulheres;

c) 20 anos de efetivo exercício no serviço público;

d) 5 anos no cargo em que se dará a aposentadoria;

e) pontuação com soma de idade e tempo de contribuição.

Por sua vez, a idade mínima será elevada em 1 ano para os servidores federais professores do ensino básico que implementarem todos os requisitos a partir de **1/1/2022**:

a) **57 anos de idade para os homens e 52 anos de idade para as mulheres;**

b) 30 anos de contribuição para os homens e 25 anos de contribuição para as mulheres;

c) 20 anos de efetivo exercício no serviço público;

d) 5 anos no cargo em que se dará a aposentadoria;

e) pontuação com soma de idade e tempo de contribuição.

Para os servidores federais que implementarem os requisitos **até 31/12/2019**, será adotada a seguinte pontuação mínima na soma da idade com o tempo de contribuição:

a) **91 pontos para os homens;**

b) **81 pontos para as mulheres.**

Sucede que, para quem implementar os requisitos *a* **partir de 1/1/2020**, essa pontuação será **progressiva**, acrescida a cada ano de um ponto, até atingir o limite de noventa e dois pontos, se mulher (2030), e de cem pontos, se homem (2028):

ANO	HOMENS	MULHERES
Até 31/12/2019	91	81
1/1/2020	92	82
1/1/2021	93	83
1/1/2022	94	84
1/1/2023	95	85
1/1/2024	96	86
1/1/2025	97	87
1/1/2026	98	88
1/1/2027	99	89
1/1/2028	100	90
1/1/2029	100	91
1/1/2030	100	92

Dessa forma, os homens atingirão o ápice do escore em 100 pontos em 1/1/2028 e as mulheres com 92 pontos em 1/1/2030.

Ao que parecia, havia um **erro material** na regra dos professores federais. Isso porque somando a idade com o tempo de contribuição chegamos a 86 pontos para os homens e 76 pontos para as mulheres. No entanto, a tabela parte de 91 pontos para os homens e 81 pontos para as mulheres, tendo um excedente de 5 pontos. Mas o Congresso não fez nenhum ajuste.

No que concerne ao servidor federal comum, a tabela está certa, pois somando idade com tempo de contribuição partirmos de 96 pontos para os homens e 86 pontos para as mulheres.

O reajuste da aposentadoria observará a variação anual do INPC, índice utilizado para o reajuste anual dos benefícios do RGPS, nos termos do artigo 41-A[35] da Lei 8.213/91.

Vale registrar ainda que esta regra de transição poderá gerar **proventos com integralidade** à totalidade da remuneração do servidor público no cargo efetivo em que se der a aposentadoria, desde que seja um servidor federal que ingressou no serviço público até 31/12/2003 e não tenha optado pelo novo regime previdenciário com limitação ao teto do RGPS.

No entanto, para se beneficiar da integralidade, é necessário cumprir ainda um requisito adicional com idade mais elevada:

A) Homens 65 anos de idade e mulheres 62 anos de idade;

B) Para os professores do ensino básico, homens 60 anos de idade e mulheres 57 anos de idade.

Neste caso, restou garantido **reajuste paritário**, aplicando-se a regra do artigo 7º da Emenda 41/2003:

> *"Art. 7º Observado o disposto no art. 37, XI, da Constituição Federal, os proventos de aposentadoria dos servidores públicos titulares de cargo efetivo e as pensões dos seus dependentes pagos pela União, Estados, Distrito Federal e Municípios, incluídas suas autarquias e fundações, em fruição na data de publicação desta Emenda, bem como os proventos de aposentadoria dos servidores e as pensões dos dependentes abrangidos pelo art. 3º desta Emenda, serão revistos na mesma proporção e na mesma data, sempre que se modificar a remuneração dos servidores em atividade, sendo também estendidos aos aposentados e pensionistas quaisquer benefícios ou vantagens*

35. Art. 41-A. O valor dos benefícios em manutenção será reajustado, anualmente, na mesma data do reajuste do salário mínimo, *pro rata*, de acordo com suas respectivas datas de início ou do último reajustamento, com base no Índice Nacional de Preços ao Consumidor - INPC, apurado pela Fundação Instituto Brasileiro de Geografia e Estatística - IBGE. (Incluído pela Lei nº 11.430, de 2006)

posteriormente concedidos aos servidores em atividade, inclusive quando decorrentes da transformação ou reclassificação do cargo ou função em que se deu a aposentadoria ou que serviu de referência para a concessão da pensão, na forma da lei".

Essa regra de integralidade para os servidores com histórico de vencimentos fixos é bastante segura, a exemplo das carreiras de Estado da União que recebem por subsídios, como membros da AGU, DPU, MPF e magistratura federal.

Mas nas situações de remunerações variáveis ou de mudanças de remuneração por carga horária, deve ser observado o seguinte regramento:

A) **se o cargo estiver sujeito a variações na carga horária**, o valor das rubricas que refletem essa variação integrarão o cálculo do valor da remuneração do servidor público no cargo efetivo em que se deu a aposentadoria e considerará a **média aritmética simples dessa carga horária proporcional ao número de anos completos de recebimento e contribuição**, contínuos ou intercalados, em relação ao tempo total exigido para a aposentadoria;

B) **Se as vantagens pecuniárias permanentes forem variáveis** por estarem vinculadas a indicadores de desempenho, produtividade ou situação similar, o valor dessas vantagens integrará o cálculo da remuneração do servidor público no cargo efetivo mediante a aplicação, sobre o valor atual de referência das vantagens pecuniárias permanentes variáveis, da média aritmética simples do indicador, proporcional ao número de anos completos de recebimento e de respectiva contribuição, contínuos ou intercalados, em relação ao tempo total exigido para a aposentadoria ou, se inferior, ao tempo total de percepção da vantagem.

Por força do artigo 26, § 2º, inciso I da Emenda 103/2019, **para os servidores federais que se aposentarem por esta regra de transição SEM INTEGRALIDADE**, até que lei discipline o cálculo dos benefícios do regime próprio de previdência social da União e do Regime Geral de Previdência Social, será utilizada a média aritmética simples dos salários de contribuição e das remunerações adotados como base para contribuições a regime próprio de previdência social e ao Regime Geral de Previdência Social, ou como base para contribuições decorrentes das atividades militares de que tratam os arts. 42 e 142 da Constituição Federal, atualizados monetariamente, correspondentes a cem por cento do período contributivo desde a competência julho de 1994 ou desde o início da contribuição, se posterior àquela competência.

Desta forma, para os **servidores federais sem integralidade, a exemplo de quem ingressou a partir de 1/1/2004 e até a vigência da atual Emenda de reforma previdenciária**, será feita média aritmética simples de **100% do período contributivo** desde a competência julho de 1994 ou desde o início da contribuição, se posterior àquela competência, não se aplicando mais a média aritmética simples dos 80% maiores, prevista no artigo 1º da Lei 10.887/2004[36].

O valor do benefício de aposentadoria corresponderá a **sessenta por cento da média aritmética das 100% das remunerações/salários de contribuição desde julho de 1994, com acréscimo de 2% para cada ano que ultrapassar os 20 anos de contribuição.**

Considerando que o menor tempo de contribuição será da mulher/professora do ensino básico, com ao menos 25 anos de tempo de contribuição, conclui-se que para esta regra de transição a tabela partirá dos 25 anos (70% da média):

TEMPO DE CONTRIBUIÇÃO	COEFICIENTE
25 anos	70%
26 anos	72%
27 anos	74%
28 anos	76%
29 anos	78%
30 anos	80%
31 anos	82%
32 anos	84%
33 anos	86%
34 anos	88%
35 anos	90%
36 anos	92%
37 anos	94%
38 anos	96%
39 anos	98%
40 anos	100%

36. Art. 1º No cálculo dos proventos de aposentadoria dos servidores titulares de cargo efetivo de qualquer dos Poderes da União, dos Estados, do Distrito Federal e dos Municípios, incluídas suas autarquias e fundações, previsto no § 3º do art. 40 da Constituição Federa l e no art. 2º da Emenda Constitucional nº 41, de 19 de dezembro de 2003, será considerada a média aritmética simples das maiores remunerações, utilizadas como base para as contribuições do servidor aos regimes de previdência a que esteve vinculado, correspondentes a 80% (oitenta por cento) de todo o período contributivo desde a competência julho de 1994 ou desde a do início da contribuição, se posterior àquela competência.

Desta forma, conforme tabela supra, para esta regra de transição, a aposentadoria do servidor federal variará de 70% a 100% da média de todas as remunerações desde 7/1994, somente atingindo a 100% da média quando o servidor federal possuir 40 anos de tempo de contribuição.

Curioso notar que, **intencionalmente**, o artigo 26 da Emenda 103/2019 não limita a média de todas as remunerações do servidor a 100%, de modo que o servidor federal que possuir mais de 40 anos de tempo de contribuição poderá ter proventos que ultrapassem a 100% (**proventos *ultra* integrais**), a exemplo:

41 anos	**102%**
42 anos	**104%**
43 anos	**106%**
44 anos	**108%**
45 anos	**110%**
E assim sucessivamente	**E assim sucessivamente**

Ademais, **poderão ser excluídas da média as contribuições que resultem em redução do valor do benefício**, desde que mantido o tempo mínimo de contribuição exigido, vedada a utilização do tempo excluído para qualquer finalidade, para a averbação em outro regime previdenciário ou para a obtenção dos proventos de inatividade dos militares.

Estas regras são **exclusivas para os servidores federais**, pois a sua aplicação aos servidores dos estados, Distrito Federal e municípios depende de alterações na legislação interna relacionada ao respectivo regime próprio de previdência social, mantendo-se até lá as normas constitucionais e infraconstitucionais anteriores à data de entrada em vigor desta Emenda Constitucional 103/2019.

Curioso que o parágrafo 10 do artigo 4º da Emenda **estendeu essa regra de manutenção das regras revogadas aos de servidores públicos com regras especiais** ditadas nos §§ 4º, 4º-A, 4º-B e 4º-C do art. 40 da Constituição Federal e que são incompatíveis.

Não cabe ao servidor o direito de escolha dentro de uma regra de transição se há dois regimes jurídicos distintos:

A) Integralidade e paridade para quem entrou até 2003 e não fez migração previdenciária;

B) Proventos pela média com reajuste paritário para quem entrou a partir de 2004.

Se o antigo servidor não deseja a integralidade e paridade, descabe à unidade gestora a concessão da aposentadoria pela regra de transição, sendo possível não se aposentar pela regra de transição e optar pela concessão pela regra permanente de aposentação.

Nesse sentido, o TCU no julgamento do ACÓRDÃO 2040/2024 - SEGUNDA CÂMARA e da seguinte decisão:

> ***ACÓRDÃO 23/2023 - PRIMEIRA CÂMARA***
>
> *De acordo com as informações lançadas no formulário e-Pessoal, o servidor ingressou no cargo efetivo em 1º/4/1974 e foi inativado pelo Regime Próprio de Previdência Social - RPPS, ou seja, não fez a opção pelo regime de previdência complementar, prevista no § 16 do art. 40 da Carta Magna.*
>
> *No ponto, observa-se que os proventos superam o teto dos benefícios do RGPS, atualmente no valor de R$ 7.087,22, circunstância que evidencia tratar-se de servidor não optante pelo regime de previdência complementar. Por fim, o interessado contava 71 anos de idade, por ocasião de sua aposentadoria.*
>
> *O servidor, portanto, preenche os requisitos previstos no inciso I do § 6º do art. 4º da EC 103/2019, de forma que os proventos devem corresponder à totalidade da remuneração do cargo efetivo em que se deu a aposentadoria e o valor do benefício, para efeito de atualização, deve observar o critério da **paridade**, nos termos do § 7º do citado artigo.*
>
> ...
>
> *2. Os atos receberam pareceres pela legalidade da Secretaria de Fiscalização de Integridade de Atos e Pagamentos de Pessoal e de Benefícios Sociais (Sefip).*
>
> *3. O MPTCU concordou com as análises e conclusões da unidade técnica em relação aos atos em nome de Francisco Laete da Silva e Antônio Eugênio Martins. No entanto, quanto ao ato em nome de Fábio Moreira Lima, assinalou que sua aposentadoria teve por fundamento legal o art. 4º da EC 103/2019, tendo sido o servidor inativado pelo Regime Próprio de Previdência Social, ou seja, não fez a opção pelo regime de previdência complementar.*
>
> *4. Sendo assim, o servidor preencheu os requisitos previstos no inciso I do § 6º do art. 4º da EC 103/2019, com proventos que devem corresponder à totalidade da remuneração do cargo efetivo em que se deu a aposentadoria. Além disso, o reajuste dos proventos deve se dar pelo critério da paridade.*
>
> *5. No entanto, os proventos foram calculados pela média das remunerações, como se extrai do fundamento legal informado no ato:*
>
> *APOS-161 - EC **103/2019, art. 4º** - Aposentadoria voluntária, com proventos integrais, **calculados pela média das remunerações** adotadas como base para as contribuições. Vigência: 13/11/2019 a 31/12/2019.*
>
> *6. Em conclusão, o MPTCU assinalou que o ato de aposentadoria de Fábio Moreira Lima deve ser julgado ilegal, com negativa de registro, dadas as*

> *falhas observadas na forma de cálculo dos proventos. Os demais atos podem ser julgados legais.*
>
> *7. Acompanho, por seus fundamentos, o parecer do MPTCU. De fato, a concessão em nome de Fábio Moreira Lima utilizou a média das remunerações para o cálculo dos proventos, quando o correto teria sido considerar a totalidade da remuneração do servidor no cargo em que se aposentou, como previsto no art. 4º, § 6º, inciso I, da EC 103/2019, usada como fundamento legal para sua aposentadoria.*

Todavia, **o Poder Executivo da União tem facultado ao servidor federal a opção de escolha, divergindo do TCU**. Veja-se a Portaria SGP 10.360/2022:

> "Subseção III
>
> Servidor que ingressou até 31 de dezembro de 2003 (antes da EC 41, de 2003)
>
> Art. 61. Ressalvado o direito de aposentadoria pelas regras de que tratam esta Portaria, o servidor que tenha ingressado em cargo público efetivo da Administração Pública Direta, autárquica e fundacional da União, Estados, Distrito Federal e Municípios até 31 de dezembro de 2003, data da entrada em vigor da Emenda Constitucional nº 41, de 2003, poderá aposentar-se voluntariamente quando preencher, cumulativamente, os seguintes requisitos:
>
> I - não ter feito a migração de regime de que trata o § 16 do art. 40 da Constituição Federal;
>
> II - ter idade de:
>
> a) 62 (sessenta e dois) anos de idade, se mulher; e 65 (sessenta e cinco) anos de idade, se homem; ou
>
> b) 57 (cinquenta e sete) anos de idade, se mulher; e 60 (sessenta) anos de idade, se homem, para o ocupante de cargo de professor.
>
> III - tempo de contribuição de:
>
> a) 30 (trinta) anos de contribuição, se mulher; e 35 (trinta e cinco) anos de contribuição, se homem;
>
> b) 25 (vinte e cinco) anos de contribuição, se mulher; e 30 (trinta) anos de contribuição, se homem, para o ocupante do cargo de professor.
>
> IV - 20 (vinte) anos de efetivo exercício no serviço público;
>
> V - 5 (cinco) anos no cargo efetivo em que se der a aposentadoria; e
>
> VI - somatório da idade e do tempo de contribuição, incluídas as frações, equivalente a:

Ano	Mulher	Homem	Professora	Professor
2019	86	96	81	91
2020	87	97	82	92
2021	88	98	83	93
2022	89	99	84	94
2023	90	100	85	95
2024	91	101	86	96
2025	92	102	87	97
2026	93	103	88	98
2027	94	104	89	99
2028	95	105	90	100
2029	96		91	
2030	97		92	
2031	98			
2032	99			
2033	*100*			

§ 1º Os proventos das aposentadorias concedidas nos termos deste artigo serão calculados pela integralidade, segundo os arts. 73 a 77 desta Portaria.

§ 2º É facultado ao servidor que cumpriu os requisitos estabelecidos no caput a opção pela forma de cálculo segundo a média aritmética, nos termos do art. 72 deste Portaria".

3.22. REGRA DE TRANSIÇÃO DE APOSENTADORIA: ARTIGO 20 DA EC 103/2019 (SERVIDORES COMUNS E PROFESSORES DO ENSINO BÁSICO)

Art. 20. O segurado do Regime Geral de Previdência Social e o **servidor público federal** que tenham se filiado ao Regime Geral de Previdência Social ou **ingressado no serviço público em cargo efetivo até a data de entrada em vigor desta Emenda à Constituição** poderão aposentar-se voluntariamente quando preencherem, cumulativamente, os seguintes requisitos:

I - 57 (cinquenta e sete) anos de idade, se mulher, e 60 (sessenta) anos de idade, se homem;

II - 30 (trinta) anos de contribuição, se mulher, e 35 (trinta e cinco) anos de contribuição, se homem;

III - para os servidores públicos, 20 (vinte) anos de efetivo exercício no serviço público e 5 (cinco) anos no cargo efetivo em que se der a aposentadoria;

IV - período adicional de contribuição correspondente ao tempo que, na data de entrada em vigor desta Emenda Constitucional, faltaria para atingir o tempo mínimo de contribuição referido no inciso II.

§ 1º Para o professor que comprovar exclusivamente tempo de efetivo exercício das funções de magistério na educação infantil e no ensino fundamental e médio serão reduzidos, para ambos os sexos, os requisitos de idade e de tempo de contribuição em 5 (cinco) anos, não se aplicando o disposto no § 5º do art. 40 e no § 8º do art. 201 da Constituição Federal.

§ 2º Os proventos das aposentadorias concedidas nos termos do disposto neste artigo corresponderão:

I - em relação ao servidor público que tenha ingressado no serviço público em cargo efetivo até 31 de dezembro de 2003 e que não tenha feito a opção de trata o § 16 do art. 40 da Constituição Federal, à totalidade da remuneração no cargo efetivo em que se der a aposentadoria, observado o disposto no § 8º do art. 4º; e

II - em relação aos demais servidores públicos e aos segurados do Regime Geral de Previdência Social, ao valor apurado na forma da lei.

§ 3º Os proventos das aposentadorias concedidas nos termos do disposto neste artigo não serão inferiores ao valor a que se refere o § 2º do art. 201 da Constituição Federal e serão reajustados:

I - de acordo com o disposto no art. 7º da Emenda Constitucional nº 41, de 19 de dezembro de 2003, se concedidas nos termos do disposto no inciso II do § 2º;

II - nos termos estabelecidos para o Regime Geral de Previdência Social, se concedidas na forma prevista no inciso II do § 2º.

§ 4º Aplicam-se às aposentadorias dos servidores dos Estados, do Distrito Federal e dos Municípios as normas constitucionais e infraconstitucionais anteriores à data de entrada em vigor desta Emenda Constitucional, enquanto não promovidas alterações na legislação interna relacionada ao respectivo regime próprio de previdência social.

Além da regra de transição do artigo 4º da Emenda 103/2019, os servidores federais compartilham com os segurados do RGPS uma regra de transição paralela e coexistente no **artigo 20**.

Para o servidor federal que tenha ingressado no serviço público até a data da publicação da Emenda, é assegurada a concessão de aposentadoria voluntária mediante o preenchimento dos seguintes requisitos cumulativos:

a) 60 anos de idade, se homem e 57 anos de idade, se mulher;

b) 35 anos de tempo de contribuição, se homem e 30 anos de contribuição, se mulher;

c) 20 anos de efetivo exercício no serviço público;

d) 5 anos no cargo em que se dará a aposentadoria;

e) "Pedágio" (tempo de contribuição adicional) equivalente ao tempo em que faltava para atingir 35 anos de contribuição, se homem, e 30 anos se mulher, considerando o dia da promulgação da Emenda.

Assim, se no dia da promulgação da Emenda um homem possuía 34 anos de tempo de contribuição, terá que cumprir o 1 ano faltante mais um "pedágio" de 1 ano, totalizando 36 anos de tempo de contribuição.

No caso de servidor federal professor do ensino básico, devem ser observados os seguintes requisitos:

a) 55 anos de idade, se homem e 52 anos de idade, se mulher;

b) 30 anos de tempo de contribuição, se homem e 25 anos de contribuição, se mulher;

c) 20 anos de efetivo exercício no serviço público;

d) 5 anos no cargo em que se dará a aposentadoria;

e) "Pedágio" (tempo de contribuição adicional) equivalente ao tempo em que faltava para atingir 30 anos de contribuição, se homem, e 25 anos se mulher, considerando o dia da publicação da Emenda 103/2019.

Vale registrar ainda que esta regra de transição poderá gerar **proventos com integralidade** à totalidade da remuneração do servidor público no cargo efetivo em que se der a aposentadoria, desde que seja um servidor federal que ingressou no serviço público até 31/12/2003 e não tenha optado pelo novo regime previdenciário com limitação ao teto do RGPS.

Neste caso, também restou garantido o **reajuste paritário**, aplicando-se a regra do artigo 7º da Emenda 41/2003:

> *"Art. 7º Observado o disposto no art. 37, XI, da Constituição Federal, os proventos de aposentadoria dos servidores públicos titulares de cargo efetivo e as pensões dos seus dependentes pagos pela União, Estados, Distrito Federal e Municípios, incluídas suas autarquias e fundações, em fruição na data de publicação desta Emenda, bem como os proventos de aposentadoria dos servidores e as pensões dos dependentes abrangidos pelo art. 3º desta Emenda, serão revistos na mesma proporção e na mesma data, sempre que se modificar a remuneração dos servidores em atividade, sendo também estendidos aos aposentados e pensionistas quaisquer benefícios ou vantagens posteriormente concedidos aos servidores em atividade, inclusive quando decorrentes da transformação ou reclassificação do cargo ou função em que se deu a aposentadoria ou que serviu de referência para a concessão da pensão, na forma da lei".*

Estas regras são **exclusivas para os servidores federais**, pois a sua aplicação aos servidores dos estados, Distrito Federal e municípios depende de alterações na legislação interna relacionada ao respectivo regime próprio de previdência social, mantendo-se até lá as normas constitucionais e infraconstitucionais anteriores à data de entrada em vigor desta Emenda Constitucional.

Para quem se aposentar por esta regra de transição **sem integralidade**, a exemplo dos servidores antigos federais que ingressaram no serviço público a partir de 1/1/2004, os proventos de aposentadoria corresponderão **cem por cento da média** aritmética simples dos salários de contribuição e das remunerações adotados como base para contribuições a regime próprio de previdência social e ao Regime Geral de Previdência Social, ou como base para contribuições decorrentes das atividades militares de que tratam os arts. 42 e 142 da Constituição Federal, atualizados monetariamente, correspondentes a cem por cento do período contributivo desde a competência julho de 1994 ou desde o início da contribuição, se posterior àquela competência, nos termos do artigo 26, § 3º, inciso I da Emenda, com reajuste anual pelo INPC que é o índice do RGPS, nos termos do artigo 41-A da Lei 8.213/91.

Destarte, **será aplicado o coeficiente de 100% sobre a referida média de todas as remunerações/salários de contribuição** desde a competência Julho de 1994 (proventos integrais), conforme determina o artigo 26, § 3º, inciso I[37] da Emenda.

Desta forma, os antigos servidores federais possuem duas regras de transição paralelas no artigo 4º (sistema de pontuação) e no artigo 20 (sistema de "pedágio"), ambas com previsão de integralidade e reajuste paritário para servidores ingressos até 31/12/2003.

Eis uma portaria federal de concessão de aposentadoria com integralidade e paridade com base nesta regra de transição:

> **PORTARIA Nº 129, DE 29 DE FEVEREIRO DE 2024**
>
> O SUPERINTENDENTE FEDERAL DE AGRICULTURA E PECUÁRIA NO ESTADO DE RORAIMA, no uso da competência que lhe foi delegada pelo artigo 1º, inciso III, da Portaria SE/MAPA nº 22, de 25 de abril de 2023, publicada no Diário Oficial de 26 subsequente e, tendo em vista o que consta do processo nº 21048.000096/2024-15; resolve:
>
> Art. 1º - CONCEDER **aposentadoria voluntária com a totalidade da remuneração no cargo efetivo em que se der a aposentadoria** ao servidor

37. § 3º O valor do benefício de aposentadoria corresponderá a **cem por cento da média** aritmética definida na forma prevista no *caput* e no § 1º:

I - no caso do inciso II do § 2º do art. 20.

GERMANO DREWS, pertencente ao Quadro de Pessoal do Ministério da Agricultura e Pecuária, lotado nesta Superintendência, ocupante do cargo de Auditor Fiscal Federal Agropecuário, Classe S, padrão IV, Matrícula SIAPE nº 0710754, com fundamento no **art. 20º da Emenda Constitucional nº 103, de 2019, §2º, I.**

3.23. REGRA DE TRANSIÇÃO DE APOSENTADORIA: ARTIGO 5º DA EC 103/2019 (POLICIAIS E AGENTES SOCIOEDUCATIVOS)

Art. 5º O policial civil do órgão a que se refere o inciso XIV do *caput* do art. 21 da Constituição Federal, o policial dos órgãos a que se referem o inciso IV do *caput* do art. 51, o inciso XIII do *caput* do art. 52 e os incisos I a III do *caput* do art. 144 da Constituição Federal e os ocupantes dos cargos de agente federal penitenciário ou socioeducativo que tenham ingressado **na respectiva carreira** até a **data de entrada em vigor desta Emenda Constitucional** poderão aposentar-se, na forma da Lei Complementar nº 51, de 20 de dezembro de 1985, observada a **idade mínima de 55 (cinquenta e cinco) anos para ambos os sexos** ou o disposto no § 3º.

§ 1º Serão considerados tempo de exercício em cargo de **natureza estritamente policial**, para os fins do inciso II do art. 1º da Lei Complementar nº 51, de 1985, o **tempo de atividade militar nas Forças Armadas, nas polícias militares e nos corpos de bombeiros militares e o tempo de atividade como agente penitenciário ou socioeducativo.**

§ 2º Aplicam-se às aposentadorias dos servidores dos Estados de que trata o § 4º-B do art. 40 da Constituição Federal as normas constitucionais e infraconstitucionais anteriores à data de entrada em vigor desta Emenda Constitucional, enquanto não promovidas alterações na legislação interna relacionada ao respectivo regime próprio de previdência social.

§ 3º Os servidores de que trata o *caput* poderão se aposentar aos **52 (cinquenta e dois) anos de idade, se mulher, e aos 53 (cinquenta e três) anos de idade, se homem**, desde que cumprido **período adicional** de contribuição correspondente ao tempo que, na data de entrada em vigor desta Emenda Constitucional, faltaria para atingir o tempo de contribuição previsto na Lei Complementar nº 51, de 1985.

Trata-se de regra de transição que veio a beneficiar os seguintes servidores federais que exercem atividade de risco e que ingressaram nas respectivas carreiras até a vigência da Emenda 103/2019:

A) agente penitenciário federal;

B) agente socioeducativo federal;

C) policial civil do Distrito Federal;

D) policiais federais, policiais rodoviários federais e policiais ferroviários federais;

E) policiais da Câmara dos Deputados e do Senado.

Nesta situação, estes antigos servidores federais poderão aposentar-se, na forma da Lei Complementar nº 51, de 20 de dezembro de 1985, mas com inserção de um novo requisito: **idade mínima de cinquenta e cinco anos para ambos os sexos.**

SÍNTESE DAS REGRAS DOS POLICIAIS CIVIS - LC 51/1985

Os policiais possuem um regramento especial para a sua aposentação ditado na Lei Complementar 51/1985, garantindo-se no seu texto originário aposentadoria voluntária com proventos integrais, após 30 anos de serviço, desde que conte, pelo menos 20 anos de exercício em cargo de natureza estritamente policial.

No entanto, coube à Lei Complementar 144/2014 alterar essas regras em benefício das mulheres policiais, que passaram a se aposentar com 25 anos de tempo de contribuição. Em síntese, garante-se a aposentadoria voluntária aos policiais, com proventos integrais, independentemente da idade, nas seguintes condições:

a) após 30 (trinta) anos de contribuição, desde que conte, pelo menos, 20 (vinte) anos de exercício em cargo de natureza estritamente policial, se homem;

b) após 25 (vinte e cinco) anos de contribuição, desde que conte, pelo menos, 15 (quinze) anos de exercício em cargo de natureza estritamente policial, se mulher.

Eis uma portaria federal de concessão de aposentadoria com lastro na LC 51/1985:

> **PORTARIA DGP/PF Nº 609, DE 29 DE FEVEREIRO DE 2024**
>
> O DIRETOR DE GESTÃO DE PESSOAS DA POLÍCIA FEDERAL , no uso das atribuições que lhe são conferidas pelos incisos XIV e XIX do art. 43 do Regimento Interno da Polícia Federal, aprovado pela Portaria MSP nº 155, de 27/09/2018, publicada no Diário Oficial da União nº 200, de 17/10/2018, e tendo em vista o que consta do Processo nº 08350.000636/2024-79, resolve:
>
> Art. 1º Conceder **aposentadoria especial voluntária, com integralidade e paridade**, a AFONSO MARIA DE LIGORIO JUNIOR, matrículas PF nº 10.113 e SIAPE nº 1.412.992, ocupante do cargo de Agente de Polícia Federal, Classe Especial, do Quadro de Pessoal da Polícia Federal, **com fundamento no art. 1º, II, alínea "a", da Lei Complementar nº 51/1985, com redação dada pela Lei Complementar nº 144/2014, aplicando-se ao critério de reajuste o disposto no art. 38 da Lei nº 4.878/1965, combinados com o art. 5º, caput, da Emenda Constitucional nº 103/2019 e com o Parecer AGU N.º JL -04, publicado no DOU nº 114-A, de 17/06/2020**, declarando, em decorrência, a vacância do cargo.

■ POSIÇÃO DO STF

De acordo com o STF, a LC 51 foi recepcionada pela Constituição de 1988, conforme decisão tomada na ADI 3.817, de 13.11.2008:

EMENTA: AÇÃO DIRETA DE INCONSTITUCIONALIDADE. ART. 3º DA LEI DISTRITAL N. 3.556/2005. SERVIDORES DAS CARREIRAS POLICIAIS CIVIS CEDIDOS À ADMINISTRAÇÃO PÚBLICA DIRETA E INDIRETA DA UNIÃO E DO DISTRITO FEDERAL: TEMPO DE SERVIÇO CONSIDERADO PELA NORMA QUESTIONADA COMO DE EFETIVO EXERCÍCIO DE ATIVIDADE POLICIAL. AMPLIAÇÃO DO BENEFÍCIO DE APOSENTADORIA ESPECIAL DOS POLICIAIS CIVIS ESTABELECIDO NO ARTIGO 1º DA LEI COMPLEMENTAR FEDERAL Nº 51, DE 20.12.1985. AÇÃO JULGADA PROCEDENTE. 1. Inexistência de afronta ao art. 40, § 4º, da Constituição da República, por restringir-se a exigência constitucional de lei complementar à matéria relativa à aposentadoria especial do servidor público, o que não foi tratado no dispositivo impugnado. 2. Inconstitucionalidade formal por desobediência ao art. 21, inc. XIV, da Constituição da República que outorga competência privativa à União legislar sobre regime jurídico de policiais civis do Distrito Federal. **3. O art. 1º da Lei Complementar Federal n. 51/1985 que dispõe que o policial será aposentado voluntariamente, com proventos integrais, após 30 (trinta) anos de serviço, desde que conte pelo menos 20 anos de exercício em cargo de natureza estritamente policial foi recepcionado pela Constituição da República de 1988**. A combinação desse dispositivo com o art. 3º da Lei Distrital n. 3.556/2005 autoriza a contagem do período de vinte anos previsto na Lei Complementar n. 51/1985 sem que o servidor público tenha, necessariamente, exercido atividades de natureza estritamente policial, expondo sua integridade física a risco, pressuposto para o reconhecimento da aposentadoria especial do art. 40, § 4º, da Constituição da República: inconstitucionalidade configurada. 4. Ação direta de inconstitucionalidade julgada procedente.

Para o TCU, "compete ao Ministério da Justiça, órgão ao qual está atrelada a carreira de policial federal, a regulamentação do alcance a ser dado ao art. 1º da Lei Complementar 51/85, de modo a delimitar as atividades e atribuições que devem ser enquadradas como estritamente policiais para fins de aposentadoria especial da categoria"[38].

Ademais, "é irregular a contagem ficta do tempo de serviço prestado sob a égide da Lei 3.313/1957, se o policial federal não reunia, à época de vigência dessa norma, as condições necessárias para a aposentadoria"[39].

---

38. Acórdão 1882/2015 Plenário (Embargos de Declaração, Relator Ministro Vital do Rêgo).
39. Acórdão 1885/2014 Segunda Câmara (Aposentadoria, Relator Ministro José Jorge).

Curioso notar que, para a aposentadoria do policial federal concedida com base na Lei Complementar 51/1985, foi reconhecida administrativamente pela União o **direito à integralidade e paridade** em regra de transição, através da Nota nº 033/2011-DEAEX/CGU/AGU - JCMB (contrariando entendimento da CONJUR do MTPS), ao pronunciar que:

> A) "O direito dos servidores policiais à integralidade da aposentadoria está garantido no art. 1º, inciso I, da LC 51/85 que foi recepcionado pela Constituição Federal de 1988 e serve de fundamento legislativo infraconstitucional para a regulamentação do parágrafo 4º do art. 40 da Constituição Federal";
>
> B) "O art. 38 da Lei nº 4.878/65 permanece em vigor, mantendo o direito dos servidores policiais à paridade na aposentadoria, sendo esse dispositivo o atual fundamento normativo a regulamentar o reajuste das suas aposentadorias previsto no parágrafo 17 do art. 40 da Constituição Federal."

Nos termos do Parecer 16/2013 da CONJUR/MTPS, na "NOTA 33/2011-DEAEX/CGU/AGU-JCMB, prevaleceram, em síntese, os seguintes posicionamentos: 1) que a LC n 51/85 regulamenta o art. 40, § 42, da CF/88; 2) que a integralidade da aposentadoria dos servidores integrantes das carreiras policiais está garantida pelo art. 12, inciso I, da LC n2 51/85; 3) que a LC n 51/85 foi recepcionada pela CF/88 e serve de fundamento constitucional para a regulamentação do art. 40, § 42, da CF/88; 4) que o art. 38 da Lei n 4.878/65, que assegura a paridade dos policiais, é o atual fundamento normativo do reajuste previsto no art. 40, § 17, da CF/88; e 5) que tal dispositivo não foi revogado, de forma que resta mantido o direito dos servidores das carreiras policiais à paridade na aposentadoria", entendimento da Administração Pública federal, que não vinculou as demais esferas de governo, existindo estados da federação que não estão aplicando o entendimento federal.

Curioso notar ainda que os policiais da área federal que ingressaram no serviço público após o funcionamento da FUNPREP Executivo (4/2/2013) estavam submetidos ao teto do RGPS e muitos aderiram ao regime de previdência complementar.

Sucede que o Poder Executivo da União concedeu na via administrativa a integralidade e paridade aos ingressos até 12/11/2019 na regra de transição do artigo 5º da Emenda 103/2019, inclusive aos policiais da área federal que ingressaram após o regime de previdência complementar:

> "PARECER N. 00004/2020/CONSUNIAO/CGU/AGU NUP: 00400.001823/2019-68 INTERESSADA: FEDERAÇÃO NACIONAL DOS POLICIAIS FEDERAIS - FENAPEF ASSUNTO: APOSENTADORIA ESPECIAL DE POLICIAL CIVIL DO PODER EXECUTIVO FEDERAL EMENTA: SERVIDOR PÚBLICO. ATIVIDADE DE RISCO. POLICIAL CIVIL DA UNIÃO. APOSENTADORIA. PROVENTOS. INTEGRALIDADE.

LEI COMPLEMENTAR Nº 51/1985. PARIDADE. LEI Nº 4.878/1965. EMENDA CONSTITUCIONAL Nº 103/2019.

1) Os policiais civis da União, ingressos nas respectivas carreiras até 12/11/2019 (data anterior a vigência da EC nº 103/2019), fazem jus à aposentadoria com base no artigo 5º da Emenda Constitucional nº 103/2019, com proventos integrais (totalidade da remuneração do servidor no cargo efetivo em que se der a aposentadoria), nos termos artigo 1º, II, da Lei Complementar nº 51/1985, e paridade plena, com fundamento no art. 38 da Lei nº 4.878/1965.

2) Os policiais civis da União, ingressos nas respectivas carreiras a partir de 13/11/2019 (com a vigência da EC nº 103/2019), fazem jus à aposentadoria com base no artigo 10, §2º, I, com proventos calculados pela média aritmética e reajustados nos termos estabelecidos para o Regime Geral de Previdência Social, conforme artigo 26, todos da Emenda Constitucional nº 103/2019, bem como passaram a se submeter ao Regime de Previdência Complementar da Lei nº 12.618/2012".

Em seguida, o referido parecer foi homologado pelo Consultor-Geral da União:

"1. O estudo ora em análise, muito bem aprofundado pelo judicioso PARECER n. 00004/2020/CONSUNIAO/CGU/AGU, da lavra do Consultor da União, Dr. José Affonso de Albuquerque Netto, traz importantes considerações acerca do regime a ser aplicado às aposentadorias dos policiais civis da União, com enfoque naqueles expressamente mencionados no artigo 5º da Emenda Constitucional nº 103/19 (policiais civis dos órgãos a que se referem o inciso XIV do *caput* do art. 21, o inciso IV do *caput* do art. 51, o inciso XIII do *caput* do art. 52 e os incisos I a III do *caput* do art. 144, todos da Constituição Federal), cujas aposentadorias especiais foram regulamentadas pela Lei Complementar nº 51/1985 e pela Lei nº 4.878/1965.

2. Conforme relatado no referido parecer, a Constituição Federal de 1988, desde sua promulgação, estabelecia uma aposentadoria diferenciada aos servidores que exercessem atividades consideradas penosas, insalubres ou perigosas. A partir da Emenda Constitucional nº 20/98, com a inclusão do §4º ao artigo 40 do Texto, permitiu-se, excepcionalmente, a adoção de requisitos e critérios diferenciados para as atividades de risco à saúde e à integridade física, que seriam aqueles definidas em lei complementar.

3. Nota-se, também, que a Emenda Constitucional nº 41/2003 preservou o citado dispositivo, mantendo hígida, portanto, a possibilidade de adoção de requisitos e critérios diferenciados para a concessão das aposentadorias desses servidores.

4. Emenda Constitucional nº 47/2005, por sua vez, conferiu nova redação ao § 4º do art. 40 da Constituição, promoveu algumas alterações às regras de transição estabelecidas nas emendas constitucionais anteriores, e

ampliou o contingente de servidores elegíveis às aposentadorias especiais, mantendo, contudo, a possibilidade de aposentadoria com requisitos e critérios diferenciados.

5. Com a mais recente alteração nas regras da previdência dos servidores, por meio da promulgação da Emenda Constitucional nº 103/2019 (publicada em 13/11/2019), houve relevante modificação da denominada aposentadoria especial, pois a delegação à lei complementar limitou-se aos requisitos relacionados à idade e tempo, excepcionada a situação descrita no artigo 5º outrora mencionado.

6. O parecer em exame concluiu, acertadamente, que o constituinte, até a promulgação da Emenda nº 103/2019, sempre previu um regime diferenciado de aposentadoria aos policiais civis da União, conforme requisitos e critérios que deveriam ser definidos em lei complementar.

7. A Lei complementar nº 51/85, recepcionada pela Constituição Federal de 1988, segundo definido pelo Supremo Tribunal Federal (ADI 3.817), trouxe algumas dessas particularidades previstas pelo texto constitucional. O STF, no julgamento do Mandado de Injunção nº 2283, corroborou a tese de aplicação de critérios e requisitos diferenciados na aposentadoria especial, ocasião na qual assentou que tais excepcionalidades poderiam ser estabelecidas, independentemente da observância das normas de transição constantes do artigo 40 da Constituição Federal, como muito bem explicitado no parecer que ora se submete à aprovação do Exmo. Advogado-Geral da União.

8. O Tribunal de Contas da União, responsável por apreciar, para fins de registro, a legalidade das concessões de aposentadorias dos servidores, ao enfrentar as mesmas questões ora analisadas, no bojo do Acórdão nº 379/2009-Plenário, firmou compreensão segundo a qual "a Lei Complementar 51, de 1985, foi recepcionada pela Constituição Federal de 1988, e pelas Emendas Constitucionais nºs 20, de 1998, 41, de 2003, e 47, de 2005, continuando, por conseguinte, válida e eficaz, enquanto não for abrogada, derrogada ou modificada por nova lei complementar federal, subsistindo, portanto, a regra de previsão de aposentadoria especial de que trata a referida lei complementar".

9. Em julgados posteriores, o TCU reafirmou o direito à paridade e integralidade aos policiais civis da União (Acórdão nº 2835/2010, Plenário), ratificando essa exegese no Acórdão nº 3546/2015-TCUSegunda Câmara, nesses termos: "prevalece na espécie a Lei Complementar 51/1985, que é norma de natureza especial, regulamentadora do §4º do art. 40 da CF, devendo ser adotado, para fins de aplicação da aludida LC nº 51/1985, o sentido que sempre teve o termo com proventos integrais', nela contido (art. 1º, inciso I), significando que os proventos corresponderão à totalidade da remuneração do servidor no cargo efetivo em que se der a aposentadoria". E prosseguiu: "Superada a questão de que não estão sujeitos à média das remunerações os proventos dos policiais que se inativam com base na Lei Complementar

51/1985, fazendo jus, portanto, à integralidade (última remuneração) e paridade, nos termos anteriormente consignados por esta Secretaria, consoante se denota do item 37 da instrução anterior (pág. 26, peça 5)."

10. Nesse mesmo sentido, colhe-se precedente da 2ª Turma do STF, no RE nº 983.955/RO, mantendo entendimento da Turma Recursal do Tribunal de Justiça do Estado de Rondônia, exarado no processo nº 0007487-87.2014.8.22.0601, assim ementado: "POLICIAL CIVIL. APOSENTADORIA ESPECIAL. LEI COMPLEMENTAR 51/1985. RECEPÇÃO. REQUISITOS.PREENCHIMENTO. PROVENTOS INTEGRAIS E PARITÁRIOS. A aposentadoria do policial civil encontra previsão na Lei Complementar 51/1985, com alterações pela Lei Complementar nº 144/2014, que regulamenta o disposto no § 4º do art. 40 da Constituição Federal; A Lei Complementar nº 51/1985 foi recepcionada pela Constituição Federal de 1988, consoante o entendimento do Supremo Tribunal Federal; Os proventos devem ser integrais e paritários, na forma prevista pela legislação complementar federal."

11. Percebe-se, pois, que, tanto a integralidade - aqui considerada aquela expressa na LC 51/85 -, como a paridade, prevista na lei nº 4.878/65 (cuja recepção depreende-se do julgado pelo STF no MS 21331 e RE 458555), foram reconhecidas pelo TCU, no exercício de sua competência constitucional de apreciar a legalidade dos atos de concessão de aposentadoria, e pelo STF, que ainda reapreciará a questão no tema 1019 - Repercussão Geral no Recurso Extraordinário 1.162.672.

12. Nesse particular, corroborando grande parte da premissa aqui desenvolvida, o Procurador-Geral da República apresentou manifestação no bojo do RE 1.162.672, afetado em regime de repercussão geral, por meio da qual propôs a fixação da seguinte tese: "o servidor público policial civil que preencheu os requisitos para a aposentadoria especial prevista na Lei Complementar 51/1985 tem direito ao cálculo de seus proventos com base na regra da integralidade, independentemente do cumprimento das regras de transição especificadas nos arts. 2º e 3º da EC 47/2005, por enquadrar-se na exceção prevista no art. 40, § 4º, inciso II, da Constituição Federal, na redação anterior à Emenda Constitucional 103/2019, atinente ao exercício de atividade de risco".

13. Importante ressaltar que a tese exposta no parecer em exame, além de estar amparada em importantes precedentes judiciais nele relacionados, e em julgados do TCU e do STF aqui reportados, foi reforçada pela promulgação da Emenda Constitucional 103/2019, com regra específica para os policiais mencionados no seu artigo 5º, e menção expressa à LC 51/85, evidenciando, uma vez mais, o acerto das conclusões a que chegou o douto parecerista.

14. Não obstante, conforme também já ressaltado, eventual decisão em sentido contrário no RE 1.162.672, submetido à sistemática da repercussão geral, pode impactar na tese ora exposta, além de estarem resguardadas as

atribuições constitucionais do TCU no momento da análise, para fins de registro, da legalidade das concessões de aposentadorias dos servidores, como destacado no início pelo eminente Consultor da União. 15. Estabelecidas as premissas expostas no presente despacho, APROVO o PARECER n. 00004/2020 /CONSUNIAO/CGU/AGU. 16. Nestes termos, submeto as manifestações desta Consultoria-Geral da União a vossa análise para que, em sendo acolhidas, sejam encaminhadas à elevada apreciação do Excelentíssimo Senhor Presidente da República para os fins dos art. 40, § 1º, e art. 41 da Lei Complementar nº 73, de 10 de fevereiro de 1993".

Posteriormente adveio a homologação do Advogado-Geral da União em 9/6/2020:

> "PARECER Nº JL - 04 ADOTO , para os fins do art. 41 da Lei Complementar nº 73, de 10 de fevereiro de 1993, nos termos do Despacho do Consultor-Geral da União nº 502/2020/GAB/CGU/AGU, o Parecer nº 00004/2019/CONSUNIAO/CGU/AGU, e submeto-o ao EXCELENTÍSSIMO SENHOR PRESIDENTE DA REPÚBLICA, para os efeitos do art. 40, § 1º, da referida Lei Complementar, tendo em vista a relevância da matéria versada.
>
> Enfatizo que o Parecer da Consultoria-Geral da União, ora adotado, toma em consideração manifestação de mérito da Secretaria Especial finalística competente do Ministério da Economia, que narra de modo muito claro o diálogo institucional havido acerca da matéria quando da sua gênese parlamentar, revelando argumento histórico que evidencia de modo bastante consistente a vontade do Constituinte Reformador, a exemplo do que analogamente fez, por exemplo, o Supremo Tribunal Federal quando do julgamento: (i) da Ação Direta de Inconstitucionalidade (Medida Cautelar) n. 2.010-2/DF, Relator o Ministro Celso de Mello, julgada em 30 de setembro de 1999; e (ii) do Mandado de Segurança n. 20.927-5/DF, Relator o Ministro Moreira Alves, julgado em 11 de outubro de 1989. Ademais, é essencial destacar que a compreensão histórica do que se tem no caso vertente encontra rigoroso respaldo na literalidade e na lógica do art. 5º da Emenda Constitucional n. 103, de 12 de novembro de 2019, a teor do quanto muito bem exposto no Parecer".

Por fim, em 17/06/2020, restou publicada a homologação do Presidente da República:

> "DESPACHO DO PRESIDENTE DA REPÚBLICA ADVOCACIA-GERAL DA UNIÃO Processo nº 00400.001823/2019-68. Parecer nº JL - 04, de 9 de junho de 2020, do Advogado-Geral da União, que adotou, nos termos estabelecidos no Despacho do Consultor-Geral da União nº 00502/2020/GAB/CGU/AGU e no Parecer nº 00004/2020/CONSUNIAO/CGU/AGU da Consultoria-Geral da União. Aprovo. Publique-se para os fins do

disposto no art. 40, § 1º, da Lei Complementar nº 73, de 10 de fevereiro de 1993. Em 17 de junho de 2020. PROCESSO ADMINISTRATIVO Nº: 00400.001823/2019-68 INTERESSADA: Federação Nacional dos Policiais Federais - FENAPEF ASSUNTO: Aposentadoria Especial de Policial Civil do Poder Executivo Federal".

Ao que parece, o texto da EC 103/2019 foi construído para realmente beneficiar os policiais da área federal, sem adentrar ao mérito da decisão do legislador constitucional.

Nesse sentido, de acordo com o artigo 65 da Portaria SGP/SEDGG/ME 10.360/2022, a **integralidade** para o servidor ocupante de cargos da Carreira de Policial Federal, da Carreira de Policial Rodoviário Federal e da Carreira de Agente Federal de Execução Penal é assegurada para o servidor que ingressou nas respectivas carreiras até **12 de novembro de 2019 e que não esteja vinculado ao Regime de Previdência Complementar de que trata a Lei nº 12.618, de 2012.**

No entanto, ao julgar a **ADI 5.039 em 10/11/2020, o STF declarou a inconstitucionalidade de lei estadual de Rondônia que concedeu integralidade e paridade para policiais civis sem limitação de data de ingresso no serviço público.**

De efeito, o artigo 91-A da Lei Complementar Estadual 432/2018 do Estado de Rondônia garantiu integralidade e paridade mesmo aos policiais que ingressaram no serviço público após o advento da Emenda 41/2003, o que afronta as regras de transição então vigentes para os demais servidores civis nas Emendas 41/2003 e 47/2005, que em nenhuma situação admitiam tal benesses aos ingressos a partir de 1/1/2004 no serviço público.

Eis os trechos principais do voto vencedor do Ministro Fachin:

> *"Fácil perceber, portanto, que a EC 41/2003 não extinguiu o direito do servidor ao recebimento de proventos integrais, mas, sim, à integralidade.*
>
> *Nesse contexto, **o § 1º do art. 91-A da Lei Complementar 432/2012, viola o Texto Constitucional por garantir a paridade**, mas não há violação quando garante proventos integrais, porque a Constituição e a LC 51/85 reconhecem o direito ao pagamento de proventos integrais aos servidores que se aposentem voluntariamente após cumprido o tempo de contribuição mínimo fixado em lei, dispensada a idade mínima para os policiais civis, por se enquadrarem na exceção do art. 40, § 4º, II, da CF, consoante remansosa jurisprudência desta Corte.*
>
> ***O mesmo raciocínio não se aplica aos §§ 5º e 6º do art. 91-A, pois expressamente preveem a integralidade, como se vê da redação acima transcrita, violando o § 3º do art. 40 da Constituição Federal.***

De fato, como bem observou o Procurador-Geral da República em seu parecer, a " EC 41/2003 não suprimiu paridade e integralidade por completo, pois os arts. 2º e 3º da EC 47/2005 previram regra transitória que manteve esses direitos para os servidores que houvessem ingressado no serviço público até a publicação da EC 41/2003, desde que cumpridas condições estabelecidas em ambas as emendas " (pág. 14).

No entanto, as normas ora impugnadas não trouxeram em seu bojo qualquer regra de transição que garantisse o direito adquirido de aposentados ou pensionistas ou dos servidores públicos que tivessem ingressado no regime próprio até a data da publicação da EC 41/2003, como o fez o texto da emenda acima referida. Ao contrário, concede indistintamente a todos os policiais civis o direito à paridade e integralidade".

Dessa forma, naquela oportunidade o STF barrou qualquer lei ou entendimento administrativo que conceda integralidade e paridade aos policiais civis que ingressaram no serviço público a contar de 1/1/2004, mas deixou a possibilidade de se garantir esse direito aos ingressos no serviço público até 1/1/2003, mormente se houver expressa autorização legal do ente federativo.

No entanto, tivemos um *overruling* no julgamento do tema 1019 em repercussão geral, com superação da posição firmada na ADI 5039. Por unanimidade, o STF fixou tese para garantir a integralidade de proventos de aposentadoria para os policiais que adquiriram direito com lastro na LC 51, antes da reforma da previdência do ente federativo, mesmo aqueles que ingressaram no serviço público após a vigência da Emenda 41/2003:

> **Tema 1019 - Direito de servidor público que exerça atividades de risco de obter, independentemente da observância das regras de transição das Emendas Constitucionais nºs 41/03 e 47/05, aposentadoria especial com proventos calculados com base na integralidade e na paridade.**
>
> Há Repercussão?
>
> **Sim**
>
> **Relator(a):**
>
> MIN. DIAS TOFFOLI
>
> **Leading Case:**
>
> RE 1162672
>
> **Descrição:**
>
> Recurso extraordinário em que se examina, à luz dos arts. 40, §§ 1º, 3º, 4º, 8º e 17, da Constituição Federal; 3º, 6º, 6º-A e 7º da Emenda Constitucional nº 41/03 e 2º e 3º da Emenda Constitucional nº 47/05, se o servidor público que exerce atividades de risco e preenche os requisitos para a aposentadoria especial tem, independentemente da observância das normas de transição

constantes das referidas emendas constitucionais, direito ao cálculo dos proventos com base nas regras da integralidade e da paridade.

Tese:

O servidor público policial civil que preencheu os requisitos para a aposentadoria especial voluntária prevista na LC nº 51/85 tem direito ao cálculo de seus proventos com base na regra da integralidade e, quando também previsto em lei complementar, na regra da paridade, independentemente do cumprimento das regras de transição especificadas nos arts. 2º e 3º da EC 47/05, por enquadrar-se na exceção prevista no art. 40, § 4º, inciso II, da Constituição Federal, na redação anterior à EC 103/19, atinente ao exercício de atividade de risco.

No que tange ao reajuste paritário, por outro lado, o STF somente o garantiu **se a lei do ente federativo a prever expressamente.**

Registre-se que no caso da Polícia Federal, a Lei 4.878/1965 expressamente garante o reajuste paritário:

> *"Art. 38. O provento do policial inativo será revisto sempre que ocorrer:*
>
> *a) modificação geral dos vencimentos dos funcionários policiais civis em atividade; ou*
>
> *b) reclassificação do cargo que o funcionário policial inativo ocupava ao aposentar-se".*

Registre-se que o artigo 26 da Emenda 103/2019 não faz menção à fórmula de cálculo dos proventos de aposentadoria da regra de transição do artigo 5º, **não podendo ser aplicado o artigo 26 da EC 103 por ausência de remissão ao citado artigo 5º:**

> *"§ 2º O valor do benefício de aposentadoria corresponderá a 60% (sessenta por cento) da média aritmética definida na forma prevista no caput e no § 1º, com acréscimo de 2 (dois) pontos percentuais para cada ano de contribuição que exceder o tempo de 20 (vinte) anos de contribuição nos casos:*
>
> *I - do inciso II do § 6º do art. 4º, do § 4º do art. 15, do § 3º do art. 16 e do § 2º do art. 18;*
>
> *II - do § 4º do art. 10, ressalvado o disposto no inciso II do § 3º e no § 4º deste artigo;*
>
> *III - de aposentadoria por incapacidade permanente aos segurados do Regime Geral de Previdência Social, ressalvado o disposto no inciso II do § 3º deste artigo; e*
>
> *IV - do § 2º do art. 19 e do § 2º do art. 21, ressalvado o disposto no § 5º deste artigo.*

§ 3º O valor do benefício de aposentadoria corresponderá a 100% (cem por cento) da média aritmética definida na forma prevista no caput e no § 1º:

I - no caso do inciso II do § 2º do art. 20;

II - no caso de aposentadoria por incapacidade permanente, quando decorrer de acidente de trabalho, de doença profissional e de doença do trabalho".

Dessa forma, em que pese a discussão do mérito da Emenda 103/2019, de fato existe um tratamento diferenciado para a regra de transição do artigo 5º da Emenda 103/2019.

IMPORTANTE!
Diante desta lacuna, o posicionamento da Portaria SGP 10.360/2022 (art. 65, inciso I) foi aplicar a integralidade na renda da aposentadoria para a regra de transição da Emenda 103/2019:

"Seção II

Policiais da União e Agente Federal de Execução Penal
Subseção
Sem Adicional de Tempo (sem pedágio)

Art. 62. O servidor ocupante de cargos da Carreira de Policial Federal, da Carreira de Policial Rodoviário Federal e da Carreira de Agente Federal de Execução Penal que tenha ingressado na respectiva carreira até 13 de novembro de 2019, data de entrada em vigor da Emenda Constitucional nº 103, de 2019, poderá se aposentar desde que atendidos os seguintes requisitos:

I - a idade mínima de 55 (cinquenta e cinco) anos para ambos os sexos;

II - tempo de contribuição de:

a) 30 (trinta) anos de contribuição, desde que conte, pelo menos, 20 (vinte) anos de exercício em cargo de natureza estritamente policial, se homem; ou

b) 25 (vinte e cinco) anos de contribuição, desde que conte, pelo menos, 15 (quinze) anos de exercício em cargo de natureza estritamente policial, se mulher.

Subseção II

Adicional de Tempo (com pedágio)

Art. 63. O servidor ocupante de cargos da Carreira de Policial Federal, da Carreira de Policial Rodoviário Federal e da Carreira de Agente Federal de Execução Penal que tenha ingressado na respectiva carreira até 13 de novembro de 2019, data de entrada em vigor da Emenda Constitucional nº 103, de 2019, poderá se aposentar desde que atendidos os seguintes requisitos:

I - 52 (cinquenta e dois) anos de idade, se mulher; e 53 (cinquenta e três) anos de idade, se homem;

II - 30 (trinta) anos de contribuição, desde que conte, pelo menos, 20 (vinte) anos de exercício em cargo de natureza estritamente policial, se homem; ou

III - 25 (vinte e cinco) anos de contribuição, desde que conte, pelo menos, 15 (quinze) anos de exercício em cargo de natureza estritamente policial, se mulher;

IV - período adicional (pedágio) de contribuição correspondente ao tempo que, em 13 de novembro de 2019, faltaria para atingir os tempos de contribuições de que tratam os incisos II e III do caput.

...

Art. 65. Os proventos das aposentadorias de que tratam o art. 62 e 63 serão calculados segundo:

I - a integralidade, nos termos dos arts. 73 a 77 desta Portaria, para o servidor que ingressou nas respectivas carreiras até 12 de novembro de 2019 e que não esteja vinculado ao Regime de Previdência Complementar de que trata a Lei nº 12.618, de 2012.

II - a média aritmética, nos termos do art. 72 desta Portaria, para o servidor que:

a) ingressou nas respectivas carreiras a partir de 13 de novembro de 2019;

b) ingressou nas respectivas carreiras até 12 de novembro de 2019 e esteja vinculado ao Regime de Previdência Complementar de que trata a Lei nº 12.618, de 2012;

c) amparado pelo inciso I e opte pela forma de cálculo segundo a média aritmética, nos termos do art. 72 deste Portaria".

Uma questão derivada que precisará de um ajuste de contas são os policiais federais que não estavam pagando sobre o total da remuneração, pois ingressos após o regime de previdência complementar.

Nesse caso, deverão verter o complemento das contribuições previdenciárias para se beneficiar da posição do Poder Executivo da União, sob pena de ofensa à regra constitucional da contributividade.

Por sua vez, houve um elastecimento do enquadramento do que se considera como cargo de **natureza estritamente policial**, passando a ser considerado o tempo de atividade militar nas Forças Armadas, nas polícias militares e nos corpos de bombeiros militares e o tempo de atividade como agente penitenciário ou socioeducativo.

Vale frisar que o STJ não considerava que tempo militar fosse considerado como cargo estritamente policial, tendo a sua jurisprudência sido superada pela Emenda 103/2019.

STJ - RECURSO ESPECIAL REsp 1357121 DF 2012/0256024-8 (STJ)

Data de publicação: 05/06/2013

Ementa: "ADMINISTRATIVO. PROCESSUAL **CIVIL. MÉDICO LEGISTA** DA **POLÍCIA CIVIL**. CÔMPUTO DE TEMPO DE SERVIÇO NAS

FORÇAS ARMADAS. APOSENTADORIA ESPECIAL. LEI COMPLEMENTAR N. 51 /1985. EXIGÊNCIA DE ATIVIDADE ESTRITAMENTE POLICIAL. RESTRIÇÃO LEGAL. JURISPRUDÊNCIA DO STJ. 1. O Tribunal a quo não se manifestou sobre o Estatuto dos Militares, sobre as Leis n. 3.313/1957 e 4.878 /1965, logo, não se fez o necessário prequestionamento. Aplicação das súmulas 282 e 356 do STF. **2. Não é possível computar o tempo de serviço prestado nas Forças Armadas para concessão de aposentadoria especial de policial civil, porquanto o art. 1º da Lei Complementar n. 51 /1985 exige pelo menos 20 anos de exercício em cargo de natureza estritamente policial. 3. As atribuições dos militares das Forças Armadas não são idênticas às dos policiais civis, militares, federais, rodoviários ou ferroviários. Enquanto aquelas destinam-se à defesa da Pátria, à garantia dos poderes constitucionais, da lei e da ordem, as atribuições dos policiais estão relacionadas com a segurança pública, preservação da incolumidade das pessoas e do patrimônio. Apesar das atividade se assemelharem, em razão do uso de armas, hierarquia e coerção para a ordem, possuem finalidades e atribuições distintas.** 4. Ademais, a atividade estritamente policial a que se refere a Lei Complementar n. 51 /1985 não diz respeito apenas ao exercício do cargo em si, mas deve ser entendida como o efetivo desempenho de atividades em condições de risco ou que representem prejuízo à saúde ou à integridade física, conforme interpretação dada pelo Supremo Tribunal Federal (ADI 3817/DF). Tais condições não poderiam ser examinadas em sede de recurso especial, em razão da súmula 7/STJ. Precedente do STJ. Recurso especial conhecido em parte e improvido".

Paralelamente a esta regra de aplicação da LC 51 para os citados servidores que exercem atividade de risco e que ingressaram nas respectivas carreiras até a publicação da Emenda 103/2019, observada a idade mínima de 55 anos para homens e mulheres, construiu-se uma **regra de transição paralela (ART. 5º):**

a) 53 anos de idade, **homens**, e 52 anos de idade, **mulheres**;

b) 30 anos de contribuição, desde que conte, pelo menos, 20 anos de exercício em cargo de natureza estritamente policial, **se homem**; 25 anos de contribuição, desde que conte, pelo menos, 15 anos de exercício em cargo de natureza estritamente policial, **se mulher**;

c) Tempo adicional ("pedágio") correspondente ao tempo em que faltava para atingir aos períodos de tempo de contribuição acima citados, na data da publicação da Emenda.

Por outro dado, para o agente penitenciário, agente socioeducativo ou policial civil dos **estados** federados foram conservadas as normas constitucionais e infraconstitucionais anteriores à data da publicação da Emenda Constitucional reformadora, enquanto não promovidas alterações na legislação interna relacionada ao respectivo regime próprio de previdência social.

Deste modo, conserva-se a aplicação da LC 51 aos policiais civis dos estados, até que haja modificação da legislação estadual, se houver.

No que concerne aos **agentes penitenciários**, o tema ainda não foi alvo de julgamento pelo Plenário do STF, mas existem decisões monocráticas em mandado de injunção **determinando a aplicação da LC 51/1995**, no que couber.

> **POSIÇÃO DO STF**
>
> **MI 7057 / DF - DISTRITO FEDERAL**
>
> **MANDADO DE INJUNÇÃO**
>
> **Relator(a): Min. ALEXANDRE DE MORAES**
>
> **Julgamento: 05/12/2018**
>
> **Publicação**
>
> **PROCESSO ELETRÔNICO**
>
> DJe-264 DIVULG 07/12/2018 PUBLIC 10/12/2018
>
> **Decisão**
>
> Trata-se de Mandado de Injunção em face de omissão legislativa atribuída ao Presidente da República, ao Presidente do Senado Federal e ao Presidente da Câmara dos Deputados, relativamente à ausência de legislação complementar que regulamente a aposentadoria especial dos servidores públicos que exerçam atividades de risco, o que inviabiliza o exercício do seu direito à aposentadoria diferenciada.
>
> Na inicial, o impetrante alega que: **(a) é servidor público estadual, exercendo a função de agente penitenciário no Estado do Paraná, portando, exposto a constante atividade de risco, o que autoriza a sua aposentadoria especial prevista no art. 40, § 4º, II, da CF/1988;** e (b) no entanto, pela ausência de Lei Complementar no âmbito federal, tal disposição estadual não considera a aposentadoria especial e exigem idade e tempo de contribuições para fins de aposentadoria, da mesma forma exigida por um servidor que trabalha em condições normais (fl. 5). Requer a concessão dos benefícios da gratuidade de justiça e, ao final, (i) o provimento do presente writ, a fim de declarar omissa legislativa, bem como declaração do direito à aposentadoria especial do impetrante por trabalhar há mais de 25 (vinte e cinco) anos em atividade penosa, insalubre, perigosa, com base nos artigos 5º, inciso LXXI, 40, § 4º, incisos II e III e, artigo 102, I q, da Constituição Federal c/c período estabelecido no Regime Geral de Previdência Social, nos termos da Lei Complementar 51/1985; (ii) declaração do impetrante como aposentado para todos os fins de direito, concedendo-se os proventos da aposentadoria com pagamento de forma integral, ou seja, 100% (cem

por cento) do salário-benefício, equiparando-se aos servidores públicos estatuais da ativa, conforme disciplina a Lei Complementar 51/1985" (fl. 19).

Nos termos do art. 52, parágrafo único, do Regimento Interno do Supremo Tribunal Federal, dispenso a remessa dos autos à Procuradoria-Geral da República

É o relatório. Decido.

DEFIRO a gratuidade de Justiça, pois não há elementos que possam afastar a presunção de insuficiência de recursos de que trata o § 3º do art. 99 do CPC/2015.

O art. 5º, inciso LXXI, da Constituição Federal prevê que se concederá mandado de injunção sempre que a falta de norma regulamentadora torne inviável o exercício de direitos e liberdades constitucionais e das prerrogativas inerentes à nacionalidade, à soberania e à cidadania.

Trata-se de ação constitucional autoaplicável, de caráter civil e de procedimento especial, que visa a suprir uma omissão do Poder Público, no intuito de viabilizar o exercício de um direito, uma liberdade ou uma prerrogativa prevista na Constituição Federal, visando a afastar o que ARICÊ MOACYR AMARAL SANTOS aponta como a "inércia da norma constitucional, decorrente da omissão normativa" (Mandado de injunção. São Paulo: Revista dos Tribunais, 1989. P. 31), ou no dizer de CANOTILHO, buscando "destruir o 'rochedo de bronze' da incensurabilidade do silêncio" legislativo (As garantias do cidadão na justiça. (coord. Sálvio de Figueiredo Teixeira). São Paulo: Saraiva, 1993, p. 367). Em outras palavras, como tive oportunidade de afirmar, o mandado de injunção visa ao combate à síndrome de inefetividade das normas constitucionais (Direito Constitucional. 33. Ed. São Paulo: Atlas, 2017. P. 183).

As normas constitucionais que permitem o ajuizamento do mandado de injunção não decorrem de todas as espécies de omissões do Poder Público, mas tão só em relação às normas constitucionais de eficácia limitada de princípio institutivo de caráter impositivo e das normas programáticas vinculadas ao princípio da legalidade, por dependerem de atuação normativa ulterior para garantir sua aplicabilidade.

Assim, sempre é necessária a presença dos requisitos do mandado de injunção, que são (a) a falta de norma reguladora de uma previsão constitucional (omissão total ou parcial do Poder Público); (b) inviabilização do exercício dos direitos e liberdades constitucionais e das prerrogativas inerentes à nacionalidade, à soberania e à cidadania.

Ressalte-se, portanto, que o cabimento do mandado de injunção pressupõe a existência de nexo de causalidade entre a omissão normativa do Poder Público e a inviabilidade do exercício do direito, liberdade ou prerrogativa, conforme decidido por esta CORTE:

DIREITO SUBJETIVO À LEGISLAÇÃO E DEVER CONSTITUCIONAL DE LEGISLAR: A NECESSÁRIA EXISTÊNCIA DO PERTINENTE NEXO DE CAUSALIDADE. - O direito à legislação só pode ser invocado pelo interessado, quando também existir - simultaneamente imposta pelo próprio texto constitucional - a previsão do dever estatal de emanar normas legais. Isso significa que o direito individual à atividade legislativa do Estado apenas se evidenciará naquelas estritas hipóteses em que o desempenho da função de legislar refletir, por efeito de exclusiva determinação constitucional, uma obrigação jurídica indeclinável imposta ao Poder Público. Para que possa atuar a norma pertinente ao instituto do mandado de injunção, revela-se essencial que se estabeleça a necessária correlação entre a imposição constitucional de legislar, de um lado, e o consequente reconhecimento do direito público subjetivo à legislação, de outro, de tal forma que, ausente a obrigação jurídico-constitucional de emanar provimentos legislativos, não se tornará possível imputar comportamento moroso ao Estado, nem pretender acesso legítimo à via injuncional. Precedentes (MI 542, Rel. Min. CELSO DE MELLO, Plenário, DJ de 28/6/2002).

Em relação a ausência de legislação complementar regulamentadora do artigo 40, § 4º, II, da Constituição da República, a SUPREMA CORTE passou a exigir que a periculosidade seja inequivocamente inerente ao ofício, para que seja reconhecido o nexo de causalidade entre a omissão normativa do Poder Público e a inviabilidade do exercício do direito e, consequentemente, possa ser concedida a ordem no mandado de injunção (Pleno, MIs 833 e 844, Red. P/Acórdão Min. ROBERTO BARROSO, julgamentos em 11/06/2015).

O SUPREMO TRIBUNAL FEDERAL fixou, portanto, como fato determinante para o reconhecimento da atividade de risco a presença de periculosidade como inerente ao ofício, permitindo a colmatação da lacuna legislativa somente nos casos que se adequem a essa hipótese específica.

Nesse sentido, esta CORTE reconheceu a presença desse fato determinante para a categoria dos agentes penitenciários e determinou a aplicação do regime jurídico da LC 51/1985 (MI 6.250, Rel. Min. MARCO AURÉLIO, julgado em 31/1/2018; MI 6.171, Rel. Min. ROBERTO BARROSO, julgado em 1º/2/2018; MI 6.124, Rel. Min. LUIZ FUX, julgado em 30/11/2017; MI 6.219, Rel. Min. RICARDO LEWANDOWSKI, julgado em 9/2/2017; MI 3.973, Rel. Min. EDSON FACHIN, julgado em 26/10/2015; MI 2.045, Rel. Min. ROSA WEBER, julgado em 7/3/2014; MI 5.684, Rel. Min. CELSO DE MELLO, julgado em 28/2/2014).

Diante do exposto, defiro o pedido de justiça gratuita e, com base no art. 205, caput, do Regimento Interno do Supremo Tribunal Federal, CONCEDO PARCIALMENTE A ORDEM para reconhecer a mora legislativa e determinar

ao órgão público competente que aprecie o pedido de aposentadoria especial do impetrante, aplicando, no que couber, os termos da LC 51/85.

Publique-se.

Brasília, 5 de dezembro de 2018.

Ministro Alexandre de Moraes

Relator

MI 6975 / PR - PARANÁ

MANDADO DE INJUNÇÃO

Relator(a): Min. CÁRMEN LÚCIA

Julgamento: 05/12/2018

Publicação

PROCESSO ELETRÔNICO

DJe-268 DIVULG 13/12/2018 PUBLIC 14/12/2018

Decisão

DECISÃO

MANDADO DE INJUNÇÃO. ALEGADA AUSÊNCIA DE NORMA REGULAMENTADORA DO ART. 40, § 4º, INC. II, DA CONSTITUIÇÃO DA REPÚBLICA. AGENTE PENITENCIÁRIO FEDERAL. PERICULOSIDADE INERENTE AO OFÍCIO. RECONHECIMENTO DA MORA LEGISLATIVA: PRECEDENTES. ORDEM CONCEDIDA PARA APLICAÇÃO, NO QUE COUBER, DA LEI COMPLEMENTAR N. 51/1985.

3.24. REGRA DE TRANSIÇÃO DE APOSENTADORIA: ARTIGO 21 DA EC 103/2019 (AGENTES NOCIVOS)

Art. 21. O segurado ou o **servidor público federal** que tenha se filiado ao Regime Geral de Previdência Social ou ingressado no serviço público em cargo efetivo até a data de entrada em vigor desta Emenda à Constituição, cujas atividades tenham sido exercidas com efetiva exposição a **agentes nocivos** químicos, físicos e biológicos prejudiciais à saúde, ou associação desses agentes, **vedada a caracterização por categoria profissional ou ocupação**, desde que cumpridos, no caso do servidor, o tempo mínimo de **vinte anos de efetivo exercício no serviço público e de cinco anos no cargo efetivo** em que for concedida a aposentadoria, na forma dos arts. 57 e 58 da Lei nº 8.213, de 24 de julho de 1991, poderá aposentar-se quando **o total da soma** resultante da sua **idade** e do **tempo de contribuição** e o **tempo de efetiva exposição** forem, respectivamente, de:

I - 66 (sessenta e seis) pontos e 15 (quinze) anos de efetiva exposição;

II - 76 (setenta e seis) pontos e 20 (vinte) anos de efetiva exposição; e

III - 86 (oitenta e seis) pontos e 25 (vinte e cinco) anos de efetiva exposição.

§ 1º A idade e o tempo de contribuição serão apurados em dias para o cálculo do somatório de pontos a que se refere o *caput*.

§ 2º O valor da aposentadoria de que trata este artigo será apurado na forma da lei.

§ 3º Aplicam-se às aposentadorias dos servidores dos Estados, do Distrito Federal e dos Municípios cujas atividades sejam exercidas com efetiva exposição a agentes químicos, físicos e biológicos prejudiciais à saúde, ou associação desses agentes, vedada a caracterização por categoria profissional ou ocupação, na forma do § 4º-C do art. 40 da Constituição Federal, as normas constitucionais e infraconstitucionais anteriores à data de entrada em vigor desta Emenda Constitucional, enquanto não promovidas alterações na legislação interna relacionada ao respectivo regime próprio de previdência social.

Trata-se de regra de transição em favor do servidor federal empossado até a publicação da reforma previdenciária que labore exposto de modo permanente a agentes nocivos à saúde, físicos, químicos ou biológicos.

Vale registrar que, diante a inexistência de lei complementar sobre o tema, o STF já determinava a aplicação das regras do RGPS sobre aposentadoria especial (artigos 57 e 58 da Lei 8.213/91), no que couber.

■ POSIÇÃO DO STF

Súmula Vinculante 33

Aplicam-se ao servidor público, no que couber, as regras do regime geral da previdência social sobre aposentadoria especial de que trata o artigo 40, § 4º, inciso III da Constituição Federal, até a edição de lei complementar específica.

Precedentes Representativos

A aposentadoria especial de servidor público portador de deficiência é assegurada mediante o preenchimento dos requisitos previstos na legislação aplicável à aposentadoria especial dos segurados do Regime Geral de Previdência Social, até que seja editada a lei complementar exigida pelo art. 40, § 4º, II, da CF/1988. (...) 2. A eficácia do direito à aposentadoria especial objeto do art. 40, § 4º, da CF/1988 exige regulamentação mediante lei complementar de iniciativa privativa do presidente da República, de modo que cabe ao Supremo Tribunal Federal, *ex vi* do art. 102, I, *q*, da Lei Maior, o julgamento do mandado de injunção impetrado com o objetivo de viabilizar o seu exercício. [**MI 4.158 AgR-segundo**, rel. min. **Luiz Fux**, P, j. 18-12-2013, *DJE* 34 de 19-2-2014.]

MANDADO DE INJUNÇÃO. APOSENTADORIA ESPECIAL DO SERVIDOR PÚBLICO. ART. 40, § 4º, DA CF/1988. AUSÊNCIA DE LEI COMPLEMENTAR A DISCIPLINAR A MATÉRIA. NECESSIDADE DE INTEGRAÇÃO LEGISLATIVA. 1. Servidor público. Investigador da polícia civil do Estado de São Paulo. Alegado exercício de atividade sob condições de periculosidade e insalubridade. 2. Reconhecida a omissão legislativa em razão da ausência de lei complementar a definir as condições para o implemento da aposentadoria especial. 3. Mandado de injunção conhecido e concedido para comunicar a mora à autoridade competente e determinar a aplicação, no que couber, do art. 57 da Lei 8.213/1991. **MI 795**, rel. min. **Cármen Lúcia**, P, j. 15-4-2009, *DJE* 94 de 22-5-2009.]

Agora esta regra de transição regula o tema, substituindo as regras da Lei 8.213/91, exceto na hipótese de enquadramento dos agentes nocivos, o que a nosso ver afasta a jurisprudência do STF para o servidor federal que não integralizou os requisitos da aposentadoria especial até a publicação da Emenda 103/2019, pois há fixação de idade mínima e pontuação.

A regra de transição possui dois pressupostos: 20 anos de efetivo exercício no serviço público e 5 anos no cargo efetivo em que for concedida a aposentadoria.

Ademais, é necessária uma pontuação mínima na soma da idade, tempo de contribuição e tempo de exposição:

a) **15 anos de efetiva exposição: 66 pontos;**

b) **20 anos de efetiva exposição: 76 pontos;**

c) **25 anos de efetiva exposição: 86 pontos.**

O texto constitucional contém uma má redação, pois afirma prevê "**o total da soma** resultante da sua **idade** e do **tempo de contribuição** e o **tempo de efetiva exposição**".

O tempo de exposição também é tempo de contribuição, o que permitiria uma contagem em duplicidade, o que certamente não é a intenção da reforma, pois a pontuação seria extremamente elevada.

A ideia do legislador, na verdade, pois permitir a soma de tempo especial com tempo comum para fins de atingir a pontuação citada.

Imagine que Allan é servidor federal e possui 25 anos de exposição permanente a agente nocivo à saúde previsto na legislação do RGPS. Neste caso, para atingir a pontuação 86, ele deve contar com 61 anos de idade, sendo uma idade elevada para quem labora com agentes nocivos à saúde, de modo que a pontuação constituída pela regra de transição foi bem dura.

A partir de **1/1/2020, as pontuações citadas seriam acrescidas de um ponto** a cada **ano** para o homem e para a mulher, até atingir, respectivamente, **81, 91 e**

96 pontos, respectivamente, para ambos os sexos. No entanto, o Senado barrou esta alteração que **não foi promulgada**.

Ademais, **havia vedação expressa à caracterização por categoria profissional ou ocupação e o enquadramento por periculosidade**, a exemplo de *vigilantes* e *eletricitários*, buscando barrar a jurisprudência do STJ no RGPS (ao menos para os novos tempos de contribuição prestados após a reforma) que se aplicava ao RPPS em razão da súmula vinculante 33.

No entanto, após uma negociação no Senado, a vedação ao enquadramento por periculosidade foi retirada e o tema será em breve regulado por lei complementar, que irá descrever as situações de concessão por risco.

Os proventos de aposentadoria especial serão calculados com base no artigo 26, § 4º, inciso IV da Emenda 103/2019.

Desta forma, para os **servidores federais** que ingressaram até a data de publicação da Emenda, será feita média aritmética simples de **100% do período contributivo** desde a competência julho de 1994 ou desde o início da contribuição, se posterior àquela competência, não se aplicando mais a média aritmética simples dos 80% maiores.

Para a aposentadoria especial que exige nocividade pelo período mínimo de **20 ou 25 anos**, o valor do benefício de aposentadoria corresponderá a **sessenta por cento da média aritmética das 100% das remunerações/salários de contribuição desde julho de 1994, com acréscimo de 2% para cada ano que ultrapassar os 20 anos de contribuição:**

TEMPO DE CONTRIBUIÇÃO 20 ou 25 ANOS DE NOCIVIDADE	COEFICIENTE
20 anos	60%
21 anos	62%
22 anos	64%
23 anos	66%
24 anos	68%
25 anos	70%
26 anos	72%
27 anos	74%
28 anos	76%
29 anos	78%
30 anos	80%
31 anos	82%

TEMPO DE CONTRIBUIÇÃO 20 ou 25 ANOS DE NOCIVIDADE	COEFICIENTE
32 anos	84%
33 anos	86%
34 anos	88%
35 anos	90%
36 anos	92%
37 anos	94%
38 anos	96%
39 anos	98%
40 anos	100%

Desta forma, conforme tabela supra, para esta regra de transição, a aposentadoria do servidor federal variará 60% a 100% da média de todas as remunerações desde 7/1994, somente atingindo a 100% da média quando o servidor federal possuir 40 anos de tempo de contribuição.

No entanto, para **a aposentadoria especial que exige apenas 15 anos de nocividade**, existem uma regra especial de cálculo da renda mensal no artigo 26, § 5º[40], da Emenda 103/2019, que prevê a **progressão a contar de 15 anos**, e não de 20 anos de contribuição:

TEMPO DE CONTRIBUIÇÃO 15 ANOS DE NOCIVIDADE	COEFICIENTE
15 anos	60%
16 anos	62%
17 anos	64%
18 anos	66%
19 anos	68%
20 anos	70%
21 anos	72%
22 anos	74%
23 anos	76%
24 anos	78%

40. § 5º O acréscimo a que se refere o *caput* do § 2º será aplicado para cada ano que **exceder quinze anos** de tempo de contribuição para os segurados de que tratam a alínea "a" do inciso I do art. 19 **e do inciso I do art. 21** e para as mulheres filiadas ao Regime Geral de Previdência Social.

TEMPO DE CONTRIBUIÇÃO 15 ANOS DE NOCIVIDADE	COEFICIENTE
25 anos	80%
26 anos	82%
27 anos	84%
28 anos	86%
29 anos	88%
30 anos	90%
31 anos	92%
32 anos	94%
33 anos	96%
34 anos	98%
35 anos	100%

Curioso notar que, **intencionalmente**, o artigo 26 da Emenda 103/2019 não limita a média de todas as remunerações do servidor a 100%, de modo que o servidor federal que possuir mais de 40 anos de tempo de contribuição (nocividade de 20 ou 25 anos) ou de 35 anos (nocividade de 15 anos) poderá ter proventos que ultrapassem a 100% (**proventos *ultra* integrais).**

Ademais, **poderão ser excluídas da média as contribuições que resultem em redução do valor do benefício**, desde que mantido o tempo mínimo de contribuição exigido, vedada a utilização do tempo excluído para qualquer finalidade, para a averbação em outro regime previdenciário ou para a obtenção dos proventos de inatividade dos militares.

Estas regras são exclusivas para os servidores federais (e segurados do RGPS, conforme será estudado), pois a sua aplicação aos servidores dos estados, Distrito Federal e municípios depende de alterações na legislação interna relacionada ao respectivo regime próprio de previdência social, mantendo-se até lá as normas constitucionais e infraconstitucionais anteriores à data de entrada em vigor desta Emenda Constitucional 103/2019.

O enquadramento dos agentes nocivos como especiais por exposição permanente deve obedecer ao complexo regramento dos artigos 57 e 58 da Lei 8.213/91.

O enquadramento das atividades especiais é feito pelo **anexo IV, do Decreto 3.048/99**, que enumera os casos de aposentadoria especial com 15, 20 ou 25 anos de contribuição, conforme os agentes nocivos[41] a que estão expostos os segurados.

41. **Nocividade:** situação combinada ou não de substâncias, energias e demais fatores de riscos reconhecidos, presentes no ambiente de trabalho, capazes de trazer ou ocasionar danos à saúde ou à integridade física do trabalhador.

Nesse sentido, de acordo com o Decreto 8.123/2013, consideram-se **condições especiais** que prejudiquem a saúde e a integridade física aquelas nas quais a exposição ao agente nocivo ou associação de agentes presentes no ambiente de trabalho esteja acima dos limites de tolerância estabelecidos segundo critérios **quantitativos** ou esteja caracterizada segundo os critérios da avaliação **qualitativa.**

O agente nocivo poderá ser *apenas qualitativo*, sendo a nocividade presumida e independente de mensuração, constatada pela simples presença do agente no ambiente de trabalho, conforme constante nos Anexos 6, 13, 13-A e 14 da Norma Regulamentadora nº 15 - NR-15 do MTE, e no Anexo IV do RPS, para os agentes iodo e níquel.

Por sua vez, o Decreto 8.123/2013 passou a prever que a presença no ambiente de trabalho, com possibilidade de exposição a ser apurada, de **agentes nocivos reconhecidamente cancerígenos em humano**s, listados pelo Ministério do Trabalho (com a extinção do Ministério do Trabalho, desde 2019 o Ministério da Economia assumiu a área trabalhista, tendo sido criada uma Secretaria Especial de Previdência e Trabalho), **será suficiente para a comprovação de efetiva exposição do trabalhador.**

Poderá também o agente nocivo ser *quantitativo*, sendo a nocividade considerada pela ultrapassagem dos limites de tolerância ou doses, dispostos nos Anexos 1, 2, 3, 5, 8, 11 e 12 da NR-15 do MTE, por meio da mensuração da intensidade ou da concentração, consideradas no tempo efetivo da exposição no ambiente de trabalho.

A esmagadora maioria das atividades especiais prevê a aposentadoria com 25 anos de contribuição. Apenas tem previsão de 20 anos o tempo especial de mineração subterrânea cujas atividades sejam exercidas afastadas das frentes de produção (item 4.0.1), assim como a exposição aos asbestos ou amianto (item 1.0.2), enquanto os trabalhos em atividades permanentes no subsolo de minerações subterrâneas em frentes de produção farão com que os segurados se aposentem com apenas 15 anos de contribuição, em razão da enorme lesividade à saúde (item 4.0.2).

Na hipótese do servidor federal, é remota a hipótese de enquadramento da aposentadoria especial de 15 ou 20 anos de exposição (mineração e amianto).

Na hipótese de atividades concomitantes sob condições especiais, no mesmo ou em outro vínculo empregatício, será considerada aquela que exigir menor tempo para a aposentadoria especial.

Na forma do quanto previsto no próprio anexo IV, do Decreto 3.048/99, o que determina o direito ao benefício é a exposição do trabalhador ao agente nocivo presente no ambiente de trabalho e no processo produtivo, **em nível de concentração superior aos limites de tolerância estabelecidos.**

Ademais, **o rol de agentes nocivos é exaustivo (ressalvada a posição do STJ)**, enquanto que as atividades listadas, nas quais poderá haver a exposição, são exemplificativas, sendo este o entendimento da Previdência Social.

A comprovação da efetiva exposição do segurado aos agentes nocivos será feita mediante **formulário** emitido pela empresa ou seu preposto, com base em **laudo técnico de condições ambientais do trabalho (LTCAT)**, expedido por médico do trabalho ou engenheiro de segurança do trabalho, nos termos da legislação trabalhista.

Na análise do Laudo Técnico de Condições Ambientais do Trabalho - LTCAT, deverão ser observados os seguintes aspectos:

I - se individual ou coletivo;

II - identificação da empresa;

III - identificação do setor e da função;

IV - descrição da atividade;

V - identificação de agente nocivo capaz de causar dano à saúde e integridade física, arrolado na Legislação Previdenciária;

VI - localização das possíveis fontes geradoras;

VII - via e periodicidade de exposição ao agente nocivo;

VIII - metodologia e procedimentos de avaliação do agente nocivo;

IX - descrição das medidas de controle existentes;

X - conclusão do LTCAT;

XI - assinatura do médico do trabalho ou engenheiro de segurança; e

XII - data da realização da avaliação ambiental.

O LTCAT deverá ser assinado por engenheiro de segurança do trabalho, com o respectivo número da Anotação de Responsabilidade Técnica - ART junto ao Conselho Regional de Engenharia e Arquitetura - CREA ou por médico do trabalho, indicando os registros profissionais para ambos.

Desde 01.01.2004, o formulário utilizado pela legislação previdenciária é o **PPP - Perfil Profissiográfico Previdenciário**, por força da IN INSS DC 95/2003[42], assim considerado o documento histórico-laboral do trabalhador, segundo modelo instituído pelo Instituto Nacional do Seguro Social, que, entre outras informações, deve conter registros ambientais, resultados de monitoração biológica e dados administrativos, que deverá sofrer atualização sempre que

42. Antes, foram utilizados os antigos formulários SB-40, DISES-BE 5235, DSS-8030 e DIRBEN 8030.

houver informações que impliquem na mudança do seu conteúdo, a ser feita pelo menos uma vez ao ano.

O PPP deverá ser emitido pela empresa empregadora, no caso de empregado; pela cooperativa de trabalho ou de produção, no caso de cooperado filiado; pelo órgão gestor de mão de obra, no caso de trabalhador avulso portuário e pelo sindicato da categoria, no caso de trabalhador avulso não portuário.

À luz do *Tempus Regit Actum*, deverá ser observada a seguinte tabela pela Administração Pública para enquadramento:

PERÍODO TRABALHADO	ENQUADRAMENTO
Até 28/4/1995	Quadro Anexo ao Decreto nº 53.831, de 1964. Anexos I e II do RBPS, aprovado pelo Decreto nº 83.080, de 1979. Formulário; CP/CTPS; LTCAT, obrigatoriamente para o agente físico ruído.
De 29/4/1995 a 13/10/1996	Código 1.0.0 do Quadro Anexo ao Decreto nº 53.831, de 1964. Anexo I do RBPS, aprovado pelo Decreto nº 83.080, de 1979. Formulário; LTCAT ou demais Demonstrações Ambientais, obrigatoriamente para o agente físico ruído.
De 14/10/1996 a 5/3/1997	Código 1.0.0 do Quadro Anexo ao Decreto nº 53.831, de 1964. Anexo I do RBPS, aprovado pelo Decreto nº 83.080, de 1979. Formulário; LTCAT ou demais Demonstrações Ambientais, para todos os agentes nocivos.
De 6/3/1997 a 31/12/1998	Anexo IV do RBPS, aprovado pelo Decreto nº 2.172, de 1997. Formulário; LTCAT ou demais Demonstrações Ambientais, para todos os agentes nocivos.
De 1º/1/1999 a 6/5/1999	Anexo IV do RBPS, aprovado pelo Decreto nº 2.172, de 1997. Formulário; LTCAT ou demais Demonstrações Ambientais, para todos os agentes nocivos, que deverão ser confrontados com as informações relativas ao CNIS para homologação da contagem do tempo de serviço especial, nos termos do art. 19 e § 2º do art. 68 do RPS, com redação dada pelo Decreto nº 4.079, de 2002.
De 7/5/1999 a 31/12/2003	Anexo IV do RPS, aprovado pelo Decreto nº 3.048, de 1999. Formulário; LTCAT ou demais Demonstrações Ambientais, para todos os agentes nocivos, que deverão ser confrontados com as informações relativas ao CNIS para homologação da contagem do tempo de serviço especial, nos termos do art. 19 e § 2º do art. 68 do RPS, com redação dada pelo Decreto nº 4.079, de 2002.
A partir de 1º/1/2004	Anexo IV do RPS, aprovado pelo Decreto nº 3.048, de 1999. Formulário, que deverá ser confrontado com as informações relativas ao CNIS para homologação da contagem do tempo de serviço especial, nos termos do art. 19 e § 2º do art. 68 do RPS, com redação dada pelo Decreto nº 4.079, de 2002.

CAPÍTULO

4

INATIVIDADE REMUNERADA E PENSÃO POR MORTE DOS MILITARES DA UNIÃO

4.1. INTRODUÇÃO

Este Capítulo aborda as regras específicas do Regime de Previdência dos Militares das Forças Armadas (Marinha, Exército e Aeronáutica) ditadas especialmente pelas Leis 6.880/1980 (Estatuto dos Militares) e 3.765/1960 (pensão militar), esta última alterada pela Medida Provisória 2.215-10/2001.

Nos termos do artigo 142, da Constituição, as Forças Armadas, constituídas pela Marinha, pelo Exército e pela Aeronáutica, são instituições nacionais permanentes e regulares, organizadas com base na hierarquia e na disciplina, sob a autoridade suprema do Presidente da República, e destinam-se à defesa da Pátria, à garantia dos poderes constitucionais e, por iniciativa de qualquer destes, da lei e da ordem.

No que concerne aos militares da União, a Constituição autorizou a manutenção de um regime previdenciário especial à parte do RPPS dos servidores federais efetivos civis, que será disciplinado por lei. Aliás, desde a Emenda 18/1998 os militares federais passaram a ter um regime jurídico diferenciado dos servidores civis.

Vale registrar que a Emenda 103/2019 não disciplinou regras de concessão de pensão por morte e de atividade remunerada dos militares da União.

Mas se engana que inexistem regras da Reforma Constitucional que não atingem os militares federais, conforme já estudado nos Capítulos anteriores:

> "CF, art. 201: **§ 9º-A**. O tempo de serviço militar exercido nas atividades de que tratam os **arts. 42, 142 e 143** e o tempo de contribuição ao Regime Geral de Previdência Social ou a regime próprio de previdência social terão contagem recíproca para fins de **inativação militar** ou

aposentadoria, e a compensação financeira será devida entre as receitas de contribuição referentes aos **militares** e as receitas de contribuição aos demais regimes.

Art. 5º, EC 103/2019: § 1º Serão considerados tempo de exercício em cargo de natureza estritamente policial, para os fins do inciso II do art. 1º da Lei Complementar nº 51, de 20 de dezembro de 1985, **o tempo de atividade militar nas Forças Armadas**, nas polícias militares e nos corpos de bombeiros militares e o tempo de atividade como agente penitenciário ou socioeducativo.

EC 103/2019, Art. 12. A União instituirá sistema integrado de dados relativos às remunerações, a proventos e pensões dos segurados dos regimes de previdência de que tratam os arts. 40, 201 e 202 da Constituição Federal, aos benefícios dos programas de assistência social de que trata o art. 203 da Constituição Federal e às remunerações, **proventos de inatividade e pensão por morte decorrentes das atividades militares de que tratam os arts. 42 e 142 da Constituição Federal**, em interação com outras bases de dados, ferramentas e plataformas, para o fortalecimento de sua gestão, governança e transparência e o cumprimento das disposições estabelecidas nos incisos XI e XVI do art. 37 da Constituição Federal.

Art. 14, EC 103/2019: § 4º Observado o disposto nos §§ 9º e 9º-A do art. 201 da Constituição Federal, o tempo de contribuição a regime próprio de previdência social e ao Regime Geral de Previdência Social, **assim como o tempo de contribuição decorrente das atividades militares de que tratam os arts. 42 e 142 da Constituição Federal**, que tenha sido considerado para a concessão de benefício pelos regimes a que se refere o *caput* não poderá ser utilizado para obtenção de benefício naqueles regimes.

EC 103/2019: Art. 24. É vedada a acumulação de mais de uma pensão por morte deixada por cônjuge ou companheiro, no âmbito do mesmo regime de previdência social, ressalvadas as pensões do mesmo instituidor decorrentes do exercício de cargos acumuláveis na forma do art. 37 da Constituição Federal.

§ 1º Será admitida, nos termos do § 2º, a acumulação de:

I – pensão por morte deixada por cônjuge ou companheiro de um regime de previdência social com pensão por morte concedida por outro regime de previdência social **ou com pensões decorrentes das atividades militares de que tratam os arts. 42 e 142 da Constituição Federal;**

II – pensão por morte deixada por cônjuge ou companheiro de um regime de previdência social com aposentadoria concedida no âmbito do Regime Geral de Previdência Social ou de regime próprio de previdência social **ou com proventos de inatividade decorrentes das atividades militares de que tratam os arts. 42 e 142 da Constituição Federal**; ou

III - **pensões decorrentes das atividades militares de que tratam os arts. 42 e 142 da Constituição Federal** com aposentadoria concedida no âmbito do Regime Geral de Previdência Social ou de regime próprio de previdência social.

§ 2º Nas hipóteses das acumulações previstas no § 1º, é assegurada a percepção do valor integral do benefício mais vantajoso e de uma parte de cada um dos demais benefícios, apurada cumulativamente de acordo com as seguintes faixas:

I - 60% (sessenta por cento) do valor que exceder 1 (um) salário-mínimo, até o limite de 2 (dois) salários-mínimos;

II - 40% (quarenta por cento) do valor que exceder 2 (dois) salários-mínimos, até o limite de 3 (três) salários-mínimos;

III - 20% (vinte por cento) do valor que exceder 3 (três) salários-mínimos, até o limite de 4 (quatro) salários-mínimos; e

IV - 10% (dez por cento) do valor que exceder 4 (quatro) salários-mínimos.

§ 3º A aplicação do disposto no § 2º poderá ser revista a qualquer tempo, a pedido do interessado, em razão de alteração de algum dos benefícios.

§ 4º As restrições previstas neste artigo não serão aplicadas se o direito aos benefícios houver sido adquirido antes da data de entrada em vigor desta Emenda Constitucional.

§ 5º As regras sobre acumulação previstas neste artigo e na legislação vigente na data de entrada em vigor desta Emenda Constitucional poderão ser alteradas na forma do § 6º do art. 40 e do § 15 do art. 201 da Constituição Federal.

EC 103/2019: Art. 26. Até que lei discipline o cálculo dos benefícios do regime próprio de previdência social da União e do Regime Geral de Previdência Social, será utilizada a média aritmética simples dos salários de contribuição e das remunerações adotados como base para contribuições a regime próprio de previdência social e ao Regime Geral de Previdência Social, **ou como base para contribuições decorrentes das atividades militares de que tratam os arts. 42 e 142 da Constituição Federal**, atualizados monetariamente, correspondentes a 100% (cem por cento) do período contributivo desde a competência julho de 1994 ou desde o início da contribuição, se posterior àquela competência".

Vale registrar que a posição da União é que não há regulamentação de compensação financeira na contagem recíproca do tempo de contribuição militar, nos termos da Nota SEI nº 5/2019/DIVON/COINT/CGNAL/SRPPS/SPREV/SEPRT-ME, de 11 de março de 2021, com a seguinte conclusão:

"28. Constata-se assim o silêncio das normas regulamentadoras de compensação financeira entre regimes de previdências - Lei n.º 9.796, de 1999

e Decreto n.º 10.188, de 2019 - no que pertine ao sistema de proteção social dos militares. Posto isso, ausente norma regulamentadora da compensação financeira entre RGPS e o sistema de proteção social dos militares dos Estados e do Distrito Federal, assume, a compensação entre tais regimes, posição ainda mais frágil que a anteriormente ocupada pela compensação entre os RPPS, vez que a Lei n.º 9.796, de 1999 sequer estabelece a sua aplicação subsidiária a compensação financeira que envolva regime previdenciário de militares, impossibilitando, ante a falta de regulamentação, a efetivação de pretensa compensação com tal regime de previdência".

No julgamento da **ACO 3.624,** o STF concedeu medida cautelar em favor do Estado do Ceará a fim de assegurar a compensação financeira pelo recebimento do tempo de serviço militar das Forças Armadas, **inclusive no período anterior à vigência da EC 103/2019**, conforme voto do Relator, Ministro Gilmar Mendes:

> ***"A União e o INSS defendem que tão somente após a promulgação da Emenda Constitucional 103/2019 é que exsurgiu a possibilidade de aproveitamento de serviço militar para fins de averbação em regime previdenciário próprio, com a consequente compensação previdenciária entre os regimes, em razão de que apenas, com esse marco, passou-se a exigir contribuição previdenciária referente aos militares.***
>
> ***Sem razão.*** *O fato de, à época do serviço prestado na condição de militar (no período anterior à Emenda Constitucional 103/2019), não haver cobrar a correspondente contribuição previdenciária do militar, não é fato impeditivo de se reconhecer a contagem recíproca daquele tempo de serviço às Forças Armadas, para fins de averbação em regime previdenciário próprio diverso e contagem na aposentadoria e, consequentemente, geradora de direito de compensação entre os regimes previdenciários.*
>
> *Isso porque, esta Corte sempre compreendeu a autoaplicabilidade do mencionado art. 202, § 2º, da CF, na redação anterior à EC 20/1998 (e também a redação do § 9º do art. 201 da CF, na redação conferida pela EC 20/1998), reconhecendo a ilegitimidade de qualquer restrição à contagem recíproca do tempo de contribuição na administração pública e na atividade privada para fins de aposentadoria, tal como exigência de um mínimo de contribuições ao sistema previdenciário responsável pelos proventos do servidor ou deixar de considerar o tempo de contribuição prestado à Administração Pública.*
>
> ...
>
> *4) Decisão Ante o exposto:*
>
> *1) reconheço a ilegitimidade passiva ad causam do INSS, excluindo-o do polo passivo da presente lide, extinguindo a demanda sem julgamento de mérito os pedidos em seu desfavor, na forma do art. 485, VI, do CPC; e*
>
> ***2) presentes os requisitos legais, defiro a tutela de urgência, para que a União (RPPS) "de imediato, aceitem e procedam, enquanto obrigação de***

fazer, com a compensação previdenciária à luz das certidões de tempo de serviço militar oriundas das Forças Armadas, sem imposição de restrições temporais indevidas", independentemente de quando referir-se o tempo de serviço militar a ser averbado ou compensado".

Em 22.08.2023 a cautelar foi confirmada pelo Plenário do STF, gerando uma derrota *multi*bilionária contra a União:

> "22/08/2023 PLENÁRIO REFERENDO E M TUTELA PROVISÓRIA NA AÇÃO CÍVEL ORIGINÁRIA 3.624 CEARÁ RELATOR : MIN. GILMAR MENDES AUTOR (A / S)(ES) : ESTADO DO CEARÁ PROC.(A / S)(ES) : PROCURADOR -GERAL DO ESTADO DO CEARÁ RÉU (É)(S) : UNIÃO PROC.(A / S)(ES) : ADVOGADO -GERAL DA UNIÃO RÉU (É)(S) : INSTITUTO NACIONAL DO SEGURO SOCIAL - INSS PROC. (A / S)(ES) : PROCURADOR -GERAL FEDERAL Referendo em tutela provisória de urgência em Ação Cível Originária. 2. Constitucional e Administrativo. **3. Tempo de serviço prestado perante as Forças Armadas. Período anterior à Emenda Constitucional 103/2019**. 4. Averbação perante Estado-membro. A despeito da inexistência de contribuição específica para a cobertura previdenciária, no período anterior à EC 103/2019, o tempo de serviço prestado pelo militar possuía natureza jurídica voltada à cobertura previdenciário-assistencial (inatividade remunerada) para efeito de cômputo com fins de percepção de proventos civis ou militares. Súmula 10 do Supremo Tribunal Federal. 5. Esta Corte entende que "No sistema de compensação financeira entre regimes previdenciários, o que deve prevalecer não é o interesse de um ou de outro regime, nem dessa ou daquela unidade federada, mas sim o interesse público, que se expressa, em especial, nas sadias concessões e manutenções dos benefícios previdenciários, seja qual for o ente da federação responsável por eles" (ACO 2.086, Rel. Min. Dias Toffoli, Tribunal Pleno, DJe 2.12.2019). 6. **Imperiosa necessidade de compensação previdenciária entre os regimes próprios, sob pena de enriquecimento ilícito do Órgão de origem.** 7. Referendo integral".

Ademais, a EC 103/2019 previu a competência da União para legislar sobre regras gerais de **inatividade remunerada** de policiais militares e bombeiros dos estados e Distrito Federal passou a ser **privativa da União**, nos termos da nova redação do artigo 22, inciso XXI, da Constituição.

E essa nova regra já gerou uma discussão no STF. Isso porque com o advento da Lei nº 13.954/2019 a alíquota de contribuição dos militares da União restou fixada em 9,5% da remuneração para o ano de 2020, regra expressamente estendida aos militares dos estados.

Isso gerou a redução de contribuição previdenciária para alguns estados, pois, por exemplo, a alíquota do militar do Rio Grande do Sul era de 14%.

Eis passagem da Lei 13.954/2019:

> "Art. 25. O Decreto-Lei nº 667, de 2 de julho de 1969, passa a vigorar com as seguintes alterações:
>
> Art. 24-C. Incide contribuição sobre a totalidade da remuneração dos militares dos Estados, do Distrito Federal e dos Territórios, ativos ou inativos, e de seus pensionistas, com alíquota igual à aplicável às Forças Armadas, cuja receita é destinada ao custeio das pensões militares e da inatividade dos militares".

Sucede que é **forte a tese de que a alíquota da contribuição previdenciária não é um tema geral sobre militares, diante das peculiaridades regionais**. Nesse sentido, o Ministro do STF Barroso deferiu liminar na Ação Civil Originária 3.350, em 19/02/2020:

> **ACO 3350 MC/DF – DISTRITO FEDERAL**
>
> **MEDIDA CAUTELAR NA AÇÃO CÍVEL ORIGINÁRIA**
>
> **Relator(a): Min. ROBERTO BARROSO**
>
> **Julgamento: 19/02/2020**
>
> **Publicação**
>
> PROCESSO ELETRÔNICO DJe-038 DIVULG 20/02/2020 PUBLIC 21/02/2020
>
> **Partes**
>
> AUTOR(A/S)(ES) : ESTADO DO RIO GRANDE DO SUL PROC.(A/S)(ES) : PROCURADOR-GERAL DO ESTADO DO RIO GRANDE DO SUL RÉU(É)(S) : UNIÃO PROC.(A/S)(ES) : ADVOGADO-GERAL DA UNIÃO
>
> **Decisão**
>
> DECISÃO: **Ementa:** Direito Administrativo. Ação cível originária. Alíquota de contribuição para inatividade e pensão. Policiais e bombeiros militares estaduais. **1. Ação cível originária por meio da qual o Estado do Rio Grande do Sul pretende não ser sancionado caso aplique aos militares estaduais a alíquota de contribuição para o regime de inatividade e pensão prevista na legislação estadual (14%), em detrimento de lei federal que determinou que se aplicasse a essa categoria a mesma alíquota estabelecida para as Forças Armadas (atualmente, 9,5%).** 2. Plausibilidade jurídica da tese de que a União, ao definir a alíquota de contribuição previdenciária a ser aplicada aos militares estaduais, **extrapolou a competência para a edição de normas gerais sobre "inatividades e pensões das polícias militares e dos corpos de bombeiros militares" (art. 22, XI, da Constituição, com a redação dada pela Emenda Constitucional nº 103/2019).** 3. A interpretação sistemática da Constituição fortalece o argumento de que a alíquota da contribuição previdenciária devida por militares estaduais

deve ser fixada por meio de **lei estadual** que considere as **características dos regimes de cada um desses entes públicos** (arts. 42, § 1º, 142, § 3º, X e 149, § 1º, da Constituição). 4. A edição de atos normativos cuja aplicação implicará a redução das alíquotas de contribuição praticadas pelo Estado revela **comportamento contraditório da União** – que, de um lado, exige dos demais entes públicos que assegurem o equilíbrio de seus regimes próprios de previdência, e de outro, restringe os meios para o alcance desse objetivo. 5. Existência de **perigo na demora**, já que o descumprimento da legislação federal sujeita o Estado à aplicação das consequências jurídicas previstas no art. 7º da Lei nº 9.717/1998 e à negativa de expedição do Certificado de Regularidade Previdenciária, com prováveis prejuízos à execução de políticas públicas. **6. Medida cautelar deferida.**

Veja-se outro precedente do STF:

STP 765 AgR / PA - PARÁ

AG.REG. NA SUSPENSÃO DE TUTELA PROVISÓRIA

Relator(a): Min. LUIZ FUX (Presidente)

Julgamento: 23/08/2021

Publicação: 01/09/2021

Órgão julgador: Tribunal Pleno

Publicação

PROCESSO ELETRÔNICO DJe-174 DIVULG 31-08-2021 PUBLIC 01-09-2021

Ementa

Ementa: AGRAVO INTERNO NA SUSPENSÃO DE TUTELA PROVISÓRIA. PREVIDENCIÁRIO. COMPETÊNCIA PARA A FIXAÇÃO DE ALÍQUOTAS DE CONTRIBUIÇÃO. POLICIAIS E BOMBEIROS MILITARES. ART. 22, XXI, DA CF, COM A REDAÇÃO DA EC 103/2019. DECISÕES IMPUGNADAS QUE ASSENTAM A PRESERVAÇÃO DA COMPETÊNCIA DO ESTADO AUTOR PARA A FIXAÇÃO DA ALÍQUOTA DE CONTRIBUIÇÃO INCIDENTE SOBRE A REMUNERAÇÃO DE INATIVOS. ALEGAÇÃO DE RISCO À ECONOMIA PÚBLICA. INOCORRÊNCIA. ESTREITO ÂMBITO DE COGNIÇÃO DOS INCIDENTES DE CONTRACAUTELA. ADEQUAÇÃO À JURISPRUDÊNCIA DESTE SUPREMO TRIBUNAL FEDERAL. ACO 3.396. DECLARAÇÃO DE INCONSTITUCIONALIDADE DO ART. 24-C DO DECRETO-LEI Nº 667/1969, REDAÇÃO DA LEI Nº 13.954/2019. PRECEDENTE. SUSPENSÃO A QUE SE NEGA SEGUIMENTO. AGRAVO DESPROVIDO. 1. O incidente de contracautela é meio processual autônomo de impugnação de decisões judiciais, franqueado ao Ministério Público ou à pessoa jurídica de direito público interessada exclusivamente quando se verifique risco de grave lesão à ordem, à saúde, segurança e à economia públicas no cumprimento da decisão impugnada (art. 4º, *caput*, da Lei 8.437/1992; art. 15 da Lei 12.016/2009 e art. 297 do RISTF). 2. In casu, juízo mínimo de delibação sobre a matéria de fundo, próprio dos pedidos de suspensão, demonstra que as decisões proferidas na origem se revelam em conformidade com a jurisprudência desta Corte, **firmada no sentido de que remanesce a competência dos Estados para a fixação das alíquotas da contribuição previdenciária incidente sobre os proventos de seus próprios militares inativos, tendo a Lei Federal nº 13.954/2019, no ponto, incorrido em inconstitucionalidade.** 3. Ausente a plausibilidade na argumentação do Estado agravante, resta obstado deferimento da medida de contracautela ora postulada, haja vista a declaração incidental de inconstitucionalidade do art. 24-C do Decreto-Lei nº 667/1969, incluído pela Lei Federal nº 13.954/2019, pelo Plenário do Supremo Tribunal Federal no julgamento da ACO 3.396. 4. Agravo interno a que se nega provimento.

Tema 1.177 em Repercussão Geral (publicado em 27/10/2021): "**A competência privativa da União para a edição de normas gerais sobre inatividades e pensões das polícias militares e dos corpos de bombeiros militares (artigo 22, XXI, da Constituição, na redação da Emenda Constitucional 103/2019)** não exclui a competência legislativa dos Estados para a fixação das alíquotas da contribuição previdenciária incidente sobre os proventos de seus próprios militares inativos e pensionistas, **tendo a Lei Federal 13.954/2019, no ponto, incorrido em inconstitucionalidade.**"

4.2. INATIVIDADE REMUNERADA

O militar da União não se aposenta, indo para a inatividade remunerada. De acordo com o artigo 3º, § 1º, alínea "b", da Lei 6.880/1980, são militares inativos:

> I – os da reserva remunerada, quando pertençam à reserva das Forças Armadas e percebam remuneração da União, porém sujeitos, ainda, à prestação de serviço na ativa, mediante convocação ou mobilização;
>
> II – os reformados, quando, tendo passado por uma das situações anteriores estejam dispensados, definitivamente, da prestação de serviço na ativa, mas continuem a perceber remuneração da União;
>
> III – os da reserva remunerada e, excepcionalmente, os reformados, que estejam executando tarefa por tempo certo, segundo regulamentação para cada Força Armada. (Redação dada pela Lei nº 13.954, de 2019)

Por isso os militares federais não pagam contribuições previdenciárias para a sua inatividade, mas apenas para o custeio de pensão por morte, conforme será estudado no tópico seguinte.

A **reforma** é uma espécie de inatividade, caracterizando-se como uma dispensa definitiva do militar da prestação de serviço na ativa, apesar de continuar percebendo remuneração da União, podendo, a partir da Lei 9.442/97, o reformado executar excepcionalmente tarefa por tempo certo para as Forças Armadas do Brasil.

Já a **reserva remunerada** é outra modalidade de inatividade em que os reformados poderão executar tarefa por tempo certo, segundo regulamentação para cada Força Armada.

De acordo com o artigo 106 do Estatuto dos Militares, a reforma será aplicada ao militar que atingir as seguintes idades-limite de permanência na reserva:

a) para oficial-general, 75 (setenta e cinco) anos;

b) para oficial superior, 72 (setenta e dois) anos;

c) para Capitão-Tenente, Capitão e oficial subalterno, 68 (sessenta e oito) anos;

d) para praças, 68 (sessenta e oito) anos.

> II – se de carreira, for julgado incapaz, definitivamente, para o serviço ativo das Forças Armadas;
>
> II-A. se temporário:
>
> a) for julgado inválido;
>
> b) for julgado incapaz, definitivamente, para o serviço ativo das Forças Armadas, quando enquadrado no disposto nos incisos I e II do *caput* do art. 108 desta Lei;
>
> III – estiver agregado por mais de 2 (dois) anos por ter sido julgado incapaz, temporariamente, mediante homologação de Junta Superior de Saúde, ainda que se trate de moléstia curável;
>
> IV – for condenado à pena de reforma prevista no Código Penal Militar, por sentença transitada em julgado;
>
> V – sendo oficial, a tiver determinada em julgado do Superior Tribunal Militar, efetuado em conseqüência de Conselho de Justificação a que foi submetido; e
>
> VI – se Guarda-Marinha, Aspirante a Oficial ou praça com estabilidade assegurada, for a ela indicado ao Comandante de Força Singular respectiva, em julgamento de Conselho de Disciplina.

Para o TCU, a incapacidade para o serviço ativo militar não resulta necessariamente em incapacidade para o exercício de atividade na esfera civil (Acórdão 3773/2017 – Segunda Câmara – Tomada de Contas Especial, Relator Ministro-Substituto André de Carvalho).

De acordo com o sítio oficial do Exército[1],

> "o militar ingressa na inatividade quando passa para a Reserva. Ao passar para a Reserva, continua mantendo vínculos com a respectiva Força Armada, ficando pronto para ser convocado. Essa obrigação só desaparece com a reforma, por idade ou por incapacidade física.
>
> O termo "aposentadoria", largamente usado para definir a situação de inatividade, na realidade não traduz fielmente o que ocorre com os militares. Para os trabalhadores em geral, este termo é aplicável e correto porque, ao serem aposentados, permanecem nesta situação de acordo com a sua vontade e conveniência.
>
> Na prática, os militares em inatividade, observados sua condição física e o limite de idade para a Reforma, encontram-se "em disponibilidade remunerada", situação determinada pelas condições relativas à carreira, mais especificamente, o fluxo de carreira, à rotatividade nos cargos e os limites de idade para cada posto ou graduação, tudo isto visando à conseqüente e necessária renovação dos efetivos da Força.
>
> Pesquisa realizada pelo Ministério da Defesa demonstra que, em vários países, o militar recebe tratamento previdenciário especial, haja vista as evidentes peculiaridades comuns às Forças Armadas em todo o mundo.
>
> Critérios de passagem para a inatividade
>
> Basicamente, o militar das Forças Armadas pode passar à inatividade de forma voluntária ou involuntária (ex-offício). Voluntariamente, só depois de completar 30 anos de serviço, e, ex-offício, ao atingir a idade limite de permanência no serviço ativo (variável com o posto ou graduação), ou quando apresentar problema de saúde que o incapacite para o serviço ativo.
>
> Na verdade, o trabalho extra e freqüente, exercido pelos militares, sem qualquer compensação financeira, acumulado ao longo da carreira, faz com que os trinta anos de efetivo serviço correspondam a muito mais do que o previsto para a aposentadoria de um outro servidor federal ou trabalhador assalariado".

Nos termos do artigo 50, II, da Lei 6.880/1980, com redação dada pela Lei 13.954/2019, o **provento calculado com base no soldo integral** do posto ou da graduação que possuía por ocasião da transferência para a inatividade remunerada:

a) por contar mais de 35 (trinta e cinco) anos de serviço;

b) por atingir a idade-limite de permanência em atividade no posto ou na graduação;

1. http://www.eb.mil.br/a-inatividade.

c) por estar enquadrado em uma das hipóteses previstas nos incisos VIII[2] ou IX[3] do **caput** do art. 98; ou

d) por ter sido incluído em quota compulsória unicamente em razão do disposto na alínea "c" do inciso III do **caput** do art. 101 desta Lei[4].

Antes da Medida Provisória 2.215-10/2001 a situação era melhor para o militar. Isso porque era garantida a percepção de remuneração correspondente ao grau hierárquico superior ou melhoria da mesma quando, ao ser transferido para a inatividade, contasse mais de 30 (trinta) anos de serviço.

Nos termos do artigo 50, II, da Lei 6.880/1980, com redação dada pela MP 2.215-10/2001, é garantido ao militar federal o provento calculado com base no soldo integral do posto ou graduação que possuía quando da transferência para a inatividade remunerada, se contar com mais de trinta anos de serviço.

Antes da referida Medida Provisória a situação era melhor para o militar. Isso porque era garantida a percepção de remuneração correspondente ao grau hierárquico superior ou melhoria da mesma quando, ao ser transferido para a inatividade, contasse mais de 30 (trinta) anos de serviço.

Outrossim, assegura-se o provento calculado com base no soldo integral do posto ou graduação quando, não contando trinta anos de serviço, for transferido para a reserva remunerada, ex officio, por ter atingido a idade-limite de permanência em atividade no posto ou na graduação, ou ter sido abrangido pela quota compulsória.

4.3. PENSÃO POR MORTE

Consoante determina o artigo 50, inciso IV, alínea "l", da Lei 6.880/1980, é direito do militar a constituição de pensão militar. As regras da pensão por morte

---

2. VIII – deixar o Oficial-General, o Capitão-de-Mar-e-Guerra ou o Coronel de integrar a Lista de Escolha a ser apresentada ao Presidente da República, pelo número de vezes fixado pela Lei de Promoções de Oficiais da Ativa das Forças Armadas, quando na referida Lista de Escolha tenha entrado oficial mais moderno do seu respectivo Corpo, Quadro, Arma ou Serviço.

3. IX – for o Capitão de Mar e Guerra ou o Coronel inabilitado para o acesso por não possuir os requisitos para a promoção ao primeiro posto de oficial-general, ultrapassado 2 (duas) vezes, consecutivas ou não, por oficial mais moderno do respectivo Corpo, Quadro, Arma ou Serviço que tenha sido incluído em lista de escolha; (Redação dada pela Lei nº 13.954, de 2019)

4. Art. 101. Para a indicação dos oficiais que integrarão a quota compulsória, será observado, sempre respeitada a conveniência da Administração Militar, o seguinte: (Redação dada pela Lei nº 13.954, de 2019) III – a seguinte ordem entre os oficiais que satisfizerem as condições previstas no inciso II do *caput* deste artigo: (Incluído pela Lei nº 13.954, de 2019) c) os de mais idade e, no caso da mesma idade, os mais modernos. (Incluído pela Lei nº 13.954, de 2019)

constantes do artigo 50, §§ 2º[5] e 3º[6] da Lei 6.880/1980 foram tacitamente revogadas pela MP 2.215-10/2001, que dispôs da matéria de maneira diversa, alterando substancialmente a Lei 3.765/1960, reduzindo o rol de dependentes da pensão militar a fim de moralizá-lo.

Vale registrar que não existe prazo decadencial ou prescricional que fulmine o pedido de concessão de um benefício previdenciário em razão da indisponibilidade do instituto previdenciário que detém natureza alimentar.

Não se deve confundir o benefício em si, que é intangível, com as parcelas pecuniárias mensais geradoras que são disponíveis. Assim, apenas se aplica a prescrição quinquenal sobre o pagamento dos atrasados, inclusive na situação de indeferimento administrativo.

---

5. § 2º São considerados dependentes do militar:

   I – a esposa;

   II – o filho menor de 21 (vinte e um) anos ou inválido ou interdito;

   III – a filha solteira, desde que não receba remuneração;

   IV – o filho estudante, menor de 24 (vinte e quatro) anos, desde que não receba remuneração;

   V – a mãe viúva, desde que não receba remuneração;

   VI – o enteado, o filho adotivo e o tutelado, nas mesmas condições dos itens II, III e IV;

   VII – a viúva do militar, enquanto permanecer neste estado, e os demais dependentes mencionados nos itens II, III, IV, V e VI deste parágrafo, desde que vivam sob a responsabilidade da viúva;

   VIII – a ex-esposa com direito à pensão alimentícia estabelecida por sentença transitada em julgado, enquanto não contrair novo matrimônio.

6. § 3º São, ainda, considerados dependentes do militar, desde que vivam sob sua dependência econômica, sob o mesmo teto, e quando expressamente declarados na organização militar competente:

   a) a filha, a enteada e a tutelada, nas condições de viúvas, separadas judicialmente ou divorciadas, desde que não recebam remuneração;

   b) a mãe solteira, a madrasta viúva, a sogra viúva ou solteira, bem como separadas judicialmente ou divorciadas, desde que, em qualquer dessas situações, não recebam remuneração;

   c) os avós e os pais, quando inválidos ou interditos, e respectivos cônjuges, estes desde que não recebam remuneração;

   d) o pai maior de 60 (sessenta) anos e seu respectivo cônjuge, desde que ambos não recebam remuneração;

   e) o irmão, o cunhado e o sobrinho, quando menores ou inválidos ou interditos, sem outro arrimo;

   f) a irmã, a cunhada e a sobrinha, solteiras, viúvas, separadas judicialmente ou divorciadas, desde que não recebam remuneração;

   g) o neto, órfão, menor inválido ou interdito;

   h) a pessoa que viva, no mínimo há 5 (cinco) anos, sob a sua exclusiva dependência econômica, comprovada mediante justificação judicial;

   i) a companheira, desde que viva em sua companhia há mais de 5 (cinco) anos, comprovada por justificação judicial; e

   j) o menor que esteja sob sua guarda, sustento e responsabilidade, mediante autorização judicial.

Desse modo, o pedido inaugural de concessão de um benefício previdenciário permanente, a exemplo da pensão por morte, poderá ser apresentado a qualquer tempo.

Nesse sentido, o **Tema 264 da TNU**:

Tema	**264**	Situação do tema	Julgado	Ramo do direito	DIREITO ADMINISTRATIVO
Questão submetida a julgamento	Mesmo no caso de pleito de concessão inicial de benefício de natureza previdenciária, decorrente de óbito de militar, aplicar-se-ia a regra de contagem do prazo prescricional ou decadencial a contar da data de indeferimento do requerimento administrativo ou se, em tais hipóteses, pela natureza do direito envolvido, a hipótese seria de inexistência de prescrição do fundo de direito, ressalvada a prescrição parcial.				
Tese firmada	**Pela sua natureza de direito fundamental, conforme o definido pelo Supremo Tribunal Federal, no julgamento da ADI 6096, inexiste qualquer prazo prescricional, que atinja o fundo de direito, na hipótese de pleito de concessão inicial de benefício de natureza previdenciária em sentido lato, decorrente de óbito de militar, ainda que haja ocorrido indeferimento administrativo, ressalvada eventual prescrição das parcelas vencidas.**				
Processo	Decisão de afetação	Relator (a)	Julgado em	Acórdão publicado em	Trânsito em julgado
PEDILEF 0508974-10.2018.4.05.8100/CE	1º/6/2020	Juiz Federal Luis Eduardo Bianchi Cerqueira	25/2/2021	26/2/2021	-

Antes da reforma, por exemplo, as filhas solteiras sem remuneração dos militares percebiam a pensão por morte sem limite de idade, o que as levava a não celebração de núpcias apenas com o objetivo de manter o benefício. Até os cunhados e sobrinhos do militar eram arrolados como dependentes.

Já o filho estudante, menor de 24 (vinte e quatro) anos, desde que não receba remuneração, já constava como dependente do militar desde a Lei 6.880/80. Nesse sentido, decisão da Corte Especial do STJ (Informativo 571):

> **"DIREITO ADMINISTRATIVO E PREVIDENCIÁRIO. PERCEPÇÃO DE PENSÃO MILITAR POR FILHO MENOR DE 24 ANOS.**
>
> **O falecimento de militar após o advento da Lei 6.880/1980 e antes da vigência da Medida Provisória 2.215-10/2001 gera direito à percepção de pensão por morte a filho universitário menor de 24 anos e não remunerado.** Em 1960, foi promulgada a Lei 3.765, que dispôs sobre as pensões militares, prevendo, em seu art. 7º, II, que "a pensão militar defere-se na

seguinte ordem: [...] aos filhos de qualquer condição, exclusive os maiores do sexo masculino, que não sejam interditos ou inválidos". Posteriormente, foi editada a Lei 6.880/1980, que dispôs sobre o "Estatuto dos Militares". Em seu art. 50, § 2º, IV, estabeleceu que "são considerados dependentes do militar: [...] o filho estudante, menor de 24 (vinte e quatro) anos, desde que não receba remuneração". De fato, verifica-se uma aparente antinomia normativa surgida à época da promulgação da Lei 6.880/1980, ocasião em que ainda vigia a redação original da Lei 3.765/1960. Isso porque, em que pese a nova consideração da condição de dependente aos filhos estudantes, menores de 24 anos, desde que não recebessem remuneração, a Lei 3.765/1960 continuava a prever que não era devida a pensão por morte aos filhos do sexo masculino, após a maioridade. Possivelmente por conta disso, promulgou-se a Lei 8.216/1991, que, dentre outras disposições, promoveu mudança na Lei 3.765/1960, para prescrever que "a pensão militar é deferida em processo de habilitação na seguinte ordem de prioridade e condições: primeira ordem de prioridade – viúva ou viúvo; companheira ou companheiro; filhas solteiras e filhos menores de 21 anos ou, quando estudantes, menores de 24 anos". Contudo, por vício formal, o STF, na ADI 574-DF, julgada em 3/6/1993, declarou a inconstitucionalidade da redação dada pelo art. 29 da Lei 8.216/1991 ao art. 7º da Lei 3.765/1960. A incongruência normativa, que teria sido resolvida em 1991 (não fosse a declaração de inconstitucionalidade), somente foi dissipada, textualmente, em 2001, com a promulgação da Medida Provisória 2.215-10, que alterou o referido art. 7º, passando a dispor que "a pensão militar é deferida em processo de habilitação, tomando-se por base a declaração de beneficiários preenchida em vida pelo contribuinte, na ordem de prioridade e condições a seguir: [...] filhos ou enteados até vinte e um anos de idade ou até vinte e quatro anos de idade, se estudantes universitários ou, se inválidos, enquanto durar a invalidez". Posto isso, cabe esclarecer que a interpretação histórica e sistemática do tema e do ordenamento não permite aplicação do princípio da especialidade para, simplesmente, desconsiderar o que está disposto, desde 1980, no Estatuto dos Militares, o qual conferiu a condição de dependente aos filhos estudantes, menores de 24 anos, desde que não recebessem remuneração. **Nesse mesmo sentido, não tem aplicação o princípio do *tempus regit actum* como fundamento para negar o direito à pensão quando o óbito ocorreu após a vigência da Lei 6.880/1980. Isso porque, desde a edição da mencionada Lei (e não só com a edição da Medida Provisória 2.215-10, de 31/8/2001), deve-se considerar o direito à pensão por morte dos filhos até 24 anos de idade, se estudantes universitários. A edição da Medida Provisória 2.215-10/2001 apenas buscou adequar, textualmente, o que por meio de uma interpretação sistemática se extraía do ordenamento: a condição de dependente dos filhos estudantes, menores de 24 anos, e, por consequência, seu direito à pensão por morte do genitor militar. Sendo assim, quando igualmente vigentes ambos os diplomas (Lei**

3.765/1960 e Lei 6.880/1980) na data do óbito do instituidor da pensão, o filho estudante de até 24 anos, desde que não receba remuneração, será beneficiário da pensão por morte de militar. EREsp 1.181.974-MG, **Rel. Min. Og Fernandes, julgado em 16/9/2015, DJe 16/10/2015.**

Frise-se que a pensão por morte rege-se pelo Princípio do *Tempus Regit Actum*, de modo que as alterações no grupo de dependentes não terão aplicação retroativa para abarcar óbitos operados antes da sua vigência (a MP originária foi a 2.131, publicada em 29/12/2000).

Eis o entendimento do STJ nesse sentido:

> "PENSÃO MILITAR POR MORTE. ANÁLISE DA RECEPÇÃO DE NORMAS FRENTE À CONSTITUIÇÃO DE 1988. IMPOSSIBILIDADE DE DISCUSSÃO NA VIA ELEITA. APLICAÇÃO DA LEI VIGENTE À DATA DO ÓBITO. LEI 3.765/1960. VALORES PERCEBIDOS POR FILHAS MAIORES DE 21 ANOS. POSSIBILIDADE. 1. A alegação de que a Lei 3.765/1960 não foi recepcionada pela Constituição Federal de 1988 é de natureza eminentemente constitucional, o que refoge aos limites da via do apelo especial. 2. No caso em apreço, o regramento a ser adotado à época do óbito do militar (art. 7º, II, da Lei 3.807/1960) estabelecia que a pensão era devida "aos filhos de qualquer condição, exclusive os maiores do sexo masculino, que não sejam interditos ou inválidos". 3. O falecimento do instituidor da pensão ocorreu em 6 de setembro de 1999 (fl. 38, e-STJ). Forçoso, portanto, concluir pela aplicação do disposto no art. 7º, II, da Lei 3.807/1960, o qual não impôs restrição às filhas maiores quanto ao recebimento da pensão. 4. A partilha deve ser feita com base no art. 9º da referida norma, rateando-se os valores em 50% para os filhos habilitados e os outros 50% entre a viúva e a ex-companheira. 5. Agravo Regimental não provido" (AGRESP 1.298.392, de 15/05/2012).

Posteriormente, as regras foram modificadas pela Lei 13.954, em vigor desde 17/12/2019.

Era prevista contribuição previdenciária de 7,5% da remuneração do militar, incidente, inclusive, sobre as parcelas que compõem os proventos na inatividade, sendo contribuintes obrigatórios, mediante desconto mensal em folha de pagamento, todos os militares das Forças Armadas.

O desconto de contribuição previdenciária sobre os proventos de inatividade está amparado pela Emenda 41/2003, conforme entendimento do STF:

> "EMENTA: AGRAVO REGIMENTAL NO RECURSO EXTRAORDINÁRIO. CONTRIBUIÇÃO PREVIDENCIÁRIA. PROVENTOS. MILITAR. INCIDÊNCIA. EC 41/03.1. O Supremo, por ocasião do julgamento da ADI n. 3.105, Relatora a Ministra Ellen Gracie, DJ de 18.8.04, registrou inexistir

> "norma de imunidade tributária absoluta". A Corte afirmou que, após o advento da Emenda Constitucional n. 41/03, os servidores públicos passariam a contribuir para a previdência social em "obediência aos princípios da solidariedade e do equilíbrio financeiro e atuarial, bem como aos objetivos constitucionais de universalidade, equidade na forma de participação no custeio e diversidade da base de financiamento". 2. Os servidores públicos militares não foram excepcionados da incidência da norma, razão pela qual não subsiste a pretensa imunidade tributária relativamente à categoria. A inexigibilidade da contribuição – para todos os servidores, quer civis, quer militares – é reconhecida tão-somente no período entre o advento da EC 20 até a edição da EC 41, conforme é notório no âmbito deste Tribunal [ADI n. 2.189, Relator o Ministro Sepúlveda Pertence, DJ de 9.6.00, e RE n. 435.210-AgR, Relatora a Ministra Ellen Gracie, DJ de 14.6.05]. Agravo regimental a que se dá provimento." (RE 475076 AgR, de 25/11/2008).

Posteriormente, a alíquota foi majorada para 9,5% para o ano de 2020 e para 10,5% a contar do ano de 2011 por força da Lei 13.954/2019.

Por sua vez, a partir de 1º de janeiro de 2020, contribuirão extraordinariamente para a pensão militar os seguintes pensionistas, conforme estas alíquotas:

> I – 3% (três por cento), as filhas não inválidas pensionistas vitalícias;
>
> II – 1,5% (um e meio por cento), os pensionistas, excetuadas as filhas não inválidas pensionistas vitalícias, cujo instituidor tenha falecido a partir de 29 de dezembro de 2000 e optado em vida pelo pagamento da contribuição prevista no art. 31 da Medida Provisória nº 2.215-10, de 31 de agosto de 2001.

Quando o militar, por qualquer circunstância, não puder ter descontada a sua contribuição para a pensão militar, deverá efetuar o seu recolhimento, imediatamente, à unidade a que estiver vinculado.

Contudo, se, ao falecer o contribuinte, houver dívida de contribuição, caberá aos beneficiários saldá-la integralmente, por ocasião do primeiro pagamento da pensão militar.

No entanto, não serão contribuintes obrigatórios da pensão militar o aspirante da Marinha, o cadete do Exército e da Aeronáutica e o aluno das escolas, centros ou núcleos de formação de oficiais e de praças e das escolas preparatórias e congêneres, assim como os cabos, soldados, marinheiros e taifeiros, com menos de dois anos de efetivo serviço.

A pensão militar será igual ao valor da remuneração ou dos proventos do militar. Contudo, a pensão do militar não contribuinte que vier a falecer na atividade em consequência de acidente ocorrido em serviço ou de moléstia nele adquirida não poderá ser inferior à de aspirante a oficial ou guarda-marinha, para os cadetes do Exército e da Aeronáutica, aspirantes de marinha e alunos dos Centros ou Núcleos de Preparação de Oficiais da reserva; ou à de terceiro-sargento, para as demais praças e os alunos das escolas de formação de sargentos.

O regramento instituído pelo art. 7º da MP 2.215-10/2001 vigorou até 16/12/2019 e apresentava 03 classes de dependentes para a pensão por morte militar, conforme a seguinte ordem de prioridade:

> I – primeira ordem de prioridade:
>
> a) cônjuge;
>
> b) companheiro ou companheira designada ou que comprove união estável como entidade familiar;
>
> c) pessoa desquitada, separada judicialmente, divorciada do instituidor ou a ex-convivente, desde que percebam pensão alimentícia;
>
> d) filhos ou enteados até vinte e um anos de idade ou até vinte e quatro anos de idade, se estudantes universitários ou, se inválidos, enquanto durar a invalidez; e
>
> e) menor sob guarda ou tutela até vinte e um anos de idade ou, se estudante universitário, até vinte e quatro anos de idade ou, se inválido, enquanto durar a invalidez.
>
> II – segunda ordem de prioridade, a mãe e o pai que comprovem dependência econômica do militar;
>
> III – terceira ordem de prioridade:
>
> a) o irmão órfão, até vinte e um anos de idade ou, se estudante universitário, até vinte e quatro anos de idade, e o inválido, enquanto durar a invalidez, comprovada a dependência econômica do militar;
>
> b) a pessoa designada, até vinte e um anos de idade, se inválida, enquanto durar a invalidez, ou maior de sessenta anos de idade, que vivam na dependência econômica do militar.
>
> Os dependentes de classe I afastam os de classe II e III, exceto o menor sob guarda ou tutela até vinte e um anos de idade ou, se estudante universitário, até vinte e quatro anos de idade ou, se inválido, enquanto durar a invalidez.

Posteriormente, a contar de 17/12/2019, o artigo 50, §2º, do Estatuto dos Militares foi alterado pela Lei 13.954/2019, regulando os óbitos a contar dessa data para fins de pensão por morte militar:

> **"§ 2º São considerados dependentes do militar, desde que assim declarados por ele na organização militar competente:**

I – o cônjuge ou o companheiro com quem viva em união estável, na constância do vínculo;

II – o filho ou o enteado:

a) menor de 21 (vinte e um) anos de idade;

b) inválido;

III – (revogado);

IV – (revogado);

V – (revogado);

VI – (revogado);

VII – (revogado);

VIII – (revogado).

§ 3º Podem, ainda, ser considerados dependentes do militar, desde que não recebam rendimentos e sejam declarados por ele na organização militar competente:

a) (revogada);

b) (revogada);

c) (revogada);

d) (revogada);

e) (revogada);

f) (revogada);

g) (revogada);

h) (revogada);

i) (revogada);

j) (revogada);

I – o filho ou o enteado estudante menor de 24 (vinte e quatro) anos de idade;

II – o pai e a mãe;

III – o tutelado ou o curatelado inválido ou menor de 18 (dezoito) anos de idade que viva sob a sua **guarda por decisão judicial**.

§ 4º (Revogado).

§ 5º Após o falecimento do militar, manterão os direitos previstos nas alíneas "e", "f" e "s" do inciso IV do **caput** deste artigo, enquanto conservarem os requisitos de dependência, mediante participação nos custos e no pagamento das contribuições devidas, conforme estabelecidos em regulamento:

I – o viúvo, enquanto não contrair matrimônio ou constituir união estável;

II – o filho ou o enteado menor de 21 (vinte e um) anos de idade ou inválido;

III – o filho ou o enteado estudante menor de 24 (vinte e quatro) anos de idade;

IV – os dependentes a que se refere o § 3º deste artigo, por ocasião do óbito do militar."

O curioso é que o menor sob guarda foi excluído do rol de dependentes do RPPS federal e do RGPS, mas foi conservado na previdência militar, o que demonstra que a decisão é mais política do que técnica, na medida em que deveria haver uma uniformidade normativa.

Ademais, existe também a possibilidade de manutenção da pensão militar ao filho ou enteado até os 24 anos de idade, se estudante, quebrando também a uniformidade com o RGPS e RPPS federal, o que é lastimável.

Existe uma regra de transição no artigo 31, da MP 2.215-10/2001, que não foi revogada ela Lei 13.954/2019:

> "Art. 31. Fica assegurada aos atuais militares, mediante contribuição específica de um vírgula cinco por cento das parcelas constantes do art. 10 desta Medida Provisória, a manutenção dos benefícios previstos na Lei no 3.765, de 1960, até 29 de dezembro de 2000.
>
> § 1º Poderá ocorrer a renúncia, em caráter irrevogável, ao disposto no *caput*, que deverá ser expressa até 31 de agosto de 2001.
>
> § 2º Os beneficiários diretos ou por futura reversão das pensionistas são também destinatários da manutenção dos benefícios previstos na Lei no 3.765, de 1960, até 29 de dezembro de 2000".

Este dispositivo legal é de péssima redação. Ao que parece busca assegurar a manutenção do rol de dependentes para os antigos militares de acordo com o regime anterior, desde que haja uma contribuição adicional de 1,5%, cabendo ao militar que não quis aderir a este regime de transição ter promovido a renúncia expressa no prazo fixado, prorrogado para 31 de agosto de 2002 pela Lei 10.556/2002.

Nesse sentido, a interpretação do TRF da 5ª Região:

> "ADMINISTRATIVO. MILITAR. PENSÃO POR MORTE. ENTEADO. LEI 3.765/60 COM AS ALTERAÇÕES INTRODUZIDAS PELA MP 2215-10/2001. POSSIBILIDADE. LITIGÂNCIA DE MÁ-FÉ. NÃO COFIGURAÇÃO. 1. É entendimento pacífico nos Tribunais que a lei que regula a pensão é aquela vigente por ocasião do óbito do ex-INSTITUIDOR. 2. Tendo o instituidor do benefício falecido em 25/11/2007, consoante certidão de óbito de fls. 25, deve ser aplicada a Lei 3.765/60, com as alterações introduzidas pela MP 2215-10/2001. 3. A Lei 3.765/60, em especial seu artigo 7º prescreve que será concedida pensão por morte aos dependentes do servidor militar, figurando no rol de tais dependentes o enteado (art. 7º, I 'd'). 4. O autor comprovou a condição de enteado do falecido, tendo em

vista que, quando em vida, o militar o inscreveu, juntamente com a sua mãe, companheira do de cujus, e a filha solteira, perante a Aeronáutica, como seu dependente econômico, consoante se infere dos documentos de fls. 31/32. 5. A interpretação dada pela apelante ao art. 31 da MP 2215-10/2001, não merece ser acolhida. O falecido militar recolhia a contribuição de 1,5%, assegurando, dessa forma, o direito ao benefício da pensão ao rol de dependentes previsto na redação original da Lei 3.765/60, que não previa o enteado como beneficiário, ou seja, tal circunstância beneficiaria as filhas maiores que seriam excluídas no caso da aplicação da redação da MP 2215-10/2001. 6. O art. 31 da referida medida provisória não deu opção pelo regime anterior, excluindo o atual, a assunção do encargo adicional por ela previsto não implica em renúncia aos novos benefícios. O que pretendeu foi assegurar a persistência da condição de beneficiárias das filhas maiores e solteiras, mediante a contrapartida de contribuição, no regime que passou a vigorar, regime esse que prevê o enteado como beneficiário. Assim, a contribuição adicional é condição para manter as benesses do regime anterior em adição à sistemática atual. 7. A intenção de lesar, de agir em desconformidade com a lealdade, deveria estar evidente, o que não ocorre no caso dos autos, pois agir displicentemente, com culpa, porque requereu providência já realizada, in casu, requereu a pensão por morte, quando já a recebia, não conduz, por si só, à má-fé e ao dolo. A boa-fé é que se presume. Precedente. Litigância de má-fé não configurada. 8. Apelação a que se nega provimento" (AC 487.920, de 15/03/2012).

"AÇÃO RESCISÓRIA. ADMINISTRATIVO. MILITAR DAS FORÇAS ARMADAS. PENSÃO POR MORTE. FILHA MAIOR E CAPAZ. ART. 7º DA LEI Nº 3.765/60. MILITAR QUE EM VIDA, CONTRIBUIU COM 1,5% PARA MANUTENÇÃO DO BENEFÍCIO. ARTIGO 31, DA MP Nº 2.215-10-2001. SENTENÇA RESCINDENDA. PROCEDÊNCIA DO PEDIDO, EM PARTE, RECONHECENDO O DIREITO À PENSÃO ATÉ 24 ANOS. AFRONTA A LITERAL DISPOSITIVO DE LEI. OCORRÊNCIA. INDENIZAÇÃO POR DANOS MORAIS E MATERIAIS. IMPOSSIBILIDADE. 1. Rescisória ajuizada ao objetivo de desconstituir sentença que julgou procedente, em parte, o pedido da ora Autora, reconhecendo-lhe o direito à percepção da pensão por morte de seu genitor, Militar das Forças Armadas, até o dia em que completar 24 anos de idade, na forma da Lei nº 3.765/98. 2. A pensão por morte de servidor militar é regulada pela Lei nº 3.765/60, que teve sua redação original alterada pela Medida Provisória nº 2.215-10, de 31-8-2001, cujo artigo 31, assegurou aos militares a manutenção dos benefícios previstos na referida lei, desde que optassem por contribuir com 1,5% da respectiva remuneração. 3. Hipótese em que o instituidor do benefício contribuiu com a alíquota de 1,5%, tal como previsto no artigo 31, da MP nº 2.215-10/01, devendo ser reconhecido em favor da Autora, filha capaz e maior de 24 anos, o direito à manutenção da pensão por morte, prevista na redação original do artigo 7º, da Lei nº 3.765/60. 4. Sentença rescindenda que ao reconhecer o direito da Autora ao benefício pleiteado até os 24 anos de idade, afrontou dispositivo de lei, qual seja o artigo 31, da MP nº 2.215-10/2001. 5. Procedência, em parte, do pedido. Rescisão da sentença apenas para reconhecer em favor da Autora o direito à manutenção do benefício, sem a limitação imposta pela sentença, mantendo-a, contudo, no que tange ao indeferimento dos pedidos de indenização por dano moral e material. 6. Honorários advocatícios de sucumbência, fixados em R$ 1.000,00 (hum mil reais), nos termos do voto" (AR 6.169, de 10/03/2010).

No mesmo sentido o STJ:

"PROCESSUAL CIVIL E ADMINISTRATIVO. MILITAR. PENSÃO POR MORTE. APLICAÇÃO DA LEI VIGENTE À DATA DO ÓBITO. 1. O entendimento remansoso do STJ é no sentido de que, tratando-se de concessão de pensão, o benefício deve ser regido pelas leis vigentes ao tempo do óbito de seu instituidor. 2. In casu, verifica-se que o instituidor faleceu em 11.1.2004, e, portanto, é perfeitamente aplicável a Lei 3.765/1960, em vigor à época. Ademais, observa-se que a contribuição foi realizada de acordo com o art. 31 da MP 2.215-10/2001, o que assegurava à sua prole a manutenção da pensão prevista na redação original do art. 7ºda Lei 3.765/1960. 3. O acórdão recorrido não poderia ter estabelecido tratamento diferenciado entre as filhas do falecido, consoante dispõe o art. 227, § 6º, da Constituição Federal e a própria Lei 3.765/1960, que registra expressamente o direito dos filhos de qualquer situação e sexo. 4. Os memoriais trazidos pela parte recorrida não apresentam argumentos a modificar esse entendimento. Primeiro porque os arts. 7º da Lei 3.765/1960 e 31 da MP 2.215/2001 foram efetivamente analisados pela Corte de origem, preenchendo, assim, o requisito do prequestionamento. Depois, não se aplica a Súmula 283/STF ao caso, um vez que as razões recursais impugnaram por completo a fundamentação do julgado a quo. Finalmente, a questão fática ali levantada, além de não ter sido aventada na instância de origem, é inapreciável neste momento processual, de acordo com o disposto na Súmula 7/STJ" (RESP 1.188.756, de 04/08/2011).

No entanto, para o STJ, o prazo de renúncia é impróprio, podendo se dar a qualquer tempo:

"ADMINISTRATIVO. AGRAVO REGIMENTAL NO RECURSO ESPECIAL. PENSÃO MILITAR. PRAZO PARA RENÚNCIA. REQUERIMENTO ADMINISTRATIVO. TERMO INICIAL DA OBRIGAÇÃO DE RESTITUIR. PRESCRIÇÃO QUINQUENAL. CORREÇÃO MONETÁRIA. JUROS DE MORA. 1. É devido o adicional de contribuição para a pensão militar que visa a beneficiar as filhas em caso de morte do instituidor aos militares ativos e inativos que não renunciarem aos benefícios da Lei n. 3.567/1960. 2. É possível a manifestação de renúncia após 31/8/2001, prazo estabelecido pelo art. 31 da MP 2.215-10/2001, tendo em vista a ausência de prejuízo do erário, convergindo a renúncia com a finalidade da nova legislação, que é de minorar o déficit da previdência militar. 3. Expressa a renúncia em requerimento administrativo, tal é o termo inicial da obrigação de restituir o adicional de contribuição. 4. Prescrição quinquenal (Súmula 85/STJ). 5. Correção monetária conforme a Lei n. 6.899/1981 e juros de mora segundo o art. 1º-F da Lei n. 9.494/1997. 6. Agravo regimental a que se nega provimento" (AGRESP 1.063.012, de 15/08/2013).

A respeito dos aspectos atuais e históricos da pensão militar, colacionam-se informações extraídas do sítio oficial do Exército, que, curiosamente, chega a negar a existência de um regime previdenciário dos militares da União, certamente para descaracterizar o desequilíbrio financeiro e atuarial que o marca[7]:

> "É a importância paga, mensalmente, aos beneficiários do militar falecido ou assim considerado, nos termos da Lei. É de origem bicentenária (1795-período colonial, antes de surgir na Alemanha em 1883, o embrião da previdência social).
>
> Os militares da união (da ativa e inativos) sempre contribuíram para a pensão militar. Todos os militares da união (da ativa e inativos) contribuem, mensalmente, com 7,5% para a pensão militar e com até 3,5% para a assistência médico-hospitalar, sobre os seus proventos. Vale destacar que os Arts. 142 e 144 da CF/88 estabelecem as atribuições das Forças Armadas e das Forças Auxiliares. As Forças Auxiliares possuem um sistema previdenciário vinculado aos Estados da Federação.
>
> Mesmo quando na inatividade, o militar permanece vinculado à sua profissão. Nessa situação, o militar é classificado em dois segmentos bem distintos -a reserva e a reforma. Os militares na reserva estão sujeitos a leis militares, em especial ao Estatuto dos Militares e ao Regulamento Disciplinar, podendo ser mobilizados a qualquer momento. Esse elenco de especificidades, inerentes à profissão, enforma o aparato legal que regula as diferentes situações e relações do militar no Estado.
>
> Portanto, ao se abordar o tema da remuneração dos militares na inatividade, devem ser consideradas as peculiaridades do ofício do militar, anteriormente analisadas.
>
> A questão da remuneração dos militares federais na reserva e dos reformados, bem como das pensões, é percebida a partir de conceitos, de entendimentos e de uma suposta racionalidade que não se amparam na legislação vigente e nem na realidade.

7. http://www.eb.mil.br/a-pensao-militar.

O que se observa, quanto a essa discussão, na maioria das vezes, é um verdadeiro exercício de ficção e de total desconhecimento do assunto, que se tomam evidentes até mesmo no emprego de conceitos básicos. Assim, com muita frequência, constata-se a referência ao regime previdenciário dos militares.

Ora, os militares federais nunca tiveram e não têm um regime previdenciário estatuído, seja em nível constitucional, seja no nível da legislação ordinária. Essa característica é histórica no Brasil O Art. 142, da Constituição Federal, no inciso X do seu parágrafo 32, estabelece, literalmente, que a lei disporá sobre o ingresso nas Forças Armadas, os limites de idade, a estabilidade e outras condições de transferência do militar para a inatividade, "consideradas as peculiaridades de suas atividades". Que significa isto? Significa que as condições de transferência do militar para a inatividade, inclusive os seus vencimentos, são estabelecidas a partir das peculiaridades das atividades do militar, peculiaridades essas que não são consideradas, portanto, apenas para efeitos de remuneração na ativa e de contrato de trabalho, mas se estendem às demais relações de trabalho do militar. Essa perspectiva é histórica, mais que centenária, na legislação brasileira.

As condições de transferência do militar para a inatividade e de percepção de pensões estão estabelecidas no Estatuto dos Militares (Lei n° 6.880, de 09 de dezembro de 1980), na Lei de Remuneração dos Militares (Medida Provisória n° 2.215-10, de 31 de agosto de 2001) e na Lei de Pensões (Lei n° 3.765 de 04 de maio de 1960).

Em todos esses diplomas legais e na própria Constituição Federal, como já foi dito, nunca houve e não há qualquer referência a sistema ou a regime previdenciário dos militares federais. Portanto, não há regime previdenciário dos militares e, logicamente, não há o que referir a equilíbrio atual do regime previdenciário dos militares federais, porque ele não existe e por essa razão, quase que ontológica, porque não existe, não pode ser predicado e, conseqüentemente, não pode ser contributivo, nem de repartição. A remuneração dos militares na inatividade, dos reformados e os da reserva, é total e integralmente custeada pelo Tesouro Nacional.

Portanto, os militares não contribuem para "garantir a reposição de renda" quando não mais puderem trabalhar. Essa garantia é totalmente sustentada pelo Estado. Os militares federais contribuem, sim, com 7,5% da sua remuneração bruta para constituir pensões, que são legadas aos seus dependentes e com 3,5 %, também da remuneração bruta, para fundos de Saúde. Cabe ressaltar que as origens da pensão militar, no Brasil, remontam ao Século XVIII, quando criado o Plano de Montepio Militar dos Oficiais do Corpo da Marinha, em 23 de setembro de 1795. Este documento foi o primeiro ensaio no sentido de assegurar à família do militar falecido assistência condigna e compatível com o ambiente social em que vivia. Portanto, o advento da pensão militar tem uma historicidade que antecede mesmo ao movimento previdenciário no Brasil, cuja origem é atribuída à Lei ELOY CHAVES de 1923.

O desenvolvimento histórico da legislação brasileira sobre pensões militares reforça sempre o sentido da constituição de um patrimônio que, após a morte do militar, será legado aos seus dependentes. É por isso que o militar contribui, durante toda a sua vida profissional e na inatividade, até a sua morte, para formar esse patrimônio. É necessário entender esses fundamentos que têm sustentado, historicamente, no Brasil, a instituição de pensão militar.

Não se trata de um sistema de repartição, em que um universo de contribuintes sustenta um universo de beneficiários. Essa visão é extemporânea à gênese da instituição da pensão e pode provocar decisões equivocadas e danosas. Inúmeros cálculos já realizados indicam que, com uma remuneração anual de 6%, os recursos arrecadados com essas contribuições atendem à despesa com a pensão do militar por toda a vida do seu cônjuge e dos seus filhos e, se considerarmos os descontos de 7,5 % sobre a remuneração bruta, procedimento em vigor a partir de dezembro de 2000, o capital acumulado suporta por tempo infinito o pagamento das pensões dos herdeiros do militar.

Outro aspecto que precisa ser esclarecido diz respeito a, aproximadamente, 40.000 pensões especiais decorrentes de múltiplos diplomas legais e que não se referem a militares nem têm a contrapartida de uma contribuição que a sustentem. No entanto, as despesas com essas pensões especiais são computadas à conta das pensões militares e correspondem a quase 34% desse total.

Tem sido também difundida pela mídia "a questão das filhas dos militares" que recebem, por todas as suas vidas, pensões. Desde de 29 de dezembro de 2000, não existe mais esse direito, que era também centenário. Todos os cidadãos que ingressaram nas Forças Armadas, a partir daquela data, não foram mais amparados pela antiga disposição legal. Estabeleceu-se, então, uma regra de transição para aqueles que, naquela data, já fossem militares.

Por essa regra, todos os que desejassem manter esse direito deveriam descontar 1,5% dos seus vencimentos brutos. Pois bem, segundo cálculos estimativos realizados pelo Ministério da Previdência e pelo Ministério do Planejamento, os recursos arrecadados, anualmente, seriam cerca de 170 milhões de reais e permitiriam superávit até o ano de 2017.

Cálculos mais precisos, porque baseados em dados decorrentes dos anos de 2001 e 2002, portanto reais, permitem afirmar que, provavelmente, esse sistema será superavitário até 2036, quando se inicia o seu período de extinção, em decorrência de a população do sistema atingir o limite previsível de sobrevida. Portanto, a intervenção nesse processo ocasionará a interrupção de um fluxo de receita anual de cerca de 120 milhões de reais, a devolução dos recursos já arrecadados e, com grande probabilidade, inúmeras demandas judiciais, que, certamente, decorreriam dessa medida".

Referência Bibliográfica

Amado, Frederico. Curso de Direito e Processo Previdenciário ("Monstro Verde"), 18 ed., 2024, Ed. Juspodivm.

EDITORA
JusPODIVM
www.editorajuspodivm.com.br

Impressão e Acabamento
Plena Print
Indústria Gráfica

JUS4396